Cronologia, Cronografia
e Calendario perpetuo

retrocchiello bianco

Adriano Cappelli

Cronologia, Cronografia e Calendario perpetuo

Dal principio dell'era cristiana ai nostri giorni

Settima edizione riveduta, corretta e ampliata
a cura di Marino Viganò

EDITORE ULRICO HOEPLI MILANO

ISBN 88-203-2502-0

Ristampa:

4   3   2   1   1999   2000   2001   2002

Copertina realizzata da Design in Progress, Milano

Realizzazione editoriale: Rossella Garofalo, Bologna

Stampato da Legoprint, Lavis (TN)

Printed in Italy

Indice

PARTE TERZA: FESTIVITÀ RELIGIOSE DELLA CHIESA CATTOLICA

Feste religiose e ricorrenze di santi e beati

PARTE QUARTA: TAVOLE CRONISTORICHE DELLA STORIA D'ITALIA

Tavole cronistoriche dell'antichità

Tavole cronistoriche dell'evo medievale e moderno

PARTE QUINTA: TAVOLE CRONISTORICHE DELLA
STORIA D'EUROPA E DI ALTRI CONTINENTI

Prefazione all'edizione
critica aggiornata

1 Tecniche e scienze della misurazione del tempo

Il concetto di tempo, la «quarta dimensione», da quando l'uomo ha iniziato a percepirlo ha sollevato due questioni: la possibilità di *determinarlo* e di *misurarlo*, poiché è un principio astratto, privo di limiti fisici, a differenza delle tre dimensioni dello spazio. Filosofia e scienza se ne sono occupate per secoli. Indizi sembrano provare che il «fluire» del tempo è stato avvertito dall'uomo in epoche remote, una volta divenuto *consapevole* del succedersi ciclico della vita e della morte (da allora accompagnato da rituali); *teso* ad anticipare gli eventi «futuri», non più solo ad affrontare quelli immediati; *attivo* nel lasciare testimonianza di sé, all'origine di un primo, rudimentale tentativo di «storia» per fissare punti nel mutamento continuo, attraverso il senso del *passato* (irreversibile, inaccessibile), del *presente* (che si domina), del *futuro* (accessibile, aperto).

A ere antichissime risalgono anche gli studi per la *misurazione* del tempo, raffinati nei millenni, con cui i popoli si sono «situati» nei vari momenti di questo flusso indistinto. Sono all'inizio le indagini di sacerdoti-astronomi, basate sull'osservazione del cielo, del moto reale o apparente di astri, dei cicli giorno-notte, delle stagioni; seguono le tabelle di annalisti e cronisti, quando il punto di riferimento diventa anche la successione degli eventi umani. Da questi due metodi derivano le moderne *scienze* di misurazione del tempo: *cronologia* e *cronografia*. La prima si occupa dei metodi usati dall'antichità per stabilire *il calcolo dell'anno* secondo cicli lunari o solari e delle altre suddivisioni in ore, giorni, settimane, mesi; la seconda studia i criteri in base ai quali i popoli hanno *collocato gli avvenimenti* in punti ben precisi dei cicli cronologici che si ripetono uguali, attraverso la definizione di ere e l'uso di annali, tavole storiche, opere storiografiche[1].

Nel campo della cronologia, le più antiche osservazioni che mostrano una certa precisione nel calcolo della durata dell'anno lunisolare, cioè del corso di mesi solari e lunari e dell'accordo fra questi, si devono ad astronomi sumeri (IV millennio a.C.). Già allora si ha cognizione che il moto apparente del sole «attorno alla terra» dura circa 365 giorni e 1/2 mentre il moto della luna attorno alla terra dura 29 giorni e 1/2. La differenza fra un anno solare – con il suo alternarsi delle stagioni – e le dodici lunazioni che coincidono con lo stesso periodo è di circa *11 giorni in più*, la differenza fra un anno lunare di dodici lunazioni e un anno solare è di circa *18 giorni in meno*. Per secoli si è cercato di correggere appunto questo scarto, e di arrivare a una misurazione dell'anno dove lunazioni e moto apparente del sole andassero d'accordo, per non incorrere nell'inevitabile percorso a ritroso (in 33 anni) dei mesi lunari attraverso tutte le stagioni: ciò si verifica nella cronologia islamica, dove prevale il mese lunare su quello solare.

Nel caso della cronografia, il calcolo più antico di datazione relativa è quello per generazioni, dove si mettono in relazione determinati fatti con uomini che ne sono stati protagonisti. La prima *cronologia scientifica*, cioè ricostruita attraverso la coordinazione di dati di storiografi e cronisti anteriori, si deve al matematico, astronomo e geografo greco Eratostene (circa 250 a.C.). Solo in base alla *cronologia assoluta*, però, i popoli riescono a fissare gli avvenimenti su una scala di periodi di tempo uguali l'uno all'altro, a «ritrovarli» sempre lungo quella scala, a metterli in rapporto fra loro. Anche questo processo di ricerca è durato secoli, e ogni popolo ha adottato un suo punto di riferimento o di partenza cronografico prima di arrivare all'attuale uso universale della datazione da un anno convenzionale «1».

2 La cronologia

Il giorno. L'alternarsi della luce e del buio, il ciclo «alba-tramonto» del moto apparente del sole – il giorno «naturale», non quello «civile» di 24 ore in cui la terra compie la rotazione completa attorno al sole – è la misura del tempo più immediata presso i popoli sin dall'antichità. Il momento in cui il giorno lavorativo inizia è diverso nei popoli, secondo la latitudine e la tradizione, ma per «giorno» si intende generalmente l'arco di tempo in cui il sole sta sull'orizzonte. Quanto al «giorno civile», anch'esso ha inizio a ore diverse della giornata in rapporto alle tradizioni dei popoli:
– per elleno-greci, ebrei, romani, musulmani e per la chiesa cattolica inizia *la sera*, secondo il sistema «giudaico»;
– per i babilonesi ha inizio *al sorgere del sole*;
– per gli arabi e gli astronomi prende avvio *a mezzogiorno*;
– per egiziani, antichi romani e nell'uso odierno inizia *a mezzanotte*.

L'anno. La scienza moderna ci dice che l'anno solare dura 365 giorni, 5 ore, 48 minuti, 6 secondi. Nell'antichità diversi popoli arrivano a calcolarlo, con notevole approssimazione, tra i 365 e i 366 giorni. Siccome però il tempo si misura – s'è accennato – sul ciclo delle dodici lunazioni (durata di 29 giorni, 12 ore, 44 minuti, 4 secondi ciascuna, anno di circa 354 giorni), per millenni rimane il problema di far coincidere l'anno solare e l'anno lunare, mediante il «recupero» dei 10 giorni, 21 ore, 11 minuti, 26 secondi di differenza solo oggi noti con assoluta precisione. Un «recupero» cui si applicano astronomi e matematici dai caldei in poi:
– i babilonesi, probabilmente dal 747 a.C. e dopo secoli di osservazioni di astri e volta celeste, raggiungono la cognizione che 235 mesi lunari assommano

lo stesso numero di giorni di 19 anni solari, e cioè che si devono intercalare 7 mesi lunari ogni 19 anni per avere una corrispondenza: in quali anni porre questi mesi intercalari, resta un'operazione empirica ordinata dal re in epoca caldeo-babilonese, dai sacerdoti in epoca persiano-babilonese. Verso il 528-505 a.c. si applica invece un ciclo «ottennale»: 5 anni comuni di 12 mesi e 3 anni intercalari di 13 mesi. Verso il 383 o il 367 a.c. l'intercalazione si fa costante («ciclo dei 19 anni»), aggiungendo un ulteriore Ululu (sesto mese dell'anno) o Addaru (dodicesimo mese);

– i greci usano dapprima un sistema fissato da Solone (VI sec. a.c.) nel quale si alternano 12 mesi di 29 e 30 giorni in un anno della durata di 354 giorni, con inserimento ad anni alternati di un mese di 30 giorni. Segue il ciclo detto «ottaeteride» di Cleostrato di Tenedo (circa 540 a.C.), basato su 8 anni con 99 lunazioni e mesi di 29 e 30 giorni alternati e un mese intercalare di 30 giorni negli anni 3, 5, 8 e la ripetizione di un sesto mese. Un metodo simile a quello babilonese è proposto dall'ateniese Metone (432 a.C.): il ciclo è di 19 anni solari (12 anni comuni e 7 intercalari il cui alternarsi resta però sconosciuto) uguali a 235 mesi lunari, dei quali 110 di 29 giorni e 125 di 30 giorni. Il ciclo viene poi perfezionato dall'astronomo Callippo (330 a.C.) mediante calcolo di corrispondenza fra 76 anni solari e 940 lunazioni; e dall'astronomo Ipparco di Nicea (145 a.C.), che calcola la durata dell'anno in 365 giorni, 5 ore, 55 minuti con un'eccedenza di soli 7 minuti sulla realtà. Ma ogni città greca ha in realtà un suo calendario;

– i macedoni utilizzano pure un calendario lunisolare, con mesi di 29 e di 30 giorni, un mese «cavo» senza il 29 e il raddoppio di un mese forse ogni due anni per ottenere la coincidenza con il «moto solare»; poi lo introducono in Egitto in epoca ellenistica. Qui, sino al 240 a.C. e dal 163 al 145 a.C., le date di questo calendario concordano con il corso lunare;

– gli egiziani hanno come misura base dell'anno il giorno, e 365 giorni divisi in 12 mesi di 30 giorni, più 5 giorni aggiuntivi o «epagomeni». Il resto di 1/4 di giorno non viene recuperato con intercalazioni, così ogni 4 anni l'inizio d'anno (1° Thot) arretra di un giorno rispetto all'anno solare, con uno scarto di 10 giorni in 40 anni fra anno solare e anno variabile egizio. Il sistema è adottato anche dai sassanidi (226-636 d.C.), che intercalano un mese ogni 120 anni per adeguarlo al corso del sole;

– i romani introducono diversi calendari. Il primo risale forse all'epoca della fondazione di Roma (VIII sec. a.C.) e si compone secondo le tradizioni di 10 mesi, sia «pieni» cioè di 31 giorni, sia «cavi» cioè di 30 giorni, più un periodo intercalare forse di influenza etrusca per la concordanza col moto apparente del sole. A un'epoca successiva risalirebbe il «calendario di Numa», basato su 12 mesi: 7 di 29 giorni (gennaio, aprile, giugno, sestile, settembre, novembre, dicembre), 4 di 31 (marzo, maggio, quintile, ottobre), 1 di 28 (febbraio) posto dapprima dopo il dicembre e dopo il gennaio solo dal 449 a.C. Il totale di 355 giorni ne fa un calendario lunare, sincronizzato col «moto del sole» attraverso l'intercalazione ad anni alterni del mese di mercedonio una volta di 22 e una di 23 giorni (tav. 1), con un ritmo di anni di 355, 377, 355 e 378 giorni, durata media dell'anno 366 giorni e 1/4. Poiché questo calendario

Tav. 1 Il «calendario di Numa»

	anno comune	anno intercalare semplice	anno comune	anno intercalare doppio
gennaio	29	29	29	29
marzo	31	31	31	31
aprile	29	29	29	29
maggio	31	31	31	31
giugno	29	29	29	29
quintile	31	31	31	31
sestile	29	29	29	29
settembre	29	29	29	29
ottobre	31	31	31	31
novembre	29	29	29	29
dicembre	29	29	29	29
febbraio	28	28	28	28
mercedonio	–	22	–	23

Fonte: Falconi, *Elementi di cronologia e cronografia*, Parma, 1979, p. 10.

eccede un giorno sull'anno astronomico, viene presto sostituito da un ciclo di 24 anni, su tre cicli di 8 anni: dal primo all'ottavo anno e dal nono al sedicesimo ancora con l'intercalazione di Numa, dal diciassettesimo al ventiquattresimo con tre intercalazioni semplici di 22 giorni (tav. 2), con una durata media dell'anno di 365,6 giorni ridotta rispetto al «calendario di Numa»;

Tav. 2 Modifica al «calendario di Numa»

I ciclo	1		355
	2	355 + 22 =	377
	3		355
	4	355 + 23 =	378
	5		355
	6	355 + 22 =	377
	7		355
	8	355 + 23 =	378
II ciclo	9		355
	10	355 + 22 =	377
	11		355
	12	355 + 23 =	378
	13		355
	14	355 + 22 =	377
	15		355
	16	355 + 23 =	378
III ciclo	17		355
	18	355 + 22 =	377
	19		355
	20	355 + 22 =	377
	21		355
	22	355 + 22 =	377
	23		355
	24		355
			8766

Fonte: Falconi, *Elementi di cronologia e cronografia*, Parma, 1979, p. 11.

– il calendario «giuliano», messo a punto dall'astronomo egiziano Sosigene da Alessandria, viene introdotto dal pontefice massimo Giulio Cesare nel 47 a.c. per rettificare le sempre maggiori differenze fra anno solare a lunare. Il principio è l'anno di 12 mesi, alternati di 31 giorni (gennaio, marzo, maggio, quintile, settembre, novembre) e di 30 giorni (aprile, giugno, sestile, ottobre, dicembre), con il febbraio di 29 negli anni comuni e 30 nei bisestili. Nel 46 a.c., al passaggio dal vecchio al nuovo calendario, si ha l'«anno di confusione»: intercalato un ultimo mercedonio di 23 giorni, si sommano altri 67 giorni per coprire lo scarto di 90 con il moto apparente del sole, che aggiunti ai 366 giorni dell'anno bisestile 46 a.c. danno un anno di 456 giorni. Il primo anno del nuovo calendario inizia dunque con il 45 a.c. I successivi aggiustamenti sono: nel 44 a.c. il mese di quintile è ribattezzato «Iulius» in onore di Cesare, assassinato poco prima; nel 27 a.c. il senato intitola «Augustus» il mese di sestile per onorare Ottaviano Augusto, e ne aumenta i giorni da 30 (numero pari, nefasto) a 31 (dispari, fausto) riducendo in compenso i giorni di febbraio a 28 se comune, 29 se bisestile e cambiando il numero dei giorni dei mesi del resto dell'anno: 31 giorni in ottobre e dicembre, 30 settembre e novembre, la sequenza tuttora valida. Augusto stabilisce infine nell'8 a.C. anche la cadenza quadriennale degli anni bisestili, dall'8 d.C.;

– il calendario «gregoriano», ratificato da Gregorio XIII il 24 febbraio 1582, ha lo scopo di eliminare le eccedenze accumulate nei secoli per l'errata stima di Sosigene, e cioè 1 giorno ogni 129 anni. Difatti al tempo del concilio di Nicea (325) l'equinozio di primavera anziché cadere il 25 marzo è regredito già al 21 marzo e nel 1582 all'11 marzo. La riforma è messa a punto dopo secoli di studi di John Holywood, Robert de Grossetête, Roger Bacon e Johann Müller da Königsberg, sulle proposte presentate nel 1580 dalla commissione presieduta dal cardinale Guglielmo Sirleto, che sceglie il progetto del calabrese Luigi Giglio «cancellando» i giorni 5-14 ottobre 1582 e passando direttamente dal 4 ottobre, giovedì, al 15 ottobre, «venerdì»; considerando bisestili solo gli anni secolari divisibili per 400 (cioè 1600 e 2000, ma non 1700, 1800 e 1900). Questa riforma non è accettata subito nemmeno da tutti i paesi cattolici, mentre in quelli luterani tedeschi una correzione analoga (ma per 11 giorni) è studiata nel 1698-99 e applicata dal 1700. Fra le ultime nazioni di religione ortodossa ad accogliere il calendario «gregoriano», la Russia bolscevica dal 1° gennaio 1918 (poi l'Unione sovietica il 1° marzo 1923), il Montenegro il 19/31 gennaio 1916, la Bulgaria nel 1917, la Serbia e la Romania nel 1919, la Grecia dal 1° marzo 1923.

Il mese. Il ciclo dei mesi si basa dall'antichità sulle dodici lunazioni. I mesi, con andamento parallelo già nel calendario babilonese, ebraico, macedonico, persiano e achemenide elamita (tav. 3), sono sempre 12, salvo nel calendario persiano antico. Gli egizi, che dapprima conoscono solo le tre stagioni della «inondazione», della «semina» e del «raccolto», contano in seguito 12 mesi (Thot, Paophi, Athyr, Choiak, Tybi, Mechir, Phanemoth,

Tav. 3 I mesi nei calendari antichi

babilonese	ebreo	macedonico	persiano antico	achemenide elamita
Nisanu	Nisan	Artemisios	Adukanish	Hadukannash
Aiaru	Iyyar	Daisios	Thuravahara	Turmar
Simanu	Sivan	Panemos	Thaigarchish	Sakurrisish
Duzu	Tammuz	Loös	Garmapada	Karmabadash
Abu	Ab	Gorpiaios		Turnabasish
Ululu	Elul	Hyperberetaios		Qarbashiyash
Tashritu	Tishri	Dios	Bagayadish	Bagiyatish
Arahsamnu	Heshvan	Apellaios		Marqashanash
Kislimu	Kislev	Audynaios	Açiyadiya	Hashiyatish
Tebetu	Tebeth	Peritios	Anamaka	Hanamakash
Shabatu	Shebat	Dystros		Samimash
Addaru	Adar	Xanthikos	Viyakhna	Mikannash

Fonte: Parker-Dubberstein, *Babilonian Chronology 626 B.C.-A.D. 75*, Providence, 1956, p. 26.

Pharmuti, Pachon, Payni, Epiphi, Mesore); ma anche un ciclo venticinquennale con 309 mesi di durata di 29 e 30 giorni alternati, con un tredicesimo mese intercalato negli anni 1, 3, 6, 9, 12, 14, 17, 20, 23 («anni grandi»): in totale 145 mesi di 29 giorni e 164 di 30, per un totale di 9125 giorni. Il risultato dell'assemblea sacerdotale di Canopo del 239 a.C., l'idea di aggiungere un giorno ogni 4 anni, non viene applicata. Anche la durata di 29/30 giorni per mese si riscontra presso tutti i popoli. Per gli ebrei, l'anno inizia con il mese di Abib, corrispondente circa all'equinozio di primavera, e si ha l'intercalazione di un tredicesimo mese; dopo la cattività babilonese il primo mese è chiamato Nisan; quindi l'anno civile è fatto iniziare dal primo giorno del settimo mese, Tishri; dopo la distruzione di Gerusalemme (70 d.C.) è adottato il ciclo decennovenale con un tredicesimo mese intercalare o «embolistico» immesso negli anni 3, 6, 8, 11, 14, 17 e 19.

I romani iniziano l'anno dapprima il 24 febbraio, poi (dal 153 a.C.) il 1° gennaio, giorno in cui i consoli entrano in carica, il mese inizia con la proclamazione del novilunio fatta dai «pontefici», i magistrati che tra l'altro si occupano dei calendari; si articola in «calende» – il giorno dell'annuncio –, «idi» – il giorno di separazione del mese in parti uguali che corrisponde al plenilunio –, «nonae» – inizio dal nono giorno precedente le idi. All'epoca di Augusto il primo del mese porta ancora il nome di calende, le none e le idi cadono il 5 e il 13 nel gennaio, febbraio, aprile, giugno, agosto, settembre, novembre, dicembre; il 7 e il 15 nel marzo, maggio, luglio, ottobre, schema in uso sino al medioevo.

L'ora. La divisione del giorno in 12 parti («ore doppie») si deve ai caldei, per i quali il «12» riveste significati religiosi: l'anno è diviso in 12 mesi di 30 giorni, e il giorno in 12 parti uguali suddivise in 30 frazioni. Tale partizione è adottata, attraverso i babilonesi, dai greci verso il 550 a.C. su iniziativa dello scienziato e filosofo Anassimandro di Mileto. Ma la suddivisione del giorno intero in 24 parti uguali di 60 minuti, commistione di elementi egiziani e babilonesi, che deriva dall'astronomia ellenistica, conosce diffusione solo nel medioevo. Gli egizi conoscono 10 ore diurne, 12 notturne e 2 crepuscolari di lunghezza variabile sin dal III sec. a.C. Presso i greci e i romani il conteggio delle ore del giorno inizia al levar del sole, di quelle della notte al calare delle tenebre, di modo che l'«ora settima» è rispettivamente il mezzogiorno e la mezzanotte: le ore rappresentano 1/12 dell'arco solare (non 1/24 del giorno) e sono di durata ineguale (5/4 dell'ora reale in Grecia, 3/4 a Roma). Le ore notturne, il «tempo vuoto», sono pure divise dai romani in «vigiliae» di 3 ore ciascuna: «vigilia prima» dalle 18 alle 21, «secunda» sino alle 24, «tertia» sino alle 3, «quarta» sino alle 6; e quelle diurne in «hora tertia» dalle 6 alle 9, «sexta» sino alle 12, «nona» sino alle 15, «duodecima» o «vespera» sino alle 18 e alla nuova serie di «vigiliae». Nel medioevo la successione delle ore ha anche un'altra suddivisione, in «matutinum» (dalle 3), «lodi» all'alba, «ora prima» col sole nascente, «tertia» (dalle 7 alle 9), «sexta» sino alle 12, «nona» sino alle 15, «vespera» prima del tramonto, «completorium» il tramonto. In generale le ore si contano dall'«Ave Maria», cioè dal tramonto. Il conteggio moderno, secondo l'ora media del meridiano della capitale di ogni stato, si inizia negli Stati Uniti d'America e in Canada dal 1883, poi si diffonde. L'uso è adottato in Italia dal 1892.

La settimana. La suddivisione odierna in settimane non ha origine, come per le altre, nell'astronomia o nel calcolo matematico, ma nella tradizione di carattere religioso. Il ciclo dei 7 giorni è in uso già presso babilonesi ed ebrei: per i primi come suddivisione del mese lunare, coi nomi dei giorni presi da quelli degli astri, dai più vicini ai più lontani dalla terra secondo il modello tolemaico; per i secondi la settimana è slegata dalle fasi lunari, un nome lo ha solo il settimo giorno destinato al riposo: il «shabbat» (sabato). I romani si servono dapprima di un ciclo di origine agricola di 8 giorni, il «nundinum», collegato alla giornata del mercato, o «nundinalis», e in cui le giornate sono indicati sui calendari con lettere, dalla «A» alla «H». Secondo i rituali religiosi, inoltre, le giornate sono divise in: «dies fasti» (F), «dies nefasti» (N), «dies comitiales» (C), «dies fasti in prima parte diei» (FP), «dies endotercisi» o «intercisi» (EN), «dies quando rex comitiavit fas» (QRCF) e in «dies quando stercus templi delatum fas» (QSTDF), con relative cerimonie (tav. 4). In totale, su 365 giorni all'anno se ne contano 184 «C», 70 «NP», 55 «N», 45 «F», 8 «EN», 2 «QRCF» e 1 «QSTDF». I romani adotteranno in seguito l'attuale ciclo su influenza degli astrologi caldei e babilonesi, con giornate dedicate dal I sec. a.C. a: «dies Saturni», sabato; «dies Solis», domenica; «dies Lunae», lunedi; «dies Martis», martedi; «dies Mercurii», mercoledi; «dies Jovis», giovedi; «dies Veneris», venerdi. Questo ciclo prevale dal III-IV sec. d.C., adottato in forma ufficiale dal 321 d.C. dall'imperatore Costantino I, che ordina il riposo domenicale, cioè nel «dies dominica».

Tav. 4 Il ciclo «nundinale»

Gennaio

Giorno	Lettera	Data	Carattere
1	A	kal.	F
2	B	IV	F
3	C	III	C
4	D	pr.	C
5	E	non.	F
6	F	VIII	F
7	G	VII	C
8	H	VI	C
9	A	V	C
10	B	IV	NP
11	C	III	EN
12	D	pr.	NP
13	E	id.	NP
14	F	XIX	EN
15	G	XVIII	NP
16	H	XVII	C
17	A	XVI	C
18	B	XV	C
19	C	XIV	C
20	D	XIII	C
21	E	XII	C
22	F	XI	C
23	G	X	C
24	H	IX	C
25	A	VIII	C
26	B	VII	C
27	C	VI	C
28	D	V	C
29	E	IV	F
30	F	III	F
31	G	pr.	C(NP)

Febbraio

Giorno	Lettera	Data	Carattere
1	H	kal.	N
2	A	IV	N
3	B	III	N
4	C	pr.	N
5	D	non.	N
6	E	VIII	N
7	F	VII	N
8	G	VI	N
9	H	V	N
10	A	IV	N
11	B	III	N
12	C	pr.	N
13	D	id.	NP
14	E	XVI	N
15	F	XV	NP
16	G	XIV	EN
17	H	XIII	NP
18	A	XII	C
19	B	XI	C
20	C	X	C
21	D	IX	NP
22	E	VIII	C
23	F	VII	NP
24	G	VI bis	N
25	H	V	C
26	A	IV	EN
27	B	III	NP
28	C	pr.	C

Marzo

Giorno	Lettera	Data	Carattere
1	D	kal.	NP
2	E	VI	F
3	F	V	C
4	G	IV	C
5	H	III	C(NP)
6	A	pr.	F
7	B	non.	C
8	C	VIII	C
9	D	VII	C
10	E	VI	C
11	F	V	C
12	G	IV	C
13	H	III	EN
14	A	pr.	NP
15	B	id.	NP
16	C	XVII	F
17	D	XVI	NP
18	E	XV	C
19	F	XIV	NP
20	G	XIII	C
21	H	XII	C
22	A	XI	N
23	B	X	NP
24	C	IX	QRCF
25	D	VIII	C
26	E	VII	C
27	F	VI	F(NP)
28	G	V	C
29	H	IV	C
30	A	III	C
31	B	pr.	C

Aprile

Giorno	Lettera	Data	Carattere
1	C	kal.	F
2	D	IV	F
3	E	III	C
4	F	pr.	C
5	G	non.	N
6	H	VIII	N(NP)
7	A	VII	N
8	B	VI	N
9	C	V	N
10	D	IV	N
11	E	III	N
12	F	pr.	NP
13	G	id.	N
14	H	XVIII	NP
15	A	XVII	N
16	B	XVI	NP
17	C	XV	N
18	D	XIV	N
19	E	XIII	NP
20	F	XII	N
21	G	XI	NP
22	H	X	N
23	A	IX	NP
24	B	VIII	N
25	C	VII	C
26	D	VI	F
27	E	V	C(NP)
28	F	IV	C
29	G	III	C
30	H	pr.	C

Maggio

Giorno	Lettera	Data	Carattere
1	A	kal.	F
2	B	VI	F
3	C	V	C
4	D	IV	C
5	E	III	C
6	F	pr.	C
7	G	non.	F
8	H	VIII	N
9	A	VII	N
10	B	VI	N
11	C	V	N
12	D	IV	NP
13	E	III	C
14	F	pr.	NP
15	G	id.	NP
16	H	XVII	F
17	A	XVI	C
18	B	XV	C
19	C	XIV	NP
20	D	XIII	C
21	E	XII	N
22	F	XI	N
23	G	X	NP
24	H	IX	QRCF
25	A	VIII	C
26	B	VII	C
27	C	VI	C(NP)
28	D	V	C
29	E	IV	C
30	F	III	C
31	G	pr.	C

Giugno

Giorno	Lettera	Data	Carattere
1	H	kal.	N
2	A	IV	F
3	B	III	C
4	C	pr.	C
5	D	non.	N
6	E	VIII	N
7	F	VII	N
8	G	VI	N
9	H	V	N
10	A	IV	N
11	B	III	N
12	C	pr.	N
13	D	id.	N
14	E	XVIII	N
15	F	XVII	QSDF
16	G	XVI	C
17	H	XV	C
18	A	XIV	C
19	B	XIII	C
20	C	XII	C
21	D	XI	C
22	E	X	C
23	F	IX	C
24	G	VIII	C
25	H	VII	C
26	A	VI	C
27	B	V	C
28	C	IV	C
29	D	III	F
30	E	pr.	C

	Luglio			Agosto			Settembre			Ottobre			Novembre			Dicembre		
1	F	kal.	N	E	kal.	F(NP)	D	kal.	F	B	kal.	N	A	kal.	F	G	kal.	N
2	G	VI non.	N	F	IV non.	F(NP)	E	IV non.	F(NP)	C	VI non.	F	B	IV non.	F	H	IV non.	N
3	H	V "	N	G	III "	C	F	III "	F(NP)	D	V "	C	C	III "	C	A	III "	N
4	A	IV "	N(NP)	H	pr.	F(NP)	G	pr.	C	E	IV "	C	D	pr.	C	B	pr.	C
5	B	III "	NP	A	non.	F(NP)	H	non.	F	F	III "	C	E	non.	F	C	non.	F
6	C	pr.	N	B	VIII id.	C	A	VIII id.	F	G	pr.	F	F	VIII id.	F	D	VIII id.	F
7	D	non.	N	C	VII "	C	B	VII "	C	H	non.	C	G	VII "	C	E	VII "	C
8	E	VIII id.	N	D	VI "	C	C	VI "	C	A	VIII id.	F	H	VI "	C	F	VI "	C
9	F	VII "	N	E	V "	F(NP)	D	V "	C	B	VII "	C	A	V "	C	G	V "	C
10	G	VI "	C	F	IV "	C(NP)	E	IV "	C	C	VI "	C	B	IV "	C	H	IV "	C
11	H	V "	C	G	III "	C	F	III "	C	D	V "	NP	C	III "	C	A	III "	EN
12	A	IV "	C(NP)	H	pr.	C	G	pr.	N	E	IV "	C(NP)	D	pr.	C	B	pr.	NP
13	B	III "	C	A	id.	NP	H	id.	NP	F	III "	NP	E	id.	NP	C	id.	NP
14	C	pr.	C	B	XIX kal.	F	A	XVIII kal.	F	G	pr.	EN	F	XVIII kal.	F	D	XIX kal.	F
15	D	id.	NP	C	XVIII "	C	B	XVII "	C	H	id.	NP	G	XVII "	C	E	XVIII "	C
16	E	XVII kal.	F	D	XVII "	C	C	XVI "	C	A	XVII kal.	F	H	XVI "	C	F	XVII "	C
17	F	XVI "	C	E	XVI "	C	D	XV "	C(NP)	B	XVI "	C	A	XV "	C	G	XVI "	C
18	G	XV "	C	F	XV "	NP	E	XIV "	C	C	XV "	C	B	XIV "	C	H	XV "	NP
19	H	XIV "	NP	G	XIV "	NP	F	XIII "	C	D	XIV "	NP	C	XIII "	C	A	XIV "	C
20	A	XIII "	C	H	XIII "	C	G	XII "	C	E	XIII "	C	D	XII "	C	B	XIII "	C
21	B	XII "	NP	A	XII "	NP	H	XI "	C	F	XII "	C	E	XI "	C	C	XII "	NP
22	C	XI "	C	B	XI "	EN	A	X "	C	G	XI "	C	F	X "	C	D	XI "	C
23	D	X "	NP	C	X "	NP	B	IX "	F(NP)	H	X "	C	G	IX "	C	E	X "	NP
24	E	IX "	C	D	IX "	C	C	VIII "	C(NP)	A	IX "	C	H	VIII "	C	F	IX "	C
25	F	VIII "	NP	E	VIII "	C	D	VII "	C	B	VIII "	C	A	VII "	C	G	VIII "	C
26	G	VII "	C	F	VII "	NP	E	VI "	C	C	VII "	C	B	VI "	C	H	VII "	C
27	H	VI "	C	G	VI "	C	F	V "	C	D	VI "	C	C	V "	C	A	VI "	C
28	A	V "	C	H	V "	NP	G	IV "	C	E	V "	C	D	IV "	C	B	V "	F
29	B	IV "	C	A	IV "	C(NP)	H	III "	F	F	IV "	C	E	III "	F	C	IV "	F
30	C	III "	C	B	III "	F	A	pr.	C	G	III "	C	F	pr.	C	D	III "	C
31	D	pr.	C	C	pr.	C(NP)				H	pr.	C				E	pr.	C

Fonte: Falconi, *Elementi di cronologia e cronografia*, Parma, 1979, pp. 22-24.

La prima colonna contiene la numerazione dei giorni del mese, la seconda la cifra del ciclo nundinale, la terza e la quarta l'indicazione del giorno secondo il computo romano, l'ultima l'indicazione della posizione civile e religiosa del giorno (in questa colonna le lettere tra parentesi si riferiscono al calendario giuliano, quelle fuori al pregiuliano). F = dies faustus; C = dies comitialis; N = dies nefastus; NP = dies nefastus parte; EN = dies endotercisus (intercisus); QRCF = quando rex comitiavit fas; QSDF = quando stercus delatum fas.

3　La cronografia

Modo di conteggiare gli anni e fissare il loro inizio. Nell'antichità quando ancora non esiste la convenzione di contare da un anno «1», si utilizzano diversi modi di individuare gli anni:

– presso egiziani e babilonesi, che celebrano feste di capodanno, ogni anno è indicato col nome dell'avvenimento più rilevante: «l'anno della vittoria», dell'«inondazione», del «censimento», dell'«invasione»..., a volte col nome del re che sale al trono si calcolano gli anni di quel regno dal giorno del suo arrivo al potere o dal primo giorno dell'anno successivo;

– ateniesi e romani fissano l'inizio d'anno all'entrata in carica del magistrato «eponimo» – cioè che dà il nome all'anno – l'arconte (dal 1° Hekatombaion); e il console (dal 15 marzo dal 222 al 153 a.C., poi dal 1° gennaio).

Le ere. Altra forma per individuare gli anni è quella di numerarli, come si fa oggi. Ma per situare gli eventi è necessario conoscere la data d'inizio dell'era. Se ne considerano almeno tre forme: «dinastiche», «sacrali» e «dotte». Per ognuna di queste bisogna poi considerare sia la data di partenza del relativo calendario, sia quella di introduzione dello stesso, che a volte è successiva di secoli cosicché il calendario ha valore retroattivo.

Le ere «dinastiche». L'uso sistematico di queste ere in occidente si ha dall'età ellenistica, ma con qualche precedente:

– i babilonesi a partire da Seleuco I utilizzano l'«era seleucide» nel calendario macedonico (dal 1° Dios 312 a.C., per gli astronomi arabi 1° ottobre 312 a.C.);

– i greci Tolomeo e Ipparco introducono nel II sec. a.C. l'«era babilonese» che viene calcolata dall'inizio del regno di Nabonassar, che corrisponde al nostro 26 febbraio 747 a.C.;

– i parti sotto la dinastia degli Arsacidi calcolano da una data che corrisponde al nostro 247 a.C.

Seguono altre ere «dinastiche» o «commemorative» di eventi particolari, introdotte sino ai tempi presenti:

– in epoca tardorepubblicana e imperiale romana l'era giuliana, dall'anno di riforma del calendario sotto Giulio Cesare (dall'anno 708 dalla fondazione di Roma, 45 a.C.);

– in epoca imperiale romana l'era augustea, calcolata a partire dall'anno nel quale Ottaviano Augusto ottiene dal senato i pieni poteri (dall'anno 727 dalla fondazione di Roma, 27 a.C.);

– in epoca tardoimperiale romana Diocleziano introduce la propria era, detta anche «dei martiri» (dal 29 agosto 284 d.C.), ancora usata nel calendario copto dell'alto Egitto;

– nella penisola iberica viene introdotta l'era di Spagna (dal V sec. d.C.) messa in relazione alla conquista augustea e con punto di partenza l'anno 716 dalla fondazione di Roma (1° gennaio 38 a.C.), abolita in Catalogna nel 1184, in Aragona nel 1350, a Valencia nel 1358, in Castiglia nel 1395;

– nell'Inghilterra del Commonwealth cromwelliano gli atti vengono datati a partire «dall'era della libertà ottenuta con la benedizione del Signore», cioè dal gennaio 1649, dopo l'esecuzione di Carlo I, e sino alla restaurazione della monarchia nel 1660;

– nella Francia rivoluzionaria l'«era della libertà» (in uso dal 14 luglio 1790, primo anniversario della presa della Bastiglia) è sostituita dall'«era repubblicana», in cui i nomi dei mesi e la numerazione stessa degli anni sono cambiati dal 22 settembre 1792, rovesciamento della monarchia; era abolita poi per decreto dell'imperatore Napoleone I del 9 settembre 1805 (in uso dal 26 novembre 1793 al 31 dicembre 1805);

– nell'Italia fascista una circolare del capo del governo Benito Mussolini del 25 dicembre 1926 istituisce l'obbligo dal 29 ottobre 1927 – accolto nello statuto del PNF – di aggiungere alla data comune un numero romano, annuale della «marcia su Roma» (28 ottobre 1922).

In oriente il computo si basa in genere sul regno dell'imperatore:

– i cinesi considerano il nome dell'era stabilito dall'imperatore in carica, e un ciclo che risale a una data corrispondente al nostro 2637 a.C.;

– i giapponesi usano il metodo cinese e la fondazione dell'impero, stabilita in una data corrispondente al nostro 660 a.C.

Le ere «sacrali». Si basano sulla pretesa data di creazione del mondo, che per il calcolo «alessandrino» è il 25 marzo 5493 a.C.; presso i bizantini il 21 marzo 5508 a.C. (in uso dal VII sec. d.C.) poi il 1° settembre 5509 a.C.; presso gli ebrei il 7 ottobre 3761 a.C. Per i musulmani il calendario è basato sulla data della fuga di Maometto dalla Mecca verso Medina il 15 luglio 622 d.C. (in uso dal 640 d.C.). Per i cristiani e nell'uso comune più diffuso gli anni si computano dalla pretesa data di nascita di Gesù Cristo, nascita che viene ora anticipata in realtà al 7 a.C. (in uso dal VI sec. d.C.): in ogni caso, esistono un 1 a.C. e un 1 d.C. ma non l'anno «0».

Le ere «dotte». Si tratta di ere non di uso comune, entrate in vigore piuttosto tardi e utilizzate in modo retroattivo in genere da annalisti e cronisti, non in documenti ufficiali. Il più antico a essere usato negli atti ufficiali è, presso i romani, il computo del consolato (in uso dal 510 a.C. al 613 d.C.) basato sulla durata annuale della carica dei due consoli e su elenchi dei magistrati («fasti consulares») compilate dalle autorità. Seguirà il computo secondo gli anni olimpici (in uso circa dal 256 a.C.), basato sui quattro anni da un'olimpiade all'altra: dalla prima nel 776 a.C. all'abolizione dei giochi nel 393 d.C.; l'era olimpica viene poi cancellata nel 395 d.C. per decreto di Teodosio I. L'era «ab urbe condita», basata sulla data della fondazione di Roma, posta dagli storici antichi al 21 aprile 753 a.C., è in uso dal I sec. d.C.

Quale metodo comune, infine, l'umanista francese d'origine italiana Joseph-Juste Scaliger (Agen 1540 - Leida 1609) suggerisce la coincidenza di cicli solari di 28 anni, periodi lunari di 19 anni e indizioni di 15 anni, coincidenza che si verifica ogni 7980 anni come nell'anno 4715 a.C. giuliano, vale a dire il – 4714 dell'era cristiana. I tre cicli partono quindi dal 1° gennaio 4715 a.C., la misura del tempo viene espressa in giorni del periodo giuliano.

4   Cicli e inizio d'anno

L'indizione. Il termine di origine forse egiziana corrisponde alla tassazione o all'ammasso forzoso di derrate, ma viene in seguito usato per indicare cicli ripetitivi di 15 anni, introdotto nella datazione di documenti da Giustiniano dal 312 d.C. (in uso comune dal IV sec. d.C., in occidente dal V sec. d.C.). La data di partenza del ciclo è in genere il 313 d.C., «indizione prima» (dal 314 d.C. nell'indizione «genovese»), al 327 d.C., «indizione quindicesima», per riprendere dal 328 d.C. nuova «indizione prima», e così a seguire (tav. 5). Il ciclo continua come «indizione romana», presso il tribunale supremo del Sacro romano impero germanico, sino alla soppressione nel 1806.

Tav. 5 L'«indizione»

I	313	358	838	1303
II	314	359	839	1304
III	315	–	–	1305
IV	316	–	–	1306
V	317	–	–	1307
VI	318	–	–	1308
VII	319	–	–	1309
VIII	320	–	–	1310
IX	321	–	–	1311
X	322	–	–	1312
XI	323	–	–	1313
XII	324	–	–	1314
XIII	325	–	–	1315
XIV	326	–	–	1316
XV	327	–	–	1317
I	328	808	1183	–
II	329	809	1184	–
III	330	810	1185	–
IV	331	811	1186	–
V	332	812	1187	–
VI	332	813	1188	–
VII	334	814	1189	–
VIII	335	815	1190	–
IX	336	816	1191	–
X	337	817	1192	–
XI	338	818	1193	–
XII	339	819	1194	–
XIII	340	820	1195	–
XIV	341	821	1196	–
XV	342	822	1197	–
I	343	823	1198	–
II	344	824	1199	–
III	345	824	–	–
IV	346	826	–	–
V	347	827	–	–
VI	348	828	–	–
VII	349	829	–	–
VIII	350	830	–	–
IX	351	831	–	–
X	352	832	–	–
XI	353	833	–	–
XII	354	834	–	–
XIII	355	835	–	–
XIV	356	836	–	–
XV	357	837	–	–

Fonte: Falconi, *Elementi di cronologia e cronografia*, Parma, 1979, p. 55.

L'epatta. Con questo termine si indicano i giorni, quasi 11, da aggiungere all'anno lunare per farlo coincidere con quello solare. Il ciclo lunare dei 19 anni inizia l'1 a.C., l'anno seguente 1 d.C. la luna ha dunque «11 giorni di età», nel 2 d.C. «22 giorni di età» e nel 3 d.C. «33 giorni di età»: tolta un'intera lunazione di 30 giorni, resta il numero 3 epatta appunto del 3 d.C., IV anno di ciclo, e così a seguire. Inoltre, poiché fra ciclo lunare e solare la differenza reale è di 10 giorni, 21 ore, 11 minuti, 26 secondi e nel ciclo decennovenale di 1 giorno, 1 ora, 28 minuti, 15 secondi, si deve computare nell'ultimo anno del ciclo un «saltus lunae» non di 11 ma di 12 giorni. Il ciclo dell'epatta ha inizio il 1° gennaio, invece nei documenti del medioevo il 1° settembre. Il posto occupato da un anno qualunque nel ciclo decennovenale è indicato dal «numero d'oro» che si ricava aggiungendo alla cifra dell'anno una unità e dividendo per 19: il resto ottenuto è il «numero d'oro» (tav. 6).

Gli stili. L'uso di iniziare l'anno solare dal 1° gennaio è piuttosto raro nel medioevo: questo stile, detto della «circoncisione», è usato in Germania, più tardi in Francia (dal 1° gennaio 1563), nello Stato pontificio (dal 1691) in Toscana (dal 1° gennaio 1750), a Venezia (dal 1797). Altri stili più usati sono: quello della «natività», inizio anno al 25 dicembre, e dell'«incarnazione», al 25 marzo, in due varianti:
– «stile dell'incarnazione fiorentina», che ritarda l'inizio d'anno al 25 marzo e coincide con l'anno comune dal 25 marzo al 31 dicembre;
– «stile dell'incarnazione pisana», che anticipa l'inizio d'anno al 25 marzo che precede, coincide con l'anno comune dal 1° gennaio al 24 marzo, ha una unità in più rispetto a tale anno dal 25 marzo al 31 dicembre.

Tav. 6 L'«epatta» e il «numero d'oro»

anno di Cristo	numero d'oro	epatta
1 a.C.	1	0 *o nulla*
1 d.C.	2	11
2	3	22
3	4	3
4	5	14
5	6	25
6	7	6
7	8	17
8	9	28
9	10	9
10	11	20
11	12	1
12	13	12
13	14	23
14	15	4
15	16	15
16	17	26
17	18	7
18	19	18

Fonte: Bickerman, *La cronologia del mondo antico*, Firenze, 1963, p. 122.

Sono testimoniate comunque anche altre formule:

– lo «stile veneto», dal 1° marzo, ritardato rispetto allo stile comune con cui coincide dal 1° marzo al 31 dicembre e ha un'unità in meno dal 1° gennaio al 28/29 febbraio;

– lo «stile bizantino», dal 1° settembre, in anticipo sullo stile comune o della «circoncisione» di una unità dal 1° settembre al 31 dicembre, vi coincide dal 1° gennaio al 31 agosto;

– lo «stile della Pasqua», festa mobile, con inizio dal 22 marzo al 25 aprile, con un ritardo minimo sullo stile comune di 2 mesi e 22 giorni, massimo di 3 mesi e 25 giorni e un «anno pasquale» di durata da 330 a 400 giorni.

Per le concordanze fra uno stile e l'altro diversi autori hanno proposto delle tavole pratiche (tavv. 7a/b).

Tav. 7a Tabella di raffronto degli «stili»

stile	parti dell'anno	differenza con l'anno della circoncisione	correzioni da apportare
veneto	1 gen.-28/29 feb.	– 1	+ 1
	1 mar.-31 dic.	=	=
fiorentino	1 gen.-24 mar.	– 1	+ 1
	25 mar.-31 dic.	=	=
bizantino	1 gen.-31 ago.	=	=
	1 set.-31 dic.	+ 1	– 1
natività	1 gen.-24 dic.	=	=
	25 dic.-31 dic.	+ 1	– 1
Pasqua	1 gen.-24 mar.	=	=
	25 mar.-31 dic.	+ 1	– 1

Fonte: Falconi, *Elementi di cronologia e cronografia*, Parma, 1979, p. 55.

Tav. 7b Tabelle di raffronto degli «stili». Rapporto tra gli inizi dell'anno e dell'indizione

stile moderno	1 gennaio			x		31 dicembre
ind. greca	"	i			i + 1	"
ind. senese	"	i		8 settembre	i + 1	"
ind. bedana	"	i		24 settembre	i + 1	"
ind. bedana genovese	"	i − 1		24 settembre	i	"
ind. romana	"	i			25 dicembre i + 1	"
stile veneto	1 gennaio	x − 1	1 marzo	x		31 dicembre
ind. greca	"	i	1 settembre		i + 1	"
ind. senese	"	i	8 settembre		i + 1	"
ind. bedana	"	i		24 settembre	i + 1	"
ind. bedana genovese	"	i − 1		24 settembre	i	"
ind. romana	"	i			25 dicembre i + 1	"

i = indizione dell'anno comune; x = anno comune.

(segue)

Tav. 7b Tabelle di raffronto degli «stili». Rapporto tra gli stili dell'anno e dell'indizione

stile dell'incarnazione fiorentino	1 gennaio	x – 1	25 marzo	x	31 dicembre
stile pisano	1 gennaio	x	25 marzo	x + 1	"
ind. greca			i	1 settembre	i + 1	"
ind. senese	"		i	8 settembre	i + 1	"
ind. bedana	"		i	24 settembre	i + 1	"
ind. bedana genovese	"		i – 1	24 settembre	i	"
ind. romana	"		i	25 dicembre i + 1	"
stile della Pasqua	1 gennaio	x – 1	22 marzo-25 aprile	x	31 dicembre
ind. greca	"		i	1 settembre	i + 1	"
ind. senese	"		i	8 settembre	i + 1	"
ind. bedana	"		i	24 settembre	i + 1	"
ind. bedana genovese	"		i – 1	24 settembre	i	"

	inizio		1 settembre	8 settembre	24 settembre	25 dicembre	fine
ind. romana	1 gennaio	i				25 dicembre i + 1	31 dicembre
stile bizantino	1 gennaio	x	1 settembre			x + 1	31 dicembre
ind. greca	"	i	1 settembre			i + 1	"
ind. senese	"	i		8 settembre		i + 1	"
ind. bedana	"	i			24 settembre	i + 1	"
ind. bedana genovese	"	i − 1			24 settembre	i	"
ind. romana	"	i				25 dicembre i + 1	"
stile della natività	1 gennaio	x				25 dicembre x + 1	31 dicembre
ind. romana	"	i				25 dicembre i + 1	"
ind. greca	"	i	1 settembre			i + 1	"
ind. senese	"	i		8 settembre		i + 1	"
ind. bedana	"	i			24 settembre	i + 1	"
ind. bedana genovese	"	i − 1			24 settembre	i	"

i = indizione dell'anno comune; x = anno comune.

(segue)

Tav. 7b Tabelle di raffronto degli «stili». Rapporto tra gli inizi dell'anno e dell'indizione

anno comune	a)	1 gennaio x−1	1 gennaio x	31 dicembre x	x+1	31 dicembre
stile circoncisione	b)	1 gennaio x−1	x	x+1		31 dicembre
stile veneto	c)	1 gennaio 1 marzo x−1	1 marzo x	1 marzo x+1		31 dicembre
stile incarnazione calendario fiorentino	d)	1 gennaio 25 marzo x−1	25 marzo x	25 marzo		31 dicembre
stile incarnazione calendario pisano	e)	1 gennaio 25 marzo	25 marzo x+1 x	25 marzo		31 dicembre
stile Pasqua	f)	1 gennaio x+1 x (22 marzo-25 aprile) x−1	(22 marzo-25 aprile) x	(22 marzo-25 aprile) x+1		31 dicembre
stile bizantino	g)	1 gennaio 1 settembre x−1	1 settembre x	1 settembre x+1		31 dicembre
stile natività	h)	1 gennaio 25 dicembre x−1	25 dicembre x	x+1 25 dicembre		31 dicembre
ind. greca	A)	1 gennaio i−1 1 settembre i	1 settembre i+1 x	1 settembre i+1 x+1		31 dicembre
ind. senese	B)	1 gennaio i−1 8 settembre i	8 settembre i+1			31 dicembre
ind. bedana	C)	1 gennaio i−1 24 settembre i	24 settembre i+1			31 dicembre
ind. bedana genovese	D)	1 gennaio i−1 24 settembre i	24 settembre i+1			31 dicembre
ind. romana	E)	1 gennaio i−1 25 dicembre i−1	25 dicembre i	25 dicembre i+1		31 dicembre

i = indizione dell'anno comune; x = anno comune.

Fonte: Del Piazzo, *Manuale di cronologia*, Roma, 1969, pp. 61-63.

5   Il manuale Cappelli, il suo autore, la riedizione 1998

Testi e manuali di cronologia e di cronografia. La produzione si fa intensa a partire dal XVIII secolo quando entrambe le scienze si affrancano, l'una dalle proibizioni alla diffusione delle scoperte dell'astronomia copernicana, l'altra dal semplice studio genealogico delle case regnanti. Divenuti di uso comune, accurati e di taglio scientifico, i manuali diventano strumenti di riscontro per gli archivisti, i paleografi, gli storiografi che cercano dati più attendibili. Dall'inizio del nostro secolo, grazie ai ritrovamenti archeologici, alle notizie su un passato sempre più remoto e a osservazioni astronomiche più precise, studi e pubblicazioni si ampliano in due direzioni: la maggior comprensione dei meccanismi di funzionamento dei calendari più antichi; la divulgazione di nuove e sofisticate tabelle per il calcolo di ere. Tedeschi, inglesi, francesi vantano già un ricco campionario di titoli quando nel 1906 compare il primo classico in lingua italiana, che tale rimane ancora, la *Cronologia, cronografia e calendario perpetuo*, pubblicata da Ulrico Hoepli Editore[2] e di continuo aggiornata sino al 1988.

Adriano Cappelli. L'autore del manuale, nasce l'8 giugno 1859 a Modena da Antonio, bibliotecario dell'Estense, e da Luigia Malagoli. Laureato in lettere all'Istituto di studi superiori di Firenze, diplomato archivista paleografo, nell'84 inizia la pratica da «alunno di 1ª classe» presso l'Archivio di Stato di Milano sotto la guida di Cesare Cantù, è promosso da «sotto archivista di 3ª classe» nell'86 ad «archivista di 3ª classe» nel 1900. Nominato direttore dell'Archivio di Stato di Parma (23 aprile 1903) vi prosegue la carriera sino al grado di «primo archivista di 1ª classe» (15 dicembre 1910). Viene collocato a riposo d'ufficio nel gennaio '27. Sposatosi a Modena con Agnese Giusti nel '91, ha due figlie, Maria e Antonietta. Insignito degli ordini di cavaliere, ufficiale, commendatore della Corona, poi cavaliere e ufficiale Mauriziano, Adriano Cappelli muore nella villa ex Paganini a Gaione di Vigatto (Parma), l'11 settembre 1942[3]. «Alto e magro, curvo le spalle, un poco trascurato nel vestire» lo ricorda un allievo:

Nell'insegnamento della paleografia, nella quale eccelleva per sicuro possesso della materia in sé e per la vasta conoscenza delle discipline ad essa coordinate: la storia, la numismatica, la geografia, la legislazione, conosceva l'arte difficile di interessare e di suscitare la passione per la conoscenza di quel passato, che, misterioso per noi, non aveva invece veli per lui. Per ogni pergamena, che dava in lettura a noi allievi (due o tre al massimo), facilitava il compito dell'interpretazione e della traduzione con parola facile e piana, fermandosi dinanzi ai nomi di persona e di località, dilucidando fatti e cose con un discorso fiorito di aneddoti originali argutamente esposti[4].

La notorietà del Cappelli, si è scritto, non si deve però tanto «alla sua attività di archivista, e neppure agli scarsi contributi da lui offerti alla storiografia regionale», quanto ai due manuali pubblicati da Hoepli: il *Dizionario delle abbreviature latine e italiane* (1899) e per l'appunto la *Cronologia*: «Manuale pratico», repertorio tuttora «utile», specie per «alcune parti originali, come quella dedicata ai diversi stili cronologici adoperati negli Stati e città d'Italia e d'Europa», ma «oramai invecchiato, sia perché fermo al 1929, sia perché non più aggiornato sul piano bibliografico»[5].

La nuova edizione. Alla ristampa anastatica aggiornata è stata preferita una riedizione in veste nuova. Nel rispetto del rigore scientifico dell'opera, per risultare più accessibili ai lettori sono stati modificati impostazione, formato delle tabelle, grafica. Si sono rinnovati grafia, impaginazione, paragrafi, note; reimpostato l'indice generale secondo la successione nel tempo dei calendari; arricchito l'indice analitico delle voci già presenti e aggiunte; sostituita in ordine alfabetico la successione di cronografie.

Fra le aggiunte più significative, le nozioni di cronologia e cronografia; l'«era fascista» – introdotta in Italia all'epoca della prima ristampa del manuale –; l'elenco cronologico degli imperatori e re d'Italia, e dei papi e degli antipapi col nome secolare e la relativa datazione corretta e completata con il giorno d'elezione e di consacrazione; alcune dinastie dell'antichità e dell'evo medio; l'elenco dei viceré di Sardegna; l'organizzazione sovranazionale mondiale dell'ONU ed europea della CEE; gli stati nuovi sorti dopo il crollo del muro di Berlino (1989) e altri paesi extraeuropei.

Allegato al manuale, per la prima volta un dischetto con un programma per confrontare le date da un calendario all'altro (giuliano, gregoriano, islamico, rivoluzionario francese), da uno stile all'altro (pisano, fiorentino, bizantino, veneto, della Pasqua). Si tratta di uno strumento di uso pratico elaborato dal prof. Giuseppe Gatto, che in modo «intelligente» – perché tiene conto di quando i calendari sono stati introdotti, del cambiare delle festività e di altre variabili – dà al lettore modo di collocare fatti e documenti in una data precisa. Di eventuali errori e dimenticanze il curatore si scusa sin d'ora, grato a chi vorrà segnalarli.

MARINO VIGANÒ
Milano, giugno 1998

Note alla prefazione all'edizione critica aggiornata

[1] Tra i manuali più recenti, si sono utilizzati: Richard A. Parker - Waldo H. Dubberstein, *Babilonian Chronology 626 B.C.-A.D. 75*, Providence (Rhode Island), Brown University Press, 1956; Luigi Todesco - Ireneo Daniele, *Manuale di cronologia. 3ª edizione completamente rifusa ed aggiornata. Vol. I Tavole cronologiche e genealogiche*, Padova, Gregoriana Editrice, 1957; E[lias] J[oseph] Bickerman, *La cronologia del mondo antico*, Firenze, La Nuova Italia, 1963; Eduard Mahler, *Handbuch der jüdischen Chronologie*, Hildesheim, Georg Olms Verlagsbuchhandlung, 1967; Agnes Kirsopp Michels, *The Calendar of the Roman Republic*, Princeton (New Jersey), Princeton University Press, MCMLXVII; Marcello Del Piazzo, *Manuale di cronologia*, Roma, Edizioni ANAI, 1969 [anastatica Roma, Il Centro di Ricerca, 1981]; Luigi Briatore, *Cronologia e tecniche della misura del tempo*, Firenze, Giunti Barbèra, 1976; Ettore Falconi, *Elementi di cronologia e cronografia*, Parma, Studium Parmense, 1979; Pierre Brind'Amour, *Le calendrier romain. Recherches chronologiques*, Ottawa, Editions de l'Université d'Ottawa, 1983.

[2] Adriano Cappelli, *Cronologia, cronografia e calendario perpetuo. Tavole cronografiche e quadri sinottici per verificare le date storiche dal principio dell'Era cristiana ai giorni nostri*, Milano, Ulrico Hoepli Editore, 1906, pp. XXXIII + 413, II ed. 1930 come *Cronologia, cronografia e calendario perpetuo, dal principio dell'Era cristiana ai giorni nostri. Tavole cronografico-sincrone e quadri sinottici per verificare le date storiche. Seconda edizione interamente rifatta ed ampliata*, pp. XI + 566, III ed. 1978 di pp. XV + 606, IV e V ed. aggiornate di pp. XV + 608.

[3] Ministero dell'Interno. Matricola degli impiegati dell'amministrazione Archivi di Stato, n. 169. *Cappelli Adriano*. Un ringraziamento particolare al direttore dell'Archivio di Stato di Parma, dott. Marzio Dall'Acqua, per aver messo a disposizione questo ed altri documenti meno noti. Per altre notizie: *Sunto della lettura del presidente prof. A. Barilli: «Commemorazione del deputato emerito comm. dott. prof. Adriano Cappelli»*, in «Archivio storico per le Provincie Parmensi» [Parma] s. III, VII/VIII (1942/43), p. XX.

[4] Enrico Colombi, *Una nobile figura di archivista: Adriano Cappelli*, in «Parma per l'Arte. Rivista quadrimestrale d'arte e cultura» [Parma] I (1951), fasc. I, pp. 25-26.

[5] Armando Petrucci, *Cappelli, Adriano*, in AAVv, *Dizionario biografico degli italiani*, Roma, Istituto della Enciclopedia Italiana, 1975, vol. XVIII, pp. 720-721.

Prefazione
alla seconda edizione
(1929)

«Nelle minutaglie della cronologia
anche i più accreditati scrittori prendono degli sbagli»
Muratori
(*Annali d'Italia, a. 1537*)

Non vi è forse studioso, o persona colta, che non abbia provato, più di una volta, il bisogno di verificare qualche data storica, specialmente dovendo consultare antichi documenti. Tutti sanno, in questo caso, quante difficoltà cronografiche e cronologiche s'incontrano, sia per i diversi sistemi usati in diversi tempi e luoghi per il computo degli anni, mesi e giorni, sia per l'uso di ere e calendari diversi dai nostri. Tali difficoltà non si riesce talvolta a superare se non con l'aiuto di appositi repertori. È perciò che io mi sono accinto, anni or sono, a compilare questo manuale per uso specialmente degli archivisti e degli studiosi di storia. Invitato più tardi dall'editore a curarne una seconda edizione, mi sono accorto che il mio lavoro aveva bisogno, per essere più utile, di venire quasi rifatto giacché molte recenti pubblicazioni storiche italiane e straniere mi ponevano in grado di modificare, correggere e ampliare il primitivo lavoro. Così, grazie agli ultimi miglioramenti, confido che il manuale meglio risponderà alle esigenze degli studiosi.

Riguardo le fonti cui ho dovuto attingere, essendo moltissime, basterà mi limiti a citare le più importanti, cioè: il Grotefend[1], *il* Rühl[2], *il* Ginzel[3], *il* Giry[4], *il* Paoli[5], *il* Carraresi[6], *l'*Alvino[7] *ecc., per la cronografia; poi l'*Art de verifier les dates *dei* PP. Maurini[8], *gli* Annali d'Italia *del* Muratori, *lo* Stokvis[9], *il* Calvi[10], *il* Cantù[11], *il* Garollo[12], *il* Dreyss[13], *il* Pertz[14], *il* Böhmer-Muhlbaker e Altmann[15] *ecc., per la cronologia. Per la tanto discussa cronologia dei papi mi sono attenuto alle indagini eseguite per incarico del Vaticano (terminate verso la fine del 1912) sotto la direzione del prof.* Fünk, *con la collaborazione di mons.* Duchesne, *del* Pastor *e d'altri eruditi*[16]. *Oggi questa nuova lista dei papi è ufficialmente riconosciuta dalla curia pontificia.*

L'ultima parte del volume comprende la serie dei sovrani e governi dei principali stati d'Europa, con notizie genealogiche e, fra parentesi, indicazione dei principali condomini del regnante. Nella prima edizione si erano dovuti omettere alcuni stati di minore importanza, per non uscire troppo dai limiti imposti da un semplice manuale, ma nell'ampliamento, dato a questa seconda edizione, viene arricchita delle tavole cronologiche di altri stati.

Questo lavoro di rifacimento, che presento ora agli studiosi, non sarà ancora, purtroppo, scevro da errori, ma so di aver fatto tutto quanto mi è stato possibile per raggiungere quell'esattezza di date e di fatti necessaria in lavori consimili, ma che non può essere assoluta per quanto si faccia.

Debbo poi, anche questa volta, rivolgere i miei più vivi ringraziamenti a tutti quei direttori d'archivi e professori di storia, che mi sono stati cortesemente di aiuto in questo lavoro, e fra essi, in special modo, debbo menzionare il prof. Bernardino Feliciangeli per indagini sul marchesato di Camerino, il dott. Oreste Ferdinando Tencajoli per notizie sul principato di Monaco, il prof. Fernand Benoît, conservatore della biblioteca d'Arles, per ricerche storiche sulla Provenza, e il dott. Glauco Lombardi per notizie sul marchesato di Colorno.

ADRIANO CAPPELLI [1859-1942]
Modena, novembre 1929

Note alla prefazione alla seconda edizione

[1] Hermann Grotefend, *Handbuch der historischen Chronologie des deutschen Mittelalters und der Neuzeit*, Hannover, Hahn'sche Hofbuchhandlung, 1872 e Id., *Zeitrechnung des deutschen Mittelalters und der Neuzeit*, ivi, 1891/98, voll. 2.

[2] Franz Rühl, *Chronologie des Mittelalters und der Neuzeit*, Berlin, Reuther, 1897.

[3] Friedrich Carl Ginzel, *Handbuch des matematischen und technischen Chronologie. Das Zeitrechnungwesen der Völker*, Leipzig, J.C. Hinrichs, 1906.

[4] Arthur Giry, *Manuel de diplomatique: diplômes et chartes, chronologie technique, éléments critiques et parties constitutives de la teneur des chartes, les chancelliers, les actes privés*, Paris, Hachette, 1894.

[5] Cesare Paoli, *Programma scolastico di paleografia latina e di diplomatica*, Firenze, Sansoni, 1889.

[6] Giulio Cesare Carraresi, *Cronografia generale dell'era volgare dall'anno 1 all'anno 2000*, Firenze, Sansoni, 1874.

[7] Francesco Alvino, *I calendari ossia metodi di computare il tempo dai popoli antichi e dalle nazioni moderne*, Firenze, Bruscoli, 1891.

[8] PP. Maurini, *L'art de vérifier les dates*, Paris, Imprimerie Nationale, 1818/44, voll. 44 e versione italiana di Venezia, 1892-1946, voll. 42.

[9] A.M.H.J. Stokvis, *Manuel d'histoire, de généalogie et de chronologie de tous les états du globe, depuis les temps les plus reculés jusqu'à nos jours*, Leide, E.J. Brill, 1888/93, voll. 3.

[10] Emilio Calvi, *Tavole storiche dei comuni italiani*, Roma, Loescher, 1903, lavoro interrotto per la morte dell'autore, si hanno solo i tre primi fascicoli, cioè Piemonte e Liguria, Romagne e Marche.

[11] Cesare Cantù, *Documenti alla storia universale. Cronologia*, Torino, UTET, 1886.

[12] Gottardo Garollo, *Dizionario biografico universale*, Milano, Hoepli, 1905, voll. 2.

[13] Charles Dreyss, *Chronologie universelle, suivie de la liste des grands états anciens et modernes avec les tableaux généalogiques des familles royales de France et maisons régnantes d'Europe*, Paris, Hachette, 1883, IV ed.

[14] Georg Heinrich Pertz, *Monumenta Germaniae historica inde ab anno Christi quingentesimo usque ad annum millesimum et quingentesimum*, Hannoverae, Hahn, 1826/97, voll. 30.

[15] Johann Friedrich Böhmer-Muhlbaker e Wilhelm Altmann, *Regesta Imperii (751-1437)*, Innsbruck, Wagner, 1889/1905.

[16] Cesare Paoli, *Note vaticane. Uno sconvolgimento radicale nella cronologia dei papi (dal nostro corrispondente vaticano)*, «Corriere della Sera» [Milano] XXXVIII, venerdì 24 gennaio 1913, n. 21, p. 4.

Indice di simboli, abbreviazioni e sigle

*	nato	C.	Caius
†	morto	Cae.	Caesar
		can.	canonizzato
a.	anno	can. reg.	canonico regolare
A.	Aulus	cap.	capitale
ab.	abate	capit.	capitano
abb.	abadessa	card.	cardinale
abd.	abdica	cast.	castellano
a.C.	avanti Cristo	Cl.	Claudius
accl.	acclamato	Cn.	Cnaeus
adott.	adottato	cogn.	cognato
afr.	africano	coll.	collega
ag.	agosto	com.	comandante
ann.	annessione	comp.	compagno
ant.	antipapa	compet.	competitore
ap.	apostolo	complet.	completamente
Ap.	Appius	conc.	concessione
apost.	apostolico	conf.	confessore
apr.	aprile	confer.	confermato
arc.	arciduca	conn.	connestabile
arcid.	arcidiacono	conq.	conquistato/a
arciv.	arcivescovo	cons.	console/i/consulatum
arist.	aristocratico	consac.	consacrato
ass.	assume	cor.	coronato
assoc.	associato	Cost.	Costantinus
assogg.	assoggettato	ct.	conte/contessa
Aug.	Augustus	ct.a	contea
Aur.	Aurelius	cug.	cugino
aut.	autorità	d.	dopo
av.	avanti	D.	Decimus
avv.	avverso	d.a.	dinastia
b	bisestile	d.C.	dopo Cristo
b.	beato	decr.	decreto/decretato
ba.	beata	def.	definitivo/a
batt.	battaglia	dem.	democratico/a
Bav.	Baviera	dep.	deposto
bis.	bisestile	dest.	destituito
bol.	bolognese	detr.	detronizzato
c.	circa		

diac.	diacono/diaconessa	Man.	Manlius
dic.	dicembre	mar.	marzo
dim.	dimissionario	march.	marchese
dip.	dipendente	marg.	margravio
dipar.	dipartimento	mart.	martire
ditt.	dittatore	Max.	Maximus
dom.	dominazione	mem.	membro/i
don.	donazione	M.Gr.	Magna Grecia
du.	duca/duchessa	min.	ministro
duc.	ducato	minacc.	minacciato
el.	eletto	miss.	missionario
El.	Elius	mogl.	moglie
er.	eremita	mon.	monaco/a
f.	figlio/filius	Mu.	Munius
f.a	figlia	M.v.	Maria vergine
febb.	febbraio	N.	Numerius
Fel.	Felix	nap.	napoletano
fior.	fiorentino/a	nat.	naturale
Fl.	Flavius	nip.	nipote
fond.	fondatore	nob.	nobiltà
fr.	fratello	nom.	nomina/nominato
fran.	francese	nov.	novembre
g.	giudice	occ.	Occidente
G.	Gaius	occup.	occupato/occupazione
gen.	generale	onor.	onorato
genn.	gennaio	or.	Oriente
gen.o	genero	ott.	ottobre
genov.	genovese	P.	Publius
germ.	germanico	P.c.	Partito comunista
giu.	giugno	part.	partecipa
gov.	governo	patr.	patriarca
govern.	governatore	persec.	persecuzione
imp.	imperatore	plen.	plenipotenziario
imper.	imperiale	pod.	podestà
imprig.	imprigionato	pont.	pontificio
indip.	indipendente	port.	portoghese
inf.	infeudato/infeudazione	pot.	potestà
infl.	influenza	Pr.	Primus
iniz.	iniziato/a	pred.	predetto
int.	interinale	pref.	prefetto
jun.	junior	prep.	preponderanza
L.	Lucius	pres.	presidente
lang.	langravio	princ.	principe
lat.	latina	procl.	proclamato/a
leg.	legato	proclam.	proclamazione
legg.	legioni	procur.	procuratore
longob.	longobardo	prof.	profeta
lug.	luglio	prom.	promulga
luogot.	luogotenente	pron.	pronipote
M.	Marcus	protos.	protospatario
mag.	maggio	prov.	provincia/e
magg.	maggiore	provv.	provvisorio/a

Q.	Quintus	succ.	succede/successore
regg.	reggente	success.	successione
regg.a	reggenza	suff.	suffectus
rep.	repubblica	sup.	superiore
ricon.	riconosciuto/a	sved.	svedese
rin.	rinunzia	T.	Titus
rist.	ristabilito	Ter.	Tertius
riv.	rivoluzione	term.	termina
rom.	romano	territ.	territorio
s.	santo	Tib.	Tiberius
S.	Sergius	tit.	titolo
s.a.	senza anno	Tosc.	Toscolus
sec.	secolo	trasl.	traslazione
segr.	segretario	tratt.	trattato
sem.	semestre	trib.	tribunizio/a
sen.	senatore	tut.	tutore/tutrice
Ser.	Serius	ucc.	ucciso
sett.	settembre	us.	usurpatore
Sex.	Sextus	v.	verso
sic.	siciliano/a	V.	Vibius
sig.	signore/i	vd.	vedere
soll.	sollevazione	ved.	vedova
sopp.	soppresso	ven.	veneto
sor.	sorella	vener.	venerabile
sottom.	sottomette	verg.	vergine
sp.	sposa	vesc.	vescovo
spagn.	spagnolo/a	vic.	vicario
sped.	spedizione	vitt.	vittoria
ss.	santi	vittor.	vittorioso/a
St.	Statius	vol.	volume

## PARTE PRIMA

Nozioni di cronografia

Ere e periodi cronologici
e loro entrata in vigore

Anni del consolato (dal 509 a.C.)

L'anno ufficiale dei romani secondo il quale si datano per legge gli atti pubblici si indica con il nome dei consoli che entrano in carica a Roma il 1° genn. di ogni anno. Si fa risalire la sua origine all'epoca dello stabilimento della repubblica romana, anno 509 av. l'era cristiana. Nel 541 dell'era cristiana Flavio Basilio il Giovane riveste il consolato per l'ultima volta e gli anni che seguono si numerano con la formula «P.C. (*post consulatum*) *Basilii anno I, II*» ecc. fino al XXIV, cioè al 565. Il 1° genn. 566 l'imperatore Giustino II assume egli stesso la dignità consolare – che rimane in seguito per gli imperatori soltanto – e nelle date si usa, accanto all'anno dell'impero, quello del *postconsolato*, con un'unità di meno[1].

Con il correre dei tempi si finisce per confondere frequentemente, come nota il Giry[2], il computo degli anni dell'impero con quelli del *postconsolato*, i quali vengono talora espressi con le stesse cifre, finché questo cade in disuso, rimanendo nelle datazioni il solo anno dell'impero o del regno.

Molte lettere di papi dal 385 al 546[3] e molti papiri dei secc. VI e VII si trovano datati con gli anni dei consoli. Il più recente documento che si conosca con la data del postconsolato è una lettera dell'anno 904 di papa Sergio III[4]. Daremo (parte IV) un elenco cronologico dei consoli romani con un indice alfabetico, che permetterà di trovare con facilità l'anno di qualsiasi data consolare.

Olimpiadi (*post* 256 a.C.)

Il computo degli anni per olimpiadi viene introdotto in Grecia dallo storico siciliano Timeo († 256 a.C.) che l'utilizza nella sua storia universale. Risale all'anno 776 a.C. e serve dapprima per calcolare il tempo nella lista dei vincitori dei giochi olimpici, che hanno luogo ogni 4 anni. Si indica un dato anno segnando il numero dei periodi quadriennali corsi dal 776 fino a quell'anno e facendolo seguire dagli anni di ciascun periodo, dall'1 al 4. Conviene notare però che l'anno olimpico comincia il 1° lug., così ad esempio il 1° anno della nostra era nei primi 6 mesi corrisponde al 4° anno della CXCIV olimpiade e negli ultimi 6 mesi corrisponde al 1° anno della CXCV olimpiade. Questo modo di computare gli anni è usato tanto in oriente che in occidente, ma solo dagli storici e dai cronografi e non diventa mai popolare. Viene abolito sotto Teodosio il Grande nell'anno 395 d.C. e rimpiazzato dal computo delle indizioni. Qualche rara volta però le olimpiadi le vediamo usate anche nel medioevo, ma con un diverso sistema che consiste nel dividere l'anno dei principi regnanti per quadrienni indicando di che quadriennio si tratta. Così Etelredo II re d'Inghilterra nel 995 sottoscrive una carta con le parole: «Olimpiade IV regni mei», cioè il 16° anno del suo regno (vd. parte V, tavole cronografiche).

Era della fondazione di Roma (dal I sec. d.C.)

Delle due più diffuse opinioni sulla fondazione di Roma, cioè quella di Catone il Vecchio, che la fa risalire all'anno 752 a.C. e quella di Varrone che la pone all'anno 753, 21 apr., è quest'ultima ad avere l'approvazione dei più illustri storiografi quali Plinio, Tacito, Dione e altri. Siccome poi l'anno romano all'epoca degli storici che adottano l'era incomincia il 1° genn., così si computano anche gli anni di Roma da questo giorno anziché dal 21 apr.

È da notare poi che l'era della fondazione di Roma, tanto usata dagli storici, non viene mai adoperata dai romani nelle leggi, nei documenti pubblici e nei monumenti ma soltanto nelle liste o «fasti» consolari.

Per ridurre un anno qualunque di Roma all'anno dell'era volgare basta sottrarre 753 da quella data, il resto è l'anno ricercato. E viceversa, basta aggiungere a un anno di Cristo lo stesso numero 753 per ottenere l'anno «ab Urbe condita».

Era di Diocleziano o dei martiri (dal 29 ag. 284 d.C.)

Il 29 ag. dell'anno 284 ha inizio – e si diffonde dapprima in Egitto – l'era di Diocleziano, la quale a partire dal VII sec. è chiamata anche era *dei martiri*, ricordando le grandi persecuzioni contro la chiesa ordinate da quell'imperatore. Oltreché nell'Egitto, viene presto adottata in alcuni paesi d'occidente, come a Milano ai tempi di s. Ambrogio[5], ed è usata da s. Cirillo d'Alessandria nella sua tavola pasquale, da Evagrio, da Beda ecc., ed è tuttora in uso presso i copti (alto Egitto).

Per ricavare da un anno qualunque di questa era gli anni di Cristo basta aggiungere all'anno stesso la cifra 284, se si tratta del periodo dal 1° genn. al 28 ag., e 283 per il periodo dal 29 ag. al 31 dic., però se si tratta di un anno anteriore al 1583. Oggi per la riforma gregoriana l'anno copto incomincia non già il 29 ag., ma l'11 sett. del nostro calendario, giacché i copti usano ancora il calendario giuliano. Il loro anno è diviso in 12 mesi di 30 giorni ciascuno, a cui per il corso di tre anni si aggiungono 5 giorni (epagomeni) e 6 nel quarto anno, che viene considerato bisestile quando il millesimo diviso per 4 dà un resto di 3.

Indizione (dal IV sec. d.C.)

È un periodo cronologico di 15 anni, originario, a quanto pare, dell'Egitto e che, dal IV sec. in poi, diventa una delle più importanti note croniche dei documenti, sia in occidente sia in oriente. Il suo punto di partenza risale ai tempi di Costantino il Grande e precisamente al 313 dell'era cristiana. Gli anni di ciascuno di questi periodi quindicennali si numerano progressivamente dall'1 al 15, poi si ricomincia da capo, senza mai indicare di quale periodo indizionale si tratta. Anche per questo sistema di datazione varia secondo i paesi e i tempi, la data del mese e del giorno da cui si fa cominciare una nuova indizione. In origine pare che il suo punto di partenza sia al 1° sett., come l'anno bizantino e questa viene detta *indizione greca* o *costantinopolitana*, perché molto usata in oriente e specialmente in Grecia. In Italia la vediamo in uso sino dalla fine del IV sec. specie a Milano e nel dominio longobardo[6], tanto per i documenti regi che per i ducali e i privati. Viene pure usata a Venezia, Lucca[7], Pistoia, Prato, Napoli, Puglia, Calabria e in Sicilia. Anche i papi si servono di preferenza dell'indizione greca dal 584 al 1147[8]. Viene usata anche, ma raramente, in Francia.

C'è inoltre l'*indizione senese*, che comincia l'8 sett., in anticipo, di uso antichissimo a Siena, come ne fanno fede tutti i più antichi documenti e formulari di notai dei secc. XII-XV[9].

Un'altra indizione ha il suo inizio d'anno il 24 sett. e viene detta *bedana*, o *costantiniana*, o *cesarea*. È molto usata, secondo il Giry, in Inghilterra, dalla cancelleria degli imperatori di Germania da Corrado I fino a Carlo IV (912-1378) e in Francia, dall'XI al XIII sec. In Italia è usata a Firenze dal principio del IV sec. e forse anche prima; a Pisa e a Pontremoli, secondo il Gloria[10], a Piacenza[11] e negli stati della monarchia di Savoia. Genova pure ne fa uso ma computando un'indizione di meno, cioè ritardando di un anno sulla stessa usata altrove[12]. Nella cancelleria pontificia l'indizione *bedana* è in uso sotto Urbano II (1088-99) e dal 1147 assieme agli altri sistemi indizionali.

Infine abbiamo l'indizione detta *romana* o *pontificia*, che parte dal 25 dic., o più spesso dal 1° gen., usata moltissimo in occidente dal IX sec. in poi[13]. Nella cancelleria pontificia si comincia ad usarla nel 1088, senza abbandonare le altre due indizioni, ma dal XIII sec. in poi e specie nel XIV e XV è usata molto più frequentemente e a preferenza delle altre. Nello stesso XIII sec. essa comincia a divenire di uso comune in Germania e in molti paesi d'Italia come a Bologna, a Parma, a Pavia dal principio del XIII sec.[14], a Padova, secondo il Gloria, e negli stati della monarchia di Savoia dove fiorisce assieme alla *bedana*[15].

Quest'indizione essendosi sempre più generalizzata nei tempi moderni è la sola rimasta nei computi del calendario ecclesiastico[16].

A queste alcuni aggiungono l'*indizione papale*, attribuita erroneamente[17] a Gregorio VII, che partiva dal 25 mar. e che sarebbe stata usata in Francia, per i diplomi imperiali, e specialmente nel Delfinato, nel XIV sec.

Nelle tavole cronografiche abbiamo segnato a ogni anno l'*indizione romana* corrente; ma si noti che nei documenti nei quali si fa uso dell'*indizione greca*, che sulla *romana* anticipa – come abbiamo visto – di 4 mesi, si trova segnata un'unità in più dal 1° sett. al 31 dic. di ogni anno. Per quelli che usano la *bedana*, che pure anticipa, tale diversità decorre dal 24 sett. al 31 dic. Quanto poi al sistema *genovese*, si noti che va d'accordo con l'indizione *romana* dal 24 sett. alla fine dell'anno, segnando invece un'unità in meno dal 1° genn. (o dal 25 dic. precedente) al 23 sett.

Era di Spagna (dal V sec. d.C.)

Verso il V sec. s'introduce in Spagna l'uso di quest'era[18] che data dall'anno in cui, compiuta da Augusto la conquista della Spagna, viene adottato il calendario giuliano, cioè dal 1° genn. del 38 avanti Cristo. Si trova usata nei documenti con la formula *sub aera* e anche semplicemente *era* ed è molto usata per quasi tutto il medioevo nella Penisola iberica, in Africa e nelle province meridionali visigotiche della Francia[19]. È abolita nel 1180 in Catalogna, nel 1349 in Aragona, nel 1358 in Valenza e nel 1383 nel regno di Castiglia e di León per ordine di re Giovanni I, il quale vi sostituisce l'era cristiana con inizio d'anno al 25 dic. La stessa sostituzione avviene in Portogallo, ma soltanto nel 1422. Però anche dopo l'abolizione ufficiale qualcuno continua a datare con l'era di Spagna fin verso la metà del XV sec.

Era cristiana (dal VI sec. d.C.)

Si fa di solito risalire allo scita Dionigi il Piccolo, abate a Roma nel VI sec. e dotto canonista e computista, l'introduzione di quest'era che si propagherà più tardi quasi ovunque. Pubblicando una nuova tavola di cicli pasquali in continuazione a quella di Cirillo, sostituisce per primo all'era di Diocleziano gli anni di Gesù Cristo, del quale fissa la nascita al 25 dic. dell'anno 753 di Roma. Così il primo anno dell'era cristiana viene a corrispondere con il 754 di Roma[20]. Questo calcolo, riconosciuto poi da vari eruditi come erroneo e in ritardo di sei o sette anni sulla vera epoca della nascita di Cristo, è lo stesso anche oggi adottato[21].

Fino dal VI sec. vediamo usata l'era cristiana dapprima in Italia negli atti pubblici, poi dal principio del VII sec. in Inghilterra, in Spagna e in Francia ma nei primi tempi soltanto dai cronisti e dagli storici.

Nei documenti la usano per i primi gli anglosassoni agli inizi dell'VIII sec.[22], con qualche raro esempio in atti privati del VII sec.[23].

In Francia se ne comincia l'uso più tardi verso la metà dell'VIII sec.[24], in Germania nel IX sec.[25], in Spagna nel XIV[26], in Grecia e nel Portogallo soltanto nel XV. Quanto all'Italia il più antico esempio sicuro rinvenuto nei diplomi imperiali è dell'anno 840 in un diploma di Lotario I[27]. I papi l'accolgono pure nel IX sec.: se ne trova un esempio isolato nell'878 in una lettera di Giovanni VIII[28]; ma è soltanto sotto il pontificato di Giovanni XIII (965-72) che la cancelleria pontificia comincia a farne uso[29]. Nel X sec. del resto la vediamo ormai generalizzata in quasi tutto l'occidente.

Nei documenti si trova indicata l'era cristiana, con le formule: *anno incarnationis, ab incarnatione Domini, Dominicae incarnationis, trabeationis, ab incarnati verbi misterio, anno Domini, a nativitate Domini, orbis redempti, salutis gratiae, a passione Domini, a resurrectione, circumcisionis* ecc. Di tali formule conviene tener conto perché possono talvolta darci indizio dello stile usato nella datazione del documento.

È nota la diversità che corre nel medioevo tra paese e paese e anche fra diversi quartieri in una stessa città riguardo al principio dell'anno. Rimanendo uguale per tutti i sistemi l'indicazione dei mesi e dei giorni, la data dell'anno di uno stesso avvenimento può variare di una unità più o meno a seconda dello stile usato.

Così lo stile detto della *Natività*, che si indica per lo più con le formule: *anno a Nativitate Domini*, o anche soltanto *anno Domini*, stabilisce il primo giorno dell'anno al 25 dic., festa di Natale, anticipando di sette giorni sullo stile odierno. Tutti i documenti quindi datati dalla Natività segnano in quei sette giorni un'unità di più nella cifra dell'anno. Questo stile è il più diffuso tanto in Italia che altrove.

Altro stile detto dell'*Incarnazione*, che si indica per lo più con le formule: *anno ab incarnatione Domini, Dominicae incarnationis, trabeationis* ecc.[30] prende come data d'inizio d'anno il giorno 25 mar., festa dell'Annunciazione di Maria Vergine, posticipando sul computo odierno di due mesi e 24 giorni. È detto anche *stile fiorentino* per il lungo uso che se ne fa a Firenze e in altre città della Toscana, e differisce da un altro chiamato *pisano* di un anno preciso, poiché questo in luogo di posticipare, anticipa sul computo odierno di nove mesi e sette giorni, facendo cominciare l'anno al 25 mar. precedente.

Con le formule: *anno a resurrectione* o *a paschale* o *a passione Domini*[31], usate però assai raramente, è indicato il cosiddetto *stile francese* (*mos gallicanus*) cioè il principio d'anno al giorno della Pasqua di Resurrezione, ritardando sul computo odierno da 2 mesi e 22 giorni a 3 mesi e 24 giorni. È stile di uso antichissimo, trovandosene esempi nelle Fiandre secondo il Giry[32] fino dal IX sec., poi molto usato in Francia fino al 1564.

Il computo odierno, detto anche *stile moderno* o *della Circoncisione*, si indica qualche volta con la formula: *anno Circumcisionis*, dal nome della festa che ricorre il 1° genn.

È noto che presso i romani l'anno civile comincia il 1° genn. fino dal 153 av. l'era volgare. Tale sistema non è mai del tutto abbandonato, anche attraverso il medioevo e rimane in uso in alcuni paesi, come Spagna, Portogallo, Francia (epoca merovingia) e altrove con altri stili. In Italia si comincia a farne uso costante in diverse cancellerie e dai privati nella seconda metà del XV sec.[33], più tardi negli atti notarili. La curia pontificia comincia a servirsene nelle bolle alla fine del XV sec. sotto Gregorio XIII[34].

Altri due stili anch'essi in uso nel medioevo ma non dipendenti da feste religiose sono: lo *stile veneto* e il *bizantino*. Il *veneto* comincia l'anno il primo giorno di mar., posticipando di due mesi sul computo odierno. È usato in Francia nell'epoca merovingica e viene detto *stile veneto* per il lungo uso che se ne fa a Venezia nel medioevo e nei tempi moderni, fino alla caduta della repubblica. In alcuni documenti si trova designato con la formula *more veneto* e talora con le sole sigle «m.v.». Molti notai veneziani dei sec. XIII e XIV usano però le formule *ab incarnatione* o *a nativitate*, pur cominciando l'anno il primo giorno di mar.[35]

Lo *stile bizantino* anticipa sul comune di quattro mesi facendo cominciare l'anno il 1° sett. È usato secondo il Paoli[36] nell'Italia meridionale e in particolare in Puglia, in Calabria e negli ex territori della Magna Grecia. Molti esempi offrono le carte di Bari fino al XVI sec.

Riepilogando, abbiamo i seguenti modi usati per cominciar l'anno:

– *stile moderno* o *della Circoncisione*, che comincia il 1° mar., posticipando sul moderno, al quale corrisponde dal 1° mar. al 31 dic.

– *stile dell'Incarnazione al modo fiorentino*, che comincia dal 25 mar., posticipando sul moderno, al quale corrisponde dal 25 mar. al 31 dic.

– *stile dell'Incarnazione al modo pisano*, che comincia dal 25 mar., anticipando sul moderno, al quale corrisponde dal 1° genn. al 24 mar.

– *stile della Pasqua* o *francese*, che comincia dal giorno di Pasqua, posticipando sul moderno, al quale corrisponde da Pasqua al 31 dic.

– *stile bizantino*, che comincia dal 1° sett., anticipando sul moderno, al quale corrisponde dal 1° genn. al 31 ag.

– *stile della Natività*, che comincia dal 25 dic., anticipando sul moderno, al quale corrisponde dal 1° genn. al 24 dic.

Esaminati i diversi sistemi seguiti nel medioevo per cominciare l'anno, rimane da vedere più precisamente in quali paesi e in quali tempi sono stati usati. I documenti che recano nella datazione qualche formula che indica di quale stile si è fatto uso sono assai scarsi, e spesso come visto queste indicazioni possono trarre in errore. Non poche ricerche sono state fatte in proposito dai diplomatisti, altre specialmente per l'Italia le abbiamo fatte noi stessi, ma purtroppo molto rimane ancora da fare per stabilire con esattezza le varietà di stili usati, paese per paese, secolo per secolo, non solo nel medioevo ma anche nei tempi moderni. Tuttavia abbiamo giudicato opportuno riassumere in un elenco alfabetico, per città e stati, il risultato degli studi fatti fino ad oggi a questo proposito.

Uso degli stili dell'era cristiana in Italia

Alessandria, stile della Natività, ancora usato nella seconda metà del XV sec., nel 1476 è già in uso lo stile moderno[37]

Amalfi, stile bizantino del 1° sett. fino al XII sec., primo decennio

Arezzo, stile della Natività[38], poi stile moderno, dal 1749 in poi

Bari, stile bizantino, usato generalmente nell'XI sec. fino al principio del XVI[39]

Benevento, stile della Circoncisione dal X sec., ma nel XII stando al Carraresi[40] si usa lo stile del 1° mar.

Bergamo, stile della Incarnazione al modo pisano[41], nel 1310 è già in uso lo stile della Natività

Bobbio, stile della Incarnazione, dall'XI sec. a oltre il XV, in principio al modo pisano, poi dal XII sec. al modo fiorentino[42]

Bologna, stile della Incarnazione già in uso nel 1025, fino al 1204 circa, ma rarissimo negli ultimi anni, nel 1073 comincia l'uso dello stile della Natività, che poi prevale e dura sino alla fine del XV sec.[43], formule: *anno ad Incarnatione, anno Domini* e *a Nativitate*

Borgonovo, stile della Incarnazione, ancora in uso nel 1466[44]

Brescia, stile della Natività, con la formula *ab Incarnatione* da principio, poi *a Nativitate* dalla metà del XII sec. in poi, ancora in uso alla metà del XVI sec.

Calabria, stile bizantino (1° sett.) fino al XVI sec.

Chiavenna, stile della Natività dalla metà del XIII sec. almeno, formula: *Anno Dominicae Incarnationis*

Colle di Valdelsa, stile della Incarnazione fino al 1749, poi stile moderno

Como, stile della Natività nel XIV sec., nel 1476 era già in uso lo stile moderno

Corneto, stile pisano fino al 1234[45]

Cortona, stile della Natività fino al XV sec., nel 1411 era già in uso lo *stile fiorentino*, però qualche notaio rimane fedele al vecchio stile fino al 1450[46]

Crema, stile della Natività, nel 1476 è già in uso lo stile moderno, formula: *anno Domini*

Cremona, stile della Incarnazione, ancora usato nel XVI sec., alla metà del XVIII sec. è già in uso lo stile moderno anche negli atti notarili, ma con qualche eccezione[47]

Ferrara, stile della Natività, ancora usato dai notai alla fine del XV sec.

Fiesole, stile della Incarnazione fino al 1749, poi stile moderno

Firenze, stile della Incarnazione dal X sec. al 1749 incluso, poi stile moderno

Gallarate, stile della Natività, ancora usato nel 1476

Genova e Liguria, stile della Natività fin oltre la metà del XV sec., nel 1476 è già in uso lo stile moderno

Guastalla, stile della Natività, ancora usato nel 1466

La Spezia, stile della Natività, ancora usato nel 1476

Lodi, stile della Incarnazione al modo pisano[48] fino al X sec., nel 1476 si usa lo stile della Natività

Lucca, stile della Incarnazione fin verso la fine del XII sec. poi si usa lo stile della Natività fino al 1510, nel XIV sec. si trova però qualche esempio di stile pisano[49] e dal 1510 in poi si usa lo stile moderno

Mantova, stile della Incarnazione nel XII sec., poi stile della Natività già in uso alla metà del XIII sec.[50]

Massa, stile della Natività, ancora in uso nel XIV sec.

Milano, stile della Incarnazione al modo pisano, però solo secondo il Giulini[51] dalla metà del IX sec., usato negli atti pubblici e solenni sino verso la fine del X sec., dal principio dell'XI sec. comincia a prevalere lo stile della Natività fino oltre la metà del XV e fino al XVIII sec. per gli atti notarili, la cancelleria ducale comincia ad abbandonare lo stile della Natività nel 1459, sostituendolo con lo stile moderno, formule usate: *anno Domini* e *Incarnationis* nei secoli X e XIII, poi *anno a Nativitate Domini*

Modena, stile della Natività con formule *Dominicae Incarnationis* e *a Nativitate Domini* dal XII sec. fino alla fine del XV negli atti notarili[52], poi incomincia lo stile moderno con la formula *anno a Nativitate Domini* sino alla fine del XVIII sec.[53]

Monza, stile della Natività con formula: *anno Dominicae Incarnationis*, dal XIII sec. almeno fino al XV

Napoli, stile della Natività dalla metà del XIII sec., ma sotto Carlo I (1282-85) s'introduce lo stile della Pasqua, dal 1270 si trova usato specie dai notai lo stile dell'Incarnazione[54]

Novara, stile della Natività, con formula: *Dominicae Incarnationis*, dal XII sec. in poi, nel 1476 è già in uso lo stile moderno

Orvieto, stile della Natività

Padova, stile della Incarnazione, al modo pisano, poi della Natività dal XII sec. almeno, alla metà del XVII incomincia lo stile comune[55]

Parma, stile della Incarnazione che comincia a usarsi in principio del X sec.[56] poi, dopo la metà del XII[57], si trova usato lo stile della Natività che dura fino al XVI sec. e viene poi sostituito dallo stile comune, la formula: *anno ab Incarnatione Domini*, rimane in uso a Parma nel XII sec. presso diversi notai usando lo stile della Natività, la formula *a Nativitate Domini* rimane negli atti notarili fino al principio del XIX sec. pure usando lo stile comune

Pavia, stile della Natività nei secoli XII al XV, con formule: *ab Incarnatione*, *Dominicae Incarnationis* e *Dominicae Nativitatis*, nel 1476 è già in uso lo stile moderno

Piacenza, stile della Incarnazione dal principio del X sec. almeno sino al principio del XIX, specie dai notai, poi si usa lo stile moderno[58], però sulle gride di Piacenza dall'anno 1600 in poi si usa lo stile della Natività

Piombino, stile della Incarnazione al modo pisano[59], già in uso nel XIV sec.

Pisa, stile della Incarnazione, ma anticipando di un anno sullo stile fiorentino, questo stile, detto *pisano*, è usato dai tempi più antichi fino al 1749 incluso, dal 1750 si usa lo stile moderno

Pistoia, stile della Natività[60] fino al 1749, poi stile moderno

Pizzighettone, stile della Natività, ancora usato nel 1498

Pontremoli, stile della Incarnazione e della Natività usati dal principio del XIII sec. fino al 1749[61]

Prato, stile della Incarnazione dal XII sec. al 1749

Puglia, stile bizantino nel Medioevo

Ravenna, stile della Incarnazione nei secc. XII e XIII

Reggio Emilia, stile della Incarnazione ancora usato nel 1177, con formula: *anno ab Incarnatione*, poi della Natività dal XIII sec. con formule: *anno Domini* e *a Nativitate*, poi stile della Circoncisione già in uso nel 1379 con formula: *anno Circumcisionis*

Rimini, stile della Natività, dal XIII al XV sec., formula: *ab Incarnatione*

Roma e il suo territorio, stile della Natività usato dai notai e dai privati dal X al XVII sec. I papi usano lo stile della Natività da Giovanni XIII (968-70) fino a Urbano II (1088), però si trova usato qualche volta lo stile dell'Incarnazione sino dal pontificato di Niccolò II (1059-61). Usano contemporaneamente lo stile della Natività, quello dell'Incarnazione al modo fiorentino e lo stile pisano i papi: Urbano II, Pasquale II, Callisto II, Onorio II e Innocenzo II. Lo *stile fiorentino* prevale però da Eugenio III (1145) fino al XVII sec., ma si trovano bolle datate *a Natività* sotto il pontificato di Alessandro III (1159-81)[62]. Niccolò IV (1288-92) usa lo stile della Pasqua[63], Bonifacio VIII (1294-1303) quello della Natività che dura per tutto il XIV sec. Eugenio IV nel 1445 rende obbligatorio per le bolle lo *stile fiorentino*, mentre i brevi si datano *a Natività*. Gregorio XIII (1572-85) comincia negli ultimi anni del suo pontificato a datare le bolle con lo *stile moderno*, uso confermato poi definitivamente nel 1691 da Innocenzo XII[64]. Per i brevi lo stile moderno è introdotto nel 1621 da Gregorio XV, lo stile della Incarnazione è sempre usato e si usa ancora oggi per le nomine dei vescovi[65]

Salerno, stile della Incarnazione

San Giminiano (Toscana), stile della Incarnazione fino al 1749 incluso, quindi stile moderno

San Miniato del Tedesco, stile pisano fino al 1369[66], poi stile fiorentino fino al 1749 incluso, quindi stile moderno

Savona, stile della Natività, ancora in uso nel 1476

Sicilia, stile della Incarnazione e della Natività, usati assieme fino al XVI sec., poi stile moderno[67]

Siena, stile della Incarnazione dal X sec., con qualche esempio di stile pisano fino al 1749, poi stile moderno

Torino, stile della Incarnazione, poi della Natività dal XIII sec. almeno e usato ancora nel 1476

Tortona, stile della Natività, usato ancora dai notai nel 1661

Venezia, stile del 1° mar. (detto *veneto*), da tempi antichissimi fino al 1797, ma solo per gli atti pubblici e ufficiali, i notai usano pure lo stile veneto ma con le formule: *anno ab Incarnatione* e *a Nativitate*, per gli atti destinati all'estero la cancelleria veneziana usa lo stile moderno, nel 1520 circa s'introduce lo stile moderno negli atti privati

Vercelli, stile della Natività, ancora in uso nel 1476

Verona, stile della Incarnazione al modo fiorentino, dal IX sec.[68] alla fine dell'XI, poi della Natività spesso con formula: *anno Incarnationis*[69] sino alla fine del XVIII sec., quindi stile moderno

Vicenza, stile della Natività, ancora in uso nel 1468

Voghera, stile della Natività con la formula: *Dominicae Incarnationis*, nel XIII sec.

Uso degli stili dell'era cristiana in Europa

Alvernia, stile della Incarnazione, usato ancora dai notai nel 1478[70]

Alsazia, stile della Natività fino al XV sec., nel quale comincia a prevalere lo stile moderno

Amiens, stile della Circoncisione dal XIII sec. in poi, stile della Pasqua almeno nei secc. XV e XVI[71]

Angoulême, stile della Incarnazione dalla fine del XIII sec. almeno, fino al 1565 compreso, poi stile moderno

Anjou, stile della Natività nel 1000, ancora in uso alla fine dell'XI sec., ma contemporaneamente si usa forse lo stile della Incarnazione, dal 1204 in poi prevale poco a poco lo stile della Pasqua

Aquitania, stile della Incarnazione usato fino al XII sec., poi stile della Natività o della Pasqua fino alla fine del XIII sec., al principio del XIV si ritorna allo stile della Incarnazione

Aragona, era di Spagna (1° genn.) e anche stile della Incarnazione dal 1180 al 1350, poi stile della Natività[72] fino al principio del XVII sec. nel quale comincia l'uso dello stile moderno

Arles, stile della Incarnazione

Artois, stile della Pasqua, già in uso nell'856[73]

Austria, stile della Natività, ancora in uso nel 1477 nella cancelleria ducale[74]

Auxerre, stile della Pasqua più di frequente, ma anche stile della Natività

Avignone, stile della Natività, usato di preferenza al principio del XIII sec.

Bar-le-Duc, stile della Pasqua nel XV sec. e al principio del XVI

Baviera, stile della Natività, ancora usato nel 1465

Bearn, stile della Pasqua, già in uso alla fine dell'XI sec.

Bellinzona, stile della Natività, nel 1477 è già in uso lo stile moderno

Besançon, stile della Natività, forse dalla fine del XII sec., poi stile della Pasqua dalla metà del XIII eccetto alcuni notai che datano *a Circoncisione*, dal 1566 si usa lo stile moderno, ciò secondo il Giry[75], secondo il Rühl[76] a Besançon lo stile della Incarnazione è usato fino al XVI sec.

Borgogna, stile della Natività, o della Circoncisione nell'XI sec., più tardi dalla fine del XIV sec. alla cessazione del ducato (1477) si usa in genere lo stile della Pasqua[77]

Bourges, stile della Pasqua, usato dall'arcivescovo alla fine del XIII sec.

Brabante, stile della Pasqua fino al XVI sec., dal 1576 stile della Circoncisione

Bretagna, stile della Pasqua a partire dal XIII sec. almeno

Cambrai, stile della Pasqua

Castiglia e León, era della Spagna, con inizio d'anno al 1° genn., fino al 1383, poi stile della Natività fino al principio del XVII sec., poi stile moderno

Catalogna, era di Spagna (1° genn.) fino al 1180, poi stile della Incarnazione usato ancora nel XIII sec., dal 1351 stile della Natività sino alla fine del XVIII sec.

Champagne, stile della Pasqua dal XII sec. circa

Chartres, stile della Natività o della Circoncisione dalla fine del X sec., usato da Eude I ct. di Blois, di Chartres e di Tours, però Fulberto vesc. di Chartres (1007-1028) usa lo stile del 1° mar.[78]

Colonia, stile della Pasqua, però a partire dal 1310 il clero comincia a usare lo stile della Natività, mentre i laici continuano con lo stile della Pasqua, l'università comincia l'anno dall'Incarnazione e quest'uso dura ancora nel 1428

Danimarca, stile della Natività con qualche esempio di stile della Circoncisione, fino al 1559, poi da taluni si usa cominciare l'anno il giorno di s. Tiburzio, cioè l'11 ag., da altri il 1° genn. e ciò fino al 1700, quindi prevale lo stile moderno[79]

Delfinato, stile dell'Incarnazione sino alla fine del XIII sec., poi si trovano esempi di stile della Natività che prevale al principio del XIV sec. Luigi XI Delfino usa di preferenza lo stile della Pasqua[80]

Fiandra (francese), stile della Pasqua dalla metà del IX sec. sino alla fine del Medioevo, però con qualche esempio di stile della Natività

Fiandra (Paesi Bassi), stile della Pasqua sino al XVI sec., dal 1576 stile moderno

Figeac, stile del 1° mar., ancora in uso alla fine del XIII sec.

Fleury-sur-Loire (abbazia di), stile della Incarnazione dal sec. XI al XII circa, poi stile della Pasqua

Foix (Francia), stile della Natività nel XII sec. e al principio del XIV stile della Pasqua, dal 1564 stile moderno

Franca Contea, stile della Natività alla fine del XII sec., dalla metà del XIII fino al 1566 stile della Pasqua, dal 1566 in poi stile moderno

Francia, nell'epoca merovingica l'anno comincia il 1° genn. e il 1° mar., nell'epoca carolingia si usa lo stile della Natività. Sotto i primi Capetingi la cancelleria reale comincia l'anno ora dal 25 mar. ora dal 1° genn. e ora dal 1° mar. Dal sec. XI[81] fino alla metà del XVI si usa lo stile della Pasqua. Nel 1563 Carlo IX fissa il principio dell'anno al 1° genn. per tutta la Francia ma fino al 1567 non ne comincia l'uso. Questo dura fino al 1793 quando viene proclamato il calendario repubblicano che comincia l'anno il 21 o 22 sett. Dal 1805 in poi si usa lo stile moderno, vd. in questo elenco altri stati e città della Francia

Frisia, stile della Natività fino al 1576, poi stile moderno

Germania, stile della Natività, dai tempi più antichi, la cancelleria imperiale sotto i carolingi adotta lo stile della Natività che viene seguito da tutti i sovrani tedeschi fino alla metà del XVI sec., poi si introduce lo stile della Circoncisione[82], vd. Colonia, Treviri, Magonza

Ginevra, stile della Pasqua dal 1220 circa fino al 25 dic. 1305, poi stile della Natività, fino al 1575, nel qual anno comincia a essere usato lo stile moderno

Grecia, era bizantina, con inizio d'anno al 1° sett. fino al XV sec., poi viene introdotta l'era cristiana

Gueldria (Paesi Bassi), stile della Natività fino al 1576, poi stile moderno

Hainaut (Francia), stile della Natività usato di preferenza, ma si usa anche lo stile della Pasqua

Hainaut (Paesi Bassi), stile della Pasqua fino al XVI sec., dal 1576 stile moderno

Inghilterra e Irlanda, stile della Natività forse dal VII sec. secondo alcuni cronologi, fino alla fine del XII circa, ma dopo il 1066 si trova usato anche lo stile della Incarnazione. Alla fine del XII sec. da alcuni si usano anche lo stile della Circoncisione e quello della Pasqua. Nel XIII sec. si generalizza lo stile della Incarnazione escludendo gli altri, e rimane in uso fino al 1752 quando si comincia a usare lo stile moderno[83]

Islanda, stile della Natività ancora usato ai tempi di Olaf Worm (1588-1654)[84]

Liegi (*Paesi Bassi*), stile della Pasqua dalla metà del XII sino al XIV sec., dal 1333 si usa lo stile della Natività

Limousin, stile della Pasqua fino al 1301, poi stile della Incarnazione fino al 1565, dal 1566 in poi stile moderno

Linguadoca, stile della Natività e della Incarnazione nell'XI sec., poi si usa lo stile della Pasqua del quale si trovano esempi nel XIII sec. e diventa di uso generale nel XIV sec.

Lionnese, stile della Pasqua dal XII sec. al 1566

Livonia, stile della Incarnazione fino alla fine del XIII sec., poi stile della Natività[85]

Lorena (*Ducato*), stile della Incarnazione fino al 1579

Losanna, stile della Natività fin verso la metà del XV sec., poi stile della Incarnazione[86]

Lovanio, stile della Natività dal 1333, usato dal clero e dai notai, l'università usa lo stile della Circoncisione, la corte degli scabini quello della Pasqua[87]

Lugano, stile della Natività fino oltre la metà del XVI sec., poi stile della Circoncisione

Lussemburgo, stile della Incarnazione

Magonza, stile della Natività fino al XV sec., poi comincia a prevalere lo stile della Circoncisione[88]

Metz, stile della Incarnazione dal XIII sec. fino al 1° genn. 1581, poi stile della Circoncisione

Montbéliard, ora stile dell'Incarnazione e ora della Circoncisione fino al 1564, poi prevale quest'ultimo

Montdidier, stile della Incarnazione fino al XVI sec.

Narbona, stile della Natività, che è ancora in uso alla fine del XIII sec.

Navarra (*Spagna*), era di Spagna (1° genn.), poi stile della Incarnazione dal 1234, ma dal XIV sec. circa viene introdotto lo stile della Natività che dura fino all'inizio del XVI sec., poi stile moderno

Normandia, stile della Pasqua dal principio del XIII sec.

Norvegia, stile della Natività, poi della Circoncisione dalla seconda metà del XV sec.

Olanda, stile della Pasqua fino al XVI sec., dal 1576 in poi si usa lo stile moderno

Parigi, stile della Pasqua, ma dal 1470 i priori del collegio della Sorbona cominciano a usare lo stile della Natività o quello della Circoncisione[89]

Peronne, stile della Circoncisione dal XIII sec., della Pasqua nel XV e XVI

Poitou, stile della Natività fino al 1225, poi stile della Pasqua, insieme a quello della Incarnazione sino alla fine del XVI sec.

Polonia, stile della Circoncisione, usato dal 1361 nella cancelleria regia, diventa d'uso costante dalla metà del XV sec.[90]

Portogallo, era di Spagna (1° genn.) sino al 1422, poi stile della Natività[91] sino alla fine del XVI sec. o al principio del XVII, quindi stile della Circoncisione

Provenza, ora stile della Natività e ora dell'Incarnazione nei secc. dall'XI al XIII, a metà del XIII sec. è introdotto lo stile della Pasqua

Quercy (*l'Alto*), stile del 1° mar., dalla fine del XIII sec.

Reims, stile della Pasqua dal X sec., alla fine del XIV e a metà del XV si usa, secondo il Mabillon, lo stile pisano

Rodi, stile della Incarnazione, ancora in uso alla fine del XV sec.

Rossiglione, stile della Incarnazione alla fine del XII sec. e nel XIII, dal 1351 si adotta lo stile della Natività che dura sino alla fine del XVIII sec.

Rouergue (Francia), stile della Incarnazione, in uso nel 1289

Russia, stile del 1° mar. da tempi antichissimi, dall'XI sec. stile del 1° sett. (era bizantina) sino al 1725, quindi stile del 1° genn. secondo il calendario giuliano. Secondo il Rühl[92] i più antichi cronisti russi pur usando l'era bizantina sono soliti cominciare l'anno con il 1° mar.: vd. Livonia

Savoia (stati della monarchia di), stile della Incarnazione e della Natività usati assieme, ma dal XIII sec. prevale quello della Natività[93]

Scozia, stile della Incarnazione sino al 1599, dal 1600 si usa lo stile moderno

Sion (Svizzera), stile della Incarnazione sino al 1230 poi stile della Natività e della Pasqua, però dalla fine del XIV sec. si trova usato anche lo stile moderno

Soissons, stile della Natività dal XII sec.

Spagna, era di Spagna (1° genn.) sino al principio dell'XI sec., ma già fino dal XII sec. si usano anche per l'era cristiana gli stili della Incarnazione e della Circoncisione e, dalla fine del XIV sec., quello della Natività che dura fino al principio del XVII sec., quando viene introdotto lo stile moderno: vd. Aragona, Castiglia, Catalogna, Navarra, Valenza

Svezia, stile della Natività, poi stile moderno dal 1559 in poi

Svizzera, stile della Natività molto in uso fino alla seconda metà del XVI sec., poi stile moderno: vd. Ginevra, Losanna, Vaud, Sion, Vallese

Tolosa, stile della Incarnazione nei secc. XII e XIII, poi si usa anche lo stile della Pasqua, nel 1564 s'introduce lo stile moderno

Toul (Francia), stile della Pasqua

Treviri, stile della Incarnazione dal 1307 almeno, fino al XVII sec., però dalla fine del XVI sec. si trova usato anche lo stile moderno

Ungheria, stile della Incarnazione fino alla metà del XIII sec., poi stile della Natività, ma dal XIV sec. viene usato anche lo stile moderno

Utrecht, stile della Pasqua fino al 1333, poi stile della Natività, il Gachet[94] afferma che fino al 1317 si usa a Utrecht lo stile della Incarnazione

Valenza, era di Spagna (1° genn.) fino al 1358, poi stile della Natività fino al principio del XVII sec., quando comincia lo stile moderno

Vallese (Svizzera), stile della Incarnazione fino al 1230, poi stile della Natività e della Pasqua, però dalla fine del XIV sec. si usa anche lo stile moderno

Vaud (Svizzera), stile della Natività fin verso la metà del XV sec., poi stile della Incarnazione[95]

Velay (Francia), stile della Natività o della Circoncisione nell'XI sec., poco tempo dopo si trova usato anche lo stile del 1° mar.

Vendôme (nell'abbazia della Trinità), stile della Natività o della Circoncisione nell'XI sec. e, dal XII sec. circa, quello della Pasqua

Verdun, stile della Pasqua dal XIII sec. fino al 1° genn. 1581, quando s'introduce lo stile moderno

Westfalia (in parte), stile della Pasqua[96]

Era bizantina (dal VII sec. d.C.)

Fra le molte ere desunte dal principio del mondo, la bizantina, detta anche costantinopolitana o greca, è quella che si trova più spesso usata nei documenti e nei codici tanto civili che ecclesiastici del medioevo.

Sorta non si sa dove né per opera di chi nel VII sec., ha avuto poi grandissima diffusione specie presso i greci e in tutto l'oriente ortodosso. Anche nel mezzogiorno d'Italia e soprattutto in Sicilia molti documenti greci e latini sono datati secondo l'era bizantina che stabilisce il principio del mondo nell'anno 5508 avanti l'era cristiana, cosicché il primo anno di questa corrisponde al 5509. Per verificare mediante le tavole cronografiche (vd. Parte II) a quale anno dell'era cristiana corrisponda una data qualunque dell'era bizantina si dovrà tenere presente che l'anno bizantino incomincia il 1° sett., anticipando di 4 mesi sull'anno comune: quindi se si tratta dei mesi da sett. a dic., l'anno dell'era cristiana va diminuito di un'unità[97].

L'era bizantina rimane in vigore anche dopo la caduta dell'Impero d'oriente e viene molto usata sino alla fine del XVII sec.: Pietro il Grande l'abolisce in Russia il 1° genn. 1700.

Egira di Maometto (dal 640 d.C.)

Quest'era parte, com'è noto, dal giorno della fuga (*egira*) di Maometto dalla Mecca, cioè dal 16 lug. del 622 d.C., ma l'uso non comincia che 10 anni dopo. Nel calendario maomettano l'anno di 354 giorni, 8 ore, 48' e 33", è lunare e si compone di 12 mesi di 29 e 30 giorni ciascuno alternativamente ed è quindi più corto del nostro di 10 o 11 giorni, e 33 anni maomettani equivalgono a 32 dei nostri.

I nomi dei mesi sono:

		di giorni
1.	Moharrem	30
2.	Çafar	29
3.	Rebì el awwel (Rebì I)	30
4.	Rebî el-àkhir (Rebî II)	29
5.	Dschumâdà el-ûlâ (Dschumàdà I)	30
6.	Dschumâdà el-àkhira (Dschumàdà II)	29
7.	Redscheb	30
8.	Schabàn	29
9.	Ramadàn	30
10.	Schawwàl	29
11.	Dhul-kade	30
12.	Dhul-hiddsche	29 o 30

Dell'avanzo annuo di 8 ore, 48 minuti e 33 secondi i maomettani tengono conto istituendo un ciclo lunare di 30 anni dei quali 19 sono comuni, cioè di

354 giorni, e 11 sono abbondanti, cioè di 355 giorni. In ogni ciclo sono abbondanti gli anni 2°, 5°, 7°, 10°, 13°, 16°, 18°, 21°, 24°, 26°, 29° e il giorno che si aggiunge si pone alla fine del 12° mese, che diventa così di 30 giorni. L'uso di quest'era incomincia circa nell'anno 640, al tempo del califfo Omar I. Nelle ex colonie italiane d'Africa, il calendario maomettano veniva usato in Libia e in Somalia.

Nelle tavole cronografiche (Parte II) indichiamo per ciascun anno l'anno dell'Egira e a quale giorno corrisponde nel nostro calendario il primo giorno dell'anno maomettano o 1° Moharrem. Conoscendo questo non sarà difficile il calcolo per avere l'inizio degli altri mesi dello stesso anno.

Note alla parte prima

¹ Si noti che Giustino II è cons. anche una seconda volta nel 568 e gli anni seguenti si numerano I, II ecc., dopo il secondo consolato. In un papiro del 572 si legge «Imperante Domino nostro Justino, perpetuo Augusto, anno septimo et post consulatum eius secundo, anno quarto»: Francesco Scipione Maffei, *Istoria diplomatica che serve d'introduzione all'arte critica in tal materia, con raccolta de' documenti non ancor divulgati, che rimangono in papiro egizio. Appresso per motivi nati dall'istessa opera segue ragionamento sopra gl'Itali primitivi, in cui si scuopre l'origine degli Etruschi e dei Latini; per appendice l'epistola di Cesario illustrata ed altri monumenti [da Scipione Maffei]*, Mantova, A. Tumermani, 1727, pp. XVIII + 338, qui p. 163.

² Arthur Giry, *Manuel de diplomatique: diplomes et chartes, chronologie technique, éléments critiques et parties constitutives de la teneur des chartes, les chancellieres, les actes privés*, Paris, Hachette, 1894, pp. XVI + 944.

³ Philippe Jaffé, *Regesta pontificum Romanorum ab condita ecclesia ab annum post Christum natum MCXCVIII*, II ed. corr. et auct. auspicis Gulielmi Wattenbach curaverunt Samuel Loewenfeld, Ferdinandus Kaltenbrunner, Paulus Ewald, Lipsiae, Velt, 1885, vol. I, p. VIII.

⁴ Giry, *Manuel de diplomatique*, cit., p. 85.

⁵ Si rileva da una lettera di s. Ambrogio ai suoi diocesani dell'anno 387: Julius Ludwig Ideler, *Handbuch der französischen Sprache und Literatur, von L. Ideler [Julius Ludwig Ideler]*, Berlin, Nauck, 1842/62, voll. 5, vol. II, p. 257.

⁶ Cesare Paoli, *Programma scolastico di paleografia latina e diplomatica, esposto da Cesare Paoli*, Firenze, Sansoni, 1889, p. 185.

⁷ Luigi Fumi, *Regesti del R. Archivio di Stato di Lucca*, Lucca, Tip. A. Marchi, 1903/07, p. IX.

⁸ Jaffé, *Regesta pontificum Romanorum*, cit., p. IX e Hermann Grotefend, *Handbuch der historischen Chronologie des deutschen Mittelalters und der Neuzeit, von Dr. H. Grotefend*, Hannover, Hann'sche Hofbuchhandlung, 1872, pp. VIII + 200, qui p. 18.

⁹ Arnold Luschin von Ebengreuth, *Jahreszählung und Indiction zu Siena*, in «Mittheilungen des Instituts für Oesterreichische Geschichtsforschung» [Innsbruck] VI (1885).

¹⁰ Andrea Gloria, *Compendio delle lezioni teorico-pratiche di paleografia e diplomatica, del Dr. Andrea Gloria*, Padova, P. Prosperini, 1870, pp. XX + 732, qui p. 328.

¹¹ Bernardo Pallastrelli, *Dell'anno della Incarnazione usato dai Piacentini, memoria di Bernardo Pallastrelli*, Piacenza, Tipografia del Majno, 1856, pp. 42, qui p. 14.

¹² Nell'atto di cessione dell'isola di Corsica al du. di Milano nel 1464 si legge alla fine: «Actum Janue in logia de Fassiolo, anno Dominice nativitatis MCCCCLX quarto, indictione

undecima secundum cursum Janue, die mercurij quarta Julij, in terciis». Nel 1464 corre invece l'indizione XII, ma per i genovesi rimane ancora l'indizione XI fino al 23 sett.

¹³ Rühl, *Chronologie des Mittelalters*, cit., p. 173, afferma che a Roma questa indizione è già in uso nei sec. VI e VII ma che poi prevalgono altri sistemi.

¹⁴ Nel minutario del notaio pavese Anselmo Jugi in Cuppe del 1229 si cambia l'indizione il 25 dic. e così in quello del notaio pure pavese Ardito Vacca dell'anno 1250, così a Bologna il notaio Nicola da Bagno nel 1394 muta anno e indizione il 25 dic.

¹⁵ In una tregua conclusa nel 1447 fra il du. di Savoia e la Rep. ambrosiana si legge la data in questi termini: «Anno a Nativitate Domini nostri Jesu, MCCCCXLVII, indictione decima, die autem veneris decima septima mensis novembris». In Savoia si usa dunque l'indizione romana e a Milano la greca.

¹⁶ Paoli, *Note vaticane*, cit., in «Corriere della Sera» [Milano] XXXVIII, venerdì 24 gennaio 1913, n. 21, p. 4.

¹⁷ Pietro Torelli, *La data ne' documenti medioevali mantovani. Alcuni rapporti coi territori vicini e con la natura giuridico-diplomatica del documento*, in «Atti e Memorie della Regia Accademia Virgiliana di Mantova» [Mantova] n.s. II (1909), parte II, pp. 122-182.

¹⁸ Il Rühl, *Chronologie des Mittelalters*, cit., p. 206, cita il più antico esempio sicuro dell'uso di quest'era, cioè un'iscrizione con la data «Era DIIII» corrispondente all'anno 466 dell'era volgare.

¹⁹ Paoli, *Programma scolastico di paleografia latina*, cit., p. 189.

²⁰ Si noti che l'anno dionisiano comincia il 25 mar. festa dell'Incarnazione del Verbo, cioè circa tre mesi dopo la nascita di Cristo.

²¹ Elia Millosevich, *L'Era Volgare*, in «Nuova Antologia. Rivista di scienze lettere ed arti» [Roma] s. 3, XXIX (1894), vol. LIV, fasc. XXI, pp. 138-150, dimostra abbastanza fondata l'opinione dei PP. Maurini che Cristo sia nato il 25 dic. dell'anno VI avanti l'era volgare e crocifisso nell'anno 29 o 30.

²² Giry, *Manuel de diplomatique*, cit., p. 89, il quale cita un esempio dell'anno 704, in *Facsim. of ancient charters in the British Museum*, 1, 3.

²³ Il più antico esempio rinvenuto è del 676: John James Bond, *Handy-Book of rules and tables for verifying dates with the Christian era, giving an account of the chief eras, and systems used by various nations etc, etc, by John J. Bond*, London, G. Bell, 1889, IV ed., pp. XLII + 466, qui p. 25.

²⁴ Il primo esempio rinvenuto è del 742: Johann Friedrich Böhmer, *Regesta imperii*, comprende: *Die Regesten des Kaiserreichs unter den Karolingern, 751-918, neu bearbeitet von Engelbert Mühlbacher*, Innsbruck, Wagner, 1899, II ed., n. 24.

²⁵ Il più antico esempio rinvenuto è dell'876 in diplomi regi: Harry Bresslau, *Handbuch der Urkundenlehre für Deutschland und Italien, von Harry Bresslau*, Leipzig, Veit, 1889, p. 839.

²⁶ Per un ordine di Pietro IV re d'Aragona del 16/12/1349: Giry, *Manuel de diplomatique*, cit., p. 93.

²⁷ Friedrich Adolph Theodor von Sickel, *Acta regum et imperatorum Karolinorum digesta et enarrata [Die Urkunden der Karolinger gesammelt und bearbeitet von Th. Sickel]*, Wien, C. Gerold, 1867, voll. 2, vol. I, p. 221.

²⁸ Jaffé, *Regesta pontificum Romanorum*, cit., vol. I, p. 403.

²⁹ Jaffé, *Regesta pontificum Romanorum*, cit., vol. I, p. IX e Giry, *Manuel de diplomatique*, cit., p. 89.

³⁰ Bisogna notare però che queste stesse formule si usano per indicare l'*anno dell'era cristiana* senza tener conto del giorno dal quale si fa cominciare l'anno. Se ne trovano moltissimi esempi in carte lombarde dal XII al XIV sec. con la formula: *anno dominicae incarnationis*, mentre si usa lo stile della Natività.

[31] In luogo delle formule suddette per la Pasqua si usano anche più di frequente quelle di *anno incarnationis, anno Domini, anno gratiae* e altre.

[32] Giry, *Manuel de diplomatique*, cit., p. 111.

[33] Nel registro n. 29 delle lettere missive del duc. degli Sforza che si conservano nell'Archivio di Stato di Milano si nota il cambiamento del millesimo all'1/1/1457 e così nei registri successivi, mentre negli anni anteriori si muta data il 25 dic.

[34] Paoli, *Programma scolastico di paleografia latina*, cit., p. 181.

[35] Paoli, *Programma scolastico di paleografia latina*, cit., p. 177.

[36] Paoli, *Programma scolastico di paleografia latina*, cit., p. 177.

[37] Desunto esaminando le date di molte lettere di condoglianza scritte negli ultimi giorni del 1476 ai du. di Milano per la morte di Galeazzo Maria Sforza, e stessa cosa per altri paesi che seguono.

[38] Paoli, *Programma scolastico di paleografia latina*, cit., p. 174, secondo il Giry, *Manuel de diplomatique*, cit., p. 127, Arezzo segue lo stile pisano.

[39] Paoli, *Programma scolastico di paleografia latina*, cit., p. 178.

[40] G. Cesare Carraresi, *Cronografia generale dell'era volgare dall'anno I all'anno 2000 compilata da G. Cesare Carraresi*, Firenze, G. Cesare Sansoni, 1874, pp. 244, qui p. 234.

[41] Angelo Fumagalli, *Delle Istituzioni diplomatiche di Angelo Fumagalli*, Milano, Stamperia al Genio tipografico, 1802, voll. 2, vol. II, p. 61.

[42] Il più antico documento bobbiese datato *ab Incarn.* al modo pisano è del 1047, lug. 30: *Codice Diplomatico del Monasterio di S. Colombano*, Roma, Buzzi Giulio ed., 1918, voll. 3, vol. III, p. 8.

[43] Carlo Malagola, *Sunti delle lezioni del corso ufficiale di Paleografia e Diplomatica..., IX anno scolastico - 1896-1897*, Bologna, Società Universitaria, 1897, vol. X, pp. 200.

[44] Ricavato dall'esame di parecchie lettere dirette a Bianca Maria Sforza per la morte di Francesco I du. di Milano (8/3/1466) conservate nell'Archivio di Stato di Milano.

[45] Julius Harttung von Pflungk-Harttung, *Iter Italicum unternommen mit Unterstützung der Akademie der Wissenschaften zu Berlin von Dr. Julius v. Pflungk Harttung*, Stuttgart, W. Kohlhammer, 1883, pp. XIV + 908.

[46] Girolamo Mancini, *Cortona nel Medio Evo*, Firenze, Tipografia Carnesecchi e Figli, 1897, pp. VIII + 396 e Cesare Paoli, *Diplomatica*, Firenze, G.C. Sansoni, 1942, pp. 372, qui p. 174.

[47] Un atto notarile del 1782, 20 mar. (st. mod.), comincia: «In Christi nomine, anno ab Eiusdem Incarnatione millesimo septingentesimo ortogesimo primo, seu ut communiter et iuxta stylum fori Cremonensis, millesimo septingentesimo ortogesimo primo, seu ut communiter et iuxta stylum fori Cremonensis, millesimo septingentesimo octogesimo secundo, indictione XV, currente die vero mercurii, vigesima mensis martii...».

[48] Fumagalli, *Delle Istituzioni diplomatiche*, cit., vol. II, p. 61 e *Codice diplomatico Laudense*, Milano, Vignati Cesare ed., 1879/85, 2 parti in 3 voll.

[49] Luigi Fumi, *Avvertenza per la cronologia nella datazione dei documenti lucchesi*, in «Rivista delle Biblioteche e degli Archivi» [Firenze] XIV (1903), n. 3/4, pp. 43-45. Secondo questo autore lo stile *a Natività* rimane inalterato a Lucca anche nel periodo della dominazione pisana (1342-1368). Vd. anche: Luigi Fumi (a cura di), *Regesti del R. Archivio di Stato di Lucca. I. Pergamene del Diplomatico*, Lucca, Tipografia A. Marchi, 1903, p. IX.

[50] Vittorio Lazzarini, *Del principio dell'anno nei documenti padovani*, Padova, Tipografia Salmin, 1900, p. 7 e P. Torelli, *La data nei documenti medioevali mantovani*, cit., p. 14.

[51] Mem. sulla storia di Milano, agli anni: 881, 899, 902, 956, 984, 987 e 1042. Vd. anche Fumagalli, *Delle Istituzioni diplomatiche*, cit., vol. II, p. 61.

[52] Nel 1486 è già in uso lo stile moderno presso alcuni notai.

[53] Pellegrino Tosatti, *Il calendario perpetuo... coll'aggiunta del calendario degli Ebrei,*

del modo di trovare la loro Pasqua, di un cenno sul calendario romano antico, turco, greco, cinese, egiziano e repubblicano francese. Opera del sacerdote Pellegrino Tosatti, Seconda *edizione... corretta e accresciuta... con appendice contenente la cronologia dei romani pontefici e dei vescovi di Modena e l'elenco alfabetico dei santi del Martirologio romano,* Modena, Tipografia dell'Immacolata Concezione, 1887/88, pp. VIII + 342, qui p. 172.

[54] Giuseppe Del Giudice, *Codice diplomatico del regno di Carlo I e II d'Angiò, ossia Collezione di leggi, statuti e privilegi... raccolti, annotati e pubblicati per Giuseppe Del Giudice,* Napoli, Stamperia della R. Università (e Tipografia di M. d'Auria), 1863/1902, 2 tomi in 3 voll., vol. I, p. XXV.

[55] Torelli, *La data nei documenti medioevali mantovani,* cit., e Lazzarini, *Del principio dell'anno nei documenti padovani,* cit.

[56] Il documento più antico che abbiamo rinvenuto datato dalla Incarnazione è una carta vescovile dell'apr. 913 che si conserva nell'Archivio capitolare di Parma, però i notai di questa città continuano a datare con gli anni dell'imp. fino alla metà dell'XI sec.

[57] Il più antico documento da noi rinvenuto negli Archivi di Parma con la data della Natività è del 25/3/1170, nel 1153 si usa ancora lo stile dell'Incarnazione.

[58] Pallastrelli, *Dell'anno dell'Incarnasione,* cit., p. 42, la carta più antica rinvenuta con la data dell'Incarnazione è del 904.

[59] Paoli, *Programma scolastico di paleografia latina,* cit., p. 172.

[60] Paoli, *Programma scolastico di paleografia latina,* cit., p. 174, secondo il Giry, *Manuel de Diplomatique,* cit., p. 127, Pistoia segue lo stile pisano.

[61] Giovanni Sforza, *Memorie e documenti per servire alla storia di Pontremoli,* Lucca, Tipografia Giusti, 1885, pp. XXXIV + 382, qui p. 175.

[62] Jaffé, *Regesta pontificum Romanorum,* cit., p. IX.

[63] Daniel von Papebroch, *Acta Sanctorum, Propylaeum C.,* p. 65.

[64] Paoli, *Programma scolastico di paleografia latina,* cit., p. 181.

[65] Rühl, *Chronologie des Mittelalters,* cit., p. 40.

[66] Paoli, *Programma scolastico di paleografia latina,* cit., p. 172.

[67] Rühl, *Chronologie des Mittelalters,* cit., p. 30, dice che in Sicilia lo stile dell'Incarnazione è usato fino al XVI sec., poi lo stile moderno, ma dai notai fino al 1604 si continua a usare lo stile dell'Incarnazione.

[68] Con la formula: «Anno salutiferae ac perenniter adorandae Incarnationis Domini», in «Archivio paleografico italiano» [Roma] vol. III (1892/1910), n. 23, p. IX.

[69] Vittorio Fainelli, *La data nei documenti e nelle cronache di Verona,* in «Archivio Veneto» [Venezia] XXI (1911). n. 1, p. 1.

[70] Per tutto ciò che riguarda la Francia e la Germania si veda: Giry, *Manuel de diplomatique,* cit., pp. 112 ss., al quale in gran parte ci siamo attenuti.

[71] PP. Maurini, *L'art de vérifier les dates,* cit., p. 28.

[72] Rühl, *Chronologie des Mittelalters,* cit., pp. 31-39.

[73] Rühl, *Chronologie des Mittelalters,* cit., p. 34.

[74] Una lettera del du. Sigismondo d'Austria diretta a Galeazzo Maria Sforza du. di Milano finisce in questo modo: «Datum in oppido nostro Insprügg, vicesima septima mensis decembris, anno Domini etc. septuagesimo septimo». Essendo diretta allo Sforza che † il 26/12/1476, la lettera non può essere del 1477 ma del 1476, quindi è usato lo stile della Natività.

[75] Giry, *Manuel de diplomatique,* cit., p. 120.

[76] Rühl, *Chronologie des Mittelalters,* cit., p. 35.

[77] Alexandre Bruel, *Etudes sur la chronologie des rois de France et de Bourgogne,*

d'après les diplômes et les chartes de l'abbaye de Cluny au IXe siècle, par Alexandre Bruel, Paris, Tipographie Nationale, 1880, pp. 86, extrait de la *Bibliotèque de l'Ecole des chartes.*

[78] Christian Pfister, *Etudes sur le règne de Robert le Pieux (996-1031), par Ch. Pfister,* Paris, F. Vieweg, 1885, pp. LXXXXVI + 424.

[79] Eduard Brinckmeier, *Historisch-diplomatisch-chronologische Anweisung, nach welcher sich alle und jede Data und Epochen der verschiedenen Schriftsteller und Urkunden aller Zeiten und Länder leicht und sicher bestimmen und nach jeder andern Aere oder Calendarform ausdrücken lassen. Mit besonderer Berücksichtigung des Mittelalters... Von Dr. Eduard Brinckmeie,* e anche *Praktisches Handbuch der Historischen Chronologie aller Zeiten und Völker besonders des Mittelalters... 2.te... vermehrte Auflage,* Berlin, G. Hempel, 1882, pp. XXIV + 504, qui p. 94.

[80] Ulysse Chevalier, *Itinéraire des dauphins de Viennois de la seconde race, par Ulysse Chevalier,* Voiron, Imprimerie de Baratier et Mollaret, 1886, p. 12, extrait de la «Petite Revue Duaphinoise».

[81] Secondo il Rühl, *Chronologie des Mittelalters,* cit., p. 34, si trovano frequenti esempi dello stile francese fino dai tempi di Filippo I (1060-1108).

[82] Brickmeier, *Historisch-diplomatisch-chronologische Anweisung,* cit., pp. 89-90.

[83] Bond, *Handy-Book of rules and tables for verifying dates,* cit., p. 91.

[84] Rühl, *Chronologie des Mittelalters,* cit., p. 39.

[85] Rühl, *Chronologie des Mittelalters,* cit., p. 31 e Grotefend, *Handbuch der historischen Chronologie,* cit., p. 12.

[86] PP. Maurini, *L'art de vérifier les dates,* cit., p. 24.

[87] Edmond-Henri-Joseph Reusens, *Elements de paléographie, par le chanoine Reusens,* Louvain, chez l'auteur, 1897/99, pp. 496.

[88] Brinckmeier, *Historisch-diplomatisch-chronologische Anweisung,* cit., p. 90.

[89] Giry, *Manuel de diplomatique,* cit., p. 114.

[90] Grotefend, *Handbuch der historischen Chronologie,* cit. e Rühl, *Chronologie des Mittelalters,* cit., pp. 12 e 26.

[91] Introdotto dal re Giovanni I il 22 ag. di detto anno.

[92] Rühl, *Chronologie des Mittelalters,* cit., p. 29, secondo H. Grotefend, *Taschenbuch der Zeitrechnung des Deutschen Mittelalters und der Neuzeit entworfen von... H. Grotefend,* a cura di O. Grotefend, Hannover, Hahn'sche Buchhandlung, 1941, VIII ed., p. 12) lo stile del 1° mar. dura fino alla metà del XIII sec.

[93] Pietro Luigi Datta, *Lezioni di paleografia critica e di diplomatica, sui documenti della monarchia di Savoia,* Torino, Tipografia La Pomba, 1834, pp. XVII + 509, qui pp. 378-379.

[94] «Bulletin de la Commission Royale d'Histoire de l'Académie Royale de Belgique» [Bruxelles] s. II (1903), vol. I, p. 47, anche Giry, *Manuel de Diplomatique,* cit., p. 128.

[95] PP. Maurini, *L'art de vérifier les dates,* cit., p. 24.

[96] Rühl, *Chronologie des Mittelalters,* cit., p. 34.

[97] Una lettera di Ivan III Vassilievič diretta al du. di Milano Gian Galeazzo Maria Sforza porta questa data: «Datae Moscoviae, mense aprilis annis a constitutione mundi uno et septemmilibus». Trattandosi del mese d'apr., l'anno 1493 dell'era cristiana che corrisponde al 7001 nelle tavole cronografiche sarà esatta, se il documento porta invece la data da sett. a dic. l'anno corrispondente sarebbe il 1492.

## PARTE SECONDA

Calendari

Calendari dell'era volgare
e loro entrata in vigore

Calendario romano e sue riforme (dall'VIII sec. a.C.)

Dell'antico calendario romano, che si fa risalire ai tempi di Romolo, si hanno poche e incerte notizie. Secondo il Mommsen[1] l'anno conta 295 giorni circa, distribuiti in 10 mesi lunari e comincia con quello di mar.; poi viene riformato da Numa Pompilio che vi aggiunge i mesi di genn. e febb., facendone così un vero anno lunare di 355 giorni, che comincia sempre a mar. Ogni anno vi si devono però intercalare 22 o 23 giorni[2] per metterlo d'accordo con l'anno solare, ma con un errore di due giorni in più ogni biennio. Ciò dura per parecchi sec., finché nell'anno 708 di Roma (46 a.C.) Giulio Cesare, sommo pontefice, chiesta la cooperazione del grande astronomo Sosigene di Alessandria, riforma di nuovo il calendario formando un anno solare di 365 giorni e 6 ore circa con inizio a genn. Delle 6 ore eccedenti si forma un giorno, da aggiungere ogni anno al mese di febb., tra il quint'ultimo e il sest'ultimo giorno (24 febb.). L'anno così accresciuto, cioè di 366 giorni, viene detto *bissextilis*. L'equinozio di primavera è fissato al 25 mar.

Ciascuno dei dodici mesi componenti l'anno è diviso in tre parti disuguali, cioè le *Calende*, che cadono sempre al 1º del mese, le *None* al 5 e le *Idi* al 13, eccetto nei mesi di mar., mag., lug. e ott., nei quali le None cadono invece il giorno 7 e le Idi al 15. Gli altri giorni del mese si numerano a ritroso a seconda della distanza che corre dalle Calende, dalle Idi e dalle None, computando nel calcolo anche il giorno di queste. La vigilia delle None, delle Idi e delle Calende è detta *pridie Nonas, pridie Idus* ecc., ma nel medioevo anche *secundo Nonas, secundo Idus* ecc.; *postridie* indica invece il giorno posteriore alle Calende, alle None o alle Idi. Diamo alle pp. 26-28 l'intero calendario romano riformato, usato anche in tutto il medioevo e tempi moderni[3].

Mesi del calendario romano di Giulio Cesare (dal 45 a.C.)

	Januarius		Februarius		Martius		Aprilis
1	Kal. Januarii	1	Kal. Februarii	1	Kal. Martii	1	Kal. Aprilis
2	IV Nonas Januarii	2	IV Nonas Februarii	2	VI Nonas Martii	2	IV Nonas Aprilis
3	III Nonas Januarii	3	III Nonas Februarii	3	V Nonas Martii	3	III Nonas Aprilis
4	Pridie Nonas Jan.	4	Pridie Nonas Febr.	4	IV Nonas Martii	4	Pridie Nonas Aprilis
5	Nonis Januarii	5	Nonis Februarii	5	III Nonas Martii	5	Nonis Aprilis
6	VIII Idus Januarii	6	VIII Idus Februarii	6	Pridie Nonas Martii	6	VIII Idus Aprilis
7	VII Idus Januarii	7	VII Idus Februarii	7	Nonis Martii	7	VII Idus Aprilis
8	VI Idus Januarii	8	VI Idus Februarii	8	VIII Idus Martii	8	VI Idus Aprilis
9	V Idus Januarii	9	V Idus Februarii	9	VII Idus Martii	9	V Idus Aprilis
10	IV Idus Januarii	10	IV Idus Februarii	10	VI Idus Martii	10	IV Idus Aprilis
11	III Idus Januarii	11	III Idus Februarii	11	V Idus Martii	11	III Idus Aprilis
12	Pridie Idus Januar.	12	Pridie Idus Febr.	12	IV Idus Martii	12	Pridie Idus Aprilis
13	Idibus Januarii	13	Idibus Februarii	13	III Idus Martii	13	Idibus Aprilis
14	XIX Kal. Februarii	14	XVI Kal. Martii	14	Pridie Idus Martii	14	XVIII Kal. Maii
15	XVIII Kal. Februarii	15	XV Kal. Martii	15	Idibus Martii	15	XVII Kal. Maii
16	XVII Kal. Februarii	16	XIV Kal. Martii	16	XVII Kal. Aprilis	16	XVI Kal. Maii
17	XVI Kal. Februarii	17	XIII Kal. Martii	17	XVI Kal. Aprilis	17	XV Kal. Maii
18	XV Kal. Februarii	18	XII Kal. Martii	18	XV Kal. Aprilis	18	XIV Kal. Maii
19	XIV Kal. Februarii	19	XI Kal. Martii	19	XIV Kal. Aprilis	19	XIII Kal. Maii
20	XIII Kal. Februarii	20	X Kal. Martii	20	XIII Kal. Aprilis	20	XII Kal. Maii
21	XII Kal. Februarii	21	IX Kal. Martii	21	XII Kal. Aprilis	21	XI Kal. Maii
22	XI Kal. Februarii	22	VIII Kal. Martii	22	XI Kal. Aprilis	22	X Kal. Maii
23	X Kal. Februarii	23	VII Kal. Martii	23	X Kal. Aprilis	23	IX Kal. Maii
24	IX Kal. Februarii	24	VI Kal. M. Bis. VI Kal.M.	24	IX Kal. Aprilis	24	VIII Kal. Maii
25	VIII Kal. Februarii	25	V Kal. M. VI Kal. Mar.	25	VIII Kal. Aprilis	25	VII Kal. Maii
26	VII Kal. Februarii	26	IV Kal. M. V Kal. Mar.	26	VII Kal. Aprilis	26	VI Kal. Maii
27	VI Kal. Februarii	27	III Kal. M. IV Kal. Mar.	27	VI Kal. Aprilis	27	V Kal. Maii
28	V Kal. Februarii	28	Pr. Kal. M. III Kal. Mar.	28	V Kal. Aprilis	28	IV Kal. Maii
29	IV Kal. Februarii	29	Pr. Kal. Mar.	29	IV Kal. Aprilis	29	III Kal. Maii
30	III Kal. Februarii			30	III Kal. Aprilis	30	Pridie Kal. Maii
31	Pridie Kal. Februarii			31	Pridie Kal. Aprilis		

anni bisestili (rif. Februarius, righe 24-29)

#	**Maius**	**Junius**	**Julius** (Quintilis)	**Augustus** (Sextilis)
1	Kal. Maii	Kal. Junii	Kal. Julii	Kal. Augusti
2	VI Nonas Maii	IV Nonas Junii	VI Nonas Julii	IV Nonas Augusti
3	V Nonas Maii	III Nonas Junii	V Nonas Julii	III Nonas Augusti
4	IV Nonas Maii	Pridie Nonas Junii	IV Nonas Julii	Pridie Nonas Augusti
5	III Nonas Maii	Nonis Junii	III Nonas Julii	Nonis Augusti
6	Pridie Nonas Maii	VIII Idus Junii	Pridie Nonas Julii	VIII Idus Augusti
7	Nonis Maii	VII Idus Junii	Nonis Julii	VII Idus Augusti
8	VIII Idus Maii	VI Idus Junii	VIII Idus Julii	VI Idus Augusti
9	VII Idus Maii	V Idus Junii	VII Idus Julii	V Idus Augusti
10	VI Idus Maii	IV Idus Junii	VI Idus Julii	IV Idus Augusti
11	V Idus Maii	III Idus Junii	V Idus Julii	III Idus Augusti
12	IV Idus Maii	Pridie Idus Junii	IV Idus Julii	Pridie Idus Augusti
13	III Idus Maii	Idibus Junii	III Idus Julii	Idibus Augusti
14	Pridie Idus Maii	XVIII Kal. Julii	Pridie Idus Julii	XIX Kal. Septembris
15	Idibus Maii	XVII Kal. Julii	Idibus Julii	XVIII Kal. Septembris
16	XVII Kal. Junii	XVI Kal. Julii	XVII Kal. Augusti	XVII Kal. Septembris
17	XVI Kal. Junii	XV Kal. Julii	XVI Kal. Augusti	XVI Kal. Septembris
18	XV Kal. Junii	XIV Kal. Julii	XV Kal. Augusti	XV Kal. Septembris
19	XIV Kal. Junii	XIII Kal. Julii	XIV Kal. Augusti	XIV Kal. Septembris
20	XIII Kal. Junii	XII Kal. Julii	XIII Kal. Augusti	XIII Kal. Septembris
21	XII Kal. Junii	XI Kal. Julii	XII Kal. Augusti	XII Kal. Septembris
22	XI Kal. Junii	X Kal. Julii	XI Kal. Augusti	XI Kal. Septembris
23	X Kal. Junii	IX Kal. Julii	X Kal. Augusti	X Kal. Septembris
24	IX Kal. Junii	VIII Kal. Julii	IX Kal. Augusti	IX Kal. Septembris
25	VIII Kal. Junii	VII Kal. Julii	VIII Kal. Augusti	VIII Kal. Septembris
26	VII Kal. Junii	VI Kal. Julii	VII Kal. Augusti	VII Kal. Septembris
27	VI Kal. Junii	V Kal. Julii	VI Kal. Augusti	VI Kal. Septembris
28	V Kal. Junii	IV Kal. Julii	V Kal. Augusti	V Kal. Septembris
29	IV Kal. Junii	III Kal. Julii	IV Kal. Augusti	IV Kal. Septembris
30	III Kal. Junii	Pridie Kal. Julii	III Kal. Augusti	III Kal. Septembris
31	Pridie Kal. Junii		Pridie Kal. Augusti	Pridie Kal. Septembris

	Septembris		Octobris		Novembris		Decembris
1	Kal. Septembris	1	Kal. Octobris	1	Kal. Novembris	1	Kal. Decembris
2	IV Nonas Septembris	2	VI Nonas Octobris	2	IV Nonas Novembris	2	IV Nonas Decembris
3	III Nonas Septembris	3	V Nonas Octobris	3	III Nonas Novembris	3	III Nonas Decembris
4	Pridie Nonas Septembris	4	IV Nonas Octobris	4	Pridie Nonas Novembris	4	Pridie Nonas Decembris
5	Nonis Septembris	5	III Nonas Octobris	5	Nonis Novembris	5	Nonis Decembris
6	VIII Idus Septembris	6	Pridie Nonas Octobris	6	VIII Idus Novembris	6	VIII Idus Decembris
7	VII Idus Septembris	7	Nonis Octobris	7	VII Idus Novembris	7	VII Idus Decembris
8	VI Idus Septembris	8	VIII Idus Octobris	8	VI Idus Novembris	8	VI Idus Decembris
9	V Idus Septembris	9	VII Idus Octobris	9	V Idus Novembris	9	V Idus Decembris
10	IV Idus Septembris	10	VI Idus Octobris	10	IV Idus Novembris	10	IV Idus Decembris
11	III Idus Septembris	11	V Idus Octobris	11	III Idus Novembris	11	III Idus Decembris
12	Pridie Idus Septembris	12	IV Idus Octobris	12	Pridie Idus Novembris	12	Pridie Idus Decembris
13	Idibus Septembris	13	III Idus Octobris	13	Idibus Novembris	13	Idibus Decembris
14	XVIII Kal. Octobris	14	Pridie Idus Octobris	14	XVIII Kal. Decembris	14	XIX Kal. Januarii
15	XVII Kal. Octobris	15	Idibus Octobris	15	XVII Kal. Decembris	15	XVIII Kal. Januarii
16	XVI Kal. Octobris	16	XVII Kal. Novembris	16	XVI Kal. Decembris	16	XVII Kal. Januarii
17	XV Kal. Octobris	17	XVI Kal. Novembris	17	XV Kal. Decembris	17	XVI Kal. Januarii
18	XIV Kal. Octobris	18	XV Kal. Novembris	18	XIV Kal. Decembris	18	XV Kal. Januarii
19	XIII Kal. Octobris	19	XIV Kal. Novembris	19	XIII Kal. Decembris	19	XIV Kal. Januarii
20	XII Kal. Octobris	20	XIII Kal. Novembris	20	XII Kal. Decembris	20	XIII Kal. Januarii
21	XI Kal. Octobris	21	XII Kal. Novembris	21	XI Kal. Decembris	21	XII Kal. Januarii
22	X Kal. Octobris	22	XI Kal. Novembris	22	X Kal. Decembris	22	XI Kal. Januarii
23	IX Kal. Octobris	23	X Kal. Novembris	23	IX Kal. Decembris	23	X Kal. Januarii
24	VIII Kal. Octobris	24	IX Kal. Novembris	24	VIII Kal. Decembris	24	IX Kal. Januarii
25	VII Kal. Octobris	25	VIII Kal. Novembris	25	VII Kal. Decembris	25	VIII Kal. Januarii
26	VI Kal. Octobris	26	VII Kal. Novembris	26	VI Kal. Decembris	26	VII Kal. Januarii
27	V Kal. Octobris	27	VI Kal. Novembris	27	V Kal. Decembris	27	VI Kal. Januarii
28	IV Kal. Octobris	28	V Kal. Novembris	28	IV Kal. Decembris	28	V Kal. Januarii
29	III Kal. Octobris	29	IV Kal. Novembris	29	III Kal. Decembris	29	IV Kal. Januarii
30	Pridie Kal. Octobris	30	III Kal. Novembris	30	Pridie Kal. Decembris	30	III Kal. Januarii
		31	Pridie Kal. Novembris			31	Pridie Kal. Januarii

Calendario ecclesiastico (dal XIII sec.)

Frequente è pure nel medioevo, specie in Francia, in Svizzera e dalla metà del XIII sec. in Germania il sistema di indicare i giorni nella datazione dei documenti con i nomi dei santi o delle altre feste religiose che ricorrono nel calendario ecclesiastico[4]. Per esempio: «Datum Curie, sabbato ante festum beati Georgii, anno 1419» (22 apr.), «Dies solis proxima ante festum omnium sanctorum, anno 1496» (30 ott.) oppure «Ex Berno, die Antonii 1493» (17 genn.). Anche i giorni della settimana, anziché con i soliti nomi di *dies lunae*, *martis* ecc., si indicano molte volte per *feriae*, eccetto la domenica e spesso anche il sabato. Si ha quindi: *dies dominicus*[5], la domenica; *feria secunda*, il lunedì; *feria tertia*, il martedì; *feria quarta*, il mercoledì; *feria quinta*, il giovedì; *feria sexta*, il venerdì; *dies sabbati*, o *feria VII*, il sabato. Per esempio: «Feria quarta pascae, anno 1498» (mercoledì 18 apr.); «Feria sexta proxima post festum S. Johannis Baptistae, anno 1456» (venerdì 25 giu.).

Per rinvenire le date precise del mese e giorno nei documenti datati con nomi di feste religiose conviene conoscere le ricorrenze delle solennità stesse come dei principali santi, nonché le diverse denominazioni ecclesiastiche e popolari di certi giorni dell'anno. Sono stati quindi predisposti due speciali elenchi alfabetici[6] che si ritengono sufficienti, specie con l'aiuto del *calendario perpetuo* (pp. 36-105), il quale serve anche per rinvenire il giorno della settimana di qualunque data storica[7].

È noto che le feste religiose possono essere *fisse* se cadono ogni anno nello stesso giorno, o *mobili* se cambiano annualmente la data della loro ricorrenza. Fra queste ultime la più importante è la Pasqua di Resurrezione sulla quale è regolato tutto il calendario ecclesiastico. Come stabilito dalla chiesa, essa viene celebrata la prima domenica che segue il plenilunio dopo il 21 mar., quindi non può cadere prima del 22 mar., né dopo il 25 apr. In origine essa viene celebrata il giorno stesso della Pasqua degli ebrei, cioè il XIV giorno della luna di mar. qualunque sia il giorno della settimana, e ciò dà origine più tardi al cosiddetto *rito quartodecimano*. Altri la celebrano la domenica seguente (rito domenicale), mentre le chiese delle Gallie fissano la Pasqua al 25 mar., altri in epoche diverse. Tutte queste divergenze nella celebrazione della Pasqua, che durano fin verso la fine dell'VIII sec., sono segnate a piè di pagina per ciascun anno nelle nostre tavole cronografiche.

Le altre feste mobili, dipendenti dalla Pasqua, si trovano spesso indicate nei documenti medioevali con le prime parole dell'*Introito* alla messa, e sono: la domenica di Settuagesima, detta *Circumdederunt me*; la Sessagesima, *Exurge*; la Quinquagesima, *Invocabit me*. Le domeniche di Quaresima si indicano rispettivamente con le parole: *Invocabit, Reminiscere, Oculi, Laetare, Judica*; quest'ultima festa è detta, più comunemente, *dominica in passione Domini*. Quella che segue, cioè la prima avanti Pasqua, è detta *Domine ne longe*, o *Palmarum festum*. Le domeniche che seguono la Pasqua sono: la I, o *in albis*, detta *Quasi modo*; la II, *Misericordia Domini*; la III, *Jubilate*; la IV, *Cantate*; la V, *Rogate*; la VI, *Exaudi*. Segue a questa la festa di Pentecoste e la sua ottava o festa della SS. Trinità, detta *Trinitas aestivalis*. Le altre domeniche dopo

Pentecoste, che possono essere di maggiore o minore numero a seconda degli anni, fino a 27, si citano anch'esse con le prime parole dell'Introito[8]. Altre due feste importanti sono l'Ascensione di Gesù Cristo che si celebra 40 giorni dopo Pasqua, detta *Ascensa Domini*, e il *Corpus Domini* o *Festum Christi*, istituita nel 1264 e celebrata il giovedì dopo la festa della SS. Trinità. Infine, le quattro domeniche di preparazione al Natale, dette *d'Avvento*, si designano con le parole: *Ad te levavi, Populus Sion, Gaudete* e *Memento nostrum Domine*.

Si comprenderà di quanta importanza deve essere nel medioevo il determinare esattamente ogni anno in quale giorno debba cadere la Pasqua, se con essa si può costruire come si è visto tutto il calendario. Computisti e astronomi immaginano quindi diversi ingegnosi sistemi per giungere agevolmente a questo scopo, come la *lettera domenicale*, il *ciclo solare* e *lunare*, l'*epatta* ecc. che sarebbe assai lungo e poco utile fermarci a esaminare, trovandosene troppo rari esempi nella datazione dei documenti.

Calendario riformato da Gregorio XIII (dal 5 ottobre 1582)

Nella riforma giuliana del calendario, la durata dell'anno solare viene calcolata, come si è visto, di 365 giorni e 6 ore con una differenza in più, sul corso vero del sole, di circa 11 minuti e 9 secondi. Per quanto lieve, tale eccedenza viene a formare, ogni 128 anni circa, un giorno intero, facendo retrocedere gradatamente l'equinozio di primavera, già fissato al 25 mar. Infatti al concilio di Nicea, tenuto nel 325, si deve far retrocedere l'equinozio stesso al giorno 21 di detto mese.

Diversi tentativi per correggere il calendario vengono fatti quindi fino dal principio del medioevo[9] e continuano più o meno alacremente, finché nel XIII sec. John Holywood, Roberto Grossetête e specialmente Roger Bacon studiano la questione più da vicino, facendo vere proposte di riforma. Nel XIV sec. i papi stessi si fanno promotori di questi studi: Clemente VI (1342-52) dà incarico a valenti matematici di studiare la materia e più tardi ai concili di Costanza e di Basilea (1417 e 1434) vengono presentati dei progetti di riforma di Pierre d'Ailly e di Nicolò di Cusa. Anche il celebre Johann Müller da Königsberg, detto Regiomontano, se ne occupa poco prima di morire (1476) per incarico di Sisto V.

Ma è soprattutto nel XVI sec. che gli studi sulla desiderata riforma vengono intrapresi con grandissima attività. Leone X, intenzionato a venirne a capo, se ne interessa di proposito scrivendo all'imperatore, alle università, ai vescovi e ai più insigni matematici dei suoi tempi perché si prenda a cuore la questione, e infatti durante il quinto concilio Lateranense (1513-17) scritti opportuni vengono pubblicati da diversi illustri scienziati. Spetta dunque a questo pontefice e anche al suo cooperatore, il celebre Paolo di Middelburg, come ben nota il Paoli[10], il merito intrinseco della riforma stessa, che più tardi Gregorio XIII finalmente porrà in attuazione.

Questo papa fino dai primi anni del suo pontificato nomina una commissione di dotti italiani e stranieri, sotto la presidenza del cardinale Sirleto, perché prendano in esame diversi progetti di riforma ultimamente presentati. Fra questi si distingue, per chiarezza e semplicità, uno di certo Luigi Giglio calabrese, morto da poco tempo, e presentato alla commissione dal fratello Antonio. Il lavoro del Giglio viene in gran parte approvato dopo lunghe discussioni e Gregorio XIII, con una sua bolla *Inter gravissimas* del 24 febb. 1581 (1582 stile comune), può infine promulgare la riforma del calendario giuliano.

I punti principali di essa sono:
— ricondurre l'equinozio di primavera retrocesso fino all'11 mar. al giorno stabilito dal concilio di Nicea, cioè al 21 mar., togliendo nel 1582 dieci giorni al mese di ott., dal 5 al 14 inclusi;
— per impedire l'eccedenza verificatasi in passato intercalando un giorno ogni quattro anni, si decide che degli anni secolari, tutti bisestili nel calendario giuliano, uno soltanto sia bisestile ogni quattro e precisamente quelli che sono perfettamente divisibili per 400, cioè il 1600, il 2000, il 2400, il 2800 ecc., rimanendo comuni gli altri, cioè il 1700, il 1800, il 1900, il 2100, il 2200, il 2300, il 2500 ecc.

Però il calendario gregoriano nonostante queste correzioni non può dirsi in tutto perfetto, giacché l'anno civile reca ancora una lieve eccedenza di circa 24 secondi sull'anno tropico, ma occorreranno più di 3500 anni prima che tale differenza formi lo spazio di un giorno[11].

Cronologia dell'adozione del calendario gregoriano

La riforma gregoriana non viene subito e dovunque accettata: ragioni politiche e specialmente religiose recano non pochi ostacoli alla sua propagazione. Nel 1582 viene accolta in Italia[12], Spagna, Portogallo, Francia, Lorena; altri stati l'accolgono più tardi, ma taluni come Romania, cristiani d'oriente ecc. rimangono a lungo fedeli al vecchio calendario giuliano[13].

Si ritiene utile dare qui un elenco alfabetico degli stati e città d'Europa, Asia e Africa che adottano o meno la riforma gregoriana, indicando anche, quando è possibile, quali giorni sono stati soppressi.

Alsazia, gli stati cattolici accolgono il calendario gregoriano nel 1584, nel 1648 gli altri stati[14]

Anversa, accoglie il calendario gregoriano nel 1583, sopprimendo i giorni dal 22 al 31 dic.

Artois, accoglie il calendario gregoriano nel 1582, sopprimendo i giorni dal 22 al 31 dic.

Augusta (vesc.), accoglie il calendario gregoriano nel 1583, sopprimendo i giorni dal 14 al 23 febb.

Austria, accoglie il calendario gregoriano nel 1584, sopprimendo i giorni dal 7 al 16 genn.[15]

Baviera, accoglie il calendario gregoriano nel 1583, sopprimendo i giorni dal 6 al 15 ott.

Boemia, accoglie il calendario gregoriano nel 1584, sopprimendo i giorni dal 7 al 16 genn.

Brabante, accoglie il calendario gregoriano nel 1583, sopprimendo i giorni dal 22 al 31 dic.[16]

Bressanone, accoglie il calendario gregoriano nel 1583, sopprimendo i giorni dal 6 al 15 ott.

Bulgaria, accoglie il calendario gregoriano nel 1917

Colonia, accoglie il calendario gregoriano nel 1583, sopprimendo i giorni dal 4 al 12 nov.

Curlandia, accoglie il calendario gregoriano nel 1617, ma viene usato in principio da pochi e nel 1796 ritorna al calendario giuliano

Danimarca, accoglie il calendario gregoriano nel 1700, ma modificato da Weigel[17], sopprimendo gli ultimi 11 giorni di febb. (editto regio del 28 nov. 1699: Seeland)

Eichstadt, accoglie il calendario gregoriano nel 1583, sopprimendo i giorni dal 6 al 15 ott.

Fiandra, accoglie il calendario gregoriano nel 1582, sopprimendo i giorni dal 22 al 31 dic.

Francia, accoglie il calendario gregoriano nel 1583, sopprimendo i giorni dal 10 al 19 dic.

Frisia, accoglie il calendario gregoriano nel 1701, sopprimendo i giorni dal 2 al 12 genn.

Frissinga (Baviera), accoglie il calendario gregoriano nel 1583, sopprimendo i giorni dal 6 al 15 ott.

Germania (stati cattolici), accoglie il calendario gregoriano nel 1584, sopprimendo i giorni dal 6 al 15 ott.

Germania (stati protestanti), accoglie il calendario gregoriano nel 1700 sopprimendo gli ultimi 11 giorni di febb. (modificazione di Weigel), però non si adotta il computo gregoriano della Pasqua se non nel 1775

Grecia, accoglie il calendario gregoriano l'1/3/1923

Groninga, accoglie il calendario gregoriano nel 1583, sopprimendo dal 1° al 10 mar., ma il 24 giu. 1594[18] viene ripreso il calendario giuliano il quale dura fino al 31 dic. 1700, poi si ritorna al gregoriano, sopprimendo i giorni dal 2 al 12 genn. 1701 (decisione 6 febb. 1700)

Gueldria (in parte), accoglie il calendario gregoriano nel 1582, sopprimendo dal 22 al 31 dic., altra parte della Gueldria accetta il calendario nel 1700, sopprimendo i giorni dal 1° all'11 lug. (decisione 26 mag. 1700)

Hainaut, accoglie il calendario gregoriano nel 1582, sopprimendo i giorni dal 22 al 31 dic., vd. Brabante

Inghilterra e Irlanda, accolgono il calendario gregoriano nel 1752, sopprimendo i giorni dal 3 al 13 sett.

Italia, accoglie il calendario gregoriano nel 1582, sopprimendo i giorni dal 5 al 14 ott.

Limburgo, accoglie il calendario gregoriano nel 1582, sopprimendo i giorni dal 22 al 31 dic.

Lorena, accoglie il calendario gregoriano nel 1582, sopprimendo i giorni dal 10 al 19 dic.

Lusazia, accoglie il calendario gregoriano nel 1584, sopprimendo i giorni dal 7 al 16 genn.

Lussemburgo, accoglie il calendario gregoriano nel 1582, sopprimendo i giorni dal 22 al 31 dic.

Magonza (principato elettorale), accoglie il calendario gregoriano nel 1583, sopprimendo i giorni dal 12 al 21 nov.

Malines, accoglie il calendario gregoriano nel 1582, sopprimendo i giorni dal 22 al 31 dic.

Montenegro, accoglie il calendario gregoriano nel genn. 1916

Namur, accoglie il calendario gregoriano nel 1582, sopprimendo i giorni dal 22 al 31 dic.

Neuburg (palatinato di), accoglie il calendario gregoriano nel 1615, sopprimendo i giorni dal 14 al 23 dic.

Neuchâtel (principato di), accoglie il calendario gregoriano nel 1582

Olanda (Rotterdam, Amsterdam, Leida, Delft, Haarlem e l'Aja), accoglie il calendario gregoriano nel 1582, sopprimendo i giorni dal 22 al 31 dic., vd. Brabante

Over-Yssel, accoglie il calendario gregoriano nel 1701, sopprimendo i giorni dal 1° all'11 genn.

Paderborn, accoglie il calendario gregoriano nel 1585, sopprimendo i giorni dal 17 al 26 giu.

Paesi Bassi, accolgono il calendario gregoriano nel 1700, sopprimendo i giorni dal 18 al 28 febb.

Polonia, accoglie il calendario gregoriano nel 1582 secondo il Weinert e il Bostel, nel 1585 secondo il Giry[19], sopprimendo i giorni dal 22 al 31 dic.

Portogallo, accoglie il calendario gregoriano nel 1582, sopprimendo i giorni dal 5 al 14 ott.

Prussia, accoglie il calendario gregoriano nel 1610, sopprimendo i giorni dal 22 ag. al 2 sett.

Ratisbona, accoglie il calendario gregoriano nel 1583, sopprimendo i giorni dal 6 al 15 ott.

Romania, accoglie il calendario gregoriano nel 1919

Russia e Unione Sovietica, accoglie il calendario gregoriano l'1/1/1918 e l'1/3/1923

Salisburgo (Salzburg), accoglie il calendario gregoriano nel 1583, sopprimendo i giorni dal 6 al 15 ott.

Savoia, accoglie il calendario gregoriano nel 1582, sopprimendo i giorni dal 22 al 31 dic.

Seeland (Danimarca), accoglie il calendario gregoriano nel 1582, sopprimendo i giorni dal 22 al 31 dic., e nel 1700 accoglie le modificazioni di Weigel

Serbia, accoglie il calendario gregoriano nel 1919, sopprimendo i giorni dal 19 al 31 genn.

Slesia, accoglie il calendario gregoriano nel 1584, sopprimendo i giorni dal 13 al 22 genn.

Spagna, accoglie il calendario gregoriano nel 1582, sopprimendo i giorni dal 15 al 24 ott.

Stiria, accoglie il calendario gregoriano nel 1583, sopprimendo i giorni dal 15 al 25 dic.

Strasburgo (città), accoglie il calendario gregoriano nel 1682, sopprimendo i giorni dal 19 al 28 febb.[20]

Strasburgo (vescovado), accoglie il calendario gregoriano nel 1583, sopprimendo i giorni dal 12 al 21 nov.

Svezia, accoglie il calendario gregoriano sotto Giovanni III († 1592), ma viene abolito da Carlo IX (1600-11), nel 1753 viene ripreso il calendario gregoriano, sopprimendo i giorni dal 18 al 21 febb.[21]

Svizzera, i cantoni di *Lucerna*, *Uri*, *Schwytz*, *Zug*, *Soletta* (*Solothurn*) e *Friburgo* accolgono il calendario gregoriano nel 1584, sopprimendo i giorni dal 12 al 21 genn. *Unterwalden* accoglie la riforma gregoriana nel giu. 1584 e così *Appenzell*, ma nel 1590 questo ritorna al calendario giuliano e non riprende il gregoriano che nel genn. 1724. Nel *Vallese* si accetta il calendario gregoriano nel 1622. A *Zurigo*, *Berna*, *Basilea*, *Sciaffusa*, *Ginevra*, *Bienna*, *Mülhausen*, *Neuchâtel*, *Turgovia*, *Baden*, *Sargans*, *Reinthal* nel 1701, sopprimendo i giorni dal 1° all'11 genn. A *San Gallo*, nel 1724, ma non da tutti i protestanti, i quali osservano per molto tempo l'antico calendario. A *Glarona*, *Ausserhoden*, *Toggenburg*, nel genn. 1724. I *Grigioni*, parte nel 1784 e il resto nel 1798, eccetto il comune di Süs (Bassa Engadina), che rimane fedele al vecchio calendario fino al 1811

Transilvania, accoglie il calendario gregoriano nel 1590, sopprimendo i giorni dal 15 al 24 dic.

Treviri (principato elettorale), accoglie il calendario gregoriano nel 1583, sopprimendo i giorni dal 5 al 14 ott.

Ungheria, accoglie il calendario gregoriano nel 1587, sopprimendo i giorni dal 22 al 31 ott.

Utrecht, accoglie il calendario gregoriano nel 1700, sopprimendo i giorni dal 1° al 10 dic.

Westfalia, accoglie il calendario gregoriano nel 1584, sopprimendo i giorni dal 2 all'11 lug.

Würzburg (Baviera), accoglie il calendario gregoriano nel 1583, sopprimendo i giorni dal 5 al 14 nov.

Zelanda, accoglie il calendario gregoriano nel 1582, sopprimendo i giorni dal 22 al 31 dic.

Zutphen, accoglie il calendario gregoriano nel gen. 1701

Calendario perpetuo giuliano e gregoriano

Nell'uso di questo calendario per quanto si riferisce a cerimonie ecclesiastiche è necessario tener presenti i due elenchi alfabetici che seguono delle feste religiose e dei santi, nei quali abbiamo indicato quando è stato possibile in quali anni vengono istituite dalla chiesa le dette feste e canonizzati i principali santi. Per gli anni bisestili, segnati con asterisco (*), si dovranno usare per gennaio e febbraio i due primi mesi del calendario che portano l'indicazione *bis*, cioè *bisestile*. Nelle tavole cronologico-sincrone (pp. 106-108 e 284-348) daremo per ogni anno dell'era cristiana dall'1 al 2100 la ricorrenza della Pasqua (gregoriana dal 1583), che aiuterà a trovar subito la pagina che contiene l'intero calendario di un dato anno. Per i paesi che non accettano la riforma gregoriana diamo a fine del calendario un elenco della ricorrenza della Pasqua nel calendario giuliano, dall'anno 1583 al 2100, che rinvia anch'esso lo studioso al calendario perpetuo. Quanto poi alla differenza nei giorni dei mesi fra il vecchio e il nuovo stile, si tenga presente che essa è di 10 giorni dal 5 ott. 1582 al 28 febb. 1700, di 11 giorni dal 1° mar. 1700 al 28 febb. 1800, di 12 giorni dal 1° mar. 1800 al 28 febb. 1900 e di 13 dal 1° mar. 1900 al 28 febb. 2100. In altri termini il 1° giorno dell'anno giuliano (rispetto al gregoriano) cade per noi l'11 genn. dal 1583 al 1700; il 12 genn. dal 1701 al 1800; il 13 genn. dal 1801 al 1900; il 14 genn. dal 1901 al 2100.

Pasqua 22 marzo – anni: 72*, 319, 414, 509, 604*, 851, 946, 1041, 1136*, 1383, 1478, 1573, 1598, 1693, 1761, 1818, 2285, 2335, 2437, 2505, 2872*, 3029, 3501, 3564*, ecc.

	gennaio bis.	febbraio bis.	gennaio	febbraio	marzo	aprile	maggio
1	M CIRCON. G. C.	S s. Ignazio v.	G CIRCON. G. C.	D Quinquages.	D 4ª di Q., Laet.	M	V ss. Fil. e Gia.
2	G 8ª s. Stef.	D Quinquages.	V 8ª s. Stef.	L Purif. M. V.	L	G s. Franc. di P.	S s. Atanasio v.
3	V 8ª s. Gio.	L Pur. di M. V.	S 8ª s. Giov.	M s. Biagio v.	M	V	D 6ª d. P., Exau.
4	S 8ª ss. Innoc.	M s. Andrea Cor.	D 8ª ss. Innoc.	M Le Ceneri	M s. Casimiro c.	S s. Isidoro v.	L s. Monica ved.
5	D s. Telesf. pp.	M Le Ceneri	L s. Telesf. pp.	G s. Agata v.	G	D 2ª, Miser. Dom.	M s. Pio V pp.
6	L EPIFANIA	G s. Tito v.	M EPIFANIA	V s. Tito v.	V	L	M s. Gio. a. p. l.
7	M dell'8ª	V s. Romualdo	M dell'8ª	S	S s. Tom. d'A.	M	G 8ª dell'Ascen.
8	M dell'8ª	S s. Giov. Mat.	G dell'8ª	D 1ª di Q. Invo.	D di Passione	M	V app. s. Mich.
9	G dell'8ª	D 1ª di Q., Inv.	V dell'8ª	L s. Apollon. v.	L s. Franc. Ro.	G	D Vigilia
10	V dell'8ª	L s. Scolast. v.	S dell'8ª	M s. Scolast. v.	M ss. 40 Mart.	V	L PENTECOS.
11	S dell'8ª	M	D dell'8ª	M Temp. di Pri.	M	S s. Leone I pp.	M di Pentecoste
12	D nell'8ª	M Temp. di Prim.	L nell'8ª	G	G s. Greg. I pp.	D 3ª, Pat. di s. G.	M di Pentecoste
13	L 8ª dell'Epifania	G	M 8ª dell'Epifan.	V s. Cater. Ric. t.	V B. V. Addolor.	L s. Ermen. m.	M Temp. d'Est.
14	M s. Ilario vesc.	V Tempora	M s. Ilario	S s. Vale. m. T.	S	M s. Tiburzio m.	G s. Bonifacio m.
15	M s. Paolo er.	S ss. Fa, Gio. t.	G s. Paolo er.	D 2ª di Q. Rem.	D delle Palme	M	V Temp.
16	G s. Marcello papa	D 2ª di Q., Rem.	V s. Marcello papa	L	L santo	G	S dell'8ª Temp.
17	V s. Antonio ab.	L	S s. Antonio ab.	M	M santo	V	D 1ª ss. Trinità
18	S cat. s. Piet. R.	M s. Simeone v.	D Settuagesima	M s. Simeone v.	M santo	S s. Aniceto pp.	L s. Venanzio m.
19	D Settuagesima	M	L s. Canuto re	G	G Cena del Sign.	D 4ª, Cantate	M s. Piet. Cel. pp.
20	L ss. Fab. e Seb.	G	M ss. Fab. e Seb.	V	V Parasceve	L	M s. Bern. da s.
21	M s. Agnese v.	V	M s. Agnese v.	S	S santo	M s. Anselmo v.	G CORPUS DO.
22	M ss. Vinc. e A.	S cat. s. Piet. a.	G ss. Vinc. e A.	D 3ª di Q. Oculi	D PASQUA	M ss. Sot. e Caio	V dell'8ª
23	G spos. di M. V.	D 3ª di Q., Oculi	V spos. di M. V.	L s. Pier D. Vig.	L dell'Angelo	G s. Giorgio m.	S dell'8ª
24	V s. Timoteo v.	L	S s. Timoteo v.	M s. Mattia ap.	M di Pasqua	V s. Fedele Sig.	D 2ª di Pentec.
25	S conv. s. Paolo	M s. Mattia ap.	D Sessagesima	M	M dell'8ª	S s. Marco ev.	L s. Gregorio VII
26	D Sessagesima	M	L s. Policarpo v.	G	G dell'8ª	D 5ª, Rogate	M s. Filippo Neri
27	L s. Giov. Cris.	G	M s. Giov. Cr. v.	V	V dell'8ª	L Le Rogazioni	M dell'8ª
28	M s. Agnese 2ª f.	V	M s. Agnese 2ª f.	S	S dell'8ª	M s. Vit. m. Rog.	G 8ª d. Cor. Do.
29	M s. Frances. s.	S	G s. Frances. s.		D 1ª di P., in Al.	M s. Pie. m. Rog.	V s. CUORE G.
30	G s. Martina v.		V s. Martina v.		L ANN. di M. V.	G ASCEN. G. C.	S s. Felice I pp.
31	V s. Pietro Nol.		S s. Pietro Nol.		M		D 3ª P. Cuore M.

giugno

1	L	ss. Marc. e C.
2	M	
3	M	
4	G	s. Fran. Car.
5	V	s. Bonifacio v.
6	S	s. Norbert. v.
7	D	4ª di Pentec.
8	L	
9	M	ss. Pri. e Fel.
10	M	s. Marg. reg.
11	G	s. Barnab. ap.
12	V	s. G. d. s. Fac.
13	S	s. Ant. di P.
14	D	5ª d. P. s. Bas.
15	L	ss. Vito e M.
16	M	
17	M	
18	G	ss. Mar. e M.
19	V	ss. Ger. e Pr.
20	S	s. Silverio pp.
21	D	6ª s. Luigi G.
22	L	s. Paolino v.
23	M	*Vigilia*
24	M	Nat. s. G. B.
25	G	s. Gugl. ab.
26	V	ss. Gio. e Pa.
27	S	*dell'8ª*
28	D	7ª d. Pentec.
29	L	ss. P. e P. ap.
30	M	comm. s. Pa.

luglio

1	M	8ª di s. Gio. B.
2	G	*Vis. di M. V.*
3	V	*dell'8ª*
4	S	*dell'8ª*
5	D	8ª d. Pentec.
6	L	8ª ss. Ap. pp.
7	M	
8	M	s. Elisabetta r.
9	G	
10	V	ss. Sett. fr. m.
11	S	s. Pio I pp.
12	D	9ª, s. Giov. G.
13	L	s. Anacl. pp.
14	M	s. Bonav. d.
15	M	s. Enric. imp.
16	G	B. V. del Car.
17	V	s. Aless. con.
18	S	s. Camillo L.
19	D	10ª s. Vinc. P.
20	L	s. Margh. v.
21	M	s. Prassede v.
22	M	s. Maria M.
23	G	s. Apol. in v.
24	V	s. Cristina v.
25	S	s. Giac. ap.
26	D	11ª, s. Anna
27	L	s. Pantal. m.
28	M	ss. Naz. e C.
29	M	s. Marta v.
30	G	ss. Abd., Sen.
31	V	s. Ignazio L.

agosto

1	S	s. Pietro in v.
2	D	12ª d. Pentec.
3	L	Inv. s. Stef.
4	M	s. Dom. di G.
5	M	s. Maria d. N.
6	G	Tras. di G. C.
7	V	s. Gaetano v.
8	S	ss. Cir. e ec. m.
9	D	13ª, s. Rom.
10	L	s. Lorenzo m.
11	M	ss. Tib. e Sus.
12	M	s. Chiara v.
13	G	s. Cass. m.
14	V	s. Eusebio pr.
15	S	ASSUN. M. V.
16	D	14ª s. Gioac.
17	L	8ª di s. Lor.
18	M	s. Agap. m.
19	M	*dell'8ª*
20	G	s. Bernar. ab.
21	V	s. Gio. di Ch.
22	S	8ª *Ass. M. V.*
23	D	15ª s. Fil. B.
24	L	s. Bartol. ap.
25	M	s. Luigi re
26	M	s. Zefirino p.
27	G	s. Gius. Cal.
28	V	s. Agost. v. d.
29	S	dec. d. s. G. B.
30	D	16ª s. Rosa L.
31	L	s. Raim. N.

settembre

1	M	s. Egidio ab.
2	M	s. Stefano re
3	G	
4	V	
5	S	s. Lorenzo G.
6	D	17ª d. Pentec.
7	L	
8	M	*Nat. di M. V.*
9	M	s. Gorgon. m.
10	G	s. Nic. Tol. c.
11	V	*dell'8ª*
12	S	*dell'8ª*
13	D	18ª s. No. M.
14	L	es. d. s. Croce
15	M	8ª *d. N. M. V.*
16	M	*Temp. d'Aut.*
17	G	Stim. di s. Fr.
18	V	s. Giu. Co. T.
19	S	s. Genn. v. T.
20	D	19ª Dol. M. V.
21	L	s. Matteo ap.
22	M	ss. Maur. e C.
23	M	s. Lino pp.
24	G	B. V. d. Merc.
25	V	
26	S	ss. Cip., Giu.
27	D	20ª ss. Cos. e D.
28	L	s. Vences. m.
29	M	s. Michele A.
30	M	s. Girol. d.

ottobre

1	G	s. Remigio v.
2	V	ss. Angeli C.
3	S	
4	D	21ª, B. V. Ros.
5	L	ss. Pl. e C. m.
6	M	s. Brunone c.
7	M	s. Marco pp.
8	G	s. Brigida ved.
9	V	s. Dion. e C.
10	S	s. Franc. B.
11	D	22ª Mat. M. V.
12	L	
13	M	s. Edoardo re
14	M	s. Calisto pp.
15	G	s. Teresa v.
16	V	
17	S	s. Edvige r.
18	D	23ª Pur. M. V.
19	L	s. Pietro d'A.
20	M	s. Giovan. C.
21	M	s. Orsola m.
22	G	
23	V	
24	S	
25	D	24ª d. Pentec.
26	L	s. Evar. pp.
27	M	*Vigilia*
28	M	ss. Sim. e G.
29	G	
30	V	
31	S	*Vigilia*

novembre

1	D	OGNISSANTI
2	L	*Comm. Def.*
3	M	*dell'8ª*
4	M	s. Carlo Bor.
5	G	*dell'8ª*
6	V	*dell'8ª*
7	S	*dell'8ª*
8	D	8ª *Ognissanti*
9	L	s. Teodoro m.
10	M	s. Andrea Av.
11	M	s. Martino v.
12	G	s. Mart. pp.
13	V	s. Stanislao K.
14	S	
15	D	27ª, [*Avv. A.*]
16	L	
17	M	s. Greg. tau.
18	M	D. b. ss. P., P.
19	G	s. Elisabetta
20	V	s. Felice Val.
21	S	Pres. di M. V.
22	D	28ª, s. Cecilia
23	L	s. Clem. I pp.
24	M	s. Gio. d. Cr.
25	M	s. Cater. v.
26	G	s. Pietro Al.
27	V	
28	S	*Vigilia*
29	D	1ª *d'Avv. Rom.*
30	L	s. Andrea ap.

dicembre

1	M	
2	M	s. Bibiana v.
3	G	s. Franc. Sav.
4	V	s. Barb. m.
5	S	s. Sabba ab.
6	D	2ª *d'Avv. Rom.*
7	L	s. Ambr. v.
8	M	*Imm. C. M. V.*
9	M	*dell'8ª*
10	G	s. Melch. pp.
11	V	s. Dam. I pp.
12	S	*dell'8ª*
13	D	3ª *d. Avv. Rom.*
14	L	*dell'8ª*
15	M	8ª *d. Imm. C.*
16	M	*Temp. d'Inv.*
17	G	
18	V	Asp. Div. P. T.
19	S	*Temp.*
20	D	4ª *d'Avv. Rom.*
21	L	s. Tomm. ap.
22	M	
23	M	
24	G	*Vigilia*
25	V	NATALE G. C.
26	S	s. Stef. prot.
27	D	s. Giov. ev.
28	L	ss. Innoc. D.
29	M	s. Tom. C. v.
30	M	*dell'8ª*
31	G	s. Silvestro p.

Pasqua 23 marzo — anni: 4*, 167, 251, 262, 346, 357, 441, 452*, 536*, 699, 783, 794, 878, 889, 973, 984*, 1068*, 1231, 1315, 1326, 1410, 1421, 1505, 1516*, 1636*, 1704*, 1788*, 1845, 1856*, 1913, 2008*, 2160*, 2228*, 2380*, 2532*, 2600, 2752*, 3124*, ecc.

	gennaio bis.	febbraio bis.	gennaio	febbraio	marzo	aprile	maggio
1	M CIRCON. G. C.	V s. Ignazio v.	M CIRCON. G. C.	S s. Ignazio v.	S	M	G ASCEN. G. C.
2	M 8ª s. Stef.	S Pur. di M. V.	G 8ª s. Stef.	D Quinquages.	D 4ª di Q. Laet.	M s. Fran. di P.	V s. Atanas. v.
3	G 8ª s. Giov.	D Quinquagesim.	V 8ª s. Giov.	L Pur. di M. V.	L	G	S Inv. s. Croce
4	V 8ª ss. Innoc.	L s. Andrea Co.	S 8ª ss. Innoc.	M s. Andrea Co.	M s. Casimiro c.	V s. Isidoro v.	D 6ª Exaudi
5	S s. Telesf. pp.	M s. Agata v.	D s. Telesf. pp.	M Le Ceneri	M	S s. Vinc. Ferr.	L s. Pio V pp.
6	D EPIFANIA	M Le Ceneri	L EPIFANIA	G s. Tito v.	G	D 2ª, Miser. Dom.	M s. Gio. a. p. l.
7	L dell'8ª	G s. Romua. ab.	M Cristoforia	V s. Romua. ab.	V s. Tom. aq.	L	M s. Stanisl. v.
8	M dell'8ª	V s. Giov. di M.	M dell'8ª	S s. Giov. di M.	S s. Giov. di D.	M	G 8ª dell'Ascen.
9	M dell'8ª	S s. Apollon. v.	G dell'8ª	D 1ª di Q. Inv.	D di Passione	M	V s. Greg. Naz.
10	G dell'8ª	D 1ª di Q. Inv.	V dell'8ª	L s. Scolastica v.	L ss. 40 Martiri	G	S ss. Gord. e E.
11	V dell'8ª	L	S dell'8ª	M	M	V s. Leone I pp.	D PENTECOs.
12	S dell'8ª	M	D dell'8ª	M Temp. di Pri.	M s. Greg. I pp.	S	L di Pent.
13	D 8ª dell'Epifan.	M Temp. di Pri.	L 8ª Epifania	G	G	D 3ª, Pat. di s. G.	M di Pent.
14	L s. Ilario	G s. Vale. m. T.	M s. Ilario	V s. Vale. m. T.	V B. V. Addol.	L s. Tibur. c. m.	M Temp. d'Est.
15	M s. Paolo er.	V ss. Fau. G. T.	M s. Paolo er.	S ss. Fau. G. T.	S	M	G dell'8ª
16	M s. Marcello p.	S Temp.	G s. Marcello p.	D 2ª di Q. Rem.	D delle Palme	M	V dell'8ª. Temp.
17	G s. Antonio ab.	D 2ª di Q. Rem.	V s. Antonio ab.	L	L santo	G s. Aniceto pp.	S dell'8ª. Temp.
18	V Cat. s. Piet. R.	L s. Simeone v.	S Cat. s. Piet. R.	M s. Simeone v.	M santo	V	D 1ª, s. Trinità
19	S ss. Mar. e C. m.	M	D Settuagesima	M	M santo	S	L s. Piet. C. pp.
20	D Settuagesima	M	L ss. Fab. e Seb.	G	G Cena del Sig.	D 4ª, Cantate	M s. Bern. da s.
21	L s. Agnese v.	G	M s. Agnese v.	V	V Parasceve	L s. Anselmo v.	M
22	M ss. Vinc. e A.	V Cat. s. Piet. A.	M ss. Vinc. e A.	S Cat. s. Piet. A.	S santo	M ss. Sot. e Caio	G CORPUS DO.
23	M s. Raim. di P.	S s. Pier Dam.	G s. Raim. di P.	D 3ª di Q. Oculi	D PASQUA	M s. Giorgio m.	V dell'8ª
24	G s. Timoteo v.	D 3ª di Q. Oculi	V s. Timoteo v.	L s. Mattia ap.	L dell'Angelo	G s. Fedele Sig.	S dell'8ª
25	V Conv. s. Paolo	L s. Mattia ap.	S Conv. s. Paolo	M	M di Pasqua	V s. Marc. L. M.	D 2ª s. Greg. VII
26	S s. Policar. v.	M	D Sessagesima	M	M dell'8ª	S ss. Cleto Mar.	L s. Filip. Neri
27	D Sessagesima	M	L s. Giov. Cris.	G	G dell'8ª	D 5ª, Rogate	M s. Giovan. pp.
28	L s. Agnese 2ª f.	G	M s. Agnese 2ª f.	V	V dell'8ª	L Le Rogazioni	M dell'8ª
29	M s. Frances.	V	M s. Frances.		S dell'8ª	M s. Pie. m. Rog.	G 8ª Cor. Dom.
30	M s. Martina v.		G s. Martina v.		D 1ª in Albis	M s. Cat. s. Rog.	V s. CUORE G.
31	G s. Pietro Nol.		V s. Pietro Nol.		L ANN. di M. V.		S s. Angela M.

giugno			luglio			agosto			settembre			ottobre			novembre			dicembre		
1	D	*3ª d. Pentec..* P. Cuore di M. ss. Mar. Piet.	1	M	*8ª di s. Gio. B*	1	V	s. Pietro in v.	1	L	s. Egidio ab.	1	M	s. Remigio v.	1	S	OGNISSANTI	1	L	
2	L		2	M	Vis. di M. V.	2	S	s. Alfonso L.	2	M	s. Stefano re	2	G	ss. Angeli C.	2	D	*25ª d. Pentec.*	2	M	s. Bibiana v.
3	M		3	G	*dell'8ª*	3	D	*12ª d. Pentec.*	3	M		3	V		3	L	*Comm. Def.*	3	M	s. Franc. Sav.
4	M	s. Franc. Car.	4	V	*dell'8ª*	4	L	s. Dom. di G.	4	G		4	S	s. Fran. d'As.	4	M	s. Carlo Bor.	4	G	s. Barb. m.
5	G	s. Bonifac. v.	5	S	*dell'8ª*	5	M	s. Maria d. N.	5	V	s. Lorenzo G.	5	D	*21ª, B. V. Ros.*	5	M	*dell'8ª*	5	V	s. Sabba ab.
6	V	s. Norbert. v.	6	D	*8ª d. Pentec.*	6	M	Trasf. di G. C.	6	S		6	L	s. Brunone c.	6	G	*dell'8ª*	6	S	s. Nicolò ab.
7	S		7	L		7	G	s. Gaetano T.	7	D	*17ª d. Pentec.*	7	M	s. Marco pp.	7	V	*dell'8ª*	7	D	*2ª d'Avv. Ro.*
8	D	*4ª d. Pentec.*	8	M	s. Elisab. reg.	8	V	ss. Cir. L. e s.	8	L	*Nat. di M. V.*	8	M	s. Brigida v.	8	S	*8ª Ognissanti*	8	L	*Imm. C. M. V.*
9	L	s. Pri. e Fel.	9	M		9	S	s. Roman. m.	9	M	s. Gorgon. m.	9	G	ss. Dion. R. E.	9	D	*26ª Pat. M. V.*	9	M	*dell'8ª*
10	M	s. Marg. reg.	10	G	ss. Sett. fr. m.	10	D	*13ª s. Lorenz.*	10	M	s. Nicol. Tol.	10	V	s. Franc. B.	10	L	s. Andrea Av.	10	M	s. Melch. pp.
11	M	s. Barn. ap.	11	V	s. Pio I pp.	11	L	ss. Tib. e Sus.	11	G	ss. Pr. e Giac.	11	S		11	M	s. Martino v.	11	G	s. Dam. I pp.
12	G	s. Gio. d. s. F.	12	S	s. Giov. Gual.	12	M	s. Chiara v.	12	V	*dell'8ª*	12	D	*22ª Mat. M. V.*	12	M	s. Mart. pp.	12	V	*dell'8ª*
13	V	s. Ant. di P.	13	D	*9ª d. Pentec.*	13	M	s. Cassia m.	13	S	*dell'8ª*	13	L	s. Edoardo re	13	G	s. Stanisl. K.	13	S	s. Lucia v. m.
14	S	s. Basil. M. v.	14	L	s. Bonavent.	14	G	s. Eusebio pr.	14	D	*18ª Es. s. Cro.*	14	M	s. Calisto pp.	14	V		14	D	*3ª d'Avv. Ro.*
15	D	*5ª d. Pentec.*	15	M	s. Enrico imp.	15	V	ASSUN. M. V.	15	L	*8ª Nat. M. V.*	15	M	s. Teresa v.	15	S	s. Geltrude v.	15	L	*8ª dell'Im. Co.*
16	L		16	M	B. V. del Car.	16	S	s. Giacinto c.	16	M	ss. Corn. e C.	16	G		16	D	*27ª [Avv. A.]*	16	M	s. Eusebio v.
17	M		17	G	s. Aless. con.	17	D	*14ª s. Gioac.*	17	M	*Temp d'aut.*	17	V	*3ª Pur. M. V.*	17	L	s. Greg. tau.	17	M	*Temp. d'Inv.*
18	M	ss. Mar. e M.	18	V	s. Camillo L.	18	L	s. Agap. m.	18	G	s. Gius. da C.	18	S	s. Luca ev.	18	M	D. b. ss. P., P	18	G	Asp. Div. Par.
19	G	ss. Ger. e Pr.	19	S	s. Vincen. P.	19	M	*dell'8ª*	19	V	s. Gen. m. T.	19	D	*23ª Pur. M. V.*	19	M	s. Elisabet. r.	19	V	*Temp.*
20	V	s. Silver. pp.	20	D	*10ª d. Pentec.*	20	M	s. Bernar. ap.	20	S	s. Eust. m. T.	20	L	s. Giovan. C.	20	G	s. Felice Val.	20	S	*Vigilia*
21	S	s. Luigi G.	21	L	s. Prassede v.	21	G	s. Gio. di Ch.	21	D	*19ª, Dol. M. V.*	21	M	s. Orsol. e C.	21	V	Pres. di M. V.	21	D	*4ª s. Tom. ap.*
22	D	*6ª d. Pentec.*	22	M	s. Maria Mad.	22	V	*8ª Ass. M. V.*	22	L	ss. Maur. e C.	22	M		22	S	s. Cecilia v.	22	L	s. Flav. m.
23	L	*Vigilia*	23	M	s. Apollin. v.	23	S	s. Filip. Ben.	23	M	s. Lino pp.	23	G		23	D	*28ª d. Pentec.*	23	M	s. Vittoria v.
24	M	Nat. s. Gio. B.	24	G	*Vigilia*	24	D	*15ª d. Pentec.*	24	M	B. V. d. Merc.	24	V		24	L	s. Gio. d. Cr.	24	M	*Vigilia*
25	M	s. Gugl. ab.	25	V	s. Giac. ap.	25	L	s. Luigi re	25	G	ss. Cip. e Giu.	25	S	ss. Crisan. D.	25	M	s. Cater. v.	25	G	NATALE G. C.
26	G	ss. Gio. e Pa.	26	S	s. Anna	26	M	s. Zefirino	26	V	ss. Cos. e D.	26	D	*24ª d. Pentec.*	26	M	s. Pietro Al.	26	V	s. Stef. prot.
27	V	*dell'8ª*	27	D	*11ª d. Pentec*	27	M	s. Gius. Cal.	27	S	*20ª d. Pentec.*	27	L	*Vigilia*	27	G		27	S	s. Giov. ev.
28	S	s. Leone II p.	28	L	ss. Naz. e C.	28	G	s. Agost. v. d.	28	D	*Vigilia*	28	M	ss. Sim. e G.	28	V		28	D	ss. Innocenti
29	D	*7ª ss. Pie. Pa.*	29	M	s. Marta ma.	29	V	Dec. di s. G. B.	29	L	s. Michele A.	29	M		29	S	s. Saturn. m.	29	L	s. Tomm. C.
30	L	Comm. s. Pa.	30	M	ss. Abd. Sen.	30	S	s. Rosa da L.	30	M	s. Girol. d.	30	G		30	D	*1ª d'Avv. Ro.*	30	M	
			31	G	s. Ignazio L. c.	31	D	*16ª d. Pentec.*				31	V	*Vigilia*				31	M	s. Silves. pp.

Pasqua 24 marzo – anni: 15, 99, 110, 194, 205, 289, 300*, 384*, 547, 631, 642, 726, 737, 821, 832*, 916*, 1079, 1163, 1174, 1258, 1269, 1353, 1364*, 1448*, 1799, 1940*, 2391, 2475, 2695, 2847, 2999, ecc.

gennaio bis.	febbraio bis.	gennaio	febbraio	marzo	aprile	maggio
1 L CIRCON. G. C.	1 G s. Ignazio v.	1 M CIRCON. G. C.	1 V s. Ignazio v.	1 V	1 L ANN. di M. V.	1 M ss. Fi. G. *Rog.*
2 M 8ª di s. Stef.	2 V *Pur. di M. V.*	2 M 8ª di s. Stef.	2 S Purif. di M. V.	2 S	2 M s. Fran. di P.	2 G ASCEN. G. C.
3 M 8ª di s. Giov.	3 S s. Biagio v.	3 G 8ª di s. Giov.	3 D *Quinquages.*	3 D 4ª di Q. *Laet.*	3 M	3 V Inv. s. Croce
4 G 8ª ss. Innoc.	4 D *Quinquagesi.*	4 V 8ª ss. Innoc.	4 L s. Biagio v.	4 L s. Casimiro c.	4 G s. Isidoro v.	4 S s. Monica ved.
5 V *Vigilia*	5 L s. Agata v.	5 S s. Telesf. pp.	5 M s. Andrea Co.	5 M	5 V s. Vinc. Ferr.	5 D 6ª. *Exaudi*
6 S EPIFANIA	6 M s. Tito v.	6 D EPIFANIA	6 M *Le Ceneri*	6 M	6 S	6 L s. Gio. a. p. l.
7 D *dell'8ª*	7 M *Le Ceneri*	7 L *dell'8ª*	7 G s. Romua. ab.	7 G s. Tom. Aq.	7 D 2ª, *Miser. Dom.*	7 M s. Stanisl. v.
8 L *dell'8ª*	8 G s. Giov. di M.	8 M *dell'8ª*	8 V s. Giov. di M.	8 V s. Giov. di D.	8 L	8 M Ap. s. Mich.
9 M *dell'8ª*	9 V s. Apollon. v.	9 M *dell'8ª*	9 S s. Apollon. v.	9 S s. Franc. R.	9 M	9 G 8ª *dell'Ascen.*
10 M *dell'8ª*	10 S s. Scolas. v.	10 G *dell'8ª*	10 D 1ª di Q., *Inv.*	10 D di Passione	10 M	10 V s. Anton. v.
11 G *dell'8ª*	11 D 1ª di Q., *Inv.*	11 V *dell'8ª*	11 L	11 L	11 G s. Leone I pp.	11 S *Vigilia*
12 V *dell'8ª*	12 L	12 S *dell'8ª*	12 M	12 M s. Greg. I pp.	12 V	12 D PENTECOs.
13 S 8ª *dell'Epif.*	13 M	13 D 8ª *dell'Epif.*	13 M *Temp. di Pri.*	13 M	13 S s. Ermen. m.	13 L *di Pentec.*
14 D ss. N. di Ges.	14 M *Temp. di Pri.*	14 L s. Ilar. e Fel.	14 G s. Valent. m.	14 G	14 D 3ª, *Pat. di s. G.*	14 M *di Pentec.*
15 L s. Paolo er.	15 G ss. Fau. e G.	15 M s. Paolo er.	15 V *Tempora*	15 V *B. V. Addol.*	15 L	15 M *Temp. d'Est.*
16 M s. Marcello p.	16 V *Tempora*	16 M s. Marcello p.	16 S *Tempora*	16 S s. Eriberto	16 M	16 G *dell'8ª*
17 M s. Antonio ab.	17 S *Tempora*	17 G s. Antonio ab.	17 D 2ª di Q., *Rem.*	17 D delle Palme	17 M s. Aniceto pp.	17 V *Tempora*
18 G Cat. s. Piet. R.	18 D 2ª di Q. *Rem.*	18 V Cat. s. Piet. R.	18 L s. Simeone v.	18 L santo	18 G	18 S *Tempora*
19 V s. Mario	19 L	19 S s. Canuto re	19 M	19 M santo	19 V	19 D 1ª, *ss. Trinità*
20 S ss. Fab. e Seb.	20 M	20 D *Settuagesima*	20 M	20 M santo	20 S	20 L s. Bern. da s.
21 D *Settuagesima*	21 M	21 L s. Agnese v.	21 G	21 G Cena del Sig.	21 D 4ª, *Cantate*	21 M
22 L ss. Vinc. e A.	22 G Cat. s. P. et A.	22 M ss. Vinc. e A.	22 V Cat. s. Piet. A.	22 V *Parascere*	22 L ss. Sot. e Caio	22 M
23 M s. Raim. di P.	23 V s. Pier Dam.	23 M s. Raim. di P.	23 S s. Pier Dam.	23 S santo	23 M s. Giorgio m.	23 G CORPUS DO.
24 M s. Timoteo v.	24 S *Vigilia*	24 G s. Timoteo v.	24 D 3ª di Q., *Oculi*	24 D PASQUA	24 M s. Fedele Sig.	24 V *dell'8ª*
25 G con. s. Paolo	25 D 3ª *di Q., Oculi*	25 V Conv. s. Paolo	25 L	25 L dell'Angelo	25 G s. Marco ev.	25 S s. Greg. VII
26 V s. Policar. v.	26 L	26 S s. Policar. v.	26 M	26 M di Pasqua	26 V ss. Cleto Mar.	26 D 2ª d. Pentec.
27 S s. Giov. cris.	27 M	27 D *Sessagesima*	27 M	27 M *dell'8ª*	27 S	27 L s. Giovan. p.
28 D *Sessagesima*	28 M	28 L s. Agnese 2ª f.	28 G	28 G *dell'8ª*	28 D 5ª, *Rogate*	28 M *dell'8ª*
29 L s. Frances. s.	29 G	29 M s. Frances. s.		29 V *dell'8ª*	29 L Le Rogazioni	29 M *dell'8ª*
30 M s. Martina v.		30 M s. Martina v.		30 S	30 M s. Sat. s. *Rog.*	30 G 8ª *Cor. Dom.*
31 M s. Pietro Nol.		31 G s. Pietro Nol.		31 D 1ª, *in Albis*		31 V CUORE G.

	giugno	luglio	agosto	settembre	ottobre	novembre	dicembre
1	S	L 8ª di s. Gio. B.	G s. Pietro in v.	D 16ª d. Pentec.	M s. Remigio v.	V OGNISSANTI	D 1ª d'Avv. Ro.
2	D 3ª d. Pentec., P. Cuore di M.	M Vis. di M. V.	V s. Alfonso L.	L s. Stefano re	M ss. Angeli C.	S Comm. Def.	L s. Bibiana v.
3	L	M dell'8ª	S Inv. di s. Ste.	M	G	D 25ª d. Pentec.	M s. Franc. Sav.
4	M s. Franc. Car.	G dell'8ª	D 12ª d. Pentec.	M	V s. Franc. d'As.	L s. Carlo Bor.	M s. Barb. m.
5	M s. Bonifac. v.	V dell'8ª	L s. Maria d. N.	G s. Lorenzo G.	S ss. Pl. e C. m.	M dell'8ª	G s. Sabba ab.
6	G s. Norbert. v.	S 8ª ss. A. P. P.	M Trasf. di G. C.	V	D 21ª, B. V. Ros.	M dell'8ª	V s. Nicolò v.
7	V	D 8ª d. Pentec.	M s. Gaetano T.	S	L s. Marco pp.	G dell'8ª	S s. Ambrog. v.
8	S	L s. Elisab. reg.	G ss. Cir. L. e s.	D Nat. di M. V.	M s. Brigida v.	V 8ª Ognissanti	D 2ª Im. C. M. V.
9	D 4ª d. Pentec.	M	V s. Roman. m.	L s. Gorgon. m.	M ss. Dion. R. E.	S s. Teodoro m.	L dell'8ª
10	L s. Marg. reg.	M ss. Sett. fr. m.	S s. Lorenzo m.	M s. N. col. Tol.	G s. Franc. B.	D 26ª Pat. M. V.	M s. Melch. pp.
11	M s. Barn. ap.	G s. Pio I pp.	D 13ª d. Pentec.	M ss. Pr. e G. ac.	V	L s. Martino v.	M s. Dam. I pp.
12	M s. G. o. d. s. F.	V s. Giov. Gua.	L s. Chiara v.	G dell'8ª	S	M s. Mart. pp.	G s. Valer. ab.
13	G s. Ant. d. P.	S s. Anacl. pp.	M s. Cassia. m.	V	D 22ª Ma. M. V.	M s. Stanisl. K.	V s. Lucia v. m.
14	V s. Bas. l. M. v.	D 9ª d. Pentec.	M s. Eusebio m.	S Esalt. d. s. Cr.	L s. Calisto pp.	G	S dell'8ª
15	S ss. Vit. e M.	L s. Enric. imp.	G ASSUN. M. V.	D 18ª s. N. M. V.	M s. Teresa v.	V s. Geltrude v.	D 3ª d'Avv. Ro.
16	D 5ª d. Pentec.	M B. V. del Car.	V s. Giacinto c.	L ss. Corn. e C.	M	S	L s. Eusebio v.
17	L	M s. Aless. con.	S 8ª s. Lorenzo	M Stim. d. s. Fr.	G s. Edvige r.	D 27ª [Avv. A.]	M
18	M ss. Mar. e M.	G s. Camillo L.	D 14ª, s. Gioac.	M Temp. d'aut.	V s. Luca ev.	L D. b. ss. P., P.	M Temp. d'Inv.
19	M ss. Ger. e Pr.	V s. Vincenz. P.	L dell'8ª	G s. Gennaro m.	S s. Piet. d'Alc.	M s. Elisabetta r.	G
20	G s. Silver. pp.	S s. Margh. v.	M s. Bernar. ap.	V s. Eust. T.	D 23ª, Pur. M. V.	M s. Felice Val.	V Tempora
21	V s. Luigi G.	D 10ª d. Pentec.	M s. Gio. di Ch.	S s. Mat. ap. T.	L ss. Orsol. e C.	G Pres. di M. V.	S s. Tom. ap. T.
22	S s. Paolino v.	L s. Maria Mad.	G 8ª Ass. M. V.	D 19ª, Dol. M. V.	M	V s. Cecilia v.	D 4ª d'Avvento
23	D 6ª d. Pentec.	M s. Apollin. v.	V s. Filip. Ben.	L s. Lino pp.	M	S s. Clem. I pp.	L
24	L Nat. s. G. B.	M s. Caterina v.	S s. Bartol. ap.	M B. V. d. Merc.	G	D 28ª d. Pentec.	M Vigilia
25	M s. Gugl. ab.	G s. Giac. ap.	D 15ª d. Pentec.	M	V ss. Crisan. D.	L s. Cater. v.	M NATALE G. C.
26	M s. Gio. e Pa.	V s. Anna	L s. Zefirino p.	G ss. Cip. e Giu.	S s. Evaristo pp.	M s. Pietro Aless.	G s. Stef. prot.
27	G dell'8ª	S s. Pantal. m.	M s. Gius. Cal.	V ss. Cos. e D.	D 24ª, Vigilia	M	V s. Giov. ev.
28	V s. Leone II p.	D 11ª d. Pentec.	M s. Agost. v. d.	S s. Agost. v. d.	L ss. Sim. e G.	G	S ss. Innocenti
29	S ss. Pietr. e Pa.	L s. Marta v.	G Dec. di s. G. B.	D 20ª, s. Michel.	M	V s. Saturn. m.	D dell'8ª
30	D 7ª Comm. s. Pa.	M ss. Abd. Sen.	V s. Rosa da L.	L s. Girol. d.	M	S s. Andrea ap.	L dell'8ª
31		M s. Ignazio L.	S s. Raim. Non.		G Vigilia		M s. Silvest. pp.

41

Pasqua 25 marzo – anni: 31, 42, 53, 126, 137, 148*, 221, 232* 316*, 395, 479, 490, 563, 574, 585, 658, 669, 680*, 753, 764*, 848*, 927*, 1011, 1022, 1095, 1106, 1117, 1190, 1201, 1212*, 1285, 1296*, 1380*, 1459, 1543, 1554, 1663, 1674, 1731, 1742, 1883, 1894, 1951, 2035, 2046, 2103, 2187, 2198, 2255, 2266, 2320*, ecc.

	gennaio bis.	febbraio bis.	gennaio	febbraio	marzo	aprile	maggio
1	D CIRCON. G. C.	M s. Ignazio v.	L CIRCON. G. C.	G s. Ignazio v.	G	D 1ª d. P., in Alb.	M ss. Fil. Rog.
2	L 8ª di s. Stef.	G Pur. di M. V.	M 8ª di s. Stef.	V Purif. di M. V.	V	L ANN. di M. V.	M s. Atan. Rog.
3	M 8ª di s. Giov.	V s. Biagio v.	M 8ª di s. Giov.	S s. Biagio v.	S	M	G ASCEN. G. C.
4	M 8ª ss. Innoc.	S s. Andrea Co.	G 8ª ss. Innoc.	D Quinquages.	D 4ª di Q., Laet.	M s. Isidoro v.	V s. Monica ved.
5	G s. Telesf. Vigil.	D Quinquagesim.	V s. Telesf. pp.	L s. Agata v.	L	G s. Vinc. Ferr.	S s. Pio V pp.
6	V EPIFANIA	L s. Tito, s. Dor.	S EPIFANIA	M s. Tito, s. Dor.	M	V	D 6ª d. P., Exau.
7	S dell'8ª	M s. Romualdo	D 1ª d. l'Epif.	M Le Ceneri	M s. Tom. d'A.	S	L s. Stanislao v.
8	D 1ª dopo l'Epif.	M Le Ceneri	L dell'8ª	G s. Giov. di M.	G s. Giov. di D.	D 2ª, Miser. Dom.	M App. s. Mich.
9	L dell'8ª	G s. Apollon. v.	M dell'8ª	V s. Apollon. v.	V s. Franc. Ro.	L	M s. Greg. Naz.
10	M dell'8ª	V s. Scolast. v.	M dell'8ª	S s. Scolast. v.	S ss. 40 Mart.	M	G 8ª dell'Ascen.
11	M dell'8ª	S	G s. Igino pp.	D 1ª di Q., Invo.	D di Pass. Iudic.	M s. Leone I pp.	V Vigilia
12	G 8ª dell'Epif.	D 1ª di Q., Inv.	V dell'8ª	L	L s. Greg. I pp.	G s. Giulio I pp.	S PENTECOST.
13	V 8ª dell'Epif.	L	S 8ª dell'Epif.	M	M	V s. Ermen. m.	D di Pent.
14	S s. Ilar. s. Fel.	M s. Valent. m.	D 2ª SS N. G.	M Temp. di Pri.	M	S s. Tiburzio m.	L di Pent.
15	D ss. N. di Ges.	M Temp. di Pri.	L s. Paolo er.	G ss. Fau. Giov.	G	D 3ª, Pat. di s. G.	M Temp. d'Est.
16	L s. Marcello p.	G	M s. Marcello p.	V Temp.	V B. V. Addolor.	L	M Temp. d'Est.
17	M s. Antonio ab.	V Temp.	M s. Antonio ab.	S Temp.	S s. Patrizio v.	M s. Aniceto pp.	G dell'8ª
18	M Cat. s. Piet. R.	S Temp.	G Cat. s. Piet. R.	D 2ª di Q., Rem.	D delle Palme	M	V dell'8ª, Temp.
19	G s. Canuto re	D 2ª di Q., Rem.	V s. Canuto re	L	L santo	G	S dell'8ª, Temp.
20	V s. Fab. e Seb.	L	S ss. Fab. e Seb.	M	M santo	V	D 1ª ss., Trinità
21	S s. Agnese v.	M	D Settuagesima	M	M santo	S s. Anselmo v.	L santo
22	D Settuagesima	M Cat. s. Piet. A.	L ss. Vinc. e A.	G Cat. s. Piet. A.	G Cena del Sig.	D 4ª, Cantate	M
23	L Spos. di M. V.	G s. Pier Dam.	M Spos. di M. V.	V s. Pier Dam.	V Parasceve	L s. Giorgio m.	M
24	M s. Timoteo v.	V s. Gerardo v.	M s. Timoteo v.	S s. Mattia ap.	S santo	M s. Fedele Sig.	G CORPUS DO.
25	M Conv. s. Paolo	S s. Mattia ap.	G Conv. s. Paolo	D 3ª di Q., Oculi	D PASQUA	M s. Marco ev.	V s. Gregor. VII
26	G s. Policar. v.	D 3ª di Q., Oculi	V s. Policar. v.	L	L dell'Angelo	G ss. Cleto Mar.	S s. Eleuter. p.
27	V s. Giov. Cris.	L	S s. Giov. Cris.	M	M di Pasqua	V	D 2ª d. Pentec.
28	S s. Agnese 2ª f.	M	D Sessagesima	M	M dell'8ª	S s. Paolo d. Cro.	L dell'8ª
29	D Sessagesima	M	L s. Frances. s.		G dell'8ª	D 5ª, Rogate	M dell'8ª
30	L s. Martina v.		M s. Martina v.		V dell'8ª	L Le Rogazioni	M dell'8ª
31	M s. Pietro Nol.		M s. Pietro Nol.		S dell'8ª		G 8ª Cor. Dom.

giugno			luglio			agosto			settembre			ottobre			novembre			dicembre		
1	V	s. CUORE G.	1	D	7ª d. Pentec.	1	M	s. Pietro in v.	1	S	s. Egidio ab.	1	L	s. Remigio v.	1	G	OGNISSANTI	1	S	1ª d'Avv. Ro.
2	S	ss. Marc. e C.	2	L	Vis. di M. V.	2	G	s. Alfonso L.	2	D	16ª d. Pentec.	2	M	s. Angeli C.	2	V	Comm. Def.	2	D	2ª d'Avv. Ro.
3	D	3ª d. Pentec.	3	M	dell'8ª	3	V	Inv. s. Stef.	3	L	s. Mans. v.	3	M	s. Calim. v.	3	S	dell'8ª	3	L	s. Franc. Sav.
		P. Cuore di M.	4	M	dell'8ª	4	S	s. Dom. di G.	4	M		4	G	s. Fran. d'As.	4	D	25ª d. Pentec.	4	M	s. Pietro C.
4	L	s. Fran. Car.	5	G	dell'8ª	5	D	12ª, s. Mar. N.	5	M		5	V	ss. Pl. e C. m.	5	L	dell'8ª	5	M	s. Sabba ab.
5	M	s. Bonifac. v.	6	V	8ª ss. Ap. P.P.	6	L	Trasf. di G. C.	6	G		6	S	s. Brunone c.	6	M	dell'8ª	6	G	s. Nicolò v.
6	M	s. Norbert. v.	7	S		7	M	s. Gaetano T.	7	V		7	D	21ª, B. V. Ros.	7	M	dell'8ª	7	V	s. Ambr. v.
7	G		8	D	8ª d. Pentec.	8	M	ss. Cir. e c. m.	8	S	Nat. di M. V.	8	L	s. Brigida v.	8	G	8ª Ognissanti	8	S	Imm. C. M. V.
8	V		9	L		9	G	s. Romano m.	9	D	17ª, ss. N. M.	9	M	ss. Dion. e C.	9	V	s. Teodoro m.	9	D	2ª d'Avv. Ro.
9	S	ss. Pri. e Fel.	10	M	ss. Sett. fr. m.	10	V	s. Lorenzo m.	10	L	s. Nic. Tol. c.	10	M	s. Franc. B.	10	S	s. Andrea Av.	10	L	s. Melch. pp.
10	D	4ª d. Pentec.	11	M	s. Pio I pp.	11	S	ss. Tib. e Sus.	11	M	ss. Pr. e Giac.	11	G		11	D	26ª Pat. M. V.	11	M	s. Dam. I pp.
11	L	s. Barn. ap.	12	G	s. Giov. G.	12	D	13ª d. Pentec.	12	M	dell'8ª	12	V		12	L	s. Mart. pp.	12	M	dell'8ª
12	M	s. G. d. s. Fac.	13	V	s. Anacl. pp.	13	L	s. Cass. m.	13	G	dell'8ª	13	S	s. Edoardo re	13	M	s. Stanisl. K.	13	G	s. Lucia v. m.
13	M	s. Ant. d. P.	14	S	s. Bonav. d.	14	M	s. Eusebio pr.	14	V	Es. d. s. Croce	14	D	22ª, Mat. M. V.	14	M		14	V	dell'8ª
14	G	s. Basil. M. v.	15	D	9ª d. Pentec.	15	M	ASSUN. M. V.	15	S	8ª d. N. M. V.	15	L	s. Teresa v.	15	G	s. Geltrude v.	15	S	8ª d. Imm. C.
15	V	ss. Vito e M.	16	L	B. V. del Car.	16	G	s. Giacinto c.	16	D	18ª, Dol. M. V.	16	M		16	V		16	D	3ª d'Avv. Ro.
16	S		17	M	s. Aless. con.	17	V	8ª di s. Lor.	17	L	Stim. di s. Fr.	17	M	s. Edvige r.	17	S	s. Greg. tau.	17	L	
17	D	5ª d. Pentec.	18	M	s. Camillo L.	18	S	s. Agap. m.	18	M	s. Giu. Co.	18	G	s. Luca ev.	18	D	27ª, [Avv. A.]	18	M	Asp. Div. Par.
18	L	ss. Mar. e M.	19	G	s. Vinc. P.	19	D	14ª, s. Gioac.	19	M	Temp. d'Aut.	19	V	s. Pietro d'A.	19	L	s. Elisabetta	19	M	Temp. d'Inv.
19	M	ss. Ger. e Pr.	20	V	s. Girol. Em.	20	L	s. Bernar. ab.	20	G	s. Eust. m.	20	S	s. Giovan. C.	20	M	s. Felice Val.	20	G	Vigilia
20	M	s. Silver. pp.	21	S	s. Prassede v.	21	M	s. Gio. di Ch.	21	V	s. Matteo T.	21	D	23ª Pur. M. V.	21	M	Pres. di M. V.	21	V	s. Tomm. T.
21	G	s. Luigi G.	22	D	10ª s. Ma. M.	22	M	8ª Ass. M. V.	22	S	ss. Mau. C. T.	22	L		22	G	s. Cecilia v.	22	S	s. Flav. m. T.
22	V	s. Paolino v.	23	L	s. Apollin. v.	23	G	s. Filippo B.	23	D	19ª d. Pentec.	23	M		23	V	s. Clem. I pp.	23	D	4ª d'Avv.
23	S	Vigilia	24	M	s. Cristina v.	24	V	s. Bartol. ap.	24	L	B. V. d. Merc.	24	M		24	S	s. Gio. d. Cr.	24	L	Vigilia
24	D	6ª Nat. s. Gio.	25	M	s. Giac. ap.	25	S	s. Luigi re	25	M		25	G	ss. Crisan. D.	25	D	28ª d. Pentec.	25	M	NATALE G. C.
25	L	s. Gugl. ab.	26	G	s. Anna	26	D	15ª d. Pentec.	26	M	ss. Cip. e Giu.	26	V	s. Evar. pp.	26	L	s. Silves. ab.	26	M	s. Stef. prot.
26	M	ss. Gio. e Pa.	27	V	s. Pantal. m.	27	L	s. Gius. Cal.	27	G	ss. Cos. e D.	27	S	Vigilia	27	M		27	M	s. Giov. ev.
27	M	dell'8ª	28	S	ss. Naz. e C.	28	M	s. Agost. v. d.	28	V	s. Vences. m.	28	D	24ª ss. Sim. e G.	28	M		28	V	ss. Innoc. m.
28	G	s. Leone II pp.	29	D	11ª d. Pentec.	29	M	Dec. d. s. G. B.	29	S	s. Michele A.	29	L		29	G	s. Saturn. m.	29	G	s. Tom. C. v.
29	V	ss. P. e P. ap.	30	L	ss. Abd., Sen.	30	G	s. Rosa da L.	30	D	20ª d. Pentec.	30	M	Vigilia	30	V	s. Andrea ap.	30	D	nell'8ª
30	S	Comm. s. Pa.	31	M	s. Ignazio L.	31	V	s. Raim. N.				31	M	Vigilia				31	L	s. Silvestro pp.

Pasqua 26 marzo – anni: 58, 69, 80*, 153, 164*, 243, 248*, 327, 338, 411, 422, 433, 495, 506, 517, 528*, 590, 601, 612*, 685, 696*, 775, 780*, 850, 870, 943, 954, 965, 1027, 1038, 1049, 1060*, 1122, 1133, 1144*, 1217, 1228*, 1307, 1312*, 1391, 1402, 1475, 1486, 1497, 1559, 1570, 1581, 1595, 1606, 1617, 1690, 1758, 1769, 1780*, 1815, 1826, 1837, 1967, 1978, 1989, 2062, 2073, 2084*, 2119, 2130, 2141, 2209, ecc.

gennaio bis.	febbraio bis.	gennaio	febbraio	marzo	aprile	maggio
1 S CIRCON. G. C.	1 M s. Ignazio v.	1 D CIRCON. G. C.	1 M s. Ignazio v.	1 M	1 S *dell'8ª*	1 L *Le Rogazioni*
2 D 8ª di s. Stef.	2 M *Pur. di M. V.*	2 L 8ª di s. Stef.	2 G Pur. di M. V.	2 G	2 D *1ª d. P., in Alb.*	2 M s. Atan. *Rog.*
3 L 8ª di s. Giov.	3 G s. Biagio v.	3 M 8ª di s. Giov.	3 V s. Biagio v.	3 V	3 L ANN. di M. V.	3 M Inv. s. C. *Rog.*
4 M 8ª ss. Innoc.	4 V s. Andrea Co.	4 M 8ª ss. Innoc.	4 S s. Agata v.	4 S s. Casimiro	4 M s. Isidoro v.	4 G ASCEN. G. C.
5 M s. Telesf. pp.	5 S s. Agata v.	5 G s. Telesf. pp.	5 D *Quinquages.*	5 D *4ª di Q., Laet.*	5 M s. Vinc. Ferr.	5 V s. Pio V pp.
6 G EPIFANIA	6 D *Quinquages.*	6 V EPIFANIA	6 L s. Tito, s. Dor.	6 L	6 G	6 S s. Gio. av. p. l.
7 V *dell'8ª*	7 L s. Romualdo	7 S *dell'8ª*	7 M s. Romua. ab.	7 M s. Tom. d'A.	7 V	7 D *6ª d. P., Exau.*
8 S *dell'8ª*	8 M s. Giov. di M.	8 D *1ª d. l'Epif.*	8 M *Le Ceneri*	8 M s. Giov. di D.	8 S	8 L Ap. s. Mich.
9 D *1ª, d. l'Epif.*	9 M *Le Ceneri*	9 L *dell'8ª*	9 G s. Apollon. v.	9 G s. Franc. Ro.	9 D	9 M s. Greg. Naz.
10 L *dell'8ª*	10 G s. Scolast. v.	10 M *dell'8ª*	10 V s. Scolast. v.	10 V ss. 40 Mart.	10 L	10 M s. Antonio v.
11 M *dell'8ª*	11 V	11 M s. Igino pp.	11 S	11 S	11 M s. Leone I pp.	11 G *8ª dell'Ascens.*
12 M *dell'8ª*	12 S	12 G *dell'8ª*	12 D *1ª di. Q., Invo.*	12 D *di Passione*	12 M	12 V ss. Nereo e C.
13 G *8ª dell'Epif.*	13 D *1ª d. Q., Invo.*	13 V *8ª dell'Epif.*	13 L	13 L	13 G s. Ermen. m.	13 S *Vigilia*
14 V s. Ilar. s. Fel.	14 L s. Valent. m.	14 S s. Ilar. s. Fel.	14 M s. Valent. m.	14 M	14 V s. Tiburzio m.	14 D PENTECOST.
15 S s. Paolo er.	15 M ss. Fau. Giov.	15 D *2ª, ss. N. G.*	15 M *Temp. di Pri.*	15 M	15 S	15 L *di Pent.*
16 D ss. N. di Ges.	16 M *Temp. di Pri.*	16 L s. Marcello p.	16 G	16 G	16 D	16 M *di Pent.*
17 L s. Antonio ab.	17 G	17 M s. Antonio ab.	17 V	17 V	17 L *3ª, Pat. di s. G.*	17 M *Temp. d'Est.*
18 M Cat. s. Piet. R.	18 V s. Sim. v. T.	18 M Cat. s. Piet. R.	18 S s. Simeo. v. T.	18 S B. V. Addolo.	18 M s. Aniceto pp.	18 G *dell'8ª*
19 M s. Canuto re	19 S *Temp.*	19 G s. Canuto re	19 D *2ª, di Q., Rem.*	19 D *delle Palme*	19 M	19 V *dell'8ª, Temp.*
20 G ss. Fab. e Seb.	20 D *2ª di Q. Rem.*	20 V ss. Fab. e Seb.	20 L	20 L *santo*	20 G	20 S *dell'8ª, Temp.*
21 V s. Agnese v.	21 L	21 S s. Agnese v.	21 M	21 M *santo*	21 V s. Anselmo v.	21 D *1ª ss. Trinità*
22 S ss. Vin. ed A.	22 M Cat. s. Piet. A.	22 D *Settuagesima*	22 M Cat. s. Piet. A.	22 M *santo*	22 S ss. Sot. e Caio	22 L
23 D *Settuagesima*	23 M s. Pier Dam.	23 L Spos. di M. V.	23 G s. Pier Dam.	23 G Cena del Sig.	23 D *4ª, Cantate*	23 M
24 L s. Timoteo v.	24 V *Vigilia*	24 M s. Timoteo v.	24 V s. Mattia ap.	24 V Parasceve	24 L s. Fedele Sig.	24 M
25 M Conv. s. Paolo	25 V s. Mattia ap.	25 M Conv. s. Paolo	25 S	25 S *santo*	25 M s. Marco ev.	25 G CORPUS DO.
26 M s. Policar. v.	26 S	26 G s. Policar. v.	26 D *3ª Q., Oculi*	26 D PASQUA	26 M ss. Cleto Mar.	26 V s. Filippo N.
27 G s. Giov. Cris.	27 D *3ª di Q. Oculi*	27 V s. Giov. Cr.	27 L	27 L *dell'Angelo*	27 G	27 S *dell'8ª*
28 V s. Agnese 2ª f.	28 L	28 S s. Agnese 2ª f.	28 M	28 M *dell'8ª*	28 V s. Paolo d. Cro.	28 D *2ª d. Pentec.*
29 S s. Franc. Sal.	29 M	29 D *Sessagesima*		29 M *dell'8ª*	29 S s. Pietro m.	29 L *dell'8ª*
30 D *Sessagesima*		30 L s. Martina v.		30 G *dell'8ª*	30 D *5ª, Rogate*	30 M s. Felice I pp.
31 L s. Pietro Nol.		31 M s. Pietro Nol.		31 V *dell'8ª*		31 M s. Petronilla v.

giorno	giugno	luglio	agosto	settembre	ottobre	novembre	dicembre
1	G 8ª Cor. Dom.	S 8ª di s. Gio. B.	M s. Pietro in v.	V s. Egidio ab.	D 20ª, B. V. Ros.	M OGNISSANTI	V
2	V s. CUORE G.	D 7ª d. Pentec.	M s. Alfonso L.	S s. Stefano re	L ss. Angeli C.	G Comm. Def.	S s. Bibiana v.
3	S	L	G Inv. di s. Ste.	D 16ª d. Pentec.	M	V s. Uberto v.	D 1ª d'Avv. Ro.
4	D 3ª d. Pentec. / P. Cuore di M.	M dell'8ª	V s. Dom. di G.	L	M s. Fran. d'As.	S s. Carlo Bor.	L s. Barb. m.
5	L s. Bonifac. v.	M dell'8ª	S s. Maria d. N.	M s. Lorenzo G.	G ss. Pl. e C. m.	D 25ª d. Pentec.	M s. Sabba ab.
6	M s. Norberto v.	G 8ª ss. A. P. P.	D 12ª d. Pentec.	M	V s. Brunone c.	L dell'8ª	M s. Nicolò ab.
7	M	V dell'8ª	L s. Gaetano T.	G	S s. Marco pp.	M dell'8ª	G s. Ambrogio v.
8	G	S s. Elisab. reg.	M ss. Cir. L. e s.	V Nat. di M. V.	D 21ª, Mat. M. V.	M 8ª Ognissanti	V Imm. C. M. V.
9	V ss. Pri. e Fel.	D 8ª d. Pentec.	M s. Roman. m.	S s. Gorgon. m.	L ss. Dion. R. E.	G s. Teodoro m.	S dell'8ª
10	S s. Marg. reg.	L ss. Sett. fr. m.	G s. Lorenzo m.	D 17ª ss. N. M.	M s. Franc. B.	V s. Andrea Av.	D 2ª d'Avvento
11	D 4ª d. Pentec.	M s. Pio I pp.	V ss. Tib. e Sus.	L s. Pr. e Giac.	M	S s. Martino v.	L s. Dam. I pp.
12	L s. Gio. d. s. F.	G s. Giov. Gua.	S s. Chiara v.	M dell'8ª	G	D 26ª, Pat. M. V.	M dell'8ª
13	M s. Ant. di P.	M ss. Anacl. pp.	D 13ª d. Pentec.	M dell'8ª	V s. Edoard. re.	L s. Stanisl. K.	M s. Lucia v. m.
14	M s. Basil. M. v.	V s. Bonavent.	L s. Eusebio pr.	G Esalt. d. s. Cr.	S s. Calisto pp.	M	G dell'8ª
15	G ss. Vit. e M.	S s. Enric. imp.	M ASSUN. M. V.	V 8ª d. N. M. V.	D 22ª, pur. M. V.	M s. Geltrude v.	V 8ª di Imm. Co.
16	V	D 9ª d. Pentec.	G s. Giacinto c.	S ss. Corn. e C.	L	G	S s. Eusebio v.
17	S	L s. Aless. con.	V 8ª s. L. s. El.	D 18ª Dol. M. V.	M s. Edvige r.	V s. Greg. tau.	D 3ª d'Avv. Ro.
18	D 5ª d. Pentec.	M s. Camillo L.	S s. Agap. m.	L s. Gius. da C.	M s. Luca ev.	S D. b. ss. P., P.	L
19	L s. Giul. Fal.	M s. Vincen. P.	D dell'8ª	M s. Gennar. m.	G s. Piet. d'Alc.	D 27ª [Avv. A.]	M
20	M s. Silver. pp.	G s. Margh. v.	L 14ª, s. Gioac.	M Temp. d'Aut.	V s. Giovan. C.	L s. Felice Val.	M Temp. d'Inv.
21	M s. Luigi G.	V s. Prassede v.	M s. Gio. di Ch.	G s. Matt. ap.	S ss. Orsol. e C.	M Pres. di M. V.	G s. Tom. ap.
22	G s. Paolino v.	S s. Maria Mad.	M 8ª Ass. M. V.	V ss. Ma. e C. T.	D 23ª d. Pentec.	M s. Cecilia v.	V Tempora
23	V Vigilia	D 10ª d. Pentec.	G s. Filip. Ben.	S s. Lino pp. T.	L	G s. Clem. I pp.	S Tempora
24	S Nat. s. G. B.	L s. Cristina v.	V s. Bartol. ap.	D 19ª d. Pentec.	M	V s. Gio. d. Cr.	D 4ª d'Avv. Vig.
25	D 6ª d. Pentec.	M s. Giac. ap.	S s. Luigi re	L	M ss. Crisan. D.	S s. Cater. v.	L NATALE G. C.
26	L ss. Gio. Pa.	M s. Anna	D s. Zefirino	M ss. Cip. e Giu.	G s. Evaristo p.	D 28ª d. Pentec.	M s. Stef. prot.
27	M dell'8ª	G s. Pantal. m.	L 15ª d. Pentec.	M ss. Cos. e D.	V Vigilia	L	M s. Giov. ev.
28	M s. Leone II p.	V ss. Naz. e C.	M s. Agost. v. d.	G s. Venceslao	S ss. Sim. e G.	M	G ss. Innocenti
29	G ss. Piet. e Pa.	S s. Marta v.	M Dec. di s. G. B.	V s. Michele ar.	D 24ª d. Pentec.	M Vigilia	V s. Tom. C.
30	V Comm. San. Pa.	D 11ª d. Pentec.	G s. Rosa da L.	S s. Girol. d.	L	G s. Andrea ap.	S dell'8ª
31		L s. Ignazio L.	V s. Raimondo		M Vigilia		D s. Silves. pp.

Pasqua 27 marzo – anni: 1, 12*, 91, 96*, 175, 186, 259, 270, 281, 343, 354, 365, 376*, 438, 449, 460*, 533, 544*, 623, 628*, 707, 718, 791, 802, 813, 875, 886, 897, 908*, 970, 981, 992*, 1065, 1076*, 1155, 1160*, 1239, 1250, 1323, 1334, 1345, 1407, 1418, 1429, 1440*, 1502, 1513, 1524*, 1622, 1633, 1644*, 1701, 1712*, 1785, 1796*, 1842, 1853, 1864*, 1910, 1921, 1932*, 2005, 2016*, 2157, 2168*, 2214, ecc.

gennaio bis.

1	V	CIRCON. G. C.
2	S	8ª di s. Stef.
3	D	8ª di s. Giov.
4	L	8ª ss. Innoc.
5	M	s. Telesf. pp.
6	M	EPIFANIA
7	G	dell'8ª
8	V	dell'8ª
9	S	dell'8ª
10	D	1ª d. l'Epif.
11	L	dell'8ª
12	M	dell'8ª
13	M	8ª dell'Epif.
14	G	s. Ilar. s. Fel.
15	V	s. Paolo er.
16	S	s. Marcello p.
17	D	ss. N. di Gesù
18	L	Cat. s. Piet. R.
19	M	s. Canuto re
20	M	ss. Fab. e Seb.
21	G	s. Agnese v.
22	V	ss. Vinc. e A.
23	S	Spos. di M. V.
24	D	Settuagesima
25	L	Conv. s. Paolo
26	M	s. Policar. v.
27	M	s. Giov. Cris.
28	G	s. Agnese 2ª f.
29	V	s. Frances. s.
30	S	s. Martina v.
31	D	Sessagesima

febbraio bis.

1	L	s. Ignazio v.
2	M	Pur. di M. V.
3	M	s. Biagio v.
4	G	s. Andrea Co.
5	V	s. Agata v.
6	S	s. Tito v.
7	D	Quinquagesi.
8	L	s. Simeone v.
9	M	s. Apollonio
10	M	Le Ceneri
11	G	
12	V	
13	S	
14	D	1ª di Q., Inv.
15	L	ss. Fau. e G.
16	M	
17	M	Temp. di Pri.
18	G	s. Simeone v.
19	V	Tempora
20	S	
21	D	2ª di Q., Rem.
22	L	Cat. s. Piet. A.
23	M	s. Pier Dam.
24	M	Vigilia
25	G	s. Mattia ap.
26	V	
27	S	
28	D	3ª di Q., Oculi
29	L	

gennaio

1	S	CIRCON. G. C.
2	D	8ª di s. Stef.
3	L	8ª di s. Giov.
4	M	8ª ss. Innoc.
5	M	s. Telesf. pp.
6	G	EPIFANIA
7	V	dell'8ª
8	S	dell'8ª
9	D	1ª d. l'Epif.
10	L	s. Gugliel. v.
11	M	s. Igino pp.
12	M	dell'8ª
13	G	8ª dell'Epif.
14	V	s. Ilar. s. Fel.
15	S	s. Paolo, s. Ma.
16	D	2ª ss. N. di G.
17	L	s. Marcello p.
18	M	Cat. s. Piet. R.
19	M	s. Canuto re
20	G	ss. Fab., Seb.
21	V	s. Agnese v.
22	S	ss. Vinc. e A.
23	D	Settuagesima
24	L	s. Timoteo v.
25	M	Conv. s. Paolo
26	M	s. Policar. v.
27	G	s. Giov. Cris.
28	V	s. Agnese 2ª f.
29	S	s. Frances. s.
30	D	Sessagesima
31	L	s. Pietro Nol.

febbraio

1	M	s. Ignazio v.
2	M	Pur. di M. V.
3	G	s. Biagio v.
4	V	s. Andrea Co.
5	S	s. Agata v.
6	D	Quinquages.
7	L	s. Romua. ab.
8	M	s. Giov. di D.
9	M	Le Ceneri
10	G	s. Scolastica
11	V	
12	S	
13	D	1ª di Q., Inv.
14	L	s. Valent. m.
15	M	ss. Fau. e Gio.
16	M	Temp. di Prim.
17	G	
18	V	s. Simeon. T.
19	S	Tempora
20	D	2ª di Q., Rem.
21	L	s. Severia v.
22	M	Cat. s. Piet. A.
23	M	s. Pier Dam.
24	G	s. Mattia ap.
25	V	
26	S	
27	D	3ª di Q., Oculi
28	L	

marzo

1	M	
2	M	
3	G	
4	V	s. Casimiro c.
5	S	
6	D	4ª di Q., Laet.
7	L	s. Tom. Aq.
8	M	s. Giov. di D.
9	M	s. Franc. R.
10	G	ss. 40 Mart.
11	V	
12	S	s. Greg. I pp.
13	D	di Pass. Iudic.
14	L	
15	M	
16	M	
17	G	s. Patrizio v.
18	V	B. V. Addol.
19	S	s. Giuseppe
20	D	delle Palme
21	L	santo
22	M	santo
23	M	santo
24	G	Cena del Sig.
25	V	Parasceve
26	S	santo
27	D	PASQUA
28	L	dell'Angelo
29	M	di Pasqua
30	M	dell'8ª
31	G	dell'8ª

aprile

1	V	dell'8ª
2	S	dell'8ª
3	D	in Albis
4	L	ANN. di M. V.
5	M	s. Vinc. Ferr.
6	M	
7	G	
8	V	
9	S	
10	D	2ª, Miser. Dom.
11	L	s. Leone I pp.
12	M	
13	M	s. Ermen r.
14	G	s. Tiburzio m.
15	V	
16	S	
17	D	3ª, Pat. di s. G.
18	L	
19	M	
20	M	
21	G	s. Anselmo v.
22	V	ss. Sot. e Caio
23	S	s. Giorgio m.
24	D	4ª, Cantate
25	L	s. Marco ev.
26	M	ss. Cleto Mar.
27	M	
28	G	s. Paolo d. Cro.
29	V	s. Pietro m.
30	S	s. Cat. da Sie.

maggio

1	D	5ª, Rogate
2	L	Le rogazioni
3	M	I. s. Cro. Rog.
4	M	s. Mon. Rog.
5	G	ASCEN. G. C.
6	V	s. Gio. a. p. l.
7	S	s. Stanislao
8	D	6ª, Exaudi
9	L	s. Greg. Naz.
10	M	s. Anton. v.
11	M	dell'8ª
12	G	8ª dell'Ascen.
13	V	
14	S	Vigilia
15	D	PENTECOs.
16	L	di Pent.
17	M	di Pent.
18	M	Temp. d'Est.
19	G	dell'8ª
20	V	Tempora
21	S	Tempora
22	D	1ª, ss. Trinità
23	L	
24	M	
25	M	s. Greg. VII
26	G	CORPUS DO.
27	V	s. Giov. p.
28	S	dell'8ª
29	D	2ª d. Pentec.
30	L	s. Felice I pp.
31	M	s. Angela M.

	giugno	luglio	agosto	settembre	ottobre	novembre	dicembre
1	M *dell'8ª*	V *8ª di s. Gio. B.*	L s. Pietro in v.	G s. Egidio ab.	S s. Remigio v.	M OGNISSANTI	G
2	G *8ª Cor. Dom.*	S *Vis. di M. V.*	M s. Alfonso L.	V s. Stefano re	D *20ª, B. V. Ros.*	M *Comm. Def.*	V s. Bibiana v.
3	V s. CUORE G.	D *7ª d. Pentec*	M Inv. s. Stef.	S	L	G *dell'8ª*	S s. Franc. Sav.
4	S s. Fran. Car.	L *dell'8ª*	G s. Dom. di G.	D *16ª d. Pentec.*	M s. Fran. d'As.	V s. Carlo Bor.	D *2ª d'Avv. Ro.*
5	D *3ª d. Pentec. P. Cuore di M.*	M *dell'8ª*	V s. Maria d. N.	L s. Lorenzo G.	M ss. Pl. e C. m.	S *dell'8ª*	L s. Sabba ab.
6	L s. Norbert. v.	M *8ª ss. Ap. P. P.*	S Trasf. di G. C.	M	G s. Brunone c.	D s. Leon. P. M.	M s. Nicolò v.
7	M	G	D *12ª d. Pentec.*	M	V s. Marco pp.	L	M s. Ambr. v.
8	M	V s. Elisab. reg.	L ss. Cir. e c. m.	G *Nat. di M. V.*	S s. Brigida v.	M *8ª Ognissanti*	G Imm. C. M. V.
9	G ss. Pri. e Fel.	S	M s. Roman. m.	V s. Gorgon. m.	D *21ª, M. M. V.*	M s. Teodoro m.	V *dell'8ª*
10	V s. Margh. reg.	D *8ª d. Pentec.*	M s. Lorenzo m.	S s. Nic. Tol. c.	L s. Franc. B.	G s. Andrea Av.	S s. Melch. pp.
11	S s. Narn. ap.	L s. Pio I pp.	G ss. Tib. e Sus.	D *17ª, ss. N. M.*	M	V s. Martino v.	D *3ª d'Avv. Ro.*
12	D *4ª d. Pentec.*	M s. Giov. Gua.	V s. Chiara v.	L	M	S s. Mart. pp.	L s. Damaso
13	L s. Ant. di P.	M s. Anacl. pp.	S *Vigilia*	M	G s. Edoar. re	D *26ª, Pat. M. V.*	M s. Lucia v.
14	M s. Basil. M. v.	G s. Bonav. d.	D *13ª d. Pentec.*	M Es. d. s. Croce	V s. Calisto pp.	L	M *Temp. d'Inv.*
15	M ss. Vito e M.	V s. Enric. imp.	L ASSUN. M. V.	G *8ª d. N. M. V.*	S s. Teresa v.	M s. Geltrude v.	G *8ª d. Imm. C.*
16	G	S B. V. del Car.	M s. Giacinto c.	V ss. Corn. e C.	D *22ª Pur. M. V.*	M	V s. Euse. v. T.
17	V	D *9ª d. Pentec.*	M *8ª di s. Lor.*	S Stim. di s. Fr.	L s. Edvige r.	G s. Greg. tau.	S *Tempora*
18	S ss. Mar. e M.	L s. Camillo L.	G *dell'8ª*	D *18ª Dol. M. V.*	M s. Luca ev.	V D. b. ss. P., P.	D *4ª d'Avvento*
19	D *5ª d. Pentec.*	M s. Vincen. P.	V *dell'8ª*	L s. Gennar. m.	M s. Pietro d'A.	S s. Elisabetta	L
20	L s. Silver. pp.	M s. Margh. v.	S s. Bernar. ab.	M s. Eustac. m.	G s. Giovan. C.	D *27ª d. Pentec.*	M *Vigilia*
21	M s. Luigi G.	G s. Prassede v.	D *14ª, s. Gioac.*	M *Temp. d'Aut.*	V ss. Orsol. e C.	L Pres. di M. V.	M s. Tomm. ap.
22	M s. Paolino v.	V s. Maria Mad.	L *8ª Ass. M. V.*	G ss. Mau. C. m.	S	M s. Cecilia v.	G
23	G *Vigilia*	S s. Apollin. v.	M s. Filip. Ben.	V s. Lino pp. T.	D *23ª d. Pentec.*	M s. Clem. I pp.	V *Vigilia*
24	V Nat. s. Gio. B.	D *10ª d. Pentec.*	M s. Bartol. ap.	S B. V. d. M. T.	L	G s. Gio. d. Cr.	S *Vigilia*
25	S s. Gugl. ab.	L s. Giac. ap.	G s. Luigi re	D *19ª d. Pentec.*	M s. Crisan. D.	V s. Cater. v.	D NATALE G. C.
26	D *6ª d. Pentec.*	M s. Anna	V s. Zefirino	L ss. Cip. e Giu.	M s. Evar. pp.	S s. Pietro Aless.	L s. Stef. prot.
27	L *dell'8ª*	M s. Pantal. m.	S s. Gius. Cal.	M ss. Cos. e D.	G *Vigilia*	D *1ª d'Avv. Ro.*	M s. Giov. ev.
28	M s. Leone II p.	G ss. Naz. e C.	D *15ª d. Pentec.*	M s. Vences. m.	V ss. Sim. e G.	L	M ss. Innoc. m.
29	M *ss. P. e P. ap.*	V s. Marta v.	L Dec. d. s. G. B.	G s. Michele A.	S	M s. Saturn. m.	G s. Tom. C. v.
30	G Comm. s. Pa.	S ss. Abd., Sen.	M s. Rosa da L.	V s. Girol. d.	D *24ª d. Pentec.*	M s. Andrea ap.	V *dell'8ª*
31		D *11ª d. Pentec.*	M s. Raim. N.		L *Vigilia*		S s. Silves. pp.

Pasqua **28 marzo** – anni: 23, 28*, 34, 107, 118, 129, 191, 202, 213, 224*, 275, 286, 297, 308*, 370, 381, 392*, 465, 471, 476*, 555, 560*, 566, 639, 650, 661, 723, 734, 745, 756*, 807, 818, 829, 840* 902, 913, 924* 997, 1003, 1008* 1087, 1092* 1098, 1171, 1182, 1193, 1255, 1266, 1277, 1288*, 1339, 1350, 1361, 1372*, 1434, 1445, 1456*, 1529, 1535, 1540*, 1655, 1660*, 1717, 1723, 1728*, 1869, 1875, 1880*, 1937, 1948*, 2027, ecc.

	gennaio bis.	febbraio bis.	gennaio	febbraio	marzo	aprile	maggio
1	G CIRCON. G. C.	D Sessagesima	V CIRCON. G. C.	L s. Ignazio v.	L	G dell'8ª	G ss. Fil. e G. a.
2	V 8ª di s. Stef.	L Pur. di M. V.	S 8ª di s. Stef.	M Pur. di M. V.	M	V dell'8ª	V dell'8ª
3	S 8ª di s. Giov.	M s. Biagio v.	D 8ª di s. Giov.	M s. Biagio v.	M	S dell'8ª	L Le Rogazioni
4	D 8ª ss. Innoc.	M s. Andrea Co.	L 8ª ss. Innoc.	G s. Andrea Co.	G s. Casimiro	D 1ª d. P., in Alb.	D s. Mon. Rog.
5	L s. Telesf. pp.	G s. Agata p.	M s. Telesf. pp.	V s. Agata v.	V	L ANN. di M. V.	M s. Pio V Rog.
6	M EPIFANIA	V s. Tito v.	M EPIFANIA	S s. Tito, s. Dor.	S	M	G ASCEN. G. C.
7	M dell'8ª	S s. Romualdo	G dell'8ª	D Quinquages.	D 4ª di Q., Laet.	M	V s. Stanislao v.
8	G dell'8ª	D Quinquages.	V dell'8ª	L s. Giov. di M.	L s. Giov. di D.	G	S App. s. Mich.
9	V dell'8ª	L s. Apollon.	S dell'8ª	M s. Apollon. v.	M s. Franc. Ro.	V	D 6ª d. P., Exau.
10	S dell'8ª	M s. Scolast. v.	D 1ª d. l'Epif.	M Le Ceneri	M ss. 40 Mart.	S	L s. Antonin. v.
11	D 1ª d. l'Epif.	M Le Ceneri	L dell'8ª	G	G	D 2ª, Miser. Dom.	M dell'8ª
12	L dell'8ª	G	M dell'8ª	V	V s. Greg. I pp.	L	M ss. Nereo e C.
13	M 8ª dell'Epif.	V	M 8ª dell'Epif.	S	S	M s. Ermen. M.	G 8ª dell'Ascen.
14	M s. Ilar. s. Fel.	G s. Valent. m.	G s. Ilar. s. Fel.	D 1ª di Q., Invo.	D di Pas. Iudic.	M s. Tiburzio m.	V s. Bonif. m.
15	G s. Paolo er.	D 1ª di Q., Inv.	V s. Paol. s. Ma.	L ss. Fau. e Gio.	L	G	S Vigilia
16	V s. Marcello p.	L	S s. Marcello p.	M	M	V	D PENTECOs.
17	S s. Antonio ab.	M Temp. di Pri.	D 2ª ss. N. G.	M Temp. di Pri.	M s. Patrizio v.	S s. Aniceto pp.	L di Pentec.
18	L ss. N. di Gesù	M	L Cat. s. Piet. R.	G s. Simeone v.	G	D 3ª, Pat. di s.G.	M di Pentec.
19	M s. Canuto re	V	M s. Canuto re	V Tempora	V B. V. Addolo.	L	M Temp. d'Est.
20	M ss. Fab. e Seb.	V Tempora	M ss. Fab. e Seb.	S Tempora	S	M	G dell'8ª
21	G s. Agnese v.	D Tempora	G s. Agnese v.	D 2ª di Q., Rem.	D delle Palme	M s. Anselmo v.	V dell'8ª, Temp.
22	V ss. Vin. ed A.	D 2ª di Q., Rem.	V ss. Vinc. e A.	L Cat. s. Piet. A.	L santo	G ss. Sot. e Caio	S dell'8ª, Temp.
23	S Spos. di M. V.	L s. Pier Dam.	S Spos. di M. V.	M s. Pier Dam.	M santo	V s. Giorgio m.	D 1ª ss. Trinità
24	D s. Timoteo v.	M Vigilia	D Settuagesima	M s. Mattia ap.	M santo	S s. Fedele Sig.	L
25	L Settuagesima	M s. Mattia ap.	L Conv. s. Paolo	G	G Cena del Sig.	D 4ª, Cantate	M s. Greg. VII
26	M s. Policar. v.	G	M s. Policar. v.	V	V Paraseceve	L ss. Cleto Mar.	M s. Filippo N.
27	M s. Giov. Cris.	V	M s. Giov. Cris.	S	S santo	M	G CORPUS DO.
28	G s. Agnese 2ª f.	S	G s. Agnese 2ª f.	D 3ª di Q., Oculi	D PASQUA	M s. Paolo d.	V dell'8ª
29	V s. Franc. Sal.	D 3ª di Q., Oculi	V s. Frances. s.		L dell'Angelo	G s. Pietro m.	S dell'8ª
30	S s. Martina v.		S s. Martina v.		M di Pasqua	V s. Cat. da Sie.	D 2ª d. Pentec.
31	D s. Pietro Nol.		D Sessagesima		M dell'8ª		L s. Angela M.

giugno	luglio	agosto	settembre	ottobre	novembre	dicembre
1 M *dell'8ª*	1 G *8ª di s. Gio. B.*	1 D *11ª d. Pentec.*	1 M s. Egidio ab.	1 V s. Remigio v.	1 L OGNISSANTI	1 M
2 M *dell'8ª*	2 V *Vis di M. V.*	2 L s. Alfonso L.	2 G s. Stefano re	2 S ss. Angeli C.	2 M *Comm. Def.*	2 G s. Bibiana v.
3 G 8ª Cor. Dom.	3 S *dell'8ª*	3 M Inv. di s. Ste.	3 V	3 D *20ª, B. V. Ros.*	3 M *dell'8ª*	3 V s. Franc. Sav.
4 V s. CUORE G.	4 D *7ª d. Pentec.*	4 M s. Dom. di G.	4 S	4 L s. Fran. d'As.	4 G s. Carlo Bor.	4 S s. Pietro Cri.
5 S s. Bonifac. v.	5 L *dell'8ª*	5 G s. Maria di N.	5 D *16ª d. Pentec.*	5 M ss. Pl. e C. m.	5 V *dell'8ª*	5 D *2ª d'Avvento*
6 D *3ª d. Pentec.* / *P. Cuore di M.*	6 M *8ª ss. A. P. P.*	6 V Trasf. di G. C.	6 L	6 M s. Brunone c.	6 S	6 L s. Nicolò v.
7 L	7 M	7 S s. Gaetano T.	7 M	7 G s. Marco pp.	7 D *25ª d. Pentec.*	7 M s. Ambrog. v.
8 M	8 G s. Elisab. reg.	8 D *12ª d. Pentec.*	8 M *Nat. di M. V.*	8 V s. Brigida v.	8 L *8ª Ognissanti*	8 M *Imm. C. M. V.*
9 M ss. Pri. e Fel.	9 V	9 L s. Roman. m.	9 G s. Gorgon. m.	9 S ss. Dion. R.E.	9 M s. Teodoro m.	9 G *dell'8ª*
10 G s. Margh. reg.	10 S ss. Sett. fr. m.	10 M s. Lorenzo m.	10 V s. Nic. Tol. c.	10 D *21ª, Mat. M. V.*	10 M s. Andrea Av.	10 V s. Melch. pp.
11 V s. Barn. Ap.	11 D *8ª d. Pentec.*	11 M ss. Tib. e Sus.	11 S ss. Pr. e Giac.	11 L	11 G s. Martino v.	11 S s. Dam. I pp.
12 S s. Gio. d. s. F.	12 L s. Giov. Gua.	12 G s. Chiara v.	12 D *17ª s. N. M. V.*	12 M	12 V s. Mart. pp.	12 D *3ª d'Avv. Ro.*
13 D *4ª d. Pentec.*	13 M s. Anacl. pp.	13 V s. Cassid. m.	13 L *dell'8ª*	13 M s. Edoard. re	13 S s. Stanisl. K.	13 L s. Lucia v. m.
14 L s. Basil. M. v.	14 M s. Bonavent.	14 S s. Eusebio pr.	14 M Esalt. d. s. Cr.	14 G s. Calisto pp.	14 D *26ª, [Avv. A.]*	14 M *dell'8ª*
15 M ss. Vit. e M.	15 G s. Enric. imp.	15 D *13ª, Ass. M. V.*	15 M *Temp. d'Aut.*	15 V s. Teresa v.	15 L s. Geltrude v.	15 M *Temp. d'Inv.*
16 M	16 V B. V. del Car.	16 L s. Giacinto c.	16 G ss. Corn. e C.	16 S	16 M s. Gregorio	16 G s. Eusebio v.
17 G	17 S s. Aless. con.	17 M *8ª s. Lorenzo*	17 V Sti. d. s. F. T.	17 D *22ª, Pur. M. V.*	17 M	17 V *Tempora*
18 V ss. Mar. e M.	18 D *9ª d. Pentec.*	18 M s. Agap. m.	18 S s. Gius. C. T.	18 L s. Luca ev.	18 G D. b. ss. P., P.	18 S *Tempora*
19 S ss. Ger. e Pr.	19 L s. Vincen. P.	19 G *dell'8ª*	19 D *18ª, Dol. M. V.*	19 M s. Piet. d'Alc.	19 V s. Elisabet.	19 D *4ª d'Avv. Ro.*
20 D *5ª d. Pentec.*	20 M s. Margh. v.	20 V s. Bernar. ab.	20 L s. Eust. m.	20 M s. Giovan. C.	20 S s. Felice Val.	20 L *Vigilia*
21 L s. Luigi G.	21 M s. Prassede v.	21 S s. Gio. di Ch.	21 M s. Mat. ap.	21 G ss. Orso. e C.	21 D *27ª d. Pentec.*	21 M s. Tom. ap.
22 M s. Paolino v.	22 G s. Maria Mad.	22 D *14ª, s. Gioac.*	22 M ss. Maur. e C.	22 V	22 L s. Cecilia v.	22 M
23 M *Vigilia*	23 V s. Apollin. v.	23 L s. Filip. Ben.	23 G s. Lino pp.	23 S	23 M s. Clem. I pp.	23 G
24 G Nat. s. G. B.	24 S s. Cristina v.	24 M s. Bartol. ap.	24 V B. V. d. Merc.	24 D *23ª d. Pentec.*	24 M s. Gio. d. Cr.	24 V *Vigilia*
25 V s. Gugl. ab.	25 D *10ª s. Giac.*	25 M s. Luigi re	25 S	25 L ss. Crisan. D.	25 G s. Cater. v.	25 S NATALE G. C.
26 S ss. Gio. e Pa.	26 L s. Anna	26 G s. Zefirino p.	26 D *19ª d. Pentec.*	26 M s. Evarist. pp.	26 V s. Pietro d'Al.	26 D s. Stef. prot.
27 D *6ª d. Pentec.*	27 M s. Pantal. m.	27 V s. Gius. Cal.	27 L ss. Cos. e D.	27 M *Vigilia*	27 S	27 L s. Giov. ev.
28 L s. Leone II p.	28 M s. Naz. e C.	28 S s. Agost. v. d.	28 M s. Venceslao	28 G ss. Sim. e G.	28 D *1ª d'Avv. Ro.*	28 M ss. Innocenti
29 M ss. Piet. e Pa.	29 G s. Marta v.	29 D *15ª d. Pentec.*	29 M s. Michele ar.	29 V	29 L s. Saturn. m.	29 M s. Tomm. C.
30 M Comm. San. Pa.	30 V ss. Abd., Sen.	30 L s. Rosa da L.	30 G s. Girol. d.	30 S	30 M s. Andrea ap.	30 G *dell'8ª*
	31 S s. Ignazio L.	31 M s. Raimondo		31 D *24ª d. Pentec.*		31 V s. Silves. pp.

Pasqua 29 marzo – anni: 39, 50, 61, 123, 134, 145, 156*, 218, 229, 240*, 313, 324*, 403, 408*, 487, 498, 571, 582, 593, 655, 666, 677, 688*, 750, 761, 772*, 845, 856*, 935, 940*, 1019, 1030, 1103, 1114, 1125, 1187, 1198, 1209, 1220*, 1282, 1293, 1304*, 1377, 1388*, 1467, 1472*, 1551, 1562, 1587, 1592*, 1671, 1682, 1739, 1750, 1807, 1812*, 1891, 1959, 1964*, 1970, 2043, 2054, 2065, 2111, 2116*, 2122, ecc.

#	gennaio bis.		febbraio bis.		gennaio		febbraio		marzo		aprile		maggio	
1	M	CIRCON. G. C.	S	s. Ignazio v.	G	CIRCON. G. C.	D	*Sessagesima*	D	*3ª di Q., Oculi*	M	*dell'8ª*	V	s. Atanas. v.
2	G	8ª di s. Stef.	D	*Sessagesima*	V	8ª di s. Stef.	L	Pur. di M. V.	L		G	*dell'8ª*	S	
3	V	8ª di s. Giov.	L	Pur. di M. V.	S	8ª di s. Giov.	M	s. Biagio v.	M		V	*dell'8ª*	D	5ª, *Rogate*
4	S	8ª ss. Innoc.	M	s. Andrea Co.	D	8ª ss. Innoc.	M	s. Andrea Co.	M	s. Casimiro C.	S	*dell'8ª*	L	*Le Rogazioni*
5	D	s. Telesf. pp.	M	s. Agata v.	L	s. Telesf. pp.	G	s. Agata v.	G		D	1ª, *in Albis*	M	s. Pio V, *Rog.*
6	L	EPIFANIA	G	s. Tito v.	M	EPIFANIA	V	s. Tito, s. Dor.	V		L	ANN. di M. V.	M	s. Gio. a. *Rog.*
7	M	*dell'8ª*	V	s. Romualdo	M	*dell'8ª*	S	s. Romua. ab.	S	s. Tom. d'Aq.	M		G	ASCEN. G. C.
8	M	*dell'8ª*	S	s. Giov. di M.	G	*dell'8ª*	D	*Quinquages.*	D	*4ª di Q., Laet.*	M		V	App. s. Mich.
9	G	*dell'8ª*	D	*Quinquagesi.*	V	*dell'8ª*	L	s. Apollon. v.	L	s. Franc. R.	G		S	s. Greg. Naz.
10	V	*dell'8ª*	L	s. Scolast. v.	S	*dell'8ª*	M	s. Scolastica	M	ss. 40 Mart.	V		D	6ª, *Exaudi*
11	S	*dell'8ª*	M	*Le Ceneri*	D	*1ª d. l'Epif.*	M	*Le Ceneri*	M		S	s. Leone I pp.	L	*dell'8ª*
12	D	*1ª d. L'Epif.*	M		L	s. Modest. m.	G		G	s. Greg. I pp.	D	2ª, *Miser. Dom.*	M	s. Nereo e C.
13	L	8ª *dell'Epif.*	G		M	8ª *dell'Epif*	V		V		L	s. Ermen. m.	M	*dell'8ª*
14	M	s. Ilar. s. Fel.	V	s. Valent. m.	M	s. Ilar. s. Fel.	S	s. Valent. m.	S		M	s. Tiburzio m.	G	8ª *dell'Ascen.*
15	M	s. Paolo er.	S	ss. Fau. e Fel.	G	s. Paolo er.	D	*1ª di Q., Inv.*	D	*di Pas. Iudic.*	M		V	
16	G	s. Marcello pp.	D	*1ª di Q., Invo.*	V	s. Marcello papa	L		L		G		S	*Vigilia*
17	V	s. Antonio ab.	L		S	s. Antonio ab.	M		M	s. Patrizio v.	V	s. Aniceto pp.	D	PENTECOs.
18	S	Cat. s. Piet. R.	M	s. Simeone v.	D	2ª, *ss. N. di G.*	M	*Temp. di Pri.*	M		S		L	*di Pentec.*
19	D	*ss. N. di Gesù*	M	*Temp. di Pri.*	L	s. Canuto re	G	s. Corrado c.	G	s. Giuseppe	D	3ª, *Pat. di s. G.*	M	*di Pentec.*
20	L	ss. Fab. e Seb.	G		M	ss. Fab. e Seb.	V	*Tempora*	V	B. V. Addol.	L		M	*Temp. d'Est.*
21	M	s. Agnese v.	V	*Tempora*	M	s. Agnese v.	S	*Tempora*	S	s. Bened. ab.	M	s. Anselmo v.	G	*dell'8ª*
22	M	ss. Vinc. e A.	S	Cat. s.P.A.T.	G	ss. Vinc. e A.	D	*2ª di Q., Rem.*	D	*delle Palme*	M	Sot. e Caio	V	*Tempora*
23	G	Spos. di M. V.	D	*2ª di Q., Rem.*	V	Spos. di M. V.	L	s. Pier Dam.	L	*santo*	G	s. Giorgio m.	S	*Tempora*
24	V	s. Timoteo v.	L	*Vigilia*	S	s. Timoteo v.	M	s. Mattia ap.	M	*santo*	V	s. Fedele Sig.	D	1ª *ss. Trinità*
25	S	Conv. s. Paolo	M	s. Mattia ap.	D	*Settuagesima*	M		M	*santo*	S	s. Marco ev.	L	s. Greg. VII
26	D	*Settuagesima*	M		L	s. Policar. v.	G		G	*Cena del Sig.*	D	4ª, *Cantate*	M	s. Eleuter. p.
27	L	s. Giov. Cris.	G		M	s. Giov. Cris.	V		V	*Parasceve*	L		M	s. Mar. M. P.
28	M	s. Agnese 2ªf.	V		M	s. Agnese 2ªf	S		S	*santo*	M	s. Vitale m.	G	CORPUS DO.
29	M	s. Frances. s.	S		G	s. Frances. s.			D	PASQUA	M	s. Pietro m.	V	*dell'8ª*
30	G	s. Martina v.			V	s. Martina v.			L	*dell'Angelo*	G	s. Cat. da Sie.	S	*dell'8ª*
31	V	s. Pietro Nol.			S	s. Pietro Nol.			M	*di Pasqua*			D	2ª *d. Pentec.*

giugno	luglio	agosto	settembre	ottobre	novembre	dicembre
1 L dell'8ª	1 M 8ª di s. Gio. B.	1 S s. Pietro in v.	1 M s. Egidio ab.	1 G s. Remigio v.	1 D OGNISSANTI	1 M
2 M dell'8ª	2 G Vis. di M. V.	2 D 11ª d. Pentec.	2 M s. Stefano re	2 V ss. Angeli C.	2 L Comm. Def.	2 M s. Bibiana v.
3 M dell'8ª	3 V dell'8ª	3 L Inv. di s. Ste.	3 G	3 S	3 M dell'8ª	3 G s. Franc. Sav.
4 G 8ª Cor. Dom.	4 S dell'8ª	4 M s. Dom. di G.	4 V	4 D 20ª B. V. Ros.	4 M s. Carlo Bor.	4 V s. Pietro Cri.
5 V s. CUORE G.	5 D 7ª d. Pentec.	5 M s. Maria d. M.	5 S s. Lorenzo G.	5 L ss. Pl. e C. m.	5 G dell'8ª	5 S s. Sabba ab.
6 S s. Norbert. v.	6 L 8ª ss. A. P. P.	6 G Trasf. di G. C.	6 D 16ª d. Pentec.	6 M s. Brunone c.	6 V dell'8ª	6 D 2ª d'Avvento
7 D 3ª d. Pentec. / P. Cuore di M.	7 M	7 V s. Gaetano T.	7 L	7 M s. Marco pp.	7 S dell'8ª	7 L s. Ambrogio v.
8 L	8 M s. Elisab. reg.	8 S ss. Cir. C. m.	8 M Nat. di M. V.	8 G s. Brigida v.	8 D 25ª Pat. M. V.	8 M Imm. C. M. V.
9 M ss. Pri. e Fel.	9 G	9 D 12ª d. Pentec.	9 M s. Gorgon. m.	9 V ss. Dion. R. E.	9 L s. Teodoro m.	9 M dell'8ª
10 M s. Marg. reg.	10 V ss. Sett. fr. r.	10 L s. Lorenzo m.	10 G s. Nic. Tol. c.	10 S s. Fran. Bor.	10 M s. Andrea Av.	10 G dell'8ª
11 G s. Barn. ap.	11 S s. Pio I pp.	11 M ss. Tib. e Sus.	11 V ss. Pr. e Giac.	11 D 21ª Mat. M. V.	11 M s. Martino v.	11 V s. Dam. I pp.
12 V s. Gio. d. s. F.	12 D 8ª d. Pentec.	12 M s. Chiara v.	12 S dell'8ª	12 L	12 G s. Mart. pp.	12 S dell'8ª
13 S s. Ant. di Pa.	13 L s. Anacl. pp.	13 G s. Ippolito m.	13 D 17ª s. N. M. V.	13 M s. Edoard. re	13 V s. Stanislao K.	13 D 3ª d'Avv. Ro.
14 D 4ª d. Pentec.	14 M s. Bonavent.	14 V s. Eusebio pr.	14 L Esalt. d. s. Cr.	14 M s. Calisto pp.	14 S	14 L dell'8ª
15 L ss. Vit. e M.	15 M s. Enric. imp.	15 S ASSUN. M. V.	15 M 8ª del N. M. V.	15 G s. Teresa v.	15 D 26ª, [Avv. A.]	15 M 8ª dell'Im. Co.
16 M	16 G B. V. del Car.	16 D 13ª s. Gioac.	16 M Temp. d'Aut.	16 V	16 L	16 M Temp. d'Inv.
17 M	17 V s. Aless. con.	17 L 8ª s. Lorenzo	17 G Sti. di s. Fra.	17 S s. Edvig. reg.	17 M s. Greg. tau.	17 G
18 G ss. Mar. e M.	18 S s. Camillo L.	18 M s. Agap. m.	18 V s. Gius. C. T.	18 D 22ª Pur. M. V.	18 M D. b. ss. P., P.	18 V Tempora
19 V ss. Ger. e Pr.	19 D 9ª d. Pentec.	19 M dell'8ª	19 S s. Gen. m. T.	19 L s. Piet. d'Alc.	19 G s. Elisabetta	19 S Temp. Vigilia
20 S s. Silverio pp.	20 L s. Girolamo E.	20 G s. Bernar. ab.	20 D 18ª Dol. M. V.	20 M s. Giovan. C.	20 V s. Felice Val.	20 D 4ª d'Avv. Ro.
21 D 5ª d. Pentec.	21 M s. Prassede v.	21 V s. Gio. di Ch.	21 L s. Matt. ap.	21 M ss. Orsol. e C.	21 S Pres. di M. V.	21 L s. Tom. ap.
22 L s. Paolino v.	22 M s. Maria M.	22 S 8ª dell'Assu.	22 M ss. Tomm. Vill.	22 G	22 D 27ª d. Pentec.	22 M
23 M Vigilia	23 G s. Apollin. v.	23 D 14ª d. Pentec.	23 M s. Lino pp.	23 V	23 L s. Clem. I pp.	23 M
24 M Nat. s. G. B.	24 V s. Cristina v.	24 L s. Bartol. ap.	24 G B. V. d. Merc.	24 S	24 M s. Gio. d. Cr.	24 G Vigilia
25 G s. Gugl. ab.	25 S s. Giacom. a.	25 M s. Luigi re	25 V	25 D 23ª d. Pentec.	25 M s. Cater. v.	25 V NATALE G. C.
26 V s. Gio. e Pa.	26 D 10ª d. Pentec.	26 M s. Zefirino p.	26 S ss. Cipr. e G.	26 L s. Evarist. pp.	26 G s. Pietro Al.	26 S s. Stef. prot.
27 S s. Ladisl. re	27 L s. Pantal. m.	27 G s. Gius. Cal.	27 D 19ª d. Pentec.	27 M Vigilia	27 V	27 D s. Giov. ev.
28 D 6ª d. Pentec.	28 M ss. Naz. e C.	28 V s. Agost. v. d.	28 L s. Vencesl. m.	28 M ss. Sim. e G.	28 S Vigilia	28 L ss. Innocenti
29 L ss. Piet. e Pa.	29 M s. Marta v.	29 S Dec. di s. G. B.	29 M s. Michele ar.	29 G	29 D 1ª d'Avv. Ro.	29 M s. Tomm. C.
30 M Comm. San Pa.	30 G ss. Abd. Sen.	30 D 15ª d. Pentec.	30 M s. Girol. d.	30 V	30 L s. Andrea ap.	30 M dell'8ª
	31 V s. Ignazio L.	31 L s. Raim. Non.		31 S Vigilia		31 G s. Silves. pp.

Pasqua 30 marzo – anni: 55, 66, 77, 88*, 150, 161, 172*, 245, 256*, 335, 340* 419, 430, 503, 514, 525, 587, 598, 609, 620*, 682, 693, 704*, 777, 788*, 867, 872*, 951, 962, 1035, 1046, 1057, 1119, 1130, 1141, 1152*, 1214, 1225, 1236*, 1309, 1320*, 1399, 1404*, 1483, 1494, 1567, 1578, 1603, 1614, 1625, 1687, 1698, 1755, 1766, 1777, 1823, 1834, 1902, 1975, 1986, 1997, 2059, 2070, 2081, 2092*, ecc.

	gennaio bis.	febbraio bis.	gennaio	febbraio	marzo	aprile	maggio
1	M CIRCON. G. C.	V s. Ignazio v.	M CIRCON. G. C.	S s. Ignazio v.	S	M *di Pasqua*	G ss. Fil. e G. a.
2	M 8ª di s. Stef.	S *Pur. di M. V.*	G 8ª di s. Stef.	D *Sessagesima*	D 3ª *di Q., Oculi*	M *dell'8ª*	V s. Atanas. v.
3	G 8ª di s. Giov.	D *Sessagesima*	V 8ª di s. Giov.	L Pur. di M. V.	L	G *dell'8ª*	S Inv. di s. Cro.
4	V 8ª ss. Innoc.	L s. Andrea Co.	S 8ª ss. Innoc.	M s. Andrea Co.	M s. Casimiro c.	V *dell'8ª*	D 5ª, *Rogate*
5	S s. Telesf. pp.	M s. Agata v.	D s. Telesf. pp.	M s. Agata v.	M	S *dell'8ª*	L *Le Rogazioni*
6	D EPIFANIA	M s. Tito v.	L EPIFANIA	G s. Tito, s. Dor.	G	D 1ª, *in Albis*	M s. Gio. a. Rog.
7	L *dell'8ª*	G s. Romualdo	M *dell'8ª*	V s. Romua. ab.	V s. Tom. d'Aq.	L ANN. di M. V.	M s. Stani. *Rog.*
8	M *dell'8ª*	V s. Giov. di M.	M *dell'8ª*	S s. Giov. di M.	S s. Dionigi v.	M	G ASCEN. G. C.
9	M *dell'8ª*	S s. Apollonia v.	G *dell'8ª*	D *Quinquages.*	D 4ª *di Q. Laet.*	M	V s. Greg. Naz.
10	G *dell'8ª*	D *Quinquagesi.*	V *dell'8ª*	L s. Apollon. v.	L ss. 40 Mart.	G	S s. Antonino v.
11	V *dell'8ª*	L	S *dell'8ª*	M s. Scolastica	M	V s. Leone I pp.	D 6ª, *Exaudi*
12	S *dell'8ª*	M	D 1ª *d. l'Epif.*	M *Le Ceneri*	M s. Greg. I pp.	S	L s. Nereo e C.
13	D 1ª *d. l'Epif.*	M *Le Ceneri*	L 8ª *dell'Epif.*	G	G	D 2ª, *Miser. Dom.*	M *dell'8ª*
14	L s. Ilar. s. Fel.	G s. Valent. m.	M s. Ilar. s. Fel.	V s. Valent. m.	V	L s. Giustino m.	M s. Bonif. m.
15	M s. Paolo er.	V ss. Fau. e G.	M s. Paolo er.	S ss. Fau. Giov.	S	M	G 8ª *dell'Ascen.*
16	M s. Marcello p.	S	G s. Marcello p.	D 1ª *di Q., Invo.*	D *di Pass. Iudic.*	M	V s. Ubaldo v.
17	G s. Antonio ab.	D 1ª *di Q., Invo.*	V s. Antonio ab.	L	L s. Patrizio v.	G s. Aniceto pp.	S *Vigilia*
18	V Cat. s. Piet. R.	L s. Simeone v.	S Cat. s. Piet. R.	M s. Simeone v.	M	V	D PENTECOs.
19	S s. Canuto re	M	D 2ª, *ss. N. di G.*	M *Temp. di Pri.*	M s. Giuseppe	S	L *di Pentec.*
20	D *ss. N. di Gesù*	M *Temp. di Pri.*	L ss. Fab. e Seb.	G	G	D 3ª, *Pat. di s. G.*	M *di Pentec.*
21	L s. Agnese v.	G	M s. Agnese v.	V *Tempora*	V *B. V. Addol.*	L s. Anselmo v.	M *Temp. d'Est.*
22	M ss. Vinc. e A.	V Cat. s.P.A.T.	M ss. Vinc. e A.	S Cat. s.P.A.T.	S	M ss. Sot. e Caio	G *dell'8ª*
23	M Spos. di M. V.	S s. Pier Da. T.	G Spos. di M. V.	D 2ª *di Q., Rem.*	D delle Palme	M s. Giorgio m.	V *Tempora*
24	G s. Timoteo v.	D 2ª *di Q., Rem.*	V s. Timoteo v.	L s. Mattia ap.	L *santo*	G s. Fedele Sig.	S *Tempora*
25	V Conv. s. Paolo	L s. Mattia ap.	S Conv. s. Paolo	M	M *santo*	V s. Marco ev.	D 1ª, *ss. Trinità*
26	S s. Policarpo v.	M	D *Settuagesima*	M	M *santo*	S ss. Cleto e Ma.	L s. Filippo Neri
27	D *Settuagesima*	M	L s. Giov. Cris.	G	G *Cena del Sig.*	D 4ª, *Cantate*	M s. Mar. M. P.
28	L s. Agnese 2ª f.	G	M s. Agnese 2ª f.	V	V *Parasceve*	L s. Vitale m.	M
29	M s. Frances. s.	V	M s. Frances. s.		S *santo*	M s. Pietro m.	G CORPUS DO.
30	M s. Martina v.		G s. Martina v.		D PASQUA	M s. Cat. da Sie.	V s. Felice I pp.
31	G s. Pietro Nol.		V s. Pietro Nol.		L *dell'Angelo*		S s. Angela M.

52

giugno	luglio	agosto	settembre	ottobre	novembre	dicembre
1 D 2ª d. Pentec.	1 M 8ª di s. Gio. B.	1 V s. Pietro in v.	1 L s. Egidio ab.	1 M s. Remigio v.	1 S OGNISSANTI	1 L s. Eligio
2 L ss. Marc. e C.	2 M Vis. di M. V.	2 S s. Alfonso L.	2 M s. Stefano re	2 G ss. Angeli C.	2 D 24ª d. Pentec.	2 M s. Bibiana v.
3 M dell'8ª	3 G dell'8ª	3 D 11ª d. Pentec.	3 M	3 V	3 L Comm. Def.	3 M s. Franc. Sav.
4 M s. Fran. Car.	4 V dell'8ª	4 L s. Dom di G.	4 G	4 S s. Fran. d'As.	4 M s. Carlo Bor.	4 G s. Pietro Cris.
5 G 8ª Cor. Dom.	5 S dell'8ª	5 M s. Maria d. N.	5 V s. Lorenzo G.	5 D 20ª, B. V. Ros.	5 M dell'8ª	5 V s. Sabba ab.
6 V s. CUORE G.	6 D 7ª d. Pentec.	6 M Trasf. di G. C.	6 S	6 L s. Brunone c.	6 G dell'8ª	6 S s. Nicolò v.
7 S	7 L	7 G s. Gaetano T.	7 D 16ª d. Pentec.	7 M s. Marco pp.	7 V dell'8ª	7 D 2ª d'Avv. Ro.
8 D 3ª d. Pentec. P. Cuore di M.	8 M s. Elisab. reg.	8 V ss. Cir. e c. m.	8 L Nat. di M. V.	8 M s. Brigida v.	8 S 8ª Ognissanti	8 L Imm. C. M. V.
9 L ss. Pri. e Fel.	9 M	9 S s. Roman. m.	9 M s. Gorgon. m.	9 G ss. Dion. R. E.	9 D 25ª, Pat. M. V.	9 M dell'8ª
10 M s. Marg. reg.	10 G ss. Sett. fr. m.	10 D 12ª d. Pentec.	10 M s. Nic. Tol. c.	10 V s. Franc. B.	10 L s. Andrea Av.	10 M dell'8ª
11 M s. Barn. ap.	11 V s. Pio I pp.	11 L ss. Tib. e Sus.	11 G ss. Pr. e Giac.	11 S	11 M s. Martino v.	11 G s. Dam. I pp.
12 G s. Gio. d. s. F.	12 S s. Gio. Gua.	12 M s. Chiara v.	12 V dell'8ª	12 D 21ª, M. M. V.	12 M s. Mart. pp.	12 V s. Valer. ab.
13 V s. Ant. di P.	13 D 8ª d. Pentec.	13 M s. Cassia m.	13 S dell'8ª	13 L s. Edoardo re	13 G s. Stanisl. K.	13 S s. Lucia v.
14 S s. Basil. M. v.	14 L s. Bonav. d.	14 G s. Eusebio pr.	14 D 17ª s. N. M.	14 M s. Calisto pp.	14 V	14 D 3ª d'Avv. Ro.
15 D 4ª d. Pentec.	15 M s. Enric. imp.	15 V ASSUN. M. V.	15 L 8ª d. N. M. V.	15 M s. Teresa v.	15 S s. Geltrude v.	15 L 8ª d. Imm. C.
16 L	16 M B. V. del Car.	16 S s. Giacinto c.	16 M ss. Corn. e C.	16 G	16 D 26ª, [Avv. A.]	16 M s. Eusebio v.
17 M	17 V s. Aless. con.	17 D 13ª, s. Gioac.	17 M Temp. d'Aut.	17 V s. Edvige r.	17 L s. Greg. tau.	17 M Temp. d'Inv.
18 M ss. Mar. e M.	18 V s. Camillo L.	18 L s. Agap. m.	18 V s. Gius. Cop.	18 S s. Luca ev.	18 M D. b. ss. P., P.	18 V Asp. Div. P.
19 G ss. Ger. e Pr.	19 S s. Vincen. P.	19 M dell'8ª	19 V s. Genn. m. T.	19 D 22ª Pur. M. V.	19 M s. Elisabetta	19 V Tempora
20 V s. Silver. pp.	20 L 9ª d. Pentec.	20 M s. Bernar. ab.	20 S s. Eust. m. T.	20 L s. Giovan. C.	20 G s. Felice Val.	20 S Tempora
21 S s. Luigi G.	21 L s. Prassede v.	21 G s. Gio. di Ch.	21 D 18ª Dol. M. V.	21 M ss. Orsol. e C.	21 V Pres. di M. V.	21 D 4ª d'Avvento
22 D 5ª d. Pentec.	22 M s. Maria Mad.	22 V 8ª Ass. M. V.	22 L s. Tomm. Vill.	22 M	22 S s. Cecilia	22 L
23 L Vigilia	23 M s. Apollin. v.	23 S s. Filip. Ben.	23 M s. Lino pp.	23 G	23 D 27ª d. Pentec.	23 M Vigilia
24 M Nat. s. Gio. B.	24 M s. Cristina v.	24 D 14ª d. Pentec.	24 M B. V. d. M.	24 V	24 L s. Gio. d. Cr.	24 M NATALE G. C.
25 M s. Gugl. ab.	25 V s. Giac. ap.	25 L s. Luigi re	25 G ss. Cip. e Giu.	25 S s. Crisan. D.	25 M s. Cater. v.	25 V s. Stef. prot.
26 G ss. Gio. e Pa.	26 S s. Anna	26 M s. Zefirino p.	26 V ss. Cos. e D.	26 D 23ª d. Pentec.	26 M s. Pietro Al.	26 V s. Giov. ev.
27 V dell'8ª	27 D 10ª d. Pentec.	27 M s. Gius. Cal.	27 S	27 L Vigilia	27 V	27 S ss. Innoc. m.
28 S s. Leone II p.	28 L ss. Naz. e C.	28 V s. Agost. v. d.	28 D 19ª d. Pentec.	28 M ss. Sim. e G.	28 V	28 D s. Tom. C. v.
29 D ss. P. e P. ap.	29 M s. Marta v.	29 S Dec. d. s. G. B.	29 V s. Michele A.	29 M	29 S s. Saturn. m.	29 L dell'8ª
30 L Comm. s. Pa.	30 M ss. Abd., Sen.	30 S s. Rosa da L.	30 M s. Girol. d.	30 G	30 D 1ª d'Avv. Ro.	30 M dell'8ª
	31 G s. Ignazio L.	31 D 15ª d. Pentec.		31 V Vigilia		31 M s. Silves. pp.

53

Pasqua 31 marzo – anni: 9, 20*, 82, 93, 104*, 177, 183, 188*, 267, 272*, 278, 351, 362, 373, 435, 446, 457, 468*, 519, 530, 541, 552*, 614, 625, 636*, 709, 715, 720*, 799, 804*, 810, 883, 894, 905, 967, 978, 989, 1000*, 1051, 1062, 1073, 1084*, 1146, 1157, 1168*, 1241, 1247, 1252*, 1331, 1336*, 1342, 1415, 1426, 1437, 1499, 1510, 1521, 1532*, 1619, 1630, 1641, 1652*, 1709, 1771, 1782, 1793, 1839, 1850, 1861, 1872*, 1907, 1918, 1929, 1991, 2002, 2013, 2024*, 2086, 2097, 2143, 2154, 2165, 2176*, ecc.

	gennaio bis.	febbraio bis.	gennaio	febbraio	marzo	aprile	maggio
1	L CIRCON. G. C.	G s. Ignazio v.	M CIRCON. G. C.	V s. Ignazio v.	V	L dell'Angelo	M ss. Fil. e G. a.
2	M 8ª di s. Stef.	V Pur. di M. V.	M 8ª di s. Stef.	S Pur. di M. V.	S	M di Pasqua	G s. Atanas.
3	M 8ª di s. Giov.	S s. Biagio v.	G 8ª di s. Giov.	D Sessagesima	D 3ª di Q., Oculi	M dell'8ª	V Inv. di s. Cro.
4	G 8ª ss. Innoc.	D Sessagesima	V 8ª ss. Innoc.	L s. Andrea Co.	L s. Casimiro c.	G dell'8ª	S s. Mon. ved.
5	V s. Telesf. pp.	L s. Agata v.	S s. Telesf. pp.	M s. Agata v.	M	V dell'8ª	D 5ª, Rogate
6	S EPIFANIA	M s. Tito v.	D EPIFANIA	M s. Tito, s. Dor.	M	S dell'8ª	L Le Rogazioni
7	D 1ª d. l'Epif.	M s. Romualdo	L dell'8ª	G s. Romua. ab.	G s. Tom. d'Aq.	D 1ª d. P., in Alb.	M s. Stan. Rog.
8	L dell'8ª	G s. Giov. di M.	M dell'8ª	V s. Giov. di M.	V s. Giov. di D.	L Annunc. M. V.	M Ap. s. M. Rog.
9	M dell'8ª	V s. Cirillo v.	M dell'8ª	S s. Apollon. v.	S s. Franc. Ro.	M	G ASCEN. G. C.
10	M dell'8ª	S s. Scolast. v.	G dell'8ª	D Quinquages.	D 4ª di Q., Laet.	M	V s. Antonio v.
11	G dell'8ª	D Quinquages.	V dell'8ª	L	L s. Eulogio m.	G s. Leone I pp.	S dell'8ª
12	V dell'8ª	L	S dell'8ª	M	M s. Greg. I pp.	V	D 6ª d. P., Exau.
13	S 8ª dell'Epif.	M	D 1ª d. l'Epif.	M Le Ceneri	M	S s. Ermen. m.	L ss. Nereo e C.m.
14	D ss. N. di Gesù	M Le Ceneri	L s. Ilar. s. Fel.	G s. Valent. m.	G	D 2ª, Miser. Dom.	M s. Bonif. m.
15	L s. Paolo er.	G ss. Fau. e G.	M s. Paolo s. Ma.	V ss. Fau. e Gio.	V	L	M dell'8ª
16	M s. Marcello p.	V	M s. Marcello p.	S	S	M	G 8ª dell'Ascen.
17	M s. Antonio ab.	S	G s. Antonio ab.	D 1ª di Q., Invo.	D di Pas. Iudic.	M s. Aniceto pp.	V s. Pasqual. B.
18	G Cat. s. Piet. R.	D 1ª di Q. Invo.	V Cat. s. Piet. R.	L s. Simeone v.	L	G	S Vigilia
19	V s. Canuto re	L	S s. Canuto re	M	M s. Giuseppe	V	D PENTECOs.
20	S ss. Fab. e Seb.	M	D 2ª, ss. N. G.	M Temp. di Pri.	M	S	L di Pentec.
21	D 3ª Sac. Fam.	M Temp. di Pri.	L s. Agnese v.	G s. Severio	G s. Bened. ab.	D 3ª, Pat. di s. G.	M di Pentec.
22	L s. Vin. ed A.	G Cat. s. Piet. A.	M ss. Vinc. e A.	V Cat. s. P. A. T.	V B. V. Addolo.	L ss. Sot. e Caio	M Temp. d'Est.
23	M Spos. di M. V.	V s. Pier Da. T.	M Spos. di M. V.	S s. Pier Da. T.	S	M s. Giorgio m.	G dell'8ª
24	M s. Timoteo v.	S Vigilia	G s. Timoteo v.	D 2ª di Q., Rem.	D delle Palme	M s. Fedele Sig.	V Tempora
25	G Conv. s. Paolo	D 2ª di Q., Rem.	V Conv. s. Paolo	L	L santo	G s. Marco ev.	S Tempora
26	V s. Policarpo v.	L	S s. Policarpo v.	M	M santo	V ss. Cleto Mar.	D 1ª ss. Trinità
27	S s. Giov. Cris.	M	D Settuagesima	M	M santo	S	L s. Mar. Mad. P.
28	D Settuagesima	M	L s. Agnese 2ª f.	G	G Cena del Sig.	D 4ª, Cantate	M
29	L s. Franc. Sal.	G	M s. Frances. s.		V Paraceve	L s. Pietro m.	M
30	M s. Martina v.		M s. Martina v.		S santo	M s. Cat. da Sie.	G CORPUS DO.
31	M s. Pietr. Nol.		G s. Pietr. Nol.		D PASQUA		V s. Angela M.

giugno			luglio			agosto			settembre			ottobre			novembre			dicembre		
1	S	*dell'8ª*	1	L	8ª di s. Gio. B.	1	G	s. Pietro in v.	1	D	*15ª d. Pentec.*	1	M	s. Remigio v.	1	V	OGNISSANTI	1	D	*1ª d'Avv. Ro.*
2	D	*2ª d. Pentec.*	2	M	*Vis. di M. V.*	2	V	s. Alfonso L.	2	L	s. Stefano re	2	M	ss. Angeli C.	2	S	*Comm. Def.*	2	L	s. Bibiana v.
3	L	*dell'8ª*	3	M	*dell'8ª*	3	S	Inv. di s. Ste.	3	M		3	G		3	D	*24ª d. Pentec.*	3	M	s. Franc. Sav.
4	M	s. Fran. Car.	4	G	*dell'8ª*	4	D	*11ª d. Pentec.*	4	M		4	V	s. Fran. d'As.	4	L	s. Carlo Bor.	4	M	s. Barb. m.
5	M	s. Bonifac. v.	5	V	*dell'8ª*	5	L	s. Maria d. N.	5	G	s. Lorenzo G.	5	S	ss. Pl. e C. m.	5	M	*dell'8ª*	5	G	s. Sabba ab.
6	G	*8ª Cor. Dom.*	6	G	*8ª ss. A. P. P.*	6	M	Trasf. di G. C.	6	V		6	D	*20ª B. V. Ros.*	6	M	*dell'8ª*	6	V	s. Nicolò v.
7	V	s. CUORE G.	7	D	*7ª d. Pentec.*	7	M	s. Gaetano T.	7	S		7	L	s. Marco pp.	7	G	*dell'8ª*	7	S	s. Ambrogio v.
8	S		8	L	s. Elisab. reg.	8	G	ss. Cir. C. m.	8	D	*Nat. di M. V.*	8	M	s. Brigida v.	8	V	*8ª Ognissanti*	8	D	*Imm. C. M. V.*
9	D	*3ª d. Pentec.* *P. Cuore di M.*	9	M		9	V	s. Roman. m.	9	L	s. Gorgon. m.	9	M	ss. Dion. R. E.	9	S	s. Teodoro m.	9	L	*dell'8ª*
10	L	s. Margh. reg.	10	M	ss. Sett. fr. m.	10	S	s. Lorenzo m.	10	M	s. Nic. Tol. c.	10	G	s. Fran. Bor.	10	D	*25ª Pat. M. V.*	10	M	s. Dam. I pp.
11	M	s. Barn. ap.	11	G	s. Pio I pp.	11	D	*12ª d. Pentec.*	11	M	ss. Pr. e Giac.	11	V		11	L	s. Martino v.	11	M	*dell'8ª*
12	M	s. Gio. d. s. F.	12	V	s. Gio. Gua.	12	L	s. Chiara v.	12	G	*dell'8ª*	12	S		12	M	s. Mart. pp.	12	G	s. Lucia v.
13	G	s. Ant. di Pa.	13	S	s. Anacl. pp.	13	M	s. Cass. m.	13	V	*dell'8ª*	13	D	*21ª Mat. M. V.*	13	M	s. Stanisl. K.	13	V	s. Spiridione
14	V	s. Basil. M. v.	14	D	*8ª d. Pentec.*	14	M	s. Eusebio pr.	14	S	Esalt. s. Cr.	14	L	s. Calisto pp.	14	G		14	S	*3ª d'Avv. Ro.*
15	S	ss. Vit. e M.	15	L	s. Enric. imp.	15	G	ASSUN. M. V.	15	D	*17ª d. N. M. V.*	15	M	s. Teresa v.	15	V	s. Geltrude v.	15	D	s. Eusebio v.
16	D	*4ª d. Pentec.*	16	M	B. V. del Car.	16	V	s. Giacinto c.	16	L	ss. Corn. e C.	16	M		16	S		16	L	
17	L		17	M	s. Aless. con.	17	S	*8ª s. Lorenzo*	17	M	Sti. di s. Fra.	17	G	s. Edvige reg.	17	D	*26ª [Avv. A.]*	17	M	*Temp. d'Inv.*
18	M	ss. Mar. e M.	18	G	s. Camillo L.	18	D	*13ª s. Gioac.*	18	M	*Temp. d'Aut.*	18	V	s. Luca ev.	18	L	D. b. ss. P., P.	18	M	
19	M	ss. Ger. e Pr.	19	V	s. Vincen. P.	19	L	*dell'8ª*	19	G	s. Gennar. v.	19	S	s. Piet. d'Alc.	19	M	s. Elisabetta	19	G	*Tempora*
20	G	s. Silverio p.	20	S	s. Girol. E.	20	M	s. Bernar. ab.	20	V	s. Eust. m. T.	20	D	*22ª Pur. M. V.*	20	M	s. Felice Val.	20	V	*Tempora*
21	V	s. Luigi G.	21	D	*9ª d. Pentec.*	21	M	s. Gio. di Ch.	21	S	s. Mat. ap. T.	21	L	ss. Orsol. e C.	21	G	Pres. di M. V.	21	S	*Tempora*
22	S	s. Paolino *Vig.*	22	L	s. Maria Mad.	22	G	*8ª dell'Assun.*	22	D	*18ª Dol. M. V.*	22	M		22	V	s. Cecilia	22	D	*4ª d'Avv. Ro.*
23	D	*5ª d. Pentec.*	23	M	s. Apollin. v.	23	V	s. Filip. Ben.	23	L	s. Lino pp.	23	M		23	S	s. Clem. I pp.	23	L	
24	L	Nat. s. G. B.	24	M	s. Crist. *Vig.*	24	S	s. Bartol. ap.	24	M	B. V. d. Merc.	24	G		24	D	*27ª d. Pentec.*	24	M	*Vigilia*
25	M	s. Gugl. ab.	25	G	s. Giacom. a.	25	D	*14ª d. Pentec.*	25	M		25	V	ss. Crisan. D.	25	L	s. Cater. v.	25	M	NATALE G. C.
26	M	ss. Gio. e Pa.	26	V	s. Anna	26	L	s. Zefirino pp.	26	G	ss. Cipr. e G.	26	S	s. Evarist. pp.	26	M	s. Pietro Al.	26	G	s. Stef. prot.
27	G	ss. Ladislao re	27	S	s. Pantal. m.	27	M	s. Gius. Cal.	27	V	ss. Cos. e D.	27	D	*23ª Vigilia*	27	M		27	V	s. Giov. ev.
28	V	s. Leone II p.	28	D	*10ª d. Pentec.*	28	M	s. Agost. v. d.	28	S	s. Venceslao m.	28	L	ss. Sim. e G.	28	G		28	S	ss. Innocenti
29	S	*ss. Piet. e Pa.*	29	L	s. Marta v.	29	G	Dec. di s. G. B.	29	D	*19ª d. Pentec.*	29	M		29	V	s. Saturn. *Vig.*	29	D	s. Tomm. C.
30	D	*6ª d. Pentec.*	30	M	ss. Abd., Sen.	30	V	s. Rosa da L.	30	L	s. Girol. d.	30	M		30	S	s. Andrea ap.	30	L	*dell'8ª*
			31	M	s. Ignazio L.	31	S	s. Raim. Non.				31	G	*Vigilia*				31	M	s. Silves. pp.

Pasqua 1° aprile – anni: 25, 36*, 115, 120*, 199, 210, 283, 294, 305, 367, 378, 389, 400*, 462, 473, 484*, 557, 568*, 647, 652*, 731, 742, 815, 826, 837, 899, 910, 921, 932*, 994, 1005, 1016*, 1089, 1100*, 1179, 1184*, 1263, 1274, 1347, 1358, 1369, 1431, 1442, 1453, 1464*, 1526, 1537, 1548*, 1584*, 1646, 1657, 1668*, 1714, 1725, 1736*, 1804*, 1866, 1877, 1888*, 1923, 1934, 1945, 1956*, 2018*, 2029, 2040*, 2108, 2170, 2181, 2192, ecc.

gennaio bis.	febbraio bis.	gennaio	febbraio	marzo	aprile	maggio
1 D CIRCON. G. C.	1 M s. Ignazio v.	1 L CIRCON. G. C.	1 G s. Ignazio v.	1 G	1 D PASQUA	1 M ss. Fil. e G. a.
2 L 8ª di s. Stef.	2 G Pur. di M. V.	2 M 8ª di s. Stef.	2 V Pur. di M. V.	2 V	2 L dell'Angelo	2 M s. Atanas.
3 M 8ª di s. Giov.	3 V s. Biagio v.	3 M 8ª di s. Giov.	3 S s. Biagio v.	3 S	3 M di Pasqua	3 G Inv. di s. Cro.
4 M 8ª ss. Innoc.	4 S s. Andrea C.	4 G 8ª ss. Innoc.	4 D Sessagesima	4 D 3ª di Q., Oculi	4 M dell'8ª	4 V s. Mon. ved.
5 G s. Telesf. pp.	5 D Sessagesima	5 V s. Telesf. pp.	5 L s. Agata v.	5 L	5 G dell'8ª	5 S s. Pio V pp.
6 V EPIFANIA	6 L s. Tito v.	6 S EPIFANIA	6 M ss. Tito, s. Dor.	6 M	6 V dell'8ª	6 D 5ª, Rogate
7 S dell'8ª	7 M s. Romualdo	7 D 1ª d. l'Epif.	7 M s. Romua. ab.	7 M s. Tom. d'Aq.	7 S dell'8ª	7 L Le Rogazioni
8 D 1ª d. l'Epif.	8 M s. Giov. di M.	8 L s. Sever. ab.	8 G s. Giov. di M.	8 G s. Giov. di D.	8 D 1ª d. P., in Alb.	8 M Ap. s. M. Rog.
9 L dell'8ª	9 G s. Cirillo v.	9 M ss. Giul. e B.	9 V s. Apollon. v.	9 V s. Franc. Ro.	9 L s. Maria Cle.	9 M s. Greg. Rog.
10 M dell'8ª	10 V s. Scolast. v.	10 M s. Gugliel. v.	10 S s. Scolastica	10 S ss. 40 Martiri	10 M	10 G ASCEN. G. C.
11 M dell'8ª	11 S	11 G s. Igino pp.	11 D Quinquages.	11 D 4ª di Q., Laet.	11 M s. Leone I pp.	11 V dell'8ª
12 G dell'8ª	12 D Quinquages.	12 V s. Modesto m.	12 L s. Eulalia v.	12 L s. Greg. I pp.	12 G	12 S ss. Ner. C. m.
13 V 8ª dell'Epif.	13 L	13 S 8ª dell'Epif.	13 M	13 M	13 V s. Ermen. m.	13 D 6ª d. P., Exau.
14 S s. Ilar. s. Fel.	14 M s. Valent. m.	14 D 2ª, ss. N. G.	14 M Le Ceneri	14 M	14 S s. Giustin. m.	14 L s. Bonif. m.
15 D ss. N. di Gesù	15 M Le Ceneri	15 L s. Paol. s. Ma.	15 G ss. Fau. e Gio.	15 G	15 D 2ª, Miser. Dom.	15 M dell'8ª
16 L s. Marcello p.	16 G	16 M s. Marcello p.	16 V	16 V	16 L	16 M s. Ubaldo v.
17 M s. Antonio ab.	17 V	17 M s. Antonio ab.	17 S	17 S s. Patrizio v.	17 M s. Aniceto pp.	17 G 8ª dell'Ascen.
18 M Cat. s. Piet. R.	18 S s. Simeone v.	18 G Cat. s. Piet. R.	18 D 1ª di Q., Invo.	18 D di Pas. Iudic.	18 M	18 V s. Venan. m.
19 G s. Canuto re	19 D 1ª di Q. Invo.	19 V s. Canuto re	19 L s. Corrado	19 L s. Giuseppe	19 G	19 S s. Pietro Cel.
20 V ss. Fab. e Seb.	20 L	20 S ss. Fab. e Seb.	20 M	20 M	20 V	20 D PENTECOS.
21 S s. Agnese v.	21 M Temp. di Pri.	21 D 3ª, Sac. Fam.	21 M Temp. di Pri.	21 M s. Bened. ab.	21 S s. Anselmo v.	21 L di Pentec.
22 D 3ª, Sac. Fam.	22 M s. Pier Da. v.	22 L ss. Vinc. e A.	22 G Cat. s. P. A.	22 G	22 D 3ª, Pat. di s. G.	22 M di Pentec.
23 L Spos. di M. V.	23 G s. Gerar. v. T.	23 M Spos. di M. V.	23 V s. Pier Da. T.	23 V B. V. Addolo.	23 L s. Giorgio m.	23 M Temp. d'Est.
24 M s. Timoteo v.	24 S s. Mat. ap. T.	24 M s. Timoteo v.	24 S s. Mattia a. T.	24 S	24 M s. Fedele Sig.	24 G dell'8ª
25 M Conv. s. Paolo	25 D 2ª di Q. Rem.	25 G Conv. s. Paolo	25 D 2ª di Q., Rem.	25 D delle Palme	25 M s. Marco ev.	25 V dell'8ª Temp.
26 G s. Policar. v.	26 L	26 V s. Policar. v.	26 L	26 L santo	26 G ss. Cleto Mar.	26 S dell'8ª Temp.
27 V s. Giov. Cris.	27 M	27 S s. Giov. Cris.	27 M	27 M santo	27 V	27 D 1ª ss. Trinità
28 S s. Agnese 2ª f.	28 M	28 D Settuagesima	28 M	28 M santo	28 S s. Vitale m.	28 L
29 D Settuagesima	29 M	29 L s. Frances. s.		29 G Cena del Sig.	29 D 4ª, Cantate	29 M
30 L s. Martina v.		30 M s. Martina v.		30 V Parasceve	30 L s. Cat. da Sie.	30 M s. Felice I pp.
31 M s. Pietro Nol.		31 M s. Pietro Nol.		31 S santo		31 G CORPUS DO.

56

giugno

1	V	dell'8ª
2	S	dell'8ª
3	D	2ª d. Pentec.
4	L	s. Fran. Car.
5	M	s. Bonifac. v.
6	M	s. Norberto v.
7	G	8ª Cor. Dom.
8	V	s. CUORE G.
9	S	ss. Pri. e Fel.
10	D	3ª d. Pentec.
		P. Cuore di M.
11	L	s. Barn. ap.
12	M	s. Gio. d. s. F.
13	M	s. Ant. di P.
14	G	s. Basil. M. v.
15	V	ss. Vito e M.
16	S	
17	D	4ª d. Pentec.
18	L	ss. Mar. e M.
19	M	ss. Ger. e Pr.
20	M	s. Silver. pp.
21	G	s. Luigi G.
22	V	s. Paolino v.
23	S	Vigilia
24	D	Nat. s. G. B.
25	L	s. Gugl. ab.
26	M	ss. Gio. e Pa.
27	M	dell'8ª
28	G	s. Leone II p.
29	V	ss. P. e P. ap.
30	S	Comm. s. Pa.

luglio

1	D	6ª d. Pentec.
2	L	Vis. di M. V.
3	M	dell'8ª
4	M	dell'8ª
5	G	dell'8ª
6	V	8ª ss. A. P. P.
7	S	
8	D	7ª d. Pentec.
9	L	
10	M	ss. Sett. fr. m.
11	M	s. Pio I pp.
12	G	s. Giov. Gua.
13	V	s. Anacl. pp.
14	S	s. Bonav. d.
15	D	8ª d. Pentec.
16	L	B. V. del Car.
17	M	s. Aless. con.
18	M	s. Camillo L.
19	G	s. Vincen. P.
20	V	s. Girol. Em.
21	S	s. Prassede v.
22	D	9ª d. Pentec.
23	L	s. Apollin. v.
24	M	s. Crist., Vig.
25	M	s. Giac. ap.
26	G	s. Anna
27	V	s. Pantal. m.
28	S	ss. Naz. e C.
29	D	10ª d. Pentec.
30	L	ss. Abd., Sen.
31	M	s. Ignazio L.

agosto

1	M	s. Pietro in v.
2	G	s. Alfonso L.
3	V	Inv. di s. Ste.
4	S	s. Dom. di G.
5	D	11ª d. Pentec.
6	L	Trasf. di G. C.
7	M	s. Gaetano T.
8	M	ss. Cir. e c. m.
9	G	s. Roman. m.
10	V	s. Lorenzo m.
11	S	ss. Tib. e Sus.
12	D	12ª d. Pentec.
13	L	s. Cassiano m.
14	M	s. Eusebio pr.
15	M	ASSUN. M. V.
16	G	s. Giacinto c.
17	V	8ª s. Lorenzo
18	S	s. Agap. m.
19	D	13ª, s. Gioac.
20	L	s. Bernar. ab.
21	M	s. Gio. di Ch.
22	M	8ª Ass. M. V.
23	G	s. Filip. Ben.
24	V	s. Bartol. ap.
25	S	s. Luigi re
26	D	14ª d. Pentec.
27	L	s. Gius. Cal.
28	M	s. Agost. v. d.
29	M	Dec. d. s. G. B.
30	G	s. Rosa da L.
31	V	s. Raim. Non.

settembre

1	S	s. Egidio ab.
2	D	15ª d. Pentec.
3	L	
4	M	
5	M	s. Lorenzo G.
6	G	
7	V	
8	S	Nat. di M. V.
9	D	16ª d. Pentec.
10	L	s. Nic. Tol. c.
11	M	ss. Pr. e Giac.
12	M	dell'8ª
13	G	dell'8ª
14	V	Esalt. s. Cr.
15	S	8ª d. N. M. V.
16	D	17ª, Dol. M. V.
17	L	Sti. di s. Fra.
18	M	s. Gius. Cop.
19	M	Temp. d'Aut.
20	G	s. Eustach. m.
21	V	s. Mat. a. T.
22	S	s. Tomm. Vill.
23	D	18ª d. Pentec.
24	L	B. V. d. Merc.
25	M	
26	M	ss. Cip. e Giu.
27	G	ss. Cos. e D.
28	V	s. Vencesl. m.
29	S	s. Michele A.
30	D	19ª d. Pentec.

ottobre

1	L	s. Remigio v.
2	M	ss. Angeli C.
3	M	
4	G	s. Fran. d'As.
5	V	s. Zaccaria pr.
6	S	s. Brunone c.
7	D	20ª, B. V. Ros.
8	L	s. Brigida v.
9	M	ss. Dion. R. E.
10	M	s. Franc. B.
11	G	
12	V	
13	S	s. Edoardo re
14	D	21ª, M. M. V.
15	L	s. Teresa v.
16	M	
17	M	s. Edvige r.
18	G	s. Luca ev.
19	V	s. Piet. d'Alc.
20	S	s. Giovan. C.
21	D	22ª Pur. M. V.
22	L	
23	M	
24	M	
25	G	ss. Crisan. D.
26	V	s. Evaristo pp.
27	S	Vigilia
28	D	23ª ss. Sim. e G.
29	L	
30	M	Vigilia
31	M	

novembre

1	G	OGNISSANTI
2	V	Comm. Def.
3	S	dell'8ª
4	D	24ª, s. Carlo
5	L	dell'8ª
6	M	dell'8ª
7	M	dell'8ª
8	G	8ª Ognissanti
9	V	s. Teodoro m.
10	S	s. Andrea Av.
11	D	25ª, Pat. M. V.
12	L	s. Mart. pp.
13	M	s. Stanisl. K.
14	M	
15	G	s. Geltrude v.
16	V	
17	S	s. Greg. tau.
18	D	26ª, [Avv. A.]
19	L	s. Elisabetta
20	M	s. Felice Val.
21	M	Pres. di M. V.
22	G	s. Cecilia v.
23	V	s. Clem. I p.
24	S	s. Gio. d. Cr.
25	D	27ª d. Pentec.
26	L	s. Pietro Al.
27	M	
28	M	
29	G	s. Saturn. m.
30	V	s. Andrea ap.

dicembre

1	S	
2	D	1ª d'Avv. Ro.
3	L	s. Franc. Sav.
4	M	s. Barb. m.
5	M	s. Sabba ab.
6	G	s. Nicolò v.
7	V	s. Ambrog. v.
8	S	Imm. C. M. V.
9	D	2ª d'Avv. Ro.
10	L	dell'8ª
11	M	s. Dam. I pp.
12	M	s. Valer. ab.
13	G	s. Lucia v.
14	V	s. Spiridione
15	S	8ª d. Imm. C.
16	D	3ª d'Avv. Ro.
17	L	Temp. d'Inv.
18	M	
19	M	
20	G	
21	V	s. Tom. ap. T.
22	S	s. Flav. m. T.
23	D	4ª d'Avvento
24	L	Vigilia
25	M	NATALE G. C.
26	M	s. Stef. prot.
27	G	s. Giov. ev.
28	V	ss. Innoc. m.
29	S	s. Tom. C. v.
30	D	dell'8ª
31	L	s. Silves. pp.

Pasqua 2 aprile – anni: 47, 53*, 131, 142, 215, 226, 237, 299, 310, 321, 332*, 394, 405, 416*, 489, 500*, 579, 584*, 663, 674, 747, 758, 769, 831, 842, 853, 864*, 926, 937, 948*, 1021, 1032*, 1111, 1116*, 1195, 1206, 1279, 1290, 1301, 1363, 1374, 1385, 1396*, 1458, 1469, 1480*, 1553, 1564*, 1589, 1600*, 1673, 1679, 1684*, 1741, 1747, 1752*, 1809, 1820*, 1893, 1899, 1961, 1972*, 2051, 2056*, 2113, 2124*, 2265, ecc.

gennaio bis.	febbraio bis.	gennaio	febbraio	marzo	aprile	maggio
1 S CIRCON. G. C.	1 M s. Ignazio v.	1 D CIRCON. G. C.	1 M s. Ignazio v.	1 M	1 S *santo*	1 L ss. Fil. e G. a.
2 D 8ª di s. Stef.	2 M *Pur. di M. V.*	2 L 8ª di s. Stef.	2 G Pur. di M. V.	2 G	2 D PASQUA	2 M s. Atanas. v.
3 L 8ª di s. Giov.	3 G s. Biagio v.	3 M 8ª di s. Giov.	3 V s. Biagio v.	3 V	3 L *dell'Angelo*	3 M Inv. di s. Cro.
4 M 8ª di ss. Innoc.	4 V s. Andrea Co.	4 M 8ª ss. Innoc.	4 S s. Andrea Co.	4 S s. Casimiro c.	4 M *di Pasqua*	4 G s. Mon. ved.
5 M s. Telesf. pp.	5 S s. Agata v.	5 G s. Telesf. pp.	5 D *Sessagesima*	5 D 3ª *di Q. Oculi*	5 M *dell'8ª*	5 V s. Pio V pp.
6 G EPIFANIA	6 D *Sessagesima*	6 V EPIFANIA	6 L s. Tito, s. Dor.	6 L	6 G *dell'8ª*	6 S s. Gio. a. p. l.
7 V *dell'8ª*	7 L s. Romualdo	7 S *dell'8ª*	7 M s. Romua. ab.	7 M s. Tom. d'Aq.	7 V *dell'8ª*	7 D 5ª *Rogate*
8 S *dell'8ª*	8 M s. Giov. di M.	8 D 1ª d. l'Epif.	8 M s. Giov. di M.	8 M s. Dionigi v.	8 S *dell'8ª*	8 L *Le Rogazioni*
9 D 1ª d. l'Epif.	9 M s. Cirillo v.	9 L *dell'8ª*	9 G s. Apollon. v.	9 G s. Franc. Ro.	9 D 1ª, *in Albis.*	9 M s. Greg. Rog.
10 L *dell'8ª*	10 G s. Scolast. v.	10 M *dell'8ª*	10 V s. Scolastica	10 V ss. 40 Mart.	10 L	10 M s. Gor. Rog.
11 M *dell'8ª*	11 V	11 M *dell'8ª*	11 S s. Lazzaro v.	11 S s. Eulogio m.	11 M s. Leone I pp.	11 G ASCEN. G. C.
12 M *dell'8ª*	12 S s. Eulalia v.	12 G *dell'8ª*	12 D *Quinquages.*	12 D 4ª *di Q. Laet.*	12 M	12 V s. Nereo e C.
13 G 8ª dell'Epif.	13 D *Quinquagesi.*	13 V *8ª dell'Epif.*	13 L	13 L	13 G s. Ermen. m.	13 S s. Servazio v.
14 V s. Ilar. s. Fel.	14 L s. Valent. m.	14 S s. Ilar. s. Fel.	14 M s. Valent. m.	14 M	14 V s. Giustino m.	14 D 6ª *d. P. Exau.*
15 S s. Paol. s. M.	15 M ss. Fau. e G.	15 D 2ª, *ss. N. di G.*	15 M Le Ceneri	15 M	15 S s. Paterno v.	15 L s. Isidoro ag.
16 D *ss. N. di Gesù*	16 M Le Ceneri	16 L s. Marcello p.	16 G	16 G	16 D 2ª *Miser. Dom.*	16 M s. Ubaldo v.
17 L s. Antonio ab.	17 G s. Silvino v.	17 M s. Antonio ab.	17 V	17 V s. Patrizio v.	17 L s. Aniceto pp.	17 M s. Pasqual. B.
18 M Cat. s. Piet. R.	18 V s. Simeone v.	18 M Cat. s. Piet. R.	18 S s. Simeone v.	18 S s. Galdino v.	18 M	18 G 8ª *dell'Ascen.*
19 M s. Canuto re	19 S s. Corrado c.	19 G s. Canuto re	19 D 1ª *di Q. Invo.*	19 D *di Pas. Iudic.*	19 M	19 V s. Pietro Cel.
20 G ss. Fab. e Seb.	20 D 1ª *di Q. Invo.*	20 V ss. Fab.e Seb.	20 L	20 L	20 G	20 S s. Bern. da s.
21 V s. Agnese v.	21 L	21 S s. Agnese v.	21 M s. Severiano	21 M s. Bened. ab.	21 V s. Anselmo v.	21 D PENTECOs.
22 S ss. Vinc. e A.	22 M Cat. s. P. A.	22 D 3ª, *Sac. Fam.*	22 M *Temp. di Pri.*	22 M	22 S ss. Sot. e Caio	22 L *di Pentec.*
23 D 3ª *Sac. Fam.*	23 M *Temp. di Pri.*	23 L Spos. di M. V.	23 G s. Pier D. *Vig.*	23 G s. Vittoriano	23 D 3ª, *Pat. di s. G.*	23 M *di Pentec.*
24 L s. Timoteo v.	24 G *Vigilia*	24 M s. Timoteo v.	24 V s. Mattia m. T.	24 V *B. V. Addol.*	24 L s. Fedele Sig.	24 M *Temp. d'Est.*
25 M Conv. s. Paolo	25 V s. Mattia T.	25 M Conv. s. Paolo	25 S *Temp.*	25 S ANN. di M. V.	25 M s. Marco ev.	25 G CORPUS DO.
26 M s. Policar. v.	26 S s. Alessand. T.	26 G s. Policar. v.	26 D 2ª *di Q. Rem.*	26 D *delle Palme*	26 M s. Cleto e Ma.	26 V s. Eleuterio T.
27 G s. Giov. Cris.	27 L 2ª *di Q. Rem.*	27 V s. Giov. Cr.	27 L	27 L *santo*	27 G	27 S s. Mar. M. T.
28 V s. Agnese 2ª f.	28 L	28 S s. Agnese 2ª f.	28 M	28 M *santo*	28 V s. Vitale m.	28 D 1ª *ss. Trinità*
29 S s. Frances. s.	29 M	29 D *Settuagesima*		29 M *santo*	29 S s. Pietro m.	29 L
30 D *Settuagesima*		30 L s. Martina v.		30 G *Cena del Sig.*	30 D 4ª, *Cantate*	30 M s. Felice I pp.
31 L s. Pietro Nol.		31 M s. Pietro Nol.		31 V *Parasceve*		31 M s. Petronilla v.

giugno

1	G	CORPUS DO.
2	V	dell'8ª
3	S	s. Clotilde reg.
4	D	2ª d. Pentec.
5	L	s. Bonifac. v.
6	M	s. Norberto v.
7	M	s. Roberto ab.
8	G	8ª Cor. Dom.
9	V	s. CUORE G.
10	S	s. Marg. reg.
11	D	3ª d. Pentec.
		P. Cuore di M.
12	L	s. Gio. d. s. F.
13	M	s. Ant. di Pa.
14	M	s. Basil. M. v.
15	G	ss. Vito e M.
16	V	
17	S	s. Ranieri er.
18	D	4ª d. Pentec.
19	L	ss. Ger. e Pr.
20	M	s. Silverio p.
21	M	s. Luigi G.
22	G	s. Paolino v.
23	V	Vigilia
24	S	Nat. s. G. B.
25	D	5ª d. Pentec.
26	L	s. Piet. e Pa.
27	M	dell'8ª
28	M	s. Leone II p.
29	G	ss. Piet. e Pa.
30	V	Comm. s. Pa.

luglio

1	S	8ª di s. Gio. B.
2	D	6ª d. Pentec.
3	L	dell'8ª
4	M	dell'8ª
5	M	dell'8ª
6	G	8ª ss. A. P. P.
7	V	s. Pros. v.
8	S	s. Elisab. reg
9	D	7ª d. Pentec.
10	L	ss. Sett. fr. m.
11	M	s. Pio I pp.
12	G	s. Giov. Gua.
13	G	s. Anacl. pp.
14	V	s. Bonav. d.
15	D	s. Enric. imp.
16	L	8ª d. Pentec.
17	L	s. Aless. con.
18	M	s. Camillo L.
19	M	s. Vincen. P.
20	G	s. Girol. Em.
21	V	s. Prassede v.
22	S	s. Maria Mad.
23	D	9ª d. Pentec.
24	L	s. Crist. Vig.
25	M	s. Giacom. a.
26	M	s. Anna
27	G	s. Pantal. m.
28	V	ss. Naz. e C.
29	S	s. Marta v.
30	D	10ª d. Pentec.
31	L	s. Ignazio L.

agosto

1	M	s. Pietro in v.
2	M	s. Alfonso L.
3	G	Inv. di s. Ste.
4	V	s. Dom. di G.
5	D	s. Maria d. N.
6	D	11ª d. Pentec.
7	L	s. Gaetano T.
8	M	ss. Cir. C. m.
9	M	s. Roman. m.
10	G	s. Lorenzo m.
11	V	ss. Tib. e Sus.
12	S	s. Chiara v.
13	D	12ª d. Pentec.
14	L	s. Eusebio pr.
15	M	ASSUN. M. V.
16	M	s. Giacinto c.
17	G	8ª s. Lorenzo
18	V	s. Agapito m.
19	S	dell'8ª
20	D	13ª s. Gioac.
21	L	s. Gio. di Ch.
22	M	8ª dell'Assu.
23	M	s. Filip. Ben.
24	G	s. Bartol. ap.
25	V	s. Luigi re
26	S	s. Zeffirino p.
27	D	14ª d. Pentec.
28	L	s. Agost. v. d.
29	M	Dec. di s. G. B.
30	M	s. Rosa da L.
31	G	s. Raim. Non.

settembre

1	V	s. Egidio ab.
2	S	s. Stefano re
3	D	15ª d. Pentec.
4	L	
5	M	s. Lorenzo G.
6	M	
7	G	
8	V	Nat. di M. V.
9	S	s. Gorgon. m.
10	D	16ª, ss. N. M.
11	L	ss. Pr. e Giac.
12	M	
13	M	
14	G	Esalt. s. Cr.
15	V	8ª d. N. M. V.
16	S	ss. Corn. e C.
17	D	17ª, Dol. M. V.
18	L	s. Gius. Cop.
19	M	s. Gennar. m.
20	M	Temp. d'Aut.
21	G	s. Mat. ap.
22	V	s. Tom. V. T.
23	S	s. Lino pp. T.
24	D	18ª d. Pentec.
25	L	
26	M	ss. Cipr. e G.
27	M	ss. Cos. e D.
28	G	s. Venceslao m.
29	V	s. Michele A.
30	S	s. Girol. d.

ottobre

1	D	19ª, B. V. Ros.
2	L	ss. Angeli C.
3	M	
4	M	s. Fran. d'As.
5	G	ss. Pl. e C. m.
6	V	s. Runone C.
7	S	dell'8ª
8	D	20ª, Mat. M. V.
9	L	ss. Dion. R. E.
10	M	s. Fran. Bor.
11	M	
12	G	
13	V	s. Eulogio p.
14	S	s. Calisto pp.
15	D	21ª, Pur. M. V.
16	L	
17	M	s. Edvige reg.
18	M	s. Luca ev.
19	G	s. Piet. d'Alc.
20	V	s. Giovan. C.
21	S	ss. Orsol. e C.
22	D	22ª d. Pentec.
23	L	
24	M	
25	M	ss. Crisan. D.
26	G	s. Evaristo p.
27	V	Vigilia
28	S	ss. Sim. e G.
29	D	23ª d. Pentec.
30	L	
31	M	Vigilia

novembre

1	M	OGNISSANTI
2	G	Comm. Def.
3	V	dell'8ª
4	S	s. Carlo Bor.
5	D	24ª d. Pentec.
6	L	s. Leon. P. M.
7	M	s. Prosd.
8	G	8ª Ognissanti
9	G	s. Teodoro m.
10	V	s. Andrea Av.
11	S	s. Martino v.
12	D	25ª, Pat. M. V.
13	L	s. Stanisl. K.
14	M	
15	M	s. Geltrude v.
16	G	
17	V	s. Greg. tau.
18	D	D. b. ss. P., P.
19	D	26ª d. Pentec.
20	L	s. Felice Val.
21	M	Pres. di M. V.
22	M	s. Cecilia v.
23	G	s. Clem. I pp.
24	V	s. Gio. d. Cr.
25	S	s. Caterina v.
26	D	27ª d. Pentec.
27	L	
28	M	
29	M	s. Saturn. m.
30	G	s. Andrea ap.

dicembre

1	V	
2	S	s. Bibiana v.
3	D	1ª d'Avv. Ro.
4	L	s. Barb. m.
5	M	s. Sabba ab.
6	M	s. Nicolò v.
7	G	s. Ambrog. v.
8	V	Imm. C. M. V.
9	S	s. Siro v.
10	D	2ª d'Avv Ro.
11	L	s. Dam. I pp.
12	M	dell'8ª
13	M	s. Lucia v.
14	G	dell'8ª
15	V	8ª d'Imm. C.
16	S	s. Eusebio v.
17	D	3ª d'Avv. Ro.
18	L	
19	M	s. Nemes. m.
20	M	Temp. d'Inv.
21	G	s. Tom. ap.
22	V	s. Flav. m. T.
23	S	s. Vittor. v. T.
24	D	Vigilia
25	L	NATALE G. C.
26	M	s. Stef. prot.
27	M	s. Giov. ev.
28	G	ss. Innocenti
29	V	s. Tomm. C.
30	M	dell'8ª
31	D	s. Silves. pp.

Pasqua 3 aprile – anni: 63, 74, 85, 147, 158, 169, 180*, 231, 242, 253, 264*, 326, 337, 348*, 421, 427, 432*, 511, 516*, 522, 595, 606, 617, 679, 690, 701, 712*, 763, 774, 785, 796*, 858, 869, 880*, 953, 959, 964*, 1043, 1048*, 1054, 1127, 1138, 1149, 1211, 1222, 1233, 1244*, 1295, 1306, 1317, 1328*, 1390, 1401, 1412*, 1485, 1491, 1496*, 1575, 1580*, 1611, 1616*, 1695, 1763, 1768*, 1774, 1825, 1831, 1836*, 1904*, 1983, 1988*, 1994, 2067, 2078, 2089, 2135, 2140*, 2146, ecc.

gennaio bis.	febbraio bis.	gennaio	febbraio	marzo	aprile	maggio
1 V CIRCON. G. C.	1 L s. Ignazio v.	1 S CIRCON. G. C.	1 M s. Ignazio v.	1 M	1 V *Paraceve*	1 D *4ª, Cantate*
2 S 8ª di s. Stef.	2 M *Pur. di M. V.*	2 D 8ª di s. Stef.	2 M *Pur. di M. V.*	2 M	2 S *santo*	2 L s. Atanas. v.
3 D 8ª di s. Giov.	3 M s. Biagio v.	3 L 8ª di s. Giov.	3 G s. Biagio v.	3 G	3 D PASQUA	3 M Inv. di s. Cro.
4 L 8ª ss. Innoc.	4 G s. Andrea Co.	4 M 8ª ss. Innoc.	4 V s. Andrea Co.	4 V s. Casimiro c.	4 L *dell'Angelo*	4 M s. Monica ved.
5 M s. Telesf. pp.	5 V s. Agata v.	5 M s. Telesf. pp.	5 S s. Agata v.	5 S	5 M *di Pasqua*	5 G s. Pio V pp.
6 M EPIFANIA	6 S s. Tito v.	6 G EPIFANIA	6 D *Sessagesima*	6 D *3ª di Q. Oculi*	6 M *dell'8ª*	6 V s. Gio. a. p. l.
7 G *dell'8ª*	7 D *Sessagesima*	7 V *dell'8ª*	7 L s. Romua. ab.	7 L s. Tom. d'Aq.	7 G *dell'8ª*	7 S s. Stanisl. v.
8 V *dell'8ª*	8 L s. Giov. di M.	8 S *dell'8ª*	8 M s. Giov. di M.	8 M s. Dionigi v.	8 V *dell'8ª*	8 D *5ª, Rogate*
9 S *dell'8ª*	9 M s. Cirillo v.	9 D *1ª d. l'Epif.*	9 M s. Apollon. v.	9 M s. Franc. Ro.	9 S *dell'8ª*	9 L *Le Rogazioni*
10 D *1ª d. l'Epif.*	10 M s. Scolast. v.	10 L *dell'8ª*	10 G s. Scolastica	10 G ss. 40 Mart.	10 D *1ª, in Albis*	10 M s. Cor. Rog.
11 L *dell'8ª*	11 G	11 M *dell'8ª*	11 V	11 V	11 L s. Leone 1 pp.	11 M s. Mam. Rog.
12 M *dell'8ª*	12 V	12 M *dell'8ª*	12 S	12 S s. Greg. 1 pp.	12 M s. Zenone v.	12 G ASCEN. G. C.
13 M 8ª *dell'Epif.*	13 S	13 G 8ª *dell'Epif.*	13 D *Quinquages.*	13 D *4ª di Q. Laet.*	13 M s. Ermen. m.	13 V s. Servazio v.
14 G s. Ilar. s. Fel.	14 D *Quinquagesi.*	14 V s. Ilar. s. Fel.	14 L s. Valent. m.	14 L	14 G s. Giusti. m.	14 S s. Bonifac. m.
15 V s. Paol. s. M.	15 L ss. Fau. e G.	15 S s. Paol. s. M.	15 M ss. Fau. e G.	15 M	15 V	15 D *6ª d. P., Exau.*
16 S s. Marc. 1 pp.	16 M	16 D *2ª, ss. N. di G.*	16 M *Le Ceneri*	16 M	16 S	16 L s. Ubaldo v.
17 D *ss. N. di Gesù*	17 M *Le Ceneri*	17 L s. Antonio ab.	17 G	17 G s. Patrizio v.	17 D *2ª, Miser. Dom.*	17 M s. Pasqual. B.
18 L Cat. s. Piet. R.	18 G s. Simeone v.	18 M Cat. s. Piet. R.	18 V s. Simeone v.	18 V	18 L	18 M s. Venan. m.
19 M s. Canuto re	19 V	19 M s. Canuto re	19 S	19 S s. Giuseppe	19 M	19 G 8ª *dell'Ascen.*
20 M ss. Fab. e Seb.	20 S	20 G ss. Fab. e Seb.	20 D *1ª di Q. Invo.*	20 D *di Pas. Iudic.*	20 M	20 V s. Bern. da s.
21 G s. Agnese v.	21 D *1ª di Q. Invo.*	21 V s. Agnese v.	21 L	21 L s. Bened. ab.	21 G s. Anselmo v.	21 S *Vigilia*
22 V ss. Vinc. e A.	22 L Cat. s. P. A.	22 S ss. Vinc. An.	22 M	22 M	22 V ss. Sot. e Caio	22 D PENTECOs.
23 S Spos. di M. V.	23 M s. Pier Dam.	23 D *3ª, Sac. Fam.*	23 M *Temp. di Pri.*	23 M	23 S s. Giorgio m.	23 L *di Pentec.*
24 D *3ª Sac. Fam.*	24 M *Temp. di Pri.*	24 L s. Timoteo v.	24 G s. Mattia ap.	24 G	24 D *3ª, Pat. di s. G.*	24 M *di Pentec.*
25 L Conv. s. Paolo	25 G s. Mattia ap.	25 M Conv. s. Paolo	25 V *Tempora*	25 V ANN. di M. V.	25 L s. Marco ev.	25 M *Temp. d'Est.*
26 M s. Policar. v.	26 V *Tempora*	26 M s. Policar. v.	26 S *Tempora*	26 S *B. V. Addol.*	26 M ss. Cleto e Ma.	26 G CORPUS DO.
27 M s. Giov. Cris.	27 S *Tempora*	27 G s. Giov. Cris.	27 D *2ª di Q. Rem.*	27 D *delle Palme*	27 M	27 V s. Mar. M. T.
28 G s. Agnese 2ª f.	28 D *2ª di Q. Rem.*	28 V s. Agnese 2ª f.	28 L	28 L *santo*	28 G s. Vitale m.	28 S s. Agos. C. T.
29 V s. Frances. s.	29 L	29 S s. Fran. ed A.		29 M *santo*	29 V s. Pietro m.	29 D *1ª ss. Trinità*
30 S s. Martina		30 D *Settuagesima*		30 M *santo*	30 S s. Cater. da s.	30 L s. Felice 1 pp.
31 D *Settuagesima*		31 L s. Pietro Nol.		31 G *Cena del Sig.*		31 M s. Angela M.

60

	giugno	luglio	agosto	settembre	ottobre	novembre	dicembre
1	M	V *8ª d. s. Gio. B.*	L s. Pietro in v.	G s. Egidio ab.	S s. Remigio v.	M OGNISSANTI	G
2	G CORPUS DO.	S *Vis. di M. V.*	M s. Alfonso L.	V s. Stefano re	D *19ª, B. V. Ros.*	M *Comm. Def.*	V s. Bibiana v.
3	V s. Clotilde reg.	D *6ª d. Pentec.*	M Inv. di s. Ste.	S	L	G *dell'8ª*	S s. Franc. Sav.
4	S s. Fran. Car.	L *dell'8ª*	G s. Dom. di G.	D *15ª d. Pentec.*	M s. Fran. d'As.	V s. Carlo Bor.	D *2ª d'Avv. Ro.*
5	D *2ª d. Pentec.*	M *dell'8ª*	V s. Maria d. N.	L s. Lorenzo G.	M s. Zaccaria pr.	S *dell'8ª*	L s. Sabba ab.
6	L s. Norbert. v.	M *8ª ss. A. P. P.*	S Trasf. di G. C.	M	G s. Brunone c.	D *24ª d. Pentec.*	M s. Nicolò
7	M *dell'8ª*	G	D *11ª d. Pentec.*	M	V s. Marco pp.	L *dell'8ª*	M s. Ambrogio v.
8	M *dell'8ª*	V s. Elisab. reg.	L ss. Cir. e c. m.	G *Nat. di M. V.*	S s. Brigida v.	M *8ª Ognissanti*	G *Imm. C. M. V.*
9	G *8ª Cor. Dom.*	S	M s. Roman. m.	V s. Gorgon. m.	D *20ª, M. M. V.*	M s. Teodoro m.	V *dell'8ª*
10	V s. CUORE G.	D *7ª d. Pentec.*	M s. Lorenzo m.	S s. Nic. Tol. c.	L s. Franc. B.	G s. Andrea Av.	S *dell'8ª*
11	S s. Barn. ap.	L s. Pio I pp.	G ss. Tib. e Sus.	D *16ª, ss. N. M.*	M	V s. Martino v.	L *3ª d'Avv. Ro.*
12	D *3ª d. Pentec. P. Cuore di M.*	M s. Giov. Gua.	V s. Chiara v.	L	M	S s. Mart. pp.	D *dell'8ª*
13	L s. Ant. di P.	M s. Anacl. pp.	S s. Cassia m.	M	G s. Edoardo re	D *25ª, Pat. M. V.*	M s. Lucia v.
14	M s. Basil. M. v.	G s. Bonav. d.	D *12ª d. Pentec.*	M Esalt. s. Cr.	V s. Calisto pp.	L	M *Temp. d'Inv.*
15	M ss. Vito e M.	V s. Enric. imp.	L ASSUN. M. V.	G *8ª d. N. M. V.*	S s. Teresa v.	M s. Geltrude v.	G *8ª d. Imm. Conc.*
16	G	S B. V. del Car.	M s. Giacinto c.	V ss. Corn. e C.	D *21ª, Pur. M. V.*	M	V *Tempora*
17	V	D *8ª d. Pentec.*	M *8ª s. Lorenzo*	S Stim. s. Fra.	L s. Edvige r.	G s. Greg. tau.	S *Tempora*
18	S ss. Mar. e M.	L s. Camillo L.	G s. Agap. m.	D *17ª, Dol. M. V.*	M s. Luca ev.	V D. b. ss. P., P.	D *4ª d'Avvento*
19	D *4ª d. Pentec.*	M s. Vincen. P.	V	L s. Gennar. v.	M s. Piet. d'Alc.	S s. Elisabetta	L s. Nemes m.
20	L s. Silver. pp.	M s. Margh. v.	S s. Bernar. ab.	M s. Eustach. m.	G s. Giovan. C.	D *26ª d. Pentec.*	M s. Teofilo m.
21	M s. Luigi G.	G s. Prassede v.	D *13ª, s. Gioac.*	M *Temp. d'Aut.*	V ss. Orsol. e C.	L Pres. di M. V.	M s. Tom. a.
22	M s. Paolino v.	V s. Apollin. v.	L *8ª Ass. M. V.*	G ss. Mau. C.	S	M s. Cecilia v.	G
23	G *Vigilia*	S	M s. Filip. Ben.	V s. Lino pp. T.	D *22ª d. Pentec.*	M s. Clem. I p.	V
24	V *Nat. s. G. B.*	D *9ª d. Pentec.*	M s. Bartol. ap.	S B. V. d. M. T.	L ss. Crisan. D.	G s. Gio. d. Cr.	S *Vigilia*
25	S s. Gugl. ab.	L s. Giac. ap.	G s. Luigi re	D *18ª d. Pentec.*	M s. Evaristo pp.	V s. Cater. v.	D NATALE G. C.
26	D *5ª d. Pentec.*	M s. Anna	V s. Zefirino	L ss. Cip. e Giu.	M *Vigilia*	S s. Pietro Al.	L s. Stef. prot.
27	L s. Ladislao re	M s. Pantal. m.	S s. Gius. Cal.	M ss. Cos. e D.	G ss. Sim. e G.	D *1ª d'Avv. Ro.*	M s. Giov. ev.
28	M s. Leone II p.	G ss. Naz. e C.	D *14ª d. Pentec.*	M s. Agost. v. d.	V	L	M ss. Innoc. m.
29	M ss. P. e P. ap.	V s. Marta v.	L Dec. d. s. G. B.	G s. Michele A.	S	M s. Saturn. m.	G s. Tom. C. v.
30	G Comm. s. Pa.	S ss. Abd., Sen.	M s. Rosa da L.	V s. Girol. d.	D *23ª d. Pentec.*	M s. Andrea ap.	V *dell'8ª*
31		D *10ª d. Pentec.*	M s. Raim. Non.		L *Vigilia*		S s. Silves. pp.

61

Pasqua 4 aprile – anni: 6, 17, 79, 90, 101, 112*, 174, 185, 196*, 269, 280*, 359, 364*, 443, 454, 527, 538, 549, 611, 622, 633, 644*, 706, 717, 728*, 801, 812*, 891, 896*, 975, 986, 1059, 1070, 1081, 1143, 1154, 1165, 1176*, 1238, 1249, 1260*, 1333, 1344*, 1423, 1428*, 1507, 1518, 1627, 1638, 1649, 1706, 1779, 1790, 1847, 1858, 1915, 1920*, 1926, 1999, 2010, 2021, 2083, 2094, 2151, 2162, 2173, 2219, ecc.

gennaio bis.	febbraio bis.	gennaio	febbraio	marzo	aprile	maggio
1 G CIRCON. G. C.	1 D *Settuagesima*	1 V CIRCON. G. C.	1 L s. Ignazio v.	1 L	1 G *Cena del Sig.*	1 S ss. Fil. e G. a.
2 V 8ª di s. Stef.	2 L *Pur. di M. V.*	2 S 8ª di s. Stef.	2 M Pur. di M. V.	2 M	2 V *Parasceve*	2 D *4ª, Cantate*
3 S 8ª di s. Giov.	3 M s. Biagio v.	3 D 8ª di s. Giov.	3 M s. Biagio v.	3 M s. Cuneg. imp.	3 S *santo*	3 L Inv. di s. Cro.
4 D 8ª ss. Innoc.	4 M s. Andrea C.	4 L 8ª ss. Innoc.	4 G s. Andrea Co.	4 G s. Caterina c.	4 D PASQUA	4 M s. Mon. ved.
5 L s. Telesf. pp.	5 G s. Agata v.	5 M s. Telesf. pp.	5 V s. Agata v.	5 V	5 L *dell'Angelo*	5 M s. Pio V pp.
6 M EPIFANIA	6 V s. Tito v.	6 M EPIFANIA	6 S s. Tito, s. Dor.	6 S	6 M *di Pasqua*	6 G s. Gio. a p. l.
7 M *dell'8ª*	7 S s. Romualdo	7 G *dell'8ª*	7 D *Sessagesima*	7 D *3ª di Q., Oculi*	7 M *dell'8ª*	7 V s. Stanislao v.
8 G *dell'8ª*	8 D *Sessagesima*	8 V *dell'8ª*	8 L s. Giov. di M.	8 L s. Giov. di D.	8 G *dell'8ª*	8 S Ap. di s. Mic.
9 V *dell'8ª*	9 L s. Apollon. v.	9 S *dell'8ª*	9 M s. Apollon. v.	9 M s. Franc. Ro.	9 V *dell'8ª*	9 D *5ª, Rogate*
10 S *dell'8ª*	10 M s. Scolast. v.	10 D *1ª d. l'Epif.*	10 M s. Scolast. v.	10 M ss. 40 Martiri	10 S *dell'8ª*	10 L *Le Rogazioni*
11 D *1ª d. l'Epif.*	11 M ss. Sett. Fon.	11 L *dell'8ª*	11 G	11 G s. Eulogio m.	11 D *1ª d. P., in Alb.*	11 M s. Mam. Rog.
12 L *dell'8ª*	12 G	12 M *dell'8ª*	12 V	12 V s. Greg. I pp.	12 L	12 M ss. Ner. Rog.
13 M 8ª dell'Epif.	13 V	13 M 8ª dell'Epif.	13 S s. Cat. de Ric.	13 S	13 M s. Ermen. m.	13 G ASCEN. G. C.
14 M s. Ilar. s. Fel.	14 S s. Valent. m.	14 G s. Ilar. s. Fel.	14 D *Quinquagesi.*	14 D *4ª di Q., Laet.*	14 M s. Tiburzio m.	14 V *dell'8ª*
15 G s. Paol. s. M.	15 D *Quinquages.*	15 V s. Paol. s. Ma.	15 L ss. Fau. e Gio.	15 L	15 G	15 S *dell'8ª*
16 V s. Marcello p.	16 L	16 S s. Marcello p.	16 M	16 M	16 V	16 D *6ª d. P., Ex.*
17 S s. Antonio ab.	17 M *Le Ceneri*	17 D *2ª ss. N. G.*	17 M *Le Ceneri*	17 M s. Patrizio v.	17 S s. Aniceto pp.	17 L s. Pasqual. B.
18 D *ss. N. di Gesù*	18 M	18 L Cat. s. Piet. R.	18 G s. Simeone v.	18 G	18 D *2ª, Miser. Dom.*	18 M s. Venan. m.
19 L s. Canuto re	19 G	19 M s. Canuto re	19 V	19 V s. Giuseppe	19 L	19 M s. Pietro Cel.
20 M ss. Fab. e Seb.	20 V	20 M ss. Fab. e Seb.	20 S s. Eleuterio m.	20 S	20 M	20 G *8ª dell'Ascen.*
21 M s. Agnese v.	21 S s. Severiano v.	21 G s. Agnese v.	21 D *1ª di Q., Invo.*	21 D *di Pas. Iudic.*	21 M s. Anselmo v.	21 V s. Felice C.
22 G ss. Vinc. e A.	22 D *1ª di Q., Invo.*	22 V ss. Vinc. e A.	22 L Cat. s. P. A.	22 L	22 G ss. Sot. e Caio	22 S *Vigilia*
23 V Spos. di M. V.	23 L s. Pier Dam.	23 S Spos. di M. V.	23 M s. Pier Dam.	23 M	23 V s. Giorgio m.	23 D PENTECOs.
24 S s. Timoteo v.	24 M *Vigilia*	24 D *3ª Sac. Fam.*	24 M *Temp. di Pri.*	24 M	24 S s. Fedele Sig.	24 L *di Pentec.*
25 D *3ª Sac. Fam.*	25 M *Temp. di Pri.*	25 L Conv. s. Paolo	25 G	25 G ANN. di M. V.	25 D *3ª, s. Marc. ev.*	25 M *di Pentec.*
26 L s. Policar. v.	26 G	26 M s. Policar. v.	26 V *Temp.*	26 V B. V. Addolo.	26 L ss. Cleto Mar.	26 M *Temp. d'Est.*
27 M s. Giov. Cris.	27 V *Temp.*	27 M s. Giov. Cris.	27 S *Temp.*	27 S	27 M s. Vitale m.	27 G *dell'8ª*
28 M s. Agnese 2ª f.	28 S *Temp.*	28 G s. Agnese 2ª f.	28 D	28 D *delle Palme*	28 M s. Pietro m.	28 V *dell'8ª Temp.*
29 G s. Frances. s.	29 D *di Q., Rem.*	29 V s. Frances. s.		29 L *santo*	29 G s. Cat. da Sie.	29 S s. Massim. T.
30 V s. Martina v.		30 S s. Martina v.		30 M *santo*	30 V	30 D *1ª ss. Trinità*
31 S s. Pietro Nol.		31 D *Settuagesima*		31 M *santo*		31 L s. Angela M.

giugno

1 M ss. Marc. e P.
2 M
3 G CORPUS DO.
4 V s. Fran. Car.
5 S s. Bonifacio v.
6 D 2ª d. Pentec.
7 L dell'8ª
8 M dell'8ª
9 M ss. Pri. e Fel.
10 G 8ª Cor. Dom.
11 V s. CUORE G.
12 S s. Gio. d. s. F.
13 D 3ª d. Pentec. P. Cuore di M.
14 L s. Basil. M. v.
15 M ss. Vito e M.
16 M
17 G
18 V ss. Mar. e M.
19 S ss. Ger. e Pr.
20 D 4ª d. Pentec.
21 L s. Luigi G.
22 M s. Paolino v.
23 M Vigilia
24 G Nat. s. G. B.
25 V s. Gugl. ab.
26 S ss. Gio. e Pa.
27 D 5ª d. Pentec.
28 L s. Leone II p.
29 M ss. Piet. e Pa.
30 M Comm. s. Pa.

luglio

1 G 8ª di s. Gio. B.
2 V Vis. di M. V.
3 S s. Marziale v.
4 D 6ª d. Pentec.
5 L
6 M 8ª ss. A. P. P.
7 M
8 G s. Elisab. Reg.
9 V
10 S ss. Sett. fr. m.
11 D 7ª d. Pentec.
12 L s. Giov. Gua.
13 M s. Anacl. pp.
14 M s. Bonav. d.
15 G s. Enric. imp.
16 V B. V. del Car.
17 S s. Alessio con.
18 D 8ª d. Pentec.
19 L s. Vincen. P.
20 M s. Margh. v.
21 M s. Prassede v.
22 G s. Maria Mad.
23 V s. Apollin. v.
24 S s. Cristina v.
25 D 9ª d. Pentec.
26 L s. Anna
27 M s. Pantal. m.
28 M ss. Naz. e C.
29 G s. Marta v.
30 V ss. Abd., Sen.
31 S s. Ignazio L.

agosto

1 D 10ª d. Pentec.
2 L s. Alfonso L.
3 M Inv. di s. Ste.
4 M s. Dom. di G.
5 G s. Maria d. N.
6 V Trasf. di G. C.
7 S s. Gaetano T.
8 D 11ª d. Pentec.
9 L s. Roman. m.
10 M s. Lorenzo m.
11 M ss. Tib. e Sus.
12 G s. Chiara v.
13 V s. Cassia m.
14 S s. Eusebio pr.
15 D 12ª Ass. M. V.
16 L s. Giacinto c.
17 M 8ª s. Lorenzo
18 M s. Agapito m.
19 G
20 V s. Bernar. ab.
21 S s. Gio. di Ch.
22 D 13ª s. Gioac.
23 L s. Filip. Ben.
24 M s. Bartol. ap.
25 M s. Luigi re
26 G s. Zeffirino p.
27 V s. Gius. Cal.
28 S s. Agost. v. d.
29 D 14ª d. Pentec.
30 L s. Rosa da L.
31 M s. Raim. Non.

settembre

1 M s. Egidio ab.
2 G s. Stefano re
3 V
4 S
5 D 15ª d. Pentec.
6 L
7 M
8 M Nat. di M. V.
9 G s. Gorgon. m.
10 V s. Nic. Tol. c.
11 S ss. Pr. e Giac.
12 D 16ª ss. N. M.
13 L dell'8ª
14 M Esalt. s. Cr.
15 M Temp. d'Aut.
16 G ss. Corn. e C.
17 V Stim. s. F. T.
18 S s. Gius. C. T.
19 D 17ª Dol. M. V.
20 L s. Eustach. m.
21 M s. Matteo ap.
22 M ss. Mauri. C.
23 G s. Lino pp.
24 V B. V. d. Merc.
25 S s. Firmino v.
26 D 18ª d. Pentec.
27 L ss. Cos. e D.
28 M s. Vences. m.
29 M s. Michele A.
30 G s. Girol. d.

ottobre

1 V s. Remigio v.
2 S ss. Angeli C.
3 D 19ª B. V. Ros.
4 L s. Fran. d'As.
5 M ss. Pl. e C. m.
6 M s. Brunone c.
7 G s. Marco pp.
8 V s. Brigida v.
9 S ss. Dion. R. E.
10 D 20ª Mat. M. V.
11 L
12 M
13 M s. Edoardo re
14 G s. Calisto pp.
15 V s. Teresa v.
16 S s. Gallo ab.
17 D 21ª Pur. M. V.
18 L s. Luca ev.
19 M s. Piet. d'Alc.
20 M s. Giov. C.
21 G ss. Orsol. e C.
22 V
23 S s. Severino v.
24 D 22ª d. Pentec.
25 L ss. Crisan. D.
26 M s. Frumenz.
27 M ss. Sim. e G.
28 G
29 V
30 S
31 D 23ª d. Pentec.

novembre

1 L OGNISSANTI
2 M Comm. Def.
3 M dell'8ª
4 G s. Carlo Bor.
5 V dell'8ª
6 S dell'8ª
7 D 24ª d. Pentec.
8 L 8ª Ognissanti
9 M s. Teodoro m.
10 M s. Andrea Av.
11 G s. Martino v.
12 V s. Mart. pp.
13 S s. Didaco c.
14 D 25ª [Avv. A.]
15 L s. Geltrude v.
16 M
17 M s. Greg. tau.
18 G D. b. ss. P., P.
19 V s. Elisabetta
20 S s. Felice Val.
21 D 26ª Pat. M. V.
22 L s. Cecilia v.
23 M s. Clem. I pp.
24 M s. Gio. d. Cr.
25 G s. Caterina v.
26 V s. Pietro Aless.
27 S Vigilia
28 D 1ª d'Avv. Ro.
29 L s. Saturn. m.
30 M s. Andrea ap.

dicembre

1 M s. Bibiana v.
2 G s. Fran. Sav.
3 V s. Barb. m.
4 S
5 D 2ª d'Avv. Ro.
6 L s. Nicolò v.
7 M s. Ambrogio v.
8 M Imm. C. M. V.
9 G dell'8ª
10 V dell'8ª
11 S s. Dam. I pp.
12 D 3ª d'Avv. Ro.
13 L s. Lucia v.
14 M s. Spiridione
15 M Temp. d'Inv.
16 G s. Eusebio v.
17 V Tempora
18 S Tempora
19 D 4ª d'Avv. Ro.
20 L s. Teofilo m.
21 M s. Tom. ap.
22 M
23 G
24 V Vigilia
25 S NATALE G. C.
26 D s. Stef. prot.
27 L s. Giov. ev.
28 M ss. Innocenti
29 M s. Tomm. C.
30 G dell'8ª
31 V s. Silves. pp.

Pasqua 5 aprile – anni: 11, 22, 33, 44*, 106, 117, 128*, 201, 207, 212*, 291, 296*, 302, 375, 386, 397, 459, 470, 481, 492*, 543, 554, 565, 576*, 638, 649, 660*, 733, 739, 744*, 823, 828*, 834, 907, 918, 929, 991, 1002, 1013, 1024*, 1075, 1086, 1097, 1108*, 1170, 1181, 1192*, 1265, 1271, 1276*, 1355, 1360*, 1366, 1439, 1450, 1461, 1523, 1534, 1545, 1556*, 1643, 1654, 1665, 1676*, 1711, 1722, 1733, 1744*, 1795, 1801, 1863, 1874, 1885, 1896*, 1931, 1942, 1953, 2015, 2026, 2037, 2048*, 2105, 2167, 2178, 2189, ecc.

	gennaio bis.	febbraio bis.	gennaio	febbraio	marzo	aprile	maggio
1	M CIRCON. G. C.	S s. Ignazio v.	G CIRCON. G. C.	D Settuagesima	D 2ª di Q., Rem	M santo	V ss. Fil e G. a.
2	G 8ª di s. Stef.	D Settuagesima	V 8ª di s. Stef.	L Pur. di M. V.	L	G Cena del Sig.	S s. Atanas. v.
3	V 8ª di s. Giov.	L Pur. di M. V.	S 8ª di s. Giov.	M s. Biagio v.	M s. Cunegonda	V Parasceve	D 4ª, Cantate
4	S 8ª ss. Innoc.	M s. Andrea Co.	D 8ª ss. Innoc.	M s. Andrea Co.	M s. Casimiro c.	S santo	L s. Mon. ved.
5	D s. Telesf. pp.	M s. Agata v.	L s. Telesf. pp.	G s. Agata v.	G	D PASQUA	M s. Pio V pp.
6	L EPIFANIA	G s. Tito v.	M EPIFANIA	V s. Tito, s. Dor.	V	L dell'Angelo	M s. Gio. a. p. l.
7	M dell'8ª	V s. Romualdo	M dell'8ª	S s. Romua. ab.	S s. Tom. d'Aq.	M dell'8ª	G s. Stanislao v.
8	M dell'8ª	S s. Giov. di M.	G dell'8ª	D Sessagesima	D 3ª di Q., Oculi	M dell'8ª	V Ap. di s. Mic.
9	G dell'8ª	D Sessagesima	V dell'8ª	L s. Apollon. v.	L s. Franc. Ro.	G dell'8ª	S s. Greg. Naz.
10	V dell'8ª	L s. Scolast. v.	S dell'8ª	M s. Scolastica	M ss. 40 Mart.	V dell'8ª	D 5ª, Rogate
11	S dell'8ª	M ss. Set. Fond.	D 1ª d. l'Epif.	M	M s. Eulogio m.	S s. Leone I pp.	L Le Rogazioni
12	D 1ª d. l'Epif.	M	L	G	G s. Greg. I pp.	D 1ª, in Albis	M s. Ner. C. Rog.
13	L 8ª dell'Epif.	G	M 8ª dell'Epif.	V s. Cat. de Ric.	V	L s. Ermen. m.	M s. Serv. Rog.
14	M s. Ilar. s. Fel.	V s. Valent. m.	M s. Ilar. s. Fel.	S s. Valent. m.	S s. Matilde reg.	M s. Tiburzio m.	G ASCEN. G. C.
15	M s. Paol. s. M.	S ss. Fau. e G.	G s. Paol. s. M.	D Quinquages.	D 4ª di Q., Laet.	M	V dell'8ª
16	G s. Marc. I pp.	D Quinquagesi.	V s. Marcello p.	L	L	G	S s. Ubaldo v.
17	V s. Antonio ab.	L s. Silvino v.	S s. Antonio ab.	M s. Silvino v.	M s. Patrizio v.	V s. Aniceto pp.	D 6ª d. P., Exau.
18	S Cat. s. Piet. R.	M s. Simeone v.	D 2ª, ss. N. di G.	M Le Ceneri	M	S	L s. Venan. m.
19	D ss. N. di Gesù	M Le Ceneri	L s. Canuto re	G	G s. Giuseppe	D 2ª, Miser. Dom.	M s. Pietro Ce.
20	L ss. Fab. e Seb.	G	M ss. Fab. e Seb.	V s. Eleute. m.	V	L	M s. Bern. da s.
21	M s. Agnese v.	V s. Severia v.	M s. Agnese v.	S s. Severiano	S s. Bened. m.	M s. Anselmo v.	G 8ª dell'Ascen.
22	M ss. Vinc. e A.	S Cat. s. P. A.	G ss. Vinc. An.	D 1ª di Q., Invo.	D di Pas. Iudic.	M ss. Sot. e Caio	V s. Emilio m.
23	G Spos. di M. V.	D 1ª di Q., Invo.	V Spos. di M. V.	L s. Pier Dam.	L	G s. Giorgio m.	S Vigilia
24	V s. Timoteo v.	L Vigilia	S s. Timoteo v.	M s. Mattia ap.	M Vigilia	V s. Fedele Sig.	D PENTECOs.
25	S Conv. s. Paolo	M s. Mattia ap.	D 3ª, Sac. Fam.	M Temp. di Pri.	M ANN. di M. V.	S s. Marco ev.	L di Pentec.
26	D 3ª, Sac. Fam.	M Temp. di Pri.	L s. Policar. v.	G	G	D 3ª, Pat. di s. G.	M di Pentec.
27	L s. Giov. Cris.	G	M s. Giov. Cris.	V Tempora	V B. V. Addolo.	L	M Temp. d'Est.
28	M s. Agnese 2ª f.	V Tempora	M s. Agnese 2ª f.	S Tempora	S	M s. Vitale m.	G dell'8ª
29	M s. Frances. s.	S Tempora	G s. Fran. ed A.		D delle Palme	M s. Pietro m.	V s. Massim. T.
30	G s. Martina v.		V s. Martina v.		L santo	G s. Cater. da s.	S s. Felice I. T.
31	V s. Pietro Nol.		S s. Pietro Nol.		M santo		D 1ª ss. Trinità

giugno	luglio	agosto	settembre	ottobre	novembre	dicembre
1 L	1 M 8ª di s. Gio. B.	1 S s. Pietro in v.	1 M s. Egidio ab.	1 G s. Remigio v.	1 D OGNISSANTI	1 M
2 M ss. Marco e P.	2 G *Vis. di M. V.*	2 D *10ª d. Pentec.*	2 M s. Stefano re	2 V ss. Angeli C.	2 L *Comm. Def.*	2 M s. Bibiana v.
3 M	3 V *dell'8ª*	3 L Inv. di s. Ste.	3 G	3 S	3 M *dell'8ª*	3 G s. Franc. Sav.
4 G CORPUS DO.	4 S *dell'8ª*	4 M s. Dom. di G.	4 V	4 D *19ª, B. V. Ros.*	4 M s. Carlo Bor.	4 V s. Barb. m.
5 V s. Bonifacio v.	5 D *6ª d. Pentec.*	5 M s. Maria di N.	5 S s. Lorenzo G.	5 L s. Zaccaria pr.	5 G *dell'8ª*	5 S s. Sabba ab.
6 S s. Norbert. v.	6 L 8ª ss. A. P. P.	6 G Trasf. di G. C.	6 D *15ª d. Pentec.*	6 M s. Brunone c.	6 V *dell'8ª*	6 D *2ª d'Avv. Ro.*
7 D *2ª d. Pentec.*	7 M	7 V s. Gaetano T.	7 L	7 M s. Marco pp.	7 S *dell'8ª*	7 L s. Ambrogio v.
8 L *dell'8ª*	8 M s. Elisab. reg.	8 S ss. Cir. e c. m.	8 M *Nat. di M. V.*	8 G s. Brigida v.	8 D *24ª d. Pentec.*	8 M *Imm. C. M. V.*
9 M *dell'8ª*	9 G	9 D *11ª d. Pentec.*	9 M s. Gorgon. m.	9 V s. Dion. R. E.	9 L s. Teodoro m.	9 M *dell'8ª*
10 M	10 V ss. Sett. fr. m.	10 L s. Lorenzo m.	10 G s. Nic. Tol. c.	10 S s. Franc. B.	10 M s. Andrea Av.	10 G *dell'8ª*
11 G *8ª Cor. Dom.*	11 S s. Pio I pp.	11 M ss. Tib. e Sus.	11 V ss. Pr. e Giac.	11 D *20ª, M. M. V.*	11 M s. Martino v.	11 V *dell'8ª*
12 V s. CUORE G.	12 D *7ª d. Pentec.*	12 M s. Chiara v.	12 S *dell'8ª*	12 L	12 G s. Mart. pp.	12 S *dell'8ª*
13 S s. Ant. di Pa.	13 L s. Anacl. pp.	13 G s. Cassia v.	13 D *16ª, ss. N. M.*	13 M s. Edoardo re	13 V s. Didaco c.	13 D *3ª d'Avv. Ro.*
14 D *3ª d. Pentec.* P. Cuore di M.	14 M s. Bonav. d.	14 V s. Eusebio pr.	14 L Esalt. s. Cr.	14 M s. Calisto pp.	14 S	14 L s. Spiridione
15 L ss. Vito e M.	15 M s. Enric. imp.	15 S ASSUN. M. V.	15 M *8ª d. N. M. V.*	15 G s. Teresa v.	15 D *25ª, Pat. M. V.*	15 M *8ª d. Imm. C.*
16 M	16 G B. V. del Car.	16 D *12ª d. Pentec.*	16 M *Temp. d'Aut.*	16 V s. Edvige r.	16 L	16 M *Temp. d'Inv.*
17 M	17 V s. Alessio con.	17 L 8ª s. Lorenzo	17 G Stim. s. Fra.	17 S	17 M s. Greg. tau.	17 G s. Lazzaro v.
18 G ss. Mar. e M.	18 S s. Camillo L.	18 M s. Agap. m.	18 V s. Gius. C. T.	18 D *21ª, Pur. M. V.*	18 M D. b. ss. P., P.	18 V *Tempora*
19 V ss. Ger. e Pr.	19 D *8ª d. Pentec.*	19 M	19 S s. Gennar. T.	19 L s. Piet. d'Alc.	19 G s. Elisabetta	19 S *Tempora*
20 S s. Silver. pp.	20 L s. Margh. v.	20 G s. Bernar. ab.	20 D *17ª, Dol. M. V.*	20 M s. Giovan. C.	20 V s. Felice Val.	20 D *4ª d'Avv. Ro.*
21 D *4ª d. Pentec.*	21 M s. Prassede v.	21 V s. Gio. di Ch.	21 L s. Matteo ap.	21 M s. Orsol. e C.	21 S Pres. di M. V.	21 L s. Tom. ap.
22 L s. Paolino v.	22 M s. Maria Mad.	22 S 8ª Ass. M. V.	22 M ss. Mau. e C.	22 G	22 D *26ª d. Pentec.*	22 M
23 M *Vigilia*	23 G s. Apollin. v.	23 D *13ª, s. Gioac.*	23 M s. Lino p.	23 V	23 L s. Clem. I p.	23 M
24 M *Nat. s. G. B.*	24 V s. Cristina v.	24 L s. Bartol. ap.	24 G B. V. d. Merc.	24 S	24 M s. Gio. d. Cr.	24 G *Vigilia*
25 G s. Gugl. ab.	25 S s. Giac. ap.	25 M s. Luigi re	25 V	25 D *22ª d. Pentec.*	25 M s. Cater. v.	25 V NATALE G. C.
26 V ss. Gio. e Pa.	26 D *9ª d. Pentec.*	26 M s. Zefirino p.	26 S ss. Cip. e Giu.	26 L	26 G s. Pietro Aless.	26 S s. Stef. prot.
27 S s. Ladislao re	27 L s. Pantal. m.	27 G s. Gius. Cal.	27 D *18ª d. Pentec.*	27 M *Vigilia*	27 V	27 D s. Giov. ev.
28 D *5ª d. Pentec.*	28 M ss. Naz. e C.	28 V s. Agost. v. d.	28 L s. Vencesl. m.	28 M ss. Sim. e G.	28 S *Vigilia*	28 L ss. Innoc. m.
29 L ss. P. e P. ap.	29 M s. Marta v.	29 S Dec. d. s. G. B.	29 M s. Michele A.	29 G	29 D *1ª d'Avv. Ro.*	29 M s. Tom. C. v.
30 M Comm. s. Pa.	30 G ss. Abd., Sen.	30 D *14ª d. Pentec.*	30 M s. Girol. d.	30 V	30 L s. Andrea ap.	30 M *dell'8ª*
	31 V s. Ignazio L.	31 L s. Raim. Non.		31 S *Vigilia*		31 G s. Silves. pp.

Pasqua 6 aprile – anni: 38, 49, 60*, 133, 139, 144, 223, 228*, 234, 307, 318, 329, 391, 402, 413, 424*, 475, 486, 497, 508* 570, 581, 592* 665, 671, 676*, 755, 760*, 766, 839, 850, 861, 923, 934, 945, 956*, 1007, 1018, 1029, 1040*, 1102, 1113, 1124*, 1197, 1203, 1208*, 1287, 1292*, 1298, 1371, 1382, 1393, 1455, 1466, 1477, 1488*, 1539, 1550, 1561, 1572*, 1586, 1597, 1608*, 1670, 1681, 1692*, 1738, 1749, 1760*, 1806, 1817, 1828*, 1890, 1947, 1958, 1969, 1980*, 2042, 2053, 2064, 2110, 2121, 2132*, 2194, ecc.

gennaio bis.	febbraio bis.	gennaio	febbraio	marzo	aprile	maggio
1 M CIRCON. G. C.	1 V s. Ignazio v.	1 M CIRCON. G. C.	1 S s. Ignazio v.	1 S *Tempora*	1 M *santo*	1 G ss. Fil. e G. a.
2 M 8ª di s. Stef.	2 S *Pur. di M. V.*	2 G 8ª di s. Stef.	2 D *Settuagesima*	2 D *2ª di Q., Rem.*	2 M *santo*	2 V s. Atanas. v.
3 G 8ª di s. Giov.	3 D *Settuagesima*	3 V 8ª di s. Giov.	3 L *Pur. di M. V.*	3 L s. Cuneg. imp.	3 G *Cena del Sig.*	3 S Inv. di s. Cro.
4 V 8ª ss. Innoc.	4 L s. Andrea C.	4 S 8ª ss. Innoc.	4 M s. Andrea Co.	4 M s. Casimiro c.	4 V *Parasceve*	4 D 4ª *Cantate*
5 S Telesf. pp.	5 M s. Agata v.	5 D Telesf. pp.	5 M s. Agata v.	5 M	5 S *santo*	5 L s. Pio V pp.
6 D EPIFANIA	6 M s. Tito v.	6 L EPIFANIA	6 G s. Tito, s. Dor.	6 G	6 D PASQUA	6 M s. Gio a. p. l.
7 L *dell'8ª*	7 G s. Romualdo	7 M *dell'8ª*	7 V s. Romua. ab.	7 V s. Tom. d'Aq.	7 L *dell'Angelo*	7 M s. Stanislao v.
8 M *dell'8ª*	8 V s. Giov. di M.	8 M *dell'8ª*	8 S s. Giov. di M.	8 S s. Giov. di D.	8 M *dell'8ª*	8 G Ap. di s. Mic.
9 M *dell'8ª*	9 S s. Apollon. v.	9 G *dell'8ª*	9 D *Sessagesima*	9 D *3ª di Q., Oculi*	9 M *dell'8ª*	9 V s. Greg. Naz.
10 G *dell'8ª*	10 D *Sessagesima*	10 V *dell'8ª*	10 L s. Scolastica	10 L ss. 40 Martiri	10 G *dell'8ª*	10 S ss. Gor. ed E.
11 V *dell'8ª*	11 L ss. Sett. Fon.	11 S *dell'8ª*	11 M	11 M s. Eulogio m.	11 V *dell'8ª*	11 D 5ª, *Rogate*
12 S *dell'8ª*	12 M	12 D *1ª d. L'Epif.*	12 M	12 M s. Greg. I pp.	12 S *dell'8ª*	12 L *Le Rogazioni*
13 D *1ª d. l'Epif.*	13 M	13 L 8ª dell'Epif.	13 G s. Cat. de Ric.	13 G	13 D *1ª d. P., in Alb.*	13 M *Le Rogazioni*
14 L s. Ilar. s. Fel.	14 G s. Valent. m.	14 M s. Ilar. s. Fel.	14 V s. Valent. m.	14 V s. Matilde reg.	14 L s. Tiburzio m.	14 M s. Bonif. *Rog.*
15 M s. Paol. s. M.	15 V ss. Fau. e G.	15 M s. Paol. s. Ma.	15 S ss. Fau. e Gio.	15 S s. Longino m.	15 M	15 G ASCEN. G. C.
16 M s. Marcello p.	16 S s. Giuliana v.	16 G s. Marcello p.	16 D *Quinquagesi.*	16 D *4ª di Q., Laet.*	16 M	16 V *dell'8ª*
17 G s. Antonio ab.	17 D *Quinquagesi.*	17 V s. Antonio ab.	17 L s. Silvino v.	17 L s. Patrizio	17 G s. Aniceto pp.	17 S s. Pasqual. B.
18 V Cat. s. Piet. R.	18 L s. Simeone v.	18 S Cat. s. Piet. R.	18 M s. Simeone v.	18 M	18 V s. Galdino v.	18 D *6ª d. P., Exau.*
19 S s. Canuto re	19 M s. Corrado c.	19 D 2ª, ss. N. G.	19 M *Le Ceneri*	19 M s. Giuseppe	19 S s. Leone IX p.	19 L s. Pietro Cel.
20 D ss. N. di Gesù	20 M *Le Ceneri*	20 L ss. Fab. e Seb.	20 G s. Eleuter. m.	20 G	20 D *2ª, Miser. Dom.*	20 M
21 L s. Agnese v.	21 G s. Severia v.	21 M s. Agnese v.	21 V s. Severiano	21 V s. Bened. ab.	21 L s. Anselmo v.	21 M s. Felice C.
22 M ss. Vinc. e A.	22 V Cat. s. P. A.	22 M ss. Vinc. e A.	22 S Cat. s. P. A.	22 S s. Paolo v.	22 M ss. Sot. e Caio	22 G *8ª dell'Ascen.*
23 M Spos. di M. V.	23 S s. Pier Dam.	23 G Spos. di M. V.	23 D *1ª di Q. Invo.*	23 D *di Pas. Iudic.*	23 M s. Giorgio m.	23 V s. Desiderio v.
24 G s. Timoteo v.	24 D *1ª di Q., Invo.*	24 V s. Timoteo v.	24 L s. Mattia ap.	24 L	24 G s. Fedele Sig.	24 S *Vigilia*
25 V Con. s. Paolo	25 L s. Mattia ap.	25 S Conv. s. Paolo	25 M	25 M ANN. di M. V.	25 V s. Marco ev.	25 D PENTECOs.
26 S s. Policar. v.	26 M	26 D 3ª, Sac. Fam.	26 M *Temp. di Pri.*	26 M	26 S ss. Cleto Mar.	26 L *di Pentec.*
27 D 3ª, Sac. Fam.	27 M *Temp. di Pri.*	27 L s. Giov. Cris.	27 G	27 G	27 D *3ª, P. s. Gius.*	27 M *di Pentec.*
28 L s. Agnese 2ª f.	28 G	28 M s. Agnese 2ª f.	28 V *Tempora*	28 V *B. V. Addolo.*	28 L s. Vitale m.	28 M *Temp. d'Est.*
29 M s. Frances. s.	29 V *Tempora*	29 M s. Frances. s.		29 S	29 M s. Pietro m.	29 G s. Massim.
30 M s. Martina v.		30 G s. Martina v.		30 D *delle Palme*	30 M s. Cat. da Sie.	30 V *Tempora*
31 G s. Pietro Nol.		31 V s. Pietro Nol.		31 L *santo*		31 S *Tempora*

	giugno	luglio	agosto	settembre	ottobre	novembre	dicembre
1	D 1ª, ss. Trinità	M 8ª di s. Gio. B.	V s. Pietro in v.	L s. Egidio ab.	M s. Remigio v.	S OGNISSANTI	L
2	L ss. Marc. e P.	M Vis. di M. V.	S s. Alfonso L.	M s. Stefano re	G ss. Angeli C.	D 23ª d. Pentec.	M s. Bibiana v.
3	M s. Clotilde reg.	G s. Marziale v.	D 10ª d. Pentec.	M	V	L Comm. Def.	M s. Franc. Sav.
4	M	V dell'8ª	L s. Dom. di G.	G s. Rosalia v.	S s. Fran. d'As.	M s. Carlo Bor.	G s. Barb. m.
5	G CORPUS DO.	S dell'8ª	M s. Maria di N.	V s. Lorenzo G.	D 19ª, B. V. Ros.	M dell'8ª	V s. Sabba ab.
6	V s. Norbert. v.	D 6ª d. Pentec.	M Trasf. di G. C.	S	L s. Brunone c.	G dell'8ª	S s. Nicolò v.
7	S dell'8ª	L	G s. Gaetano T.	D 15ª d. Pentec.	M s. Marco pp.	V dell'8ª	D 2ª d'Avv. Ro.
8	D 2ª d. Pentec.	M s. Elisab. reg.	V ss. Cir. e c. m.	L Nat. di M. V.	M s. Brigida v.	S 8ª Ognissanti	L Imm. C. M. V.
9	L ss. Pri. e Fel.	M	S s. Roman. m.	M s. Gorgon. m.	G ss. Dion. R. E.	D 24ª, Pat. M. V.	M dell'8ª
10	M s. Margh. reg.	G ss. Sett. fr. m.	D 11ª, s. Loren.	M s. Nic. Tol. c.	V s. Fran. B.	L s. Andrea Av.	M dell'8ª
11	M s. Barn. ap.	V s. Pio I pp.	L ss. Tib. e Sus.	G ss. Pr. e Giac.	S	M s. Martino v.	G dell'8ª
12	G 8ª Cor. Dom.	S s. Giov. Gua.	M s. Chiara v.	V	D 20ª, Mat. M. V.	M s. Mart. pp.	V dell'8ª
13	V s. CUORE G.	D 7ª d. Pentec.	M s. Cassia m.	S	L s. Edoardo re	G s. Didaco c.	S s. Lucia v.
14	S s. Basil. M. v.	L s. Bonav. d.	G s. Eusebio pr.	D Esalt. s. Cro.	M s. Calisto pp.	V	D 3ª d'Avv. Ro.
15	D 3ª d. Pentec.; P. Cuore di M.	M s. Enric. imp.	V ASSUN. M. V.	L 8ª d. N. M. V.	M s. Teresa v.	S s. Geltrude v.	L 8ª d'Imm. C.
16	L	M B. V. del Car.	S s. Giacinto c.	M ss. Corn. e C.	G s. Gallo ab.	D 25ª, [Avv. A.]	M s. Eusebio v.
17	M	G s. Alessio con.	D 12ª, s. Gioac.	M Temp. d'Aut.	V s. Edvige r.	L s. Greg. tau.	M Temp. d'Inv.
18	M ss. Mar. e M.	V s. Camillo L.	L s. Agapito m.	G s. Gius. C.	S s. Luca ev.	M D. b. ss. P., P.	G Asp. Div. P.
19	G ss. Ger. e Pr.	S s. Vincen. P.	M	V s. Gennaro T.	D 21ª, Pur. M. V.	M s. Elisabetta	V s. Nemesio T.
20	V s. Silver. pp.	D 8ª d. Pentec.	M s. Bernar. ab.	S s. Eust. m. T.	L s. Giovan. C.	G s. Felice Val.	S s. Teofilo T.
21	S s. Luigi G.	L s. Prassede v.	G s. Gio. di Ch.	D 17ª, Dol. M. V.	M ss. Orsol. e C.	V Pres. di M. V.	D 4ª d'Avv. Ro.
22	D 4ª d. Pentec.	M s. Maria Mad.	V 8ª Ass. M. V.	L ss. Mauri. C.	M	S s. Cecilia v.	L
23	L Vigilia	M s. Apollin. v.	S s. Filip. Ben.	M s. Lino pp.	G s. Severino v.	D 26ª, d. Pentec.	M
24	M Nat. s. G. B.	G s. Cristina v.	D 13ª d. Pentec.	M B. V. d. Merc.	V	L s. Gio. d. Cr.	M Vigilia
25	M s. Gugl. ab.	V s. Giac. ap.	L s. Luigi re	G s. Firmino v.	S ss. Crisan. D.	M s. Caterina v.	G NATALE G. C.
26	G ss. Gio. e Pa.	S s. Anna	M s. Zefirino p.	V ss. Cip. e Giu.	D 22ª d. Pentec.	M s. Pietro Aless.	V s. Stef. prot.
27	V s. Ladislao re	D 9ª d. Pentec.	M s. Gius. Cal.	S ss. Cos. e D.	L Vigilia	G Vigilia	S s. Giov. ev.
28	S s. Leone II p.	L ss. Naz. e C.	G s. Agost. v. d.	D 18ª d. Pentec.	M ss. Sim. e G.	V s. Saturn. m.	D ss. Innocenti
29	D ss. Piet. e Pa.	M s. Marta v.	V Dec. d. s. G. B.	L s. Michele A.	M	S	L s. Tomm. C.
30	L Comm. s. Pa.	M ss. Abd., Sen.	S s. Rosa da L.	M s. Girol. d.	G	D 1ª d'Avv. Ro.	M dell'8ª
31	—	G s. Ignazio L.	D 14ª d. Pentec.	—	V Vigilia	—	M s. Silves. pp.

Pasqua 7 aprile – anni: 71, 76*, 155, 166, 239, 250, 261, 323, 334, 345, 356*, 418, 429, 440*, 513, 524*, 603, 608*, 687, 698, 771, 782, 793, 855, 866, 877, 888*, 950, 961, 972*, 1045, 1056*, 1135, 1140*, 1219, 1230, 1303, 1314, 1325, 1387, 1398, 1409, 1420*, 1482, 1493, 1504*, 1577, 1602, 1613, 1624*, 1697, 1765, 1776*, 1822, 1833, 1844*, 1901, 1912*, 1985, 1996*, 2075, 2080*, 2137, 2148*, 2205, 2216*, ecc.

	gennaio bis.	febbraio bis.	gennaio	febbraio	marzo	aprile	maggio
1	L CIRCON. G. C.	G s. Ignazio v.	M CIRCON. G. C.	V s. Ignazio v.	V Tempora	L santo	M ss. Fil. e G. a.
2	M 8ª di s. Stef.	V Pur. di M. V.	M 8ª di s. Stef.	S Pur. di M. V.	S Tempora	M santo	G s. Atanas. v.
3	M 8ª di s. Giov.	S s. Biagio	G 8ª di s. Giov.	D Settuagesima	D 2ª di Q., Rem.	M santo	V Inv. di s. Cro.
4	G 8ª ss. Innoc.	D Settuagesima	V 8ª ss. Innoc.	L s. Andrea Co.	L s. Casimiro c.	G Cena del Sig.	S s. Monica ved.
5	V s. Telesf. pp.	L s. Agata v.	S s. Telesf. pp.	M s. Agata v.	M	V Parasceve	D 4ª Cantate
6	S EPIFANIA	M s. Tito v.	D EPIFANIA	M s. Tito, s. Dor.	M	S santo	L s. Gio. a. p. l.
7	D 1ª d. l'Epif.	M s. Romualdo	L 1ª d. l'Epif.	G s. Romua. ab.	G s. Tom. d'Aq.	D PASQUA	M s. Stanislao v.
8	L dell'8ª	G s. Giov. di M.	M dell'8ª	V s. Giov. di M.	V s. Giov. di D.	L dell'Angelo	M Ap. di s. Mic.
9	M dell'8ª	V s. Apollon. v.	M dell'8ª	S s. Apollon. v.	S s. Franc. Ro.	M dell'8ª	G s. Greg. Naz.
10	M dell'8ª	S s. Scolastica	G dell'8ª	D Sessagesima	D 3ª di Q., Oculi	M dell'8ª	V ss. Gor. ed E.
11	G dell'8ª	D Sessagesima	V dell'8ª	L	L s. Eulogio m.	G s. Leone I pp.	S s. Mamert. v.
12	V s. Modesto m.	L	S s. Modesto m.	M	M s. Greg. I pp.	V dell'8ª	D 5ª, Rogate
13	S 8ª dell'Epif.	M	D 1ª d. l'Epif.	M s. Cat. de Ric.	M	S dell'8ª	L Le Rogazioni
14	D ss. N. di Gesù	M s. Valent. m.	L s. Ilar. s. Fel.	G s. Valent. m.	G s. Matilde reg.	D 1ª d. P., in Alb.	M s. Bonif. Rog.
15	L s. Paol. s. M.	G ss. Fau. e G.	M s. Paol. s. Ma.	V ss. Fau. e Gio.	V s. Longino m.	L	M Rogaz.
16	M s. Marcello p.	V s. Giuliana v.	M s. Marcello p.	S	S	M	G ASCEN. G. C.
17	M s. Antonio ab.	S s. Silvino v.	G s. Antonio ab.	D Quinquages.	D 4ª di Q., Laet.	M s. Aniceto pp.	V dell'8ª
18	G Cat. s. Piet. R.	D Quinquages.	V Cat. s. Piet. R.	L s. Simeone v.	L	G	S s. Venan. m.
19	V s. Canuto re	L s. Corrado c.	S s. Canuto re	M	M s. Giuseppe	V s. Leone IX p.	D 6ª d. P., Exau.
20	S ss. Fab. e Seb.	M	D 2ª ss. N. G.	M Le Ceneri	M	S	L s. Bern. da s.
21	D 3ª, Sac. Fam.	M Le Ceneri	L s. Agnese v.	G s. Severiano	G s. Bened. ab.	D 2ª, Miser. Dom.	M s. Felice C.
22	L s. Vinc. e A.	G Cat. s. Piet. A.	M s. Vinc. e A.	V Cat. s. Piet. A.	V s. Paolo v.	L ss. Sot. e Caio	M s. Emilio m.
23	M Spos. di M. V.	V s. Pier Dam.	M Spos. di M. V.	S s. Pier Dam.	S	M s. Giorgio m.	G 8ª dell'Ascen.
24	M s. Timoteo v.	S Vigilia	G s. Timoteo v.	D 1ª di Q., Invo.	D di Pas. Iudic.	M s. Fedele Sig.	V s. Donaz. v.
25	G Conv. s. Paolo	D 1ª di Q., Invo.	V Conv. s. Paolo	L	L ANN. di M. V.	G s. Marco ev.	S Vigilia
26	V s. Policar. v.	L	S s. Policar. v.	M	M	V ss. Cleto Mar.	D PENTECOs.
27	S s. Giov. Cris.	M	D 3ª, Sac. Fam.	M Temp. di Pri.	M	S	L di Pentec.
28	D 4ª d. l'Epif.	M Temp. di Pri.	L s. Agnese 2ª f.	G	G	D 3ª, P. s. Gius.	M di Pentec.
29	L s. Frances. s.	G	M s. Frances. s.		V B. V. Addolo.	L s. Pietro m.	M Temp. d'Est.
30	M s. Martina v.		M s. Martina v.		S	M s. Cat. da Sie.	G dell'8ª
31	M s. Pietro Nol.		G s. Pietro Nol.		D delle Palme		V dell'8ª Temp.

giugno	luglio	agosto	settembre	ottobre	novembre	dicembre
1 S *Temp.*	1 L *8ª di s. Gio. B.*	1 G s. Pietro in v.	1 D *14ª d. Pentec.*	1 M s. Remigio v.	1 V OGNISSANTI	1 D *1ª d'Avv. Ro.*
2 D *1ª ss. Trinità*	2 M *Vis. di M. V.*	2 V s. Alfonso L.	2 L s. Stefano re	2 M ss. Angeli C.	2 S *Comm. Def.*	2 L s. Bibiana v.
3 L s. Clotilde reg.	3 M s. Marziale v.	3 S Inv. di s. Ste.	3 M	3 G s. Calim. v.	3 D *23ª d. Pentec.*	3 M s. Franc. Sav.
4 M s. Fran. Car.	4 G s. Ireneo v.	4 D *10ª d. Pentec.*	4 M s. Rosalia v.	4 V s. Fran. d'As.	4 L s. Carlo Bor.	4 M s. Barb. m.
5 M s. Bonifacio v.	5 V	5 L s. Maria d. N.	5 G s. Lorenzo G.	5 S ss. Placid. C.	5 M *dell'8ª*	5 G s. Sabba ab.
6 G CORPUS DO.	6 S *8ª ss. A. P. P.*	6 M Trasf. di G. C.	6 V	6 D *19ª, B. V. Ros.*	6 M *dell'8ª*	6 V s. Nicolò v.
7 V *dell'8ª*	7 D *6ª d. Pentec.*	7 M s. Gaetano T.	7 S	7 L s. Marco pp.	7 G *dell'8ª*	7 S s. Ambrogio v.
8 S *dell'8ª*	8 L s. Elisab. reg.	8 G ss. Cir. e c. m.	8 D *15ª, N. M. V.*	8 M s. Brigida v.	8 V *8ª Ognissanti*	8 D *Imm. C. M. V.*
9 D *2ª d. Pentec.*	9 M	9 V s. Roman. m.	9 L s. Gorgon. m.	9 M ss. Dion. R. F.	9 S s. Teodoro m.	9 L *dell'8ª*
10 L s. Marg. reg.	10 M ss. Sett. fr. m.	10 S s. Lorenzo m.	10 M s. Nic. Tol. c.	10 G s. Franc. B.	10 D *24ª, Pat. M. V.*	10 M *dell'8ª*
11 M s. Barn. ap.	11 G s. Pio I pp.	11 D *11ª d. Pentec.*	11 M ss. Pr. e Giac.	11 V	11 L s. Martino v.	11 M s. Dam. I pp.
12 M s. Gio. d. s. F.	12 V s. Giov. Gual.	12 L s. Chiara v.	12 G s. Guido sag.	12 S	12 M s. Mart. pp.	12 G s. Valer. ab.
13 G *8ª Cor. Dom.*	13 S s. Anacl. pp.	13 M s. Cassia m.	13 V *dell'8ª*	13 D *20ª, M. M. V.*	13 M s. Didaco c.	13 V s. Lucia v.
14 V *s. CUORE G.*	14 D *7ª d. Pentec.*	14 M s. Eusebio pr.	14 S Esalt. s. Cr.	14 L s. Calisto pp.	14 G s. Giosaf. v.	14 S s. Spiridione
15 S ss. Vito e M.	15 L s. Enric. imp.	15 G ASSUN. M. V.	15 D *16ª, ss. N. M.*	15 M s. Teresa v.	15 V s. Geltrude v.	15 D *3ª d'Avv. Ro.*
16 D *3ª d. Pentec.* *P. Cuore di M.*	16 M B. V. del Car.	16 V s. Giacinto c.	16 L ss. Corn. e C.	16 M s. Gallo ab.	16 S	16 L s. Eusebio v.
17 L	17 M s. Alessio con.	17 S 8ª s. Lorenzo	17 M Stim. s. Fra.	17 G s. Edvige r.	17 D *25ª, [Avv. A.]*	17 M s. Lazzaro v.
18 M ss. Mar. e M.	18 G s. Camillo L.	18 D *12ª, s. Gioac.*	18 M *Temp. d'Aut.*	18 V s. Luca ev.	18 L D. b. ss. P., P.	18 M *Temp. d'Inv.*
19 M ss. Ger. e Pr.	19 V s. Vincen. P.	19 L	19 G s. Gennaro	19 S s. Piet. d'Alc.	19 M s. Elisabetta	19 G s. Nemes. m.
20 G s. Silver. pp.	20 S s. Margh. v.	20 M s. Bernar. ab.	20 V s. Eustac. T.	20 D *21ª, Pur. M. V.*	20 M s. Felice Val.	20 V *Tempora*
21 V s. Luigi G.	21 D *8ª d. Pentec.*	21 M s. Gio. di Ch.	21 S s. Matteo T.	21 L ss. Orsol. e C.	21 G Pres. di M. V.	21 S *Tempora*
22 S s. Paolino v.	22 L s. Maria Mad.	22 G *8ª Ass. M. V.*	22 D *17ª, Dol. M. V.*	22 M	22 V s. Cecilia v.	22 D *4ª d'Avv. Ro.*
23 D *4ª d. Pentec.*	23 M s. Apollin. v.	23 V s. Filip. Ben.	23 L s. Lino p.	23 M s. Severin. v.	23 S s. Clem. I p.	23 L
24 L *Nat. s. G. B.*	24 M s. Cristina v.	24 S s. Bartol. ap.	24 M B. V. d. Merc.	24 G s. Raffaele A.	24 D *26ª d. Pentec.*	24 M *Vigilia*
25 M s. Gugl. ab.	25 G s. Giac. ap.	25 D *13ª d. Pentec.*	25 M s. Firmino v.	25 V ss. Crisan. d.	25 L s. Cater. v.	25 M NATALE G. C.
26 M ss. Gio. e Pa.	26 V s. Anna	26 L s. Zefirino p.	26 G ss. Cip., Giu.	26 S s. Evarist. pp.	26 M s. Pietro Al.	26 G s. Stef. prot.
27 G s. Ladislao re	27 S s. Pantal. m.	27 M s. Gius. Cal.	27 V ss. Cos. e D.	27 D *22ª d. Pentec.*	27 M	27 V s. Giov. ev.
28 V s. Leone II p.	28 D *9ª d. Pentec.*	28 M s. Agost. v. d.	28 S s. Venceslao m.	28 L ss. Sim. e G.	28 G	28 S ss. Innoc. m.
29 S ss. P. e P. ap.	29 L s. Marta v.	29 G Dec. d. s. G. B.	29 D *18ª d. Pentec.*	29 M	29 V s. Saturn. m.	29 D s. Tom. C. v.
30 D *5ª d. Pentec.*	30 M ss. Abd., Sen.	30 V s. Rosa da L.	30 L s. Girol. d.	30 M	30 S s. Andrea ap.	30 L *dell'8ª*
	31 M s. Ignazio L.	31 S s. Raim. Non.		31 G *Vigilia*		31 M s. Silves. pp.

Pasqua 8 aprile – anni: 3, 8*, 14, 87, 98, 109, 171, 182, 193, 204*, 255, 266, 277, 288*, 350, 361, 372*, 445, 451, 456*, 535, 540*, 546, 619, 630, 641, 703, 714, 725, 736*, 787, 798, 809, 820*, 882, 893, 904*, 977, 983, 988*, 1067, 1072*, 1078, 1151, 1162, 1173, 1235, 1246, 1257, 1268*, 1319, 1330, 1341, 1352*, 1414, 1425, 1436*, 1509, 1515, 1520*, 1635, 1640*, 1703, 1708*, 1787, 1792*, 1798, 1849, 1855, 1860*, 1917, 1928*, 2007, 2012*, 2091, 2159, 2164*, ecc.

	gennaio bis.		febbraio bis.		gennaio		febbraio		marzo		aprile		maggio
1	D CIRCON. G. C.	1	M s. Ignazio v.	1	L CIRCON. G. C.	1	G s. Ignazio v.	1	G s. Albino v.	1	D delle Palme	1	M ss. Fil. e G. a.
2	L 8ª di s. Stef.	2	G Pur. di M. V.	2	M 8ª di s. Stef.	2	V Pur. di M. V.	2	V s. Simplic. T.	2	L santo	2	M s. Atanas. v.
3	M 8ª di s. Giov.	3	V s. Biagio v.	3	M 8ª di s. Giov.	3	S s. Biagio v.	3	S s. Cunego. T.	3	M santo	3	G Inv. di s. Cro.
4	M 8ª ss. Innoc.	4	S s. Andrea Co.	4	G 8ª ss. Innoc.	4	D Settuagesima	4	D 2ª di Q., Rem.	4	M santo	4	V s. Mon. ved.
5	G s. Telesf. pp.	5	D Settuagesima	5	V s. Telesf. pp.	5	L s. Agata v.	5	L	5	G Cena del Sig.	5	S s. Pio V pp.
6	V EPIFANIA	6	L s. Tito v.	6	S EPIFANIA	6	M s. Tito s. Dor.	6	M	6	V Parasceve	6	D 4ª, Cantate
7	S dell'8ª	7	M s. Romualdo	7	D 1ª d. l'Epif.	7	M s. Romua. ab.	7	M s. Tom. d'Aq.	7	S santo	7	L s. Stanislao v.
8	D 1ª d. l'Epif.	8	M s. Giov. di M.	8	L dell'8ª	8	G s. Giov. di D.	8	G s. Giov. di D.	8	D PASQUA	8	M Ap. di s. Mic.
9	L dell'8ª	9	G s. Apollon. v.	9	M dell'8ª	9	V s. Apollon. v.	9	V s. Franc. Ro.	9	L dell'Angelo	9	M s. Greg. Naz.
10	M dell'8ª	10	V s. Scolast. v.	10	M dell'8ª	10	S s. Scolastica	10	S ss. 40 Mart.	10	M dell'8ª	10	G ss. Gor. ed E.
11	M dell'8ª	11	S ss. Set. Fond.	11	G dell'8ª	11	D Sessagesima	11	D 3ª di Q., Oculi	11	M dell'8ª	11	V s. Mamert. v.
12	G dell'8ª	12	D Sessagesima	12	V dell'8ª	12	L	12	L	12	G s. Greg. I pp.	12	S dell'8ª
13	V 8ª dell'Epif.	13	L	13	S 8ª dell'Epif.	13	M	13	M	13	V dell'8ª	13	D 5ª, Rogate
14	S s. Ilar. s. Fel.	14	M s. Valent. m.	14	D 2ª, ss. N. di G.	14	M s. Valent. m.	14	M s. Matilde reg.	14	S s. Giusti. m.	14	L Le Rogazioni
15	D ss. N. di Gesù	15	M ss. Fau. e G.	15	L s. Paol. s. M.	15	G ss. Fau. e Gio.	15	G s. Longino m.	15	D 1ª, in Albis	15	M s. Isidoro Rog.
16	L s. Marc. I pp.	16	G s. Giuliana v.	16	M s. Marcello p.	16	V	16	V	16	L	16	M s. Giov. Rog.
17	M s. Antonio ab.	17	V s. Silvino v.	17	M s. Antonio ab.	17	S s. Silvino v.	17	S s. Patrizio v.	17	M s. Aniceto pp.	17	G ASCEN. G. C.
18	M Cat. s. Piet. R.	18	S s. Simeone v.	18	G Cat. s. Piet. R.	18	D Quinquages.	18	D 4ª di Q., Laet.	18	M	18	V dell'8ª
19	G s. Canuto re	19	D Quinquages.	19	V s. Canuto re	19	L	19	L s. Giuseppe	19	G s. Leone IX p.	19	S s. Pietro Cel.
20	V ss. Fab. e Seb.	20	L	20	S ss. Fab. e Seb.	20	M	20	M	20	V	20	D 6ª d. P., Exau.
21	S s. Agnese v.	21	M s. Severia v.	21	D 3ª, Sac. Fam.	21	M Le Ceneri	21	M s. Bened. ab.	21	S s. Anselmo v.	21	L s. Felice c.
22	D 3ª, Sac. Fam.	22	M Le Ceneri	22	L ss. Vinc. An.	22	G Cat. s. Piet. A.	22	G s. Paolo v.	22	D 2ª, Miser. Dom.	22	M s. Emilio m.
23	L Spos. di M. V.	23	G s. Pier Dam.	23	M Spos. di M. V.	23	V s. Pier Dam.	23	V	23	L s. Giorgio m.	23	M s. Desiderio v.
24	M s. Timoteo v.	24	V Vigilia	24	M s. Timoteo v.	24	S s. Mattia ap.	24	S s. Simone m.	24	M s. Fedele Sig.	24	G 8ª dell'Ascen.
25	M Conv. s. Paolo	25	S s. Mattia ap.	25	G Conv. s. Paolo	25	D 1ª di Q., Invo.	25	D ANN. di M. V.	25	M s. Marco ev.	25	V s. Gre. VII p.
26	G s. Policar. v.	26	D 1ª di Q., Invo.	26	V s. Policar. v.	26	L	26	L	26	G ss. Cleto mar.	26	S Vigilia
27	V s. Giov. Cris.	27	L	27	S s. Giov. Cris.	27	M	27	M	27	V	27	D PENTECOs.
28	D 4ª d. l'Epif.	28	M	28	D 4ª d. l'Epif.	28	M Temp. di Pri.	28	M	28	S s. Vitale m.	28	L di Pentec.
29	L s. Agnese 2ª f.	29	M Temp. di Pri.	29	L s. Fran. ed A.			29	G	29	D 3ª, Pat. di s. G.	29	M di Pentec.
30	M s. Martina v.			30	M s. Martina v.			30	V B. V. Addolo.	30	L s. Cater. da s.	30	M Temp. d'Est.
31	M s. Pietro Nol.			31	M s. Pietro Nol.			31	S			31	G dell'8ª

giugno	luglio	agosto	settembre	ottobre	novembre	dicembre
1 V s. Panfilo m. T.	1 D 5ª d. Pentec.	1 M s. Pietro in v.	1 S s. Egidio ab.	1 L s. Remigio v.	1 G OGNISSANTI	1 S s. Eligio v.
2 S ss. Marc. e C. T.	2 L Vis. di M. V.	2 G s. Alfonso L.	2 D 14ª d. Pentec.	2 M ss. Angeli C.	2 V Comm. Def.	2 D 1ª d'Avv. Ro.
3 D 1ª, ss. Trinità	3 M s. Marzial. v.	3 V Inv. di s. Ste.	3 L	3 M s. Calim. v.	3 S s. Uberto v.	3 L s. Franc. Sav.
4 L	4 M s. Ireneo v.	4 S s. Dom. di G.	4 M	4 G s. Fran. d'As.	4 D 23ª, s. Carlo	4 M s. Barb. m.
5 M s. Bonifacio v.	5 G	5 D 10ª d. Pentec.	5 M s. Lorenzo G.	5 V ss. Placid. C.	5 L dell'8ª	5 M s. Sabba ab.
6 M s. Norbert. v.	6 V 8ª ss. A. P. P.	6 L Trasf. di G. C.	6 G Tras. s. Ag. C.	6 S s. Brunone c.	6 M dell'8ª	6 G s. Nicolò v.
7 G CORPUS DO.	7 S s. Pulcheria	7 M s. Gaetano T.	7 V	7 D 19ª B. V. Ros.	7 M s. Prosdoc. v.	7 V s. Ambrogio v.
8 V dell'8ª	8 D 6ª d. Pentec.	8 M ss. Cir. e c. m.	8 S Nat. di M. V.	8 L s. Brigida v.	8 G 8ª Ognissanti	8 S Imm. C. M. V.
9 S s. Pri. e Fel.	9 L	9 G s. Roman. m.	9 D 15ª d. Pentec.	9 M ss. Dion. R. E.	9 V s. Teodoro m.	9 D 2ª d'Avv. Ro.
10 D 2ª d. Pentec.	10 M ss. Sett. fr. m.	10 V s. Lorenzo m.	10 L s. Nic. Tol. c.	10 M s. Fran. B.	10 S s. Andrea Av.	10 L dell'8ª
11 L s. Barn. ap.	11 M s. Pio I pp.	11 S ss. Tib. e Sus.	11 M ss. Pr. e Giac.	11 G	11 D 24ª, Pat. M. V.	11 M s. Dam. I pp.
12 M s. Gio. di s. F.	12 G s. Giov. Gua.	12 D 11ª d. Pentec.	12 M dell'8ª	12 V	12 L s. Mart. pp.	12 M s. Valer. ab.
13 M s. Ant. di Pa.	13 V s. Anacl. pp.	13 L s. Cassia m.	13 G s. Eulogio p.	13 S s. Edoardo re	13 M s. Didaco c.	13 G s. Lucia v.
14 G 8ª Cor. Dom.	14 S s. Bonav. d.	14 M s. Eusebio pr.	14 V Esalt. s. Cro.	14 D 20ª Mat. M. V.	14 M s. Giosaf. v.	14 V s. Spiridione
15 V s. CUORE G.	15 D 7ª d. Pentec.	15 M ASSUN. M. V.	15 S 8ª d. N. M. V.	15 L s. Teresa v.	15 G s. Geltrude v.	15 S 8ª d. Imm. C.
16 S	16 L B. V. del Car.	16 G s. Giacinto c.	16 D 16ª, Dol. M. V.	16 M s. Gallo ab.	16 V	16 D 3ª d'Avv. Ro.
17 D 3ª d. Pentec. P. Cuore di M.	17 M s. Alessio con.	17 V 8ª s. Lorenzo	17 L Stim. s. Fra.	17 M s. Edvige r.	17 S s. Greg. tau.	17 L s. Lazzaro v.
18 L ss. Mar. e M.	18 M s. Camillo L.	18 S s. Agapito m.	18 M s. Gius. da C.	18 G s. Luca ev.	18 D 25ª, [Avv. A.]	18 M Asp. Div. P.
19 M ss. Ger. e Pr.	19 G s. Vincen. P.	19 D 12ª, s. Gioac.	19 M Temp. d'Aut.	19 V s. Piet. d'Alc.	19 L s. Elisabetta	19 M Temp. d'Inv.
20 M s. Silver. pp.	20 V s. Marg. v.	20 L s. Bernar. ab.	20 G s. Eustac.	20 S s. Giovan. C.	20 M s. Felice Val.	20 G s. Teofilo m.
21 G s. Luigi G.	21 S s. Prassede v.	21 M s. Gio. di Ch.	21 V s. Matteo T.	21 D 21ª, Pur. M. V.	21 M Pres. di M. V.	21 V Tempora
22 V s. Paolino v.	22 D 8ª d. Pentec.	22 M 8ª Ass. M. V.	22 S ss. Mau. C. T.	22 L	22 G s. Cecilia v.	22 S Tempora
23 S s. Lanfr. v.	23 L s. Apollin. v.	23 G s. Filip. Ben.	23 D 17ª d. Pentec.	23 M s. Severin. v.	23 V s. Clem. I p.	23 D 4ª d'Avv. Ro.
24 D Nat. s. Gio.	24 M s. Cristina v.	24 V s. Bartol. ap.	24 L B. V. d. Merc.	24 M s. Raffaele A.	24 S s. Gio di Cr.	24 L Vigilia
25 L s. Gugl. ab.	25 M s. Giac. ap.	25 S s. Luigi re	25 M	25 G ss. Crisan. D.	25 D 26ª d. Pentec.	25 M NATALE G. C.
26 M ss. Gio. e Pa.	26 G s. Anna	26 D 13ª d. Pentec.	26 M ss. Cip., Giu.	26 V s. Evarist. pp.	26 L s. Pietro Al.	26 M s. Stef. prot.
27 M s. Ladislao re	27 V s. Pantal. m.	27 L s. Gius. Cal.	27 G ss. Cos. e D.	27 S Vigilia	27 M	27 G s. Giov. ev.
28 G s. Leone II p.	28 S ss. Naz. e C.	28 M s. Agost. v. d.	28 V s. Vences. m.	28 D 22ª d. Pentec.	28 M	28 V ss. Innocenti
29 V ss. Pie. e Pa.	29 D 9ª d. Pentec.	29 M Dec. d. s. G. B.	29 S s. Michele A.	29 L	29 G s. Saturn. m.	29 S s. Tomm. C.
30 S Comm. s. Pa.	30 L ss. Abd., Sen.	30 G s. Rosa da L.	30 D 18ª d. Pentec.	30 M	30 V s. Andrea ap.	30 D dell'8ª
	31 M s. Ignazio L.	31 V s. Raim. Non.		31 M Vigilia		31 L s. Silves. pp.

Pasqua 9 aprile – anni: 19, 30, 41, 103, 114, 125, 136*, 198, 209, 220*, 293, 304*, 383, 388*, 467, 478, 551, 562, 573, 635, 646, 657, 668*, 730, 741, 752*, 825, 836*, 915, 920*, 999, 1010, 1083, 1094, 1105, 1167, 1178, 1189, 1200*, 1262, 1273, 1284*, 1357, 1368*, 1447, 1452*, 1531, 1542, 1651, 1662, 1719, 1730, 1871, 1882, 1939, 1944*, 1950, 2023, 2034, 2045, 2102, 2175, 2186, 2197, 2243, ecc.

#	gennaio bis.	febbraio bis.	gennaio	febbraio	marzo	aprile	maggio
1	S CIRCON. G. C.	M s. Ignazio v.	D CIRCON. G. C.	M s. Ignazio v.	M *Temp. di Pri.*	S	L ss. Fil. e G. a.
2	D 8ª di s. Stef.	M *Pur. di M. V.*	L 8ª di s. Stef.	G *Pur. di M. V.*	G	D *delle Palme*	M s. Atanas. v.
3	L 8ª di s. Giov.	G s. Biagio v.	M 8ª di s. Giov.	V s. Biagio v.	V s. Cuneg. T.	L *santo*	M Inv. di s. Cro.
4	M 8ª ss. Innoc.	V s. Andrea Co.	M 8ª ss. Innoc.	S s. Andrea Co.	S s. Casimiro T.	M *santo*	G s. Monica ved.
5	M s. Telesf. pp.	S s. Agata v.	G s. Telesf. pp.	D *Settuagesima*	D *2ª di Q., Rem.*	M *santo*	V s. Pio V pp.
6	G EPIFANIA	D *Settuagesima*	V EPIFANIA	L s. Tito s. Dor.	L	G *Cena del Sig.*	S s. Gio. a. p. l.
7	V *dell'8ª*	L s. Romualdo	S *dell'8ª*	M s. Romua. ab.	M s. Tom. d'Aq.	V *Parasceve*	D *4ª, Cantate*
8	S *1ª d. l'Epif.*	M s. Giov. di M.	D *1ª d. l'Epif.*	M s. Giov. di M.	M s. Giov. di D.	S *santo*	L Ap. di s. Mic.
9	D *dell'8ª*	M s. Apollon. v.	L *dell'8ª*	G s. Apollon. v.	G s. Franc. Ro.	D PASQUA	M s. Greg. Naz.
10	L *dell'8ª*	G s. Scolastica	M *dell'8ª*	V s. Scolastica	V ss. 40 Mart.	L *dell'Angelo*	M ss. Gor. ed E.
11	M *dell'8ª*	V ss. Set. Fond.	M *dell'8ª*	S	S s. Eulogio m.	M *dell'8ª*	G s. Mamert. v.
12	M *dell'8ª*	S	G *dell'8ª*	D *Sessagesima*	D *3ª di Q., Oculi*	M *dell'8ª*	V ss. Ner. C. M.
13	G 8ª dell'Epif.	D *Sessagesima*	V 8ª dell'Epif.	L s. Cat. de Ric.	L	G *dell'8ª*	S s. Servazio v.
14	V s. Ilar. s. Fel.	L s. Valent. m.	S s. Ilar. s. Fel.	M s. Valent. m.	M s. Matilde reg.	V s. Tiburzio m.	D *5ª, Rogate*
15	S s. Paolo er.	M ss. Fau. e G.	D *2ª, ss. N. G.*	M ss. Fau. e Gio.	M s. Longino m.	S *dell'8ª*	L *Le Rogazioni*
16	D *ss. N. di Gesù*	M s. Giuliana v.	L s. Marcello p.	G	G	D *1ª d. P., in Alb.*	M s. Ubaldo Rog.
17	L s. Antonio ab.	G s. Silvino v.	M s. Antonio ab.	V s. Silvino v.	V s. Patrizio v.	L s. Aniceto pp.	M s. Pasq. Rog.
18	M Cat. s. Piet. R.	V s. Simeone v.	M Cat. s. Piet. R.	S s. Simeone v.	S	M s. Galdino v.	G ASCEN. G. C.
19	M s. Canuto re	S s. Corrado c.	G s. Canuto re	D *Quinquages.*	D *4ª di Q., Laet.*	M s. Leone IX p.	V s. Pietro Cel.
20	G ss. Fab. e Seb.	D *Quinquages.*	V ss. Fab. e Seb.	L s. Eleuterio m.	L	G	S s. Bern. da s.
21	V s. Agnese v.	L s. Severia v.	S s. Agnese v.	M s. Severiano	M s. Bened. ab.	V s. Anselmo v.	D *6ª d. P., Exau.*
22	S ss. Vinc. e A.	M Cat. s. Piet. A.	D *3ª Sac. Fam.*	M *Le Ceneri*	M s. Paolo v.	S ss. Sot. e Caio	L s. Emilio m.
23	D *3ª Sac. Fam.*	M *Le Ceneri*	L Spos. di M. V.	G s. Pier Dam.	G	D *2ª, Miser. Dom.*	M s. Desiderio v.
24	L s. Timoteo v.	G *Vigilia*	M s. Timoteo v.	V s. Mattia ap.	V *Vigilia*	L s. Fedele Sig.	M s. Donaz. v.
25	M Conv. s. Paolo	V s. Mattia ap.	M Conv. s. Paolo	S	S ANN. di M. V.	M s. Marco ev.	G *8ª dell'Ascen.*
26	M s. Policar. v.	S	G s. Policar. v.	D *1ª di Q., Invo*	D *di Pas. Iudic.*	M ss. Cleto Mar.	V s. Filippo N.
27	G s. Giov. Cris.	D *1ª di Q., Inv.*	V s. Giov. Cris.	L	L	G	S *Vigilia*
28	V s. Agnese 2ª f.	L	S s. Agnese 2ª f.	M	M	V s. Vitale m.	D PENTECOs.
29	S s. Frances. s.	M	D *4ª d. l'Epif.*		M	S s. Pietro m.	L *di Pentec.*
30	D *4ª d. l'Epif.*		L s. Martina v.		G	D *3ª, P. s. Gius.*	M *di Pentec.*
31	L s. Pietro Nol.		M s. Pietro Nol.		V *B. V. Addolo.*		M *Temp. d'Est.*

72

giugno

1	G	
2	V	ss. Mar. C. T.
3	S	s. Clotil. r. T.
4	D	*1ª ss. Trinità*
5	L	s. Bonifacio v.
6	M	s. Norberto v.
7	M	s. Roberto ab.
8	G	CORPUS. DO.
9	V	*dell'8ª*
10	S	*dell'8ª*
11	D	*2ª d. Pentec.*
12	L	s. Gio. di s. F.
13	M	s. Ant. di Pa.
14	M	s. Basil. M. v.
15	G	*8ª Cor. Dom.*
16	V	s. CUORE G.
17	S	
18	D	*3ª d. Pentec.* / *P. Cuore di M.*
19	L	ss. Ger. e Pr.
20	M	s. Silver. pp.
21	M	s. Luigi G.
22	G	s. Paolino v.
23	V	*Vigilia*
24	S	Nat. s. G. B.
25	D	*4ª d. Pentec.*
26	L	ss. Gio. e Pa.
27	M	s. Ladislao re
28	M	s. Leone II p.
29	G	ss. P. e P. ap.
30	V	*Comm. s. Pa.*

luglio

1	S	*8ª di s. Gio. B.*
2	D	*5ª d. Pentec.*
3	L	s. Marziale v.
4	M	s. Ireneo v.
5	M	
6	G	*8ª ss. A. P. P.*
7	V	
8	S	s. Elisab. reg.
9	D	*6ª d. Pentec.*
10	L	ss. Sett. fr. m.
11	M	s. Pio I pp.
12	M	s. Giov. Gual.
13	G	s. Anacl. pp.
14	V	s. Bonav. d.
15	S	s. Enric. imp.
16	D	*7ª d. Pentec.*
17	L	s. Alessio con.
18	M	s. Camillo L.
19	M	s. Vincen. P.
20	G	s. Girol. E.
21	V	s. Prassede v.
22	S	s. Maria Mad.
23	D	*8ª d. Pentec.*
24	L	s. Cristina v.
25	M	s. Giac. ap.
26	M	s. Anna
27	G	s. Pantal. m.
28	V	ss. Naz. e C.
29	S	s. Marta v.
30	D	*9ª d. Pentec.*
31	L	s. Ignazio L.

agosto

1	M	s. Pietro in v.
2	M	s. Alfonso L.
3	G	Inv. di s. Ste.
4	V	s. Dom. di G.
5	S	s. Maria di N.
6	D	*10ª d. Pentec.*
7	L	s. Gaetano T.
8	M	ss. Cir. e c. m.
9	M	s. Romano m.
10	G	s. Lorenzo m.
11	V	ss. Tib. e Sus.
12	S	s. Chiara v.
13	D	*11ª d. Pentec.*
14	L	s. Eusebio pr.
15	M	ASSUN. M. V.
16	M	s. Giacinto c.
17	G	*8ª s. Lorenzo*
18	V	s. Agapit. m.
19	S	
20	D	*12ª,* s. Gioac.
21	L	s. Gio. di Ch.
22	M	*8ª Ass. M. V.*
23	M	s. Filip. Ben.
24	G	s. Bartol. ap.
25	V	s. Luigi re
26	S	s. Zeffirino p.
27	D	*13ª d. Pentec.*
28	L	s. Agost. v. d.
29	M	Dec. di s. G. B.
30	M	s. Rosa da L.
31	G	s. Raim. Non.

settembre

1	V	s. Egidio ab.
2	S	s. Stefano re
3	D	*14ª d. Pentec.*
4	L	
5	M	s. Lorenzo G.
6	M	
7	G	
8	V	*Nat. di M. V.*
9	S	s. Gorgon. m.
10	D	*15ª,* ss. N. M.
11	L	ss. Pr. e Giac.
12	M	s. Guido sag.
13	M	*dell'8ª*
14	G	Esalt. s. Cro.
15	V	*8ª d. N. M. V.*
16	S	ss. Corn. e C.
17	D	*16ª,* Dol. M. V.
18	L	s. Gius. C.
19	M	s. Gennaro v.
20	M	*Temp. d'Aut.*
21	G	s. Matteo ap.
22	V	ss. Mau. C. T.
23	S	s. Lino p. T.
24	D	*17ª d. Pentec.*
25	L	
26	M	ss. Cip., Giu.
27	M	ss. Cos. e D.
28	G	s. Vencesl. m.
29	V	s. Michele A.
30	S	s. Girol. d.

ottobre

1	D	*18ª,* B. V. Ro.
2	L	ss. Angeli C.
3	M	s. Calim. v.
4	M	s. Fran. d'As.
5	G	ss. Placid. C.
6	V	s. Brunone c.
7	S	s. Marco pp.
8	D	*19ª,* M. M. V.
9	L	ss. Dion. R. E.
10	M	s. Franc. B.
11	M	
12	G	
13	V	s. Edoardo re
14	S	s. Calisto pp.
15	D	*20ª,* Pur. M. V.
16	L	s. Gallo ab.
17	M	s. Edvige r.
18	M	s. Luca ev.
19	G	s. Piet. d'Alc.
20	V	s. Giovan. C.
21	S	s. Orsol. e C.
22	D	*21ª d. Pentec.*
23	L	s. Severino v.
24	M	s. Raffaele A.
25	M	ss. Crisan. d.
26	G	s. Evaristo pp.
27	V	*Vigilia*
28	S	ss. Sim. e G.
29	D	*22ª d. Pentec.*
30	L	s. Gerardo v.
31	M	*Vigilia*

novembre

1	M	OGNISSANTI
2	G	*Comm. Def.*
3	V	*dell'8ª*
4	S	s. Carlo Bor.
5	D	*23ª d. Pentec.*
6	L	*dell'8ª*
7	M	*dell'8ª*
8	M	*8ª d'Ognissanti*
9	G	s. Teodoro m.
10	V	s. Andrea Av.
11	S	s. Martino v.
12	D	*24ª,* Pat. M. V.
13	L	s. Didaco c.
14	M	s. Giosaf. v.
15	M	s. Geltrude v.
16	G	
17	V	s. Greg. tau.
18	S	D. b. ss. P., P.
19	D	*25ª d. Pentec.*
20	L	s. Felice Val.
21	M	Pres. di M. V.
22	M	s. Cecilia v.
23	G	s. Clem. I p.
24	V	s. Gio. d. Cr.
25	S	s. Cater. v.
26	D	*26ª d. Pentec.*
27	L	
28	M	
29	M	s. Saturn. m.
30	G	s. Andrea ap.

dicembre

1	V	
2	S	s. Bibiana v.
3	D	*1ª d'Avv. Ro.*
4	L	s. Barb. m.
5	M	s. Sabba ab.
6	M	s. Nicolò v.
7	G	s. Ambrogio v.
8	V	Imm. C. M. V.
9	S	*dell'8ª*
10	D	*2ª d'Avv. Ro.*
11	L	s. Dam. I pp.
12	M	s. Valer. ab.
13	M	s. Lucia v.
14	G	s. Spiridione
15	V	*8ª d'Imm. Co.*
16	S	s. Eusebio v.
17	D	*3ª d'Avv. Ro.*
18	L	*Asp. Div. P.*
19	M	s. Nemes. m.
20	M	*Temp. d'Inv.*
21	G	s. Tom. ap.
22	V	*Tempora*
23	S	*Tempora*
24	D	*4ª d'Avv. Ro.*
25	L	NATALE G. C.
26	M	s. Stef. prot.
27	M	s. Giov. ev.
28	G	ss. Innoc. m.
29	V	s. Tom. C. v.
30	S	*dell'8ª*
31	D	s. Silves. pp.

Pasqua 10 aprile — anni: 35, 46, 57, 68*, 130, 141, 152*, 225, 236*, 315, 320*, 399, 410, 483, 494, 505, 567, 578, 589, 600*, 662, 673, 684*, 757, 768*, 847, 852*, 931, 942, 1015, 1026, 1037, 1099, 1110, 1121, 1132*, 1194, 1205, 1216*, 1289, 1300*, 1379, 1384*, 1463, 1474, 1547, 1558, 1569, 1583, 1594, 1605, 1667, 1678, 1689, 1735, 1746, 1757, 1803, 1814, 1887, 1898, 1955, 1966, 1977, 2039, 2050, 2061, 2072*, 2107, 2118, 2129, 2191, 2259, ecc.

	gennaio bis.		febbraio bis.		gennaio		febbraio		marzo		aprile		maggio
1	V	CIRCON. G. C.	L	s. Ignazio v.	S	CIRCON. G. C.	M	s. Ignazio v.	M	s. Albino v.	V	B. V. Addol.	D	3ª, Jubilate
2	S	8ª di s. Stef.	M	Pur. di M. V.	D	8ª di s. Stef.	M	Pur di M. V.	M	Temp. di Pri.	S	s. Franc. di P.	L	s. Atanas. v.
3	D	8ª di s. Giov.	M	s. Biagio v.	L	8ª di s. Giov.	G	s. Biagio v.	G	s. Cunegonda	D	delle Palme	M	Inv. di s. Cro.
4	L	8ª ss. Innoc.	G	s. Andrea Co.	M	8ª ss. Innoc.	V	s. Andrea Co.	V	s. Casimir. T.	L	santo	M	s. Mon. ved.
5	M	s. Telesf. pp.	V	s. Agata v.	M	s. Telesf. pp.	S	s. Agata v.	S	s. Foca m. T.	M	santo	G	s. Pio V pp.
6	M	EPIFANIA	S	s. Tito v.	G	EPIFANIA	D	Settuagesima	D	2ª di Q., Rem.	M	santo	V	s. Gio. a. p. l.
7	G	dell'8ª	D	Settuagesima	V	dell'8ª	L	s. Romua. ab.	L	s. Tom. d'Aq.	G	Cena del Sig.	S	s. Stanisl. v.
8	V	dell'8ª	L	s. Giov. di M.	S	dell'8ª	M	s. Giov. di M.	M	s. Giov. di D.	V	Parasceve	D	4ª, Cantate
9	S	dell'8ª	M	s. Apollon. v.	D	1ª d. l'Epif.	M	s. Apollon. v.	M	s. Franc. Ro.	S	santo	L	s. Greg. Naz.
10	D	1ª d. l'Epif.	M	s. Scolast. v.	L	dell'8ª	G	s. Scolastica	G	ss. 40 Mart.	D	PASQUA	M	ss. Gor. ed E.
11	L	dell'8ª	G	ss. Set. Fond.	M	dell'8ª	V		V		L	dell'8ª	M	s. Mamert. v.
12	M	dell'8ª	V		M	dell'8ª	S	s. Eulalia v.	S	s. Greg. I pp.	M	dell'8ª	G	ss. Ner. C. m.
13	M	8ª dell'Epif.	S		G	8ª dell'Epif.	D	Sessagesima	D	3ª di Q., Oculi	M	dell'8ª	V	
14	G	s. Ilar. s. Fel.	D	Sessagesima	V	s. Ilar. s. Fel.	L	s. Valent. m.	L	s. Matil. reg.	G	s. Tiburzio m.	S	s. Bonifacio
15	V	s. Paolo er.	L	ss. Fau. e G.	S	s. Paolo er.	M	ss. Fau. e Gio.	M	s. Longino m.	V	dell'8ª	D	5ª, Rogate
16	S	s. Marc. I pp.	M	s. Giuliana v.	D	2ª, ss. N. di G.	M		M		S	dell'8ª	L	Le Rogazioni
17	D	ss. N. di Ges.	M	s. Silvino v.	L	s. Antonio ab.	G	s. Silvino v.	G	s. Patrizio v.	D	1ª, in Albis	M	s. Pasq. Rog.
18	L	Cat. s. Piet. R	G	s. Simeone v.	M	Cat. s. Piet. R.	V	s. Simeone v.	V		L	s. Galdino v.	M	s. Vena. Rog.
19	M	s. Canuto re	V		M	s. Canuto re	S	s. Corrado c.	S	s. Giuseppe	M	s. Leone IX p.	G	ASCEN. G. C.
20	M	ss. Fab. e Seb.	S		G	ss. Fab. e Seb.	D	Quinquages.	D	4ª di Q., Laet.	M		V	dell'8ª
21	G	s. Agnese v.	D	Quinquages.	V	s. Agnese v.	L	s. Severiano	L	s. Bened. ab.	G	s. Anselmo v.	S	s. Felice C.
22	V	ss. Vinc. e A.	L	Cat. s. Piet. A.	S	ss. Vinc., An.	M	Cat. s. Piet. A.	M	s. Paolo v.	V	ss. Sot. e Caio	D	6ª d. P. Exau.
23	S	Spos. di M. V.	M	s. Pier Dam.	D	3ª Sac. Fam.	M	Le Ceneri	M		S	s. Giorgio m.	L	s. Desider. v.
24	D	3ª Sac. Fam.	M	Le Ceneri	L	s. Timoteo v.	G	s. Mattia ap.	G	Vigilia	D	2ª, Miser. Dom.	M	s. Donaz. v.
25	L	Con. s. Paolo	G	s. Mattia ap.	M	Con. s. Paolo	V		V	ANN. di M. V.	L	s. Marco ev.	M	s. Gre. VII p.
26	M	s. Policar. v.	V		M	s. Policar. v.	S		S	s. Teodoro v.	M	ss. Cleto Mar.	G	8ª dell'Ascen.
27	M	s. Giov. Cris.	S		G	s. Giov. Cr.	D	1ª di Q., Inv.	D	di Pas. Iudic.	M		V	s. Maria Mad.
28	G	s. Agnese 2ª f.	D	1ª di Q., Inv.	V	s. Agnese 2ª f.	L		L		G	s. Vitale m.	S	Vigilia
29	V	s. Frances. s.	L		S	s. Fran. ed A.			M		V	s. Pietro m.	D	PENTECOs.
30	S	s. Martina v.			D	4ª d. l'Epif.			M		S	s. Cater. da s.	L	di Pentec.
31	D	4ª d. l'Epif.			L	s. Pietro Nol.			G				M	di Pentec.

giugno

1	M	*Temp. d'Est.*
2	G	ss. Marc. e C.
3	V	s. Clotil. r. T.
4	S	s. Fran. C. T.
5	D	*1ª ss. Trinità*
6	L	s. Norbert. v.
7	M	s. Robert. ab.
8	M	s. Gugliel. v.
9	G	*CORPUS DO.*
10	V	*dell'8ª*
11	L	
12	D	*2ª d. Pentec.*
13	L	s. Ant. di Pa.
14	M	s. Basil. M. v.
15	M	ss. Vito e M.
16	G	*8ª Cor. Dom.*
17	V	s. CUORE G.
18	S	ss. Mar. e M.
19	D	*3ª d. Pentec.*
		P. Cuore di M.
20	L	s. Silver. pp.
21	M	s. Luigi G.
22	M	s. Paolino v.
23	G	*Vigilia*
24	V	*Nat. s. G. B.*
25	S	s. Gug. ab.
26	D	*4ª d. Pentec.*
27	L	s. Ladislao re
28	M	s. Leone II p.
29	M	ss. Piet. e Pa.
30	G	Comm. s. Pa.

luglio

1	V	*8ª di s. Gio. B.*
2	S	*Vis. di M. V.*
3	D	*5ª d. Pentec.*
4	L	s. Ireneo v.
5	M	
6	M	*8ª ss. A. P. P.*
7	G	s. Pulcheria
8	V	s. Elisab. reg.
9	S	s. Veron. gl.
10	D	*6ª d. Pentec.*
11	L	s. Pio I pp.
12	M	s. Giov. Gua.
13	M	s. Anacl. pp.
14	G	s. Bonav. d.
15	V	s. Enric. imp.
16	S	B. V. del Car.
17	D	*7ª d. Pentec.*
18	L	s. Camillo L.
19	M	s. Vincen. P.
20	M	s. Marg. v.
21	V	s. Prassede v.
22	V	s. Maria Mad.
23	S	s. Apollin. v.
24	D	*8ª d. Pentec.*
25	L	s. Giac. ap.
26	M	s. Anna
27	M	s. Pantal. m.
28	G	ss. Naz. e C.
29	V	s. Marta v.
30	S	ss. Abd., Sen.
31	D	*9ª d. Pentec.*

agosto

1	L	s. Pietro in v.
2	M	s. Alfonso L.
3	M	Inv. di s. Ste.
4	G	s. Dom. di G.
5	V	s. Maria d N.
6	S	Trasf. di G. C.
7	D	*10ª d. Pentec.*
8	L	ss. Cir. e c. m.
9	M	s. Roman. m.
10	M	s. Lorenzo m.
11	G	ss. Tib. e Sus.
12	V	s. Chiara v.
13	S	s. Cassia m.
14	D	*11ª d. Pentec.*
15	L	ASSUN. M. V.
16	M	s. Giacinto c.
17	M	*8ª s. Lorenzo*
18	G	s. Agapit. m.
19	V	
20	S	s. Bernar. ab.
21	D	*12ª, s. Gioac.*
22	L	*8ª Ass. M. V.*
23	M	s. Filip. Ben.
24	M	s. Bartol. ap.
25	G	s. Luigi re
26	V	s. Zeffirino p.
27	S	s. Gius. Cal.
28	D	*13ª d. Pentec.*
29	L	Dec. d. s. G. B.
30	M	s. Rosa da L.
31	M	s. Raim. Non.

settembre

1	G	s. Egidio ab.
2	V	s. Stefano re
3	S	s. Mansue. v.
4	D	*14ª d. Pentec.*
5	L	s. Lorenzo G.
6	M	
7	M	
8	G	*Nat. di M. V.*
9	V	s. Gorgon. m.
10	S	s. Nic. Tol. c.
11	D	*15ª d. Pentec.*
12	L	s. Guido sag.
13	M	*dell'8ª*
14	M	Esalt. s. Cro.
15	G	*8ª d. N. M. V.*
16	V	ss. Corn. e C.
17	S	Stim. s. Fra.
18	D	*16ª, Dol. M. V.*
19	L	s. Gennaro v.
20	M	s. Eustac. m.
21	M	*Temp. d'Aut.*
22	V	ss. Mau. C.
23	S	s. Lino pp. T.
24	D	B. V. d. M. T.
25	L	*17ª d. Pentec.*
26	M	ss. Cip., Giu.
27	M	ss. Cos. e D.
28	G	ss. Vences. m.
29	V	s. Michele A.
30	S	s. Girol. d.

ottobre

1	S	s. Remigio v.
2	D	*18ª, B. V. Ros.*
3	L	s. Calim. v.
4	M	s. Fran. d'As.
5	M	ss. Placid. C.
6	G	s. Brunone c.
7	V	s. Marco pp.
8	S	s. Brigida v.
9	D	*19ª, Mat. M. V.*
10	L	s. Fran. B.
11	M	
12	M	
13	G	s. Edoardo re
14	V	s. Calisto pp.
15	S	s. Teresa v.
16	D	*20ª, Pur. M. V.*
17	L	s. Edvige r.
18	M	s. Luca ev.
19	M	s. Piet. d'Alc.
20	G	s. Giovan. C.
21	V	ss. Orsol. e C.
22	S	s. Donato v.
23	D	*21ª d. Pentec.*
24	L	s. Raffael. A.
25	M	s. Crisan. D.
26	M	
27	G	*Vigilia*
28	V	ss. Sim. e G.
29	S	s. Ermel. v.
30	D	*22ª d. Pentec.*
31	L	*Vigilia*

novembre

1	M	OGNISSANTI
2	M	*Comm. Def.*
3	G	*dell'8ª*
4	V	s. Carlo Bor.
5	S	s. Zaccar. pr.
6	D	*23ª d. Pentec.*
7	L	s. Prosdoc. v.
8	M	*8ª Ognissanti*
9	M	s. Teodoro m.
10	G	s. Andrea Av.
11	S	s. Martino
12	S	s. Mart. pp.
13	D	*24ª Pat. M. V.*
14	L	s. Giosaf. v.
15	M	s. Geltrude v.
16	M	
17	G	s. Greg. tau.
18	V	D. b. ss. P., P.
19	S	s. Elisabetta
20	D	*25ª d. Pentec.*
21	L	Pres. di M. V.
22	M	s. Cecilia v.
23	M	s. Clem. I p.
24	V	s. Gio. d. Cr.
25	S	s. Cater. v.
26	S	s. Pietro Al.
27	D	*1ª d'Avv. Ro.*
28	L	
29	M	s. Saturn. m.
30	M	s. Andrea ap.

dicembre

1	G	s. Bibiana v.
2	V	s. Franc. Sav.
3	S	*2ª d'Avv. Ro.*
4	D	s. Sabba ab.
5	L	s. Nicolò v.
6	M	s. Ambrogio
7	M	*Imm. C. M. V.*
8	G	*dell'8ª*
9	V	*dell'8ª*
10	D	*3ª d'Avv. Ro.*
11	L	s. Valer. ab.
12	M	s. Lucia v.
13	M	*Temp. d'Inv.*
14	G	*8ª d. Imm. C.*
15	V	s. Euse. v. T.
16	S	s. Lazz. v. T.
17	D	*4ª d'Avv. Rom.*
18	L	s. Nemes. m.
19	M	s. Timot. m.
20	M	s. Tom. ap.
21	G	s. Flav. m.
22	V	s. Vittoria v.
23	S	*Vigilia*
24	D	NATALE G. C.
25	L	s. Stef. prot.
26	M	s. Giov. ev.
27	M	ss. Innocenti
28	G	ss. Tomm. C.
29	V	*dell'8ª*
30	S	s. Silves. pp.

75

Pasqua 11 aprile – anni: 62, 73, 84*, 157, 163, 168*, 247, 252*, 258, 331, 342, 353, 415, 426, 437, 448*, 499, 510, 521, 532*, 594, 605, 616*, 689, 695, 700*, 779, 784*, 790, 863, 874, 885, 947, 958, 969, 980*, 1031, 1042, 1053, 1064*, 1126, 1137, 1148*, 1221, 1227, 1232*, 1311, 1316*, 1322, 1395, 1406, 1417, 1479, 1490, 1501, 1512*, 1563, 1574, 1599, 1610, 1621, 1632*, 1694, 1700, 1751, 1762, 1773, 1784*, 1819, 1830, 1841, 1852*, 1909, 1971, 1982, 2004*, 2066, 2077, 2088*, 2123, 2134, 2145, 2156*, 2202, ecc.

gennaio bis.

1	G	CIRCON. G. C.
2	V	8ª di s. Stef.
3	S	8ª di s. Giov.
4	D	8ª ss. Innoc.
5	L	s. Telesf. pp
6	M	EPIFANIA
7	M	dell'8ª
8	G	dell'8ª
9	V	dell'8ª
10	S	dell'8ª
11	D	1ª d. l'Epif.
12	L	dell'8ª
13	M	8ª dell'Epif.
14	M	s. Ilar. s. Fel.
15	G	s. Paolo er.
16	V	s. Marc. I pp.
17	S	s. Antonio ab.
18	D	ss. N. di Gesù
19	L	s. Canuto re
20	M	ss. Fab. e Seb.
21	M	s. Agnese v.
22	G	ss. Vinc. e A.
23	V	Spos. di M. V.
24	S	s. Timoteo v.
25	D	3ª, Sac. Fam.
26	L	s. Policar. v.
27	M	s. Giov. Cris.
28	M	s. Agnese 2ª f.
29	G	s. Frances. s.
30	V	s. Martina v.
31	S	s. Pietro Nol.

febbraio bis.

1	D	4ª d. l'Epif.
2	L	Pur. di M. V.
3	M	s. Biagio v.
4	M	s. Andrea Co.
5	G	s. Agata v.
6	V	s. Vito v.
7	S	s. Romualdo
8	D	Settuagesima
9	L	s. Apollon. v.
10	M	s. Scolastica
11	M	ss. Set. Fond.
12	G	
13	V	
14	S	s. Valent. m.
15	D	Sessagesima
16	L	s. Giuliana v.
17	M	s. Silvino v.
18	M	s. Simeone v.
19	G	
20	V	
21	S	
22	D	Quinquages.
23	L	s. Pier Dam.
24	M	s. Gerardo v.
25	M	Le Ceneri
26	G	
27	V	
28	S	
29	D	1ª di Q., Inv.

gennaio

1	V	CIRCON. G. C.
2	S	8ª di s. Stef.
3	D	8ª di s. Giov.
4	L	8ª ss. Innoc.
5	M	s. Telesf. pp.
6	M	EPIFANIA
7	G	dell'8ª
8	V	dell'8ª
9	S	dell'8ª
10	D	1ª d. l'Epif.
11	L	dell'8ª
12	M	dell'8ª
13	M	8ª dell'Epif.
14	G	s. Ilar. s. Fel.
15	V	s. Paolo er.
16	S	s. Marcello p.
17	D	2ª, ss. N. G.
18	L	Cat. s. Piet. R.
19	M	s. Canuto re
20	M	ss. Fab. e Seb.
21	G	s. Agnese v.
22	V	ss. Vinc., An.
23	S	Spos. di M. V.
24	D	3ª, Sac. Fam.
25	L	Con. s. Paolo
26	M	s. Policar. v.
27	M	s. Giov. Cr.
28	G	s. Agnese 2ª f.
29	V	s. Fran. ed A.
30	S	s. Martina v.
31	D	4ª d. l'Epif.

febbraio

1	L	s. Ignazio v.
2	M	Pur. di M. V.
3	M	s. Biagio v.
4	G	s. Andrea Co.
5	V	s. Agata v.
6	S	s. Tito, s. Dor.
7	D	Settuagesima
8	L	s. Giov. di D.
9	M	s. Apollon. v.
10	M	s. Scolastica
11	G	
12	V	
13	S	s. Cat. de Ric.
14	D	Sessagesima
15	L	ss. Fau. e Gio.
16	M	s. Giuliana v.
17	M	s. Silvino v.
18	G	s. Simeone v.
19	V	
20	S	
21	D	Quinquages.
22	L	Cat. s. Piet. A.
23	M	s. Pier Dam.
24	M	Le Ceneri
25	G	
26	V	
27	S	
28	D	1ª di Q. Invo.

marzo

1	L	
2	M	
3	M	Temp. di Pri.
4	G	s. Casimiro c.
5	V	s. Foca m. T.
6	S	s. Coletta v. T.
7	D	2ª di Q. Rem.
8	L	s. Giov. di D.
9	M	s. Franc. Ro.
10	M	ss. 40 Mart.
11	G	
12	V	s. Greg. I pp.
13	S	s. Eufrasia v.
14	D	3ª di Q. Oculi
15	L	s. Longino m.
16	M	
17	M	s. Patrizio v.
18	G	
19	V	s. Giuseppe
20	S	ss. Grat. e M.
21	D	4ª di Q. Laet.
22	L	s. Paolo v.
23	M	
24	M	Vigilia
25	G	ANN. di M. V.
26	V	s. Teodoro v.
27	S	
28	D	di Pas. Iudic.
29	L	
30	M	
31	M	

aprile

1	G	s. Ugo v.
2	V	B. V. Addolo.
3	S	s. Pancra. v.
4	D	delle Palme
5	L	santo
6	M	santo
7	M	santo
8	G	Cena del Sig.
9	V	Parasceve
10	S	santo
11	D	PASQUA
12	L	dell'Angelo
13	M	dell'8ª
14	M	dell'8ª
15	G	dell'8ª
16	V	dell'8ª
17	S	dell'8ª
18	D	1ª d. P., in Alb.
19	L	s. Leone IX p.
20	M	
21	M	s. Anselmo v.
22	G	ss. Sot. e Caio
23	V	s. Giorgio m.
24	S	s. Fedele Sig.
25	D	2ª, Miser. Dom.
26	L	ss. Cleto Mar.
27	M	
28	M	s. Vitale m.
29	G	s. Pietro m.
30	V	s. Cater. da s.

maggio

1	S	ss. Fil. e G. a.
2	D	3ª, Jubilate
3	L	Inv. di s. Cro.
4	M	s. Monica ved.
5	M	s. Pio V pp.
6	G	s. Gio. a. p. l.
7	V	s. Stanisl. V.
8	S	Ap. di s. Mic.
9	D	4ª, Cantate
10	L	ss. Gor. ed E.
11	M	s. Mamert. v.
12	M	ss. Ner. C. m.
13	G	
14	V	s. Bonifacio
15	S	dell'8ª
16	D	5ª, Rogate
17	L	Le Rogazioni
18	M	s. Venan. Rog.
19	M	s. Pie. Cel. Rog.
20	G	ASCEN. G. C.
21	V	dell'8ª
22	S	s. Emilio m.
23	D	6ª, Exaudi
24	L	s. Donaz. v.
25	M	s. Gre. VII p.
26	M	s. Filippo N.
27	G	8ª dell'Ascen.
28	V	s. Agost. C.
29	S	s. Massimino
30	D	PENTECOs.
31	L	di Pentec.

giugno

1	M	
2	M	Temp. d'Est.
3	G	s. Clotilde r.
4	V	s. Fran. C. T.
5	S	s. Bonif. v. T.
6	D	1ª ss. Trinità
7	L	s. Robert. ab.
8	M	s. Gugl. v.
9	M	ss. Pri. e Fel.
10	G	CORPUS DO.
11	V	dell'8ª
12	S	dell'8ª
13	D	2ª d. Pentec.
14	L	s. Basil. M. v.
15	M	ss. Vito e M.
16	M	s. Gio. F. Reg.
17	G	8ª Cor. Dom.
18	V	s. CUORE G.
19	S	ss. Ger. e Pr.
20	D	3ª d. Pentec. P. Cuore di M.
21	L	s. Luigi G.
22	M	s. Paolino v.
23	M	Vigilia
24	G	Nat. s. G. B.
25	V	s. Gugl. ab.
26	S	ss. Gio. e Pa.
27	D	4ª d. Pentec.
28	L	s. Leone II p.
29	M	ss. P. e P. ap.
30	M	Comm. s. Pa.

luglio

1	G	8ª di s. Gio. B.
2	V	Vis. di M. V.
3	S	s. Marziale v.
4	D	5ª d. Pentec.
5	L	
6	M	8ª ss. A. P. P.
7	M	
8	G	s. Elisab. reg.
9	V	s. Veron. G.
10	S	ss. Set. fr. m
11	D	6ª d. Pentec.
12	L	s. Giov. Gual.
13	M	s. Anacl. pp.
14	M	s. Bonav. d.
15	G	s. Enric. imp.
16	V	B. V. del Car.
17	S	s. Alessio con.
18	D	7ª d. Pentec.
19	L	s. Vincen. P.
20	M	s. Margh. v.
21	M	s. Prassede v.
22	G	s. Maria Mad.
23	V	s. Apollin. v.
24	S	s. Cristina v.
25	D	8ª d. Pentec.
26	L	s. Anna
27	M	s. Pantal. m.
28	M	ss. Naz. e C.
29	G	s. Marta v.
30	V	ss. Abd., Sen.
31	S	s. Ignazio L.

agosto

1	D	9ª d. Pentec.
2	L	s. Alfonso L.
3	M	Inv. di s. Ste.
4	M	s. Dom. di G.
5	G	s. Maria d. N.
6	V	Trasf. di G. C.
7	S	s. Gaetano T.
8	D	10ª d. Pentec.
9	L	s. Roman. m.
10	M	s. Lorenzo m.
11	M	ss. Tib. e Sus.
12	G	s. Chiara v.
13	V	s. Cassia m.
14	S	s. Eusebio pr.
15	D	ASSUN. M. V.
16	L	s. Giacinto c.
17	M	8ª s. Lorenzo
18	M	s. Agapit. m.
19	G	
20	V	s. Bernar. ab.
21	S	s. Gio. di Ch.
22	D	12ª, s. Gioac.
23	L	s. Filip. Ben.
24	M	s. Bartol. ap.
25	M	s. Luigi re
26	G	s. Zefirino p.
27	V	s. Gius. Cal.
28	S	s. Agost. v. d.
29	D	13ª d. Pentec.
30	L	s. Rosa da L.
31	M	s. Raim. Non.

settembre

1	M	s. Egidio ab.
2	G	s. Stefano re
3	V	s. Mansue. v.
4	S	
5	D	14ª d. Pentec.
6	L	
7	M	
8	M	Na. di M. V.
9	G	s. Gorgon. m.
10	V	s. Nic. Tol. c.
11	S	ss. Pr. e Giac.
12	D	15ª, ss. N. M.
13	L	dell'8ª
14	M	Esalt. s. Cro.
15	M	Temp. d'Aut.
16	G	ss. Corn. e C.
17	V	Stim. s. F. T.
18	S	s. Gius. C. T.
19	D	16ª, Dol. M. V.
20	L	s. Eustac.
21	M	s. Matteo ap.
22	M	ss. Mau. C. T.
23	G	s. Lino p. T.
24	V	B. V. d. Merc.
25	S	s. Firmino v.
26	D	17ª d. Pentec.
27	L	ss. Cos. e D.
28	M	s. Vencesl. m.
29	M	s. Michele A.
30	G	s. Girol. d.

ottobre

1	V	s. Remigio v.
2	S	ss. Angeli C.
3	D	18ª, B. V. Ros.
4	L	s. Fran. d'As.
5	M	ss. Placid. C.
6	M	s. Brunone c.
7	G	s. Marco pp.
8	V	s. Brigida v.
9	S	ss. Dion. C. m.
10	D	19ª, M. M. V.
11	L	
12	M	
13	M	s. Edoardo re
14	G	s. Calisto pp.
15	V	s. Teresa v.
16	S	s. Gallo ab.
17	D	20ª, Pur. M. V.
18	L	s. Luca ev.
19	M	s. Piet. d'Alc.
20	M	s. Giovan. C.
21	G	ss. Orsol. e C.
22	V	s. Donato v.
23	S	s. Severin. v.
24	D	21ª d. Pentec.
25	L	ss. Crisan. d.
26	M	s. Evaristo pp.
27	M	Vigilia
28	G	ss. Sim. e G.
29	V	
30	S	
31	D	22ª d. Pentec.

novembre

1	L	OGNISSANTI
2	M	Com. Def.
3	M	dell'8ª
4	G	s. Carlo Bor.
5	V	dell'8ª
6	S	dell'8ª
7	D	23ª d. Pentec.
8	L	8ª Ognissanti
9	M	s. Teodoro m.
10	M	s. Andrea Av.
11	G	s. Martino v.
12	V	s. Mart. pp.
13	S	s. Stanisl. K.
14	D	24ª, Pat. M. V.
15	L	s. Geltrud. v.
16	M	
17	M	s. Greg. tau.
18	G	D. b. ss. P., P.
19	V	s. Elisabetta
20	S	s. Felice Val.
21	D	25ª d. Pentec.
22	L	s. Cecilia v.
23	M	s. Clem. I p.
24	M	s. Gio. d. Cr.
25	G	s. Cater. v.
26	V	s. Pietro Al.
27	S	
28	D	1ª d'Avv. Ro.
29	L	s. Saturn. m.
30	M	s. Andrea ap.

dicembre

1	M	
2	G	s. Bibiana v.
3	V	s. Fran. Sav.
4	S	s. Barb. m.
5	D	2ª d'Avv. Ro.
6	L	s. Nicolò v.
7	M	s. Ambrogio v.
8	M	Imm. C. M. V.
9	G	dell'8ª
10	V	s. Melch. pp.
11	S	s. Dam. I pp.
12	D	3ª d'Avv. Ro.
13	L	s. Lucia v.
14	M	s. Spiridione
15	M	Temp. d'Inv.
16	G	s. Eusebio v.
17	V	Tempora
18	S	Tempora
19	D	4ª d'Avv. Ro.
20	L	s. Teofilo m.
21	M	s. Tom. ap.
22	M	s. Flavian. m.
23	G	s. Vittoria v.
24	V	Vigilia
25	S	NATALE G. C.
26	D	s. Stef. prot.
27	L	s. Giov. ev.
28	M	ss. Innoc. m.
29	M	s. Tom. C. v.
30	G	dell'8ª
31	V	s. Silves. pp.

Pasqua 12 aprile – anni: 5, 16*, 95, 100*, 179, 190, 263, 274, 285, 347, 358, 369, 380*, 442, 453, 464*, 537, 548*, 627, 632*, 711, 722, 795, 806, 817, 879, 890, 901, 912*, 974, 985, 996*, 1069, 1080*, 1159, 1164*, 1243, 1254, 1327, 1338, 1349, 1411, 1422, 1433, 1444*, 1506, 1517, 1528*, 1626, 1637, 1648*, 1705, 1716*, 1789, 1846, 1857, 1868*, 1903, 1914, 1925, 1936*, 1998, 2009, 2020*, 2093, 2099, 2150, 2161, 2172*, ecc.

gennaio bis.	febbraio bis.	gennaio	febbraio	marzo	aprile	maggio
1 M CIRCON. G. C.	1 S s. Ignazio v.	1 G CIRCON. G. C.	1 D 4ª d. l'Epif.	1 D 1ª di Q., Inv.	1 M s. Ugo v.	1 V ss. Fi. e G. a.
2 G 8ª di s. Stef.	2 D Pur. di M. V.	2 V 8ª di s. Stef.	2 L Pur. di M. V.	2 L	2 G s. Franc. di P.	2 S s. Atanas. v.
3 V 8ª di s. Giov.	3 L	3 S 8ª di s. Giov.	3 M s. Biagio v.	3 M	3 V B. V. Addol.	3 D 3ª, Jubilate
4 S 8ª ss. Innoc.	4 M s. Andrea Co.	4 D 8ª ss. Innoc.	4 M Temp. di Pri.	4 M Temp. di Pri.	4 S s. Isidoro v.	4 L s. Mon. ved.
5 D s. Telesf. pp.	5 M s. Agata v.	5 L s. Telesf. pp.	5 G s. Agata v.	5 G	5 D delle Palme	5 M s. Pio V pp.
6 L EPIFANIA	6 G s. Tito v.	6 M EPIFANIA	6 V s. Tito v. T.	6 V Tempora	6 L santo	6 M s. Gio. a. p.
7 M dell'8ª	7 V s. Romualdo	7 M dell'8ª	7 S s. Rom. ab. T.	7 S s. To. d'Aq. T.	7 M santo	7 G s. Stanis. v.
8 M dell'8ª	8 S s. Giov. di M.	8 G dell'8ª	8 D Settuagesima	8 D 2ª di Q., Rem.	8 M santo	8 V Ap. di s. Mic.
9 G dell'8ª	9 D Settuagesima	9 V dell'8ª	9 L s. Apollon. v.	9 L s. Franc. Ro.	9 G Cena del Sig.	9 S s. Greg. Naz.
10 V dell'8ª	10 L s. Scolast. v.	10 S dell'8ª	10 M s. Scolastica	10 M ss. 40 Mart.	10 V Parasceve	10 D 4ª, Cantate
11 S dell'8ª	11 M	11 D 1ª d. l'Epif.	11 M s. Lazzaro v.	11 M	11 S santo	11 L s. Mamert. v.
12 D 1ª d. l'Epif.	12 D	12 L	12 G	12 G s. Greg. I pp.	12 D PASQUA	12 M ss. Ner. C. m.
13 L 8ª dell'Epif.	13 G	13 M 8ª dell'Epif.	13 V s. Cat. de Ric.	13 V s. Eufrasia v.	13 L dell'Angelo	13 M
14 M s. Ilar. s. Fel.	14 V s. Valent. m.	14 M s. Ilario	14 S s. Valent. m.	14 S	14 M di Pasqua	14 G s. Bonifacio
15 M s. Paolo er.	15 S ss. Fau. e G.	15 G s. Paolo er.	15 D Sessagesima	15 D 3ª di Q., Oculi	15 M dell'8ª	15 V
16 G s. Marc. I pp.	16 D Sessagesima	16 V s. Marcello p.	16 L s. Giulian. v.	16 L s. Eriberto v.	16 G dell'8ª	16 S s. Ubaldo v.
17 V s. Antonio ab.	17 L s. Silvino v.	17 S s. Antonio ab.	17 M s. Silvino v.	17 M s. Patrizio v.	17 V dell'8ª	17 D 5ª, Rogate
18 S Cat. s. Piet. R.	18 M s. Simeone v.	18 D 2ª, ss. N. di G.	18 M s. Simeone v.	18 M s. Galdino v.	18 S dell'8ª	18 L Le Rogazioni
19 D ss. N. di Gesù	19 M s. Corrado c.	19 L s. Canuto re	19 G	19 G s. Giuseppe	19 D 1ª, in Albis	19 M s. Pietr. Rog.
20 L ss. Fab. e Seb.	20 G s. Eleuterio m.	20 M ss. Fab. e Seb.	20 V	20 V ss. Grat. e M.	20 L s. Marcel. v.	20 M s. Bern. Rog.
21 M s. Agnese v.	21 V s. Severia. v.	21 M s. Agnese v.	21 S	21 S s. Bened. ap.	21 M s. Anselmo v.	21 G ASCEN. G. C.
22 G ss. Vinc. e A.	22 S Cat. s. Piet. A.	22 G ss. Vinc., An.	22 D Quinquages.	22 D 4ª di Q., Laet.	22 G ss. Sot. e Caio	22 V s. Emilio m.
23 V Spos. di M. V.	23 D Quinquagesi.	23 V Spos. di M. V.	23 L s. Pier Dam.	23 L s. Vittoriano	23 V s. Giorgio m.	23 S s. Desider. v.
24 S s. Timoteo v.	24 L Vigilia	24 S s. Timoteo v.	24 M s. Mattia ap.	24 M s. Simone m.	24 S s. Fedele Sig.	24 D 6ª, Exaudi
25 D Con. s. Paolo	25 M s. Mattia ap.	25 D 3ª, Sac. Fam.	25 M Le Ceneri	25 M ANN. di M. V.	25 D s. Marco ev.	25 L s. Greg. VII p.
26 L 3ª Sac. Fam.	26 M Le Ceneri	26 L s. Policar. v.	26 G	26 G	26 L 2ª, Miser. Dom.	26 M s. Filippo N.
27 M s. Giov. Cris.	27 G	27 M s. Giov. Cris.	27 V	27 V	27 M s. Zita v.	27 M s. Mar. Mad.
28 M s. Agnese 2ª f.	28 V	28 M s. Agnese 2ª f.	28 S	28 S	28 M s. Vitale m.	28 G 8ª dell'Ascen.
29 G s. Frances. s.	29 S	29 G s. Fran. e A.		29 D di Pas. Iudic.	29 G s. Pietro m.	29 V s. Massimino
30 V s. Martina v.		30 V s. Martina v.		30 L	30 V s. Cater. da s.	30 S Vigilia
31 S s. Pietro Nol.		31 S s. Pietro Nol.		31 M		31 D PENTECOs.

#	giugno	luglio	agosto	settembre	ottobre	novembre	dicembre
1	L *di Pentec.*	M 8ª di s. Gio. B.	S s. Pietro in v.	M s. Egidio ab.	G s. Remigio v.	D OGNISSANTI	M
2	M *di Pentec.*	G *Vis. di M. V.*	D *9ª d. Pentec.*	M s. Stefano re	V ss. Angeli C.	L *Comm. Def.*	M s. Bibiana v.
3	M *Temp. d'Est.*	V s. Marzial. v.	L Inv. di s. Ste.	G s. Mansue. v.	S s. Calim. v.	M *dell'8ª*	G s. Franc. Sav.
4	G s. Franc. C.	S s. Ireneo v.	M s. Dom. di G.	V	D *18ª, B. V. Ros.*	M s. Carlo Bor.	V s. Barb. m.
5	V s. Bonif. v. T.	D *5ª d. Pentec.*	M s. Maria d. N.	S s. Lorenzo G.	L ss. Placid. C.	G *dell'8ª*	S s. Sabba ab.
6	S s. Norbert. T.	L 8ª ss. A. P. P.	G Trasf. di G. C.	D *14ª d. Pentec.*	M s. Brunone c.	V *dell'8ª*	D *2ª d'Avv. Ro.*
7	D *1ª ss. Trinità*	M s. Pulcheria	V s. Gaetano T.	L	M s. Marco pp.	S *dell'8ª*	L s. Ambrogio
8	L s. Gugliel. v.	M s. Elisab. reg.	S ss. Cir. e c. m.	M *Nat. di M. V.*	G s. Brigida v.	D *23ª, Pat. M. V.*	M *Imm. C. M. V.*
9	M ss. Pri. e Fel.	G s. Veron. G.	D *10ª d. Pentec.*	M s. Gorgon. m.	V ss. Dion. C. m.	L s. Teodoro m.	M *dell'8ª*
10	M s. Marg. reg.	V ss. Sett. fr. m.	L s. Lorenzo m.	G s. Nic. Tol. c.	S s. Fran. B.	M s. Andrea Av.	G s. Melch. pp.
11	G CORPUS DO.	S s. Pio I pp.	M ss. Tib. e Sus.	V ss. Pr. e Giac.	D *19ª, Mat. M. V.*	M s. Martino v.	V s. Dam. I pp.
12	V *dell'8ª*	D *6ª d. Pentec.*	M s. Chiara v.	S s. Guido sag.	L	G s. Mart. pp.	S s. Valer. ab.
13	S *dell'8ª*	L s. Anacl. pp.	G s. Cassia m.	D *15ª, ss. N. M.*	M s. Edoardo re	V s. Stanisl. K.	D *3ª d'Avv. Ro.*
14	D *2ª d. Pentec.*	M s. Bonav. d.	V s. Eusebio pr.	L Esalt. s. Cro.	M s. Calisto pp.	S s. Giosaf. v.	L s. Spiridione
15	L ss. Vito e M.	M s. Enric. imp.	S ASSUN. M. V.	M *8ª d. N. M. V.*	G s. Teresa v.	D *24ª, [Avv. Ro.]*	M *8ª d. Imm. C.*
16	M s. Giov. Fr.	G B. V. del Car.	D *11ª, s. Gioac.*	M *Temp. d'Aut.*	V s. Gallo ab.	L s. Geltrude v.	M *Temp. d'Inv.*
17	M s. Ranieri	V s. Alessio con.	L 8ª s. Lorenzo	G Stim. s. Fra.	S s. Edvige r.	M s. Greg. tau.	G s. Lazz. v.
18	G *8ª Cor. Dom.*	S s. Camillo L.	M s. Agapit. m.	V s. Gius. C. T.	D *20ª, Pur. M. V.*	M D. b. ss. P., P.	V *Tempora*
19	V s. CUORE G.	D *7ª d. Pentec.*	M	S s. Genna. v. T.	L s. Piet. d'Alc.	G s. Elisabetta	S *Tempora*
20	S s. Silver. pp.	L s. Marg. v.	G s. Bernar. ab.	D *16ª, Dol. M. V.*	M s. Giovan. C.	V s. Felice Val.	D *4ª d'Avv. Ro.*
21	D *3ª d. Pentec.* — *P. Cuore di M.*	M s. Prassede v.	V s. Gio. di Ch.	L s. Matteo ap.	M ss. Orsol. e C.	S Pres. di M. V.	L s. Tom. ap.
22	L s. Paolino v.	M s. Maria Mad.	S *8ª Ass. M. V.*	M ss. Mau. C. m.	G s. Donato v.	D *25ª d. Pentec.*	M s. Flav. m.
23	M *Vigilia*	G s. Apollin. v.	D *12ª d. Pentec.*	M s. Lino pp. m.	V s. Severin. v.	L s. Clem. I p.	M s. Vittoria v.
24	M *Nat. s. G. B.*	V s. Cristina v.	L s. Bartol. ap.	G B. V. d. Merc.	S s. Raffaele A.	M s. Gio. d. Cr.	G *Vigilia*
25	G s. Gugl. ab.	S s. Giac. ap.	M s. Luigi re	V s. Firmino v.	D *21ª d. Pentec.*	M s. Cater. v.	V NATALE G. C.
26	V ss. Gio. e Pa.	D *8ª d. Pentec.*	M s. Zeffirino p.	S ss. Cip., Giu.	L s. Evaristo pp.	G s. Pietro Al.	S s. Stef. prot.
27	S s. Ladisl. re	L s. Pantal. m.	G s. Gius. Cal.	D *17ª d. Pentec.*	M *Vigilia*	V	D s. Giov. ev.
28	D *4ª d. Pentec.*	M ss. Naz. e C.	V s. Agost. v. d	L s. Vences. m.	M ss. Sim. e G.	S	L ss. Innocenti
29	L ss. Piet. e Pa.	M s. Marta v.	S Dec. d. s. G. B.	M s. Michele A.	G	D *1ª d'Avv. Ro.*	M s. Tomm. C.
30	M Comm. s. Pa.	G ss. Abs., Sen.	D *13ª d. Pentec.*	M s. Girol. d.	V	L s. Andrea ap.	M *dell'8ª*
31		V s. Ignazio L.	L s. Raim. Non.		S *Vigilia*		G s. Silves. pp.

Pasqua 13 aprile – anni: 27, 32*, 111, 122, 195, 206, 217, 279, 290, 301, 312*, 374, 385, 396*, 469, 480*, 559, 564, 643, 654, 727, 738, 749, 811, 822, 833, 844*, 906, 917, 928*, 1001, 1012*, 1091, 1096*, 1175, 1186, 1259, 1270, 1281, 1343, 1354, 1365, 1376*, 1438, 1449, 1460*, 1533, 1544*, 1653, 1659, 1664*, 1721, 1727, 1732*, 1800, 1873, 1879, 1884*, 1941, 1952*, 2031, 2036*, 2104*, 2183, 2188*, 2245, 2251, 2256*, ecc.

gennaio bis.

1	M	CIRCON. G. C.
2	M	8ª di s. Stef.
3	G	8ª di s. Giov.
4	V	8ª ss. Innoc.
5	S	s. Telesf. pp.
6	D	EPIFANIA
7	L	dell'8ª
8	M	dell'8ª
9	M	dell'8ª
10	G	dell'8ª
11	V	dell'8ª
12	S	dell'8ª
13	D	1ª d. l'Epif.
14	L	8ª dell'Epif.
15	M	s. Ilar. s. Fel.
16	M	s. Paolo er.
17	G	s. Marc. I pp.
18	V	s. Antonio ab.
19	S	Cat. s. Piet. R.
20	D	ss. Fab. e Seb.
21	L	s. Agnese v.
22	M	ss. Vinc. e A.
23	M	Spos. di M. V.
24	G	s. Timoteo v.
25	V	Con. s. Paolo
26	S	s. Policar. v.
27	D	3ª, Sac. Fam.
28	L	s. Agnese 2ª f.
29	M	s. Frances. s.
30	M	s. Martina v.
31	G	s. Pietro Nol.

febbraio bis.

1	V	s. Ignazio v.
2	S	Pur. di M. V.
3	D	4ª d. l'Epif.
4	L	s. Andrea Co.
5	M	s. Agata v.
6	M	s. Tito v.
7	G	s. Romualdo
8	V	s. Giov. di M.
9	S	s. Apollon. v.
10	D	Settuagesima
11	L	
12	M	s. Eulalia v.
13	M	
14	G	s. Valent. m.
15	V	ss. Fau. e G.
16	S	
17	D	Sessagesima
18	L	s. Simeone v.
19	M	s. Corrado c.
20	M	
21	G	
22	V	Cat. s. Piet. A.
23	S	s. Pier Dam.
24	D	Quinquagesi.
25	L	s. Mattia ap.
26	M	
27	M	
28	G	Le Ceneri
29	V	

gennaio

1	M	CIRCON. G. C.
2	G	8ª di s. Stef.
3	V	8ª di s. Giov.
4	S	8ª ss. Innoc.
5	D	s. Telesf. pp.
6	L	EPIFANIA
7	M	dell'8ª
8	M	dell'8ª
9	G	dell'8ª
10	V	dell'8ª
11	S	
12	D	1ª d. l'Epif.
13	L	8ª dell'Epif.
14	M	s. Ilar. s. Fel.
15	M	s. Paolo er.
16	G	s. Marcello p.
17	V	s. Antonio ab.
18	S	Cat. s. Piet. R.
19	D	2ª, ss. N. di G.
20	L	ss. Fab. e Seb.
21	M	s. Agnese v.
22	M	ss. Vinc. An.
23	G	Spos. di M. V.
24	V	s. Timoteo v.
25	S	Con. s. Paolo
26	D	3ª, Sac. Fam.
27	L	s. Giov. Cr.
28	M	s. Agnese 2ª f.
29	M	s. Fran. ed A.
30	G	s. Martina v.
31	V	s. Pietro Nol.

febbraio

1	S	s. Ignazio v.
2	D	Pur. di M. V.
3	L	s. Biagio v.
4	M	s. Andrea Co.
5	M	s. Agata v.
6	G	s. Tito v.
7	V	s. Rom. ab.
8	S	s. Giov. di M.
9	D	Settuagesima
10	L	s. Scolastica
11	M	s. Lazzaro v.
12	M	
13	G	
14	V	s. Valent. m.
15	S	ss. Faus. e G.
16	D	Sessagesima
17	L	s. Silvino v.
18	M	s. Simeone v.
19	M	
20	G	
21	V	
22	S	Catt. s. Piet.
23	D	Quinquages.
24	L	s. Mattia ap.
25	M	
26	M	Le Ceneri
27	G	
28	V	

marzo

1	S	
2	D	1ª di Q., Inv.
3	L	
4	M	s. Casimiro c.
5	M	Temp. di Pri.
6	G	
7	V	s. To. d'Aq. T.
8	S	s. Giov. di D.
9	D	2ª di Q., Rem.
10	L	ss. 40 Mart.
11	M	
12	M	s. Greg. I pp.
13	G	
14	V	
15	S	
16	D	3ª di Q., Oculi
17	L	s. Patrizio v.
18	M	
19	M	
20	G	
21	V	s. Bened. ap.
22	S	
23	D	4ª di Q., Laet.
24	L	
25	M	ANN. di M. V.
26	M	
27	G	
28	V	
29	S	
30	D	di Pas. Iudic.
31	L	

aprile

1	M	
2	M	s. Fran. di P.
3	G	
4	V	B. V. Addol.
5	S	s. Vinc. Fer.
6	D	delle Palme
7	L	santo
8	M	santo
9	M	santo
10	G	Cena del Sig.
11	V	Parasceve
12	S	santo
13	D	PASQUA
14	L	dell'Angelo
15	M	di Pasqua
16	M	dell'8ª
17	G	dell'8ª
18	V	dell'8ª
19	S	dell'8ª
20	D	1ª, in Albis
21	L	s. Anselmo v.
22	M	ss. Sot. e Caio
23	M	s. Giorgio m.
24	G	s. Fedele Sig.
25	V	s. Marco ev.
26	S	ss. Cleto e M.
27	D	2ª, Miser. Dom.
28	L	s. Vitale m.
29	M	s. Pietro m.
30	M	s. Cater. da s.

maggio

1	G	ss. Fil. e G. a.
2	V	s. Atanas. v.
3	S	Inv. di s. C.
4	D	3ª, Jubilate
5	L	s. Pio V pp.
6	M	s. Gio. a. p. l.
7	M	s. Stanisl. v.
8	G	Ap. di s. Mic.
9	V	s. Greg. Naz.
10	S	ss. Gord. e E.
11	D	4ª, Cantate
12	L	ss. Ner. C. m.
13	M	
14	M	s. Bonifacio
15	G	
16	V	s. Ubaldo v.
17	S	s. Pasqual. B.
18	D	5ª, Rogate
19	L	Le Rogazioni
20	M	s. Bern. Rog.
21	M	Vigilia Rog.
22	V	ASCEN. G. C.
23	S	dell'8ª
24	D	s. Donazia v.
25	L	6ª, Exaudi
26	M	s. Filippo N.
27	M	s. Mar. Mad.
28	G	s. Agost. C.
29	V	8ª dell'Ascen.
30	S	s. Felice I pp.
31	D	Vigilia

giugno

1	D	PENTECOs.
2	L	*di Pentec.*
3	M	*di Pentec.*
4	M	*Temp. d'Est.*
5	G	*dell'8ª*
6	V	*dell'8ª*
7	S	*dell'8ª*
8	D	*1ª ss. Trinità*
9	L	ss. Pri e Fel.
10	M	s. Marg. reg.
11	M	s. Barn. ap.
12	G	CORPUS DO.
13	V	s. Ant. di Pa.
14	S	s. Basil. M. v.
15	D	ss. Vito e M.
16	L	*dell'8ª*
17	M	*dell'8ª*
18	M	*dell'8ª*
19	G	*8ª Cor. Dom.*
20	V	s. CUORE G.
21	S	s. Luigi G.
22	D	*3ª d. Pentec.* P. Cuore di M.
23	L	*Vigilia*
24	M	*Nat. s. G. B.*
25	M	s. Gugl. ab.
26	G	ss. Gio. e Pa.
27	V	*dell'8ª*
28	S	s. Leone II p.
29	D	*ss. P. e P. ap.*
30	L	Comm. s. Pa.

luglio

1	M	8ª di s. Gio. B.
2	M	*Vis. di M. V.*
3	G	*dell'8ª*
4	V	*dell'8ª*
5	S	*dell'8ª*
6	D	*5ª d. Pentec.*
7	L	
8	M	s. Elisab. reg.
9	M	
10	G	ss. Sett. fr. m.
11	V	s. Pio I pp.
12	S	s. Giov. Gual.
13	D	*6ª d. Pentec.*
14	L	s. Bonav. d.
15	M	s. Enric. imp.
16	M	B. V. del Car.
17	G	s. Alessio con.
18	V	s. Camillo L.
19	S	s. Vincen. P.
20	D	*7ª d. Pentec.*
21	L	s. Prassede v.
22	M	s. Maria Mad.
23	M	s. Apollin. v.
24	G	*Vigilia*
25	V	s. Giac. ap.
26	S	s. Anna
27	D	*8ª d. Pentec.*
28	L	ss. Naz. e C.
29	M	s. Marta v.
30	M	ss. Abd., Sen.
31	G	s. Ignazio L.

agosto

1	V	s. Pietro in v.
2	S	s. Alfonso L.
3	D	*9ª d. Pentec.*
4	L	s. Dom. di G.
5	M	s. Maria d. N.
6	M	Trasf. d. G. C.
7	G	s. Gaetano T.
8	V	ss. Cir. e c. m.
9	S	*Vigilia*
10	D	*10ª d. Pentec.*
11	L	ss. Tib. e Sus.
12	M	s. Chiara v.
13	M	s. Cassia m.
14	G	s. Eusebio pr.
15	V	ASSUN. M. V.
16	S	s. Giacinto c.
17	D	*11ª, s. Gioac.*
18	L	s. Agapit. m.
19	M	s. Lodov. v.
20	M	s. Bernar. ab.
21	G	s. Gio. di Ch.
22	V	*8ª Ass. M. V.*
23	S	s. Filip. Ben.
24	D	*12ª d. Pentec.*
25	L	s. Luigi re
26	M	s. Aless. m.
27	M	ss. Gius. Cal.
28	G	s. Agost. v. d.
29	V	Dec. d. s. G. B.
30	S	s. Rosa da L.
31	D	*13ª d. Pentec.*

settembre

1	L	s. Egidio ab.
2	M	s. Stefano re
3	M	
4	G	
5	V	s. Lorenzo G.
6	S	
7	D	*14ª d. Pentec.*
8	L	*Nat. di M. V.*
9	M	s. Gorgon. m.
10	M	s. Nic. Tol. c.
11	G	ss. Pr. e Giac.
12	V	*dell'8ª*
13	S	
14	D	*15ª, ss. N. M.*
15	L	*8ª d. N. M. V.*
16	M	ss. Corn. e C.
17	M	*Temp. d'Aut.*
18	G	s. Gius. C.
19	V	s. Genn. m. T.
20	S	s. Eustac. T.
21	D	*16ª Dol. M. V.*
22	L	ss. Mau. C. T.
23	M	s. Lino p. T.
24	M	B. V. di Merc.
25	G	s. Firmino v.
26	V	ss. Cip., Giu.
27	S	ss. Cos. e D.
28	D	*17ª d. Pentec.*
29	L	s. Michele A.
30	M	s. Girol. d.

ottobre

1	M	s. Remigio v.
2	G	ss. Angeli C.
3	V	
4	S	s. Fran. d'As.
5	D	*18ª, B. V. Ros.*
6	L	s. Brunone c.
7	M	s. Marco pp.
8	M	s. Brigida v.
9	G	ss. Dion. C. m.
10	V	s. Fran. B.
11	S	
12	D	*19ª, Ma. M. V.*
13	L	s. Edoardo re
14	M	s. Calisto pp.
15	M	s. Teresa v.
16	G	
17	V	s. Edvige r.
18	S	s. Luca ev.
19	D	*20ª, Pur. M. V.*
20	L	s. Giovan. T.
21	M	ss. Orsol. e C.
22	M	
23	G	
24	V	
25	S	ss. Crisan. D.
26	D	*21ª d. Pentec.*
27	L	*Vigilia*
28	M	ss. Sim. e G.
29	M	
30	G	
31	V	*Vigilia*

novembre

1	S	OGNISSANTI
2	D	*22ª d. Pentec.*
3	L	*Comm. Def.*
4	M	s. Carlo Bor.
5	M	*dell'8ª*
6	G	*dell'8ª*
7	V	*dell'8ª*
8	S	*8ª Ognissanti*
9	D	*23ª, Pat. M. V.*
10	L	s. Andrea Av.
11	M	s. Martino v.
12	M	s. Mart. pp.
13	G	s. Stanisl. K.
14	V	
15	S	s. Geltrud. v.
16	D	*24ª, [Avv. A.]*
17	L	s. Greg. tau.
18	M	D. b. ss. P., P.
19	M	s. Elisabetta
20	G	s. Felice Val.
21	V	Pres. di M. V.
22	S	s. Cecilia v.
23	D	*25ª d. Pentec.*
24	L	s. Gio. di Cr.
25	M	s. Cater. v.
26	M	s. Pietro Al.
27	G	
28	V	
29	S	*Vigilia*
30	D	*1ª d'Avv. Ro.*

dicembre

1	L	
2	M	s. Bibiana v.
3	M	s. Fran. Sav.
4	G	s. Barb. m.
5	V	s. Sabba ab.
6	S	s. Nicolò v.
7	D	*2ª d'Avv. Ro.*
8	L	Imm. C. M. V.
9	M	*dell'8ª*
10	M	*dell'8ª*
11	G	s. Dam. I pp.
12	V	s. Valer. ab.
13	S	s. Lucia v.
14	D	*3ª d'Avv. Ro.*
15	L	*8ª d'Imm. C.*
16	M	s. Eusebio v.
17	M	*Temp. d'Inv.*
18	G	
19	V	s. Nemesio T.
20	S	s. Timoteo T.
21	D	*4ª d'Avv. Rom.*
22	L	
23	M	
24	M	*Vigilia*
25	G	NATALE G. C.
26	V	s. Stef. prot.
27	S	s. Giov. ev.
28	D	ss. Innoc. m.
29	L	s. Tom. C. v.
30	M	*dell'8ª*
31	M	s. Silves. pp.

Pasqua 14 aprile – anni: 43, 54, 65, 127, 138, 149, 160*, 211, 222, 233, 244*, 306, 317, 328*, 401, 407, 412*, 491, 496*, 502, 575, 586, 597, 659, 670, 681, 692*, 743, 754, 765, 776*, 838, 849, 860*, 933, 939, 944*, 1023, 1028*, 1034, 1107, 1118, 1129, 1191, 1202, 1213, 1224*, 1275, 1286, 1297, 1308*, 1370, 1381, 1392*, 1465, 1471, 1476*, 1555, 1560*, 1566, 1591, 1596*, 1675, 1686, 1743, 1748*, 1754, 1805, 1811, 1816*, 1895, 1963, 1968*, 1974, 2047, 2058, 2069, 2115, 2120*, 2126, 2199, 2267, ecc.

	gennaio bis.	febbraio bis.	gennaio	febbraio	marzo	aprile	maggio
1	L CIRCON. G. C.	G s. Ignazio v.	M CIRCON. G. C.	V s. Ignazio v.	V	L	M ss. Fil. e G. a.
2	M 8ª di s. Stef.	V Pur. di M. V.	M 8ª di s. Stef.	S Pur. di M. V.	S	M s. Fran. di P.	G s. Atanas. v.
3	M 8ª di s. Giov.	S s. Biagio v.	G 8ª di s. Giov.	D 4ª d. l'Epif.	D 1ª di Q., Invo.	M	V Inv. di s. Cro.
4	G 8ª ss. Innoc.	D 5ª d. l'Epif.	V 8ª ss. Innoc.	L s. Andrea Co.	L s. Casimiro C.	G s. Isidoro v.	S s. Monica ved.
5	V s. Telesf. pp.	L s. Agata v.	S s. Telesf. pp.	M s. Agata v.	M	V B. V. Addol.	D 3ª, Jubilate
6	S EPIFANIA	M s. Tito v.	D EPIFANIA	M s. Tito s. Dor.	M Temp. di Pri.	S	L s. Gio. a. p. l.
7	D 1ª d. l'Epif.	M s. Romualdo	L dell'8ª	G s. Rom. ab.	G s. To. d'Aq.	D delle Palme	M s. Stanisl. v.
8	L dell'8ª	G s. Giov. di M.	M dell'8ª	V s. Giov. di M.	V s. Giov. D. T.	L santo	M Ap. di s. Mic.
9	M dell'8ª	V s. Apollon. v.	M dell'8ª	S s. Apollon. v.	S s. Fran. R. T.	M santo	G s. Greg. Naz.
10	M dell'8ª	S s. Scolastica	G dell'8ª	D Settuagesima	D 2ª di Q., Rem.	M santo	V ss. Gor. ed E.
11	G dell'8ª	D Settuagesima	V dell'8ª	L	L	G Cena del Sig.	S
12	V dell'8ª	L	S dell'8ª	M	M s. Greg. I pp.	V Parasceve	D 4ª, Cantate
13	S 8ª dell'Epif.	M	D 1ª d. l'Epif.	M	M	S santo	L
14	D ss. N. di Gesù	M s. Valent. m.	L s. Ilar. s. Fel.	G s. Valent. m.	G	D PASQUA	M s. Bonifacio
15	L s. Paolo er.	M ss. Fau. e G.	M s. Paolo er.	V ss. Fau. e Gio.	V	L dell'Angelo	M
16	M s. Marc. I pp.	V	M s. Marcello p.	S	S	M di Pasqua	G s. Ubaldo v.
17	M s. Antonio ab.	S	G s. Antonio ab.	D Sessagesima	D 3ª di Q., Oculi	M dell'8ª	V s. Pasqual. B.
18	G Cat. s. Piet. R.	D Sessagesima	V Cat. s. Piet. R.	L s. Simeone v.	L	G dell'8ª	S s. Venanz. m.
19	V s. Canuto re	L	S s. Canuto re	M	M s. Giuseppe	V dell'8ª	D 3ª, Rogate
20	S ss. Fab. e Seb.	M	D 2ª, ss. N. G.	M	M	S dell'8ª	L Le Rogazioni
21	L 3ª, Sac. Fam.	M Cat. s. Piet. A.	L s. Agnese v.	G	G s. Bened. ap.	D 1ª d. P., in Alb.	M s. Felic. Rog.
22	M s. Vinc. e A.	V s. Pier Dam.	M ss. Vinc. An.	V Cat. s. Piet. A.	V	L ss. Sot. e Caio	G Vigilia Rog.
23	M Spos. di M. V.	S Vigilia	M Spos. di M. V.	S s. Pier Dam.	S	M s. Giorgio m.	V ASCEN. G. C.
24	G s. Timoteo v.	D Quinquages.	G s. Timoteo v.	D Quinquages.	D 4ª di Q., Laet.	M s. Fedele Sig.	S s. Donaz. v.
25	V Con. s. Paolo	L	V Con. s. Paolo	L	L ANN. di M. V.	G s. Marco ev.	D Gre. VII p.
26	S s. Policar. v.	M	S s. Policar. v.	M	M	V ss. Cleto Mar.	L 6ª, Exaudi
27	D s. Giov. Cris.	M	D 3ª, Sac. Fam.	M Le Ceneri	M	S	M s. Mar. Mad.
28	L 4ª d. l'Epif.	M Le Ceneri	L s. Agnese 2ª f.	G	G	D 2ª, Miser. Dom.	M s. Agost. C.
29	M s. Frances. s.	G	M s. Fran. ed A.		V	L s. Pietro m.	G s. Massimino
30	M s. Martina v.		M s. Martina v.		S	M s. Cater. da s.	G 8ª dell'Ascen.
31	G s. Pietro Nol.		G s. Pietro Nol.		D di Pas. Iudic.		V s. Angela M.

	giugno		luglio		agosto		settembre		ottobre		novembre		dicembre	
1	S		L	8ª di s. Gio. B.	G	s. Pietro in v.	D	13ª d. Pentec.	M	s. Remigio v.	V	OGNISSANTI	D	1ª d'Avv. Ro.
2	D	PENTECOS.	M	Vis. di M. V.	V	s. Alfonso L.	L	s. Stefano re	M	ss. Angeli C.	S	Comm. Def.	L	s. Bibiana v.
3	L	di Pentec.	M	dell'8ª	S	Inv. di s. Ste.	M	s. Mansue. v.	G		D	22ª d. Pentec.	M	s. Franc. Sav.
4	M	dell'8ª	G	dell'8ª	D	9ª d. Pentec.	M		V	s. Fran. d'As.	L	s. Carlo Bor.	M	s. Barb. m.
5	M	Temp. d'Est.	V	dell'8ª	L	s. Maria d. N.	G	s. Lorenzo G.	S	ss. Placid. C.	M	dell'8ª	G	s. Sabba ab.
6	G	s. Norbert. v.	S	8ª ss. A. P. P.	M	Trasf. di G. C.	V	Trasf. s. Ag. C.	D	18ª, B. V. Ros.	M	s. Leon. P. M.	V	s. Nicolò v.
7	V	s. Rober. a. T.	D	5ª d. Pentec.	M	s. Gaetano T.	S	s. Regina v.	L	s. Marco pp.	G	dell'8ª	S	s. Ambrogio v.
8	S	s. Gugliel. T.	L	s. Elisab. reg.	G	ss. Cir. e c. m.	D	Nat. di M. V.	M	s. Brigida v.	V	8ª Ognissanti	D	Imm. C. M. V.
9	D	1ª, ss. Trinità	M		V	s. Roman. m.	L	s. Gorgon. m.	M	ss. Dion. C. m.	S	s. Teodoro m.	L	s. Siro v.
10	L	s. Marg. reg.	M	ss. Sett. fr. m.	S	s. Lorenzo m.	M	s. Nic. Tol. c.	G	s. Fran. B.	D	23ª d. Pentec.	M	s. Melch. pp.
11	M	s. Barn. ap.	G	s. Pio I pp.	D	10ª d. Pentec.	M	ss. Pr. e Giac.	V		L	s. Martino v.	M	s. Dam. I pp.
12	M	s. Gio. d. s. F.	V	s. Giov. Gual.	L	s. Chiara v.	G	dell'8ª	S		M	s. Mart. pp.	G	dell'8ª
13	G	CORPUS DO.	S	s. Anacl. pp.	M	s. Cassia m.	V	dell'8ª	D	19ª Mat. M. V.	M	s. Stanisl. K.	V	s. Lucia v.
14	V	s. Basil. M. v.	D	6ª d. Pentec.	M	s. Eusebio pr.	S	Esalt. s. Cro.	L	s. Calisto pp.	G		S	dell'8ª
15	S	ss. Vito e M.	L	s. Enric. imp.	G	ASSUN. M. V.	L	15ª, ss. N. M.	M	s. Teresa v.	V	s. Geltrud. v.	D	3ª d'Avv. Ro.
16	D	2ª d. Pentec.	M	B. V. del Car.	V	s. Giacinto c.	M	ss. Corn. e C.	M		S		L	s. Eusebio v.
17	L	dell'8ª	M	s. Alessio con.	S	8ª s. Lorenzo	G	Stim. s. Fra.	G	s. Edvige r.	D	24ª [Avv. A.]	M	s. Lazz. v.
18	M	dell'8ª	G	s. Camillo L.	D	11ª, s. Gioac.	V	Temp. d'Aut.	V	s. Luca ev.	L	D. b. ss. P., P.	M	Temp. d'Inv.
19	M	dell'8ª	V	s. Vincen. P.	L	dell'8ª	S	s. Genna. v.	S	s. Piet. d'Alc.	M	s. Elisabetta	G	s. Nem. m.
20	G	8ª Cor. Dom.	S	s. Girol. E.	M	s. Bernar. ab.	V	s. Eust. m. T.	D	20ª, Pur. M. V.	M	s. Felice Val.	V	s. Timoteo T.
21	V	s. CUORE G.	D	7ª d. Pentec.	M	s. Gio. di Ch.	S	s. Matt. ap. T.	L	ss. Orsol. e C.	G	Pres. di M. V.	S	s. Tom. ap. T.
22	S	s. Paolino v.	L	s. Maria Mad.	G	8ª Ass. M. V.	G	16ª, Dol. M. V.	M	s. Donato v.	V	s. Cecilia v.	D	4ª d'Avv. Ro.
23	D	3ª d. Pentec. P. Cuore di M.	M	s. Apollin. v.	V	s. Filip. Ben.	L	s. Lino pp. m.	M		S	s. Clem. I p.	L	s. Vittoria v.
24	L	Nat. s. G. B.	M	s. Cristina Vig.	S	s. Bartol. ap.	M	B. V. d. Merc.	G		L	25ª d. Pentec.	M	Vigilia
25	M	s. Gugl. ab.	G	s. Giac. ap.	D	12ª d. Pentec.	V		V	ss. Crisan. D.	M	s. Cater. v.	G	NATALE G. C.
26	M	ss. Gio. e Pa.	V	s. Anna	L	s. Zefirino p.	G	ss. Cip., Giu.	S	s. Evaristo p.	M	s. Pietro Al.	V	s. Stef. prot.
27	G	dell'8ª	S	s. Pantal. m.	M	s. Gius. Cal.	V	ss. Cos. e D.	D	21ª d. Pentec.	M		V	s. Giov. ev.
28	V	s. Leone II v.	D	8ª d. Pentec.	M	s. Agost. v. d.	S	s. Vences. m.	L	ss. Sim. e G.	G		S	ss. Innocenti
29	S	ss. Piet. e Pa.	L	s. Marta v.	G	Dec. d. s. G. B.	D	17ª d. Pentec.	M	s. Ermel. v.	V	s. Saturn. m.	D	s. Tomm. C.
30	D	4ª d. Pentec.	M	ss. Abd., Sen.	V	s. Rosa da L.	L	s. Girol. d.	M		S	s. Andrea ap.	L	dell'8ª
31			M	s. Ignazio L.	S	s. Raim. Non.			G	Vigilia			M	s. Silves. pp.

83

Pasqua 15 aprile – anni: 59, 70, 81, 92*, 154, 165, 176*, 249, 260*, 339, 344*, 423, 434, 507, 518, 529, 591, 602, 613, 624*, 686, 697, 708*, 781, 792*, 871, 876*, 955, 966, 1039, 1050, 1061, 1123, 1134, 1145, 1156*, 1218, 1229, 1240*, 1313, 1324*, 1403, 1408*, 1487, 1498, 1571, 1582, 1607, 1618, 1629, 1691, 1759, 1770, 1781, 1827, 1838, 1900, 1906, 1979, 1990, 2001, 2063, 2074, 2085, 2096*, 2131, 2142, 2153, 2210, ecc.

	gennaio bis.	febbraio bis.	gennaio	febbraio	marzo	aprile	maggio
1	D CIRCON. G. C.	M s. Ignazio v.	L CIRCON. G. C.	G s. Ignazio v.	G s. Albino v.	D di Pas. Iudic.	M ss. Fil. e G. a.
2	L 8ª di s. Stef.	G Pur. di M. V.	M 8ª di s. Stef.	V Pur. di M. V.	V	L s. Fran. di P.	M s. Atanas. v.
3	M 8ª di s. Giov.	V	M 8ª di s. Giov.	S	S	M s. Pancra v.	G Inv. di s. C.
4	M 8ª ss. Innoc.	S s. Andrea Co.	G 8ª ss. Innoc.	D 5ª d. l'Epif.	D 1ª di Q., Inv.	M s. Isidoro v.	V s. Monica ved.
5	G s. Telesf. pp.	D 5ª d. l'Epif.	V s. Telesf. pp.	L s. Agata v.	L	G s. Vinc. Fer.	D s. Pio V pp.
6	V EPIFANIA	L s. Tito v.	S EPIFANIA	M s. Tito v.	M	V B. V. Addol.	L 3ª, Jubilate
7	S dell'8ª	M s. Romualdo	D dell'8ª	M s. Rom. ab.	M Temp. di Pri.	S s. Egesippo c.	L s. Stanisl. v.
8	D 1ª d. l'Epif.	M s. Giov. di M.	L dell'8ª	G s. Giov. di M.	G s. Giov. di D.	D delle Palme	M Ap. di s. Mic.
9	L dell'8ª	G s. Apollon. v.	M dell'8ª	V s. Apollon. v.	V s. Franc. T.	L santo	G s. Greg. Naz.
10	M dell'8ª	V s. Scolastica	M dell'8ª	S s. Scolastica	S ss. 40 Mar. T.	M santo	G ss. Gord. e E.
11	M dell'8ª	S	G dell'8ª	D Settuagesima	D 2ª di Q., Rem.	M santo	V s. Mamert. v.
12	G dell'8ª	D Settuagesima	V	L	L s. Greg. I pp.	G Cena del Sig.	S ss. Ner. C. m.
13	V 8ª dell'Epif.	L s. Cat. de' R.	S 8ª dell'Epif.	M s. Cat. de R.	M s. Eufrasia v.	V Parasceve	D 4ª, Cantate
14	S s. Ilar. s. Fel.	M s. Valent. m.	D 2ª, ss. N. di G.	M s. Valent. m.	M s. Matil. reg.	S santo	L s. Bonifacio
15	D ss. N. di Gesù	M ss. Fau. e G.	L s. Paolo er.	G ss. Fau. e G.	G s. Longino m.	D PASQUA	M s. Isidoro ag.
16	L s. Marc. I pp.	G s. Giuliana v.	M s. Marcello ab.	V s. Giuliana v.	V s. Eribert. v.	L dell'Angelo	M s. Ubaldo v.
17	M s. Antonio ab.	V s. Silvino v.	M s. Antonio ab.	S s. Silvino v.	S s. Patrizio v.	M di Pasqua	G s. Pasqual. B.
18	M Cat. s. Piet. R.	S s. Simeone v.	G Cat. s. Piet. R.	D Sessagesima	D 3ª di Q., Oculi	M dell'8ª	V s. Venanz. m.
19	G s. Canuto re	D Sessagesima	V s. Canuto re	L	L s. Giuseppe	G dell'8ª	D 5ª, Rogate
20	V ss. Fab. e Seb.	L	S ss. Fab., Seb.	M	M ss. Grat. e M.	V dell'8ª	D s. Pietro Cel.
21	S s. Agnese v.	M	D 3ª, Sac. Fam.	M	M s. Bened. ab.	S Le Rogazioni	L Le Rogazioni
22	D 3ª, Sac. Fam.	M Cat. s. Piet. A.	L ss. Vinc., An.	G Catt. s. Piet.	G s. Paolo v.	D 1ª, in Albis	M s. Emil. Rog.
23	L Spos. di M. V.	G s. Pier Dam.	M Spos. di M. V.	V s. Pier Dam.	V s. Vittor. m.	L s. Giorgio m.	G s. Desid. Rog.
24	M s. Timoteo v.	V Vigilia	M s. Timoteo v.	S s. Mattia ap.	S s. Simone m.	M s. Fedele Sig.	G ASCEN. G. C.
25	M Con. s. Paolo	S s. Mattia ap.	G Con. s. Paolo	D Quinquages.	D ANN. di M. V.	M s. Marco ev.	V s. Gre. VII p.
26	G s. Policar. v.	D Quinquagesi.	V s. Policar. v.	L	L s. Teodoro v.	G ss. Cleto Mar.	D 6ª, Exaudi
27	V s. Giov. Cris.	L	S s. Giov. Cr.	M	M	V s. Zita v.	D s. Filippo N.
28	S s. Agnese 2ª f.	M	D 4ª d. l'Epif.	M Le Ceneri	M	S s. Vitale m.	L s. Agost. C.
29	D 4ª d. l'Epif	M Le Ceneri	L s. Fran. ed A.		G	D 2ª, Mis. Dom.	M s. Massimino
30	L s. Martina v.		M s. Martina v.		V	L s. Cater. da s.	M s. Felice I pp.
31	M s. Pietro Nol.		M s. Pietro Nol.		S		G 8ª dell'Ascen.

	giugno	luglio	agosto	settembre	ottobre (*)	novembre	dicembre
1	V ss. Marc. e C.	D 4ᵃ d. Pentec.	M s. Pietro in v.	S s. Egidio ab.	L s. Remigio v.	G OGNISSANTI	S
2	S ss. Gugl. ab.	L Vis. di M. V.	G s. Alfonso L.	D 13ᵃ d. Pentec.	M ss. Angeli C.	V Comm. Def.	D 1ᵃ d'Avv. Ro.
3	D PENTECOS.	M dell'8ᵃ	V Inv. d. s. Ste.	L	M	S s. Uberto v.	L s. Fran. Sav.
4	L di Pentec.	M dell'8ᵃ	S s. Dom. di G.	M	G s. Fran. d'As.	D 22ᵃ, s. Carlo	M s. Barb. m.
5	M Temp. d'Est.	G dell'8ᵃ	D 9ᵃ d. Pentec.	M s. Lorenzo G.	V ss. Placid. C.	L dell'8ᵃ	M s. Sabba ab.
6	M dell'8ᵃ	V 8ᵃ ss. A. P. P.	L Trasf. di G. C.	G Tras. s. Ag. C.	S s. Brunone c.	M dell'8ᵃ	G s. Nicolò v.
7	G dell'8ᵃ Temp.	S	M s. Gaetano T.	V s. Regina v.	D 18ᵃ, B. V. Ros.	M dell'8ᵃ	V s. Ambrogio v.
8	V dell'8ᵃ Temp.	D 5ᵃ d. Pentec.	M ss. Cir. e c. m.	S Nat. di M. V.	L s. Brigida v.	G 8ᵃ Ognissanti	D Imm. C. M. V.
9	S dell'8ᵃ Temp.	L	G s. Roman. m.	D 14ᵃ, ss. N. M.	M ss. Dion. C. m.	V s. Teodoro m.	L 2ᵃ d'Avv. Ro.
10	D 1ᵃ ss. Trinità	M ss. Set. fr. m.	V s. Lorenzo m.	L s. Nic. Tol. c.	M s. Fran. B.	S s. Andrea Av.	M s. Melch. pp.
11	L s. Barn. ap.	M s. Pio I pp.	S ss. Proto e G.	M ss. Pr. e Giac.	G	D 23ᵃ, Pat. M. V.	M s. Dam. I pp.
12	M s. Gio. d. s. F.	G s. Giov. Gual.	D 10ᵃ d. Pentec.	M dell'8ᵃ	V s. Massim. v.	L s. Mart. pp.	G dell'8ᵃ
13	M s. Ant. di Pa.	V s. Anacl. pp.	L s. Cassia m.	G dell'8ᵃ	S s. Edoardo re	M s. Stanisl. K.	G s. Lucia v.
14	G CORPUS DO.	S s. Bonav. d.	M s. Eusebio pr.	V Esalt. s. Cro.	D 19ᵃ Mat. M. V.	M	V s. Spiridione
15	V ss. Vito e M.	D 6ᵃ d. Pentec.	M ASSUN. M. V.	S 8ᵃ d. N. M. V.	L s. Teresa v.	G s. Geltrud. v.	S 8ᵃ d. Imm. C.
16	S	L B. V. del Car.	G 8ᵃ s. Lorenzo	D 15ᵃ, Dol. M. V.	M	V s. Edmon. v.	D 3ᵃ d'Avv. Ro.
17	D 2ᵃ d. Pentec.	M s. Alessio con.	V 8ᵃ s. Lorenzo	L Stim. s. Fra.	M s. Edvige r.	S s. Greg. tau.	L s. Lazz. v.
18	L ss. Mar. e M.	M s. Camillo L.	S s. Agapit. m.	M s. Gius. C.	G s. Lucia ev.	D 24ᵃ, [Avv. A.]	M Asp. Div. P.
19	M ss. Ger. e Pr.	G s. Vincen. P.	D 11ᵃ, s. Gioac.	M Temp. d'Aut.	V s. Piet. d'Alc.	L s. Elisabetta	M Temp. d'Inv.
20	M s. Silver. pp.	V s. Girol. E.	L s. Bernar. ab.	G s. Eustac. m.	S s. Giovan. C.	M s. Felice Val.	G s. Timoteo
21	G 8ᵃ Cor. Dom.	S s. Prassede v.	M s. Gio. di Ch.	V s. Mat. ap. T.	D 20ᵃ Pur. M. V.	M Pres. di M. V.	V s. Tommaso T.
22	V s. CUORE G.	D 7ᵃ d. Pentec.	M 8ᵃ Ass. M. V.	S ss. Mau. C. T.	L	G s. Cecilia v.	S s. Flav. m. T.
23	S s. Lanfr. v.	L s. Apollin. v.	G s. Filip. Ben.	D 16ᵃ d. Pentec.	M	V s. Clem. I p.	D 4ᵃ d'Avv. Ro.
24	D 3ᵃ d. Pentec. / P. Cuore di M.	M Vigilia	V s. Bartol. ap.	L B. V. d. Merc.	M	S s. Gio. d. Cr.	L Vigilia
25	L s. Gugl. ab.	M s. Giac. ap.	S s. Luigi re	M	G ss. Crisan. D.	D 25ᵃ d. Pentec.	M NATALE G. C.
26	M ss. Gio. e Pa.	G s. Anna	D 12ᵃ d. Pentec.	M ss. Cip., Giu.	V s. Evaristo pp.	L s. Pietro Al.	M s. Stef. prot.
27	M s. Ladisl. re	V s. Pantal. m.	L s. Gius. Cal.	G ss. Cos. e D.	S Vigilia	M	G s. Giov. ev.
28	G s. Leone II p.	S ss. Naz. e C.	M s. Agost. v. d.	V s. Vences. m.	D 21ᵃ d. Pentec.	M	V ss. Innoc. m.
29	V ss. P. e P. ap.	D 8ᵃ d. Pentec.	M Dec. d. s. G. B.	S s. Michele A.	L	M s. Saturn. m.	S s. Tom. C. v.
30	S Comm. s. Pa.	L ss. Abd., Sen.	G s. Rosa da L.	D 17ᵃ d. Pentec.	M	V s. Andrea ap.	D dell'8ᵃ
31		M s. Ignazio L.	V s. Raim. Non.		M Vigilia		L s. Silves. pp.

(*) Nell'anno 1582, i giorni dal 5 al 14 inclusi del mese di ott. sono soppressi da papa Gregorio XIII per la correzione del calendario, dal 15 ott. in poi vengono quindi alterati i giorni della settimana chiamando venerdì il 15, sabato il 16, e così di seguito.

Pasqua 16 aprile – anni: 2, 13, 24*, 86, 97, 108*, 181, 187, 192*, 271, 276*, 282, 355, 366, 377, 439, 450, 461, 472*, 523, 534, 545, 556*, 618, 629, 640*, 713, 719, 724*, 803, 808*, 814, 887, 898, 909, 971, 982, 993, 1004*, 1055, 1066, 1077, 1088*, 1150, 1161, 1172*, 1245, 1251, 1256*, 1335, 1340*, 1346, 1419, 1430, 1441, 1503, 1514, 1525, 1536*, 1623, 1634, 1645, 1656*, 1702, 1713, 1724*, 1775, 1786, 1797, 1843, 1854, 1865, 1876*, 1911, 1922, 1933, 1995, 2006, 2017, 2028*, 2090, 2147, 2158*, 2169, 2180*, ecc.

gennaio bis.	febbraio bis.	gennaio	febbraio	marzo	aprile	maggio
1 S CIRCON. G. C.	1 M s. Ignazio v.	1 D CIRCON. G. C.	1 M s. Ignazio v.	1 M Le Ceneri	1 S	1 L ss. Fil. e G. a.
2 D 8ᵃ di s. Stef.	2 M Pur. di M. V.	2 L 8ᵃ di s. Stef.	2 G Pur. di M. V.	2 G	2 D di Pas. Iudic.	2 M s. Atanas. v.
3 L 8ᵃ di s. Giov.	3 G s. Biagio v.	3 M 8ᵃ di s. Giov.	3 V s. Biagio v.	3 V	3 L	3 M Inv. di s. Cro.
4 M 8ᵃ ss. Innoc.	4 V s. Andrea Co.	4 M 8ᵃ ss. Innoc.	4 S s. Andrea Co.	4 S s. Casimiro c.	4 M s. Isidoro v.	4 G s. Monica ved.
5 M s. Telesf. pp.	5 S s. Agata v.	5 G s. Telesf. pp.	5 D 5ᵃ d. l'Epif.	5 D 1ᵃ d. Q., Invo.	5 M s. Vinc. Fer.	5 V s. Pio V pp.
6 G EPIFANIA	6 D 5ᵃ d. l'Epif.	6 V EPIFANIA	6 L s. Tito, s. Dor.	6 L	6 G	6 S s. Gio. a. p. l.
7 V dell'8ᵃ	7 L s. Romualdo	7 S dell'8ᵃ	7 M s. Rom. ab.	7 M s. To. d'Aq.	7 V B. V. Addolo.	7 D 3ᵃ, Jubilate
8 S dell'8ᵃ	8 M s. Giov. di M.	8 D 1ᵃ d. l'Epif.	8 M s. Giov. di M.	8 M Temp. di Pri.	8 S s. Dionigi v.	8 L Ap. di s. Mic.
9 D 1ᵃ d. l'Epif.	9 M s. Apollon. v.	9 L dell'8ᵃ	9 G s. Apollon. v.	9 G s. Fran. Ro.	9 D delle Palme	9 M s. Greg. Naz.
10 L dell'8ᵃ	10 G s. Scolastica	10 M dell'8ᵃ	10 V s. Scolastica	10 V ss. 40 Mar. T.	10 L	10 M ss. Gor. ed E.
11 M dell'8ᵃ	11 V ss. Sett. Fon.	11 M dell'8ᵃ	11 S s. Lazzaro v.	11 S Tempora	11 M santo	11 G
12 M dell'8ᵃ	12 S	12 G dell'8ᵃ	12 D Settuagesima	12 D 2ᵃ di Q., Rem.	12 M santo	12 V ss. Ner. C. m.
13 G 8ᵃ dell'Epif.	13 D Settuagesima	13 V 8ᵃ dell'Epif.	13 L s. Cat. de Ric.	13 L	13 G Cena del Sig.	13 S
14 V s. Ilar. s. Fel.	14 L s. Valent. m.	14 S s. Ilar. s. Fel.	14 M s. Valent. m.	14 M	14 V Parasceve	14 D 4ᵃ, Cantate
15 S s. Paolo er.	15 M ss. Fau. e G.	15 D 2ᵃ, ss. N. G.	15 M ss. Fau. e Gio.	15 M	15 S santo	15 L
16 D ss. N. di Gesù	16 M s. Giuliana v.	16 L s. Marcello p.	16 G s. Giulian. v.	16 G	16 D PASQUA	16 M s. Ubaldo v.
17 L s. Antonio ab.	17 G s. Silvino v.	17 M s. Antonio ab.	17 V s. Silvino v.	17 V s. Patrizio v.	17 L dell'Angelo	17 M s. Pasqual. R.
18 M Cat. s. Piet. R.	18 V s. Simeone v.	18 M Cat. s. Piet. R.	18 S s. Simeone v.	18 S	18 M di Pasqua	18 G s. Venanz. m.
19 M s. Mario	19 S	19 G s. Canuto re	19 D Sessagesima	19 D 3ᵃ di Q., Oculi	19 M dell'8ᵃ	19 V s. Pietro Cel.
20 G ss. Fab. e Seb.	20 D Sessagesima	20 V ss. Fab. Seb.	20 L	20 L	20 G dell'8ᵃ	20 S s. Bern. d. s.
21 V s. Agnese v.	21 L	21 S s. Agnese v.	21 M	21 M	21 V dell'8ᵃ	21 D 5ᵃ, Rogate
22 S ss. Vinc. e A.	22 M Cat. s. Piet. A.	22 D 3ᵃ, Sac. Fam.	22 M Cat. s. Piet. A.	22 M	22 S dell'8ᵃ	22 L Le Rogazioni
23 D 3ᵃ, Sac. Fam.	23 M s. Pier Dam.	23 L Spos. di M. V.	23 G s. Pier Dam.	23 G	23 D 1ᵃ d. P., in Alb.	23 M s. Desid. Rog.
24 L s. Timoteo v.	24 G Vigilia	24 M s. Timoteo v.	24 V s. Mattia ap.	24 V s. Simone m.	24 L s. Fedele Sig.	24 M Vigilia Rog.
25 M Con. s. Paolo	25 V s. Mattia ap.	25 M Con. s. Paolo	25 S	25 S ANN. di M. V.	25 M s. Marco ev.	25 G ASCEN. G. C.
26 M s. Policar. v.	26 S	26 G s. Policar. v.	26 D Quinquages.	26 D 4ᵃ di Q., Laet.	26 M ss. Cleto Mar.	26 V s. Filippo N.
27 G s. Giov. Cris.	27 D Quinquages.	27 V s. Giov. Cr.	27 L	27 M	27 G	27 S s. Mar. Mad.
28 V s. Agnese 2ᵃ f.	28 L	28 S s. Agnese 2ᵃ f.	28 M	28 M	28 V s. Vitale m.	28 D 6ᵃ, Exaudi
29 S s. Frances. v.	29 M	29 D 4ᵃ d. l'Epif.		29 M	29 S s. Pietro m.	29 L s. Massimino
30 D 4ᵃ d. l'Epif.		30 L s. Martina v.		30 G	30 D 2ᵃ, Miser. Dom.	30 M s. Felice I pp.
31 L s. Pietro Nol.		31 M s. Pietro Nol.		31 V		31 M s. Angela M.

	giugno	luglio	agosto	settembre	ottobre	novembre	dicembre
1	G *8ª dell'Ascen.*	S *8ª di s. Gio. B.*	M s. Pietro in v.	V s. Egidio ab.	D *17ª, B. V. Ros.*	M OGNISSANTI	V s. Bibiana v.
2	V ss. Marc. e C.	D *4ª d. Pentec.*	M s. Alfonso L.	S s. Stefano re	L ss. Angeli C.	G *Comm. Def.*	S
3	S s. Clotilde r.	L *dell'8ª*	G Inv. di s. Ste.	D *13ª d. Pentec.*	M	V s. Uberto v.	D *1ª d'Avv. Ro.*
4	D PENTECOS.	M *dell'8ª*	V s. Dom. di G.	L	M s. Fran. d'As.	S s. Carlo Bor.	L s. Barb. m.
5	L *di Pentec.*	M *dell'8ª*	S s. Maria d. N.	M s. Lorenzo G.	G ss. Placid. C.	D *22ª d. Pentec.*	M s. Sabba ab.
6	M *di Pentec.*	G *8ª ss. A. P. P.*	D *9ª d. Pentec.*	M Tras. s. Ag. C.	V s. Brunone c.	L *dell'8ª*	M s. Nicolò v.
7	M *Temp. d'Est.*	V	L s. Gaetano T.	G s. Regina v.	S s. Marco pp.	M *dell'8ª*	G s. Ambrogio v.
8	G *dell'8ª*	S s. Elisab. reg.	M ss. Cir. e c. m.	V *Nat. di M. V.*	D *18ª, Mat. M. V.*	M *8ª Ognissanti*	V *Imm. C. M. V.*
9	V *dell'8ª Temp.*	D *5ª d. Pentec.*	M	S s. Gorgon. m.	M ss. Dion. C. m.	G s. Teodoro m.	S *dell'8ª*
10	S *dell'8ª Temp.*	L ss. Sett. fr. m.	G s. Lorenzo m.	D *14ª, ss. N. M.*	M s. Fran. B.	V s. Andrea Av.	D *2ª d'Avv. Ro.*
11	D *1ª, ss. Trinità*	M s. Pio I pp.	V ss. Proto e G.	L ss. Pr. e Giac.	M	S s. Martino v.	L s. Dam. I pp.
12	L s. Gio. d. s. F.	M s. Giov. Gual.	S	M *dell'8ª*	G s. Massim. v.	D *23ª, Pat. M. V.*	M s. Valer. ab.
13	M s. Ant. di Pa.	G s. Anacl. pp.	D *10ª d. Pentec.*	M *dell'8ª*	V s. Edoardo re	L s. Stanisl. K.	M s. Lucia v.
14	M s. Basil. M. v.	V s. Bonav. d.	L s. Eusebio pr.	G Esalt. s. Cro.	S s. Calisto pp.	M	G s. Spiridione
15	G CORPUS DO.	S s. Enric. imp.	M ASSUN. M. V.	V *8ª d. N. M. V.*	D *19ª, Pur. M. V.*	M s. Geltrude v.	V *8ª d'Imm. C.*
16	V *dell'8ª*	D *6ª d. Pentec.*	M s. Giacinto c.	S ss. Corn. e C.	L s. Edvige r.	G s. Edmon. v.	S s. Eusebio v.
17	S *dell'8ª*	L s. Alessio con.	G *8ª s. Lorenzo*	D *15ª, Do. M. V.*	M s. Luca ev.	V s. Greg. tau.	D *3ª d'Avv. Ro.*
18	D *2ª d. Pentec.*	M s. Camillo L.	V s. Agapit. m.	L s. Gius. C.	M s. Piet. d'Alc.	S D. b. ss. P., P.	L
19	L ss. Ger. e Pr.	M s. Vincen. P.	S s. Lodov. v.	M s. Genna. v.	G s. Giovan. C.	D *24ª d. Pentec.*	M s. Nem. m.
20	M s. Silver. pp.	G s. Marg. v.	D *11ª, s. Gioac.*	M *Temp. d'Aut.*	V ss. Orsol. e C.	L s. Felice Val.	M *Temp. d'Inv.*
21	M s. Paolino v.	V s. Prassede v.	L s. Gio. di Ch.	G s. Matt. ap.	S *20ª d. Pentec.*	M Pres. di M. V.	G s. Tom. ap.
22	G *8ª Cor. Dom.*	S s. Maria Mad.	M *8ª Ass. M. V.*	V ss. Mau. C. T.	D	M s. Cecilia v.	V *Tempora*
23	V Nat. s. G. B.	D *7ª d. Pentec.*	M s. Filip. Ben.	S s. Lino pp. T.	L	G s. Clem. I p.	S *Tempora*
24	S *3ª d. Pentec.*	L *Vigilia*	G s. Bartol. ap.	D *16ª d. Pentec.*	M ss. Crisan. D.	V s. Gio. d. Cr.	D *4ª d'Avv. Ro.*
25	D P. Cuore di M.	M s. Giac. ap.	V s. Luigi re	L s. Firmino v.	M s. Evarist. pp.	S s. Cater. v.	L NATALE G. C.
26	L ss. Gio. e Pa.	M s. Anna	S s. Aless. m.	M ss. Cip., Giu.	M *Vigilia*	D *25ª d. Pentec.*	M s. Stef. prot.
27	M s. Leone II p.	G s. Pantal. m.	D *12ª d. Pentec.*	M ss. Cos. e D.	V ss. Sim. e G.	L	M s. Giov. ev.
28	M *dell'8ª*	V ss. Naz. e C.	L s. Agost. v. d.	G s. Vences. m.	S *1ª d. Pentec.*	M	G ss. Innocenti
29	G ss. Piet. e Pa.	S s. Marta v.	M Dec. d. s. G. B.	V s. Michele A.	D *Vigilia*	M *Vigilia*	V s. Tomm. C.
30	V Comm. s. Pa.	D *8ª d. Pentec.*	M s. Rosa da L.	S s. Girol. d.	L	G s. Andrea ap.	S
31		L s. Ignazio L.	G s. Raim. Non.		M *Vigilia*		D s. Silves. pp.

Pasqua 17 aprile – anni: 29, 40*, 119, 124*, 203, 214, 287, 298, 309, 371, 382, 393, 404*, 466, 477, 488*, 561, 572*, 651, 656*, 735, 746, 819, 830, 841, 903, 914, 925, 936*, 998, 1009, 1020*, 1093, 1104*, 1183, 1188*, 1267, 1278, 1351, 1362, 1373, 1435, 1446, 1457, 1468*, 1530, 1541, 1552*, 1588*, 1650, 1661, 1672*, 1718, 1729, 1740*, 1808*, 1870, 1881, 1892*, 1927, 1938, 1949, 1960*, 2022, 2033, 2044*, 2101, 2112*, 2174, 2185, 2196*, 2242, 2253, 2264*, ecc.

gennaio bis.	febbraio bis.	gennaio	febbraio	marzo	aprile	maggio
1 V CIRCON. G. C.	1 L s. Ignazio v.	1 S CIRCON. G. C.	1 M s. Ignazio v.	1 M	1 V	1 D 2ª, Miser. Dom.
2 S 8ª di s. Stef.	2 M Pur. di M. V.	2 D 8ª di s. Stef.	2 M Pur. di M. V.	2 M Le Ceneri	2 S s. Fran. di P.	2 L s. Atanas. v.
3 D 8ª di s. Giov.	3 M s. Biagio v.	3 L 8ª di s. Giov.	3 G s. Biagio v.	3 G	3 D di Pas. Iudic.	3 M Inv. di s. Cro.
4 L 8ª ss. Innoc.	4 G s. Andrea Co.	4 M 8ª ss. Innoc.	4 V s. Andrea Co.	4 V s. Casimiro c.	4 L s. Isidoro v.	4 M s. Monica ved.
5 M s. Telesf. pp.	5 V s. Agata v.	5 M s. Telesf. pp.	5 S s. Agata v.	5 S s. Foca m.	5 M s. Vinc. Fer.	5 G s. Pio V pp.
6 M EPIFANIA	6 S s. Tito v.	6 G EPIFANIA	6 D 5ª d. l'Epif.	6 D 1ª di Q., Invo.	6 M s. Ben. G. L.	6 V s. Gio. a. p. l.
7 G dell'8ª	7 D 5ª d. l'Epif.	7 V dell'8ª	7 L s. Rom. ab.	7 L s. To. d'Aq.	7 G s. Egesippo c.	7 S s. Stanisl. v.
8 V dell'8ª	8 L s. Giov. di M.	8 S dell'8ª	8 M s. Giov. di M.	8 M s. Giov. di D.	8 V B. V. Addolo.	8 D 3ª, Pat. s. G.
9 S dell'8ª	9 M s. Apollon. v.	9 D 1ª d. l'Epif.	9 M s. Apollon. v.	9 M Temp. di Pri.	9 S s. Maria Cle.	9 L s. Greg. Naz.
10 D 1ª d. l'Epif.	10 M s. Scolastica	10 L dell'8ª	10 G s. Scolastica	10 G ss. 40 Martiri	10 D delle Palme	10 M ss. Gor. ed E.
11 L dell'8ª	11 G	11 M dell'8ª	11 V	11 V Tempora	11 L santo	11 M s. Mamert. v.
12 M dell'8ª	12 V s. Eulalia v.	12 M dell'8ª	12 S s. Eulalia m.	12 S s. Greg. I p. T.	12 M santo	12 G ss. Ner. C. m.
13 M 8ª dell'Epif.	13 S	13 G 8ª dell'Epif.	13 D Settuagesima	13 D 2ª di Q., Rem.	13 M santo	13 V
14 G s. Ilar. s. Fel.	14 D Settuagesima	14 V s. Ilar. s. Fel.	14 L s. Valent. m.	14 L	14 G Cena del Sig.	14 S s. Bonifa. m.
15 V s. Paolo er.	15 L ss. Fau. e G.	15 S s. Paol., s. M.	15 M ss. Fau. e Gio.	15 M	15 V Parasceve	15 D 4ª, Cantate
16 S s. Marc. I pp.	16 M	16 D 2ª, ss. N. G.	16 M	16 M s. Eriberto v.	16 S santo	16 L s. Ubaldo v.
17 D ss. N. di Gesù	17 M s. Silvino v.	17 L s. Antonio ab.	17 G s. Silvino v.	17 G s. Patrizio v.	17 D PASQUA	17 M s. Pasqual. B.
18 L Cat. s. Piet. R.	18 G s. Simeone v.	18 M Cat. s. Piet. R.	18 V s. Simeone v.	18 V s. Gabriele a.	18 L dell'Angelo	18 M s. Venanz. m.
19 M s. Canuto re	19 V s. Corrado c.	19 M s. Canuto re	19 S s. Corrado c.	19 S s. Giuseppe	19 M di Pasqua	19 G s. Pietro Cel.
20 M ss. Fab. e Seb.	20 S	20 G ss. Fab. e Seb.	20 D Sessagesima	20 D 3ª di Q., Oculi	20 M dell'8ª	20 V s. Bern. d. s.
21 G s. Agnese v.	21 D Sessagesima	21 V s. Agnese v.	21 L s. Severiano	21 L s. Bened. ab.	21 G dell'8ª	21 S
22 V ss. Vinc. e A.	22 L Cat. s. Piet. A.	22 S ss. Vin. ed A.	22 M Cat. s. Piet. A.	22 M s. Paolo v.	22 V dell'8ª	22 D 5ª, Rogate
23 S Spos. di M. V.	23 M s. Pier Dam.	23 D 3ª, Spos. M. V.	23 M s. Pier Dam.	23 M s. Vittor. m.	23 S dell'8ª	23 L Le Rogazioni
24 D 3ª, Sac. Fam.	24 M Vigilia	24 L s. Timoteo v.	24 G s. Mattia ap.	24 G s. Simone m.	24 D 1ª d. P., in Alb.	24 M s. Dona. Rog.
25 L Con. s. Paolo	25 G s. Mattia ap.	25 M Con. s. Paolo	25 V	25 V ANN. di M. V.	25 L s. Marco ev.	25 M s. Greg. Rog.
26 M s. Policar. v.	26 V	26 M s. Policar. v.	26 S	26 S	26 M ss. Cleto Mar.	26 G ASCEN. G. C.
27 M s. Giov. Cris.	27 S	27 G s. Giov. Cr.	27 D Quinquages.	27 D 4ª di Q., Laet.	27 M	27 V s. Maria Mad.
28 G s. Agnese 2ª f.	28 D Quinquages.	28 V s. Agnese 2ª f.	28 L	28 L	28 G s. Vitale m.	28 S s. Agos. Can.
29 V s. Frances. s.	29 L	29 S s. Fran. Sal.		29 M	29 V s. Pietro m.	29 D 6ª, Exaudi
30 S s. Martina v.		30 D 4ª d. l'Epif.		30 M	30 S s. Cater. da s.	30 L s. Felice I pp.
31 D 4ª d. l'Epif.		31 L s. Pietro Nol.		31 G		31 M

giugno		luglio		agosto		settembre		ottobre		novembre		dicembre	
1 M	s. Panfilo m.	1 V	8ª di s. Gio. B.	1 L	s. Pietro in v.	1 G	s. Egidio ab.	1 S	s. Remigio v.	1 M	OGNISSANTI	1 G	
2 G	8ª dell'Ascen.	2 S	Vis. di M. V.	2 M	s. Alfonso L.	2 V	s. Stefano re	2 D	17ª, B. V. Ros.	2 M	Comm. Def.	2 V	s. Bibiana v.
3 V	s. Clotilde r.	3 D	4ª d. Pentec.	3 M	Inv. di s. Ste.	3 S		3 L		3 G	s. Uberto v.	3 S	s. Fran. Sav.
4 S	s. Fran. C.	4 L	s. Ireneo v.	4 G	s. Dom. di G.	4 D	13ª d. Pentec.	4 M	s. Fran. d'As.	4 V	s. Carlo Bor.	4 D	2ª d'Avv. Ro.
5 D	PENTECOS.	5 M	dell'8ª	5 V	s. Maria d. N.	5 L	s. Lorenzo G.	5 M	ss. Placid. C.	5 S	dell'8ª	5 L	s. Sabba ab.
6 L	di Pentec.	6 M	8ª ss. A. P. P.	6 S	Trasf. di G. C.	6 M		6 G	s. Brunone c.	6 D	22ª d. Pentec.	6 M	s. Nicolò v.
7 M	di Pentec.	7 G	di Pentec.	7 D	9ª d. Pentec.	7 M	s. Regina v.	7 V	s. Marco pp.	7 L	dell'8ª	7 M	s. Ambrogio v.
8 M	Temp. d'Est.	8 V	s. Elisab. reg.	8 L	ss. Cir. e c. m.	8 G	Nat. di M. V.	8 S	s. Brigida v.	8 M	8ª Ognissanti	8 G	Imm. C. M. V.
9 G	ss. Pri. e Fel.	9 S		9 M		9 V	s. Gorgon. m.	9 D	18ª, Mat. M. V.	9 M	s. Teodoro m.	9 V	dell'8ª
10 V	s. Margh. T.	10 D	5ª d. Pentec.	10 M	s. Lorenzo m.	10 S	s. Nic. Tol. c.	10 L		10 G	s. Andrea Av.	10 S	dell'8ª
11 S	s. Barn. ap. T.	11 L	s. Pio I pp.	11 G	ss. Proto e G.	11 D	14ª, ss. N. M.	11 M	s. Germ. v.	11 V	s. Martino v.	11 D	3ª d'Avv. Ro.
12 D	1ª ss. Trinità	12 M	s. Giov. Gual.	12 V	s. Chiara v.	12 L	dell'8ª	12 M	s. Massim. v.	12 S	s. Mart. pp.	12 L	s. Valer. ab.
13 L	s. Ant. di Pa.	13 M	s. Anacl. pp.	13 S	s. Cassia m.	13 M	dell'8ª	13 G	s. Edoardo re	13 D	23ª, Pat. M. V.	13 M	s. Lucia v.
14 M	s. Basil. M. v.	14 G	s. Bonav. d.	14 D	10ª d. Pentec.	14 M	Esalt. s. Cro.	14 V	s. Calisto pp.	14 L		14 M	Temp. d'Inv.
15 M	ss. Vito e M.	15 V	s. Enric. imp.	15 L	ASSUN. M. V.	15 G	8ª d. N. M. V.	15 S	s. Teresa v.	15 M	s. Geltrud. v.	15 G	8ª d. Imm. C.
16 G	CORPUS DO.	16 S	B. V. del Car.	16 M	s. Giacinto c.	16 V	ss. Corn. e C.	16 D	19ª, Pur. M. V.	16 M	s. Edmon. v.	16 V	s. Euseb. v. T.
17 V	s. Ranieri c.	17 D	6ª d. Pentec.	17 M	8ª s. Lorenzo	17 S	Stim. s. Fra.	17 L	s. Edvige r.	17 G	s. Greg. tau.	17 S	s. Lazz. v. T.
18 S	ss. Mar. e M.	18 L	s. Camillo L.	18 G	s. Agapit. m.	18 D	15ª, Dol. M. V.	18 M	s. Luca ev.	18 V	D. b. ss. P., P.	18 D	4ª d'Avv. Ro.
19 D	2ª d. Pentec.	19 M	s. Vincen. P.	19 V	s. Lodov. v.	19 L	s. Gennar. v.	19 M	s. Piet. d'Alc.	19 S	s. Elisabetta	19 L	
20 L	s. Silver. pp.	20 M	s. Marg. v.	20 S	s. Bernar. ab.	20 M	s. Eustac. v.	20 G	s. Giovan. C.	20 D	24ª d. Pentec.	20 M	s. Timoteo
21 M	s. Luigi G.	21 G	s. Prassede v.	21 D	11ª s. Gioac.	21 M	Temp. d'Aut.	21 V	ss. Orsol. e C.	21 L	Pres. di M. V.	21 M	s. Tom. ap.
22 M	s. Paolino v.	22 V	s. Maria Mad.	22 L	8ª Ass. M. V.	22 G	ss. Mau. C.	22 S		22 M	s. Cecilia v.	22 G	
23 G	8ª Cor. Dom.	23 S	s. Apollin. v.	23 M	s. Filip. Ben.	23 V	s. Lino pp. T.	23 D	20ª, d. Pentec.	23 M	s. Clem. I p.	23 V	s. Vittoria v.
24 V	s. CUORE G.	24 D	7ª d. Pent. Vig.	24 M	s. Bartol. ap.	24 S	B. V. d. M. T.	24 L		24 G	s. Gio. di Cr.	24 S	Vigilia
25 S	s. Guglie. ab.	25 L	s. Giac. ap.	25 G	s. Luigi re	25 D	16ª d. Pentec.	25 M	ss. Crisan. D.	25 V	s. Cater. v.	25 D	NATALE G. C.
26 D	3ª d. Pentec.	26 M	s. Anna	26 V	s. Zefirino p.	26 L	ss. Cip., Giu.	26 M	s. Evarist. p.	26 S	s. Pietro Al.	26 L	s. Stef. prot.
	P. Cuore di M.	27 M	s. Pantal. m.	27 S	s. Gius. Cal.	27 M	ss. Cos. e D.	27 G	Vigilia	27 D	1ª d'Avv. Ro.	27 M	s. Giov. ev.
27 L	dell'8ª	28 G	ss. Naz. e C.	28 D	12ª d. Pentec.	28 M	s. Vences. m.	28 V	ss. Sim. e G.	28 L		28 M	ss. Innoc. m.
28 M	s. Leone II pp.	29 V	s. Marta v.	29 L	Dec. d. s. G. B.	29 G	s. Michele A.	29 S		29 M		29 G	s. Tom. C. v.
29 M	ss. P. e P. ap.	30 S	ss. Abd., Sen.	30 M	s. Rosa da L.	30 V	s. Girol. d.	30 D	21ª d. Pentec.	30 M	s. Andrea ap.	30 V	
30 G	Comm. s. Pa.	31 D	8ª d. Pentec.	31 M	s. Raim. Non.			31 L	Vigilia			31 S	s. Silves. pp.

Pasqua 18 aprile – anni: 51, 56*, 135, 146, 219, 230, 241, 303, 314, 325, 336*, 398, 409, 420*, 493, 504*, 583, 588*, 667, 678, 751, 762, 773, 835, 846, 857, 868*, 930, 941, 952*, 1025, 1036*, 1115, 1120*, 1199, 1210, 1283, 1294, 1305, 1367, 1378, 1389, 1400*, 1462, 1473, 1484*, 1557, 1568*, 1593, 1604*, 1677, 1683, 1688*, 1745, 1756*, 1802, 1813, 1824*, 1897, 1954, 1965, 1976*, 2049, 2055, 2060*, 2106, 2117, 2128*, ecc.

gennaio bis.

1	G	CIRCON. G. C.
2	V	8ª di s. Stef.
3	S	8ª di s. Giov.
4	D	8ª ss. Innoc.
5	L	s. Telesf. pp.
6	M	EPIFANIA
7	M	dell'8ª
8	G	dell'8ª
9	V	dell'8ª
10	S	dell'8ª
11	D	1ª d. l'Epif.
12	L	dell'8ª
13	M	8ª dell'Epif.
14	M	s. Ilar. s. Fel.
15	G	s. Paolo er.
16	V	s. Marc. I pp.
17	S	s. Antonio ab.
18	D	ss. N. di Gesù
19	L	s. Canuto re
20	M	ss. Fab. e Seb.
21	M	s. Agnese v.
22	G	ss. Vinc. e A.
23	V	Spos. di M. V.
24	S	s. Timoteo v.
25	D	3ª, Sac. Fam.
26	L	s. Policar. v.
27	M	s. Giov. Cris.
28	M	s. Agnese 2ª f.
29	G	s. Frances. s.
30	V	s. Martina v.
31	S	s. Pietro Nol.

febbraio bis.

1	D	4ª d. l'Epif.
2	L	Pur. di M. V.
3	M	s. Biagio v.
4	M	s. Andrea Co.
5	G	s. Agata v.
6	V	s. Tito v.
7	S	s. Romualdo
8	D	5ª d. l'Epif.
9	L	s. Apollon. v.
10	M	s. Scolastica
11	M	
12	G	
13	V	
14	S	s. Valent. m.
15	D	Settuagesima
16	L	
17	M	
18	M	s. Simeone v.
19	G	
20	V	
21	S	
22	D	Sessagesima
23	L	s. Pier Dam.
24	M	Vigilia
25	M	s. Mattia ap.
26	G	
27	S	
28	S	
29	D	Quinquagesi.

gennaio

1	V	CIRCON. G. C.
2	S	8ª di s. Stef.
3	D	8ª di s. Giov.
4	L	8ª ss. Innoc.
5	M	s. Telesf. pp.
6	M	EPIFANIA
7	G	dell'8ª
8	V	dell'8ª
9	S	dell'8ª
10	D	1ª d. l'Epif.
11	L	dell'8ª
12	M	dell'8ª
13	M	8ª dell'Epif.
14	G	s. Ilar. s. Fel.
15	V	s. Paolo er.
16	S	s. Marcello p.
17	D	2ª, ss. N. di G.
18	L	Cat. s. Piet. R.
19	M	s. Canuto re
20	M	ss. Fab., Seb.
21	G	s. Agnese v.
22	V	ss. Vinc., An.
23	S	Spos. di M. V.
24	D	3ª, Sac. Fam.
25	L	Con. s. Paolo
26	M	s. Policar. v.
27	M	s. Giov. Cris.
28	G	s. Agnese 2ª f.
29	V	s. Fran. ed A.
30	S	s. Martina v.
31	D	4ª d. l'Epif.

febbraio

1	L	s. Ignazio v.
2	M	Pur. di M. V.
3	M	s. Biagio v.
4	G	s. Andrea Co.
5	V	s. Agata v.
6	S	s. Tito, s. Dor.
7	D	5ª d. l'Epif.
8	L	s. Giov. di M.
9	M	s. Apollon. v.
10	M	s. Scolastica
11	G	
12	V	
13	S	Settuagesima
14	L	ss. Faus. e G.
15	L	
16	M	
17	M	
18	D	s. Simeone v.
19	V	
20	S	
21	D	Sessagesima
22	L	Catt. s. Piet.
23	M	s. Pier Dam.
24	M	s. Mattia ap.
25	D	
26	V	
27	S	
28	D	Quinquages.

marzo

1	L	
2	M	
3	M	Le Ceneri
4	G	s. Casimiro c.
5	V	
6	S	
7	D	1ª di Q., Inv.
8	L	s. Giov. di D.
9	M	s. Franc. Ro.
10	M	Temp. di Pri.
11	G	
12	V	s. Greg. I p. T.
13	S	s. Euffra. v. T.
14	D	2ª di Q. Rem.
15	L	
16	M	
17	M	s. Patrizio v.
18	G	
19	V	s. Giuseppe
20	S	
21	D	3ª d. Q., Oculi
22	L	
23	M	
24	M	
25	G	ANN. di M. V.
26	V	
27	S	
28	D	4ª di Q., Laet.
29	L	
30	M	
31	M	

aprile

1	G	
2	V	s. Fran. di P.
3	S	
4	D	di Pas. Iudic.
5	L	s. Vinc. Fer.
6	M	
7	M	
8	G	
9	V	B. V. Addolo.
10	S	
11	D	delle Palme
12	L	santo
13	M	santo
14	M	santo
15	G	Cena del Sig.
16	V	Parasceve
17	S	santo
18	D	PASQUA
19	L	dell'Angelo
20	M	di Pasqua
21	M	dell'8ª
22	G	dell'8ª
23	V	dell'8ª
24	S	dell'8ª
25	D	1ª, in Albis
26	L	ss. Cleto Mar.
27	M	s. Vitale m.
28	M	s. Pietro m.
29	G	s. Cater. da s.
30	V	

maggio

1	S	ss. Fil. e G. a.
2	D	2ª, Mis. Dom.
3	L	Inv. di s. C.
4	M	s. Monica ved.
5	M	s. Pio V pp.
6	G	s. Gio. av. p.
7	V	s. Stanisl. v.
8	S	Ap. di s. Mic.
9	D	3ª, Pat. s. G.
10	L	ss. Gord. e E.
11	M	
12	M	ss. Ner. C. m.
13	G	s. Servazio v.
14	V	s. Bonifacio
15	S	
16	D	4ª, Cantate
17	L	s. Pasqual. B.
18	M	s. Venanz. m.
19	M	s. Pietro Cel.
20	G	s. Bern. d. s.
21	V	
22	S	
23	D	5ª, Rogate
24	L	Le Rogazioni
25	M	s. Greg. Rog.
26	M	s. Fil. N. Rog.
27	G	ASCEN. G. C.
28	V	s. Agost. C.
29	S	s. Massimino
30	D	6ª, Exaudi
31	L	s. Angela M.

giugno			luglio			agosto			settembre			ottobre			novembre			dicembre		
1	M	s. Panfilo m.	1	G	8ª di s. Gio. B.	1	D	8ª d. Pentec.	1	M	s. Egidio ab.	1	V	s. Remigio v.	1	L	OGNISSANTI	1	M	
2	M	ss. Marc. e C.	2	V	Vis. di M. V.	2	L	s. Alfonso L.	2	G	s. Stefano re	2	S	ss. Angeli C.	2	M	Comm. Def.	2	G	s. Bibiana v.
3	G	8ª dell'Ascen.	3	S	dell'8ª	3	M	Inv. di s. Ste.	3	V		3	D	17ª, B. V. Ros.	3	M	s. Uberto v.	3	V	s. Fran. Sav.
4	V	s. Fran. C.	4	D	4ª d. Pentec.	4	M	s. Dom. di G.	4	S	s. Rosalia v.	4	L	s. Fran. d'As.	4	G	s. Carlo Bor.	4	S	s. Barbara m.
5	S	s. Bonifac. v.	5	L	dell'8ª	5	G	s. Maria d. N.	5	D	13ª d. Pentec.	5	M	ss. Placid. C.	5	V	dell'8ª	5	D	2ª d'Avv. Rom.
6	D	PENTECOs.	6	M	8ª ss. A. P. P.	6	V	Trasf. di G. C.	6	L		6	M	s. Brunone c.	6	S	dell'8ª	6	L	s. Nicolò v.
7	L	di Pentec.	7	M	s. Pulcheria	7	S	s. Gaetano T.	7	M	s. Regina v.	7	G	s. Marco pp.	7	D	22ª d. Pentec.	7	M	s. Ambrogio v.
8	M	di Pentec.	8	G	s. Elisab. reg.	8	D	9ª d. Pentec.	8	M	Na. di M. V.	8	V	s. Brigida v.	8	L	8ª Ognissanti	8	M	Imm. C. M. V.
9	M	Temp. d'Est.	9	V	s. Veron. G.	9	L		9	G	s. Gorgon. m.	9	S	ss. Dion. C. m.	9	M	s. Teodoro m.	9	G	dell'8ª
10	G	s. Margh. reg.	10	S	ss. Sett. fr. m.	10	M	s. Lorenzo m.	10	V	s. Nic. Tol. c.	10	D	18ª Mat. M. V.	10	M	s. Andrea Av.	10	V	dell'8ª
11	V	s. Barn. ap. T.	11	D	5ª d. Pentec.	11	M	ss. Proto e G.	11	S	ss. Proto e G.	11	L	s. Germ. v.	11	G	s. Martino v.	11	S	s. Damas. I p.
12	S	s. Giov. T.	12	L	s. Giov. Gual.	12	G	s. Chiara v.	12	D	14ª, ss. N. M.	12	M	s. Massim. v.	12	V	s. Mart. pp.	12	D	3ª d'Avv. Ro.
13	D	1ª, ss. Trinità	13	M	s. Anacl. pp.	13	V	s. Cassia m.	13	L	s. Eulogio p.	13	M	s. Edoardo re	13	S	s. Stanisl. K.	13	L	s. Lucia v.
14	L	s. Basil. M. v.	14	M	s. Bonav. d.	14	S	s. Eusebio pr.	14	M	Esalt. s. Cro.	14	G	s. Calisto pp.	14	D	23ª, Pat. M. V.	14	M	s. Spiridio. v.
15	M	s. Vito e M.	15	G	s. Enric. imp.	15	D	ASSUN. M. V.	15	M	Temp. d'Aut.	15	V	s. Teresa v.	15	L	s. Geltrud. v.	15	M	Temp. d'Inv.
16	M	s. Giov. Fr. R.	16	V	B. V. del Car.	16	L	s. Giacinto c.	16	G	ss. Corn. e C.	16	S	s. Gallo ab.	16	M	s. Edmon. v.	16	G	s. Euseb. v.
17	G	CORPUS DO.	17	S	s. Alessio con.	17	M	8ª s. Lorenzo	17	V	Stim. s. F. T.	17	D	19ª, Pur. M. V.	17	M	s. Greg. tau.	17	V	s. Lazz. v. T.
18	V	ss. Mar. e M.	18	D	6ª d. Pentec.	18	M	s. Agapit. m.	18	S	s. Gius. C. T.	18	L	s. Luca ev.	18	G	D. b. ss. P. P.	18	S	Tempora
19	S	ss. Gerv. Pr.	19	L	s. Vincen. P.	19	G	s. Lodov. v.	19	D	15ª, Dol. M. V.	19	M	s. Piet. d'Alc.	19	V	s. Elisabetta	19	D	4ª d'Avv. Ro.
20	D	2ª d. Pentec.	20	M	s. Marg. v.	20	V	s. Bernar. ab.	20	L	s. Eustac. v.	20	M	s. Giovan. C.	20	S	s. Felice Val.	20	L	s. Teofilo m.
21	L	s. Luigi G.	21	M	s. Prassede v.	21	S	s. Giov. d. Ch.	21	M	s. Matt. ap.	21	G	ss. Orsol. e C.	21	D	24ª d. Pentec.	21	M	s. Tomm. ap.
22	M	s. Paolino v.	22	G	s. Mar. Mad.	22	D	11ª, s. Gioac.	22	M	ss. Mau. C.	22	V		22	L	s. Cecilia v.	22	M	
23	M	s. Lanfr. v.	23	V	s. Apollin. v.	23	L	s. Filip. Ben.	23	G	s. Lino pp.	23	S	s. Severino v.	23	M	s. Clem. I p.	23	G	s. Vittoria
24	G	8ª Cor. Dom.	24	S	s. Cristina v.	24	M	s. Bartol. ap.	24	V	B. V. d. M.	24	D	20ª d. Pentec.	24	M	s. Gio. d. Cr.	24	V	Vigilia
25	V	s. CUORE G.	25	D	7ª d. Pentec.	25	M	s. Luigi re	25	S	s. Firmino v.	25	L	ss. Crisan. D.	25	G	s. Cater. v.	25	S	NATALE G. C.
26	S	ss. Giov. e P.	26	L	s. Anna	26	G	s. Aless. m.	26	D	16ª d. Pentec.	26	M	s. Evarist. pp.	26	V	s. Pietro Al.	26	D	s. Stef. prot.
27	D	3ª d. Pentec. P. Cuore di M.	27	M	s. Pantal. m.	27	V	s. Gius. Cal.	27	L	ss. Cos. e D.	27	M	Vigilia	27	S		27	L	s. Giov. ev.
28	L	s. Leone II p.	28	M	ss. Naz. e C.	28	S	s. Agost. v. d.	28	M	s. Vences. m.	28	G	ss. Sim. e G.	28	D	1ª d'Avv. Ro.	28	M	ss. Innoc. m.
29	M	ss. P. e P. ap.	29	G	s. Marta v.	29	D	12ª d. Pentec.	29	M	s. Michele A.	29	V	s. Ermel. v.	29	L	s. Saturn. m.	29	M	s. Tom. C. v.
30	M	Comm. s. Pa.	30	V	ss. Abd., Sen.	30	L	s. Rosa da L.	30	G	s. Girol. d.	30	S		30	M	s. Andrea ap.	30	G	
			31	S	s. Ignazio L.	31	M	s. Raim. Non.				31	D	21ª d. Pentec.				31	V	s. Silves. pp.

91

Pasqua 19 aprile – anni: 67, 78, 89, 151, 162, 173, 184*, 235, 246, 257, 268*, 330, 341, 352*, 425, 431, 436*, 515, 520*, 526, 599, 610, 621, 683, 694, 705, 716*, 767, 778, 789, 800*, 862, 873, 884*, 957, 963, 968*, 1047, 1052*, 1058, 1131, 1142, 1153, 1215, 1226, 1237, 1248*, 1299, 1310, 1321, 1332*, 1394, 1405, 1416*, 1489, 1495, 1500*, 1579, 1609, 1615, 1620*, 1699, 1767, 1772*, 1778, 1829, 1835, 1840*, 1908*, 1981, 1987, 1992*, 2071, 2076*, 2082, 2133, 2139, 2144*, 2201, 2207, 2212*, ecc.

#	gennaio bis.	febbraio bis.	gennaio	febbraio	marzo	aprile	maggio
1	M CIRCON. G. C.	S s. Ignazio v.	G CIRCON. G. C.	D 4ª d. l'Epif.	D Quinquages.	M	V ss. Fil. e G. a.
2	G 8ª di s. Stef.	D Pur. di M. V.	V 8ª di s. Stef.	L Pur. di M. V.	L	G s. Fran. di P.	S 2ª, Mis. Dom.
3	V 8ª di s. Giov.	L s. Biagio v.	S 8ª di s. Giov.	M s. Biagio v.	M s. Pancraz. v.	V	D Inv. di S. C.
4	S 8ª ss. Innoc.	M s. Andrea Co.	D 8ª ss. Innoc.	M s. Andrea Co.	M Le Ceneri	S s. Isidoro v.	L s. Monica ved.
5	D s. Telesf. pp.	M s. Agata v.	L s. Telesf. pp.	G s. Agata v.	G	D di Pas. ludic.	M s. Pio V pp.
6	L EPIFANIA	G s. Tito, s. Dor.	M EPIFANIA	V s. Tito, s. Dor.	V	L	M s. Gio. av. p. l.
7	M dell'8ª	V s. Romualdo	M dell'8ª	S s. Romua. ab.	S s. Egesip. c.	M	G s. Stanisl. v.
8	M dell'8ª	S s. Gio. d. M.	G dell'8ª	D 5ª d. l'Epif.	D 1ª di Q. Inv.	M	V Ap. di s. Mic.
9	G dell'8ª	D 5ª d. l'Epif.	V dell'8ª	L s. Apollon. v.	L s. Franc. Ro.	G s. Maria Cle.	S s. Greg. Naz.
10	V dell'8ª	L s. Scolastica	S dell'8ª	M s. Scolastica	M ss. 40 Mart.	V B. V. Addolo.	D 3ª, Pat. s. G.
11	S dell'8ª	M	D 1ª d. l'Epif.	M	M Temp. di Pri.	S s. Leone I pp.	L
12	D 1ª d. l'Epif.	M	L dell'8ª	G	G s. Greg. I p.	D delle Palme	M ss. Ner. C. m.
13	L 8ª dell'Epif.	G	M 8ª dell'Epif.	V	V s. Eufra. v. T.	L santo	M s. Servazio v.
14	M s. Ilar. s. Fel.	V s. Valent. m.	M s. Ilar. s. Fel.	S s. Valent. m.	S s. Mat. r. T.	M santo	G s. Bonifacio
15	M s. Paolo er.	S ss. Fau. e G.	G s. Paolo er.	D Settuagesima	D 2ª d. Q., Rem.	M santo	V
16	G s. Marc. I pp.	D Settuagesima	V s. Marcello p.	L	L	G Cena del Sig.	S s. Ubaldo v.
17	V s. Antonio ab.	L	S s. Antonio ab.	M	M s. Patrizio v.	V Parasceve	D 4ª, Cantate
18	S Cat. s. Pie. R.	M s. Simeone v.	D 2ª, ss. N. di G.	M s. Simeone v.	M	S santo	L s. Venanz. m.
19	D ss. N. di Gesù	M	L s. Canuto re	G	G s. Giuseppe	D PASQUA	M s. Pietro Cel.
20	L ss. Fab. e Seb.	G	M ss. Fab. e Seb.	V	V	L dell'Angelo	M s. Bern. d. s.
21	M s. Agnese v.	V	M s. Agnese v.	S	S s. Bened. ab.	M di Pasqua	G
22	M ss. Vinc. e A.	S Cat. s. Piet. A.	G ss. Vinc. An.	D Sessagesima	D 3ª di Q., Loculi	M dell'8ª	V
23	G Spos. di M. V.	D Sessagesima	V Spos. di M. V.	L s. Pier Dam.	L	G dell'8ª	S s. Desider. v.
24	V s. Timoteo v.	L Vigilia	S s. Timoteo v.	M s. Mattia ap.	M	V dell'8ª	D 5ª, Rogate
25	S Conv. s. Paol.	M s. Mattia ap.	D 3ª, Sac. Fam.	M	M ANN. di M. V.	S dell'8ª	L Le Rogazioni
26	D 3ª, Sac. Fam.	M	L s. Policar. v.	G	G	D 1ª, in Albis	M s. Filip. Rog.
27	L s. Giov. Cris.	G	M s. Giov. Cr.	V	V	L	M s. Mar. Rog.
28	M s. Agnese 2ª f.	V	M s. Agnese 2ª f.	S	S	M s. Vitale m.	G ASCEN. G. C.
29	M s. Frances. s.	S	G s. Fran. ed A.		D 4ª di Q., Laet.	M s. Pietro m.	V s. Massimino
30	G s. Martina v.		V s. Martina v.		L	G s. Cater. da s.	S s. Felice I pp.
31	V s. Pietro Nol.		S s. Pietro Nol.		M		D 6ª, Exaudi

	giugno	luglio	agosto	settembre	ottobre	novembre	dicembre
1	L dell'8ª	M 8ª di s. Gio. B.	S s. Pietro in v.	M s. Egidio ab.	G s. Remigio v.	D OGNISSANTI	M
2	M dell'8ª	G Vis. di M. V.	D 8ª d. Pentec.	M s. Stefano re	V ss. Angeli C.	L Comm. Def.	M s. Bibiana v.
3	M dell'8ª	V dell'8ª	L Inv. di s. Ste.	G	S	M dell'8ª	G s. Fran. Sav.
4	G 8ª dell'Ascen.	S dell'8ª	M s. Dom. di G.	V	D 17ª, B. V. Ros.	M s. Carlo Bor.	V s. Barb. m.
5	V s. Bonif. v.	D 4ª d. Pentec.	M s. Maria d. N.	S s. Lorenzo G.	L ss. Placid. C.	G dell'8ª	S s. Sabba ab.
6	S Vigilia	L 8ª ss. A. P. P.	G Trasf. di G. C.	D 13ª d. Pentec.	M s. Brunone c.	V dell'8ª	D 2ª d'Avv. Ro.
7	D PENTECOs.	M	V s. Gaetano T.	L	M s. Marco pp.	S dell'8ª	L s. Ambrogio v.
8	L di Pentec.	M s. Elisab. reg.	S ss. Cir. e c. m.	M Nat. di M. V.	G s. Brigida v.	D 22ª, Pat. M. V.	M Imm. C. M. V.
9	M di Pentec.	G	D 9ª d. Pentec.	M dell'8ª	V s. Dion. C. m.	L s. Teodoro m.	M dell'8ª
10	M Temp. d'Est.	V ss. Sett. fr. m.	L s. Lorenzo m.	G s. Nic. Tol. c.	S s. Fran. B.	M s. Andrea Av.	G dell'8ª
11	G dell'8ª	S s. Pio I pp.	M dell'8ª	V ss. Pr. e Giac.	D 18ª Mat. M. V.	M s. Martino v.	V s. Dam. I pp.
12	V dell'8ª Temp.	D 5ª d. Pentec.	M dell'8ª	S dell'8ª	L	G s. Mart. pp.	S dell'8ª
13	S s. Ant. di P. T.	L s. Anacl. pp.	G dell'8ª	D 14ª, ss. N. M.	M s. Edoardo re	V s. Stanisl. K.	D 3ª d'Avv. Ro.
14	D 1ª, ss. Trinità	M s. Bonav. d.	V dell'8ª	L Esalt. s. Cro.	M s. Calisto pp.	S	L dell'8ª
15	L ss. Vito e M.	M s. Enric. imp.	S ASSUN M. V.	M 8ª d. N. M. V.	G s. Teresa v.	D 23ª, [Avv. A.]	M 8ª d'Imm. C.
16	M	G B. V. del Car.	D 10ª, s. Gioac.	M Temp. d'Aut.	V	L	M Temp. d'Inv.
17	M	V s. Alessio con.	L 8ª s. Lorenzo	G Stim. s. Fra.	S s. Edvige r.	M s. Greg. tau.	G
18	G CORPUS DO.	S s. Camillo L.	M s. Agapit. m.	V s. Gius. C. T.	D 19ª, Pur. M. V.	M D. b. ss. P., P.	V Tempora
19	V ss. Ger. e Pr.	D 6ª d. Pentec.	M dell'8ª	S s. Genna. v. T.	L s. Piet. d'Alc.	G s. Elisabetta	S Tempora
20	S s. Silver. pp.	L s. Marg. v.	G s. Bernar. ab	D 15ª, Dol. M. V.	M s. Giovan. C.	V s. Felice Val.	D 4ª d'Avv. Ro.
21	D 2ª d. Pentec.	M s. Prassede v.	V s. Gio. di Ch.	L s. Matt. ap.	M ss. Orsol. e C.	S Pres. di M. V.	L s. Tom. ap.
22	L s. Paolino v.	M s. Maria Mad.	S 8ª Ass. M. V.	M ss. Mau. C.	G	D 24ª d. Pentec.	M
23	M Vigilia	G s. Apollin. v.	D 11ª d. Pentec.	M s. Lino pp.	V	L s. Clem. I p.	M
24	M Nat. s. G. B.	V s. Cristina v.	L s. Bartol. ap.	G B. V. d. Merc.	S	M s. Gio. d. Cr.	G Vigilia
25	G 8ª Cor. Dom.	S s. Giac. ap.	M s. Luigi re	V ss. Cip., Giu.	D 20ª d. Pentec.	M s. Cater. v.	V NATALE G. C.
26	V s. CUORE G.	D 7ª d. Pentec.	M s. Zefirino p.	S	L s. Evarist. p.	G s. Pietro Al.	S s. Stef. prot.
27	S s. Ladislao re	L s. Pantal. m.	G s. Gius. Cal.	D 16ª d. Pentec.	M Vigilia	V	D s. Giov. ev.
28	D 3ª d. Pentec. / P. Cuore di M.	M ss. Naz. e C.	V s. Agost. v. d.	L s. Vences. m.	M ss. Sim. e G.	S	L ss. Innocenti
29	L ss. Piet. e Pa.	M s. Marta v.	S Dec. d. s. G. B.	M s. Michele A.	G	D Vigilia / 1ª d'Avv. Ro.	M s. Tomm. C.
30	M Comm. s. Pa.	G ss. Abd. Sen.	D 12ª d. Pentec.	M s. Girol. d.	V	L s. Andrea ap.	M
31		V s. Ignazio L.	L s. Raim. Non.		S Vigilia		G s. Silves. pp.

Pasqua 20 aprile – anni: 10, 21, 83, 94, 105, 116*, 178, 189, 200*, 273, 284*, 363, 368*, 447, 458, 531, 542, 553, 615, 626, 637, 648*, 710, 721, 732*, 805, 816*, 895, 900*, 979, 990, 1063, 1074, 1085, 1147, 1158, 1169, 1180*, 1242, 1253, 1264*, 1337, 1348*, 1427, 1432*, 1511, 1522, 1631, 1642, 1710, 1783, 1794, 1851, 1862, 1919, 1924*, 1930, 2003, 2014, 2025, 2087, 2098, 2155, 2166, 2177, 2223, 2234, ecc.

gennaio bis.	febbraio bis.	gennaio	febbraio	marzo	aprile	maggio
1 M CIRCON. G. C.	1 V s. Ignazio v.	1 M CIRCON. G. C.	1 S s. Ignazio v.	1 S	1 M	1 G ss. Fil. e G. a.
2 M 8ª di s. Stef.	2 S Pur. di M. V.	2 G 8ª di s. Stef.	2 D Pur. di M. V.	2 D Quinquages.	2 M s. Fran. di P.	2 V s. Atanas. v.
3 G 8ª di s. Giov.	3 D 4ª d. l'Epif.	3 V 8ª di s. Giov.	3 L s. Biagio v.	3 L s. Cunegonda	3 G	3 S Inv. di s. Cro.
4 V 8ª ss. Innoc.	4 L s. Andrea Co.	4 S 8ª ss. Innoc.	4 M s. Andrea Co.	4 M s. Casimiro C.	4 V s. Isidoro v.	4 D 2ª, Miser. Dom.
5 S s. Telesf. pp.	5 M s. Agata v.	5 D s. Telesf. pp.	5 M s. Agata v.	5 M Le Ceneri	5 D s. Vinc. Fer.	5 L s. Pio V pp.
6 D EPIFANIA	6 M s. Tito v.	6 L EPIFANIA	6 G s. Tito, s. Dor.	6 G s. Coletta v.	6 D di Pas. ludic.	6 M s. Gio. a. p. l.
7 L dell'8ª	7 G s. Romualdo	7 M dell'8ª	7 V s. Rom. ab.	7 V s. To. d'Aq.	7 L s. Egesippo c.	7 M s. Stanisl. v.
8 M dell'8ª	8 V s. Giov. di M.	8 M dell'8ª	8 S s. Giov. di M.	8 S s. Giov. di D.	8 M	8 G Ap. di s. Mic.
9 M dell'8ª	9 S s. Cirillo v.	9 G dell'8ª	9 D 5ª d. l'Epif.	9 D 1ª d. Q., Invo.	9 M	9 V s. Greg. Naz.
10 G dell'8ª	10 D 5ª d. l'Epif.	10 V dell'8ª	10 L s. Scolastica	10 L ss. 40 Martiri	10 G	10 S ss. Gor. ed E.
11 V dell'8ª	11 L ss. Sett. Fon.	11 S dell'8ª	11 M	11 M	11 V B. V. Addolo.	11 D 3ª, Pat. s. G.
12 S dell'8ª	12 M	12 D 1ª d. l'Epif.	12 M	12 M Temp. di Pri.	12 D s. Zenone v.	12 L ss. Ner. C. m.
13 D 1ª d. l'Epif.	13 M	13 L 8ª dell'Epif.	13 G	13 G	13 D delle Palme	13 M
14 L s. Ilar. s. Fel.	14 G s. Valent. m.	14 M s. Ilar. s. Fel.	14 V s. Valent. m.	14 V	14 L santo	14 M s. Bonifa. m.
15 M s. Paolo er.	15 V ss. Fau. e G.	15 M s. Paol., s. M.	15 S ss. Fau. e Gio.	15 S	15 M santo	15 G
16 M s. Marc. I pp.	16 S	16 G s. Marcello p.	16 D Settuagesima	16 D 2ª di Q., Rem.	16 M santo	16 V s. Ubaldo v.
17 G s. Antonio ab.	17 D Settuagesima	17 V s. Antonio ab.	17 L s. Silvino v.	17 L s. Patrizio v.	17 G Cena del Sig.	17 S s. Pasqual. B.
18 V Cat. s. Piet. R.	18 L s. Simeone v.	18 S Cat. s. Piet. R.	18 M	18 M	18 V Parasceve	18 D 4ª, Cantate
19 S s. Canuto re	19 M	19 D 2ª, ss. N. G.	19 M	19 M s. Giuseppe	19 L santo	19 L s. Pietro Cel.
20 D ss. N. di Gesù	20 M	20 L ss. Fab. e Seb.	20 G	20 G	20 D PASQUA	20 M s. Bern. d. s.
21 L s. Agnese v.	21 G	21 M s. Agnese v.	21 V	21 V s. Bened. ab.	21 L dell'Angelo	21 M s. Felice d. C.
22 M ss. Vinc. e A.	22 V Cat. s. Piet. A.	22 M ss. Vin. ed A.	22 S Cat. s. Piet. A.	22 S	22 M di Pasqua	22 G s. Emilio m.
23 M Spos. di M. V.	23 S s. Pier Dam.	23 G Spos. di M. V.	23 D Sessagesima	23 D 3ª di Q., Oculi	23 G dell'8ª	23 V s. Desiderio v.
24 G s. Timoteo v.	24 D Sessagesima	24 V s. Timoteo v.	24 L s. Mattia ap.	24 L s. Simone m.	24 G dell'8ª	24 S s. Donaz. v.
25 V Con. s. Paolo	25 L s. Mattia ap.	25 S Con. s. Paolo	25 M	25 M ANN. di M. V.	25 V dell'8ª	25 D 5ª, Rogate
26 S s. Policar. v.	26 M	26 D 3ª, Sac. Fam.	26 M	26 M	26 D dell'8ª	26 L Le Rogazioni
27 D 3ª, Sac. Fam.	27 M	27 L s. Giov. Cris.	27 G	27 G	27 D 1ª d. P., in Alb.	27 M s. Mar. Rog.
28 L s. Agnese 2ª f.	28	28 M s. Agnese 2ª f.	28 V	28 V	28 L s. Vitale m.	28 M Vigilia Rog.
29 M s. Frances. s.	29 V s. Simeone v.	29 M s. Fran. Sal.		29 S	29 M s. Pietro m.	29 G ASCEN. G. C.
30 M s. Martina v.		30 G s. Martina v.		30 D 4ª di Q., Laet.	30 M s. Cater. da s.	30 V s. Felice I pp.
31 G s. Pietro Nol.		31 V s. Pietro Nol.		31 L		31 S s. Angela M.

giugno	luglio	agosto	settembre	ottobre	novembre	dicembre
1 D 6ª, Exaudi	1 M 8ª di s. Gio. B.	1 V s. Pietro in v.	1 L s. Egidio ab.	1 M s. Remigio v.	1 S OGNISSANTI	1 L
2 L ss. Marc. e C.	2 M Vis. di M. V.	2 S s. Alfonso L.	2 M s. Stefano re	2 G ss. Angeli C.	2 D 21ª d. Pentec.	2 M s. Bibiana v.
3 M dell'8ª	3 G dell'8ª	3 D 8ª d. Pentec.	3 M	3 V	3 L Comm. Def.	3 M s. Fran. Sav.
4 M s. Fran. C.	4 V dell'8ª	4 L s. Dom. di G.	4 G	4 S s. Fran. d'As.	4 M s. Carlo Bor.	4 G s. Pietro Cris.
5 G 8ª dell'Ascen.	5 S dell'8ª	5 M s. Maria d. N.	5 V s. Lorenzo G.	5 D 17ª, B. V. Ros.	5 M dell'8ª	5 V s. Sabba ap.
6 V s. Norbert. v.	6 D 4ª d. Pentec.	6 M Trasf. di G. C.	6 S	6 L s. Brunone c.	6 G dell'8ª	6 S s. Nicolò v.
7 S Vigilia	7 L	7 G s. Gaetano T.	7 D 13ª d. Pentec.	7 M s. Marco pp.	7 V dell'8ª	7 D 2ª d'Avv. Ro.
8 D PENTECOs.	8 M s. Elisab. reg.	8 V ss. Cir. e c. m.	8 L Nat. di M. V.	8 M s. Brigida v.	8 S 8ª Ognissanti	8 L Imm. C. M. V.
9 L di Pentec.	9 M	9 S s. Roman. m.	9 M s. Gorgon. m.	9 G ss. Dion. C. m.	9 D 22ª, Pat. M. V.	9 M dell'8ª
10 M di Pentec.	10 G ss. Set. fr. m.	10 D 9ª, di Pentec.	10 M s. Nic. Tol. c.	10 V s. Fran. B.	10 L s. Andrea Av.	10 M s. Melch. pp.
11 M Temp. d'Est.	11 V s. Pio I pp.	11 L dell'8ª	11 G dell'8ª	11 S	11 M s. Martino v.	11 G s. Damas. I p.
12 G s. Giov., s. F.	12 S s. Giov. Gual.	12 M s. Chiara v.	12 V dell'8ª	12 D 18ª, Mat. M. V.	12 M s. Mart. pp.	12 V dell'8ª
13 V s. Ant. P., T.	13 D 5ª d. Pentec.	13 M dell'8ª	13 S dell'8ª	13 L s. Edoardo re	13 G s. Stanisl. K.	13 S s. Lucia v.
14 S s. Basil. M. T.	14 L s. Bonav. d.	14 G Vigilia	14 D 14ª ss. N. M.	14 M s. Calisto pp.	14 V	14 D 3ª d'Avv. Ro.
15 D 1ª, ss. Trinità	15 M s. Enric. imp.	15 V ASSUN. M. V.	15 L 8ª d. N. M. V.	15 M s. Teresa v.	15 S s. Geltrud. v.	15 L 8ª d'Imm. C.
16 L	16 M B. V. del Car.	16 S s. Giacinto c.	16 M ss. Corn. e C.	16 G	16 D 23ª, [Avv. A.]	16 M s. Euseb. v.
17 M	17 G s. Alessio con.	17 D 10ª, s. Gioac.	17 M Temp. d'Aut.	17 V s. Edvige r.	17 L s. Greg. tau.	17 M Temp. d'Inv.
18 M ss. Marco M.	18 V s. Camillo L.	18 L s. Agapit. m.	18 G s. Gius. Cop.	18 S s. Luca ev.	18 M D. b. ss. P., P.	18 G
19 G CORPUS DO.	19 S s. Vincen. P.	19 M dell'8ª	19 V s. Gen. m. T.	19 D 19ª, Pur. M. V.	19 M s. Elisabetta	19 V Tempora
20 V s. Silver. pp.	20 D 6ª d. Pentec.	20 M s. Bernar. ab.	20 S s. Eustac. T.	20 L s. Giovan. C.	20 G s. Felice Val.	20 S Tempora
21 S s. Luigi G.	21 L s. Prassede v.	21 G s. Giov. d. Ch.	21 D 15ª, Dol. M. V.	21 M ss. Orsol. e C.	21 V Pres. di M. V.	21 L 4ª d'Avv. Ro.
22 D 2ª d. Pentec.	22 M s. Mar. Mad.	22 V 8ª Ass. M. V.	22 L s. Tomm. Vill.	22 M	22 S s. Cecilia v.	22 M
23 L Vigilia	23 M s. Apollin. v.	23 S s. Filip. Ben.	23 M s. Lino pp.	23 G	23 D 24ª d. Pentec.	23 M
24 M Nat. s. G. B.	24 G Vigilia	24 D 11ª d. Pentec.	24 M B. V. d. Merc.	24 V	24 L s. Gio. d. Cr.	24 G Vigilia
25 M s. Gugl. ab.	25 V s. Giac. ap.	25 L s. Luigi re	25 G ss. Cip., Giu.	25 S s. Crisan. D.	25 M s. Cater. v.	25 G NATALE G. C.
26 G 8ª Cor. Dom.	26 S s. Anna	26 M s. Zefirino	26 V ss. Cos. e D.	26 D 20ª d. Pentec.	26 M	26 V s. Stef. prot.
27 V s. CUORE G.	27 D 7ª d. Pentec.	27 M s. Gius. Cal.	27 S	27 L Vigilia	27 G	27 S s. Giov. ev.
28 S s. Leone II p.	28 L ss. Naz. e C.	28 G s. Agost. v. d.	28 D 16ª d. Pentec.	28 M ss. Sim. e G.	28 V	28 D ss. Innoc. m.
29 D 3ª d. P., C. di M. ss. P. e P. ap.	29 M s. Marta v.	29 V Dec. di s. G. B.	29 L s. Michele A.	29 M	29 S s. Saturn. m.	29 L s. Tom. C. v.
30 L Comm. s. Pa.	30 M ss. Abd., Sen.	30 S s. Rosa da L.	30 M s. Girol. d.	30 G	30 D 1ª d'Avv. Ro.	30 M
	31 G s. Ignazio L.	31 D 12ª d. Pentec.		31 V Vigilia		31 M s. Silves. pp.

95

Pasqua 21 aprile – anni: 26, 37, 48*, 121, 132, 216* 295, 379, 390, 463, 474, 485, 558, 569, 580*, 653, 664*, 748* 827, 911, 922, 995, 1006, 1017, 1090, 1101, 1112* 1185, 1196*, 1280*, 1359, 1443, 1454, 1527, 1538, 1549, 1585, 1647, 1658, 1669, 1680* 1715, 1726, 1737, 1867, 1878, 1889, 1935, 1946, 1957, 2019, 2030, 2041, 2052* 2109, 2171, 2182, 2193, 2239, 2250, 2261, ecc.

gennaio bis.	febbraio bis.	gennaio	febbraio	marzo	aprile	maggio
1 L CIRCON. G. C.	1 G s. Ignazio v.	1 M CIRCON. G. C.	1 V s. Ignazio v.	1 V	1 L	1 M ss. Fil. e G. a.
2 M 8ª di s. Stef.	2 V Pur. di M. V.	2 M 8ª di s. Stef.	2 S Pur. di M. V.	2 S	2 M s. Fran. di P.	2 G s. Atanas. v.
3 M 8ª di s. Giov.	3 S s. Biagio v.	3 G 8ª di s. Giov.	3 D 4ª d. l'Epif.	3 D Quinquages.	3 M	3 V Inv. di s. Cro.
4 G 8ª ss. Innoc.	4 D 5ª d. l'Epif.	4 V 8ª ss. Innoc.	4 L s. Andrea Co.	4 L s. Casimiro c.	4 G s. Isidoro v.	4 S s. Monica ved.
5 V s. Telesf. pp.	5 L s. Agata v.	5 S s. Telesf. pp.	5 M s. Agata v.	5 M Le Ceneri	5 V s. Vinc. Fer.	5 D 2ª Miser. Dom.
6 S EPIFANIA	6 M s. Tito v.	6 D EPIFANIA	6 M s. Tito, s. Dor.	6 M	6 S	6 L s. Gio. a. p. l.
7 D dell'8ª	7 M s. Romualdo	7 L dell'8ª	7 G s. Rom. ab.	7 G s. To. d'Aq.	7 D di Pas. Iudic.	7 M Stanisl. v.
8 L dell'8ª	8 G s. Giov. di M.	8 M dell'8ª	8 V s. Giov. di M.	8 V s. Giov. di D.	8 L	8 M Ap. di s. Mic.
9 M dell'8ª	9 V s. Apollon. v.	9 M dell'8ª	9 S s. Apollon. v.	9 S s. Fran. Rom.	9 M	9 G s. Greg. Naz.
10 M dell'8ª	10 S s. Scolast. v.	10 G dell'8ª	10 D 5ª d. l'Epif.	10 D 1ª di Q., Invo.	10 M	10 V ss. Gor. ed E.
11 G dell'8ª	11 D 6ª d. l'Epif.	11 V dell'8ª	11 L s. Lazzaro v.	11 L	11 G s. Leone I pp.	11 S
12 V dell'8ª	12 L	12 S dell'8ª	12 M	12 M s. Greg. I pp.	12 V B. V. Addolo.	12 D 3ª, Pat. s. G.
13 S 8ª dell'Epif.	13 M	13 D 1ª d. l'Epif.	13 M	13 M Temp. di Pri.	13 L s. Ermeneg.	13 L
14 D ss. N. di Gesù	14 M s. Valent. m.	14 L s. Ilar. s. Fel.	14 G s. Valent. m.	14 G	14 D delle Palme	14 M s. Bonifa. m.
15 L s. Paolo er.	15 G ss. Fau. e G.	15 M s. Paolo er.	15 V ss. Fau. e Gio.	15 V s. Longi. m. T.	15 L santo	15 M
16 M s. Marc. I pp.	16 V	16 M s. Marcello p.	16 S	16 S s. Eribe. v. T.	16 M santo	16 G s. Ubaldo v.
17 M s. Antonio ab.	17 S	17 G s. Antonio ab.	17 D Settuagesima	17 D 2ª di Q., Rem.	17 M santo	17 V s. Pasqual. B.
18 G Cat. s. Piet. R.	18 D Settuagesima	18 V Cat. s. Piet. R.	18 L s. Simeone v.	18 L	18 G Cena del Sig.	18 S s. Venanz. m.
19 V s. Canuto re	19 L	19 S s. Canuto re	19 M	19 M s. Giuseppe	19 V Parasceve	19 D 4ª Cantate
20 S ss. Fab. e Seb.	20 M	20 D 2ª, ss. N. G.	20 M	20 M	20 S santo	20 L s. Bern. d. s.
21 D 3ª, Sac. Fam.	21 M	21 L s. Agnese v.	21 G	21 G s. Bened. ab.	21 D PASQUA	21 M
22 L ss. Vinc. e A.	22 G Cat. s. Piet. A.	22 M ss. Vinc. e A.	22 V Cat. s. Piet. A.	22 V	22 L dell'Angelo	22 M
23 M Spos. di M. V.	23 V s. Pier Dam.	23 M Spos. di M. V.	23 S s. Pier Dam.	23 S	23 M di Pasqua	23 G
24 M s. Timoteo v.	24 S s. Gerardo v.	24 G s. Timoteo v.	24 D Sessagesima	24 D 3ª di Q., Oculi	24 M dell'8ª	24 V
25 G Con. s. Paolo	25 D Sessagesima	25 V Con. s. Paolo	25 L	25 L ANN. di M. V.	25 G dell'8ª	25 S s. Greg. VII p.
26 V s. Policar. v.	26 L	26 S s. Policar. v.	26 M	26 M	26 V dell'8ª	26 D 5ª Rogate
27 S s. Giov. C. d.	27 M	27 D 3ª, Sac. Fam.	27 M	27 M	27 S dell'8ª	27 L Le Rogazioni
28 D 4ª d. l'Epif.	28 M	28 L s. Agnese 2ª f.	28 G	28 G	28 D 1ª d. P., in Alb.	28 M s. Mas. Rog.
29 L s. Frances. s.	29 G	29 M s. Fran. Sal.		29 V	29 L s. Pietro m.	29 M s. Fel. I Rog.
30 M s. Martina v.		30 M s. Martina v.		30 S	30 M s. Cater. da s.	30 G ASCEN. G. C.
31 M s. Pietro Nol.		31 G s. Pietro Nol.		31 D 4ª di Q. Laet.		31 V s. Angela M.

giugno

1	S	s. Panfilo m.
2	D	6ª, *Exaudi*
3	L	*dell'8ª*
4	M	s. Fran. C.
5	M	s. Bonif. v.
6	G	8ª *dell'Ascen.*
7	V	s. Robert. ab.
8	S	*Vigilia*
9	D	PENTECOS.
10	L	*di Pentec.*
11	M	*di Pentec.*
12	M	*Temp. d'Est.*
13	G	s. Ant. di P.
14	V	s. Basilio, T.
15	S	ss. Vito e M.
16	D	1ª, *ss. Trinità*
17	L	
18	M	ss. Mar. e M.
19	M	ss. Ger. e Pr.
20	G	CORPUS DO.
21	V	s. Luigi G.
22	S	s. Paolino v.
23	D	2ª *d. Pentec.*
24	L	*Nat. s. G. B.*
25	M	s. Gugl. ab.
26	M	ss. Giov. e P.
27	G	8ª *Cor. Dom.*
28	V	s. CUORE G.
29	S	ss. Piet. e Pa.
30	D	3ª *d. Pentec.*
		P. Cuore di M.

luglio

1	L	8ª di s. Gio. B.
2	M	*Vis. di M. V.*
3	M	*dell'8ª*
4	G	*dell'8ª*
5	V	*dell'8ª*
6	D	8ª *ss. A. P. P.*
7	L	4ª *d. Pentec.*
8	M	s. Elisab. reg.
9	M	
10	G	ss. Sett. fr. m.
11	V	s. Pio I pp.
12	S	s. Giov. Gual.
13	D	s. Anacl. pp.
14	L	5ª *d. Pentec.*
15	M	s. Enric. imp.
16	M	B. V. del Car.
17	G	s. Alessio con.
18	V	s. Camillo L.
19	S	s. Vincen. P.
20	D	s. Marg. v.
21	L	6ª *d. Pentec.*
22	M	s. Maria Mad.
23	M	s. Apollin. v.
24	G	
25	V	s. Giac. ap.
26	S	s. Anna
27	D	s. Pantal. m.
28	L	7ª *d. Pentec.*
29	M	s. Marta v.
30	M	ss. Abd., Sen.
31	G	s. Ignazio L.

agosto

1	G	s. Pietro in v.
2	V	s. Alfonso L.
3	S	Inv. di s. Ste.
4	D	8ª *d. Pentec.*
5	L	s. Maria d. N.
6	M	Trasf. di G. C.
7	M	s. Gaetano T.
8	G	ss. Cir. e c. m.
9	V	s. Roman. m.
10	S	s. Lorenzo m.
11	D	9ª *d. Pentec.*
12	L	s. Chiara v.
13	M	
14	M	
15	G	ASSUN. M. V.
16	V	s. Giacinto c.
17	S	8ª s. Lorenzo
18	D	10ª, *s. Gioac.*
19	L	
20	M	s. Bernar. ab.
21	M	s. Gio. di Ch.
22	G	8ª *Ass. M. V.*
23	V	s. Filip. Ben.
24	S	s. Bartol. ap.
25	D	11ª *d. Pentec.*
26	L	s. Zefirino p.
27	M	s. Gius. Cal.
28	M	s. Agost. v. d
29	G	Dec. di s. G. B.
30	V	s. Rosa da L.
31	S	s. Raim. Non.

settembre

1	D	12ª *d. Pentec.*
2	L	s. Stefano re
3	M	
4	M	
5	G	s. Lorenzo G.
6	V	Trasf. s. Ag. C.
7	S	s. Regina v.
8	D	*Nat. di M. V.*
9	L	s. Gorgon. m.
10	M	s. Nic. Tol. c.
11	M	
12	G	
13	V	
14	S	Esalt. s. Cro.
15	D	14ª *ss. N. M.*
16	L	ss. Corn. e C.
17	M	Stim. s. Fra.
18	M	*Temp. d'Aut.*
19	G	s. Gennaro v.
20	V	s. Eust. m. T.
21	S	s. Matt. ap. T.
22	D	15ª, *Dol. M. V.*
23	L	s. Lino pp.
24	M	B. V. d. Merc.
25	M	
26	G	ss. Cip., Giu.
27	V	ss. Cos. e D.
28	S	s. Vences. m.
29	D	16ª *d. Pentec.*
30	L	s. Girol. d.

ottobre

1	M	s. Remigio v.
2	M	ss. Angeli C.
3	G	
4	V	s. Fran. d'As.
5	S	ss. Placid. C.
6	D	17ª, *B. V. Ros.*
7	L	s. Marco pp.
8	M	s. Brigida v.
9	M	s. Dion. C. m.
10	G	s. Fran. B.
11	V	
12	S	s. Massim. v.
13	D	18ª, *Mat. M. V.*
14	L	s. Calisto pp.
15	M	s. Teresa v.
16	M	
17	G	s. Edvige r.
18	V	s. Luca ev.
19	S	s. Piet. d'Alc.
20	D	19ª *Pur. M. V.*
21	L	ss. Orsol. e C.
22	M	
23	M	
24	G	
25	V	ss. Crisan. D.
26	S	s. Evarist. pp.
27	D	20ª *d. Pentec.*
28	L	ss. Simone e G.
29	M	
30	M	
31	G	*Vigilia*

novembre

1	V	OGNISSANTI
2	S	*Comm. Def.*
3	D	21ª *di Pentec.*
4	L	s. Carlo Bor.
5	M	*dell'8ª*
6	M	*dell'8ª*
7	G	*dell'8ª*
8	V	8ª *Ognissanti*
9	S	s. Teodoro m.
10	D	22ª, *Pat. M. V.*
11	L	s. Martino v.
12	M	s. Mart. pp.
13	M	s. Stanisl. K.
14	G	
15	V	s. Geltrud. v.
16	S	s. Edmon. v.
17	D	23ª, *[Avv. A.]*
18	L	D. b. ss. P., P.
19	M	s. Elisabetta
20	M	s. Felice Val.
21	G	Pres. di M. V.
22	V	s. Cecilia v.
23	S	s. Clem. I p.
24	D	24ª *d. Pentec.*
25	L	s. Cater. v.
26	M	s. Pietro Al.
27	M	
28	G	
29	V	s. Saturn. m.
30	S	s. Andrea ap.

dicembre

1	D	1ª *d. Avv. Ro.*
2	L	s. Bibiana v.
3	M	s. Fran. Sav.
4	M	s. Pietro Cris.
5	G	s. Sabba ab.
6	V	s. Nicolò v.
7	S	s. Ambrogio v.
8	D	*Imm. C. M. V.*
9	L	*dell'8ª*
10	M	s. Melch. pp.
11	M	s. Dam. I pp.
12	G	s. Valer. ab.
13	V	s. Lucia v.
14	S	s. Spiridione
15	D	3ª *d'Avv. Ro.*
16	L	s. Euseb. v.
17	M	s. Lazz. v.
18	M	*Temp. d'Inv.*
19	G	s. Nemes. m.
20	V	*Tempora*
21	S	s. Tomm. ap.
22	D	*Tempora*
23	L	4ª *d'Avv. Ro.*
24	M	*Vigilia*
25	M	NATALE G. C.
26	G	s. Stef. prot.
27	V	s. Giov. ev.
28	S	ss. Innocenti
29	D	s. Tomm. C.
30	L	
31	M	s. Silves. pp.

Pasqua 22 aprile – anni: 64*, 143, 227, 238, 311, 322, 333, 406, 417, 428*, 501, 512*, 596*, 675, 759, 770, 843, 854, 865, 938, 949, 960*, 1033, 1044*, 1128*, 1207, 1291, 1302, 1375, 1386, 1397, 1470, 1481, 1492*, 1565, 1576*, 1590, 1601, 1612*, 1685, 1696*, 1753, 1764*, 1810, 1821, 1832*, 1962, 1973, 1984*, 2057, 2068*, 2114, 2125, 2136*, 2204*, ecc.

	gennaio bis.	febbraio bis.		gennaio	febbraio	marzo	aprile	maggio
1	D CIRCON. G. C.	M s. Ignazio v.		L CIRCON. G. C.	G s. Ignazio v.	G	D 4ª di Q., Laet.	M ss. Fil. e G. a.
2	L 8ª di s. Stef.	G Pur. di M. V.		M 8ª di s. Stef	V Pur. di M. V.	V	L s. Fran. di P.	M s. Atanas. v.
3	M 8ª di s. Giov.	V s. Biagio v.		M 8ª di s. Giov.	S s. Biagio v.	S	M	G Inv. di s. C.
4	M 8ª ss. Innoc.	S s. Andrea Co.		G 8ª ss. Innoc.	D 5ª d. l'Epif.	D Quinquages.	M s. Isidoro v.	V s. Monica ved.
5	G s. Telesf. pp.	D 5ª d. l'Epif.		V s. Telesf. pp.	L s. Agata v.	L	G s. Vinc. Fer.	S s. Pio V pp.
6	V EPIFANIA	L s. Tito, s. Dor.		S EPIFANIA	M s. Tito, s. Dor.	M	V	D 2ª, Mis. Dom.
7	S dell'8ª	M s. Romualdo		D 1ª d. l'Epif.	M s. Romua. ab.	M Le Ceneri	S	L s. Stanisl. v.
8	D 1ª d. l'Epif.	M s. Giov. di M.		L dell'8ª	G s. Giov. di D.	G s. Giov. di D.	D di Pas. Iudic.	M Ap. di s. Mic.
9	L dell'8ª	G s. Apollon. v.		M dell'8ª	V s. Apollon. v.	V s. Franc. Ro.	L	M s. Greg. Naz.
10	M dell'8ª	V s. Scolastica		M dell'8ª	S s. Scolastica	S ss. 40 Mart.	M	G ss. Gor. ed E.
11	M dell'8ª	S 6ª d. l'Epif.		G dell'8ª	D 6ª d. l'Epif.	D 1ª di Q. Inv.	M s. Leone I pp.	V
12	G dell'8ª	D		V dell'8ª	L	L s. Greg. I pp.	G	S ss. Ner. C. m.
13	V 8ª dell'Epif.	L		S 8ª dell'Epif.	M s. Cat. de Ric.	M	V B. V. Addolo.	D 3ª, Pat. s. G.
14	S s. Ilar. s. Fel.	M s. Valent. m.		D 2ª, ss. N. di G.	M s. Valent. m.	M Temp. di Pri.	S s. Giustin. m.	L s. Bonifacio
15	D ss. N. di Gesù	M ss. Faus. e G.		L s. Paolo er.	G	G	D delle Palme	M
16	L s. Marco I pp.	G		M s. Marcello p.	V	V s. Eribert. v. T.	L santo	M s. Ubaldo v.
17	M s. Antonio ab.	V		M s. Antonio ab.	S	S s. Patriz. v. T.	M santo	G s. Pasqual. B.
18	M Cat. s. Pie. R.	S s. Simeone v.		G Cat. s. Piet. R.	D Settuagesima	D 2ª di Q., Rem.	M Cena del Sig.	V s. Venanz. m.
19	G s. Canuto re	D Settuagesima		V s. Canuto re	L	L s. Giuseppe	G Parasceve	S s. Pietro Cel.
20	V ss. Fab. e Seb.	L		S ss. Fab. e Seb.	M	M	V	D 4ª, Cantate
21	S s. Agnese v.	M		D 3ª, Sac. Fam.	M	M s. Bened. ab.	S santo	L
22	D 3ª Sac. Fam.	M Cat. s. Piet. A.		L ss. Vinc., An.	G Cat. s. Piet. A.	G	D PASQUA	M
23	L Spos. di M. V.	G s. Pier Dam.		M Spos. di M. V.	V s. Pier Dam.	V	L dell'Angelo	M
24	M s. Timoteo v.	V Vigilia		M s. Timoteo v.	S s. Mattia ap.	S	M di Pasqua	G
25	M Conv. s. Paolo	S s. Mattia ap.		G Conv. s. Paolo	D Sessagesima	D ANN. di M. V.	M dell'8ª	V s. Greg. VII p.
26	G s. Policar. v.	D Sessagesima		V s. Policar. v.	L	L	G dell'8ª	S s. Filip. Neri
27	V s. Giov. Cris.	L		S s. Giov. Cr.	M	M	V dell'8ª	D 5ª, Rogate
28	S s. Agnese 2ª f.	M		D 4ª l'Epif.	M	M	S dell'8ª	L Le Rogazioni
29	D 4ª d. l'Epif.	M		L s. Fran. ed A.		G	D 1ª, in Albis	M s. Mass., Rog.
30	L s. Martina v.			M s. Martina v.		V	L s. Cater. da s.	M s. Fel. I, Rog.
31	M s. Pietro Nol.			M s. Pietro Nol.		S		G ASCEN. G. C.

giugno

1	V	dell'8ª
2	S	dell'8ª
3	D	6ª, Exaudi
4	L	s. Fran. C.
5	M	s. Bonif. v.
6	M	s. Norbert. v.
7	G	8ª dell'Ascen.
8	V	s. Gugliel. v.
9	S	Vigilia
10	D	PENTECOs.
11	L	di Pentec.
12	M	di Pentec.
13	M	Temp. d'Est.
14	G	dell'8ª
15	V	ss. Vit. e M. T.
16	S	s. Giov. Fr. T.
17	D	1ª, ss. Trinità
18	L	ss. Marco M.
19	M	ss. Ger. e Pr.
20	M	s. Silver. pp.
21	G	CORPUS DO.
22	V	s. Paolino v.
23	S	s. Lanfr. v.
24	D	2ª d. Pentec.
25	L	s. Gugl. ab.
26	M	ss. Giov. e P.
27	M	s. Ladisl. re
28	G	8ª Cor. Dom.
29	V	ss. P. e P. ap.
30	S	Comm. s. Pa.

luglio

1	D	3ª, P. C. di M.
2	L	Vis. di M. V.
3	M	dell'8ª
4	M	dell'8ª
5	G	dell'8ª
6	V	8ª ss. P. P. A.
7	S	s. Pulcheria
8	D	4ª d. Pentec.
9	L	Vigilia
10	M	ss. Sette fr. m.
11	M	s. Pio I pp.
12	G	s. Giov. Gua.
13	V	s. Anac. pp.
14	S	s. Bonav. d.
15	D	5ª d. Pentec.
16	L	B. V. del Car.
17	M	s. Aless. con.
18	M	s. Camillo L.
19	G	s. Vincen. P.
20	V	s. Marg. v.
21	S	s. Prassede v.
22	D	6ª d. Pentec.
23	L	s. Apollin. v.
24	M	Vigilia
25	M	s. Giac. ap.
26	G	s. Anna
27	V	s. Pantal. m.
28	S	ss. Naz. e C.
29	D	7ª d. Pentec.
30	L	ss. Abd. e Sen.
31	M	s. Ignazio L.

agosto

1	M	s. Pietro in v.
2	G	s. Alfonso L.
3	V	Inv. di s. Ste.
4	S	s. Dom. di G.
5	D	8ª d. Pentec.
6	L	Trasf. di G. C.
7	M	s. Gaetano T.
8	M	ss. Cir. e c. m.
9	G	s. Roman. m.
10	V	s. Lorenzo m.
11	S	ss. Tiber. e s.
12	D	9ª d. Pentec.
13	L	
14	M	
15	M	ASSUN. M. V.
16	G	s. Giacinto c.
17	V	8ª s. Lorenzo
18	S	s. Agapit. m.
19	D	10ª, s. Gioac.
20	L	s. Bernar. ab.
21	M	s. Giov. d. Ch.
22	M	8ª Ass. M. V.
23	G	s. Filip. Ben.
24	V	s. Bartol. ap.
25	S	s. Luigi re
26	D	11ª d. Pentec.
27	L	s. Gius. Cal.
28	M	s. Agost. v. d.
29	M	Dec. di s. G. B.
30	G	s. Rosa da L.
31	V	s. Raim. Non.

settembre

1	S	s. Egidio ab.
2	D	12ª d. Pentec.
3	L	
4	M	
5	M	s. Lorenzo G.
6	G	Trasf. s. Ag. C.
7	V	s. Regina v.
8	S	Nat. di M. V.
9	D	13ª, ss. N. M.
10	L	s. Nic. To. c.
11	M	
12	M	
13	G	
14	V	Esalt. s. Cro.
15	S	8ª Nat. M. V.
16	D	14ª, Dol. M. V.
17	L	Stim. s. Fra.
18	M	s. Gius. Cop.
19	M	Temp. d'Aut.
20	G	s. Eustac. m.
21	V	s. Mat. ap. T.
22	S	ss. Mau. C. T.
23	D	15ª d. Pentec.
24	L	B. V. d. Merc.
25	M	
26	M	ss. Cip., Giu.
27	G	ss. Cos. e D.
28	V	s. Vences. m.
29	S	s. Michele A.
30	D	16ª d. Pentec.

ottobre

1	L	s. Remigio v.
2	M	ss. Angeli C.
3	M	
4	G	s. Fran. d'As.
5	V	ss. Placid. C.
6	S	s. Brunone c.
7	D	17ª, B. V. Ros.
8	L	s. Brigida v.
9	M	ss. Dion. C. m.
10	M	s. Fran. B.
11	G	
12	V	s. Massim. v.
13	S	s. Edoardo re
14	D	18ª, Mat. M. V.
15	L	s. Teresa v.
16	M	s. Gallo ab.
17	M	s. Edvige r.
18	G	s. Luca ev.
19	V	s. Piet. d'Alc.
20	S	s. Giovan. C.
21	D	19ª, Pur. M. V.
22	L	
23	M	
24	M	
25	G	ss. Crisan. D.
26	V	s. Evarist. pp.
27	S	Vigilia
28	D	20ª d. Pentec.
29	L	
30	M	
31	M	Vigilia

novembre

1	G	OGNISSANTI
2	V	Comm. Def.
3	S	s. Uberto v.
4	D	21ª d. Pentec.
5	L	dell'8ª
6	M	dell'8ª
7	M	dell'8ª
8	G	8ª Ognissanti
9	V	s. Teodoro m.
10	S	s. Andrea Av.
11	D	22ª, Pat. M. V.
12	L	s. Mart. pp.
13	M	s. Stanis. K.
14	M	
15	G	s. Geltrud. v.
16	V	s. Edmon. v.
17	S	s. Greg. tau.
18	D	23ª, [Avv. A.]
19	L	s. Elisabetta
20	M	s. Felice Val.
21	M	Pres. di M. V.
22	G	s. Cecilia v.
23	V	s. Clem. I p.
24	S	s. Gio. d. Cr.
25	D	24ª d. Pentec.
26	L	s. Pietro Al.
27	M	
28	M	
29	G	s. Saturn. m.
30	V	s. Andrea ap.

dicembre

1	S	s. Eligio v.
2	D	1ª d'Avv. Ro.
3	L	s. Fran. Sav.
4	M	s. Pietro Cris.
5	M	s. Sabba ap.
6	G	s. Nicolò v.
7	V	s. Ambrogio v.
8	S	Imm. C. M. V.
9	D	2ª d'Avv. Ro.
10	L	s. Melch. pp.
11	M	s. Damas. I pp.
12	M	s. Valer. ab.
13	G	s. Lucia v.
14	V	s. Spiridione
15	S	8ª d'Imm. C.
16	D	3ª d'Avv. Ro.
17	L	s. Lazz. v.
18	M	Asp. Div. P.
19	M	Temp. d'Inv.
20	G	s. Timo. m.
21	V	Tempora
22	S	Tempora
23	D	4ª d'Avv. Ro.
24	L	Vigilia
25	M	NATALE G. C.
26	M	s. Stef. prot.
27	G	s. Giov. ev.
28	V	ss. Innoc. m.
29	S	s. Tom. C. v.
30	D	
31	L	s. Silves. pp.

Pasqua 23 aprile – anni: 75, 159, 170, 254, 265, 349, 360*, 444*, 607, 691, 702, 786, 797, 881, 892*, 976*, 1139, 1223, 1234, 1318, 1329, 1413, 1424*, 1508*, 1628*, 1848*, 1905, 1916*, 2000*, 2079, 2152*, ecc.

gennaio bis.	febbraio bis.	gennaio	febbraio	marzo	aprile	maggio
1 S CIRCON. G. C.	1 M s. Ignazio v.	1 D CIRCON. G. C.	1 M s. Ignazio v.	1 M	1 S	1 L ss. Fil. e G. a.
2 D 8ª di s. Stef.	2 M Pur. di M. V.	2 L 8ª di s. Stef.	2 G Pur. di M. V.	2 G	2 D 4ª di Q., Laet.	2 M s. Atanas. v.
3 L 8ª di s. Giov.	3 G s. Biagio v.	3 M 8ª di s. Giov.	3 V s. Biagio v.	3 V	3 L	3 M Inv. di s. Cro.
4 M 8ª ss. Innoc.	4 V s. Andrea Co.	4 M 8ª ss. Innoc.	4 S s. Andrea Co.	4 S s. Casimiro c.	4 M s. Isidoro v.	4 G s. Monica ved.
5 M s. Telesf. pp.	5 S s. Agata v.	5 G s. Telesf. pp.	5 D 5ª d. l'Epif.	5 D Quinquages.	5 M s. Vinc. Fer.	5 V s. Pio V pp.
6 G EPIFANIA	6 D 5ª d. l'Epif.	6 V EPIFANIA	6 L s. Tito s. Dor.	6 L	6 G	6 S s. Gio. a. p. l.
7 V dell'8ª	7 L s. Romualdo	7 S dell'8ª	7 M s. Rom. ab.	7 M s. To. d'Aq.	7 V	7 D 2ª, Miser. Dom.
8 S dell'8ª	8 M s. Giov. di M.	8 D 1ª d. l'Epif.	8 M s. Giov. di M.	8 M Le Ceneri	8 S	8 L Ap. di s. Mic.
9 D 1ª d. l'Epif.	9 M s. Apollon. v.	9 L dell'8ª	9 G s. Apollon. v.	9 G s. Fran. Rom.	9 D di Pas. Iudic.	9 M s. Greg. Naz.
10 L dell'8ª	10 G s. Scolast. v.	10 M dell'8ª	10 V s. Scolastica	10 V ss. 40 Mart.	10 L	10 M ss. Gor. ed E.
11 M dell'8ª	11 V	11 M dell'8ª	11 S	11 S	11 M s. Leone I pp.	11 G
12 M dell'8ª	12 S s. Eulalia v.	12 G dell'8ª	12 D 6ª d. l'Epif.	12 D 1ª d. Q., Invo.	12 M	12 V ss. Ner. C. m.
13 G 8ª dell'Epif.	13 D 6ª d. l'Epif.	13 V 8ª dell'Epif.	13 L s. Cat. de Ric.	13 L	13 G s. Ermeneg.	13 S s. Servazio v.
14 V s. Ilar. s. Fel.	14 L s. Valent. m.	14 S s. Ilar. s. Fel.	14 M s. Valent. m.	14 M	14 V B. V. Addolo.	14 D 3ª, Pat. s. G.
15 S s. Paolo s. M.	15 M ss. Fau. e G.	15 D 2ª, ss. N. G.	15 M ss. Fau. e Gio.	15 M Temp. di Pri.	15 S	15 L
16 D ss. N. di Gesù	16 M	16 L s. Marcello p.	16 G	16 G	16 D delle Palme	16 M s. Ubaldo v.
17 L s. Antonio ab.	17 G	17 M s. Antonio ab.	17 V	17 V s. Patrizio v. T.	17 L santo	17 M s. Pasqual. B.
18 M Cat. s. Piet. R.	18 V s. Simeone v.	18 M Cat. s. Piet. R.	18 S s. Simeone v.	18 S s. Gabr. a. T.	18 M santo	18 G s. Venanz. m.
19 M s. Canuto re	19 S s. Corrado c.	19 G s. Canuto re	19 D Settuagesima	19 D 2ª di Q., Rem.	19 M santo	19 V s. Pietro Cel.
20 G ss. Fab. e Seb.	20 D Settuagesima	20 V ss. Fab. e Seb.	20 L s. Eleute. m.	20 L	20 G Cena del Sig.	20 S s. Bern. d. s.
21 V s. Agnese v.	21 L	21 S s. Agnese v.	21 M	21 M s. Bened. ab.	21 V Parasceve	21 D 4ª, Cantate
22 S ss. Vinc. e A.	22 M Cat. s. Piet. A.	22 D 3ª, Sac. Fam.	22 M Cat. s. Piet. A.	22 M	22 S santo	22 L
23 D 3ª, Sac. Fam.	23 M s. Pier Dam.	23 L Spos. di M. V.	23 G s. Pier Dam.	23 G	23 D PASQUA	23 M
24 L s. Timoteo v.	24 G Vigilia	24 M s. Timoteo v.	24 V s. Mattia ap.	24 V	24 L dell'Angelo	24 M
25 M Con. s. Paolo	25 V s. Mattia ap.	25 M Con. s. Paolo	25 S	25 S ANN. di M. V.	25 M di Pasqua	25 G s. Greg. VII p.
26 M s. Policar. v.	26 M	26 G s. Policar. v.	26 D Sessagesima	26 D 3ª di Q., Oculi	26 M dell'8ª	26 V s. Filip. Neri
27 G s. Giov. C. d.	27 D Sessagesima	27 V s. Giov. Cr.	27 L	27 L	27 G dell'8ª	27 S s. Mar. M. P.
28 V s. Agnese 2ª f.	28 L	28 S s. Agnese 2ª f.	28 M	28 M	28 V dell'8ª	28 D 5ª, Rogate
29 S s. Frances. s.	29 M	29 D 4ª d. l'Epif.		29 M	29 S dell'8ª	29 L Le Rogazioni
30 D 4ª d. l'Epif.		30 L s. Martina v.		30 G	30 D 1ª d. P., in Alb.	30 M s. Fel. I pp. Rog.
31 L s. Pietro Nol.		31 M s. Pietro Nol.		31 V		31 M s. Ang. M.

100

giugno	luglio	agosto	settembre	ottobre	novembre	dicembre
1 G ASCEN. G. C.	1 S 8ª di s. Gio. B.	1 M s. Pietro in v.	1 V s. Egidio ab.	1 D 16ª, B. V. Ros.	1 M OGNISSANTI	1 V s. Bibiana v.
2 V dell'8ª	2 D 3ª, P. C. di M.	2 M s. Alfonso L.	2 S s. Stefano re	2 L ss. Angeli C.	2 G Comm. Def.	2 S s. Barb. m.
3 S dell'8ª	3 L s. Marzial. v.	3 G Inv. di s. Ste.	3 D 12ª, d. Pentec.	3 M	3 V s. Uberto v.	3 D 1ª d'Avv. Ro.
4 D 6ª, Exaudi	4 M dell'8ª	4 V s. Dom. di G.	4 L	4 M s. Fran. d'As.	4 S s. Carlo Bor.	4 L s. Sabba ab.
5 L s. Bonif. v.	5 M dell'8ª	5 S s. Maria d. N.	5 M s. Lorenzo G.	5 G ss. Placid. C.	5 D 21ª d. Pentec.	5 M s. Nicolò v.
6 M s. Norbert. v.	6 G 8ª ss. A. P. P.	6 D 8ª d. Pentec.	6 M	6 V s. Brunone c.	6 L dell'8ª	6 M s. Ambrogio v.
7 M dell'8ª	7 V	7 L s. Gaetano T.	7 G	7 S s. Marco pp.	7 M dell'8ª	7 G Imm. C. M. V.
8 G 8ª dell'Ascen.	8 S s. Elisab. reg.	8 M ss. Cir. e c. m.	8 V Nat. di M. V.	8 D 17ª, Mat. M. V.	8 M 8ª Ognissanti	8 V dell'8ª
9 V ss. Pri. e Fel.	9 D 4ª d. Pentec.	9 M s. Roman. m.	9 S s. Gorgon. m.	9 L ss. Dion. C. m.	9 G s. Teodoro m.	9 S
10 S Vigilia	10 L s. Sett. fr. m.	10 G s. Lorenzo m.	10 D 13ª, ss. N. M.	10 M s. Fran. B.	10 V s. Andrea Av.	10 D 2ª d'Avv. Ro.
11 D PENTECOS.	11 M s. Pio I pp.	11 V s. Proto e G.	11 L dell'8ª	11 M	11 S s. Martino v.	11 L s. Dam. I pp.
12 L di Pentec.	12 M s. Giov. Gual.	12 S s. Chiara v.	12 M dell'8ª	12 G s. Massim. v.	12 D 22ª, Pat. M. V.	12 M s. Valer. ab.
13 M di Pentec.	13 G s. Anacl. pp.	13 D 9ª d. Pentec.	13 M dell'8ª	13 V s. Edoardo re	13 L s. Stanisl. K.	13 M s. Lucia v.
14 M Temp. d'Est.	14 V s. Bonav. d.	14 L s. Eusebio pr.	14 G Esalt. s. Cro.	14 S s. Calisto pp.	14 M s. Giosaf. v.	14 G dell'8ª
15 G dell'8ª	15 S s. Enric. imp.	15 M ASSUN. M. V.	15 V 8ª Nat. M. V.	15 D 18ª, Pur. M. V.	15 M s. Geltrud. v.	15 V 8ª d'Imm. Co.
16 V dell'8ª Temp.	16 D 5ª d. Pentec.	16 M s. Giacinto c.	16 S ss. Corn. e C.	16 L s. Gallo ab.	16 G s. Edmon. v.	16 S s. Euseb. v.
17 S dell'8ª Temp.	17 L s. Alessio con.	17 G 8ª s. Lorenzo	17 D 14ª, Dol. M. V.	17 M s. Edvige r.	17 V s. Greg. tau.	17 D 3ª d'Avv. Ro.
18 D 1ª, ss. Trinità	18 M s. Camillo L.	18 V s. Agapit. m.	18 L s. Gius. Cop.	18 M s. Luca ev.	18 S D. b. ss. P., P.	18 L
19 L s. Giul. Fal.	19 M s. Vincen. P.	19 S	19 M s. Gennaro v.	19 G s. Piet. d'Alc.	19 D 23ª d. Pentec.	19 M Temp. d'Inv.
20 M s. Silver. pp.	20 G s. Marg. v.	20 D 10ª, s. Gioac.	20 M Temp. d'Aut.	20 V s. Giovan. C.	20 L s. Felice Val.	20 M s. Tom. ap.
21 M s. Luigi G.	21 V s. Prassede v.	21 L s. Gio. di Ch.	21 G s. Eust. m.	21 S ss. Orsol. e C.	21 M Pres. di M. V.	21 G Tempora
22 G CORPUS DO.	22 S s. Maria M.	22 M 8ª Ass. M. V.	22 V s. Lino pp. T.	22 D 19ª d. Pentec.	22 M s. Cecilia v.	22 V Tempora
23 V dell'8ª	23 D 6ª d. Pentec.	23 M s. Filip. Ben.	23 S B. V. d. M. T.	23 L	23 G s. Clem. I p.	23 S
24 S Nat. s. G. B.	24 L Vigilia	24 G s. Bartol. ap.	24 D 15ª d. Pentec.	24 M	24 V s. Gio. d. Cr.	24 D 4ª d'Avv. Ro.
25 D 2ª d. Pentec.	25 M s. Giac. ap.	25 V s. Luigi re	25 L	25 M ss. Crisan. D.	25 S s. Cater. v.	25 L NATALE G. C.
26 L ss. Giov. e P.	26 M s. Anna	26 S s. Zefirino p.	26 M ss. Cip., Giu.	26 G s. Evarist. pp.	26 D 24ª d. Pentec.	26 M s. Stef. prot.
27 M s. Ladisl. re	27 G s. Pantal. m.	27 D 11ª d. Pentec.	27 M ss. Cos. e D.	27 V Vigilia	27 L	27 M s. Giov. ev.
28 M s. Leone II p.	28 V ss. Naz. e C.	28 L s. Agost. v. d.	28 G s. Vences. m.	28 S ss. Sim. e G.	28 M	28 G ss. Innocenti
29 G ss. Piet. e Pa.	29 S s. Marta v.	29 M Dec. di s. G. B.	29 V s. Michele A.	29 D 20ª d. Pentec.	29 M s. Saturn. m.	29 V s. Tomm. C.
30 V s. CUORE G.	30 D 7ª d. Pentec.	30 M s. Rosa da L.	30 S s. Girol. d.	30 L	30 G s. Andrea ap.	30 S
	31 L s. Ignazio L.	31 G s. Raim. Non.		31 M Vigilia		31 D s. Silves. pp.

Pasqua 24 aprile – anni: 7, 18, 102, 113, 197, 208*, 292*, 455, 539, 550, 634, 645, 729, 740*, 824*, 987, 1071, 1082, 1166, 1177, 1261, 1272*, 1356*, 1519, 1639, 1707, 1791, 1859, 2011, 2095, 2163, 2231, ecc.

gennaio bis.			febbraio bis.			gennaio			febbraio			marzo			aprile			maggio		
1	V	CIRCON. G. C.	1	L	s. Ignazio v.	1	S	CIRCON. G. C.	1	M	s. Ignazio v.	1	M		1	V		1	D	1ª, in Albis
2	S	8ª di s. Stef.	2	M	Pur. di M. V.	2	D	8ª di s. Stef.	2	M	Pur. di M. V.	2	M		2	S	s. Fran. di P.	2	L	s. Atanas. v.
3	D	8ª di s. Giov.	3	M	s. Biagio v.	3	L	8ª di s. Giov.	3	G	s. Biagio v.	3	G		3	D	4ª di Q., Laet.	3	M	Inv. di s. C.
4	L	8ª ss. Innoc.	4	G	s. Andrea Co.	4	M	8ª ss. Innoc.	4	V	s. Andrea Co.	4	V	s. Casimiro c.	4	L	s. Isidoro v.	4	M	s. Monica ved.
5	M	s. Telesf. pp.	5	V	s. Agata v.	5	M	s. Telesf. pp.	5	S	s. Agata v.	5	S	s. Foca m.	5	M	s. Vinc. Fer.	5	G	s. Pio V pp.
6	M	EPIFANIA	6	S	s. Tito, s. Dor.	6	G	EPIFANIA	6	D	5ª d. l'Epif.	6	D	Quinquages.	6	M		6	V	s. Gio. a. p. l.
7	G	dell'8ª	7	D	5ª d. l'Epif.	7	V	dell'8ª	7	L	s. Romua. ab.	7	L	s. To. d'Aq.	7	G		7	S	s. Stanisl. v.
8	V	dell'8ª	8	L	s. Giov. di M.	8	S	dell'8ª	8	M	s. Giov. di M.	8	M	s. Giov. di D.	8	V		8	D	2ª, Mis. Dom.
9	S	dell'8ª	9	M	s. Apollon. v.	9	D	1ª d. l'Epif.	9	M	s. Apollon. v.	9	M	Le Ceneri	9	S	s. Maria Cle.	9	L	s. Greg. Naz.
10	D	1ª d. l'Epif.	10	M	s. Scolastica	10	L	dell'8ª	10	G	s. Scolastica	10	G	ss. 40 Mart.	10	D	di Pas. Iudic.	10	M	ss. Gor. ed E.
11	L	dell'8ª	11	G		11	M	dell'8ª	11	V		11	V		11	L	s. Leone I pp.	11	M	
12	M	dell'8ª	12	V	s. Eulalia v.	12	M	dell'8ª	12	S	s. Eulalia v.	12	S	s. Greg. l pp.	12	M		12	G	ss. Ner. C. m.
13	M	8ª dell'Epif.	13	S	s. Cat. de' R.	13	G	8ª dell'Epif.	13	D	6ª d. l'Epif.	13	D	1ª di Q., Inv.	13	M	s. Ermeneg.	13	V	s. Servazio v.
14	G	s. Ilar. s. Fel.	14	D	6ª d. l'Epif.	14	V	s. Ilar. s. Fel.	14	L	s. Valent. m.	14	L		14	G	s. Giustin. m.	14	S	s. Bonifacio
15	V	s. Paolo er.	15	L	ss. Fau. e G.	15	S	s. Paolo er.	15	M	ss. Fau. e Gio.	15	M	s. Longin. m.	15	V	B. V. Addolo.	15	D	3ª, Jubilate
16	S	s. Marc. l pp.	16	M		16	D	2ª ss. N. di G.	16	M		16	M	Temp. di Pri.	16	S	s. Contar. pr.	16	L	s. Ubaldo v.
17	D	ss. N. di Gesù	17	M		17	L	s. Anton. ab.	17	G		17	G	s. Patriz. v.	17	D	delle Palme	17	M	s. Pasqual. B.
18	L	Cat. s. Piet. R.	18	G	s. Simeone v.	18	M	Cat. s. Piet. R.	18	V	s. Simeone v.	18	V	s. Gabr. a. T.	18	L	santo	18	G	s. Venanz. m.
19	M	s. Canuto re	19	V	s. Corrado c.	19	M	s. Canuto re	19	S	s. Corrado c.	19	S	s. Giusepp. T.	19	M	santo	19	V	s. Pietro Cel.
20	M	ss. Fab. e Seb.	20	S	s. Eleuter. m.	20	G	ss. Fab. e Seb.	20	D	Settuagesima	20	D	2ª di Q., Rem.	20	M	santo	20	S	s. Bern. a. S.
21	G	s. Agnese v.	21	D	Settuagesima	21	V	s. Agnese v.	21	L	s. Severia v.	21	L	s. Bened. ab.	21	G	Cena del Sig.	21	D	s. Felice d. C.
22	V	ss. Vinc. e A.	22	L	Cat. s. Piet. A.	22	S	ss. Vinc. An.	22	M	Cat. s. Piet. A.	22	M		22	V	Parasceve	22	L	4ª, Cantate
23	S	Spos. di M. V.	23	M	s. Pier Dam.	23	D	3ª Sac. Fam.	23	M	s. Pier Dam.	23	M		23	S	santo	23	M	
24	D	3ª Sac. Fam.	24	M	Vigilia	24	L	s. Timoteo v.	24	G	s. Mattia ap.	24	G		24	D	PASQUA	24	M	
25	L	Conv. s. Paolo	25	G	s. Mattia ap.	25	M	Conv. s. Paolo	25	V		25	V	ANN. di M. V.	25	L	dell'Angelo	25	G	s. Greg. VII p.
26	M	s. Policar. v.	26	V		26	M	s. Policar. v.	26	S		26	S		26	M	di Pasqua	26	V	s. Filip. Neri
27	M	s. Giov. Cris.	27	S		27	G	s. Giov. Cris.	27	D	Sessagesima	27	D	3ª, di Q., Oculi	27	M		27	S	s. Mar. M. P.
28	G	s. Agnese 2ª f.	28	D	Sessagesima	28	V	s. Agnese 2ª f.	28	L		28	L		28	G		28	D	s. Agos. Can.
29	V	s. Frances. s.	29	L		29	S	s. Fran. ed A.				29	M		29	V		29	L	5ª, Rogate
30	S	s. Martina v.				30	D	4ª d. l'Epif.				30	M		30	S	s. Cater. da s.	30	M	Le Rogazioni
31	D	4ª d. l'Epif.				31	L	s. Pietro Nol.				31	G					31	M	s. Ang. M. Rog.

giugno	luglio	agosto	settembre	ottobre	novembre	dicembre
1 M s. Panfil. *Rog.*	1 V s. CUORE G.	1 L s. Pietro in v.	1 G s. Egidio ab.	1 S s. Remigio v.	1 M OGNISSANTI	1 G
2 G *ASCEN. G. C.*	2 S *Vis. di M. V.*	2 M s. Alfonso L.	2 V s. Stefano re	2 D *16ª, B. V. Ros.*	2 M *Comm. Def.*	2 V s. Bibiana v.
3 V *dell'8ª*	3 D *3ª, P. Cuore M.*	3 M Inv. di s. Ste.	3 S	3 L	3 G s. Uberto v.	3 S s. Fran. Sav.
4 S *dell'8ª*	4 L *dell'8ª*	4 G s. Dom. di G.	4 D *12ª d. Pentec.*	4 M s. Fran. d'As.	4 V s. Carlo Bor.	4 D *2ª d'Avv. Ro.*
5 D *6ª, Exaudi*	5 M *dell'8ª*	5 V s. Maria d. N.	5 L s. Lorenzo G.	5 M ss. Placid. C.	5 S *dell'8ª*	5 L s. Sabba ap.
6 L s. Norbert. v.	6 M *8ª ss. P. P. A.*	6 S Trasf. di G. C.	6 M Tras. s. Ag. C.	6 G s. Brunone c.	6 D *21ª d. Pentec.*	6 M s. Nicolò v.
7 M	7 G	7 D *8ª d. Pentec.*	7 M s. Regina v.	7 V s. Marco pp.	7 L *dell'8ª*	7 M s. Ambrogio v.
8 M s. Gugl. v.	8 V s. Elisab. r.	8 L ss. Cir. e c. m.	8 G *Nat. di M. V.*	8 S s. Brigida v.	8 M *8ª Ognissanti*	8 G *Imm. C. M. V.*
9 G 8ª dell'Ascen.	9 S s. Veron. G.	9 M s. Roman. m.	9 V s. Gorgon. m.	9 D *17ª, Mat. M. V.*	9 G s. Teodoro m.	9 V *dell'8ª*
10 V	10 D *4ª d. Pentec.*	10 M s. Lorenzo m.	10 S s. Nic. Tol. c.	10 L s. Fran. B.	10 V s. Andrea Av.	10 S s. Melc. pp.
11 S *Vigilia*	11 L s. Pio I pp.	11 G ss. Tiber. e s.	11 D *13ª ss. N. M.*	11 M s. Germ. v.	11 S s. Martino v.	11 D *3ª d'Avv. Ro.*
12 D PENTECOS.	12 M s. Giov. Gual.	12 V s. Chiara v.	12 L	12 M s. Massim. v.	12 S s. Mart. pp.	12 L *dell'8ª*
13 L *di Pentec.*	13 M s. Anac. pp.	13 S	13 M	13 G s. Edoardo re	13 D *22ª, Pat. M. V.*	13 M s. Lucia v.
14 M *Temp. d'Est.*	14 G s. Bonav. d.	14 D *9ª d. Pentec.*	14 M Esalt. s. Cro.	14 V s. Calisto pp.	14 L	14 M *Temp. d'Inv.*
15 M s. Giov. Fr.	15 V s. Enric. imp.	15 L ASSUN. M. V.	15 G *8ª d. N. M. V.*	15 S s. Teresa v.	15 M s. Geltrud. v.	15 G *8ª d'Imm. C.*
16 G s. Ranieri T.	16 S B. V. del Car.	16 M s. Giacinto c.	16 V ss. Corn. e C.	16 D *18ª, Pur. M. V.*	16 M s. Edmon. v.	16 V s. Euseb. v. T.
17 V ss. Mar. M. T.	17 D *5ª d. Pentec.*	17 M 8ª s. Lorenzo	17 S Stim. s. Fra.	17 L s. Edvige r.	17 G s. Greg. tau.	17 S s. Lazz. v. T.
18 S	18 L s. Camillo L.	18 G s. Agapit. m.	18 D *14ª, Dol. M. V.*	18 M s. Luca ev.	18 V D. b. ss. P., P.	18 D *4ª d'Avv. Ro.*
19 D *1ª, ss. Trinità*	19 M s. Vincen. P.	19 V	19 L s. Gennaro v.	19 M s. Piet. d'Alc.	19 S s. Elisabetta	19 L s. Nemes. m.
20 L s. Silver. pp.	20 M s. Marg. v.	20 S s. Bernar. ab.	20 M s. Eustac. m.	20 G s. Giovan. C.	20 D *23ª, s. Fel. V.*	20 M s. Timo. m.
21 M s. Luigi G.	21 G s. Prassede v.	21 D *10ª, s. Gioac.*	21 M *Temp. d'Aut.*	21 V ss. Orsol. e C.	21 L Pres. di M. V.	21 M s. Tom. ap.
22 M s. Paolino v.	22 V s. Maria Mad.	22 L *8ª Ass. M. V.*	22 G ss. Mau. C.	22 S	22 M s. Cecilia v.	22 G s. Flav. m.
23 G CORPUS DO.	23 S s. Apollin. v.	23 M s. Filip. Ben.	23 V s. Lino pp. T.	23 D *19ª d. Pentec.*	23 M s. Clem. I pp.	23 V s. Vittoria v.
24 V Nat. s. G. B.	24 D *6ª d. Pentec.*	24 M s. Bartol. ap.	24 S B. V. d. M. T.	24 L	24 G s. Gio. d. Cr.	24 S *Vigilia*
25 S s. Gugl. ab.	25 L s. Giac. ap.	25 G s. Luigi re	25 D *15ª d. Pentec.*	25 M ss. Crisan. D.	25 V s. Cater. v.	25 D NATALE G. C.
26 D *2ª d. Pentec.*	26 M s. Anna	26 V s. Zefirino p.	26 L ss. Cip., Giu.	26 M s. Evarist. pp.	26 S s. Pietro Al.	26 L s. Stef. prot.
27 L s. Ladisl. re	27 M s. Pantal. m.	27 S s. Gius. Cal.	27 M ss. Cos. e D.	27 G *Vigilia*	27 D *1ª d'Avv. Ro.*	27 M s. Giov. ev.
28 M s. Leone II p.	28 G ss. Naz. e C.	28 D *11ª d. Pentec.*	28 M s. Vences. m.	28 V ss. Sim. e G.	28 L	28 M ss. Innoc. m.
29 M ss. P. e P. ap.	29 V s. Marta v.	29 L Dec. di s. G. B.	29 G s. Michele A.	29 S	29 M s. Saturn. m.	29 G s. Tom. C. v.
30 G *8ª Cor. Dom.*	30 S ss. Abd., Sen.	30 M s. Rosa da L.	30 V s. Girol. d.	30 D *20ª d. Pentec.*	30 M s. Andrea ap.	30 V
	31 D *7ª d. Pentec.*	31 M s. Raim. Non.		31 L *Vigilia*		31 S s. Silves. pp.

Pasqua 25 aprile – anni: 45, 140*, 387, 482, 577, 672*, 919, 1014, 1109, 1204*, 1451, 1546, 1666, 1734, 1886, 1943, 2038, 2190, 2258, 2326, 2410, 2573, 2630, 2782, 2877, 2945, ecc.

gennaio bis.	febbraio bis.	gennaio	febbraio	marzo	aprile	maggio
1 G CIRCON. G. C.	1 D 4ª d. l'Epif.	1 V CIRCON. G. C.	1 L s. Ignazio v.	1 L	1 G	1 S ss. Fil. e G. a.
2 V 8ª di s. Stef.	2 L Pur. di M. V.	2 S 8ª di s. Stef.	2 M Pur. di M. V.	2 M	2 V s. Fran. di P.	2 D 1ª, in Albis
3 S 8ª di s. Giov.	3 M s. Biagio v.	3 D 8ª di s. Giov.	3 M s. Biagio v.	3 M	3 S	3 L Inv. di s. C.
4 D 8ª ss. Innoc.	4 M s. Andrea Co.	4 L 8ª ss. Innoc.	4 G s. Andrea Co.	4 G s. Casimiro c.	4 D 4ª di Q., Laet.	4 M s. Monica ved.
5 L s. Telesf. pp.	5 G s. Agata v.	5 M s. Telesf. pp.	5 V s. Agata v.	5 V s. Foca m.	5 L s. Vinc. Fer.	5 M s. Pio V pp.
6 M EPIFANIA	6 V s. Tito, s. Dor.	6 M EPIFANIA	6 S s. Tito, s. Dor.	6 S	6 M	6 G s. Gio. a. p. l.
7 M dell'8ª	7 S s. Romual. ab.	7 G dell'8ª	7 D 5ª d. l'Epif.	7 D Quinquages.	7 M	7 V s. Stanisl. v.
8 G dell'8ª	8 D 5ª d. l'Epif.	8 V dell'8ª	8 L s. Giov. di M.	8 L s. Giov. di D.	8 G	8 S App. s. Mic.
9 V dell'8ª	9 L s. Apollon. v.	9 S dell'8ª	9 M s. Apollon. v.	9 M s. Fran. Rom.	9 V s. Maria Cle.	9 D 2ª, Mis. Dom.
10 S dell'8ª	10 M s. Scolastica	10 D 1ª d. l'Epif.	10 M s. Scolastica	10 M Le Ceneri	10 S	10 L ss. Gor. ed E.
11 D 1ª d. l'Epif.	11 M	11 L	11 G	11 G	11 D di Pas. Iudic.	11 M
12 L 8ª dell'Epif.	12 G s. Eulalia v.	12 M dell'8ª	12 V s. Eulalia v.	12 V s. Greg. I pp.	12 L	12 M ss. Ner. C. m.
13 M 8ª dell'Epif.	13 V s. Cat. de' R.	13 M 8ª dell'Epif.	13 S s. Cat. di Ric.	13 S	13 M s. Ermeneg.	13 G s. Servazio v.
14 M s. Ilar. s. Fel.	14 S s. Valent. m.	14 G s. Ilar. s. Fel.	14 D 6ª d. l'Epif.	14 D 1ª di Q., Inv.	14 M s. Giustino m.	14 V s. Bonifacio
15 G s. Paolo er.	15 D 6ª d. l'Epif.	15 V s. Paolo er.	15 L s. Fau. e Gio.	15 L s. Longin. m.	15 G	15 S
16 V s. Marc. I pp.	16 L	16 S s. Marc. I pp.	16 M	16 M	16 V B. V. Addolo.	16 D 3ª, Jubilate
17 S s. Antonio ab.	17 M	17 D 2ª, ss. N. di G.	17 M	17 M Temp. di Pri.	17 S s. Aniceto pp.	17 L s. Pasqual. B.
18 D ss. N. di Gesù	18 M s. Simeone v.	18 L Cat. s. Piet. R.	18 G s. Simeone v.	18 G s. Gabriele a.	18 D delle Palme	18 M s. Venanz. m.
19 L s. Canuto re	19 G s. Corrado c.	19 M s. Canuto re	19 V s. Corrado c.	19 V s. Giusepp. T.	19 L santo	19 M s. Pietro Cel.
20 M ss. Fab. e Seb.	20 V s. Eleuter. m.	20 M ss. Fab. e Seb.	20 S s. Eleuter. m.	20 S Tempora	20 M santo	20 G s. Bern. d. s.
21 M s. Agnese v.	21 S	21 G s. Agnese v.	21 D Settuagesima	21 D 2ª di Q., Rem.	21 M santo	21 V s. Felice d. C.
22 G ss. Vinc. e A.	22 D Settuagesima	22 V ss. Vinc., An.	22 L Cat. s. Piet. A.	22 L	22 G Cena del Sig.	22 S
23 V Spos. di M. V.	23 L s. Pier Dam.	23 S Spos. di M. V.	23 M s. Pier Dam.	23 M	23 V Parasceve	23 D 4ª, Cantate
24 S s. Timoteo v.	24 M Vigilia	24 D 3ª, Sac. Fam.	24 M s. Mattia ap.	24 M	24 S santo	24 L
25 D 3ª, Sac. Fam.	25 M s. Mattia ap.	25 L Conv. s. Paolo	25 G	25 G ANN. di M. V.	25 D PASQUA	25 M s. Greg. VII p.
26 L s. Policar. v.	26 G	26 M s. Policar. v.	26 V	26 V	26 L dell'Angelo	26 M s. Filip. Neri
27 M s. Giov. Cris.	27 V	27 M s. Giov. Cr.	27 S	27 S	27 M di Pasqua	27 G s. Mar. M. P.
28 M s. Agnese 2ª f.	28 S	28 G s. Agnese 2ª f.	28 D Sessagesima	28 D 3ª di Q., Oculi	28 M dell'8ª	28 V s. Agos. Can.
29 G s. Frances. s.	29 D Sessagesima	29 V s. Fran. ed A.		29 L	29 G dell'8ª	29 S s. Massim. v.
30 V s. Martina v.		30 S s. Martina v.		30 M	30 V s. Cater. da s.	30 D 5ª, Rogate
31 S s. Pietro Nol.		31 D 4ª d. l'Epif.		31 M		31 L Le Rogazioni

giugno

1	M	ss. M. C. Rog.
2	M	s. Panf. Rog.
3	G	ASCEN. G. C.
4	V	dell'8ª
5	S	dell'8ª
6	D	6ª, Exaudi
7	L	dell'8ª
8	M	s. Gugliel. v.
9	M	ss. Pri. e Fel.
10	G	8ª dell'Ascen.
11	V	s. Barn. ap.
12	S	Vigilia
13	D	PENTECOs.
14	L	di Pentec.
15	M	di Pentec.
16	M	Temp. d'Est.
17	G	s. Ranieri
18	V	ss. Mar. M. T.
19	S	ss. Ger. P. T.
20	D	1ª, ss. Trinità
21	L	s. Luigi G.
22	M	s. Paolino v.
23	M	s. Lanfr. v.
24	G	CORPUS DO.
25	V	dell'8ª
26	S	ss. Giov. e P.
27	D	2ª d. Pentec.
28	L	s. Leone II p.
29	M	ss. Pie. e Pa.
30	M	Comm. s. Pa.

luglio

1	G	8ª, Cor. Dom.
2	V	s. CUORE G.
3	S	s. Marzial. v.
4	D	3ª, P. Cuore M.
5	L	dell'8ª
6	M	8ª ss. A. P. P.
7	M	
8	G	s. Elisab. reg.
9	V	s. Veron. da.
10	S	ss. Sett. fr. m.
11	D	4ª d. Pentec.
12	L	s. Giov. Gual.
13	M	s. Anacl. pp.
14	M	s. Bonav. d.
15	G	s. Enric. imp.
16	V	B. V. del Car.
17	S	s. Alessio c.
18	D	5ª d. Pentec.
19	L	s. Vincen. P.
20	M	s. Marg. v.
21	M	s. Prassede v.
22	G	s. Maria Mad.
23	V	s. Apollin. v.
24	S	Vigilia
25	D	6ª d. Pentec.
26	L	s. Anna
27	M	s. Pantal. m.
28	M	ss. Naz. e C.
29	G	s. Marta v.
30	V	ss. Abd., Sen.
31	S	s. Ignazio L.

agosto

1	D	7ª d. Pentec.
2	L	s. Alfonso L.
3	M	Inv. di s. Ste.
4	M	s. Dom. di G.
5	G	s. Maria d. N.
6	V	Trasf. di G. C.
7	S	s. Gaetano T.
8	D	8ª d. Pentec.
9	L	s. Roman. G.
10	M	s. Lorenzo m.
11	M	ss. Proto e G.
12	G	s. Chiara v.
13	V	s. Cassia m.
14	S	s. Eusebio pr.
15	D	ASSUN. M. V.
16	L	s. Giacinto c.
17	M	8ª s. Lorenzo
18	M	s. Agapit. m.
19	G	s. Lodov. v.
20	V	s. Bernar. ab.
21	S	s. Gio. di Ch.
22	D	10ª, s. Gioac.
23	L	s. Filip. Ben.
24	M	s. Bartol. ap.
25	M	s. Luigi re
26	G	s. Zefirino p.
27	V	s. Gius. Cal.
28	S	s. Agost. v. d.
29	D	11ª d. Pentec.
30	L	s. Rosa da L.
31	M	s. Raim. Non.

settembre

1	M	s. Egidio ab.
2	G	s. Stefano re
3	V	s. Mansue. v.
4	S	
5	D	12ª d. Pentec.
6	L	
7	M	
8	M	Nat. di M. V.
9	G	s. Gorgon. m.
10	V	s. Nic. Tol. c.
11	S	
12	D	13ª, ss. N. M.
13	L	
14	M	Esalt. s. Cro.
15	M	Temp. d'Aut.
16	G	ss. Corn. e C.
17	V	Stim. s. F. T.
18	S	s. Gius. C. T.
19	D	14ª, Dol. M. V.
20	L	s. Eustac. m.
21	M	s. Matteo ap.
22	M	ss. Mau. C. m.
23	G	s. Lino pp.
24	V	B. V. d. Merc.
25	S	
26	D	15ª d. Pentec.
27	L	ss. Cos. e D.
28	M	s. Vences. m.
29	M	s. Michele A.
30	G	s. Girol. d.

ottobre

1	V	s. Remigio v.
2	S	ss. Angeli C.
3	D	16ª, B. V. Ros.
4	L	s. Fran. d'As.
5	M	s. Placid. C.
6	M	s. Brunone c.
7	G	s. Marco pp.
8	V	s. Brigida v.
9	S	ss. Dion. C. m.
10	D	17ª, Mat. M. V.
11	L	
12	M	s. Massim. v.
13	M	s. Edoardo re
14	G	s. Calisto pp.
15	V	s. Teresa v.
16	S	s. Gallo ab.
17	D	18ª, Pur. M. V.
18	L	s. Luca ev.
19	M	s. Piet. d'Alc.
20	M	s. Giovan. C.
21	G	ss. Orsol. e C.
22	V	s. Donato v.
23	S	
24	D	19ª d. Pentec.
25	L	ss. Crisan. D.
26	M	s. Evarist. p.
27	M	Vigilia
28	G	ss. Sim. e G.
29	V	s. Ermel. v.
30	S	s. Gerardo v.
31	D	20ª d. Pentec.

novembre

1	L	OGNISSANTI
2	M	Comm. Def.
3	M	s. Uberto v.
4	G	s. Carlo Bor.
5	V	dell'8ª
6	S	dell'8ª
7	D	21ª d. Pentec.
8	L	8ª Ognissanti
9	M	s. Teodoro m.
10	M	s. Andrea Av.
11	G	s. Martino v.
12	V	s. Mart. pp.
13	S	s. Stanisl. K.
14	D	22ª, Pat. M. V.
15	L	s. Geltrud. v.
16	M	s. Edmon. v.
17	M	s. Greg. tau.
18	G	D. b. ss. P., P.
19	V	s. Elisabetta
20	S	s. Felice Val.
21	D	23ª, Pres. M. V.
22	L	s. Cecilia v.
23	M	s. Clem. I pp.
24	M	s. Gio. d. Cr.
25	G	s. Cater. v.
26	V	s. Pietro Al.
27	S	
28	D	1ª d'Avv. Ro.
29	L	s. Saturn. m.
30	M	s. Andrea ap.

dicembre

1	M	
2	G	s. Bibiana v.
3	V	s. Fran. Sav.
4	S	s. Barb. m.
5	D	2ª d'Avv. Ro.
6	L	s. Nicolò v.
7	M	s. Ambrogio
8	M	Imm. C. M. V.
9	G	dell'8ª
10	V	s. Melch. pp.
11	S	s. Dam. I pp.
12	D	3ª d'Avv. Ro.
13	L	s. Lucia v.
14	M	dell'8ª
15	M	Temp. d'Inv.
16	G	s. Euseb. v.
17	V	s. Lazz. v. T.
18	S	Tempora
19	D	4ª d'Avv. Ro.
20	L	s. Teofilo m.
21	M	s. Tom. ap.
22	M	s. Flavian. m.
23	G	s. Vittor. v.
24	V	Vigilia
25	S	NATALE G. C.
26	D	s. Stef. prot.
27	L	s. Giov. ev.
28	M	ss. Innocenti
29	M	s. Tomm. C.
30	G	s. Tomm. C.
31	V	s. Silves. pp.

La Pasqua nel calendario giuliano (dal 1583 al 2100)

anni dell'era cristiana	Pasqua giuliana e rinvio al calendario	anni dell'era cristiana	Pasqua giuliana e rinvio al calendario	anni dell'era cristiana	Pasqua giuliana e rinvio al calendario	anni dell'era cristiana	Pasqua giuliana e rinvio al calendario
1583	31 marzo	1637	9 aprile	1691	12 aprile	1745	14 aprile
1584 b	19 aprile	1638	25 marzo	1692 b	27 marzo	1746	30 marzo
1585	11 aprile	1639	14 aprile	1693	16 aprile	1747	19 aprile
1586	3 aprile	1640 b	5 aprile	1694	8 aprile	1748 b	10 aprile
1587	16 aprile	1641	25 aprile	1695	24 marzo	1749	26 marzo
1588 b	7 aprile	1642	10 aprile	1696 b	12 aprile	1750	15 aprile
1589	30 marzo	1643	2 aprile	1697	4 aprile	1751	7 aprile
1590	19 aprile	1644 b	21 aprile	1698	24 aprile	1752 b	29 marzo
1591	4 aprile	1645	6 aprile	1699	9 aprile	1753	11 aprile
1592 b	26 marzo	1646	29 marzo	1700	31 marzo	1754	3 aprile
1593	15 aprile	1647	18 aprile	1701	20 aprile	1755	23 aprile
1594	31 marzo	1648 b	2 aprile	1702	5 aprile	1756 b	14 aprile
1595	20 aprile	1649	25 marzo	1703	28 marzo	1757	30 marzo
1596 b	11 aprile	1650	14 aprile	1704 b	16 aprile	1758	19 aprile
1597	27 marzo	1651	30 marzo	1705	8 aprile	1759	11 aprile
1598	16 aprile	1652 b	18 aprile	1706	24 aprile	1760 b	26 marzo
1599	8 aprile	1653	10 aprile	1707	13 aprile	1761	15 aprile
1600 b	23 marzo	1654	26 marzo	1708 b	4 aprile	1762	7 aprile
1601	12 aprile	1655	15 aprile	1709	24 aprile	1763	23 aprile
1602	4 aprile	1656 b	6 aprile	1710	9 aprile	1764 b	11 aprile
1603	21 aprile	1657	29 marzo	1711	1 aprile	1765	3 aprile
1604 b	8 aprile	1658	11 aprile	1712 b	20 aprile	1766	23 aprile
1605	31 marzo	1659	3 aprile	1713	5 aprile	1767	8 aprile
1606	20 aprile	1660 b	22 aprile	1714	28 marzo	1768 b	30 marzo
1607	5 aprile	1661	14 aprile	1715	17 aprile	1769	19 aprile
1608 b	27 marzo	1662	30 marzo	1716 b	1 aprile	1770	4 aprile
1609	16 aprile	1663	19 aprile	1717	21 aprile	1771	27 marzo
1610	8 aprile	1664 b	10 aprile	1718	13 aprile	1772 b	15 aprile
1611	24 aprile	1665	26 marzo	1719	29 marzo	1773	31 marzo
1612 b	12 aprile	1666	15 aprile	1720 b	17 aprile	1774	20 aprile
1613	4 aprile	1667	7 aprile	1721	9 aprile	1775	12 aprile
1614	24 aprile	1668 b	22 marzo	1722	25 marzo	1776 b	3 aprile
1615	9 aprile	1669	11 aprile	1723	14 aprile	1777	16 aprile
1616 b	31 marzo	1670	3 aprile	1724 b	5 aprile	1778	8 aprile
1617	20 aprile	1671	23 aprile	1725	28 marzo	1779	31 marzo
1618	5 aprile	1672 b	7 aprile	1726	10 aprile	1780 b	19 aprile
1619	28 marzo	1673	30 marzo	1727	2 aprile	1781	4 aprile
1620 b	16 aprile	1674	19 aprile	1728 b	21 aprile	1782	27 marzo
1621	1 aprile	1675	4 aprile	1729	6 aprile	1783	16 aprile
1622	21 aprile	1676 b	26 marzo	1730	29 marzo	1784 b	31 marzo
1623	13 aprile	1677	15 aprile	1731	18 aprile	1785	20 aprile
1624 b	28 marzo	1678	31 marzo	1732 b	9 aprile	1786	12 aprile
1625	17 aprile	1679	20 aprile	1733	25 marzo	1787	28 marzo
1626	9 aprile	1680 b	11 aprile	1734	14 aprile	1788 b	16 aprile
1627	25 marzo	1681	3 aprile	1735	6 aprile	1789	8 aprile
1628 b	13 aprile	1682	16 aprile	1736 b	25 aprile	1790	24 marzo
1629	5 aprile	1683	8 aprile	1737	10 aprile	1791	13 aprile
1630	28 marzo	1684 b	30 marzo	1738	2 aprile	1792 b	4 aprile
1631	10 aprile	1685	19 aprile	1739	22 aprile	1793	24 aprile
1632 b	1 aprile	1686	4 aprile	1740 b	6 aprile	1794	9 aprile
1633	21 aprile	1687	27 marzo	1741	29 marzo	1795	1 aprile
1634	6 aprile	1688 b	15 aprile	1742	18 aprile	1796 b	20 aprile
1635	29 marzo	1689	31 marzo	1743	3 aprile	1797	5 aprile
1636 b	17 aprile	1690	20 aprile	1744 b	25 marzo	1798	28 marzo

anni dell'era cristiana	Pasqua giuliana e rinvio al calendario	anni dell'era cristiana	Pasqua giuliana e rinvio al calendario	anni dell'era cristiana	Pasqua giuliana e rinvio al calendario	anni dell'era cristiana	Pasqua giuliana e rinvio al calendario
1799	17 aprile	1858	23 marzo	1917	2 aprile	1976 b	12 aprile
1800	8 aprile	1859	12 aprile	1918	22 aprile	1977	28 marzo
1801	24 marzo	1860 b	3 aprile	1919	7 aprile	1978	17 aprile
1802	13 aprile	1861	23 aprile	1920 b	29 marzo	1979	9 aprile
1803	5 aprile	1862	8 aprile	1921	18 aprile	1980 b	24 marzo
1804 b	24 aprile	1863	31 marzo	1922	3 aprile	1981	13 aprile
1805	9 aprile	1864 b	19 aprile	1923	26 marzo	1982	5 aprile
1806	1 aprile	1865	4 aprile	1924 b	14 aprile	1983	25 aprile
1807	14 aprile	1866	27 marzo	1925	6 aprile	1984 b	9 aprile
1808 b	5 aprile	1867	16 aprile	1926	19 aprile	1985	1 aprile
1809	28 marzo	1868 b	31 marzo	1927	11 aprile	1986	21 aprile
1810	17 aprile	1869	20 aprile	1928 b	2 aprile	1987	6 aprile
1811	2 aprile	1870	12 aprile	1929	22 aprile	1988 b	28 marzo
1812 b	21 aprile	1871	28 marzo	1930	7 aprile	1989	17 aprile
1813	13 aprile	1872 b	16 aprile	1931	30 marzo	1990	2 aprile
1814	29 marzo	1873	8 aprile	1932 b	18 aprile	1991	25 marzo
1815	18 aprile	1874	31 marzo	1933	3 aprile	1992 b	13 aprile
1816 b	9 aprile	1875	13 aprile	1934	26 marzo	1993	5 aprile
1817	25 marzo	1876 b	4 aprile	1935	15 aprile	1994	18 aprile
1818	14 aprile	1877	27 marzo	1936 b	30 marzo	1995	10 aprile
1819	6 aprile	1878	16 aprile	1937	19 aprile	1996 b	1 aprile
1820 b	28 marzo	1879	1 aprile	1938	11 aprile	1997	14 aprile
1821	10 aprile	1880 b	20 aprile	1939	27 marzo	1998	6 aprile
1822	2 aprile	1881	12 aprile	1940 b	15 aprile	1999	29 marzo
1823	22 aprile	1882	28 marzo	1941	7 aprile	2000 b	17 aprile
1824 b	6 aprile	1883	17 aprile	1942	23 marzo	2001	2 aprile
1825	29 marzo	1884 b	8 aprile	1943	12 aprile	2002	22 aprile
1826	18 aprile	1885	24 aprile	1944 b	3 aprile	2003	14 aprile
1827	3 aprile	1886	13 aprile	1945	23 aprile	2004 b	29 marzo
1828 b	25 marzo	1887	5 aprile	1946	8 aprile	2005	18 aprile
1829	14 aprile	1888 b	24 aprile	1947	31 marzo	2006	10 aprile
1830	6 aprile	1889	9 aprile	1948 b	19 aprile	2007	26 marzo
1831	19 aprile	1890	1 aprile	1949	11 aprile	2008 b	14 aprile
1832 b	10 aprile	1891	21 aprile	1950	27 marzo	2009	6 aprile
1833	2 aprile	1892 b	5 aprile	1951	16 aprile	2010	22 marzo
1834	22 aprile	1893	28 marzo	1952 b	7 aprile	2011	11 aprile
1835	7 aprile	1894	17 aprile	1953	23 marzo	2012 b	2 aprile
1836 b	29 marzo	1895	2 aprile	1954	12 aprile	2013	22 aprile
1837	18 aprile	1896 b	24 marzo	1955	4 aprile	2014	7 aprile
1838	3 aprile	1897	13 aprile	1956 b	23 aprile	2015	30 marzo
1839	26 marzo	1898	5 aprile	1957	8 aprile	2016 b	18 aprile
1840 b	11 aprile	1899	18 aprile	1958	31 marzo	2017	3 aprile
1841	30 marzo	1900	9 aprile	1959	20 aprile	2018	26 marzo
1842	19 aprile	1901	1 aprile	1960 b	4 aprile	2019	15 aprile
1843	11 aprile	1902	14 aprile	1961	27 marzo	2020 b	6 aprile
1844 b	26 marzo	1903	6 aprile	1962	16 aprile	2021	19 aprile
1845	15 aprile	1904 b	28 marzo	1963	1 aprile	2022	11 aprile
1846	7 marzo	1905	17 aprile	1964 b	20 aprile	2023	3 aprile
1847	23 marzo	1906	2 aprile	1965	12 aprile	2024 b	22 aprile
1848 b	11 aprile	1907	22 aprile	1966	28 marzo	2025	7 aprile
1849	3 aprile	1908 b	13 aprile	1967	17 aprile	2026	30 marzo
1850	23 aprile	1909	29 marzo	1968 b	8 aprile	2027	19 aprile
1851	8 aprile	1910	18 aprile	1969	31 marzo	2028 b	3 aprile
1852 b	30 marzo	1911	10 aprile	1970	13 aprile	2029	26 marzo
1853	19 aprile	1912 b	25 marzo	1971	5 aprile	2030	15 aprile
1854	11 aprile	1913	14 aprile	1972 b	27 marzo	2031	31 marzo
1855	27 marzo	1914	6 aprile	1973	16 aprile	2032 b	19 aprile
1856 b	15 aprile	1915	22 marzo	1974	1 aprile	2033	11 aprile
1857	7 aprile	1916 b	10 aprile	1975	21 aprile	2034	27 marzo

anni dell'era cristiana	Pasqua giuliana e rinvio al calendario		anni dell'era cristiana	Pasqua giuliana e rinvio al calendario		anni dell'era cristiana	Pasqua giuliana e rinvio al calendario		anni dell'era cristiana	Pasqua giuliana e rinvio al calendario	
2035	16	aprile	2052 b	8	aprile	2069	1	aprile	2086	25	marzo
2036 b	7	aprile	2053	31	marzo	2070	21	aprile	2087	14	aprile
2037	23	marzo	2054	20	aprile	2071	6	aprile	2088 b	5	aprile
2038	12	aprile	2055	5	aprile	2072 b	28	marzo	2089	18	aprile
2039	4	aprile	2056 b	27	marzo	2073	17	aprile	2090	10	aprile
2040 b	23	aprile	2057	16	aprile	2074	9	aprile	2091	26	marzo
2041	8	aprile	2058	1	aprile	2075	25	marzo	2092 b	14	aprile
2042	31	marzo	2059	21	aprile	2076 b	13	aprile	2093	6	aprile
2043	20	aprile	2060 b	12	aprile	2077	5	aprile	2094	29	marzo
2044 b	11	aprile	2061	28	marzo	2078	25	aprile	2095	11	aprile
2045	27	marzo	2062	17	aprile	2079	10	aprile	2096 b	2	aprile
2046	16	aprile	2063	9	aprile	2080 b	1	aprile	2097	22	aprile
2047	8	aprile	2064 b	31	marzo	2081	21	aprile	2098	14	aprile
2048 b	23	marzo	2065	13	aprile	2082	6	aprile	2099	30	marzo
2049	12	aprile	2066	5	aprile	2083	29	marzo	2100	18	aprile
2050	4	aprile	2067	28	marzo	2084 b	17	aprile			
2051	24	aprile	2068 b	16	aprile	2085	2	aprile			

Tabelle di corrispondenza dell'Egira maomettana (dal 622 d.C. al 2100)

anni della Egira	era cristiana e principio d'anno maomettano		anni della Egira	era cristiana e principio d'anno maomettano		anni della Egira	era cristiana e principio d'anno maomettano		anni della Egira	era cristiana e principio d'anno maomettano	
1	622	16/7	57	676	14/11	113	731	15/3	169	785	14/7
2	623	5/7	58	677	3/11	114	732	3/3	170	786	3/7
3	624	24/6	59	678	23/10	115	733	21/2	171	787	22/6
4	625	13/6	60	679	13/10	116	734	10/2	172	788	11/6
5	626	2/6	61	680	1/10	117	735	31/1	173	789	31/5
6	627	23/5	62	681	20/9	118	736	20/1	174	790	20/5
7	628	11/5	63	682	10/9	119	737	8/1	175	791	10/5
8	629	1/5	64	683	30/8	120	737	29/12	176	792	28/4
9	630	20/4	65	684	18/8	121	738	18/12	177	793	18/4
10	631	9/4	66	685	8/8	122	739	7/12	178	794	7/4
11	632	29/3	67	686	28/7	123	740	26/11	179	795	27/3
12	633	18/3	68	687	18/7	124	741	15/11	180	796	16/3
13	634	7/3	69	688	6/7	125	742	4/11	181	797	5/3
14	635	25/2	70	689	25/6	126	743	25/10	182	798	22/2
15	636	14/2	71	690	15/6	127	744	13/10	183	799	12/2
16	637	2/2	72	691	4/6	128	745	3/10	184	800	1/2
17	638	23/1	73	692	23/5	129	746	22/9	185	801	20/1
18	639	12/1	74	693	13/5	130	747	11/9	186	802	10/1
19	640	2/1	75	694	2/5	131	748	31/8	187	802	30/12
20	640	21/12	76	695	21/4	132	749	20/8	188	803	19/12
21	641	10/12	77	696	10/4	133	750	9/8	189	804	8/12
22	642	30/11	78	697	30/3	134	751	30/7	190	805	27/11
23	643	19/11	79	698	20/3	135	752	18/7	191	806	17/11
24	644	7/11	80	699	9/3	136	753	7/7	192	807	6/11
25	645	28/10	81	700	26/2	137	754	27/6	193	808	25/10
26	646	17/10	82	701	15/2	138	755	16/6	194	809	15/10
27	647	7/10	83	702	4/2	139	756	5/6	195	810	4/10
28	648	25/9	84	703	24/1	140	757	25/5	196	811	23/9
29	649	14/9	85	704	14/1	141	758	14/5	197	812	12/9
30	650	4/9	86	705	2/1	142	759	4/5	198	813	1/9
31	651	24/8	87	705	23/12	143	760	22/4	199	814	22/8
32	652	12/8	88	706	12/12	144	761	11/4	200	815	11/8
33	653	2/8	89	707	1/12	145	762	1/4	201	816	30/7
34	654	22/7	90	708	20/11	146	763	21/3	202	817	20/7
35	655	11/7	91	709	9/11	147	764	10/3	203	818	9/7
36	656	30/6	92	710	29/10	148	765	27/2	204	819	28/6
37	657	19/6	93	711	19/10	149	766	16/2	205	820	17/6
38	658	9/6	94	712	7/10	150	767	6/2	206	821	6/6
39	659	29/5	95	713	26/9	151	768	26/1	207	822	27/5
40	660	17/5	96	714	16/9	152	769	14/1	208	823	16/5
41	661	7/5	97	715	5/9	153	770	4/1	209	824	4/5
42	662	26/4	98	716	25/8	154	770	24/12	210	825	24/4
43	663	15/4	99	717	14/8	155	771	13/12	211	826	13/4
44	664	4/4	100	718	3/8	156	772	2/12	212	827	2/4
45	665	24/3	101	719	24/7	157	773	21/11	213	828	22/3
46	666	13/3	102	720	12/7	158	774	11/11	214	829	11/3
47	667	3/3	103	721	1/7	159	775	31/10	215	830	28/2
48	668	20/2	104	722	21/6	160	776	19/10	216	831	18/2
49	669	9/2	105	723	10/6	161	777	9/10	217	832	7/2
50	670	29/1	106	724	29/5	162	778	28/9	218	833	27/1
51	671	18/1	107	725	19/5	163	779	17/9	219	834	16/1
52	672	8/1	108	726	8/5	164	780	6/9	220	835	5/1
53	672	27/12	109	727	28/4	165	781	26/8	221	835	26/12
54	673	16/12	110	728	16/4	166	782	15/8	222	836	14/12
55	674	6/12	111	729	5/4	167	783	5/8	223	837	3/12
56	675	25/11	112	730	26/3	168	784	24/7	224	838	23/11

anni della Egira	era cristiana e principio d'anno maomettano		anni della Egira	era cristiana e principio d'anno maomettano		anni della Egira	era cristiana e principio d'anno maomettano		anni della Egira	era cristiana e principio d'anno maomettano	
225	839	12/11	285	898	28/1	345	956	15/4	405	1014	2/7
226	840	31/10	286	899	17/1	346	957	4/4	406	1015	21/6
227	841	21/10	287	900	7/1	347	958	25/3	407	1016	10/6
228	842	10/10	288	900	26/12	348	959	14/3	408	1017	30/5
229	843	30/9	289	901	16/12	349	960	3/3	409	1018	20/5
230	844	18/9	290	902	5/12	350	961	20/2	410	1019	9/5
231	845	7/9	291	903	24/11	351	962	9/2	411	1020	27/4
232	846	28/8	292	904	13/11	352	963	30/1	412	1021	17/4
233	847	17/8	293	905	2/11	353	964	19/1	413	1022	6/4
234	848	5/8	294	906	22/10	354	965	7/1	414	1023	26/3
235	849	26/7	295	907	12/10	355	965	28/12	415	1024	15/3
236	850	15/7	296	908	30/9	356	966	17/12	416	1025	4/3
237	851	5/7	297	909	20/9	357	967	7/12	417	1026	21/2
238	852	23/6	298	910	9/9	358	968	25/11	418	1027	11/2
239	853	12/6	299	911	29/8	359	969	14/11	419	1028	31/2
240	854	2/6	300	912	18/8	360	970	4/11	420	1029	20/1
241	855	22/5	301	913	7/8	361	971	24/10	421	1030	9/1
242	856	10/5	302	914	27/7	362	972	12/10	422	1030	29/12
243	857	30/4	303	915	17/7	363	973	2/10	423	1031	19/12
244	858	19/4	304	916	5/7	364	974	21/9	424	1032	7/12
245	859	8/4	305	917	24/6	365	975	10/9	425	1033	26/11
246	860	28/3	306	918	14/6	366	976	30/8	426	1034	16/11
247	861	17/3	307	919	3/6	367	977	19/8	427	1035	5/11
248	862	7/3	308	920	23/5	368	978	9/8	428	1036	25/10
249	863	24/2	309	921	12/5	369	979	29/7	429	1037	14/10
250	864	13/2	310	922	1/5	370	980	17/7	430	1038	3/10
251	865	2/2	311	923	21/4	371	981	7/7	431	1039	23/9
252	866	22/1	312	924	9/4	372	982	26/6	432	1040	11/9
253	867	11/1	313	925	29/3	373	983	15/6	433	1041	31/8
254	868	1/1	314	926	19/3	374	984	4/6	434	1042	21/8
255	868	20/12	315	927	8/3	375	985	24/5	435	1043	10/8
256	869	9/12	316	928	25/2	376	986	13/5	436	1044	29/7
257	870	29/11	317	929	14/2	377	987	3/5	437	1045	19/7
258	871	18/11	318	930	3/2	378	988	21/4	438	1046	8/7
259	872	7/11	319	931	24/1	379	989	11/4	439	1047	28/6
260	873	27/10	320	932	13/1	380	990	31/3	440	1048	16/6
261	874	16/10	321	933	1/1	381	991	20/3	441	1049	5/6
262	875	6/10	322	933	22/12	382	992	9/3	442	1050	26/5
263	876	24/9	323	934	11/12	383	993	26/2	443	1051	15/5
264	877	13/9	324	935	30/11	384	994	15/2	444	1052	3/5
265	878	3/9	325	936	19/11	385	995	4/2	445	1053	23/4
266	879	23/8	326	937	8/11	386	996	21/1	446	1054	12/4
267	880	12/8	327	938	29/10	387	997	14/1	447	1055	2/4
268	881	1/8	328	939	16/10	388	998	3/1	448	1056	21/3
269	882	21/7	329	940	6/10	389	998	23/12	449	1057	10/3
270	883	11/7	330	941	26/9	390	999	13/12	450	1058	28/2
271	884	29/6	331	942	15/9	391	1000	1/12	451	1059	17/2
272	885	18/6	332	943	4/9	392	1001	20/11	452	1060	6/2
273	886	8/6	333	944	24/8	393	1002	10/11	453	1061	21/1
274	887	28/5	334	945	13/8	394	1003	30/10	454	1062	15/1
275	888	16/5	335	946	2/8	395	1004	18/10	455	1063	4/1
276	889	6/5	336	947	28/7	396	1005	8/10	456	1063	25/12
277	890	25/4	337	948	11/7	397	1006	27/9	457	1064	13/12
278	891	15/4	338	949	1/7	398	1007	17/9	458	1065	3/12
279	892	3/4	339	950	20/6	399	1008	5/9	459	1066	22/11
280	893	23/3	340	951	9/6	400	1009	25/8	460	1067	11/11
281	894	13/3	341	952	29/5	401	1010	15/8	461	1068	31/10
282	895	2/3	342	953	18/5	402	1011	4/8	462	1069	20/10
283	896	19/2	343	954	7/5	403	1012	23/7	463	1070	9/10
284	897	8/2	344	955	27/4	404	1013	13/7	464	1071	29/9

anni della Egira	era cristiana e principio d'anno maomettano		anni della Egira	era cristiana e principio d'anno maomettano		anni della Egira	era cristiana e principio d'anno maomettano		anni della Egira	era cristiana e principio d'anno maomettano	
465	1072	17/9	525	1130	4/12	585	1189	19/2	645	1247	8/5
466	1073	6/9	526	1131	23/11	586	1190	8/2	646	1248	26/4
467	1074	27/8	527	1132	12/11	587	1191	29/1	647	1249	16/4
468	1075	16/8	528	1133	1/11	588	1192	18/1	648	1250	5/4
469	1076	5/8	529	1134	22/10	589	1193	7/1	649	1251	26/3
470	1077	25/7	530	1135	11/10	590	1193	27/12	650	1252	14/3
471	1078	14/7	531	1136	29/9	591	1194	16/12	651	1253	3/3
472	1079	4/7	532	1137	19/9	592	1195	6/12	652	1254	21/2
473	1080	22/6	533	1138	8/9	593	1196	24/11	653	1255	10/2
474	1081	11/6	534	1139	28/8	594	1197	13/11	654	1256	30/1
475	1082	1/5	535	1140	17/8	595	1198	3/11	655	1257	9/1
476	1083	21/5	536	1141	6/8	596	1199	23/10	656	1258	8/1
477	1084	10/5	537	1142	27/7	597	1200	12/10	657	1258	29/12
478	1085	29/4	538	1143	16/7	598	1201	1/10	658	1259	18/12
479	1086	18/4	539	1144	4/7	599	1202	20/9	659	1260	6/12
480	1087	8/4	540	1145	24/6	600	1203	10/9	660	1261	26/11
481	1088	27/3	541	1146	13/6	601	1204	29/8	661	1262	15/11
482	1089	16/3	542	1147	2/6	602	1205	18/8	662	1263	4/11
483	1090	6/3	543	1148	22/5	603	1206	8/8	663	1264	24/10
484	1091	23/2	544	1149	11/5	604	1207	28/7	664	1265	13/10
485	1092	12/2	545	1150	30/4	605	1208	16/7	665	1266	2/10
486	1093	1/1	546	1151	20/4	606	1209	6/7	666	1267	22/9
487	1094	21/1	547	1152	8/4	607	1210	25/6	667	1268	10/9
488	1095	11/1	548	1153	29/3	608	1211	15/6	668	1269	31/8
489	1095	31/12	549	1154	18/3	609	1212	3/6	669	1270	20/8
490	1096	19/12	550	1155	7/3	610	1213	23/5	670	1271	9/8
491	1097	9/12	551	1156	25/2	611	1214	13/5	671	1272	29/7
492	1098	28/11	552	1157	13/2	612	1215	2/5	672	1273	18/7
493	1099	17/11	553	1158	2/2	613	1216	20/4	673	1274	7/7
494	1100	6/11	554	1159	23/1	614	1217	10/4	674	1275	27/6
495	1101	26/10	555	1160	12/1	615	1218	30/3	675	1276	15/6
496	1102	15/10	556	1160	31/12	616	1219	19/3	676	1277	4/6
497	1103	5/10	557	1161	21/12	617	1220	8/3	677	1278	25/5
498	1104	23/9	558	1162	10/12	618	1221	25/2	678	1279	14/5
499	1105	13/9	559	1163	30/11	619	1222	15/2	679	1280	3/5
500	1106	2/9	560	1164	18/11	620	1223	4/2	680	1281	22/4
501	1107	22/8	561	1165	7/11	621	1224	24/1	681	1282	11/4
502	1108	11/8	562	1166	28/10	622	1225	3/1	682	1283	1/4
503	1109	31/7	563	1167	17/10	623	1226	2/1	683	1284	20/3
504	1110	20/7	564	1168	5/10	624	1226	22/12	684	1285	9/3
505	1111	10/7	565	1169	25/9	625	1227	12/12	685	1286	27/2
506	1112	28/6	566	1170	14/9	626	1228	30/11	686	1287	16/2
507	1113	18/6	567	1171	4/9	627	1229	20/11	687	1288	6/2
508	1114	7/6	568	1172	23/8	628	1230	9/11	688	1289	25/1
509	1115	27/5	569	1173	12/8	629	1231	29/10	689	1290	14/1
510	1116	16/5	570	1174	2/8	630	1232	18/10	690	1291	4/1
511	1117	5/5	571	1175	22/7	631	1233	7/10	691	1291	24/12
512	1118	24/4	572	1176	10/7	632	1234	26/9	692	1292	12/12
513	1119	14/4	573	1177	30/6	633	1235	16/9	693	1293	2/12
514	1120	2/4	574	1178	19/6	634	1236	4/9	694	1294	21/11
515	1121	22/3	575	1179	8/6	635	1237	24/8	695	1295	10/11
516	1122	12/3	576	1180	28/5	636	1238	14/8	696	1296	30/10
517	1123	1/3	577	1181	17/5	637	1239	3/8	697	1297	19/10
518	1124	19/2	578	1182	7/5	638	1240	23/7	698	1298	9/10
519	1125	7/2	579	1183	26/4	639	1241	12/7	699	1299	28/9
520	1126	27/1	580	1184	14/4	640	1242	1/7	700	1300	16/9
521	1127	17/1	581	1185	4/4	641	1243	21/6	701	1301	6/9
522	1128	6/1	582	1186	24/3	642	1244	9/6	702	1302	26/8
523	1128	25/12	583	1187	13/3	643	1245	29/5	703	1303	15/8
524	1129	15/12	584	1188	2/3	644	1246	19/5	704	1304	4/8

anni della Egira	era cristiana e principio d'anno maomettano		anni della Egira	era cristiana e principio d'anno maomettano		anni della Egira	era cristiana e principio d'anno maomettano		anni della Egira	era cristiana e principio d'anno maomettano	
705	1305	24/7	765	1363	10/10	825	1421	26/12	885	1480	13/3
706	1306	13/7	766	1364	28/9	826	1422	15/12	886	1481	2/3
707	1307	3/7	767	1365	18/9	827	1423	5/12	887	1482	20/2
708	1308	21/6	768	1366	7/9	828	1424	23/11	888	1483	9/2
709	1309	11/6	769	1367	28/8	829	1425	13/11	889	1484	30/1
710	1310	31/5	770	1368	16/8	830	1426	2/11	890	1485	18/1
711	1311	20/5	771	1369	5/8	831	1427	21/10	891	1486	7/1
712	1312	9/5	772	1370	26/7	832	1428	11/10	892	1486	28/12
713	1313	28/4	773	1371	15/7	833	1429	30/9	893	1487	17/12
714	1314	17/4	774	1372	3/7	834	1430	19/9	894	1488	5/12
715	1315	7/4	775	1373	23/6	835	1431	9/9	895	1489	25/11
716	1316	26/3	776	1374	12/6	836	1432	28/8	896	1490	14/11
717	1317	16/3	777	1375	2/6	837	1433	18/8	897	1491	4/11
718	1318	5/3	778	1376	21/5	838	1434	7/8	898	1492	23/10
719	1319	22/2	779	1377	10/5	839	1435	27/7	899	1493	12/10
720	1320	12/2	780	1378	30/4	840	1436	16/7	900	1494	2/10
721	1321	31/1	781	1379	19/4	841	1437	5/7	901	1495	21/9
722	1322	20/1	782	1380	7/4	842	1438	24/6	902	1496	9/9
723	1323	10/1	783	1381	28/3	843	1439	14/6	903	1497	30/8
724	1323	30/12	784	1382	17/3	844	1440	2/6	904	1498	19/8
725	1324	18/12	785	1383	6/3	845	1441	22/5	905	1499	8/8
726	1325	8/12	786	1384	24/2	846	1442	12/5	906	1500	28/7
727	1326	27/11	787	1385	12/2	847	1443	1/5	907	1501	17/7
728	1327	17/11	788	1386	2/2	848	1444	20/4	908	1502	7/7
729	1328	5/11	789	1387	22/1	849	1445	9/4	909	1503	26/6
730	1329	25/10	790	1388	11/1	850	1446	29/3	910	1504	14/6
731	1330	15/10	791	1388	31/12	851	1447	19/3	911	1505	4/6
732	1331	4/10	792	1389	20/12	852	1448	7/3	912	1506	24/5
733	1332	22/9	793	1390	9/12	853	1449	24/2	913	1507	13/5
734	1333	12/9	794	1391	29/11	854	1450	14/2	914	1508	2/5
735	1334	1/9	795	1392	17/11	855	1451	3/2	915	1509	21/4
736	1335	21/8	796	1393	6/11	856	1452	23/1	916	1510	10/4
737	1336	10/8	797	1394	27/10	857	1453	12/1	917	1511	31/3
738	1337	30/7	798	1395	16/10	858	1454	1/1	918	1512	20/3
739	1338	20/7	799	1396	5/10	859	1454	22/12	919	1513	9/3
740	1339	9/7	800	1397	24/9	860	1455	11/12	920	1514	26/2
741	1340	27/6	801	1398	13/9	861	1456	29/11	921	1515	15/2
742	1341	17/6	802	1399	3/9	862	1457	19/11	922	1516	5/2
743	1342	6/6	803	1400	22/8	863	1458	8/11	923	1517	24/1
744	1343	26/5	804	1401	11/8	864	1459	28/10	924	1518	13/1
745	1344	15/5	805	1402	1/8	865	1460	17/10	925	1519	3/1
746	1345	4/5	806	1403	21/7	866	1461	6/10	926	1519	23/12
747	1346	24/4	807	1404	10/7	867	1462	26/9	927	1520	12/12
748	1347	13/4	808	1405	29/6	868	1463	15/9	928	1521	1/12
749	1348	1/4	809	1406	18/6	869	1464	3/9	929	1522	20/11
750	1349	22/3	810	1407	8/6	870	1465	24/8	930	1523	10/11
751	1350	11/3	811	1408	27/5	871	1466	13/8	931	1524	29/10
752	1351	28/2	812	1409	16/5	872	1467	2/8	932	1525	18/10
753	1352	18/2	813	1410	6/5	873	1468	22/7	933	1526	8/10
754	1353	6/2	814	1411	25/4	874	1469	11/7	934	1527	27/9
755	1354	26/1	815	1412	13/4	875	1470	30/6	935	1528	15/9
756	1355	16/1	816	1413	3/4	876	1471	20/6	936	1529	5/9
757	1356	5/1	817	1414	23/3	877	1472	8/6	937	1530	25/8
758	1356	25/12	818	1415	13/3	878	1473	29/5	938	1531	15/8
759	1357	14/12	819	1416	1/3	879	1474	18/5	939	1532	3/8
760	1358	3/12	820	1417	18/2	880	1475	7/5	940	1533	23/7
761	1359	23/11	821	1418	8/2	881	1476	26/4	941	1534	13/7
762	1360	11/11	822	1419	28/1	882	1477	15/4	942	1535	2/7
763	1361	31/10	823	1420	17/1	883	1478	4/4	943	1536	20/6
764	1362	21/10	824	1421	6/1	884	1479	25/3	944	1537	10/6

anni della Egira	era cristiana e principio d'anno maomettano		anni della Egira	era cristiana e principio d'anno maomettano		anni della Egira	era cristiana e principio d'anno maomettano		anni della Egira	era cristiana e principio d'anno maomettano	
945	1538	30/5	1005	1596	25/8	1065	1654	11/11	1125	1713	28/1
946	1539	19/5	1006	1597	14/8	1066	1655	31/10	1126	1714	17/1
947	1540	8/5	1007	1598	4/8	1067	1656	20/10	1127	1715	7/1
948	1541	27/4	1008	1599	24/7	1068	1657	9/10	1128	1715	27/12
949	1542	17/4	1009	1600	13/7	1069	1658	29/9	1129	1716	16/12
950	1543	6/4	1010	1601	2/7	1070	1659	18/9	1130	1717	5/12
951	1544	25/3	1011	1602	21/6	1071	1660	6/9	1131	1718	24/11
952	1545	15/3	1012	1603	11/6	1072	1661	27/8	1132	1719	14/11
953	1546	4/3	1013	1604	30/5	1073	1662	16/8	1133	1720	2/11
954	1547	21/2	1014	1605	19/5	1074	1663	5/8	1134	1721	22/10
955	1548	11/2	1015	1606	9/5	1075	1664	25/7	1135	1722	12/10
956	1549	30/1	1016	1607	28/4	1076	1665	14/7	1136	1723	1/10
957	1550	20/1	1017	1608	17/4	1077	1666	4/7	1137	1724	20/9
958	1551	9/1	1018	1609	6/4	1078	1667	23/6	1138	1725	9/9
959	1551	20/12	1019	1610	26/3	1079	1668	11/6	1139	1726	29/8
960	1552	18/12	1020	1611	16/3	1080	1669	1/6	1140	1727	19/8
961	1553	7/12	1021	1612	4/3	1081	1670	21/5	1141	1728	7/8
962	1554	26/11	1022	1613	21/2	1082	1671	10/5	1142	1729	27/7
963	1555	16/11	1023	1614	11/2	1083	1672	29/4	1143	1730	17/7
964	1556	4/11	1024	1615	31/1	1084	1673	18/4	1144	1731	6/7
965	1557	24/10	1025	1616	21/1	1085	1674	7/4	1145	1732	24/6
966	1558	14/10	1026	1617	9/1	1086	1675	28/3	1146	1733	14/6
967	1559	3/10	1027	1617	29/12	1087	1676	16/3	1147	1734	3/6
968	1560	22/9	1028	1618	19/12	1088	1677	6/3	1148	1735	24/5
969	1561	11/9	1029	1619	8/12	1089	1678	23/2	1149	1736	12/5
970	1562	31/8	1030	1620	26/11	1090	1679	12/2	1150	1737	1/5
971	1563	21/8	1031	1621	16/11	1091	1680	2/2	1151	1738	21/4
972	1564	9/8	1032	1622	5/11	1092	1681	21/1	1152	1739	10/4
973	1565	29/7	1033	1623	25/10	1093	1682	10/1	1153	1740	29/3
974	1566	19/7	1034	1624	14/10	1094	1682	31/12	1154	1741	19/3
975	1567	8/7	1035	1625	3/10	1095	1683	20/12	1155	1742	8/3
976	1568	26/6	1036	1626	22/9	1096	1684	8/12	1156	1743	25/2
977	1569	16/6	1037	1627	12/9	1097	1685	28/11	1157	1744	13/2
978	1570	5/6	1038	1628	31/8	1098	1686	17/11	1158	1745	3/2
979	1571	26/5	1039	1629	21/8	1099	1687	7/11	1159	1746	24/1
980	1572	14/5	1040	1630	10/8	1100	1688	26/10	1160	1747	13/1
981	1573	3/5	1041	1631	30/7	1101	1689	15/10	1161	1748	2/1
982	1574	23/4	1042	1632	19/7	1102	1690	5/10	1162	1748	22/12
983	1575	12/4	1043	1633	8/7	1103	1691	24/9	1163	1749	11/12
984	1576	31/3	1044	1634	27/6	1104	1692	12/9	1164	1750	30/11
985	1577	21/3	1045	1635	17/6	1105	1693	2/9	1165	1751	20/11
986	1578	10/3	1046	1636	5/6	1106	1694	22/8	1166	1752	8/11
987	1579	28/2	1047	1637	26/5	1107	1695	12/8	1167	1753	29/10
988	1580	17/2	1048	1638	15/5	1108	1696	31/7	1168	1754	17/10
989	1581	5/2	1049	1639	4/5	1109	1697	20/7	1169	1755	7/10
990	1582	26/1	1050	1640	23/4	1110	1698	10/7	1170	1756	26/9
991	1583	25/1(*)	1051	1641	12/4	1111	1699	29/6	1171	1757	15/9
992	1584	14/1	1052	1642	1/4	1112	1700	18/6	1172	1758	4/9
993	1585	3/1	1053	1643	22/3	1113	1701	8/6	1173	1759	25/8
994	1585	23/12	1054	1644	10/3	1114	1702	28/5	1174	1760	13/8
995	1586	12/12	1055	1645	27/2	1115	1703	17/5	1175	1761	2/8
996	1587	2/12	1056	1646	17/2	1116	1704	6/5	1176	1762	23/7
997	1588	20/11	1057	1647	6/2	1117	1705	25/4	1177	1763	12/7
998	1589	10/11	1058	1648	27/1	1118	1706	15/4	1178	1764	1/7
999	1590	30/10	1059	1649	15/1	1119	1707	4/4	1179	1765	20/6
1000	1591	19/10	1060	1650	4/1	1120	1708	23/3	1180	1766	9/6
1001	1592	8/10	1061	1650	25/12	1121	1709	13/3	1181	1767	30/5
1002	1593	27/9	1062	1651	14/12	1122	1710	2/3	1182	1768	18/5
1003	1594	16/9	1063	1652	2/12	1123	1711	19/2	1183	1769	7/5
1004	1595	6/9	1064	1653	22/11	1124	1712	9/2	1184	1770	27/4

(*) Secondo il calendario gregoriano, così le date che seguono.

anni della Egira	era cristiana e principio d'anno maomettano		anni della Egira	era cristiana e principio d'anno maomettano		anni della Egira	era cristiana e principio d'anno maomettano		anni della Egira	era cristiana e principio d'anno maomettano	
1185	1771	16/4	1245	1829	3/7	1305	1887	19/9	1365	1945	6/12
1186	1772	4/4	1246	1830	22/6	1306	1888	7/9	1366	1946	25/11
1187	1773	25/3	1247	1831	12/6	1307	1889	28/8	1367	1947	15/11
1188	1774	14/3	1248	1832	31/5	1308	1890	17/8	1368	1948	3/11
1189	1775	4/3	1249	1833	21/5	1309	1891	7/8	1369	1949	24/10
1190	1776	21/2	1250	1834	10/5	1310	1892	26/7	1370	1950	13/10
1191	1777	9/2	1251	1835	29/4	1311	1893	15/7	1371	1951	2/10
1192	1778	30/1	1252	1836	18/4	1312	1894	5/7	1372	1952	21/9
1193	1779	19/1	1253	1837	7/4	1313	1895	24/6	1373	1953	10/9
1194	1780	8/1	1254	1838	27/3	1314	1896	12/6	1374	1954	30/8
1195	1780	28/12	1255	1839	17/3	1315	1897	2/6	1375	1955	20/8
1196	1781	17/12	1256	1840	5/3	1316	1898	22/5	1376	1956	8/8
1197	1782	7/12	1257	1841	23/2	1317	1899	12/5	1377	1957	29/7
1198	1783	26/11	1258	1842	12/2	1318	1900	1/5	1378	1958	18/7
1199	1784	14/11	1259	1843	1/2	1319	1901	20/4	1379	1959	7/7
1200	1785	4/11	1260	1844	22/1	1320	1902	10/4	1380	1960	26/6
1201	1786	24/10	1261	1845	10/1	1321	1903	30/3	1381	1961	15/6
1202	1787	13/10	1262	1845	30/12	1322	1904	18/3	1382	1962	4/6
1203	1788	2/10	1263	1846	20/12	1323	1905	8/3	1383	1963	25/5
1204	1789	21/9	1264	1847	9/12	1324	1906	23/2	1384	1964	13/5
1205	1790	10/9	1265	1848	27/11	1325	1907	14/2	1385	1965	2/5
1206	1791	31/8	1266	1849	17/11	1326	1908	4/2	1386	1966	22/4
1207	1792	19/8	1267	1850	6/11	1327	1909	23/1	1387	1967	11/4
1208	1793	9/8	1268	1851	27/10	1328	1910	13/1	1388	1968	31/3
1209	1794	29/7	1269	1852	15/10	1329	1911	2/1	1389	1969	20/3
1210	1795	18/7	1270	1853	4/10	1330	1911	22/12	1390	1970	9/3
1211	1796	7/7	1271	1854	24/9	1331	1912	11/12	1391	1971	27/2
1212	1797	26/6	1272	1855	13/9	1332	1913	30/11	1392	1972	16/2
1213	1798	15/6	1273	1856	1/9	1333	1914	19/11	1393	1973	4/2
1214	1799	5/6	1274	1857	22/8	1334	1915	9/11	1394	1974	25/1
1215	1800	25/5	1275	1858	11/8	1335	1916	28/10	1395	1975	14/1
1216	1801	14/5	1276	1859	31/7	1336	1917	17/10	1396	1976	3/1
1217	1802	4/5	1277	1860	20/7	1337	1918	7/10	1397	1976	23/12
1218	1803	23/4	1278	1861	9/7	1338	1919	26/9	1398	1977	12/12
1219	1804	12/4	1279	1862	29/6	1339	1920	15/9	1399	1978	2/12
1220	1805	1/4	1280	1863	18/6	1340	1921	4/9	1400	1979	21/11
1221	1806	21/3	1281	1864	6/6	1341	1922	24/8	1401	1980	9/11
1222	1807	11/3	1282	1865	27/5	1342	1923	14/8	1402	1981	30/10
1223	1808	28/2	1283	1866	16/5	1343	1924	2/8	1403	1982	19/10
1224	1809	16/2	1284	1867	5/5	1344	1925	22/7	1404	1983	8/10
1225	1810	6/2	1285	1868	24/4	1345	1926	12/7	1405	1984	27/9
1226	1811	26/1	1286	1869	13/4	1346	1927	1/7	1406	1985	16/9
1227	1812	16/1	1287	1870	3/4	1347	1928	20/6	1407	1986	6/9
1228	1813	4/1	1288	1871	23/3	1348	1929	9/6	1408	1987	26/8
1229	1813	24/12	1289	1872	11/3	1349	1930	29/5	1409	1988	14/8
1230	1814	14/12	1290	1873	1/3	1350	1931	19/5	1410	1989	4/8
1231	1815	3/12	1291	1874	18/2	1351	1932	7/5	1411	1990	24/7
1232	1816	21/11	1292	1875	7/2	1352	1933	26/4	1412	1991	13/7
1233	1817	11/11	1293	1876	28/1	1353	1934	16/4	1413	1992	2/7
1234	1818	31/10	1294	1877	16/1	1354	1935	5/4	1414	1993	21/6
1235	1819	20/10	1295	1878	5/1	1355	1936	24/3	1415	1994	10/6
1236	1820	9/10	1296	1878	26/12	1356	1937	14/3	1416	1995	31/5
1237	1821	28/9	1297	1879	15/12	1357	1938	3/3	1417	1996	19/5
1238	1822	18/9	1298	1880	4/12	1358	1939	21/2	1418	1997	9/5
1239	1823	7/9	1299	1881	23/11	1359	1940	10/2	1419	1998	28/4
1240	1824	26/8	1300	1882	12/11	1360	1941	29/1	1420	1999	17/4
1241	1825	16/8	1301	1883	2/11	1361	1942	19/1	1421	2000	6/4
1242	1826	5/8	1302	1884	21/10	1362	1943	8/1	1422	2001	26/3
1243	1827	25/7	1303	1885	10/10	1363	1943	28/12	1423	2002	15/3
1244	1828	14/7	1304	1886	30/9	1364	1944	17/12	1424	2003	5/3

anni della Egira	era cristiana e principio d'anno maomettano		anni della Egira	era cristiana e principio d'anno maomettano		anni della Egira	era cristiana e principio d'anno maomettano		anni della Egira	era cristiana e principio d'anno maomettano	
1425	2004	22/2	1450	2028	25/5	1475	2052	26/8	1500	2076	28/11
1426	2005	10/2	1451	2029	15/5	1476	2053	16/8	1501	2077	17/11
1427	2006	31/1	1452	2030	4/5	1477	2054	5/8	1502	2078	6/11
1428	2007	20/1	1453	2031	23/4	1478	2055	26/7	1503	2079	27/10
1429	2008	10/1	1454	2032	12/4	1479	2056	14/7	1504	2080	15/10
1430	2008	29/12	1455	2033	1/4	1480	2057	3/7	1505	2081	4/10
1431	2009	18/12	1456	2034	21/3	1481	2058	23/6	1506	2082	24/9
1432	2010	8/12	1457	2035	11/3	1482	2059	12/6	1507	2083	13/9
1433	2011	27/11	1458	2036	28/2	1483	2060	31/5	1508	2084	2/9
1434	2012	15/11	1459	2037	17/2	1484	2061	21/5	1509	2085	22/8
1435	2013	5/11	1460	2038	6/2	1485	2062	10/5	1510	2086	11/8
1436	2014	25/10	1461	2039	26/1	1486	2063	29/4	1511	2087	1/8
1437	2015	15/10	1462	2040	16/1	1487	2064	18/4	1512	2088	20/7
1438	2016	3/10	1463	2041	4/1	1488	2065	7/4	1513	2089	9/7
1439	2017	22/9	1464	2041	24/12	1489	2066	28/3	1514	2090	26/6
1440	2018	12/9	1465	2042	14/12	1490	2067	17/3	1515	2091	18/6
1441	2019	1/9	1466	2043	3/12	1491	2068	5/3	1516	2092	6/6
1442	2020	20/8	1467	2044	22/11	1492	2069	23/2	1517	2093	27/5
1443	2021	10/8	1468	2045	11/11	1493	2070	12/2	1518	2094	16/5
1444	2022	30/7	1469	2046	31/10	1494	2071	1/2	1519	2095	6/5
1445	2023	19/7	1470	2047	21/10	1495	2072	22/1	1520	2096	24/4
1446	2024	8/7	1471	2048	9/10	1496	2073	10/1	1521	2097	13/4
1447	2025	27/6	1472	2049	28/9	1497	2073	31/12	1522	2098	3/4
1448	2026	17/6	1473	2050	18/9	1498	2074	20/12	1523	2099	23/3
1449	2027	6/6	1474	2051	7/9	1499	2075	9/12	1524	2100	12/3

Calendario della Repubblica francese[22]

In Francia, durante la rivoluzione, s'introduce un nuovo calendario, progettato dietro incarico del comitato d'Istruzione Pubblica, da una commissione di dotti, quali Lagrange, Monge, Lalande, Pingré, Guyton, ecc., presieduti da Romme, poi riveduto e in parte modificato da Fabre d'Èglantine. Un decreto della Convenzione nazionale del 5 ott. 1793 fissa il punto di partenza della nuova era al 22 sett. 1792, giorno della proclamazione della repubblica. Siccome questa data coincide con l'equinozio d'autunno, viene stabilito (art. III) che ciascun anno debba cominciare alla mezzanotte del giorno in cui cade l'equinozio vero d'autunno per l'osservatorio di Parigi. Il principio dell'anno deve quindi esser fissato dagli astronomi e può cadere il 22, il 23 o il 24 sett., ciò che forma uno dei maggiori inconvenienti del nuovo calendario. Tuttavia esso viene promulgato con un nuovo decreto della Convenzione nazionale del 4 glaciale anno II (24 nov. 1793). I punti principali di questo decreto sono i seguenti: l'anno repubblicano viene diviso in 12 mesi di 30 giorni ciascuno. Dopo di questi, per completare l'anno ordinario, seguono 5 giorni che non appartengono ad alcun mese e che vengono chiamati *sans-culotides*, e più tardi, con decreto del 7 fruttidoro a. III (24 ag. 1795), sono detti giorni complementari. A questi, per completare la durata dell'anno tropico, viene aggiunto ogni quattro anni un sesto giorno detto «della Rivoluzione».

Ciascun mese è diviso in tre parti uguali di 10 giorni ciascuna, detti decadi. I nomi dei giorni delle decadi sono: *Primidi, Duodi, Tridi, Quartidi, Quintidi, Sextidi, Septidi, Octidi, Nonidi, Decadi*. Quest'ultimo è giorno di riposo.

I nomi dei mesi sono: per l'autunno, *Vendémiaire, Brumaire, Frimaire*; per l'inverno, *Nivôse, Pluviôse, Ventôse*; per la primavera, *Germinal, Floréal, Prairial*; per l'estate, *Messidor, Thermidor, Fructidor*.

Il periodo di quattro anni alla fine dei quali è necessaria, come abbiamo visto, l'aggiunta di un giorno, è chiamata la *Franciade*.

Il giorno, da una mezzanotte all'altra, è diviso in dieci parti o ore, ciascuna ora in cento minuti decimali, e ciascun minuto in cento secondi decimali.

Il calendario repubblicano viene messo in vigore il 26 nov. 1793 e abolito il 31 dic. 1805 da Napoleone I.

Anno primo (1792-93)

Mese rep.	era volgare	era rep.
Complém.	sett. 1793 — 17 18 19 20 21	1 2 3 4 5
Fructid.	agosto 1793 — settembre 1793 — 18 19 20 21 22 23 24 **25** 26 27 28 29 30 / **1** 2 3 4 5 6 7 **8** 9 10 11 12 13 14 **15** 16	1 2 3 4 5 6 7 8 9 **10** 11 12 13 14 15 16 17 18 19 **20** 21 22 23 24 25 26 27 28 29 30
Thermid.	luglio 1793 — agosto 1793 — 19 20 **21** 22 23 24 25 26 27 **28** 29 30 31 / **1** 2 3 **4** 5 6 7 8 9 10 **11** 12 13 14 15 16 17	1 2 3 4 5 6 7 8 9 **10** 11 12 13 14 15 16 17 18 19 **20** 21 22 23 24 25 26 27 28 29 30
Messidor	giugno 1793 — luglio 1793 — 19 20 21 22 **23** 24 25 26 27 28 29 **30** / **1** 2 3 4 5 6 **7** 8 9 10 11 12 13 **14** 15 16 17 18	1 2 3 4 5 6 7 8 9 **10** 11 12 13 14 15 16 17 18 19 **20** 21 22 23 24 25 26 27 28 29 30
Prairial	maggio 1793 — giugno 1793 — 20 21 22 23 24 **25** 26 27 28 29 30 31 / **1** 2 3 4 5 6 7 8 **9** 10 11 12 13 14 15 **16** 17 18	1 2 3 4 5 6 7 8 9 **10** 11 12 13 14 15 16 17 18 19 **20** 21 22 23 24 25 26 27 28 29 30
Floréal	aprile 1793 — maggio 1793 — 20 **21** 22 23 24 25 26 27 **28** 29 30 / **1** 2 3 4 **5** 6 7 8 9 10 11 **12** 13 14 15 16 17 18 **19**	1 2 3 4 5 6 7 8 9 **10** 11 12 13 14 15 16 17 18 19 **20** 21 22 23 24 25 26 27 28 29 30
Germin.	marzo 1793 — aprile 1793 — 21 22 23 **24** 25 26 27 28 29 30 **31** / **1** 2 3 4 5 6 **7** 8 9 10 11 12 13 **14** 15 16 17 18 19	1 2 3 4 5 6 7 8 9 **10** 11 12 13 14 15 16 17 18 19 **20** 21 22 23 24 25 26 27 28 29 30
Ventôse	febbraio 1793 — marzo 1793 — 19 20 21 22 23 **24** 25 26 27 28 / **1** 2 **3** 4 5 6 7 8 9 **10** 11 12 13 14 15 16 **17** 18 19 20	1 2 3 4 5 6 7 8 9 **10** 11 12 13 14 15 16 17 18 19 **20** 21 22 23 24 25 26 27 28 29 30
Pluviôse	gennaio 1793 — febbraio 1793 — **20** 21 22 23 24 25 26 **27** 28 29 30 31 / **1** 2 3 4 5 6 7 8 9 **10** 11 12 13 14 15 16 **17** 18	1 2 3 4 5 6 7 8 9 **10** 11 12 13 14 15 16 17 18 19 **20** 21 22 23 24 25 26 27 28 29 30
Nivôse	dicembre 1792 — gennaio 1793 — 21 22 **23** 24 25 26 27 28 29 **30** 31 / **1** 2 3 4 5 6 **7** 8 9 10 11 12 **13** 14 15 16 17 18 19	1 2 3 4 5 6 7 8 9 **10** 11 12 13 14 15 16 17 18 19 **20** 21 22 23 24 25 26 27 28 29 30
Frimaire	novembre 1792 — dicembre 1792 — 21 22 23 24 **25** 26 27 28 29 30 / **1** **2** 3 4 5 6 7 8 **9** 10 11 12 13 14 15 **16** 17 18 19 20	1 2 3 4 5 6 7 8 9 **10** 11 12 13 14 15 16 17 18 19 **20** 21 22 23 24 25 26 27 28 29 30
Brumaire	ottobre 1792 — novembre 1792 — 22 23 24 25 26 27 **28** 29 30 31 / **1** 2 3 **4** 5 6 7 8 9 10 **11** 12 13 14 15 16 17 **18** 19 20	1 2 3 4 5 6 7 8 9 **10** 11 12 13 14 15 16 17 18 19 **20** 21 22 23 24 25 26 27 28 29 30
Vendém.	settembre 1792 — ottobre 1792 — 22 **23** 24 25 26 27 28 29 **30** / **1** 2 3 4 5 6 **7** 8 9 10 11 12 13 **14** 15 16 17 18 19 20 **21**	1 2 3 4 5 6 7 8 9 **10** 11 12 13 14 15 16 17 18 19 **20** 21 22 23 24 25 26 27 28 29 30

Anno secondo (1793-94)

	era volgare	era rep.
Complem.	sett. 1794 — 17, 18, 19, 20, **21**	1, 2, 3, 4, 5
Fructid.	agosto 1794 — 18 19 20 21 22 23 24 25 26 27 28 29 30 **31** / settembre 1794 — 1 2 3 4 5 6 7 8 9 10 11 12 13 **14** 15 16	1 2 3 4 5 6 7 8 9 **10** 11 12 13 14 15 16 17 18 19 **20** 21 22 23 24 25 26 27 28 29 **30**
Thermid.	luglio 1794 — 19 **20** 21 22 23 24 25 26 **27** 28 29 30 **31** / agosto 1794 — 1 2 **3** 4 5 6 7 8 9 **10** 11 12 13 14 15 16 **17**	1 2 3 4 5 6 7 8 9 **10** 11 12 13 14 15 16 17 18 19 **20** 21 22 23 24 25 26 27 28 29 **30**
Messidor	giugno 1794 — 19 20 21 **22** 23 24 25 26 27 28 **29** 30 / luglio 1794 — 1 2 3 4 5 **6** 7 8 9 10 11 12 **13** 14 15 16 17 18	1 2 3 4 5 6 7 8 9 **10** 11 12 13 14 15 16 17 18 19 **20** 21 22 23 24 25 26 27 28 29 **30**
Prairial	maggio 1794 — 20 21 22 23 24 **25** 26 27 28 29 30 **31** / giugno 1794 — **1** 2 3 4 5 6 7 **8** 9 10 11 12 13 14 **15** 16 17 18	1 2 3 4 5 6 7 8 9 **10** 11 12 13 14 15 16 17 18 19 **20** 21 22 23 24 25 26 27 28 29 **30**
Floréal	aprile 1794 — **20** 21 22 23 24 25 26 **27** 28 29 30 / maggio 1794 — 1 2 3 **4** 5 6 7 8 9 10 **11** 12 13 14 15 16 17 **18** 19	1 2 3 4 5 6 7 8 9 **10** 11 12 13 14 15 16 17 18 19 **20** 21 22 23 24 25 26 27 28 29 **30**
Germin.	marzo 1794 — 21 22 **23** 24 25 26 27 28 29 **30** 31 / aprile 1794 — 1 2 3 4 **5** 6 7 8 9 10 11 12 **13** 14 15 16 17 18 19	1 2 3 4 5 6 7 8 9 **10** 11 12 13 14 15 16 17 18 19 **20** 21 22 23 24 25 26 27 28 29 **30**
Ventôse	febbraio 1794 — 19 20 21 22 **23** 24 25 26 27 28 / marzo 1794 — **2** 3 4 5 6 7 8 **9** 10 11 12 13 14 15 **16** 17 18 19 20	1 2 3 4 5 6 7 8 9 **10** 11 12 13 14 15 16 17 18 19 **20** 21 22 23 24 25 26 27 28 29 **30**
Pluviôse	gennaio 1794 — 20 21 22 23 24 25 **26** 27 28 29 30 31 / febbraio 1794 — **1** 2 3 4 5 6 7 8 **9** 10 11 12 13 14 15 **16** 17 18	1 2 3 4 5 6 7 8 9 **10** 11 12 13 14 15 16 17 18 19 **20** 21 22 23 24 25 26 27 28 29 **30**
Nivôse	dicembre 1793 — 21 **22** 23 24 25 26 27 28 **29** 30 31 / gennaio 1794 — 1 2 3 4 **5** 6 7 8 9 10 11 **12** 13 14 15 16 17 18 **19**	1 2 3 4 5 6 7 8 9 **10** 11 12 13 14 15 16 17 18 19 **20** 21 22 23 24 25 26 27 28 29 **30**
Frimaire	novembre 1793 — 21 22 23 **24** 25 26 27 28 29 30 / dicembre 1793 — 1 2 3 4 5 6 7 **8** 9 10 11 12 13 14 **15** 16 17 18 19 20	1 2 3 4 5 6 7 8 9 **10** 11 12 13 14 15 16 17 18 19 **20** 21 22 23 24 25 26 27 28 29 **30**
Brumaire	ottobre 1793 — 22 23 24 25 26 **27** 28 29 30 31 / novembre 1793 — 1 2 3 4 5 6 7 8 9 **10** 11 12 13 14 15 16 17 18 19 20	1 2 3 4 5 6 7 8 9 **10** 11 12 13 14 15 16 17 18 19 **20** 21 22 23 24 25 26 27 28 29 **30**
Vendém.	settembre 1793 — **22** 23 24 25 26 27 28 **29** 30 / ottobre 1793 — 1 2 3 4 5 **6** 7 8 9 10 11 12 **13** 14 15 16 17 18 19 **20** 21	1 2 3 4 5 6 7 8 9 **10** 11 12 13 14 15 16 17 18 19 **20** 21 22 23 24 25 26 27 28 29 **30**

Anno terzo, *bisestile* **(1794-95)**

Mese rep.	era volgare	era rep.
Complem.	sett. 1795: 17 18 19 **20** 21 22	1 2 3 4 5 6
Fructid.	agosto 1795: 18 19 20 21 22 **23** 24 25 26 27 28 29 **30** 31 · settembre 1795: 1 2 3 4 5 **6** 7 8 9 10 11 12 **13** 14 15 16	1 2 3 4 5 6 7 8 9 **10** 11 12 13 14 15 16 17 18 19 **20** 21 22 23 24 25 26 27 28 29 **30**
Thermid.	luglio 1795: **19** 20 21 22 23 24 25 **26** 27 28 29 30 31 · agosto 1795: 1 **2** 3 4 5 6 7 8 **9** 10 11 12 13 14 15 **16** 17	1 2 3 4 5 6 7 8 9 **10** 11 12 13 14 15 16 17 18 19 **20** 21 22 23 24 25 26 27 28 29 **30**
Messidor	giugno 1795: 19 20 **21** 22 23 24 25 26 27 **28** 29 30 · luglio 1795: 1 2 3 4 **5** 6 7 8 9 10 11 **12** 13 14 15 16 17 **18**	1 2 3 4 5 6 7 8 9 **10** 11 12 13 14 15 16 17 18 19 **20** 21 22 23 24 25 26 27 28 29 **30**
Prairial	maggio 1795: 20 21 22 23 **24** 25 26 27 28 29 30 **31** · giugno 1795: 1 2 3 4 5 6 **7** 8 9 10 11 12 13 **14** 15 16 17 18	1 2 3 4 5 6 7 8 9 **10** 11 12 13 14 15 16 17 18 19 **20** 21 22 23 24 25 26 27 28 29 **30**
Floréal	aprile 1795: 20 21 22 23 24 25 **26** 27 28 29 30 · maggio 1795: 1 2 **3** 4 5 6 7 8 9 **10** 11 12 13 14 15 16 **17** 18 19	1 2 3 4 5 6 7 8 9 **10** 11 12 13 14 15 16 17 18 19 **20** 21 22 23 24 25 26 27 28 29 **30**
Germin.	marzo 1795: 21 **22** 23 24 25 26 27 28 **29** 30 31 · aprile 1795: 1 2 3 **4** 5 6 7 8 9 10 11 **12** 13 14 15 16 17 18 **19**	1 2 3 4 5 6 7 8 9 **10** 11 12 13 14 15 16 17 18 19 **20** 21 22 23 24 25 26 27 28 29 **30**
Ventôse	febbraio 1795: 19 20 21 **22** 23 24 25 26 27 28 · marzo 1795: 1 2 3 4 5 6 7 **8** 9 10 11 12 13 14 **15** 16 17 18 19 20	1 2 3 4 5 6 7 8 9 **10** 11 12 13 14 15 16 17 18 19 **20** 21 22 23 24 25 26 27 28 29 **30**
Pluviôse	gennaio 1795: 20 21 22 23 24 **25** 26 27 28 29 30 31 · febbraio 1795: 1 2 3 4 5 6 7 **8** 9 10 11 12 13 14 **15** 16 17 18	1 2 3 4 5 6 7 8 9 **10** 11 12 13 14 15 16 17 18 19 **20** 21 22 23 24 25 26 27 28 29 **30**
Nivôse	dicembre 1794: **21** 22 23 24 25 26 27 **28** 29 30 31 · gennaio 1795: 1 2 3 **4** 5 6 7 8 9 10 **11** 12 13 14 15 16 17 **18** 19	1 2 3 4 5 6 7 8 9 **10** 11 12 13 14 15 16 17 18 19 **20** 21 22 23 24 25 26 27 28 29 **30**
Frimaire	novembre 1794: 21 22 **23** 24 25 26 27 28 29 **30** · dicembre 1794: 1 2 3 4 5 6 **7** 8 9 10 11 12 13 **14** 15 16 17 18 19 20	1 2 3 4 5 6 7 8 9 **10** 11 12 13 14 15 16 17 18 19 **20** 21 22 23 24 25 26 27 28 29 **30**
Brumaire	ottobre 1794: 22 23 24 25 **26** 27 28 29 30 31 · novembre 1794: 1 **2** 3 4 5 6 7 8 9 **10** 11 12 13 14 15 **16** 17 18 19 20	1 2 3 4 5 6 7 8 9 **10** 11 12 13 14 15 16 17 18 19 **20** 21 22 23 24 25 26 27 28 29 **30**
Vendém.	settembre 1794: 22 23 24 25 26 27 **28** 29 30 · ottobre 1794: 1 2 3 4 **5** 6 7 8 9 10 11 **12** 13 14 15 16 17 18 **19** 20 21	1 2 3 4 5 6 7 8 9 **10** 11 12 13 14 15 16 17 18 19 **20** 21 22 23 24 25 26 27 28 29 **30**

Anno quarto (1795-96)

Vendémiaire — settembre 1795 | ottobre 1795

era volgare	23	24	25	26	27	28	29	30	1	2	3	4	5	6	7	8	9	10	11	12	13	14	15	16	17	18	19	20	21	22
era rep.	1	2	3	4	5	6	7	8	9	10	11	12	13	14	15	16	17	18	19	20	21	22	23	24	25	26	27	28	29	30

Brumaire — ottobre 1795 | novembre 1795

era volgare	23	24	25	26	27	28	29	30	31	1	2	3	4	5	6	7	8	9	10	11	12	13	14	15	16	17	18	19	20	21
era rep.	1	2	3	4	5	6	7	8	9	10	11	12	13	14	15	16	17	18	19	20	21	22	23	24	25	26	27	28	29	30

Frimaire — novembre 1795 | dicembre 1795

era volgare	22	23	24	25	26	27	28	29	30	1	2	3	4	5	6	7	8	9	10	11	12	13	14	15	16	17	18	19	20	21
era rep.	1	2	3	4	5	6	7	8	9	10	11	12	13	14	15	16	17	18	19	20	21	22	23	24	25	26	27	28	29	30

Nivôse — dicembre 1795 | gennaio 1796

era volgare	22	23	24	25	26	27	28	29	30	31	1	2	3	4	5	6	7	8	9	10	11	12	13	14	15	16	17	18	19	20
era rep.	1	2	3	4	5	6	7	8	9	10	11	12	13	14	15	16	17	18	19	20	21	22	23	24	25	26	27	28	29	30

Pluviôse — gennaio 1796 | febbraio 1796

era volgare	21	22	23	24	25	26	27	28	29	30	31	1	2	3	4	5	6	7	8	9	10	11	12	13	14	15	16	17	18	19
era rep.	1	2	3	4	5	6	7	8	9	10	11	12	13	14	15	16	17	18	19	20	21	22	23	24	25	26	27	28	29	30

Ventôse — febbraio 1796 | marzo 1796

era volgare	20	21	22	23	24	25	26	27	28	29	1	2	3	4	5	6	7	8	9	10	11	12	13	14	15	16	17	18	19	20
era rep.	1	2	3	4	5	6	7	8	9	10	11	12	13	14	15	16	17	18	19	20	21	22	23	24	25	26	27	28	29	30

Germin. — marzo 1796 | aprile 1796

era volgare	21	22	23	24	25	26	27	28	29	30	31	1	2	3	4	5	6	7	8	9	10	11	12	13	14	15	16	17	18	19
era rep.	1	2	3	4	5	6	7	8	9	10	11	12	13	14	15	16	17	18	19	20	21	22	23	24	25	26	27	28	29	30

Floréal — aprile 1796 | maggio 1796

era volgare	20	21	22	23	24	25	26	27	28	29	30	1	2	3	4	5	6	7	8	9	10	11	12	13	14	15	16	17	18	19
era rep.	1	2	3	4	5	6	7	8	9	10	11	12	13	14	15	16	17	18	19	20	21	22	23	24	25	26	27	28	29	30

Prairial — maggio 1796 | giugno 1796

era volgare	20	21	22	23	24	25	26	27	28	29	30	31	1	2	3	4	5	6	7	8	9	10	11	12	13	14	15	16	17	18
era rep.	1	2	3	4	5	6	7	8	9	10	11	12	13	14	15	16	17	18	19	20	21	22	23	24	25	26	27	28	29	30

Messidor — giugno 1796 | luglio 1796

era volgare	19	20	21	22	23	24	25	26	27	28	29	30	1	2	3	4	5	6	7	8	9	10	11	12	13	14	15	16	17	18
era rep.	1	2	3	4	5	6	7	8	9	10	11	12	13	14	15	16	17	18	19	20	21	22	23	24	25	26	27	28	29	30

Thermid. — luglio 1796 | agosto 1796

era volgare	19	20	21	22	23	24	25	26	27	28	29	30	31	1	2	3	4	5	6	7	8	9	10	11	12	13	14	15	16	17
era rep.	1	2	3	4	5	6	7	8	9	10	11	12	13	14	15	16	17	18	19	20	21	22	23	24	25	26	27	28	29	30

Fructid. — agosto 1796 | settembre 1796

era volgare	18	19	20	21	22	23	24	25	26	27	28	29	30	31	1	2	3	4	5	6	7	8	9	10	11	12	13	14	15	16
era rep.	1	2	3	4	5	6	7	8	9	10	11	12	13	14	15	16	17	18	19	20	21	22	23	24	25	26	27	28	29	30

Complem. — sett. 1796

era volgare	17	18	19	20	21
era rep.	1	2	3	4	5

Anno quinto (1796-97)

Complem.

era rep.	1	2	3	4	5
volgare era	**17**	18	19	20	21

sett. 1797

Fructid.

agosto 1797 — settembre 1797

era rep.	1	2	3	4	5	6	7	8	9	10	11	12	13	14	15	16	17	18	19	20	21	22	23	24	25	26	27	28	29	30
volgare era	18	19	**20**	21	22	23	24	25	26	**27**	28	29	30	31	1	2	**3**	4	5	6	7	8	9	**10**	11	12	13	14	15	16

Thermid.

luglio 1797 — agosto 1797

era rep.	1	2	3	4	5	6	7	8	9	10	11	12	13	14	15	16	17	18	19	20	21	22	23	24	25	26	27	28	29	30
volgare era	19	20	21	22	**23**	24	25	26	27	28	29	30	**31**	1	2	3	4	5	**6**	7	8	9	10	11	12	**13**	14	15	16	17

Messidor

giugno 1797 — luglio 1797

era rep.	1	2	3	4	5	6	7	8	9	10	11	12	13	14	15	16	17	18	19	20	21	22	23	24	25	26	27	28	29	30
volgare era	19	20	21	22	23	24	**25**	26	27	28	29	30	1	**2**	3	4	5	6	7	**8**	9	10	11	12	13	14	15	**16**	17	18

Prairial

maggio 1797 — giugno 1797

era rep.	1	2	3	4	5	6	7	8	9	10	11	12	13	14	15	16	17	18	19	20	21	22	23	24	25	26	27	28	29	30
volgare era	20	**21**	22	23	24	25	26	27	**28**	29	30	31	1	2	3	**4**	5	6	7	8	9	**10**	11	12	13	14	15	16	17	**18**

Floréal

aprile 1797 — maggio 1797

era rep.	1	2	3	4	5	6	7	8	9	10	11	12	13	14	15	16	17	18	19	20	21	22	23	24	25	26	27	28	29	30
volgare era	20	21	22	**23**	24	25	26	27	28	29	**30**	1	2	3	4	5	6	**7**	8	9	10	11	12	13	**14**	15	16	17	18	19

Germin.

marzo 1797 — aprile 1797

era rep.	1	2	3	4	5	6	7	8	9	10	11	12	13	14	15	16	17	18	19	20	21	22	23	24	25	26	27	28	29	30
volgare era	21	22	23	24	25	**26**	27	28	29	30	31	1	**2**	3	4	5	6	7	**8**	9	10	11	12	13	14	**15**	16	17	18	19

Ventôse

febbraio 1797 — marzo 1797

era rep.	1	2	3	4	5	6	7	8	9	10	11	12	13	14	15	16	17	18	19	20	21	22	23	24	25	26	27	28	29	30
volgare era	19	20	21	22	23	24	25	**26**	27	28	1	2	3	4	**5**	6	7	8	9	10	11	**12**	13	14	15	16	17	18	**19**	20

Pluviôse

gennaio 1797 — febbraio 1797

era rep.	1	2	3	4	5	6	7	8	9	10	11	12	13	14	15	16	17	18	19	20	21	22	23	24	25	26	27	28	29	30
volgare era	20	21	**22**	23	24	25	26	27	28	**29**	30	31	1	2	3	**4**	5	6	7	8	9	**10**	11	12	13	14	15	16	17	18

Nivôse

dicembre 1796 — gennaio 1797

era rep.	1	2	3	4	5	6	7	8	9	10	11	12	13	14	15	16	17	18	19	20	21	22	23	24	25	26	27	28	29	30
volgare era	21	22	23	24	**25**	26	27	28	29	30	31	1	2	3	4	5	6	7	8	9	10	11	12	13	14	**15**	16	17	18	19

Frimaire

novembre 1796 — dicembre 1796

era rep.	1	2	3	4	5	6	7	8	9	10	11	12	13	14	15	16	17	18	19	20	21	22	23	24	25	26	27	28	29	30
volgare era	21	22	23	24	25	26	**27**	28	29	30	1	2	3	4	5	6	7	8	9	10	**11**	12	13	14	15	16	17	**18**	19	20

Brumaire

ottobre 1796 — novembre 1796

era rep.	1	2	3	4	5	6	7	8	9	10	11	12	13	14	15	16	17	18	19	20	21	22	23	24	25	26	27	28	29	30
volgare era	22	**23**	24	25	26	27	28	29	**30**	31	1	2	3	4	5	**6**	7	8	9	10	11	12	**13**	14	15	16	17	18	19	**20**

Vendém.

settembre 1796 — ottobre 1796

era rep.	1	2	3	4	5	6	7	8	9	10	11	12	13	14	15	16	17	18	19	20	21	22	23	24	25	26	27	28	29	30
volgare era	22	23	24	**25**	26	27	28	29	30	**1**	2	3	4	5	6	7	8	9	**10**	11	12	13	14	15	**16**	17	18	19	20	21

Anno sesto (1797-98)

Complém.

era rep.	1	2	3	4	5
era volgare (sett. 1798)	17	18	19	20	21

Fructid. — era volgare: agosto 1798 / settembre 1798

era rep.	1	2	3	4	5	6	7	8	9	10	11	12	13	14	15	16	17	18	19	20	21	22	23	24	25	26	27	28	29	30
era	18	19	20	21	22	23	24	25	26	27	28	29	30	31	1	2	3	4	5	6	7	8	9	10	11	12	13	14	15	16

Thermid. — era volgare: luglio 1798 / agosto 1798

era rep.	1	2	3	4	5	6	7	8	9	10	11	12	13	14	15	16	17	18	19	20	21	22	23	24	25	26	27	28	29	30
era	19	20	21	22	23	24	25	26	27	28	29	30	31	1	2	3	4	5	6	7	8	9	10	11	12	13	14	15	16	17

Messidor — era volgare: giugno 1798 / luglio 1798

era rep.	1	2	3	4	5	6	7	8	9	10	11	12	13	14	15	16	17	18	19	20	21	22	23	24	25	26	27	28	29	30
era	19	20	21	22	23	24	25	26	27	28	29	30	1	2	3	4	5	6	7	8	9	10	11	12	13	14	15	16	17	18

Prairial — era volgare: maggio 1798 / giugno 1798

era rep.	1	2	3	4	5	6	7	8	9	10	11	12	13	14	15	16	17	18	19	20	21	22	23	24	25	26	27	28	29	30
era	20	21	22	23	24	25	26	27	28	29	30	31	1	2	3	4	5	6	7	8	9	10	11	12	13	14	15	16	17	18

Floréal — era volgare: aprile 1798 / maggio 1798

era rep.	1	2	3	4	5	6	7	8	9	10	11	12	13	14	15	16	17	18	19	20	21	22	23	24	25	26	27	28	29	30
era	20	21	22	23	24	25	26	27	28	29	30	1	2	3	4	5	6	7	8	9	10	11	12	13	14	15	16	17	18	19

Germin. — era volgare: marzo 1798 / aprile 1798

era rep.	1	2	3	4	5	6	7	8	9	10	11	12	13	14	15	16	17	18	19	20	21	22	23	24	25	26	27	28	29	30
era	21	22	23	24	25	26	27	28	29	30	31	1	2	3	4	5	6	7	8	9	10	11	12	13	14	15	16	17	18	19

Ventôse — era volgare: febbraio 1798 / marzo 1798

era rep.	1	2	3	4	5	6	7	8	9	10	11	12	13	14	15	16	17	18	19	20	21	22	23	24	25	26	27	28	29	30
era	19	20	21	22	23	24	25	26	27	28	1	2	3	4	5	6	7	8	9	10	11	12	13	14	15	16	17	18	19	20

Pluviôse — era volgare: gennaio 1798 / febbraio 1798

era rep.	1	2	3	4	5	6	7	8	9	10	11	12	13	14	15	16	17	18	19	20	21	22	23	24	25	26	27	28	29	30
era	20	21	22	23	24	25	26	27	28	29	30	31	1	2	3	4	5	6	7	8	9	10	11	12	13	14	15	16	17	18

Nivôse — era volgare: dicembre 1797 / gennaio 1798

era rep.	1	2	3	4	5	6	7	8	9	10	11	12	13	14	15	16	17	18	19	20	21	22	23	24	25	26	27	28	29	30
era	21	22	23	24	25	26	27	28	29	30	31	1	2	3	4	5	6	7	8	9	10	11	12	13	14	15	16	17	18	19

Frimaire — era volgare: novembre 1797 / dicembre 1797

era rep.	1	2	3	4	5	6	7	8	9	10	11	12	13	14	15	16	17	18	19	20	21	22	23	24	25	26	27	28	29	30
era	21	22	23	24	25	26	27	28	29	30	1	2	3	4	5	6	7	8	9	10	11	12	13	14	15	16	17	18	19	20

Brumaire — era volgare: ottobre 1797 / novembre 1797

era rep.	1	2	3	4	5	6	7	8	9	10	11	12	13	14	15	16	17	18	19	20	21	22	23	24	25	26	27	28	29	30
era	22	23	24	25	26	27	28	29	30	31	1	2	3	4	5	6	7	8	9	10	11	12	13	14	15	16	17	18	19	20

Vendém. — era volgare: settembre 1797 / ottobre 1797

era rep.	1	2	3	4	5	6	7	8	9	10	11	12	13	14	15	16	17	18	19	20	21	22	23	24	25	26	27	28	29	30
era	22	23	24	25	26	27	28	29	30	1	2	3	4	5	6	7	8	9	10	11	12	13	14	15	16	17	18	19	20	21

Anno settimo (1798-99)

Mese rep.	era volgare	era rep.	mesi (era volgare)
Complem.	sett. 1799: 17 18 19 20 21 22	1 2 3 4 5 6	sett. 1799
Fructid.	agosto 1799: 18 19 20 21 22 23 24 25 26 27 28 29 30 31 / settembre 1799: 1 2 3 4 5 6 7 8 9 10 11 12 13 14 15 16	1–30	agosto 1799 / settembre 1799
Thermid.	luglio 1799: 19 20 21 22 23 24 25 26 27 28 29 30 31 / agosto 1799: 1 2 3 4 5 6 7 8 9 10 11 12 13 14 15 16 17	1–30	luglio 1799 / agosto 1799
Messidor	giugno 1799: 19 20 21 22 23 24 25 26 27 28 29 30 / luglio 1799: 1 2 3 4 5 6 7 8 9 10 11 12 13 14 15 16 17 18	1–30	giugno 1799 / luglio 1799
Prairial	maggio 1799: 20 21 22 23 24 25 26 27 28 29 30 31 / giugno 1799: 1 2 3 4 5 6 7 8 9 10 11 12 13 14 15 16 17 18	1–30	maggio 1799 / giugno 1799
Floréal	aprile 1799: 20 21 22 23 24 25 26 27 28 29 30 / maggio 1799: 1 2 3 4 5 6 7 8 9 10 11 12 13 14 15 16 17 18 19	1–30	aprile 1799 / maggio 1799
Germin.	marzo 1799: 21 22 23 24 25 26 27 28 29 30 31 / aprile 1799: 1 2 3 4 5 6 7 8 9 10 11 12 13 14 15 16 17 18 19	1–30	marzo 1799 / aprile 1799
Ventôse	febbraio 1799: 19 20 21 22 23 24 25 26 27 28 / marzo 1799: 1 2 3 4 5 6 7 8 9 10 11 12 13 14 15 16 17 18 19 20	1–30	febbraio 1799 / marzo 1799
Pluviôse	gennaio 1799: 20 21 22 23 24 25 26 27 28 29 30 31 / febbraio 1799: 1 2 3 4 5 6 7 8 9 10 11 12 13 14 15 16 17 18	1–30	gennaio 1799 / febbraio 1799
Nivôse	dicembre 1798: 21 22 23 24 25 26 27 28 29 30 31 / gennaio 1799: 1 2 3 4 5 6 7 8 9 10 11 12 13 14 15 16 17 18 19	1–30	dicembre 1798 / gennaio 1799
Frimaire	novembre 1798: 21 22 23 24 25 26 27 28 29 30 / dicembre 1798: 1 2 3 4 5 6 7 8 9 10 11 12 13 14 15 16 17 18 19 20	1–30	novembre 1798 / dicembre 1798
Brumaire	ottobre 1798: 22 23 24 25 26 27 28 29 30 31 / novembre 1798: 1 2 3 4 5 6 7 8 9 10 11 12 13 14 15 16 17 18 19 20	1–30	ottobre 1798 / novembre 1798
Vendém.	settembre 1798: 22 23 24 25 26 27 28 29 30 / ottobre 1798: 1 2 3 4 5 6 7 8 9 10 11 12 13 14 15 16 17 18 19 20 21	1–30	settembre 1798 / ottobre 1798

Anno ottavo (1799-1800)

Complém. — sett. 1800

era volgare	18	19	20	21	22
era rep.	1	2	3	4	5

Fructid. — agosto 1800 / settembre 1800

era volgare	19 20 21 22 23 24 25 26 27 28 29 30 31 ‖ 1 2 3 4 5 6 7 8 9 10 11 12 13 14 15 16 17
era rep.	1 2 3 4 5 6 7 8 9 10 11 12 13 14 15 16 17 18 19 20 21 22 23 24 25 26 27 28 29 30

Thermid. — luglio 1800 / agosto 1800

era volgare	20 21 22 23 24 25 26 27 28 29 30 31 ‖ 1 2 3 4 5 6 7 8 9 10 11 12 13 14 15 16 17 18
era rep.	1 2 3 4 5 6 7 8 9 10 11 12 13 14 15 16 17 18 19 20 21 22 23 24 25 26 27 28 29 30

Messidor — giugno 1800 / luglio 1800

era volgare	20 21 22 23 24 25 26 27 28 29 30 ‖ 1 2 3 4 5 6 7 8 9 10 11 12 13 14 15 16 17 18 19
era rep.	1 2 3 4 5 6 7 8 9 10 11 12 13 14 15 16 17 18 19 20 21 22 23 24 25 26 27 28 29 30

Prairial — maggio 1800 / giugno 1800

era volgare	21 22 23 24 25 26 27 28 29 30 31 ‖ 1 2 3 4 5 6 7 8 9 10 11 12 13 14 15 16 17 18 19
era rep.	1 2 3 4 5 6 7 8 9 10 11 12 13 14 15 16 17 18 19 20 21 22 23 24 25 26 27 28 29 30

Floréal — aprile 1800 / maggio 1800

era volgare	21 22 23 24 25 26 27 28 29 30 ‖ 1 2 3 4 5 6 7 8 9 10 11 12 13 14 15 16 17 18 19 20
era rep.	1 2 3 4 5 6 7 8 9 10 11 12 13 14 15 16 17 18 19 20 21 22 23 24 25 26 27 28 29 30

Germin. — marzo 1800 / aprile 1800

era volgare	22 23 24 25 26 27 28 29 30 31 ‖ 1 2 3 4 5 6 7 8 9 10 11 12 13 14 15 16 17 18 19 20
era rep.	1 2 3 4 5 6 7 8 9 10 11 12 13 14 15 16 17 18 19 20 21 22 23 24 25 26 27 28 29 30

Ventôse — febbraio 1800 / marzo 1800

era volgare	20 21 22 23 24 25 26 27 28 ‖ 1 2 3 4 5 6 7 8 9 10 11 12 13 14 15 16 17 18 19 20 21
era rep.	1 2 3 4 5 6 7 8 9 10 11 12 13 14 15 16 17 18 19 20 21 22 23 24 25 26 27 28 29 30

Pluviôse — gennaio 1800 / febbraio 1800

era volgare	21 22 23 24 25 26 27 28 29 30 31 ‖ 1 2 3 4 5 6 7 8 9 10 11 12 13 14 15 16 17 18 19
era rep.	1 2 3 4 5 6 7 8 9 10 11 12 13 14 15 16 17 18 19 20 21 22 23 24 25 26 27 28 29 30

Nivôse — dicembre 1799 / gennaio 1800

era volgare	22 23 24 25 26 27 28 29 30 31 ‖ 1 2 3 4 5 6 7 8 9 10 11 12 13 14 15 16 17 18 19 20
era rep.	1 2 3 4 5 6 7 8 9 10 11 12 13 14 15 16 17 18 19 20 21 22 23 24 25 26 27 28 29 30

Frimaire — novembre 1799 / dicembre 1799

era volgare	22 23 24 25 26 27 28 29 30 ‖ 1 2 3 4 5 6 7 8 9 10 11 12 13 14 15 16 17 18 19 20 21
era rep.	1 2 3 4 5 6 7 8 9 10 11 12 13 14 15 16 17 18 19 20 21 22 23 24 25 26 27 28 29 30

Brumaire — ottobre 1799 / novembre 1799

era volgare	23 24 25 26 27 28 29 30 31 ‖ 1 2 3 4 5 6 7 8 9 10 11 12 13 14 15 16 17 18 19 20 21
era rep.	1 2 3 4 5 6 7 8 9 10 11 12 13 14 15 16 17 18 19 20 21 22 23 24 25 26 27 28 29 30

Vendém. — settembre 1799 / ottobre 1799

era volgare	23 24 25 26 27 28 29 30 ‖ 1 2 3 4 5 6 7 8 9 10 11 12 13 14 15 16 17 18 19 20 21 22
era rep.	1 2 3 4 5 6 7 8 9 10 11 12 13 14 15 16 17 18 19 20 21 22 23 24 25 26 27 28 29 30

Anno nono (1800-1801)

Vendém. — settembre 1800 / ottobre 1800
- era volgare: 23 24 25 26 27 28 29 30 | 1 2 3 4 5 6 7 8 9 10 11 12 13 14 15 16 17 18 19 20 21 22
- era rep.: 1 2 3 4 5 6 7 8 9 10 11 12 13 14 15 16 17 18 19 20 21 22 23 24 25 26 27 28 29 30

Brumaire — ottobre 1800 / novembre 1800
- era volgare: 23 24 25 26 27 28 29 30 31 | 1 2 3 4 5 6 7 8 9 10 11 12 13 14 15 16 17 18 19 20 21
- era rep.: 1 2 3 4 5 6 7 8 9 10 11 12 13 14 15 16 17 18 19 20 21 22 23 24 25 26 27 28 29 30

Frimaire — novembre 1800 / dicembre 1800
- era volgare: 22 23 24 25 26 27 28 29 30 | 1 2 3 4 5 6 7 8 9 10 11 12 13 14 15 16 17 18 19 20 21
- era rep.: 1 2 3 4 5 6 7 8 9 10 11 12 13 14 15 16 17 18 19 20 21 22 23 24 25 26 27 28 29 30

Nivôse — dicembre 1800 / gennaio 1801
- era volgare: 22 23 24 25 26 27 28 29 30 31 | 1 2 3 4 5 6 7 8 9 10 11 12 13 14 15 16 17 18 19 20
- era rep.: 1 2 3 4 5 6 7 8 9 10 11 12 13 14 15 16 17 18 19 20 21 22 23 24 25 26 27 28 29 30

Pluviôse — gennaio 1801 / febbraio 1801
- era volgare: 21 22 23 24 25 26 27 28 29 30 31 | 1 2 3 4 5 6 7 8 9 10 11 12 13 14 15 16 17 18 19
- era rep.: 1 2 3 4 5 6 7 8 9 10 11 12 13 14 15 16 17 18 19 20 21 22 23 24 25 26 27 28 29 30

Ventôse — febbraio 1801 / marzo 1801
- era volgare: 20 21 22 23 24 25 26 27 28 | 1 2 3 4 5 6 7 8 9 10 11 12 13 14 15 16 17 18 19 20 21
- era rep.: 1 2 3 4 5 6 7 8 9 10 11 12 13 14 15 16 17 18 19 20 21 22 23 24 25 26 27 28 29 30

Germin. — marzo 1801 / aprile 1801
- era volgare: 22 23 24 25 26 27 28 29 30 31 | 1 2 3 4 5 6 7 8 9 10 11 12 13 14 15 16 17 18 19 20
- era rep.: 1 2 3 4 5 6 7 8 9 10 11 12 13 14 15 16 17 18 19 20 21 22 23 24 25 26 27 28 29 30

Floréal — aprile 1801 / maggio 1801
- era volgare: 21 22 23 24 25 26 27 28 29 30 | 1 2 3 4 5 6 7 8 9 10 11 12 13 14 15 16 17 18 19 20
- era rep.: 1 2 3 4 5 6 7 8 9 10 11 12 13 14 15 16 17 18 19 20 21 22 23 24 25 26 27 28 29 30

Prairial — maggio 1801 / giugno 1801
- era volgare: 21 22 23 24 25 26 27 28 29 30 31 | 1 2 3 4 5 6 7 8 9 10 11 12 13 14 15 16 17 18 19
- era rep.: 1 2 3 4 5 6 7 8 9 10 11 12 13 14 15 16 17 18 19 20 21 22 23 24 25 26 27 28 29 30

Messidor — giugno 1801 / luglio 1801
- era volgare: 20 21 22 23 24 25 26 27 28 29 30 | 1 2 3 4 5 6 7 8 9 10 11 12 13 14 15 16 17 18 19
- era rep.: 1 2 3 4 5 6 7 8 9 10 11 12 13 14 15 16 17 18 19 20 21 22 23 24 25 26 27 28 29 30

Thermid. — luglio 1801 / agosto 1801
- era volgare: 20 21 22 23 24 25 26 27 28 29 30 31 | 1 2 3 4 5 6 7 8 9 10 11 12 13 14 15 16 17 18
- era rep.: 1 2 3 4 5 6 7 8 9 10 11 12 13 14 15 16 17 18 19 20 21 22 23 24 25 26 27 28 29 30

Fructid. — agosto 1801 / settembre 1801
- era volgare: 19 20 21 22 23 24 25 26 27 28 29 30 31 | 1 2 3 4 5 6 7 8 9 10 11 12 13 14 15 16 17
- era rep.: 1 2 3 4 5 6 7 8 9 10 11 12 13 14 15 16 17 18 19 20 21 22 23 24 25 26 27 28 29 30

Complem. — sett. 1801
- era volgare: 18 19 20 21 22
- era rep.: 1 2 3 4 5

Anno decimo (1801-02 *prima della Repubblica italica*)

era rep.	Vendém. (sett. 1801 / ott. 1801)	Brumaire (ott. 1801 / nov. 1801)	Frimaire (nov. 1801 / dic. 1801)	Nivôse (dic. 1801 / genn. 1802)	Pluviôse (genn. 1802 / febbr. 1802)	Ventôse (febbr. 1802 / marzo 1802)	Germin. (marzo 1802 / aprile 1802)	Floréal (aprile 1802 / maggio 1802)	Prairial (maggio 1802 / giugno 1802)	Messidor (giugno 1802 / luglio 1802)	Thermid. (luglio 1802 / agosto 1802)	Fructid. (agosto 1802 / sett. 1802)
1	23	23	22	22	21	20	22	21	21	20	20	19
2	24	24	23	23	22	21	23	22	22	21	21	20
3	25	25	24	24	23	22	24	23	23	22	22	21
4	26	26	25	25	24	23	25	24	24	23	23	22
5	27	27	26	26	25	24	26	25	25	24	24	23
6	28	28	27	27	26	25	27	26	26	25	25	24
7	29	29	28	28	27	26	28	27	27	26	26	25
8	30	30	29	29	28	27	29	28	28	27	27	26
9	1	31	30	30	29	28	30	29	29	28	28	27
10	2	1	1	31	30	1	31	30	30	29	29	28
11	3	2	2	1	31	2	1	1	31	30	30	29
12	4	3	3	2	1	3	2	2	1	1	31	30
13	5	4	4	3	2	4	3	3	2	2	1	31
14	6	5	5	4	3	5	4	4	3	3	2	1
15	7	6	6	5	4	6	5	5	4	4	3	2
16	8	7	7	6	5	7	6	6	5	5	4	3
17	9	8	8	7	6	8	7	7	6	6	5	4
18	10	9	9	8	7	9	8	8	7	7	6	5
19	11	10	10	9	8	10	9	9	8	8	7	6
20	12	11	11	10	9	11	10	10	9	9	8	7
21	13	12	12	11	10	12	11	11	10	10	9	8
22	14	13	13	12	11	13	12	12	11	11	10	9
23	15	14	14	13	12	14	13	13	12	12	11	10
24	16	15	15	14	13	15	14	14	13	13	12	11
25	17	16	16	15	14	16	15	15	14	14	13	12
26	18	17	17	16	15	17	16	16	15	15	14	13
27	19	18	18	17	16	18	17	17	16	16	15	14
28	20	19	19	18	17	19	18	18	17	17	16	15
29	21	20	20	19	18	20	19	19	18	18	17	16
30	22	21	21	20	19	21	20	20	19	19	18	17

Complem. (sett. 1802)

era rep.	volgare era
1	18
2	19
3	20
4	21
5	22

Anno undicesimo (1802-03)

Mese repubbl.			
Complem.	era volgare	sett. 1803	18 19 20 21 22 23
	era rep.		1 2 3 4 5 6
Fructid.	era volgare	agosto 1803 / settembre 1803	19 20 21 22 23 24 25 26 27 28 29 30 31 ‖ 1 2 3 4 5 6 7 8 9 10 11 12 13 14 15 16 17
	era rep.		1 2 3 4 5 6 7 8 9 10 11 12 13 14 15 16 17 18 19 20 21 22 23 24 25 26 27 28 29 30
Thermid.	era volgare	luglio 1803 / agosto 1803	20 21 22 23 24 25 26 27 28 29 30 31 ‖ 1 2 3 4 5 6 7 8 9 10 11 12 13 14 15 16 17 18
	era rep.		1 2 3 4 5 6 7 8 9 10 11 12 13 14 15 16 17 18 19 20 21 22 23 24 25 26 27 28 29 30
Messidor	era volgare	giugno 1803 / luglio 1803	20 21 22 23 24 25 26 27 28 29 30 ‖ 1 2 3 4 5 6 7 8 9 10 11 12 13 14 15 16 17 18 19
	era rep.		1 2 3 4 5 6 7 8 9 10 11 12 13 14 15 16 17 18 19 20 21 22 23 24 25 26 27 28 29 30
Prairial	era volgare	maggio 1803 / giugno 1803	21 22 23 24 25 26 27 28 29 30 31 ‖ 1 2 3 4 5 6 7 8 9 10 11 12 13 14 15 16 17 18 19
	era rep.		1 2 3 4 5 6 7 8 9 10 11 12 13 14 15 16 17 18 19 20 21 22 23 24 25 26 27 28 29 30
Floréal	era volgare	aprile 1803 / maggio 1803	21 22 23 24 25 26 27 28 29 30 ‖ 1 2 3 4 5 6 7 8 9 10 11 12 13 14 15 16 17 18 19 20
	era rep.		1 2 3 4 5 6 7 8 9 10 11 12 13 14 15 16 17 18 19 20 21 22 23 24 25 26 27 28 29 30
Germin.	era volgare	marzo 1803 / aprile 1803	22 23 24 25 26 27 28 29 30 31 ‖ 1 2 3 4 5 6 7 8 9 10 11 12 13 14 15 16 17 18 19 20
	era rep.		1 2 3 4 5 6 7 8 9 10 11 12 13 14 15 16 17 18 19 20 21 22 23 24 25 26 27 28 29 30
Ventôse	era volgare	febbraio 1803 / marzo 1803	20 21 22 23 24 25 26 27 28 ‖ 1 2 3 4 5 6 7 8 9 10 11 12 13 14 15 16 17 18 19 20 21
	era rep.		1 2 3 4 5 6 7 8 9 10 11 12 13 14 15 16 17 18 19 20 21 22 23 24 25 26 27 28 29 30
Pluviôse	era volgare	gennaio 1803 / febbraio 1803	21 22 23 24 25 26 27 28 29 30 31 ‖ 1 2 3 4 5 6 7 8 9 10 11 12 13 14 15 16 17 18 19
	era rep.		1 2 3 4 5 6 7 8 9 10 11 12 13 14 15 16 17 18 19 20 21 22 23 24 25 26 27 28 29 30
Nivôse	era volgare	dicembre 1802 / gennaio 1803	22 23 24 25 26 27 28 29 30 31 ‖ 1 2 3 4 5 6 7 8 9 10 11 12 13 14 15 16 17 18 19 20
	era rep.		1 2 3 4 5 6 7 8 9 10 11 12 13 14 15 16 17 18 19 20 21 22 23 24 25 26 27 28 29 30
Frimaire	era volgare	novembre 1802 / dicembre 1802	22 23 24 25 26 27 28 29 30 ‖ 1 2 3 4 5 6 7 8 9 10 11 12 13 14 15 16 17 18 19 20 21
	era rep.		1 2 3 4 5 6 7 8 9 10 11 12 13 14 15 16 17 18 19 20 21 22 23 24 25 26 27 28 29 30
Brumaire	era volgare	ottobre 1802 / novembre 1802	23 24 25 26 27 28 29 30 31 ‖ 1 2 3 4 5 6 7 8 9 10 11 12 13 14 15 16 17 18 19 20 21
	era rep.		1 2 3 4 5 6 7 8 9 10 11 12 13 14 15 16 17 18 19 20 21 22 23 24 25 26 27 28 29 30
Vendém.	era volgare	settembre 1802 / ottobre 1802	23 24 25 26 27 28 29 30 ‖ 1 2 3 4 5 6 7 8 9 10 11 12 13 14 15 16 17 18 19 20 21 22
	era rep.		1 2 3 4 5 6 7 8 9 10 11 12 13 14 15 16 17 18 19 20 21 22 23 24 25 26 27 28 29 30

Anno dodicesimo (1803-04)

Complém.

era rep.	1	2	3	4	5
era volgare (sett. 1804)	18	19	20	21	22

Fructid.

era volgare: **agosto 1804** / **settembre 1804**

era rep.	1	2	3	4	5	6	7	8	9	10	11	12	13	14	15	16	17	18	19	20	21	22	23	24	25	26	27	28	29	30
era volgare	19	20	21	22	23	24	25	26	27	28	29	30	31	1	2	3	4	5	6	7	8	9	10	11	12	13	14	15	16	17

Thermid.

era volgare: **luglio 1804** / **agosto 1804**

era rep.	1	2	3	4	5	6	7	8	9	10	11	12	13	14	15	16	17	18	19	20	21	22	23	24	25	26	27	28	29	30
era volgare	20	21	22	23	24	25	26	27	28	29	30	31	1	2	3	4	5	6	7	8	9	10	11	12	13	14	15	16	17	18

Messidor

era volgare: **giugno 1804** / **luglio 1804**

era rep.	1	2	3	4	5	6	7	8	9	10	11	12	13	14	15	16	17	18	19	20	21	22	23	24	25	26	27	28	29	30
era volgare	20	21	22	23	24	25	26	27	28	29	30	1	2	3	4	5	6	7	8	9	10	11	12	13	14	15	16	17	18	19

Prairial

era volgare: **maggio 1804** / **giugno 1804**

era rep.	1	2	3	4	5	6	7	8	9	10	11	12	13	14	15	16	17	18	19	20	21	22	23	24	25	26	27	28	29	30
era volgare	21	22	23	24	25	26	27	28	29	30	31	1	2	3	4	5	6	7	8	9	10	11	12	13	14	15	16	17	18	19

Floréal

era volgare: **aprile 1804** / **maggio 1804**

era rep.	1	2	3	4	5	6	7	8	9	10	11	12	13	14	15	16	17	18	19	20	21	22	23	24	25	26	27	28	29	30
era volgare	21	22	23	24	25	26	27	28	29	30	1	2	3	4	5	6	7	8	9	10	11	12	13	14	15	16	17	18	19	20

Germin.

era volgare: **marzo 1804** / **aprile 1804**

era rep.	1	2	3	4	5	6	7	8	9	10	11	12	13	14	15	16	17	18	19	20	21	22	23	24	25	26	27	28	29	30
era volgare	22	23	24	25	26	27	28	29	30	31	1	2	3	4	5	6	7	8	9	10	11	12	13	14	15	16	17	18	19	20

Ventôse

era volgare: **febbraio 1804** / **marzo 1804**

era rep.	1	2	3	4	5	6	7	8	9	10	11	12	13	14	15	16	17	18	19	20	21	22	23	24	25	26	27	28	29	30
era volgare	21	22	23	24	25	26	27	28	29	1	2	3	4	5	6	7	8	9	10	11	12	13	14	15	16	17	18	19	20	21

Pluviôse

era volgare: **gennaio 1804** / **febbraio 1804**

era rep.	1	2	3	4	5	6	7	8	9	10	11	12	13	14	15	16	17	18	19	20	21	22	23	24	25	26	27	28	29	30
era volgare	22	23	24	25	26	27	28	29	30	31	1	2	3	4	5	6	7	8	9	10	11	12	13	14	15	16	17	18	19	20

Nivôse

era volgare: **dicembre 1803** / **gennaio 1804**

era rep.	1	2	3	4	5	6	7	8	9	10	11	12	13	14	15	16	17	18	19	20	21	22	23	24	25	26	27	28	29	30
era volgare	23	24	25	26	27	28	29	30	31	1	2	3	4	5	6	7	8	9	10	11	12	13	14	15	16	17	18	19	20	21

Frimaire

era volgare: **novembre 1803** / **dicembre 1803**

era rep.	1	2	3	4	5	6	7	8	9	10	11	12	13	14	15	16	17	18	19	20	21	22	23	24	25	26	27	28	29	30
era volgare	23	24	25	26	27	28	29	30	1	2	3	4	5	6	7	8	9	10	11	12	13	14	15	16	17	18	19	20	21	22

Brumaire

era volgare: **ottobre 1803** / **novembre 1803**

era rep.	1	2	3	4	5	6	7	8	9	10	11	12	13	14	15	16	17	18	19	20	21	22	23	24	25	26	27	28	29	30
era volgare	24	25	26	27	28	29	30	31	1	2	3	4	5	6	7	8	9	10	11	12	13	14	15	16	17	18	19	20	21	22

Vendém.

era volgare: **settembre 1803** / **ottobre 1803**

era rep.	1	2	3	4	5	6	7	8	9	10	11	12	13	14	15	16	17	18	19	20	21	22	23	24	25	26	27	28	29	30
era volgare	24	25	26	27	28	29	30	1	2	3	4	5	6	7	8	9	10	11	12	13	14	15	16	17	18	19	20	21	22	23

Anno tredicesimo (1804-05)

Complém.	era volgare	sett. 1805
		18 19 20 21 **22**
	era rep.	1 2 3 4 5

Fructid.		agosto 1805	settembre 1805
	era volgare	19 20 21 22 23 24 **25** 26 27 28 29 30 31	1 2 3 4 5 6 7 **8** 9 10 11 12 13 14 **15** 16 17
	era rep.	1 2 3 4 5 6 7 8 9 **10** 11 12 13 14 15 16 17 18 19 **20** 21 22 23 24 25 26 27 28 29 **30**

Thermid.		luglio 1805	agosto 1805
	era volgare	20 **21** 22 23 24 25 26 27 **28** 29 30 31	2 3 **4** 5 6 7 8 9 10 **11** 12 13 14 15 16 17 **18**
	era rep.	1 2 3 4 5 6 7 8 9 **10** 11 12 13 14 15 16 17 18 19 **20** 21 22 23 24 25 26 27 28 29 **30**

Messidor		giugno 1805	luglio 1805
	era volgare	20 21 22 **23** 24 25 26 27 28 29 **30**	1 2 3 4 5 6 **7** 8 9 10 11 12 13 **14** 15 16 17 18 19
	era rep.	1 2 3 4 5 6 7 8 9 **10** 11 12 13 14 15 16 17 18 19 **20** 21 22 23 24 25 26 27 28 29 **30**

Prairial		maggio 1805	giugno 1805
	era volgare	21 22 23 24 25 **26** 27 28 29 30 31	2 3 4 5 6 7 8 **9** 10 11 12 13 14 15 **16** 17 18 19
	era rep.	1 2 3 4 5 6 7 8 9 **10** 11 12 13 14 15 16 17 18 19 **20** 21 22 23 24 25 26 27 28 29 **30**

Floréal		aprile 1805	maggio 1805
	era volgare	**21** 22 23 24 25 26 27 **28** 29 30	1 2 3 4 **5** 6 7 8 9 10 11 **12** 13 14 15 16 17 18 **19** 20
	era rep.	1 2 3 4 5 6 7 8 9 10 11 12 13 14 15 16 17 18 19 **20** 21 22 23 24 25 26 27 28 29 **30**

Germin.		marzo 1805	aprile 1805
	era volgare	22 23 **24** 25 26 27 28 29 30 **31**	2 3 4 5 6 **7** 8 9 10 11 12 13 **14** 15 16 17 18 19 20
	era rep.	1 2 3 4 5 6 7 8 9 **10** 11 12 13 14 15 16 17 18 19 **20** 21 22 23 24 25 26 27 28 29 30

Ventôse		febbraio 1805	marzo 1805
	era volgare	20 21 22 23 **24** 25 26 27 28	2 3 4 5 6 7 8 **9** 10 11 12 13 14 15 16 **17** 18 19 20 21
	era rep.	1 2 3 4 5 6 7 8 9 **10** 11 12 13 14 15 16 17 18 19 **20** 21 22 23 24 25 26 27 28 29 30

Pluviôse		gennaio 1805	febbraio 1805
	era volgare	21 22 23 24 25 26 **27** 28 29 30 31	2 3 4 5 6 7 8 9 **10** 11 12 13 14 15 16 **17** 18 19
	era rep.	1 2 3 4 5 6 7 8 9 **10** 11 12 13 14 15 16 17 18 19 **20** 21 22 23 24 25 26 27 28 29 30

Nivôse		dicembre 1804	gennaio 1805
	era volgare	22 **23** 24 25 26 27 28 29 **30** 31	2 3 4 5 **6** 7 8 9 10 11 12 **13** 14 15 16 17 18 19 **20**
	era rep.	1 2 3 4 5 6 7 8 9 **10** 11 12 13 14 15 16 17 18 19 **20** 21 22 23 24 25 26 27 28 29 30

Frimaire		novembre 1804	dicembre 1804
	era volgare	22 23 24 **25** 26 27 28 29 30	1 **2** 3 4 5 6 7 8 **9** 10 11 12 13 14 15 **16** 17 18 19 20 21
	era rep.	1 2 3 4 5 6 7 8 9 **10** 11 12 13 14 15 16 17 18 19 **20** 21 22 23 24 25 26 27 28 29 30

Brumaire		ottobre 1804	novembre 1804
	era volgare	23 24 25 26 27 **28** 29 30 31	2 3 4 5 6 7 8 **9** 10 11 12 13 14 15 16 17 **18** 19 20 21
	era rep.	1 2 3 4 5 6 7 8 9 **10** 11 12 13 14 15 16 17 18 19 **20** 21 22 23 24 25 26 27 28 29 30

Vendém.		settembre 1804	ottobre 1804
	era volgare	**23** 24 25 26 27 28 29 **30**	1 2 3 4 5 6 7 8 9 10 11 12 13 **14** 15 16 17 18 19 20 **21** 22
	era rep.	1 2 3 4 5 6 7 8 9 **10** 11 12 13 14 15 16 17 18 19 **20** 21 22 23 24 25 26 27 28 29 30

Anno quattordicesimo (1805)

Vendémmiaire		Brumaire		Frimaire		Nivôse	
era rep.	era volgare	era rep.	era volgare	era rep.	era volgare	era rep.	era volgare
	settembre 1805		**ottobre 1805**		**novembre 1805**		**dicembre 1805**
1	23	1	23	1	22	1	**22**
2	24	2	24	2	23	2	23
3	25	3	25	3	**24**	3	24
4	26	4	26	4	25	4	25
5	27	5	**27**	5	26	5	26
6	28	6	28	6	27	6	27
7	**29**	7	29	7	28	7	28
8	30	8	30	8	29	8	**29**
9	1 *(ottobre)*	9	31	9	30	9	30
10	2	**10**	1 *(novembre)*	**10**	1 *(dicembre)*	**10**	31
11	3	11	2	11	2		
12	4	12	**3**	12	3		
13	5	13	4	13	4		
14	**6**	14	5	14	5		
15	7	15	6	15	6		
16	8	16	7	16	7		
17	9	17	**8**	17	**8**		
18	10	18	9	18	9		
19	11	19	**10**	19	10		
20	12	**20**	11	**20**	11		
21	**13**	21	12	21	12		
22	14	22	13	22	13		
23	15	23	14	23	14		
24	16	24	15	24	**15**		
25	17	25	16	25	16		
26	18	26	**17**	26	17		
27	19	27	18	27	18		
28	**20**	28	19	28	19		
29	21	29	20	29	20		
30	22	**30**	21	**30**	21		

Calendario dell'era fascista (1927-45)[23]

Con una circolare di Mussolini del 25 dic. 1926 ripresa in una disposizione del 1929, introdotta dall'art. 31 del nuovo statuto del Partito nazionale fascista appena approvato, ma con retroattività al 1922, il regime instaurato in Italia dal «duce» impone di aggiungere alla datazione degli atti pubblici e privati, dei documenti, dei quotidiani e della corrispondenza una cifra in numero romano a quella consueta dell'anno solare per indicare l'«era fascista» a partire dal 29 ott. 1927. Questa è calcolata dal 29 ott. 1922 (giorno successivo alla «marcia su Roma») e vede quindi cominciare l'«anno fascista» il 29 ott. di ciascun anno e chiudersi il 28 ott. dell'anno solare seguente. La prima interruzione si ha il 26 lug. 1943, quando la destituzione di Mussolini da capo del governo e primo ministro porta al crollo del regime e all'abolizione spontanea dell'«era fascista». Tale datazione riprende però nell'Italia centro-settentrionale dopo il 15 sett., al ritorno al potere di Mussolini come capo del governo fascista repubblicano (Repubblica sociale italiana, dal 1º dic. '43). La definitiva abolizione dell'«era fascista» si ha a fine apr. del '45, alla caduta della Rsi, in giornate diverse a seconda delle località liberate o raggiunte dall'avanzata degli angloamericani, ma comunque non oltre il 28 apr., giorno in cui vengono liberate le località più settentrionali. Nell'arco più che ventennale del regime, il fascismo introduce inoltre alcune festività civili, pure abolite a fine apr. del '45: 1º febb. (1923, fondazione della Milizia volontaria per la sicurezza nazionale), 11 febb. (1929, trattati del Laterano e conciliazione con la chiesa cattolica), 23 mar. (1919, costituzione dei fasci di combattimento), 21 apr. (753 a.C., «Natale di Roma»), 9 mag. (1936, fondazione dell'impero), 28 ott. (1922, «marcia su Roma»). Alla caduta del fascismo sopravvive solo la festività civile dell'11 febb.

Tabella dell'«era fascista»:

a. I	dell'«era fascista»	29 ottobre 1922 - 28 ottobre 1923
a. II	dell'«era fascista»	29 ottobre 1923 - 28 ottobre 1924
a. III	dell'«era fascista»	29 ottobre 1924 - 28 ottobre 1925
a. IV	dell'«era fascista»	29 ottobre 1925 - 28 ottobre 1926
a. V	dell'«era fascista»	29 ottobre 1926 - 28 ottobre 1927
a. VI	dell'«era fascista»	29 ottobre 1927 - 28 ottobre 1928
a. VII	dell'«era fascista»	29 ottobre 1928 - 28 ottobre 1929
a. VIII	dell'«era fascista»	29 ottobre 1929 - 28 ottobre 1930
a. IX	dell'«era fascista»	29 ottobre 1930 - 28 ottobre 1931
a. X	dell'«era fascista»	29 ottobre 1931 - 28 ottobre 1932
a. XI	dell'«era fascista»	29 ottobre 1932 - 28 ottobre 1933
a. XII	dell'«era fascista»	29 ottobre 1933 - 28 ottobre 1934
a. XIII	dell'«era fascista»	29 ottobre 1934 - 28 ottobre 1935
a. XIV	dell'«era fascista»	29 ottobre 1935 - 28 ottobre 1936
a. XV	dell'«era fascista»	29 ottobre 1936 - 28 ottobre 1937
a. XVI	dell'«era fascista»	29 ottobre 1937 - 28 ottobre 1938
a. XVII	dell'«era fascista»	29 ottobre 1938 - 28 ottobre 1939
a. XVIII	dell'«era fascista»	29 ottobre 1939 - 28 ottobre 1940
a. XIX	dell'«era fascista»	29 ottobre 1940 - 28 ottobre 1941
a. XX	dell'«era fascista»	29 ottobre 1941 - 28 ottobre 1942
a. XXI	dell'«era fascista»	29 ottobre 1942 - 28 ottobre 1943[24]
a. XXII	dell'«era fascista»	29 ottobre 1943 - 28 ottobre 1944
a. XXIII	dell'«era fascista»	29 ottobre 1944 - 28 ottobre 1945[25]

Note alla parte seconda

[1] Theodor Mommsen, *Die römische Chronologie bis auf Caesar, von Theodor Mommsen*, Berlin, Weidmann, 1859, II ed., pp. 335, qui p. 52. L'autore ritiene però non si tratti di un vero anno ma di un periodo di 10 mesi secondo il quale si regolano i contratti.

[2] Giorni collocati dopo il 23 febb., i cinque tolti a questo mese sono aggiunti all'altro detto *intercalare* che riesce di 27 o 28 giorni.

[3] Nel Medioevo oltre alla maniera romana di computare i giorni dei mesi è molto in uso anche il sistema *a mese entrante e uscente*, detto *consuetudo bononiensis*. I giorni della prima metà si numerano in ordine diretto chiamando il primo giorno *primo dies*, il secondo *secunda intrantis*, o *introeuntis*, o *incipientis* ecc. fino al 14 per il mese di febb., al 15 per i mesi di 30 giorni e al 16 per quelli di 31. L'altra metà del mese si numera a ritroso, dall'ultimo giorno che si dice sempre *ultima dies*, il penultimo è detto *secunda exeuntis* o *instantis* o *astantis* o *restantis*, il terz'ultimo *tertia exeuntis* ecc. fino a *decima quinta exeuntis*, cioè il 17° giorno per i mesi di 31, il 16° per quelli di 30 e il 14° per febb. Per esempio: «dia decimatertia exeuntis mensis aprilis», 18 apr., «die nona istantis mensis maii», 23 mag. ecc.

[4] Se ne trovano esempi anche in Italia ove viene adottato, come nota anche il Paoli, *Programma scolastico di paleografia latina*, cit., p. 208, dalla Cancelleria angioina per influenza francese, e dai privati ma più raramente.

[5] Rarissime volte si trova anche *feria prima*.

[6] Vd. pp. 137-189. Nella compilazione di questi elenchi ci si è serviti specialmente di PP. Maurini, *L'art de vérifier les dates*, cit., p. 28 – Charles Dufresne sieur Du Cange, *Glossarium mediae latinitatis, conditium a C. Du Fresne, domino Du Cange, auctum a monachis ordinis sancti Benedicti [D.D. Toustain, Le Pelletier, Dantine et Carpentier], cum supplementis integris D.P. Carpenterii, Adelungii, aliorum suisque digessit G.A.L. Henschel. Editio nova aucta pluribus verbis aliorum scriptorum a Leopold Favre*, Niort, L. Favre, 1883/87, voll. 10 – Mas Latrie, *Trésor de Chronologie, d'histoire et de géographie pour l'étude et l'émploi des documents du moyen âge, par M. le Cte de Mas Latrie*, Paris, V. Palmé, 1889, pp. VI + 2.300 – Grotefend, *Handbuch der historischen Chronologie*, cit. – Giry, *Manuel de diplomatique*, cit. – Rühl, *Chronologie des Mittelalters*, cit. – Charles Cahier, *Caractéristiques des saints dans l'art populaire, énumerées et expliquées par le P.Ch. Cahier*, Paris, Poussielgue, 1867, voll. 2.

[7] Un calendario perpetuo compilato con il sistema delle 35 Pasque viene pubblicato da Jean Pierre Escoffier, professore di liturgia a Perigneux nel 1880 con il titolo *Calendrier perpétuel sous forme de calendrier ordinaire, par J.P. Escoffier*, Paris, V. Palmé, 1880, pp. 356. Lo stesso è riprodotto testualmente dal Mas Latrie, *Trésor de Chronologie*, cit., p. 265.

[8] Vd. glossario di date pp. 137-156.

[9] Ferdinand Kaltenbrunnen, *Die Vorgeschichte der Gregorianischen Kalenderreform*, in «Sitzungberichte der Kaiserlichen Akademie der Wissenschaften» [Wien] 1876 – Demetrio Marzi, *La questione della riforma del calendario nel quinto Concilio Lateranense (1512-17). Con la vita di S. Paolo di Middelburg scritta da Bernardino Baldi*, Firenze, Tipografia G. Carnasecchi e Figli, 1896, pp. X + 263.

[10] Paoli, *Programma scolastico di paleografia latina*, cit., p. 164.

[11] Jean-Baptiste-Joseph Delambre, *Astronomie théorique et pratique, par A. Delambre*, Paris, V.ve Courcier, 1814, voll. 3.

[12] Adriano Cappelli, *La riforma del Calendario giuliano negli Stati di Parma e Piacenza*, in «Archivio Storico per le Provincie Parmensi» [Parma] 1922, n. 22, pp. 91 ss.

[13] Fuori d'Europa il calendario giuliano è usato ancor oggi dagli armeni, dai georgiani, dai siriani non uniti e dai copti.

[14] Johann Daniel Schoepflin, *Alsatia illustrata germanica, gallica, auctor Jo. Daniel Schoepflinus*, Colmariae, ex Typographia Regia, 1761, pp. 748.

[15] Secondo Hermann Grotefend, *Zeitrechnung des deutschen Mittelalters und der Neuzeit, von Dr. H. Grotefend*, Hannover, Hahn'sche Hofbuchhandlung, 1891/98, voll. 2) nel 1563, sopprimendo dal 6 al 15 ott.

[16] Secondo il Grotefend, *Zeitrechnung des deutschen Mittelalters und der Neuzeit*, cit., p. 23, vengono soppressi nel 1582 nel Brabante i giorni dal 15 al 24 dic. inclusi, e lo stesso avviene in Olanda, Fiandre e Hainaut.

[17] L'astronomo Herrard Weigel modifica il calendario gregoriano per uso dei protestanti cambiando la data dell'equinozio di primavera il quale invece di cadere sempre al 21 mar. può variare a seconda degli anni dal 19 al 23 mar.

[18] Dopo la presa della città da parte di Maurizio di Nassau.

[19] Arthur Giry, *Zur gregorianischen Kalenderreform in Polen*, in «Mittheilungen des Instituts für Oesterreichische Geschichtsforschung» [Innsbruck] VI (1885), pp. 626 ss.

[20] Giry, *Manuel de diplomatique*, cit., p. 166.

[21] Rühl, *Chronologie des Mittelalters*, cit., p. 241. Secondo il Bond, *Handy-Book of rules and tables for verifying dates*, cit., p. 98, in Svezia vengono resi comuni per ordine di Carlo XI tutti gli anni bisestili dal 1696 al 1774, così quest'anno viene a coincidere con il nuovo stile: Giry, *Manuel de diplomatique*, cit., p. 167.

[22] In corsivo nell'era volgare i giorni di domenica e nell'era repubblicana il «decadi» o giorno di riposo.

[23] Si vedano per l'introduzione di questo calendario: Ricciotti Lazzero, *Il Partito Nazionale Fascista. Com'era organizzato e come funzionava il partito che mise l'Italia in camicia nera*, Milano, Rizzoli, 1984, pp. 81-82, e «Statuto del PNF (1929)», deliberato dal Gran Consiglio il 18 dic., approvato con regio decreto 2137 del 20 dic., pubblicato sulla «Gazzetta Ufficiale» del 21 dic., «Art. 6. L'anno fascista decorre dal 29 ottobre»: Mario Missori, *Gerarchie e statuti del PNF*, Roma, Bonacci, 1986, p. 371.

[24] Con una interruzione dal 26 lug. 1943 e una ripresa dal 15 sett. 1943.

[25] Con interruzione definitiva il 28 apr. 1945.

## PARTE TERZA

Festività religiose della chiesa cattolica

Feste religiose e ricorrenze di santi e beati

Glossario di date delle feste religiose

Abramo, vd. domenica di Abramo

Accipite jucunditatem, il martedì dopo Pentecoste

Adorate Deum, la III domenica dopo l'Epifania

Adorate Deum secundum, o *tertium*, o *quartum*, la IV, o V, o VI domenica dopo l'Epifania

Adoratio Magorum, l'Epifania

Adorazione della S. Croce, vd. Croce, adorazione dei Magi, vd. Epifania

Ad te levavi, la I domenica dell'Avvento

Adventus, vd. Avvento

Adventus Spiritus Sancti, la domenica di Pentecoste – *Adventus Spiritus commemoratio*, il 15 mag.

Albaria, vd. *Hebdomada alba*

Alleluia, alleluia clausum, la domenica di Settuagesima

Ammalato di trentott'anni, il venerdì della I settimana di Quaresima

Angaria, vd. Quattro Tempora

Angeli Custodi, il 2 ott., festa introdotta da papa Paolo V (1605-1621) da celebrarsi in Germania e Austria la I domenica di sett. e negli altri stati la I domenica dopo s. Michele. Clemente X nel 1670 la estende a tutta la chiesa fissandola al 2 ott. In Spagna è celebrata anche il 14 mar.

Angelorum festum, il 29 sett.

Animarum commemoratio, o *dies*, il giorno dei morti, 2 nov. Se questo cade in domenica la commemorazione ha luogo il giorno appresso. Le memorie più antiche della commemorazione dei defunti risalgono al X sec. Per il rito ambrosiano il giorno dei morti fino al 1582 cade il lunedì dopo la III domenica di ott.

Annunciazione o Annunziata, vd. Maria Verg.

Antecinerales feriae, i giorni di Carnevale precedenti alle *Ceneri*

Antipascha, la I domenica dopo Pasqua

Ap.rum divisio, o *dispersio*, o *demissio*, il 15 lug., separazione degli Apostoli

Ap.rum festum, o *dies*, il 1° mag. presso i latini, festa degli apostoli Filippo e Giacomo, il 30 giu. nella chiesa greca, il 29 giu. in Germania

Apparitio B. Mariae Immaculatae, l'11 febb., apparizione della Beata Verg. a

Lourdes nel 1858
Apparitio Domini, l'Epifania
Apparitio S. Crucis, vd. *Crucis*
Apparitio S. Michaelis, 29 sett., vd. elenco dei santi, s. Michele
Aqua in vinum mutata, il 6 genn.
Aqua sapientiae, il martedì dopo Pasqua
Architriclini festum, o *dies*, la II domenica dopo l'Epifania
Armorum Christi festum, vd. *Clavorum festum*
Ascensione di Gesù Cristo (*Ascensio Domini, Ascensa, Assumptio Christi*),
    festa che la chiesa celebra 40 giorni dopo Pasqua, gli orientali la chiamano
    perciò *Tessaracostè*, risale ai primi tempi del cristianesimo
Ascensionis Dominicae commemoratio, il 5 mag.
Aspiciens a longe, la I domenica dell'Avvento romano
Assunta o Assunzione di Maria Verg., vd. Maria Verg. (assunzione di)
Audivit Dominus, il venerdì e sabato dopo le *Ceneri*
Aurea missa, il sabato dopo la festa della ss. Trinità
Ave preclara, il 22 ag., ottava dell'Assunzione di Maria Verg..
Avvento (*Adventus Domini*), il tempo di preparazione al natale di Gesù
    Cristo, è di istituzione antichissima e con esso incomincia l'anno ecclesia-
    stico. Per il rito romano la I domenica dell'Avvento cade tra il 27 nov. e il
    3 dic., per il rito ambrosiano l'Avvento incomincia nella domenica che
    segue la festa di s. Martino (11 nov.), per il greco il 15 nov. Finisce per i
    tre riti il 25 dic. I capitolari di Carlo Magno danno all'Avvento il nome di
    Quaresima
Azymorum festum, il giorno di Pasqua
Bambino Gesù di Praga, la II domenica dopo l'Epifania, festa che risale al 1630
    circa
Befana, la festa dell'Epifania
Benedicta, la domenica della ss. Trinità
Benedictio cerei, o *fontium*, il sabato santo, nel qual giorno vengono benedetti
    il cero pasquale e i fonti battesimali
Benedizione della gola, il 3 febb., giorno di s. Biagio
Benedizione delle candele, il 2 febb., Purificazione di Maria Verg.
Berlingaccio, il giovedì grasso, ultimo giovedì di Carnevale
Berlingacciuolo, il penultimo giovedì di Carnevale, oggi Berlingaccino
Bordae, Brandones, Burae, o *Focorum dies*, la I domenica di Quaresima e la
    settimana successiva
Broncheria, la domenica delle Palme
Calamai, il 2 febb., Purificazione di Maria Verg.
Calendarum festum, o *dies*, o *Calènes*, il giorno di Natale in Provenza
Calendimaggio, il I giorno di mag., festa dei fiorentini
Calendimarzo, il I giorno di mar., festa nella valle dell'Adige e in molte
    campagne dell'Italia settentrionale
Campanarum festum, il 25 mar.
Cananea, il giovedì della I settimana di Quaresima
Candelarum festum, Candelaria, Candelatio, Candelosa, Candelora, il 2 febb.,

vd. Maria Verg. (Purificazione di)

Canite, Canite tuba, la IV domenica dell'Avvento

Cantate Domino, la IV domenica dopo Pasqua

Capitilavium, la domenica delle Palme

Capo d'anno, il 1° genn.

Caput Adventus, il principio dell'Avvento

Caput Kalendarum, il giorno delle calende

Caput jejunii, o *Quadragesimae*, il mercoledì delle Ceneri

Cara cognatio, il 22 febb., festa della cattedrale di S. Pietro in Antiochia

Carementranum, il martedì grasso, ultimo giorno di Carnevale

Carismata, il giorno di Pentecoste

Caristia, il 22 febb., vd. *Cara cognatio*

Carnasciale, l'ultimo giorno di Carnevale

Carnevale, tempo che corre dal giorno di s. Stefano (26 dic.) al I di Quaresima, a Livorno incomincia il 3 febb. dal 1742 in poi

Carnevalino, la I domenica di Quaresima

Carnevalone, i 4 giorni che a Milano dura di più il Carnevale, cioè dal mercoledì al sabato

Carnicapium, carniplarium, il martedì grasso

Carnisprivium, carnislevamen, privicarnium, talora si indicano in tal modo i primi giorni di Quaresima e altre volte la domenica di Settuagesima

Carnisprivium novum, il mercoledì delle Ceneri – *vetus*, la I domenica di Quaresima

Cena del Signore (*Coena Domini*), il giovedì santo

Ceneri (*Cinerum*, o *cineris et cilicii dies*), il I giorno di Quaresima per il rito rom., nel rito ambrosiano le ceneri si danno il lunedì che segue la I domenica dopo l'Ascensione

Ceppo, il giorno di Natale, 25 dic.

Ceriola, vd. Maria Verg. della Ceriola

Charitas Dei, il sabato delle Quattro Tempora di Pentecoste

Chiodi e Lancia di N. S. (Festa dei), il venerdì dopo la I domenica di Quaresima

Christi Festum, il Natale di Gesù Cristo, 25 dic.

Cibavit eos, il lunedì di Pentecoste e il giorno del *Corpus Domini*

Cieco (domenica del), vd. *Dominica caeci-nati*

Cieco-nato (mercoledì del), il mercoledì dopo la IV domenica di Quaresima

Circoncisione di Gesù Cristo (*Circumcisio Agni*, o *Domini*), il 1° genn.

Circumdederunt me, la domenica di Settuagesima

Clausum Pascha, Pasqua chiusa, la I domenica dopo Pasqua

Clausum Pentecostes, la domenica dopo Pentecoste

Clavorum festum, il venerdì dopo l'ottava di Pasqua o il seguente se nel primo cade altra festa

Coena Domini, vd. Cena del Signore

Coena Pura, il venerdì santo

Commemorazione dell'Ascensione di Gesù Cristo, il 5 mag. – dell'Assunzione di Maria Verg., il 25 sett. – della Passione di Gesù Cristo, vd. Passione – di tutti i santi, vd. elenco dei santi, alla voce *Ognissanti* – dei fedeli defunti, vd. *Animarum commem.* – di tutti i ss. apostoli, il 29 giu. – di tutti i SS. martiri, il 26 dic.

Commovisti terram et conturbasti eam, la domenica di Sessagesima

Compassione della Verg. o Madonna di Pietà, vd. Maria Verg. Addolorata

Conceptio B. Mariae, vd. Maria Verg. (Immacolata Concezione di)

Conceptio Domini, vd. Maria Verg. (Annunciazione di)

Conductus Paschae, o *Pentecostes*, la domenica dopo Pasqua o dopo Pentecoste

Consacrazione di S. Maria *ad Martyres*, o del Pantheon, il 13 mag. a Roma – della basilica di S. Maria Maggiore, il 5 ag. a Roma

Consiglio degli ebrei, il venerdì che precede la domenica delle Palme

Corona di spine di Gesù Cristo, il venerdì avanti la I domenica di Quaresima, il 4 mag. in Germania

Corpus Domini, *Festum Dei*, *Corporis Christi festum*, solennità dell'augusto sacramento che si celebra il giovedì dopo la domenica della ss. Trinità, è istituita da papa Urbano IV l'11/8/1264

Correzione fraterna, il martedì della III settimana di Quaresima

Cristoforia, il 7 genn., ritorno in Giudea della sacra famiglia dopo la morte di Erode

Croce (Adorazione della s.), il VI venerdì di Quaresima

Croce (Esaltazione della s.), il 14 sett., risale al VII sec.

Croce (Invenzione della s.), il 3 mag. nella chiesa latina, il 6 mar. anticamente nella greca, in memoria del ritrovamento della s. Croce nel 326, per opera di s. Elena madre dell'imp. Costantino

Cruces nigrae, la processione del giorno di s. Marco, il 25 apr.

Crucis (*Apparitio S.*), l'apparizione della s. Croce, 19 ag.-

Crucis, le Tempora d'autunno, vd. Quattro Tempora

Crucis (*Triumphus S.*), il 16 lug.

Cum clamarem, la X domenica dopo Pentecoste

Cum santificatus fuero, il mercoledì dopo la IV domenica di Quaresima.

Cuore (Purissimo) di Maria, vd. Maria Verg. (Purissimo Cuore di)

Cuore (Sacro) di Gesù, festa approvata da papa Clemente X con bolla 4/10/1674, si celebra il venerdì dopo l'ottava del *Corpus Domini* nel rito romano, la III domenica dopo Pentecoste nel rito ambrosiano

Daemon mutus, la III domenica di Quaresima

Da pacem, la XVIII domenica dopo Pentecoste

Dedicazione della basilica del SS. Salvatore (S. Giovanni Laterano in Roma), 9 nov. – delle basiliche dei SS. apostoli Pietro e Paolo in Roma 18 nov. – della chiesa del S. Sepolcro a Gerusalemme 14 sett. – della chiesa di S. Maria *ad Martyres*, o Pantheon, a Roma 13 mag. – della chiesa di S. Maria Maggiore o *ad Nives* o *ad Praesepe* a Roma 5 ag. – della chiesa di S. Pietro in Vincoli a Roma 1° ag. – della chiesa della Beata Verg. degli Angeli ad Assisi 2 ag. – della chiesa di S. Michele Arcangelo sul Monte Gargano 29 sett. – di tutte le chiese la domenica dopo l'ottava di Ognissanti

Defunti (Commemorazione dei fedeli), vd. *Animarum commemoratio*

De necessitatibus meis, il venerdì dopo la I domenica di Quaresima

Depositio, il giorno della morte di un santo per lo più non martire
Depositio S. Mariae, il 15 ag., giorno dell'Assunzione di Maria Verg. al cielo
Deus cum egredieris, il mercoledì dopo Pentecoste
Deus in adjutorium meum, il giovedì dopo la II domenica di Quaresima e la XII domenica dopo Pentecoste
Deus in loco sancto, l'XI domenica dopo Pentecoste
Deus in nomine tuo, il lunedì dopo la IV domenica di Quaresima
Deus omnium exauditor, la domenica dopo l'ottava del *Corpus Domini*
Dicit Dominus: ego cogito, la XXIII e XXIV domenica dopo Pentecoste
Dierum dominicorum rex, la domenica della ss. Trinità
Dierum omnium supremum rex, il giorno di Pasqua
Dies absolutionis, o *absolutus*, il giovedì santo
Dies adoratus, il venerdì santo
Dies aegyptiaci, o *atri*, giorni creduti infausti
Dies animarum, il 2 nov., vd. *Animarum commemoratio*
Dies ater, il giorno delle Ceneri o I di Quaresima
Dies Dominicus, la domenica e specialmente il giorno di Pasqua
Dies caniculares, i giorni dal 6 lug. al 17 ag.
Dies carnivora, il martedì grasso
Dies felicissimus, *magnus*, *pulchra*, *regalis*, *sancta*, il giorno di Pasqua
Dies florum, o *ramorum*, la domenica delle Palme
Dies focorum, vd. *Bordae*
Dies indulgentiae, il giovedì santo
Dies jovis albi, il giovedì santo
Dies lavationis, il sabato santo
Dies lunae salax, il lunedì dopo la domenica di Quinquagesima
Dies lustrationis, le Rogazioni
Dies magnae festivitatis, il giovedì santo
Dies mandati, il giovedì santo
Dies Martyrum, o *Martror*, il giorno di Ognissanti, 1° nov.
Dies muti, i tre ultimi giorni della settimana santa
Dies mysteriorum, il giovedì santo
Dies neophitorum, i sei giorni che seguono la domenica di Pasqua
Dies omnium Ap.rum, il 15 lug., divisione degli apostoli
Dies pandicularis, il 1° nov., Ognissanti
Dies pingues, gli ultimi giorni di Carnevale
Dies reconciliationis, il giovedì santo
Dies regum trium, o *magorum trium*, il 6 genn., festa dei Re Magi, trasl. delle loro reliquie il 23 lug. a Colonia
Dies sancti, la Quaresima
Dies saturni, o *sabbatinus*, il sabato
Dies solis, la domenica
Dies strenarum, il 1° genn.
Dies tenebrarum, i tre ultimi giorni della settimana santa
Dies virginum, il 21 ott., festa di S. Orsola e compagni martiri
Dies viridus, o *viridium*, il giovedì santo

Dispersio ap.rum, vd. *Ap.rum divisio*
Disputatio Domini cum doctoribus in Tempio, la I domenica dopo l'Epifania
Domenica dei Bigelli, la I domenica di Quaresima
Domenica del Buon Pastore, la II domenica dopo Pasqua
Domenica della Samaritana, vd. *Dominica de Samaritana*
Domenica dell'olivo, la domenica delle Palme, vd. *Dominica Palmarum*
Domenica del mese di Pasqua, l'ottava di Pasqua
Domenica di Abramo, la III domenica di Quaresima a Milano
Domenica grassa, l'ultima domenica di Carnevale
Domenica perduta, la domenica di Settuagesima
Domine in tua misericordia, la I domenica dopo Pentecoste
Domine ne in ira tua, la II domenica dopo l'Epifania
Domine ne longe, la domenica delle Palme
Domine refugium, il martedì dopo la I domenica di Quaresima
Dominica ad carnes levandas, la domenica di Quinquagesima
Dominica adorandae Crucis, la III domenica di Quaresima, chiesa greca
Dominica ad te levavi, la I domenica dell'Avvento
Dominica alba, la domenica di Pentecoste
Dominica ante Brandones, la domenica di Quinquagesima
Dominica ante Candelas, la domenica avanti il 2 febb.
Dominica ante Litanias, la V domenica dopo Pasqua
Dominica ante Natale Domini I, II, III, la I, II, III e IV domenica dell'Avvento
Dominica benedicta, la domenica della ss. Trinità
Dominica brandonum, burarum, focorum, la I domenica di Quaresima
Dominica caeci-nati, la IV domenica di Quaresima per il rito ambrosiano, la V
    per la chiesa greca
Dominica capitilavii, la domenica delle Palme
Dominica carne levale, o *carnis privii*, la domenica di Quinquagesima
Dominica Chananeae, la II domenica di Quaresima
Dominica competentium, la domenica delle Palme
Dominica de fontanis, la IV domenica di Quaresima
Dominica de Jerusalem, la II domenica dell'Avvento
Dominica de Lazaro, la V domenica di Quaresima a Milano
Dominica de panibus, la domenica di metà Quaresima
Dominica de parabola regis, l'XI domenica dopo Pentecoste
Dominica de parabola semis, la XXIII domenica dopo Pentecoste
Dominica de parabola vineae, la XIII domenica dopo Pentecoste
Dominica de Pastore bono, la II domenica dopo Pasqua
Dominica de quinque panibus et decem piscibus, l'VIII domenica dopo Pente-
    coste
Dominica de rosa, o *de rosis*, la domenica nell'ottava dell'Ascensione a Roma
Dominica de Samaritana, o *de Transfiguratione*, la II domenica di Quaresima
Dominica duplex, la domenica della ss. Trinità
Dominica florum, la domenica delle Palme
Dominica focorum, la I domenica di Quaresima
Dominica gaudii, la Pasqua

Dominica Hosanna, la domenica delle Palme
Dominica in Albis, o *post Albas*, o *in Albis depositis*, la I domenica dopo Pasqua
Dominica in alleluia, o *in carnes tollendas*, la II domenica di Quaresima
Dominica in capite Quadragesimae, la domenica di Quinquagesima
Dominica indulgentiae, la domenica delle Palme
Dominica in Passione Domini, la domenica di Passione, o V di Quaresima, o anche una domenica qualunque di Quaresima
Dominica magna, la domenica di Pasqua
Dominica mapparum albarum, la II domenica dopo Pasqua
Dominica mediana, la domenica di Passione
Dominica misericordiae, la IV domenica dopo Pentecoste, avanti il XII sec.
Dominica palmarum, la domenica delle Palme o I avanti Pasqua
Dominica post Albas, vd. *Dominica in Albis*
Dominica post Ascensum Domini, la domenica nell'ottava dell'Ascensione
Dominica post focus o *post ignes*, la II domenica di Quaresima
Dominica post ostensionem reliquiarum, la II domenica dopo Pasqua
Dominica post strenas, la I domenica dopo il 1° genn.
Dominica privilegiata, la I domenica di Quaresima
Dominica Publicani et Pharisei, la XII domenica dopo Pentecoste
Dominica quadraginta, la domenica di Quinquagesima
Dominica quintana, la I domenica di Quaresima
Dominica refectionis, la IV domenica di Quaresima
Dominica Resurrectionis, la domenica di Pasqua, ma talvolta anche una domenica qualunque dell'anno
Dominica Rogationum, la V domenica dopo Pasqua
Dominica rosae o *rosata*, la IV domenica di Quaresima (dopo Leone IX), perché il papa benedice in tal giorno la rosa d'oro, anche la domenica nell'ottava dell'Ascensione
Dominica sancta, o *sancta in Pascha*, la domenica di Pasqua
Dominica Transfigurationis, la II domenica di Quaresima
Dominica trium septimanarum Paschae, la III domenica dopo Pasqua
Dominica unam Domini, la II domenica dopo Pasqua
Dominica vacans, o *vacat*, le due domeniche comprese fra il Natale e l'Epifania
Dominica vetus, la domenica di Pasqua o la domenica di Settuagesima
Dominica vocatis ad nuptias, la II domenica dell'Avvento
Dominicae matris festivitas, l'Annunciazione di Maria Verg., 25 mar., vd. Maria Verg.
Dominicae vacantes, le domeniche che seguono i sabati delle Quattro Tempora e dell'Ordinazione
Dominicarum rex, la I domenica dopo Pentecoste (ss. Trinità)
Dominus dixit, la I messa di Natale
Dominus fortitudo, la VI domenica dopo Pentecoste
Dominus illuminatio mea, la IV domenica dopo Pentecoste
Dominus surrexit, il 27 mag.
Dormitio S. Mariae, l'Assunzione della Beata Verg., 15 ag., vd. Maria Verg.

Dum clamarem, il giovedì dopo le Ceneri e la X domenica dopo Pentecoste.

Dum medium silentium, la domenica nell'ottava di Natale e quella che cade la
    vigilia dell'Epifania

Ecce advenit, il 6 genn., Epifania

Ecce Deus adiuvat, la IX domenica dopo Pentecoste

Eductio Christi ex Aegypto, l'11 genn.

Eduxit Dominus populum, il sabato dopo Pasqua

Eduxit eos Dominus, il venerdì dopo Pasqua

Ego autem cum justitia, il venerdì dopo la II domenica di Quaresima

Ego autem in Domino, il mercoledì dopo la III domenica di Quaresima

Ego clamavi, il martedì dopo la III domenica di Quaresima

Ego sum pastor bonus, la II domenica dopo Pasqua

Elevatio S. Crucis, vd. Croce (Esaltazione della)

Epiphania o giorno dei re, il 6 genn., detto anche *Apparitio* o *festum stellae* o
    Theophania, festa religiosa che ricorda la visita dei re Magi a Gesù bambino

Episcopatus puerorum, il 12 mar. e il 28 dic.

Epularum S. Petri festum, il 22 febb., cattedra di s. Pietro in Antiochia

Esaltazione della s. Croce, vd. Croce

Estate di s. Martino, i pochi giorni di bel tempo che spesso si hanno avanti o
    dopo la festa di s. Martino (11 nov.)

Esto mihi, la domenica di Quinquagesima

Evangelium Chananeae, la III domenica di Quaresima

Exaudi Deus, il martedì dopo la IV domenica di Quaresima

Exaudi Domine, la VI domenica dopo Pasqua e anche la V dopo Pentecoste

Exaudi nos Domine, il mercoledì delle Ceneri

Exaudivit de templo, il lunedì e martedì dopo la V domenica dopo Pasqua.

Ex ore infantium, il 28 dic.

Expecta Dominum, il martedì della settimana di Passione.

Expectatio Partus B. Mariae, vd. Maria Verg. (aspettazione divino parto)

Exsurge, la domenica di Sessagesima

Exultate Deo, il mercoledì delle Tempora d'autunno

Exultet, il sabato santo

Fac mecum Domine, il venerdì dopo la III domenica di Quaresima

Factus est Dominus, la II domenica dopo Pentecoste

Famiglia, vd. Sacra Famiglia

Feria, nel medioevo gli ecclesiastici chiamavano *ferie* tutti i giorni della
    settimana, eccetto la domenica, detta più spesso *dominica*, *feria* ha anche il
    significato di fiera

Feria ad angelum, il mercoledì delle Quattro Tempora d'Avvento

Feria alba, il giovedì santo

Feria bona septima, il sabato santo

Feria bona sexta, il venerdì santo

Feria caeci-nati, il mercoledì dopo la IV domenica di Quaresima

Feria largum sero, il 24 dic.

Feria magnificet, il giovedì dopo la III domenica di Quaresima

Feria magni scrutinii, il mercoledì della IV settimana di Quaresima

Feria quarta, il mercoledì – *quarta cinerum*, il primo giorno di Quaresima, mercoledì delle Ceneri – *quarta maior*, o *magna*, il mercoledì santo

Feria quinta, il giovedì – *quinta magna*, o *viridium*, o *in Coena Domini*, il giovedì santo

Feria salus popoli, il giovedì dopo la III domenica di Quaresima

Feria secunda, il lunedì – *secunda maior*, il lunedì santo – *secunda jurata*, il lunedì dopo l'Epifania

Feria septima, il sabato – *septima maior*, il sabato santo

Feria sexta, il venerdì – *sexta maior*, il venerdì santo

Feria tertia, il martedì – *tertia maior*, il martedì santo

Ferialis hebdomada, vd. *Hebdomada*

Ferragosto, il I giorno di ag. in molti luoghi d'Italia, in Lombardia e in alcuni altri paesi il 15 dello stesso mese

Festa Paschalia, le feste di Natale, Pasqua e Pentecoste

Festivitas Dominicae Matris, il 25 mar., Annunciazione di Maria Verg.

Festivitas omnium metropolis, il 25 dic., natale di Gesù Cristo

Festum Christi, vd. *Christi festum*

Festum Dei, vd. *Corpus Domini*

Fuga di Gesù in Egitto, il 17 febb.

Gaudete [*in Domino*], la III domenica dell'Avvento

Gesù Nazzareno (Festa di), il 23 ott., nella diocesi di Modena

Giorno dei re, il 6 genn., Epifania

Giovedì bianco o il gran giovedì (*iovis albi, iovis mandati, viridus dies*), il giovedì santo

Giovedì delle olive, il giovedì che precede la domenica delle Palme

Giovedì grasso, l'ultimo giovedì di Carnevale, vd. Berlingaccio

Giovedì *Magnificet*, il giovedì di mezza Quaresima

Giovedì santo, il giovedì che precede la Pasqua di Risurrezione

Giudizio estremo, il lunedì della I settimana di Quaresima

Gran Madre di Dio, vd. Maria Verg. (maternità di)

Gula Augusti, il primo giorno di ag.

Hebdomada absolutionis, la settimana santa

Hebdomada alba, o *albaria*, la settimana che segue la Pasqua e anche quella che segue la Pentecoste

Hebdomada antipaschalis, la settimana dopo Pasqua

Hebdomada authentica, la settimana santa

Hebdomada communis, la settimana che comincia la domenica dopo s. Michele (29 sett.)

Hebdomada crucium, la settimana delle Rogazioni

Hebdomada de excepto, l'ultima settimana dell'Avvento

Hebdomada duplex, la settimana dopo la domenica della ss. Trinità

Hebdomada expectationis, la settimana dopo l'Ascensione di Gesù Cristo

Hebdomada ferialis, o *indulgentiae*, la settimana santa

Hebdomada laboriosa, la settimana di Passione

Hebdomada magna, o *maior*, la settimana santa e quella avanti Pentecoste

Hebdomada media jejunorum Paschalium, la III settimana di Quaresima

Hebdomada mediana Quadragesimae, la IV settimana di Quaresima

Hebdomada muta, o *penalis*, o *penosa*, o *poenitentiae*, o *nigra*, la settimana santa

Hebdomada passionis, la settimana di Passione o quella che precede la domenica delle Palme

Hebdomada sacra, o *sancta*, la settimana che precede la Pasqua

Hebdomada Trinitatis, la settimana dopo la domenica della Santissima Trinità

Herbarum festum, il 15 ag., Assunzione di Maria Verg.

Hodie scietis, la vigilia di Natale

Hosannah, la domenica delle Palme

Hypapanti, il 2 febb., festa della presentazione di Gesù Cristo al tempio, vd. Maria Verg. (Purificazione di)

Hypodiaconorum festum, il primo o secondo giorno dell'anno, festa dei sottodiaconi

Immacolata Concezione di Maria Verg., vd. Maria Verg.

Incarnazione del Divin Verbo, il 25 mar., vd. Maria Verg. (Annunciazione di)

Inclina, Domine, aurem tuam, la XV domenica dopo Pentecoste

In Deo laudabo, il lunedì dopo la III domenica di Quaresima

Inductio in Aegyptum, l'11 febb.

In excelso throno, la I domenica dopo l'Epifania

Infernus factus est, il 12 genn.

In medio ecclesiae, il 27 dic.

In nomine Jesu, il mercoledì dopo la domenica delle Palme

Instrumentorum Dominicae Passionis festum, vd. *Coronae Christi festum*

Intret oratio mea, il sabato delle Tempora di primavera

Introduxit vos Dominus, il lunedì di Pasqua

Inventio J. Christi in templo, la domenica fra l'ottava dell'Epifania, o il 9 genn. se l'Epifania cade in domenica

Inventio S. Crucis, vd. Croce (Invenzione della Santa)

Invocabit me, la I domenica di Quaresima

In voluntate tua, la XXI domenica dopo Pentecoste

Isti sunt dies, la domenica di Passione o V di Quaresima

Jeiunium aestivale, il digiuno d'estate, che comincia il mercoledì di Pentecoste

Jeiunium autumnale, il digiuno che comincia dopo l'Esaltazione della s. Croce (14 sett.)

Jeiunium hiemale, il digiuno che comincia dopo la festa di s. Lucia (13 dic.)

Jeiunium vernale, la Quaresima

Jubilate Deo omnis terra, la III domenica dopo Pasqua

Judica, Domine, nocentes, il lunedì dopo la domenica delle Palme

Judica me, Deus, la V domenica di Quaresima o domenica di Passione

Judicium extremum, vd. Giudizio estremo

Justus es, Domine, la XVII domenica dopo Pentecoste

Laetare Jerusalem, la IV domenica di Quaresima

Laetetur cor quaerentium, il giovedì dopo la IV domenica di Quaresima e il venerdì delle Tempora d'autunno

Lancia e chiodi di Gesù Cristo, il venerdì dopo la I domenica di Quaresima

Lazzaro, il venerdì della IV settimana di Quaresima, vd. anche *Dominica de Lazzaro*

Lex Domini, il sabato dopo la II domenica di Quaresima

Liberator meus, il mercoledì della settimana di Passione

Litania, o *Litaniae*, le Rogazioni

Litania Maior, o *Romana*, le litanie maggiori, solenne processione della festa di s. Marco (25 apr.). Se il giorno di s. Marco cade nella domenica di Pasqua, la processione viene trasferita al martedì che segue. Le litanie maggiori risalgono al tempo di s. Gregorio Magno (607)

Litania Minor, o *Gallicana*, le Rogazioni

Litanie ambrosiane, vd. Rogazioni

Luciae, le Tempora d'inverno, vd. Quattro Tempora

Lumina sancta, o *Luminum festum*, il 2 febb., Purificazione di Maria Verg.

Lunedì dell'Angelo, il lunedì dopo la domenica di Pasqua

Lunedì dell'ante, il lunedì che precede il Berlingaccio a Firenze

Lunedì dello Spirito Santo, il lunedì dopo la domenica di Pentecoste nel calendario greco-russo

Lunedì grasso, il penultimo giorno di Carnevale

Lux Domini, o *Dei*, la domenica

Lux fulgebit, la II messa di Natale

Madonna, vd. Maria Verg.

Magnae Dominae festum, il 15 ag., Assunzione di Maria Verg.

Magorum festum, il 6 genn., Epifania

Mandatum pauperum, il sabato avanti la domenica delle Palme

Malvagio (Il) ricco, il giovedì della II settimana di Quaresima

Maria Verg. Addolorata, o Dolori di Maria Verg. (*Compassio, Septem dolores, Spasmus, Transfixio B. Mariae*), festa che comincia a celebrarsi nel 1423 dal 1727 si celebra nel venerdì dopo la domenica di Passione e dal 1734 anche nella III domenica di sett.

Maria Verg. (Annunciazione di), o Annunziata, o Incarnazione del Verbo, il 25 mar. La più antica memoria di questa festa risale alla fine del IV sec., e in or. viene introdotta fino dai primi tempi del cristianesimo. Viene sanzionata dal decimo concilio di Toledo nel 656 che stabilisce debba celebrarsi il 18 dic. Nelle chiese di Toledo e di Milano si celebra il 10 dic.[1], gli armeni la celebrano il 5 genn., i sirii il 1° dic. Quando la Pasqua di Resurrezione cade nei giorni compresi fra il 22 mar. e il 1° apr. inclusi, la festa dell'Annunciazione di Maria viene spostata al lunedì dopo la domenica in Albis

Maria Verg. (Aspettazione del Divin Parto di), detta anche Madonna della Fabbrica o Incarnazione del Verbo, il 18 dic., comincia in Spagna e Gregorio XIII la estende a tutta la cristianità

Maria Verg. (Assunzione di) al Cielo (*Assumptio Matris Dei, Dormitio, Natalis, Depositio S. Mariae*), festa che cade il 15 ag., ma anticamente si celebra il 18 genn. Si fa cenno a questa festa nella storia ecclesiastica di Eusebio, vesc. di Cesarea (270-338) – commemorazione dell'Assunzione di Maria Verg., 25 sett.

Maria Verg. Ausiliatrice, il 21 mag., venerata dalla congregazione salesiana

Maria Verg. degli Angioli, il 2 ag., festa approvata da papa Onorio III nel 1223, venerata nella chiesa detta della Porziuncola presso Assisi

Maria Verg. del Carmine o di Monte Carmelo o del Divino Scapolare, venerata si crede fino dal X sec., il 16 lug. per il rito romano, il 19 lug. per il rito ambrosiano

Maria Verg. della Ceriola, il 2 febb., purificazione di Maria Verg.

Maria Verg. della Cintura, festa che si celebra la domenica successiva al 28 ag., risale ai tempi di s. Agostino

Maria Verg. della Consolazione, detta anche «la Consolata» protettrice di Torino, ove si venera il 20 giu., risale al 1104

Maria Verg. della Guadalupa, il 12 dic.

Maria Verg. della Lettera, venerata a Messina il 3 giu., data della lettera della Verg. ai messinesi

Maria Verg. della Mercede o della Redenzione degli Schiavi, il 24 sett., risale al 1218

Maria Verg. della Neve o del Presepio, il 5 ag., festa istituita dopo la metà del IV sec.

Maria Verg. della Salette, il 19 sett.

Maria Verg. della Vittoria, la II domenica di nov. a Roma, festa istituita in commemorazione della vittoria riportata sui turchi dalle armi cristiane presso Praga nel 1620

Maria Verg. del Rosario, risale al 1212, papa Gregorio XIII (1572-85) ne fissa la festa alla prima domenica di ott.

Maria Verg. del Suffragio, la prima domenica di nov.

Maria Verg. di Caravaggio, il 26 mag., venerata a Caravaggio (Lombardia) dal 1432

Maria Verg. di Loreto, venerata il 10 dic. a Loreto, vd. Trasl. della S. Casa di Loreto

Maria Verg. Madre di Misericordia, il 18 mar., festa che risale al 1536

Maria Verg. di Lourdes, l'11 febb. a Lourdes, vd. *Apparitio B. Mariae Immacolata*

Maria Verg. di Oropa, venerata l'ultima domenica di ag. nel santuario di Oropa, diocesi di Biella, risale al IV sec.

Maria Verg. di Pompei, venerata a Valle di Pompei l'8 mag.

Maria Verg. (Immacolata Concezione di), l'8 dic., festa di data antichissima in or., in occ. risale al VII sec. Pio IX ne definisce il dogma l'8/12/1854.

Maria Verg. (Maternità di) o Gran Madre di Dio, la II domenica di ott.

Maria Verg. (Natività di), l'8 sett., festa ordinata da Sergio I nel 688.

Maria Verg. (Patrocinio di), la II domenica di nov. per il rito romano, la II domenica di lug. per il rito ambrosiano. Festa istituita da papa Alessandro VII nel 1656 a istanza di Filippo IV re di Spagna, Innocenzo XI nel 1679 la estende a tutti i domini spagnoli e Benedetto XIII la introduce in tutta la chiesa cattolica

Maria Verg. (presentazione al tempio di), il 21 nov., festa già celebre nella chiesa greca fin dai primi secoli del cristianesimo, introdotta in occ. nel

1372 da Gregorio XI

Maria Verg. (Purificazione di), il 2 febb., festa che si ritiene sia stata istituita da papa Gelasio nel 492 papa Sergio I la riordina verso il 689, aggiungendovi la processione delle candele, da ciò il nome di *Candelora* o *Candelaia* dato a questa festa. Se il 2 febb. cade nelle domeniche di Quinquagesima, Sessagesima, Settuagesima, la festa della Purificazione viene trasferita al giorno seguente

Maria Verg. (Purissimo Cuore di), la III domenica dopo Pentecoste

Maria Verg. (Purità di), la III domenica di ott.

Maria Verg. (Santissimo Nome di), la domenica dopo la Natività di Maria Verg., festa già celebrata in molte parti della cristianità estesa a tutta la chiesa da Innocenzo XI il 17 lug. 1683 e confermata da Pio IX il 3 giu. 1856

Maria Verg. (sposalizio di), il 23 genn., festa promossa da Giovanni Gerson nel 1414 e approvata verso il 1540 da Paolo III che la rende universale

Maria Verg. (Visitazione di), a s. Elisabetta, il 2 lug., festa istituita da Urbano VI nel 1378 e confermata da Gregorio XI nel 1380

Martedì grasso, l'ultimo giorno di Carnevale

Martror, vd. *Dies Martyrum*

Marzia, o Madonna di mar., o dei famigli, il 25 mar., annunciazione di Maria Verg.

Mater Noctium, la notte di Natale

Matris Dominicae festivitas, il 25 mar., annunciazione di Maria Verg.

Mediae o *Medianae Quadragesimae*, la IV domenica di Quaresima

Mediana octava, vd. *Dominica mediana*

Meditatio cordis, il venerdì dopo la IV domenica di Quaresima

Memento nostrum Domine, la IV domenica dell'Avvento

Mensis exiens, astans, stans, restans, i 15 ultimi giorni di un mese, numerati a ritroso

Mensis fenalis, il mese di lug.

Mensis intrans o *introiens*, i primi 15 giorni nei mesi di 30 e i primi 16 nei mesi di 31 giorni

Mensis magnus, il mese di giu. perché ha i giorni più lunghi

Mensis messionum, ag., mese delle messi

Mensis novarum, apr., mese delle primizie

Mensis purgatorius, febb., per via della festa della Purificazione di Maria Verg.

Mercoledì delle Ceneri, il primo giorno di Quaresima, per il rito romano

Mercoledì delle tradizioni, il mercoledì della III settimana di Quaresima

Merla (i tre giorni della), gli ultimi tre giorni di genn., in Lombardia

Mese di Maria o Mariano, il mese di mag.

Mirabilia Domine, la II domenica dopo Pasqua

Miserere mei, Domine, il lunedì dopo la domenica di Passione

Miserere mihi, Domine, la XVI domenica dopo Pentecoste

Miserere mihi, Domine, quoniam tribulor, il venerdì e sabato della settimana di Passione

Misereris omnium, Domine, il mercoledì delle Ceneri

Misericordia Domini plena est terra, la II domenica dopo Pasqua

Missa, il giorno dell'ufficio o della festa di un santo

Missae Domini, Alleluja, la domenica di *Quasimodo*, ottava di Pasqua

Morti (giorno dei), vd. *Animarum commemoratio*

Mulier adultera, il sabato avanti la IV domenica di Quaresima

Munera oblata quaesumus, la domenica di Pentecoste

Munus quod tibi, Domine, il lunedì dopo la III domenica di Quaresima

Natale, vd. *Nativitas Domini*

Natales, le quattro principali feste dell'anno cioè Natale, Pasqua, Pentecoste, Ognissanti

Natalis o Natale, il giorno della morte di un santo, specialmente se martire

Natalis Calicis, il giovedì santo

Natalis Innocentium, il 28 dic., festa dei Santissimi Innocenti martiri sotto Erode

Natalis Mariae, il 15 ag., Assunzione di Maria Verg.

Natalis reliquiarum, l'anniversario della trasl. delle reliquie di un santo

Nativitas B. Mariae, vd. Maria Verg.

Nativitas Domini, il 25 dic., giorno della nascita di Gesù Cristo, è una delle più antiche feste della cristianità, pare che nel III sec. si festeggiasse il Natale unitamente all'Epifania il 6 genn., specie in or., ma circa alla metà del IV sec. la chiesa romana fissa tale solennità al 25 dic.

Ne derelinquas me, il mercoledì dopo la II domenica di Quaresima

Nome di Gesù, festa istituita nel 1500, dapprima fissata all'8 genn., poi al 14 dello stesso mese, al 15 mar., al 17 ag., infine nel 1721 papa Innocenzo XIII la fissa alla II domenica dopo l'Epifania

Nome di Maria, vd. Maria Verg.

Nos autem gloriari, il martedì e giovedì dopo la domenica delle Palme

Nostra Donna, vd. Maria Verg.

Nox Sacrata, la vigilia di Pasqua, o dell'Avvento, o di Natale, vd. *Oléries*

Obdormitio B. Mariae, festa dell'Assunzione di Maria Verg., 15 ag.

Oblatio B. Mariae in templo, il 21 nov.

Occursus festum, la Purificazione, il 2 febb.

Octava, vd. Ottava

Octava Domini, o *Christi*, il 1° di genn., ottava della Natività di Gesù Cristo

Octava Infantium, la domenica dell'ottava di Pasqua

Octava SS. Innocentium, il 4 genn.

Octo dies Neophitorum, l'ottava di Pasqua o di Pentecoste

Oculi, la III domenica di Quaresima

Ognissanti, il 1° nov., vd. *Elenco alfabetico dei santi*, istituita da Bonifacio IV nel 608 si celebra in origine il 13 mag.

Oléries, i sette ultimi giorni dell'Avvento dal 17 al 23 dic., nei quali si cantano le antifone che iniziano per «O»: *O Sapientia*, il 17; *O Adonai*, il 18; *O radix Jesse*, il 19; *O clavis David*, il 20; *O Oriens*, il 21; *O Rex gentium*, il 22; *O Emmanuel*, il 23

Olivarum festum, la domenica delle Palme

Omnes gentes, la VII domenica dopo Pentecoste

Omnia quae fecisti, il giovedì della settimana di Passione e la XX domenica dopo Pentecoste

Omnis terra, la II domenica dopo l'Epifania

Orazione di Gesù nell'Orto, il martedì dopo la domenica di Settuagesima

Ottava, spazio di 8 giorni destinato alla prorogazione di una festa religiosa, più spesso si intende l'ottavo giorno dopo la festa stessa

Palmae o *Palmarum festum*, la domenica delle Palme cioè quella che precede la Pasqua

Pani (Domenica dei cinque), la IV domenica di Quaresima

Parasceve, il venerdì santo, talvolta anche il venerdì di ogni settimana

Pascha, o *Paschalis dies*, o *Resurrectio*, il giorno della Pasqua di Resurrezione e qualche volta la settimana di Pasqua o altra festa solenne aggiungendovi il suo nome come: *Pascha Nativitatis, Pascha Pentecostes* ecc. La Pasqua di Resurrezione, la principale festa dell'anno, è celebrata dalla chiesa nella I domenica dopo il plenilunio di mar., da essa dipendono le altre feste mobili dell'anno

Pascha annotinum, l'anniversario della Pasqua dell'anno precedente

Pascha clausum, Pasqua chiusa, la I domenica dopo la Pasqua di Resurrezione

Pascha competentium, o *florum*, o *floridum*, Pasqua fiorita, la domenica delle Palme

Pascha de madio, la Pentecoste, Pasqua di mag.

Pascha medium, il mercoledì nell'ottava di Pasqua

Pascha militum, la Pentecoste

Pascha novum, il sabato santo

Pascha Pentecostes, la Pentecoste

Pascha petitum, la domenica delle Palme

Pascha primum, il 22 mar., primo termine nel quale può cadere la Pasqua, così si diceva anche *Pascha ultimum* il 25 apr.

Pascha rosarum, o *rosata*, la Pentecoste, detta anche Pasqua rosa o di rose

Pasqua carnuta, o comunicante, o scomunicante, o comuniale, la Pasqua di Resurrezione

Pasqua dei morti, il 2 nov. in Toscana

Pasqua di ceppo o di Natale, il 25 dic.

Pasqua d'uovo o d'agnello, la Pasqua di Resurrezione

Pasqua fiorita, vd. *Pascha competentium*

Pasqua maggiore, la Pasqua di Resurrezione

Pasquetta, o Piccola Pasqua, il 6 genn., Epifania

Passio, commemorazione del martirio di un santo, per esempio: *Passio quadraginta militum*, il 10 mar. – *quatuor coronatorum martyrum*, l'8 nov. – *20 000 martyrum in Nicomedia*, il 28 dic.

Passio dominica, il venerdì santo

Passione di Gesù Cristo (Commemorazione della), il martedì dopo la domenica di Sessagesima

Passione (Domenica di), vd. *Dominica in Passione Domini*

Passione (Venerdì di), il venerdì che precede la domenica delle Palme

Passionis lugubris dies, il venerdì santo

Pastor bonus, la II domenica dopo Pasqua

Patefactio Domini in monte Thabor, il 6 ag., trasfigurazione di Cristo

Patrocinio di Maria Verg., vd. Maria Verg.

Pausatio S. Mariae, il 15 ag., vd. Maria Verg. (Assunzione di)

Peccatrice (La penitente), il giovedì della V settimana di Quaresima

Pentecoste, antichissima festa cristiana di origine ebraica, che si celebra il 50°
giorno dalla resurrezione di Cristo e ricorda la discesa dello Spirito Santo
sugli apostoli, gli ebrei l'applicano al giorno in cui hanno ricevuto dal Sinai
le tavole della legge

Pentecoste collectorum, la festa di Pentecoste

Pentecoste media, il mercoledì della settimana di Pentecoste

Pentecoste prima, *ultima*, il 10 mag. e il 13 giu., termini estremi nei quali può
cadere la Pentecoste

Pentolaccia (Domenica di), la I domenica di Quaresima in alcuni paesi d'Italia

Perdono d'Assisi, il 2 ag., istituito da papa Onorio III (1216-27)

Piaghe (le cinque s.) di Gesù Cristo, il venerdì dopo la III domenica di
Quaresima

Piccola Quaresima, l'11 nov., festa di s. Martino

Populus Sion, la II domenica dell'Avvento

Porziuncola, il 2 ag., vd. Perdono d'Assisi

Praesentatio Domini Nostri Jesu Christi, il 2 febb., presentazione di Gesù al
tempio

Prati feria, il 9 ott.

Presentazione di Maria Verg. al tempio, il 21 nov., vd. Maria Verg.

Privicarnium, vd. *Carnisprivium*

Processio in cappis, il 1° e il 3 mag.

Prodigo (Il figliuol), il sabato della II settimana di Quaresima

Prope es tu, Domine, il venerdì dopo la III domenica dell'Avvento

Protector noster, la XIV domenica dopo Pentecoste

Puer Jesus relatus de Aegypto, vd. Cristoforia

Puer natus est, la III messa di Natale e quella del 1° genn.

Pueri tres, il 24 genn.

Puerperium, il 26 dic. presso i russi e i greci

Purificatio B. Mariae, vd. Maria Verg.

Purità di Maria Verg., vd. Maria Verg.

Quadragesima, la Quaresima cioè i 40 giorni che precedono la Pasqua di
Resurrezione, viene istituita nei primi tempi del cristianesimo in memoria
del digiuno di Cristo nel deserto, detta talvolta *Quadragesima maior* per
distinguerla da quelle di Natale, Pentecoste, s. Martino e s. Giovanni che
sono anticamente osservate

Quadragesima intrans, o *Quaresmentranum*, il martedì grasso

Quadragesima minor, l'Avvento ambrosiano

Quaresima, vd. *Quadragesima*

Quasimodo geniti, la I domenica dopo Pasqua, detta anche *in albis*

Quattro Tempora (*Quatuor tempora*, *Angaria*), digiuni stabiliti dalla chiesa per
santificare le quattro stagioni dell'anno. Tali digiuni si osservano nei giorni
di mercoledì, venerdì e sabato dopo la I domenica di Quaresima (Tempora

di primavera), dopo Pentecoste (Tempora d'estate), dopo l'Esaltazione della s. Croce (Tempora d'autunno) e dopo la festa di s. Lucia (Tempora d'inverno) e prendono i nomi di *Reminiscere, Trinitatis, Crucis, Luciae.* Le Tempora si credono istituite dagli apostoli di Gesù Cristo, s. Leone nel V sec. ne parla come di cosa già in uso nei primi tempi della chiesa

Quatuor tempora intret, le quattro tempora prima della II domenica di Quaresima

Quindena Paschae, la settimana che precede e quella che segue la festa di Pasqua

Quindena, quindana, quinquenna, la quindicina

Quinquagesima (Esto mihi), la VII domenica prima di Pasqua o ultima di Carnevale, indica anche i 50 giorni compresi tra Pasqua e Pentecoste o lo stesso giorno di Pentecoste

Ramifera, Ramalia, Ramorum festum, la domenica delle Palme, o I av. la Pasqua

Rapti sunt fontes abyssi, il 12 apr.

Re (festa dei), l'Epifania, 6 genn.

Re delle domeniche (*Rex dominicarum*), la domenica della ss. Trinità

Reddite quae sunt Caesaris Caesari, la XXIV domenica dopo Pentecoste

Redentore (festa del ss.), la III domenica di lug., a Venezia, festa che ricorda la cessazione della peste nel 1578 – commemorazione del ss. Redentore, 23 ott.

Redime me, Domine, il lunedì dopo la II domenica di Quaresima

Relatio pueri Jesu de Aegypto, vd. Cristoforia

Reminiscere, la II domenica di Quaresima e il mercoledì delle *tempora* di primavera

Repleatur os meum, il venerdì dopo Pentecoste

Requies Mariae, il 15 ag., vd. Maria Verg. (Assunzione di)

Respice Domine, o *Respice secundum,* la XIII domenica dopo Pentecoste

Respice in me, o *Respice primum,* la III domenica dopo Pentecoste

Resurrexi, il giorno di Pasqua

Rogate, la V domenica dopo Pasqua

Rogazioni, preghiere e processioni che hanno luogo nei tre giorni che precedono la festa dell'Ascensione di Gesù Cristo. Per il rito ambrosiano le Rogazioni cadono nel lunedì, martedì e mercoledì che seguono la I domenica dopo l'Ascensione e sono dette anche *litanie ambrosiane.* Nel primo di questi tre giorni si danno le *ceneri.* Le Rogazioni si ritengono istituite verso il 470 da s. Mamerto

Rorate coeli, il mercoledì delle *tempora* d'inverno e la IV domenica dell'Avvento

Rosalia, la Pentecoste

Rosario (Festa del s.), la I domenica di ott., vd. anche Maria Verg. del Rosario

Rosata Pascha, la Pentecoste

Sabato grasso, l'ultimo sabato di Carnevale

Sabato *sitientes,* vd. *Sitientes venite ad aquas*

Sabbatum, il sabato e talora anche la settimana, trovandosi usato per la domenica *prima sabbati*, per il lunedì *secunda sabbati* ecc.

Sabbatum albis depositis, o *in albis*, o *post albas*, il sabato dopo Pasqua

Sabbatum audivit Dominus, il primo sabato di Quaresima, rito romano

Sabbatum Caritas Domini, il sabato dopo Pentecoste

Sabbatum carnisprivii, il sabato grasso

Sabbatum de gaudete, i tre sabati dell'Avvento romano

Sabbatum duodecim lectionum, i sabati delle Quattro Tempora

Sabbatum filii prodigi, il sabato prima della III domenica di Quaresima

Sabbatum in traditione symboli, o *vacans*, o *in passione*, il sabato che precede la domenica delle Palme

Sabbatum lavationis, o *luminum*, o *magnum*, il Sabato santo o vigilia di Pasqua

Sabbatum Paschae, il sabato prima della domenica in Albis

Sabbatum Pentecostes, il sabato dopo Pentecoste

Sabbatum quando elemosyna datur, il sabato dopo la domenica di Passione

Sabbatum sanctum Paschae, il sabato prima di Pasqua

Sabbatum Trinitatis, il sabato dopo la ss. Trinità

Sacerdotes tui, il 31 dic.

Sacra Famiglia, festa celebrata dalla chiesa la III domenica dopo l'Epifania, istituita da papa Leone XIII il 14 giu. 1892

Sacrosanctum Sacramentum, la festa del *Corpus Domini*

Salax lunae dies, l'ultimo lunedì di Carnevale

Salus populi, il giovedì dopo la III domenica di Quaresima e la XIX domenica dopo Pentecoste

Salutatio S. Mariae, vd. Maria Verg. (aspettazione del divino parto di)

Samaritana, il venerdì dopo la III domenica di Quaresima, vd. anche *Dominica de Samaritana*

Sanctificatio Mariae, l'8 dic. per i domenicani

Sanctus Spiritus, la Pentecoste

Sangue (Preziosissimo) di Gesù (*Sanguinis Christi festum*), un tempo il 19 giu., oggi il venerdì dopo la IV domenica di Quaresima e la I domenica di lug.

Sanguis Domini, il giovedì santo

Scapolare (Festa dello), vd. Maria Verg. del Carmine

Secunda Nativitas, l'Epifania, 6 genn.

Sederunt principes, il 26 dic.

Septem dolores (o *spasmi*) *B. Mariae*, vd. Maria Verg. Addolorata

Septem gaudia B. Mariae, il 23 sett.

Sessagesima, l'VIII domenica prima di Pasqua

Settimana, vd. *Hebdomada*

Settimana santa o maggiore, la settimana che precede la Pasqua

Settuagesima, la IX domenica prima di Pasqua (*Circumdederunt*)

Sicut oculi servorum, il lunedì dopo la I domenica di Quaresima

Si iniquitates, la XXII domenica dopo Pentecoste

Sindone (s.) di Gesù Cristo, il venerdì dopo la II domenica di Quaresima

Sitientes venite ad aquas, il sabato prima della domenica di Passione

Solemnitas solemnitatum, il giorno di Pasqua

Spasmus B. Mariae, vd. Maria Verg. Addolorata

Spiritus Domini replevit, la domenica di Pentecoste

Statuit, il 22 febb. e il 6 dic., feste della cattedrale di S. Pietro e di S. Nicola

Stellae festum, il 6 genn., Epifania

Subdiaconorum festum, vd. *Hipodiaconorum festum*

Succinctio campanarum, il sabato santo

Sudario di Cristo, vd. Sindone

Suscepimus Deus, l'VIII domenica dopo Pentecoste

Susceptio S. Crucis, l'11 ag. a Parigi, giorno del ricevimento della s. Croce da Luigi IX

Suscipe Domine, la V domenica dopo Pasqua

Tempora, vd. Quattro Tempora

Theophania, il 6 genn., Epifania

Tibi dixit cor meum, il martedì dopo la II domenica di Quaresima

Tradizioni, vd. mercoledì delle tradizioni

Transfigurationis festum, o *Transfiguratio Domini*, il 6 ag. giorno della trasfigurazione di Gesù Cristo sul monte Tabor, in diverse diocesi festeggiata anche il 17 mar., il 26, 27, 31 lug., il 4, 5, 7, 26 ag. e 3 sett., vd. anche *Dominica Transfigurationis*

Transfixio B. Mariae Virginis, vd. Maria Verg. Addolorata

Trasl. della S. Casa di Loreto, festeggiata il 10 dic. nelle Marche dal 1291

Tredicino (Festa del), il 13 mar., festeggiata ad Arona e a Milano

Tres pueri, il 24 genn., in alcuni luoghi anche il 12 sett.

Trinitatis festum, o *Trinitas aestivalis*, festa della ss. Trinità, la I domenica dopo Pentecoste, risale a papa Pelagio II (579-590), nel 1316 papa Giovanni XXII la estende a tutta la chiesa

Triumphus Corporis Christi, vd. *Corpus Domini – S. Crucis*, vd. *Crucis*

Trium Regum, o *Magorum dies*, vd. *Dies Regum*

Trombe (festa delle), il 7 mag., vigilia della trasl. delle reliquie di s. Genziano all'abbazia di Corbie

Tua nos quaesumus, Domine, la XVII domenica dopo Pentecoste

Valletorum festum, la festa dei paggi, la domenica dopo la festa di s. Dionigi (9 ott.)

Vecchia (giorni della), i tre ultimi giorni di mar. e i primi tre di apr. in Romagna

Venerdì adorato, il venerdì santo

Venerdì del gnocco, l'ultimo venerdì di Carnevale a Verona

Venerdì grasso, l'ultimo venerdì di Carnevale

Venerdì santo, o *Parasceve*, il venerdì che precede la Pasqua

Veni et ostende, il sabato dopo la III domenica dell'Avvento

Venite adoremus, il sabato delle Tempora d'autunno

Venite, benedicti, il mercoledì dopo Pasqua

Verba mea, il sabato prima della IV domenica di Quaresima

Verberalia, la domenica delle Palme, vd. *Palmae festum*

Verbum incarnatum, il giorno del Natale di Gesù Cristo, 25 dic.

Verg. (beata), vd. Maria Verg.

Victricem manum, il giovedì dopo Pasqua

Vigilia Christi, Domini, Verbi incarnati, luminum, Nativitatis, la vigilia di Natale, 24 dic.

Vigilia vigiliae, l'antivigilia di una festa, come *Vigilia vigiliae Domini*, l'antivigilia di Natale, 23 dic.

Viri Galilei, il giorno dell'Ascensione di Gesù Cristo, vd. Ascensione

Visitatio B. Mariae, vd. Maria Verg. (Visitazione di)

Vocem jucunditatis, la V domenica dopo Pasqua, detta anche *Rogate* e *Dominica rogationum*

Elenco alfabetico dei principali santi e beati con data di ricorrenza[2]

Abaco vd. Mario

Abbondio, *Abundus*, vesc. di Como, † 2/4/468, onor. 31 ag. (Como)

Abbone, *Abbo*, ab. di Fleury, † 1004, 13 nov.

Abdon e Sennen persiani, mart. a Roma, 250, 30 lug. (Roma)

Abele vesc. di Reims, † v. 751, 5 ag.

Abramo ab. di Clermont, V sec., 15 giu.

Abramo patr., onor. 9 ott.

Acacio centurione, mart. 306, 8 mag. (Squillace)

Acario vesc. di Noyon, † 639, 27 nov.

Achille vesc. di Larissa in Tessaglia, † v. 330, 15 mag.

Achilleo e Nereo mart. a Roma II sec., 12 mag.

Ada abb. di Mans, † v. 689, 4 dic.

Adalberto di Boemia ap. della Prussia, arciv. di Praga, † 997, 23 apr.

Adalgiso o Adelgiso vesc. di Novara, † 840, 6 ott.

Adaucto vd. Felice

Adelaide, *Adelais, Adelheidis*, imp. di Germania, † 999, 16 dic. (Boemia, Polonia, Slesia)

Adelardo ab. di Corbie, † 826, 2 genn.

Adele abb., f.a di Dagoberto II re d'Austrasia, † v. 734, 30 giu.

Adelfo, *Adelphus*, vesc. di Metz, IV sec., 29 ag.

Adelgonda vd. Aldegonda

Adolfo mart. a Cordova, 821, 27 sett.

Adone, *Ado*, arciv. di Vienna, † 875, 16 dic.

Adriano III papa, † 885 metà sett., onor. 8 lug. (Nonantola)

Adriano mart. di Nicomedia, 303, 4 mar., sua trasl. a Roma e sua festa 8 sett., onor. in chiese greche 26 ag. (Fabriano)

Agape e Chionia verg. e mart. a Tessalonica, 304, 3 apr.

Agapito mart. sotto Aureliano, onor. 18 ag.

Agapito papa, † 22/4/536, sua trasl. 20 sett.

Agapito vesc. di Ravenna, † 232, 16 mar.

Agata verg. e mart. 251, 5 febb. (Catania, Mirandola)

Agatone, *Agatho*, papa, † 681, 10 genn. (Palermo)

Agnese, *Agnes*, verg. rom., mart. v. 304, onor. 21 e 28 genn.

Agostino ap. d'Inghilterra, vesc. di Canterbury, † v. 604, 26 mag., sua trasl. 6 sett.

Agostino, *Augustinus*, vesc. d'Ippona e dott., † 430, 28 ag. (festa principale), sua trasl. a Pavia 722, 28 febb., sua conversione 5 mag., suo battesimo 21 apr. (Pavia, Palermo, Piombino)

Agricola vesc. e patrono d'Avignone, † 700, 2 sett., vd. Vitale

Agrippina verg. e mart. a Roma, 262, 23 giu.

Agrippino vesc. di Como, † 615, 17 giu.

Albano mart. a Magonza, V sec., 21 giu. (Magonza)

Albano mart. in Inghilterra, 303, 22 giu. (Sant'Albano)

Alberto da Trapani carmelitano, † 1306, 7 ag. (Messina, Palermo, Trapani)

Alberto vesc. di Liegi, mart. a Reims 1192, 23 nov.

Alberto vesc. di Vercelli, patr. di Gerusalemme, † 1240, 8 apr., legislatore carmelitano

Albino vesc. d'Angers, † 560, 1° mar.

Alda verg. a Parigi, † av. 512, 18 nov.

Aldegonda verg., abb. di Maubeuge, † v. 684, 30 genn. (Maubeuge, Emmerich)

Aldrico arciv. di Sens, † 836, 10 ott., onor. 6 giu. (Sens)

Alessandro I papa, mart. 132, 3 mag. (Mirandola)

Alessandro mart. a Lione 178, onor. a Roma 24 apr., a Parigi 26 apr.

Alessandro Sauli (b.) vesc. conf., † a Pavia 1592, 23 apr., can. da Benedetto XIV

Alessandro soldato della legione Tebea, mart. v. 288, onor. 26 ag. (Bergamo, Desana, Rastadt)

Alessandro vesc. di Alessandria d'Egitto, † 326, 26 febb. (Alessandria d'Egitto)

Alessandro vesc. di Gerusalemme, † 250, onor. 18 mar. (Parigi)

Alessandro vesc. di Verona, VIII sec., 4 giu.

Alessio conf. a Edessa, † a Roma 6/9/417, onor. 17 lug.

Alfio, Filadelfio e Cirino mart. sotto Decio v. 250, 10 mag. (Lentini)

Alfonso Maria de' Liguori vesc., dott. della Chiesa, † 1787, can. 1839, onor. 2 ag. (Napoli, S. Agata de' Goti)

Alfonso o Ildefonso vesc. di Toledo, † 667, 23 genn. (Toledo, Zamora)

Alfredo ab. Cistercense a Rieval, † 1166, 12 genn.

Amabile prete, mart. 475, 1° nov., sua trasl. 19 ott. (Riom nell'Alvernia)

Amando vesc. di Bordeaux, † v. 432, 18 giu.

Amando vesc. di Maastricht, † v. 679, 6 febb. (s. Amand, Utrecht)

Amanzio vesc. di Como, † v. 422, 8 apr.

Amando vesc. di Strasburgo, † v. 346, 6 febb., sua trasl. 26 ott.

Amaranto mart. ad Alby, III sec., 7 nov.

Amato vesc. di Sion (?), † 690, 29 apr., onor. 13 sett. (Douai)

Amatore vesc. d'Auxerre, † 418, 1° mag.

Ambrogio vesc. di Milano, † 4/4/397, onor. 7 dic. a Roma e a Milano, 4 apr. a Parigi (Milano, Vigevano)

Amedeo IX (b.) du. di Savoia, † 1472, 30 mar.

Anacleto papa, mart. 112, onor. 13 lug. a Roma, 26 apr. a Parigi

Anastasia dama rom., mart. 304, onor. 25 dic. (Piombino)

Anastasio I papa, † 19/12/402, onor. 27 apr. e 14 dic.

Anastasio II papa, † 498, 19 nov., onor. 8 sett.

Anastasio mon. persiano, mart. 628, 22 genn.

Andrea ap. I sec., 30 nov. (Amalfi, Pienza, Sarzana, Russia)

Andrea Avellino conf., mon. teatino, † 1608, 10 nov. (Napoli, Sicilia)

Andrea Corsini vesc. di Fiesole, † 1373, 4 febb. (Fiesole)

Angadrema, *Angadrisma*, verg., † v. 695, 14 ott., sua trasl. 27 mar. (Beauvais)

Angela Merici fond. delle Orsoline, † 1540, 31 mag., onor. anche 30 genn. (Desenzano)

Angeli Custodi, onor. 2 ott., vd. *Glossario di date*

Angelo sac. carmelitano, mart. in Sicilia 1220, 5 mag. (Palermo)

Aniano vesc. di Orléans, † 453, 17 nov., sua trasl. 14 giu.

Aniceto papa, mart. 175, 17 apr.

Anna madre di Maria Verg., onor. 26 lug., festa istituita insieme a quella di s. Gioacchino da papa Giulio II nel 1510

Anselmo arciv. di Canterbury e dott., † 1109, 21 apr.

Anselmo du. del Friuli, fond. del monastero di Nonantola, VIII sec., 3 mar.

Anselmo vesc. di Belley, † 1178, 26 giu. (Belley)

Anselmo vesc. di Lucca, † 1086, 18 mar. (Mantova)

Antonino arciv. di Firenze, † 1459, onor. 2 mag. a Roma, 10 mag. a Parigi

Antonino soldato della legione Tebea, † 303, 4 lug. (Piacenza)

Antonio ab. patr. dei Cenobiti, † 356, 17 genn. (Ampurias in Sardegna)

Antonio di Padova francescano, † 1231, 13 giu., sua trasl. 15 febb., onor. a Parigi 28 mar. (Padova, Lisbona, Anzio, Hildesheim)

Apollinare vesc., † v. 78, 23 lug. (Ravenna)

Apollinare vesc. di Valenza nel Delfinato, † v. 520, 5 ott. (Valenza)

Apollonia verg. e mart. ad Alessandria d'Egitto, 249, 9 febb.

Apollonio sen. rom., mart. 186, 18 apr.

Aquilino prete, mart. a Milano, VII sec., 29 genn.

Aquilino vesc. d'Evreux, † v. 690, 19 ott.

Arcadio mart. in Cesarea, III sec., 12 genn.

Arialdo diac. di Milano, mart. 1066, 28 giu.

Aristide ateniese, mart. 128, 31 ag.

Arsenio anacoreta di Sceté, † v. 449, 19 lug.

Atanasio patr. di Alessandria, † 18/1/373, onor. 2 mag. sua trasl.

Audiface vd. Mario

Augusto prete e ab. a Bourges, † v. 560, 7 ott.

Aureliano arciv. di Lione, † 895, 4 lug.

Aureliano vesc. di Arles, † 551 o 553, 16 giu.

Aurelio vesc. di Cartagine, † v. 429, 20 lug.

Aureo e Giustina mart. in Magonza v. 450, 16 giu.

Ausonio primo vesc. di Angoulême, mart. III sec., 22 mag.

Avito ab. di S. Mesmin presso Orléans, † v. 527, 17 giu.

Avito vesc. di Vienna, † 523, 5 febb.

Babila, *Babylas*, *Babillus*, vesc. d'Antiochia, mart. v. 250, 24 genn. chiesa latina, 4 sett. chiesa greca

Balbina verg. e mart. a Roma 117, 31 mar.

Baldassare uno dei tre re Magi, onor. 6 genn. (Colonia, Lima)
Balderico conf. a Montfaucon, † av. 650, 16 ott.
Baldo vesc. di Tours, VI sec., 7 nov.
Barbara verg. e mart. a Eliopoli 306, 4 dic. (Paternò)
Barbato vesc. di Benevento, † 382, 19 febb.
Barlaam e Giosafat, onor. 27 nov.
Barnaba ap. dei Gentili, vesc. mart. in Cipro, I sec., 11 giu.
Bartolomeo ap., mart. v. 47, onor. 24 ag., a Roma 25 ag. (Curzola, Fermo, Francoforte sul Meno, Altenburgo)
Basilide e comp. soldati mart., III e IV sec., 12 giu.
Basilio il Giovane anacoreta a Costantinopoli, † v. 952, 26 mar.
Basilio Magno vesc. di Cesarea, † 1/1/379, onor. 14 giu., a Parigi 31 mar.
Basolo mon. er. a Verzy (Marna), † v. 620, 26 nov.
Bassiano vesc. † 413, 19 genn. (Bassano, Lodi)
Batilde regina di Francia, † 680, onor. 26 e 30 genn., sua trasl. nell'833, 17 mar. (Chelles, Corbie)
Bavone, *Bavo*, † v. 653 1° ott. (Gand)
Beatrice (ba.) d'Este, † 1262, 19 genn.
Beda detto il Venerabile mon. a Jarrow, † 735, onor. 27 mag.
Beda il Giovane mon., † 883, onor. 10 apr. (Genova)
Bellino vesc. di Padova, onor. 26 nov. (Adria)
Benedetta (ba.) abb. francescana d'Assisi, † 1260, 16 mar.
Benedetto ab. di Agnane, † 821, 12 febb.
Benedetto ab. in Inghilterra, † v. 703, 12 genn.
Benedetto arciv. di Milano, † v. 725, 11 mar.
Benedetto (b.) Giuseppe Labre, † a Roma 1783, 16 apr.
Benedetto da Norcia fond. dell'ordine monastico d'occ., † 543, 21 mar., festa principale, chiesa latina, 12 mar., chiesa greca, sua trasl. a Fleury, v. 653, 11 lug.
Benedetto pastore, fond. del ponte di Avignone, † 1184, 14 apr.
Benigno ap. di Digione, † v. 179, 1° nov.
Benigno da Todi, mart. IV sec., 13 febb.
Benigno vesc. e mart., onor. 28 giu. (Utrecht)
Bernardino da Siena francescano, † 1444, 20 mag. (Carpi)
Bernardo arciv. di Vienna, † 842, 22 genn.
Bernardo card. vesc. di Parma, † 1133, 4 dic. (Parma)
Bernardo di Menthon arcid. d'Aosta, ap. delle Alpi, fond. degli ospizi sul S. Bernardo, † 1008, 28 mag., onor. 15 giu., sua trasl. 31 lug.
Bernardo fond. e ab. del monastero di Chiaravalle, † 1153, 20 ag., sua trasl. 14 nov. (Borgogna).
Berta abb. d'Avenay, VII sec., 1° mag.
Berta abb. di Blangy, † v. 725, 4 lug.
Bertilla abb. di Chelles, † v. 692, 5 nov.
Bertilla verg. a Mareuil, † 687, 3 genn.
Bertino ab. di Sithin, † v. 709, 5 sett.
Bertolfo ab. di Bobbio, † 639 o 640, 19 ag.

Bertrando (b.) patr. d'Aquileia, mart. 1350, 6 giu. (Friuli)
Bertrando vesc. e patr. di Comminges, † v. 1123, 16 ott.
Biagio vesc. di Sebastopoli e mart. v. 316, 3 febb. (Cento, Codogno)
Biagio vesc. di Verona, † 750, 22 giu.
Bibiana verg. e mart. a Roma, 363, 2 dic.
Bobone sig. provenzale, † a Voghera, 22/5/986, onor. 2 genn., in Lombardia 22 mag. (Tortona, Verona, Lodi)
Boezio filosofo, † presso Pavia 522, 23 ott.
Bonaventura gen. dell'ordine di s. Francesco, card. e vesc. di Albano, † 1274, can. 1482, onor. 14 lug., sua trasl. 14 mar.
Bonifacio I papa, † 423, 4 sett.
Bonifacio di Magonza, Vinifrido ap. d'Alemagna, vesc. e mart. v. 754, 5 giu.
Bonifacio mart. a Tarso 290, 14 mag.
Brigida, *Brigitta*, *Birgita*, *Britta*, verg. di Scozia, abb. di Kildare in Irlanda, † 523, 1° febb.
Brigida di Svezia ved., † 25/7/1373, onor. 8 ott.
Brizio, *Brixius*, *Briectius*, vesc. di Tours nel 397, † v. 447, 13 nov. (Orvieto)
Brunone arciv. di Colonia, † 966, 11 ott.
Brunone o Bruno ab., fond. dei Certosini nel 1086, † in Calabria 1101, 6 ott., can. da Leone X nel 1514
Brunone vesc., ap. della Prussia, † 1009, 15 ott.
Brunone vesc. di Segni, † 1123, 18 lug.
Brunone vesc. di Würzburg, † 27/5/1045, onor. 17 mag.
Burcardo I vesc. di Würzburg, † 754, 2 febb., sua trasl. 983, 14 ott.
Caio vesc. di Milano, † 85, 27 sett.
Calimero vesc. e mart. a Milano, † v. 191, onor. 31 lug. e 3 ott.
Calisto I papa, † 227, 14 ott.
Calocero vesc. di Ravenna, † 132, 11 febb.
Camilla verg. ad Auxerre, † 437, 3 mar.
Camillo de Lellis di Bacchianico negli Abruzzi, conf., † 1614, 18 lug.
Candida convertita da S. Pietro a Roma, I sec., 4 sett.
Candida mart. a Napoli 586, 4 sett. (Napoli)
Candida verg. e mart. a Cartagine, III sec., 20 sett. (Ventotene)
Candido mart. a Roma, III sec., 3 ott.
Canuto IV re di Danimarca, † 10/7/1086, can. 1100, onor. 19 genn.
Canuto il Giovane du. di Schleswig, † 1131, can. 1171, onor. 7 genn.
Carlo Borromeo arciv. di Milano, † 1584, 4 nov. (Milano)
Carlo il Buono (b.) ct. di Fiandra, † 1127, 2 mar. (Bruges)
Carlo Magno imp. d'occ., † 814, 28 genn., festa prescritta da Luigi XI (Haix-la-Chapelle, Francoforte sul Meno, Münster, Osnabrück, Paderborn)
Carpoforo e comp. mart. sotto Massimiano, 7 ag. (Como)
Casimiro f. di Casimiro IV re di Polonia, † 1483, can. da Leone X, onor. 4 mar. (Polonia, Lituania)
Cassiano prete di Marsiglia, † 450, 23 lug., onor. in Grecia, 29 febb.
Cassiano vesc. di Autun, † 355, 5 ag.
Cassiano vesc. di Todi, mart. 330 c., 13 ag., vd. Ippolito

Cassio e comp. mart. in Alvernia, v. 261, 15 mag.
Casto vd. Emilio e Casto
Casto vesc. in Bretagna, VI sec., 5 lug.
Catello vesc., VII sec., 19 genn. (Castellammare di Stabia)
Caterina, *Catharina*, verg. e mart. ad Alessandria, IV sec., 25 nov. (Jaen, Magdeburgo, Oppenheim)
Caterina da Siena della famiglia Benincasa, religiosa domenicana, † 29/4/ 1380, onor. 30 apr. (Siena)
Caterina dei Fieschi di Genova ved., † 1510, 15 sett. e 22 mar. (Genova)
Caterina de' Ricci di Firenze, verg. domenicana, † 1589, 13 febb. (Prato)
Cecilia verg. e mart. a Roma, 230, 22 nov.
Celestino I papa, † 27/7/432, onor. 6 apr.
Celestino papa, vd. Pietro Celestino
Celinia verg. a Meaux, V sec., 21 ott.
Celso mart. a Milano, I sec., onor. con s. Nazario, 28 lug. (Milano)
Cerano vesc. di Parigi, † av. 625, 27 sett.
Cerbonio vesc. di Populonia, † v. 575, onor. 10 ott.
Cesaria abb. d'Arles, † v. 529, 12 genn.
Cesario medico, † 369, 25 febb.
Chiara, *Clara*, verg., fond. delle francescane, dette poi clarisse, † 11/8/1253, can. 1435, onor. 12 ag. (Assisi)
Chiara di Montefalco, † 1308, 17 ag.
Chiaro ab. a Vienne nel Delfinato, † v. 660, 1° genn.
Chiaro prete, † v. 400, onor. a Tours 8 nov.
Chiaro vesc. e mart. a Nantes, † v. 300, 10 ott.
Chiliano, *Kilianus*, ap. del Würzburg, mart. 689, 8 lug.
Cipriano e Giustina mart. a Nicomedia, 304, 26 sett.
Cipriano vesc. di Cartagine e dott. mart., 14/9/258, già onor. 14 sett., oggi 16 sett. (Compiègne)
Cipriano vesc. di Tolone, mart. 546, onor. 3 ott. (Tolone)
Ciriaco inventore della Croce l'anno 326, vesc. e protettore di Ancona, † in Gerusalemme, onor. 6 mag.
Ciriaco, Largo e Smeraldo mart. a Roma, IV sec., 8 ag.
Cirillo, *Cyrillus*, vesc. e mart., 250, 9 lug.
Cirillo e Metodio ap. degli slavi, IX sec., onor. in chiese latine 9 mar., oggi 5 lug. (Boemia, Moravia, Croazia, Bulgaria)
Cirillo patrono d'Alessandria e dott., † 27/6/444, onor. in chiese latine 28 genn., ad Alessandria d'Egitto 9 febb.
Cirillo vesc. di Gerusalemme e dott., † 18/3/386, onor. 18 o 22 mar.
Cirino vd. Alfio
Ciro o Cirico, *Cyrus*, *Cyricus*, *Syricus*, mart. in Cilicia nel 305, 16 giu. con s. Giulitta sua madre, onor. a Parigi 1° giu.
Claudio mart. a Roma 286, 7 lug. (León)
Claudio vesc. di Besançon, † 693, 6 o 7 giu. (s. Claude)
Clemente I papa, mart., 100, 23 nov. (Siviglia, Velletri, Crimea)
Cleto e Marcellino papi, mart. I e IV sec., 26 apr.

Clotilde regina di Francia, sposa di Clodoveo, † v. 545, 3 giu.

Coletta verg. di Piccardia, riformatrice dell'ordine di s. Chiara, † 1447, can. 1807, onor. 6 mar. (Corbie, Gand)

Colomba di Rimini verg. e mart., v. 275, 31 dic. (Rimini)

Colomba verg. e mart. a Sens, v. 273, 31 dic., sua trasl. 17 dic. (Sens)

Colombano ab. di Bobbio, † 615, 21 nov., sua trasl. 21 ag. (Bobbio, Irlanda, Luxeuil)

Concordio vesc. di Saintes, VI sec., 25 febb.

Consolo vesc. di Como, † v. 495, 7 lug.

Consorzia verg. in Provenza, † v. 578, onor. 22 giu. (Cluny)

Contardo Estense princ., † 1249, 16 apr. (Broni)

Contesto vesc. di Bayeux, † v. 513, 19 genn.

Corbiniano I vesc. di Frisinga in Baviera, † 730, 8 sett.

Cornelio I papa, † giu. 255, onor. 16 sett. con s. Cipriano vesc.

Corrado Confalonieri er. piacentino in Sicilia, † 1351, 19 febb. (Noto)

Corrado, *Conradus*, vesc. di Costanza, † 976, 26 nov.

Cosma e Damiano medici e martiri in Cilicia nel 297, onor. 27 sett. chiesa latina e 1° lug. chiesa greca (Praga, Essen, Salamanca)

Costantino imp. † 22/5/337, onor. 21 mag. (Bova di Reggio Calabria)

Costanziano solitario nel Maine, † v. 582, 1° dic.

Costanzo vesc. d'Aquino (525-585), onor. 1° sett. (Aquino)

Costanzo vesc. e mart. sotto Marco Aurelio, 20 genn. (Perugia)

Crescenzio discepolo di S. Paolo, I sec., 27 giu. a Roma, 29 dic. in Francia

Crisanto e Daria mart. III sec., 25 ott. (Reggio Emilia, Salzburg)

Crisogono prete e mart. presso Aquileia, v. 304, 24 nov.

Crispino (b.) da Viterbo cappuccino, onor. 23 mag. (Viterbo)

Crispino e Crispiniano fr. mart. a Soissons, 285 o 286, 25 ott. (Osnabrück, Soissons)

Cristina verg. e mart. III o IV sec., 24 lug. (Bolsena, Palermo, Torcello)

Cristoforo mart. in Palestina, onor. 14 apr.

Cristoforo mart. in Siria, III sec., onor. 25 lug. (Gallarate)

Cromazio vesc. di Aquileia, † 411, 2 dic.

Cunegonda, *Chunegundis*, *Kunegunda*, imper., † 1040, can. 1198, onor. 3 mar. (Bamberga)

Cuniberto o Uniberto o Chuniberto vesc. di Colonia, † 663, 12 nov.

Cutberto, *Cuthbertus*, vesc. di Lindisfarn in Inghilterra, † 687, 20 mar. (Northumberland)

Dagoberto † v. 679, onor. 23 sett. (Stenay, 2 sett.)

Dagoberto arciv. di Bourges, † 1013, 19 genn.

Dalmazio vesc. di Rodez, † v. 541, 2 nov.

Damaso I papa, † 384, 11 dic.

Damiano vd. Cosma e Damiano

Daniele levita, mart., v. 169, onor. 3 genn. (Padova, Treviso)

Daria vd. Crisanto

Dato vesc. di Ravenna, † 185, 3 lug.

David (venerabile), re di Scozia, onor. 24 mag. (Scozia)

David vesc. di Ménévie, † 544, 1° mar.
Dazio vesc. di Milano, † 552, 14 genn.
Decoroso vesc. di Capua, † 693, 15 febb.
Defendente, *Defendens*, soldato, mart., onor. 2 genn. (Chivasso, Novara)
Delfino vesc. di Bordeaux, † 403, 24 dic.
Demetrio mart. di Tessalonica, 307, 8 ott. (Grecia e Russia 26 ott.)
Desiderato vesc. di Bourges, † 550, 8 mag.
Desiderio vesc. di Vienne nel Delfinato, † v. 668, 23 mag., onor. a Lione 11 febb.
Deus-Dedit papa, † 618, 8 nov.
Diego o Didaco mon. francescano, missionario alle isole Canarie, † 1463, 13 nov.
Diodato, *Deodatus*, *Theodatus*, vesc. di Nevers, † 729, 19 giu. (s. Diodato presso Chambord)
Diodato vesc. di Vienna, VII sec., 15 ott.
Dionigi ap. dei Galli, vesc. di Parigi, mart. v. 286 coi comp. Rustico ed Eleuterio, 9 ott.
Dionigi, *Dionysius*, l'Areopagita, † I sec., 9 ott.
Dionigi papa, † 272, 27 dic., onor. 12 febb. e 26 dic.
Dionigi patr. d'Alessandria, † 265, 17 nov.
Dionigi vesc. di Corinto, † II sec., 8 apr.
Dionigi vesc. di Milano, † v. 371, 25 mag.
Domenica verg. e mart., III sec., 6 lug. (Tropea in Calabria)
Domenico de' Guzmán fond. dell'ord. dei predicatori, † 6/8/1221, onor. 4 ag., can. 1234 (Bologna, Tolosa)
Domitilla verg. e mart. 98, 12 mag., onor. coi ss. Nereo e Achilleo
Donato vesc. d'Arezzo, mart. 362, 7 ag. (Arezzo, Mondovì, Pinerolo, Acerno)
Donato vesc. di Besançon, † 660, 23 giu.
Donato vesc. di Fiesole, † 864, 22 ott. (Fiesole)
Donaziano e Rogaziano mart. a Nantes v. 288, 24 mag. (Nantes)
Donaziano vesc. di Reims, † 389, onor. 14 ott. (Bruges, Gand)
Donnino mart. 304, 9 ott. (Borgo S. Donnino)
Dorotea verg. e mart. in Cappadocia, v. 306, 6 febb. (Pescia)
Dunstano arciv. di Canterbury, † 988, 19 mag. (Canterbury)
Ebbone, *Ebbo*, vesc. di Sens, † 740, 27 ag., sua trasl. 15 febb.
Edmondo arciv. di Canterbury, † 1240, 16 nov., can. 1247
Edmondo, *Eadmundus*, re d'Estanglia, † 870, 20 nov., sua trasl. 29 apr.
Edoardo II, *Edwardus*, re d'Inghilterra, mart. 978, onor. 18 mar. a Roma, 19 mar. a Parigi, sua trasl. 18 febb.
Edoardo III il Conf. re d'Inghilterra, † 5/1/1066, can. 1161, onor. 13 ott., giorno della sua trasl. nel 1163 (Westminster)
Edvige, *Hedwigis*, ved. du. di Polonia, † 15/10/1243, can. 1267, onor. 17 ott. (Slesia, Cracovia)
Efisio di Antiochia mart., III-IV sec., 15 genn. (Cagliari)
Efrem, *Ephrem*, diac. di Edessa, † 378, 1° febb.
Egberto prete in Irlanda, † 729, 24 apr.
Egesippo, *Hegesippus*, conf. a Roma, † v. 180, 7 apr.

Egidio, *Aegidius*, ab. in Linguadoca, † 721, 1° sett. (Edimburgo, Klagenfurt, Norimberga, Tolosa)

Elena, *Helena*, madre di Costantino, † 328, onor. 18 ag., 21 mag. rito ambrosiano (Treves, Colchester)

Eleuterio papa, † 193, 26 mag.

Eleuterio vd. Dionigi ap. della Gallia

Eleuterio vesc. di Auxerre, † 561, onor. 16 ag., ad Auxerre 26 ag.

Eleuterio vesc. di Tournai, † 532, 20 febb. (Tournai)

Elia professore sul Carmelo, onor. 20 lug.

Eligio vesc. di Noyon e di Tournai, † 30/11/659, onor. 1° dic. (Anversa, Dunkerque, Limoges, Marsiglia, Noyon, Parigi, Bologna)

Eliodoro dalmata vesc. di Altino (Chieti), † v. 407, 3 lug.

Elisabetta d'Ungheria ved. † 1231, can. 1235, onor. 19 nov., sua trasl. 2 mag. (Turingia, Marbourg, Isny)

Elisabetta madre di s. Giovanni Battista, I sec., onor. 10 febb.

Elisabetta regina del Portogallo, † 1336, 8 lug., can. 1516 (Coimbra, Estremoz, Saragozza)

Elpidio ab., † av. 410, 2 sett. (Sant'Elpidio nelle Marche)

Emerenziana verg. e mart. a Roma nel 304, 23 genn. (Térnel)

Emerico, *Hemericus*, *Hainricus*, f. di s. Stefano re d'Ungheria, sua deposizione 1031, 2 sett., sua trasl. 5 nov. (Ungheria)

Emidio, *Emigdius*, vesc. e mart., IV sec., 5 ag. (Ascoli Piceno)

Emilia Biccheria mon. a Vercelli, † 1314, 3 mag.

Emiliano (b.) prete, in Spagna, † 574, 12 nov.

Emiliano mart. a Trevi, v. 298, 28 genn. e 6 nov. (Faenza, Trevi)

Emiliano vesc. di Nantes, † v. 72, 26 giu.

Emiliano vesc. di Vercelli, VI sec., 11 sett.

Emilio e Casto mart. in Africa, 250, 22 mag., vd. Marcello

Ennodio vesc. di Pavia, † 1/8/521, onor. a Parigi, 17 lug.

Enrico imp. di Germania, † 1024, onor. a Roma 15 lug., a Parigi 2 mar. (Basilea, Bamberga)

Epifanio, *Epiphanus*, vesc. di Pavia, † 21/1/496, onor. 30 genn.

Epimaco vd. Gordiano ed Epimaco

Eraclio, *Heraclius*, vesc. di Sens, † v. 515, 8 giu.

Erasmo o Elmo vesc. e mart. a Formies, IV sec., 2 giu. (Gaeta, Napoli)

Ercolano vesc. e mart. 547, 1° mar. (Perugia)

Eriberto, *Heribertus*, arc. di Colonia, 999-1021, 16 mar. (Deutz)

Ermelinda verg., † v. 595, 29 ott. (Meldraërt)

Ermenegildo, *Hermenegildus*, mart. a Tarragona, 24/3/585, onor. 13 apr. (Siviglia)

Ermete, *Hermetis*, mart. in Roma, II sec., 28 ag. (Salzburg)

Erminia f.a del re Dagoberto II, abb. di Oeren, VIII sec., 24 dic.

Erminio o Ermo vesc. e ab. di Lobbes, † 737, 25 apr., sua trasl. 26 ott.

Ermolao, *Hermolaus*, prete, mart. a Nicomedia, 303, 27 lug. (Chartres)

Esuperanzia verg. a Troyes, V o VI sec., 26 apr.

Esuperanzio vesc. di Cingoli, V sec., 24 genn. (Cingoli)

Esuperanzio vesc. di Ravenna, † 418, 30 mag.
Eucario vesc. di Treviri, III sec., 8 dic.
Eucherio I vesc. di Lione, † 450, 16 nov.
Eucherio II vesc. di Lione, † 530, 16 lug.
Eucherio vesc. d'Orléans, † 738, 20 febb.
Eufemia verg. e mart. in Calcedonia nel 307, 16 sett. (Calatafimi)
Eufrasia verg. della Tebaide, † apr. 410, onor. 13 mar.
Eufrasio vesc. di Clermont in Alvernia, † 515, 15 mag.
Eufronio vesc. d'Autun, † 490, 3 ag.
Eugenia verg. e mart. a Roma v. 258, 25 dic.
Eugenio I papa, † 657, 2 giu.
Eugenio arciv. di Milano, VIII sec., 30 dic.
Eugenio vesc. di Cartagine, † 505, 13 lug.
Eulalia verg. e mart., 304, 12 febb. (Barcellona)
Eulalia verg. e mart. a Merida, 404, 10 dic. (Merida, Lentini)
Eulogio e comp. mart. a Costantinopoli sotto Valente, onor. 3 lug.
Eulogio patr. d'Alessandria, † 13/2/607, onor. 13 sett.
Eulogio prete di Cordova, arciv. di Toledo, mart. 859, 11 mar.
Eurosia verg. e mart., VII sec., 25 giu.
Eusebia verg. e mart. v. VII sec., 29 ott. (Bergamo)
Eusebio di Cremona, † v. 423, 5 mar.
Eusebio papa, † 311, 26 sett.
Eusebio prete rom., mart. 347, 14 ag.
Eusebio vesc. di Vercelli, † v. 370, onor. 1° ag., oggi 16 dic. (Vercelli)
Eustachio soldato e comp., mart. a Roma v. 118, 20 sett.
Eustasio ab. di Luxeuil, † 625, 29 mar.
Eustochia verg. rom., † a Betlemme, 419, 29 sett.
Eustorgio vesc. di Milano, † 518, 6 giu. (Milano)
Eutichiano papa, † 7/12/283, onor. 8 dic.
Eutichio suddiacono d'Alessandria, mart. IV sec., 26 mar.
Eutropia mart. a Reims, 451, 14 dic.
Eutropia ved. in Alvernia, V sec., 15 sett.
Eutropio vesc. di Saintes, III sec., 30 apr.
Eutropio vesc. d'Orange, † dopo 475, 27 mag.
Evaristo papa, mart. v. 121, 26 ott.
Evasio vesc. e mart., secoli III o IV, 1° dic. (Casale Monferrato, Asti)
Evodio vesc. di Rouen, † v. 430, 8 ott.
Fabiano papa, mart. 253, 20 genn.
Fabiola dama rom., mart. 400, 27 dic.
Famiano conf., † 1150, 8 ag. (Gallese)
Faustina e Liberata verg. piacentine, onor. 18 genn.
Faustino e Giovita mart. v. 134, 15 febb. (Brescia)
Fausto vesc. di Riez, † v. 490, 28 sett. (Cordova)
Fede, *Fidis*, verg. e mart. di Agen v. 287, 6 ott. (Agen, Chartres, Morlas)
Fedele da Sigmaringen cappuccino, mart. 1632, 24 apr.
Fedele soldato, mart. a Como v. 285, 28 ott.

Federico, *Fredericus*, vesc. di Utrecht, mart. 838, 18 lug.
Felice I papa mart. 275, onor. 30 mag.
Felice II papa e comp., mart. 365, 29 lug.
Felice III papa, mart. 492, 25 febb.
Felice IV papa, † 22/9/530, onor. 30 genn.
Felice da Cantalice conf., † 18/5/1587, onor. 21 mag., can. 1712 (Roma)
Felice di Valois fond. dei trinitari, † 4/11/1212, onor. 20 nov. (Méaux)
Felice e Adaucto mart. a Roma, sec. IV, 30 ag.
Felice e Fortunato mart. ad Aquileia, 296, 11 giu. (Chioggia)
Felice, Fortunato e Achilleo diac. ap. del Valentinois, mart. v. 212, 26 apr.
Felice prete di Nola, mart. v. 265, 14 genn.
Felice vesc. di Clermont, † v. 664, 10 ott.
Felice vesc. di Metz, † v. 500, 21 febb.
Felice vesc. di Nantes, † 582, 7 lug.
Feliciano vd. Primo e Feliciano
Feliciano vesc. di Foligno, mart. v. 251, 24 genn. (Foligno)
Felicita, mart. a Roma 164, onor. 23 nov., coi figli 10 lug.
Felicita vd. Perpetua e Felicita
Felicola verg. e mart. a Roma I sec., 13 giu.
Felino e Graziano soldati, mart. a Perugia, v. 250, 1º giu. (Milano)
Ferdinando III re di León e Castiglia, † 1252, 30 mag. (Cordova, Siviglia)
Ferdinando vesc. di Caiazzo (Caserta), † v. 1050, 27 giu. (Caiazzo)
Fermo e Rustico mart. a Verona v. 310, 9 ag.
Ferreolo mart. a Vienne nel Delfinato, IV sec., 18 sett. (Catalogna)
Filadelfio vd. Alfio
Filastro vesc. di Brescia, † v. 387, 18 lug.
Filiberto ab. di Jumiéges, † 684, 20 ag. (Jumiéges, Tournus, Donzerès nel Delfinato)
Filippo ap. e mart. con s. Giacomo il Minore, I sec., 1º mag., in alcune chiese onor. 14 nov. (Algeri)
Filippo Benizzi conf., † 1285, 23 ag.
Filippo Berruyer arciv. di Bourges, † 1261, 9 genn.
Filippo Neri fond. della Congregazione dell'oratorio, † 1595, onor. 26 mag. in Italia, 21 mag. a Parigi (Roma)
Filogono vesc. d'Antiochia, † 323, 20 dic.
Filomena, *Philumena*, verg., VI sec., 5 lug. (San Severino Marche)
Fiorentino e Ilario mart. in Borgogna v. 406, 27 sett.
Fiorenzo, *Flentius*, vesc. di Vienna, † v. 258, 3 genn.
Fiorenzo prete e conf. a Glonne, † v. 400, onor. 22 sett. (Saumur)
Fiorenzo vesc. d'Orange, † 526, 17 ott. (Fiorenzuola, Orange)
Firmiliano vesc. di Cesarea in Cappadocia, † 269, onor. 28 ott. dai greci, 26 dic. dai latini
Firmino vesc. di Amiens, conf., † v. 290, 25 sett. (Pamplona, Amiens, Beauvais, Navarra)
Flaviano pref. di Roma, mart. III sec., 28 genn.
Flaviano vesc. d'Antiochia, † 404, 26 sett.
Flaviano vesc. di Costantinopoli, † 449, onor. 18 febb.

Flavio vesc. di Rouen, † v. 542, 23 ag.

Floriano mart. a Lorch in Austria v. 304, 4 mag. (Austria, Polonia)

Foca giardiniere, mart. in Antiochia, 303, 5 mar.

Fortunato, Caio e Ante, III-IV sec., 28 ag. (Salerno)

Fortunato vd. Felice

Fortunato vesc. di Fano, † v. 620, 8 giu. (Fano)

Francesca rom. ved., istitutrice delle collatine, † 1410, 9 mar. (Roma)

Francesco Borgia gesuita, conf., † 1572, 10 ott. (Gandía)

Francesco Caràcciolo conf., fond. dei Chierici regolari minori, † 1610, 4 giu.

Francesco d'Assisi istitutore dei frati minori, † 1226, can. 16/7/1228, onor. 4
ott., sua trasl. 25 mag., stigmate 17 sett., invenzione del suo corpo 12 dic.
(Assisi, Guastalla, Livorno, Mirandola, Massa e Carrara)

Francesco di Paola istitutore dei minimi, † 1507, 2 apr., rito ambrosiano 6 mag.
(Cosenza, Tours)

Francesco di Sales vesc. di Ginevra, † 28/12/1622, can. 1665, onor. 29 genn.
(Annecy, Chambéry)

Francesco Regis gesuita di Narbona, † 1640, 16 giu. (Velay)

Francesco Saverio ap. delle Indie, † 1552, 3 dic. (Piacenza, Bastia, Goa,
Macao, Portogallo, Pamplona)

Francesco Solano francescano spagnolo, evangelizzatore del Perú, † 1610, 24
lug. (Granada, Perú)

Frediano, *Frigidianus*, vesc. di Lucca, † 588, 18 mar. (Lucca)

Frumenzio ap. dell'Etiopia, vesc., † v. 380, onor. 27 ott. dai latini, 30 nov. dai
greci, 18 dic. in Abissinia

Fruttoso vesc. di Tarragona, mart. 259, 21 genn. (Segovia, Tarragona)

Fruttuoso arciv. di Braga, † 665, 16 apr. (Braga, Lisbona, Compostela)

Fulberto vesc. di Chartres, † 1029, 10 apr.

Fulcrano vesc. di Lodève in Linguadoca, † 1006, 13 febb.

Fulgenzio vesc. di Ruspe in Africa, † 533, 1° genn. (Cagliari)

Fusciano mart. presso Amiens, III o IV sec., 11 dic., onor. anche 27 lug.

Gabriele Arcangelo onor. 18 mar.

Gaetano, *Cajetanus*, da Thiene, istitutore dei teatini, † 1547, 7 ag., can. 1670
(Napoli, Poggio Mirteto)

Gaio o Caio papa, mart. 296, 22 apr., vd. Sotero

Galdino arc. di Milano, † 1776, 18 apr.

Gallo ab. irlandese, ap. della Svizzera, † v. 627, 16 ott. (Sankt-Gallen, Ladenberg)

Gallo vesc. di Alvernia, † 10 mag. v. 554, onor. 1° lug.

Gaspare vd. *Re Magi*

Gauchero, *Galcherius*, canonico regolare nel Limousin, † 1140, 9 apr.

Gaudenzio vesc. di Brescia, † v. 410, 25 ott.

Gaudenzio vesc. di Novara, † 417, 22 genn. (Ivrea, Novara)

Gavino mart. in Sardegna 304, 25 ott. (Porto Torres)

Gelasio I papa, † 496, 21 nov.

Gelasio vesc. di Poitier, V sec., 26 ag.

Gemelli (*i tre*), Speusippo, Eleusippo e Meleusippo, mart. in Cappadocia, II o III
sec., 17 genn.

Geminiano vesc. di Modena, † 397, 31 genn., suo patrocinio 4 apr., sua trasl. 30 apr. (Modena, Este, Ferrara, Pontremoli)

Gemma verg., † 1426, 13 mag. (Goriano Sicoli, L'Aquila)

Genebaldo I vesc. di Laon, † v. 549, 5 sett.

Generoso ab. di S. Jouin-de-Marne, † v. 682, 10 lug.

Genesio mart. a Arles v. 303, 25 ag.

Genesio mimo, mart. a Roma, 286, 25 ag.

Genesio vesc. d'Alvernia, † v. 662, 3 giu.

Gennaro, *Januarius*, vesc. di Benevento, mart. 21/4/305, onor. 19 sett., festa della sua trasl. la I o II domenica di mag. (Napoli, Benevento, Sassari)

Genoveffa verg. di Nanterre, † 512, 3 genn., sua trasl. 28 ott. (Parigi)

Genziano mart. presso Amiens v. 303, 11 dic., sua trasl. 8 mag.

Geraldo fond. dell'abbazia di S. Pietro d'Aurillac, † 909, 13 ott.

Gerardo dei Tintori conf., † 1207, 13 giu. (Monza)

Gerardo vesc. di Csánad (Ungheria), † 1046, 24 sett., onor. a Venezia 27 sett., sua trasl. 24 febb.

Gerardo vesc. di Potenza, † v. 1120, 30 ott.

Gerardo vesc. di Toul, † 994, 23 apr.

Germano patr. di Costantinopoli, † 733, 12 mag.

Germano vesc. di Besançon, † v. 407, 11 ott.

Germano vesc. di Parigi, † 576, 28 mag.

Germerio vesc. di Tolosa, † dopo 560, 16 mag.

Gerolamo vd. Girolamo

Gertrude abb. benedettina di Rodersdorff e di Heldelfs, † 1334, 15 nov.

Gertrude, *Geretrudis*, abb. di Nivelle nel Brabante, † 659, 17 mar. (Breda, Nivelle)

Gervasio e Protasio mart. I sec., 19 giu. (Milano, Parigi, Soissons, Nevers), festa dell'elevazione dei loro corpi nel 1864 a Milano, 14 mag.

Giacinta de' Marescotti, *Hyacintha*, verg. rom., 1640, 6 febb. (Viterbo)

Giacinto, *Hyacintus*, domenicano, † 1257, 16 ag. (Polonia)

Giacomo della Marca conf., † 1479, 28 nov. (Chemnitz)

Giacomo il Maggiore ap. e mart. 44, 25 lug., festa della sua apparizione in Spagna, 23 mag. (Pesaro, Pistoia, Cile, Coimbra, Brunswick, Compostela, Innsbruck)

Giacomo il Minore ap. e vesc. di Gerusalemme, mart. 62, 1° mag. (Dieppe)

Giacomo l'Interciso † 421, 27 nov. (Braga)

Gilberto ab. di Neuffons, † 6/6/1152, onor. 3 ott.

Gilberto fond. dell'ordine di Simptingham in Inghilterra, † 1190, 4 febb.

Gilda abb. di Ruis in Bretagna, † 565, 29 genn.

Gioacchino, *Joachim*, padre di Maria Verg., già onor. 20 mar. a Roma, 22 mar. in Polonia, 28 lug. a Parigi, 9 sett. in Grecia e a Milano, 9 dic. a Magonza, Clemente XII (1730-40) ne trasferisce la festa alla domenica fra l'ottava dell'Assunzione di Maria Verg.

Gioconda verg., V sec., 25 nov. (Reggio Emilia)

Giocondo vesc. di Bologna, † v. 490, 14 nov.

Giona mart. in Persia 327, 29 mar.

Giorgia verg. di Clermont, V sec., 15 febb.

Giorgio guerriero, mart. a Lydda in Palestina v. 303, onor. 23 apr. rito rom., 24 apr. rito ambrosiano, 25 apr. a Coira (Inghilterra, Baviera, Aragona, Costantinopoli, Russia, Serbia, Sassonia, Ferrara, Genova, Vigevano)

Giorgio vesc. di Suelli (Cagliari), † 1117, 23 apr. (Suelli)

Giosafat vd. Barlaam e Giosafat

Giosafatte vesc., mart., 1632, 12 nov.

Giovanna (b.) di Francia mogl. di Luigi XII, istitutrice delle suore dell'Annunciazione, † 1505, 4 febb.

Giovanna Francesca Fremiot di Chantal ved., † 13/12/1641, can. 1767, onor. 21 ag.

Giovanni I papa, mart. 18 mag. 526, onor. 27 mag.

Giovanni II papa, detto Mercurio per la sua eloquenza, † 8/5/535

Giovanni Battista de La Salle pedagogista, fond. delle scuole di La Salle, † 9/4/1719

Giovanni Battista precursore di Cristo, sua concezione 24 sett., sua natività (festa principale) 24 giu., sua decollazione 29 ag. (Firenze, Torino, Cesena, Breslau, Francoforte sul Meno, Avignone, Amiens, Cambrai, Utrecht, Malta, Rodi, Lipsia, Lubecca, Lione)

Giovanni Bono vesc. di Milano, † v. 660, 10 genn.

Giovanni Buralli conf. francescano, † 1289, 20 mar. (Parma)

Giovanni Canzio (di Kenty) prete, conf., † 1473, 20 ott. (Cracovia, Polonia, Lituania)

Giovanni Climaco detto lo Scolastico, ab. del Monte Sinai, † 605, 30 mar.

Giovanni Colombini da Siena fond. dei gesuati, † 1367, 31 lug.

Giovanni Crisostomo dott. vesc. di Costantinopoli, † 14/9/407, onor. 27 genn. a Roma, 18 sett. a Parigi, 30 genn. e 13 nov. in Grecia

Giovanni da Capistrano francescano, † 1456, 23 ott., onor. anche 28 mar. (Belgrado, Villach)

Giovanni Damasceno dott., † v. 780, onor. a Roma 6 mag., a Parigi 8 mag., dai greci 29 nov.

Giovanni da s. Facondo conf., † 1479, onor. 12 giu.

Giovanni della Croce conf., riformatore dei carmelitani, † 14/12/1591, onor. 24 nov.

Giovanni de Montemirabili cistercense, † 1217, 29 sett.

Giovanni di Dio istitutore dell'Ordine della carità o Fatebenefratelli, † 1550, 8 mar. (Granada)

Giovanni di Matha fond. dei trinitarii, † dic. 1213, onor. 8 febb., secondo il rito ambrosiano 14 febb. (Parigi, Toledo)

Giovanni Elemosinario patr. d'Alessandria, † 11/11/616, onor. a Roma 23 genn., a Parigi 9 apr., in Oriente 11 nov. (Monaco)

Giovanni e Paolo mart. a Roma v. 363, 26 giu.

Giovanni er. a Nicopoli nell'Egitto, IV sec., 27 mar.

Giovanni Evangelista ap., † 101, onor. 27 dic., avanti la porta latina, 6 mag. (Pesaro, Mecklemburgo, Besançon, Clèves, Langres, Lione)

Giovanni Francesco Régis gesuita, conf., onor. 16 giu.

Giovanni Gualberto ab. fond. di Vallombrosa, † 1073, can. 1193, onor. 12 lug., sua trasl. 10 ott.

Giovanni Nepomuceno canonico di Praga, mart. 1383, 16 mag. (Boemia, Praga, Santander)

Giovanni Oldrato da Meda (*de Mida*) fond. degli umiliati, † 1159, 25 o 26 sett.

Giovanni Silenziario vesc. di Armenia, † 558, 13 mag.

Giovenale vesc. di Narni, † 376, 3 mag. (Narni)

Giovita vd. Faustino

Girolamo Emiliani o Miani fond. della congregazione dei somaschi, † 1537, 20 lug. (Venezia, Treviso)

Girolamo, *Hieronymus*, prete e dott., † 430, 30 sett. (Roma, Pesaro, Curzola)

Girolamo vesc. di Nevers, † 816, 5 ott.

Gisleno ab. nell'Hainaut, † 681, 9 ott.

Giuda, *Judas*, ap. detto Taddeo, mart. dopo il 62, onor. 28 ott., dai greci e russi 19 giu. (Magdeburgo, Colonia)

Giulia, *Julia*, verg. e mart. in Siria, v. 300, 7 ott.

Giulia verg. e mart. in Corsica, VI o VII sec., 22 mag. (Livorno)

Giuliana Falconieri verg. a Firenze, † 1341, 19 giu.

Giuliana verg. e mart. a Nicomedia, † 308, onor. 16 febb. a Roma (sua trasl.), 21 mar. a Parigi

Giuliano e Basilissa, mart. sotto Diocleziano, 9 genn.

Giuliano mart. a Brioude (Alvernia) † 304, 28 ag. (Brioude, Tournon)

Giuliano mart. ad Auxerre, III sec., 3 febb.

Giuliano mart. a Rimini, III sec., 22 giu. (Rimini, Macerata)

Giuliano vesc. del Mans, III sec., 27 genn. (Mans)

Giuliano vesc. di Toledo, † 690, 8 mar. (Toledo)

Giuliano vesc. di Vienna, † v. 532, 22 apr.

Giulietta o Giuditta, mart. con s. Ciro v. 305, onor. 16 giu. a Roma, 1° giu. a Parigi

Giulio I papa, † 352, 12 apr. (Volterra)

Giulio d'Orta prete, † 400, 31 genn. (Orta)

Giulio sen., mart. 182, 19 ag.

Giuniano, *Junianus*, er. nel Limosino, † v. 500, onor. 16 ott. e 15 nov.

Giuseppe da Calasanzio istitutore della congregazione dei chierici regolari, † 1648, 27 ag.

Giuseppe da Copertino conf., † 1663, 18 sett.

Giuseppe sposo di Maria Verg., sua festa 19 mar. in chiese latine, 20 apr. a Parigi, suo patrocinio la III domenica dopo Pasqua, festa istituita nel 1680 (Belgio, Spagna, Verdun, Westfalia, Napoli)

Giustina verg. e mart. a Padova, v. II sec., 7 ott. (Padova, Piacenza, Venezia)

Giustino il filosofo, dott., mart. 13/4/167, onor. 14 apr.

Giusto mart. a Roma, onor. 28 febb.

Giusto mart. nel Beauvais, V sec., 18 ott.

Giusto mart. nella persecuzione di Diocleziano, onor. 2 nov. (Trieste)

Giusto vesc. di Lione, † v. 390, 2 sett. (Lione)

Giusto vesc. e Clemente, prete, † v. 1140, 5 giu. (Volterra)

Giuvenale vesc. di Narni, † v. 377, 3 mag. (Narni)
Goffredo ab. di Nogent vesc. d'Amiens, † 1115, 8 nov. (Amiens, Soissons)
Gontrano re di Borgogna e d'Orléans, † 593, 28 mar.
Gonzales, *Gonsalvus*, domenicano, nel Portogallo, † v. 1259, 10 genn.
Gordiano mart. a Roma nel 362, onor. 10 mag. con s. Epimaco, a Parigi 22 mar.
Gorgonia sor. di s. Gregorio Nazianzeno, † v. 372, 9 dic.
Gorgonio e Doroteo mart. sotto Diocleziano nel 304, 9 sett.
Gotardo, *Godehardus*, vesc. d'Hildesheim, † 1038, onor. 4 mag.
Grato e Marcello preti, IV o V sec., 20 mar. (Forlì)
Grato vesc. d'Aosta, V sec., onor. 7 sett. (Aosta)
Grato vesc. di Chalon-sur-Saône, † 652, 8 ott.
Graziano mart. ad Amiens, 303, 23 ott.
Gregorio I il Grande papa, dott., † 604, onor. 12 mar. e 3 sett. (Granada, Petershausen)
Gregorio II papa, † 731, 13 febb.
Gregorio III papa, † 10/12/741, onor. 28 nov.
Gregorio VII papa, † 1085, 25 mag. (Bosnia, Salerno)
Gregorio d'Alvernia vesc. di Tours, † 595, 17 nov.
Gregorio il Taumaturgo vesc. di Neocesarea, † v. 270, 17 nov.
Gregorio l'Illuminatore ap. dell'Armenia, † v. 325, 30 sett. (Armenia, Napoli, Nardò)
Gregorio Nazianzeno patr. di Costantinopoli, dott., † 390, onor. 9 mag. e 11 giu., dai greci 25 e 30 genn.
Gregorio vesc. di Langres, † 539, 4 genn.
Gregorio vesc. di Nazianzo, † 374, 1° genn.
Gregorio vesc. di Nissa, padre della chiesa, † 395, onor. 9 mar., dai greci 10 genn.
Gualtiero ab. di S. Martino di Pontoise, † 1099, can. 1153, onor. 8 apr.
Gualtiero, *Galterius, Gualterius, Walterus*, ab. di Lesterp, † 1070, 11 mag.
Gudila o Gudulla verg. nel Brabante, † v. 710, 8 genn. (Bruxelles)
Guglielmo ab. di S. Benigno di Fruttuaria, † 1031, 1° genn.
Guglielmo arciv. di York, † 1154, 8 giu.
Guglielmo di Malavalle presso Siena er., fond. dei Guglielmiti, † 1157, 10 febb. (Toscana)
Guglielmo du. d'Aquitania, mon., † 812 o 813, 28 mag.
Guglielmo fond. del monastero di Monte Verg., † 1142, 25 giu. (Vercelli)
Guglielmo, *Guillelmus*, arciv. di Bourges, † 1209, onor. 10 genn.
Guiberto, *Wigbertus*, fond. dell'abbazia di Gembloux, † 962, 23 mag.
Guido sagrestano a Bruxelles, † v. 1012, 12 sett.
Guido vesc. d'Acqui, † 1070, 1° giu. (Acqui)
Guiniforte mart. a Pavia v. VI sec., 22 ag.
Ida (b.) ct. di Boulogne, madre di Goffredo di Buglione, † 1113, 13 apr. (Boulogne-sur-Mer)
Ifigenia verg., onor. 21 sett.
Igino, *Hyginus*, papa, mart. 10 genn. 158, onor. 11 genn.
Ignazio di Loyola conf., fond. della compagnia di Gesù, † 1556, 31 lug. (Pamplona, Lanzo in Piemonte)

Ignazio patr. di Costantinopoli, † 877, 23 ott.

Ignazio vesc. d'Antiochia, mart. a Roma 107, onor. 1° febb., dai greci 29 febb.

Ilario, *Hilarius*, *Chilarius*, vesc. di Gévaudan, † 540, 25 ott.

Ilario papa, † 29/2/468, onor. 10 sett.

Ilario vesc. d'Arles, † 449, 5 mag.

Ilario vesc. di Pavia, † 376, 16 mag.

Ilario vesc. di Poitier, dott., † 13/1/368, onor. 13 genn. fino al 1602, poi 14 genn., sue trasl. 26 giu., 1° ott., 1° nov. (Parma, Poitiers, Luçon)

Ilarione, *Hilario*, ab., istitutore della vita monastica in Palestina, † 372 in Cipro, onor. 21 ott., dai greci 28 mar.

Ildeberto, *Hildebertus*, *Datlepertus*, vesc. di Meaux, † v. 690, 27 mag.

Ildefonso vd. Alfonso

Ildegarda, *Hildegardis*, abb. di S. Rupert (Magonza), † 1180, 17 sett. (Bingen)

Ildemanno, *Hildemannus*, vesc. di Beauvais, † 844, 8 dic.

Illuminato conf., comp. di s. Francesco d'Assisi, † 1226, 11 mag. (S. Severino Marche)

Innocenti mart. sotto Erode, 28 dic.

Innocenzo I papa, † 12/3/417, onor. 28 lug.

Innocenzo vesc. del Mans, † 512, 19 giu.

Ippolito mart. a Roma nel 259, onor. 13 ag., con s. Cassiano, mart.

Ippolito vesc. e dott., mart., III sec., 22 ag.

Irene mart. a Tessalonica nel 304, onor. 5 apr., dai greci 16 apr. (Lecce)

Irene verg. e mart. in Portogallo, 653, 20 ott. (Santarem)

Ireneo diac., mart. a Chiusi (Toscana), 271, 3 lug. (Catanzaro)

Ireneo vesc. di Lione, mart. 202, 28 giu. (Lione)

Isabella (ba.), f.a del re Luigi VIII, fond. del mon. di Long-Champ, † 22/2/1270, venerata a Parigi 12 sett., a Long-Champ 31 ag.

Isaia profeta, onor. 6 lug.

Isidoro di Pelusio padre della chiesa, † v. 450, 4 febb.

Isidoro il Lavoratore conf., † 1130, can. 1622, onor. 15 mag. e 30 nov. (Madrid)

Isidoro vesc. di Siviglia, dott., † 636, 4 apr. (León, Siviglia)

Ivone, *Ivo Carnotensis*, vesc. di Chartres, † 1116, onor. 20 mag. e 23 dic. (Rennes)

Labre vd. Benedetto G. Labre

Ladislao o Lancellotto re d'Ungheria, † 1095, can. 1192, onor. 27 giu., sua deposizione 29 lug. (Ungheria, Lituania, Transilvania)

Lamberto o Landeberto vesc. di Lione, † 690, 14 apr.

Lamberto vesc. di Maastricht, mart. v. 706, 17 sett. (Liegi)

Lancellotto vd. Ladislao

Landelmo ab. di Lobbes, † 686, 15 giu.

Landoaldo missionario dei Paesi Bassi, † v. 666, 19 mar.

Landolfo vesc. d'Asti, † 1134, 7 giu.

Landrada verg., abb. di Münster-Bilsen, † v. 700, 8 lug. (Gand, Münster-Bilsen)

Lanfranco arc. di Canterbury, † 1089, 28 mag.

Lanfranco vesc. di Pavia, † 1198, 23 giu.

Largo vd. Ciriaco

Lazzaro Boccardi vesc. di Milano, † 449, 11 febb.

Lazzaro vesc., fr. di Marta e Maria a Betania, risuscitato da Gesù Cristo, onor. 17 dic. (Marsiglia)

Lea ved. rom., † v. 384, 22 mar.

Leandro vesc. di Siviglia, † 599, onor. 27 febb. e 13 mar. (Siviglia)

Leocadia verg. e mart. a Toledo, 304, 9 dic. (Toledo)

Leonardo ab. di Vendeuvre, † v. 570, onor. 15 ott. (Mans, Corbigny, Morvan)

Leonardo da Porto Maurizio francescano, † 26/11/1751, onor. 27 nov.

Leonardo er., ab. di Noblat, † 559, 6 nov.

Leone I il Grande papa, † 10/11/461, onor. 11 apr. a Roma (sua trasl.), e 18 febb. in or.

Leone II papa, † 683, onor. 2 lug. e 23 mag. fino al XVI sec., quindi il 28 giu. (Sicilia)

Leone III papa, † 816, 12 giu. (Aix-la-Chapelle)

Leone IV papa, † 855, 17 giu.

Leone IX papa, † 1054, 19 apr.

Leone prete, III o IV sec., 1° ag. (Montefeltro)

Leonida padre di Origene, mart. ad Alessandria v. 204, 22 apr.

Leonzio I vesc. di Bordeaux, † v. 541, 21 ag.

Leonzio II vesc. di Bordeaux, † v. 564, 15 nov.

Leonzio vesc. di Cesarea in Cappadocia, v. 337, onor. 13 genn.

Leonzio vesc. di Fréjus in Provenza, † v. 450, 1° dic. (Fréjus, Vicenza)

Leopoldo IV march. d'Austria, † 1136, 15 nov. (Austria, Carinzia, Stiria)

Leto, *Laetus*, mon. a S. Mesmin, † 534, 5 nov.

Leucadia verg. e mart., † 303, 9 dic.

Liberio papa, † 366, 24 sett. (Roma)

Liborio vesc. del Mans, † v. 397, 23 lug. (Mans, 9 giu.)

Licerio vesc. di Conserans, † v. 548, 27 ag.

Licinio mart. a Como, onor. 7 ag.

Licinio vesc. di Angers, † v. 605, 1° nov., onor. 13 febb.

Lino papa, mart. v. 78, 23 sett.

Livino vesc. irlandese, ap. della Fiandra e Brabante, † 657, 12 nov. (Gand)

Lodovico vd. Luigi

Longino centurione, mart. I sec., 15 mar. (Mantova, Brunswick)

Lorenzo arciv. di Canterbury, † 619, 2 febb.

Lorenzo arciv. di Dublino, † 1181, 14 nov. (Dublino)

Lorenzo arciv. di Milano, † 512, 27 lug.

Lorenzo da Brindisi conf., cappuccino, † 11/7/1619, onor. 7 lug. (Brindisi, Lisbona)

Lorenzo Giustiniani vesc. di Venezia, † 8/1/1455, onor. 5 sett. (Venezia)

Lorenzo, *Laurentius*, arcid. a Roma, mart. 258, 10 ag. (Alba, Cuneo, Ancona, Chiavenna, Viterbo, Lugano, Norimberga)

Luca, *Lucas*, ap. evang., I sec., onor. 18 ott., sua trasl. 9 mag. (Padova, Reutlingen)

Lucia verg. e mart. a Siracusa, 304, 13 dic. (Siracusa)

Luciano di Samosata prete, mart. 312, 7 genn.

Luciano vesc. di Beauvais, mart. v. 280, 8 genn., sua trasl. 1° mag. (Beauvais)

Lucio di Coira re dei Britanni, † v. 180, 3 dic. (Coira, Baviera)

Lucio papa e mart., 5 mar. 257, onor. 4 mar. (Copenaghen, Seeland)

Lucrezia verg. e mart. sotto Diocleziano a Merida di Spagna, onor. 23 nov. (Merida)

Luigi IX, *Ludovicus*, re di Francia, † 1270, can. 1297, onor. 25 ag., a Roma 26 ag., sua trasl. nel 1306, 27 mag. (Blois, Versailles, la Rochelle)

Luigi (b.) alemanno, arciv. di Arles, card., † 1450, 16 sett.

Luigi d'Anjou vesc. di Tolosa, † 1297, can. 1317, onor. 19 ag. (Marsiglia, Brignoles, Valenza)

Luigi Gonzaga gesuita, † 1519, 21 giu. (Castiglione delle Stiviere, Mantova)

Lullo vesc. di Magonza, † 786, 16 ott.

Luminosa verg. pavese, V sec., 9 mag.

Lupicino ab. di S. Claude, † v. 480, 21 mar.

Lupo vesc. di Bayeux, † 465, 25 ott.

Lupo vesc. di Lione, † v. 542, 25 sett.

Lupo vesc. di Sens, † 623, onor. 1° sett., sua trasl. 23 apr.

Lutgarda, *Lutgardis*, religiosa cistercense nel Brabante, † 1246, onor. 16 giu. a Roma, 13 giu. a Parigi

Macario d'Alessandria ab. in Egitto, † v. 394, onor. 2 genn.

Macario d'Egitto ab., † 391, 15 genn.

Macario patr. di Costantinopoli, † 1012, 10 apr.

Macario vesc. di Bordeaux, IV o V sec., 4 mag.

Macario vesc. di Comminges V sec., 1° mag. (Comminges)

Maccabei (sette fr.) mart. in Antiochia, onor. 1° ag.

Macra verg. e mart. a Fimes, v. 287, 6 genn., onor. anche 11 giu.

Macrina sor. di s. Basilio, † v. 380, 19 lug.

Macuto, *Machutus*, *Maclovius*, vesc. d'Aleth in Bretagna, † v. 565, 15 nov.

Maddalena vd. Maria Maddalena

Maglorio vesc. di Dol in Bretagna, mon. a Jersey, † v. 575, 24 ott.

Magno de' Trincheri vesc. di Milano, † 530, 5 nov.

Magno vesc. d'Avignone, † v. 660, 19 ag. (Anagni)

Maiolo ab. di Cluny, † 994, 11 mag. (Souvigny)

Malachia arciv. d'Armagh in Irlanda, † 2/11/1148, onor. 3 nov. (Armagh, Clairvaux)

Malachia profeta, onor. 11 genn.

Mamerto vesc. di Vienna, † v. 476, 11 mag.

Mamiliano mart. a Roma, III sec., 12 mar.

Mammete, *Mammas*, mart. a Cesarea in Cappadocia v. 274, onor. 17 ag. (Langres)

Mansueto vesc. di Milano, † apr. 680, onor. 19 febb.

Mansueto vesc. di Toul, † 375, 3 sett.

Manveo vesc. di Bayeux, † v. 480, 28 mag.

Marcella dama rom., † 410, 30 ag., onor. 31 genn.

Marcellina verg., sor. di s. Ambrogio, † 398 o 399, 17 lug.

Marcellino papa, mart. v. 25/10/304, onor. 26 apr.
Marcellino prete e Pietro esorcista, mart. a Roma, III o IV sec., 2 giu.
Marcellino vesc. d'Embrun, † 376, 20 apr.
Marcello I papa, mart. 309, 16 genn.
Marcello, Casto, Emilio e Saturnino mart. a Capua v. 440, 6 ott. (Capua)
Marcello e Apuleio, mart. a Roma, I sec., 7 ott.
Marcello vesc. di Parigi, † 1/11/436, onor. 3 nov., sua trasl. v. 1200, 26 lug.
(Parigi)
Marcello vesc., mart. a Chalon-sur-Saône v. 178, 4 sett.
Marcia o Rustica, *Marcia, Rusticula*, abb. di S. Cesareo d'Arles, † 632, 11 ag.
Marco e Marcellino mart. a Roma v. 287, 18 giu. (Badajoz)
Marco evangelista, mart. 68, 25 apr., sua trasl. a Venezia, 829, 31 genn.
(Venezia, Cortona)
Marco papa, † 340, 7 ott. (Toledo)
Margherita (b.) di Savoia, f. di Amedeo princ. d'Acaja, ved., † 23/11/1464,
commemorata 27 nov.
Margherita da Cortona penitente, mon. francescana, † 22/2/1297, can. 1728,
onor. 23 febb. (Cortona)
Margherita, *Margaretha*, verg. e mart. ad Antiochia, fine del III sec., onor. 20
lug. dai latini, 17 lug. dai greci, già onor. anche il 12, 13, 14, 15 e 19 lug.
(Parigi)
Margherita Maria Alacoque (b.) mon. salesiana a Paray-le-Monial, dioc. di
Autun, † 1690, 17 ott., can. 1924
Margherita regina di Scozia, † 16/11/1093, can. 1251, già onor. 8 lug. e dal
1693, 10 giu., sua trasl. 19 giu. (Scozia)
Maria (b.) degli Angeli verg. carmelitana a Torino, † 1717, beatificata 1866,
venerata 19 dic.
Maria Cleofe, *Maria Cleophas* o *Jacobe*, madre dell'ap. s. Giacomo il Minore,
I sec., 9 apr., sua trasl. 25 mag.
Maria di Betania, *Maria Bethanitis*, sor. di Marta e Lazzaro, I sec., onor. dai
greci 18 mar. e 13 genn., a Parigi 19 genn., in Borgogna 19 mar.
Maria Egiziaca penitente, † 431, 2 apr., onor. in or. 1° apr., a Parigi 29 apr.
Maria Maddalena de' Pazzi di Firenze carmelitana, † 25/5/1607, onor. 27 mag.
Maria Maddalena sor. di Marta e di Lazzaro, † v. 66, 22 lug.
Maria Salome sp. di Zebedeo, I sec., 22 ott.
Maria Verg. madre di Gesù Cristo vd. *Glossario di date*
Mariano diac., mart. a Roma v. 270, 1° dic.
Marina verg. in Egitto, † v. 750, 18 giu., sua trasl. 17 lug. a Venezia
Marino muratore, VII sec., 4 sett. (rep. di S. Marino)
Mario, Marta, Audiface e Abaco mart. a Roma v. 270, 19 genn.
Marone, Eutiche e Vittorino mart. in Italia, I sec., 15 apr.
Marta verg., sor. di Lazzaro e di Maria, I sec., 29 lug. (Aix, Tarascona, Castres)
Martina verg. e mart. a Roma, III sec., 1° e 30 genn. (Roma)
Martiniano e Processo mart. a Roma, I sec., 2 lug.
Martiniano er., V sec., 13 febb.
Martino ab. a Saintonage, V sec., 7 dic.

Martino ab. di Vertou in Bretagna, † v. 601, 24 ott.
Martino arciv. di Braga in Portogallo, † 580, 20 mar.
Martino papa e mart., † 16/9/655, onor. 12 nov.
Martino vesc. di Tours, † v. 397, 11 nov. (festa principale), sua ordinazione e
    trasl., 4 lug., festa per il ritorno delle sue reliquie a Tours, 13 dic. (Lucca,
    Belluno, Amiens, Braga, Colmar, Magdeburgo, Tours, Uri, Utrecht, Vienna)
Martiri della Cocincina (1835-40), onor. 24 dic.
Martiri d'Italia sotto i longobardi v. 579, 2 mar.
Martiri d'Otranto nel 1480, 14 ag.
Martiri giapponesi nel 1597, 5 febb., can. 9/6/1862
Marziale I vesc. di Limoges, III sec., 30 giu., sua trasl. 10 ott.
Marziale vesc. di Spoleto, † v. 350, 4 giu.
Marziano vesc. di Tortona, mart. II sec., 6 mar. (Tortona)
Massenzia, *Maxentia*, verg. scozzese, mon. in Piccardia, V sec., 20 nov.
Massenzio, *Maxentius*, ab. nel Poitu, † 515, 26 giu.
Massimiliano *Maximilianus*, mart. in Numidia, 295, 12 mar.
Massimiliano vesc. di Lorsch in Austria, mart. v. 308, 12 ott.
Massimino ab. di Micy presso Orléans, † 520, 15 dic.
Massimino, *Maximinus*, arciv. di Treviri, † 12/9/349, onor. 29 mag.
Massimo *Maximus* vesc. di Alessandria, † 9/4/282, onor. 27 dic.
Massimo vd. Tiburzio, Valeriano e Massimo
Massimo vesc. di Torino, † v. 466, 25 giu.
Materno vesc. di Treviri, Tongres e Colonia, † 315, onor. 14 sett., sua trasl. a
    Treviri 18 lug. e 23 ott., a Liegi 19 o 25 sett.
Matilde, *Mathildis*, regina di Germania, mogl. di Enrico I, † 968, 14 mar.
Matrona verg., serva, V o VI sec., mart. a Tessalonica, onor. 15 mar.
Matteo ap. ed evangelista, I sec., sua festa 21 sett. in occ., 9 ag. in or.
Mattia, *Matthias*, ap., I sec., sua festa 24 febb., negli anni bisestili 25 febb.
    (Treves, Goslar)
Maturino prete nel Gatinais, IV o V sec., già onor. 6 nov., oggi 9 nov.
Maura e Brigida verg., V sec., onor. in Turenna e nel Beauvais 15 genn. e 3
    lug.
Maurilio arciv. di Rouen, † v. 1067, 9 ag.
Maurilio vesc. d'Angers, † 437, 13 sett.
Maurizio capo della legione tebea e comp., mart. ad Agaune 286, 22 sett.
    (Pinerolo, Fossombrone, Lucerna, Magdeburgo, Angers, Appenzel, Havre,
    Savoia)
Mauro discepolo di s. Benedetto, ab. di Glanfeuil, † 584, 15 genn.
Mauro vesc. di Verdun, † 383, 8 nov.
Mauronte ab. di Bruel, patrono di Douay, † 702, 5 mag.
Medardo vesc. di Noyon e di Tournai, † 545, 8 giu.
Mederico ab. di S. Martino d'Autun, † v. 700, 29 ag., 31 ag. a Parigi, altre feste
    22 genn. e 2 sett.
Melania dama rom., † a Costantinopoli v. 411, 7 genn.
Melania nip. della precedente, † v. 439, 31 dic.
Melanio vesc. di Rennes, † v. 530, 6 genn.

Melanio vesc. di Rouen, † v. 311, 22 ott.

Melchiade o Milziade, *Miltiades*, papa, † 11/1/314, già onor. 10 genn., oggi 10 dic.

Melchiorre vd. *re Magi*

Melecio, *Meletius*, patr. d'Antiochia, † 381, 12 febb.

Memmio vesc. di Chalon-sur-Marne, † v. 290, 5 ag.

Menelao ab. di Menat in Alvernia, † 720, 22 lug.

Menno mart. in Frigia, † 303 o 304, 11 nov.

Metodio, *Methodius*, patr. di Costantinopoli, † 847, 14 giu.

Metodio vesc. vd. Cirillo e Metodio

Michele de' Sanctis conf., † 10/4/1625, can. 1862, onor. 5 lug.

Michele, *Michaël*, arcangelo, sua apparizione o rivelazione nel 493, 8 mag., sua festa principale in occ., e dedicazione del tempio sul monte Gargano, 29 sett., in or. 8 giu. e 6 sett. (Albenga, Caltanissetta, Benevento, Salerno, Napoli, Inghilterra, Baviera, Spagna, Bruxelles, Sebenico, Zug)

Milete, *Miles*, *Milles*, *Mellisius*, vesc. di Susa, mart. 11/11/331, onor. 22 apr., in or. 10 nov.

Mitrio, *Mitrius*, *Mitrias*, *Metrius*, mart. ad Aix-en-Provence nel 364, 13 nov.

Moderanno, *Moderamnus*, *Moderandus*, vesc. di Rennes in Bretagna, † 730, 22 ott. (Parma)

Moderato mart. ad Auxerre, V sec., 1° lug.

Modesto mart. a Cartagine, onor. 12 genn.

Modesto mart. con s. Vito, IV sec., 15 giu.

Modoaldo vesc. a Treviri, † 640, 12 mag.

Mommolino, *Mummolenus*, vesc. di Noyon e di Tournai, † 685, 16 ott.

Monaci di Nonantola massacrati dagli ungari verso il 903, 24 sett.

Monegonda, *Monegundis*, religiosa a Tours, sec. VI (?), 2 lug.

Monica madre di s. Agostino, † 387, 4 mag., sua trasl. a Roma nel 1430, 9 apr.

Montano soldato, mart. a Terracina, II sec., 17 giu.

Mosè legislatore e profeta, onor. 4 sett.

Mosè prete, mart. a Roma v. 251, 25 nov.

Musa verg. rom., VI sec., 2 apr.

Mustiola matrona rom., mart. con s. Ireneo sotto Aureliano, onor. 3 lug. (Chiusi)

Nabore e Felice mart. a Milano v. 304, 12 lug., trasl. 23 lug. (Milano)

Narciso, *Narcissus*, vesc. di Girone, ap. di Augsburg, IV sec., onor. 18 mar. (Girón, Augsburg)

Narciso vesc. di Gerusalemme, † v. 222, onor. 29 sett.

Natalia mart., onor. 29 ag. e 20 ott. (Lisbona)

Nazario e Celso mart. a Milano, I sec., 28 lug. (Milano)

Nazario mart. a Roma v. 304, 12 giu. (Arras)

Nemesio mart. in Cipro, onor. 20 febb.

Nemesio vesc. di Tubuna, mart. 257, 19 dic.

Nereo vd. Achilleo e Nereo

Nestore vesc. di Perga, mart. v. 250, 25 febb.

Nicasio vesc. di Reims, mart. 407, 14 dic. (Reims)

Nicasio vesc. di Rouen, mart. v. 286, 11 ott. (Rouen, Vaux)

Niceforo, *Nicephorus*, mart. ad Antiochia v. 259, onor. a Roma 9 febb., a Parigi 15 mar.

Niceto, *Nicetius*, vesc. di Treviri, † 566, 5 dic.

Nicodemo, *Nicodemus*, discepolo di Gesù Cristo, onor. 27 mar.

Nicola da Tolentino er., † 1309, 10 sett., can. 1446 (Tolentino)

Nicola o Nicolò di Bari vesc. di Mira, IV sec., 6 dic., sua trasl. 9 mag. (Russia, Bari, Andorra, Sassari, Sicilia, Corfù, Amiens, Lorena, Parigi)

Nicolò I papa, † 867, 13 nov.

Nicomede prete, mart. sotto Domiziano, onor. 15 sett.

Nilo er. sul monte Sinai, † 451, 12 nov.

Nilo il Giovane fond. di Grottaferrata, † 1005, 26 sett.

Ninfa vd. Trifone

Nivardo vesc. di Reims, † 672, 1° sett.

Nonna madre di s. Gregorio di Nazianzeno, † 374, 5 ag.

Norberto fond. dell'ordine di Premontre, arciv. di Magdeburgo, † 1134, can. 1582, onor. 6 giu. (Magdeburgo, Anversa, Praga)

Odemaro *Audomarus*, vesc. di Thérouanne, † v. 697, 9 sett.

Odeno, *Dado*, *Audoenus*, *Dadoenus*, vesc. di Rouen, † 683, 24 ag.

Odilla, *Odilia*, *Ottilia*, abb. di Hoenburg, † v. 720, 13 dic. (Hoenburg, Liegi)

Odilone, *Odilo*, ab. di Cluny, † 31/12/1048, onor. 2 genn. e 21 giu.

Odomaro, *Othmarus*, ab. di S. Gallo, † 759, 16 nov., sua trasl. 25 ott.

Odone, *Odo*, arciv. di Canterbury, † 958, 4 lug.

Odone, *Odo*, *Otto*, ab. di Cluny, † 943, 18 nov.

Odone vesc. di Cambrai, † 1113, 19 giu.

Ognissanti festa consacrata a tutti i santi si celebra nella chiesa latina il 1° nov., nella chiesa greca la I domenica dopo Pentecoste – risale all'anno 608 nel quale Bonifacio IV, consacrando il Pantheon di Roma a tutti i santi martiri, ne fissa la festa al 13 mag. Nel 737 Gregorio III estende la festa a tutti i santi fissandola al 1° nov., nel 1475 Sisto IV ordina la celebrazione di questa festa a tutta la chiesa

Olaf, *Olaus*, *Olavus*, re di Norvegia, † 31/8/1030, onor. 29 lug. (Norvegia, isole Orcadi)

Olimpiade, *Olympiadis*, diac. a Costantinopoli, † 408, onor. 17 dic. in occ., 25 lug. in or.

Omobono mercante a Cremona, † 1197, onor. a Roma, 13 nov., a Parigi, 6 lug. (Cremona, Faenza, Modena, Lione)

Onesimo vesc. di Efeso, mart. II sec., 16 febb.

Onesto prete di Tolosa, mart. v. 270, onor. a Tolosa il 12 lug., la domenica nell'ottava di s. Dionigi e il 15 febb.

Onofrio er. nella Tebaide, IV sec., 12 giu.

Onorato arciv. di Canterbury, † 653, 30 sett.

Onorato di Milano vesc., † v. 570, 8 febb.

Onorato vesc. d'Amiens, † 600, 16 mag.

Onorato vesc. di Arles, † 429, onor. 20 genn. e 15 mag. (Tolone)

Onorato vesc. di Tolosa, † 270, 21 dic. (Perpignano)

Onorina, *Honorina*, verg. e mart. v. 300, onor. 27 febb.

Opportuna abb. di Montreuil, † 770, 22 apr.

Optato vesc. di Milève, † v. 370, 4 giu.

Oriento, *Orientius*, vesc. d'Auch, † v. 396, 1° mag.

Orseolo (venerabile) vd. Pietro Orseolo

Orsiso, *Orsisius*, ab. di Tabenna (Egitto), † 381, 15 giu.

Orso ab. di Senneviers in Touraine, † v. 510, 18 o 28 lug.

Orso, *Ursus*, vesc. d'Auxerre, † v. 508, 30 lug.

Orsola, *Ursula*, e comp. mart., IV o V sec., a Colonia, onor. 21 ott. (Colonia, Delft)

Osvaldo arciv. di York, † 992, 29 febb., sua trasl. 15 ott.

Osvaldo re d'Inghilterra, mart. 672, 5 ag.

Ottone, *Otto*, vesc. di Bamberga, † 30/6/1139, can. 1189, onor. 2 lug. (Bamberga, Pomerania, Camin)

Paciano vesc. di Barcellona, † v. 390, 9 mar. (Barcellona)

Pacifico d'Ancona, † v. 840, 26 ag.

Pacomio ab. istitutore dei cenobiti, † 9/5/348, onor. 14 mag.

Palemone, *Palemo*, anacoreta nella Tebaide, IV sec., onor. 11 genn. a Roma, 14 mag. a Parigi

Palladio vesc. di Bourges, † v. 384, 10 mag.

Palladio vesc. di Saintes, † v. 600, 7 ott.

Pancrazio mart. a Roma v. 304, 12 mag. (Albano, Bergen, Leida)

Pancrazio vesc. e mart. in Sicilia, I sec., 3 apr. (Taormina)

Panfilo, *Pamphilus*, prete, mart. a Cesarea 309, onor. a Roma 1° giu., a Parigi 12 mar.

Pantaleone, *Pantaleo*, medico e mart. di Nicomedia nel 303, 27 lug. (Oporto, Crema)

Panteno, *Pantanus*, ap. delle Indie, † v. 216, 7 lug.

Paola dama rom., † 404 a Betlemme, onor. 26 genn. a Roma, 22 giu. a Parigi

Paolino patr. d'Aquileia, † 802, 11 genn., onor. oggi 28 genn. (Friuli)

Paolino vesc. di Lucca, mart. sotto Nerone, 12 lug. (Lucca)

Paolino vesc. di Nola, † 431, 22 giu. (Nola, Ratisbona)

Paolino vesc. di Senigallia, IX sec., onor. 4 mag. (Senigallia)

Paolino vesc. di Treviri, † 358, 31 ag., sua trasl. 13 mag.

Paolo I papa, † 767, 28 giu.

Paolo ap., mart. a Roma nel 67, sua festa principale, con s. Pietro, 29 giu., sua commemorazione 30 giu., sua conversione 25 genn., sua entrata a Roma 6 lug., sua trasl. 16 apr. (Roma, Bologna, Massa Lombarda, Berlino, Avignone, Cluny, Brema, Londra, Saragozza, Valladolid)

Paolo della Croce conf., fond. dei passionisti nel 1724, † 1775, onor. 28 apr.

Paolo mart. a Roma col fratello Giovanni, 362 o 363, 26 giu.

Paolo primo er. in Tebaide, † 10/1/341, onor. 10 e 15 genn.

Paolo vesc. di León (Bretagna), † 575, 12 mar. (Saint-Pol-de-León).

Paolo vesc. di Narbona, III sec., onor. 22 mar. (Narbona, Tarragona)

Paolo vesc. di Verdun, † 648, 8 febb. (Verdun)

Papia vesc. di Hierapolis, † v. 156, 22 febb.

Pasquale I, *Pascalis*, papa, † febb. 824, onor. 14 mag.

Pasquale Baylon di Torre Hermosa (Aragona), minorita osservante riformato, † 1592, 17 mag. (Torre Ermosa)

Paterniano o Patrignano vesc. di Bologna, † v. 450, 12 lug. (Fano)

Paterno vesc. di Vannes, † v. 448, 15 apr. (Vannes)

Patrizio ap. dell'Irlanda, † 463, 17 mar., sua trasl. 9 giu. (Irlanda, Murcia)

Patrizio, *Patricius*, vesc. di Bayeux, † v. 469, 1° nov.

Patroclo er. nel Berry, † 577, 19 nov. (Westfalia)

Patroclo mart. a Troyes v. 275, 21 genn. (Troyes)

Paziente, *Patiens*, vesc. di Lione, † v. 491, 11 sett.

Pelagia commediante in Antiochia, † v. 457, onor. a Roma 8 ott., a Parigi 8 mar., sua conversione 12 giu.

Pelagia ved., † v. 570 a Limoges, 26 ag.

Pepino, *Pippinus* (b.), di Landen nel Brabante, † 640, 21 febb.

Peregrino mart. a Lione, III sec., 28 lug.

Peregrino vesc. d'Auxerre, mart. 304, 16 mag.

Perfetto mart. a Cordova 850, 18 apr. (Cordova)

Perpetua e Felicita mart. a Cartagine 200 o 205, 7 mar.

Perpetua mart. a Roma, I sec., 4 ag.

Perpetuo vesc. di Tours, † 497, 8 apr., sua ordinazione 30 dic.

Petronilla pretesa f.a di s. Pietro, I sec., 31 mag. (Roma)

Petronio vesc. di Bologna, † 450, 4 ott. (Bologna)

Piato, *Piatus*, *Pyato*, ap. di Tournai, mart. v. 287, 1° e 29 ott. (Tournai)

Pietro ap. e papa, mart. nel 67, onor. con s. Paolo, 29 giu., sua trasl. 16 apr., sua cattedra a Roma 18 genn., in Antiochia 22 febb., in or. 16 genn., s. Pietro *in Vinculis* il 1° ag. (Roma, Bologna, Ancona, Faenza, Fano, Fabriano, Fiesole, Genova, Lucca, Napoli, Sicilia, Inghilterra, Baviera, Boemia, Colonia, Amburgo, Lilla, Lovanio, Nantes, Montpellier, Vannes, York)

Pietro arciv. di Tarentasia, † 14/9/1174, onor. 8 mag.

Pietro, Battista, Paolo e comp., mart., vd. *Martiri giapponesi*

Pietro Celestino, *Petrus de Morone*, papa e istitutore dei celestini, † 1296, 19 mag., can. 1307 (L'Aquila)

Pietro Crisologo vesc. di Ravenna, † 2/12/457, onor. 4 dic. (Ravenna, Imola)

Pietro d'Alcantara istitutore dei Francescani scalzi, † 18/10/1562, onor. 19 ott.

Pietro Damiano card., vesc. d'Ostia, dott., † 22/2/1072, onor. 23 febb.

Pietro di Nola, *Petrus Nolascus*, fond. dell'ordine della Mercede, † 29/1/1256, can. 1628, onor. 31 genn. (Barcellona)

Pietro esorcista a Roma, mart. 304, 2 giu.

Pietro Gonzales domenicano, † 1240, 15 apr.

Pietro il Venerabile ab. di Cluny, † 1156, 25 dic.

Pietro Martire dell'ordine dei predicatori, † 1252, onor. 29 apr. (Milano, Como)

Pietro Orseolo doge di Venezia, poi mon. benedettino, † 997, 10 genn. (Venezia)

Pietro vesc. d'Alessandrina, mart. 311, 26 nov.

Pietro vesc. di Policastro, † 1123, 4 mar.

Pietro vesc. di Sebaste, † 387, 9 genn.

Pinieno (b.), *Pinianus*, sposo di s. Melania, † v. 435, onor. 19 e 31 dic.

Pio I papa, † 167, 11 lug.
Pio V papa e conf. † 1572, 5 mag. (Barbastro)
Piono, *Pio*, *Pionius*, martire a Smirne 250, onor. 1° febb. in occ., 11 mar. in or.
Pirmino vesc., † 753, 3 nov.
Placida verg. e mart., 460, onor. 11 ott. (Verona)
Placido discepolo di s. Benedetto, mart. a Messina 541, 5 ott. (Messina)
Platone, *Plato*, ab. a Costantinopoli, † 19/3/813, onor. 4 apr.
Policarpo, *Polycarpus*, discepolo di s. Giovanni evangelista, vesc. di Smirne, mart. 167, 26 genn.
Policarpo prete a Roma, † v. 300, 23 febb.
Pompeo mart. in Africa sotto Decio, onor. 10 apr.
Pompeo mart., vesc. di Pavia v. 100, 14 dic.
Ponziano mart. a Spoleto v. 154, 19 genn. (Spoleto)
Ponziano papa, mart. 238, 19 nov. (Sardegna)
Porfirio, *Porphyrius*, vesc. di Gaza in Palestina, † 420, 26 febb.
Porziano, *Portianus*, ab. nell'Alvernia, † v. 540, 24 nov.
Possidonio vesc., IV-V sec., onor. 16 mag. (Mirandola)
Potamione, *Potamius*, vesc. e mart. a Eraclea, 345, 18 mag.
Potenziano vesc. e mart., IV sec., onor. a Sens 19 ott. e 31 dic.
Potino vesc. di Lione, mart. 177, 2 giu. (Lione)
Prassede, *Praxedis*, verg. rom., II sec., 21 lug. (Roma)
Pretestato vesc. di Rouen, mart. 586, 24 febb.
Primo e Feliciano fr. mart. a Roma v. 287, 9 giu.
Principio vesc. del Mans, † 510, 16 sett.
Prisca verg. e mart. a Roma, I sec., 18 genn.
Prisco mart. nell'Auxerre 274, 26 mag.
Privato vesc. di Gévaudan, mart. v. 256, 21 ag.
Probo vesc. di Verona v. VI sec., 12 genn., vd. Taraco
Processo e Martiniano mart. a Roma, I sec., 2 lug.
Procopio mart. a Cesarea 303, 8 lug.
Proietto vesc. d'Imola, † 483, 23 sett. (Imola)
Prosdocimo vesc. di Padova, † v. 133, 7 nov. (Carrara, Padova)
Prospero d'Aquitania dott. della chiesa, † v. 463, 25 giu. (Reggio Emilia)
Prospero vesc. d'Orléans, † v. 464, 29 lug.
Protasio vesc. di Milano, † 352, onor. 19 giu. e 24 nov. (Milano)
Proto e Giacinto mart. a Roma 257, 11 sett.
Prudenzio mart. nel Poitu v. 613, onor. a Bèze 6 ott.
Prudenzio vesc. di Atina (Terra di Lavoro), † v. 300, 1° apr.
Pulcheria f.a dell'imp. Arcadio, † 453, onor. 7 lug. e 10 sett.
Quadragesimo sotto-diac. in Italia, VI sec., 26 ott.
Quadrato vesc. d'Atene, † 126, 26 mag.
Quaranta martiri in Cappadocia, 320, 10 mar.
Quarantasette martiri a Roma sotto Nerone, onor. 14 mar.
Quattro martiri coronati Severo, Severiano, Carpoforo e Vittorino fratelli, III o IV sec., 8 nov.
Quintino mart. nel Vermandois, 287, 31 ott. (Vermandois)

Quinziano vesc. d'Alvernia, † 10/11/527, onor. 13 nov. (Rodez, 14 giu.)
Quirino o Cirino mart. a Roma, v. 369, 12 giu.
Quirino o Cirino mart. a Roma sotto Claudio, onor. 25 mar. (Tegernsee)
Quirino tribuno, mart., II sec., 30 mar. (Correggio, Colonia, Neuss)
Rabano (b.) Mauro arciv. di Magonza, † 856, 4 febb.
Radbodo vesc. di Utrecht, † 918, 29 nov.
Radegonda, *Radegundis*, *Aregundis*, regina di Francia, † 13/8/587, onor. a
    Parigi 30 genn. (Poitiers, Peronne, Chinon)
Raffaele, *Raphaël*, arcangelo, onor. 24 ott. (Cordova)
Raimondo di Peñafort domenicano, † 6/1/1275, già onor. 7 genn., oggi 23
    genn., can. 1601 (Barcellona, Toledo)
Raimondo Nonnato dell'ordine della mercede, † 1240, 31 ag. (Catalogna)
Raineri o Ranieri, *Ranerius*, conf., † 1161, 17 giu. (Pisa)
Raingarda (b.) religiosa di Marcigny, † 1135, 24 giu.
Ramberto o Renoberto, *Ragnobertus*, vesc. di Bayeux, † v. 668, 16 mag., sue
    trasl. 23 apr., 13 giu., 2 sett., 24 ott., 28 dic.
Regina di Denain VIII sec., 1° lug.
Regina verg. e mart. presso Alise, 251, 7 sett., onor. anche 17 e 22 mar. (Alise
    in Borgogna)
Regolo mart. in Africa v. 542 (Toscana e Spagna)
Regolo vesc. e ap. d'Arles e Senlis, mart. III sec., 30 mar., onor. anche 7 febb.,
    23 apr. e 15 lug. (Senlis)
Remaclo vesc. di Maastricht, † v. 668, 3 sett., sua trasl. 25 giu.
Re Magi Melchiorre, Gaspare e Baldassare, I sec., 6 genn.
Remedio, *Romedius*, conf. nel Trentino, V sec., 1° ott. (Trento)
Remigio arciv. di Lione, † 875, 28 ott.
Remigio vesc. di Reims, † 533, 13 genn., sua trasl. e festa principale 1° ott.
    (Reims)
Renato vesc. d'Angers, † v. 470, 12 nov., sua trasl. 20 ag. (Angers, Sorrento)
Reparata verg. e mart. in Palestina sotto Decio, 8 ott. (Correggio, Nizza)
Respicio vd. Trifone
Restituta mart. in Africa sotto Diocleziano, III sec., 17 mag.
Restituta verg. e mart. con Cirillo v. 272, 27 mag. (Sora di Caserta)
Reticio vesc. di Autun, † 334, 19 lug., onor. anche 15 mag. e 25 lug.
Ricario, *Richarius*, ab. di Centule, † 645, 26 apr., onor. anche 24 ag., sua trasl.
    5 mar.
Riccardo re degli anglosassoni, † a Lucca nel 722, 7 febb. (Lucca, Eichstätt)
Riccardo vesc. di Chichester, † 1253, 3 apr., can. 1262
Rigoberto vesc. di Reims, † 739, 4 genn., sua trasl. 14 giu.
Rigomero vesc. di Meaux, V sec., 28 mag.
Roberto ab. di New Minster (Inghilterra), † 1159, 7 lug.
Roberto ab. e fond. del convento di Moleme e di Citeaux, † 21/3/1110, onor. 29
    apr.
Roberto d'Arbrissel (b.) fond. dell'ordine di Fontevrault, † 1117, 24 febb.,
    onor. 25 febb. negli anni bisestili
Rocco, *Roch*, conf. a Montpellier, † 1327, 16 ag. (Parma, Venezia, Montpellier)

Rodingo ab. di Beaulieu (Champagne), † v. 680, 17 sett.
Rodrigo, *Rudericus*, prete e mart. a Cordova 857, 13 mar. (Cordova)
Rogaziano vd. Donaziano
Romano ab. conf., † 460, 28 febb.
Romano e David mart. 1001, 24 lug. (Russia)
Romano soldato, mart. a Roma 258, 9 ag.
Romano vesc. d'Auxerre, † 564, 6 ott. (Auxerre)
Romano vesc. di Metz, † v. 489, 16 apr.
Romano vesc. di Rouen, † 639, 23 ott. (Rouen)
Romarico fond. dei monasteri di Remiremont, † 653, 8 dic.
Romolo vesc. di Fiesole, mart. I sec., 6 lug. (Fiesole).
Romualdo di Ravenna fond. dei camaldolesi, † 1027, 19 giu., sua trasl. 7 febb.
    (Ravenna)
Rosa da Viterbo verg., † 1252, 4 sett. (Viterbo)
Rosa di Lima verg. nel Perú, domenicana, † 26/8/1617, onor. 30 ag., giorno
    della sua can. nel 1671 (Lima, Perú)
Rosalia verg., † 1160, 4 sett., can. 1625 (Palermo)
Rufino conf. a Mantova, onor. 19 ag. (Ferrara)
Rufino e Valerio mart. a Soissons v. 287, 14 giu.
Rufo vesc. d'Avignone, v. III sec., 12 nov., a Valenza 14 nov. (Avignone)
Ruggero, *Rogerius*, *Rugerius*, vesc. di Canne, † v. 496, onor. 15 ott. e 30 dic.
    (Barletta)
Rustico vd. Dionigi ap. della Gallia
Rustico vesc. di Clermont, † v. 446, 24 sett.
Rustico vesc. di Lione, † v. 500, 25 apr.
Rustico vesc. di Narbona, † 461, 26 ott.
Sabba ab. e fond. di monasteri in Palestina, † 532, 5 dic.
Sabina mart. ad Avila in Spagna, 305, 27 ott. (Avila)
Sabina ved. e mart. a Roma 126, 29 ag., sua trasl. 3 sett. (Roma)
Sabina verg. a Troyes, III sec., 29 genn. (Troyes)
Sabiniano mart. a Troyes, III sec., 29 genn.
Sabino o Savino vesc. di Piacenza, IV sec., 17 genn. (Piacenza)
Sabino vesc. d'Assisi, mart. 303, 30 dic. (Assisi, Castri, Spoleto)
Salvio vesc. ad Angoulême, mart. a Valenciennes v. 801, 26 giu., sua trasl. 7
    sett.
Samson, *Samso*, vesc. di Dol in Bretagna, 585, onor. 29 lug., a Parigi 17 ott.
    (Dol)
Samuele profeta, onor. 16 febb. (Migne), 20 ag. (bollandisti)
Sapore e Isaac mart. in Persia 339, 30 nov.
Satiro fr. di s. Ambrogio, † 393, onor. 17 sett. (Milano)
Satiro mart. in Acaia, onor. 12 genn.
Saturnino prete, mart. a Cartagine 304, 11 febb., vd. Marcello
Saturnino vesc. di Tolosa, mart. 257, 29 nov. (Tolosa, Pamplona, Navarra)
Savina matrona di Lodi, IV sec., 30 genn. (Milano, Lodi)
Savino vd. Sabino
Scillitani cristiani di Scillite d'Africa, mart. a Cartagine nel 200, 17 lug.

Scolastica sor. di s. Benedetto, † v. 543, 10 febb. (Montecassino, Le Mans)
Sebastiano mart. a Roma v. 287, 20 genn., sua trasl. 9 dic. (Roma, Mannheim, Palma, Soissons, Oetting, Chiemsee)
Sebastiano Valfrè (b.) conf., † a Torino, 1710, 30 genn.
Secondo capitano della legione tebea, mart. presso Ventimiglia v. 286, 26 ag. (Ventimiglia)
Secondo mart. ad Asti 119, 29 mar. (Asti)
Sempronio e Aureliano mart. IV sec., 5 dic. (Brindisi)
Senatore vesc. di Milano, † 480, 28 mag.
Sennen vd. Abdon e Sennen
Serapia verg. e mart. a Roma 29/8/126, onor. 3 sett.
Serapione mart. ad Algeri sotto Decio, 14 nov. (Barcellona)
Serapione vesc. e mart. a Catania 304, 12 sett. (Catania)
Sereno vesc. di Marsiglia, † v. 601, 2 ag. (Biandrate)
Sergio I papa, † 8/9/701, onor. 9 sett.
Sergio e Bacco nobili rom., mart. in Siria, III o IV sec., 7 ott. (Sergiopolis)
Servando e Germano mart. a Cadice inizi del IV sec., 23 ott. (Cadice, León)
Servazio vesc. di Tongres, † 384, 13 mag. (Tongres, Maastricht, Worms)
Sette Dormienti mart. in Efeso, III sec., 27 lug.
Sette fondatori dell'ordine dei Servi di Maria Verg. nel 1233, onor. 11 febb., can. nel 1717
Sette fratelli f. di s. Felicita, mart. v. 164 a Roma, 10 lug.
Settimio vesc. e mart. a Iesi, IV sec., 22 sett. (Iesi)
Severiano vd. *Quattro mart. coronati*
Severiano vesc. di Gévaudan, III sec., 25 genn.
Severiano vesc. di Scitopoli, † v. 452, 21 febb.
Severino ab. ap. dei Norici (Austria), † 482, 8 genn. (Austria, Baviera, Vienna, San Severino)
Severino ab. di Agaune, † 507 a Château-Landon, 11 febb.
Severino vesc. di Colonia, † v. 403, 23 ott. (Colonia)
Severo mart. a Ravenna, 304, 1° genn.
Severo di Ravenna vesc., † v. 390, 22 ott. (Ravenna)
Sidonio Apollinare vesc. d'Alvernia, † v. 488, 21 ag., onor. 23 ag. (Alvernia, Clermont-Ferrand)
Sigeberto re d'Austrasia, † 656, 1° febb. (Nancy, Metz)
Sigismondo, *Sigismundus*, *Simundus*, re di Borgogna, † 524, 1° mag. (Cremona, la Boemia)
Sigolena abb. di Troclare, † v. 700, 24 lug.
Silverio papa, mart. v. 538, 20 giu.
Silvestro I papa, † 337, onor. 31 dic. in occ., 2 genn. in or.
Silvestro Gozzolini ab. di Osimo, istitutore dei silvestrini, † 1267, 26 nov.
Silvestro vesc. di Chalon-sur-Saône, † v. 526, 20 nov.
Silvia madre di s. Gregorio Magno, VI sec., 3 nov. (Brescia)
Silvino vesc. apostolico, † nell'Artois 720, 17 febb.
Silvio vesc. di Tolosa, † v. 400, 31 mag.
Simeone Barsabeo *Simeo Bar-Saboé* vesc. di Selencia, mart. v. 344, 21 apr.

Simeone e Giuda Taddeo ap., I sec., onor. in occ. 28 ott. (Goslar)

Simeone o Simone, cug. germano di Gesù Cristo, vesc. di Gerusalemme, mart. v. 107, 18 febb.

Simeone, *Simeo, Simo*, profeta a Gerusalemme, I sec., onor. 8 ott. in occ., 3 febb. in or. (Zara)

Simeone Stilita il Giovane † 596, 24 mag.

Simeone Stilita l'Antico anacoreta ad Antiochia, † 460, onor. 5 genn.

Simeone vesc. di Metz, IV sec., 16 febb.

Simmaco, *Symmachus*, papa, † 514, 19 lug.

Simone di Trento mart. 1575, 24 mar., onor. a Trento la IV domenica dopo Pasqua

Simone Stock gen. dei carmelitani, † 1265, 16 mag.

Simpliciano vesc. di Milano, † 400, 16 ag. (Milano)

Simplicio papa, † 10/3/483, onor. 2 mar.

Simplicio vesc. d'Autun, † 418, 24 giu.

Simplicio vesc., mart. in Sardegna v. 304, 15 mag. (Terranova Pausania, in Sardegna)

Sindolfo prete nella diocesi di Reims, VII sec., 20 ott.

Sindolfo vesc. di Vienne, v. 630, 10 dic.

Sinforiano, *Symphorianus*, mart. ad Autun, v. 180, 22 ag. (Autun, Trevoux)

Sinforosa e i 7 suoi f. mart. a Tivoli v. 120 o 125, 18 lug.

Sirico papa, † 398, 26 nov.

Siro vesc. di Pavia, † 96, 9 dic. (Genova, Pavia)

Sisto I, *Sistus, Xystus*, papa, mart. 142, onor. 6 apr. (Alatri)

Sisto II papa, mart. 261, 6 ag.

Sisto III papa, † 19/8/440, onor. 28 mar.

Smeraldo o Smaragdo vd. Ciriaco

Sofia, *Sophia, Sapientia*, mart. a Roma con le figlie Fede, Speranza e Carità, I sec., 1° ag., loro festa a Roma 30 sett., in or. 17 sett. (Sortino in Sicilia)

Sofronio, *Sophronius*, patr. di Gerusalemme, † 638, 11 mar.

Sotero papa, mart. 182, onor. con s. Caio papa, 22 apr.

Spiridione, *Spiridio*, vesc. di Trimidonte in Cipro, † v. 374, onor. in or. 12 dic., in occ. 14 dic. (Corfù)

Spiro, *Exuperius*, vesc. di Bayeux, † v. 405, 1° ag. (Corbeil, Bayeux)

Stanislao Kostka conf. in Polonia, † 15/8/1568, onor. 13 nov.

Stanislao, *Stanislas*, vesc. di Cracovia, mart. 1079, onor. 8 mag. sino alla fine del XVI sec., poi 7 mag., sua trasl. 27 sett. (Cracovia, Schweidnitz)

Stefania verg. e mart., onor. 18 sett. (Scala, presso Amalfi)

Stefano I papa, † 260, 2 ag. (Lesina)

Stefano diac., protomartire nel 33, sua festa principale 26 dic., presso i greci 27 dic., invenzione del suo corpo nel 415, 3 ag., sua trasl. 7 mag. (Biella, Prato, Rovigo, Capua)

Stefano fond. dell'ordine di Grandmont, † 1124, 8 febb.

Stefano re d'Ungheria, † 15/8/1038, onor. già 20 ag., oggi 2 sett. (Ungheria, Bulgaria, Scutari)

Stefano vesc. di Bourges, † 845, 13 genn.

Stefano vesc. di Lione, † v. 512, 13 febb.
Sulpizio I Severo vesc. di Bourges, † 591, 29 genn.
Sulpizio II il Buono vesc. di Bourges, † 644, 17 genn.
Sulpizio Severo discepolo di s. Martino, mon. di Marsiglia, † v. 410, 29 genn.
Sulpizio, *Sulpicius*, vesc. di Bayeux, † 844, 4 sett.
Susanna mart. in Palestina sotto Giuliano, onor. 20 sett. (Cadice)
Susanna, *Suzanna*, mart. a Roma v. 295, onor. con s. Tiburzio, 11 ag. (Roma)
Taraco, Probo e Andronico mart. in Cilicia, 304, onor. 11 ott. in occ., 12 ott. in or.
Tarba, *Tarba*, *Tarbula*, mart. in Persia 341, onor. 22 apr. in occ., 5 mag. in or.
Tarsilla verg. a Roma, VI sec., 24 dic.
Taurino vesc. d'Eause, mart. v. 320, 5 sett.
Taurino vesc. d'Evreux, † v. 412, 11 ag. (Evreux, Fécamp)
Tebaldo er. camaldolese presso Vicenza, † 1066, 30 giu., sua depos. 1° lug.
Tebaldo, *Theobaldus*, arciv. di Vienna, † v. 1000, 21 mag.
Tecla, *Thecla*, verg. e mart. a Seleucia, I sec., onor. 23 sett. in occ., 24 sett. in or. (Tarragona)
Telesforo papa, mart. 2 genn. (?) 154, onor. 5 genn.
Teodardo arciv. di Narbona, † v. 893, 1° mag. (Montauban)
Teodardo vesc. di Maastricht, mart. 668, 10 sett.
Teodolfo ab. di Lobbes, † 776, 24 giu.
Teodolfo, *Theodulfus*, ab. di S. Thierry di Reims, † v. 590, 1° mag.
Teodorico (Thierry) vesc. d'Orléans, † 1012, 27 genn.
Teodoro I papa, † 649, 14 mag.
Teodoro arciv. di Canterbury, † 690, 19 sett.
Teodoro d'Amasea mart. 306, onor. 9 nov.
Teodoro d'Eraclea mart. v. 312, 7 febb. (Costantinopoli, Ferrara, Venezia)
Teodoro Studita ab. di Costantinopoli, † 826, 11 nov.
Teodoro vesc. di Marsiglia † v. 594, 2 genn.
Teodoro vesc. di Milano, † 49, 26 mar.
Teodosio archimandrita in Palestina, † 529, 11 genn.
Teodosio mart. a Roma v. 269, 25 ott.
Teodoto il tavernaio, mart. ad Ancira, 303, onor. a Roma 18 mag., in altre chiese 25 mag.
Teodulo mart. a Cesarea, 308, onor. 17 febb.
Teofanio, *Theophanus*, ab. di Magalagro, mart. 818, 12 mar.
Teofilo vesc. di Antiochia, † v. 181, onor. 13 ott.
Teofilo vesc. di Brescia, V sec., 27 apr.
Teofilo vesc. di Cesarea in Palestina, † v. 200, 5 mar.
Terenzio diac., conf., onor. 30 lug. (Faenza)
Terenzio mart. v. 249, 24 sett. (Pesaro).
Teresa, *Therasia*, verg. riformatrice dei carmelitani scalzi, † 1582, 15 ott., trasverberazione del cuore della santa, 27 ag., festa istituita per l'Ordine carmelitano nel 1726 (Spagna, Avila)
Tetrico vesc. d'Auxerre, † 707, onor. 12 apr. e 6 ott.
Tiberio mart. nella diocesi d'Agde 304, 10 nov.

Tiburzio mart. a Roma 286, onor. con s. Susanna, 11 ag.

Tiburzio, Valeriano e Massimo mart. II o III sec., 14 apr.

Tillone, *Tillo, Tillonius, Tilmenus, Hillonius*, mon. a Solignac, † 703, 7 genn.

Timoteo e Apollinare mart. a Reims, III o IV sec., 23 ag.

Timoteo, Ippolito e Sinforiano mart. a Roma, IV sec., 22 ag.

Timoteo, *Timotheus*, discepolo di s. Paolo e vesc. d'Efeso, mart. 22 genn. 97, onor. a Roma 24 genn., a Parigi 31 mar., sua trasl. a Costantinopoli 24/2/ 356, festa 9 mag.

Tito diac., mart. a Roma, V sec., 16 ag.

Tito discepolo di s. Paolo, vesc. di Creta † v. 105, 4 genn., onor. 6 febb. (Candia)

Tommaso Becket arciv. di Canterbury, mart. 1170, 29 dic., sua trasl. 7/7/ 1222, can. 1173 (Londra, Canterbury, Parigi, Lione, Sens)

Tommaso dei ct. d'Aquino, domenicano, dott. della Chiesa, † 1274, onor. a Roma 7 mar., a Parigi 18 mar., can. 18/7/1323, sua trasl. 28 genn. (Napoli)

Tommaso di Villanova arciv. di Valenza, † 8/9/1555, onor. 18 sett. (Valenza, Thomar)

Tommaso, *Thommas*, ap., mart., onor. 21 dic. in occ., 6 ott. in or., sua trasl. 3 lug. (Portogallo, Goa, Riga, Méliapor)

Torpezio mart. a Pisa sotto Nerone, 29 apr., onor. 17 mag. (Provenza)

Torquato vesc. di S. Paul-Trois-Château, IV sec., 31 genn. e 1° febb.

Trifone, Respicio e Ninfa mart. IV o V sec., onor. 10 nov. (Cattaro)

Turibio arciv. di Lima, mart. 1606, 23 mar. (Perú)

Ubaldo vesc. di Gubbio, † 1160, 16 mag. (Gubbio)

Uberto, *Hubertus, Hucbertus*, vesc. di Maastricht e Liegi, conf., † 727, onor. 3 nov.

Ugo ab. di Cluny, † 1109, 28 o 29 apr.

Ugo, *Hugo*, arciv. di Rouen, † 730, 9 apr.

Ugo vesc. di Grenoble, † 1132, can. 1134, onor. 1° apr., altra festa 11 apr. (Grenoble)

Ugo vesc. di Lincoln, † 16/11/1200, onor. 17 nov.

Ulrico o Udalrico vesc. d'Augsburg, † 973, 4 lug., can. 993 (Augsburg, Wüttemberg)

Umberto III (b.) ct. di Savoia, † 1189, 4 mar.

Umberto, *Humbertus*, ab. di Marolles, † v. 682, 25 mar.

Urbano I papa, mart. 19/5/233, onor. 25 mag. (Valenza, Toledo, Troyes)

Urbano vesc. di Langres, † v. 374, 23 genn. e 2 apr. (Langres, Digione)

Urbico, *Urbicius*, vesc. di Clermont nell'Alvernia, † v. 312, 3 apr.

Urbico vesc. di Metz, † v. 420, 20 mar. (Metz)

Ursino vesc. di Bourges, II o III sec., 9 nov. e 29 dic. (Bourges, Lisieux)

Valburga, *Valburgis, Walburgis*, abb. di Heidenheim, † 779, 25 febb., sua trasl. 2/5/870

Valente diac., mart. sotto Massimino, 16 febb., onor. 1° giu.

Valente o Valenzio vesc. di Verona, † 531, 26 lug.

Valentino prete e mart. a Terni, v. 273, 14 febb. (Terni)

Valentino vesc. di Passau, conf., † 440, 7 genn., sua trasl. 4 ag. (Passau, il Tirolo)

Valeria verg. e mart. nel Limousin dopo il 250, onor. a Roma 9 dic., a Parigi 10 dic. (Limoges, Parigi)

Valeriano mart. a Roma 229, 14 apr. (Cordova)

Valeriano mart. a Tournus in Borgogna v. 178, 15 sett. (Tournus)

Valeriano mart. in Italia V sec., onor. 5 mag. (Forlì)

Valerio mart. a Soissons con s. Rufino, v. 287, 14 giu.

Valerio vesc. di Sorrento † v. 453, 16 genn. (Sorrento)

Valerio vesc. di Treviri, † v. 290, 29 genn.

Valerio, *Walarius*, ab., discepolo di s. Colombano, † 622, 12 dic.

Venanzio ab. a Tours, V sec., 13 ott.

Venanzio er. nell'Artois, VIII sec., 10 ott. (Saint-Venant nell'Artois)

Venanzio mart. a Camerino, III sec., onor. 18 mag. (Camerino)

Venceslao, *Wenceslaus*, du. di Boemia, mart. 936, 28 sett. (Boemia, Ungheria, Polonia, Breslau, Olmütz)

Venerando vesc. d'Alvernia, † 25/12/423, onor. 18 genn.

Ventura prete, mart. in Umbria v. 1250, 7 sett. (Città di Castello)

Veranio vesc. di Vence in Provenza, † v. 467, 10 sett. (Vence)

Verecondo vesc. di Verona, † 522, 22 ott.

Veronica di Binasco (Milano) verg., † 1497, 13 genn.

Veronica Giuliani monaca clarissa, † 1727, 9 lug., can. 1839

Veronica matrona a Gerusalemme, I sec., 4 febb.

Vigilio vesc. di Brescia, † v. 480, 26 sett.

Vigilio vesc. di Trento, mart. 405, 26 giu., sua trasl. 31 genn. (Trento)

Vigore vesc. di Bayeux, † v. 536, 1° nov., onor. oggi 3 nov. (Bayeux)

Vincenzo de' Paoli fond. dei lazzaristi e delle suore di carità, † 27/9/1660, onor. 19 lug., can. 1737

Vincenzo diac. di Saragozza, mart. a Valenza 304, 22 genn., sua trasl. 27 apr. (Vicenza, Cortona, Lisbona, Oporto, León, Valenza, Saragozza, l'Aragona, Berna)

Vincenzo Ferrer domenicano, detto il *missionario apostolico*, † 1419, 5 apr. (can. 1455), onor. a Piacenza 5 apr., a Napoli la prima domenica di lug., a Parigi 13 mar. (Valenza di Spagna, Vannes)

Vincenzo mon. di Lérins, † 450, onor. 24 mag. e 1° giu.

Vincenzo vesc. nell'Umbria, mart. 303, 6 giu.

Vindiciano vesc. d'Arras, † 706 o 712, 11 mar.

Virgilio ap. della Carinzia, vesc. di Salisburgo, † 780, 27 nov.

Virgilio vesc. d'Arles, † 19/10/610, onor. a Lérins 5 mar., ad Arles 10 ott.

Vitale ab. di Savigny, † 1122, 16 sett.

Vitale e Agricola mart. a Bologna v. 304, 4 nov. (Bologna)

Vitale mart. a Ravenna II sec., 28 apr. (Parma, Ravenna)

Vitale mart. a Roma con s. Felicola, onor. 14 febb. (Toledo)

Vitaliano vesc. di Capua, † v. 728, 16 lug. (Catanzaro)

Vito o Guido, Modesto e Crescenzia mart. v. 303, 15 giu.

Vito, *Vito, Vitonus, Videnus*, vesc. di Verdun, † 529, 9 nov.

Vittore I, *Victor*, papa, con s. Nazario, † 203, 28 lug.

Vittore mart. a Marsiglia v. 290, 21 lug. (Parigi, Marsiglia)

Vittoria verg., mart. a Cartagine con s. Saturnino e compagni, 304, 11 febb.

Vittoria, *Victoria*, verg. e mart. a Roma 249, 23 dic.

Vittorino o Vittoriano, *Victorianus*, proconsole di Cartagine, mart. 484, 23 mar.

Vittorino vd. *Quattro martiri coronati*

Vittorio, *Victoricus*, mart. presso Amiens, III o IV sec., 11 dic.

Vivanzio, *Viventius*, prete e solitario nel Poitu, † v. 413, 13 genn.

Volfango, *Wolfgangus*, vesc. e conf. a Ratisbona, † 999, 31 ott. (Ungheria, Baviera, Oettingen, Ratisbona)

Volusiano vesc. a Tours, † v. 498, 18 genn.

Walfredo, *Waldifredus*, *Vulfilaicus*, diac., er. e stilita a Treviri, † v. 585, onor. 7 lug. e 21 ott.

Walfrido ab. in Toscana, † v. 775, 15 febb.

Wasnulfo, *Wasnulfus*, mon. irlandese, ap. dell'Hainaut, † v. 650, 1° ott.

Wilfrido vesc. di York, † 709, 24 apr., sua trasl. 940, 12 ott.

Willibrordo vesc. d'Utrecht, † 739, 7 nov. (Olanda, Utrecht, Wesel)

Winnoco ab. di Wormhoudt in Fiandra, † 717, 6 nov.

Wunebaldo ab. di Heidenheim in Baviera, † 761, 18 dic.

Zaccaria papa, † 22 o 23/3/752, onor. 15 mar.

Zaccaria professore in Giudea, onor. 6 sett.

Zaccaria professore, padre di s. Giovanni Battista, I sec., 5 nov. (Venezia)

Zaccaria vesc. di Lione, III sec., 28 ott.

Zama vesc. di Bologna, † 320, 24 genn.

Zanobi o Zenobio vesc. di Firenze, V sec., 25 mag. (Firenze)

Zefirino papa, † 220, 26 ag.

Zenone, *Zeno*, vesc. di Verona, † v. 380, 12 apr. (Verona)

Zita verg., † 1282, 27 apr. (Lucca)

Zoe mart. a Roma, III-IV sec., 5 lug.

Zosimo vesc. di Siracusa, † v. 660, 30 mar.

Zosimo, *Zozimus*, papa, † 418, 26 dic.

Zotico e comp., mart. sotto Decio, 10 febb.

Zotico mart. a Tivoli 137, 12 genn.

Note alla parte terza

[1] Edmond Martène, *De Antiquis Ecclesiae ritibus libri duo, in quibus narrationes et eximia in veteres ritus ad sacras benedictiones abbatum et abbatissarum, professiones monarchorum... commentaria rapraesentatur... Studio et opera R. P. domini Edmundi Martene... Collecti atque exornati a R. P. domino Edmundo Martene*, Antverpiae, Typis J.B. de la Bry, 1736/38, editio 2a ab eddem auctore tertiam parte aucta, voll. 4, vol. III, p. 560.

[2] Salvo indicazione contraria la festa del santo cade il giorno della sua morte, indichiamo tra parentesi le località ove il santo riceve un culto speciale o ne è patrono.

## PARTE QUARTA

Tavole cronistoriche della storia d'Italia

Tavole cronistoriche dell'antichità

Serie cronologica dei consoli romani (1 d.C. - 566)

età cristiana	anni di Roma	Olimpiadi	consoli
1	754	195	Caius Caesar – Lucius Aemilius Paullus – M. Herennius Picens s. 1/7
2	755	II	P. Vinicius – P. Alfenus Varus – P. Cornelius Lentulus Scipio s. 1/7 – T. Quinctius Crispinus Valerianus s. 1/9
3	756	III	L. Aelius Lamia – M. Servilius Nonianus – P. Silius s. 1/7 – L. Volusius Saturninus s. 1/7
4	757	IV	Sex. Aelius Cato – C. Sentius Saturninus s. 1/7 – C. Clodius Licinius s. 1/7
5	758	196	L. Valerius Messalla Volesus – Cn. Cornelius Cinna Magnus – C. Vibius Postumus s. 1/7 – C. Ateius Capito s. 1/7
6	759	II	L. Arruntius – L. Nonius Asprenas s. 1/7 – M. Aemilius Lepidus s. 1/7
7	760	III	Q. Caecilius Metellus Creticus Silanus – A. Licinius Nerva Silanus – Lucilius Longus s. 1/7 – Q. Caecilius Metellius Creticus Silanus s. 1/7
8	761	IV	M. Furius Camillus – Sex. Nonius Quinctilianus – L. Apronius s. 1/7 – A. Vibius Habitus s. 1/7
9	762	197	C. Poppaeus Sabinus – Q. Sulpicius Camerinus – M. Papius Mutilus s. 1/7 – Q. Poppaeus Secundus s. 1/7
10	763	II	P. Cornelius Dolabella – C. Junius Silanus – Ser. Cornelius Lentulus Maluginensis s. 1/7 – Q. Junius Blaesus s. 23/8
11	764	III	M. Aemilius Lepidus – T. Statilius Taurus – L. Cassius Longinus s. 1/7
12	765	IV	Germanicus Caesar – C. Fonteius Capito – C. Visellius Varro s. 1/7
13	766	198	C. Silius Caecina Largus – L. Munatius Plancus – ... eus s. 1/7
14	767	II	Sex. P. Sex. f. Pompeius – Sex. Appuleius
15	768	III	Drusus Julius Caesar – C. Norbanus Flaccus – Drusus Julius Caesar s. 13/8 – M. Junius Silanus s. 1/12
16	769	IV	T. Statilius Sisenna Taurus – L. Scribonius Libo – C. Vibius Libo s. – C. Pomponius Graecinus s. 1/7
17	770	199	L. Pomponius Flaccus – C. Caelius Rufus – C. Vibius Marsus s. – L. Voluseius Proculus s.
18	771	II	*Tiberius* Cae. Aug. III – Germanicus Caesar II – L. Seius Tubero s. 19/4 – C. Memmius Regulus s. 29/4 – Q. Marcius Barea s. 1/8 – T. Rustius Nummius Gallus s. 1/8
19	772	III	M. Junius Silanus – L. Norbanus Balbus – P. Petronius s.

età cristiana	enni di Roma	Olimpiadi	consoli
20	773	IV	M. Valerius Messala – M. Aur. Cotta Maximinus Messalinus
21	774	200	*Tiberius* Cae. Aug. IV – Drusus Julius Caesar II - Aemilius Mamianus Scaurus
22	775	II	D. Haterius Agrippa – C. Servius Sulpicius Galba
23	776	III	C. Asinius Pollio – C. Antistius Vetus – [Sanquinius M]aximus s.
24	777	IV	Serv. Cornelius Cethegus – L. Visellius Varro – C. Calpurnius Aviola s. – P. Cornelius Lentulus Scipio s.
25	778	201	Cossus Cornelius Lentulus – M. Asinius Agrippa – C. Petronius s. 5/9
26	779	II	Cn. Cornelius Lentulus Gaetulicus – C. Calvisius Sabinus – L. Junius Silanus (?) s. 4/12 – C. Vellaeus Tutor (?) s. 5/12
27	780	III	M. Licinius Crassus Frugi – L. Calpurnius Piso – P. [Cornelius] Le[ntulus] s. – C. Sall[ustius] s.
28	781	IV	C. Appius Junius Silanus – P. Silius Nerva – Q. Junius Blaesus (?) s. 23/12 – L. Antistius Vetus (?) s. 23/12
29	782	202	L. Rubellius Geminus – C. Fufius Geminus – A. Plautius s. 6/7 – L. Nonius Asprenas s. 7/10
30	783	II	M. Vinicius – L. Cassius Longinus – L. Naevius Surdinus s. 6/7 – C. Cassius Longinus s. 7/10
31	784	III	*Tiberius* Cae. Aug. V – L. Aelius Seianus – Faustus Cornelius Sulla s. 9/5 – Sex. Teidius Valerius Catullinus s. 9/5 – L. Fulcinius Trio s. 1/7 – P. Memmius Regulus s. 1/10
32	785	IV	Cn. Domitius Ahenobarbus – M. Furius Camillus Arruntius Scribonianus – A. Vitellius s. 1/7
33	786	203	Ser. Sulpicius *Galba* – L. Cornelius Sulla Felix – L. Salvius Otho s. 1/7
34	787	II	Paulus Fabius Persicus – L. Vitellius
35	788	III	C. Caestius Gallus – M. Servilius Nonianus
36	789	IV	Sex. Papinius Allenius – Q. Plautius
37	790	204	Cn. Acerronius Proculus – Caius Petronius Pontius Nigrinus – C. Caesar Germanicus (*Caligula*) s. 1/7 – Tiberius *Claudius* Nero Germanicus s. 1/7
38	791	II	M. Aquilia Julianus – P. Nonius Asprenas – Ser. Asinius Celer s. – ... tonius Quinctilianus s.
39	792	III	C. *Caesar German.* (*Caligula*) II – L. Apronius Caesianus – M. Sanquinius Maximus II s. 1/2 – Cn. Domitius Corbulo s. 1/7 (?) – Cn. Domitius Afer s. 1/7 (?)
40	793	IV	*Caius Caesar Germanicus* (*Caligula*) III – C. Laecanius Bassus s. 29/5 – Q. Terentius Culleo s. 29/5 – Gellius Publicola s. 1/7 (?) – M. Cocceius Nerva s. 1/7 (?)
41	794	205	C. *Caesar Germ.* (*Caligula*) IV – Cn. Sentius Saturninus – Q. Pomponius Secundus s. 15/5
42	795	II	*Tib. Claudius Aug.* Germanicus II – C. Caecina Largus – C. Caestius Gallus s. 1/3 – Cornelius Lupus s. – C. Svetonius Paullinus (?) s.
43	796	III	Tib. *Claudius* Aug. Germanicus III – L. Vitellius II – L. Pedanius Secundus s. 1/3 – Sex. Palpellius Hister s. 1/3
44	797	IV	C. Passienus Crispus II – T. Statilius Taurus – L. Pomponius Secundus s. 4/5
45	798	206	M. Vinicius II – T. Statilius Taurus Corvinus – T. Plautius Silvanus Aelianus s. 1/4 – Rufus s. 28/6 – M. Pompeius Silvanus s. 28/6
46	799	II	Valerius Asiaticus II – M. Junius Silanus s. – ... Vellaeus Tutor (?) s. – Q. Sulpicius Camerinus Q. Peticus s. 15/3 – D. Laelius Balbus s. 1/7 – C. Terentius s. 1/10 – Tullius Geminus s. 1/10
47	800	III	Tib. *Claudius* Aug. Germanicus IV – L. Vitellius III

età cristiana	anni di Roma	Olimpiadi	consoli
48	801	IV	Aulus Vitellius – L. Vipstanus Publicola – L. Vitellius s. 1/7
49	802	207	C. Pompeius Longus Gallus – Q. Veranius – L. Memmius Pollio s. 23/5 – Q. Allius Maximus s. 23/5
50	803	II	C. Antistius Vetus – M. Suillius Nerullinus
51	804	III	Tib. *Claudius* Aug. Germanicus V – Servius Cornelius Orfitus – L. Cal[idius]? Vet[us] s. 27/9 – Titus Flavius *Vespasianus* I s. ?/11-12
52	805	IV	Faustus Cornelius Sulla Felix – Lucius Salvius Otho Titianus – ... Barea Soranus s. – L. Salvidienus Rufus Salvianus s. 11/12
53	806	208	D. Junius Silanus Torquatus – Q. Haterius Antoninus
54	807	II	M. Asinius Marcellus – Manius Acilius Aviola
55	808	III	*Nero* Cl. Aug. I – L. Antistius Vetus – Cn. Cornelius Lentulus Gaetulicus s. 6/12 – T. Curtilius Mancia s. 30/12
56	809	IV	Q. Volusius Saturninus – P. Cornelius Scipio – L. Annaeus Seneca s. 25/8 – L. Trebellius Maximus (?) s. 3/9 – L. Duvius Avitus s. 5/11 – P. Clodius Thrasea Paetus s. 18/12
57	810	209	*Nero* Cae. Aug. II – L. Calpurnius Piso – L. Caesius Martialis s. 28/7
58	811	II	*Nero* Aug. III – M. Valerius Messala Corvinus – C. Fontius Agrippa s. ?/7 – A. Paconius Sabinus s. 14/8 – A. Petronius Lurco s. 15/12
59	812	III	C. Vipstanus Apronianus – C. Fonteius Capito – T. Sextius Africanus s. 10/7 – M. Ostorius Scapula s. 15/12
60	813	IV	*Nero* Aug. IV – Cossus Cornelius Lentulus – Cn. Pedanius Salinator s. 2/7 – L. Velleius Paterculus s. 1/8 – ... Vopiscus s.
61	814	210	L. Caesennius Paetus – P. Petronius Turpilianus
62	815	II	P. Marius Celsus – L. Afinius Gallus – Q. Junius Marullus s. 27/10
63	816	III	C. Memmius Regulus – L. Verginius Rufus I
64	817	IV	C. Laecanius Bassus – M. Licinius Crassus Frugi
65	818	211	A. Licinius Nerva Silanus – M. (Julius) Vestinius Atticus – C. Pomponius s. 13/8 – C. Anicius Cerialis s. 13/8
66	819	II	C. Lucius Telesinus – C. Svetonius Paullinus II (?) – Annius Vicinianus (?) s. – M. Arruntius Aquila s. 25/9
67	820	III	Fonteius Capito – C. Julius Rufus
68	821	IV	Catius Silius Italicus – P. Galerius Trachalus – *Nero* Aug. V – M. Ulpius Traianus (?) s. – C. Bellicus Natalis s. 15/10 – P. Cornelius Scipio Asiaticus s. 2/12
69	822	212	Ser. Sulp. *Galba* Aug. II – T. Vinius Rufinus – Salvius *Otho* Cae. Aug. s. 30/1 – L. Salvius Otho Titianus II s. 28/2 – L. Verginius Rufus II s. 1/3 – L. Pompeius Vopiscus s. 14/3 – T. Fl. Sabinus s. 30/4 – Cn. Arrulenus Celius Sabinus s. 1/5 – Arrius Antoninus s. 2/7 – Marius Celsus s. 2/9 – Fabius Valens s. 31/10 – Aulus Caecina Alienus s. 30/10 – Roscius Regulus s. 31/10 – Cn. Caecilius Simplex s. 1/11 – C. Quintius Atticus s. 1/11
70	823	II	F. *Vespasianus* Aug. II – *Titus* Caesar Vespasianus – C. Licinius Mucianus II s. – Q. Petillius Cerialis Caesius Rufus I s. – L. Annius Bassus s. 17/11 – C. Caecina Paetus s. 17/11
71	824	III	F. *Vespasianus* Aug. III – M. Cocceius *Nerva* I – *Domitianus* Cae. I s. 5/4 – Cn. Paedius Cascus s. 30/5 – C. Calpetanus Rantius Quirinalis Valerianus Festus s. 25/6 – L. Flavius Fimbria s. 20/7 – C. Atilius Barbarus s. 20/7 – L. Acilius Strabo s. ?/9 – Sex. Neranius Capito (?) s. ?/9

età cristiana	anni di Roma	Olimpiadi	consoli
72	825	IV	*Vespasianus* Aug. IV – *Titus* Cae. Vespasianus II – C. Licinius Mucianus III – T. F. Sabinus II s. 29/5
73	826	213	*Domitianus* Cae. II s. – L. Valerius Catullus Messalinus – M. Arrecinus Clemens (?) s.
74	827	II	*Vespasianus* Aug. T. F. V – *Titus* Cae. Vespasianus III – T. Plautius Silvanus Aelianus II s. 13/1 – Q. Petillius Cerialis Caesius Rufus II s. 21/5 – T. Clodius Eprius Marcellus II s. 21/5 – Sex. Julius Frontinus (?) s.
75	828	III	*Vespasianus* Aug. VI – *Titus* Cae. Vespasianus IV
76	829	IV	*Vespasianus* Aug. VII – *Titus* Cae. Vespasianus V – *Domitianus* Caesar IV s. 2/12 – Galeo Tettienus Petronianus s. 2/12 – M. Fulvius Gillo s. 2/12
77	830	214	*Vespasianus* Cae. Aug. VIII – *Titus* Cae. Vespasianus V – *Domitianus* Cae. V s. – Cn. Julius Agricola s.
78	831	II	L. Ceionius Commodus – Decimus Novius Priscus – Sex. Vitulasius Nepos s. ?/4 – ... us Paetus s.
79	832	III	*Vespasianus* Aug. IX – *Titus* Cae. Vespasianus VII – Cae. *Domitianus* VI s.
80	833	IV	*Titus* Aug. VIII – *Domitianus* Cae. VII – L. Aelius Lamia Plautius s. 13/6 – C. Marius Marcellus Octavius s. 13/6 – Q. Pactumeius Fronto s. – M. Tittius Frugi s. 7/12 – T. Vinicius Julianus s. 7/12
81	834	215	Lucius Flavius Silva Nonius Bassus – Asinius Pollio Verrucosus – M. Roscius Coelius s. 29/3 – C. Julius Juvenalis s. 29/3 – T. Junius Montanus s. 1/5. L. Vettius Paullus s. 29/6 – M. Petronius Umbrinus s. 14/9 – L. Carminius Lusitanicus s. 30/10
82	835	II	*Domitianus* Aug. VIII – T. Fl. Sabinus – P. Valerius Patruinus s. 20/7 – L. Antoninus Saturninus s. 20/7
83	836	III	*Domitianus* Aug. IX – Q. Petillius Rufus II – C. Scoedius Natta Pinarianus s. 18/7 – Tettius Julianus s. – T. Tettienus Serenus s. 18/7
84	837	IV	*Domitianus* Aug. X – C. Oppius Sabinus – Fl. Ursus s. – C. Tullius Capito s. 3/9 – C. Cornelius Gallicanus s. 3/9
85	838	216	*Domitianus* Aug. XI – T. Aur. Fulvus – Cornelius Gallicanus s. – D. Aburius Bassus s. 5/9 – Q. Julius Balbus s. 5/9
86	839	II	*Domitianus* Aug. XII – Ser. Corn. Dolabella Petronianus – C. Secius Campanus s. 22/1 – Sex. Octavius Fronto s. 6/5 – T. Julius Candidus Marius Celsus s. 13/5
87	840	III	*Domitianus* Aug. XIII – L. Volusius Saturninus – C. Calpurnius s. 22/1 – C. Bellicus Natalis Tebanianus s. 19/5 – C. Ducenius Proculus s. 20/5 – Priscus s. 22/9
88	841	IV	*Domitianus* Aug. XIV – L. Minucius Rufus – L. Plotius Grypus s. 15/4
89	842	217	T. Aur. Fulvus – ... Atratinus – ... – Blaesus s. 19/5 – Paeducaeus Saenianus s. 25/8
90	843	II	*Domitianus* Aug. XV – M. Cocceius *Nerva* II – Albinus Pullaienus Pollio s. 27/6 – Cn. Pompeius Longinus s. 27/10
91	844	III	M. Ulpius *Traianus* I – M. Acilius Glabrio – Q. Valerius Vegetus s. 5/11
92	845	IV	*Domitianus* Aug. XVI – Q. Volusius Saturninus – L. Volusius Saturninus s. 13/1 – L. Venuleius Apronianus s. 25/4
93	846	218	Pompeius Collega – ... Priscinus – M. Lollius Paullinus Valerius Saturninus s. 13/7 – C. Antius A. Julius Quadratus s. 13/7
94	847	II	Lucius Nonius Torquatius Asprenas – T. Sex Lateranus – T. Pomponius Bassus s. 16/9 – L. Silius Decianus s. 16/9
95	848	III	*Domitianus* Aug. XVII – T. Fl. Clemens
96	849	IV	C. Antistius Vetus – T. Manlius Valens – Q. Asinius Marcellus s. – A. Caepio Crispus s. – T. Catius Caesius Fronto s. 10/10 – M. Calpurnius s.
97	850	219	*Nerva* Aug. III – L. Verginius Rufus II – Domitius Apollinaris s. – ... Cornelius Tacitus s.
98	851	II	*Nerva* Aug. IV – M. Ulpius *Traianus* Cae. II – Sex. Julius Frontinus II s. 20/2

età cristiana	anni di Roma	Olimpiadi	consoli
99	852	III	A. Cornelius Palma I – Q. Sosius Senecio – Q. Fabius Barbarus – A. Caecilius Faustinus s. 14/8
100	853	IV	Cae. *Nerva Traianus* Aug. III – Sex. Julius Frontinus III – Q. Acutius Nerva – C. Plinius Caecilius Secundus s. ?/9 – C. Julius Cornutus Tertullus s. ?/9 – L. Roscius Aelianus Maecius Celer s. 29/12 – T. Claudius Sacerdos Julianus s. 29/12
101	854	220	Cae. *Nerva Traianus* Aug. IV – Q. Articuleius Paetus – Sex. Attius Suburranus s.
102	855	II	C. Julius Ursus Servianus II – L. Licinius Sura II – L. Fabius Justus s. 1/3 – Sulpicius Lucretius Barba (?) s. 28/6
103	856	III	Cae. *Nerva Traianus* Aug. V – M.' Laberius Maximus II – Q. Glitius Atilius Agricola II s. 19/1 – Pompeius Saturninus s.
104	857	IV	Sex. Attius Suburranus II – M. Asinius Marcellus – C. Julius Proculus s.
105	858	221	Tib. Julius Candidus Marius Celsus II – C. Antius Julius Quadratus II – C. Julius Bassus s. 13/5 – Cn. Afranius Dexter s. ?/6
106	859	II	L. Ceionius Commodus Verus – ... Cerealis
107	860	III	L. Licinius Sura III – Q. Sosius Senecio II – C. Minutius Fundanus s. 30/6 – C. Vettenius Severus s. 12/8 – C. Julius Longinus – C. Valerius Paullinus s. 24/11
108	861	IV	Appius Annius Trebonius Gallus – M. Atilius Metellus Bradua – P. Aelius *Hadrianus* I s. 22/6 – M. Trebatius Priscus s. 22/6
109	862	222	A. Cornelius Palma II – Q. Baebius (?) Tullus – P. Calvisius Tullus s. – L. Annius Largus s.
110	863	II	Servius Scipio Salvidienus Orfitus – M. Paeducaeus Priscinus
111	864	III	C. Calpurnius Piso – M. Vettius Bolanus
112	865	IV	*Traianus* Cae. Aug. VI – T. Sextius Africanus
113	866	223	L. Publicius Celsus II – C. Clodius Crispinus
114	867	II	Q. Ninnius Hasta – P. Manilius Vopiscus Vicinilianus
115	868	III	L. Vipstanus Messala – M. Vergilianus Paedo – Lusius Quietus s.
116	869	IV	L. Lumia Aelianus – Sex. Carminius Vetus
117	870	224	Quinctius Aquilius Niger – M. Rebilius Apronianus
118	871	II	*Hadrianus* Aug. II – Cn. Pedanius Fuscus Salinator
119	872	III	*Hadrianus* Aug. III – [Q. Junius]? Rusticus – C. Herennius Dolabella s. 23/12
120	873	IV	L. Catilius Severus II – T. Aur. Fulvus Boionius Arrius *Antoninus* – C. Poblicius Marcellus s. 27/5 – T. Rutilius Propinquus s.
121	874	225	L. Annius Verus II – Arrius Augur Faustus s. 7/4 – Q. Pomponius Marcellus s. 7/4
122	875	II	M. Acilius Aviola – Cornius Pansa
123	876	III	Q. Articuleius Paetinus – L. Venuleius Apronianus
124	877	IV	Manius Acilius Glabrio – C. Bellicius Flaccus Torquatus Tebanianus
125	878	226	M. Lollius Collatinus Paullinus Valerius Asiaticus Saturninus II – L. Epidius Titius Aquilinus

età cristiana	anni di Roma	Olimpiadi	consoli
126	879	II	M. Annius Verus III – C. Eggius Ambibulus Pomponius Longinus
127	880	III	T. Atilius Rufus Titianus – M. Gavius Squilla Gallicanus – L. Aemilius Juncus s. 11/10
128	881	IV	Nonius Torquatus Asprenas II – M. Annius Libo
129	882	227	P. Juventius Celsus II – L. Neratius Marcellus – P. Juventius Celsus s. ?/5 – Q. Julius Balbus s. ?/5
130	883	II	Q. Fabius Catullinus – M. Fl. Aper – ... Cl. Quartinus s. 19/3
131	884	III	Ser. Octavius Laenas Pontianus – M. Antonius Rufinus
132	885	IV	C. Serius Augurinus – C. Trebius Sergianus
133	886	228	C. Antonius Hiberus – Mummius Sisenna – Q. Fl. Tertullus s. 1/7
134	887	II	C. Julius Ursus Servianus III – T. Vibius Varus – T. Haterius Nepos s. 2/4
135	888	III	L. Tutilius Lupercus Pontianus – P. Calpurnius Atilianus o Atelanus Atticus
136	889	IV	L. Ceionius Commodus Verus (L. Aelius Verus Cae.) – Sex. Vetulenus Civica Pompeianus
137	890	229	Lucius Aelius Verus Cae. II – L. Caecilius Balbinus Vibullius Pius
138	891	II	C. Pomponius Camerinus – Kanus Junius Niger – M. Vindius Vero s. 16/5
139	892	III	*Antoninus* Pius Aug. II – C. Bruttius Praesens II – C. Julius Bassus s. 22/11 – M. Ceccius Justinus s. 22/11
140	893	IV	T. Ael. *Antoninus* Pius Aug. III – *Marcus* Aelius *Aur.* Verus Cae. I
141	894	230	M. Paeducaeus Stloga Priscinus – T. Hoenius Severus
142	895	II	L. Cuspius Rufinus – L. Statius Quadratus
143	896	III	C. Bellicius Torquatus – T. Claudius Atticus Herodes
144	897	IV	L. Lollianus Avitus – T. Statilius Maximus
145	898	231	*Antoninus* Pius Aug. IV – *Marcus Aelius Aur.* Verus Cae. II – Cn. Arrius Cornelius Proculus s. 17/5
146	899	II	Sex. Erucius Clarus II – Cn. Claudius Severus Arabianus
147	900	III	L. Annius Largus – C. Prastina Pacatus Messalinus
148	901	IV	C. Bellicius Torquatus – P. Salvius Julianus
149	902	232	Cn. Cornelius Servius Salvidius Scipio Orfitus – Q. Nonius Sosius Priscus
150	903	II	M. Gavius Squilla Gallicanus – Sex. Carminius Vetus
151	904	III	Sex. Quintilius Condianus – Sex. Quintilius Valerius Maximus
152	905	IV	M.' Acilius Glabrio – M. Valerius Homullus
153	906	233	C. Bruttius Praesens – A. Junius Rufinus
154	907	II	*Lucius* Aelius *Verus* – T. Sextius Lateranus

età cristiana	anni di Roma	Olimpiadi	consoli
155	908	III	C. Julius Severus – M. Junius Rufinus Sabinianus
156	909	IV	M. Ceionius Silvanus – C. Serius Augurinus
157	910	234	M. Ceionius Civica Barbarus – M. Metilius Aquilius Regulus
158	911	II	Ser. Sulpicius Tertullus – Q. Tineius Sacerdos Clemens
159	912	III	Plautius Quintillus – M. Statius Priscus Licinius Italicus
160	913	IV	Appius Annius Atilius Bradua – T. Clodius Vibius Varus
161	914	235	*Marcus Aur.* Verus Cae. III – *Lucius* Aurel. *Verus* Aug. II
162	915	II	Q. Junius Rusticus II – L. Plautius Aquilinus – M. Justinus Bithinicus
163	916	III	M. Pontius Laelianus Larcius Sabinus – A. Junius Pastor - Q. Mustius s.
164	917	IV	M. Pompeius Macrinus – P. Juventius Celsus
165	918	236	L. Arrius Pudens – M. Gavius Orfitus
166	919	II	Q. Servilius Pudens – L. Fufidius Pollio
167	920	III	*Lucius Verus* Aug. III – M. Ummidius Quadratus
168	921	IV	L. Venuleius Apronianus II – L. Sergius Paullus II
169	922	237	Q. Pompeius Senecio Roscius Murena – P. Caelius Apollinaris
170	923	II	M. Cornelius Cethegus – C. Erucius Clarus
171	924	III	T. Statilius Severus – L. Aufidius Herennianus
172	925	IV	Quintilius Maximus – Ser. Calpurnius Scipio Orfitus
173	926	238	M. Aur. Severus II – Tib. Claudius Pompeianus II
174	927	II	L. Aur. Gallus – Q. Volusius Flaccus Cornelianus – Aemilius Paullus (M.) Macer Saturninus s.
175	928	III	L. Calpurnius Piso – P. Salvius Julianus – P. Helvius *Pertinax* I s. 27/3 – M. Didius Severus *Julianus* s. 27/3
176	929	IV	T. Pomponius Proculus Vitrasius Pollio II – M. Fl. Aper II
177	930	239	L. Aur. *Commodus* Aug. – M. Plautius Quintillus
178	931	II	Sergius Scipio Orfitus – P. Velius Rufus
179	932	III	L. Aur. *Commodus* Aug. II – P. Martius Verus
180	933	IV	C. Bruttius Praesens II – Sex. Quintillius Condianus
181	934	240	M. Aur. Antoninus *Commodus* Aug. III – L. Antistius Burrhus Adventus
182	935	II	Pomponius Sura Mamertinus – (Q. Tineius?) Rufus
183	936	III	M. Aur. Antoninus *Commodus* Aug. IV – C. Aufidius Victorinus II

età cristiana	anni di Roma	Olimpiadi	consoli
184	937	IV	L. Cossonius Eggius Marullus – Cn. Papinius Aelianus
185	938	241	M. Cornelius Nigrinus Curatius Maternus – M. Attilius Bradua
186	939	II	*Commodus* Aug. V – M.' Acilius Glabrio II
187	940	III	L. Bruttius Q. Crispinus – L. Roscius Aelianus
188	941	IV	Seius Fuscianus II – M. Servilius Silanus II
189	942	242	[Duil]ius Silanus – Q. Servilius Silanus
190	943	II	M. Aur. *Commodus* Aug. VI – M. Petronius Sura Septimianus
191	944	III	[Cass]ius Pedo Apronianus – M. Valerius Bradua Mauricus
192	945	IV	*Commodus* Aug. VII – P. Helvius *Pertinax* II
193	946	243	Q. Sosius Falco – C. Julius Erucius Clarus
194	947	II	L. *Septimius Severus* Aug. II – Decimus *Clodius* Septimius *Albinus* Cae. II
195	948	III	Scapula Tertullus Priscus – ... Tineius Clemens
196	949	IV	Cn. Domitius Modestus Dexter II – L. Valerius Messalla Thrasea Priscus – P. Fuscus s.
197	950	244	T. Sextius Lateranus – L. Cuspius Rufinus
198	951	II	Saturninus – Gallus – Q. Anicius Faustus s.
199	952	III	P. Cornelius Anullinus II – M. Aufidius Fronto
200	953	IV	Tib. Claudius Severus – C. Aufidius Victorinus
201	954	245	L. Annius Fabianus – M. Nonius Arrius Mucianus
202	955	II	*Septimius Severus* Aug. III – M. Aur. Severus Antoninus (*Caracalla*)
203	956	III	C. Fulvius Plautianus II – P. Septimius *Geta* Cae. II
204	957	IV	L. Fabius Septimius II – M. Annius Flavius Libo
205	958	246	M. Aur. Antoninus (*Caracalla*) II – P. Septimius *Geta* Cae.
206	959	II	Fulvius Aemilianus – M. Nummius Umbrius Primus Senecio Albinus
207	960	III	... Aper – ... Maximus
208	961	IV	M. Aur. Antoninus (*Caracalla*) III – P. Septimius *Geta* Cae. II
209	962	247	... Pompeianus – ... Avitus
210	963	II	M.' Acilius Faustinus – A. Triarius Rufinus
211	964	III	... Gentianus – ... Bassus
212	965	IV	C. Julius Asper II – C. Julius Galerius Asper – .... Helvius Pertinax s.

età cristiana	anni di Roma	Olimpiadi	consoli
213	966	248	M. Aur. Antoninus (*Caracalla*) Cae. Aug. IV – D. Caelius Calvinus Balbinus II
214	967	II	L. Valerius Messala – C. Octavius Appius Suetrius Sabinus
215	968	III	M. Maecius Laetus II – ... Sulla Cerealis
216	969	IV	P. Catius Sabinus II – P. Cornelius Anullinus
217	970	249	C. Bruttius Praesens – T. Messius Extricatus II
218	971	II	M. Opellius Severus *Macrinus* Aug. – ... Oclatinus Adventus – M. Aur. Antoninus Cae. Aug. (*Elagabalus*) I
219	972	III	*Elagabalus* Aug. II – Q. Tineius Sacerdos II
220	973	IV	*Elagabalus* Aug. III – P. Valerius Euthychianus Comazon
221	974	250	C. Vettius Gratus Atticus Sabinianus – M. Fl. Vitellius Seleucus
222	975	II	*Elagabalus* Aug. IV – M. Aur. *Severus Alexander* Cae. Augustus I
223	976	III	L. Marius Maximus Perpetuus Aurelianus II – L. Roscius Paculus Papirius Aelianus
224	977	IV	Ap. Cl. Julianus II – C. Bruttius Crispinus
225	978	251	T. Manlius Fuscus II – Sex. Calpurnius Domitius Dexter
226	979	II	*Severus Alexander* Aug. II – L. Aufidius Marcellus II
227	980	III	M. Nummius Senecio Albinus – M. Laelius Maximus Emilianus
228	981	IV	Modestus II – Probus
229	982	252	*Severus Alexander* Aug. III – Dio Cassius Cocceianus II
230	983	II	L. Virius Agricola – Sex. Catius Clementinus Priscillianus
231	984	III	Cl. Pompeianus – T. Fl. Sallustius Praelignianus
232	985	IV	Lupus – Maximus I
233	986	253	*Maximus* II – Paternus
234	987	II	*Maximus* III – Agricola (?) Urbanus
235	988	III	Cn. Cl. Severus – L. T. Cl. Aur. Quintianus
236	989	IV	C. Julius *Maximinus* Aug. – M. Pupienus Africanus
237	990	254	Marius Perpetuus – L. Mummius Felix Cornelianus
238	991	II	... Fulvius Pius – Pontius Proculus Pontianus – Junius Silanus s. 26/6 – Cl. Julianus (?) s. – Celsus Elianus (?) s.
239	992	III	M. Ant. *Gordianus* Aug. I – Manius Acilius Aviola
240	993	IV	... Vettius (?) Sabinus II – ... Venustus
241	994	255	*Gordianus* Aug. II – Cl. (?) Pompeianus

età cristiana	anni di Roma	Olimpiadi	consoli
242	995	II	C. Vettius Gratus Atticus – C. Asinius Lepidus Praetextatus
243	996	III	L. Annius Arrianus – C. Cervonius Papus
244	997	IV	T. Poclenius Armenius Peregrinus – ... Fulvius Aemilianus I
245	998	256	M. Julius *Philippus* Aug. I – ... Titianus
246	999	II	C. Bruttius Praesens – C. All. ... Albinus
247	1000	III	M. Julius *Philippus* Aug. II – M. Julius *Philippus* Cae. I
248	1001	IV	M. Julius *Philippus* Aug. III – M. Julius *Philippus* Cae. II
249	1002	257	Fulvius Aemilianus II – L. Nevius Aquilinus
250	1003	II	*Decius* Aug. II – Vettius Gratus
251	1004	III	*Decius* Aug. III – Q. Herennius Etruscus Messius Decius Cae.
252	1005	IV	*Trebonianus Gallus* Aug. II – C. Vibius *Volusianus* Cae. I
253	1006	258	*Volusianus Aug.* II – [L. Valerius] Maximus
254	1007	II	*Valerianus Aug.* II – *Gallienus* Aug. I
255	1008	III	*Valerianus Aug.* III – *Gallienus* Aug. II
256	1009	IV	L. Valerius Maximus II – M. Acilius Glabrio
257	1010	259	*Valerianus* Aug. IV – *Gallienus* Aug. III
258	1011	II	M. Nummius Tuscus – Pomponius Bassus
259	1012	III	... Aemilianus – ... Bassus
260	1013	IV	P. Cornelius Secularis II – C. Junius Donatus II
261	1014	260	*Gallienus* Aug. IV – L. Petronius Taurus Volusianus
262	1015	II	*Gallienus* Aug. V – ... Faustinianus
263	1016	III	... Albinus II – Maximus Dexter
264	1017	IV	*Gallienus* Aug. VI – ... Saturninus
265	1018	261	P. Licinius Cornelius Valerianus II – ... Lucillus
266	1019	II	*Gallienus* Aug. VII – ... Sabinillus
267	1020	III	... Paternus Nonius I – ... Arcesilaus
268	1021	IV	... Paternus Nonius II – ... Marinianus
269	1022	262	M. Aur. *Claudius* Aug. – ... Paternus
270	1023	II	... Fl. Antiochianus II – ... Virius Orfitus

età cristiana	anni di Roma	Olimpiadi	consoli
271	1024	III	L. Domitius *Aurelianus* Aug. I – ... Pomponius Bassus II
272	1025	IV	... Quietus – ... Veldumnianus
273	1026	263	M. Claudius *Tacitus* I – ... Placidianus
274	1027	II	L. Domitius *Aurelianus* Aug. II – C. Julius (?) Capitolinus
275	1028	III	L. Domitius *Aurelianus* Aug. III – ... Marcellinus – Aur. Gordianus s. 3/2 – Velius Corniferus Gordianus? s. 25/9
276	1029	IV	M. Claudius *Tacitus* Aug. II – ... Aemilianus
277	1030	264	M. Aur. *Probus* Aug. I – ... Paulinus
278	1031	II	M. Aur. *Probus* Aug. II – Virius Lupus
279	1032	III	M. Aur. *Probus* Aug. III – ... Nonius Paternus II
280	1033	IV	... Messala – ... Gratus
281	1034	265	M. Aur. *Probus* Aug. IV – C. Junius Tiberianus
282	1035	II	M. Aur. *Probus* Aug. V – ... Victorinus
283	1036	III	M. Aur. *Carus* Aug. II – M. Aur. *Carinus* Cae. I
284	1037	IV	M. Aur. *Carinus* Aug. II – M. Aur. *Numerianus* Aug. – C. Aur. Valerius *Diocletianus* I s. 1/5 – Annius Bassus I s. 1/5 – M. Aur. Valerius *Maximianus* I s. 1/9 – M. Junius Maximus I s. 1/9
285	1038	266	C. Aur. Valerius *Diocletianus* Aug. II – Aur. Aristobulus
286	1039	II	M. Junius Maximus II – ... Vettius Aquilinus
287	1040	III	C. Aur. Valerius *Diocletianus* Aug. III – M. Aur. Valerius *Maximianus* Aug. III
288	1041	IV	M. Aur. Valerius *Maximianus* Aug. II – Pomponius Januarius
289	1042	267	M. Magrius Bassus – L. Ragonius Quintianus – M. Umbrius Primus s. 1/2 – T. Fl. Coelianus s. 1/2 – Ceionius Proculus s. 1/3 – Helvius Clemens s. 1/4 – Fl. Decimus s. 1/5
290	1043	II	C. Aur. Valerius *Diocletianus* Aug. IV – M. Aur. Valerius *Maximianus* Aug. III
291	1044	III	C. Junius Tiberianus II – Cassius Dio
292	1045	IV	Afranius Annibalianus – Asclepiodotus
293	1046	268	C. Aur. Valerius *Diocletianus* Aug. V – M. Aur. Valerius *Maximianus* Aug. IV
294	1047	II	C. Fl. Valerius *Constantius Chlorus* Cae. I – C. *Galerius* Valerius Maximianus Cae. I
295	1048	III	Nummius Tuscus – Annius Anullinus
296	1049	IV	C. Aur. Valerius *Diocletianus* Aug. VI – Flavius Valerius *Constantius Chlorus* Cae. II
297	1050	269	M. Aurel. Valerius *Maximianus* Aug. V – C. *Galerius* Valerius Maximianus Cae. II
298	1051	II	Anicius Faustus II – Virius Gallus

età cristiana	anni di Roma	Olimpiadi	consoli
299	1052	III	C. Aur. Valerius *Diocletianus* Aug. VII – M. Aur. Valerius *Maximianus* Aug. VI
300	1053	IV	Fl. Valerius *Constantius Chlorus* Cae. III – C. *Galerius* Valerius Maximianus Cae. III
301	1054	270	T. Fl. Postumius Titianus II – Popilius Nepotianus
302	1055	II	Fl. Valerius *Constantius Chlorus* Cae. IV – C. *Galerius* Valerius Maximianus Cae. IV
303	1056	III	*Diocletianus* Aug. VIII – M. Aur. Valerius *Maximianus* Aug. VII
304	1057	IV	*Maximianus* Aug. VII – M. Aur. Valerius *Maximianus* Aug. VIII
305	1058	271	*Constantius Chlorus* Aug. V – C. *Galerius* Valerius Maxim. Cae. V
306	1059	II	*Galerius* Valerius Maximianus Aug. VI – C. Fl. Valerius Constantius VI
307	1060	III	M. Aur. Valerius *Maximianus* Aug. IX – Fl. Valerius *Constantius* Cae. I
308	1061	IV	M. Aur. Valerius *Maximianus* Aug. X – C. *Galerius* Valerius Maximianus Aug. VII – M. Aur. Valerius *Maxentius* Aug. s. 20/4 – M. Aur. Romulus Cae. I s.
309	1062	272	M. Aur. Valerius *Maxentius* Aug. II a Roma – M. Aur. Romulus Cae. II a Roma – post cons. Maximiani X et Galerii VII in occ. – Valerius Licinianus *Licinius* Cae. in or.
310	1063	II	*Maxentius* Aug. III a Roma – Romulus Cae. II a Roma – Anno II post cons. Maximiani et Galerii in occ. – Ardonicus – Sicorius Probus in or.
311	1064	III	C. *Galerius* Val. Maximianus Aug. VIII – Maximianus Aug. II – C. Caeionius Rufius Volusianus I a Roma – Eusebius a Roma dal sett.
312	1065	IV	Fl. Valerius *Constantinus* Aug. II in occ. – Publius Valerius Licinianus *Licinius* Aug. II in occ. – M. Aur. Maxentius Aug. IV a Roma – C. Galerius Valerius Maximinus Aug. III in or. – Picentius in or.
313	1066	273	Fl. Valerius Constantinus Aug. III – C. Fl. Valerius Licinianus *Licinius* Aug. III
314	1067	II	C. Caeionius Rufius Volusianus II – Petronius Annianus
315	1068	III	Fl. Valerius *Constantinus* Aug. IV – C. Fl. Valerius Licinianus *Licinius* Aug. IV
316	1069	IV	Fl. Rufus Ceionius Sabinus – Q. A. Rufinus
317	1070	274	Ovinius Gallicanus dal 17/2 – Junius Bassus dal 17/2
318	1071	II	*Licinius* Aug. V – Fl. Julius Crispus Cae. I
319	1072	III	Fl. Valerius *Constantinus* Aug. V – Valerius Licinianus Licinius Cae
320	1073	IV	Fl. Valerius *Constantinus* Aug. VI – Fl. Claudius *Constantinus* Cae. I
321	1074	275	Fl. Julius Crispus Cae. II – Fl. Claudius *Constantinus* Cae. II
322	1075	II	Petronius Probianus – Annius Anicius Julianus
323	1076	III	Val. *Licinius* Aug. VI – Val. Licinius Nobilis Cae. II – Acilius Severus – C. Vettius Cossinus Rufinus
324	1077	IV	Fl. Julius Crispus Cae. III – Fl. Claudius *Constantinus* Cae. III
325	1078	276	Anicius Faustus Paulinus – P. Ceionius Julianus
326	1079	II	Fl. Valerius *Constantinus* Aug. VII – Fl. Julius *Constantinus* Cae. I

età cristiana	anni di Roma	Olimpiadi	consoli
327	1080	III	Fl. Cae. Constantinus Maximus
328	1081	IV	Januarius – Justus
329	1082	277	Fl. Valerius *Constantinus* Aug. VIII – Fl. Valerius *Constantinus* Nobilis Cae. IV
330	1083	II	Fl. O[vinius?] Gallicanus – Aur. Tullianus Symmachus
331	1084	III	Annius Bassus – Ablabius
332	1085	IV	Papinius Pacatianus – Maecilius Hilarianus
333	1086	278	Fl. Julius Delmatius Cae. – Zenophilus
334	1087	II	Proculus Optatus – Annius M. Caesonius Nicomachus Anicius Paulinus
335	1088	III	Fl. Julius Constantius – Ceionius Rufius Albinus
336	1089	IV	Fl. Popilius *Nepotianus* – Tettius Facundus
337	1090	279	Fl. Felicianus – Fabius Titianus
338	1091	II	Ursus in occ. – Polemius in or.
339	1092	III	Fl. Julius *Constantius* Aug. II – Fl. Julius *Constans* Aug. I
340	1093	IV	Septimius Acyndinus in or. – L. Aradius Valerius Proculus in occ.
341	1094	280	Antonius Marcellinus in or. – Petronius Probinus in occ.
342	1095	II	Fl. Julius *Constantius* Aug. III – Fl. Julius *Constans* Aug. II
343	1096	III	M. Memmius Maecius Furius Baburius Caecilianus Placidus – Fl. Pisidius Romulus
344	1097	IV	Fl. Dometius Leontius – Fl. Salustius Bonosus
345	1098	281	Julius Amantius in or. – Rufius Albinus in occ.
346	1099	II	Fl. Julius *Constantius* Aug. IV – F. Julius *Constans* Aug. III
347	1100	III	Vulcacius Rufinus in occ. – Fl. Eusebius in or.
348	1101	IV	Fl. Philippus in or. – Fl. Salia
349	1102	282	Ulpius Limenius – Fabius Aco Catullinus Philomatius
350	1103	II	Fl. Sergius – Fl. Nigrinianus
351	1104	III	post cons. Sergii et Nigriniani[1] – Fl. Magnus *Magnentius* Aug. – Gaiso[2]
352	1105	IV	*Constantius* Aug. V – Fl. Constantius Gallus Cae. I – Magnus Decentius Cae. – Paullus[3]
353	1106	283	Fl. Julius *Constantius* Aug. VI – Fl. Cl. Constantius Gallus Cae. II
354	1107	II	Fl. Julius *Constantius* Aug. VII – Fl. Cl. Constantius Gallus Cae. III
355	1108	III	Fl. Arbitio – Q. Fl. M. Egnatius Lollianus

età cristiana	anni di Roma	Olimpiadi	consoli
356	1109	IV	Fl. Julius *Constantius* Aug. VIII – Fl. Cl. *Julianus* Cae. I
357	1110	284	Fl. Julius *Constantius* Aug. IX – Fl. Cl. *Julianus* Cae. II
358	1111	II	Neratius Cerealis – Datianus
359	1112	III	Fl. Eusebius – Fl. Hypatius
360	1113	IV	Fl. Julius *Constantius* Aug. X – Fl. Cl. *Julianus* Cae. III
361	1114	285	Fl. Palladius Rutilius Taurus Aemilius – Fl. Florentius
362	1115	II	Cl. Mamertinus – Fl. Nevitta
363	1116	III	Fl. Cl. *Julianus* Aug. IV – Fl. Salustius
364	1117	IV	Fl. *Jovianus* Aug. – Fl. Varronianus
365	1118	286	Fl. *Valentinianus* Aug. – Fl. Valens Aug. I
366	1119	II	Fl. *Gratianus* I – Dagalaiphus
367	1120	III	Fl. Lupicinus in or. – Fl. Valens Jovinus in occ.
368	1121	IV	Fl. *Valentinianus* Aug. II – Fl. *Valens* Aug. II
369	1122	287	Fl. Valentinianus – Fl. Victor in or.
370	1123	II	Fl. *Valentinianus* Aug. III – Fl. *Valens* Aug. III in or.
371	1124	III	Fl. *Gratianus* Aug. II – Sex Anicius Petronius Probus
372	1125	IV	Fl. Domitius Modestus – Fl. Aryntheus in or.
373	1126	288	Fl. *Valentinianus* Aug. IV – Fl. *Valens* Aug. IV
374	1127	II	Fl. Gratianus Aug. III – Fl. Equitius in occ.
375	1128	III	post cons. Gratiani et Equitii
376	1129	IV	Fl. *Valens* Aug. V in or. – Fl. *Valentinianus* junior Aug. I in occ.
377	1130	289	Fl. *Gratianus* Aug. IV – Fl. Merobaudes I
378	1131	II	Fl. *Valens* Aug. VI in or. – Fl. *Valentinianus* junior Aug. II in occ.
379	1132	III	Decimus Magnus Ausonius – Q. Clodius Hermogenianus Olybrius
380	1133	IV	Fl. *Gratianus* Aug. V in occ. – Flav. *Theodosius* Aug. I in or.
381	1134	290	Flavius Eucherius in or. – Fl. Syagrius in occ.
382	1135	II	Fl. Cl. Antonius in or. – Fl. Afranius Syagrius in occ.
383	1136	III	Fl. Merobaudes II in occ. – Fl. Saturninus in or.
384	1137	IV	Fl. Clearchus in or. – Fl. Richomer in occ.

età cristiana	anni di Roma	Olimpiadi	consoli
385	1138	291	Fl. *Arcadius* Aug. I in or. – Fl. Bauto in occ.
386	1139	II	Fl. Honorius I in or. – Fl. Evodius in occ.
387	1140	III	Fl. *Valentinianus* Aug. III in occ. – Eutropius in or.
388	1141	IV	Fl. *Theodosius* Aug. II – Maternus Cynegius in or.
389	1142	292	Fl. Timasius – Fl. Promotus
390	1143	II	Fl. *Valentinianus* Aug. IV – Neoterius in or.
391	1144	III	Fl. Tatianus in or. – Aur. Tullianus Symmachus in occ.
392	1145	IV	Fl. *Arcadius* Aug. II – Fl. Rufinus
393	1146	293	Fl. *Theodosius* Aug. III – Fl. Abundantius in or. – Cae. Fl. *Eugenius* in occ.
394	1147	II	Fl. *Arcadius* Aug. III – Fl. *Honorius* Aug. II in or.
395	1148	III	Anicius Hermogenianus Olybrius – Anicius Probinus
396	1149		Fl. *Arcadius* Aug. IV – Fl. *Honorius* Aug. III
397	1150		Fl. Caesarius in or. – Nonius Atticus Maximus in occ.
398	1151		Fl. *Honorius* Aug. IV in occ. – Fl. Euthychianus in or.
399	1152		Fl. Mellius Theodorus in occ. – Eutropius in or.
400	1153		Fl. Stilicho in occ. – Aurelianus in or.
401	1154		Fl. Vincentius in occ. – Fl. Fravita in or.
402	1155		Fl. *Arcadius* Aug. V – Fl. *Honorius* Aug. V
403	1156		Fl. *Theodosius* junior Aug. I – Fl. Rumoridus in occ.
404	1157		Fl. *Honorius* Aug. VI – Aristaenetus in or.
405	1158		Fl. Stilicho II in occ. – Anthemius in or.
406	1159		Fl. *Arcadius* Aug. VI – Anicius Petronius Probus in or.
407	1160		Fl. *Honorius* Aug. VII – Fl. *Theodosius* junior Aug. II
408	1161		Fl. Anicius Anchenius Bassus in or. – Fl. Philippus in occ.
409	1162		Fl. *Honorius* Aug. VIII – Fl. *Theodosius* junior Aug. III in or. – Fl. Cl. *Constantinus* Aug. in Gallia, Spagna, Bretagna
410	1163		Varanes in or. – Tertullus in occ.
411	1164		Fl. *Theodosius* junior Aug. IV s.
412	1165		Fl. *Honorius* Aug. IX – Fl. *Theodosius* junior Aug. V
413	1166		Lucius in or. – Heraclianus in occ.

età cristiana	anni di Roma	consoli
414	1167	Fl. Constantius in occ. – Fl. Constans in or. (?)
415	1168	Fl. *Honorius* Aug. X – Fl. *Theodosius* junior Aug. VI
416	1169	*Theodosius* Aug. VII – Junius Quartus Palladius in or.
417	1170	Fl. *Honorius* Aug. XI – Fl. Constantius II
418	1171	Fl. *Honorius* Aug. XII – Fl. *Theodosius* junior Aug. VIII
419	1172	Fl. Monaxius in or. – Plinta in occ.
420	1173	*Theodosius* junior Aug. IX in or. – Fl. Constantius Aug. III in occ.
421	1174	Eustathius in or. – Agricola in occ.
422	1175	*Honorius* Aug. XIII – Fl. *Theodosius* junior Aug. X
423	1176	Asclepiodotus in or. – Fl. Avitus Marinianus in occ.
424	1177	Fl. Castinus in occ. (?) – Fl. Victor in or. (?)
425	1178	Fl. *Theodosius* junior Aug. XI – Fl. Placidus *Valentinianus* Cae. (Aug.) I
426	1179	Fl. *Theodosius* junior Aug. XII – Fl. *Valentinianus* Aug. II
427	1180	Hierius in or. – Fl. Ardabur
428	1181	Fl. Constantius Felix in occ. – Fl. Taurus in or.
429	1182	Florentius – Dyonisius in or.
430	1183	Fl. *Theodosius* Aug. XIII in or. – Fl. *Valentinianus* Aug. III in occ.
431	1184	Anicius Auchenius Bassus in occ. – Fl. Antiochus in or.
432	1185	Fl. Aetius I in occ. – Valerius in or.
433	1186	Fl. *Theodosius* junior Aug. XIV in or. – Petronius Maximus I in or.
434	1187	Fl. Areobindus in occ. – Fl. Ardabur Aspar in or.
435	1188	Fl. *Theodosius* junior Aug. XV – *Valentinianus* Aug. IV
436	1189	Fl. Anthemius Isidorus in or. – Fl. Senator in or.
437	1190	Fl. Aetius II in occ. – Fl. Sigisvultus in occ.
438	1191	Fl. *Theodosius* Aug. XVI – Anicius Acilius Glabrio Faustus
439	1192	Fl. *Theodosius* junior Aug. XVII in or. – Rufius Postumus Festus in occ.
440	1193	Fl. *Valentinianus* Aug. V in occ. – Anatolius in or.
441	1194	Constantius Cyrus s. in or.
442	1195	Eudoxius in or. (?) – Fl. Dioscorus in or.

età cristiana	anni di Roma	consoli
443	1196	Petronius Maximus II in occ. – Paterius in occ.
444	1197	Fl. *Theodosius* junior Aug. XVIII in or. – Albinus in occ.
445	1198	Fl. *Valentinianus* Aug. VI – Nomus
446	1199	Fl. Aetius III in occ. – Symmachus in or.
447	1200	Calepius in occ. – Ardabur in or.
448	1201	Fl. Zeno – Ruffius Praetextatus Postumianus
449	1202	Fl. Asturius – Protogenes
450	1203	Fl. *Valentinianus* Aug. VII in or. – Gennadius Avienus in or.
451	1204	Fl. *Marcianus* Aug. in or. – Fl. Adelphius in occ.
452	1205	Sporachius – Fl. Bassus Herculanus in occ.
453	1206	Johannes Vincomalus – Fl. Opilio Venantius Rufius in occ.
454	1207	Studius in occ. – Aetius in or.
455	1208	Fl. *Valentinianus* Aug. VIII – Procopius *Anthemius* I
456	1209	Varanes in or. – Iohannes in or. – Fl. Eparchus *Avitus* Aug. in occ.
457	1210	Fl. Constantinus in or. – Rufus in or.
458	1211	Fl. *Leo* Aug. I – Fl. Julius Valerius *Majorianus* Aug.
459	1212	Fl. Ricimer in occ. – Fl. Patricius in or.
460	1213	Magnus in occ. – Apollonius in or.
461	1214	Fl. Severinus in occ. – Dagalaiphus in or.
462	1215	Fl. *Leo* Aug. II – Libius *Severus* Aug
463	1216	Fl. Caecina Decius Basilius Maximus in occ. – Vivianus
464	1217	Rusticus in or. – Olybrius
465	1218	Fl. Basiliscus in or. – Herminiricus in occ. (?)
466	1219	Fl. *Leo* Aug. III in or. – Tatianus in occ. (?)
467	1220	Pusaeus in or. – Iohannes
468	1221	Procopius *Anthemius* Aug. II s. in occ.
469	1222	Marcianus – *Zeno* I
470	1223	Jordanes in or. – Fl. Messius Phoebus Severus in occ.
471	1224	Fl. *Leo* Aug. IV – Caelius Aeonius Probianus

età cristiana	anni di Roma	consoli
472	1225	Fl. Festus in occ. – Marcianus in or.
473	1226	Fl. *Leo* Aug. V s.
474	1227	Fl. *Leo* junior Aug. s.
475	1228	Fl. *Zeno* Aug. II s.
476	1229	Basiliscus II Aug. in or. – Armatus in or.
477	1230	post cons. Basilisci et Armati
478	1231	Illus in or.
479	1232	Fl. *Zeno* Aug. III in occ. – post cons. Armati in or.
480	1233	Fl. Caecina Decius Maximus Basilius junior s.
481	1234	Fl. Rufius Placidus s.
482	1235	Trocondus – Severinus junior
483	1236	Anicius Acilius Aginatius Faustus in occ.
484	1237	Theodoricus – Venantius
485	1238	Q. Aur. Memmius Symmachus s.
486	1239	Caecina Mavortius Basilius Decius in occ. (?) – Longinus I in or.
487	1240	Anicius Manlius Severinus Boethius in occ.
488	1241	Cl. Julius Eclesius Dynamius in occ. – Rufius Acilius Sividius in occ.
489	1242	Probinus in occ. – Eusebius I in or.
490	1243	Fl. Probus Faustus junior in occ. – Longinus II in or.
491	1244	Olybrius junior, in or.
492	1245	*Anastasius* Aug. I in or. – Rufus
493	1246	Eusebius II in or. – Faustus Albinus in occ.
494	1247	Turcius Rufius Apronianus Asterius in occ. – Fl. Praesidius in or.
495	1248	Fl. Viator s. in occ.
496	1249	Paulus s. Anastasius in or.
497	1250	*Anastasius* Aug. II s. in or.
498	1251	Johannes Scytha in or. – Fl. Paulinus in occ.
499	1252	Johannes (Gibbus) s. in or.
500	1253	Hypatius in or. – Patricius in or.

età cristiana	anni di Roma	consoli
501	1254	Rufius Magnus Faustus Avienus in occ. – Pompeius in or.
502	1255	Fl. Avienus junior in occ. – Probus in or.
503	1256	Dexicrates in or. – Volusianus in occ.
504	1257	Fl. Rufius Petronius Cethegus s. in or.
505	1258	Sabinianus in or. – Fl. Theodorus in occ.
506	1259	Fl. Areobindus Dagalaiphus in or. – Fl. Ennodius Messalla in occ.
507	1260	Fl. *Anastasius* Aug. III – Venantius
508	1261	Celer – Decius Marius Basilius Venantius junior
509	1262	Importunus s. in occ.
510	1263	Manlius Anicius Severinus Boetius s.
511	1264	Secundinus in or. – Fl. Felix in occ.
512	1265	Paulus in or. – Muschianus – post cons. Felicis in occ.
513	1266	Probus – Fl. Taurus Clementinus in or.
514	1267	Fl. Magnus Aurelianus Cassiodorus Senator s. in occ.
515	1268	Anthemius in or. – Florentius in occ.
516	1269	Fl. Petrus s. in occ.
517	1270	Fl. Anastasius Paulus Probus in or. – Fl. Agapitus in occ.
518	1271	Fl. Anastasius Paulus Probus in or. – Moschianus Probus Magnus
519	1272	Fl. *Justinus* Aug. I – Fl. Eutharicus Cillica in occ.
520	1273	Vitalianus in or. – Rusticus in occ.
521	1274	Fl. Justinianus in or. – Valerius in occ.
522	1275	Fl. Symmacus in occ. – Anicius Manlius Severinus Boetius in occ.
523	1276	Fl. Anicius Maximus s. in occ.
524	1277	Fl. *Justinus* Aug. II – Opilio in occ.
525	1278	Fl. Theodorus Philoxenus in or. – Fl. Probus junior in occ.
526	1279	Fl. Anicius Olybrius junior in occ.
527	1280	Vettius Agorius Basilius Mavortius in occ.
528	1281	Fl. *Justinianus* Aug. II s.
529	1282	Fl. Decius junior s. in occ.

età cristiana	anni di Roma	consoli
530	1283	Fl. Postumus Lampadius in occ. – Rufius Gennadius Probus Orestes in occ.
531	1284	post cons. Lampadii et Orestis anno I
532	1285	post cons. Lampadii et Orestis anno II
533	1286	Fl. *Justinianus* Aug. III s.
534	1287	Fl. *Justinianus* Aug. IV – Decius Fl. Theodorus Paulinus junior
535	1288	Fl. Belisarius in or. – post cons. Paulini junior. anno I in occ.
536	1289	post cons. Fl. Belisarii anno I in or. – post cons. Paulini jun. anno II in occ.
537	1290	post cons. Fl. Belisarii anno II in or. – post cons. Paulini anno III in occ.
538	1291	Fl. Johannes in or. – post cons. Paulini junior. anno IV in occ.
539	1292	Fl. Appion s. in or. – post cons. Paulini junior. anno V in occ.
540	1293	Fl. Justinus junior – post cons. Paulini junior. anno VI
541	1294	Fl. Basilius junior – post cons. Paulini junior. anno VII – post cons. Justini anno I
542	1295	post cons. Basilii anno I – post cons. Paulini junior. anno VIII – post cons. Justini anno II
543	1296	post cons. Basilii anno II – post cons. Paulini junior. anno IX – post cons. Justini anno III
544	1297	post cons. Basilii anno III – post cons. Paulini junior. anno X – post cons. Justini anno IV
545	1298	post cons. Basilii anno IV – post cons. Paulini junior. anno XI – post cons. Justini anno V
546	1299	post cons. Basilii anno V – post cons. Paulini junior. anno XII – post cons. Justini anno VI
547	1300	post cons. Basilii anno VI – post cons. Paulini junior. anno XIII – post cons. Justini anno VII
548	1301	post cons. Basilii anno VII – post cons. Justini anno VIII
549	1302	” ” ” ” VIII – ” ” ” ” IX
550	1303	” ” ” ” IX – ” ” ” ” X
551	1304	” ” ” ” X – ” ” ” ” XI
552	1305	” ” ” ” XI – ” ” ” ” XII
553	1306	” ” ” ” XII – ” ” ” ” XIII
554	1307	” ” ” ” XIII – ” ” ” ” XIV
555	1308	” ” ” ” XIV – ” ” ” ” XV
556	1309	” ” ” ” XV – ” ” ” ” XVI
557	1310	” ” ” ” XVI – ” ” ” ” XVII
558	1311	” ” ” ” XVII – ” ” ” ” XVIII

età cristiana	anni di Roma	consoli
559	1312	post cons. Basilii anno XVIII – post cons. Justini anno XIX
560	1313	" " " " XIX – " " " " XX
561	1314	" " " " XX – " " " " XXI
562	1315	" " " " XXI – " " " " XXII
563	1316	" " " " XXII – " " " " XXIII
564	1317	" " " " XXIII – " " " " XXIV
565	1318	" " " " XXIV – " " " " XXV
566	1319	*Justinus* II imp. d'or. e cons.

Indice alfabetico dei consoli romani (1 d.C. - 566)[4]

Allenius (Sex. Papinius) 36
Allius (Q.) Bassus s. 158 – Maximus (Q.) s. 49
Amantius (Julius) 345
Amnius Anicius Julianus 322 – M. Caesonius Nicomachus 334
Anastasius Augustus 492, II 497, III 507 – Paulus (Fl.) 517
Anatolius 440
Andronicus 310
Anicius (Fl.) 350 – (C.) Cerialis s. 65 – (Q.) Faustus s. 198 – Faustus II 298 –
    Hermogenianus Olibrius 395 – Julianus 322 – Paulinus jun. 334 – Probinus
    395 – Acilius Aginatus Faustus 483
Annaeus (L.) Seneca s. 56
Annius Verus II 121, III 126 – Anullinus 295 – (L.) Largus 147 – (L.) Fabianus
    201 – Arrianus 243 – (Appius) Attilius Bradua 160 – Bassus 331 – (L.)
    Bassus s. 70 – (M.) Libo 128 – (M.) Flav. Libo 204 – (Ap.) Trebonius
    Gallus 108 – Vicinianus s. 66 – (L.) Largus 147 – (L.) Largus s. 109
Anthemius 405, 515 – (Imp.) 455, II 468
Antiochianus (Fl.) II 270
Anthiochus (Fl.) 431
Antistius (L.) Burrus Adventus 181– (C.) Vetus s. 23, 50, 96 – (L.) Vetus s. 28,
    55
Antius (C.) A. Quadratus 93, II 105
Antoninus (Q. Haterius) 53 – (T. Aur. Fulvus Boionius Arrius) 120 – Pius II 139,
    III 140, IV 145
Antoninus (Caracalla M. Aur. Severius) 202, II 205, III 208, IV 213
Antoninus (M. Aur. Imp.) 218, 219, 220, 222
Antonius (Cl.) 382 – Marcellinus 341 – M. Rufinus 131 – C. Hiberus 133
Anullinus (P. Cornelius) 199, 216 – (Annius) 295
Aper 207 – (M. Fl.) 130, II 176
Apollonius 460
Appion (Fl.) 539
Appius (Fl.) 339
Appuleius (Sex.) 14
Apronianus (L. Venuleius) 123, 168 – (Pedo) 191 – Rebilus 117
Apronius (L.) s. 8
Apronius (L.) Caesianus 39
Aquila (M.) Julianus 38
Aquilinus (Naevius) 249 – (L. Epidius Titius) 125 – (Vettius) 286 – (L.
    Plautius) 162
Aquilius (Q.) Niger 117
Arabianus (Cn. Claudius Severus) 146
Aradius (L.) Valerius Proculus 340
Arbitio (Fl.) 355
Arcadius (Imp. Fl.) 385, II 392, III 394, IV 396, V 402, VI 406
Arcesilaus 267
Ardabur (Fl.) 427, 447
Ardonicus 310

Areobindus (Fl.) Dagalaiphus 506
Arintheus (Fl.) 372
Aristaenetus 404
Aristobulus (Aur.) 285
Armatus 476
Armenius (Fl. Taurus Clementinus) 513
Arrecinus (M.) Clemens s. 37
Arrianus (L. Annius) 243
Arrius Augur Faustus s. 121 – Pudens (L.) 165 – Antonius s. 69 – Cornelius
    Proculus (Cn.) s. 145
Arrulenus (Cn.) Celius Sabinus s. 69
Arruntius (L.), 6 – (M.) Aquila s. 66
Articuleius (Q.) Paetinus 123 – Paetus 101
Asclepiodotus 292, 423
Asiaticus Saturninus II (M. Lullius Collatinus Paulinus Valerius) 125
Asinius (M.) Agrippa 25 – Marcellus 54, 96, 104
Asinius (C.) Pollio 23 – Verrucosus 81
Asinius (C.) Lepidus Praetextatus 242
Asinius Celer (Ser.) s. 38
Aspar (Fl. Ardabur) 434
Asper (C. Julius) II 212 – (M. Fl.) 130 – (C. Julius Galerius) 212
Asprenas (P. Nonius) 38 – (L. Novius) s. 29 – Torquatus 94, II 128
Asterius (Turcius Rufius Apronianus) 494
Asturius (Fl.) 449
Ateius (C.) Capito s. 5
Atilianus (P. Calpurnius Atticus) 135
Atilius (M.) Metellus Bradua 108 – Rufus Titianus s. 127 – (C.) Barbarus s. 71
    – Bradua 160, 185 – (Q.) Glitius Agricola s. 103
... Atratinus 89
Atticus (Nomius) Maximus 397 – (C. Vettius Gratus) 242
Attius Suburranus (Sex.) s. 101, 104
M. Aufidius (M.) Fronto 199 – Marcellus II (L.) 226
Aufidius (C.) Victorinus II 183 – Victorinus 200
Augur (Arrius) 121
Augurinus (C. Serius) 132, 156
Aurelianus 400 – (Imp.) 271, II 274, III 275
Aur. (Imp. M.) II 145, III 161 – Aristobulus 285
Aur. (M.) Cotta Maximinus Messalinus 20 – Fulvus (T.) 85, 89 – Gallus (L.) 174
    – Severus (M.) II 173 – Symmacus (Q.) 391 – Tullianus Symmacus 330
Ausonius (D. Magnus) 379
Avienus (Gennadius) 450 – (Rufius Magnus Faustus) 501 – Fl. junior 502
Aviola (M. Acilius) 54, 239 – (Acilius) 122
Avitus 209 – (L. Lollianus) 144 – (Imp.) 456, II 476

Baebius (Q.) Tullus 109
Balbinus (D. Celius Calvinus) 213

Balbus (Julius) s. 85
Barbarus (M. Ceionius Civica) 157 – (C. Atilius) s. 71
Barea (Q. Marcius) s. 18 – Soranus s. 52
Basiliscus (Fl.) 465, II 476
Basilius (Fl. Caecina Decius Maximus) 463 – junior 480
Basilius (Fl. Anicius Faustinus Albinus junior) da 541 a 565
Bassus 259 – (Junius) 317 – (L. Annius) s. 70, 331 – (C. Lecanius) 64 –
     (Anicius) 431 – (L. Fl. Silva Nonius) 81 – (Fl. Anicius Anchenius) 408 –
     (M. Magrius) 280
Bauto (Fl.) 385
Belisarius (Fl.) 535
Bellicius (C.) Torquatus 143, 148
Bellicus (C.) Natalis s. 68
Bellicus (C.) Natalis Tebanianus s. 87
Blaesus s. 89 – (Q. Juaius) s. 10, s. 88 – (Q. Junius) s. 10, s. 28
Boethius 522 – (Fl.) 487 – (Manlius Anicius Severinus) 510
Bolanus (M. Vettius) 111
Bonosus (Fl. Sallustius) 344
Bradua (M. Atilius Metilius) 108 – (T. Cl. Attilius) 185 – (M. Mauricus
     Valerius) 191
Bruttius (C.) Crispinus 224 – Praesens II (C.) 139 – Praesens (C.) 153, 246 –
     Quintius Crispinus (L.) 187

Caecilius (Q.) Metellus Creticus Silanus 7 – (Cn.) Simplex s. 69 – Faustinus s. 99
Caecina (C.) Largus 42 – Paetus s. 70 – (Aulus Alienus) s. 69
Caeionius (C.) Rufius Volusianus 311, II 314
Caelius (D.) Calvinus Balbinus II 213 – Rufus (C.) 17 – Aeonius Probianus 471
     – (P.) Apollinaris 169
Caepius Crispus s. 96
Caesar (C.) 1 – Germanicus 12 – Germanicus (*Caligula*) s. 37, II 39, III 40, IV 41
Caesarius 397 – Constantinus 327
Caesennius (L.) Paetus 61
Caesianus (L. Apronius) 39
Caestius (C.) Gallus 35, s. 42
Calepius 447
Calidius Vetus (L.) s. 51
Calpetanus (C.) Rantius Quirinalis Valerianus Festus s. 71
Calpurnius (C.) s. 87
Calpurnius (Ser.) Scipio Orfitus 172
Calpurnius (Sex.) Domitius Dexter 225 – (C.) Aviola s. 24. – (M.) ...icus 96
Calpurnius (L.) Piso 27, 57, 175 – (C.) 111 – (M.) s. 96
Calvisius (C.) Sabinus 26 – (P.) Ruso s. 61 – (P.) Tullus s. 109
Camerinus (C. Pomponius) 138
Capito (C. Fonteius) 12
Capitolinus (C. Julius?) 274
Carinus (*Imp.*) 283, II 284, III 285

Condianus (Sex. Quintilius) 151, 180
Constans (*Imp.*) 339, II 342, III 346, 414
Constantinus (*Imp.* Fl. Valer. C. Aug.) 307, II 312, III 313, IV 315, V 319, VI 320, VII 326, VIII 329 – (Flav.) 457 – (Fl. Caesarius) 327
Constantinus (Fl. Cl.) junior Cae. II 321, III 324, IV 329
Constantius (Fl. Valerius) 294, II 296, III 300, IV 302, V 305, VI 306
Constantius (Fl. Julius) 326, II 339, III 342, IV 346, V 352, VI 353, VII 354, VIII 356, IX 357, X 360 – (Fl. Julius) 335 – Gallus 352, II 353, III 354 – (Fl.) 414, II 417, III 420
Cornelianus (L. Mummius Felix) 237 – (Q. Volusius Fl.) 174
Cornelius (Cn.) Cinna Magnus 5 – L. F. Magni Pompei (L.) 5 – Dolabella (P.) 10 – Cethegus (Ser.) 24 – Scipio (P.) 56 – Sulla Felix (L.) 33 – Faustus 52, 81 – Cethegus (M.) 170 – Anullinus (P.) II 199 – Anullinus (P.) 216 – Dolabella Petronius (Ser.) 86 – (Cossus) Lentulus 25, 60 – (P.) Lentulus s. 27 – (P.) Lentulus Scipio s. 2, 24 – (Ser.) Lentulus Maluginensis s. 10 – Lentulus Gaetulicus (Cn.) 26, s. 55 – Lupus s. 42 – Orfitus (Ser.) 51 – Palma (A.) 99, II 109 – Saecularis (P.) II 260 – Salvidius Scipio Orfitus (Ser.) 149 – Tacitus s. 97
Cornelius Pansa 122
Cornutus (C. Julius) Tertullus s.100
Corvinus (T. Statilius Taurus) 45
Cossonius (L.) Eggius Marullus 184
Crassus Frugi (M. Licinius) 27, 64
Creticus (Q. Caecilius Metellus) Silanus 7
Crispinus (C. Clodius) 113 – (L. Bruttius Quintius) 187 – T. Quintius Valerianus 2
Crispus (Fl. C. Cae.) 318, II 321, III 324 – (A. Caepio) s. 96
Curtilius (T.) Mancia s. 55
Cuspius Rufinus 142 – (L.) 197
Cyrus (Constantius) 441

Dagalayphus 366, 461 – Venantius 507
Datianus 358
Decentius (Fl. Magnus) 352, II 353
Decimus (Fl.) s. 289
Decius (Caecina Mavortius Basilius) 486
Decius II (*Imp.*) 250, III 251
Decius (Fl. junior) 529
Delmatius (Fl. Julius) Caesar 333
Dexicrates 503
Dexter Maximus 263 – (Sex. Calpurnius Domitius) 225
Dio Cocceianus (Cassius) 229, 291
Dio (Cassius) 291
Diocletianus II (*Imp.*) 285, III 287, IV 290, V 293, VI 296, VII 299, VIII 303, IX 304
Dionysius 429

Dioscorus (Fl.) 442
Dolabella Petronianus (Ser. Cornelius) 86
Dometius Leontius (Fl.) 344
Domitianus (*Imp.* Cae.) s. 71, II s. 73, IV s. 76, V 77, VI s. 79, VII 80, VIII 82,
    IX 83, X 84, XI 85, XII 86, XIII 87, XIV 88, XV 90, XVI 92, XVII 95
Domitius Modestus (Fl.) 372 – (Cn.) Corbulo s. 39 – (Cn.) Ahenobarbus 32 –
    Dexter (Cn.) II 196 – (Cn.) Afer s. 39
Donatus II (C. Junius) 260
Drusus (Julius Cae. I) 15, II 21
Ducenius (C.) Proculus s. 87
Duvius (L. Avitus) s. 56
Dynamius (Cl. Julius Eclesius) 488

Eggius (C.) Ambibulus Pomponius Longinus 126
Egnatius Lollianus (Q. Fl. M.) 355
Elagabalus (*Imp.* Cae. M. Aur. Antoninus) 218, II 219, III 220, IV 222
Emilius (M.) Scaurus s. 21
Epidius (L.) Titius Aquilinus 125
Equitius (Fl.) 374
Erucius Clarus (C. Julius) 193 – Sextus II 146 – (C.) 170
Eucherius (Fl.) 381
Eudoxius 442
Eugenius (*Imp.* Fl. Aug.) 393
Eusebius (Fl.) 359
Eusebius 311 – Eusebius I 489, II 493, 489, II 493
Eustathius 421
Eutharicus Cillica (Fl.) 519
Eutropius 387, 399
Eutychianus (Fl.) 398 – Comazon 220
Evodius (Fl.) 386
Extricatus (T. Messius) II 217

Fabianus (L. Annius) 201
Fabius Aco Catullinus Philomatius 349
Fabius (Q.) Catullinus 130 – Septimius II (L.) 204
Fabius (Paullus) Persicus 34 – Titianus 337 – Valens s. 69
Facundus (Tettius) 336
Falco (Q. Pompeius) 193
Faustinianus 262
Faustinus (M. Acilius) 210
Faustus 483 – II (Anicius) 298 – junior 490 – (Anicius Acilius Glabrio) 438
Felicianus (Fl.) 337
Felix (Cornel. Sulla) 33 – (Fl. Constantius) 428 – (Fl.) 511
Festus (Rufius Postumus) 439 – (Fl.) 472
Flaccus (Q. Volusius) 174
Flavius Fimbria s. 71 – Afranius Syagrius 382 – Anic. 350 – Antiochianus II 270

– M. Aper 130, II 176 – Arbitio 355 – Arintheus 372 – Bauto 385 – Caesarius 397 – Clearchus 384 – Clemens 95 – Equtius 374 – Eucherius 381 – Hypatius 359
Florentius 429, 515 – (Fl.) 361
Fonteius Capito 67 – (C.) 12, 59
Fravita 401
Frontinus (Sex. Julius) s. 74
Frontinus III (Sex.) 100
Fronto (M. Aufidius) 199
Frugi (M. Licinius Crassus) 27, 64
Fufidius (L.) Pollio 166
Fufius (C.) Geminus 29
Fulcinius (L.) Trio s. 31
Fulvius (C.) Plautianus II 203 – (M.) Gillo s. 76
Fulvus (T. Aur.) 85, 89
Furius (M.) Camillus 8 – Arruntius Scribonianus 32
Fuscianus II (Seius) 188
Fuscus II (T. Manlius) 225 – (p.) s. 196

Gaetulicus (Cn. Cornelius Lentulus) 26
Gaiso 351
Galba (C. Sulpicius) 22 – (Sex. Sulpicius) 32 – (Ser. Sulpicius Aug.) II 69
Galerius Maximianus 294, II 297, III 300, IV 302, V 305, VII 308, VIII 311
Galerius (P.) Trachalus 68
Gallicanus (C. Cornelius) s. 84 – (Fl.) 330 – (M. Gavius Squilla) 127, 150
Gallienus (*Imp.*) 254, II 255, III 257, IV 261, V 262, VI 264, VII 266
... Gallus 198 – (L. Afinius) 62 – (Virius) 298 – (Appius Annius Trebonius) 108 – (L. Aur.) 174 – (*Imp.* Cae. C. Vibius Trebonianus) II 252
Gavius (M.) Orfitus 165
Gellius Publicola s. 40
Geminus (C. Fufius) 29 – (L. Rubellius) 29
Gennadius Avienus 450 – (Rufius) Probus Orestes 530
Gentianus 211
Germanicus Cae. 12, II 18 – (C. Cae.) II 39, III 40, IV 41, V 51
Geta (P. Septimius) 203, 205, II 208
Glabrio (M. Acilius) 91, 124, 152, 186 – (M. Acilius) 256 – (Anicius Acilius G. Faustus) 438
Gordianus (*Imp.* Cae. Antonius) 239, II 241
Gratianus (Fl.) 366, II 371, III 374, IV 377, V 380
... Gratus 280 – (C. Vettius Atticus Sabinianus) 221 – (Vettius) 250

Hadrianus (Traianus *Imp.*) II 118, III 119
Hasta (Q. Ninnius) 114
Haterius (D.) Agrippa 22 – Haterius (Q.) Antoninus 53 – (T. Nepus) s. 134
Helvius (P.) Pertinax II 192 – Clemens s. 289
Heraclianus 413

Herculanus (Fl. Bassus) 452
Herennianus (L. Aufidius) 171
Herennius (Q.) Etruscus Messius Decius Cae. 251 – Picens s. 1 – (C.) Dolabella
s. 119
Herminiricus 465
Hermogenianus (Anicius) Olybrius 395
Herodes (T. Cl. Atticus) 143
Hiberus (C. Antonius) 133
Hierius 427
Hilarianus (Maecilius) 332
Honorius (Fl.) 386, II 395, III 396, IV 398
Honorius (*Imp.*) V 402, VI 404, VII 407, VIII 409, IX 412, X 415, XI 417, XII
418, XIII 422
Hypatius (Fl.) 359
Hypatius 500

Ianuarius 328 – (Pomponius) 288
Illus 478
Importunus 509
Iohannes 456, 467 – Gibbus 499 – (Fl.) 538
Iohannes Vincomalus 453
Iordanes 470
Iovianus (*Imp.* Fl. Julius Aug.) 364
Iovinus (Fl. Valens) 367
Isidorus (Fl. Anthemius) 436
Italicus (T. Catius Silius) 68
Julianus (M. Aquila) 38 – (P. Salvius) 175 – (Annius Anicius) 322 – (Fl. Cl.
Julius Cae.) 356, II 357, III 360, IV 363 – (P. Caeionius) 325 – (Appius
Cl.) 134 – (P. Salvius) 148 – Velius Rufus 178
Junius Silanus s. 238 – Junius Silanus (L.) s. 26 – (C. Appius) 28 – Torquatus
(D.) 53 – Tiberianus (C.) 281, II 291
Justinianus (*Imp.* Fl.) 521, II 528, III 533, IV 534
Justinus (*Imp.* Fl.) 519, II 524 – junior dal 540 al 565, II 567
Justinus Bithinicus (M.) 162
Justus 328
Juventius (P.) Celsus 129, II 164 – T. Aufidius Hoenius Severianus II 129

Laberius (M.) Maximus II 103
Laecanius (C.) Bassus s. 40, 64
Laelianus (M. Pontius) 163
Laelius (M.) Maximus Aemilianus 227
Laetus (Maccius) 215
Lamia (L. Aelius) 3 – Aelianus (L.) 116
Lampadius (Fl. Postumus) 530
Largus (L. Annius) 147 – (Caecina) 42 – (C. Silius Caecina) 13
Lateranus (T. Sextius) 154

Lecanius (C.) Bassus 64
Leo (*Imp.* Fl.) 458, II 462, III 466, IV 471, V 473
Leo (*Imp.* Fl.) junior 474
Leontius (Fl.) 344
Lepidus (M. Aemilius) 6 – (M. Aemilius) 11
Libo (M. Annius) 128 – (M. Annius Fl.) 204
Licinius (*Imp.*) Val. Licinianus 309, II 312, III 313, IV 315, V 318, VI 323 –
    Mucianus II s. 70, III 72
Licinius Cae. 319 – Crassus Frugi (M.) 27, 64 – Nerva Silanus (A.) 7, 65
Licinius Sura II 102, III 107
Lollianus (L.) Avitus 144
Lollius (M.) Collatinus Paullinus Valerius Asiaticus Saturninus II 125
Longinus 486, II 490 – (C. Julius) 107
Lucilius Longus s. 7
Lucillus 265
Lucius 413
Lucius (C.) Telesinus 66
Lumia (L.) Aelianus 116
Lupicinus (Fl.) 367
Lupus 232 – (Virius) 278
Lusitanicus (L.) Carminius s. 81

Macrinus (*Imp.* M. Opellius Severus) 218 – (M. Pompeius) 164
Maecilius Hilarianus 332
Maecius (M.) Laetus II 215
Maecius (M.) Memmius Furius Baburius Caecilianus Placidus 343
Magnentius (*Imp.* Fl. Magnus) 351, II 353
Magnus 460 – (Fl. Anastasius Paulus Probus) 518
Magrius (M.) Bassus 289
Majorianus (*Imp.* Fl. Julius Valerius) 458
Maluginensis (Cn. Cornelius Lentulus) 10
Mamertinus (Cl.) 362 – (Petronius) 182
... Manilius (T.) Fuscus II 225 – Valens 96
... Marcellinus 275 – (Antonius) 341
Marcellus (L. Asinius) 104 – (T. Cl. Eprius) II 74 – (Q. Asinius) 96 – (C.M.
    Octavius) s. 80
... Marcianus (Fl.) 469, 472
Marinianus 268 – (Fl. Avitus) 423
Marius (P.) Celsus 62, s. 69
Marius (L.) Maximus Perpetuus Aurelianus II 223
Marius Perpetuus 237
Martialis (L. Caesius) s. 57
Martius Verus II 179
Marullus (Q. Junius) s. 62
Maternus (M. Cornelius Nigrinus Curiatius) 185
Maternus Cynegius 388

Mauricus (M. Valerius Bradua) 191
Mavortius (Vettius Agorius Basilius) 527 – (Q. Fl. Lollianus) 355
Maxentius (*Imp*. Aur. Valerius) 308, II 309, III 310, IV 312
Maximianus (*Imp*. M. Aur. Valerius) 287, II 288, III 290, IV 293, V 297, VI
    299, VII 303, VIII 304, IX 307, X 308
Maximianus (*Imp*. Cae. Galerius Valerius) Aug. VI 306
Maximinus *(Imp*. Julius Verus) Aug. 236
Maximus (M. Sanquinius) s. 23, 39
Maximus (M. Junius) 286 – (M. Laelius) 227 – Petronius 433, II 443 – (Q.
    Allius) s. 49
Maximus (M.) Aug. II 388
... Maximus 207, II 233, III 234 – (Fl. Anicius) 523 – (Quintilianus) 172 – (Sex.
    Quintilius) 151 – (Statilius) 144 – (Valerius) 256
Memmius (C.) Regulus s. 18, 63 – (Publius) s. 31
Memmius (L.) Pollio s. 49
Merobaudes (Fl.) 377, II 383
Messala 280 – (L. Valerius) 214 – (Fl. Ennodius) 506
Messalinus (C. Prastina Pacatus) 147 – (L. Valerius Catullus) 73
Messalla Volesus (P. Valerius) 5
Metellus (Q. Caecilius) 7
Metilius (M.) Aquillius Regulus... 157
Minicius (L.) Rufus 88
Minutius (C.) Fundanus s. 107
Modestus II 228 – (Fl. Domitius) 372
Monaxius (Fl.) 419
Moschianus Probus Magnus 518
Mummius (L.) Felix Cornelianus 237
Mummius (P.) Sisenna 133
Munatius (L.) Plancus 13
Murena (Q. Pompeius Senecio Roscius) 169
Muschianus 512
Mustius (Q.) s. 163

Naevius (L.) Aquilinus 249
Natta (C. Scoedius) Pinarianus s. 83
Neoterius 390
Nepotianus (Fl. Popilius) 336
Neranius (Sex.) Capito s. 71
Neratius Cerealis 358
Neratius (L.) Marcellus 129
Nero (*Imp*. Aug. Cl.) I, 55, II 57, III 58, IV 60, V 68
Nerva (P. Silius) 28 – (A. Licinius) 7, 65 – (M. Cocceius) s. 40 – (M. Cocceius)
    71, II 90, III 97, IV 98
Nevitta (Fl.) 362
Nicomachus Flavianus (Virius) 394
Niger (Q. Aquilius) 117 – (Kanus Junius) 138

Papius (M.) Mutilus s. 9
Papus (P. Cervonius) 243
Passienus (C.) Crispus II 44
Pastor (A. Junius) 163
Paterculus (L. Velleius) 60
Paterius 443
... Paternus 233, 269 – (Nonius) I 267, II 268
Patricius 500 – (Fl.) 459
Patruinus (P.) Valerius s. 82
Paulinus 277, II 325 – (Anicius) 334 – (Annius M. Caesonius Nicomachus
    Anicius) 334 – (Fl.) 498 – junior (Fl. Decius Theodorus) dal 534 al 546
Paullinus (C. Svetonius) II 66 – (C. Valerius) s. 107
Paullus (L. Aemilius) 1 – (L. Sergius) 168 – Fabius Persicus 34
... Paulus 352, 512 – (*Imp.* Anastasius fr.) 496
Pedanius (Cn.) Salinator s. 60 – Fuscus Salinator 118
Pedanius (L.) Secundus s. 43
Pedo Cassius Apronianus 191
Pedo (M.) Vergilianus 115
Peducaeus (M.) Priscinus 110 – Stloga Priscinus 141 – Saenianus 89
Peregrinus (T. Pollenius Armenius) 244
Perpetuus (Marius) 237
Persicus (Paulus Fabius) 34
Pertinax (Helvius) s. 212
Petillius (Q.) Cerialis Caesius Rufus I s. 70, II s. 74
Petronius (P.) s. 19 – (C.) s. 25 – (A.) Lurco s. 58
Petronius Annianus 314 – Sura Mamertinus 182 – Caius Pontius Nigrinus 37 –
    Probianus 322 – Probinus 341
Petronius (Sex.) Probo 371 – M. Sura Septimianus 190 – L. Taurus Volusianus
    261 – P. Turpilianus 61
Petrus (Fl.) 516
Philippus (Fl.) 348, 408 – (*Imp.* M. Julius) 245, II 247, III 248 – (*Imp.* filius)
    247, II 248
Philoxenus (Fl. Theodorus) 525
Phocas (*Imp.*) 603
Pisidius Romulus (Fl.) 343
Piso (L. Calpurnius) 27, 57 – (C. Calpurnius) 111
Pius (Fulvius) 238
Placidianus 273
Placidus (M. Maecius Memmius) 343 – (Fl. Rufius) 481
Plautianus II (C. Fulvius) 203
Plautius (Q.) 36 – (A.) s. 29 – L. Aquilinus 162 – Quintillus 159 – M. Quintillus
    177 – (T.) Silvanus Aelianus s. 45, s. 74
Plinta 419
Plotius (L.) Grypus s. 88
Poblicius (C.) Marcellus s. 120
Polemius 338

Pollio (C. Asinius) 23 – (L. Fufidius) 166
Pompeianus 209, 241 – (T. Cl.) 173 – (Claudius) 231, 241 – (Sex. Vetulenus Civica) 136
Pompeius 501 – (Sex. P. Sex. f.) 14 – (C.) Longus Gallus 49 – Collega 93 – M. Macrinus 164 – (Cn.) Longinus s. 90 – (M.) Silvanus s. 45
Pomponius Bassus 258, II 271 – C. Camerinus 138 – L. Flaccus 17 – (C.) Graecinus s. 16 – Januarius 288 – Q. Marcellus 121 – T. Proculus Vitrasius Pollio II 176
Pomponius (Q.) Secundus s. 41 – (L.) s. 44 – (C.) s. 65
(Pomponius?) Victorinus 282
Pontianus (Ser. Octavius Laenas) 131 – (Pontius Proculus) 238 – (L. Tutilius Lupercus) 135
Pontius (M.) Laelianus Larcius Sabinus 163
Popilius Nepotianus 301
Poplicola (L. Vipstanus) 48
Poppaeus (C.) Sabinus 9 – (Q.) Secundus s. 9
Postumianus (Rufius Praetextatus) 448
Postumius Titianus (T. Fl.) II 301
Postumius II (*Imp.*) 259, III 260, IV 265, V 267
Praesens (C. Bruttius) 153, 217 – (L. Fulvius) II 180 – (C. Bruttius) II 139
Praesidius (Fl.) 494
Praetextatus (C. Asinius Lepidus) 242
Priscillianus (S. Catius Clementinus) 230
Priscinus 93 – (M. Paeducaeus) 110
Priscus (D. Novinus) 78
Probianus (Caelius Aeonius) 471
Probinus (Anicius) 395 – (Petronius) 489
Probus 228, 502, 503, 513 – junior 525 – (Anicius Petronius) 406 – (Sex. Anicius Petronius) 371
Probus (*Imp*. M. Aur.) 277, II 278, III 279, IV 281, V 282 – (Sicorius) 310
Proculus Optatus 334 – (Cn. Acerronius) 37
Promotus (Fl.) 389
Protogenes 449
Publicius (L.) Celsus II 113
Pudens (L. Arrius) 165
Pupienus Africanus (M.) 236
Pusaeus 467

Quadratus II (C. Antius A. Julius) 105 – (L. Statius) 142 – (M. Umidius) 167
Quartinus (Cl.) 130
Quartus (Junius) Palladius 416
Quietus 272 – (Lusius) s. 115
Quintilianus (...tonius) s. 38
Quintianus (L. T. Claudius Aur.) 235 – (L. Ragonius) 289
Quintilius Condianus (Sex.) 151, 180 – Quintilius (Sex.) Valerius Maximus 151 – Maximus 172

Quintillus (Plautius) 159
Quintius (C.) Atticus s. 69

Ragonius (L.) Quintianus 289
Rebilius (M.) Apronianus 117
Regulus (C. Memmius) 63 – (M. Metilius Aquilius) 157
Ricimer (Fl.) 459
Richomer (Fl.) 384
Romulus (Fl. Pisidius) 343 – (M. Aur. Valerius) 308, II 309
Roscius (L.) Aelianus 187 – (Q. Pompeius Senecio) 169 – Paculus Papirius
    Aelianus 223 – Regulus s. 69
Rubellius (L.) Geminus 29
Rufinus (T. Vinius) 69 – (M. Antonius) 131 – (A. Junius) Cuspius 197 – (A.
    Triarius) 210 – (Fl.) 392 – (C. Vettius Cossinius) 323 – (Vulcacius) 347
Rufius Albinus 345
Rufus 457, 492 – Rufus s. 45 – (L. Verginius) 63, II 97 – (C. Julius) 67 – (Q.
    Petillius) II 83 – (Q. Tineius) 182 – (P. Velius) 178 – L. Minicius 88 – (C.
    Caelius) 17
Rumoridus (Fl.) 403
Rusticus 464, 520 – (Q. Junius) 119, II 162
Rustius (T.) Nummius Gallus s. 18
Rutilius (T.) Propinquus s. 120

Sabinianus 505 – (M. Junius Rufinus) 155 – (C. Vettius Atticus) 242 – (C.
    Vettius Gratus) 221
... Sabinillus 266
Sabinus (T. Fl.) s. 69, II s. 72, 82 – (P. Catius) 216 – (C. Oppius) 84 – (C.
    Octavius Appius Suetrius) 214 – (Vettius) 240
Sacerdos (Q. Tineius) II 219 – (Q. Tineius) Clemens 158 – (T. Cl.) Julianus
    100
Salia (Fl.) 348
Salinator (Cn. Pedanius Fuscus) 118
Sallustius (C.) s. 27
Sallustius Prelignianus (Fl.) 231 – (Fl.) 363 – Bonosus 344
Salvidienus Rufus Salvianus s. 52
Salvius Julianus 148 – (L.) Otho s. 33 – (L.) Otho Titianus 52
Sanquinius Maximus s. 23, II s. 39
Saturninus 198, 264 – (C. Sentius) 4 – (L. Antoninus) s. 82 – (M. Lollius
    Paullinus Valerius) s. 93 – (Cn. Sentius) 41 – (Fl.) 383 – (Q. Volusius) 56,
    92 – (L. Volusius) 87
Scapula Tertullus Priscus 195
Scipio (Ser.) Orfitus 178 – (P. Corn.) 56 – (P. Cornelius Asiaticus) s. 68 – (Ser.
    Cornelius) Salvidienus Orfitus 110
Scribonianus (M. Furius Camillus Arruntius) 32
Scribonius (L.) Libo 16
Secundinus 511

Secius (C.) Campanus s. 86
Secundus (P. Cassius) 138
Seianus (L. Aelius) 31
Seius Fuscianus II 188
Seius Tubero (L.) s. 18
Seleucus (M. Fl. Vitellius) 221
Seneca (L. Annaeus) s. 56
Senator (Fl.) 436 – (Fl. Magnus Aur. Cassiodorus) 514
Senecio (Q. Sosius) 69, 107 – (Q. Pompeius) 169
Sentius (C.) Saturninus s. 4 – (Cn.) s. 41
Septimianus (M. Petronius Sura) 190
Septimius Acyndinus 340 – (P.) Geta II 203 – (*Imp.*) Severus Pertinax II 194,
    III 202
Sergianus (C. Trebius) 132
Sergius (Fl.) 350 – (L.) Paullus II 168 – (C.) Augurinus 132, 156
Servianus II (C. Julius Ursus) 102, III 134
Servilius (M.) Nonianus 3, 35 – Pudens (Q.) 166 – M. Silanus II 188 – Silanus
    (Q.) 189
Severinus (Fl.) 461 – junior 482
Severus II (L. Catilius) 120 – (Acilius) 323 – (Cn. Claudius) 172, 235 – (Cn.
    Cl. Arabianus) 146 – (T. Cl.) 200 – (T. Hoenius) 141 – (C. Julius) 155 – (T.
    Statilius) 171 – (*Imp.* Libius) 462 – (Fl. Messius Phoebus) 470 – (*Imp.* Fl.
    Valerius) 307 – Alexander (*Imp.* M. Aur.) 222, II 226, III 229
Sextius (T.) Africanus s. 59, 112 – Lateranus 154, 197 – Magius Lateranus 94
Sicorius Probus 310
Sigisvultus (Fl.) 437
Silanus (M. Junius) s. 15 – (L. Junius) s. 28, 19, 46 – (C. Junius) 10 – (C.
    Appius Junius) 28 – (M. Servilius) 188 – (Q. Servilius) 189 – Duilius 189
Silius (C.) Caecina Largus 13 – Italicus (T. Catius) 68 – P. Nerva 28 – (P.)
    s. 3
Silva Nonius Bassus (L. Fl.) 81
Silvanus (M. Ceionius) 156
Sisenna (Mummius) 133
Sividius (Rufius Acilius) 488
Sosius (Q.) Falco 193 – Senecio 99, II 107
Sporachius 452
Squilla Gallicanus (M. Gavius) 127, 150
Statilius (T.) Maximus 144 – Severus 171 – (T.) Sisenna Taurus 16 – (T.)
    Taurus 11, 44
Statius (M.) Priscus Licinius Italicus 159 – (L.) Quadratus 142
Stilicho (Fl.) 400, II 405
Stloga (M. Peducaeus Priscinus) 141
Studius 454
Suburranus (Sex. Attius) s. 101, II 104
Sullius (M.) Nerullinus 50
Sulla Faustus (Cornelius) s. 31

Sulla Felix (L. Cornelius) 33 – Cerealis 215
Sulpicius Galba (Ser.) 33 – Camerinus (Q.) s. 9, 46 – Ser. Galba (C.) 22 – Tertullus (Ser.) 158
Sura II (L. Licinius) 102, III 107
Surdinus (L. Naevius) s. 30
Svetonius Paullinus (C.) I s. 42, II 66
Syagrius (Fl.) 381 – (Fl. Afranius) 382
Symmacus (Q. Aur. Memmius) 485 – (Q. Aur.) 391 – (Aur. Tullianus) 330

Tacitus (M. Cl.) 273, II 276 – (Cornelius) s. 97
Tatianus 466 – (Fl.) 391
Taurus (Fl.) 428 – (T. Statilius) 11, 44
Tebanianus (C. Bellicius Flaccus Torquatus) 124
Telesinus (C. Lucius) 66
Terentius (Q.) Culleo s. 40
Tertullus 410 – (Ser. Sulpicius) 158 – (Q. Fl.) s. 133
Tettienus (Galeo) Petronianus s. 76 – (T.) Serenus s. 83
Theodoricus 484
Theodorus (Fl.) 505 – (Fl. Mellius) 399
Theodosius (*Imp.* Fl.) 380, II 388, III 393
Theodosius (*Imp.* Fl.) junior I 403, II 407, III 409, IV 411, V 412, VI 415, VII 416, VIII 418, IX 420, X 422, XI 425, XII 426, XIII 430, XIV 433, XV 435, XVI 438, XVII 439, XVIII 444
Tiberianus (C. Junius) 281, II 291
Tiberius Aug. III 18, IV 21, V 31
Timasius (Fl.) 389
Tineius Clemens 195 – Sacerdos II (Q.) 219
[Q. Tineius] Rufus 182
Tineius (Q.) Sacerdos II 219 – Clemens 158
Titianus 245 – (L. Salvius Otho) 52, s. 69 – (Atilius Rufus) 127 – (Fabius) 337 – (T. Fl. Postumius) II 301
Tittius (M.) Frugi s. 80
Titus Cae. Vespasianus (*Imp.* Flav.) 70, II 72, III 74, IV 75, V 76, VI 77, VII 79, VIII 80
Torquatus (D. Junius Silanus) 53 – (C. Bellicius) 143, 148 – Asprenas II 128
Trachalus (P. Galerius) 68
Traianus (M. Ulpius) s. 68, 91, II 98, III 100, IV 101, V 103, VI 112
Trebatius (M.) Priscus s. 108
Trebellius (L.) Maximus s. 56
Trebius (C.) Sergianus 132
Tremellius (Cn.) s. 21
Triarius Rufinus 210
Trocondus 482
Tullianus (Aur.) Symmacus 330
Tullius Geminus s. 46 – (C.) Capito s. 84

Tullus (Q. Baebius) 109
Turpilianus (Galerius Tracalus) 68
Tuscus (M. Nummius) 258, 295
Tutilius (L.) Lupercus Pontianus 135

Ulpius Limenius 349
Umbrinus (M.) Petronius s. 81
Umbrius (M.) Primus s. 289
Ummidius (M.) Quadratus 167
Urbanus [Agricola] 234
... Ursus s. 84, 338

Valens (T. Manlius) 96 – (*Imp.* Fl.) 365, II 368, III 370, IV 373, V 376, VI 378
　　– Jovinus 367
Valentinianus (*Imp.* Fl.) 365, II 368, III 370, IV 373 – (Fl.) 369 – (junior *Imp.*
　　Fl.) 376, II 378, III 387, IV 390
Valentinianus III 425, 426, 430, 435, 440, 450, 455
Valerianus (*Imp.* P. Licinius) II 254, III 255, IV 257 – (P. Licinius Cornelius)
　　II 265 – (T. Quinctius Crispinus) s. 2
Valerius 432, 521 – Asiaticus II 46 – (M.) Bradua Manricus 191 – (L.) Catullus
　　Messalinus 73 – Euthychianus Comazon 220 – (M.) Homullus 152 –
　　Maximus (L.) 256 – (M.) Messala 20, 214 – (M.) Messala Corvinus 58 –
　　Thrasea Priscus 196 – Messala Volesus (L.) 5 – (Q.) Vegetus s. 91
Varanes 410, 456
Varro (L. Visellius) 24
Varronianus (Fl.) 364
Varus (P. Alfenus) 2 – (T. Clodius Vibius) 160 – (T. Vibius) 134
Velianus Corniferus Gordianus s. 275
Veldumnianus 272
Velius (P.) Rufus 178
Vellaeus Tutor (C.) s. 26
Vellaeus Tutor s. 46
Velleius (L.) Paterculus s. 60
Venantius 484, 507 – Decius Marius Basilius junior 508
Venuleius (L.) Apronianus 123, II 168
Venustus 240
Veranius (Q.) 49
Vergilianus (... Pedo) I 115
Verginius (L.) Rufus 63, II s. 69, III 97
Verus (M. Annius) 121, II 121, III 126 – (L. Ceionius Commodus Aur. Annius)
　　106 – (L. Ceionius Commodus) 136 – (L. Aelius) Cae. II 137 – (P. Martius)
　　179 – (L. Aelius Aur.) II 161 – III 167
Vespasianus (*Imp.* Aug. T. Fl.) I s. 51, II 70, III 71, IV 72, V 74, VI 75, VII 76,
　　VIII 77, IX 79
Vestinius Atticus (M. Julius) 65
Vettenius (C.) Severus s. 107

Vettius (L.) Aquilinus 286 – Bolanus s. 67 – (M.) 111 – (C.) Cossinius
    Rufinus 323 – Gratus 250 – (C.) Atticus Sabinus 221, 224 – (C.) Sabinus
    II 240
Vetulenus (Sex.) Civica Pompeianus 136
Vetus (C. Antist.) 23, 50, 96 – (Sex. Carminius) 116 – (L. Antistius) 55
Viator (Fl.) 495
Vibius (C.) Postumus s. 5 – Habitus s. 8 – (C.) Libo s. 16
Vibius (T.) Varus 134 – (C.) Marsus s. 17
Vibullius Pius (L. Caecilius Balbinus) 137
Victor 369, 424
Victorinus (C. Aufidius) 183, 200
Vincomalus (Johannes) 453
Vindius (C.) Vero s. 138
Vinicianus (Annius) s. 66
Vinicius (P.) 2 – (M.) 30, II 45 – (T. Julianus) s. 80
Vinius (T.) Rufinus 69
Vipstanus (C.) Apronianus 59 – Messala (L.) 115 – Publicola (L.) 48
Visellius (C.) Varro s. 12
Visellius (L.) Varro 24
Vitalianus 520
Vitellius (L.) 34, s. 48, II 43, III 47 – (Aulus) 48, s. 32 – Seleucus (M. Fl.) 221
Vivianus 463
Voluseius (L.) Proculus s. 17
Volusianus 503 – (*Imp.*) 252, II 253 – (L. Petronius Taurus) 261 – (C. Caeionius
    Rufius) 311
Voluscius (L.) Proculus s. 17
Volusius (Q.) Saturninus 56, 92 – (L.) 3, 87, s. 92
Vopiscus s. 60 – (P. Manlius Vicinilianus) 114 – Pompeius s. 69
Vulcacius Rufinus 347

Zeno (Fl.) 448 – (*Imp* Fl.) 469, II 475, III 479
Zenophilus 333

Elenco cronologico degli imperatori romani

Giulio - Claudi (27 a.C. - 68 d.C.)

Augusto	27 a.C. - 14 d.C.[5]
Tiberio	14 - 37
Caligola	37 - 41 ucc.
Claudio I	41 - 54 ucc.
Nerone	54 - 68 suicida
Galba	68 - 69 ucc.
Otone	69 suicida
Vitellio	69 ucc.

Flavi (69 - 96)

Vespasiano	69 - 79
Tito	79 - 81
Domiziano	81 - 96 ucc.

Antonini (96 - 192)

Nerva	96 - 98
Traiano	98 - 117
	(già assoc. nel 97)
Adriano	117 - 138
Antonino Pio	138 - 161
Marco Aurelio[6]	161 - 180
Lucio Vero	161 - 169
Commodo	180 - 192 ucc.
	(già assoc. nel 177)
Pertinace	193 ucc.
Didio Giuliano	193 ucc.

Severi (193 - 235)

Settimio Severo	193 - 211 ucc.
Caracalla	211 - 217 ucc.
	(già assoc. nel 198)
Geta	211 - 212 ucc.
	(già assoc. nel 209)
Macrino	217 - 218 ucc.
Elagabalo	218 - 222 ucc.
Severo Alessandro	222 - 235 ucc.
	(già assoc. nel 221)
Massimino il Trace	235 - 238 ucc.
Gordiano I	238 suicida
Gordiano II	238
Pupieno	238 ucc.
Balbino	238 ucc.
Gordiano III	238 - 244 ucc.
Filippo I l'Arabo	244 - 249 ucc.
Filippo II	246 - 249 ucc.
	(già assoc. nel 246)
Decio	249 - 251 ucc.
Treboniano Gallo	251 - 253 ucc.
Volusiano	251 - 253 ucc.
Emiliano I	253 ucc.
Valeriano	253 - 260
Gallieno	253 - 268 ucc.
Claudio II il Gotico	268 - 269
Quintilio	270 suicida

Aureliano	270 - 275 ucc.
Tacito	275 - 276 ucc.
Floriano	276 ucc.
Probo	276 - 282 ucc.
Caro	282 - 283 ucc.
Carino	283 - 285 ucc.
Numeriano	283 - 284 ucc.
Diocleziano	284 - 305 abd.
Massimiano	286 - 305
	e 307 - 308 ucc.
Galerio	305 - 311
Costanzo Cloro	305 - 306
Flavio Valerio Severo II	306 - 307 ucc.
Massenzio	306 - 312
Licinio	308 - 324 (ucc. 325)
Massimino Daia	309 - 313 suicida

Flavi, seconda dinastia (306 - 363)

Costantino I il Grande	306 - 337
Costantino II il Giovane	337 - 340 ucc.
Costante	337 - 350 ucc.
Costanzo II	337 - 361
Nepoziano	350 ucc.
Giuliano l'Apostata	361 - 363 ucc.
Gioviano	363 - 364
Valente II	364 - 378 ucc.
Valentiniano I	364 - 375
Graziano	375 - 383 ucc.
	(già assoc. nel 367)
Valentiniano II	375 - 392 ucc.
Teodosio I il Grande[7]	379 - 395

Imperatori romani d'Occidente

Onorio	395 - 423
	(già assoc. nel 393)
Costanzo III	421
Valentiniano III	425 - 455 ucc.
Petronio Massimo	455 ucc.
Avito	455 - 456 ucc.
Maioriano	457 - 461 ucc.
Libio Severo III	461 - 465
Antemio	467 - 472 ucc.
Olibrio	472
Glicerio	473 - 474 dep.
Giulio Nepote	474 - 475 dep.
Romolo Augustolo[8]	475 - 476 dep.

Tavole cronistoriche
dell'evo medievale e moderno

Elenco cronologico degli imperatori e dei re d'Italia

Augusto, Caio Giulio Cesare Ottaviano imp.	27 a.C. - 14 d.C.
Tiberio, Claudio Nerone imp.	14 - 37
«Caligola», Caio Giulio Cesare Germanico imp.	37 - 41 ucc.
Claudio I, Tiberio Nerone Germanico imp.	41 - 54 ucc.
Nerone, Lucio Domizio imp.	54 - 68 suicida
Galba, Servio Sulpicio imp.	68 - 69 ucc.
Otone, Marco Salvio imp.	69 suicida
Vitellio, Aulo imp.	69 ucc.
Vespasiano, Tito Flavio Sabino imp.	69 - 79
Tito, Flavio Vespasiano imp.	79 - 81
Domiziano, Tito Flavio imp.	81 - 96 ucc.
Nerva, Marco Cocceio imp.	96 - 98
Traiano, Marco Ulpio imp.	98 - 117
Adriano, Publio Elio imp.	117 - 138
Antonino Pio, Tito Elio Adriano imp.	138 - 161
Marco Aurelio, Antonino imp.	161 - 180
Vero, Lucio Aurelio (Lucio Ceionio Commodo) imp.	161 - 169
[Avidio Cassio us. in Siria	175]
Commodo, Marco Aurelio Antonino imp.	180 - 192 ucc.
	(già assoc. nel 177)
Pertinace, Publio Elvio imp.	193 ucc.
Didio Giuliano, Severo imp.	193 ucc.
[Pescennio Nigro, Caio Giusto us. in Siria	193 - 194 ucc.]
[Clodio Albino, Decimo us. in Britannia	193 - 197 suicida]
Severo, Lucio Settimio Pertinace imp.	193 - 211 ucc.
«Caracalla», Marco Aurelio Antonino imp.	211 - 217 ucc.
Geta, Publio Settimio imp.	211 - 212 ucc.
	(già assoc. nel 209)
Macrino, Marco Opellio imp.	217 - 218 ucc.
Elagabalo, Marco Aurelio Antonino (Sesto Vario Avito Bassiano) imp.	218 - 222 ucc.
Severo Alessandro, Marco Aurelio	

(Cassio Bassiano Alessiano) imp.	222 - 235 ucc.
	(già assoc. nel 221)
Massimino I «il Trace», Caio Giulio Vero imp.	235 - 238 ucc.
Gordiano I, Marco Antonio imp.	238 suicida
Gordiano II, Marco Antonio imp.	238
Pupieno Massimo, Marco Clodio I imp.	238 ucc.
Balbino, Decimo Celio Calvino imp.	238 ucc.
Gordiano III, Marco Antonio imp.	238 - 244 ucc.
Filippo I «l'Arabo», Marco Giulio imp.	244 - 249 ucc.
Filippo II imp.	246 - 249 ucc.
	(già assoc. nel 246)
Decio, Messio Traiano imp.	249 - 251 ucc.
Ostiliano, Messio Quinto imp.	251
Treboniano, Gallo Caio Vibio imp.	251 - 253 ucc.
Volusiano, Gallo imp.	251 - 253 ucc.
Emiliano I, Marco Emilio imp.	253 ucc.
Valeriano, Publio Licinio imp.	253 - 260
Gallieno, Licinio Egnazio imp.	253 - 268 ucc.
[Ingenuo, Didio Lelio us. in Pannonia	258 ucc.]
[Postumo, Marco Cassianio Latinio us. in Gallia	258 - 270 ucc.]
[Macriano I, Tito Fulvio Giunio us. in Asia e in Egitto	260 - 261 ucc.]
[Quieto, Caio us. co-regg.	260 - 261 ucc.]
[Calpurnio Pisone, Frugi Lucio us. in Tessaglia	261 ucc.]
[Macriano II, Caio co-regg.	261 ucc.]
[Valente I, Publio Valerio us. in Acaja	261 ucc.]
[Emiliano II, Tiberio Sestio Alessandro us. in Egitto	262 - 265 ucc.]
[Odenato (Udhainat), Settimo co-regg. di Gallieno	264 - 267 ucc.]
[Regaliano, Caio Publio us. in Pannonia	265 ucc.]
[Trebelliano, Caio Augusto us. in Cilicia	265 ucc.]
[Eliano, Lucio us. in Gallia	266 - 267 ucc.]
[Mario, Caio us. in Gallia	267]
[Aureolo, Caio Mario us. in Illiria	267 - 268]
Claudio II «il Gotico», Aurelio Valerio Claudio imp.	268 - 269
[Tetrico, Caio Pio us. in Gallia	268 - 274 ucc.]
Quintilio, Marco Aurelio imp.	270 suicida
Aureliano, Lucio Domizio imp.	270 - 275 ucc.
[Fermo I us. in Egitto	273 ucc.]
Tacito, Claudio imp.	275 - 276 ucc.
Floriano, Annio imp.	276 ucc.
Probo, Aurelio imp.	276 - 282 ucc.
[Saturnino us. in Egitto e Siria	279 ucc.]
[Bonoso us. a Colonia	280]
[Procolo us. in Gallia	280]
Caro, Aurelio imp.	282 - 283 ucc.
[Giuliano, Marco Aurelio us. in Pannonia	283 - 284]
Carino, Marco Aurelio imp.	283 - 285 ucc.

Numeriano, Marco Aurelio imp.	283 - 284 ucc.
Diocleziano, Valerio Diocle imp.	284 - 305 abd.
[Achilleo, Lucio Elpio us. in Egitto	285 - 296]
Massimiano, Marco Aurelio Valerio imp.	286 - 305 abd. e
	307 - 308 - 310 ucc.
[Carausio, Marco Aurelio us. in Bretagna	287 - 293]
[Alletto us. in Bretagna	293 - 296 ucc.]
Costanzo I Cloro, Valerio Erculeo Flavio imp.	305 - 306
Galerio, Massimiano imp.	305 - 311
Severo II, Flavio Valerio imp.	306 - 307 ucc.
Massenzio, Marco Aurelio Valeriano imp.	306 - 312
Costantino I «il Grande», Flavio Valerio imp.	306 - 337
Licinio, Valerio Liciniano imp.	308 - 324 (325 ucc.)
[Alessandro us. in Africa	308 - 311]
Massimino II Daia, Caio Galerio Valerio imp.	309 - 313 suicida
Costantino II, Flavio Claudio imp.	337 - 340 ucc.
Costante I, Flavio Giuliano imp.	337 - 350 ucc.
Costanzo II, Flavio Giuliano imp.	337 - 361
[Magnenzio, Flavio Magno us.	350 - 353 suicida]
[Nepoziano, Flavio Popilio us. in Roma	350 ucc.]
[Vetranione us. in Pannonia	350 dep.]
[Silvano us. in Gallia	355 ucc.]
Giuliano II «l'Apostata», Flavio Claudio imp.	361 - 363 ucc.
Gioviano imp.	363 - 364
Valente II, Flavio imp.	364 - 378 ucc.
Valentiniano I, Flavio imp.	364 - 375
[Procopio us. in or.	365 - 366]
[Fermo II us. in Africa	372 - 373]
Graziano, Flavio imp.	375 - 383 ucc.
Valentiniano II, Flavio imp.	375 - 392 ucc.
Teodosio I «il Grande» imp. d'or.	379 - 395
[Massimo II, Magno us.	383 - 388 ucc.]
[Vittore, Flavio us. in Gallia	384 - 388]
[Flavio Eugenio us. in Gallia	392 - 394 ucc.]
Arcadio, Flavio imp. d'or.	395 - 408
Onorio, Flavio imp.	395 - 423
[Alarico re dei visigoti	407 - 410]
[Costantino III, Flavio Claudio us. in Gallia	407 - 411]
Teodosio II, Flavio imp. d'or.	408 - 450
[Attalo Prisco us. a Roma	409 - 410]
[Massimo III us. in Spagna	410 - 411]
[Giovino us. in Gallia	411 - 413]
[Sebastiano co-regg. di Giovino	411 - 412]
Costanzo III, Flavio Augusto co-regg.	421
[Giovanni us. in occ.	423 - 425 ucc.]
Valentiniano III, Flavio Placido imp.	425 - 455 ucc.

Marciano imp. d'or.	450 - 457 ucc.
Petronio Massimo, Augusto imp.	455 ucc.
Avito, Marco Mecilio Eparchio imp.	455 - 456 ucc.
Maioriano, Giulio Valerio imp.	457 - 461 ucc.
Leone I «il Grande» imp. d'or.	457 - 474
Libio Severo III imp.	461 - 465
Antemio, Procopio imp.	467 - 472 ucc.
Olibrio, Anicio imp.	472
Glicerio, Flavio imp.	473 - 474 dep.
Leone II imp. d'or.	474
Giulio Nepote, Flavio imp.	474 - 475 dep.
Zenone Isaurico imp. d'or.	474 - 475 e 476 - 491
Romolo, Momilio Augustolo imp.	475 - 476 dep.
[Basilisco us. in or.	475 - 476 dep. e ucc.]
Odoacre re degli eruli e patrizio	476 - 493 ucc.
Anastasio I, Dicoro imp. d'or.	491 - 518
Teodorico re dei goti	493 - 526
[Vitaliano us. in or.	514]
Giustino I imp. d'or.	518 - 527
Atalarico re dei goti	526 - 534
Giustiniano I, Flavio Pietro Sabazio imp. d'or.	527 - 565
[Ipazio us. in or.	532 ucc.]
Teodato re dei goti	534 - 536 ucc.
Vitige re dei goti	536 - 539 († 542)
Ildibado re degli ostrogoti	540 - 541 ucc.
Erarico re degli ostrogoti	541 ucc.
Totila (Baduila) re degli ostrogoti	541 - 552 ucc.
Teia re dei goti	552 - 553 ucc.
Giustino II imp. d'or.	565 - 578
Alboino re dei longobardi	560/565 - 572 ucc.
Clefi re dei longobardi	572 - 574 ucc.
Tiberio II, Costantino imp. d'or.	578 - 582
Maurizio, Flavio Tiberio imp. d'or.	582 - 602 ucc.
Autari re dei longobardi	584 - 590 ucc.
Agilulfo re dei longobardi	591 - 616
Foca imp. d'or.	602 - 610 ucc.
Eraclio I imp. d'or.	610 - 641
Adaloardo re dei longobardi	617 - 626 ucc.
Ariperto I re dei longobardi	627 - 636
Rotari re dei longobardi	636 - 652
Costantino III, Eraclio imp. d'or.	641 dep.
Eraclio II (Eracleone) imp. d'or.	641 dep.
Costante II, Eraclio imp. d'or.	641 - 668 ucc.
Rodoaldo re dei longobardi	652
Ariperto II re dei longobardi	653 - 661
Godeperto re dei longobardi	661 - 662 ucc.

Bertarido re dei longobardi	661 e 671 - 688
Grimoaldo re dei longobardi	662 - 671
Costantino IV, Pogonato imp. d'or.	668 - 685
Garibaldo re dei longobardi	671 dep.
Cuniperto re dei longobardi	678 - 700
Giustiniano II, Rinotmeto imp. d'or.	685 - 695 e
	705 - 711 ucc.
[Leonzio us. in or.	695 - 698 dep.]
Tiberio III, Apsimaro imp. d'or.	698 - 705 dep.
Liutberto re dei longobardi	700 - 702 dep. († 705)
Ragimberto re dei longobardi	700 - 701 ucc.
Filippico, Baradnes imp. d'or.	711 - 713 dep.
Ansprando re dei longobardi	712
Liutprando re dei longobardi	712 - 744
Anastasio II, Artemio imp. d'or.	713 - 716 abd.
	(721 ucc.)
Teodosio III, Atramiteno imp. d'or.	716 - 717 dep.
Leone III, l'Isaurico imp. d'or.	717 - 741
Ildeprando re dei longobardi	736 - 744 dep.
Costantino V, Copronimo imp. d'or.	741 - 775
	(già assoc. nel 720)
[Artavasde us. in or.	742 - 743]
Rachis du. del Friuli re dei longobardi	744 - 749 dep.
Astolfo re dei longobardi	749 - 756
Leone IV, il Chazaro imp. d'or.	775 - 780
Desiderio re dei longobardi	756 - 774 dep.
Adelchi re dei longobardi	759 - 774 († 788)
Carlo I Magno re (imp. 800)	774 - 814
Pipino re dei carolingi	781 - 810
Costantino VI imp. d'or.	780 - 797 ucc.
	(già assoc. nel 776)
Irene Attica imp. d'or.	797 - 802 dep. († 803)
Bernardo re dei carolingi	810 - 818
Lodovico I, il Pio re dei carolingi imp.	813 - 840
Lotario I re dei carolingi (imp. 840)	820 - 855
Lodovico II re dei carolingi (imp. 849)	844 - 875
Carlo II, il Calvo imp.	875 - 877
Carlomanno re	877 - 880
Carlo III, il Grosso (imp. 881)	880 - 888 dep.
Berengario I, del Friuli re (imp. 915)	888 - 924
Guido di Spoleto (imp. 891)	889 - 894
Lamberto di Spoleto (imp. 892)	891 - 898
Arnolfo di Carinzia re (imp. 896)	894 - 899
Lodovico III di Provenza (imp. 901)	900 - 905
Rodolfo II di Borgogna re	924 - 926 dep. († 937)
Ugo di Provenza re	926 - 946 dep. († 947)

Adalberto d'Ivrea re	950 - 961
Berengario II d'Ivrea re	950 - 961 († 966)
Ottone I «il Grande» di Sassonia (imp. 962)	951 - 973
Ottone II di Sassonia (imp. 973)	967 - 983
Ottone III di Sassonia (imp. 996)	983 - 1002
Arduino d'Ivrea re	1002 - 1013 dep. († 1014)
Enrico III di Sassonia (imp. 1014)	1002 - 1024
Corrado III «il Salico» di Franconia (imp. 1027)	1024 - 1039
Enrico III «il Nero» di Franconia (imp. 1046)	1039 - 1056
Enrico IV di Franconia re (imp. 1084)	1056 - 1106
[Rodolfo di Svevia re	1077 - 1080]
[Ermanno di Lussemburgo re	1081 - 1088 rin.]
Corrado di Franconia re	1087 - 1093
Enrico V «il Giovane» di Franconia (imp. 1111)	1106 - 1125
Lotario II di Supplimburg (imp. 1133)	1125 - 1137
Corrado III di Svevia re	1138 - 1152
Enrico (VI) f. di Corrado III re	1147 - 1150
Federico I «il Barbarossa» di Svevia (imp. 1155)	1152 - 1190
Enrico VI «il Severo» di Svevia (imp. 1191)	1190 - 1197
Federico II di Svevia re (imp. 1220)	1197 - 1250
[Filippo di Svevia re compet.	1198 - 1208]
Ottone IV di Brunswick (imp. 1209)	1198 - 1218
Enrico f. di Federico II re	1222 - 1235
Enrico Raspe di Turingia re	1246 - 1247
Corrado IV di Svezia re	1250 - 1254
[Guglielmo d'Olanda re	1247 - 1256]
Corrado V (Corradino) di Svevia re	1267 - 1268
[Riccardo di Cornovaglia re	1257 - 1271]
Alfonso di Castiglia re dei rom.	1257 - 1272
Rodolfo I d'Absburgo re	1273 - 1291
Adolfo di Nassau re di Germania	1292 - 1298
Alberto I d'Absburgo - Austria re	1298 - 1308
Enrico VII di Lussemburgo (imp. 1312)	1308 - 1313
Lodovico IV «il Bavaro» di Wittelsbach (imp. 1328)	1314 - 1347
Giovanni di Lussemburgo, re di Boemia	1330 - 1333
Carlo IV di Lussemburgo (imp. 1355)	1347 - 1378
[Günther di Schwarzburg re compet.	1349 rin.]
Venceslao di Lussemburgo re	1378 - 1400
Roberto di Baviera re	1400 - 1410
[Josse di Moravia re compet.	1410 - 1411]
Sigismondo di Lussemburgo re (imp. 1433)	1410 - 1437
Alberto II d'Absburgo - Austria re	1438 - 1439
Massimiliano I d'Absburgo - Austria imp.	1493 - 1519
Carlo V d'Absburgo - Austria re (imp. 1520)	1519 - 1556
Ferdinando I d'Absburgo - Austria imp.	1556 - 1564
Massimiliano II d'Absburgo - Austria imp.	1564 - 1576

Rodolfo II d'Absburgo - Austria imp.	1576 - 1612
Mattia d'Absburgo - Austria imp.	1612 - 1619
Ferdinando II d'Absburgo - Austria imp.	1619 - 1637
Ferdinando III d'Absburgo - Austria imp.	1637 - 1657
Leopoldo I d'Absburgo - Austria imp.	1658 - 1705
Giuseppe I d'Absburgo - Austria imp.	1705 - 1711
Carlo VI d'Absburgo - Austria imp.	1711 - 1740
Carlo VII Alberto di Wittelsbach imp.	1742 - 1745 †
Francesco I Stefano di Lorena imp.	1745 - 1765
Giuseppe II d'Absburgo - Lorena imp.	1765 - 1790
Leopoldo II d'Absburgo - Lorena imp.	1790 - 1792
Francesco II d'Absburgo - Lorena imp.	1792 - 1806
Napoleone I Bonaparte (imp. 1805) re d'Italia	1805 - 1814 abd.
Vittorio Emanuele II di Savoia - Carignano re d'Italia	1861 - 1878
Umberto I di Savoia - Carignano re d'Italia	1878 - 1900 ucc.
Vittorio Emanuele III di Savoia - Carignano re d'Italia	1900 - 1946 abd.
Umberto II di Savoia - Carignano re d'Italia	1946[9] dep.

Elenco alfabetico degli imperatori e dei re d'Italia[10]

[Achilleo, Lucio Elpio us. in Egitto	285 - 296]
Adalberto d'Ivrea re	950 - 961
Adaloardo re dei longobardi	617 - 626 ucc.
Adelchi re dei longobardi	759 - 774 († 788)
Adolfo di Nassau re di Germania	1292 - 1298
Adriano, Publio Elio imp.	117 - 138
Agilulfo re dei longobardi	591 - 616
[Alarico re dei visigoti	407 - 410]
Alberto I d'Absburgo - Austria re	1298 - 1308
Alberto II d'Absburgo - Austria re	1438 - 1439
Alboino re dei longobardi	560/565 - 572 ucc.
Alessandro Severo vd. Severo	
[Alessandro us. in Africa	308 - 311]
Alfonso di Castiglia re dei rom.	1257 - 1272
[Alletto us. in Bretagna	293 - 296 ucc.]
Anastasio I, Dicoro imp. d'or.	491 - 518
Anastasio II, Artemio imp. d'or.	713 - 716 abd.
	(721 ucc.)
Ansprando re dei longobardi	712
Antemio, Procopio imp.	467 - 472 ucc.
Antonino Pio, Tito Elio Adriano imp.	138 - 161
Arcadio, Flavio imp. d'or.	395 - 408
Arduino d'Ivrea re	1002 - 1013 dep.
	(† 1014)
Ariperto I re dei longobardi	627 - 636

Ariperto II re dei longobardi	653 - 661
Arnolfo di Carinzia re (imp. 896)	894 - 899
[Artavasde us. in or.	742 - 743]
Astolfo re dei longobardi	749 - 756
Atalarico re dei goti	526 - 534
[Attalo Prisco us. a Roma	409 - 410]
Augusto, Caio Giulio Cesare Ottaviano imp.	27 a.C. - 14 d.C.
Aureliano, Lucio Domizio imp.	270 - 275 ucc.
[Aureolo, Caio Mario us. in Illiria	267 - 268]
Autari re dei longobardi	584 - 590 ucc.
[Avidio Cassio us. in Siria	175]
Avito, Marco Mecilio Eparchio imp.	455 - 456 ucc.
Balbino, Decimo Celio Calvino imp.	238 ucc.
[Basilisco us. in or.	475 - 476 dep. e ucc.]
Berengario I del Friuli re (imp. 915)	888 - 924
Berengario II d'Ivrea re	950 - 961 († 966)
Bernardo re dei carolingi	810 - 818
Bertarido re dei longobardi	661 e 671 - 688
[Bonoso us. a Colonia	280]
«Caligola», Caio Giulio Cesare Germanico imp.	37 - 41 ucc.
[Calpurnio Pisone, Frugi Lucio us. in Tessaglia	261 ucc.]
«Caracalla», Marco Aurelio Antonino imp.	211 - 217 ucc.
[Carausio, Marco Aurelio us. in Bretagna	287 - 293]
Carino, Marco Aurelio imp.	283 - 285 ucc.
Carlo I Magno re (imp. 800)	774 - 814
Carlo II, il Calvo imp.	875 - 877
Carlo III, il Grosso (imp. 881)	880 - 888 dep.
Carlo IV di Lussemburgo (imp. 1355)	1347 - 1378
Carlo V d'Absburgo - Austria re (imp. 1520)	1519 - 1556
Carlo VI d'Absburgo - Austria imp.	1711 - 1740
Carlo VII Alberto di Wittelsbach imp.	1742 - 1745 †
Carlomanno re	877 - 880
Caro, Aurelio imp.	282 - 283 ucc.
Claudio I, Tiberio Nerone Germanico imp.	41 - 54 ucc.
Claudio II «il Gotico», Aurelio Valerio Claudio imp.	268 - 269
Clefi re dei longobardi	572 - 574 ucc.
[Clodio Albino, Decimo us. in Britannia	193 - 197 suicida]
Commodo, Marco Aurelio Antonino imp.	180 - 192 ucc.
	(già assoc. nel 177)
Corrado II «il Salico» di Franconia (imp. 1027)	1024 - 1039
Corrado di Franconia re	1087 - 1093
Corrado III di Svevia re	1138 - 1152
Corrado IV di Svevia re	1250 - 1254
Corrado V (Corradino) di Svevia re	1267 - 1268
Costante I, Flavio Giuliano imp.	337 - 350 ucc.
Costante II, Eraclio imp. d'or.	641 - 668 ucc.

Costantino I «il Grande», Flavio Valerio imp.	306 - 337
Costantino II, Flavio Claudio imp.	337 - 340 ucc.
[Costantino III, Flavio Claudio us. in Gallia	407 - 411]
Costantino III, Eraclio imp. d'or.	641 dep.
Costantino IV, Pogonato imp. d'or.	668 - 685
Costantino V, Copronimo imp. d'or.	741 - 775
	(già assoc. nel 720)
Costantino VI imp. d'or.	780 - 797 ucc.
	(già assoc. nel 776)
Costanzo I Cloro, Valerio Erculeo Flavio imp.	305 - 306
Costanzo II, Flavio Giuliano imp.	337 - 361
Costanzo III, Flavio Augusto co-regg.	421
Cuniperto re dei longobardi	678 - 700
Decio, Messio Traiano imp.	249 - 251 ucc.
Desiderio re dei longobardi	756 - 774 dep.
Didio, Giuliano Severo imp.	193 ucc.
Diocleziano, Valerio Diocle imp.	284 - 305 abd.
Domiziano, Tito Flavio imp.	81 - 96 ucc.
Elagabalo, Marco Aurelio Antonino (Sesto Vario Avito Bassiano) imp.	218 - 222 ucc.
[Eliano Lucio us. in Gallia	266 - 267]
Emiliano I, Marco Emilio imp.	253 ucc.
[Emiliano II, Tiberio Sestio Alessandro us. in Egitto	262 - 265 ucc.]
Enrico II di Sassonia (imp. 1014)	1002 - 1024
Enrico III «il Nero» di Franconia (imp. 1046)	1039 - 1056
Enrico IV di Franconia re (imp. 1084)	1056 - 1106
Enrico V «il Giovane» di Franconia (imp. 1111)	1106 - 1125
Enrico VI «il Severo» di Svevia (imp. 1191)	1190 - 1197
Enrico (VI) f. di Corrado III re	1147 - 1150
Enrico f. di Federico II re	1222 - 1235
Enrico VII di Lussemburgo (imp. 1312)	1308 - 1313
Enrico Raspe di Turingia re	1246 - 1247
Eraclio I imp. d'or.	610 - 641
Eraclio II (Eracleone) imp. d'or.	641 dep.
Eraclio re dei goti	541
Erarico re degli ostrogoti	541 ucc.
[Ermanno di Lussemburgo re	1081 - 1088 rin.]
Federico I «il Barbarossa» di Svevia (imp. 1155)	1152 - 1190
Federico II di Svevia re (imp. 1220)	1197 - 1250
Ferdinando I d'Absburgo - Austria imp.	1556 - 1564
Ferdinando II d'Absburgo - Austria imp.	1619 - 1637
Ferdinando III d'Absburgo - Austria imp.	1637 - 1657
[Fermo I us. in Egitto	273 ucc.]
[Fermo II us. in Africa	372 - 373]
Filippico, Baradnes imp. d'or.	711 - 713 dep.
Filippo I «l'Arabo», Marco Giulio imp.	244 - 249 ucc.

Filippo II imp.	247 - 249 ucc.
	(già assoc. nel 246)
[Filippo di Svevia re compet.	1198 - 1208]
[Flavio Eugenio us. in Gallia	392 - 394 ucc.]
Floriano, Annio imp.	276 ucc.
Foca imp. d'or.	602 - 610 ucc.
Francesco I Stefano di Lorena imp.	1745 - 1765
Francesco II d'Absburgo - Lorena imp.[11]	1792 - 1806
Galba, Servio Sulpicio imp.	68 - 69 ucc.
Galerio, Massimiano imp.	305 - 311
Gallieno, Licinio Egnazio imp.	253 - 268 ucc.
Garibaldo re dei longobardi	671 dep.
Geta, Publio Settimio imp.	211 - 212 ucc.
	(già assoc. nel 209)
Giodoco vd. Josse	
[Giovanni us. in occ.	423 - 425 ucc.]
Giovanni di Lussemburgo, re di Boemia	1330 - 1333
Gioviano imp.	363 - 364
[Giovino us. in Gallia	411 - 413]
[Giuliano, Marco Aurelio us. in Pannonia	283 - 284]
Giuliano II «l'Apostata», Flavio Claudio imp.	361 - 363 ucc.
Giulio Nepote, Flavio imp.	474 - 475 dep.
Giuseppe I d'Absburgo - Austria imp.	1705 - 1711
Giuseppe II d'Absburgo - Lorena imp.	1765 - 1790
Giustiniano I, Flavio Pietro Sabazio imp. d'or.	527 - 565
Giustiniano II, Rinotmeto imp. d'or.	685 - 695 e
	705 - 711 ucc.
Giustino I imp. d'or.	518 - 527
Giustino II imp. d'or.	565 - 578
Glicerio, Flavio imp.	473 - 474 dep.
Godeperto re dei longobardi	661 - 662 ucc.
Gordiano I, Marco Antonio imp.	238 suicida
Gordiano II, Marco Antonio imp.	238
Gordiano III, Marco Antonio imp.	238 - 244 ucc.
Graziano, Flavio imp.	375 - 383 ucc.
Grimoaldo re dei longobardi	662 - 671
[Guglielmo d'Olanda re	1247 - 1256]
Guido di Spoleto (imp. 891)	889 - 894
[Günther di Schwarzburg re compet.	1349 rin.]
Ildeprando, re dei longobardi	736 - 744 dep.
Ildibado re degli ostrogoti	540 - 541 ucc.
[Ipazio us. in or.	532 ucc.]
Irene Attica imp. d'or.	797 - 802 dep. († 803)
[Ingenuo, Didio Lelio us. in Pannonia	258 ucc.]
[Josse di Moravia re compet.	1410 - 1411]
Lamberto di Spoleto (imp. 892)	891 - 898

Leone I «il Grande» imp. d'or.	457 - 474
Leone II imp. d'or.	474
Leone III l'Isaurico imp. d'or.	717 - 741
Leone IV, il Chazaro imp. d'or.	775 - 780
[Leonzio us. in or.	695 - 698 dep.]
Leopoldo I d'Absburgo - Austria imp.	1658 - 1705
Leopoldo II d'Absburgo - Lorena imp.	1790 - 1792
Licinio, Valerio Liciniano imp.	308 - 324 (325 ucc.)
Liutberto re dei longobardi	700 - 702 dep. († 705)
Liutprando re dei longobardi	712 - 744
Lodovico I, il Pio re dei carolingi imp.	813 - 840
Lodovico II re dei carolingi (imp. 849)	844 - 875
Lodovico III di Provenza (imp. 901)	900 - 905 dep.
Lodovico IV «il Bavaro» di Wittelsbach (imp. 1328)	1314 - 1347
Lotario I re dei carolingi (imp. 840)	820 - 855
Lotario II di Supplimburg (imp. 1133)	1125 - 1137
Luigi vd. Lodovico	
[Macriano I, Tito Fulvio Giunio us. in Asia e in Egitto	260 - 261 ucc.]
Macriano II, Caio co-regg.	261 ucc.
Macrino, Marco Opellio imp.	217 - 218 ucc.
Maioriano, Giulio Valerio imp.	457 - 461 ucc.
[Magnenzio, Flavio Magno us.	350 - 353 suicida]
Marciano imp. d'or.	450 - 457 ucc.
Marco Aurelio, Antonino imp.	161 - 180
[Mario, Caio us. in Gallia	267]
Massenzio, Marco Aurelio Valeriano imp.	306 - 312
Massimiano, Marco Aurelio Valerio imp.	286 - 305 abd.
	307 - 308 - 310 ucc.
Massimiliano I d'Absburgo - Austria imp.	1493 - 1519
Massimiliano II d'Absburgo - Austria imp.	1564 - 1576
Massimino I «il Trace», Caio Giulio Vero imp.	235 - 238 ucc.
Massimino II Daia, Caio Galerio Valerio imp.	309 - 313 suicida
[Massimo II Magno us.	383 - 388 ucc.]
[Massimo III us. in Spagna	410 - 411]
Mattia d'Absburgo - Austria imp.	1612 - 1619
Maurizio Flavio Tiberio imp.	582 - 602
Napoleone I Bonaparte (imp. 1805) re d'Italia	1805 - 1814 abd.
[Nepoziano, Flavio Popilio us. in Roma	350 ucc.]
Nerone, Lucio Domizio imp.	54 - 68 suicida
Nerva, Marco Cocceio imp.	96 - 98
Numeriano, Marco Aurelio imp.	283 - 284 ucc.
[Odenato (Udhainat), Settimo co-regg. di Gallieno	264 - 267 ucc.]
Odoacre re degli eruli e patrizio	476 - 493 ucc.
Olibrio, Anicio imp.	472
Onorio, Flavio imp.	395 - 423
Ostiliano, Messio Quinto imp.	251

Otone, Marco Salvio imp.	69 suicida
Ottone I «il Grande» di Sassonia (imp. 962)	951 - 973
Ottone II di Sassonia (imp. 973)	967 - 983
Ottone III di Sassonia (imp. 996)	983 - 1002
Otone IV di Brunswick (imp. 1209)	1198 - 1218
Pertinace, Publio Elvio imp.	193 ucc.
[Pescennio Nigro, Caio Giusto us. in Siria	193 - 194 ucc.]
Petronio Massimo, Augusto imp.	455 ucc.
Pipino re dei carolingi	781 - 810
[Postumo, Marco Cassiano Latino us. in Gallia	258 - 270 ucc.]
Probo, Aurelio imp.	276 - 282 ucc.
[Procolo, us. in Gallia	280]
[Procopio, us. in or.	365 - 366]
Pupieno Massimo, Marco Clodio I imp.	238 ucc.
[Quieto, Caio us. co-regg.	260 - 261 ucc.]
Quintilio, Marco Aurelio imp.	270 suicida
Rachis du. del Friuli re dei longobardi	744 - 749 dep.
Ragimberto re dei longobardi	700 - 701 ucc.
[Regaliano, Caio Publio us. in Pannonia	265 ucc.]
[Riccardo di Cornovaglia re	1257 - 1271]
Roberto di Baviera re	1400 - 1410
Rodoaldo re dei longobardi	652
Rodolfo II di Borgogna re	924 - 926 dep. († 937)
[Rodolfo di Svevia re	1077 - 1080]
Rodolfo I d'Absburgo re	1273 - 1291
Rodolfo II d'Absburgo - Austria imp.	1576 - 1612
Romolo, Momilio Augustolo imp.	475 - 476 dep.
Rotari re dei longobardi	636 - 652
[Saturnino us. in Egitto e Siria	279 ucc.]
[Sebastiano co-regg. di Giovino	411 - 412]
Settimio Geta vd. Geta	
Severo, Lucio Settimio Pertinace imp.	193 - 211 ucc.
Severo II, Flavio Valerio imp.	306 - 307 ucc.
Severo, Alessandro imp.	222 - 235 ucc.
	(già assoc. nel 221)
Sigismondo di Lussemburgo re (imp. 1433)	1410 - 1437
[Silvano us. in Gallia	355 ucc.]
Tacito, Claudio imp.	275 - 276 ucc.
Teia re dei goti	552 - 553 ucc.
Teodato re dei goti	534 - 536 ucc.
Teodorico re dei goti	493 - 526
Teodosio I «il Grande» imp. d'or.	379 - 395
Teodosio II, Flavio imp. d'Oriente	408 - 450
Teodosio III, Atramiteno imp. d'or.	716 - 717
[Tetrico, Caio Pio us. in Gallia	268 - 274 ucc.]
Tiberio, Claudio Nerone imp.	14 - 37

Tiberio II, Costantino imp. d'or.	578 - 582
Tiberio III, Apsimaro imp. d'or.	698 - 705 dep.
Tito, Flavio Vespasiano imp.	79 - 81
Totila (Baduila) re degli ostrogoti	541 - 552
Traiano, Marco Ulpio imp.	98 - 117
[Trebelliano, Caio Augusto us. in Cilicia	265 ucc.]
Treboniano, Gallo Caio Vibio imp.	251 - 253 ucc.
Ugo di Provenza re	926 - 946 dep. († 948)
Umberto I di Savoia - Carignano re d'Italia	1878 - 1900 ucc.
Umberto II di Savoia - Carignano re d'Italia	1946[12] dep.
[Valente I, Publio Valerio us. in Acaja	261 ucc.]
Valente II, Flavio imp.	364 - 378 ucc.
Valentiniano I, Flavio imp.	364 - 375
Valentiniano II, Flavio imp.	375 - 392 ucc.
Valentiniano III, Flavio Placido imp.	425 - 455 ucc.
Valeriano, Publio Licinio imp.	253 - 260
Venceslao di Lussemburgo re	1378 - 1400
Vero, Lucio Aurelio (Lucio Ceionio Commodo) imp.	161 - 169
Vespasiano, Tito Flavio Sabino imp.	69 - 79
[Vetranione us. in Pannonia	350 dep.]
[Vitaliano us. in or.	514]
Vitellio, Aulo imp.	69 ucc.
Vitige re dei goti	536 - 539 († 542)
[Vittore, Flavio us. in Gallia	384 - 388]
Vittorio Emanuele II di Savoia - Carignano re d'Italia	1861 - 1878
Vittorio Emanuele III di Savoia - Carignano re d'Italia	1900 - 1946 abd.
Volusiano, Gallo imp.	251 - 253 ucc.
Zenone Isaurico imp. d'or.	474 - 475 e 476 - 491

Elenco cronologico dei papi e degli antipapi

s. Pietro[13]	c. 30 - † 64 o 29/6/67
s. Lino	67 - 76
s. Anacleto I o Cleto	76 - 88
s. Clemente I	88 - 97
s. Evaristo	97 - 105
s. Alessandro I	105 - 115
s. Sisto I	115 - 125
s. Telesforo	125 - 136
s. Igino	136 - 140
s. Pio I	140 - 155
s. Aniceto	155 - 166
s. Sotero	166 - 174
s. Eleuterio	175 - 189
s. Vittore I	189 - 199

s. Zeferino	199 - 217
s. Callisto I	217 - 222
[Ippolito ant.	217 - 235]
s. Urbano I	222 - 230
s. Ponziano	21/7/230 - 28/9/235
s. Antero	21/11/235 - 3/1/236
s. Fabiano	10/1/236 - 20/1/250
s. Cornelio	3/251 - 6/253
[Novaziano ant.	251 - 268]
s. Lucio I	25/6/253 - 5/3/254
s. Stefano I	12/5/254 - 2/8/257
s. Sisto II	30/8/257 - 6/8/258
s. Dionisio	22/7/259 - 26/12/268
s. Felice I	5/1/269 - 30/12/274
s. Eutichiano	4/1/275 - 7/12/283
s. Caio	17/12/283 - 22/4/296
s. Marcellino	30/6/296 - 25/10/304
Sede vacante	
s. Marcello I	27/5/308 - 16/1/309
s. Eusebio	5/2/309 - 26/9/309
s. Milziade o Melchiade	2/7/311 - 11/1/314
s. Silvestro I	31/1/314 - 31/12/335
s. Marco	18/1/336 - 7/10/336
s. Giulio I	6/2/337 - 12/4/352
Liberio	17/5/352 - 24/9/366
[Felice II ant.	355 - 22/11/365]
s. Damaso I	1/10/366 - 11/12/384
[Ursino o Ursicino ant.	366 - 367]
s. Siricio	15 o 22 o 29/12/384 - 26/11/399
s. Anastasio I	27/11/399 - 19/12/401
s. Innocenzo I	22/12/401 - 12/3/417
s. Zosimo	18/3/417 - 26/12/418
s. Bonifacio I	28-29/12/418 - 4/9/422
[Eulalio ant.	27 o 29/12/418 - 419]
s. Celestino I	10/9/422 - 27/7/432
s. Sisto III	31/7/432 - 19/8/440
s. Leone I Magno	29/9/440 - 10/11/461
s. Ilario	19/11/461 - 29/2/468
s. Simplicio	3/3/468 - 10/3/483
s. Felice III [II]	13/3/483 - 1/3/492
s. Gelasio I	1/3/492 - 21/11/496
Anastasio II	24/11/496 - 19/11/498
s. Simmaco	22/11/498 - 19/7/514
[Lorenzo ant.	498 e 501 - 505]
s. Ormisda	20/7/514 - 6/8/523

s. Giovanni I	13/8/523 - 18/5/526
s. Felice IV [III]	12/7/526 - 17/9/530
Bonifacio II	22/9/530 - 17/10/532
[Dioscoro ant.	22/9/530 - 14/10/530]
Giovanni II, Mercurio	31/12/532-2/1/533 - 8/5/535
s. Agapito I	13/5/535 - 22/4/536
s. Silverio	1/6/536 - 11/3/537
Vigilio	29/3/537 - 7/6/555
Pelagio I	16/4/556 - 4/3/561
Giovanni III	17/7/561 - 13/7/574
Benedetto I	2/6/575 - 30/7/579
Pelagio II	26/11/579 - 7/2/590
s. Gregorio I Magno	3/9/590 - 12/3/604
Sabiniano	13/9/604 - 22/2/606
Bonifacio III	19/2/607 - 12/11/607
s. Bonifacio IV	15/8-25/8/608 - 8/5/615
s. Adeodato I o Deusdedit	19/10/615 - 8/11/619
Bonifacio V	23/12/619 - 25/10/625
Onorio I	27/10/625 - 12/10/638
Sede vacante	
Severino	28/5/640 - 2/8/640
Giovanni IV	24/12/640 - 12/10/642
Teodoro I	24/11/642 - 14/5/649
s. Martino I	7/649 - 16/9/654
s. Eugenio I	10/8/654 - 2/6/657
s. Vitaliano	30/7/657 - 27/1/672
Adeodato II	11/4/672 - 17/6/676
Dono o Domno	2/11/676 - 11/4/678
s. Agatone	27/6/678 - 10/1/681
s. Leone II	17/8/682 - 3/7/683
s. Benedetto II Savelli	26/6/684 - 8/5/685
Giovanni V	23/7/685 - 2/8/686
Conone	21/10/686 - 21/9/687
[Teodoro ant.	686 - 687]
[Pasquale ant.	687]
s. Sergio I	15/12/687 - 8/9/701
Giovanni VI	30/10/701 - 11/1/705
Giovanni VII	1/3/705 - 18/10/707
Sisinnio	15/1/708 - 4/2/708
Costantino	25/3/708 - 9/4/715
s. Gregorio II	19/5/715 - 11/2/731
s. Gregorio III	18/3/731 - 11/741
s. Zaccaria	10/12/741 - 22/3/752
Stefano II[14]	23/3/752 - 25/3/752
Stefano II [III]	26/3/752 - 26/4/757

s. Paolo I	29/5/757 - 28/6/767
[Costantino II ant.	28/6 - 2-5/7/767 - 768]
[Filippo ant.	31/7/768]
Stefano III [IV]	1-7/8/768 - 24/1/772
Adriano I	1-9/2/772 - 25/12/795
s. Leone III	26-27/12/795 - 12/6/816
Stefano IV [V]	22/6/816 - 24/1/817
s. Pasquale I	25/1/817 - 11/2/824
Eugenio II	5/824 - 8/827
Valentino	8/827- 9/827
Gregorio IV	827 - 1/844
[Giovanni diac., ant.	1/844]
Sergio II	1/844 - 27/1/847
s. Leone IV	10/4/847 - 17/7/855
Benedetto III	29/9/855 - 17/4/858
[Anastasio il Bibliotecario ant.	8/855 - 9/855 - † c. 880]
s. Niccolò I, il Grande	24/4/858 - 13/11/867
Adriano II	14/12/867 - 14/12/872
Giovanni VIII	14/12/872 - 16/12/882
Marino I [detto Martino II]	16/12/882 - 15/5/884
s. Adriano III	17/5/884 - 9/885
Stefano V [VI]	9/885 - 14/9/891
Formoso	6/10/891 - 4/4/896
Bonifacio VI	4/896
Stefano VI [VII]	5/896 - 8/897
Romano	8/897 - 11/897
Teodoro II	12/897
Giovanni IX	1/898 - 1/900
Benedetto IV	2/900 - 7/903
Leone V	7/903 - 9/903
[Cristoforo ant.	9/903 - 1/904]
Sergio III	29/1/904 - 14/4/911
Anastasio III	4/911 - 6/913
Landone o Lando	7/913 - 2/914
Giovanni X	3/914 - 5/928
Leone VI	5/928 - 12/928
Stefano VII [VIII]	12/928 - 2/931
Giovanni XI	3/931 - 12/935
Leone VII	3/1/936 - 13/7/939
Stefano VIII [IX]	14/7/939 - 10/942
Marino II [detto Martino III]	30/10/942 - 5/946
Agapito II	10/5/946 - 12/955
Giovanni XII, Ottaviano dei ct. di Tuscolo	16/12/955 - 14/5/964
[Leone VIII ant.	6/12/963 - 1/8/965]
Benedetto V Grammatico	22/5/964 - 4/7/965
Giovanni XIII	1/10/965 - 6/9/972

Dono II	973
Benedetto VI	19/1/973 - ?/6/974
[Bonifacio VII, Francone, ant.	7/974 e 8/984 - 7/985]
Benedetto VII, dei ct. di Tuscolo	10/974 - 10/7/983
Giovanni XIV, Pietro di Pavia	12/983 - 20/8/984
Giovanni XV [XVI], Giovanni di Gallina Alba	8/985 - 3/996
Gregorio V, Brunone dei du. di Carinzia	3/5/996 - 18/2/999
[Giovanni XVI [XVII], Giovanni Filagato, ant.	4/997 - 2/998]
Silvestro II, Gerberto d'Auvergnat	2/4/999 - 12/5/1003
Giovanni XVII, Siccone	6/1003 - 12/1003
Giovanni XVIII, Fasano	1/1004 - 7/1009
Sergio IV, Pietro Boccadiporco	31/7/1009 - 12/5/1012
Benedetto VIII, Teofilatto dei ct. di Tuscolo	18/5/1012 - 9/4/1024
[Gregorio ant.	1012]
Giovanni XIX, Romano dei ct. di Tuscolo	5/1024 - 1032
Benedetto IX[15], Teofilatto dei ct. di Tuscolo	1032 - 1044
Silvestro III, Giovanni	20/1/1045 - 10/2/1045
Benedetto IX, Teofilatto dei ct. di Tuscolo	10/4/1045 - 1/5/1045
Gregorio VI, Giovanni Graziano	5/5/1045 - 20/12/1046
Clemente II, Suitgero dei sig. di Morsleben e Hornburg	24-25/12/1046 - 9/10/1047
Benedetto IX, Teofilatto dei ct. di Tuscolo	8/11/1047 - 17/7/1048
Damaso II, Poppone	17/7/1048 - 9/8/1048
s. Leone IX, Brunone dei ct. di Egisheim-Dagsburg	12/2/1049 - 19/4/1054
Vittore II, Gebardo dei ct. di Dollnstein-Hirschberg	16/4/1055 - 28/7/1057
Stefano IX [X], Federico dei du. di Lorena	3/8/1057 - 29/3/1058
[Benedetto X, Giovanni dei ct. di Tuscolo, ant.	5/4/1058 - 24/1/1059]
Niccolò II, Gerardo della Borgogna	24/1/1059 - 27/7/1061
Alessandro II, Anselmo di Baggio	1/10/1061 - 21/4/1073
[Onorio II, Cadalo, ant.	28/10/1061 - 1072]
s. Gregorio VII, Ildebrando di Soana	22/4-30/6/1073 - 25/5/1085
[Clemente III, Wiberto, ant.	25/6/1080 - 24/3/1084 - 8/9/1100]
b. Vittore III, Desiderio	24/5/1086 - 16/9/1087
b. Urbano II, Ottone di Lagery	12/3/1088 - 29/7/1099
Pasquale II, Raniero di Bieda	13-14/8/1099 - 21/1/1118
[Teodorico ant.	1100 - † 1102]
[Alberto ant.	1102]
[Silvestro IV, Maginulfo, ant.	18/11/1105 - 1111]
Gelasio II, Giovanni Caetani	24/1-10/3/1118 - 28/1/1119
[Gregorio VIII, Maurizio Burdino, ant.	8/3/1118 - 1121]
Callisto II, Guido dei ct. di Borgogna	2-9/2/1119 - 13/12/1124
Onorio II, Lamberto di Fagnano	15-21/12/1124 - 13/2/1130
[Celestino II, Tebaldo Buccapecus, ant.	12/1124]

Innocenzo II, Gregorio Papareschi	14-23/2/1130 - 24/9/1143
[Anacleto II, Pietro Pierleoni, ant.	14-23/2/1130 - 25/1/1138]
[Vittore IV o V, Gregorio Conti, ant.	3/1138 - 29/5/1138]
Celestino II, Guido da Castello	26/9-3/10/1143 - 8/3/1144
Lucio II, Gerardo Caccianemici	12/3/1144 - 15/2/1145
b. Eugenio III, Bernardo dei Paganelli	18/2/1145 - 8/7/1153
Anastasio IV, Corrado della Suburra	12/7/1153 - 3/12/1154
Adriano IV, Nicholas Breakspear	4-5/12/1154 - 1/9/1159
Alessandro III, Rolando Bandinelli	7-20/9/1159 - 30/8/1181
[Vittore IV, Ottaviano di Monticelio, ant.	7/9-4/10/1159 - 20/4/1164]
[Pasquale III, Guido da Crema, ant.	22-26/4/1164 - 20/9/1168]
[Callisto III, Giovanni di Strumi, ant.	9/1168 - 29/8/1178]
[Innocenzo III, Lando, ant.	29/9/1179 - 1180]
Lucio III, Ubaldo Allucingoli	6/9/1181 - 25/9/1185
Urbano III, Uberto Crivelli	25/11-1/12/1185 - 20/10/1187
Gregorio VIII, Alberto de Morra	21-25/10/1187 - 17/12/1187
Clemente III, Paolo Scolari	19-20/12/1187 - 3/1191
Celestino III, Giacinto Bobone Orsini	30/3-14/4/1191 - 8/1/1198
Innocenzo III, Lotario dei ct. di Segni	8/1-22/2/1198 - 16/7/1216
Onorio III, Cencio Savelli	18-24/7/1216 - 18/3/1227
Gregorio IX, Ugolino dei ct. di Segni	19-21/3/1227 - 22/8/1241
Celestino IV, Goffredo Castiglioni	25-28/10/1241 - 10/11/1241
Sede vacante	
Innocenzo IV, Sinibaldo Fieschi	25-28/6/1243 - 7/12/1254
Alessandro IV, Rinaldo dei ct. di Segni	12-20/12/1254 - 25/5/1261
Urbano IV, Giacomo Pantaléon	29/8-4/9/1261 - 2/10/1264
Clemente IV, Guido Fulco di Grossus	5-15/2/1265 - 29/11/1268
Sede vacante	
b. Gregorio X, Tebaldo Visconti	1/9/1271 - 27/3/1272 - 10/1/1276
b. Innocenzo V, Pietro di Tarantasia	21/1-2/2/1276 - 22/6/1276
Adriano V, Ottobono Fieschi	11/7/1276 - 18/8/1276
Giovanni XXI[16], Pietro di Giuliano	20/9/1276 - 20/5/1277
Niccolò III, Giovanni Gaetano Orsini	25/11-26/12/1277 - 22/8/1280
Martino IV [II], Simone de Brion	22/2/-23/3/1281 - 28/3/1285
Onorio IV, Giacomo Savelli	2/4-20/5/1285 - 3/4/1287
Niccolò IV, Girolamo Masci	22/2/1288 - 4/4/1292
s. Celestino V, Pietro del Murrone	5/7-29/8/1294 - 13/12/1294 abd.
Bonifacio VIII, Benedetto Caetani	24/12/1294-23/1/1295 - 11/10/1303

b. Benedetto XI, Niccolò Boccasini   22-27/10/1303 - 7/7/1304

In Avignone

Clemente V, Raimondo Bertrando de Got   5/6-14/11/1305 - 20/4/1314
Sede vacante
Giovanni XXII, JacquesDuèse   7/7-5/9/1316 - 4/12/1334
[Niccolò V, Pietro Rainalducci di Corbara, ant.   12-22/5/1328 - 25/8/1330
                                                                           († 16/10/1333)]

Benedetto XII, Giacomo Fournier   20/12/1334-8/1/1335 -
                                                                           25/4/1342
Clemente VI, Pierre Roger   7-19/5/1342 - 6/12/1352
Innocenzo VI, Stefano Aubert   18-30/12/1352 -
                                                                           12/9/1362
b. Urbano V, Guillaume de Grimoard de Grisac   28/9-6/11/1362 -
                                                                           19/12/1370
Gregorio XI, Pierre Roger de Beaufort   30/12/1370-5/1/1371 -
                                                                           26/3/1378

In Roma

Urbano VI, Bartolomeo Prignano   8-18/4/1378 - 15/10/1389
[Clemente VII, Roberto dei ct. del Genevois, ant. 20/9-31/10/1378 -
                                                                           16/9/1394]
Bonifacio IX, Pietro Tomacelli   2-9/11/1389 - 1/10/1404
[Benedetto XIII, Pedro de Luna, ant.   28/9-11/10/1394 -
                                                                           23/5/1423]
Innocenzo VII, Cosma Migliorati   17/10-11/11/1404 -
                                                                           6/11/1406
Gregorio XII, Angelo Correr   30/11-19/12/1406 -
                                                                           4/7/1415 - († 18/10/1417)

In Pisa

[Alessandro V, Pietro Filargo, ant.   26/6-7/7/1409 - 3/5/1410]
[Giovanni XXIII, Baldassarre Cossa, ant.   17-25/5/1410 - 29/5/1415
                                                                           († 22/11/1419)]

In Roma

Martino V, Oddone Colonna   11-21/11/1417 - 20/2/1431
[Clemente VIII Gil Sánchez Muñoz, ant.   10/6/1423 - 26/7/1429]
[Benedetto XIV, Bernardo Garnier, ant.   12/11/1425 - 1430]
Eugenio IV, Gabriele Condulmer   3-11/3/1431 - 23/2/1447
[Felice V, Amedeo VIII di Savoia, ant.   5/11/1439 - 24/7/1440 -
                                                                           7/4/1449 rin. - † 7/1/1451]

Niccolò V, Tommaso Parentucelli	6-19/3/1447 - 24/3/1455
Callisto III, Alonso de Borja	8-20/4/1455 - 6/8/1458
Pio II, Enea Silvio Piccolomini	19/8-3/9/1458 - 15/8/1464
Paolo II, Pietro Barbo	30/8-16/9/1464 - 26/7/1471
Sisto IV, Francesco della Rovere	9-25/8/1471 - 12/8/1484
Innocenzo VIII, Giovanni Battista Cybo	29/8-12/9/1484 - 25/7/1492
Alessandro VI, Rodrigo de Borja y Doms	11-26/8/1492 - 18/8/1503
Pio III, Francesco Todeschini-Piccolomini	22/9-1-8/10/1503 - 18/10/1503
Giulio II, Giuliano della Rovere	31/10-26/11/1503 - 21/2/1513
Leone X, Giovanni de' Medici	9-19/3/1513 - 1/12/1521
Adriano VI, Adrian Florent van Trusen	9/1-31/8/1522 - 14/9/1523
Clemente VII, Giulio de' Medici	19-26/11/1523 - 25/9/1534
Paolo III, Alessandro Farnese	13/10-3/11/1534 - 10/11/1549
Giulio III, Giovanni Maria Ciocchi del Monte	7-22/2/1550 - 23/3/1555
Marcello II, Marcello Cervini	9-10/4/1555 - 1/5/1555
Paolo IV, Gian Pietro Carafa	23-26/5/1555 - 18/8/1559
Pio IV, Giovan Angelo de' Medici	25/12/1559 - 6/1/1560 - 9/12/1565
s. Pio V, Antonio Michele Ghislieri	7-17/1/1566 - 1/5/1572
Gregorio XIII, Ugo Boncompagni	13-25/5/1572 - 10/4/1585
Sisto V, Felice Peretti	24/4-1/5/1585 - 27/8/1590
Urbano VII, Giovan Battista Castagna	15/9/1590 - 27/9/1590
Gregorio XIV, Niccolò Sfondrati	5-8/12/1590 - 16/10/1591
Innocenzo IX, Giovanni Antonio Facchinetti	29/10-3/11/1591 - 30/12/1591
Clemente VIII, Ippolito Aldobrandini	30/1-9/2/1592 - 3/3/1605
Leone XI, Alessandro de' Medici	1-10/4/1605 - 27/4/1605
Paolo V, Camillo Borghese	16-29/5/1605 - 28/1/1621
Gregorio XV, Alessandro Ludovisi	9-14/2/1621 - 8/7/1623
Urbano VIII, Maffeo Barberini	6/8-29/9/1623 - 29/7/1644
Innocenzo X, Giovanni Battista Pamphilj	15/9-4/10/1644 - 7/1/1655
Alessandro VII, Fabio Chigi	7-18/4/1655 - 22/5/1667
Clemente IX, Giulio Rospigliosi	20-26/6/1667 - 9/12/1669
Clemente X, Emilio Altieri	29/4-11/5/1670 - 22/7/1676
b. Innocenzo XI, Benedetto Odescalchi	21/9-4/10/1676 - 12/8/1689
Alessandro VIII, Pietro Ottoboni	6-16/10/1689 - 1/2/1691
Innocenzo XII, Antonio Pignatelli	12-15/7/1691 - 27/9/1700
Clemente XI, Giovan Francesco Albani	23-30/11-8/12/1700 - 19/3/1721
Innocenzo XIII, Michelangelo dei Conti	8-18/5/1721 - 7/3/1724
Benedetto XIII, Vincenzo Maria Orsini	29/5-4/6/1724 - 21/2/1730
Clemente XII, Lorenzo Corsini	12-16/7/1730 - 6/2/1740
Benedetto XIV, Prospero Lambertini	17-22/8/1740 - 3/5/1758

Clemente XIII, Carlo Rezzonico	6-16/7/1758 - 2/2/1769
Clemente XIV, Giovanni Lorenzo Ganganelli	19/5-4/6/1769 - 22/9/1774
Pio VI, Giovanni Angelo Braschi	15-22/2/1775 - 29/8/1799
Pio VII, Gregorio Barnaba Chiaramonti	14-21/3/1800 - 20/8/1823
Leone XII, Annibale della Genga	28/9-25/10/1823 - 10/2/1829
Pio VIII, Francesco Saverio Castiglioni	31/3-5/4/1829 - 30/11/1830
Gregorio XVI, Mauro Cappellari	2-6/2/1831 - 1/6/1846
Pio IX, Giovanni Maria Mastai Ferretti	16-21/6/1846 - 7/2/1878
Leone XIII, Gioacchino Pecci	20/2-3/3/1878 - 20/7/1903
s. Pio X, Giuseppe Sarto	4-9/8/1903 - 20/8/1914
Benedetto XV, Giacomo della Chiesa	3-6/9/1914 - 22/1/1922
Pio XI, Achille Ratti	6-12/2/1922 - 10/2/1939
Pio XII, Eugenio Pacelli	2-12/3/1939 - 9/10/1958
Giovanni XXIII, Angelo Giuseppe Roncalli	28/10-4/11/1958 - 3/6/1963
Paolo VI, Giovanni Battista Montini	21-30/6/1963 - 6/8/1978
. Giovanni Paolo I, Albino Luciani	26/8-3/9/1978 - 28/9/1978
Giovanni Paolo II, Karol Wojtyla	16-22/10/1978 -

Elenco alfabetico dei papi e degli antipapi[17]

s. Adeodato I Deusdedito	19/10/615 - 8/11/619
Adeodato II	11/4/672 - 17/6/676
Adriano I	1-9/2/772 - 25/12/795
Adriano II	14/12/867 - 14/12/872
s. Adriano III	17/5/884 - 9/885
Adriano IV, Nicholas Breakspear	4-5/12/1154 - 1/9/1159
Adriano V, Ottobono Fieschi	11/7/1276 - 18/8/1276
Adriano VI, Adrian Florent van Trusen	9/1-31/8/1522 - 14/9/1523
s. Agapito I	13/5/535 - 22/4/536
Agapito II	10/5/946 - 12/955
s. Agatone	27/6/678 - 10/1/681
[Alberto ant.	1102]
s. Alessandro I	105 - 115
Alessandro II, Anselmo di Baggio	1/10/1061 - 21/4/1073
Alessandro III, Rolando Bandinelli	7-20/9/1159 - 30/8/1181
Alessandro IV, Rinaldo dei ct. di Segni	12-20/12/1254 - 25/5/1261
[Alessandro V, Pietro Filargo, ant.	26/6-7/7/1409 - 3/5/1410]
Alessandro VI, Rodrigo de Borja y Doms	11-26/8/1492 - 18/8/1503
Alessandro VII, Fabio Chigi	7-18/4/1655 - 22/5/1667
Alessandro VIII, Pietro Ottoboni	6-16/10/1689 - 1/2/1691
s. Anacleto I o Cleto	76 - 88
[Anacleto II, Pietro Pierleoni, ant.]	14-23/2/1130 - 25/1/1138
s. Anastasio I	27/11/399 - 19/12/401

Anastasio II	24/11/496 - 19/11/498
Anastasio III	4/911 - 6/913
Anastasio IV, Corrado della Suburra	12/7/1153 - 3/12/1154
[Anastasio il Bibliotecario ant.	8/855 - 9/855 - † c. 880]
s. Aniceto	155 - 166
s. Antero	21/11/235 - 3/1/236
Benedetto I	2/6/575 - 30/7/579
s. Benedetto II, Savelli	26/6/684 - 8/5/685
Benedetto III	29/9/855 - 17/4/858
Benedetto IV	2/900 - 7/903
Benedetto V, Grammatico	22/5/964 - 4/7/965
Benedetto VI	19/1/973 - 6/974
Benedetto VII, dei ct. di Tuscolo	10/974 - 10/7/983
Benedetto VIII, Teofilatto dei ct. di Tuscolo	18/5/1012 - 9/4/1024
Benedetto IX, Teofilatto dei ct. di Tuscolo	1032 - 1044, 10/4/1045 - 1/5/1045 e 8/11/1047 - 17/7/1048
[Benedetto X, Giovanni dei ct. di Tuscolo, ant.	5/4/1058 - 24/1/1059]
b. Benedetto XI, Niccolò Boccasini	22-27/10/1303 - 7/7/1304
Benedetto XII, Giacomo Fournier	20/12/1334-8/1/1335 - 25/4/1342
Benedetto XIII, Vincenzo Maria Orsini	29/5-4/6/1724 - 21/2/1730
[Benedetto XIII, Pedro de Luna, ant.	28/9-11/10/1394 - 23/5/1423]
[Benedetto XIV, Bernardo Garnier, ant.	12/11/1425-1430]
Benedetto XIV, Prospero Lambertini	17-22/8/1740 - 3/5/1758
Benedetto XV, Giacomo della Chiesa	3-6/9/1914 - 22/1/1922
s. Bonifacio I	28-29/12/418 - 4/9/422
Bonifacio II	22/9/530 - 17/10/532
Bonifacio III	19/2/607 - 12/11/607
s. Bonifacio IV	15/8-25/8/608 - 8/5/615
Bonifacio V	23/12/619 - 25/10/625
Bonifacio VI	4/896
[Bonifacio VII, Francone, ant.	7/974 e 8/984 - 7/985]
Bonifacio VIII, Benedetto Caetani	24/12/1294-23/1/1295 - 11/10/1303
Bonifacio IX, Pietro Tomacelli	2-9/11/1389 - 1/10/1404
s. Caio	17/12/283 - 22/4/296
s. Callisto I	217 - 222
Callisto II, Guido dei ct. di Borgogna	2-9/2/1119 - 13/12/1124
Callisto III, Alonso de Borja	8-20/4/1455 - 6/8/1458
[Callisto III, Giovanni di Strumi, ant.]	9/1168 - 29/8/1178]
s. Celestino I	10/9/422 - 27/7/432
Celestino II, Guido da Caastello	26/9-3/10/1143 - 8/3/1144
[Celestino II, Tebaldo Buccapecus, ant.]	12/1124]
Celestino III, Giacinto Bobone Orsini	30/3-14/4/1191 - 8/1/1198

Celestino IV, Goffredo Castiglioni	25-28/10/1241 - 10/11/1241
s. Celestino V, Pietro del Murrone	5/7-29/8/1294 - 13/12/1294 abd.
s. Clemente I	88 - 97
Clemente II, Suitgero dei sig. di Morsleben e Hornburg	24-25/12/1046 - 9/10/1047
Clemente III, Paolo Scolari	19-20/12/1187 - 3/1191
[Clemente III, Wiberto, ant.	25/6/1080 - 24/3/1084 - 8/9/1100]
Clemente IV, Guido Fulcodi Grossus	5-15/2/1265 - 29/11/1268
Clemente V, Raimondo Bertrando de Got	5/6-14/11/1305 - 20/4/1314
Clemente VI, Pierre Roger	7-19/5/1342 - 6/12/1352
Clemente VII, Giulio de' Medici	19-26/11/1523 - 25/9/1534
[Clemente VII, Roberto dei ct. del Genevois, ant.	20/9-31/10/1378 - 16/9/1394]
Clemente VIII, Ippolito Aldobrandini	30/1-9/2/1592 - 3/3/1605
[Clemente VIII, Gil Sánchez Muñoz, ant.	10/6/1423 - 26/7/1429]
Clemente IX, Giulio Rospigliosi	20-26/6/1667 - 9/12/1669
Clemente X, Emilio Altieri	29/4-11/5/1670 - 22/7/1676
Clemente XI, Giovan Francesco Albani	23-30/11-8/12/1700 - 19/3/1721
Clemente XII, Lorenzo Corsini	12-16/7/1730 - 6/2/1740
Clemente XIII, Carlo Rezzonico	6-16/7/1758 - 2/2/1769
Clemente XIV, Giovanni Lorenzo Ganganelli	19/5-4/6/1769 - 22/9/1774
Conone	21/10/686 - 21/9/687
s. Cornelio	3/251 - 6/253
Costantino	25/3/708 - 9/4/715
[Costantino II ant.	28/6-5/7/767 - 768]
[Cristoforo ant.	9/903 - 1/904]
s. Damaso I	1/10/366 - 11/12/384
Damaso II, Poppone	17/7/1048 - 9/8/1048
s. Dionisio	22/7/259 - 26/12/268
[Dioscoro ant.	22/9/530 - 14/10/530]
Dono o Domno	2/11/676 - 11/4/678
Dono II	973
s. Eleuterio	175 - 189
s. Eugenio I	10/8/654 - 2/6/657
Eugenio II	5/824 - 8/827
b. Eugenio III, Bernardo dei Paganelli	18/2/1145 - 8/7/1153
Eugenio IV, Gabriele Condulmer	3-11/3/1431 - 23/2/1447
[Eulalio ant.	27 o 29/12/418 - 419]
s. Eusebio	5/2/309 - 26/9/309
s. Eutichiano	4/1/275 - 7/12/283
s. Evaristo	97 - 105
s. Fabiano	10/1/236 - 20/1/250

s. Felice I	5/1/269 - 30/12/274
[Felice II ant.	355 - 22/11/365]
s. Felice III [II]	13/3/483 - 1/3/492
s. Felice IV [III]	12/7/526 - 17/9/530
[Felice V, Amedeo VIII di Savoia, ant.	5/11/1439 - 24/7/1440 - 7/4/1449 rin. - † 7/1/1451]
[Filippo ant.	31/7/768]
Formoso	6/10/891 - 4/4/896
s. Gelasio I	1/3/492 - 21/11/496
Gelasio II, Giovanni Caetani	24/1-10/3/1118 - 28/1/1119
s. Giovanni I	13/8/523 - 18/5/526
Giovanni II, Mercurio	31/12/532-2/1/533 - 8/5/535
Giovanni III	17/7/561 - 13/7/574
Giovanni IV	24/12/640 - 12/10/642
Giovanni V	23/7/685 - 2/8/686
Giovanni VI	30/10/701 - 11/1/705
Giovanni VII	1/3/705 - 18/10/707
Giovanni VIII	14/12/872 - 16/12/882
Giovanni IX	1/898 - 1/900
Giovanni X	3/914 - 5/928
Giovanni XI	3/931 - 12/935
Giovanni XII, Ottaviano dei ct. di Tuscolo	16/12/955 - 14/5/964
Giovanni XIII	1/10/965 - 6/9/972
Giovanni XIV, Pietro di Pavia	12/983 - 20/8/984
Giovanni XV [XVI], Giovanni di Gallina Alba	8/985 - 3/996
[Giovanni XVI [XVII], Giovanni Filagato, ant.	4/997 - 2/998]
Giovanni XVII, Siccone	6/1003 - 12/1003
Giovanni XVIII, Fasano	1/1004 - 7/1009
Giovanni XIX, Romano dei ct. di Tuscolo	5/1024 - 1032
Giovanni XXI, Pietro di Giuliano	20/9/1276 - 20/5/1277
Giovanni XXII, Jacques Duèse	7/7-5/9/1316 - 4/12/1334
[Giovanni XXIII, Baldassarre Cossa, ant.	17-25/5/1410 - 29/5/1415 († 22/11/1419)]
Giovanni XXIII, Angelo Giuseppe Roncalli	28/10-4/11/1958 - 3/6/1963
[Giovanni diac., ant.	1/844]
Giovanni Paolo I, Albino Luciani	26/8-3/9/1978 - 28/9/1978
Giovanni Paolo II, Karol Wojtyla	16-22/10/1978 -
s. Giulio I	6/2/337 - 12/4/352
Giulio II, Giuliano della Rovere	31/10-26/11/1503 - 21/2/1513
Giulio III, Giovanni Maria Ciocchi del Monte	7-22/2/1550 - 23/3/1555
s. Gregorio I Magno	3/9/590 - 12/3/604
s. Gregorio II	19/5/715 - 11/2/731
s. Gregorio III	18/3/731 - 11/741

Gregorio IV	827 - 1/844
Gregorio V, Brunone dei du. di Carinzia	3/5/996 - 18/2/999
Gregorio VI, Giovanni Graziano	5/5/1045 - 20/12/1046
s. Gregorio VII, Ildebrando di Soana	22/4-30/6/1073 - 25/5/1085
Gregorio VIII, Alberto de Morra	21-25/10/1187 - 17/12/1187
[Gregorio VIII, Maurizio Burdino, ant.	8/3/1118 - 1121]
Gregorio IX, Ugolino dei ct. di Segni	19-21/3/1227 - 22/8/1241
b. Gregorio X, Tebaldo Visconti	1/9/1271 - 27/3/1272 - 10/1/1276
Gregorio XI, Pierre Roger de Beaufort	30/12/1370-5/1/1371 - 26/3/1378
Gregorio XII, Angelo Correr	30/11-19/12/1406 - 4/7/1415 - († 18/10/1417)
Gregorio XIII, Ugo Boncompagni	13-25/5/1572 - 10/4/1585
Gregorio XIV, Niccolò Sfondrati	5-8/12/1590 - 16/10/1591
Gregorio XV, Alessandro Ludovisi	9-14/2/1621 - 8/7/1623
Gregorio XVI, Mauro Cappellari	2-6/2/1831 - 1/6/1846
[Gregorio ant.	1012]
s. Igino	136 - 140
s. Ilario	19/11/461 - 29/2/468
s. Innocenzo I	22/12/401 - 12/3/417
Innocenzo II, Gregorio Papareschi	14-23/2/1130 - 24/9/1143
Innocenzo III, Lotario dei ct. di Segni	8/1-22/2/1198 - 16/7/1216
[Innocenzo III, Lando, ant.	29/9/1179 - 1180]
Innocenzo IV, Sinibaldo Fieschi	25-28/6/1243 - 7/12/1254
b. Innocenzo V, Pietro di Tarantasia	21/1-2/2/1276 - 22/6/1276
Innocenzo VI, Stefano Aubert	18-30/12/1352 - 12/9/1362
Innocenzo VII, Cosma Migliorati	17/10-11/11/1404 - 6/11/1406
Innocenzo VIII, Giovanni Battista Cybo	29/8-12/9/1484 - 25/7/1492
Innocenzo IX, Giovanni Antonio Facchinetti	29/10-3/11/1591 - 30/12/1591
Innocenzo X, Giovanni Battista Pamphilj	15/9-4/10/1644 - 7/1/1655
b. Innocenzo XI, Benedetto Odescalchi	21/9-4/10/1676 - 12/8/1689
Innocenzo XII, Antonio Pignatelli	12-15/7/1691 - 27/9/1700
Innocenzo XIII, Michelangelo dei Conti	8-18/5/1721 - 7/3/1724
[Ippolito ant.	217 - 235]
Landone o Lando	7/913 - 2/914
s. Leone I Magno	29/9/440 - 10/11/461
s. Leone II	17/8/682 - 3/7/683
s. Leone III	26-27/12/795 - 12/6/816
s. Leone IV	10/4/847 - 17/7/855
Leone V	7/903 - 9/903
Leone VI	5/928 - 12/928
Leone VII	3/1/936 - 13/7/939

[Leone VIII	6/12/963 - 1/8/965]
s. Leone IX, Brunone dei ct. di Egisheim-Dagsburg	12/2/1049 - 19/4/1054
Leone X, Giovanni de' Medici	9-19/3/1513 - 1/12/1521
Leone XI, Alessandro de' Medici	1-10/4/1605 - 27/4/1605
Leone XII, Annibale della Genga	28/9-25/10/1823 - 10/2/1829
Leone XIII, Gioacchino Pecci	20/2-3/3/1878 - 20/7/1903
Liberio	17/5/352 - 24/9/366
s. Lino	67 - 76
[Lorenzo ant.	498 e 501 - 505]
s. Lucio I	25/6/253 - 5/3/254
Lucio II, Gerardo Caccianemici	12/3/1144 - 15/2/1145
Lucio III, Ubaldo Allucingoli	6/9/1181 - 25/9/1185
s. Marcellino	30/6/296 - 25/10/304
s. Marcello I	27/5/308 - 16/1/309
Marcello II, Marcello Cervini	9-10/4/1555 - 1/5/1555
s. Marco	18/1/336 - 7/10/336
Marino I [detto Martino II]	16/12/882 - 15/5/884
Marino II [detto Martino III]	30/10/942 - 5/946
s. Martino I	7/649 - 16/9/654
Martino IV [II], Simone de Brion	22/2-23/3/1281 - 28/3/1285
Martino V, Oddone Colonna	11-21/11/1417 - 20/2/1431
s. Milziade o Melchiade	2/7/311 - 11/1/314
s. Niccolò I, il Grande	24/4/858 - 13/11/867
Niccolò II, Gerardo della Borgogna	24/1/1059 - 27/7/1061
Niccolò III, Giovanni Gaetano Orsini	25/11-26/12/1277 - 22/8/1280
Niccolò IV, Girolamo Masci	22/2/1288 - 4/4/1292
Niccolò V, Tommaso Parentucelli	6-19/3/1447 - 24/3/1455
[Niccolò V, Pietro Rainalducci di Corbara, ant.	12-22/5/1328 - 25/8/1330 († 16/10/1333)]
[Novaziano ant.	251-268]
Onorio I	27/10/625 - 12/10/638
Onorio II, Lamberto di Fagnano	15-21/12/1124 - 13/2/1130
[Onorio II, Cadalo, ant.	28/10/1061 - 1072]
Onorio III, Cencio Savelli	18-24/7/1216 - 18/3/1227
Onorio IV, Giacomo Savelli	2/4-20/5/1285 - 3/4/1287
s. Ormisda	20/7/514 - 6/8/523
s. Paolo I	29/5/757 - 28/6/767
Paolo II, Pietro Barbo	30/8-16/9/1464 - 26/7/1471
Paolo III, Alessandro Farnese	13/10-3/11/1534 - 10/11/1549
Paolo IV, Gian Pietro Carafa	23-26/5/1555 - 18/8/1559
Paolo V, Camillo Borghese	16-29/5/1605 - 28/1/1621

Paolo VI, Giovanni Battista Montini	21-30/6/1963 - 6/8/1978
s. Pasquale I	25/1/817 - 11/2/824
Pasquale II, Raniero di Bieda	13-14/8/1099 - 21/1/1118
[Pasquale ant.	687]
[Pasquale III, Guido da Crema, ant.	22-26/4/1164 - 20/9/1168]
Pelagio I	16/4/556 - 4/3/561
Pelagio II	26/11/579 - 7/2/590
s. Pietro	c. 30 - † 64 o 29/6/67
s. Pio I	140 - 155
Pio II, Enea Silvio Piccolomini	19/8-3/9/1458 - 15/8/1464
Pio III, Francesco Todeschini-Piccolomini	22/9-1-8/10/1503 - 18/10/1503
Pio IV, Giovan Angelo de' Medici	25/12/1559-6/1/1560 - 9/12/1565
s. Pio V, Antonio Michele Ghislieri	7-17/1/1566 - 1/5/1572
Pio VI, Giovanni Angelo Braschi	15-22/2/1775 - 29/8/1799
Pio VII, Gregorio Barnaba Chiaramonti	14-21/3/1800 - 20/8/1823
Pio VIII, Francesco Saverio Castiglioni	31/3-5/4/1829 - 30/11/1830
Pio IX, Giovanni Maria Mastai Ferretti	16-21/6/1846 - 7/2/1878
s. Pio X, Giuseppe Sarto	4-9/8/1903 - 20/8/1914
Pio XI, Achille Ratti	6-12/2/1922 - 10/2/1939
Pio XII, Eugenio Pacelli	2-12/3/1939 - 9/10/1958
s. Ponziano	21/7/230 - 28/9/235
Romano	8/897 - 11/897
Sabiniano	13/9/604 - 22/2/606
s. Sergio I	15/12/687 - 8/9/701
Sergio II	1/844 - 27/1/847
Sergio III	29/1/904 - 14/4/911
Sergio IV, Pietro Boccadiporco	31/7/1009 - 12/5/1012
Severino	28/5/640 - 2/8/640
s. Silverio	1/6/536 - 11/3/537
s. Silvestro I	31/1/314 - 31/12/335
Silvestro II, Gerberto d'Auvergnat	2/4/999 - 12/5/1003
Silvestro III, Giovanni	20/1/1045 - 10/2/1045
[Silvestro IV, Maginulfo, ant.	18/11/1105 - 1111]
s. Simmaco	22/11/498 - 19/7/514
s. Simplicio	3/3/468 - 10/3/483
s. Siricio	15 o 22 o 29/12/384 - 26/11/399
Sisinnio	15/1/708 - 4/2/708
s. Sisto I	115 - 125
s. Sisto II	30/8/257 - 6/8/258
s. Sisto III	31/7/432 - 19/8/440
Sisto IV, Francesco della Rovere	9-25/8/1471 - 12/8/1484
Sisto V, Felice Peretti	24/4-1/5/1585 - 27/8/1590
s. Sotero	166 - 174

s. Stefano I	12/5/254 - 2/8/257
Stefano II	23/3/752 - 25/3/752
Stefano II [III]	26/3/752 - 26/4/757
Stefano III [IV]	1-7/8/768 - 24/1/772
Stefano IV [V]	22/6/816 - 24/1/817
Stefano V [VI]	9/885 - 14/9/891
Stefano VI [VII]	5/896 - 8/897
Stefano VII [VIII]	12/928 - 2/931
Stefano VIII [IX]	14/7/939 - 10/942
Stefano IX [X], Federico dei du. di Lorena	3/8/1057 - 29/3/1058
s. Telesforo	125 - 136
[Teodorico ant.	1100 - † 1102]
Teodoro I	24/11/642 - 14/5/649
Teodoro II	12/897
[Teodoro ant.	686 - 687]
s. Urbano I	222 - 230
b. Urbano II, Ottone di Lagery	12/3/1088 - 29/7/1099
Urbano III, Uberto Crivelli	25/11-1/12/1185 - 20/10/1187
Urbano IV, Giacomo Pantaléon	29/8-4/9/1261 - 2/10/1264
b. Urbano V, Guillaume de Grimoard de Grisac	28/9-6/11/1362 - 19/12/1370
Urbano VI, Bartolomeo Prignano	8-18/4/1378 - 15/10/1389
Urbano VII, Giovan Battista Castagna	15/9/1590 - 27/9/1590
Urbano VIII, Maffeo Barberini	6/8-29/9/1623 - 29/7/1644
[Ursino o Ursicino ant.	366 - 367]
Valentino	8/827 - 9/827
Vigilio	29/3/537 - 7/6/555
s. Vitaliano	30/7/657 - 27/1/672
s. Vittore I	189 - 199
Vittore II, Gebardo dei ct. di Dollnstein-Hirschberg	16/4/1055 - 28/7/1057
b. Vittore III, Desiderio	24/5/1086 - 16/9/1087
[Vittore IV, Ottaviano di Monticelo, ant.	7/9-4/10/1159 - 20/4/1164]
[Vittore IV o V, Gregorio Conti, ant.	3/1138 - 29/5/1138]
s. Zaccaria	10/12/741 - 22/3/752
s. Zeferino	199 - 217
s. Zosimo	18/3/417 - 26/12/418

Elenco cronologico dei dogi di Genova

Simone Boccanegra el.	23/9/1339 - 23/12/1344 rin.
Giovanni de-Murta doge popolare	23/12/1344 - genn. 1350 †
Giovanni de' Valenti doge popolare	9/12/1350 - 9/10/1353 dep.
Simone Boccanegra	15/11/1356 - 14/3/1363 †

Gabriele Adorno (vic. imp. 1368)	14/3/1363 - v. ag. 1370 dep.
Domenico Campofregoso	13/8/1370 - v. giu. 1378 dep.
Antoniotto Adorno per poche ore	17/6/1378
Niccolò Guarco	17/6/1378 - inizi apr. 1383 dep.
Leonardo da Montaldo	apr. 1383 - 11/6/1384 †
Antoniotto Adorno	12/6/1384 - 3/8/1390 rin.
Giacomo Campofregoso	3/8/1390 - apr. 1391 dep.
Antoniotto Adorno	9/4/1391 - 15/6/1392 dep.
Pietro Campofregoso	15/6/1392
Antonio da Montaldo, f. di Leonardo, el.	16/6/1392 - v. lug. 1393 dep.
Clemente Promontorio	13-14/7/1393
Francesco Giustiniani da Garibaldo	14/7/1393 - ago. 1393 abd.
Antonio da Montaldo	ago. 1393 - 24/5/1394 dep.
Niccolò Zoalio	24/5/1394 - 18/8/1394 rin.
Antonio Guarco	19/8/1394 - 3/9/1394
Antoniotto Adorno	3/9/1394 - 25/10/1396
Giorgio Adorno, fr. di Antoniotto	27/3/1413 - 23/3/1415 abd.
Barnaba Giano	29/3/1415 - 3/7/1415
Tommaso Campofregoso	4/7/1415 - 2/11/142 abd.
Tommaso Campofregoso	3/4/1436 - 24/3/1437 dep.
Battista Campofregoso, fr., per poche ore	
Tommaso Campofregoso	24/3/1437 - genn. 1443 dep.
Raffaele Adorno	28/1/1443 - 4/1/1447 abd.
Barnaba Adorno	4/1/1447 - 30/1/1447
Giovanni o Giano Campofregoso	30/1/1447 - dic. 1448 †
Lodovico Campofregoso	16/12/1448 - 1450 dep.
Pietro Campofregoso	8/12/1450 - 11/5/1458 rin.
Prospero Adorno	12/3/1461 - 3/7/1461
Spinetta Campofregoso	3/7/1461 - 14/7/1461 († 17/1/1471)
Lodovico Campofregoso	24/7/1461 - 14/5/1462 dep.
Paolo Campofregoso	14/5/1462 - 8/6/1462
Lodovico Campofregoso	8/6/1462 - genn. 1463 († 1490)
Paolo Campofregoso	genn. 1463 - 19/4/1464 († 22/4/1498)
Prospero Adorno	17/8/1478 - nov. 1478
Battista Campofregoso	25/11/1478 - 25/11/1483 dep.
Paolo da Campofregoso	25/11/1483 - ago. 1487 dep. († 2/3/1498)
Paolo da Novi	10/4/1507 - 28/4/1507 († 15/6/1507)
Giovanni da Campofregoso el.	29/6/1512 - mag. 1513 († 1529)
Ottaviano Campofregoso	18/6/1513 - nov. 1515

Antoniotto Adorno	2/6/1522 - 1527 dep. († 1530)
Uberto Cattaneo el.	12/12/1528
Battista Spinola el.	4/1/1531
Giambattista Lomellino el.	4/1/1533
Cristoforo Grimaldi-Rosso el.	4/1/1535
Giambattista Doria el.	4/1/1537
Andrea Giustiniani el.	4/1/1539
Leonardo Cattaneo el.	4/1/1541
Andrea Centurione-Pietrasanta el.	4/1/1543
Giambattista de' Fornari el.	4/1/1545
Benedetto Gentile el.	4/1/1547
Gaspare Bracelli-Grimaldi el.	4/1/1549
Luca Spinola el.	4/1/1551
Giacomo Promontorio el.	4/1/1553
Agostino Pinelli el.	4/1/1555
Pier Giovanni Cybo-Ciarega el.	4/1/1557
Gerolamo Vivaldi el.	4/1/1559
Paolo Battista Calvi el.	genn. 1561 - sett. 1561 †
Battista Cicala-Zoagli el.	4/10/1561
Giambattista Lercaro el.	7/10/1563
Ottavio Gentile Oderico el.	11/10/1565
Simone Spinola el.	15/10/1567
Paolo Moneglia Giustiniani el.	6/10/1569
Giannotto Lomellini el.	10/10/1571
Giacomo Durazzo-Grimaldi el.	16/10/1573
Prospero Fatinanti-Centurione el.	17/10/1575
Giambattista Gentile el.	19/10/1577
Nicola Doria el.	20/10/1579
Girolamo De' Franchi el.	21/10/1581
Girolamo Chiavari el.	4/11/1583
Ambrogio di Negro el.	8/11/1585
Davide Vacca el.	14/11/1587
Battista Negrone el.	20/11/1589
Giovanni Agostino Giustiniani el.	27/11/1591
Antonio Grimaldi-Ceva el.	27/11/1593
Matteo Senarga el.	5/12/1595
Lazzaro Grimaldi-Ceva el.	10/12/1597
Lorenzo Sauli el.	22/2/1599
Agostino Doria el.	24/2/1601
Pietro de Franchi, già Sacco el.	26/2/1603
Luca Grimaldi el.	1/3/1605
Silvestro Invrea el.	3/3/1607
Girolamo Assereto el.	22/3/1607
Agostino Pinelli el.	1/4/1609
Alessandro Giustiniani el.	6/4/1611

Tommaso Spinola el.	21/4/1613
Bernardo Claravezza el.	23/4/1615
Giangiacomo Imperiali el.	29/4/1617
Pietro Durazzo el.	2/5/1619
Ambrogio Doria el.	4/5/1621
Giorgio Centurione el.	25/6/1623 rin.
Federico de' Franchi el.	25/6/1623
Giacomo Lomellini el.	16/6/1623
Gian Luca Chiavari, f. di Girolamo el.	28/6/1627
Andrea Spinola el.	28/6/1629
Leonardo Torre el.	30/6/1631
Giovanni Stefano Doria el.	9/7/1633
Gian Francesco Brignole el.	11/7/1635
Agostino Pallavicino el.	13/7/1637
Giambattista Durazzo el.	28/7/1639
Giovanni Agostino Marini el.	4/8/1641
Giambattista Lercari el.	4/7/1643
Luca Giustiniani, f. di Alessandro el.	21-22/7/1645
Giambattista Lomellini el.	24/7/1646
Giacomo de' Franchi di Federigo el.	2/8/1648
Agostino Centurione di Stefano el.	23/8/1650
Girolamo de' Franchi el.	8/11/1652
Alessandro Spinola el.	9/10/1654
Giulio Sauli el.	12/10/1656
Giambattista Centurione el.	15/10/1658
Giambernardo Frugoni el.	28/10/1660 - 1661 †
Antoniotto Invrea el.	29/3/1661
Stefano Mari el.	12/4/1663
Cesare Durazzo el.	18/4/1665
Cesare Gentile el.	10/5/1667
Francesco Garbarino el.	18/6/1669
Alessandro Grimaldi di Pietro el.	27/6/1671
Agostino Saluzzo el.	5/7/1673
Antonio Passano el.	11/7/1675
Giannettino Odone el.	16/7 1677
Agostino Spinola el.	29/7/1679
Luca Maria Invrea el.	13/8/1681
Francesco Imperiali-Lercari el.	18/8/1683
Pietro Durazzo el.	23/8/1685
Luca Spinola el.	27/8/1687
Oberto Torre el.	31/8/1689
Giambattista Cattaneo el.	4/9/1691
Francesco Maria Invrea el.	9/9/1693
Bandinelli Negrone di Battista el.	16/9/1695
Francesco Maria Sauli el.	17/9/1697
Girolamo Mari el.	3/6/1699

Federico de' Franchi el.	7/6/1701
Antonio Grimaldi Cesa el.	7/8/1703
Stefano Onorato Feretto el.	12/8/1705
Domenico Maria Mari di Stefano el.	9/9/1707
Vincenzo Durazzo el.	9/9/1709
Francesco Maria Imperiali el.	17/9/1711
Gianantonio Giustiniani el.	22/9/1713
Lorenzo Centurione di Giorgio el.	26/9/1715
Benedetto Viale el.	30/9/1717
Ambrogio Imperiali el.	4/10/1719
Cesare de' Franchi el.	8/10/1721
Domenico Negrone el.	13/10/1723
Girolamo Veneroso el.	18/1/1726
Luca Grimaldi el.	22/1/1728
Francesco Maria Balbi el.	25/1/1730
Domenico Maria Spinola el.	29/1/1732
Stefano Durazzo el.	3/2/1734
Nicolò Cattaneo el.	7/2/1736
Costantino Balbi el.	11/2/1738
Nicolò Spinola el.	16/2/1740
Domenico Maria Canevaro el.	20/2/1742
Lorenzo Mari el.	27/2/1744
Gian Francesco Maria Brignole el.	3/3 - 4/9/1746 dep.
gov. degli austriaci e dei march. Botta	4/9 - 5/12/1746
Gian Francesco Maria Brignole di nuovo	dic. 1746 - 1748
Cesare Cattaneo el.	6/3/1748
Agostino Viale el.	10/3/1750
Stefano Lomellini el.	29/3 - 3/6/1752 abd.
Giambattista Grimaldi el.	7/6/1752
Gian Giacomo Stefano Veneroso el.	11/6/1754
Giacomo Grimaldi el.	22/6 1756
Matteo Franzoni el.	22/8/1758
Agostino Lomellini di Bartolomeo el.	10/9/1760
Rodolfo Emilio Brignole-Sale el.	25/11/1762
Mario Gaetano della Rovere el.	29/1/1765
Marcello Durazzo el.	3/2/1767
Giambattista Negrone el.	16/2/1769
Giambattista Cambiaso di Giammaria el.	16/4/1771 - 21/12/1772
Ferdinando Spinola di Gherardo el.	7/1/1773 - 12/1/1773 abd.
Pier Francesco Grimaldi el.	26/1/1773
Brizio Giustiniani el.	31/1/1773
Giuseppe Lomellini el.	4/2/1777
Giacomo Maria Brignole el.	4/3/1779
Marcantonio Gentile di Filippo el.	8/3/1781
Giambattista Airoli el.	6/5/1783
Gian Carlo Pallavicini el.	6/6/1785

Raffaele de Ferrari el.	4/7/1787
Aleramo Pallavicini el.	30/7/1789
Michelangelo Cambiaso el.	3/9/1791
Giuseppe Maria Doria el.	16/9/1793
Giacomo Maria Brignole di nuovo	17/11/1793 - mag. 1797

Elenco cronologico dei dogi di Venezia

Paolo Lucio Anafesto de' Falieri	697 - 717 ucc.
Marcello Tegalliano	717 - 726
Orso *Ipato*	726 - 737 ucc.
Diodato Orso *Ipato*	742 - 755 dep.
Galla Gaulo	755 - 756 dep.
Domenico Monegario	756 - 764 dep.
Maurizio Galbaio I	764 - 787
Giovanni Galbaio	787 - 804 dep.
Obelerio Antenoreo assoc. col fr. Beato (partito franco)	804 - 809 o 810 dep.
Agnello (Angelo) Partecipazio assoc. col f. Giustiniano (avverso ai franchi)	810 - 827
Giustiniano Participazio, f.	827 - 829
Giovanni Participazio I, fr., scacciato da Carossio	829 - 836 dep.
Pietro Tradonico assoc. col f. Giovanni	836 - 15/3/864 ucc.
Orso I Partecipazio assoc. col f. Giovanni	864 - 881
Giovanni II Partecipazio, f.	881 - 887 abd.
Pietro I Candiano	17/4 (?) - sett. 887
Pietro Tribuno	mag. (?) 888 - fine mag. (?) 912
Orso II Partecipazio, Paureta	912 - 931 abd.
Pietro II Candiano protos., f. di Pietro I Candiano	932 - 939 abd.
Pietro Partecipazio, f. di Orso I	939 - 942
Pietro III Candiano	942 - 959
Pietro IV Candiano, f., tenta dar forma assoluta al gov.	959 - 11/8/976 ucc.
Pietro (B.) Orseolo I	12/8/976 - 1/9/978 abd. († 997)
Vitale Candiano, fr. di Pietro Candiano IV	978 - dic. 979 abd.
Tribuno Menio (o Memo)	dic. (?) 979 - 991 dep.
Pietro Orseolo II, f. di Orseolo I (d'Istria e Dalmazia, conq. nel 999)	mar. 991 - metà sett. 1008
Ottone Orseolo, f., coll. del padre dal 1006, dep. 1023, richiamato	1008 - 1026 dep. († 1030)
Pietro Barbolano Centranico	1026 - 1032 dep.
Domenico Orseolo us.	giu. (?) 1032[18]

Domenico Fabiano o Flabanico	1032 - 1042
Domenico Contarini (du. di Dalmazia 1052)	1043 - 1070
Domenico Selvo	1070 - 1084 dep.
Vitale Falier	1084 o 1085 - 1096
Vitale I Michiel	1096 - 1102
Ordelaffo Falier	1102 - 1118
Domenico Michiel	1118 - 1129 abd. († v. 1130)
Pietro Polani	1130 - 1148
Domenico Morosini	1148 - febb. 1156
Vitale II Michiel	febb. 1156 - 28/5/1172 ucc.
Sebastiano Ziani	29/9/1172 - 13/4/1178 abd.
Orso Malipiero (Mastropiero)	17/4/1178 - 14/6/1192
Enrico Dandolo (occup. di Trieste 1202)	21/6/1192 -
	† 14/6/1205 a Costantinopoli
Pietro Ziani, f. di Sebastiano pred.	5/8/1205 - mar. 1229 abd.
Jacopo Tiepolo	6/3/1229 - 7/6/1249 abd.
	(† 19/7)
Marino Morosini (du. di Candia)	13/6/1249 - 1/1/1253
Ranieri Zen	25/1/1253 - 7/7/1268
Lorenzo Tiepolo, f. di Jacopo pred.	15/7/1268 - 15/8/1275
Jacopo Contarini	6/9/1275 - 6/3/1280 abd.
Giovanni Dandolo	25/3/1280 - 2/11/1280
[il popolo el. Giacomo Tiepolo	
che fugge a Treviso nel 1289]	
Pietro Gradenigo el. dal Maggior Consiglio	25/11/1289 - 13/8/1311
Marino Zorzi	23/8/1311 - 3/7/1312
Giovanni Soranzo	12/7/1312 - 31/12/1328
Francesco Dandolo, Cane	
(occup. di Treviso 1339)	4/1/1329 - 31/10/1339
Bartolomeo Gradenigo	7/11/1339 - 28/12/1342
Andrea Dandolo	4/1/1343 - 7/9/1354
Marino Falier 11/9 assume il dogato	15/10/1354 - 17/4/1355 dep.
	e ucc.
Giovanni Gradenigo, Nasone	21/4/1355 - 8/8/1356
Giovanni Dolfin	13/8/1356 - 12/7/1361
Lorenzo Celsi	16/7/1361 - 18/7/1365
Marco Corner	21/7/1365 - 13/1/ 1368
Andrea Contarini	20/1/1368 - 5/6/1382
Michele Morosini	10/6/1382 - 15/10/1382
Antonio Venier	21/10/1382 - 23/11/1400
Michele Steno 1/12 assume il dogato	19/12/1400 - 25/12/1413
Tommaso Mocenigo	7/1/1414 - 4/4/1423
Francesco Foscari, el. 15 apr., assume il dogato	16/4/1423 - 23/10/1457 dep.
	(† 1/11/1457)
Pasquale Malipiero	30/10/1457 - 5/5/1462
Cristoforo Moro	12/5/1462 - 9/11/1471

Nicolò Tron	23/11/1471 - 28/7/1473
Nicolò Marcello	13/8/1473 - 1/12/1474
Pietro Mocenigo, nip. di Tommaso Mocenigo pred.	14/12/1474 - 23/2/1476
Andrea Vendramin	5/3/1476 - 6/5/1478
Giovanni Mocenigo, fr. di Pietro pred.	18/5/1478 - 4/11/1485
Marco Barbarigo	19/11/1485 - 14/8/1486
Agostino Barbarigo	30/8/1486 - 20/9/1501
Leonardo Loredan	2/10/1501 - 22/6/1521
Antonio Grimani	6/7/1521 - 7/5/1523
Andrea Gritti	20/5/1523 - 28/12/1538
Pietro Lando	19/1/1539 - 9/11/1545
Francesco Donà	24/11/1545 - 23/5/1553
Marc'Antonio Trevisan	4/6/1553 - 31/5/1554
Francesco Valier	11/6/1554 - 2/6/1556
Lorenzo Priuli	14/6/1556 - 17/8/1559
Girolamo Priuli	1/9/1559 - 4/11/1567
Pietro Loredan	26/11/1567 - 3/5/1570
Alvise I Mocenigo	11/5/1570 - 4/6/1577
Sebastiano Venier	11/6/1577 - 3/3/1578
Nicolò da Ponte	11/3/1578 - 30/7/1585
Pasquale Cicogna	18/8/1585 - 2/4/1595
Marino Grimani	26/4/1595 - 25/12/1605
Leonardo Donà	10/1/1606 - 16/7/1612
Marc'Antonio Memmo	24/7/1612 - 29/10/1615
Giovanni Bembo	2/12/1615 - 16/3/1618
Nicolò Donà	5 (?)/4/1618 - 9/5/1618
Antonio Priuli	17/5/1618 - 12/8/1623
Francesco Contarini	8/9/1623 - 6/12/1624
Giovanni I Corner	4/1/1625 - 23/12/1629
Nicolò Contarini	18/1/1630 - 2/4/1631
Francesco Erizzo	10/4/1631 - 3/1/1646
Francesco da Molin	20/1/1646 - 27/2/1655
Carlo Contarini	27/3/1655 - 1/5/1656
Francesco Corner	17/5/1656 - 5/6/1656
Bertucci Valier	15/6, cor. 10/7/1656 - 29/3/1658
Giovanni Pesaro	8/4/1658 - 30/9/1659
Domenico Contarini	16/10/1659 - 26/1/1675
Nicolò Sagredo	6/2/1675 - 14/8/1676
Alvise Contarini	26/8/1676 - 15/1/1684
Marc'Antonio Giustinian	26/1/1684 - 23/3/1688
Francesco Morosini	3/4/1688 - 6/1/1694
Silvestro Valier	25/2/1694 - 5/7/1700
Alvise II Mocenigo	16/7/1700 - 6/5/1709
Giovanni II Corner	22/5/1709 - 12/8/1722
Alvise III Mocenigo	24/8/1722 - 21/5/1732

Carlo Ruzzini	2/6/1732 - 5/1/1735
Alvise Pisani	17/1/1735 - 17/6/1741
Pietro Grimani	30/6/1741 - 7/3/1752
Francesco Loredan	18/3/1752 - 20/5/1762
Marco Foscarini	31/5/1762 - 31/3/1763
Alvise IV Mocenigo	19/4/1763 - 31/12/1778
Paolo Renier	14/1, cor. 15/1/1779 - 14/2/1789
Lodovico Manin	9/3, cor. 10/3/1789 - 12/5/1797 abd. († 23/10/1802)

Elenco cronologico dei governatori del Milanese

Periodo spagnolo

Antonio de Leyva princ. d'Ascoli	27/11/1535 - 15/9/1536
Marino Caracciolo card.	15/9/1536 - febb. 1538
Alfonso d'Avalos d'Aquino march. del Vasto	febb. 1538 - 31/3/1546
Álvaro de Luna castellano di Milano	apr. - 1/10/1546
Ferrante Gonzaga (princ. di Molfetta ct. di Guastalla 1539) luogot. dal 21/6	ott. 1546 - mar. 1555
Fernando Alvarez de Toledo du. d'Alba luogot. (el. apr.)	12/6/1555 - 31/12/1556
Cristoforo Madruzzo card. (vesc. e princ. di Trento 1539-67, di Brixen 1542-78) luogot.	31/12/1556 - sett. 1557
Juan de Figueroa int.	7/8/1557 - lug. 1558
Gonzalo Fernández de Cordova du. di Sessa (el. in mar.)	20/7/1558 - 1560
Francisco Fernando d'Avalos march. di Pescara int.	febb. 1560 - mar. 1563
Gonzalo Fernández de Cordova	mar. 1563 - apr. 1564
Gabriel de la Cueva du. d'Albuquerque	16/4/1564 - 20 (?)/8/1571
Alonso Pimentel, coi consiglieri del Consiglio segreto	21/8 - metà sett. 1571
Álvaro de Sande march. di Piovera int.	metà sett. 1571 - apr. 1572
Luis de Zúñiga y Requesens	7/4/1572 - 8 (?)/10/1573
Antonio de Guzmán y Zúñiga march. d'Ayamonte	17/9/1573 - 20/4/1580
Sancho de Guevara y Padilla int.	lug. 1580 - 21/3/1583
Carlos de Aragón du. di Terranova (el. 13/11/1582)	21/3/1583 - 18/11/1592
Juan Fernández de Velasco conn. de Castiglia y León du. de Frias	4/12/1592 - mar. 1595

Pedro de Padilla govern. int.	11/3 - nov. 1595
Juan Fernández de Velasco	nov. (?) 1595 - sett. (?) 1600
Pedro Enriquez de Azevedo	
ct. de Fuentes (el. 19/9)	16/10/1600 - 22/7/1610
governa il Consiglio segreto	22-28/7/1610
Diego de Portugal ct. di Gelves	
int. e capit. gen.	28/7/1610 - 9/12/1610
Juan-Fernández de Velasco	
di nuovo (el. 26/9)	9/12/1610 - rin. 1612
Juan Hurtado de Mendoza	
march. di Hynoiosa (el. 4/5)	30/7/1612 - genn. 1616
Sancho de Luna y Rojas mem.	
del Consiglio gen., int., el.	14/8/1614 - nov. 1614,
	e ott. - nov. 1616
Pedro Alvarez de Toledo Osorio	
march. de Villafranca	
du. de Fernandina y Montalbano	19/1/1616 - ag. 1618
Gómez-Suárez de Figueróa y Cordova	
du. de Feria	22/8/1618 - 20/4/1625
gov. i consiglieri ducali del Consiglio segreto	20/4/1625 - giu. 1626
Gonzalo Fernández de Cordova	
princ. de Maratra el.	31/3/1626 - lug. 1629
Ambrogio Spinola-Doria	
march. de los Balbases (el. 16/7)	29/8/1629 - 25/10/1630 †
Álvaro de Bazán march. de Santa Cruz	3/12/1630 - mar. 1631
Gómez-Suárez de Figueróa du. de Feria	30/3/1631 - mag. 1633
Fernando card. infante di Spagna	
(el. 12/12/1632)	24/5/1633 - lug. 1634
Gil de Albornoz card. di S. Maria in Via	14/7/1634 - ott. 1635
Diego Felipez de Guzmán	
march. di Leganés	17/11/1635 - apr. 1636
Fernando Afan de Rivera du. d'Alcalà	apr. - 2/6/1636
Diego Felipez de Guzmán	12/6/1636 - 1641
Juan Velasco de la Cueva	
ct. de Sirvela (el. 19/12/1640)	12/2/1641 - ag. 1643
Antonio Sancho Dávila-Toledo-Colonna	
march. de Velada (el. 20/6)	29/6/1643 - 1646
Bernardino-Fernández de Velasco y Tovar	
conn. di Castiglia (el. 18/9/1645)	24/2/1646 - 15/11/1647
Íñigo Fernández de Velasco y Tovar	
ct. di Haro, f.	15 (?)/11/1647 - 15 (?)/3/1648
Luis de Benavides de Carrillo y Toledo	
march. di Fromista e Caracena	
(el. 20/9/1647)	25/9/1648 - mar. (?) 1656
Teodoro Trivulzio card.	2/4/1656 - 5/9/1656
Alonso-Pérez de Vivero ct. di Fuensaldaña	5/9/1656 - apr. 1660

Juan de Borja ct. coi consiglieri	
del Consiglio segreto	apr. - mag. 1660
Francesco Caetani du. di Sermoneta e	
di S. Marco princ. di Caserta	13/5/1660 - 1/5/1662
Luis de Guzmán Ponce de León	5/6/1662 - 29/3/1668
Paolo Spinola-Doria march. de los Balbases	14/4/1668 - 10/9/1668
Francisco de Orozco	
march. de Olias, Mortara e San Reale	10/9/1668 - 24/12/1668
governa il Consiglio segreto	1/1/1669 - 1/2/1669
Paolo Spinola-Doria	mar. 1669 - mag. 1670
Gaspar-Tellez Girón Gómez de Sandoval	
du. d'Osuna	21/5/1670 - giu. 1674
Claude-Lamoral princ. di Ligne de Amblice	7/7/1674 - nov. 1678
Juan Thomás Henriques de Cabrera y Toledo	
ct. di Melgar	6/11/1678 - apr. 1686
Antonio López de Ayala	
Velasco y Cárdenas	
ct. de Fuensalida e de Colmonar	8/4/1686 - mag. 1691
Diego Felipez de Guzmán	
du. de Lucar march. de Leganés (el. 1/4)	26/5/1691 - mag. 1698
Charles-Henry de Lorraine princ.	
di Vaudemont	17/5/1698 - 7/9/1706

Periodo austriaco

Maximilian Karl princ. di Löwenstein e	
Werteim ct. di Rochefort	2/1/1717 - 26/12/1718
Girolamo di Colloredo ct.	18/1/1719 - dic. 1725
Wilrich Philipp Laurenz ct. di Daun	
vic. di Napoli	24/12/1725 - 21/10/1733
Otto Ferdinand ct. d'Hebenspergh e Traun	15/12/1736 - 18/3/1742
Georg Christian princ. di Lobkowitz	12-15/9/1743
Gian Luca Pallavicini ct. min. plen.	
e com. gen.	16/6/1745 - 22/9/1745
Gian Luca Pallavicini ct. min. plen.	
e com. gen.	25/8/1746 - 16/9/1747
Ferdinand Bonaventura ct. d'Harrach	17/9/1747 - 18/9/1750
Gian Luca Pallavicini ct. min. plen. e com. gen.	26/9/1750 - 23/9/1753
Beltrame Cristiani ct. min. plen.	11/1754 - 3/7/1758 †
Carlo ct. di Firmian min. plen.	29/7/1758 - 20/6/1782 †
Ferdinando arc. d'Austria,	
fr. di Pietro Leopoldo	15/10/1771 - 9/5/1796
Josef ct. di Wilczek commissario	
imper. e min. plen.	29/7/1782 - 9/5/1796

Elenco cronologico degli arcivescovi di Ravenna

Sergio arciv. di Ravenna ed esarca	757 - 769
al papa	769 - 774
Leone I esarca pont.	774 - 777
Giovanni VIII arciv., esarca pont. e sig.	777 - 784
Grazioso esarca pont.	784 - 795
Giovanni IX arciv.	795 - 806
s. Valerio o Valeriano	806 - 810
Martino I	810 - 817
Petronax	817 - 10/3/834
Giorgio	835 - v. 846
Deusdedit	847 - 850
Giovanni X	850 - sett. o ott. 878
Romano	878 - 888 o 889
Domenico	v. 889 - 898
Giovanni XI Traversari	
arciv. e sig. sotto autorità pont.	898 - 904
Pietro V	904 - 905
Giovanni XII	905 - 910
Teobaldo	910 - 914
Costantino	914 - v. 924
Onesto I (con tit. di du. 920 - 924)	
detto Martino II sig. assoluto ed esarca	920 - 927
Pietro VI sig. assoluto	927 - apr. 961
al papa, dip. dall'imp. di Germania	961 - 998
[Onesto II intruso	971 - 983]
[Giovanni XIII intruso	983 - 998]
Gerberto (papa Silvestro II 998 - 1003)	v. apr. 998 - apr. 999
Leone II arciv.	999 - 1001 c.
Federico arciv. sotto autorità del papa	1001 - † 1003
[Adalberto intruso	1004]
sede vacante – al papa	1004 - 1014
Arnoldo, fr. dell'imp., dip. dal papa	1014 - nov. 1019
Eriberto dip. dal papa	1019 - 1027
Gebardo dip. dal papa	1027 - 15/2/1044
[Witgero intruso	1044]
al papa	1044 - 1046
Umfrido sotto autorità del papa	1046 - 22/8/1051
Giovanni Enrico	
(dip. dalla marca d'Ancona dal 1063)	v. 1051 - v. 1072
Riccardo	1072 - ...
sede vesc. vacante	
gov. dei margravi imper. d'Ancona	1072 - 1119
[Ottone Boccatorta intruso	... - v. 1110]
[Geremia intruso	v. 1110 - ...]

[Filippo intruso	1118 - ...]
Gualtiero dip. dai margravi d'Ancona	ag. 1119 - 13/2/1144
Mosè	1144 - 26/10/1154
Simone	v. 1154 - 1155
Anselmo	18/6/1155 - 12/8/1158
Guido Biandrate	1158 - 9/7/1169
Gerardo dip. dai margravi imper. d'Ancona	1170 - 1190
Guglielmo	1190 - 1194
Marquardo, margravio d'Ancona e du. imper. di Ravenna	1194 - 1198
Guglielmo arciv. dip. dall'autorità del papa	1198 - 1201
Alberto (vesc. d'Imola) dip. dal papa	10/3/1202 - 1207
Egidio Garzoni (vesc. di Modena) dip. dal papa	1207 - 1208
Ubaldo (vesc. di Faenza) dip. dal papa 21/12 1208, sotto l'autorità imper. dal	1209 - abd. 1215
Piccinino arciv. sotto l'autorità imper.	1215 - 1217
Simeone (vesc. di Cervia) succ.	5/3/1217 († 1228)

Elenco cronologico dei viceré di Napoli

Periodo aragonese e spagnolo

Consalvo Fernández de Cordova	12/6/1503 - 11/6/1507
Juana de Aragón viceregina	giu.-nov. 1507
Juan de Aragón ct. de Ribagorza	nov. 1507 - 8/10/1509
Antonio de Guevara ct. di Potenza luogot. di viceré	8-23/10/1509
Ramon Folch de Cardona	24/10/1509 - 10/3/1522†
Francesco Remolines arciv. di Sorrento luogot. di viceré	1511 - 3/5/1512 e 27/5/1512 - 23/2/1513
Bernardo Villamarino ct. di Capaccio luogot. di viceré	5/2/1513 - 13/11/1515
Charles de Lannoy princ. di Sulmona e Ortona	16/7/1522 - 1523
Andrea Carafa ct. di Santa Severina luogot. di viceré	23/10/1523 - 1526
Ludovico Montalto regg.	1526 - sett. 1527
Ugo de Moncada (regg. 1523)	sett. 1527 - 1528
Philibert de Chalons-Orange	1528 - 3/8/1530
Pompeo Colonna card. luogot. di viceré	14/12/1530 - 28/6/1532
Pedro Alvarez de Toledo march. de Villafranca	4/9/1532 - 22/2/1553†
Luis de Toledo luogot. di viceré	22/2 - 3/6/1553
Pedro Pacheco march. de Villena card. (pro-viceré 1552)	3/6/1553 - 23/3/1555

Bernardino de Mendoza luogot. di viceré	23/3/1555 - febb. 1556
Fernando Alvarez de Toledo du. de Alba	febb. 1556 - 5/6/1558
Fadrique de Toledo luogot. di viceré	sett.-dic. 1556 e
	giu.-ott. 1558
Juan Manrique de Lara e card. Bartolomé	
de la Cueva du. d'Albuquerque int.	ott. 1558 - 12/6/1559
Perafán de Ribera du. d'Alcalá	12/6/1559 - 2/4/1571
Antoine Perrenot de Granvelle card.	19/4/1571 - 18/7/1575
Íñigo López Hurtado de Mendoza	
du. de Mondéjar	10/7/1575 - 8/11/1579
Juan de Zúñiga princ. de Pietrapersia	11/11/1579 - 11/11/1582
Pedro Téllez Girón du. d'Osuna	28/11/1582 - nov. 1586
Juan de Zúñiga ct. de Miranda	nov. 1586 - nov. 1595
Enrique de Guzmán ct. d'Olivares	27/11/1595 - 19/7/1599
Fernando Ruiz de Castro ct. de Lemos	lug. 1599 - 19/10/1601
Francisco Domingo de Castro y Portugal luogot.	20/10/1601 - 5/4/1603
Juan Alonso Pimentel de Herrera ct.	
de Benavente	6/4/1603 - 11/7/1610
Pedro Fernando de Castro	giu. 1610 - 8/7/1616
Pedro Téllez Girón du. d'Osuna	21/8/1616 - 4/6/1620
Gaspar de Borja y Velasco du. de Gandía int.	4/6 - 14/12/1620
Antonio Zapata y Cisneros card.	12/12/1620 - 24/12/1622
Antonio Alvarez de Toledo du. de Alba	14/12/1622 - 16/8/1629
Fernando Afán de Ribera du. de Alcalá	
de los Granzueles	17/4/1629 - 13/5/1631
Manuel de Zúñiga y Fonseca ct. de Monterey	17/8/1631 - 12/11/1637
Ramiro Felipe Núñez de Guzmán	
du. de Medina de las Torres	19/11/1637 - 6/3/1644
Juan-Alonso Enriquez	14/5/1644 - 11/2/1646
Rodrigo Ponce de León du. d'Arcos	11/2/1646 - 26/1/1648
Juan de Austria	26/1/1648 - 1/3/1648
Íñigo Vélez de Guevara ct. de Uñate	2/3/1648 - 10/11/1653
García d'Avelaneda y Haro ct. del Castrillo	10/11/1653 - 29/12/1658
Gaspar de Guzmán de Bracamonte	
ct. di Peñaranda	29/12/1658 - 9/9/1664
Pascual de Aragón card.	8/9/1664 - 11/4/1666
Pedro Antonio de Aragón	8/4/1666 - 3/1/1671
Fadrique de Toledo Osorio	
march. di Villafranca int.	2/1/1671 - 14/2/1672
Antonio Alvarez march. de Astorga	14/2/1672 - 9/9/1675
Fernando Joaquín Faxardo march. de los Vélez	9/9/1675 - 9/1/1683
Gaspar de Haro march. del Carpio	16/1/1683 - 16/11/1687 †
Francisco Benavides ct. di Santisteban	31/1/1688 - 5/2/1696
Luis Francisco de la Cerda du. de Medina Cœli	27/3/1696 - 28/2/1702
Juan-Manuel-Fernández Pacheco de Acuña	
du. de Escalona march. de Villena	15/2/1702 - 30/9/1707

Occupazione austriaca

Georg Adam ct. Martinitz	7/7/1707
Wilrich Philipp Laurenz march. di Rivoli	
ct. di Daun	1707 - 1708
Vincenzo Grimani card.	1708 - 1710
Carlo Borromeo ct. d'Arona	1710 - 1713

Periodo austriaco

Wilrich Philipp Laurenz march. di Rivoli	
ct. di Daun	1713 - 1719
Johann Venceslas ct. di Gallas	1719
Wolfgang Hannibal di Schrattenbach	
arciv. di Olmütz	1719 - 1721
Marcantonio Borghese	1721 - 1722
Michail Friedrich d'Althan card.	1722 - 1728
Joaquin Portocarrero card.	1728
Ludwig Thomas Raimund ct. d'Harrach	1728 - 1733
Giulio Visconti	1733 - 1734

Elenco cronologico dei viceré di Sicilia

Periodo aragonese e spagnolo

Antonio Cardona e Domenico Ram	
vesc. de Lerida	1416 - 1419
Fernando Velázquez,	
Martín de Torres e Antonio de Cardona	1419 - 1421
Juan Podio de Nucho, Arnaldo Ruggero	
de Pallas, Niccolò Castagna	1421 - 1422
Fernando Velazquez, de Nucho, de Pallas	1422 - 1423
Niccolò Speciale	1423 - 1424
Pietro princ. d'Aragona	1424 - 1425
Niccolò Speciale	1425 - 1429
Guillem Moncada e Niccolò Speciale	1429 - 1430
Giovanni Ventimiglia ct. di Geraci,	
Niccolò Speciale e Guillem Moncada	1430 - 1432
Pietro Felice e Adamo Asmundo pres.	1432 - 1433
Pietro princ. d'Aragona	1435
Ruggero Paruta	1435 - 1439
Bernardo Requesens	1439 - 1440
Gilberto Centelles e Battista Platamon	1440 - 1441
Ramón Perellos	1441 - 1442
López Ximen de Urrea	1445 - 1459

Juan de Moncayo	1459 - 1462
Guillem Ramon de Moncada	1462 - 1463
Bernardo Requesens	1463 - 1464
López Ximen de Urrea	1464 - 1475
Juan Moncayo int.	1475
Guillem Peralta e Guillem Pujades	1475 - 1477
Juande Cardona ct. de Prades	1477 - 1479
Gaspar de Spes	1479 - 1487
Ramon Santapace e José Centelles	1487 - 1488
Fernando de Acuña	1488 - 1494
Juan de Lanuza	1495 - 1506
Ramon de Cardona	1506 - 1509
Ugo de Moncada	1509 - 1516
Ettore Pignatelli ct. de Monteleón	1517 - 1534
Simone Ventimiglia march. di Geraci int.	1534 - 1535
Ferdinando Gonzaga	1535 - 1546
Ambrogio Santapace march. di Licodia int.	1546 - 1547
Juan de Vega	1547 - 1557
Fernando de Vega int.	1557
Juan de la Cerda du. de Medina Cœli	1557 - 1565
García de Toledo	1565 - 1566
Carlos de Aragón du. de Terranova int.	1566 - 1568
Francisco Fernando de Avalos march. di Pescara	1568 - 1571
Giuseppe Francesco ct. di Landriano	1571 - 1576 (?)
Carlos de Aragón princ. di Castelvetrano	1576 - 1577
Marcantonio Colonna du. di Tagliacozzo	1577 - 1584
Juan Alonso Bisbal ct. di Briatico int.	1584 - 1585
Diego Henriquez de Guzmán ct. de Alba	1585 - 1591
Enrique de Guzmán	1592 - 1595
Giovanni Ventimiglia march. di Geraci	1595 - 1598
Bernardino de Cardines	1598 - 1601
Jorge de Cardines int.	1601 - 1602
Gómez Suárez de Figueróa du. de Feria	1602 - 1606
Giovanni Ventimiglia march. di Geraci int.	1606 - 1607
Juan Fernando Pacheco du. d'Escalona	1607 - 1610
Giovanni Doria card. int.	1610 - 1612
Pedro Girón du. d'Osuna	1612 - 1616
Francisco de Lemos	1616 - 1622
Filiberto di Savoia	1622 - 1624
Giovanni Doria card.	1624 - 1626
Antonio Pimentel march. de Tavora	1626 - 1627
Enrique Pimentel ct. de Villada	1627
Francisco Fernando de la Cueva du. d'Albuquerque	1627 - 1632
Fernando de Ribera du. d'Alcalá	1632 - 1635
Luis de Moncada du. de Montalto int.	1635 - 1639

Francisco de Mello du. de Braganza	1639 - 1641
Alonso-Henriquez de Cabrera ct. di Modica	1641 - 1644
Pedro Faxardo Zúñiga Requesens	
march. de los Vélez	1644 - 1647
Vincenzo de Guzmán march. de Montalegre int.	1647
Teodoro Trivulzio card.	1647 - 1648
Juan de Austria	1648 - 1651
Rodrigo de Mendoza du. d'Infantado	1651 - 1655
Juan Tellez Girón du. d'Osuna	1655 - 1656
Francisco Gisulfo e Pietro Rubeo int.	1656
Martín de Redín	1656 - 1657
Juan Bautista Ortíz de Spinoza int.	1657
Pedro Rubeo int.	1657 - 1660
Fernando ct. d'Ayala	1660 - 1663
Francesco Caetani du. di Sermoneta	1663 - 1667
Francisco Fernández de la Cueva	
du. d'Albuquerque	1667 - 1670
Claude Lamoral princ. di Ligne	1670 - 1674
Francisco Bazán de Benavidez int.	1674
Fadrique de Toledo march. de Villafranca	1674 - 1676
Angel de Guzmán march. de Castel Rodrigo	1676
Francesco Gattinara int.	1676 - 1677
Luis Fernando de Portocarrero card. int.	1677 - 1678
Vincenzo Gonzaga du. di Guastalla	1678
Francisco Benavides ct. de Santisteban	1678 - 1687
Juan Francisco Pacheco du. d'Uzeda	1687 - 1696
Pedro Colón du. de Veragua	1696 - 1701
Juan Emanuel Fernando Pacheco de Acuña	
du. d'Escalona	1701 - 1702
Francesco del Giudice card.	1702 - 1705
Isidro de la Cueva march. de Bedmár	1705 - 1707
Carlo Spinola march. de Los Barbases	1707 - 1713

Periodo sabaudo

Annibale Maffei ct.	1713 - 1718

Periodo austriaco

Niccolò Pignatelli	1719 - 1722
Joaquín Fernando Portocarrero	1722 - 1728
Cristóbal Fernando de Córdoba	1728 - 1734

Periodo napoletano

José Castillo Albornoz	1734

Pedro de Castro Figueróa	1734 - 1737
Bartolomeo Corsini	1737 - 1747
Eustachio du. di Viefuille	1747 - 1754
Giuseppe ct. Griman	1754 - 1755
Marcello Papiniano Cusani arciv.	1755
Giovanni Fogliani d'Aragona	1755 - 1773
Serafino Filangieri arciv.	1773 - 1775
Marcantonio Colonna	1775 - 1781
Domenico Caracciolo	1781 - 1786
Francesco d'Aquino du. di Caramanico	1786 - 1795
Felipe López y Rojo arciv.	1795 - 1798
Tommaso Firrao	1798
Domenico Pignatelli arciv.	1802 - 1803
Alessandro Filangieri	1803 - 1806

Elenco cronologico dei viceré di Sardegna

Periodo aragonese e spagnolo

Hugo de Rosanes govern. e riformatore del Capo di Cagliari e Gallura	1407 - 1408
Marcos de Monbuy govern. e riformatore del Capo di Cagliari e Gallura	1408 - 1409
Pedro Torrellas luogot. gen.	1409 - 1410
Berenguer Carroz de Arborea de Quirra rettore e capit. del Capo di Cagliari e Gallura	1410 - 1413
Luis Ros reggente l'uff. di govern. del Capo di Cagliari e Gallura luogot. di Carroz	1413
Acanto de Muro govern. e riformatore del Capo di Cagliari e Gallura	1413
Berenguer Carroz de Arborea II volta	1413 - 1416
Luis de Pontos govern. e riformatore del Capo di Cagliari e Gallura e viceré	1417 - 1418
Juan de Corbera luogot. di viceré	1418 - 1420
Riambaldo de Corbera govern. gen. e viceré	1420
Gabriel Olivier visitatore reale luogot. di viceré	1421
Bernardo de Centelles govern. gen. e viceré	1421 - 1437
Luis de Aragall govern. di Cagliari e Gallura luogot. di viceré	1422 - 1434
Jaime de Besora procuratore reale viceré interino	1434 - 1437
Francisco de Eril govern. gen. e viceré	1437 - 1448
Luis de Aragall luogot. di viceré II volta	1437 - 1448

Nicolás Antonio de Montes govern. gen. e viceré	1448 - 1450
Galcerán Mercader govern. gen. e viceré	1450
Giofredo de Ortaffa govern. gen. e viceré	1450 - 1453
Jaime Carroz ct. di Quirra govern. gen. e viceré	1453 - 1454
Jaime de Aragall luogot. di viceré	1454
Pedro de Besalù procuratore reale govern. di Cagliari e Gallura e viceré	1455 - 1458
Juan de Flors govern. gen. e viceré	1458 - 1459
Nicolás Carroz de Arborea govern. gen. e viceré	1460 - 1479
Dalmacio Carroz luogot. di viceré	1473 - 1477
Pedro Maza de Lizana luogot. di viceré e poi viceré di Sardegna	1477 - 1479
Ximén Pérez Escrivá de Romani govern. gen. e viceré	1479 - 1483
Guillem de Peralta procuratore reale e viceré	1483 - 1484
Ximén Pérez Escrivá de Romani II volta	1484 - 1487
Pedro Forteza viceré interino	1487
Iñigo López de Mendoza de Tendilla govern. gen. e viceré	1487 - 1491
Alvaro Carrillo viceré interino	1491
Juan Dusay viceré	1491 - 1507
Benito Gualbes luogot. di viceré	1501
Jaime Amat luogot. di viceré	1501
Fernando Giròn de Rebolledo viceré e capit. gen.	1508 - 1514
Angel de Vilanova visitatore del regno e viceré	1515 - 1529
Martín de Cabrera viceré e capit. gen.	1529 - 1532
Jaime de Aragall govern. del Capo di Cagliari luogot. di viceré	1533
Francisco Serra govern. del Capo di Logudoro luogot. di viceré	1533
Antonio Folch de Cardona viceré e capit. gen.	1534 - 1545
Pedro Vaguer vesc. di Alghero pres. del regno reggente della luogotenenza gen.	1545 - 1550
Jerónimo Aragall cavaliere di Santiago pres. del regno reggente della luogotenenza gen.	1545 - 1550
Lorenzo Fernández de Heredia viceré	1550 - 1556
Jerónimo de Aragall di nuovo reggente della luogotenenza gen.	1556
Álvaro de Madrigal viceré e capit. gen.	1556 - 1569
Juan Coloma barone di Elda viceré e capit. gen.	1570 - 1577
Jerónimo de Aragall pres. del regno regg. di luogotenenza gen.	1577 - 1578
Miguel de Moncada viceré	1578 - 1584

Gaspar Vicente Novella arciv. di Cagliari visitatore del regno pres. dello stesso e capit. gen.	1584 - 1586
Miguel de Moncada II volta	1586 - 1590
Gastón de Moncada march. de Aytona viceré e capit. gen.	1590 - 1595
Antonio Coloma ct. di Elda viceré e capit. gen.	1595 - 1597
Alonso Lasso Sedeño arciv. di Cagliari pres. e capit. gen. viceré interino	1597 - 1599
Antonio Coloma II volta	1599 - 1604
Juan Zapata gov. di Cagliari e Gallura luogot. di viceré	1601 - 1602
Diego de Aragall gov. del Capo di Cagliari e Gallura luogot. di viceré	1603
Pedro Sánchez de Calatayud ct. del Real viceré e capit. gen.	1604 - 1610
Jaime de Aragall pres. del regno reggente della luogotenenza gen.	1604 - 1610
Carlos de Borja du. de Gandía viceré e capit. gen.	1610 - 1617
Alfonso de Eril ct. di Eril viceré e capit. gen.	1617 - 1621
Luis de Tena vesc. de Tortosa visitatore del ct. di Eril viceré e capit. gen. interino	1623
Juan Vives de Canyamás barone de Benifayro viceré e capit. gen.	1622 - 1625
Diego de Aragall viceré interino	1625
Pedro Ramón Safortesa pres. del regno e capit. gen. viceré interino	1625 - 1626
Jerónimo Pimentel march. de Bayona viceré e capit. gen.	1626 - 1631
Gaspar Prieto arciv. di Alghero pres. del regno capit. gen. e viceré interino	1631 - 1632
Antonio de Urrea march. de Almonacir viceré e capit. gen.	1632 - 1637
Giovan Andrea Doria Landi princ. di Melfi viceré e capit. gen.	1638 - 1639
Diego de Aragall pres. del regno viceré interino	1637 - 1641
Fabrizio Doria du. di Avellino viceré e capit. gen.	1640 - 1644
Luis Guillem de Moncada Aragón du. de Montalto viceré e capit. gen.	1644 - 1649
Bernardino Matias de Cervelló pres. del regno viceré interino	1649

Gian Giacomo Teodoro Trivulzio princ. di Trivulzio viceré e capit. gen.	1649 - 1651
Duarte Alvarez de Toledo ct. de Oropesa nom. viceré e capit. gen. non adempie l'incarico	1650
Beltrán Vélez de Guevara march. de Capo Real viceré e capit. gen.	1651 - 1652
Pedro Martínez Rubio arciv. di Palermo viceré interino	1652
Francisco Fernandez de Castro Andrade ct. de Lemos viceré e capit. gen.	1653 - 1657
Francisco de Moura y Corte Real march. de Castel Rodrigo viceré e capit. gen.	1657 - 1662
Pedro Vico arciv. di Cagliari, pres. del regno capit. gen. e viceré interino	1662
Nicola Ludovisi princ. di Piombino e Venosa viceré e capit. gen.	1663 - 1664
Bernardino Matías de Cervello pres. del regno capit. gen. e viceré interino	1665
Manuel de los Cobos march. de Camarasa viceré e capit. gen.	1665 - 1668
Francisco de Tutavila du. de San Germán viceré e capit. gen.	1668 - 1672
Fernando Joaquin Fajardo de Zúñiga Requesens y Toledo march. de los Vélez viceré e capit. gen.	1673 - 1675
Melchor Cisternes de Oblites pres. del regno e capit. gen. e viceré interino	1675
Francisco de Benavides de la Cueva Dávila y Corella march. de las Navas viceré e capit. gen.	1675 - 1677
José de Funes y Villalpando march. de Ossera viceré e capit. gen.	1680
Felipe de Egmont ct. d'Egmont viceré e capit. gen.	1680 - 1682
Diego Ventura Fernández de Angulo arciv. di Cagliari pres. del regno viceré interino	1682
Antonio López de Ayala Velasco ct. de Fuensalida viceré e capit. gen.	1682 - 1687
José Delitala Castellvi gov. di Cagliari e Gallura luogot. di viceré	1679 - 1686
Nicola Pignarelli Aragón du. di Monteléon viceré e capit. gen.	1687 - 1690
Carlos Homo Dei Moura Pacheco march. de Castel Rodrigo viceré e capit. gen.	1690
Luis Moscoso Ossorio ct. de Altamira viceré e capit. gen.	1690 - 1696

José de Solís Valderrábano Dávila Pacheco
Girón y Enriquez ct. de Montellano viceré
   e capit. gen.   1697 - 1699
Fernando de Moncada du. de San Juan viceré
   e capit. gen.   1699 - 1703
Francisco Ginés Fernando Ruiz de Castro ct. de
   Lemos viceré e capit. gen.   1703 - 1704
Baltasar de Zúñiga Guzmán march. de Valero
   e de Ayamonte viceré e capit. gen.   1704 - 1706
Pedro Nuño Colón de Portugal y Ayala march.
   de Jamaica viceré e capit. gen.   1707 - 1708
Giovanni Francesco di Castelvì march. di Laconi 1710 solo nom.
Jorge de Heredia ct. de Fuentes viceré e capit.
   gen. solo nom.   1711 - 1713

Occupazione austriaca

Fernando de Silva ct. de Cifuentes march.
   de Alconchel viceré e capit. gen.   1708 - 1710
Andrés Roger de Eril ct. de Eril viceré   1711 - 1713

Periodo austriaco

Pedro Manuel ct. de Atalaya viceré
   e capit. gen.   1713 - 1716
José Antonio de Boxadors march de Ruby
   viceré e capit. gen.   1716 - 1717
Juan Francisco de Bette march. de Leide
   viceré e capit. gen.   1717
Gonzalo Chacón viceré e capit. gen. solo nom.   1718 - 1720

Occupazione spagnola

Vicente Bacallar march. de San Felipe   1717 - 1720

Periodo sabaudo

Filippo Guglielmo Pallavicino barone
   di San Remy   1720 - 1723
Alessandro Doria del Maro ab.   1723 - 1726
Filippo Guglielmo Pallavicino barone
   di San Remy   1726 - 1727
Tomaso Ercole Rovero march. di Cortanze   1727 - 1731
Girolamo Falletti march. di Castagnola
   e di Barolo   1731 - 1735 †
ct. di Brassicarda pres. del regno   1735 †

Paolo Falletti di Barolo arciv. di Cagliari pres. del regno	1735
Carlo Amedeo Battista San Martino march. d'Aglié e di Rivarolo	1735 - 1738
Francesco Luigi d'Allinge ct. d'Aspremont	1738 - 1742
Lodovico barone di Blonay	1742 - 1744
Giuseppe Maria del Carretto march. di Santa Giulia	1744 - 1748
Emanuele dei princ. di Valguarnera	1748 - 1752
Giovan Battista Cacherano ct. di Bricherasio	1752 - 1755
Vittorio Amedeo Costa ct. della Trinità	1755 - 1758
Francesco Tana ct. di Santena	1758 - 1762
Giovan Battista Alfieri di Cortemiglia	1762 †
Carlo Giuseppe Solaro di Govone pres. del regno	1762 - 1763
Francesco Luigi Costa della Trinità	1763 - 1767
Vittorio Lodovico d'Hallot Des-Hayres ct. di Dorzano	1767 - 1771
Antonio Francesco Gaetano Gallean dei Caissotti ct. di Robbione	1771 - 1773
Filippo Ferrero ct. della Marmora	1773 - 1777
Francesco Lascaris dei ct. di Ventimiglia	1777 - 1780
Carlo Francesco Valperga ct. di Masino	1780 - 1783
Angelo Maria Solaro di Moretta	1783 - 1787
Carlo Francesco Thaon ct. di Sant'Andrea	1787 - 1790
Francesco Balbiano	1790 - 1794
Filippo march di Vivalda	1794 - 3/3/1799
Carlo Felice di Savoia du. del Genovese	3/3/1799 - 17/2/1806
Vittorio Emanuele I di Savoia re	1806 - 1815
Carlo Felice di Savoia du. del Genovese	1815 - 1816
Giacomo Pes di Villamarina facente funzioni di viceré	1816 - 1818
Ignazio Thaon-Revel ct. di Pratolungo facente funzioni di viceré	1818 - 1820
Ettore Veuillet march. d'Yenne facente funzioni e dal 19/4/1821 viceré dopo l'assunzione al trono di Carlo Felice	1820 - 1822
Giuseppe Maria Galleani ct. d'Agliano	1822 - 1823
Gennaro Roero ct. di Monticelli	1823 - 1825
Giuseppe Tornielli ct. di Vergano	1825 - 1829
Giuseppe Roberti ct. di Castelvero	1829 - 1831
Giuseppe Maria Montiglio d'Ottiglio e Villanova dal 2/11/1831 al 25/7/1837 e in sua assenza Silvestro Lanzavecchia di Buri fino al 25/11	1831 - 1840
Giacomo ct. de Asarta incaricato	1840 - 1848
Gabriel Delaunay	24/5/1843 - 8/5/1848

Tavole cronologico-sincrone della storia d'Italia (1 d.C.-1998)

era cristiana	Pasqua e rinvio al calend.	imperatori romani	papi
1	27 m.*	*Augusto* C. G. Ces. Ottaviano, nip. del ditt. G. Cesare, imp. dal 29 a.C. - sp. Livia († 29), f.a di L. Druso	
2	16 a.*		
3	8 a.		
4 b**	23 m.	adotta Tiberio suo figliastro	
5	12 a.		
6	4 a.	doma Pannonia e Dalmazia insorte	
7	24 a.	Samaria e Idumea unite all'impero	
8 b	8 a.	assoggetta la Pannonia	
9	31 m.	sconfitta di Q. Varo in Westfalia	
10	20 a.		
11	5 a.		
12 b	27 m.		
13	16 a.	si associa Tiberio, figliastro, nella pot. trib.	
14	8 a.	Augusto † 19/8 a Nola *Tiberio* pred. el. imp. in ag. - sp. nel 2 Giulia f.a di Augusto	
15	24 m.		
16 b	12 a.	batt. di Idistaviso e vitt. del nip. Germanico in Germania - la Cappadocia prov. rom.	
17	4 a.		
18	24 a.	l'Alta Cilicia prov. rom.	
19	9 a.	Germanico † in Antiochia	
20 b	31 m.		
21	20 a.		
22	5 a.		
23	28 m.	† Druso suo f.	
24 b	16 a.		
25	1 a.		
26	21 a.	lascia il gov. a Elio Seiano e si ritira a Capua	
27	13 a.		
28 b	28 m.		
29	17 a.	esilia la mogl. Agrippina († 33)	
30	9 a.		*s. Pietro*, Simone Bar-Jona di Betsaida, princ. degli apostoli
31	25 m.	fa uccidere Elio Seiano, ribelle	
32 b	13 a.		
33	5 a.		
34	28 a.		
35	10 a.		
36 b	1 a.		
37	21 a.	Tiberio † 16/3 *Caligola*, pronip., imp. 16/3	
38	6 a.		
39	29 m.	sped. contro i germani	
40 b	17 a.	sped. in Britannia	
41	9 a.	Caligola è ucc. 24/1 a Roma *Claudio I*, nip. di Tiberio, el. 25/1 - sp. Messalina sor. di Augusto	
42	25 m.	la Mauretania prov. rom.	è imprig. a Gerusalemme

*m.: marzo, a.: aprile. **b: bisestile.

era cristiana	Pasqua e rinvio al calend.	imperatori romani	papi
43	14 a.	la parte meridionale della Britannia e la Licia prov. rom.	si reca a Roma (?)
44 b	5 a.	la Giudea unita alla Siria rom.	
45	25 a.		
46	10 a.	la Numidia e la Tracia prov. rom.	
47	2 a.		
48 b	21 a.	uccisa Messalina, sp. Agrippina f.a di Germanico	
49	6 a.		
50	29 m.	adotta Nerone f. di Agrippina	[I concilio cristiano a Gerusalemme]
51	18 a.		
52 b	2 a.		
53	25 m.		
54	14 a.	Claudio è ucc. 13/10 *Nerone* imp. 13/10	
55	30 m.	ha tit. di «pater patriae»	
56 b	18 a.	† Agrippina	
57	10 a.		
58	26 m.		
59	15 a.		
60 b	6 a.		
61	29 m.		
62	11 a.	sp. Poppea Sabina († 65)	
63	3 a.	il Ponto ridotto a prov. rom.	
64 b	22 a.	incendio di Roma - I persec. dei cristiani	
65	14 a.	congiura di Pisone, Seneca si uccide	
66	30 m.	soll. degli ebrei contro Roma	
67	19 a.	si reca in Grecia	s. Pietro mart. 29/6 *s. Lino*, di Volterra, el. ...
68 b	10 a.	Nerone si ucc. 9/6 a Roma *Galba* imp. 11/6, el. dalle legioni	
69	26 m.	Galba è ucc. 15/1 *Otone* imp. 15/1, el. dai pretoriani - si uccide 16/4 *Vitellio* imp. in genn. è ucc. 20/12 *Vespasiano* el. 1/7, riconosc. 24/12, fa guerra coi batavi - sp. Flavia Domitilla	
70	15 a.	suo f. Tito termina la guerra giudaica distrugge Gerusalemme in sett.	
71	7 a.		
72 b	22 m.		
73	11 a.		
74	3 a.	Acaia, Licia, Rodi unite all'impero	
75	23 a.		
76 b	7 a.		s. Lino mart. 23/9 *s. Anacleto I*, di Roma, consac. ...
77	30 m.		
78	19 a.		
79	4 a.	Vespasiano † 23/6 *Tito*, f., imp. 23/6	
80 b	26 m.		
81	15 a.	Tito † 13/9 *Domiziano*, fr., imp. in dic. - sp. Domizia Longina f.a di Corbulone	
82	31 m.		
83	20 a.	sua sped. in Germania	
84 b	11 a.	ha tit. di «Germanicus»	
85	3 a.	fa guerra contro i daci (85-89)	

era cristiana	Pasqua e rinvio al calend.	imperatori romani	papi
86	16 a.		
87	8 a.		
88 b	30 m.		s. Cleto mart. (90 o 91) 26/4 (?)
			s. Clemente I, di Roma, consac. ...
89	19 a.	fa pace con Decebalo re dei daci	
90	4 a.		
91	27 m.		
92 b	15 a.		
93	31 m.		
94	20 a.		
95	12 a.		
96 b	27 m.	Domiziano ucc. 13/9	
		Nerva imp. 18/9 el. dal senato	
97	16 a.	assoc. con Traiano, da lui adottato 27/10	s. Clemente I mart. 23/11
			Evaristo
98	8 a.	Nerva † 27/1	
		Traiano spagn. solo imp. 27/1	
99	24 m.	ha tit. di «pater patriae» - sp. Domizia Paolina	
100 b	12 a.		
101	4 a.	sua sped. vittoriosa contro i daci	
102	24 a.	ha tit. di «Dacicus»	
103	9 a.		
104 b	31 m.	altra guerra contro i daci	
105	20 a.		s. Evaristo † a Roma 26/10 (?)
106	5 a.	i daci sconfitti	s. Alessandro I, rom., consac. ott. (?)
107	28 m.	la Dacia ridotta a prov. rom.	
108 b	16 a.		
109	8 a.		
110	24 m.		
111	13 a.		
112 b	4 a.		
113	24 a.		
114	9 a.	fa guerra ai parti - l'Armenia prov. rom.	
115	1 a.	Mesopotamia e Assiria prov. rom.	s. Alessandro I mart. 3/5 (?)
			s. Sisto I, rom., consac. ...
116 b	20 a.	occupa il regno dei parti - sollev. degli ebrei	
117	5 a.	Traiano † 11/8 a Selinunte	
		Adriano, cug., f. del sen. E. Afro, el. in ag. sp. Sabina nip. di Traiano	
118	28 m.		
119	17 a.		
120 b	1 a.	visita le prov. dell'impero	
121	21 a.	visita le Gallie	
122	13 a.		
123	29 m.		
124 b	17 a.		
125	9 a.		s. Sisto I mart. 6/4
			s. Telesforo, greco, consac. ...
126	25 m.		
127	14 a.		
128 b	5 a.	ha titolo di «pater patriae»	
129	28 m.		
130	10 a.		
131	2 a.	visita l'Egitto, fonda Antinoe - emana l'«Editto perpetuo»	

era cristiana	Pasqua e rinvio al calend.	imperatori romani	papi
132 b	21 a.	grande sollev. degli ebrei in Palestina	
133	6 a.	doma la sollev. degli ebrei a Bar Cochba	
134	29 m.		
135	18 a.	vince complet. e disperde gli ebrei	
136 b	9 a.	adotta Elio Vero († 138)	s. Telesforo mart. in genn.
			s. Igino, greco, consac. in genn. (?)
137	25 m.		
138	14 a.	Adriano adotta Antonino e † 10/7 a Baia *Antonino Pio*, gen.o, imp. - sp. (138) Annia Galeria Faustina I († 141), f.a di Annio Vero	
139	6 a.		
140 b	25 a.		s. Igino mart. in genn.
			s. Pio I, di Aquileia, consac. in genn. (?)
141	10 a.		
142	2 a.		
143	22 a.		
144 b	6 a.		
145	29 m.		
146	18 a.		
147	3 a.		
148 b	25 m.		
149	14 a.		
150	30 m.		
151	19 a.		
152 b	10 a.		
153	26 m.		
154	15 a.		
155	7 a.		s. Pio I mart. 11/7
			s. Aniceto, di Siria, consac. ...
156 b	29 m.		
157	11 a.		
158	3 a.		
159	23 a.		
160 b	14 a.		
161	30 m.	Antonino † 7/3 in Etruria *Marco Aurelio*, f. di Annio Vero, imp. 7/3 - sp. (v. 140) Annia Faustina II († 175), f.a di Antonino Pio *Lucio Vero*, fr. adott., imp. in mar., assoc. - sp. Lucilla...	
162	19 a.	guerra contro i parti	
163	11 a.	tit. di «Armeniacus» ai due imp.	
164 b	26 m.		
165	15 a.	vittoria sui parti in Siria	
166	7 a.	tit. di «Particus Maximus» ai due imp.	s. Aniceto mart. 17/4
167	23 m.	vittoria sui marcomanni - tit. di «pater patriae» ai due imp.	s. Sotero, della Campania, consac. ...
168 b	11 a.		
169	3 a.	Lucio Vero † ad Attino 1/1 *Marco Aurelio* solo imp. dal 1/1	
170	23 a.		
171	8 a.		
172 b	30 m.	M. Aurelio ha tit. di «Germanicus»	
173	19 a.		
174	4 a.	vince i marcomanni e i quadi	
175	27 m.	ha tit. di «Sarmaticus»	s. Sotero mart. 27/4

era cristiana	Pasqua e rinvio al calend.	imperatori romani	papi
		[*Avidio Cassio* us. in Siria e in Egitto, ucc.]	*s. Eleuterio*, di Nicopoli, consac. ...
176 *b*	15 a.		
177	31 m.		
178	20 a.	si reca in Pannonia	
179	12 a.		
180 *b*	3 a.	M. Aurelio † a Vindobona 17/3 *Commodo*, f., imp. 17/3 - sp. Bruzzia Crispina	
181	16 a.		
182	8 a.	ha tit. di «Pius»	
183	31 m.		
184 *b*	19 a.	ha tit. di «Britannicus» - fa uccidere la mogl. Crispina	
185	4 a.	ha tit. di «Felix»	
186	27 m.		
187	16 a.		
188 *b*	31 m.		
189	20 a.		*s. Eleuterio*, mart. 26/5
190	12 a.		*s. Vittore I*, afr., consac. ...
191	28 m.		
192 *b*	16 a.	Commodo è ucc. 31/12	
193	8 a.	*Pertinace* imp. 1/1, ucc. 28/3 *Didio Giuliano* imp. 30/3 (?), ucc. 1/6 *Settim. Severo* imp. in Pannonia - sp. Giulia Domna († 217), f.a di Bassiano [Pescennio Negro us. in Siria e Albino us. in Britannia]	
194	24 m.	ha tit. di «pater patriae» - fa guerra a Pescennio e l'ucc.	
195	13 a.	ha tit. di «Pius, Arabus, Adiabenus»	
196 *b*	4 a.	presa di Bisanzio	concilio in Roma sulla celebrazione della Pasqua
197	24 a.	Albino vinto e ucc. a Lugduno 19/2	scomunica i «quartodecimani»
198	9 a.	fa guerra ai parti - si associa il f. Bassiano (Caracalla)	
199	1 a.	ha tit. di «Particus Maximus»	*s. Vittore I*, mart. fra apr. e lug.
200 *b*	20 a.		*s. Zeferino*, rom., consac. ...
201	5 a.		
202	28 m.	persec. contro i cristiani	
203	17 a.		
204 *b*	8 a.		
205	24 m.		
206	13 a.		
207	5 a.		
208 *b*	24 a.	*Settimio Severo* in Britannia coi f. Caracalla e Geta	
209	9 a.		
210	1 a.		
211	14 a.[19]	Severo † 4/2 a Eboraco *Caracalla*, f. el. imp. - sp. Plautilla *Geta Settimio*, fr., imp. in febb., assoc.	
212 *b*	5 a.	Geta è ucc. 27/2 (?) *Caracalla* solo imp.	
213	28 m.	ha tit. di «Germanicus Felix»	
214	17 a.		

era cristiana	Pasqua e rinvio al calend.	imperatori romani	papi
215	2 a.	si reca ad Alessandria	
216 b	21 a.[20]	sua sped. contro i parti	
217	13 a.	Caracalla ucc. 8/4	s. Zeferino, mart. in ag.
		Macrino, pref. del pretorio, imp. 8/4	s. Callisto, della gente Domiziana,
218	29 m.	Macrino è ucc. 8/6	rom., consac. ...
		Elagabalo, imp. 8/6 - sp. Annia Faustina	
219	18 a.		
220 b	9 a.		
221	25 m.		
222	14 a.	Elagabalo è ucc. 11/3 dai pretoriani	s. Callisto I mart. in ott.
		Severo Alessandro, cug., f. di Giulia Mammea, imp. 11/3, regg. la madre e l'avola Maja	[Ippolito ant. dal 217 al 235] s. Urbano I, di Roma, consac. ...
223	6 a.		
224 b	28 m.		
225	10 a.		
226	2 a.		
227	22 a.	assoggetta il regno dei parti	
228 b	6 a.[21]		
229	29 m.		
230	18 a.		s. Urbano I mart. 25/5
			s. Ponziano, di Roma, el. 21/7
231	3 a.[22]		concilio Alessandrino e concilio Iconiense
232 b	25 m.	sua infelice sped. contro i persiani 232-234	
233	14 a.		
234	6 a.	compra la pace dai germani insorti	concilio Alessandrino
235	19 a.[23]	Severo è ucc. 19/3 a Magonza	s. Ponziano mart. 28/9 (?)
		Massimino I imp. 19/3 - sp. Paolina	
236 b	10 a.	ha tit. di «Germanicus Maximus»	s. Antero, di Grecia, el. 21/11
237	2 a.	ha tit. di «Sarmaticus» e di «Dacicus»	s. Antero mart. 3/1 (?)
238	22 a.	Gordiano I imp. 15/2, si ucc. 7/3	s. Fabiano, di Roma, consac. in genn.
		Gordiano II imp. 15/2, ucc. in mar.	(?)
		Balbino e Massimo Pupieno imp. el. in mar., ucc. in lug.	concilio contro l'eretico Privato
		Gordiano III f. di Gordiano II, imp. in mar. - sp. Tranquillina...	
		Massimino I ucc. ad Aquileia 1/5	
239	7 a.	Gordiano III solo imp.	
240 b	29 m.		
241	18 a.	i franchi vinti in Gallia	
242	3 a.		concilio di Filadelfia (Palestina) contro Berillo
243	26 m.		
244 b	14 a.	Gordiano ucc. da Filippo I (febb.)	
		Filippo I l'Arabo imp. in febb. - sp. Otacilia	
245	30 m.		concilio Efesino contro Noet
246	19 a.	Filippo I e suo f. Filippo II, assoc.	
247	11 a.		
248 b	26 m.	tit. di «Germanicus» e di «Carpicus» a Filippo I	
249	15 a.	Filippo I ucc. a Verona contro Decio fra 1/9 e 16/10	
		Filippo II ucc. a Roma in autunno	
		Decio imp. in sett. - sp. Etruscilla	
250	7 a.	marcia contro i goti in Tracia	s. Fabiano † 20/1

era cristiana	Pasqua e rinvio al calend.	imperatori romani	papi
251	23 m.[24]	Decio ucc. in Tracia dai goti (ott.) *Treboniano Gallo* imp. in ott. *Ostiliano*, f. di Decio, coll. di Gallo († 252) *Volusiano*, f. di Gallo, imp. in nov., co-regg.	*s. Cornelio*, di Roma, consac. ... concilio d'Acaia contro i «Valesiani» [Novaziano ant. dal 251 al 268] concilio Cartaginense I - concilio Rom. in ott.
252 *b*	11 a.[25]		concilio Antiochiense contro Novazione - concilio Cartaginense II
253	3 a.	Volusiano † 4/9 *Emiliano* e *Valeriano* imp. in mag. Gallo ucc. in mag. Emiliano ucc. a Spoleto fra ag. e ott. *Valeriano*, col f. *Gallieno*, el. in giu., assoc.	s. Cornelio mart. 14/9 *s. Lucio*, di Roma, consac. ... concilio Cartaginense III concilio Cartaginense IV
254	23 a.[26]		*s. Lucio* mart. 5/3 *s. Stefano I*, consac. 12/5
255	8 a.		concilio Rom. e Cartaginense V
256 *b*	30 m.	tit. di «Germanicus Maximus» a Valeriano gli alamanni devastano l'Italia superiore	
257	19 a.		*s. Stefano I* mart. 2/8 *s. Sisto II* di Atene, consac. 30/8 concilio romano
258	11 a.	[Ingenuo us. in Pannonia vinto a Edessa]	concilio contro l'eretico Noet *s. Sisto II* mart. 6/8
259	27 m.	Valeriano imprig. a Edessa da Sapore re persiano, † in prigione	*s. Dionigi I*, di Turio (M. Gr.), el. 22/7
260 *b*	15 a.	*Gallieno* solo imp. [Postumo us. in Gallia 258-270]	
261	7 a.	[Macriano I us. in Asia e in Egitto 260-261 e Macriano II, f., co-regg.] [Gaio Quieto co-regg.] [Valente I us. in Acaia] [Calpurnio Pisone us. in Tessaglia]	
262	23 m.	[Emiliano II us. in Egitto 262-265]	
263	12 a.		
264 *b*	3 a.	*Gallieno* e *Odenato* (re di Palmira) suo luogot., assoc. in or.	concilio Antiocheno I
265	23 a.	[Regaliano us. in Pannonia] [Trebelliano us. in Cilicia] [Vittorino co-regg. di Postumo 265-267]	
266	8 a.	[Eliano us. in Gallia 266-267]	
267	31 m.	Odenato ucc. a Eraclea (?)	
268 *b*	19 a.	Gallieno ucc. 20 (?)/3 a Milano [Mario us. in Gallia 267] [Aureolo us. in Illiria 267-268] [Tetrico us. in Gallia 268-274] *Claudio II*, dalmata, imp. in mar.	s. Dionigi I mart. 26/12 (?)
269	4 a.	respinge gli alamanni scesi in Italia e vince i goti (batt. di Naisso), ha tit. di «Gotico» Claudio † a Sirmio in apr.	concilio Antiocheno II *s. Felice I*, rom., el. 5/1
270	27 m.	*Quintilio*, fr., imp. in mag., si ucc. in giu. (?) *Aureliano*, el. dalle legioni in Pannonia, in ag., solo imp. gli alamanni in Italia respinti	
271	16 a.	ha tit. di «Germanicus Maximus Goticus»	

era cristiana	Pasqua e rinvio al calend.	imperatori romani	papi
272 *b*	31 m.	ha tit. di «Particus»	
273	20 a.[27]	[Fermo I Marco, di Seleucia, us. in Egitto, ucc.]	
274	12 a.		s. Felice I mart. 30/12
275	28 m.	Aureliano ucc. in mar. in Bitinia contro i persiani	s. Eutichiano, di Luni, el. 4/1
		Tacito, sen., el. imp. in sett.	
276 *b*	16 a.	Tacito † 12/4	
		Floriano, fr., imp. in apr., ucc. 15/7 a Tarso	
		Probo M. Aurelio imp. in apr.	
277	8 a.		
278	31 m.		
279	13 a.	[Saturnino us. in Egitto e in Sicilia ucc. ad Apamea]	
280 *b*	4 a.	vince Procolo us. in Gallia	
281	27 m.	vince Bonoso us. in Colonia	
282	16 a.	Probo è ucc., in ag., a Sirmio	
		Caro, pref. del pretorio, imp. in ag. o sett.	
283	1 a.	Caro † 25/12	s. Eutichiano mart. 7/12
		Carino suo f., imp. per le Gallie in dic.	s. Caio, di Salona, nip. di Diocleziano,
		Numeriano, altro f., imp. in or.	consac. 17/12 (?)
284 *b*	20 a.	Numeriano è ucc. 12/9	
		Carino imp. - [Giuliano us. in Pannonia vinto da Carino]	
		Diocleziano imp. 17/9 sp. Prisca...	
285	12 a.	Carino ucc. da Diocleziano a Calcedonia in mag.	
		Diocleziano solo, ha tit. di «Britannicus Maximus» e di «Germanicus Maximus»	
286	28 m.	*Diocleziano* in or.	
		Massimiano di Pannonia, assoc. in occ.	
287	17 a.	[Carausio us. in Bretagna 287-293]	
288 *b*	8 a.	tit. di «Persicus Maximus» e «Germanicus Maximus» ai due imp.	
289	24 m.		
290	13 a.		
291	5 a.	tit. di «Sarmaticus II» e «Sarmaticus III» ai due imp.	
292 *b*	24 a.	[Giuliano us. scacciato dall'Italia]	
293	9 a.	[*Galerio* gen.o di Diocleziano e *Costanzo I* Cloro nom. Cesari 1/3]	
		[Alletto us. in Bretagna 293-96]	
294	1 a.	[*Costanzo I* ha tit. di «Germanicus Max.»]	
295	21 a.	[Costanzo I ha tit. di «Carpicus Max.»]	
296 *b*	5 a.	*Massimiano* in occ. e *Diocleziano* in or. imp.	s. Caio mart. 22/4
		[Galerio sconfitto dai persiani]	s. Marcellino, di Roma, consac. 30/6
		[Costanzo I sottomette la Britannia]	
297	28 m.	[Galerio vince i persiani]	
298	17 a.		
299	2 a.	[Costanzo I ha tit. di «Sarmaticus Maximus II»]	
300 *b*	24 a.[28]		concilio Eliberitano
301	13 a.		concilio Alessandrino
302	5 a.		
303	18 a.	*Diocleziano* in or. decreta la persec. dei cristiani 23/2	

era cristiana	Pasqua e rinvio al calend.	imperatori romani	papi
304 *b*	9 a.		s. Marcellino mart. 25/10
			sede vacante dal 26/10
305	1 a.	Diocleziano abd. 1/5 († 313)	sede vacante
		Massimiano abd. a Milano 1/5	
		Costanzo I Cloro imp. coll. in occ. 1/5	
		Galerio da Diocleziano nom. Augusto in or.	
306	14 a.[29]	Costanzo I † 25/7 a Eboraco	
		Galerio imp.	
		[*Massenzio*, f. di Massimiano, accl. Augusto 28/10]	
		Massimiano come Cesare di Massenzio 20/10	
		Severo II, illiro, nom. Cesare da Galerio (305) poi Aug. col gov. d'Italia e d'Africa 25/7	
		Costantino I, f. di Costanzo Cloro e di s. Elena, imp. in Gallia - sp. Fausta, f.a di Massimiano	
307	6 a.	*Galerio* e *Massenzio* accl. Augusti 28/10	
		Severo II dep. e ucc. a Ravenna in apr.	
		Licinio, della Dacia, cogn. di Costanzo I, nom. Augusto 11/11	
308 *b*	28 m.	*Licinio, Costantino I* e *Massenzio* in occ.	*s. Marcello I*, di Roma, consac. 27/5
		Massimiano imprig. da Costantino I	
		[Alessandro us. in Africa 308-12]	
		Costantino I e *Licinio - Massenzio* fa guerra a Massimiano che † febb. 310	
309	17 a.	*Galerio* e *Massimino II*, Daza, imp. d'or. (genn.)	*s. Marcello I* mart. 16/1
			s. Eusebio, di Cassano (Calabria), el. 5/2
			s. Eusebio † 26/9
310	2 a.	*Costantino I* ha tit. di «Germanicus Maximus»	
311	22 a.[30]	Galerio † 30/4 a Nicomedia	*s. Melchiade*, afr., consac. 2/7
		Massimino II e *Licinio* in or.	
		Costantino I e *Massenzio* in occ.	
		[Alessandro us. ucc. da Massenzio 27/10]	

era cristiana	indizione	Pasqua	e rinvio al calend.	imperatori romani	papi
312 b	1	13	a.	Massenzio † 28/10	concilio Cartaginese
				Costantino I, Licinio e *Massimino II* in or.	
313	1	29	m.	*Licinio* fa guerra a Massimino II che si	concilio Romano sui «Donatisti»
				ucc. a Tarso 30/4	
				Costantino I e *Licinio*, soli, cessa la persec.	
				dei cristiani	
314	2	18	a.	tit. di «Sarmaticus» a Costantino I	s. Melchiade † 11/1
				fa guerra a Licinio e lo vince	*s. Silvestro I*, di Roma, consac. 31/1
					concilio Arelatense contro i «Donatisti»
					1/8
315	3	10	a.	ha tit. di «Gallicus»	
316 b	4	25	m.		
317	5	14	a.	[Liciniano, f. di Licinio, creato Cesare	
				1/3]	
318	6	6	a.		
319	7	22	m.[31]		
320 b	8	10	a.		
321	9	2	a.		concilio Alessandrino I e II
322	10	22	a.[32]	*Costantino I* fa guerra contro Licinio che	
				è dep.	
323	11	7	a.	vince Licinio ad Adrianopoli 3/7 e a	
				Calcedonia 18/9	
324 b	12	29	m.	Licinio dep. a Tessalonica	concilio Alessandrino tenuto da Osio
					condanna gli «Ariani»
325	13	18	a.	fa ucc. Liciniano	manda legati al concilio di Nicea con-
					tro Ario, 19/6 a 25/8
326	14	3	a.[33]		
327	15	26	m.		
328 b	1	14	a.		
329	2	6	a.		
330	3	19	a.	fonda Bisanzio e la consacra 11/5	concilio Alessandrino 27/12
331	4	11	a.	vi trasferisce la cap. dell'impero	
332 b	5	2	a.	sua sped. fortunata contro i goti	
333	6	22	a.[34]		
334	7	7	a.		
335	8	30	m.		concilio Tiriense in ag. e sett.
					s. Silvestro I † 31/12
336 b	9	18	a.		*s. Marco*, di Roma, el. 18/1, † 7/10
337	10	3	a.	Costantino I † a Nicomedia 22/5	*s. Giulio I*, di Roma, consac. 6/2
				Costantino II (Gallia, Spagna, Britannia),	
				Costante I (Illirico, Italia e Africa),	
				Costanzo II (Asia ed Egitto), f. e succ. di	
				Costantino I, el. imp. 9/9	
338	11	26	m.	Costanzo II ha tit. di «Adiabenicus» ad	
				Aquileia (apr.)	
339	12	14	a.		
340 b	13	30	m.	Costantino II ucc. contro *Costante I*	
				Costante I e *Costanzo II* soli imp.	
341	14	19	a.		
342	15	11	a.		concilio Romano in giu.
343	1	27	m.[35]		
344 b	2	15	a.		
345	3	7	a.		
346	4	23	m.[36]		concilio Milanese
347	5	12	a.		concilio di Sardica (Illiria) in mag.
348 b	6	3	a.		
349	7	23	a.[37]		concilio Romano contro Fetino in genn.
350	8	8	a.[38]	*Costante I* ucc. 18/1	
				Costante II imp.	

era cristiana	indizione	Pasqua e rinvio al calend.	imperatori romani	papi
			[Magnenzio us. in Gallia 18/1] [Vetranione us. in Pannonia da mar. a 24/12] [Nepoziano us. in Roma 3/6, † 1/7]	
351	9	31 m.	vince Magnenzio 28/9	concilio Sirmiense
352 b	10	19 a.		s. Giulio † 12/4
				s. *Liberio*, della gente Savella di Roma, el. 17/5, concilio di Roma per s. Atanasio
353	11	11 a.[39]	[Magnenzio si ucc. 11/8] *Costanzo II* solo imp.	concilio d'Arles
354	12	27 m.		
355	13	16 a.	[Silvano us. in Gallia] Giuliano, cug. di Costanzo II, nom. Cesare in Gallia	concilio a Milano sugli «Ariani» s. Liberio esiliato dal partito ariano a Berea (Tracia) [Felice II ant. durante l'esilio di s. Liberio]
356 b	14	7 a.	vitt. di Giuliano sugli alamanni	
357	15	23 m.[40]		
358	1	12 a.		Felice rin. 29/7 († 365) s. *Liberio* è richiamato
359	2	4 a.[41]		
360 b	3	23 a.[42]	*Costanzo II* imp.	
361	4	8 a.	*Giuliano I* l'Apostata accl. imp. Costanzo II † 3/11	
362	5	31 m.	*Giuliano I* l'Apostata confermato imp. entra in Costantinopoli	
363	6	20 a.[43]	Giuliano fa guerra contro la Persia e † 26/6 *Gioviano*, el. imp. 27/6	
364 b	7	4 a.	Gioviano † 17/2 a Dadastana *Valentiniano I*, f. del pref. Graziano, imp. d'occ. in febb., el. a Nicea *Valente*, fr., imp. dal lug. in or., assoc.	
365	8	27 m.	[Procopio us. in or. 365-366]	
366	9	16 a.		s. Liberio † 24/9 s. *Damaso*, della penisola Iberica, consac. 1/10 [Ursino ant. dal sett. 366 al 16/11/367]
367	10	1 a.	*Graziano* f. di Valentiniano I nom. Augusto 24/4	
368 b	11	20 a.[44]	*Valentiniano I* imp. sp. Giustina († 368) ved. di Magnenzio	
369	12	12 a.		
370	13	28 m.		
371	14	17 a.		
372 b	15	8 a.	Fermo II us. in Africa	
373	1	31 m.[45]		
374	2	13 a.		
375	3	5 a.	Valentiniano I † a Bregilio 17/11 *Valente*, in or., permette ai visigoti di stabilirsi in Mesia *Graziano*, pred., e suo fr. *Valentiniano* II, imp. in occ. (regg. la madre Giustina), assoc. 22/11 - *Graziano* sp. (374) Massima Costanza, f.a di Costanzo II	
376 b	4	27 m.		
377	5	16 a.		
378	6	1 a.	Valente ucc. dai visigoti (batt. d'Adrianopoli) 19/8	
379	7	21 a.	*Graziano* e *Valentiniano* II in occ.	

era cristiana	indizione	Pasqua e rinvio al calend.	imperatori romani	papi
			Teodosio I il Grande, gen.o di *Valentiniano I*, nom. Augusto per l'or. 19/1 - sp. Flacilla († sett. 385), f.a del cons. Antonio	
380 *b*	8	12 a.[46]		
381	9	28 m.		I concilio di Costantinopoli da mag. a 30/7
382	10	17 a.		
383	11	9 a.	Graziano ucc. a Lione 25/8 dal gen.o di Massimo II, us. in Gallia *Valentiniano II* in occ., minacciato da Massimo II si rifugia presso *Teodosio I* in or.	
384 *b*	12	24 m.	[Vittore, f. di Massimo II, Augusto, us. in Gallia]	s. Damaso † 11/12 *s. Siricio*, di Roma, consac. da 15 a 29/12
385	13	13 a.	[Massimo II si procl. imp. in Gallia]	
386	14	5 a.		concilio Romano sul celibato dei preti
387	15	25 a.[47]	*Valentiniano II* imp. in occ. *Teodosio I* in or. - sp. Galla († 394) sor. di Valentiniano II	
388 *b*	1	9 a.	[Massimo II ucc. da *Teodosio I* in ag. ad Aquileia] *Valentiniano II* rimesso sul trono da Teodosio I	
389	2	1 a.		
390	3	21 a.		concilio Romano e Milanese contro l'eretico Gioviniano
391	4	6 a.		
392 *b*	5	28 m.	Valentiniano II ucc. 15/5 *Teodosio I* in or., solo [Eugenio retore us. in Gallia]	
393	6	17 a.		
394	7	2 a.	fa guerra a Eugenio che è ucc. 6/9	
395	8	25 m.	Teodosio I, diviso l'impero in or. e occ. tra i f., † 17/1 *Arcadio*, f., in or., imp. 17/1, tut. Rufino *Onorio*, fr., imp. in occ., regg. Stilicone, 17/1	
396 *b*	9	13 a.		
397	10	5 a.[48]		
398	11	18 a.	Arcadio, imp. in or.	s. Siricio † 26/11
399	12	10 a.	Onorio, imp. d'occ., sp. Maria († 404), f.a di Stilicone	*s. Anastasio*, dei Massimi, el. 27/11
400 *b*	13	1 a.		
401	14	14 a.[49]		s. Anastasio † 19/12 *s. Innocenzo I*, di Albano, consac. 22/12
402	15	6 a.[50]	[Alarico, re visigoto, invade l'Italia superiore] Onorio trasf. a Ravenna la sede dell'impero - Stilicone vince Alarico a Pollenzo 6/4 Arcadio imp. in or.	
403	1	29 m.		
404 *b*	2	17 a.[51]	Onorio e Stilicone entrano in Roma trionfatori	
405	3	2 a.	invasione di svevi, alani, vandali, condotti da Radagasio sconfitto a Fiesole e ucc. da Stilicone	
406	4	22 a.[52]		
407	5	14 a.	[Costantino III us. in Gallia 407/411]	
408 *b*	6	29 m.	Arcadio † 1/5 Onorio in occ. - [Alarico, visigoto, invade ancora l'Italia - Stilicone † 23/8]	a Roma

era cristiana	indizione	Pasqua e rinvio al calend.	imperatori romani e re	papi
			Teodosio II, f. di Arcadio, in or., 1/5, tut. (408-414) Antemio	
409	7	18 a.	[Attalo Prisco us. a Roma, 409/410]	a Ravenna
410	8	10 a.	[Alarico saccheggia Roma 24/8, † a Cosenza in autunno] [Massimo III us. in Spagna 410-411 († 422)]	a Ravenna
411	9	26 m.	[Giovino, col fr. Sebastiano, us. in Gallia]	a Ravenna
412 b	10	14 a.		a Ravenna
413	11	6 a.		a Ravenna
414	12	22 m.[53]	Teodosio II, in or., Pulcheria sua sor. tut. Onorio in occ.	a Ravenna
415	13	11 a.		a Ravenna
416 b	14	2 a.		a Ravenna
417	15	22 a.[54]		s. Innocenzo I † 12/3 a Roma *s. Zosimo*, di Mesuraca, consac. 18/3
418	1	7 a.		s. Zosimo † 26/12 *s. Bonifacio I*, rom., el. 28/12, consac. 29/12 a Roma [Eulalio ant. el. 27/12 consac. 29/12] [Eulalio dep. 3/4, † 423]
419	2	30 m.		a Ravenna per il sinodo febb.-mar.
420 b	3	18 a.		a Roma
421	4	3 a.[55]	*Costanzo III*, imp. 8/2, coll. di *Onorio*, † 22/9 a Ravenna - sp. (417) Galla Placidia († 27/11/450), f.a di Teodosio I Onorio in occ. Teodosio II sp. Atenaide († 460), f.a del filosofo Leonzio	a Roma
422	5	26 m.		a Roma – s. Bonifacio I † 4/9 a Roma *s. Celestino I*, consac. 10/9 (?)
423	6	15 a.	Onorio † 27/8 [Giovanni segretario d'Onorio us. in occ. dal 27/8] *Teodosio II* imp. d'or. e d'occ.	
424 b	7	6 a.[56]		
425	8	19 a.[57]	[Giovanni pred. ucc. in apr. a Ravenna] *Teodosio II* imp. d'or. *Valentiniano III*, f. di Costanzo III, imp. d'occ., 23/10 regg. la madre Galla Placidia	
426	9	11 a.		
427	10	3 a.		
428 b	11	23 a.		a Roma in ag. (sinodo)
429	12	7 a.		concilio di Efeso contro l'eresia di Nestorio
430	13	30 m.		
431	14	19 a.		s. Celestino I † 27/7 *s. Sisto III*, rom., consac. 31/7
432 b	15	3 a.		
433	1	26 m.		
434	2	15 a.	Galla Placidia nomina patrizio il gen. Ezio	
435	3	31 m.		
436 b	4	19 a.		
437	5	11 a.	sp. Licinia Eudossia, f.a di Teodosio II	
438	6	27 m.	Teodosio II in or., promulga il «Codice» *Valentiniano III* in occ. - Genserico occupa Cartagine	
439	7	16 a.		s. Sisto III † 19/8
440 b	8	7 a.		*s. Leone I*, il Grande, toscano, el. in ag.,

era cristiana	indizione	Pasqua e rinvio al calend.	imperatori romani e re	papi
				consac. 29/9 a Roma
441	9	23 m.[58]	[Attila, re unno, invade la Mesia]	
442	10	12 a.	Valentiniano III esce di minorità e gov. Ravenna sotto dipendenza del gen. Ezio Teodosio II in or.	
443	11	4 a.		
444 b	12	23 a.		a Roma (concilio)
445	13	8 a.		
446	14	31 m.	Valentiniano III compra la pace da Attila Teodosio II in or.	a Roma (sinodo in sett.)
447	15	20 a.		
448 b	1	11 a.		a Roma (sinodo in ott.)
449	2	27 m.		a Roma (sinodo 22/2)
450	3	16 a.	Teodosio II, † 28/7, la sor. *Pulcheria* succ. in or. *Marciano*, marito di Pulcheria, in or. ad ag. Valentiniano III in occ.	
451	4	8 a.		convoca il IV concilio ecumenico a Calcedonia - condanna di Eutiche fa retrocedere Attila a Peschiera in
452 b	5	23 m.	[Attila invade l'Italia, distrugge Aquileia, Altino, Concordia e Padova]	estate
453	6	12 a.	[Attila †]	
454	7	4 a.	Valentiniano III ucc. il gen. Ezio in dic.	
455	8	24 a.[59]	Valentiniano III ucc. 16/3 a Roma *Marciano* imp. in or. *Petronio Massimo*, procl. Aug. 27/3 in occ. [sp. Eudossia ved. di Valentiniano III], è ucc. 12/6 [Genserico coi vandali in Italia, saccheggia Roma (giu.)] *Avito*, imp. d'occ. 10/7, ad Arles	
456 b	9	8 a.	Avito detr. 6/10 a Piacenza Marciano in or. [i vandali vinti da Ricimero]	
457	10	31 m.	Marciano ucc. 7/2 *Leone I* imp. d'or. dal 7/2 *Maioriano* imp. d'occ. dall'1/4, gen. Asparto gov.	a Roma (sinodo)
458	11	20 a.	Ricimero sconfigge i vandali in Campania	
459	12	5 a.		
460 b	13	27 m.		s. Leone I † 10/11 a Roma
461	14	16 a.	Maioriano dep. e fatto ucc. 2/8 da Ricimero Leone I in or. fatto el. da Asparto *Libio Severo III* in occ. 19/11, fatto accl. patrizio da Ricimero	s. *Ilario*, di Cagliari, consac. 19/11
462	15	1 a.		a Roma (concilio in nov.)
463	1	21 a.[60]		
464 b	2	12 a.		a Roma (sinodo)
465	3	28 m.	Libio Severo III ucc. da Ricimero 15/8 Leone I in or.	
466	4	17 a.	impero vacante in occ. per 20 mesi	
467	5	9 a.	Leone I in or. *Antemio* imp. d'occ. 12/4 per volontà di Ricimero	s. Ilario † 29/2
468 b	6	31 m.	sua sped. contro i vandali fallita	s. *Simplicio*, di Tivoli, consac. 3/3

era cristiana	indizione	Pasqua e rinvio al calend.	imperatori romani e re eruli in Italia	papi
469	7	13 a.		
470	8	5 a.		
471	9	28 m.	il gen. Asparto fatto ucc. da Leone I	
472 b	10	16 a.	Antemio ucc. 11/7 da Ricimero	
			Leone I in or.	
			Olibrio gen.o di Valentiniano III in occ. el. 17/7, † 23/10	
			Ricimero saccheggia Roma e † 18/8	
473	11	1 a.	Leone I in or.	
			Glicerio imp. d'occ. el. 5/3	
474	12	21 a.	Leone I † in genn.	
			Glicerio dep. 24/6 poi vesc. di Salona	
			Leone II, nip. di Leone I, in or., da genn. (regg. il padre Zenone), † in nov.	
			Zenone imp. d'or. del febb. sp. Ariadne, f.a di Leone I	
			Giulio Nepote, già govern. di Dalmazia, imp. d'occ. 24/6	
475	13	6 a.[61]	Zenone in or., dep. in genn. da Basilisco us. cogn. di Leone I	
			Giulio Nepote detr. in ag. da Oreste († 1/5/480)	
			Romolo M. Augustolo, f. del patrizio Oreste, el. a Ravenna imp. d'occ. 31/10	
476 b	14	28 m.	Romolo Augustolo detr. 5/9 da *Odoacre*, Oreste † a Pavia	
			Odoacre, re erulo, invade l'Italia 23/8	
			Zenone ristab. in ag. coll'aiuto di Teodorico, Basilisco imprig. e ucc. in Cappadocia	
477	15	17 a.	*Odoacre* ottiene dai vandali gran parte della Sicilia	
478	1	9 a.		
479	2	25 m.		
480 b	3	13 a.	assume il gov. d'Italia come patrizio, ma da princ. indip.	
481	4	5 a.	occupa la Dalmazia	
482	5	25 a.[62]		
483	6	10 a.		s. Simplicio † 10/3
				s. Felice III, della gente Anicia di Roma, consac. 13/3
484 b	7	1 a.		
485	8	21 a.		a Roma (sinodo)
486	9	6 a.		
487	10	29 m.	riconquista il Norico e occupa il paese dei rugi	
488 b	11	17 a.		
489	12	2 a.	*Teodorico il Grande* (re ostrogoto 475), f. di Teodomiro, occupa Verona, Milano e Pavia	
			Odoacre sconfitto da Teodorico sull'Isonzo, poi a Verona	
490	13	25 m.	i burgundi in Italia condotti da Guidobaldo - Odoacre sconfitto sull'Adda 15/8	
491	14	14 a.	Zenone, imp. d'or., ucc. 9/4	
			Anastasio I Dikoro, gen.o di Leone I, imp. d'or. in apr.	
			Odoacre assediato in Ravenna	

era cristiana	indizione	Pasqua e rinvio al calend.	imperatori romani d'oriente e re ostrogoti in Italia	papi
492 *b*	15	5 a.		s. Felice III † 25/2 (?)
				s. Gelasio I, afr., consac. 1/3 (?)
493	1	18 a.	Odoacre spod. 27/2, ucc. 5/3 a Ravenna	
			Anastasio I imp. d'or.	
			Teodorico, ostrogoto, re d'Italia 5/3, occupa Ravenna e Sicilia - *Anastasia* imp.	
494	2	10 a.	Guidobaldo pred. restituisce i prigionieri italiani	a Roma (sinodo)
495	3	26 m.[63]		a Roma (sinodo 13/3)
496 *b*	4	14 a.		s. Gelasio I † 12/11
				s. Anastasio II, di Roma, consac. 24/11
497	5	6 a.		
498	6	29 m.		s. Anastasio † 19/11
				s. Simmaco, sardo, consac. 22/11 a Roma
				[Lorenzo ant. da nov. 498 al 505 c.]
499	7	11 a.[64]		a Ravenna da genn. a mar. poi a Roma (concilio)
500 *b*	8	2 a.	suo ingresso solenne in Roma	
501	9	22 a.[65]		a Rimini poi a Roma in lug. (concilio e sinodo)
502	10	14 a.		a Roma (sinodo)
503	11	30 m.		a Roma (sinodo)
504 *b*	12	18 a.		
505	13	10 a.		
506	14	26 m.		
507	15	15 a.		
508 *b*	1	6 a.	estende la sua signoria sino al Rodano	
509	2	22 m.		
510	3	11 a.		
511	4	3 a.		
512 *b*	5	22 a.		
513	6	7 a.		
514	7	30 m.	Vitaliano us. in or.	s. Simmaco † 19/7 a Roma
				s. Ormisda, di Frosinone, consac. 20/7 a Roma
515	8	19 a.		
516 *b*	9	3 a.[66]		
517	10	26 m.		
518	11	15 a.	Anastasio I, imp. d'or., † 1/7	a Ravenna da febb. a 1/8
			Giustino I, zio di Giustiniano, imp. d'or. (lug.), lascia il gov. al questore Procolo e al nip. Giustiniano	
			Teodorico re	
519	12	31 m.		
520 *b*	13	19 a.[67]		
521	14	11 a.		
522	15	3 a.		
523	1	16 a.		s. Ormisda † 7/8, a Roma
				s. Giovanni I, di Populonia, consac. 13/8 a Roma
524 *b*	2	7 a.		a Ravenna da genn. a mar. poi a Costantinopoli (mar.)
525	3	30 m.		
526	4	19 a.	*Giustino I* imp. d'or.	s. Giovanni I imprig. a Ravenna da Teodorico, † mart. 18/5
			Teodorico † 30/8 a Ravenna	
			Atalarico, nip., re 30/8, Amalasunta sua madre regg. dal 26/8	*s. Felice IV*, di Benevento, consac. 24/7
527	5	4 a.	Giustino I, assoc. col nip. Giustiniano I da lui adott. 4/4 e † 1/8	

era cristiana	Indizione	Pasqua e rinvio al calend.	imperatori romani d'oriente e re goti e ostrogoti in Italia	papi
			Giustiniano I nip. e coll. dell'imp. d'or. succ. 4/4 - sp. Teodora f.a di Acacio († 548) Atalarico re, Amalasunta regg.	
528 *b*	6	26 m.		
529	7	15 a.	Giustiniano I pubblica il «Corpus Juris» fa guerra a Cosroe re persiano (529-532) Atalarico re e Amalasunta regg.	
530	8	31 m.		s. Felice IV † 17/9 *Bonifacio II*, rom., el. 17/9, consac. 22/9 [Dioscoro ant. dal 17/9]
531	9	20 a.		
532 *b*	10	11 a.	[Ipazio, nip. di Anastasio I imp., el. imp. dai ribelli in or. ucc. da Belisario]	Bonifacio II † 17/10 *Giovanni II*, «Mercurio», di Roma, el. 31/12
533	11	27 m.	Giustiniano I vince i vandali e unisce all'impero l'Africa (gen. Belisario) 15/9	consac. 2/1 (?)
534	12	16 a.	Atalarico † 2/10 *Teodato*, nip. di Teodorico, re 3/10, assoc. con Amalasunta sua cug. Giustiniano I fa guerra a Teodato - toglie Sardegna, Corsica e Baleari ai vandali (gen. Belisario)	
535	13	8 a.	*Belisario*, gen., occupa la Sicilia Giustiniano I imp. - Belisario pred. nom. cons. in or. senza collega Teodato re, solo, Amalasunta ucc. in primavera nell'isola Martana	Giovanni II † 8/5 *s. Agapito I*, rom., consac. 13/5
536 *b*	14	23 m.[68]	*Giustiniano I* imp. Teodato ucc. in ag. (?) *Vitige* re, succ. in ag., assediato da Belisario in Ravenna - Belisario prende Napoli, entra in Roma 9/12	s. Agapito † 22/4 a Costantinopoli *s. Silverio*, Celio di Frosinone, consac. 1/6
537	15	12 a.	Vitige assedia invano Belisario in Roma - sp. Matasunta f.a di Amalasunta	s. Silverio esiliato 11/3 a Palmaria, † 20/6/538 *Vigilio*, di Roma, consac. 29/3 scomunica i vesc. eretici
538	1	4 a.	lascia Roma - Belisario assedia Ravenna - Narsete mandato in suo aiuto	
539	2	24 a.	Giustiniano I imp. Vitige occupa la Liguria, è dep. in dic. († 542) - Narsete richiamato a Costantinopoli, i franchi invadono l'Italia condotti da Teudiberto re d'Austrasia	
540 *b*	3	8 a.	Giustiniano I imp. in guerra contro Cosroe, re persiano, che è vinto *Ildibaldo* el. re a Pavia - Belisario entra in Ravenna (primavera), è richiamato a Costantinopoli	
541	4	31 m.	Giustiniano I imp. abolisce il consolato Ildibaldo ucc. in primavera *Erarico*, re per 5 mesi, ucc. *Totila* (Baduila) nip. di Ildibaldo, re dall'ag., riconquista l'Italia	
542	5	20 a.		
543	6	5 a.	recupera Napoli	
544 *b*	7	27 m.	Belisario ritorna in Italia	in Sicilia nov.-dic.
545	8	16 a.	Giustiniano I imp., codifica il diritto rom. *Totila* invade il duc. di Spoleto - assedia Roma	in Sicilia in mag.

era cristiana	indizione	Pasqua e rinvio al calend.	imperatori romani d'oriente e re goti, ostrogoti e longobardi in Italia	papi
546	9	8 a.	entra in Roma	va a Costantinopoli (concilio), a Patrasso ott.
547	10	24 m.	Belisario recupera Roma per Giustiniano	a Costantinopoli in genn. (concilio)
548 b	11	12 a.	† Teodora, mogl. di Giustiniano I, 12/6	a Costantinopoli, poi a Tessalonica, 548-549
549	12	4 a.	Belisario ritorna a Costantinopoli	
550	13	24 a.[69]		a Costantinopoli
551	14	9 a.[70]	Narsete mandato ancora in Italia	a Costantinopoli (concilio gen.) fino al 23/12, poi a Calcedonia
552 b	15	31 m.[71]	Giustiniano I imp. - Narsete sconfigge Totila in lug. Totila ucc. in lug. Teia, suo gen., re dal lug., el. a Pavia	a Calcedonia
553	1	20 a.[72]	Giustiniano I imp. d'or. Teia ucc. in ott. (?) - Narsete assoggetta il resto d'Italia all'impero	II concilio di Costantinopoli, contro Teodoro e Origene
554	2	5 a.	Giustiniano I, sua «prammatica sanzione» per l'ordinamento d'Italia i franco-alemanni condotti da Leutari e da Buccellato invadono l'Italia - sconfitti da Narsete	a Costantinopoli
555	3	28 m.[73]		Vigilio † 7/6 a Siracusa
556 b	4	16 a.[74]		Pelagio I, dei Vicariani, di Roma, el. 16/4, consac. ...
557	5	1 a.		
558	6	21 a.[75]		
559	7	13 a.[76]		
560 b	8	28 m.		
561	9	17 a.		Pelagio † 4/3 a Roma Giovanni III, rom., el. 18/7
562	10	9 a.[77]	fa pace con Cosroe re persiano	
563	11	25 m.		
564 b	12	13 a.		
565	13	5 a.[78]	Giustiniano I † 13/11 Giustino II nip. imp. d'or. 13/11	
566	14	28 m.[79]	Narsete patrizio gov. l'Italia	
567	15	10 a.	Narsete, richiamato a Costantinopoli, si ritira a Napoli († 573)	
568 b	1	1 a.[80]	Giustino II imp. - Longino suo gen. a Ravenna Alboino, re longob., occupa Aquileia, Treviso, Vicenza, Verona	
569	2	21 a.[81]	occupa Trento, Bergamo, Brescia, Milano	
570	3	6 a.[82]	occupa Parma, Modena, Bologna, Imola ecc.	
571	4	29 m.[83]		
572 b	5	17 a.	occupa Pavia, già cap. del regno Alboino ucc. a Verona in primavera	
573	6	9 a.	Giustino II imp. - è supplito da Tiberio, capit. delle guardie Clefi re, dopo 31/8	
574	7	25 m.	Giustino II assume a coll. il gen.o Tiberio - sp. Sofia nip. di Teodora Clefi re	Giovanni III † 13/7
575	8	14 a.[84]	Giustino II e Tiberio II imp. d'or. Baduario esarca (?) 575-576 Clefi re, ucc. in ag. (?)	Benedetto I «Bonoso», di Roma, consac. 2/6

era cristiana	indizione	Pasqua	e rinvio al calend.	imperatori romani d'oriente e re longobardi in Italia	papi
576 b	9	5	a.[85]	gov. dei 36 du. longob. in Italia fino al 584	
577	10	25	a.[86]	Decio esarca dell'impero in Italia	
578	11	10	a.[87]	Giustino II imp. † 5/10	
				Tiberio II solo imp. succ. 5/10 in or.	
579	12	2	a.[88]	Faroald du. longob. di Spoleto occupa Classe, porto di Ravenna	Benedetto I † 30/7 *Pelagio II*, rom., consac. 26/11 (?)
580 b	13	21	a.[89]	Perugia occup. dai longobardi	
581	14	6	a.		
582	15	29	m.[90]	Tiberio II imp. † 14/8.	
				Maurizio di Cappadocia, gen.o, imp. d'or.	
583	1	18	a.[91]	invasione di franchi in Italia genn. 585	
584 b	2	2	a.	*Maurizio* imp. d'or.	
				Autari, f. di Clefi, re longob. in dic. o genn. 585	
				sottomette l'Istria e respinge i franchi	
585	3	25	m.	Smeraldo esarca dell'impero d'or. a Ravenna	
586	4	14	a.[92]		
587	5	30	m.		
588 b	6	18	a.	toglie ai bizantini l'isola Comacina l'esarca recupera Classe	
589	7	10	a.[93]	sp. (5/5) Teodolinda f.a di Garibaldo I du. di Baviera	
590	8	26	m.[94]	*Maurizio* imp. d'or. - Romano esarca a Ravenna	Pelagio II † 7/2 a Roma *s. Gregorio I*, Magno, della gente Anicia, consac. 3/9
				Autari † 5/9 in Pavia - Teodolinda sp. Agilulfo du. di Torino	
591	9	15	a.	Maurizio imp. d'or.	
				Agilulfo re longob. in mag., cor. a Milano	
592 b	10	6	a.[95]	l'esarca toglie ai longob. Perugia, Todi, Orte, Sutri	
593	11	29	m.[96]	recupera Perugia e assedia Roma	
594	12	11	a.[97]		
595	13	3	a.[98]		
596 b	14	22	a.[99]		
597	15	14	a.[100]		
598	1	30	m.[101]	Callinico esarca in Ravenna (dep. 603)	
599	2	19	a.[102]	fa pace con l'impero d'or.	
600 b	3	10	a.[103]	si converte al cattolicesimo (?)	
601	4	26	m.	prende e distrugge Padova	
602	5	15	a.[104]	*Foca* imp. d'or. 23/11	
				Maurizio ucc. 27/11	
				Agilulfo re, occupa Monselice, Cremona, Mantova	
603	6	7	a.[105]	fa battezzare il f. Adaloaldo 7/4	
604 b	7	22	a.[106]	fa erede del trono il f. Adaloaldo	s. Gregorio I † 11/3 a Roma *Sabiniano*, di Volterra, consac. 13/9
605	8	11	a.[107]	fa pace con l'esarca di Ravenna Smeraldo el. esarca 603	
606	9	3	a.[108]		Sabiniano † 22/2
607	10	23	a.[109]		*Bonifacio III*, dei Catadioci di Roma, consac. 19/2 † 12/11
608 b	11	7	a.		*s. Bonifacio IV*, di Valeria nei Marsi, el. 15/8, consac. 25/8
609	12	30	m.[110]		
610	13	19	a.[111]	Foca imp. ucc. 5/10	
				Eraclio imp. d'or. 5/10	
				Agilulfo re longob.	

era cristiana	indizione	Pasqua e rinvio al calend.	imperatori romani d'oriente e re longobardi in Italia	papi
611	14	4 a.[112]	invasione degli avari in Istria e Friuli	
612 b	15	26 m.[113]		
613	1	15 a.		
614	2	31 m.		
615	3	20 a.[114]	*Eraclio* imp. d'or. - Giovanni I esarca (611-616) Agilulfo † tra il 615 e 616 a Milano *Adaloaldo* f., re, già assoc. al padre - Teodolinda regg. fino al 625	s. Bonifacio IV † 8/5 *s. Adeodato I*, rom., consac. 19/10 (?)
616 b	4	11 a.[115]	Eleuterio esarca († 619) dell'imp. d'or.	
617	5	3 a.[116]		
618	6	16 a.		
619	7	8 a.[117]		s. Adeodato I † 8/11 *Bonifacio V*, dei Fummini di Napoli, consac. 23/12
620 b	8	30 m.[118]	Isacco esarca († 637) dell'imp. d'or.	
621	9	19 a.[119]		
622	10	4 a.[120]		
623	11	27 m.[121]		
624 b	12	15 a.[122]		
625	13	31 m.[123]	*Eraclio I*, imp. d'or. Adaloardo re, fugge a Ravenna, è dep. († 628) *Ariovaldo* re, marito di Gundeberga, f.a di Teodolinda	Bonifacio V † 25/10 *Onorio I*, della Campania, consac. 27/10 - istituisce la festa dell'Esaltazione della s. Croce
626	14	20 a.[124]		
627	15	12 a.[125]	vitt. di Eraclio sui persiani	
628 b	1	27 m.	Teodolinda †	
629	2	16 a.[126]		
630	3	8 a.[127]		
631	4	24 m.[128]		
632 b	5	12 a.[129]		
633	6	4 a.[130]		
634	7	24 a.[131]		
635	8	9 a.[132]		
636 b	9	31 m.[133]	Eraclio I imp. - Ariovaldo re † ... *Rotari* du. di Brescia, re el. ... - sp. Gundenberga	
637	10	20 a.		
638	11	5 a.	Platone esarca (638-648) dell'imp. d'or.	Onorio I † 12/10 *Severino*, di Roma, el. 638 o 639
639	12	28 m.[134]		
640 b	13	16 a.[135]		Severino, consac. 25/5, † 2/8 *Giovanni IV*, di Salona, consac. 24/12
641	14	8 a.[136]	Eraclio I imp. † 10/2 *Costantino III*, f., imp. † 28/6, ed *Eracleone* suo fr. imp. da mar. a giu. (esiliato in ott.) *Costante II*, f. di Costantino III, imp. dal lug. Rotari re, conquista Liguria e Lunigiana	
642	15	24 m.[137]		Giovanni IV † 12/10 *Teodoro I*, greco, consac. 24/11
643	1	13 a.[138]	Rotari promulga l'«Editto»	
644 b	2	4 a.[139]		
645	3	24 a.[140]		
646	4	9 a.[141]		
647	5	1 a.[142]		
648 b	6	20 a.[143]	Teodoro I esarca (648-649) dell'imp. d'or.	
649	7	5 a.[144]		Teodoro I † 14/5

era cristiana	indizione	Pasqua e rinvio al calend.	imperatori romani d'oriente e re longobardi in Italia	papi
				s. *Martino I*, di Todi, consac. giu. o lug. concilio Lateranense da 5 a 31/10
650	8	28 m.[145]		
651	9	17 a.[146]		
652 b	10	1 a.[147]	*Costante II* imp. - Rotari re † ... *Rodoaldo*, f., re per sei mesi	
653	11	21 a.[148]	Costante II imp. d'or. - Rodoaldo re, ucc. *Ariperto I*, f. di Gundoaldo du. d'Asti, el. re...	
654	12	13 a.[149]		a Costantinopoli carcerato 17/6
655	13	29 m.		s. Martino I † 16/9
656 b	14	17 a.[150]		s. *Eugenio I*, di Roma, consac. 10/8
657	15	9 a.[151]		s. Eugenio I † 2/6
				s. *Vitaliano*, di Segni, consac. 30/7 - condanna il «Monotelismo»
658	1	25 m.		
659	2	14 a.[152]		
660 b	3	5 a.[153]		
661	4	28 m.[154]	Costante II imp. d'or. Ariperto II re, divide il regno tra i f. e †... *Bertarido* (Milano) e *Godeperto* (Pavia) f., el. re	
662	5	10 a.[155]	Costante II imp. d'or. Bertarido dep., Godeperto ucc. da Grimoaldo [Grimoaldo, du. di Benevento, gen.o di Ariberto I, us.]	
663	6	2 a.[156]	Costante II imp. visita Roma 5/7	
664 b	7	21 a.[157]	Grimoaldo re	
665	8	6 a.[158]		
666	9	29 m.[159]		
667	10	18 a.[160]		
668 b	11	9 a.[161]	Costante II ucc. 16/7 a Siracusa *Costantino IV* Pogonato f., imp. in sett. Grimoaldo re, pubblica aggiunte all'editto di Rotari	
669	12	25 m.[162]		
670	13	14 a.		
671	14	6 a.[163]	*Costantino IV* imp. - Grimoaldo re †... *Garibaldo* f., re (regg. la madre, sor. di Bertarido) scacciato *Bertarido* re rist.	
672 b	15	25 a.[164]		s. Vitaliano † 27/1 *Adeodato II*, consac. 11/4
673	1	10 a.[165]		
674	2	2 a.[166]		
675	3	22 a.[167]		
676 b	4	6 a.[168]		Adeodato II † 17/6 *Dono I*, di Roma, consac. 2/11
677	5	29 m.[169]		
678	6	18 a.[170]	Costantino IV imp. - Bertarido re e *Cuniperto* il Pio, suo f., assoc. Cuniperto sp. Ermelinda anglosassone	Dono I † 11/4 s. *Agatone*, di Palermo, consac. 27/6
679	7	3 a.[171]		
680 b	8	25 m.[172]		VI concilio ecumenico a Costantinopoli, dal 7/11/680 al 16/9/684
681	9	14 a.[173]		s. Agatone † 10/1
682	10	30 m.[174]		s. *Leone II*, di Piana di Martino (M. Gr.), consac. 17/8

era cristiana	indizione	Pasqua	e rinvio al calend.	imperatori romani d'oriente e re longobardi in Italia	papi
683	11	19	a.[175]	Cuniperto il Pio re - Costantino IV imp.	s. Leone II † 3/7
684 b	12	10	a.[176]		s. Benedetto II, dei Savelli, consac. 26/6
685	13	26	m.[77]	Costantino IV † a inizio sett.	s. Benedetto II † 8/5
				Giustiniano II f., imp. da sett.	Giovanni V, d'Antiochia, el. mag. o giu., consac. 23/7
686	14	15	a.[178]	Bertarido e Cuniperto re	Giovanni V † 2/8
					Conone, della Tracia, el. ag. o ott., consac. 21/10
687	15	7	a.[179]		† 21/9
					s. Sergio I, di Palermo, el. ott. a dic., consac. 15/12
					[Pasquale ant. 22/9 fino al 692]
					[Teodoro ant. 22/9 a ott. o dic.]
688 b	1	29	m.[180]	Giustiniano II imp. - Bertarido re † ... Cuniperto f., solo re	
689	2	11	a.[181]	[Alachi du. di Trento us. vinto da Cuniberto]	
690	3	3	a.[182]	[Alachi ritorna, occupa Pavia, è ucc. a Como]	
691	4	23	a.[183]		concilio a Costantinopoli detto «trullano» sulla disciplina del costume
692 b	5	14	a.		
693	6	30	m.[184]		
694	7	19	a.		
695	8	11	a.	Giustiniano II imp., esiliato a Cherson *Leonzio* accl. imp. d'or. Cuniberto re	
696 b	9	26	m.[185]		
697	10	15	a.[186]		
698	11	7	a.[187]	Leonzio imp., detronizzato e mutilato da [Tiberio III Apsimaro imp. us.] Cuniberto re	
699	12	23	m.[188]		
700 b	13	11	a.[189]	*Tiberio III* imp. - Cuniperto re †.... *Liutberto* f., el. re, tut. Ansprando du. d'Asti, dep. dopo 8 mesi dal cug. *Ragimberto* f. di Godeberto, du. di Torino, el. re	
701	14	3	a.[190]	Tiberio III imp. - Ragimberto ucc... *Ariberto II*, f., el. re in dic. *Liutberto* di nuovo, tut. Ansprando, el. re...	s. Sergio I † 8/9 *Giovanni VI*, greco, consac. 30/10
702	15	23	a.[191]	Liutberto re, detr... († 705)	
703	1	8	a.[192]	*Ariberto II* re, solo	
704 b	2	30	m.[193]	Ariberto II re	
705	3	19	a.[194]	Tiberio III imp., detr. *Giustiniano II* imp. - (Leonzio e Tiberio III ucc.)	Giovanni VI † 11/1 *Giovanni VII*, di Rossano, consac. 1/3
706	4	4	a.[195]		
707	5	27	m.[196]		Giovanni VII † 18/10
708 b	6	15	a.[197]		*Sisino*, della Siria, consac. 15/1 (?), † 4/2 *Costantino I*, della Siria, consac. 2/3
709	7	31	m.[198]		si reca a Costantinopoli 5/10, poi a Napoli in ott.
710	8	20	a.[199]		in Grecia
711	9	12	a.[200]	Giustiniano II † in dic. *Filippico* imp. d'or., el. in dic. Ariberto II re	a Nicomedia, poi in ott. a Gaeta e a Roma
712 b	10	3	a.[201]	Filippico imp. d'or.	

era cristiana	indizione	Pasqua e rinvio al calend.	imperatori romani d'oriente e re longobardi in Italia	papi
			Ariberto II † in mar.	
			Ansprando du. d'Asti, re in mar. † 13/6	
			Liutprando f., el. re, 13/6	
713	11	16 a.[202]	Filippico dep. 4/6 - *Anastasio II* imp. 4/6	a Roma
			Liutprando re	
714	12	8 a.[203]		a Roma
715	13	31 m.[204]		Costantino I † a Roma 8/4
				s. Gregorio II, Savelli, rom., consac. 19/5
716 *b*	14	19 a.[205]	Anastasio II dep. (ucc. 721)	
			Teodosio III imp. d'or. da genn. o febb.	
			Leone III Isaurico, el. imp. d'or., Liutprando re	
717	15	4 a.[206]	Teodosio III scacciato 25/3 da Leone III († Efeso 722)	
			Leone III imp. - Liutprando re	
718	1	27 m.	[Basilio us. †...]	
719	2	16 a.		
720 *b*	3	31 m.	*Leone III* Isaurico imp. d'or. e *Costantino V* Copronimo, f., 31/3, assoc.	
			Liutprando re	
721	4	20 a.		
722	5	12 a.		
723	6	28 m.		
724 *b*	7	16 a.		
725	8	8 a.		
726	9	24 m.	Leone III e Costantino V - editto contro le immagini	lotta contro Leone III per le immagini
			Liutprando re, occupa Esarcato e Pentapoli	
727	10	13 a.		ottiene Sutri da Liutprando
728 *b*	11	4 a.		
729	12	24 a.		
730	13	9 a.		
731	14	1 a.		*s. Gregorio II* † 11/2
				s. Gregorio III, della Siria, el. 11/2, consac. 18/3
732 *b*	15	20 a.		
733	1	5 a.		
734	2	28 m.		
735	3	17 a.		
736 *b*	4	8 a.	Leone III imp. e Costantino Aug.	
			Liutprando e *Ildeprando* suo nip., re assoc. in genn.	
737	5	24 m.		
738	6	13 a.		
739	7	5 a.	invadono il duc. rom., si arrendono al papa	
740 *b*	8	24 a.[207]		
741	9	9 a.	Leone III Isaurico † 18/6	*s. Gregorio III* † ?/11
			Costantino V imp., solo dal 18/6	*s. Zaccaria*, di S. Severina, consac. 10/12
			Liutprando e Ildeprando re	
742	10	1 a.	*Costantino V* imp. - [Artavasde us. in or. 742-743]	si reca a Terni presso re Liutprando ottiene Orta, Amelia, Bomarzo e Bieda
			Liutprando assale l'esarcato di Ravenna	
743	11	14 a.[208]		ritorna a Roma, ad Aquileia, a Ravenna poi a Pavia 28/6, a Roma dal 31/7
744 *b*	12	5 a.	Costantino V imp.	sinodo in S. Pietro a Roma
			Liutprando † in genn.	
			Ildeprando re, nip., el. in genn., dep. in ag.	
			Rachis (du. del Friuli) re el. in ag.	

era cristiana	indizione	Pasqua e rinvio al calend.		imperatori romani d'oriente e re longobardi e franchi in Italia	papi
745	13	28	m.		a Roma
746	14	17	a.		a Roma
747	15	2	a.		a Roma
748 b	1	21	a.[209]		a Roma
749	2	13	a.	Costantino V imp. Rachis dep. in lug. († a Montecassino) *Astolfo* fr. (du. del Friuli), re in lug.	ottiene il duc. di Perugia
750	3	29	m.		a Roma
751	4	18	a.	*Costantino V* e suo f. *Leone IV*, imp. assoc. 23/9 *Astolfo* re, toglie Ravenna ai greci	a Roma
752 b	5	9	a.	occupa l'Istria, l'Esarcato e la Pentapoli	s. Zaccaria † 23/3 a Roma *Stefano II*, rom., el. 23/3, † 25/3 (non consac.) *Stefano III* (II), rom., consac. 26/3
753	6	25	m.		
754	7	14	a.	Pipino il Breve, re franco, f. di Carlo Martello, invade l'Italia in sett., assedia Astolfo in Pavia, è cor. dal papa a St.-Denis assedia Roma	minacciato da re Astolfo, va in Francia, a Roma in dic.
755	8	6	a.	Pipino in Italia, dona l'Esarcato al papa	a Roma
756 b	9	28	m.	*Costantino V* e *Leone IV* imp. Astolfo re, † ... *Desiderio* (du. di Tuscia) el. re - Pipino torna in Italia, dona al papa la Pentapoli tolta ad Astolfo	a Roma
757	10	10	a.	Costantino V sconfigge i bulgari - *Leone IV* imp. *Desiderio* re	Stefano III (II) † 26/4 a Roma *s. Paolo I*, fr., rom. el. in apr. consac. 29/5
758	11	2	a.		a Roma
759	12	22	a.	*Costantino V* e *Leone IV* imp. d'or. *Desiderio* e *Adelchi* suo f., re assoc.	a Roma
760 b	13	6	a.[210]	Desiderio accetta la mediazione di Pipino	a Roma
761	14	29	m.	Desiderio e Adelchi re	a Roma
762	15	18	a.		a Roma
763	1	3	a.[211]		a Roma
764 b	2	25	m.		a Roma
765	3	14	a.		a Roma
766	4	6	a.		a Roma
767	5	19	a.[212]		s. Paolo I † 28/6 a Roma sede vacante dal 29/6 [Costantino II ant. 28/6 (dep. 31/7/768)]
768 b	6	10	a.	Pipino il Breve † 24/9	*Stefano IV* (III), siracusano, el. 1/8, consac. 7/8 [Filippo, ant. 31/7, dep. 6/8]
769	7	2	a.		sinodo in Roma sulla elezione dei papi
770	8	22	a.	Desiderata (Ermengarda), f.a di Desiderio re, sp. Carlo Magno (ripudiata 771)	
771	9	7	a.	Carlo Magno sp. Ildegarda sveva	Stefano IV (III) † 3/2 a Roma
772 b	10	29	m.	sua sped. contro i sassoni (772-804)	*Adriano I*, rom., f. del cons. Teodulo, consac. 9/2 a Roma
773	11	18	a.	Carlo Magno, re dei franchi, f. di Pipino il Breve, vince in Italia Desiderio in primavera	invoca il soccorso di Carlo Magno contro Desiderio
774	12	3	a.	Costantino V e Leone IV imp. d'or. *Desiderio* e *Adelchi* spod. da *Carlo Magno* *Carlo Magno*, cor. re di Lombardia e	a Roma, riceve Carlo Magno - ottiene Perugia e il duc. di Spoleto

era cristiana	indizione	Pasqua	e rinvio al calend.	imperatori romani d'oriente e re franchi in Italia	papi
				patrizio dei romani, fine mag. (?)	
775	13	26	m.	Costantino V † 14/9	
				Leone IV solo imp. in or.	
				Carlo Magno unisce i regni longob. e franco	
776 b	14	14	a.	*Leone IV* e *Costantino VI* suo f., assoc. 14/4, in or.	
				cospirazione contro i franchi in Italia	
				Carlo Magno scende in Italia in apr., soffoca la cospirazione	
777	15	30	m.		
778	1	19	a.	sua sped. contro i baschi in Spagna, batt. di Roncisvalle	
779	2	11	a.		
780 b	3	26	m²¹³	Leone IV † 8/9	
				Costantino VI solo imp. d'or. e Irene, sua madre, tut.	
				Carlo Magno re ritorna in Italia in dic.	
781	4	15	a.	Costantino VI imp. e Irene tut.	a Roma incorona Pipino f. di Carlo Magno
				Carlo Magno va a Roma con la mogl. Ildegarda e col f. Pipino	
				Pipino, f., cor. re d'Italia 15/4 dal papa, regg. l'ab. di Corbeia Adalardo poi il ct. Angilberto fino al 792	
782	5	7	a.		
783	6	23	m²¹⁴	† Ildegarda mogl. di Carlo Magno	
				† Berta mogl. di Pipino 13/7?	
				Carlo Magno sp. Fastrada, f.a del ct. Rodolfo	
784 b	7	11	a²¹⁵		
785	8	3	a.		
786	9	23	a²¹⁶		
787	10	8	a.		è convocato il II concilio di Nicea, contro gli «Iconoclasti»
788 b	11	30	m.	Carlo Magno occupa la Baviera	
				Pipino è re	
789	12	19	a.	Costantino VI imp., Irene confinata	
				Carlo Magno e Pipino re	
790	13	11	a.		
791	14	27	m.	pone fine al regno degli avari (791-799)	
792 b	15	15	a.	Pipino guida una sped. contro Grimoaldo du. di Benevento	
793	1	7	a.		
794	2	23	m.		
795	3	12	a.		Adriano I † 25/12 a Roma
					s. Leone III, rom., el. 26/12, consac. 27/12
796 b	4	3	a.		
797	5	23	a.	Costantino VI spod. 15/6, † ...	a Roma, concilio in S. Pietro
				Irene imp. dal 15/6 (dep. 802)	
				Carlo Magno e Pipino re	
798	6	8	a.		condanna la dottrina di Felice d'Urgel
799	7	31	m.	ripone sul trono Leone III papa	imprig. dai nip. di Adriano I 25/4, poi liberato
					suo incontro con Carlo Magno a Mentana 23/11
800 b	8	19	a.	a *Carlo Magno* † la mogl. Liutgarda 4/6 - è cor. imp. rom. dal papa 25/12	
				Pipino è re	
				Carlo Magno a Pavia in apr. - sostit. ai	
801	9	4	a.	duchi longob. i conti	
				Pipino è re	

era cristiana	indizione	Pasqua e rinvio al calend.		imperatori romani d'oriente e re franchi, germanici in Italia	papi
802	10	27	m.		
803	11	16	a.		
804 b	12	31	m.		a Mantova
805	13	20	a.		ad Aquisgrana, poi a Colonia e a Roma
806	14	12	a.	assemblea di Thionville, divisione dell'impero tra i f. Carlo, Pipino e Lodovico	a Roma
807	15	28	m.	invas. dei franchi nelle lagune venete	
808 b	1	16	a.		
809	2	8	a.	i franchi occupano Mantova	
810	3	31	m.	*Carlo Magno* imp. Pipino re, fa guerra contro Venezia, è sconfitto e † 8/7. *Bernardo*, f. (succ. come vassallo di *Lodovico I* suo zio) regg. Adalardo, ab. di Corbie	
811	4	13	a.		
812 b	5	4	a.	viene in Italia col ct. Wala, fr. di Adalardo, che governa per lui	
813	6	27	m.	Carlo Magno e il f. Lodovico I il Pio (re d'Aquitania, 781) assoc. in sett. fa confermare *Bernardo* re d'Italia in sett., ad Aquisgrana, e Lodovico I imp.	
814	7	16	a.	Carlo Magno † 28/1 ad Aquisgrana *Lodovico I*, imp., divide lo stato tra i f. Lotario (imp.), Pipino e Lodovico Bernardo, re, in lotta con Lotario	
815	8	1	a.		
816 b	9	20	a.	Lodovico I è cor. imp. a Reims da Stefano V	s. Leone III † 11/6 a Roma *Stefano V* (VI), rom., el. in giu., consac. 22/6 a Roma
817	10	12	a.	Lodovico I divide ancora l'impero tra i f. (dieta d'Aquisgrana)	Stefano V † 24/1 a Roma *s. Pasquale I*, dei Massimi, rom., consac. 25/1
818	11	28	m.	Bernardo re ribelle è accecato e † 17/1 *Lodovico I* il Pio e *Lotario I* suo f. imp., assoc.	
819	12	17	a.	Lodovico I sp. Giuditta († 843), f. di Guelfo du. di Baviera	
820 b	13	8	m.	dà tit. di re d'Italia a *Lotario* suo f.	
821	14	24	a.	Lotario I sp. Ermengarda f. del ct. Ugo di Tours *Lodovico I* imp.	
822	15	13	a.		
823	1	5	a.	*Lotario I* cor. imp. dal papa a Roma 5/4	
824 b	2	24	a.		s. Pasquale I † 11/2 a Roma *Eugenio II*, el. in mag. o giu.
825	3	9	a.		
826	4	1	a.		
827	5	21	a.	invasione dei saraceni in Sicilia	Eugenio II † in ag. *Valentino*, Leonzi, el. in ag., † in sett. (?) *Gregorio IV*, Savelli, rom., el... a Roma
828 b	6	5	a.		
829	7	28	m.	[Lodovico I, sua spartizione dell'impero] Lotario I re d'Italia [è in lotta coi f. ribelli]	
830	8	17	a.	Lotario assume il gov. dell'impero Lodovico I recupera autorità (assemblea di Nimega, in dic.)	

era cristiana	indizione	Pasqua	e rinvio al calend.	imperatori romani d'oriente e re germanici in Italia	papi
831	9	2	a.		
832 b	10	24	m.		
833	11	13	a.	vinto e imprig. dai f. ribelli, abd.	
834	12	5	a.	rimesso sul trono da Pipino e Lodovico (II) 1/3	
835	13	18	a.		
836 b	14	9	a.	i saraceni invadono l'Italia continentale	
837	15	1	a.		
838	1	14	a.	i saraceni invadono la Sicilia - Pipino †	
839	2	6	a.	nuova spartizione dell'impero	
840 b	3	28	m.	Lodovico I † 20/6 a Ingelheim Lotario I f., succ. 20/6, guerra coi fr. Lodovico e Carlo	
841	4	17	a.	è vinto a Fontenay dai fr. Lodovico e Carlo 25/6	
842	5	2	a.		
843	6	23	a.	*Lotario I* è ricon. imp. (tratt. di Verdun) in ag.	
844 b	7	13	a.	suo f. *Lodovico II* è cor. re dal papa 15/6	Gregorio IV † 25/1 *Sergio II*, rom. el. e consac. in genn. [Giovanni ant. dal genn.] a Roma
845	8	29	m.		
846	9	18	a.	invasione di musulmani in Italia, saccheggiata Roma	
847	10	10	a.		Sergio II † 27/1 a Roma *s. Leone IV*, rom., el. 27/1, consac. 10/4 sconfigge i musulmani a Ostia
848 b	11	25	m.		
849	12	14	a.	Lotario I imp. - batt. navale d'Ostia contro i musulmani *Lodovico II* f., assoc. all'impero	
850	13	6	a.	Lotario I - Lodovico II è cor. imp. dal papa	
851	14	22	m.	Lodovico II sp. Engelberga longob. † 890	
852 b	15	10	a.		inaugurata a Roma la città Leonina a Ravenna con Lodovico II in mag., a Roma 19/6
853	1	2	a.		
854	2	22	a.		
855	3	7	a.	Lotario I divide i possedimenti tra i f. Lodovico, Lotario e Carlo † 29/9 *Lodovico II* imp. e re d'Italia 29/9	s. Leone IV † 17/7 a Roma *Benedetto III*, rom., el. in lug., consac. 29/9 [Anastasio ant. da ag. a 26/9]
856 b	4	29	m.	sua sped. nell'Italia meridionale	è cacciato dal Laterano dall'ant. 21/9
857	5	18	a.		
858	6	3	a.	Angelberga cor. imp. da Niccolò I	Benedetto III † 7/4 a Roma *s. Niccolò I* il Grande, rom., consac. 24/4
859	7	26	m.		
860 b	8	14	a.	sua sped. contro i saraceni	
861	9	6	a.		
862	10	19	a.		scomunica Giovanni arciv. di Ravenna
863	11	11	a.	ottiene parte della Borgogna	concilio a Roma - scomunica Fozio patr. di Costantinopoli, Lotario II di Lorena e Waldrada, in apr.
864 b	12	2	a.	si reca a Roma con Engelberga	
865	13	22	a.		
866	14	7	a.	sua sped. nel mezzogiorno d'Italia contro i saraceni	
867	15	30	m.		s. Niccolò I † 13/11 a Roma

era cristiana	indizione	Pasqua	e rinvio al calend.	imperatori romani d'oriente e re germanici in Italia	papi
					Adriano II, rom., el. in nov., consac. 14/12
868 b	1	18	a.		
869	2	3	a.		concilio a Roma contro Fozio, patr. di Costantinopoli
870	3	26	m.		
871	4	15	a.	prigioniero a Benevento dal princ. Adelchi, apr.-mag.	
872 b	5	30	m.	è cor. a Roma dal papa	Adriano II † 14/12 (?) a Roma
					Giovanni VIII, rom., consac. 14/12
873	6	19	a.		
874	7	11	a.	riconosce l'indip. del princ. di Benevento	al concilio di Ravenna con 70 vesc.
875	8	27	m.	Lodovico II † 12/8 a Brescia Carlo II il Calvo, f. di Lodovico I, in lotta col fr. Lodovico il Germanico, cor. imp. 25/12	
876 b	9	15	a.	è cor. re d'Italia a Milano in genn.	
877	10	7	a.	è scacciato dall'Italia da Carlomanno, † 6/10 a Brides Carlomanno, f. di Lodovico il Germanico, el. re d'Italia in ott.	al concilio di Ravenna, 22/7, con 49 vesc.
878	11	23	m.		
879	12	12	a.	cede al fr. Carlo III il gov. d'Italia in estate († 23/9/880) Carlo III il Grosso, fr., cor. re d'Italia in dic. (?)	
880 b	13	3	a.	è cor. re a Ravenna 6/1	
881	14	23	a.	è cor. imp. 12/12	
882	15	8	a.	in Italia in febb. per l'assemblea di Ravenna, apr.-nov.	Giovanni VIII è ucciso 15/12 a Roma Marino I, di Gallese, el. 16/12, consac. 23/12
883	1	31	m.	in Italia contro Guido di Spoleto	scomunica Fozio
884 b	2	19	a.	riunisce sotto di sé tutto l'Impero carolingio	Marino I † 15/5 s. Adriano III, Agapito, rom., el. 17/5, consac. fine mag.
885	3	11	a.	viene in Italia a riconciliarsi con Guido 6/1	s. Adriano III † metà sett. Stefano VI (V), rom., el. e consac. in sett.
886	4	27	m.	ritorna in Italia invitato dal papa	
887	5	16	a.	è dep. (dieta di Magonza) in nov.	
888 b	6	7	a.	Carlo III † 13/1 a Nimega Berengario I, f. di Eberardo ct. del Friuli, re vassallo di Arnolfo di Carinzia (re dei franchi orientali), cor. a Pavia 16/1	
889	7	23	m.	Berengario I è vinto alla Trebbia (febb.) Guido di Spoleto re, cor. dal papa (febb.) a Pavia, fa guerra a Berengario I	
890	8	12	a.	Guido di Spoleto sp. Ageltrude di Benevento	
891	9	4	a.	Guido cor. imp. dal papa 21/2 a Roma	Stefano VI (V) † 14/9 Formoso, di Ostia, el. fine sett., consac. 6/10 a Roma
892 b	10	23	a.	Lamberto, suo f., cor. imp. a Ravenna dal papa, assoc. col padre 30/4	
893	11	8	m.		
894	12	31	m.	Arnolfo re di Germania bastardo di Carlomanno, cor. re a Roma dal papa (febb.) Guido imp. † in dic. Lamberto solo imp. dal dic. Berengario I re, dep. in dic.	

era cristiana	indizione	Pasqua e rinvio al calend.	imperatori romani d'oriente e re germanici in Italia	papi
895	13	20 a.		
896 *b*	14	4 a.	*Arnolfo*, di Carinzia (re di Germania) cor. imp. rom. a Roma dal papa 22/2 Lamberto imp. lotta con Berengario I Berengario I re, divide il terr. lombardo con Lamberto	Formoso † 4/4 a Roma [Bonifacio VI ant., el. 11/4, † 26/4]
897	15	27 m.	Lamberto imp. va a Roma con la madre Ageltrude	*Stefano VII* (VI), rom., consac. in mag., carcerato in ag., ucc. in ott. *Romano*, di Galles, consac. in ag., † fine nov. *Teodoro II*, rom., el. in dic., † 20/6
898	1	16 a.	Lamberto ucc. a Marengo 15/10 *Arnolfo* imp. *Berengario I* re, restaurato	*Giovanni IX*, di Tivoli, el. in genn., consac. in apr. al concilio di Roma con l'imp. Lamberto
899	2	1 a.	Arnolfo † 8/12 a Ratisbona Berengario I re, sconfitto dagli ungari (24/10) alla Trebbia	
900 *b*	3	20 a.	*Lodovico III* il Cieco (re di Provenza), f. di Bosone I, cor. re 12/10 a Pavia ritirata degli ungari in lug.	Giovanni IX † 26/3 *Benedetto IV*, rom., el. in mag.
901	4	12 a.	*Lodovico III* sconfigge Berengario, è cor. imp. metà febb. Berengario I dep. in febb., si ritira in Baviera	
902	5	28 m.	*Berengario I* restaurato Lodovico III dep. da Berengario, riparte in estate	
903	6	17 a.	*Berengario I* solo re	Benedetto IV † fine lug. *Leone V*, di Ardea, consac. c. 28/10, scacc., † 6/12 [Cristoforo, rom., consac. in ott. (?), ant.]
904 *b*	7	8 a.	*Lodovico III* viene in Italia ed è restaurato Berengario I di nuovo in esilio	[Cristoforo scacciato e prigioniero in genn. († 904)] *Sergio III*, dei ct. di Tuscolo, rom., consac. 29/1
905	8	31 m.	Lodovico III ritorna in Italia, lug., è fatto accecare da Berengario e dep. († 928) *Berengario I* re, restaurato	
906	9	13 a.		
907	10	5 a.		
908 *b*	11	27 m.		
909	12	16 a.		
910	13	1 a.		
911	14	21 a.		Sergio III † 14/4 *Anastasio III*, rom., consac. in apr.
912 *b*	15	12 a.		
913	1	28 m.		Anastasio III † in ag. *Landone*, della Sabina, el. e consac. in ag. Landone † in mar.
914	2	17 a.		*Giovanni X*, Cencio Cenci, di Roma, consac. in mar.
915	3	9 a.	*Berengario I* cor. imp. a Roma dal papa 5/12 - guerra contro ungari e saraceni batt. del Garigliano, sconfitta dei saraceni	sua sped. contro i saraceni
916 *b*	4	24 m.		
917	5	15 a.		
918	6	5 a.		
919	7	25 a.		
920 *b*	8	9 a.		
921	9	1 a.		

era cristiana	indizione	Pasqua	e rinvio al calend.	imperatori romani d'oriente e re di Germania in Italia	papi
922	10	21	a.	Berengario I imp. - *Rodolfo II* di Borgogna marito di Berta di Svevia, cor. re d'Italia a Pavia	
923	11	6	a.	Berengario I è vinto a Fiorenzola da Rodolfo II 29/7 - Ugo di Provenza, f. di Teobaldo, scende in Italia fra ag. e dic.	
924 *b*	12	28	m.	Berengario I è ucc. 7/4 a Verona *Rodolfo II* di Borgogna, solo re - nuova discesa in Italia degli ungari, saccheggio di Pavia, impero d'occ. vacante fino al 962	
925	13	17	a.		
926	14	2	a.	*Rodolfo II*, scacciato, ritorna in Borgogna († 11/7/937) *Ugo di Provenza* re d'Italia, cor. 6/7 a Pavia	
927	15	25	m.		
928 *b*	1	13	a.		Giovanni X, carcerato, è fatto ucc. da Marozia in giu. *Leone VI*, rom., el. in giu., consac. in giu., † dic. 928 o febb. 929
929	2	5	a.		*Stefano VIII* (VII), rom., consac. in genn. (?)
930	3	18	a.		
931	4	10	a.	Ugo re, col f. *Lotario II*, assoc. 15/5	Stefano VIII (VII) † in febb. *Giovanni XI*, f. di Marozia (?), consac. c. in mar.
932 *b*	5	1	a.	Ugo re, sp. Marozia, sen. e patrizia di Roma, in mar. è scacciato da Roma ove voleva dominare	
933	6	14	a.	cede la Provenza a Rodolfo II	
934	7	6	a.		
935	8	29	m.	caccia dall'Italia Arnoldo du. di Baviera	
936 *b*	9	17	a.		Giovanni XI carcerato, † in genn. *Leone VII*, rom., consac. in genn.
937	10	2	a.	Lotario II sp. Adelaide, f.a di Rodolfo II, 12/12	
938	11	22	a.	Ugo sp. Berta di Svevia, ved. di Rodolfo II	
939	12	14	a.		Leone VII † 13/7 *Stefano IX* (VIII), rom., consac. av. 19/7
940 *b*	13	29	m.	[Berengario (II) march. d'Ivrea assale Ugo, sconfitto, ritorna in Germania]	
941	14	18	a.		
942	15	10	a.		Stefano IX (VIII) † fine ott. *Marino II*, rom., consac. 30/10
943	1	26	m.	(congiura contro Ugo)	
944 *b*	2	14	a.		
945	3	6	a.	Berengario II scende in Italia (genn.) *Ugo* re, *Lotario II* f., ricon. re di nuovo	
946	4	22	m.	*Berengario II* ritorna in Italia e scaccia Ugo in mag., che † 10/4/947 ad Arles *Lotario* solo re, sotto guida di Berengario II, in mag.	Marino II † in mag. *Agapito II*, rom., consac. 10/5
947	5	11	a.		
948 *b*	6	2	a.		
949	7	22	a.		
950	8	7	a.	Lotario II è ucc. 20/11	

era cristiana	indizione	Pasqua e rinvio al calend.	imperatori romani d'oriente e re germanici in Italia	papi
951	9	30 m.	Berengario II (assoc. col f. Adalberto) cor. re 15/12, sp. (934) Willa, f.a di Bosone du. di Toscana Berengario II e Adalberto vinti da Ottone II *Ottone I il Grande*, di Sassonia, f. di Enrico I (re di Germania 936) cor. re a Pavia 23/9 - sp. Adelaide (s.), ved. di Lotario II († 999), f.a di Rodolfo II di Borgogna	
952 *b*	10	18 a.	*Berengario II* e *Adalberto* re, vassalli del re di Germania in ag.	
953	11	3 a.		
954	12	26 m.		
955	13	15 a.	incursione di saraceni in Italia	Agapito II † in dic.
956 *b*	14	6 a.		*Giovanni XII*, Ottavio, el. consac. 16/12
957	15	19 a.		
958	1	11 a.		a Subiaco
959	2	3 a.		lotta contro il princ. di Benevento
960 *b*	3	22 a.		
961	4	7 a.	Ottone I di Sassonia in Italia in ag., cor. re in nov. - restaura il Sacro impero romano germanico Berengario II e Adalberto battuti da Ottone I	
962	5	30 m.	*Ottone I* a Roma 31/1, cor. imp. con Adelaide dal papa 2/2	
963	6	19 a.	Ottone I imp. torna a Roma 1/11 Berengario II prigioniero di Ottone fine dic.	Giovanni XII, dep. da Ottone I 4/12, lascia Roma [*Leone VIII*, rom., ant. el. 4/12, consac. 6/12, dep. giu. 964 († 965)]
964 *b*	7	3 a.	riv. in Roma contro Ottone I 3/1, che la lascia (29/6) e va in Germania Berengario II e Willa, sua mogl., condotti prigionieri in Germania (Berengario II † 966 a Bamberga)	Giovanni XII ritorna a Roma in genn. o febb. - sinodo contro Ottone I 26-28/2 è ucc. 14 mag. *Benedetto V*, rom. consac. in mag., esiliato 23/6 († 5/7/965 ad Amburgo)
965	8	26 m.	Adalberto in guerra contro Burcardo di Svevia è vinto in giu., fugge a Costantinopoli († dopo 968)	*Giovanni XIII*, rom., el. in sett., consac. 1/10, esiliato 12/10
966	9	15 a.	Ottone I torna in Italia in autunno	è ricondotto a Roma 12/11
967	10	31 m.	*Ottone II* f., cor. imp. col padre 25/12 dal papa	concilio a Ravenna, in apr.
968 *b*	11	19 a.	*Ottone I* e *Ottone II* assoc.	concilio a Ravenna
969	12	11 m.		
970	13	27 m.		
971	14	16 a.		
972 *b*	15	7 a.	Ottone II sp. 12/4 Teòfano, f.a di Romano II imp. d'or. - Teòfano è cor. imp.	Giovanni XIII † 6/9 *Benedetto VI*, el. in dic. dal partito imper.
973	1	23 m.	Ottone I imp. † 7/5 a Memleben *Ottone II*, solo imp. rom. e re di Germania	Benedetto VI consac. 19/1 Benedetto VI prigioniero in Castel S. Angelo, ucc. in giu.
974	2	12 a.		*Dono II*, rom., el. in lug., † in ott. [*Bonifacio VII*, rom., ant. consac. in giu., dep. in lug., ritorna in ag. († lug. 985)]
975	3	4 a.		*Benedetto VII*, ct. di Tuscolo, consac. in ott., è dep.
976 *b*	4	23 a.		*Benedetto VII* di nuovo papa

era cristiana	indizione	Pasqua	e rinvio al calend.	imperatori romani d'oriente e re di Germania e d'Italia	papi
977	5	8	a.		
978	6	31	m.		
979	7	20	a.		
980 b	8	11	a.	viene in Italia con la madre Adelaide in ott.	in lotta col popolo rom., si reca a Ravenna 22/8
981	9	27	m.	va a Benevento e a Napoli	ricondotto a Roma fine mag. dall'imp. - concilio in mar., scomunica Atanasio
982	10	16	a.	fa guerra ai greco-saraceni dell'Italia settentrionale, è sconfitto 13/7 a Stila	
983	11	3	a.	Ottone II † a Roma 7/12 *Ottone III* f., cor. re (25/12), regg. Teòfano, sua madre e Adelaide ava	Benedetto VII † 10/7 *Giovanni XIV*, el. in dic. (?)
984 b	12	23	a.		imprig. in apr. dall'ant. Giovanni XIV † a Roma 20/8
985	13	12	a.		*Giovanni XV*, Giovanni di Gallina Alba, rom., consac. ag.
986	14	4	a.		
987	15	24	a.		
988 b	1	8	a.		
989	2	31	m.		
990	3	20	a.		
991	4	5	a.	l'imp. Teòfano va in Germania († 5/6/ 991) *Ottone III*, regg. Adelaide ved. di Ottone I e il vesc. Willigi di Magonza, dal giu.	va in Toscana presso il march. Ugo
992 b	5	27	m.		
993	6	16	a.		sinodo in Laterano 31/1 a Rieti dal 31/5
994	7	1	a.		
995	8	21	a.	esce di minorità, cessa la reggenza	a Sutri 4/4
996 b	9	12	a.	scende in Italia in febb., cor. imp. 21/5 dal papa	Giovanni XV † primi di apr. *Gregorio V*, Bruno di Carinzia el. a Ravenna in apr., consac. 5/5, scacciato da Crescenzio
997	10	28	m.	II discesa in Italia in dic.	da Pavia è ricondotto in Roma dall'imp. 29/9 [Filagato (Giovanni XVI), greco-cala- brese, ant. in mag., ucc. mar. 998)]
998	11	17	a.	III discesa in Italia - prende Roma e doma la ribellione di Crescenzio	concilio a Ravenna 1/5, supplizio di Crescenzio
999	12	9	a.	ritorna in Germania in dic.	Gregorio V † 18/2 *Silvestro II*, Gerberto dei Cesi, franc., consac. 2/4
1000 b	13	31	m.	IV discesa in Italia, a Pavia primi di lug., poi ad Aquisgrana	a Benevento 9/7, a Roma 22/10
1001	14	13	a.	è assediato a Roma 16/2 dal popolo rivoltoso	a Tivoli 16/2, a Perugia 7/5, a Ravenna 4/4, a Todi in dic.
1002	15	5	a.	Ottone III fugge a Castel Paterno, vi † 23/1 *Enrico II* di Sassonia (du. di Baviera), cug., re di Germania e d'Italia 7/6, a Magonza *Arduino* d'Ivrea, cor. re d'Italia 5/2, a Pavia	
1003	1	28	m.	Arduino re, lotta con Enrico II alle Chiuse di Verona Enrico II sp. Cunegonda di Lussemburgo († 3/2/1038)	Silvestro II † 12 mag. *Giovanni XVII*, Sicco, rom., consac. 13/ 6, † in dic. *Giovanni XVIII*, Fasano, rom., el. 26/12 (?)
1004 b	2	16	a.	Enrico II scende in Italia 9/4, accl. re a Pavia 14/5, cor. 15/5 - tumulti a Pavia	

era cristiana	indizione	Pasqua e rinvio al calend.		imperatori romani d'oriente e re germanici in Italia	papi
				contro Enrico II 15/5 - ritorna in Germania	
1005	3	1	a.	Enrico II e Arduino re	
1006	4	21	a.		
1007	5	6	a.		
1008 b	6	28	m.		
1009	7	17	a.		Giovanni XVIII † 18/7
					Sergio IV, Pietro Boccadiporco rom., consac. 31/7
1010	8	9	a.		
1011	9	25	m.		
1012 b	10	13	a.		Sergio IV † 12/5
					Benedetto VIII, Giovanni dei ct. di Tuscolo, consac. 8/5
1013	11	5	a.	Enrico II ridiscende in Italia in ott., Arduino re spod. in dic.	[Gregorio ant. dal giu. al 25/12]
1014	12	25	a.	*Enrico II* cor. imp. a Roma con la mogl. Cunegonda 14/2 (Arduino si fa monaco a Fruttuaria in sett., ove † 14/12)	a Ravenna (concilio 30/4), a Roma 14/2
1015	13	10	a.		concilio in Laterano 3/1
1016 b	14	1	a.		
1017	15	21	a.		
1018	1	6	a.		
1019	2	29	m.		
1020 b	3	17	a.		in Germania, in genn., presso l'imp. a Bamberga 14/4
1021	4	2	a.	viene in Italia, a Ravenna in dic.	a Bamberga
1022	5	25	m.	sua sped. nell'Italia meridionale	a Benevento, a Troia e a Montecassino sinodo a Pavia
1023	6	14	a.		a Roma
1024 b	7	5	a.	Enrico II ritorna in Germania - † 12/7 a Grona	Benedetto VIII † in giu. (?)
				Corrado II il Salico, f. di Enrico du. di Franconia, re di Germania 4/9 - sp. (1016) Gisela († 1043) f.a di Ermanno di Svevia	*Giovanni XIX*, dei ct. di Tuscolo, rom., fr. del precedente, el. in giu., consac. fra 24/6 e 15/7
1025	8	18	a.		
1026	9	10	a.	a Milano, cor. re d'Italia 23/2	
1027	10	26	m.	a Roma è cor. dal papa imp. rom. 26/3	a Roma incorona Corrado II 26/3
1028 b	11	14	a.		sinodo a Roma 6/4 - concilio a Ravenna
1029	12	6	a.		concilio a Roma in dic.
1030	13	29	m.	(i normanni in Italia - ottengono Aversa)	
1031	14	11	a.		
1032 b	15	2	a.	con aiuto italiano occupa il regno d'Arles	Giovanni XIX † 9/11
1033	1	22	a.	cor. re di Borgogna 2/2	*Benedetto IX*, Teofilatto dei ct. di Tuscolo, rom., el. e consac. in genn.
1034	2	14	a.		
1035	3	30	m.		
1036 b	4	18	a.		
1037	5	10	a.	scende in Italia a combattere le fazioni, è respinto da Milano	
1038	6	26	m.		
1039	7	15	a.	Corrado II † 4/6 a Utrecht	
				Enrico III di Franconia il Nero, f., re di Germania-Italia 4/6 - sp. (1036) Gunhilda († 1038), f.a di Canuto il Grande	

era cristiana	indizione	Pasqua e rinvio al calend.	imperatori romani d'oriente e re germanici in Italia	papi
1040 b	8	6 a.		
1041	9	22 a.	(invasione dei normanni in Italia)	
1042	10	11 a.	sue sped. contro i boemi in Ungheria (1042-1044)	
1043	11	3 a.	sp. Agnese di Poitou, f.a di Guglielmo V di Guienna	
1044 b	12	22 a.		
1045	13	7 a.		Benedetto IX rinunzia 1/5, a Roma († 1046 a Grottaferrata) *Gregorio VI*, Giovanni dei Graziani, rom., consac. 5/5 [Giovanni (Silvestro III) vesc. di Sabina, ant. 20/1, scacciato 10/3]
1046	14	30 m.	è cor. imp. rom. 25/12 con la mogl. Agnese a Roma fa deporre i papi Silvestro III, Gregorio VI e Benedetto IX (concilio di Sutri)	Gregorio VI abd. 20/12 al concilio di Sutri († 1047) *Clemente II*, Suitgero di Hornburg, sassone, el. 24/12, consac. 25/12
1047	15	19 a.	ritorna in Germania	Clemente II † 9/10 *Damaso II*, Poppone, di Bressanone, el. 25/12
1048 b	1	3 a.		Damaso II, consac. 17/7, † 9/8 *s. Leone IX*, Brunone, tedesco, el. in dic. a Worms
1049	2	26 m.		s. Leone IX, consac. 12/2 a Roma, attende a riformare la Chiesa
1050	3	15 a.		
1051	4	31 m.		
1052 b	5	19 a.		
1053	6	11 a.		
1054	7	3 a.		Leone IX † 19/4 a Roma *Vittore II*, Gebardo di Dollstein-Hirschberg, el. in sett.
1055	8	16 a.	pace di Roncaglia 5/5, approva il comune di Milano	*Vittore II*, consac. 16 (?)/4
1056 b	9	7 a.	Enrico III imp. † 5/10 a Bodfeld *Enrico IV* di Franconia, f. (re di Germania 1053), succ. 5/10, regg. Agnese sua madre e Annone arciv. di Colonia	
1057	10	30 m.		Vittore II † 28/7 ad Arezzo *Stefano X* (IX), Federico di Lorena, el. 2/8, consac. 3/8
1058	11	19 a.		Stefano X † a Firenze 20/3 - concilio di Sutri [Benedetto X, rom. (dei ct. di Tuscolo), el. 5/4 ant., dep. 24/1/1059 († s.a.)]
1059	12	4 a.		*Niccolò II*, Gerard de Bourgogne, el. a Siena, consac. 24/1 concilio Lateranense, regole per l'elezione dei papi
1060 b	13	26 m.		
1061	14	15 a.		Niccolò II † 17/7 a Firenze *Alessandro II*, Anselmo da Baggio, el. e consac. 1/10 a Roma e 28/10 in Augusta [Cadalo (Onorio II) el. a Basilea 28/10, ant., dep. 31/5/1064 († 1072)]
1062	15	31 m.	sotto regg. di Annone e di Adalberto di Brema (Agnese † 14/12/1077).	a Roma in apr., a Lucca ott.-dic. (concilio)
1063	1	20 a.		a Siena in genn., poi a Roma
1064 b	2	11 a.		a Mantova 31/5, a Lucca 31/8

era cristiana	indizione	Pasqua	e rinvio al calend.	imperatori romani d'oriente e re germanici in Italia	papi
1065	3	27	m.		a Roma
1066	4	16	a.	esce di minorità - sp. Berta († 1088), f.a di Oddone di Savoia	a Roma
1067	5	8	a.		a Roma, poi a Melfi (concilio) 1/8, a Capua 12/10
1068 b	6	23	m.		a Roma, Lucca, poi Perugia mar. a dic.
1069	7	12	a.		a Perugia e a Narni in genn., poi a Roma
1070	8	4	a.		a Siena (genn.), poi a Roma e Arezzo
1071	9	24	a.		a Roma, poi a Lucca 21/6
1072 b	10	8	a.		a Rieti in genn., poi a Roma e a Lucca
1073	11	31	m.	reprime una soll. di sassoni (1073 - 9/7/1075)	Alessandro II † 21/4 a Roma s. *Gregorio VII*, Ildebrando Aldobrandeschi di Soana, el. 22/4, consac. 29/6
1074	12	20	a.		a Roma in genn., a Tivoli, poi a Roma
1075	13	5	a.	tenta far deporre il papa nella dieta di Worms	arrestato da Cencio Frangipane 25/12, liberato dal popolo 26/12, scomunica Enrico IV
1076 b	14	27	m.	lotta col papa per le investiture dal 24/1 [Rodolfo di Svevia, compet. di Enrico IV, el. re 15/3]	a Roma, poi a Firenze e a Lucca
1077	15	16	a.	sua sottomissione al papa a Canossa 25-27/1	a Canossa da 25/1, assolve l'imp., a Firenze e a Siena
1078	1	8	a.		a Roma, poi a Capua, a Sutri e a Roma
1079	2	24	m.		a Roma (sinodo 7/3)
1080 b	3	12	a.	convoca un concilio a Brixen per deporre il papa - vince Rodolfo, che † 15/10	[Ghiberto (Clemente III), ant. 35/6, consac. 24/3/1084, † 1100]
1081	4	4	a.	viene a Pavia ed è cor. re d'Italia, assedia Roma in giu. [Ermanno ct. di Lussemburgo, compet., el. re dai ribelli 26/12]	a Roma (sinodo in febb.)
1082	5	24	a.	assedia ancora Roma e vi entra in dic.	a Roma
1083	6	9	a.	fa dichiarare decaduto il papa e riconosciuto l'ant. Ghiberto	a Benevento 6/1, a Roma febb.
1084 b	7	31	m.	è cor. imp. rom. con Berta sua mogl. dall'ant. 31/3	Roberto Guiscardo scaccia l'ant. da Roma
1085	8	20	a.	è vinto dal compet. Ermanno a Pleichfeld, 11/8	s. Gregorio VII † 25/5 a Salerno, l'ant. ritorna
1086	9	5	a.		b. *Vittore III*, Desiderio di Benevento, el. 24/5
1087	10	28	m.	[Corrado du. di Lorena, f. di Enrico IV, el. re di Germania in nov. ribelle al padre]	è consac. a Roma 9/5, † 16/9 a Montecassino
1088 b	11	16	a.	[Ermanno compet. rin.]	b. *Urbano II*, Oddone di Lagery, el. e consac. a Terracina 12/3
1089	12	1	a.	Enrico IV sp. Adelaide, f.a di Usevold princ. russo	al concilio di Melfi 10/9, a Venosa, a Bari
1090	13	21	a.	viene in Italia contro la ct. Matilde e Corrado	al concilio di Roma, l'ant. è cacciato da Roma
1091	14	13	a.		al concilio di Benevento, l'ant. ritorna ad Anagni, a Salerno, a Mantova
1092 b	15	28	m.	è vinto presso Canossa	al concilio di Troia (Puglie)
1093	1	17	a.	*Corrado* cor. re d'Italia, ribelle al padre Enrico IV imp., abbandonato da Adelaide, viene in Italia contro il f.	
1094	2	9	a.	Corrado sp. Matilde, f.a di Ruggero d'Altavilla	a Roma, poi a Pisa
1095	3	25	m.		al concilio di Piacenza bandisce la I crociata 1/3, scomunica il re di Francia

era cristiana	indizione	Pasqua	e rinvio al calend.	imperatori romani d'oriente e re germanici in Italia	papi
1096 b	4	13	a.		a Limoges e a Poitiers
1097	5	5	a.		l'ant. è scacciato († 1100)
1098	6	28	m.		al concilio di Bari in ott., poi a Roma
1099	7	10	a.	[Enrico V, f. di Enrico IV, compet. el. re 6/1]	b. Urbano II † 29/7 a Roma *Pasquale II*, Raineri di Bieda, el. 13/8, consac. 14/8
1100 b	8	1	a.	[Corrado dep. dal fr. Enrico (V)]	[Teodorico ant. da sett. a dic.]
1101	9	21	a.	[Corrado † a Firenze in lug.]	a Roma, poi a Benevento e a Capua
1102	10	6	a.		[Alberto ant. da febb. a mar.] a Roma, poi a Benevento
1103	11	29	m.		a Roma, poi a Pisa e a Pistoia
1104 b	12	17	a.	[Enrico (V) fa guerra al padre]	a Roma, poi a Pisa e a Pistoia
1105	13	9	a.	Enrico IV, costretto ad abd., fugge a Liegi 31/12	[Maginolfo (Silvestro IV) ant. dal 18/11 al 12/4/1111]
1106	14	25	m.	(† 7/8 a Liegi) *Enrico V*, f. (re di Germania 1105) cor. re 6/1	concilio di Troyes per le crociate
1107	15	14	a.		a Casale, poi in Francia genn.-ag., a Modena e Firenze
1108 b	1	5	a.		a Benevento 25/10 (sinodo), a Troia in nov., e a Capua
1109	2	25	a.		a Segni, a Benevento, a Subiaco
1110	3	10	a.	sua sped. in Italia - si reca al concilio di Sutri	concilio a Roma (investiture ecclesiastiche) 7/3, al congresso di Sutri
1111	4	2	a.	cor. imp. 13/4 a Roma dal papa - è cacciato da Roma	è imprig. dall'imp. 16/2
1112 b	5	21	a.		concilio Lateranense sulle investiture ecclesiastiche
1113	6	6	a.		a Benevento, a Roma, Anagni e Tivoli, ott.-nov.
1114	7	29	m.	sp. Matilde, f.a di Enrico I d'Inghilterra	a Ceprano, Veroli e Benevento in ag.
1115	8	18	a.		a Troia (concilio), a Benevento in sett., ad Anagni
1116 b	9	2	a.	ritorna in Italia	si ritira da Roma in apr.
1117	10	25	m.		
1118	11	14	a.		Pasquale II † 13/12 *Gelasio II*, Giovanni Caetani, di Gaeta, el. 24/1, consac. 10/3 è fatto prigioniero [il card. Maurizio Burdino (Gregorio VIII) ant. el. 8/3, dep. apr. 1121, † 1122]
1119	12	30	m.		Gelasio II † 29/1 nel monastero di Cluny *Callisto II*, Guido di Borgogna, el. 2/2, consac. 9/2 a Vienna
1120 b	13	18	a.		
1121	14	10	a.		
1122	15	26	m.	concordato di Worms 23/9 (lotta delle investiture)	
1123	1	15	a.		I concilio Lateranense - abolizione delle investiture
1124 b	2	6	a.		Callisto II † 13/12 *Onorio II*, Lamberto Scannabecchi, el. 15/12, consac. 21/12 [Tebaldo Buccapecus (Celestino) ant. el. 15/12, abd. 16/12]
1125	3	29	m.	Enrico V † 23/5 a Utrecht *Lotario II* il Sassone, f. del ct. di Supplimburg, imp. 30/8, cor. 13/9 a Magonza	a Benevento dal lug., poi a Roma dal nov.
1126	4	11	a.	[Federico di Svevia, nip. di Enrico V,	

era cristiana	indizione	Pasqua e rinvio al calend.	imperatori romani d'oriente e re germanici in Italia	papi
			compet.]	
1127	5	3 a.		
1128 b	6	22 a.	[Corrado (III), f. di Federico di Svevia, el. re d'Italia a Milano 13/3]	concilio a Ravenna
1129	7	14 a.		
1130	8	30 m.		Onorio II † 13/2 a Roma
				Innocenzo II, Gregorio Papareschi, el. 14/2, consac. 23/2
				[Pietro Leonis (Anacleto II) ant. el. 14/2, consac. 23/2, † 25/1/1137]
1131	9	19 a.		in Francia, concilio di Liegi 22/3-1/4
1132 b	10	10 a.	Lotario II viene in Italia favorevole al papa	in Francia fino a 30/3, al concilio di Piacenza 20/8
1133	11	26 m.	è cor. imp. dal papa 4/6	a Pisa genn., a mar. a Grosseto, Viterbo, Roma
1134	12	15 a.		a Pisa
1135	13	7 a.	[Federico sottomesso a Lotario II 18/3]	a Pisa
1136 b	14	22 m.	[Corrado rin. al tit. di re d'Italia 30/9]	a Pisa
1137	15	11 a.	sua sped. contro i normanni	a Pisa, poi a Grosseto e Viterbo
1138	1	3 a.	Lotario II † 13/12 in Tirolo *Corrado III*, nip. di Enrico IV, cor. re di Germania e dei rom. 7/3	a Roma [Gregorio (Vittore IV) ant. 15/3, dep. 29/5]
1139	2	23 a.		è vinto dai Normanni - II concilio Lateranense
1140 b	3	7 a.		a Roma
1141	4	30 m.		a Roma
1142	5	19 a.		a Roma
1143	6	4 a.		Innocenzo II † 24/9 a Roma
				Celestino II, Guido di Castello, el. e consac. (?) 26/9
1144 b	7	26 m.	sp. Gertrude († 1166) f.a di Berengario ct. di Sulzbach	Celestino II † 8/3
				Lucio II, Gerardo Caccianemici di Bologna, consac. 12/3
1145	8	15 a.		Lucio II † 15/2 a Roma
				b. *Eugenio III*, Bernardo Pagnanelli, el. 15/2, consac. 18/2
				[Arnaldo da Brescia a Roma]
1146	9	31 m.	parte per la II crociata, è sconfitto	a Roma, poi a Sutri e a Viterbo
1147	10	20 a.	[Enrico suo f. el. re dei rom. 30/3]	a Lucca, a Pontremoli, a Vercelli, a Susa - II crociata
1148 b	11	11 a.		in Francia fino a mag., a Losanna, Vercelli ecc.
1149	12	3 a.		a Viterbo, a Tuscolano, a Roma
1150	13	16 a.	[Enrico pred. † fra giu. e ott.]	a Roma, ad Albano, Segni ecc.
1151	14	8 a.		a Ferentino e a Segni
1152 b	15	30 m.	Corrado III re † 15/2 a Bamberg *Federico I Barbarossa*, f. di Federico II d'Hohenstaufen, re dei rom. e di Germania 9/3	a Segni, ad Albano poi a Roma 6/9
1153	1	19 a.		b. Eugenio III † 8/7 a Tivoli *Anastasio IV*, el. 9/7 consac. 12/7
1154	2	4 a.	viene in Italia a sottomettere i comuni I dieta di Roncaglia 5/12	Anastasio IV † 3/12 Roma *Adriano IV*, Nicholas Breakspear, inglese, el. 4/12, consac. 5/12
1155	3	27 m.	cor. re d'Italia a Monza 17/4 e imp. rom. 18/6 a Roma	a Roma (supplizio di Arnaldo da Brescia, in giu.)
1156 b	4	15 a.	sp. Beatrice di Borgogna († 1185) f.a del ct. Rinaldo III	a Benevento, a Montecassino e Narni
1157	5	31 m.	fa guerra alle città lombarde	a Roma, Anagni e Orvieto

era cristiana	indizione	Pasqua	e rinvio al calend.	imperatori romani d'oriente e re germanici in Italia	papi
1158	6	20	a.	torna in Italia in lug. - capitolazione di Milano 7/9 II discesa e dieta di Roncaglia 11/11	a Roma, a Sutri, a Narni e Albano
1159	7	12	a.	Federico I lotta col papa Alessandro III assedio di Crema in lug.	Adriano IV † ad Anagni 1/9 *Alessandro III*, Rolando Baldinelli, di Siena, el. 7/9, consac. 20/9 a Ninfa [Ottaviano (Vittore V) ant. dal 7/9, consac. 4/10, † 20/4/1164]
1160 *b*	8	27	m.	presa e distruzione di Crema 26/1	ad Anagni da genn. a 21/12 e 29/11 a 25/12
1161	9	16	a.	assedia Milano in primavera	ad Anagni 4/1 a 8/4, a Roma 6 a 14/6, a Ferentino 2/7 a 20/9, a Terracina 30/9
1162	10	8	a.	Milano si arrende in mar. ed è distrutta 26-31/3, Federico parte dall'Italia in lug.	a Piombino, Vado, Livorno in genn., a Genova 21/1 a 25/3, in Francia 11/4 a 25/12
1163	11	24	m.	III discesa di Federico in Italia in ott.	in Francia
1164 *b*	12	12	a.	Lega veronese - Federico ritorna in Germania in ott.	[Guido di Crema (Pasquale III) ant. dal 22/4, consac. 26/4 † 20/9/1168] in Francia
1165	13	4	a.		in Francia 1/1 a nov., Messina e Salerno in nov., Roma 23/11 a dic.
1166	14	24	a.	IV discesa in Italia da ott. 1166 a mar. 1168	a Roma 18/1 a 20/12
1167	15	9	a.	è di nuovo cor. dall'ant. in Roma Lega lombarda ratificata a Pontida 7/4	a Roma 5/1 a 27/6, a Pisa in lug., a Benevento 22/8 a 29/12
1168 *b*	1	31	m.	parte dall'Italia in mar. - unione delle due leghe	a Benevento 4/1 a 30/12 [Giovanni di Sirmio (Callisto III) ant. el. in sett., abd. 29/8/1178]
1169	2	20	a.		a Benevento 4/1 a 11/4
1170	3	5	a.		a Benevento 10/1 a 24/2, a Veroli 18/3 a 10/9, ad Alatri e a Ferentino 12/9 a 10/10, ad Anagni e a Segni in ott., a Tuscolo 17/10 a 29/12
1171	4	28	m.		a Tuscolo
1172 *b*	5	16	a.		a Tuscolo
1173	6	8	a.		a Segni 27/1 a 25/3, ad Anagni 28/3 a 23/12
1174	7	24	m.	V discesa in Italia fine sett. - assedia Ancona 1/4 a ott. e Alessandria fine ott.	ad Anagni 12/1 a 8/10, a Ferentino 25/10 a 30/12
1175	8	13	a.	continua l'assedio d'Alessandria, l'imp. si ritira ai primi d'apr., pace di Montebello 16/4 suo convegno infruttuoso a Chiavenna con Enrico du. di Baviera	a Ferentino 1/2 a 9/8, ad Anagni 19/10 a 16/12
1176 *b*	9	4	a.	è sconfitto alla batt. di Legnano 29/5	ad Anagni 14/1 a 15/11, tratt. di pace concluso ad Anagni con l'imp. in nov.
1177	10	24	a.	fa pace col papa a Venezia e coi comuni lombardi in ag.	a Benevento 6/1, a Troia, Foggia, Siponto in genn., al congresso di Venezia fino a ott. - tregua di 6 anni coi comuni, l'imp. è ribenedetto dal papa 24/1
1178	11	9	a.	è cor. re delle due Borgogne ad Arles e a Vienna in lug., ritorna in Germania in ott. lasciando suo vic. Cristiano di Magonza	ad Anagni 4/1 a 7/2, a Roma 12/3 e 15/8, a Tuscolo ag.-dic.
1179	12	1	a.		a Tuscolo 2/1 a 7/2, a Roma 16/2 a 4/7, a Palestrina 13/7, a Segni lug.-ott., ad Anagni 17/10

era cristiana	indizione	Pasqua	e rinvio al calend.	imperatori romani d'oriente e re germanici in Italia	papi
					[Lando di Sezze (Innocenzo III) ant. 29/3, dep. genn. 1180] a Velletri in dic. - III concilio Lateranense (XI ecumenico)
1180 b	13	20	a.	spoglia dei suoi feudi Enrico di Baviera 13/1	a Velletri 10/1 a 14/4, a Tuscolo 13/6 a 31/12
1181	14	5	a.		a Tuscolo 4/1 a 1/6, a Viterbo 24/6 a 16/8
					Alessandro III † 30/8 a Città di Castello *Lucio III*, el. 1/9, consac. 6/9 a Velletri
1182	15	28	m.		a Roma 30/1 a 11/3, a Velletri 13/3 a 23/12
1183	1	17	a.	pace di Costanza 25/6	a Velletri 12/1 a 5/6, a Segni 24/6 a 5/9, ad Anagni 22/9 a 9/12
1184 b	2	1	a.	VI discesa dell'imp. in Italia fino al 1186	ad Anagni 3/1 a 5/3, a Veroli 8/4 a 28/5, a Castro 13/6, ad Ancona 17/6, a Rimini 22/6, a Faenza 28/6, a Bologna 7/7, a Modena 12/7, a Verona presso l'imp. 22/7
1185	3	21	a.	† l'imp. Adelaide, f.a di Tebaldo march. di Vohburg, sp. 1149, ripudiata 1153	Lucio III † 25/11 a Verona *Urbano III*, el. 25/11, consac. 1/12 a Verona
1186	4	13	a.	Arrigo (VI), suo f., sp. (27/1) Costanza f.a di Ruggero II d'Altavilla	a Verona
1187	5	29	m.		Urbano III † 20/10 a Ferrara *Gregorio VIII*, el. 21/10, consac. 25/10 a Ferrara
1188 b	6	17	a.	dieta di Magonza	Gregorio VIII † 17/12 a Pisa *Clemente III*, Paolo Scolari, rom., el. 19/12 a Pisa bandisce la III crociata
1189	7	9	a.	parte per la III crociata in mag.	consac. a Pisa in genn.
1190	8	25	m.	Federico I † 10/6 in Cilicia *Arrigo (VI)* re dei rom. 18/8/1169, re di Germania 10/6	
1191	9	14	a.	*Arrigo VI* cor. imp. rom. con la regina Costanza, 15/4 - assedia Napoli apr.-ag.	Clemente III † 20/3 *Celestino III*, Giacinto Bobone Orsini, rom., el. 21/3, consac. 14/4
1192 b	10	5	a.		
1193	11	28	m.		
1194	12	10	a.	è cor. re di Napoli e Sicilia a Palermo, ott. o nov.	
1195	13	2	a.		
1196 b	14	21	a.	ritorna in Germania e fa el. re dei rom. il f. Federico	scomunica Enrico VI
1197	15	6	a.	† a Messina 28/9 *Federico II*, f. el. re di Sicilia, regg. (28/9) Costanza († 1198), poi il papa	
1198	1	29	m.	[Filippo du. di Svevia, fr. di Arrigo VI (re di Germania 6/3) compet.] *Ottone IV* di Brunswick, f. di Enrico re di Baviera, re di Germania, el. dal partito guelfo 19/7	Celestino III † 8/1 a Roma *Innocenzo III*, Lotario ct. di Segni, rom., el. 8/1, consac. 22/2 - tut. di Federico II sua crociata contro i valdesi
1199	2	18	a.		a Roma
1200 b	3	9	a.		a Roma
1201	4	25	m.		a Roma
1202	5	14	a.		predica la IV crociata
1203	6	6	a.		a Roma
1204 b	7	25	a.		ad Anagni, poi a Roma 12/3, i crociati

era cristiana	indizione	Pasqua	e rinvio al calend.	imperatori romani d'oriente e re germanici in Italia	papi
1205	8	10	a.		espugnano Costantinopoli a Roma
1206	9	2	a.	profugo in Inghilterra	a Roma
1207	10	22	a.		a Roma
1208 b	11	6	a.	[Filippo di Svevia ucc. a Bamberga 21/6] *Ottone IV* è ricon. re dei rom. a Francoforte 11/11	a Roma
1209	12	29	m.	è cor. imp. a Roma dal papa 27/9	crociata contro gli «Albigesi»
1210	13	18	a.		scomunica Ottone IV in nov.
1211	14	3	a.		
1212 b	15	25	m.	[Federico (II) cor. re di Germania 9/12]	
1213	1	14	a.	sp. (1212) Beatrice di Svevia († s.a.)	
1214	2	30	m.	è vinto da Filippo Augusto re di Francia a Bouvines 27/7, sp. Maria di Brabante († 1260)	
1215	3	19	a.	è cor. re di Germania ad Aquisgrana	
1216 b	4	10	a.		Innocenzo III † 16/7 a Perugia *Onorio III*, Cencio Savelli, rom., el. 18/7, consac. 24/7 a Perugia
1217	5	26	m.		
1218	6	15	a.	Ottone IV † 19/5 a Harzburg [Federico II re]	
1219	7	7	a.	imp. vacante	
1220 b	8	29	m.	*Federico II* cor. imp. rom. dal papa, a Roma 22/11, sp. Costanza d'Aragona († 1222) f.a di Alfonso II - Enrico suo f. el. re dei rom. 20/4	a Viterbo 16/1-2/6 e 22/9-10/10, a Orvieto 3/6-21/9, poi a Roma
1221	9	11	a.		a Roma
1222	10	3	a.	[Enrico cor. re 8/5, ribelle al padre]	a Roma
1223	11	23	a.		a Roma
1224 b	12	14	a.		
1225	13	30	m.	sp. (9/11) Jolanda († 1228), f.a di Giovanni di Brienne re tit. di Gerusalemme	costretto a partire da Roma in primavera
1226	14	19	a.		ritorna a Roma
1227	15	11	a.		Onorio III † 18/3 a Roma *Gregorio IX*, Ugolino ct. di Segni, el. 19/3, consac. 21/3 scomunica Federico II 29/9
1228 b	1	26	m.	parte per la VI crociata 28/6	a Roma, poi a Rieti, poi ad Assisi e Perugia
1229	2	15	a.	entra in Gerusalemme 17/3 e s'incorona re	a Perugia
1230	3	7	a.	fa pace col papa 23/7	a Perugia, poi a Roma 17/2, ad Anagni 6/8, a Roma nov.
1231	4	23	m.	pubblica le «Constitiones Melphitanae» a Melfi	a Roma, poi a Rieti 1/6
1232 b	5	11	a.	dieta di Ravenna per sottomettere i comuni lombardi	a Rieti, poi a Terni mag. e ad Alatri, Narni ecc.
1233	6	3	a.		ad Anagni, poi a Roma 16/3
1234	7	23	a.		a Roma, poi a Rieti e ad Arona
1235	8	8	a.	[Enrico è vinto e prigioniero in lug. († 12/2/1242)], sp. Isabella († 1241) f.a di Giovanni Senzaterra	a Perugia, poi ad Assisi, Foligno e Viterbo
1236 b	9	30	m.	sua venuta in Italia	a Viterbo, poi a Terni e Rieti
1237	10	19	a.	sconfigge i comuni lombardi a Cortenuova 27/11	a Terni, poi a Viterbo
1238	11	4	a.	nomina Enzo, f. nat., re di Sardegna	a Roma, poi ad Anagni

era cristiana	indizione	Pasqua e rinvio al calend.	imperatori romani d'oriente e re germanici in Italia	papi
1239	12	27 m.		scomunica ancora Federico II 15/4
1240 b	13	15 a.	invade le terre del papa, è costretto a ritirarsi	convoca un concilio in Roma
1241	14	31 m.		Gregorio IX † 22/8 a Roma *Celestino IV*, Goffredo Castiglioni, el. 25/10, consac. 28/10, † 10/11
1242	15	20 a.		sede vacante
1243	1	12 a.		*Innocenzo IV*, Sinibaldo Fieschi dei ct. di Lavagna, gen., el. 25/6, consac. 28/6
1244 b	2	3 a.		a Roma, poi a Sutri 27/6, a Genova 27/7, ad Asti, a Lione, ott.-dic.
1245	3	16 a.	è scomunicato e dep. dal papa 17/7	al concilio di Lione - nuova scomunica di Federico II 17/7
1246	4	8 a.	[Enrico Raspe, landgravio di Turingia, fr. di Luigi il Pio, antire di Germania 22/5]	a Lione
1247	5	31 m.	[Enrico Raspe contro Corrado, f. di Federico II, è sconfitto e † 17/2] assedia Parma in lug. [Guglielmo d'Olanda, re dei rom. 29/9, compet. contro Corrado IV]	
1248 b	6	19 a.	è sconfitto alla batt. di Parma 18/2 [Guglielmo cor. re ad Aquisgrana]	a Lione - VI crociata (Luigi IX) 1248-1250
1249	7	4 a.	re Enzo è vinto dai bolognesi a Fossalta e imprigionato 26/5 († 15/3/1272)	
1250	8	27 m.	Federico II † 13/12 a Ferentino *Corrado IV*, f. (re dei rom. 1237), re di Germania e di Sicilia, succ. al padre 13/12 [Guglielmo re compet.]	
1251	9	16 a.		a Lione, poi a Vienna, Marsiglia, Ventimiglia, Milano
1252 b	10	31 m.		a Roma, poi a Perugia
1253	11	20 a.	entra in Napoli in ott.	a Perugia, poi a Roma 12/10, scomunica Corrado IV
1254	12	12 a.	Corrado IV † presso Lavello 21/5 [Guglielmo compet.]	Innocenzo IV † 7/12 a Napoli *Alessandro IV*, Rinaldo dei ct. di Segni, el. 15/12, consac. 20/12 a Napoli
1255	13	28 m.	grande interregno, fino al 1273	a Napoli, poi a Roma scomunica Manfredi, mar.
1256 b	14	16 a.	[Guglielmo d'Olanda ucc. 28/1]	a Roma, ad Anagni 1/6
1257	15	8 a.	[Riccardo di Cornovaglia, f. di Giovanni Senzaterra, re di Germania 17/5] [Alfonso, f. di Ferdinando il Santo, re di Castiglia, el. re di Germania 1/4 compet.]	a Roma, poi a Viterbo 23/5
1258	1	24 m.		a Viterbo, poi ad Anagni 31/10
1259	2	13 a.		ad Anagni
1260 b	3	3 a.		ad Anagni, a Subiaco, a Genova 24/9, a Roma, apr.
1261	4	24 a.		Alessandro IV † 27/5 a Viterbo *Urbano IV*, Jacques Pantaléon el. 29/8, consac. 4/9 a Viterbo
1262	5	9 a.		a Montefiascone, poi a Orvieto
1263	6	1 a.		a Orvieto
1264 b	7	20 a.		Urbano IV † 2/10 a Perugia
1265	8	5 a.	Carlo d'Anjou ricevuto dal papa (giu.)	*Clemente IV*, Gui Foulques, di St. Gilles (el. 8/10/64) consac. 15/2 a Perugia
1266	9	28 m.	batt. di Benevento, Manfredi di Svevia	a Perugia, poi 30/4 a Orvieto

era cristiana	indizione	Pasqua e rinvio al calend.	imperatori romani d'oriente e re germanici in Italia	papi
			† 26/2 Carlo cor. re di Sicilia 6/6	
1267	10	17 a.	[Corradino di Svevia, f. di Corrado IV, in Italia contro re Carlo 21/4]	a Viterbo
1268 b	11	8 a.	[Corradino a Roma 24/7 acclam. imp., sconfitto a Scurcola 23/8, decapitato 29/10]	Clemente IV † 29/11 a Viterbo
1269	12	24 m.		sede vacante
1270	13	13 a.		sede vacante
1271	14	5 a.		b. Gregorio X, Tebaldo Visconti, piacentino, el. 1/12 a Viterbo
1272 b	15	14 a.	[Riccardo di Cornovaglia † 2/4 - Alfonso di Castiglia re]	è consac. 27/3 a Roma
1273	1	9 a.	Rodolfo I (IV) d'Absburgo, f. del ct. Alberto IV, el. re di Germania a Francoforte 1/10, re dei rom. 28/10 ad Aquisgrana - sp. (1245) Geltrude di Hohenberg († 1281), f.a di Burcardo III [Alfonso di Castiglia re, dep. 21/8/1274]	a Orvieto, 5-6/1 a Firenze 20/6-4/9 a Modena, a Piacenza, a Reggio, sett., a Milano, ott. a Lione, nov.-dic.
1274	2	1 a.	Rodolfo I cede al papa l'Esarcato, la marca d'Ancona e il duc. di Spoleto	riconosce re dei rom. Rodolfo I - concilio Lionense II
1275	3	14 a.	a Losanna, rinunzia alla Sicilia in ott. e conferma al papa i privilegi concessi da Ottone IV e Federico II	a Lione 5/1-13/4, concilio ecumenico
1276 b	4	5 a.		b. Gregorio X † in Arezzo 10/1 b. Innocenzo V, Pierre de Champagny, el. 11/7 in Arezzo, † 22/6 a Roma Adriano V, Ottobono Fieschi, genov., el. 11/7, † 16/8 a Viterbo Giovanni XXI, Pietro di Giuliano, di Lisbona, el. 8/9 a Viterbo, consac. 20/9
1277	5	28 m.	toglie Austria e Stiria a Ottocaro II, re di Boemia e march. di Moravia	Giovanni XXI † 20/5 a Viterbo Niccolò III, Giovanni Gaetano Orsini, rom., el. 25/11 a Viterbo, consac. 26/12 a Roma
1278	6	17 a.	vince a Markfeld Ottocaro II († 26/8) e occupa Carinzia e Stiria in ag.	a Viterbo, ottiene i diritti imperiali su Romagna e Marche
1279	7	2 a.		a Roma
1280 b	8	21 a.		Niccolò III † 22/8 a Soriano (Viterbo)
1281	9	13 a.		Martino IV, Simon de Brie, franc., el. 22/2 a Viterbo, consac. 23/3 a Orvieto
1282	10	29 m.		a Orvieto poi Montefiascone
1283	11	18 a.		a Orvieto
1284 b	12	9 a.	sp. Elisabetta († 1316) f.a di Ugo IV du. di Borgogna	a Orvieto poi a Città della Pieve e a Perugia
1285	13	25 m.		Martino IV † 28/3 a Perugia Onorio IV, Giacomo Savelli, rom., el. 2/4 a Perugia, consac. 20/5 a Roma
1286	14	14 a.		a Roma, poi a Tivoli
1287	15	16 a.		Onorio IV † 3/4 a Roma
1288 b	1	28 m.		Niccolò IV, Girolamo Masci, d'Ascoli, el. 15/2, consac. 22/2 a Roma
1289	2	10 a.		a Roma, poi a Rieti 18/5
1290	3	2 a.		a Roma, poi a Orte (mag.), a Orvieto (giu.-dic.)
1291	4	22 a.	Rodolfo I † 15/7 a Germersheim	a Orvieto, poi a Roma dal nov.
1292 b	5	6 a.	Adolfo di Nassau, f. del ct. di Walram, el. re dei rom. 5/5, re di Germania 10/5	Niccolò IV † 4/4 a Roma
1293	6	29 m.		sede vacante

era cristiana	indizione	Pasqua e rinvio al calend.	imperatori romani d'oriente e re germanici in Italia	papi
1294	7	18 a.		s. *Celestino V*, Pietro Angeleri da Morrone d'Isernia, el. 5/7 a Perugia consac. 29/8 ad Aquila, rin. 13/12/1294 († 19/5/1296)
				Bonifacio VIII, Benedetto Caetani di Anagni, el. 24/12 a Napoli
1295	8	3 a.		consac. 23/1 a Roma
1296 b	9	25 m.		sua bolla contro Filippo il Bello
1297	10	14 a.		a Roma, a Orvieto, 6/6-31/10 a Bolsena (nov.)
1298	11	6 a.	Adolfo di Nassau compra la Turingia, è dep. 23/6, ucc. 2/7 a Göllheim	a Roma, 5/1-18/7
			Alberto I d'Absburgo f. di Rodolfo I el. re di Germania e re dei rom. 27/7, cor. 24/8, sp. (1276) Elisabetta († 1313), f.a di Mainardo V di Gorizia, Tirolo e Carinzia	a Rieti 28/8-5/12 a Roma 20-29/12
1299	12	19 a.		a Roma, ad Anagni 12/5 a 27/9, poi a Roma
1300 b	13	10 a.		a Roma (giubileo), poi ad Anagni 7/8-3/10
1301	14	2 a.		ad Anagni 1/5-2/10
1302	15	22 a.	pace di Caltabellotta 31/8	a Roma, poi ad Anagni 12/5-14/9 - concilio Lateranense
1303	1	7 a.		è imprigionato da Filippo il Bello Bonifacio VIII † 11/10 a Roma
				b. *Benedetto XI*, Niccolò di Boccassio, di Treviso, el. 12/10, consac. 27/10 a Roma
1304 b	2	29 m.		b. Benedetto XI † 7/7 a Perugia
1305	3	18 a.		*Clemente V*, Bertrand de Got, guascone, el. 5/6 a Perugia, consac. 14/11 a Lione
1306	4	3 a.		in Francia
1307	5	26 m.		in Francia
1308 b	6	14 a.	Alberto I ucc. presso Reuss 1/5	in Francia
			Arrigo VII, f. di Enrico III di Lussemburgo el. re di Germania 27/11 a Francoforte	
			Arrigo VII sp. (1292) Margherita († 1311) f.a di Giovanni I di Brabante	
1309	7	30 m.	cor. re dei rom. 6/1 ad Aquisgrana - investito del regno in ag. dal papa	trasferisce la sede pontificia in Avignone 21/3
1310	8	19 a.	cor. re a Milano 6/1	ad Avignone
1311	9	11 a.	investe il f. Giovanni re di Boemia, viene a Roma 7/5	ad Avignone, poi al concilio di Vienne (Delfinato) in ott.
1312 b	10	26 m.	a Pisa in mar., poi a Roma, è cor. imp. rom. 29/6 a Roma	a Vienne
1313	11	15 a.	Arrigo VII in Toscana, † a Buonconvento 24/8	ad Avignone
1314	12	7 a.	*Lodovico IV* il Bavaro, f. di Lodovico II du. di Baviera, re dei rom. e di Germania 20/10 - sp. Beatrice di Glogau († 1322)	Clemente V † 20/4 a Roquebrune
			[Federico III d'Absburgo, f. di Alberto I, el. re dai tedeschi, compet.]	
1315	13	23 m.	[Federico III sp. Isabella d'Aragona († 1330), f.a di Giacomo I]	sede vacante
1316 b	14	11 a.		*Giovanni XXII*, Jacques Duèse, di Cahors, el. 7/8, consac. 5/9 a Lione - ad

era cristiana	indizione	Pasqua	e rinvio al calend.	imperatori romani d'oriente e re germanici in Italia	papi
					Avignone dal 14/10
1317	15	3	a.		ad Avignone
1318	1	23	a.		ad Avignone
1319	2	8	a.		a Vienne
1320 b	3	30	m.		ad Avignone
1321	4	19	a.		ad Avignone
1322	5	11	a.	[Federico III è vinto da Lodovico IV a Muhldorf 28/9] Lodovico IV solo	ad Avignone
1323	6	27	m.	sp. Margherita († 1356) f.a di Guglielmo III d'Olanda	ad Avignone
1324 b	7	15	a.		scomunica Lodovico IV 23/3
1325	8	7	a.	Federico III scarcerato 13/3, riconosciuto coll. di Lodovico IV, 5/9	ad Avignone
1326	9	23	m.	*Federico III* e Lodovico IV re	ad Avignone
1327	10	12	a.	Lodovico IV cor. re a Milano 31/5 Federico III re	
1328 b	11	3	a.	Lodovico IV cor. imp. a Roma da Sciarra Colonna 17/1	[Pietro Rainalducci da Corbara (Niccolò V) ant. 12/5 a Roma]
1329	12	23	a.	Lodovico IV parte dall'Italia	ad Avignone
1330	13	8	a.	Federico III † 16/1 a Gutenstein *Lodovico IV* imp. solo [Giovanni di Lussemburgo, re di Boemia, f. di Arrigo IV, viene in Italia]	[Niccolò V ant. abd. 25/8]
1331	14	31	m.		ad Avignone
1332 b	15	19	a.	[lega di Castelbaldo contro re Giovanni 8/8]	ad Avignone
1333	1	4	a.	[re Giovanni firma la tregua di Peschiera 14/8, lascia l'Italia († 26/8/1346)]	ad Avignone
1334	2	27	m.		Giovanni XXII † 4/12 ad Avignone *Benedetto XII*, Jacques Fournier, el. 20/12 ad Avignone, consac. 26/12
1335	3	16	a.		ad Avignone
1336 b	4	31	m.		ad Avignone
1337	5	20	a.		ad Avignone
1338	6	12	a.		ad Avignone
1339	7	28	m.		ad Avignone
1340 b	8	16	a.		ad Avignone
1341	9	8	a.		ad Avignone
1342	10	31	m.		Benedetto XII † 25/4 ad Avignone *Clemente VI*, Pierre Roger, el. 7/5, consac. 19/5 ad Avignone
1343	11	13	a.	(Cola di Rienzo oratore dal papa)	a Lione 1/1, ad Avignone 19/2, a Villeneuve 13/3
1344 b	12	4	a.		ad Avignone
1345	13	27	m.		ad Avignone
1346	14	16	a.	è dep. dagli elettori riuniti a Rhense 11/7	ad Avignone
1347	15	1	a.	Lodovico IV † 11/10 a Fürstenfeld *Carlo IV* di Lussemburgo, f. di Giovanni re di Boemia (re di Germania 11/7), succ. 10/8	[riv. a Roma, Cola di Rienzo tribuno 19/5 a 15/12]
1348 b	1	20	a.		compra Avignone da Jeanne ct. di Provenza in giu.
1349	2	12	a.	sp. Anna († 1353) f.a di Rodolfo elettore palatino [Günther di Schwarzburg compet., re 30/1, rin. 26/5, † 14/6 a Francoforte]	ad Avignone
1350	3	28	m.		ad Avignone

era cristiana	indizione	Pasqua e rinvio al calend.	imperatori romani d'oriente e re germanici in Italia	papi
1351	4	17 a.	fa imprigionare Cola di Rienzo	ad Avignone
1352 b	5	8 a.		Clemente VI † 6/12 a Villeneuve
				Innocenzo VI, Stefano Aubert, el. 18/12, consac. 30/12 ad Avignone
1353	6	24 m.	sp. Anna († 1364) f.a di Enrico II du. di Schweidnitz	ad Avignone - ripristina lo Stato della chiesa
1354	7	13 a.	scende in Italia	nomina Cola di Rienzo sen. di Roma 5/8 (Cola ucc. 10/8)
1355	8	5 a.	è cor. re d'Italia a Milano 6/1, cor. imp. 5/4 a Roma	ad Avignone
1356 b	9	24 a.	promulga (dieta di Metz) la «Bolla d'Oro»	ad Avignone
1357	10	9 a.		ad Avignone
1358	11	1 a.		ad Avignone
1359	12	21 a.	«Bolla Carolina», 13/10, che promette protezione imper. al clero	ad Avignone
1360 b	13	5 a.		il card. Albornoz acquista Bologna per il papa (ott.)
1361	14	28 m.		ad Avignone
1362	15	17 a.		Innocenzo VI † 12/9 ad Avignone
				b. Urbano V, Guillaume de Grimoard, el. 28/9, consac. 6/11 ad Avignone
1363	1	2 a.		ad Avignone
1364 b	2	24 m.		ad Avignone
1365	3	13 a.	sp. Elisabetta († 1393) f.a di Bogislaw V di Pomerania	ad Avignone
1366	4	5 a.		ad Avignone
1367	5	18 a.		si stabilisce a Roma 21/10, approva l'ordine dei «Gesnati»
1368 b	6	9 a.	sig. di Lucca 25/8, occupa Pisa 3/10, Siena 12/10, va a Roma (ott.)	a Roma fino al 4/5, a Montefiascone 30/5 a 15/9
1369	7	1 a.	scacciato da Siena 18/1, libera Lucca dal dominio di Pisa, ritorna in Germania	a Roma
1370	8	14 a.		b. Urbano V ritorna ad Avignone 17/4, † 19/12 ad Avignone
				Gregorio XI, Pierre Roger de Beaufort, el. 30/12 in Avignone
1371	9	6 a.		consac. 5/1 ad Avignone
1372 b	10	28 m.		ad Avignone, genn.-22/4, a Villeneuve ag.-sett., ad Avignone 14/11
1373	11	17 a.		ad Avignone
1374	12	2 a.		ad Avignone
1375	13	22 a.	[Jobst f. di Giovanni Enrico di Lussemburgo vic. in Italia per Venceslao]	ad Avignone
1376 b	14	13 a.		scomunica Firenze - ad Avignone poi (sett.) a Roma
1377	15	29 m.		a Roma 17/1, ad Avignone 29/9
1378	1	18 a.	Carlo IV † 29/11 a Praga	Gregorio XI † 27/3 a Roma
			Venceslao (IV) di Lussemburgo, f. (cor. re di Boemia 1363, re dei rom. 1/6/1376) succ. al padre 29/11	Urbano VI, Bartolomeo Prignano, di Napoli, el. 8/4, consac. 18/4 a Roma
				[Robert de Genevois (Clemente VII) ant. el. 20/9/1378, † 16/9/1394 ad Avignone]
			sp. (1370) Giovanna († 1386) f.a di Alberto du. di Baviera Straubing	incomincia lo scisma d'Occ. che dura 39 anni
1379	2	10 a.		a Roma
1380 b	3	25 m.		a Roma
1381	4	14 a.		a Roma

era cristiana	indizione	Pasqua e rinvio al calend.	imperatori romani d'oriente e re germanici in Italia	papi
1382	5	6 a.		a Roma
1383	6	22 m.		a Roma
1384 b	7	10 a.		a Roma
1385	8	2 a.	perde gran parte dei suoi domini	a Roma
1386	9	22 a.	[suo fr. Sigismondo sp. Maria f.a di Luigi II re d'Ungheria]	a Roma
1387	10	7 a.		a Roma
1388 b	11	29 m.		a Roma
1389	12	18 a.		Urbano VI † 15/10 a Roma
				Bonifacio IX, Pietro Tomacelli, el. 2/11, consac. 3/11 a Roma
1390	13	3 a.		a Perugia 18/1 poi a Roma
1391	14	26 m.		a Roma 22/7
1392 b	15	14 a.		
1393	1	6 a.		a Perugia 18/1
1394	2	19 a.	imprig. a Praga, perde il trono di Boemia	[Pedro de Luna (Benedetto XIII) ant. ad Avignone el. 28/9, consac. 11/10 dep. 15/6/1409 († sett. 1424)]
1395	3	11 a.	è spodestato e imprig. dal popolo di Praga, fugge e ritorna sul trono	
1396 b	4	2 a.	il suo stato invaso dai turchi condotti da Bajazet	a Roma 26/7
1397	5	22 a.	imprig. di nuovo a Vienna, poi liberato	a Roma 2/12
1398	6	7 a.	visita il re di Francia a Reims	
1399	7	30 m.	sp. Sofia, f.a di Giovanni du. di Baviera, ritorna in Boemia	
1400 b	8	18 a.	Venceslao dep. 22/8 († 16/8/1419) *Roberto di Baviera*, il Piccolo, f. del ct. palatino del Reno, Roberto il Tenace, re dei rom. 21/8	
1401	9	3 a.	è cor. re di Germania a Colonia 6/1, tenta conquistare il Milanese, è sconfitto presso Brescia	
1402	10	26 m.		
1403	11	15 a.		
1404 b	12	30 m.		Bonifacio IX † 1/10 a Roma *Innocenzo VII*, Cosma Migliorati, di Sulmona, el. 17/10, consac. 11/11 a Roma
1405	13	19 a.		
1406	14	11 a.		Innocenzo VII † 6/11 *Gregorio XII*, Angelo Correr, ven., el. 30/11, consac. 19/12 a Roma
1407	15	27 m.		
1408 b	1	15 a.		
1409	2	7 a.		Gregorio XII dep. a Pisa 5/6 († 18/10/ 1417 a Rimini) *Alessandro V*, Pietro Filargio, di Candia, el. dal concilio di Pisa 17/6, consac. 7/7
1410	3	23 m.	Roberto † 18/5 a Landskron *Sigismondo di Lussemburgo*, f. di Carlo IV (re d'Ungheria 1386) re dei rom. 30/9, sp. Barbara di Cilli († 11/7/1451) [*Giodoco* (Josse) *di Lussemburgo*, f.a di Giovanni Enrico, margravio di Moravia, re dei rom. 1/10, compet.]	Alessandro V † 3/5 a Bologna *Giovanni XXIII*, Baldassarre Cossa, nap. el. 17/5 a Bologna, consac. ivi 25/5
1411	4	12 a.	è cor. re di Germania e re dei rom. 21/7 [Giodoco, † 18/10, non cor.]	a Roma a Roma

era cristiana	indizione	Pasqua e rinvio al calend.	imperatori romani d'oriente e re germanici in Italia	papi
1412 b	5	3 a.		a Roma
1413	6	23 a.	muove guerra ai veneziani	
1414	7	8 a.	cor. re di Germania ad Aquisgrana 9/11, sua sped. infelice in Lombardia, convoca col popolo il concilio di Costanza 8/11	convoca (2/11) il concilio a Costanza (1414/1418)
1415	8	31 m.	rinunzia al Brandenburgo 30/4 (supplizio di Jan Huss a Costanza 6/7) suoi viaggi in Francia, Inghilterra e Spagna (1415-1417)	Giovanni XXIII abd. 2/3 a Costanza († 22/12/1419 a Firenze)
				sede vacante dal 30/5
1416 b	9	19 a.		sede vacante
1417	10	11 a.		*Martino V*, Ottone Colonna, rom., el. a Costanza 11/11, consac. 21/11 a Roma
1418	11	27 m.		a Roma poi a Costanza 22/2
1419	12	16 a.	el. re di Boemia 16/8, è vinto dagli ussiti	a Ferrara, Forlì, poi a Firenze 21/12
1420 b	13	7 a.		
1421	14	23 m.		a Roma, 19/10-17/12
1422	15	12 a.		a Roma, 12/6, a Tivoli 17/9
1423	1	4 a.		a Roma - concilio a Pavia trasferito a Siena
1424 b	2	23 a.		a Roma [Gil Sánchez Muñoz (Clemente VIII) ant. 17/6]
1425	3	8 m.		a Roma 2/2 - 13/2
1426	4	31 m.		a Roma
1427	5	20 a.		a Roma
1428 b	6	4 a.		a Roma
1429	7	27 m.		[l'ant. Clemente VIII abd. 26/7 († 26/12/1446)]
1430	8	16 a.		a Roma 23/1
1431	9	1 a.	è cor. re di Lombardia a Milano 25/11	Martino V † 20/2 a Roma
				Eugenio IV, Gabriele Condulmer, ven., el. 3/3, consac. 17/3 - concilio di Firenze, aperto a Basilea
1432 b	10	20 a.		a Roma
1433	11	12 a.	a Roma è cor. imp. rom. dal papa 31/5	a Roma
1434	12	28 m.		a Roma 10/5, a Firenze sett.-dic.
1435	13	17 a.		a Firenze 22/4-24/11
1436 b	14	8 a.	è ricon. re nom. dai boemi 5/6	
1437	15	31 m.	Sigismondo imp. † a Znaim (Austria) 9/12	a Basilea scioglie il concilio di Firenze, a Bologna 5/10
1438	1	13 a.	*Alberto II* (V), f. di Alberto IV d'Absburgo, re dei rom. 18/3, cor. 30/5	a Ferrara 5/4 a 28/12 - concilio trasferito a Firenze
1439	2	5 a.	† 27/10 combattendo contro i turchi	è deposto dal concilio 25/6 - [Amedeo VIII di Savoia (Felice V) ant. 5/11]
1440 b	3	27 m.	*Federico III* (V) d'Absburgo, f. del du. Ernesto di Stiria, re di Germania 2/2, re dei rom. 6/4	Eugenio IV, a Firenze [Felice V ant. consac. 24/7]
1441	4	16 a.		
1442	5	1 a.		
1443	6	21 a.		a Roma 10/12, si chiude il concilio di Firenze
1444 b	7	12 a.		a Roma
1445	8	28 m.		a Roma 1/1 e 3/9
1446	9	17 a.		a Roma
1447	10	9 a.		Eugenio IV † 23/2 a Firenze
				Niccolò V, Tomaso Parentucelli, di Sarzana, el. 6/3, consac. 19/3
1448 b	11	24 m.		a Roma
1449	12	13 a.		[l'ant. Felice V abd. 9/4 († 7/1/1451)]

era cristiana	indizione	Pasqua e rinvio al calend.		imperatori romani d'oriente e re germanici in Italia	papi
1450	13	5	a.		a Roma
1451	14	25	a.		a Roma
1452 b	15	9	a.	è cor. imp. rom. 15/3 a Roma - sp. Eleonora di Portogallo († 1467) f.a di re Edoardo, 15/3 promuove una lega contro lo Sforza	a Roma
1453	1	1	a.	erige l'Austria in arciducato 6/1 (Costantinopoli presa dai turchi 29/5, fine dell'Impero rom. d'or.)	a Roma
1454	2	26	a.		a Roma
1455	3	6	a.		Niccolò V † 24/3 a Roma
1456 b	4	28	m.		Callisto III, Alonso de Borja, el. 8/4, consac. 20/4
1457	5	17	a.	in guerra col fr. Alberto IV per l'eredità d'Austria	a Roma 20/3
1458	6	2	a.		Callisto III † 8/8 a Roma Pio II, Enea Silvio Piccolomini, di Corsignano, el. 27/8, consac. 3/9
1459	7	25	m.		a Siena
1460 b	8	13	a.		a Siena
1461	9	5	a.		a Roma
1462	10	18	a.		a Viterbo
1463	11	10	a.		a Roma
1464 b	12	1	a.		Pio II † 15/8 ad Ancona Paolo II, Pietro Barbo, ven., el. 31/8, consac. 16/9
1465	13	14	a.		a Roma 19/2
1466	14	6	a.		
1467	15	29	m.		
1468 b	1	17	a.	sua nuova calata in Italia 10/12, a Roma 24/12	a Roma 20/5-13/6
1469	2	2	a.	ritorna in Germania 9/1	
1470	3	22	a.		
1471	4	14	a.		Paolo II † 28/7 Sisto IV, Francesco della Rovere, di Savona, el. 9/8., consac. 25/8
1472 b	5	29	m.		a Roma
1473	6	18	a.		istituisce la festa della Concezione
1474	7	10	a.		a Roma
1475	8	26	m.		a Roma
1476 b	9	14	a.		a Roma
1477	10	6	a.	suo f. Massimiliano sp. a Nancy Maria di Borgogna († 1483) f.a di Carlo il Temerario	a Roma
1478	11	22	m.		a Roma da 28/2 a dic.
1479	12	11	a.		
1480 b	13	2	a.		a Roma 9/5-1/9
1481	14	22	a.		
1482	15	7	a.		
1483	1	30	m.		a Roma 22/4
1484 b	2	18	a.		Sisto IV † 12/8 a Roma Innocenzo VIII, Giovanni Battista Cybo, genov., el. 29/8, consac. 12/9 a Roma emana la bolla contro le streghe
1485	3	3	a.		a Roma - favorisce la congiura dei baroni napoletani
1486	4	26	m.	fa eleggere il f. Massimiliano re dei rom.	a Roma - scomunica Ferdinando I re di Napoli
1487	5	15	a.		a Roma

era cristiana	indizione	Pasqua e rinvio al calend.	re germanici in Italia	papi
1488 *b*	6	6 a.		si oppone all'eresia degli «Ussiti»
1489	7	19 a.		a Roma, 28/3
1490	8	11 a.		a Roma 16/2-mag.
1491	9	3 a.		
1492 *b*	10	22 a.		Innocenzo VIII † 25/7 *Alessandro VI*, Rodrigo de Borja y Doms, di Jativa, el. 11/8, consac. 26/8 a Roma
1493	11	7 a.	Federico III † 19/8 a Linz *Massimiliano I*, f. (arciduca d'Austria 1459 re di Germania 1493), succ. 19/8	a Roma, spartisce le nuove terre scoperte fra Spagna e Portogallo
1494	12	30 m.	sp. (16/3) Bianca Maria († 1510) f.a di Galeazzo Maria Sforza	a Roma - i Colonna occupano Ostia - Carlo VIII a Roma
1495	13	19 a.	entra nella lega di Venezia contro Carlo VIII	a Roma
1496 *b*	14	3 a.	Filippo il Bello, suo f., sp. Giovanna la Pazza, f.a di Fernando il Cattolico	Consalvo prende Ostia per il papa
1497	15	26 m.		a Roma 13/5
1498	1	15 a.		a Roma 15-17/9
1499	2	31 m.	riconosce l'indip. degli svizzeri (tratt. di Basilea)	Cesare Borgia el. du. di Valentinois
1500 *b*	3	19 a.		a Roma 13/6
1501	4	11 a.		a Roma 5/4
1502	5	27 m.		
1503	6	16 a.	acquista l'Alsazia	Alessandro VI † 18/8 *Pio III*, Francesco Todeschini-Piccolomini, di Siena, el. 22/9, consac. 8/10, † 18/10 *Giulio II*, Giuliano della Rovere, di Savona, el. 1/11, consac. 26/11
1504 *b*	7	7 a.		a Roma
1505	8	23 m.		a Roma
1506	9	12 a.		a Roma
1507	10	4 a.		a Roma
1508 *b*	11	23 a.	s'intitola imp. el. 10/2, entra nella lega di Cambrai, è sconfitto dai veneti che acquistano Trieste	prende parte alla lega di Cambrai
1509	12	8 a.		a Roma
1510	13	31 m.		assedia la Mirandola 21/1 - si unisce ai veneziani per cacciare i francesi (febb.) - annulla il tratt. di Blois 3/8 a Roma 23/1
1511	14	20 a.	entra nella Lega santa contro la Francia	forma la Lega santa
1512 *b*	15	11 a.	batt. di Ravenna 11/4	apertura del concilio di Pisa, 1/11, trasferito poi a Milano, dichiara decaduto il papa 21/4 - IV concilio Lateranense
1513	1	27 m.	seconda lega tra Venezia e Francia, 13/3	Giulio II † 21/2 *Leone X*, Giovanni de' Medici, di Firenze, el. 11/3, consac. 11/4 - lega di Malines
1514	2	16 a.		occupa Parma e Piacenza 2/5
1515	3	8 a.		
1516 *b*	4	23 m.		scaccia i della Rovere da Urbino (5/6) e ne investe Lorenzo de' Medici
1517	5	12 a.		al concilio Lateranense per la guerra contro i turchi
1518	6	4 a.		dieta d'Augusta, Lutero condannato dal papa 9/12
1519	7	24 a.	Massimiliano I † 12/1 a Wels *Carlo d'Absburgo* (re di Spagna 1516), f. di Filippo il Bello d'Austria, re di Germania e dei rom. 28/6	a Roma

era cristiana	indizione	Pasqua e rinvio al calend.		re germanici in Italia	papi
1520 *b*	8	8	a.	è cor. imp. rom. 26/10 ad Aix-la-Chapelle	scomunica Lutero
1521	9	31	m.	editto di Worms contro Lutero cede al fr. Ferdinando i paesi absburgico-tedeschi 28/4	Leone X † 1/12
1522	10	20	a.	divide l'impero in 10 circoli	*Adriano VI*, Adriaan Florisz Boeyens, di Utrecht, el. 9/1, consac. 31/8
1523	11	5	a.		Adriano VI † 14/9 *Clemente VII*, Giulio de' Medici, di Firenze, el. 18/11, consac. 26/11
1524 *b*	12	27	m.		a Roma
1525	13	16	a.	du. di Milano 1525-1529	a Roma
1526	14	1	a.	sp. Isabella († 1539) f.a di Emanuele re di Portogallo, in genn. - I dieta di Spira	approva l'ordine dei «Teatini» Lega santa contro l'impero
1527	15	21	a.		sacco di Roma, dal 6/5, il papa rifugiato in Castel Sant'Angelo - ritirato a Orvieto 8/12
1528 *b*	1	12	a.		concilio Bituricense sugli errori di Lutero 21/3
1529	2	28	m.	II dieta di Spira (apr.), pace di Cambrai 3/8	si riconcilia con Carlo V
1530	3	17	a.	è cor. re di Lombardia 22/2 e imp. rom. 24/2 a Bologna - dieta d'Augusta 13/6	congresso di Bologna
1531	4	9	a.		a Roma
1532 *b*	5	31	m.	pace religiosa di Norimberga coi protestanti 23/7	a Roma
1533	6	13	a.		a Roma
1534	7	5	a.		Clemente VII † 26/9 *Paolo III*, Alessandro Farnese, rom., el. 13/10, consac. 1/11
1535	8	28	m.	prende possesso del duc. di Milano 1/11	a Roma
1536 *b*	9	16	a.	assegna il Monferrato al march. di Mantova (genn.)	sua bolla «In coena Domini»
1537	10	1	a.		scomunica Enrico VIII d'Inghilterra 17/12
1538	11	21	a.		approva la Compagnia di Gesù - a Piacenza 1/5
1539	12	6	a.		
1540 *b*	13	28	m.		
1541	14	17	a.		
1542	15	9	a.		bolla di convocazione del concilio di Trento, 22/5
1543	1	25	a.		a Bologna
1544 *b*	2	13	a.	firma della pace di Crépy tra Francesco I e Carlo V 18/9	a Roma
1545	3	5	a.	sua lotta con la lega protestante	erige il duc. di Parma-Piacenza - apre il concilio di Trento, 13/12
1546	4	25	a.		
1547	5	10	a.	vince a Mühlberg i principi protestanti 24/4	il concilio trasferito a Bologna in mar.
1548 *b*	6	1	a.	pubblica l'*interim* ad Augusta 15/5	
1549	7	21	a.		Paolo III † 10/11
1550	8	6	a.		*Giulio III*, Giovanni Maria Ciocchi dal Monte, di Monte s. Savino, el. 7/2, consac. 22/2 - concilio di Trento 14/11
1551	9	29	m.		
1552 *b*	10	17	a.	firma la convenzione di Passau (abolizione dell'*interim*) 15/8	a Roma
1553	11	2	a.		sospende il concilio

era cristiana	indizione	Pasqua	e rinvio al calend.	re germanici in Italia	papi
1554	12	25	m.		a Roma
1555	13	14	a.	rinunzia le Fiandre al f. Filippo II, 25/10 - II dieta di Augusta, ag.-sett.	a Roma Giulio III † 23/3 *Marcello II*, Marcello Cervini, di Montepulciano, el. 9/4, consac. 10/4, † 30/4 *Paolo IV*, Gian Pietro Carafa, di Napoli,
1556 *b*	14	5	a.	rinunzia a Spagna 15/1, a Milano e Napoli 16/1, a Germania 23/8, abd. 23/8 *Ferdinando I*, fr. (re dei rom. 5/1/1531), imp. rom. 24/2/1556 - sp. (1521) Anna († 1547) sor. di Luigi II re d'Ungheria	el. 23/5, consac. 26/5 a Roma
1557	15	18	a.		
1558	1	10	a.	*Ferdinando I* ricon. imp. dalla dieta d'Augusta [Carlo V † nel monastero di S. Geronimo a Yuste 21/9]	a Roma
1559	2	26	a.	pace di Cateau-Cambrésis 2/4	Paolo IV † 18/8 *Pio IV*, Giovanni Angelo de' Medici, di
1560 *b*	3	14	a.		Milano el. 25/12, consac. 6/1
1561	4	6	a.		a Roma
1562	5	29	m.		a Roma
1563	6	11	a.		riapre il concilio di Trento
1564 *b*	7	2	a.	Ferdinando I † 25/7 a Vienna *Massimiliano II* d'Absburgo f. (el. re dei rom. e di Boemia 30/11/1562), imp. rom. e re di Germania 25/7 - sp. (1548) Maria († 1603) f.a di Carlo V d'Austria 12/10	termina il concilio di Trento 4/12 sua bolla (26/1) di conferma sulla conclusione del concilio di Trento
1565	8	22	a.		
1566	9	14	a.		Pio IV † 9/12 *s. Pio V*, Antonio Michele Ghislieri, di Boscomarengo, el. 7/1, consac. 17/1
1567	10	30	m.		
1568 *b*	11	18	a.		pubblica la bolla «In coena Domini»
1569	12	10	a.		
1570	13	26	m.		
1571	14	15	a.		
1572 *b*	15	6	a.		s. Pio V † 1/5 *Gregorio XIII*, Ugo Buoncompagni, di
1573	1	22	m.		Bologna, el. 13/5, consac. 26/5
1574	2	11	a.		a Roma
1575	3	3	a.		a Roma
1576 *b*	4	22	a.	Massimiliano II † 12/10 a Ratisbona *Rodolfo II* (V) d'Absburgo f. (re di Germania 27/10/1575), imp. rom. e arciduca d'Austria 12/10	a Roma
1577	5	7	a.		
1578	6	30	m.		a Roma
1579	7	19	a.		a Roma
1580 *b*	8	3	a.		a Roma
1581	9	26	m.		a Roma
1582	10	15	a.		a Roma
1583	11	10	a.[217]		riforma il calendario giuliano 24/2
1584 *b*	12	1	a.	rinnova la tregua coi turchi, conclusa dal padre	a Roma
1585	13	21	a.		a Roma

era cristiana	indizione	Pasqua e rinvio al calend.		re germanici in Italia	papi
					Gregorio XIII † 10/4
					Sisto V, Felice Peretti, di Grottammare, el. 24/4, consac. 1/5
					scomunica Enrico di Navarra e il Condé
1586	14	6	a.		reprime il brigantaggio
1587	15	29	m.		scomunica Elisabetta d'Inghilterra
1588 *b*	1	17	a.		
1589	2	2	a.		
					scomunica Enrico III per l'assassinio
1590	3	22	a.		del card. Louis de Guise
					Sisto V † 27/8
					Urbano VII, Giovan Battista Castagna, di Roma, el. 15/9, † 27/9
					Gregorio XIV, Niccolò Sfondrati di Milano, el. 5/12, consac. 8/12
1591	4	14	a.	rinnova ancora la tregua coi turchi	Gregorio XIV † 15/10
					Innocenzo IX, Giovan Antonio Facchinetti, di Bologna, el. 29/10, consac. 2/11, † 30/12
1592 *b*	5	29	m.		*Clemente VIII*, Ippolito Aldobrandini, di
1593	6	18	a.	affida a suo fr. Mattia il gov. dell'Austria	Fano, el. 30/1, consac. 2/2
					Enrico IV di Francia abiura il calvinismo
1594	7	10	a.		
1595	8	26	m.		
1596 *b*	9	14	a.	gli è ceduta la Transilvania dal voivoda Sigismondo	
1597	10	6	a.		
1598	11	22	m.		
1599	12	11	a.		prende possesso di Ferrara 30/1
1600 *b*	13	2	a.		
					condanna e morte di Giordano Bruno, febb.
1601	14	22	a.		
1602	15	7	a.		
1603	1	30	m.		
1604 *b*	2	18	a.		
1605	3	10	a.		
					Clemente VIII † 5/3
					Leone XI, Alessandro de' Medici, fior., el. 1/4, consac. 10/4, † 27/4
					Paolo V, Camillo Borghese, di Roma, el.
1606	4	26	m.		16/5, consac. 29/5
1607	5	15	a.		a Roma
					lotta contro Venezia per offese alla
1608 *b*	6	6	a.	cede al fr. Mattia l'Austria, l'Ungheria, la Moravia e la Lusazia	giurisdizione ecclesiastica
1609	7	19	a.		
1610	8	11	a.		
1611	9	3	a.	cede al fr. Mattia la Boemia e la Slesia	
1612 *b*	10	22	a.	Rodolfo II † 20/1	
				Mattia d'Absburgo, fr. (re di Germania 13/6), cor. imp. rom. 14/6. - sp. (1611) Anna d'Austria-Tirolo († 1619)	
1613	11	7	a.		
1614	12	30	m.		
1615	13	19	a.		
1616 *b*	14	3	a.		
1617	15	26	m.	fa cor. re di Boemia il cug. Ferdinando (II) d'Absburgo f. di Carlo du. di Stiria	

era cristiana	indizione	Pasqua e rinvio al calend.	re germanici in Italia	papi
		29/6		
1618	1	15 a.		
1619	2	31 m.	Mattia † 20/3	
			Ferdinando II d'Absburgo du. di Stiria f. di Carlo arciduca d'Austria imp. rom. 28/8 e di Maria Anna di Baviera († 1614)	
1620 b	3	19 a.		
1621	4	11 a.		
				Paolo V † 28/1
				Gregorio XV, Alessandro Ludovisi, di
1622	5	27 m.	sp. Eleonora († 1655) f.a di Vincenzo du. di Mantova	Bologna, el. 9/2, consac. 12/2 fonda il collegio «De propaganda fide»
1623	6	16 a.		
				Gregorio XV † 8/7
				Urbano VIII, Maffeo Barberini, di Firen-
1624 b	7	7 a.		ze, el. 6/8, consac. 29/9
1625	8	30 m.		
1626	9	12 a.		
1627	10	4 a.		
1628 b	11	23 a.		
1629	12	15 a.		
1630	13	31 m.		
1631	14	20 a.	suo f. Ferdinando III. sp. Maria († 1646) f.a di Filippo III di Spagna	
1632 b	15	11 a.		
1633	1	27 m.		
1634	2	16 a.		
1635	3	8 a.		
1636 b	4	23 m.		
1637	5	12 a.	Ferdinando II † 15/2	
			Ferdinando III d'Absburgo, f. (el. re dei rom. 22/12/1636), imp. 15/2	
1638	6	4 a.	[sp. (1600) Maria Anna d'Austria f.a di Filippo III]	
1639	7	24 a.		
1640 b	8	8 a.		
1641	9	31 m.		
1642	10	20 a.		comincia la guerra per Castro
1643	11	5 a.		
1644 b	12	27 m.		Urbano VIII † 29/7
				Innocenzo X, Giovanni Battista Pamphili
1645	13	16 a.		di Roma, el. 15/9, consac. 4/10
1646	14	1 a.		a Roma
1647	15	21 a.		a Roma
1648 b	1	12 a.	sp. Maria Leopolda († 1649), f.a di Leopoldo V, ct. del Tirolo tratt. di Westfalia 24/10	a Roma a Roma
1649	2	4 a.		
1650	3	17 a.		demolizione di Castro, già dei Farnese
1651	4	9 a.	sp. Eleonora di Mantova († 1686), f.a di Carlo II di Rethel	sua bolla che combatte la pace di
1652 b	5	31 m.		Westfalia
1653	6	13 a.		
1654	7	5 a.		condanna le 5 proposte di Giansenio
1655	8	28 m.	suo f. Leopoldo el. re d'Ungheria	
				Innocenzo X † 7/1
				Alessandro VII, Fabio Chigi, di Siena, el.
1656 b	9	16 a.		7/4, consac. 28/4

era cristiana	indizione	Pasqua e rinvio al calend.		re germanici in Italia	papi
1657	10	1	a.	Ferdinando III † 2/4	a Roma 4/4
				Leopoldo I d'Absburgo f., arciduca d'Austria 2/4/1657, re di Germania, imp. rom. e re di Boemia (18/7)	
1658	11	21	a.		
1659	12	13	a.		
1660 *b*	13	28	m.		
1661	14	17	a.		
1662	15	9	a.		a Roma
1663	1	25	m.		a Roma
1664 *b*	2	13	a.	i turchi sconfitti a S. Gottardo	a Roma
1665	3	5	a.		a Roma
1666	4	25	a.	sp. Margherita Teresa d'Austria († 1673) f.a del re Filippo IV	a Roma
1667	5	10	a.		Alessandro VII † 22/5
					Clemente IX, Giulio Rospigliosi, di Pistoia, el. 20/6, consac. 27/6
1668 *b*	6	1	a.		
1669	7	21	a.		sopprime l'ordine dei Gesuiti 6/12
1670	8	6	a.		Clemente IX † 9/12
					Clemente X, Emilio Bonaventura Altieri,
1671	9	29	m.		rom., el. 29/4
1672 *b*	10	17	a.		a Roma 26/11
1673	11	2	a.	sp. Claudia Felicita d'Austria-Tirolo († 1676) f.a di Ferdinando Carlo d'Austria-Tirolo	a Roma
1674	12	25	m.		
1675	13	14	a.		
1676 *b*	14	5	a.	sp. Eleonora Maddalena di Pfalz-Neuburg († 1720), f.a di Filippo Guglielmo elettore palatino	Clemente X † 22/7
					b. Innocenzo XI, Benedetto Odescalchi, di Como, el. 21/9
1677	15	18	a.		
1678	1	10	a.		a Roma
1679	2	2	a.	pace di Nimega con Luigi XIV 5/2	
1680 *b*	3	21	a.		
1681	4	6	a.		
1682	5	29	m.		
					condanna le 4 proposizioni dei gallicani e il quietismo di Molina
1683	6	18	a.		
1684 *b*	7	2	a.		
1685	8	22	a.		
1686	9	14	a.	aderisce alla lega d'Augusta contro il re di Francia, promossa da Guglielmo d'Orange	
1687	10	30	m.		
1688 *b*	11	18	a.	sua vittoria sui turchi - presa di Belgrado	
1689	12	10	a.		
					b. Innocenzo XI † 12/8
					Alessandro VIII, Pietro Vito Ottoboni,
1690	13	26	m.		ven., el. 6/10
					condanna le 31 proposizioni di Giansenio
1691	14	15	a.		Alessandro VIII † 1/2
					Innocenzo XII Antonio Pignatelli, di
1692 *b*	15	6	a.		Spinazzola, el. 12/7, consac. 15/7
					sua bolla contro il nepotismo dei papi 28/6
1693	1	22	m.		
1694	2	11	a.		pone fine alle vertenze con Luigi XIV
1695	3	3	a.		

era cristiana	indizione	Pasqua e rinvio al calend.		re germanici in Italia	papi
1696 *b*	4	22	a.		
1697	5	7	a.	ottiene Ungheria e Transilvania - pace di Carlowitz	
1698	6	30	m.		
1699	7	19	a.	suo f. Giuseppe (I) sp. Guglielmina Amalia di Brunswick-Luneburg	
1700	8	11	a.		
					Innocenzo XII † 27/9
					Clemente XI, Gian Francesco Albani, di
1701	9	27	m.	scoppia la guerra per la successione di Spagna	Pesaro, el. 23/11, consac. 18/12
1702	10	16	a.		
1703	11	8	a.		
1704 *b*	12	23	m.		
1705	13	12	a.	Leopoldo I † 5/5 *Giuseppe I* d'Absburgo, f. (el. re d'Ungheria 9/12/1687) cor. re dei rom. 26/1/1690, imp. rom., re di Germania e arciduca d'Austria 5/5	sua bolla contro il «Giansenismo»
1706	14	4	a.		
1707	15	24	a.		a Roma
1708 *b*	1	8	a.		a Roma
1709	2	31	m.		a Roma
1710	3	20	a.		a Roma
1711	4	5	a.	Giuseppe I † 17/4 a Vienna *Carlo VI* (II) d'Absburgo, fr., regg. la madre, succ. 17/4, cor. imp. 12/10, sp. (1708) Elisabetta Cristina di Brunswick († 1750), f.a di Luigi Rodolfo	a Roma a Castel Gandolfo
1712 *b*	5	27	m.		
1713	6	16	a.	tratt. d'Utrecht 11/4, Milano confermata a casa d'Austria, fine della guerra di successione di Spagna	a Roma a Roma
1714	7	1	a.	pace di Rastadt 6/3	
1715	8	21	a.		a Roma
1716 *b*	9	12	a.		a Roma
1717	10	28	m.		a Roma
1718	11	17	a.	pace di Passarowitz fra Austria, Venezia e Turchia 21/7	a Roma a Roma
1719	12	9	a.		
1720 *b*	13	31	m.	pace dell'Aia, Carlo VI cede la Sardegna a Vittorio Amedeo II di Savoia in cambio della Sicilia 25/1	a Roma a Roma
1721	14	13	a.		
					Clemente XI † 19/3
					Innocenzo XIII, Michelangelo Conti, dei
1722	15	5	a.		du. di Poli, rom., el. 8/5, consac. 18/5
1723	1	28	m.	fa accettare dai Paesi Bassi la Prammatica sanzione a favore della f.a Maria Teresa 7/4	a Roma a Roma
1724 *b*	2	16	a.	rende Comacchio alla Chiesa	
					Innocenzo XIII † 7/3
					Benedetto XIII, Vincenzo Orsini, rom.,
1725	3	1	a.		el. 29/5, consac. 4/6
1726	4	21	a.		a Roma
1727	5	13	a.		a Roma
1728 *b*	6	28	m.		a Roma
1729	7	17	a.		a Roma
1730	8	9	a.		a Roma

era cristiana	indizione	Pasqua	e rinvio al calend.	re germanici in Italia	papi
					Benedetto XIII † 21/2
					Clemente XII, Lorenzo Corsini, rom., el.
1731	9	25	m.		12/7, consac. 16/7
1732 b	10	13	a.		
1733	11	5	a.	guerra per la successione di Polonia tra	a Roma
				Francia e Austria, Carlo VI sconfitto	a Roma
				12/10, perde Milano 11/12	
1734	12	25	a.	perde Napoli e la Sicilia in mar.	
1735	13	10	a.	pace di Vienna, preliminari 3/10	a Roma
1736 b	14	1	a.	rioccupa Milano 7/9	abolisce gli asili per i malfattori
1737	15	21	a.	sua guerra sfortunata contro i turchi	condanna i frammassoni
1738	1	6	a.	pace di Vienna 18/11	a Roma
1739	2	29	m.	rende Serbia e Valacchia ai turchi, tratt.	condanna la massoneria
				di Belgrado 22/9	a Roma
1740 b	3	17	a.	Carlo VI † 20/10, Maria Teresa f.a du. di	
				Milano 1740-1745	Clemente XII † 6/2
				impero vacante dal 20/10	*Benedetto XIV*, Prospero Lambertini, bol.,
1741	4	2	a.		el. 17/8, consac. 25/8
1742	5	25	m.	*Carlo VII* (Alberto), elettore di Baviera, f.	a Roma
				di Massimiliano II di Wittelsbach, imp.	riforma la disciplina del clero
				24/1, cor. a Francoforte 12/2	
1743	6	14	a.	tratt. di Worms tra Maria Teresa, l'In-	
				ghilterra e il re di Sardegna	a Roma
1744 b	7	5	a.		
1745	8	18	a.	Carlo VII † 20/1	a Roma
				Francesco Stefano I di Lorena, gen.o di	a Roma
				Carlo VI (granduca di Toscana 1737),	
				imp. 13/9, cor. 4/10, sp. (1736) Maria	
				Teresa, f.a di Carlo VI, la quale gover-	
				na di fatto	
1746	9	10	a.		
1747	10	2	a.		a Roma
1748 b	11	14	a.	tratt. di Aquisgrana 18/10	a Roma
1749	12	6	a.		a Roma
1750	13	29	m.		a Roma
1751	14	11	a.		a Castel Gandolfo
1752 b	15	2	a.		a Roma
1753	1	22	a.		a Roma
1754	2	14	a.		a Roma
1755	3	30	m.		a Roma
1756 b	4	18	a.		a Roma
1757	5	10	a.		a Roma
1758	6	26	m.		a Roma
					Benedetto XIV † 2/5
					Clemente XIII, Carlo Rezzonico, ven., el.
1759	7	15	a.		6/7, consac. 16/7
1760 b	8	6	a.	suo f. Giuseppe (II) sp. (6/10) Maria	a Roma
				Isabella di Parma † 27/11/1763	
1761	9	22	m.		
1762	10	11	a.		a Roma
1763	11	3	a.	assicura la Toscana al f. Pietro Leo-	a Roma
				poldo	
1764 b	12	22	a.		
1765	13	7	a.	Francesco Stefano I † 18/8 a Innsbruck	
				Giuseppe II di Absburgo-Lorena, f. (re dei	a Roma
				rom. 27/3, cor. 3/4/1764), re di Germania	a Roma
				e imp. rom. 18/8 - sp. (2/1/1765) Maria	
				Josepha († 1767), f.a dell'imp. Carlo VII	
				di Baviera	

era cristiana	indizione	Pasqua e rinvio al calend.		re germanici e repubbliche in Italia	papi
				Maria Teresa sua madre governa gli stati ereditari, Giuseppe II co-regg.	
1766	14	30	m.		a Roma
1767	15	19	a.		perde Avignone, toltagli da Luigi XV 11/6, e il territorio di Benevento, toltogli dal re di Napoli
1768 *b*	1	3	a.		
1769	2	26	m.		Clemente XIII † 2/2
					Clemente XIV, Lorenzo Ganganelli, di S. Arcangelo, el. 19/5, consac. 4/6
1770	3	15	a.	si accorda con Federico II per la spartizione della Polonia	a Roma
1771	4	3	a.		a Roma
1772 *b*	5	19	a.		a Roma
1773	6	11	a.		abolisce la Compagnia di Gesù 21/7
1774	7	3	a.		Clemente XIV † 22/9
1775	8	16	a.		*Pio VI*, Giovanni Angelo Braschi, di Cesena, el. 15/2, consac. 22/2
1776 *b*	9	7	a.		a Roma
1777	10	30	m.		a Roma
1778	11	19	a.		a Roma
1779	12	4	a.	conclude la pace di Teschen (mag.)	va a Vienna presso l'imp. 13/4
1780 *b*	13	26	m.	arciduca d'Austria dal 29/11 († Maria Teresa) e du. di Milano.	a Roma
1781	14	15	a.	suo editto contro la libertà di stampa, altro di tolleranza ecclesiastica 13/10	a Roma
1782	15	31	m.		si reca ancora a Vienna presso l'imp.
1783	1	20	a.		a Roma
1784 *b*	2	11	a.		a Roma
1785	3	27	m.		a Roma
1786	4	16	a.		a Roma
1787	5	8	a.		a Roma
1788 *b*	6	23	m.	inizia la guerra ai turchi	a Roma
1789	7	12	a.	perde il Belgio, Bruxelles in potere dei ribelli (dic.) si dichiara indip. 4/1/1790	condanna il sinodo di Pistoia
1790	8	4	a.	Giuseppe II † 20/2	a Roma
				Leopoldo II d'Absburgo-Lorena fr., succ. 20/2, cor. imp. rom. e re di Germania 30/9, granduca di Toscana (1765)	
1791	9	24	a.	sp. Maria Luisa († 15/5/1792) f.a di Carlo III di Spagna	si dichiara contro la riv. franc.
1792 *b*	10	8	a.	Leopoldo II † 1/3	a Roma
				Francesco II, f., è cor. imp. rom. 14/7 e, dal 1/2, alleato col re di Prussia, du. di Lombardia 1/3/1792 - sp. (1790) Maria Teresa di Borbone († 1807) i francesi occupano Savoia e Nizza 24-28/9	
1793	11	31	m.		Ugo Basseville ucciso a Roma dalla plebe 13/1
1794	12	20	a.		
1795	13	5	a.		
1796 *b*	14	27	m.	perde la Lombardia 14/5, occupata con altri stati dalla Francia	
1797	15	16	a.	creazione della Rep. cisalpina, lug. - firma della pace di Campoformio tra Austria e Francia 17/10	Napoleone toglie al papa le legazioni di Bologna, Ferrara, Ravenna e cede Avignone alla Francia, tratt. di Tolentino 19/2
1798	1	8	a.		Pio VI è dep. 15/2, suo arresto e prigionia

era cristiana	indizione	Pasqua e rinvio al calend.		re francesi e germanici in Italia	papi
					20/2 a Valence
					procl. della Rep. romana 15/2-27/11
1799	2	24	m.		Pio VI † 29/8 a Valence (Delfinato)
1800	3	13	a.		Pio VII, Barnaba Chiaramonti, di Cesena, el. 14/3 a Venezia consac. 21/3 a Roma
1801	4	5	a.	pace di Lunéville nella guerra tra Austria e Francia 9/2	a Roma
1802	5	18	a.	procl. della Rep. italica Napoleone I pres., Francesco Melzi vice-pres. 25/1	concordato tra Napoleone e il papa 15/7
1803	6	10	a.		concordato tra il papa e la Rep. italica 7/9
1804 b	7	1	a.		incorona Napoleone I a Parigi 2/12
1805	8	14	a.	Napoleone I Bonaparte (imp. dei francesi 18/5/1804) re d'Italia 19/3, cor. 26/5, princ. Eugenio Beauharnais viceré dal 7/6 Francesco II è vinto da Napoleone I ad Austerlitz 2/12	
1806	9	6	a.	Napoleone I imp. e re d'Italia - (ha fine il Sacro rom. impero per rinuncia di Francesco II 6/8)	
1807	10	29	m.		
1808 b	11	17	a.	Napoleone fa occupare Roma 2/2	perde le Marche 2/4
1809	12	2	a.	suo divorzio da Giuseppina Beauharnais 15/12 (sp. 9/3/1796, † 29/5/1814) ved. di Alexandre de Beauharnais e f.a di Joseph Tascher de la Pagerie il Lazio e Roma uniti alla Francia 17/5	Pio VII perde il potere temporale, scomunica Napoleone I - esule e prigioniero in Francia 6/7 Roma aggregata alla Francia 17/5
1810	13	22	a.	sp. (2/4) Maria Luigia d'Austria († 1847), f.a di Francesco II imp.	
1811	14	14	a.	nascita del re di Roma 20/3	
1812 b	15	29	m.	sped. contro la Russia e ritirata disastrosa	a Fontaineblau 20/6
1813	1	18	a.	guerra contro gli alleati, sconfitta a Lipsia 18/10 capitolazione di Parigi 21/3	
1814	2	10	a.	sua caduta e abdicazione 11/4 - sovrano dell'isola d'Elba dal 5/5 - caduta del Regno italico 6/4	rimesso sul trono 24/5 ripristina la Compagnia di Gesù 1/8
1815	3	26	m.	suo ritorno in Francia 26/2, sconfitto a Waterloo 18/6, abd. 22/6 († a S. Elena 5/5/1821) - ritorno dei principi spodestati (Francesco II, re d'Illiria, del Lombardo-Veneto 10/6, princ. di Trento)	rientra in Roma, rioccupa Ferrara 18/7
1816 b	4	14	a.		sopprime la tortura e i diritti feudali
1817	5	6	a.	moti della carboneria nelle Marche	
1818	6	22	m.		
1819	7	11	a.	riv. in Piemonte e abd. di Vittorio Emanuele I 2/3 - riv. a Napoli (mag.)	
1820 b	8	2	a.	moti insurrezionali in Sicilia - riv. a Palermo 15/7	condanna le sette
1821	9	22	a.	sconfitta dei liberali a Novara, riv. a Messina 26/3	
1822	10	7	a.	congresso di Verona	
1823	11	30	m.		Pio VII † 20/8 a Roma Leone XII, Annibale della Genga, di Spoleto, el. 27/9, consac. 5/10

era cristiana	indizione	Pasqua e rinvio al calend.	re germanici in Italia	papi
1824 b	12	18 a.		
1825	13	3 a.		giubileo gen. a Roma
1826	14	26 m.		amnistia ai settari in luglio
1827	15	15 a.		concordati con Svizzera e Paesi Bassi
1828 b	1	6 a.	moti del Cilento e a Salerno proclamata la costituzione franc. 28/6	i carbonari sconfitti
1829	2	19 a.		Leone XII † 10/2 a Roma
				Pio VIII, Francesco Saverio Castiglioni, di Cingoli, el. 31/3, consac. 5/4
1830	3	11 a.		Pio VIII † 1/12 a Roma
1831	4	3 a.	riv. delle Romagne, Marche e Umbria 4/2-26/3 - Mazzini fonda a Marsiglia la «Giovane Italia» (primavera)	Gregorio XVI, Bartolomeo Alberto Cappellari, di Belluno, el. 2/2 consac. 6/2
1832 b	5	22 a.	occup. austriaca in Romagna 28/1	
1833	6	7 a.	moti dei mazziniani in Piemonte	
1834	7	20 m.	sped. mazziniana in Savoia	
1835	8	19 a.		
1836 b	9	3 a.		
1837	10	26 m.		
1838	11	15 a.	gli austriaci abbandonano le legazioni 20/11	
1839	12	31 m.		
1840 b	13	19 a.		
1841	14	11 a.		
1842	15	27 m.		
1843	1	16 a.	riv. mazziniana a Bologna 15/8	
1844 b	2	7 a.	moti di Calabria - i fratelli Bandiera 16/6 - insurrezione a Rimini 23/9	
1845	3	23 m.	altri moti in Romagna	
1846	4	12 a.		Gregorio XVI † 1/6 a Roma
				Pio IX, Giovanni Maria Mastai Ferretti, di Senigallia el. 6/6, consac. 21/6
1847	5	4 a.	Ferrara occupata dagli austriaci	
1848 b	6	23 a.	I guerra per l'indip. italiana - tumulti a Milano e riv. a Palermo (genn.), a Napoli 27/1, a Messina 28/1, le cinque giornate a Milano 18-22/3, riv. a Venezia 23/3, a Padova 24/3, soll. di Napoli 15/5, batt. di Curtatone e Montanara 29/5, di Governolo 18/7, di Rivoli 22/7, di Custoza 25/7, capitolazione di Milano 5/8, di Messina 7/9	concede la costituzione 13/2, si ritira dalla guerra nazionale 29/4, esule a Gaeta 24/11 Ferrara è occupata dagli austriaci 14/7
1849	7	8 a.	riv. a Brescia 23/3-2/4, batt. di Novara, abdicazione di Carlo Alberto 23/3, gli austriaci a Ferrara 1/5, a Lucca 5/5, a Bologna 16/5, in Toscana (mag.), resa di Roma 2/7, Leopoldo II rientra in Firenze 20/7, capitolazione di Venezia 24/8	procl. della Rep. rom. e decadenza del papa 9/2, Ferrara resa al papa 18/2 Roma occupata dai francesi 3/7
1850	8	31 m.		Pio IX ritorna a Roma 12/4
1851	9	20 a.		
1852 b	10	11 a.	abolizione della costituzione in Toscana	
1853	11	27 m.	martiri di Belfiore 3/3	
1854	12	16 a.		definisce il dogma dell'«Immacolata Concezione»
1855	13	8 a.	sped. sarda in Crimea 12/3, batt. della Cernaia 16/8	
1856 b	14	23 m.		
1857	15	12 a.	sped. fallita di Sapri 29/6	visita Bologna, Modena, Firenze, Pisa

era cristiana	indizione	Pasqua e rinvio al calend.		re d'Italia	papi
1858	1	4	a.		
1859	2	24	a.	II guerra dell'indip. italiana - batt. di Montebello 20/5, di Palestro 30-31/5, di Magenta 4/5, di Melegnano 8/6, di Solferino e S. Martino 24/6, convenzione di Villafranca 8/7	si dichiara neutrale nella guerra fra Piemonte e Austria perde le legazioni
1860 b	3	8	a.	Nizza e Savoia cedute alla Francia 24/3 - moti di Palermo 4/4	perde le Marche e l'Umbria
1861	4	31	m.	procl. del regno d'Italia 17/3 *Vittorio Emanuele II* di Savoia-Carignano, f. di Carlo Alberto, re - sp. (1842) Maria Adelaide († 20/1/1855) f.a dell'arciduca Ranieri	
1862	5	20	a.	tentativi garibaldini di Sarnico e di Aspromonte 29/8	
1863	6	5	a.		
1864 b	7	27	m.	convenzioni «di settembre» tra Francia e Italia 15/9, Firenze cap. d'Italia 11/12	emana il «Sillabo», condanna degli errori moderni
1865	8	16	a.		
1866	9	1	a.	III guerra dell'indip. italiana - dichiarazione di guerra all'Austria 19/6, batt. di Custoza 24/6, di Lissa 21/7, armistizio dell'Austria 24/7 e 7/8, riv. a Palermo 16-22/9, pace di Vienna, il Veneto al Regno d'Italia 3/10	
1867	10	21	a.	batt. di Monterotondo 27/10, di Mentana 3/11	
1868 b	11	12	a.		convoca il concilio Vaticano I
1869	12	28	m.		apre il concilio 8/12
1870	13	17	a.	le truppe italiane entrano in Roma 20/9	perde la sovranità temporale 20/9 il Lazio unito al regno d'Italia
1871	14	9	a.	Roma procl. cap. d'Italia 1/1	
1872 b	15	31	m.		
1873	1	13	a.	viaggio di Vittorio Emanuele II a Vienna e a Berlino	
1874	2	5	a.		
1875	3	28	m.		
1876 b	4	16	a.		
1877	5	1	a.		giubileo episcopale
1878	6	21	a.	Vittorio Emanuele II † 9/1 a Roma *Umberto I* f., re, succ. 9/1 - sp. (22/4/ 1868) Margherita († 1926) f.a di Ferdinando di Savoia du. di Genova	Pio IX † 7/2 *Leone XIII*, Gioacchino Pecci, di Carpineto, el. 20/2, consac. 3/3
1879	7	13	a.	primo presidio italiano ad Assab	
1880 b	8	28	m.		
1881	9	17	a.		
1882	10	9	a.	colonia italiana ad Assab 5/7 - tratt. della triplice alleanza tra Germania, Austria e Italia 20/5	
1883	11	25	m.		
1884 b	12	13	a.		
1885	13	5	a.	Massaua occupata dagli italiani (gen. Saletta) 9/1	
1886	14	25	a.		
1887	15	10	a.	sped. italiana in Abissinia 25/1	
1888 b	1	1	a.		giubileo a Roma
1889	2	21	a.	protettorato italiano in Abissinia e in Somalia, notificato alle potenze 11/10	
1890	3	6	a.	i possedimenti italiani del Mar Rosso	

era cristiana	indizione	Pasqua e rinvio al calend.	re d'Italia	papi
			prendono nome di colonia Eritrea 1/4	
1891	4	29 m.		
1892 b	5	17 a.		
1893	6	2 a.	occup. italiana di Cassala (gen. Baratieri) 17/7	
1894	7	25 m.		
1895	8	14 a.	occup. italiana di Adigrat (Agamè) 25/3	
1896 b	9	5 a.	gli italiani sopraffatti dagli abissini ad Adua 1/3	
1897	10	18 a.	Cassala ceduta all'Inghilterra 25/12	
1898	11	10 a.		
1899	12	2 a.		giubileo a Roma dal 24/12
1900	13	15 a.	Umberto I ucc. 29/7 a Monza *Vittorio Emanuele III* f., re 29/7 - sp. (1896) Elena del Montenegro, f.a di Nicola I Petrovitch	
1901	14	7 a.		
1902	15	30 m.		
1903	1	12 a.		Leone XIII † 20/7 s. *Pio X*, Giuseppe Sarto, di Riese, el. 4/8, consac. 9/8
1904 b	2	3 a.		
1905	3	23 a.		
1906	4	15 a.		
1907	5	31 m.		
1908 b	6	19 a.		
1909	7	11 a.		
1910	8	27 m.		
1911	9	16 a.	guerra italo-turca in Libia iniziata 30/9 - occup. di Rodi e delle isole del Dodecaneso (mag.) pace di Ouchy con la Turchia 18/10	
1912 b	10	7 a.		
1913	11	23 m.	occup. italiana della Sirte in Libia 1/1	
1914	12	12 a.	missione sanitaria italiana a Valona 29/10, seguita dall'occup. con forza armata il 29/12	s. Pio X † 29/8 a Roma *Benedetto XV*, Giacomo della Chiesa, el. 3/9, consac. 6/9
1915	13	4 a.	partecipazione alla grande guerra 24/5 contro gli imperi centrali	
1916 b	14	23 a.	l'Italia dichiara guerra alla Germania 27/8, impiccagione di Cesare Battisti a Trento 12/7	
1917	15	8 a.	disastro e rotta di Caporetto, 24/10	
1918	1	31 m.	termina la guerra contro l'Austria, armistizio 3/11	
1919	2	20 a.	tratt. di St.-Germain-en-Laye 10/9	
1920 b	3	4 a.	tratt. di Rapallo, ann. all'Italia di Trieste, Istria, Venezia Giulia e Tridentina, Zara e isole 12/11, ratifica 27/11	
1921	4	27 m.	Castelrosso ceduta all'Italia 3/3	
1922	5	16 a.	marcia su Roma 24-29/10, il re incarica Benito Mussolini «duce» del partito fascista di formare il ministero 30/10	Benedetto XV † 22/1 a Roma *Pio XI*, Achille Ratti, di Desio, el. 6/2, consac. 12/2
1923	6	1 a.		
1924 b	7	20 a.	ann. di Fiume all'Italia 16/3	
1925	8	12 a.	cessione dell'Oltregiuba all'Italia 29/6	
1926	9	4 a.		
1927	10	17 a.		
1928 b	11	8 a.		
1929	12	31 m.	conciliazione fra chiesa e stato 11/2,	

era cristiana	indizione	Pasqua e rinvio al calend.		re d'Italia	papi
				elezioni «plebiscitarie» per la XXVIII legislatura 24/3	
1930	13	20	a.		
1931	14	5	a.		
1932 b	15	27	m.		
1933	1	16	a.	firma a Roma del «Patto a quattro» fra Italia, Francia, Germania, Gran Bretagna 7/6	
1934	2	1	a.	si insediano le corporazioni (22) genn., «plebiscito» per la XXIX legislatura 25/3, primo incontro ufficiale tra Mussolini e Hitler 14-15/6, bande abissine attaccano le truppe italiane a Ual-Ual 5/12, scoppia la crisi etiopica	
1935	3	21	a.	conferenza di Stresa 11-14/4, inizio della guerra italo-etiopica 2-3/10, sanzioni della Società delle Nazioni contro l'Italia 18/11	
1936 b	4	12	a.	le truppe italiane entrano ad Addis Abeba 5/5, procl. dell'impero 9/5, revoca delle sanzioni 15/7, si costituisce l'asse Roma-Berlino 23/10	
1937	5	28	m.	l'Italia partecipa alla guerra civile spagnola, combattono tra i repubblicani alcuni fuorusciti italiani, patto Antikomintern fra Italia, Germania e Giappone 6/11, l'Italia esce dalla Società delle Nazioni 11/12	enciclica «Mit brennender Sorge» 14/3
1938	6	17	a.	a Monaco l'Italia firma nuovi accordi con Germania, Gran Bretagna e Francia 29/9, l'Italia adotta una legislazione antiebraica 17/11	
1939	7	9	a.	l'Italia invade l'Albania 7/4, Vittorio Emanuele III ne diviene re 16/4, firma del «Patto d'acciaio» fra Italia e Germania 22/5, l'Italia dichiara la «non belligeranza» 1/9	Pio XI † a Roma 10/2 _Pio XII_, Eugenio Pacelli, di Roma, el. 2/3, consac. 12/3
1940 b	8	24	m.	s'inasprisce la politica autarchica, incontro al Brennero tra Mussolini e Hitler per rinforzare la politica dell'Asse 18/3, l'Italia entra in guerra contro Francia e Gran Bretagna 10/6, armistizio italo-francese a Roma 24/6, patto Tripartito Italia-Germania-Giappone 27/9, l'Italia attacca la Grecia 28/10, disfatta italiana in Cirenaica a opera delle truppe inglesi, dic.	
1941	9	13	a.	perdite gravi in Africa orientale (Eritrea), mar., guerra a fianco della Germania contro la Jugoslavia 6/4, divisioni italiane partecipano all'attacco tedesco in Russia, giu., dichiarazione di guerra agli Stati Uniti 11/12	
1942	10	5	a.	avanzata delle truppe italiane a fianco di quelle tedesche del gen. Rommel in Africa settentrionale, giu., controffensiva e vittoria degli inglesi in Africa settentrionale, ott.	
1943	11	25	a.	Tripoli è occupata dagli inglesi: cade	enciclica «Divino afflante Spiritus» 30/9

era cristiana	indizione	Pasqua e rinvio al calend.	re d'Italia e presidenti della repubblica	papi
			l'impero coloniale 23/1, gli Alleati sbarcano a Pantelleria 11/6, e in Sicilia 9-10/7, il gran consiglio del fascismo vota la sfiducia a Mussolini 25/7, suo arresto, il maresciallo Badoglio diventa pres. del consiglio, il re capo delle forze armate; viene sciolto il Partito nazionale fascista e vengono soppresse le corporazioni, firma a Cassibile 3/9 dell'«armistizio corto» fra Italia e Alleati che entra in vigore l'8/9, sbarco alleato a Salerno 9/9, Mussolini relegato a Campo Imperatore (L'Aquila) è prelevato dai tedeschi 12/9 e forma un governo neofascista (Rsi), le 4 giornate di Napoli 28/9-1/10, firma a Malta dell'armistizio definitivo fra Italia e Alleati 29/9, dichiarazione di guerra alla Germania 13/10	
1944 b	12	9 a.	processo neofascista di Verona contro i votanti del 25/7/1943 al gran consiglio 8-10/1, liberazione di Roma 4/6, Vittorio Emanuele III nomina il f. Umberto luogot. gen. del regno e si ritira 5/6, Bonomi succede a Badoglio come pres. del consiglio 18/6	
1945	13	1 a.	liberazione dell'Italia settentrionale 25/4, Mussolini viene fucilato dai partigiani a Giulino di Mezzegra (Como) 28/4, la Germania capitola 7/5, finisce la guerra in Europa 8/5; Ferruccio Parri pres. del consiglio 19/6, si inaugura la prima consulta nazionale dell'Italia libera 25/9; Alcide De Gasperi pres. del consiglio 10/12	
1946	14	21 a.	Vittorio Emanuele III abd. in favore del figlio *Umberto II* 9/5, referendum istituzionale favorevole alla rep. 2/6, Umberto II esule in Portogallo 13/6, *Enrico De Nicola* capo provv. dello stato 28/6, secondo gov. De Gasperi 13/7, accordo De Gasperi-Gruber per l'Alto Adige 5/9	
1947	15	6 a.	terzo gov. De Gasperi 2/2, quarto gov. De Gasperi 31/5	
1948 b	1	28 m.	entra in vigore la nuova costituzione, De Nicola primo pres. repubblica 1/1, elezioni per la I legislatura 18/4, *Luigi Einaudi* pres. rep. 11/5, quinto gov. De Gasperi 23/5, attentato a Togliatti 14/7	
1949	2	17 a.	adesione al Patto Atlantico (Nato) 4/4	
1950	3	9 a.	sesto gov. De Gasperi 21/1, l'Italia riceve in amministrazione fiduciaria la Somalia 1/4	enciclica «Humani generis» 12/8
1951	4	25 m.	settimo gov. De Gasperi 26/7	
1952 b	5	13 a.		
1953	6	5 a.	elezioni per la II legislatura 7/6, ottavo gov. De Gasperi 16/7, De Gasperi † 19/8, Giuseppe Pella pres. consiglio 17/8	
1954	7	18 a.	Amintore Fanfani pres. consiglio 18/1, Mario Scelba pres. consiglio 10/2, Trieste	

era cristiana	indizione	Pasqua e rinvio al calend.	presidenti della repubblica	papi
1955	8	10 a.	e la zona A del Territorio libero passano sotto l'amministrazione italiana 26/10 *Giovanni Gronchi* pres. rep. 29/5, Antonio Segni pres. consiglio 6/7, l'Italia è ammessa all'assemblea gen. dell'ONU 14/12	
1956 *b*	9	1 a.		
1957	10	21 a.	l'Italia firma i trattati istitutivi della CEE e dell'EURATOM 25/3, Adone Zoli pres. consiglio 19/5	
1958	11	6 a.	elezioni per la III legislatura 25/5, secondo gov. Fanfani 1/7, l'Italia diventa membro non permanente del consiglio di sicurezza dell'ONU	Pio XII † a Castelgandolfo 9/10 *Giovanni XXIII*, Angelo Roncalli, di Sotto il Monte (Bergamo), el. 28/10, consac. 4/11
1959	12	29 m.	secondo gov. Segni 15/2	Giovanni XXIII annuncia il concilio Vaticano II 25/1
1960 *b*	13	17 a.	Fernando Tambroni pres. consiglio 25/3, cessa l'amministrazione fiduciaria in Somalia 1/7, manifestazioni contro il governo Tambroni, lug., terzo gov. Fanfani 26/7	
1961	14	2 a.	primi attentati in Alto Adige per ottenere una revisione degli accordi De Gasperi-Gruber, sett.	enciclica «Mater et magistra» 12/8
1962	15	22 a.	quarto gov. Fanfani 21/2 *Antonio Segni* pres. rep. 6/5	si apre il concilio Vaticano II 11/10
1963	1	14 a.	elezioni per la IV legislatura 28/4, Giovanni Leone pres. consiglio 21/6, valanga del Vajont 9/10, Aldo Moro pres. consiglio 4/12, i socialisti entrano a far parte del governo 12/12	enciclica «Pacem in terris» 11/4 Giovanni XXIII † a Roma 3/6 *Paolo VI*, Giovanni Battista Montini, di Concesio (Brescia), el. 21/6, consac. 30/6
1964 *b*	2	29 m.	secondo gov. Moro 22/7, Palmiro Togliatti † 21/9 *Giuseppe Saragat* pres. rep. 28/12	enciclica «Ecclesiam suam» 6/8
1965	3	18 a.		
1966	4	10 a.	terzo gov. Moro 23/2	
1967	5	26 m.		si chiude il concilio Vaticano II 8/12
1968 *b*	6	14 a.	elezioni per la V legislatura 19/5, secondo gov. Leone 24/6, Mariano Rumor pres. consiglio 12/12	enciclica «Umanae vitae» 25/7
1969	7	6 a.	secondo gov. Rumor 5/8, strage «di stato» alla Banca dell'Agricoltura in piazza Fontana a Milano 12/12	
1970	8	29 m.	terzo gov. Rumor 27/3, prime elezioni dei consigli regionali per le regioni a statuto ordinario 7/6, Emilio Colombo pres. consiglio 6/8	
1971	9	11 a.	*Giovanni Leone* pres. rep. 24/12	
1972 *b*	10	2 a.	Giulio Andreotti pres. consiglio 17/2, elezioni per la VI legislatura 7/5, secondo gov. Andreotti 26/6	
1973	11	22 a.	strage davanti alla questura di Milano 17/3, quarto gov. Rumor 7/7	
1974	12	14 a.	quinto gov. Rumor 14/3, referendum per il divorzio 12/5, strage di piazza della Loggia a Brescia 28/5, quarto gov. Moro 23/11	
1975	13	30 m.		
1976 *b*	14	18 a.	quinto gov. Moro 12/2, terremoto nel	

era cristiana	indizione	Pasqua e rinvio al calend.	presidenti della repubblica	papi
			Friuli 6/5, elezioni per la VII legislatura 20/6, terzo gov. Andreotti 29/7	
1977	15	10 a.		
1978	1	26 m.	quarto gov. Andreotti 11/3, le Brigate Rosse rapiscono Aldo Moro 16/3 e lo uccidono 9/5 *Giovanni Leone* dà le dimissioni 18/6 *Alessandro Pertini* pres. rep. 9/7	*Paolo VI* a Castelgandolfo † 6/8 *Giovanni Paolo I*, Albino Luciani di Forno di Canale (Belluno), el. 26/8 consac. 3/9, † 28/9 *Giovanni Paolo II*, Karol Wojtyla di Wadowice (Polonia), el. 16/10, consac. 22/10
1979	2	15 a.	quinto gov. Andreotti 20/3, elezioni per l'VIII legislatura 3/6, Francesco Cossiga pres. consiglio 4/8	enciclica «Redemptor hominis» 4/3
1980 *b*	3	6 a.	secondo gov. Cossiga 4/4, strage del *DC 9* dell'Itavia a Ustica 27/6, strage alla stazione di Bologna 2/8, Arnaldo Forlani pres. consiglio 18/10	enciclica «Dives in misericordia» 30/11
1981	4	19 a.	Giovanni Spadolini pres. consiglio 28/6	attentato di Alì Agca a Giovanni Paolo II 13/5, enciclica «Laborem exercens» 14/11
1982	5	11 a.	secondo gov. Spadolini 23/8, quinto gov. Fanfani 1/12	
1983	6	3 a.	l'ex re Umberto II † a Ginevra 18/3, elezioni per la IX legislatura 26/6, Benedetto (Bettino) Craxi pres. consiglio 4/8	
1984 *b*	7	22 a.	firma del nuovo concordato fra stato e chiesa 18/2, strage sul «rapido 904» Napoli-Milano 23/12	
1985	8	7 a.	*Francesco Cossiga* pres. rep. 24/6, valanga di Stava 19/7	enciclica «Slavorum apostoli» 2/6
1986	9	30 m.	secondo gov. Craxi 1/8	enciclica «Dominum et vivificantem» 18/5
1987	10	10 a.	sesto gov. Fanfani 17/4, elezioni per la X legislatura 14/6 Giovanni Goria pres. consiglio 28/7	enciclica «Redemptoris mater» 25/3 e «Sollicitudo rei socialis» 30/12
1988 *b*	11	3 a.	Ciriaco De Mita pres. consiglio 13/4	
1989	12	26 m.	sesto gov. Andreotti 23/7	
1990	13	15 a.		enciclica «Redemptoris missio» 7/12
1991	14	31 m.	settimo gov. Andreotti 13/4, firma del tratt. di Maastricht sull'Unione europea 11/12	enciclica «Centesimus annus» 1/5
1992 *b*	15	19 a.	inizio delle inchieste su «tangentopoli» 17/2, elezioni per l'XI legislatura 5/4, la mafia uccide a Capaci il giudice Giovanni Falcone 23/5 e a Palermo il giudice Paolo Borsellino 19/7 *Oscar Luigi Scalfaro* pres. rep. 25/5 Giuliano Amato pres. consiglio 28/6	approvazione del nuovo «Catechismo della chiesa cattolica» 12/10
1993	1	11 a.	Carlo Azeglio Ciampi pres. consiglio 29/4 attentati di Roma 14/5, Firenze 26/5, Milano 26/7	enciclica «Veritatis splendor» 6/8
1994	2	3 a.	elezioni per la XII legislatura 27/3, Silvio Berlusconi pres. consiglio 11/5	
1995	3	16 a.	Lamberto Dini pres. consiglio 17/1	enciclica «Evangelium vitae 25/3 e «Ut unum sint» 25/5
1996 *b*	4	7 a.	elezioni per la XIII legislatura 21/4, Romano Prodi pres. consiglio 18/5	
1997	5	30 m.		
1998	6	12 a.	ammissione nell'EURO 30/4, Massimo D'Alema pres. consiglio 24/10	enciclica «Fides et ratio» 14/9

Tavole cronologiche di sovrani e governi dei principali stati italiani

Savoia e Piemonte

a) *Torino*[218]

duc. longobardo – du.: Amone v. 576; Agilulfo (re 591)	
v. 589; Arioaldo (re 627) v. 590; Garibaldo (re 671)	
v. 660 - 671; Ragimberto (re 700) 671 - 701	568 - 774
ai re carolingi (ct. Suppone e figli 878 - 888)	774 - 888
ai re d'Italia Berengario I e Guido di Spoleto	888 - 892
ai march. d'Ivrea (vd. Ivrea)	892 - 942
Arduino Glabrione, march. d'Italia dal 950, f. di Ruggero I	
ct. d'Auriate e di Torino dal 945	942 - 975
Manfredi I, f. march.	975 - 1001
Olderico Manfredi II, f. ct. d'Auriate, Torino,	
Ivrea (march. d'Italia dal 1015)	1001 - 1034
Adelaide, f.a e il marito Ermanno, du. di Svevia († 1038)	
figliastro di Corrado II il Salico, poi sola	1034 - 1042
Adelaide sp. Enrico di Monferrato († v. 1045),	
poi a Oddone († 1060), f. di Umberto I di Savoia	1042 - 1060
Pietro, ct. di Savoia, f. di Oddone, e Adelaide, sua madre,	
tut. fino al 1064	1060 - 1078
Adelaide ct., poi Agnese, f.a di Pietro	
e Federico di Montbéliard	dic. 1078 - 19/12/1091
comune indip.	1091 - 1130, 1136 - 1238
	e 1255 - 1270
Amedeo III, f. di Umberto II ct. di Savoia	1130 - 1136 († 1/4/1148)
comune indip., retto da cons., dal 1171 da pod.	
(infl. dei ct. di Savoia, Arduino di Valperga vesc.	
e sig. di Torino 1194)	1136 - 1238
comune dip. dall'imp., poi guelfo dal 1248	1238 - 1252
Tommaso II di Savoia, fr. di Amedeo IV	1252 - 1255
comune indip.	1255 - 1266 c.
Carlo I d'Angiò re di Napoli	1270 - 1274
Guglielmo VII march. di Monferrato	1266 - 1270 e 1274 - 1280

Tommaso III, f. di Tommaso II di Savoia
[sp. Guya di Borgogna]   1280 - 16/5/1282
Guya di Borgogna, ved., tut. per il f. Filippo   16/5/1282 - 1285
Amedeo V, ct. di Savoia, tut. di Filippo I   1285 - 1295 († 16/10/1323)
Filippo I di Savoia-Acaja, f. di Tommaso III   1295 - 25/9/1334
Giacomo di Savoia-Acaja, f. (regg. Aimone
    di Savoia e Caterina di Vienne sua madre
    fino al 1357, poi solo, succ.)   1334 - 1360 e 1363 - 1367
Amedeo VI, ct. di Savoia, f. di Giacomo   1360 - 1363
Amedeo di Savoia-Acaja (regg. Amedeo VI fino al 1377)   1368 - 1402
Lodovico di Savoia-Acaja, fr.   1402 - 1418
ai du. di Savoia   1418 - 1536 e 1562 - 1639
alla Francia   1536 - 1562
Tommaso princ. di Savoia   1639 - 1640
ai du. di Savoia, poi re di Sardegna   1640 - 19/12/1798
alla Francia   19/12/1798 - 22/5/1799
                                              e 1800 - apr. 1814
agli austro-russi   22/5/1799 - 25/6/1800
al regno di Sardegna   27/4/1814 - 14/3/1821
riv. e gov. provv.   14/3 - 10/4/1821
al regno di Sardegna (poi regno d'Italia 1861)   dall'apr. 1821

b) *Asti*[219]

ai longobardi, poi (774) ai franchi, dip. dall'800
    dall'imp. (ct. 860 - 980)   568 - 888
al regno d'Italia   888 - 961
comune con infl. del vesc., poi indip. fino al 1001   961 - 1002
al march. d'Ivrea, Arduino I (re d'Italia 1002)   1002 - 1015
al march. di Torino e d'Ivrea Olderico Manfredi II
    [sp. Berta di Oberto II d'Este]   1015 - 1034
ai march. di Torino (infl. dei vesc.)   1034 - 1091
comune con prep. dei vesc.
    (cons. fino dal 1095 c., pod. 1190 - 1206)   1091 - 1155
comune dip. dall'imp.
    (infl. del vesc.)   1155 - 1162, 1164 - 1167
                                           1174 - 1183, 1238 - 44
comune guelfo, con infl. del vesc.
    (part. alla Lega lombarda 1167)   1162 c. - 1164, 1167 - 1174
                                           1183 - 1190 e 1244 - 1145
comune guelfo indip., retto da pod.,
    poi dal 6/11/1244 ghibellino   1190 - 1303
Manfredo IV (march. di Saluzzo 1296)
    e Giovanni I (march. di Monferrato 1292)   1303 - 1304
comune indip., poi ghibellino con infl. dei Castelli   1304

comune guelfo (infl. dei Solaro) 1304 - 1305,
 poi indip. 1306 - 1309 e 1312   1304 - 1312
al princ. di Savoia-Acaja, Filippo I (1282), f. di Tommaso III   1305 - 1306
ad Amedeo V di Savoia e a Filippo I di Savoia-Acaja   1309 - 1310
si sottom. a Enrico VII imp.   1310 - apr. 1312
a Roberto d'Anjou (re di Napoli 1309),
 con infl. dei Solaro
 (a Filippo di Savoia-Acaja 1317)   17/4/1312 - 1317 e 1317 - 39
a Giovanni II Paleologo
 (march. di Monferrato 1338),
 poi (1372) al f. Secondotto   1339 - 1340 e 1356 - 1360 e 1361 - 78
ai Visconti, sig. di Milano
 (Luchino, poi Giovanni 1349,
 e Galeazzo II 1354,
 Gian Galeazzo sig. assoluto 1382 - 87)   1340 - 1356 e 1378 - apr. 1387
a Valentina Visconti, f.a di Gian Galeazzo,
 [sp. Luigi I d'Orléans fr. di Carlo († 23/10/1407)]   apr. 1387 - 1406
a Carlo d'Orléans, f., tut. la madre 1406 - 22,
 poi gov. dal 1422 da Filippo Maria Visconti
 e (1438) da Francesco Sforza procur.   1406 - 1447
alla Francia, che cede Asti a Carlo d'Orléans   1447 - 1465
a Luigi II (XII) d'Orléans (re di Francia 1498),
 f. di Carlo, tut. la madre   1465 - 1498
alla Francia   1498 - 1507 e 1515 - 1521
a Massimiliano Sforza du. di Milano 1512 - 15   1507 - 1515
a Francesco II Sforza, fr. du. di Milano 1521 - 24   1521 - 1525
Carlo V (imp. 1519) dà in feudo Asti a Carlo di Lannoy,
 viceré di Napoli († 1531)   1526 - 1531
Carlo V imp. dona (1530) la ct.a d'Asti a Carlo III,
 du. di Savoia e Beatrice di Portogallo sua mogl.
 (presidio imp. 1536 - 53)   3/4/1531 - 1553
Emanuele Filiberto (du. di Savoia 1559) occupa Asti,
 sotto presidio spagn. 1536 - 75   1553 - 1575
ai du. di Savoia [il du. de Vendôme occupa Asti
 nov. 1703 - 1706]   1575 - 1703, 1703 - 1745
                                                           e 1746 - 1797

occupata dai franco-spagnoli,
 del maresciallo De Chevert   nov. 1745 - 1746
riv. - gov. provv., capo C. Gabuti di Bestagno,
 poi (28/7) Rep. astese, pres. avv. Secondo Arò   27-30/7/1797
unione al Piemonte   1797 - 1798
alla Francia (dipar. del Tanaro)
 - [occup. austro-russa 1799 - 1800]
 - Carlo Emanuele IV abd.   v. dic. 1798 - 1814
unione al Piemonte (regno d'Italia 1861)   27/4/1814

c) Ivrea[220]

duc., poi ct.a dal 774, march.to dall'876

... duc. longob.	568 - 774
eretto in ct.a sotto dom. franca in Italia	
(dall'800 dip. dall'imp. carolingio),	
unita alla ct.a d'Aosta, diviene marchesato nell'876	774 - 888
ai re d'Italia Berengario I e Guido di Spoleto	888 - 892
Anscario, fr. di Guido re d'Italia, da questi creato march. d'Ivrea	892 - 896
Adalberto, f. march.	
[sp. I. Gisela, f.a di Berengario I, re d'Italia;	
II. Ermengarda di Toscana]	896 - 925
Berengario II, f. (re d'Italia 950)	
e Anscario II suo fr. (du. di Spoleto), march.	925 - 938 c.
Lotario, f. di Ugo, re di Provenza	938 c. - 945
Lotario e Berengario II assieme	945 - 950
Guido, f. di Berengario II	950 - 962
Corrado (o Dadone) fr., ct.	962 - 989
Arduino I, f. di Dadone ct. di Pombia,	
poi (1000) Arduino II assoc. (re d'Italia 1002)	989 - 1000
all'impero	1000 - 1001 e 1004
a Olderico Manfredi (march. di Torino 1001)	1001 - 1002
Arduino I (1002 - 1004), poi coi figli:	
ct. Ottone, Arduino II e Ghiberto,	
con Olderico Manfredi della marca d'Ivrea	1002 1015
comune autonomo	
con infl. dei ct. Ottone, Arduino II e Ghiberto	1015 - 1027
comune sotto l'aut. del vesc. e dei march. di Torino	1027 - 1046
comune sotto l'aut. del vesc. e dei ct. di Savoia	1046 - 1091
poi dip. dall'imp.	1091 - 1095 e 1152 - 1167
comune retto da ct., I metà sec. XII,	
sotto l'aut. del vesc.,	
pod. dal 1171	1095 - 1152, 1167 - 1176, 1183 - 1218
comune ghibellino	
sotto l'aut. del vesc. 1176 - 1183, 1218 - 1226, 1238 - 1243 e	1248 - 1266
comune guelfo, sotto l'aut. del vesc.	1226 - 1238 e 1243 - 1248
a Guglielmo VI march. del Monferrato († 6/2/1292)	1266 - 1267
comune sotto l'aut. del vesc.	1267 - 1278
ai march. del Monferrato	1278 - 1310
all'impero (nel 1313, conc. imp. al march. del Monferrato)	1310 - 1313
ai ct., poi du. (1416) di Savoia e ai princ. di Savoia-Acaja	1313 - 1349
ai ct. di Savoia e ai march. di Monferrato	1349 - 1356
ai ct. poi du. di Savoia	1356 - 1536
alla Francia	1536 - 1537, 1544 e 1554 - 1559
ai du. di Savoia e all'impero	1537 - 1544

ai du. di Savoia, eccetto (1638 - 48)	
al princ. Tommaso di Savoia	1559 - 1704 e 1713 - 1796
alla Francia	1704 - 1706
ai du. di Savoia e all'impero	1706 - 1713
ai du. di Savoia, dal 1720 re di Sardegna	1713 - 1798
alla Francia (capoluogo del dipar. della Dora)	1798 - 1814
unione al regno di Sardegna (regno d'Italia 1861)	11/5/1814

d) Monferrato[221]

ct.a dal 948, march.to dal 954, duc. dal 1574

Aleramo, f. di Guglielmo (?) e Oddone I suo f. († 991), ct. (948), march. (954), don. (23/3/967) dell'imp.	
Ottone I [Aleramo sp. Gilberga, f. di re Berengario II]	948 - 991 c.
Guglielmo I (o III), f. di Oddone I	991 - 1031 c.
Enrico, f.	v. 1032 - 1045
Oddone II, fr. che porta per primo il tit. di march.	v. 1040 - 20/11/1084
Guglielmo II (o IV), f.	1084 - 1125 c.
Ranieri, f.	1100 c. - 1140
Guglielmo IV (o V) *il Vecchio*, f. [sp. I. Sofia di Svevia, f.a del Barbarossa; II. Giuditta di Leopoldo du. d'Austria]	1140 - 1188
Corrado, f. († 24/4/1192) sig. di Tiro [che sp. Amury, f.a del re di Gerusalemme] e Bonifacio I († 1207), suo fr.	1188 - 1192
Bonifacio I re di Tessalonica (1204), solo	28/4/1192 - 1207
Guglielmo V (o VI), f. [sp. (1211) Berta, f.a del march. Bonifacio di Clavesana]	1207 - sett. 1225
Bonifacio II *il Gigante*, f. [sp. (1197) Eleonora († av. 1204), f.a di Umberto III di Savoia]	sett. 1225 - 1253
Guglielmo VI (o VII) *il Grande*, f. regg. Tommaso II di Savoia [sp. I. Isabella del ct. Riccardo di Gloucester; II. (1271) Beatrice di Castiglia († 1280), f.a del re Alfonso X]	1235 - 6/2/1292
Giovanni I *il Giusto*, f. [sp. (1297) Margherita († 1359), f.a di Amedeo V di Savoia]	6/2/1292 - 9/1/1305
Violante, sor. [sp. Andronico II Paleologo, imp. di Costantinopoli 1282 - 86] regg. Manfredo IV march. di Saluzzo	genn. 1305 - 1306 rin.
Teodoro I Paleologo, f.	

[sp. Argentina di Opicino Spinola]	16/9/1306 - 21/4/1338
Giovanni II, f., vic. imper. 1355	21/4/1338 - 20/3/1372
Secondo Ottone (Secondotto),	
f. tut. Ottone di Brunswich, suo zio,	
(vic. imp. 1374)	20/3/1372 - 16/12/1378
Giovanni III, fr., tut. Ottone fino al 1379, succ.	16/12/1378 - 25/8/1381
Teodoro II, fr.	25/8/1331 - 2/12/1418
Giangiacomo, f. [sp. (1411)	
Giovanna di Amedeo VII di Savoia]	2/12/1418 - 13/3/1445
Giovanni IV, f.	13/3/1445 - 29/1/1461
Guglielmo VII (o VIII),	
Paleologo fr. (princ. dell'Impero)	
[sp. I. (1465) Maria di Gastone di Foix († 1467);	
II. (1469) Elisabetta († 1473), f.a di Francesco	
Sforza; III. Giovanna Bernarda († 1485),	
f.a di Jean de Brosse]	29/1/1464 - 28/2/1483
Bonifazio III, fr. [sp. I. (1483) Elena,	
f.a di Giovanni di Brosse;	
II. Maria, f.a di Giorgio Scanderbeg]	28/2/1483 - 1493 rin. († 31/1/1494)
Guglielmo VII (o VIII), f., regg. Maria di Serbia	
1493 - 94; Costantino Comneno 1494 - 99;	
Benvenuto Sangiorgio 1494 - 1512	
[Guglielmo sp. (1508) Anna († 1562),	
f.a di Renato du. d'Alençon]	1493 - 4/10/1518
Bonifazio IV, f., regg. Anna d'Alençon	
sua madre († 18/10/1562)	4/10/1518 - 17/10/1530
Giangiorgio, f. di Bonifazio III	
[sp. Giulia, f.a di Federico d'Aragona]	17/10/1530 - 30/4/1533
sequestro posto dall'imp. al terr. del Monferrato	mag. 1533 - 5/1/1536
Margherita, sor. di Bonifazio IV	
e Federico II Gonzaga du. di Mantova († 1540)	
suo marito	5/1/1536 - 28/12/1566
il Monferrato rimane unito al duc. di Mantova (vd.)	28/12/1566 - giu. 1708
i du. di Savoia recuperano il Monferrato,	
Alessandria, Valenza e val di Sesia	
[occup. dei franco-spagnoli 1745 - 46]	
(vd. Savoia e Piemonte)	giu. 1708 - 1798
alla Francia (dipar. del Tanaro)	
[occup. dagli austro-russi 1799 - 1800]	1798 - mag. 1814
unione al regno di Sardegna, poi d'Italia	dal 20/5/1814

e) Novara[222]

gov. dei ct. (epoca franca) poi dei vesc.,	
soppresso (1100) dall'imp.	... - 1100

rep. libera, ma sotto l'infl.
  dei ct. di Biandrate, v. 1100,
  retta da cons. dal 1137 c.   inizi sec. XII - 1154
lotte coi ct. di Biandrate e vitt. dei novaresi   sec. XII - 1168
comune ghibellino retto dal vesc.,
  1168 nella Lega lombarda   1154 - 1183
comune autonomo dal 1183,
  con reggimento podestarile dal 1184
  poi guelfo indip., retto da cons. 1185 - 1188   1183 - 1188
comune con reggimento consolare-podestarile   1188 - inizi sec. XIII
comune guelfo indip.
  (compreso nella II e III Lega lombarda)   1226 - 1261
Oberto Pelavicino (sig. di Cremona, Piacenza ecc.) vic. imp.   1261 - 1263
ai Torriani di Milano   1263 - 1277
Ottone Visconti (arciv. e sig. di Milano)   1277 - 1278 e 1282 - 1289
al march. Guglielmo del Monferrato
  (Matteo Visconti suo vic. dal 1293)   1278 - 1282 e 1289 - 1298
Galeazzo Visconti, vic. di Matteo suo padre   1298 - 1299 e 1299 - 1301
Giovanni I Aleramico (march. di Monferrato 1292)   1299 - 1301
comune indip.   1301 - 1302
comune guelfo, Guglielmotto Brusati, pod. e sig.   1302 - 1310
si sottom. all'imp. Enrico VII,
  suoi vicari: Simone Crivelli, Alberto Malocello,
  Francesco Malaspina, Filippo di Savoia-Acaja (1311)
  e Luchino Visconti   1310 - 1313
comune con infl. di Matteo
  poi (1322) di Galeazzo Visconti   1313 - 1328
all'imp. Lodovico IV il Bavaro
  (Robaldone e Tornielli vic.,
  poi Giovanni di Boemia (1331 - 1332)   1328 - 1332
si sottom. a Giovanni Visconti vesc. di Novara,
  poi (1354) a Galeazzo Visconti   1332 - 1356 e 1358 - 1378
Giovanni II Paleologo (march. di Monferrato 1338)   1356 - 1358
ritorna in potere dei Visconti di Milano   1358 - 1402 e 1412 - 47
Facino (Bonifacio) Cane, capit. di ventura,
  s'impadronisce di Novara, Alessandria e Tortona
  (gov. di Milano 1410)   1403 - 1412
alla Rep. ambrosiana di Milano   1447 - 1448
agli Sforza (du. di Milano 1450)   1448 - 1500, 1512 - 1515 e 1521 - 1535
alla Francia, dal 1535
  alla Spagna   1500 - 1512, 1515 - 1521 e 1535 - febb. 1538
a Pier Luigi Farnese
(du. di Castro e Ronciglione 1537, di Parma 1545)
  march., poi (1547) a Ottavio suo f.
  du. di Parma, march.   27/2/1538 - 1551
Giovan Battista del Monte, march., poi (1552 - 1556) all'imp.   1551 - 1556

ai Farnese, di nuovo (Ottavio e poi Ranuccio)   1556 - 1602
al duc. di Milano (dom. spagn.),
   poi (1706) all'impero   1602 - 1734
al Piemonte (rep. d'infl. franc. dal 1797)   1734 - 1798
alla Francia [occup. austro-russa 1799 - 1800]   1798 - 1799 e 1800 - 1814
al regno di Sardegna, poi d'Italia   1814

f) *Saluzzo*[223]

[Bonifazio ct., f. di Teuttone (Ottone) della stirpe Aleramica,
   march. di Savona († 1130) [sp. I. Alife, f.a di Pietro
   ct. di Savoia; II. Agnese del Maine, f.a di Ugo
   fr. di Filippo I re di Francia]   sec. XI - ...
Manfredo, f., primo march. di Saluzzo
   [sp. Eleonora di Gonnario giudice d'Arborea]
   gov. coi fr. Guglielmo, Ugo, Anselmo, Enrico,
   Ottone e Bonifacio di Cortemilia   1125 - 1175
Manfredo II, f. [sp. Alasia di Monferrato
   († 1252), f.a del march. Guglielmo il Vecchio]   1175 - 1215
Manfredo III, nip. (da Bonifazio, f. del prec.),
   sotto tut. della nonna Alasia,
   [sp. (1233) Beatrice di Amedeo IV ct. di Savoia]   1215 - 1244
Tommaso I, f. [sp. (1258) Luisa di Ceva († 22/8/1291),
   f.a del march. Giorgio] tut. la madre Beatrice,
   solo dal 1254
   [Guglielmo V del Monferrato 1262 - 63]   1244 - 3/12/1296
Manfredo IV, f. [sp. Isabella († 1353),
   f.a di Bernabò Doria]   3/12/1296 - 1334 abd.
                          († 16/9/1340)
Federico I, f.
   [sp. (1303) Margherita de La Tour du Pin,
   f.a di Umberto delfino di Vienne]   1334 - 29/6/1336
Tommaso II, f. [sp. Ricciarda,
   f.a di Galeazzo Visconti sig. di Milano]
   succ.   1336 - apr. 1341 dep.
                 e 27/3 - 13/5/1344 e
                 6/9/1346 - 15/8/1357
Manfredo V, zio,
   la occupa   apr. 1341 - 27/3/1344 dep. e 13/5/1344 - 6/9/1346
Federico II, f.
   [sp. Beatrice, f.a di Ugo
   ct. di Ginevra]   15/8/1357 - 11/11/1375 dep. e 9/5/1376 - 1396
Tommaso III, f.,
   [sp. (27/7/1403) Margherita († 1419),
   f.a del ct. Ugo di Roncy e Braine]   1396 - 1416

Lodovico I, f., regg. la madre
  [sp. (1436) Isabella,
  f.a di Giangiacomo del Monferrato]   ott. 1416 - 8/4/1475
Lodovico II, f. (ct. di Carmagnola)
  [sp. I. (1481) Giovanna di Monferrato († 1490);
  II. Margherita di Foix († 1536)]   8/4/1475 - 3/4/1487 dep.
Carlo I (du. di Savoia dal 22/4/1482)   apr. 1487 - 14/3/1490
Lodovico II di Saluzzo di nuovo   apr. 1490 - 27/1/1504
Michele Antonio, fr.
  regg. la madre Margherita di Foix
  fino al 1526, succ.   27/1/1504 - 18/10/1528
Gianlodovico, fr.   18/10/1528 - giu. 1529 dep.
Francesco Lodovico, fr.,
  nom. march. dal re di Francia 29/6/1529 - 1537 dep. († 28/3/1537)
ann. all'impero   1537 e giu. 1543 - febb. 1544
Gabriele,
  fr. di Francesco Lodovico   21/7/1537 - 29/6/1543 dep. e 1544
          - 23/2/1548 dep. († 29/7/1548)
alla Francia   febb. 1544, febb. 1548 - 1579 e 1581 - 1588
ai du. di Savoia, dal 1720 re di Sardegna   dic. 1588 - 9/12/1798
alla Francia di nuovo   9/12/1798 - mag. 1814
ann. al regno di Sardegna   11/5/1814

Liguria e repubblica di Genova

a) Genova[224]

... agli ostrogoti   493 - 553
ai bizantini, che vi tengono un «Vicarius Italiae»   553 - 641
i longobardi conquistano e devastano Genova, Savona,
  Albenga, Luni ecc.   641 (o 642) - 774
i franchi – Carlo Magno ne fa una ct.a
  con Corsica e Sardegna   v. 774 - 888
comune libero v. 888 – i nobili minori e la borghesia
  si uniscono a comune difesa nella «Compagna»,
  che elegge più tardi i suoi cons.   metà sec. XI
comune libero retto da cons. e da pod.
  alternati a cons.   1098 - 1194, 1202, 1207 - 1211, 1212 - 1217
comune retto da pod.   1191, 1195 - 1201, 1202 - 1207, 1211
comune libero – magistratura podestarile ininterrotta 1217 - 1258
comune retto da capit. del popolo e da pod.   1258 - 1310
Guglielmo Boccanegra capit. del popolo   1258 - 1262
Uberto Spinola e Oberto Doria,
  poi Corrado Doria capit. del popolo 28/10/1270 - 29/10/1291
Lanfranco de' Suardi, Beltrame de' Ficini

e Simone de' Gromelli capit. del popolo   28/10/1291 - genn. 1296
Corrado Doria di nuovo e Corrado Spinola
   f. di Oberto capit. del popolo   genn. 1296 - 1299
Opicino Spinola e Barnaba Doria,
   poi (1309) lo Spinola solo capit. del popolo   7/1/1306 - 1310
consiglio dei 13 cittadini, 6 nobili,
   6 popolari e un ab. del popolo   1/7/1310 - 1311
Enrico VII imp., sig. di Genova.
   – Uguccione della Faggiuola (16/2/1312) vic. imp.   1/11/1311 - ag. 1313
Genova ritorna a libertà,
   crea un consiglio di 12 nobili e 12 popolari   ag. 1313 - 1314
pod. annuali e forestieri, poi (1317) capit. del popolo   1314 - 1317
Carlo de' Fieschi e Gaspare Grimaldi capit. del popolo sett. 1317 - lug. 1318
papa Giovanni XXII e Roberto d'Anjou re di Napoli
   sig. di Genova   27/7/1318 - 4/2/1335
comune retto da due capit. del popolo
   Raffaele Doria e Galeotto Spinola,
   un pod. e un ab. del popolo   1335 - 23/9/1339
rep. popolare – Simone Boccanegra doge el.   23/9/1339 - 23/12/1344 rin.
il popolo si divide in due partiti: mediano e basso   ott. 1353
i Visconti (sig. di Milano)
   – march. Guglielmo Pelavicino govern.   10/10/1353 - 14/11/1356
rep. democratica
   – Simone Boccanegra di nuovo doge el.   15/11/1356 - 14/3/1363
è ceduta a Carlo VI re di Francia   4/11/1396 - 3/9/1409
Antoniotto Adorno govern.   27/11/1396 - 18/3/1397 rin. († 1398)
Valerando di Lussemburgo
   ct. di S. Paolo e di Ligny govern.   mag. 1397 - 1398
Collardo di Colleville govern.   fine sett. 1398 - 17/1/1400
Battista Boccanegra
   capit. di custodia (17/1 - 26/3/1400)
   poi Battista Franchi   rett. 26/3/1400 - fine sett. 1401
Giovanni Le Maingre detto Bouciquault govern.   31/10/1401 - 3/9/1409 dep.
Teodoro II (march. di Monferrato 1381)
   sig. con tit. di capit.   6/9/1400 - 22/3/1413 dep.
rep. – gov. di 8 rettori,
   Giorgio Adorno, fr. di Antoniotto,
   doge popolare   27/3/1413 - 23/3/1415 abd.
gov. di 2 priori (1415)
   Tommaso Campofregoso
   e Giacomo Giustiniani priori   24-29/3/1415
Barnaba Giano doge   29/3 - 3/7/1415
Tommaso Campofregoso doge   4/7/1415 - 2/11/1421 abd.
il Carmagnola la occupa
   per Filippo Maria Visconti
   (du. di Milano 1412) sig.   2/11/1421 - 27/12/1435 dep.

rep. (8 capi di libertà) – Isnardo Guarco doge   28/3 - 3/4/1436 dep.
i Campofregoso cedono Genova a Carlo VII
re di Francia, Giovanni du. di Lorena govern.   11/5/1458 - 12/3/1461
rep. (8 capi degli artefici) – Prospero Adorno doge   12/3 - 3/7/1461
gli Sforza du. di Milano sig.   23/8/1487 - 26/10/1499
Luigi XII re di Francia
   – Filippo di Cleves sig. di Ravenstein govern.   26/10/1499 - apr. 1507
rep. – Paolo da Novi doge popolare   10-28/4/1507 († 15/6/1507)
Luigi XII re di Francia di nuovo   2/4/1507 - giu. 1512
rep. – Giovanni da Campofregoso el. doge   29/6/1512 - mag. 1513 († 1529)
dom. franc. – Antoniotto Adorno govern.   25/5/1513 - 16/6/1513
rep. – Ottaviano Campofregoso doge   18/6/1513 - nov. 1515
dom. francese – Ottaviano Campofregoso govern.   1515 - giu. 1522
rep. – Antonio Adorno di nuovo el. doge   2/6/1522 - 1527 dep. († 1530)
dom. franc. – Teodoro Trivulzio govern.   fine ag. 1527 - 12/9/1528
rep. arist. sotto protezione spagn.
   gov. da dogi biennali con 8 gov.
   e un consiglio di 400 mem.   sett. 1528 - mag. 1797
caduta della rep. arist. per opera dei francesi   mag. 1797
gov. provv. presieduto da Giacomo Maria
   Brignole ultimo doge   14/6/1797 - 17/1/1798
Rep. ligure dem., con un direttorio
   di 5, poi 7 mem.   1-17/1/1798 - 4/6/1800
occup. delle truppe anglo-austriache   4-24/6/1800
ricade di nuovo sotto i francesi
   – gov. provv. pres. Jean-François Aimé Dejan   24 /6/1800 - 30/7/1802
Rep. ligure (franc.) Girolamo Durazzo doge   10/8/1802 - 6/6/1805
ann. alla Francia   6/6/1805 - 18/4/1814
gli alleati la conquistano
   – rep. sotto protezione dell'Inghilterra   18/4/1814
Girolamo Serra pres. del gov. provv.   26/4/1814 - 26/12/1814
unione al regno di Sardegna   7/1/1815

b) *Corsica*[225]

dom. dei vandali   457 - 534
occupata con la Sardegna da Belisario
   e compresa nell'esarcato d'Africa   534 - 554
Totila re ostrogoto s'impadronisce dell'isola   551 - 552
invasa in parte dai longobardi   552
dom. bizantina   552 - 668
un us. si fa proclamare imp. delle isole
   dopo l'uccisione di Costante II   668 - ...
Costantino IV, f. di Costante II,
   sottomette in parte Corsica e Sardegna   v. 668 - 713

occupata dai saraceni, che la devastano in gran parte	713 - 774
conquistata in parte dai re franchi	774 - 806
i mori di Spagna vi fanno varie incursioni	
(806, 807, 810 e 814) ma sono sconfitti	806 - 814
Bonifacio du. di Toscana la riceve da Lodovico il Pio	
in feudo e rimane ai suoi discendenti,	
sconfigge i saraceni a Utica ed erige (833)	
una fortezza	828 - 846 († 847)
Lotario II re la toglie a Bonifacio	... - 846
Adalberto I, f. di Bonifacio, e suoi discendenti	
rist.	846 - 930 (?)
Berengario II re e più tardi Adalberto del Friuli	
re d'Italia govern.	v. 950 - 961 dep.
Adalberto vi si rifugia dopo la sua dep.	962 - 972
Ugo march. di Toscana ne è investito da	
Ottone II, ma quegli l'affida al ct. Riggieri	v. 972 - 21/12/1001
i ct. di Cinarca tentano di dominare l'isola,	
i corsi vinti i ct. di Cinarca e altri sig.	
si reggono a rep. dem. detta «Terra del Comune»	
a ovest dell'isola, capo Sambucuccio d'Alaudo	v. 1002 - ...
la rep. «Terra del Comune» riceve aiuto (v. 1012)	
da Guglielmo march. di Massa	
e dal march. Malaspina di Toscana, nom. retori	1012 - 1020
Ugo, f. di Guglielmo, march.,	
cui succedono Rinaudo, poi Alberto march.	1020 - 1070
i genovesi la occupano in parte	v. 1050 - 1077
papa Gregorio VII rivendica i diritti della S. Sede	
e la dà in feudo al vesc. di Pisa Landolfo,	
creandolo legato apost.	
– Urbano II conferma la cessione	1077 - 1133
la rep. di Pisa ne prende possesso	
ai legati pont. succedono nel gov. i giudici pisani	1133 - 1285
la rep. di Genova conquista S. Bonifacio (1195) e	
Calvi (1284) e occupa tutta l'isola	
(batt. della Meloria 1284)	1285 - 1296
Corsica e Sardegna sono cedute dal papa Bonifacio VIII	
a Giacomo II re d'Aragona, che non può occuparle	1296
il corso giudice Della Rocca (Sinucello) luogot.	
dei pisani la difende dai genovesi	1280 - 1325 dep. († 1331)
Pietro d'Aragona, f. di Giacomo,	
si pone alla testa di una sped. contro i pisani	
e li vince	1325 - ...
Attilio d'Attala diviene sig. di quasi tutta l'isola	1336 - 1340
Guglielmo Della Rocca (dei Cinarca di Corsica)	
aiutato dai genovesi s'impadronisce del potere nella	
regione ultramontana con tit. di giudice	1340 - 1358 †

la rep. di Pisa la cede ai genovesi nel 1342,
occup. della «Terra del Comune»,
gov. genov. Boccanera (1358),
poi Tridano Della Torre († 1369),
Giovanni da Magnera (1369),
Leonardo Lomellino, Luigi Tortorino (1370 - 1371)   1347 - 1394 c.
Arrigo Della Rocca, f. di Guglielmo,
occupa parte dell'isola con tit. di ct.
(eccetto Calvi, Bonifacio e S. Colombano),
riconosce la supremazia aragonese (1393)   1392 - 1396 dep.
la rep. di Genova ne dà in feudo parte
a una società detta «Maona» di 5 nobili
i sig.: Giovanni Magnera, Luigi Tortorino, Andrea Fiscone,
Cristoforo Taruffo e Leonardo Lomellino,
ma sono scacciati da Arrigo   1393 - 1394
nuove sped. genov. nell'isola contro Arrigo,
che riesce vincitore, poi si crede avvelenato nel 1401   1394 - 1401
Carlo VI re di Francia occupa (1396) Genova e Corsica,
nom. ct. feudale dell'isola Lomellino   1401 - 1409
Francesco della Rocca, f. nat. di Arrigo,
gli succ. ma si sottom. a Genova,
è nom. luogot. della «Terra di Comune»   1401 - 1406 †
Vincentello d'Istria, f. di una sor. di Arrigo e di Ghilfuccio
nobile corso, sbarca a Sagona e si fa proclamare
ct. e viceré aragonese, ma dopo due anni è
scacciato, vi ritorna con soldati aragonesi
e occupa gran parte dell'isola   1406 c. - 1420 († 1434)
Alfonso V, il Magnanimo (re d'Aragona
e di Sicilia 1416), entra in guerra, ma è respinto
dai genovesi dopo pochi mesi   1420 - ...
Paolo della Rocca e (1437) Simone da Mare,
f. di Raffaele da Montalto, sig. della metà orientale   1434 - 1443 c.
parte dei corsi rassegnano al papa Eugenio IV
il gov. dell'isola, gov. pont.: Menaldo Paradisi 1444,
Giacomo da Gaeta 1445, Francesco Angelo 1446,
Mariano da Norcia 1447, Giacomo da Gaeta 1448
– il popolo nom. suo capit. Mariano da Gaggio   1443 - 1448
il papa Niccolò V nomina commissario e sig.
Lodovico da Campofregoso, fr. del doge di Genova   1448 - 1453
i corsi si sottomettono al Banco di S. Giorgio di Genova,
con approvazione del papa e dei Campofregoso   1453 - 1460
Tommasino Campofregoso di Genova, f. di Giano I,
tenta di farsi sig., è nom. ct.   1460 - 1464
Francesco Sforza du. di Milano fattosi sig. di Genova
occupa l'isola meno S. Bonifacio e Calvi
– Eugenio Cotta poi Battista di Amelia suoi capit.

– Filippo Maria Sforza, f. di Francesco, ct.,
   poi (1/1/1472) Galeazzo Maria, suo fr., ct.   4/7/1464 - 1481
ritorna in potere di Tommasino da Campofregoso   1481 - 1483
Gherardo di Montagnana, fr. di Jacopo IV
   sig. di Piombino, è accl. ct.
   Rinuccio di Leca († 1511) suo capit.   1483 - 1485 dep.
il Banco di S. Giorgio ritorna
   per acquisto in potere dell'isola,
   Gherardo fugge, Rinuccio è sconfitto   1485 - 1488 e 1499 - 1553
ritorna in possesso dei du. di Milano   1488 - 1499
Sampiero di Bastelica (d'Ornano)
   se ne impadronisce, eccetto Calvi   nov. 1553 - 1559
al Banco di S. Giorgio di nuovo (tratt. di Cateau-Cambrésis)   1559 - 1561
la rep. di Genova la toglie al Banco di S. Giorgio,
   gov. Giorgio Doria dal 1562 – viene divisa (1724)
   in due gov. e el. a gov. il luogot. di Aiaccio,
   altro gov. Felice Pinelli   1562 - ott. 1729
soll. dei corsi condotti da Pompiliani,
   poi da Andrea Colonna-Ceccaldi
   e da Luigi Giafferi contro la dom. di Genova   ott. 1729 - giu. 1733
nuova soll. dei corsi contro Genova,
   condotti da Giacinto Paoli, Giafferi e Ceccaldi,
   che riescono vittoriosi nel   1734
si regge a rep., Paoli, Giafferi e Ceccaldi
   el. primati, con tit. di altezze reali   genn. 1735 - apr. 1736
il barone Teodoro di Neuhoff di Westfalia
   con l'aiuto dell'Inghilterra è creato re   apr. 1736 - nov. 1738
la rep. di Genova recupera l'isola con l'aiuto dei francesi   1739 - 1743
si stringe con Genova una pace per due anni   1743 - 1745
nuova rivolta dei corsi con aiuti del re di Sardegna,
   condotti da Giovanni Pietro Gaffori,
   Alessio Matra e Venturini, nom. protettori dell'isola
   ove si rendono indip.   10/8/1746 - 1751
nuovo intervento franc. (gen. Cursay)
   che riesce a pacificare Genova coi corsi con un tratt.
   a questi favorevole, Giovan. Pietro Gaffori
   solo gen. e gov. corso (ucc. 3/10/1753)   lug. 1751 - ott. 1753
i corsi si soll. ancora contro Genova,
   nominano 5 reggenti:
   Clemente Paoli f. di Giacinto,
   Tommaso Santucci,
   Simon Pietro Frediani e Grimaldi,
   gen. supremo Pasquale Paoli, fr. di Clemente,
   che gli succ. nel gov.   1753 - 1769
i genovesi vendono alla Francia i loro pretesi
   diritti (tratt. 15/8/1768)   15/8/1768 - 1769

il partito per l'indip. còrsa si solleva, ma è sottomesso
dal march. de Chauvelin, da Marboeuf
e dal ct. de Vaux per la Francia (9/5/1769)
– fine dell'indip. corsa (giu. 1769)   12/6/1769 - febb. 1794
gli inglesi la occupano in nome del re Giorgio III,
il gen. Eliot è nom. viceré (giu. 1795)   febb. 1794 - 21/10/1796
ritorna alla Francia   21/10/1796 - 1814
gli inglesi la rioccupano ancora nel 1814,
     ma il tratt. di Parigi l'assicura alla Francia   30/5/1814
occup. italo-tedesca   lug. 1940 - sett. 1943
ritorna alla Francia   sett. 1944

c) Finalborgo[226]

march.to, poi (1564) princ.to

a Giacomo del Carretto, f. di Enrico II, march. di Savona	1251 - 1268
Antonio I, f.	1268 - 1297
Enrico e Giorgio, f.	1297 - 1336
Emanuele e Aleramo, f. di Enrico e Giorgio	1336 - 1359
Emanuele e Aleramo con Lazzarino I e Carlo, f. di Giorgio	1359 - 1367
Emanuele, Antonio II f. di Aleramo, Lazzarino I e Carlo	1367 - 1385
Emanuele e Antonio II cedono la loro metà del marchesato alla rep. di Genova	1385
Lazzarino I (dal 1390 solo) e Carlo del Carretto f. di Giorgio, investiti di tutto il marchesato dalla rep. di Genova	1385 - 1392
Lazzarino II, f. di Lazzarino I	1392 - 1402
Galeotto I, f. (a Genova 1448)	1402 - 1450
Giovanni I, fr.	1450 - 1466
Galeotto II († 1466) e Alfonso I, f., poi (1466) Alfonso I solo	1466 - 1528
Giovanni II, f. di Alfonso I	1528 - 1535
Alfonso II, f. (princ. dell'impero 1564), dep. 1566, occup. spagn. 1571 - 1573, succ.	1535 - 1583
Alessandro, fr.	1583 - 1596 († 1602)
Sforza Andrea, fr.	1596 - 1598
il marchesato è venduto al re di Spagna	1598 - 1701
occup. franc.	1701 - 1709
Carlo VI d'Absburgo, f. di Leopoldo I (imp. 12/10/1711), lo riceve in dono e lo unisce al duc. di Milano	1709 - 1713
Carlo VI vende il Finale alla rep. di Genova (tratt. di Worms 1743)	1713 - 1746
al regno di Sardegna	1713 - 1746
unito a Genova di cui segue le sorti	dal 1748

d) Savona[227]

... gov. dei vesc. per concess. imper.	961 - 981

agli Aleramidi (vd. Monferrato): Aleramo 981 - 991;
  Anselmo, f., 995 - 1010 c.; Anselmo II, f., 1010 c. - 1027;

Ottone I † 1080	981 - 1084 c.

Bonifacio (march. del Vasto),

f. di Ottone I, march.	1084 c. - 1125 c. († 1130)
Enrico I del Carretto, f. di Bonifacio	1125 - 1182 c.
Enrico II e Ottone del Carretto, f.	1182 c. - 1191

comune indip. (1215 sotto protezione di Genova,

poi di Tommaso I di Savoia 1226)	1191 - 1227
comune dip. da Genova, poi (dal 1238) indip.	1227 - 1332

comune dip. da Genova

[eccetto 1335 - 1350, indip.]	1332 - 1353 e 1356 - 1394
ai Visconti di Milano	1353 - 1356 e 1421 - 1435

al du. d'Orléans, Luigi I (sig. d'Asti 1387 - 1406),

poi (dal 1397) alla Francia	1394 - 1409

Teodoro II Paleologo

(march. di Monferrato e sig. di Genova)	1409 - 1413
comune sotto protezione di Genova	1413 - 1421 e 1435 - 1458
alla Francia	1458 - 1464
agli Sforza di Milano, poi (1478) comune dip. da Genova	1464 - 1487
agli Sforza di nuovo, poi (1499) alla Francia	1487 - 1512
comune indip.	1512 - 1513, 1525 - 1527 e 1528 - 1798
alla Francia	1513 - 1525, 1527 - 1528 e 1798 - 1815
ann. al regno di Sardegna	7/1/1815

Lombardia e ducato di Milano

a) Milano[228]

sig., poi duc. dal 1395

Odoacre	476 - 493
– ostrogoti	493 - 553
– imp. d'Or.	553 - 569
– longobardi (duc. indip. dal 575)	3/9/569 - 774

Carlo Magno re dei franchi sostituisce (801) ai du.

longob. i ct.	774 - 28/1/814
ai re carolingi d'Italia	814 - 887
poi ai re nazionali, borgognoni, sassoni ecc.	888 - 1055
ct.: Leone, vic. imp., prime notizie	840 - ...
– Alberico vic. imp.	genn. 865 - ...
– Ansperto da Biassono, arciv., govern. in parte	v. 868 - 7/12/881

– Anselmo, arciv. cor. Berengario I a re d'Italia   888
– Maginfredo, ct.   ag. 892 - ...
– Sigifredo, ct. di palazzo, nom.   genn. 901 - ...
– Berengario, nip. di Berengario I
(march. d'Ivrea 928, re d'Italia 950) ct.   918 - 962
– Oberto, march. di Milano, el. dal re Ottone
ct. di palazzo   962 - nov. 975
è gov. per il re da un ct. e da un arciv.-ct.
(«Dominus») con un «Vicedominus»   v. 964 - 1042
Landolfo II da Carcano, arciv.-ct.   980 - 14/9/998
Arnolfo II arciv.-ct.   998 - 23/6/1018
– Ariberto da Intimiano el. arciv.-ct.   dal giu. 1018
soll. della plebe, comandata da Ariberto
cacciata dei capit. e dei valvassori (1041)
– Lanzone, capit. del popolo, lotta contro i nobili
che sono espulsi (1042),
conclude la pace (1044) e i nobili ritornano a Milano e
assogg. i popoli   13/7/1045
Ariberto   16/7/1045 †
– Guido da Velate, el. arciv.-ct.,
del partito dei nobili   18/7/1045 - abd. 1069 († 1071)
gli statuti del comune autonomo (pubblicati nel 1065)
sono approvati da Enrico II imp. nella dieta del 5/5/1055
– si costituisce a rep. quasi indip.   1056
il partito popolare «Pataria»
promosso dal card. Anselmo da Baggio
(papa Alessandro II, 1062) in lotta coi nobili
e con Guido da Velate per la riforma religiosa,
capitanata dal diac. Arialdo († 1066)
e da Landolfo di Cotta († 1055)   1063 - 1066
Erlembardo diac. e gonfaloniere della Chiesa
fr. di Landolfo gov.
con un consiglio di 30 cittadini, succ. a Landolfo   1055 - 1075
[Gotifredo da Castiglione arciv.-ct. (intruso)]   1070 - 1075 dep.]
Attone arciv. 1070, confer. 1073, † 1075;
Tedaldo da Castiglione arciv.-ct.,
el. dall'imp. (non riconosciuto)   1075 - 1080 dep. c. († 1080)
Anselmo I da Rho arciv.-ct.   lug. 1086 - 4/12/1093
Arnolfo III arciv.-ct.   6/12/1093 - 24/9/1097
Anselmo II da Bovisio,   31/10/1097 - 30/9/1101
gov. dei cons. dal 1097,
dei pod. annuali alternati coi cons.
dal 1186 fino all'inizio del sec. XIII poi soli pod.   1206 - 1310
si sottomette all'imp. Federico I
– gov. dei pod. imp.   7/9/1158 - genn. 1159
– nuova sottomissione all'imp.   1/3/1162 - 24/5/1176

batt. di Legnano 24/5/1176
- si libera dal dominio imper.   mag. 1176 - 25/6/1183
comune tripartito, cioè:
   «Credenza di S. Ambrogio» (popolo contro i nobili),
   «la Motta» (nobili minori)
   e «Credenza dei consoli» (nobili maggiori)   1183 - 1240
Pagano della Torre (ct. di Valsassina) cons. 1197,
   el. dalla «Credenza di S. Ambrogio» capit.
   e difensore del popolo, poi Pagano della Torre
   suo nip., anziano della «Credenza di S. Ambrogio»
   (1247 - 1257)   1240 - 1241 e 1247 - 1257
Manfredo Lancia march. d'Incisa sig.   1253 - 1256
Martino della Torre, accl. sig. 1257,
   poi anziano del popolo   24/4/1257 - 11/11/1259 († 20/11/1263)
Oberto Pelavicino capit. gen.   11/11/1259 - 11/11/1264
Filippo della Torre, fr. di Martino,
   el. sig. perpetuo del popolo   18/12/1263 - 24/9/1265
Napoleone della Torre, cug., el. anziano
   e sig. perpetuo del popolo   ag. 1265, vic. imp. 1273 - 20/1/1277 († 1278)
Ottone Visconti, f. di Uberto (arciv. di Milano 1261),
   sig. perpetuo   21/1/1277 - 16/8/1278
Guglielmo VII di Monferrato,
   alleato dei Visconti, sig.   16/8/1278 - 27/12/1282 († 6/1/1292)
Ottone Visconti, pred., sig. assoluto   27/12/1282 - ag. 1295
Matteo I Visconti, *il Grande*,
   pronip. di Ottone, capit. del popolo dic. 1287,
   pod. 1288, vic. imp.   1294 - 12/7/1302 dep.
ritornano i della Torre, fine giu. 1302
   - Guido capit. del popolo   dic. 1307 - febb. 1311 dep. († 1312)
Matteo I ritorna 17/4, vic. imper.   13/7/1311 - apr. 1317
   nom. sig. gen.   apr. 1317 - 26/6/1322
Galeazzo I, f. [sp. (24/6/1300) Beatrice d'Este († 1334),
   f.a di Obizzo II] (vic. imp. a Piacenza 1312) sig., primi
   di lug.   dep. 8/11/1322, poi 29/12/1322 - dep. 5/7/1327 († 6/8/1328)
Giovanni della Torre, savoiardo, capit. dei milanesi   8/11/1322 - 29/12/1322
l'imp. Lodovico IV, il Bavaro,
   invitato dai ghibellini viene (cor. re 31/5) e
   fa prigioniero Galeazzo I e suoi parenti   lug. 1327 - riparte 1329
Guglielmo ct. di Monfort vic. imper.   lug. 1327 - febb. 1329 dep.
Azzone Visconti, f. di Galeazzo I [sp. (1330)
   Caterina di Savoia († 18/6/1388), f.a di Lodovico II],
   vic. imp. 15/1 - 3/2/1329, vic. papale,
   poi sig.   apr. 1329 - 16/8/1339
Luchino, f. di Matteo I [sp. I. (1316) Isabella,
   f.a di Carlo Fieschi;
   II. Violante f.a di Tommaso march. di Saluzzo;

III. (1318) Caterina, di Oberto Spinola]
(sig. di Pavia 1315, vic. pont. 1341)
sig., assoc. col fr. Giovanni   17/8/1339 - 24/1/1349[229]
Giovanni, fr., vic. imp. 1319, arciv. 17/7/1342
(sig. di Novara 22/5/1332,
di Bologna 1350, di Genova 1353)
sig. fine apr. 1349, assoc., solo   24/1/1349 - 5/10/1354
Matteo II Visconti, nip., f. di Stefano
[sp. Ziliola († 1356), f.a di Filippino Gonzaga]
vic. pont. (sig. di Bobbio, Bologna, Monza,
Parma, Piacenza, Vigevano)[229],
vic. imp. dic. 1354) succ. coi fr.   6/10/1354 - 26/9/1355
Galeazzo II, fr. [sp. (1335) Bianca († 1337),
f.a di Aimone ct. di Savoia]
(sig. di Alba, Alessandria, Asti, Como,
Novara, Pavia, Tortona, Vercelli e dal 1355
di Bobbio, Monza, Vigevano e Piacenza) sig. 6/11/1354 - 4/8/1378
Bernabò, fr. [sp. (1350) Beatrice, f.a di Mastino II della Scala]
(sig. di Bergamo, Brescia, Soncino, Cremona,
Valcamonica, Guastalla, Lonate)
vic. imp. dic. 1354, sig.   6/10/1354 - 6/5/1385 dep. († 19/12/1385)
Gian Galeazzo, ct. di Virtù, f. di Galeazzo II,
assoc. col padre 1375, gli succ. 4/8/1378,
vic. imp. 1380, sig. di tutto il dominio 6/5/1385,
creato du.   1/5/1395 - 3/9/1402
[sp. I. (1360) Isabella († 1372), f.a di Giovanni II re di Francia;
II. (1380) Caterina († 1409), f.a di Bernabò Visconti]
Giovanni Maria, f., du., regg. fino al 14/10/1404
la madre Caterina Visconti, poi l'arciv. Pietro di Candia,
Antonio da Urbino, Giacomo dal Verme
e Francesco Barbavara[230], succ.   3/9/1402 - 16/5/1412
[Facino Cane, capit. di ventura (diviene sig.
di Alessandria, Novara, Tortona 1403),
govern. di Milano   1410 - 16/5/1412]
Estore (f. nat. di Bernabò) e Gian Carlo Visconti,
nip. dello stesso, accl. sig.   16/5/1412 - 12/6/1412 dep.[231]
Filippo Maria, fr. di Gio. Maria Visconti,
du. [sp. I. (1412) Maria Lascaris, ved. di Facino Cane;
II. (1427) Maria († 1479), f.a di Amedeo VIII di Savoia]
succ.   12/6/1412 - 13/8/1447
Rep. ambrosiana procl. per iniziativa di Trivulzio,
Cotta, Bossi, Lampugnani   14/8/1447 - 24/2/1450
gov. provv. 14-18/8/1447
– gov. dei 24 capit. e difensori della libertà 18/8/1447 - 1/3/1448
gov. dei 12 capit. e difensori 1/3 - 1/10/1448
– gov. dei 24 capit. e difensori   1/10/1448 - 24/2/1450

Carlo Gonzaga capit. gen. del popolo   14/11/1448 - 1/9/1449
Biagio Assereto pod.,
    Ambrogio da Trivulzio e G. Annone,
    luogot. di Carlo Gonzaga   8/9/1449 - 26/2/1450
Francesco I Sforza[232], f. di Jacopo Muzio Attendoli,
    gen.o di Filippo Maria Visconti,
    è accl. du. dal popolo
    [sp. I. (1418) Polissena Ruffo di Calabria († 1427);
    II. (1441) Bianca Maria († 1468), f.a di Filippo Maria Visconti]
    assegna il gov. a Carlo Gonzaga e si ritira a Vimercate (26/2),
    sua entrata solenne   25/3/1450[233] - 8/3/1466
Bianca Maria, ved., gov. per il f. Galeazzo Maria   8-20/3/1466
Galeazzo Maria Sforza, f.
    [sp. (1468) Bona († 1503), f.a di Luigi du. di Savoia],
    assoc. alla madre Bianca Maria
    fino al genn. 1468, succ.   20/3/1466 - 26/12/1476 ucc.
Gian Galeazzo Maria, f.
    [sp. (1489) Isabella († 1524),
    f. di Alfonso II re di Napoli]
    regg. la madre Bona e Cicco Simonetta
    fino al 7/10/1480, poi lo zio Lodovico   26/12/1476 - 22/10/1494
Lodovico Maria Sforza, il Moro, zio
    [sp. (1491) Beatrice d'Este († 1497),
    f.a di Ercole I du. di Ferrara]
    (du. di Bari 1479[234] vd. Bari)   22/10/1494 - 2/9/1499 dep.
Luigi XII d'Orléans (re di Francia 1498)
    – Gian Giacomo Trivulzio, suo capit.,
    la occupa 6/9, nom. luogot. 3/11,
    viceré 7/11   6/9/1499 - 5/2/1500
Lodovico Maria Sforza di nuovo
    e per lui il fr. card. Ascanio   3/2 - 10/4/1500 dep. († 17/5/1518)
Luigi XII, di nuovo (15/4), Rohan
    card. d'Amboise suo luogot. e govern. (17/4),
    il sig. di Benin luogot. (1500 - 1507),
    il card. d'Amboise luogot. poi govern. (1507 - 1511),
    Gastone di Foix du. di Nemours govern. (1512)   17/4/1500 - 16/6/1512
Massimiliano Sforza, f. di Lodovico-Maria, du.
    – Ottaviano Sforza, suo cug., luogot.,   16/6/1512 - 8/10/1515 dep.
Francesco I d'Angoulême (re di Francia 1515)
    il du. di Borbone luogot. e govern.   3/12/1515 - 1517
Odette de Foix sig. di Lautrec, govern.   1517 - 1521
    succ.   11/10/1515 - 19/11/1521
Francesco II Sforza, fr. di Massimiliano
    [sp. (1534) Cristina († 1590),
    f.a di Cristiano II di Danimarca] du.
    – Girolamo Morone govern.   19/11/1521 - 3/10/1524

Francesco I di nuovo	23/10/1524 - 24/2/1525
Francesco II Sforza	
– Girolamo Morone govern. fino al 15/10	
(march. di Pescara, luogot. per Carlo V imp.)	26/2/1525 - 12/11/1525
Carlo V d'Absburgo, imp. (re di Spagna 1516)	
– march. di Pescara († 3/12/1525),	
Antonio de Leyva e march. d'Avalos govern.	7/11/1525 - 29/11/1529
Francesco II Sforza, du. investito da Carlo V	
– Alessandro Bentivoglio govern.	29/11/1529 - 1/11/1535
Carlo V la occupa	2/11/1535 - 11/10/1540
Filippo V di Borbone	
(re di Spagna e Sicilia 1700) du.	10/1/1701 - 24/9/1706
Giuseppe I d'Austria (imp. di Germania 1705),	
il princ. Eugenio di Savoia vi entra	
con gli austro-piemontesi	24/9/1706 - 12/1/1707
Carlo VI d'Austria,	
fr. di Giuseppe I (re di Napoli 1707,	
imp. di Germania 1711) du.	12/1/1707 - 11/12/1733
è confermata alla casa d'Austria	
(pace d'Utrecht 11/4/1713 e tratt. di Rastatt)	6/3/1714
governa la real giunta di gov.	13/7/1716
Maximilian Karl, princ. di Löwenstein e Werteim	
ct. di Rochefort govern.	2/1/1717 - 26/12/1718
il consiglio segreto assume il governo	26/12/1718 - 4/3/1719
ct. Girolamo di Colloredo, govern.	18/1/1719 - dic. 1725
ct. Wilrich Lorenz Von Daun Philipp	
(viceré di Napoli 1707) gov.	24 /12/1725 - 21/10/1733
i franco-sardi la occupano (3/11),	
entrata di Carlo Emanuele III re di Sardegna	11/12/1733 - ag. 1736
real giunta provv. di gov.,	
nom. da Carlo Emanuele III	25/1/1734 - 15/12/1736
Carlo VI d'Austria la rioccupa	
(tratt. di Vienna 1735)	7/9/1736 - 20/10/1740
Otto Ferdinand ct. d'Hebenspergh	
e Traun govern.	15/12/1736 - 18/3/1742
Maria Teresa arciduchessa d'Austria,	
f. di Carlo VI, du.	20/10/1740 - 16/12/1745
real giunta int. di gov.	18/3/1742 - 12/9/1743
Giorgio Cristiano princ. di Lobkowitz govern.	12-15/9/1743
real giunta int. di gov.	15/9/1743 - 16/6/1745
ct. Gian Luca Pallavicini min. plen. e com. gen.	16/6/1745 - 22/9/1745
real giunta int. di gov.	22/9/1745 - 16/12/1745
Filippo di Borbone infante di Spagna	
– real giunta int. di gov.	16/12/1745 - genn. 1746
Giovanni Gregorio Muniain e Joseph de Fosdeviela	
march. della Torre govern.	genn. 1746

ritornano gli austriaci a nome di Maria Teresa
- la giunta int. ritorna al gov. 20/3/1746
ct. Gian Luca Pallavicini min. plen. austriaco
govern. 25/8/1746 - 16/9/1747
real giunta di gov. 16-19/9/1747
Ferdinand Bonaventura ct. d'Harrach govern. 17/9/1747 - 18/9/1750
real giunta di gov. 19-26/9/1750
ct. Gian Luca Pallavicini govern. 26/9/1750 - 23/9/1753
real giunta di gov. 23/9/1753 - 14/1/1754
Pietro Leopoldo d'Austria govern., e per lui
Francesco III d'Este du. di Modena,
amministratore, el. 1/11/1753 vi entra 14/1/1754 - 1765 rin.
ct. Beltrame Cristiani min. plen. nov. 1754 - 3/7/1758
ct. Carlo Firmian min. plen. 29/7/1758 - 20/6/1782
Giuseppe II d'Austria, f. di Maria Teresa,
co-regg. della madre 23/9/1765 - 29/11/1780,
poi solo, 20/2/1790
Ferdinando arcid. d'Austria,
fr. di Pietro Leopoldo, govern. 15/10/1771 - 9/5/1796
ct. Giuseppe di Wilczek
commissario imper. e min plen. 29/7/1782 - 9/5/1796
Leopoldo II d'Austria, fr. di Giuseppe II
(imp. 1790), du. 20/2/1790 - 1/3/1792
Francesco II d'Absburgo-Lorena (imp. 1792) succ. 1/3/1792 - 9/5/1796 dep.
giunta int. di gov., nom. da Francesco II 9/5/1796 - 19/5/1796
è abolita la giunta di gov. del 9/5 e nom.
un'agenzia militare (Maurin, Reboul e Patrand)
e la congregazione di stato detta amministrazione
gen. di Lombardia 19/5/1796
municipalità composta di 30 cittadini,
Galeazzo Serbelloni pres. 21/5/1796
Bonaparte vi entra coi francesi
- unione alla Rep. franc. 15/5/1796 - 15/11/1796
preliminari di pace a Léoben (conferenza 17/10/1797),
la Lombardia è ceduta dall'Austria alla Francia 18/4/1797
Rep. cisalpina e direttorio esecutivo 9/7/1797 - 24/5/1799
avvicinatisi gli austro-russi, il gov.
è affidato all'amministrazione centrale del dipar. 26-29/4/1799
vi entrano gli austro-russi
condotti dal maresciallo Melas (28/4)
- amministrazione provv. di 21 cittadini
(30/4 - 9/6/1800)
- cade la Rep. cisalpina 24/5 28/4/1799 - 2/6/1800
Melas istituisce il gov. civile,
pres. Luigi Coccastelli (29/4)
- reggenza provv. 29/4/1800 - 9/6/1800

vi rientrano i francesi

com. da Napoleone Bonaparte	2/6/1800
è ripristinata da Napoleone la Rep. cisalpina	4/6/1800 - 26/1/1802
Napoleone nomina una municipalità	
in luogo della reggenza	9/6/1800
batt. di Marengo, vitt. dei francesi sugli austriaci	14/6/1800
commissione di gov. di 9 membri (ridotti poi a 3)	
in comitato di gov.	15/6/1800

costituzione della Rep. italica in luogo della cisalpina

– Napoleone Bonaparte pres.,	
Francesco Melzi vicepres.	26/1/1802 - 19/3/1805
Napoleone I Bonaparte imp. dei francesi	
re d'Italia	19/3, cor. 26/5/1805 - 11/4/1814 rin.
princ. Eugenio di Beauharnais, viceré d'Italia	7/6/1805 - 20/4/1814
reggenza di gov. nom. dal consiglio comunale	
nelle persone del ct. C. Verri, ct. G. Borromeo,	
ct. A. Litta, ct. G. Giulini, G. Bazzetta,	
ct. G. Mellerio, ct. gen. D. Pino	21/4/1814 - 7/4/1815
vi entrano gli austriaci	
a nome di Francesco I d'Austria	28/4/1814 - 2/3/1835
il ct. di Bellegarde commissario plen. austriaco	
pres. della reggenza di gov.	25/5/1814 - 7/4/1815
è costituito il Regno lombardo-veneto sotto l'Austria	7/4/1815 - 5/6/1859
ct. Francesco di Saurau govern.	21/4/1815 - 24/2/1818
l'arciduca Ranieri el. viceré	3/1/1818 - mar. 1848 rin.
ct. Giulio di Strassoldo pres. di gov.	24/2/1818 - 3/5/1830
ct. Francesco Hartig govern.	10/5/1830 - dic. 1840
Ferdinando I d'Austria	
succ. al padre Francesco I 2/3/1835	
cor. re del Regno lombardo-veneto	6/9/1838 - abd. 2/12/1848
ct. Algraf Robert von Salm-Reifferscheid	
vicepres. di gov.	dic. 1840 - mag. 1841
ct. di Spaur govern.	mag. 1841 - mar. 1848
ct. Enrico O' Donell vicepres. di gov.	mar. 1848
gli austriaci si ritirano	
– gov. provv. di Lombardia, Gabrio Casati pres.	22/3/1848 - 31/7/1848
il gov. provv. si muta in consulta lombarda	2-6/8/1848
Carlo Alberto vinto a Custoza	4/8/1848
ritornano gli austriaci	
– Felix princ. di Schwarzenberg govern. militare	6/8/1848 - 1/9/1848
ct. Franz von Wimpfen govern. militare	1-24/9/1848
ct. Alberto Montecuccoli-Laderchi min. plen.	25/9/1848 - 1849
Francesco Giuseppe I d'Austria,	
nip. di Ferdinando I, re del Lombardo-veneto	2/12/1848 - 4/6/1859
maresciallo ct. Joseph Radetsky,	
govern. gen. civile e militare	25/10/1849 - 28/3/1857 († 5/1/1858)

arciduca Ferdinando Massimiliano d'Austria
   (imp. del Messico 1864 - 67) gen., vi entra   6/9/1857 - 4/4/1859
ct. Franz Gyulai govern. gen.   4/4/1859 - 5/6/1859
è procl. l'ann. della Lombardia al Piemonte   5/6/1859
Paolo Onorato Vigliani luogot. gen. in Lombardia   8/6/1859 - 30/11/1859
atto di cessione della Lombardia al re di Sardegna
   (convenzione di Villafranca 12/7 e
   tratt. di Zurigo 10/11/1859)   10/11/1859

b) Bergamo[235]

... duc. longob. – du.: Clefi (re 573) 572 c. - 573
  – Vallari 575 - ... – Gaidolfo ... – Rotari † 702
  – Rotari II v. 727 – Lupo 774
ai franchi, governata dai ct.: Anteramo 816 - ... – Mario 833 - ...
  – Rotocario 843 - ... – Ottone 870 - ... – Ambrogio 894
  – Lintolfo 918 – Suppone 919 - ... – Giselberto I 921 - ...
  – Lanfranco I 930 - ... Giselberto II 962 - ...
  – Lanfranco II 1018 - ... – Ardoino I 1026 - ...
  – Arduino II 1068 – Raineri 1064 – Arialdo 1066
  – Giselberto III 1079 – Alberto 1093 – Reginero 1101
rep. retta da cons. dal 1110, da pod. imp. 1162 - 64,
  poi da pod. comunali dal 1164   1110 - 1164
rep. gov. ora da pod. e ora da cons.   1163 - 1264
passa ai della Torre di Milano (Filippo poi 1265 Napoleone)
  pod.   1264 - 1277
comune retto ora da pod. e ora da cons.   1277 - mag. 1301
i Suardi e i Colleoni di Bergamo invitano
  Matteo Visconti di Milano a impossessarsene,
  viene ed è accl. capit. del popolo   mag. 1301 - giu. 1302
Alberto Scoto di Piacenza sig.   giu. 1302 - mag. 1304
Manfredo della Scala detto «sig. di Bergamo»   1315 - ...
Federico della Scala, pod., detto «sig. di Bergamo»   1321 - ...
a Giovanni di Lussemburgo re di Boemia   1331 - 20/9/1332
ai Visconti di Milano (Azzone e successori) 20/9/1332 - 1405
ai Visconti di nuovo   1419 - lug. 1428
periodo di anarchia militare   1406 - 1407
Giovanni-Ruggero Soardi sig.   1407 - 1408
è venduta a Pandolfo Malatesta
  (sig. di Fano e Brescia 1403 - 1404) sig.   1408 - 1419
è ceduta alla rep. di Venezia   9/7/1428 - 1510
alla Francia   1510 - 1513
rep. indip.   1513 - 1515
alla rep. di Venezia di nuovo   1515 - 1798
gov. provv. d'infl. franc.   1798 - 1805

al Regno italico napoleonico   1805 - 1815
al Regno lombardo-veneto sotto il gov. austriaco   7/4/1815 - 5/6/1859
unione al regno di Sardegna   8/6/1859

c) *Brescia*[236]

... ai longobardi – re Alboino occupa Brescia e il suo territorio   569 - 774
du. longob.: Alachi I 575; Rotari (poi re 636) ... - 636;
   Gaidoaldo, sec. VII fine (du. di Trento 690 - 692);
   Marquardo ...; Potho 774
ai re franchi d'Italia 774 - 887,
   poi ai re nazionali e borgognoni   888 - 926 c.
gov. dei vesc.-ct.   sec. IX - XI
Tedaldo, avo della ct. Matilde di Toscana, sig.   980 c. - d. 1012
Bonifacio, f., sig.   v. 1012 - 1052
Matilde di Canossa la gran contessa   7/5/1052 - 24/7/1115
si regge a comune nel sec. XI, retta da cons. dal 1121,
   da pod. imp. 1162 - 1176, da pod. indip. dal 1176,
   poi cons. alternati da pod. fino al 1228 circa,
   poi pod. soli   lug. 1115 - 1330
comune guelfo   mag. 1176 - 1195
l'imp. Enrico VI di Svevia la occupa 1195,
   gli succ. il f. Federico II (27/9/1197)   1195 - 27/9/1257
Ezzelino da Romano la libera
   con l'aiuto di Oberto Pelavicino sig.   1257 - 1259
Oberto Pelavicino capo della rep.   1259 - 1265
ai Torriani di Milano   1266 - 1269
Carlo d'Anjou (re di Napoli 1266) sig.   1269 - 1281
ritorna rep. libera   1281 - 1298
viene occupata da Bernardo de' Maggi,
   poi (1308) da Matteo suo f., sig.   1298 - 1311
l'imp. Arrigo VII di Lussemburgo la occupa   1311 - 24/8/1313
breve occup. di Tebaldo Brusato nel 1312,
   ma ripresa dall'imp.   sett. 1312 - 1313
di nuovo rep. libera   1313 - 1319
Roberto d'Anjou (re di Napoli 1309) sig.   1319 - dic. 1330
Giovanni di Lussemburgo (re di Boemia) è accl. sig.   dic. 1330 - 1332
se ne impadroniscono gli Scaligeri di Verona   1332 - 1337
ai Visconti di Milano   1337 - 1403 e 1421 - 1426
a Giovanni Rozzone, poi (1404) a Pandolfo Malatesta
   (sig. di Fano e Bergamo 1408 - 1419)   1403 - 1404
si dà spontaneamente alla rep. di Venezia   1426 - 1509 e 1516 - mar. 1797
dom. franc. (Gastone di Foix)   1509 - 1516
governo provv. mar. - nov. 1797,
   poi Rep. cisalpina 1797 - 1802 e Rep. italica   1802 - 1805

Regno italico napoleonico   mar. 1805 - 1815
dom. austriaca [gov. provv. 22/3 - 15/8/1848]   1815 - giu. 1859
ann. al regno di Sardegna   12/6/1859

d) Cremona[237]

... ai longobardi – re Agilulfo l'occupa nel 602	602 - 774
ai re franchi, poi ai re nazionali, borgognoni e sassoni	774 - 951
gov. dei vesc.-ct.: Walfredo 816 - 818	
– Ottone	818 - 821
– Simperto	823 - 827
– Pancoardo	840 - 842
– Benedetto	851 - 878
– Lando	880 - 891
– Gualberto	... - 913
– Giovanni	913 - 924
– Darimberto	924 - 961
– Liutprando	962 - 972
– Olderico	973 - 1004
– Landolfo	1004 - 1030
– Ubaldo	1031 - 1073
– Arnolfo	1074 - 1078
– Usberto	1087 - 1095
– Gualtiero	1096 - ...
– Ugo	1117 - ...
– Uberto	1118 - 1162
rep. cons. fra il 1120 e 1127, pod. dal 1182,	
poi pod. alternati da cons. fino al 1216	1106 - 1252
comune guelfo dall'inizio del sec. XIII,	
poi ghibellino dal 1234	inizio sec. XIII - 1250
Oberto Pelavicino (capo del partito ghibellino)	
pod., poi sig.	1252 - 1266
Buoso da Dovara, ghibellino, sig.	1266 - 1275 dep. c.
comune guelfo	1275 - 1307
Guglielmo Cavalcabò, f. di Ugolino,	
guelfo, sig. dal 1307 - 1311 dep., e 21/1/1312 († 14/6/1312)	
Enrico VII imp., sig.	26/4/1311 - 1312
Giberto da Correggio	
(sig. di Parma 1303, di Guastalla 1307) sig.	1312 - 1313 e 1316
Roberto (re di Napoli 1309 - 1343)	1313 - 1315
Giacomo Cavalcabò	
(pod. di Milano 1307, di Parma 1308),	
fr. di Guglielmo, sig. 1315 - 1316, 1317 - 1318, 1319 - 30/11/1322	
Rinaldo, Passerino de' Bonacolsi	
(sig. di Mantova 1308, di Modena 1312) sig.	1316 - 1317 († 1328)

Galeazzo I Visconti (du. di Milano 1322 - 27) sig.	1322 - 1323
Lodovico IV di Baviera imp.	1328 - 1330
Marsiglio Rossi, f. di Marsilio sig. di Padova	
(vic. imper. in Lombardia 1330) sig.	1330 - 1331 († 1336)
Giovanni re di Boemia sig.	1331 - 1333
ai Visconi di Milano	1334 - 1402
Ugolino Cavalcabò, pronipote di Giacomo, guelfo	
(dal 1404 capo dei guelfi di Lombardia)	1403 - 13/12/1404 dep. († 1406)
Carlo Cavalcabò, cug., sig.	13/12/1404 - 1406
Gabrino Fondulo	
[sp. Pomina Cavazzi della Somaglia]	
sig. (la cede ai Visconti 1420)	1406 - 1420 († 11/2/1425)
ai Visconti, poi (1442) agli Sforza du. di Milano,	
dal 1450 sig.	1420 - 1499 e 1512 - 1514
alla rep. di Venezia, ceduta da Luigi XII re di Francia	1499 - 1509
i francesi la ritolgono ai veneti (lega di Cambrai)	1509 - 1512
Massimiliano II Sforza (du. di Milano)	
vi entra vittorioso	16/11/1512 - 1514
alla Francia di nuovo	1514 - 1515 e 1515 - 1522
all'imp. Carlo V che la restituisce (1524)	
a Francesco II Sforza	1522 - 1524
di nuovo agli Sforza di Milano	1524 - 1535
alla Spagna – segue le sorti di Milano (vd. Milano)	dal 2/11/1535
ann. al regno di Sardegna	14/6/1859

e) Lodi[238]

occup. da Attila e saccheggiata	452
– Odoacre	476 - 493
– ostrogoti	493 - 572
– longobardi	572 - 774
– franchi	774 - 887
– re nazionali borgognoni e sassoni	888 - 971
gov. dei vesc.-ct.: Andrea	971 - 1002
– Nocherio	1002 - 1027
– Olderico de' Gossalenghi	1027
– Ambrogio Arluno	1027 - 1051
– Opizzone	1056 - 1075
– Fredenzone	...
– Rinaldo	
– Arderico I Vignati	1103 - 1128
– Allone	1128 - 1130
– Guido	1130 - ...
– Giovanni	1135 - 1143
– Lanfranco Cassini	1143 - 1158

– Alberico I Merlino	1158 - 1168
– Alberto Quadrelli	1168 - 1173
– Alberico II del Corno	1174 - 1189
– Arderico II del Corno	1189 - 1217

nel sec. XII si sottrae al gov. dei vesc.
diventando una rep. retta dal 1142 da cons.,
poi dal 1159 da pod., prima cittadini poi forestieri,
poi da pod. alternati da cons. fino a inizio
del sec. XIII   sec. XIII - 1251
Sozo Vistarini pod. viene nom. govern.,
poi sig.   1251 - 1259 e 1269 - 1270
i Torriani (sig. di Milano 1257), cacciati
i nobili, si fanno sig.   1259 - 1269, 1270 - 1277, 1278 - 1282
Giacomo da Sommariva sig. per 10 anni   1275 - 1285 c.
i Visconti di Milano   1277 - 1278 e 1282 - 1302
Antonio da Fissiraga el. sig. per 9 anni   1285 - 1294 c.
rep. libera – Antonio da Fissiraga gov. 1307 - 1311   1302 - 1311
si sottomette ad Arrigo VII imp.
     – (Enrico di Fiandra-Ninove ct.)   1311 - 1322
Bassiano Vistarini (vic. di Arrigo VII) sig.   1322 - 1327
Giacomo, fr., con Sozo II   1327 - 1328
Pietro Temacoldo, f. di un mugnaio di Castione
e cancelliere dei Vistarini, sig.   1328 - 1335
i Visconti di Milano
(Bruzio f. nat. di Luchino Visconti 1336 - 1348
e Ludovico Visconti 1379 - 1385 govern.)   31/8/1335 - 1403
Antonio II Fissiraga sig.   1403 - 23/11/1403
Giovanni Vignati (sig. di Piacenza 1409 - 13)
sig. poi (1413) ct.   23/11/1403 - 27/8/1416 prig. († 28/8/1416)
Lodi è unita ancora al duc. di Milano   27/8/1416 - 13/8/1447
la rep. di Venezia la occupa   17/8/1447 - ott. 1448
unita alla Rep. ambrosiana di Milano   18/10/1448 - 11/9/1449
occupata da Francesco Sforza, rimane unita a Milano
di cui segue le sorti (vd. Milano)   8-11/9/1449

f) Mantova[239]

sig., poi march.to dal 1433, duc. dal 1530

... agli ostrogoti 493 - 552
     – ai bizantini (esarcato di Ravenna) 552 - 603
     – ai longobardi 569 - 774 – ai franchi, gov. dei ct. 809 - 859
     dei vesc.-ct. 859 - 1186, cioè: Egilulfo 859 - 894
     – Ambrogio 918 - 926 – Pietro 945 - ... – Guglielmo 961 - ...
     – Martino 967 - ... – Gumbaldo 981 - ... – Giovanni 985 - 1006

– [Grasciuvinus «potestas Mantuae» 1184 - † 1186]
gov. dei ct.: Tedaldo, ct. di Canossa, avo della ct. Matilde,
   creato sig. di Mantova dall'imp. Ottone II   ... - 1012
Bonifacio, f. (march. di Canossa poi di Toscana 1027) ct.   1012 - 7/5/1052
Matilde, la gran ct., f.a
   (march. di Toscana, Ferrara, Modena ecc. dal 1077)   1052 - apr. 1091
all'imp. Enrico IV poi (1106) a Enrico V suo f.   apr. 1091 - 1114
Matilde di Canossa di nuovo   1114 - 24/7/1115
comune guelfo retto forse da cons. (1116 c. - 1187),
   poi da pod. forestieri (1187 - 89 ?,
   fin dopo il primo decennio del sec. XIII)   1116 (?) - sec. XIII
Alberto Casaloldi ct.   ... - 1272 dep.
Pinamonte Bonacolsi (Bonacossa) si fa el. rettore
   (col ct. Federico di Marcaria fino al 1274, poi escluso)
   indi capit. gen. (con Ottonello Zanecalli per un mese)
   poi capit. gen. perpetuo 15/2/1276   1272 - 1291 abd. († 7/10/1293)
Bardellone, f., rettore, poi capit. gen.   1291 - 2/7/1299 rin. († 1300)
Guido, detto Botticella, nip., capit. gen. poi sig.   29/7/1299 - 24/1/1309
Rinaldo, detto Passerino, fr.
   (sig. di Modena e Carpi 1312, di Cremona 1316)
   vic. imp. 1312   24/1/1309 - 16/8/1328
Luigi I Gonzaga, pod., procl. dal popolo sig.
   con tit. di capit. gen. 26/8/1328
   creato vic. imp. da Lodovico il Bavaro
   [sp. I. Richilda Ramberti di Brescia († 1319);
   II. Caterina Malatesta di Rimini;
   III. (1340) Novella Malaspina]   26/8/1328 - 18/1/1360
Guido, f., sig. con titolo di capit. gen.
   [sp. I. Agnese, f.a di Francesco Pico della Mirandola;
   II. (1340) Camilla Beccaria;
   III. Beatrice, f.a del ct. Edoardo I di Bar]   18/1/1360 - 22/9/1369
Luigi II, f., sig. [sp. (1356) Alda († 1381),
   f.a di Obizzo III d'Este]   22/9/1369 - ott. 1382
Francesco I, f., ct. [sp. I. (1380) Agnese († 1391),
   f.a di Bernabò Visconti;
   II. (1293) Margherita († 1399),
   f.a di Galeotto Malatesta di Rimini]   ott. 1382 - 8/3/1407
Gian Francesco, f.,
   regg. Carlo Malatesta e la protezione di Venezia
   [sp. (1419) Paola († 1449), f.a di
   Galeotto Malatesta di Rimini] creato march.
   (1433) dall'imp. Sigismondo, succ.   20/3/1407 - 23/9/1444
Luigi III il Turco, f., march.
   [sp. (1433) Barbara († 1481),
   f.a di Giovanni degli Hohenzollern
   del Brandenburgo]   23/9/1444 - 11/6/1478

Federico I, f., march.
  [sp. (1463) Margherita († 1479),
  f.a di Alberto II du. di Baviera   11/6/1478 - 14/7/1484
Gian Francesco II, f., march.
  [sp. (1490) Isabella († 1539)
  f.a di Ercole I d'Este]   15/7/1484 - 29/3/1519
regg.a di Isabella d'Este durante la prigionia del marito   1509 - 1510
Federico II, f. (march. del Monferrato 1536)
  [sp. (1531) Margherita di Monferrato († 1566),
  f.a di Guglielmo V Paleologo] creato du.
  di Mantova (8/4/1530) da Carlo V imp.   29/3/1519 - 28/6/1540
Francesco III, f., sotto tut. del card. Ercole
  suo zio e della madre
  [sp. (1549) Caterina († 1572),
  f.a di Ferdinando I d'Austria]   28/6/1540 - 22/2/1550
Guglielmo, fr. (du. del Monferrato 1574)
  [sp. (1561) Eleonora († 1594),
  f.a di Ferdinando I d'Austria]   22/2/1550 - 14/8/1587
Vincenzo I, f. (du. del Monferrato)
  [sp. I. (1581) Margherita,
  f.a di Alessandro Farnese,
  divorzia; II. (1584) Eleonora († 1611), f.a di
  Francesco I de' Medici] du.   14/8/1587 - 18/2/1612
Francesco IV, f. (du. del Monferrato)
  [sp. (1608) Margherita († 1655),
  f.a di Carlo Emanuele I di Savoia] du.   18/2 - 22/12/1612
Ferdinando, fr., card. 1607 - 12 (du. del Monferrato)
  [sp. I. (1615) Camilla († 1662), f.a di Ardizzino
  Faa; II. (1617) Caterina Medici († 1629)] du.   22/12/1612 - 29/10/1626
Vincenzo II, fr. (du. del Monferrato)
  [sp. (1617) Isabella, f.a di
  Ferdinando Gonzaga di Bozzolo] du.   29/10/1626 - 26/12/1627
Carlo I di Gonzaga Nevers, nip. di Guglielmo
  [sp. (1518) Caterina, f.a di Carlo di Lorena]   26/12/1627 - 20/9/1637
Carlo II, nip., regg. la madre Maria Gonzaga
  fino al 1647, du.   20/9/1637 - 14/8/1665
Ferdinando Carlo, f., prima sotto regg.a
  (ct. di Guastalla 1678), du.   14/8/1665 - 5/7/1708
Mantova viene unita all'Austria
  [aggregata al duc. di Milano 13/4/1745]   lug. 1708 - lug. 1797
Rep. cisalpina, poi italica (28/1/1802)   9/7/1797 - 18/3/1805
unione al Regno italico napoleonico
  – Mantova capoluogo del dipar. del Mincio   mar. 1805 - apr. 1814
all'Austria di nuovo   30/5/1814 - 22/10/1866
unione al regno d'Italia
  con plebiscito 21-22/10 e con decreto   4/11/1866

g) *Pavia*[240]

... i longobardi la occupano	
e diviene cap. del loro regno	572 - 774
– lo stesso accade sotto i re franchi, nazionali,	
sassoni e Arduino d'Ivrea	774 - 1004

rep. retta da cons. dal 1110, da pod. dal 1180
  – cons.: 1110 - 55, 1164 - 90, 1191 - 1207,
1208 - 09 e 1217 - 18
  – pod.: 1180, 1191, 1207, 1210 - 1213, 1220 - 1359
si sottomette all'imp. Federico I,
  Oberto Pelavicino ghibellino

sig.	1255 - 1257 e 1260 - 1265, 1254 - 1268
lotte tra i Langosco sostenuti dai nobili e i Beccaria	
ghibellini per il popolo	1268 - 1289
Manfredo Beccaria pod. del popolo, dal 1290	
capit. del popolo	1287 - 1289 e 1289 - 1300
Guglielmo (march. del Monferrato 1253) con l'aiuto	
dei Langosco la occupa con tit. di capit.	1289 - 1290 dep.
Filippone ct. di Langosco	
capit. del popolo 1302 - 07 e dal 1308 sig.	1302 - 1311
i Beccaria tornano al potere e si sottomettono all'imp.	1311
Filippo I di Savoia-Acaja, f. di Tommaso II,	
vic. imp. di Pavia, Novara, Vercelli	1311 - 1312
Roberto d'Anjou (re di Napoli 1312)	
– Bartolomeo da Cortesio vic. regio	1312 - 1315
ai Visconti di Milano	
(Matteo, poi 1322 - 27 Galeazzo) sig.	1315 - 1327 e 1332 - 55
all'imp. Lodovico IV	
– Enrico di Gruenenstein vic. imp.	1327 - 1331
al re Giovanni di Boemia sig.	1331 - 1332
Musso Beccaria princ.	1332 - 1343
Castellino Beccaria princ.	1343 - 1357
a Giovanni march. di Monferrato vic. imp.	1357 - 1359
ai Visconti di Milano con vic. imper. ereditario dal 1360	1359 - 3/9/1402
Venceslao di Lussemburgo imp.	
crea il duc. di Milano ed erige in ct.a Pavia	
per i f. primogeniti dei du. di Milano	mag. 1395
Giovanni Maria Visconti (du. di Milano 1412) ct.	1402 - 12/6/1412
Filippo Maria, f. (du. di Milano 1412), ct.	giu. 1412 - 16/8/1447 dep.
Rep. ambrosiana	17/8 - 17/9/1447
Francesco I Attendolo Sforza	
(du. di Milano 1450) vi entra vittorioso	17/9/1447 - 8/3/1466
rimane unita a Milano (ct. i f. primogeniti dei du.)	8/3/1466 - lug. 1499
Massimiliano, f. di Lodovico Maria Sforza	
(du. di Milano), creato princ.	lug. 1499 - 25/5/1530

Francesco II, fr. (du. di Milano), princ.   1530 - 1/11/1535
Antonio de Leyva (govern. di Milano
  1525) princ. (vd. Milano)   2/11/1535 - 15/9/1536

Veneto, repubblica di Venezia e terre dell'Impero

a) Venezia[241]

i profughi d'Aquileia e d'altre città vicine
  si stabiliscono nella laguna veneta   452
l'isola di Grado è occupata dai longobardi   663 - 665
gov. dei tribuni annuali el. dal popolo
  e confermati dall'imp. d'Or.   sec. V - 697
rep. - Paolo Lucio Anafesto de' Falieri
  el. doge nel parlamento d'Eraclea[242]   697 - 717 ucc.
Diodato o Teodato Orso, f. di Orso Ipato, maestro dei militi   739 - 740
Giuliano o Gioviano Cepario maestro dei militi   740 - 741
Giovanni Fabriciaco o Fabriaco maestro dei militi   741 - fine 741 dep.
Galla Gaulo us.   755 - 756 dep.
riconosce la supremazia di Carlo Magno
  per affermare la sua indip. da Bisanzio   805 - 809
gov. dem. provv. di 60 membri presieduti
  da Lodovico Manin e da Andrea Spada,
  occup. franc.   16/5/1797 - 17/10/1797
il territ. veneto viene diviso (pace di Campoformio)
  fra la Rep. cisalpina e l'Austria   17/10/1797
vi entrano gli austriaci   19/1/1798 - 26/12/1805
il Veneto è unito al regno d'Italia
  (pace di Presburgo 26/12/1805), il gen. Miollis
  ne prende possesso in nome di Napoleone I   19/1/1806 - 30/5/1814
è aggregata di nuovo all'imp. d'Austria
  (tratt. di Parigi) dal   30/5/1814
formazione del Regno lombardo-veneto
  sotto la dom. austriaca   7/4/1815 - 23/3/1848
riv. – gov. provv., Daniele Manin pres.   23/3/1848 - 3/7/1848
Castelli min. pres.   3/7/1848 - 13/8/1848
procl. della rep., Daniele Manin ditt.
  con G.B. Cavedalis e Leone Graziani coll. 10-13/8/1848 - 5/3/1849
Daniele Manin pres. del gov. provv.   5/3/1849 - 24/8/1849
l'Austria ne ritorna in possesso,
  gen. Gorzkowski govern.   27/8/1849 - 24/8/1866
passa al regno d'Italia (tratt. di Vienna)   3/10/1866
decreto di ann.   4/11/1866

b) *Aquileia*[243]

vesc., poi arciv. dal 369, patr. dal 557,
princ. dell'imp. dal 1209 al 1420

Ilario di Pannonia vesc.	276 - 285
Crisogono I bizantino	286 - 295
Crisogono II di Dalmazia	295 - 308
Teodoro	308 - 319
Agapito	319 - 332
Benedetto (?) rom.	332 - 337 (?)
Fortunaziano	343 - 355
s. Valeriano arciv.	369 - 27/11/388
s. Cromazio	v. 388 - v. 407
Agostino	407 - v. 434
Adelfo (Delfino)	434 - ...
Massimo	442 o 443
Gennaro	443 o 444 - 30/12/447
Secondo	451 - 452
s. Niceta	454 - 485
Marcelliano patr. a Grado	v. 485 - ...
Marcellino	500 - 503 (?)
Stefano	v. 515 - ...
Marcedonio	539 - ...
Paolo (Paolino) I patr., si ritira a Grado	557 - 569
Probino	569 - 570
Elia a Grado	571 - v. 586
Severo (vesc. di Trieste) patr.	586 - 606
Candidiano a Grado	606 - v. 612
Giovanni I ad Aquileia	606 - ...
Epifanio a Grado	612 - 613
Cipriano a Grado	613 - v. 627
Marciano ad Aquileia patr.	v. 623 - v. 628
Fortunato ad Aquileia	628 - ...
Primogenio a Grado	630 - 648
Massimo a Grado	649 - ...
Felice ad Aquileia	649 - ...
Giovanni II ad Aquileia	† 663
Stefano II a Grado	670 - ...
Agatone	679 - ...
Giovanni III ad Aquileia	680 - ...
Cristoforo a Grado	685 - ...
Pietro I ad Aquileia	698 - 700
Sereno	711 - 723
Calisto	v. 726 - 734
Sigwaldo	762 - v. 776

S. Paolino II	776 - 11/1/802
Orso I	v. 802 - 811
Manenzio	811 - 833
Andrea	v. 834 - 844
Venanzio	850 - ...
Teodemaro	febb. 855 - ...
Lupo I	855 o 856 - ...
Valperto	875 - v. 899
Federico	v. 901 - 23/2/922
Leone	922 - v. 927
Orso II	928 - v. 931
Lupo II	v. 932 - 13/3/944
Engelfredo	v. 944 - nov. 963
Rodoaldo	av. 13/12/963 - 983 o 984
Giovanni IV di Ravenna	984 - 1017
Poppo	1017 o 1019 - 1042 o 1045
i patr. acquistano il Friuli con Gradisca	1028
Eberardo longob.	1045 - 1049
Goteboldo	1049 - 1063
Ravengero	v. 1063 - 1068
Sigeardo (Singifredo) patr.	
[acquista la Carniola 1077] succ.	1068 - 12/8/1077
Enrico patr.	av. 17/9/1077 - 1084
Federico II (Swatobor)	1084 - 1085
Ulrico (Vodalricus) d'Eppenstein	
(ab. di S. Gallo)	1085 - 11/12/1121
Gerardo Primiero	av. 21/5/1122 - 1128 dep.
Pellegrino I d'Ortenburg	v. 1130 - 8/8/1161
Ulrico II alemanno	24/9/1161 - 1/4/1181
Gotifredo ab. di Sesto	1182 - v. 1194
Pellegrino II [acquista l'Istria 1203]	av. 8/2/1195 - v. 15/5/1204
Wolfgaro alemanno princ. dell'imp. 1209	av. 22/5/1204 - 10/2/1218
Bèrtoldo di Meran	27/3/1218 - 23/5/1251
Gregorio di Montelongo	29/11/1251 - 8/9/1269
Filippo I (du. di Carinzia, 1269)	23/9/1269 - 1279
Raimondo della Torre milanese	21/12/1273 - 23/2/1299
Pietro Gerra, di Ferentino	18/10/1299 - 19/2/1301
Ottobuono de' Razzi	30/3/1302 - 13/1/1315
Gastone della Torre (arciv. di Milano)	31/12/1316 - 20/8/1318
Pagano della Torre (vesc. di Padova)	24/7/1319 - 19/12/1331
Bertrando di S. Genesio	4/7/1334 - 6/6/1350
Nicola I di Lussemburgo, fr. di Carlo IV imp.	22/10/1350 - 29/7/1358
Lodovido I della Torre (vesc. di Trieste)	10/3/1359 - 30/7/1365
Marquardo di Randek	23/8/1365 - 3/1/1381
Filippo II d'Alençon card. amministratore	11/2/1381 - 1387
Giovanni V Sobieslaw di Moravia	27/11/1387 - 12/10/1394

Antonio I de' Gaetani rom.	27/1/1395 - 2/2/1402 dep.
Antonio II Panciera	8/4/1402 - 13/6/1408 dep.
Antonio III da Ponte	av. 16/3/1409 - 1412
Lodovico II di Teck	6/7/1412 - 1435
i veneziani privato il patr.	
del potere temporale	
gli tolgono l'Istria e il Friuli	
con Gradisca e Aquileia	7/6/1420
Lodovico III Scarampi-Mezzarota	18/12/1439 - 27/3/1465
la sola città di Aquileia è resa al patr.to nel	1445
Marco I Barbò patr.	27/4/1465 - 6/3/1491
Ermolao I Barbaro patr.	7/3/1491 - 14/6/1493
Nicolò Donati patr.	4/11/1493 - 3/9/1497
Domenico Grimani patr.	13/2/1498 - 1517
Marino Grimani patr.	1517 - 16/4/1529 dep.
Marco II Grimani patr.	16/4/1529 - 1533 dep. († 1544)
Marino Grimani di nuovo patr.	1533 - 1545 dep. († 28/9/1546)
l'Austria occupa parte del Friuli con Aquileia	1509 e 1545 - 1797
il patr.to sussiste a Udine privo del potere temporale	
fino al 1750 quando viene soppresso dal papa	
parte dell'Istria con Aquileia passa all'Austria	1797 - nov. 1918
è unita al regno d'Italia	3/11/1918

c) Friuli[244]

duc. longob., poi march.to dall'820, ct.a dall'827

... ai longobardi – re Alboino forma del Friuli un duc., con Gorizia e Gradisca	mag. 568
du.: Gisulfo I, cug. di Alboino,	
du. longob. di Cividale	mag. 570 - 590
– Arichi (du. di Benevento 594 - 641)	590 - 594 († 644)
– Gisulfo II	594 - 611
– Taso e Kakko, f. di Gisulfo II	611 e 621 - 631
– Grasulfo, fr. di Gisulfo II,	612 - 621 e 631 - 651
– Ago	651 - 663
– Lupo	663 - 666
– Arnefrit	666
– Wechtari	666 - 678
– Landari	678 - ...
– Rodoaldo	... - 694
– Ado	694
– Ferdulf	694 - 706
– Korvulus	706
– Pennone di Belluno, 705, dest. da re Liutprando	739

– Rachi (Ratchis), f. (re longob. 744 - 749)	739 - 744
– Astolfo, fr. (re longob. 749 - 756)	744 - 749 († 756)
– Anselmo (s.), cogn. di re Astolfo	749 - 751
– Pietro	751 - ...
– Rotgaldo (Urothgaud)	774 - 775
Carlo Magno lo toglie al du. Rotgaldo	775 - 776
Marcario du. longob.	776 - 787
– Unroc I (occupa l'Istria, già impero bizantino 789, Carinzia, Stiria, Carniola e parte del Tirolo nel 796) 787 - 789 – Cadolao 799 - 819 – Balderico (il Friuli innalzato a marchesato 820) 819 - 828	776 - 827
il marchesato è diviso in 4 contee: Friuli o Cividale, Istria-Carniola, Carinzia-Bassa Pannonia	827
ct.: Unroc II f. di Unroc I, 828 - ...	
– Eberardo, fr. (ct. della marca di Treviso) 846 - 863	
– Unroc III, f., 863 - 874 – Berengario, fr. (re d'Italia 888, imp. 915) 874 - 888	
– Walfredo (ct. della marca di Treviso 895) 891 - 924 († 896)	828 - 924
Corrado II imp. cede gran parte del Friuli veneto a Poppo (patr. d'Aquileia 1019 - 42) nel 1028	
– i patr. lo conservano fino al 1420	1028 - 7/6/1420
dopo 3 anni di guerra passa alla rep. di Venezia la quale ne cede parte (1509) all'imp. Massimiliano I d'Austria	7/6/1420 - 1797
l'Austria occupa anche il Friuli veneto	1797 - 26/12/1805
al Regno italico napoleonico (dipar. di Passariano) per la pace di Presburgo	26/12/1805 - 1814
ritorna all'Austria	1814 - 24/8/1866
viene restituito col Veneto all'Italia meno una porzione lungo l'Isonzo (prov. d'Udine)	24/8/1866 - nov. 1918
il Friuli austriaco (che fa parte delle prov. illiriche 1809 - 14), compreso nei circoli di Gorizia e Trieste passa al regno d'Italia	3/11/1918
occup. parziale della Germania nazista e di cosacchi	9/9/1943 - 28/4/1945
regione autonoma della rep.	1/1/1948

d) Istria[245]

... occupata dagli ostrogoti	489 - 539
ai bizantini – Belisario la riconquista per l'imp. d'Or.	539 - 789 c.
i longobardi l'occupano solo in parte	752 - 775 c.
ai re franchi d'Italia (Capodistria, Pirano, Umago ecc. restano ai bizantini)	789 - 887

ai re carolingi poi (951) al re di Germania | 888 - 951
l'imp. Ottone I di Sassonia crea il margraviato d'Istria
infeudato (con le marche di Verona e il Friuli)
al fr. Enrico I du. di Baviera | 952 - 1/11/955
a Ottone I du. di Carinzia infeudatagli da Ottone III imp. | 995 - 996
nel 997 i porti d'Istria passano
sotto il protettorato di Venezia,
l'interno appartiene alla casa di Meran, poi all'Austria | 997 - ...
margravi poi ct.: Winther 933 (?) – Werihent 990 - 1028
– Ulrico di Weimar margravio di Carniola 1060)...
– Enrico d'Eppenstein 1076 - 90 – Poppo di Weimar 1090 - 1108
– Engelberto II, fr. di Enrico d'Ortemburgo
(du. di Carinzia 1124) 1108 - 30 | 933 c. - 1112
è dichiarata ct.a di confine per
Engelberto d'Eppenstein 1112 - 1302
– Engelberto III, f., ct. 1130 - 69
– Bertoldo I d'Andechs (du. di Meran 1150) 1170 - 88
– Bertoldo II, f., 1188 - 1204
– Enrico, f., 1204 - 1209 († 1228)
– Lodovico I di Baviera 1209 - 15
– Ottone VII di Andechs, fr. di Enrico,
1215 - rin. 1230 per il fr. Bertoldo patr. d'Aquileia | 1112 - 1230
i patr. d'Aquileia ricevono il tit. di ct. d'Istria (1093)
e ne ottengono parte in feudo (1209)
con tit. di march. con potere laico ed ecclesiastico | 1209 - 1420
la rep. di Venezia la occupa in parte:
Parenzo nel 1267, Umago 1269, Cittanova 1270,
S. Lorenzo 1271, Capodistria 1279, Isola 1280,
Pirano e Rovigno 1283, Pola 1331, poi Albona,
Fianone, Pinguento | 1267 - 1420
la ct.a passa ai ct. di Gorizia (estinti 1374) | 1302 (?) - 1374
all'Austria in parte (Trieste nel 1382 resta città libera) | 1374 - 1420
la rep. di Venezia occupa tutta la penisola | 7/6/1420 - 17/8/1797
all'Austria di nuovo (pace di Campoformio)
che possiede per qualche tempo tutta l'Istria
con un capitanato sottoposto a Trieste | 17/10/1797 - 1809
l'Austria cede a Napoleone I l'Istria (cioè l'alta
Carinzia, Carniola e Gradisca) nel 1805
(pace di Presburgo) e il resto nel 1809
(pace di Vienna) cioè il Goriziano, Trieste e la ct.a d'Istria | 1805 - 1814
all'Austria di nuovo con tutto il territ. delle prov.
illiriche, formando la prov. del Litorale
col gov. a Trieste e divisa nei circoli
di Gorizia, Trieste e Fiume | 1814 - 9/11/1918
al regno d'Italia | 9/11/1918
occup. della Germania nazista | 9/9/1943 - 28/4/1945

occup. della Jugoslavia 28/4/1945 - 9/6/1945
cessione alla Jugoslavia (tratt. di Parigi) 10/2/1947

e) Padova[246]

... agli ostrogoti 493 - 540 – ai bizantini 540 - 541
 – agli ostrogoti di nuovo 541 - 563
 – ai bizantini ancora 563 - 601
presa e distrutta da Agilulfo re dei longobardi
 ai quali rimane soggetta 601 - 774 c.
dom. dei franchi
 (gov. di ct. poi dall'897 di vesc.-ct.) 774 - 1124
vesc.-ct.: Pietro I 897 - ... – Ebone 904 - ...
 – Sibicone 911 - 917 – Turigario 919 - ... – Valto 923 - ...
 – Pietro II 931 - ... – Pietro III ... - 938 – Ardemanno 940 - ...
 – Idelberto 942 - 952 – Zeno 964 - 967 – Gauslino 967 - 992
 – Orso 992 - 1015 – Aistulfo 1031 - ... – Brocardo 1034 - 37
 – Arnoldo 1046 - ... – Bernardo Maltraversi 1047 - 53
 – Verculfo 1057 - 64 – Olderico 1064 - 83 – Milone 1083 - 91
 – Pietro IV Cisorella 1096 - 1119 – Sinibaldo 1106 - 1124
comune retto da cons. dal 1138 - 88, poi da pod.
 dal 1175 che divengono dal 1195 capi della rep.
 (guelfi dal 1227) av. 1138 - 1237
Ezzelino da Romano (sig. di Romano 1235,
 di Verona e Trento 1250, di Brescia 1258)
 protetto dall'imp. se ne fa sig. 25/2/1237 - 20/6/1256 dep. († 27/9/1259)
il papa e gli estensi la tolgono a Ezzelino
 – i guelfi tornano al potere 20/6/1256 - 1311 e 1312 - 15/7/1318
riconosce la sovranità di Arrigo VII di Lussemburgo 1311 - 1312
Giacomo I da Carrara capit. gen.
 «principe del popolo» 15/7/1318 - 5/1/1320 rin. († 22/11/1324)
Federico III d'Absburgo re dei rom.,
 Enrico ct. di Gorizia († 1323)
 poi Enrico ct. di Carinzia suoi vic. 5/1/1320 - sett. 1328
Marsilio I da Carrara, nip. di Giacomo I,
 sig. e capit. gen. 3/9 - 10/9/1328 rin.
Can Grande della Scala (sig. di Verona 1311) sig. 10/9/1328 - 22/7/1329
Alberto e Mastino della Scala, nip., sig. 22/7/1329 - 3/8/1337 dep.
Marsilio I da Carrara di nuovo sig. 3/8/1337 - 21/3/1338
Ubertino, f. di Jacopino da Carrara
 (occupa Bassano ed Este 1339) sig. 21/3/1338 - 25/3/1345
Marsilio II Papafava, f. di Albertino 27/3 - 6/5/1345
Jacopo II, f. di Ubertino sig. 7/5/1345 - 21/12/1350
Jacopino, fr., sig. (assoc. col nip.
 Francesco f. di Jacopo II) 22/12/1350 - 18/7/1355 dep. († 1372)

Francesco I il Vecchio solo (sig.
  di Feltre, Belluno, Treviso,
  Céneda 1384)   22/12/1350 - 29/6/1388 abd. († 6/10/1393)
Francesco Novello,
  f., sig.   29/6 - 23/11/1388 dep. e 20/6/1390 - 22/11/1405 dep. († 1406)
Giovanni Galeazzo Visconti
  (sig. di Milano 13/8) la occupa   23/11/1388 - dep. 20/6/1390
unita alla rep. di Venezia   22/11/1405 - 28/4/1797
i francesi se ne impadroniscono   28/4/1797 - 20/1/1798
all'Austria (tratt. di Campoformio 17/10/1797)   20/1/1798 - 16/1/1801
è rioccupata dai francesi (armistizio di Treviso)   16/1/1801 - sett. 1805
all'Austria di nuovo sett. 1805 - nov. 1805   25/4 - 3/5/1809 e 1813 - 1848
il gen. franc. Giovanni Ognissanti Arrighi,
  cug. di Napoleone I,
  creato du.   nov. 1805 - mag. 1809 e 3/5/1809 -
                                              1813 († 22/3/1863)
riv. – ann. al regno di Sardegna   14/6/1848
all'Austria di nuovo   15/6/1848 - 14/7/1866
ann. al regno d'Italia   14/7/1866

f) *Polesine e Rovigo*[247]

Alberto Azzo I, f. di Oberto II sig. d'Este,
  ottiene dall'imp. Ottone I il Polesine di Rovigo
  [sp. Gualdrada, f.a di Candiano IV doge di Venezia]   970 - 1029
Alberto II, f. (march. d'Italia, ct. di Lunigiana), sig.
  [sp. I. Cunegonda († 1057), f.a di Guelfo II d'Altdorf;
  II. Garzenda, di Ugo II ct. del Maine;
  III. Matilde, f.a di Adalberto Pallavicino]   1029 - 1097
Folco I, f. (march. d'Italia), sig.   1097 - 15/12/1128
Obizzo I, f. sig.   15/12/1128 - 25/12/1193
Azzo III (VI), nip. dal f. Azzo V (march.
  d'Ancona e sig. di Ferrara 1208), sig.   25/12/1193 - 18/11/1212
Aldobrandino I, f., sig.   18/11/1212 - 10/10/1215
Azzo IV (VII) Novello, fr.
  (march. della marca d'Ancona 14/8/1217)
  con Rinaldo suo f. († 1335)   10/10/1215 - 16/2/1264
Obizzo II, nip., dal f. Rinaldo   1222 - 13/2/1293
Azzo V (VIII), f.
  (sig. di Ferrara, Modena e Reggio 1293)   13/2/1293 - 1/2/1308
Aldobrandino II, fr.   1/2/1308 - 27/7/1326
Rinaldo II, f.   27/7/1326 - 31/12/1335
Obizzo III, fr. (sig. di Ferrara 1317,
  di Modena 1336, di Parma 1344)   31/12/1335 - 20/3/1352
Aldobrandino III f.   20/3/1352 - 2/12/1361

Niccolò II, fr. (vic. imp. di Modena 1354,
   sig. di Ferrara 1361), sig.   2/12/1361 - 26/3/1388
Alberto, fr.   26/3/1388 - 30/7/1393
Francesco Novello da Carrara   1391 - 1393
Niccolò III, f. di Alberto d'Este,
   ritorna in possesso del Polesine   1393 - 14/3/1395
Niccolò III cede il Polesine alla rep. di Venezia
   in pegno per un prestito di denaro   3/4/1395 - 1438 († 1441)
agli Estensi di nuovo Leonello, Borso, Ercole I
   (vd. Ferrara)   1438 - 7/8/1484
l'imp. Federico III d'Austria concede al Polesine
   il tit. di ct.a   1452
il Polesine è aggregato di nuovo (pace di Bagnolo)
   alla rep. di Venezia   7/8/1484 - mag. 1797
all'Austria   mag. 1797 - 1806 e nov. 1813 - 10/7/1866
passa col Veneto al Regno italico
   (pace di Presburgo)   1806 - nov. 1813
unione al regno d'Italia   10/7/1866

g) Trento[248]

... agli ostrogoti 494 - 553 – ai bizantini 553 - 568
ai longobardi, re Alboino occupa Trento
   e vi pone come du. Errico suo gen.
   – seguono altri du. fino al 774   568 - 774
ai franchi
   – il duc. di Trento è trasformato in marchesato feudale   774 - 888
Corrado II il Salico trasforma il marchesato
   in principato ecclesiastico   1027
gov. dei vesc.-princ.:

Udalrico II (vesc.-princ. 1027)	1022 - 1055
Attone	1055 - 1065
Enrico I	1068 - 1082
Adalberone	1084 - 1106
Gebardo I	1106 - 1120
Alberto I	1120 - 1124
Altmanno	1124 - 1149
Arnoldo II	1149 - 1154
Eberardo	1154 - 1156
s. Alberto II	1156 - 1177
Salomone	1177 - 1183
Alberto III di Madruzzo	1184 - 1188
Corrado II di Biseno	1188 - 1205
Federico di Wangen	1207 - 1218
Alberto IV di Ravenstein	1219 - 1223

Gerardo I Oscasali	1223 - 1232
Aldrighetto di Castelcampo	1232 - 1247
Egino d'Eppan	1248 - 1273
Enrico II	1273 - 1289
Filippo Buonacolsi	1289 - 1303
Bartolomeo Quirini	1304 - 1307
Enrico III	1310 - 1336
Nicola Abrein	1338 - 1347
Gerardo II di Magnoco	1347 - 1348
Giovanni III di Pistoja	1348 - 1349
Meinardo di Neuhaus	1349 - 1362
Alberto V d'Ortenburgo	1363 - 1390
Giorgio I di Lichtenstein	1390 - 1419
Ermanno di Cilly	1421
Enrico IV Flechtel	1422 - 1423
Alessandro di Mazovia	1424 - 1444
Benedetto I	1444 - 1446
Giorgio II Hak di Themeswald	1446 - 1465
Giovanni IV Hinderbach	1465 - 1486
Udalrico III di Frundesberg	1486 - 1493
Udalrico IV di Lichtenstein	1493 - 1505
Giorgio III di Neideck	1505 - 1514
Bernardo III di Glöss	1514 - 1539
Cristoforo di Madruzzo	5/8/1539 - 1567
Lodovico di Madruzzo	1567 - 20/4/1600
Carlo Gaudenzio di Madruzzo	1600 - rin. 1629 († 14/8/1629)
Carlo Emanuele di Madruzzo	4/1/1629 - 15/12/1658
Sigismondo Francesco d'Austria	1659 - 1665
Ernesto Alberto d'Harrach	1665 - 1667
Sigismondo-Alfonso di Thun	1668 - 1677
Francesco d'Alberti di Pola	1677 - 1689
Giuseppe Vittorio Alberti di Enno	1689 - 1695
Giovanni Michele di Spaur	1696 - 1725
Giovanni Benedetto Gentilotti	1725
Anton-Domenico di Wolckenstein	1725 - 1730
Domenico Antonio di Thun	1738 - 1758
Leopoldo Ernesto di Firmian	1748 - 1755
Francesco Felice Alberti di Enno	1758 - 1762
Cristoforo Francesco Sizzo di Noris	1763 - 1776
Pietro Vigilio di Thun-Hohenstein	1776 - 1800
Emanuele Maria Peter di Thun-Hohenstein	1800 - 1801 († 1818)
cessa il gov. vesc. di Trento	
al quale succede la dom. austriaca	1801 - 1805
alla Baviera	1805 - 1810
al Regno italico napoleonico	1810 - 1814
ritorna sotto il gov. austriaco	1814 - 3/11/1918

al regno d'Italia 3/11/1918
occup. della Germania nazista 9/9/1943 - 28/4/1945
il Trentino-Alto Adige regione autonoma della rep. 1/1/1948

h) Treviso, Feltre e Belluno[249]

... ai longobardi (du.) 568 - 774 – franchi 774 - 887
   Treviso gov. da vesc.-ct. sec. VIII-XII
   re nazionali e borgognoni 888 - 951
Enrico I, fr. dell'imp. Ottone I,
   creato margravio di Treviso e Verona 952 - 1/11/955
Enrico II, f., margravio,
   regg. la madre Giuditta di Baviera nov. 955 - 975 dep.
Treviso si regge a comune
   cons. dal 1164, pod. dal 1173 v. metà sec. XII - 1237
Ezzelino I, discendente da Ecelo,
   sig. di Onara e Romano el. pod. di Treviso 1173 - 1183 dep.
ai da Camino 1183 - 1185 e 1186 - 1191
Ezzelino II il Monaco
   f. ghibellino (sig. di Verona 1226,
   di Bassano 1232 ecc.) sig. v. 1191 - 1192 († 1235)
comune a Treviso retto da cons. (dal 1200 noti) 1192 - 1235
Treviso passa al partito dei guelfi 1234 - 1237
Ezzelino III da Romano
   poi Alberico suo fr. 1237 - 16/9/1259 dep. († 27/9/1259)
comune libero a Treviso e Feltre
   (a Belluno fino al 1266) sett. 1259 - 15/11/1283
Gherardo da Camino,
   sig. di Treviso, Feltre, Belluno 15/11/1283 - 26/3/1307
Rizzardo, f. (ct. di Céneda dal 1274), vic. imp.
   a Treviso, Feltre e Belluno dal 10/5/1311 - 26/3/1307 († 12/12/1312)
Guecello, fr.,
(sig. di Camino, Colfosso e Ceneda), sig. apr. - 6/12/1313 dep. († 1324)
comune libero a Feltre e a Belluno 1313 - nov. 1318
Federico d'Absburgo (re dei rom. 1314),
   Enrico ct. di Gorizia († 24/4/1323),
   poi Enrico di Carinzia vic. nov. 1318 - 1328
Feltre e Belluno passano agli Scaligeri 1322 - 1339
Guecello Tempesta capit. gen. a Treviso 1328 - 18/7/1329
Cangrande della Scala (sig. di Verona 1308) 18/7 - 22/7/1329
Mastino II e Alberto,
   f. di Alboino della Scala, sig. 22/7/1329 - 24/1/1339
la rep. di Venezia occupa Treviso 24/1/1339 - mag. 1381
Carlo IV imp. occupa Belluno,
   suo vic. Niccolò patr. di Aquileia 1347 - 1358

Carlo IV cede Belluno a Lodovico re d'Ungheria   1358 - 1360
Leopoldo III d'Absburgo (du. d'Austria 1379)
   sig. di Belluno in apr., di Treviso   inizio mag. 1381 - genn. 1384
Francesco da Carrara il Vecchio
   (sig. di Padova 1350), sig. di Treviso genn. 1384,
   di Feltre e Belluno   1386 - dic. 1388 dep.
Giovanni Galeazzo Visconti occupa Treviso   dic. 1388 - 24/1/1389
la rep. di Venezia occupa Treviso e Céneda dal   24/1/1389
la rep. di Venezia occupa pure Feltre e Belluno   28/4/1404 - 1411
gli ungheri condotti da Pippo Spano per l'imp. Sigismondo
   invadono il Friuli e il Trevigiano, Belluno si arrende   1411 - 1420
Belluno passa ancora alla rep. di Venezia   1420 - 6/7/1509
Belluno si sottomette all'imp. Massimiliano   6/7/1509 - 13/12/1511
la rep. di Venezia occupa ancora Belluno
   che ne segue le sorti (vd. Venezia)   13/12/1511
ann. di Treviso, Feltre e Belluno al regno d'Italia   nov. 1866
occup. della Germania nazista a Belluno   9/9/1943 - 28/4/1945

i) Trieste[250]

... agli ostrogoti   493 - 539
Belisario, poi (552) Narsete la riconquistano
   per l'imp. d'Or.   539 - 752
occupata dai longobardi che la erigono in duc.,
   poi (789) da Carlo Magno   752 - 790 c.
comincia (850) il potere temporale dei vesc.
   con tit. di baroni, con signoria politica e spirituale:
   Teodoro 814 - ... – Taurino 911 - ... – Radaldo 929 - ...
unita al marchesato d'Istria, Winther march.   v. 933 - 948
ai vesc. di Trieste, con tit. di princ. dell'impero, quasi autonomi 948 - 1295
vesc.-princ.: Giovanni III   948 - 967
Pietro I   991 - ...
Ricolfo   1006 - 1015
Adalgaro   1031 - 1071
Enrico I   1106 - ...
Hartwig   1115 - ...
Dietmaro   1135 - 1145
Bernardo I   1149 - 1186
Enrico II   1186 - ...
Leutoldo   1188 - ...
Volfango   1190 - 1192
Enrico III Ravizza   1200 - ...
Gebardo I   1203 - 1209
Corrado Bojani della Pertica   1212 - 1230
Leonardo I   1232 - ...

Bernardo II di Cucagna	1233 - 1234
Gebardo II Arangone	1234 - 1236
Giovanni IV	1236 - 1237
Olderico de Portis	1237 - 1253
Leonardo II	1253 - 1255
Gregorio I Guerrerio	1255 - 1259
Leonardo III	1259 - 1263
Arlongo de' Visgoni	1262 - 1282
Volkwin de' Portis	1282 - 1286
Brissa di Toppo	1286 - 1299
alla rep. di Venezia che l'assorbe in diverse riprese	1283 c. - 1287
al patr. di Aquileia	1287 - 1295 c.
comune libero – Enrico della Torre pod. e capit. del popolo	1295 - 1368
alla rep. di Venezia	lug. 1368 - 1372
al patr.to di Aquileia di nuovo	1372 - 1381
comune libero di nuovo, ricon. indip. dal tratt. di Torino	1381 - 1382
chiede la protezione del du. Leopoldo III d'Austria ma rimane città libera	1382 - 1468
tentativo di libertà diretto da Antonio Bonomo che proclama l'indip. di Trieste	15/8/1468 - 1469
di nuovo occupata dall'Austria	v. 1469 - 23/3/1797
i francesi comandati dal gen. Dugna la occupano	24/3/1797 - 17/10/1797
l'Austria la rioccupa (tratt. di Campoformio)	17/10/1797 - 19/11/1805
nuova occup. franc. (gen. Massena)	19/11/1805 - 4/3/1806
all'Austria di nuovo	4/3/1806 - 18/5/1809
le truppe italiane comandate dal princ. Eugenio occupano Trieste, che viene unita al Regno italico napoleonico (tratt. di Vienna)	18/5/1809 - 25/10/1814
occup. austriaca (riv. 22/3/1848)	25/10/1814 - 3/11/1918
ann. al regno d'Italia	3/11/1918
occup. della Germania nazista	9/9/1943 - 30/4/1945
occup. alleata e jugoslava	1/5/1945 - 9/6/1945
occup. angloamericana	9/6//1945 - 3/7/1946
amministrazione angloamericana	3/7/1946 - 5/10/1954
creazione dello Stato libero di Trieste e delle zone A e B sotto amministrazione italiana e jugoslava	10/2/1947
restituzione all'Italia della zona A	26/10/1954
cessione giuridica della zona B alla Jugoslavia (tratt. di Osimo)	10/11/1975

l) Verona[251]

Odoacre ed eruli 476 - 489 – ostrogoti 480 - 553
    – bizantini 553 - 568 – longobardi 568 - 774
    – franchi 774 - 888 (gov. dei ct.)

– re nazionali e borgognoni 888 - 951
la marca di Verona è unita alla Germania
– Enrico I, fr. dell'imp. Ottone I di Sassonia
(du. di Baviera 947),
nom. margravio di Verona e di Treviso 952 - 1/11/955
Enrico II f. (sotto tut. della madre Giuditta,
f. di Arnolfo di Baviera) 955 - 975 dep. († 28/8/995)
lotte fra i Montecchi (ghibellini) per i nobili
e i San Bonifazio (guelfi) per il popolo,
questi hanno la signoria 1000 - 1120 c.
alla ct. Matilde di Canossa fine sec. XII - 24/7/1115
gov. a comune dal 1120,
retto da cons. dal 1136 c. - 1187,
poi da pod. dal 1169, poi periodo
consolare-podestarile sino alla fine del sec. XII 1120 - 1197 c.
i guelfi sono cacciati nel 1204,
i ghibellini nel 1206,
questi ritornano al potere lo stesso anno
ma sono vinti dai guelfi nel 1207 1204 - 1207 e 1230 - 1232
Rizzardo San Bonifazio, ct., capo dei guelfi
[sp. Cunizza da Romano] 1247 - 1253
Lodovico San Bonifazio, discendente dai ct.,
capo dei guelfi, ct. sec. XIII - 14/9/1263 dep.
Ezzelino III da Romano, ghibellino
(sig. di Bassano 1232, di Padova 1237,
di Trento 1250), pod. 1226 - 1233
Giovanni da Schio, mon. domenicano guelfo,
sig. 1233 - 1236 c., Ezzelino sig. di nuovo
poi vic. imper.
e rettore della marca 1236 - 16/9/1259 dep. († 1/10/1259)
Mastino I della Scala, ghibellino,
pod. 1260, capit. perpetuo del popolo,
poi (1263) sig. assoluto 1260 - 17/10/1277
Alberto I, fr. (pod. di Mantova 1272 e 1275) ott. 1277 - 3/9/1301
Bartolomeo I, f., capit. del popolo 3/9/1301 - 27/3/1304
Alboino, fr., assoc. a Cangrande I dal 1308,
vic. imper. 1311 27/3/1304 - 28/10/1311
Cangrande I, fr., assoc. ad Alboino dal 1308,
vic. imper. e princ. dell'impero 1311 28/10/1311 - 22/7/1329
Mastino II, f. di Alboino, assoc. al fr. Alberto,
succ. 22/7/1329 - 3/6/1351
Alberto II, fr., assoc. a Cangrande I dal 1311
poi a Mastino II solo 3/6/1351 - 13/9/1352
Cangrande II, f. di Mastino II 13/9/1352 - 13/12/1359
Paolo Alboino, fr. dic. 1359 - 20/1/1365 dep. († 16/10/1375)
Cansignorio, fr. dic. 1359, solo 20/1/1365 - 19/10/1375

Bartolomeo II, f. nat.   19/10/1375 - 12/7/1381
Antonio I, fr.   12/7/1381 - 18/10/1387 dep. († 3/11/1388)
Gian Galeazzo Visconti di Milano sig.   18/10/1387 - 3/9/1402
Filippo Maria, f., sig.   3/9/1402 - 10/4/1404 († 1412)
Guglielmo della Scala,
f. nat. di Cangrande II, sig.   17/4 - 18/4/1404
Brunoro e Antonio II, f. di Guglielmo,
    sig. per pochi giorni   apr.-mag. 1404
Francesco Novello da Carrara (sig. di Padova 1388)
    e per lui il f. Giacomo   25/5/1404 - 23/6/1405 dep. († genn. 1406)
la rep. di Venezia la occupa   23/6/1405 - genn. 1509
è occupata dai collegati di Cambrai
    e data a Massimiliano I imp.   genn. 1509 - dic. 1516
è restituita alla rep. di Venezia   dic. 1516 - 3/6/1796
occupata dai francesi del gen. Massena   3/6/1796 - 21/1/1798
la prendono gli austriaci   21/1/1798 - 9/2/1801
è divisa in due parti (pace di Lunéville):
    a destra dell'Adige è data ai francesi,
    a sinistra agli austriaci   9/2/1801 - 19/3/1805
al Regno italico napoleonico   19/3/1805 - 4/2/1814
gli austriaci la occupano   4/2/1814 - 16/10/1866
ann. al regno d'Italia   16/10/1866

m) *Vicenza*[252]

... ai longobardi, gov. dei du.   568 - 774
  – ai franchi, gov. dei ct. poi dei vesc.-ct.   774 - 1179 c.
vesc.-ct.: Aicardo (o Sicardo)   872 - 882
Vitale   901 - ...
Manasse (intruso)   926 - ...
Giraldo   965 - ...
Rodolfo   967 - 968
Ambrogio   ... - 974
Lamberto   995 - ...
Girolamo 1   1000 - 1004
Lindigerio I   1004 - ...
Teobaldo   1013 - 1027
Astolfo   1033 - 1046
Liudigerio II   1053 - 1066
Ezzelino   1080 - 1104
Toringo (o Loringo)   1108 - 1117
Enrico II   1124 - 1131
Lotario   1134 - 1146
Uberto I   1153 - 1158
Ariberto   1164 - 1179

gov. a comune – Ezzelino I da Romano pod.   1179 (?) - 1193
comune guelfo fino al 1227, Ezzelino II,
  f. di Ezzelino I, pod. dal 1194   1193 - 1194 e 1213 - 1214
comune ghibellino poi dal 1236 guelfo   1227 - 1236
è conquistata dagli imperiali per Federico II   1236 - 1259
rep. indip.   1259 - 1266
si sottomette a Padova   1266 - 1311
a Cane Francesco della Scala sig. di Verona e suoi successori
  (vd. Verona) vic. imper.   17/9/1312 - dep. 1387
ai Visconti di Milano (Gian Galeazzo e Giovanni Maria)   1387 - apr. 1404
ceduta alla rep. di Venezia di cui segue le sorti
  (vd. Venezia)   25/4/1404

Emilia e Romagne

a) Bologna[253]

... agli ostrogoti   493 - 553
ai bizantini
– Narsete gen. dell'imp. Giustiniano I la occupa   553 - 568
all'esarcato di Ravenna con infl. pont. dal 600   568 - 711 e 712 - 728
si regge a rep.   711 - 712
dom. longob.   728 - 757
dom. pont.
  (gov. dall'arciv. di Ravenna 758 - 769,
  poi sotto l'alta sovranità dell'imp. 774 - 840)   757 - 840
comune sotto protezione del papa   840 - 961
comune imper. poi con protezione del papa (961 - 976)
  e ancora imper. (1076 - 1077)   961 - 1077
comune sotto protezione del papa
  e della ct. Matilde di Canossa   1077 - 1111
comune sotto protezione del papa   1112 - 1116
comune imper. (1111 - 1112)
poi con protezione del papa (1112 - 1116)   1111 - 1116
comune con protezione degli imp. di Germania
  (retto da cons. v. 1123)   1116 - 1135 c.
comune con protezione del papa (pod. dal 1135 e 1151)   1135 c. - 1155
comune con dip. dall'imp.
  (pod. comunale dal 1163)   1155 - 1160, 1162 - 64, 1209 - 26 c., 1237 - 49
comune indip. retto da cons. dal   1164, 1160 - 62, 1164 - 67, 1183 - 1209
comune indip.
  – il popolo insorge contro i nobili
  e inizia la riforma dem.   1228 - 1237 e 1249 - 1274
rep. bipartita retta da un pod.
  e da un capit. del popolo   v. 1255 - ...

comune guelfo poi (29/7/1278) dip. dal papa,
    poi guelfo dal 1281 - 1296
    (i nobili cacciati dal gov. 1282)   1274 - 1280 e 1281 - 1296
lotte fra le due fazioni dei Lambertazzi
    (ghibellini) e dei Geremei (guelfi)
    poi dei Lambertini e Scanabecchi,
    Asinelli e Basacomari   1258, 1263, 1265, 1267 e 1272 - 1274
comune guelfo (1266 e 1274 - 1278)
    poi prevale il partito ghibellino
    retto da tre cons. magnatizi
    (espulsione dei Lambertazzi 1280)   1266 - 1278 e 1280 - 1281
comune guelfo 1281 - 1296,
    poi sotto la protezione del papa dal 1296
    (con prep. di Romeo Pepoli 1320, cacciato 1321)   1281 - 1321
comune – istituzione dei gonfalonieri di giustizia,
    Guido Pasquali I gonfaloniere   1321 - 1327
comune – nuova sottomissione al papa
    – card. Bertrando del Poggetto legato pont.   5/2/1327 - 28/3/1334
comune libero – lotte fra Pepoli, Gozzadini,
    Scacchesi, Maltraversi - Beccadelli, cacciati (1335) 28/3/1334 - 28/8/1337
Taddeo Pepoli, f. di Romeo,
    el. sig. con tit. di capit. gen.   28/8/1337 - 21/8/1340
Bologna si sottomette al papa (2/8/1340)
    Taddeo Pepoli vic. pont. e
    «Conservatore della pace e della giustizia»   21/8/1340 - 28/9/1347
Giacomo e Giovanni, f. di Taddeo Pepoli sig. e
    dal 1349 vic. pont.   2/10/1347 - 28/10/1350
Giovanni Visconti, f. di Matteo I
    (arciv. e sig. di Milano 1349) vic. papale dal 1352,
    e in suo nome il nip. Galeazzo   28/10/1350 - 5/10/1354
Matteo Visconti, nip. e Giovanni da Oleggio
    suo capit.   1354 - mar. 1355
Giovanni Visconti da Oleggio,
    forse f. nat. di Giovanni Visconti,
    pretore apr. 1351, gov. poi sig.   18/3/1355 - 1/4/1360 († 1366)
nuova sottomissione al papa
    – card. Gil Albornoz (28/10/1360 - 24/1/1367)
    poi card. Guillame de Noellet legati pont.   1/4/1360 - 20/3/1376
comune indip., capo Taddeo Azzoguidi
    – sono eletti i 16 tribuni della plebe
    4 per ciascuna parte e ristabiliti i cons.   20/3/1376 - sett. 1377
sotto protezione, poi dominio (1378) del papa
    (G. da Lignana vic. pont. 1378)   sett. 1377 e 1378 - 1382
comune libero   1377 - 1378
vengono istituti sotto la protezione del papa
    il gonfaloniere di giustizia e gli anziani, vic. pont.   1382 - 28/2/1401

vengono istituiti i riformatori dello stato di libertà
presieduti da un priore   8 /1/1394
Carlo Zambeccari e Nanne Gozzadini la dividono in due fazioni,
poi restano fra loro discordi   1398
i Gozzadini sono cacciati da Carlo Zambeccari
che rimane sig.   6/5/1399 († 1399)
sono espulsi il gonfaloniere di giustizia e gli anziani
– ritornano i Gozzadini e i Bentivoglio   1399
lotta fra i Bentivoglio e i Gozzadini, ritornano i Zambeccari   1400
Giovanni I Bentivoglio, f. di Antoniolo, sig.   28/2/1401 - 30/6/1402
Gian Galeazzo Visconti, du. di Milano (1395)
sig., Giacomo dal Verme govern.
e capit. Pandolfo Malatesta commissario   10/7/1402 - 3/9/1402
Gian Maria Visconti, f., regg. la madre Caterina Visconti
– march. Leonardo Malaspina,
poi (febb. 1403) Facino Cane govern.   3/9/1402 - 3/9/1403
ritorna al papa, Baldassarre Cossa
ne prende possesso   3/9/1403 - 12/5/1411
insurrezione della plebe, capit. da Pier Cossolini,
il pretore e altri magistrati
sono sostituiti da popolari   12/5/1411 - 14/8/1412
i nobili ritornano al potere (14/8), è resa al papa,
Lodovico Fieschi legato pont.   sett. 1412 - 3/1/1416
nuova sommossa popolare
– il consiglio dei 600 rinnova i magistrati
e crea (1418) i 16 riformatori dello stato popolare
con autorità di riformare statuti, leggi, ecc. (1416),
cacciata dei nobili, gov. dei 10 riformatori (1418),
capo Antonio Galeazzo Bentivoglio   3/1/1416 - 27/1/1420
Antonio Galeazzo, f. di Giovanni I Bentivoglio,
capo della rep.   27/1/1420 - 15/7/1420 († 23/12/1435)
ritorna al papa (15/7)
– Gabriello Condulmieri card. di Siena
legato pont.   21/7/1420 - 2/8/1428
comune libero   2/8/1428 - 25/9/1429
al papa di nuovo
– Lucio de' Conti, poi (1430) Giovanni Caffarelli
legato pont., Fantino Dandolo govern.
[gov. popolare 1430 - 1431]   25/9/1429 - mag. 1438
Niccolò Piccinino la occupa per il du. di Milano,
Filippo Maria Visconti sig.   21/5/1438 - 6/6/1443
Annibale I Bentivoglio,
f. nat. di Anton Galeazzo, sig.   6/6/1443 - 24/6/1445
gov. popolare infl. di Galeazzo Marescotti   1445 - 1446
Santi Cascese, f. di Ercole Bentivoglio, sig.   13/11/1446 - 1/10/1462
si fa col papa una solenne convenzione

– si sottomette alla chiesa,
   con varie condizioni e franchigie   1447
ultima compilazione degli statuti   1454
Giovanni II Bentivoglio[254], f. di Annibale I,
   succ. a Santi Cascese   1/10/1462 - dep. 2/11/1506 († 1509)
il popolo nomina 20 riformatori
   di partito avverso ai Bentivoglio   3-18/11/1506
papa Giulio II la occupa (11/11), espulso il Bentivoglio
   abolisce i riformatori, rinnova il gonfaloniere e gli anziani
   e stabilisce un senato di 40 patrizi a vita
   con tit. di riformatori dello stato   18/11/1506 - 23/5/1511
Annibale II ed Ermete Bentivoglio sig.[255]
   – istituzione dei 31 riformatori   23/5/1511 - giu. 1512
Bologna ritorna al papa (10/6/1512),
   vengono ripristinati i 40 riformatori dello stato   24/6/1512 - 19/6/1526
gov. libero del senato (1526)
   ripristinato da papa Leone X
   – abolizione dei riformatori dello stato (22/6/1513)
   – dom. pont.   22/6/1526 - 1796
occup. franc. (19/6)
   – direttorio franc. 18-20/6/1796
   – gov. del senato sotto il direttorio
20/6 - 17/10/1796,
   sotto la Rep. cispadana   17/10/1796 - 1/5/1797
Rep. cisalpina   27/3/1797 - 30/6/1799
dom. austro-russa
   – reggenza provv. austriaca   30/6/1799 - 11/8/1799
   – reggenza stabile   11/8/1799 - 29/7/1800
i francesi di nuovo, Rep. cisalpina (dip. del Reno) 28/6/1800 - 31/12/1801
Rep. italica (dom. franc.)   1/1/1801 - mar. 1805
unione al Regno italico napoleonico   mar. 1805 - 30/12/1813
occup. di Joachim Murat
   (re di Napoli dal lug. 1808)   30/12/1813 - 8/5/1814 e 2-16/4/1815
ritorno degli austriaci   8/5/1814 - 2/4/1815 e 16/4 - 18/7/1815
l'Austria ristabilisce il gov. del papa   18/7/1815 - 4/2/1831
riv. – gov. provv. di 8 cittadini, pres. Vicini   4/2/1831 - 20/3/1831
occup. militare austriaca di nuovo   20/3/1831 - 15/7/1831
gov. cittadino, prolegato pont. Grassi   15/7/1831 - 20/1/1832
occup. militare austriaca di nuovo
   – restaurazione del gov. pont.   28/1/1832 - lug. 1848
Rep. romana   9/2/1849 - 16/5/1849
nuova occup. austriaca (gen. Wimpffen)
   e ristabilimento del gov. pont.   16/5/1849 - 12/6/1859
gli austriaci battuti lasciano Bologna,
   che chiede l'aggregazione al regno di Sardegna   12/6/1859
gov. provv. pres. G.N. Pepoli,

con G. Malvezzi, Tanari, Casarini e Montanari   12/6 - 14/7/1859
Massimo d'Azeglio commissario straordinario
   per il gov. sardo
   – col. Falicon (16/7) pro-commissario (11/7 - 6/8)
   – col. L. Cipriani govern. gen. (6/8 - 9/11)
   – Luigi C. Farini ditt. poi govern.   9/11/1859 - 25/3/1860
decreto di ann. delle Romagne
   al regno di Sardegna (poi d'Italia 1861)   25/3/1860

b) *Carpi*[256]

... ai longobardi già nel 751, poi (752 e 774) gov. pont.
   – ai re franchi 774 - 888 c.   751 - 888
... Azzo, f. di Sigifredo ct. di Lucca (ct. palatino a Milano 901),
   sig. di Canossa e ct. di Modena e Reggio   962 - ...
Tedaldo, f. (sig. di Canossa, Ferrara e Guastalla),
   ct. di Modena e Reggio sig.   1001 - 1012
Bonifazio (III), f. (march. di Toscana ecc.)
   [sp. (1037) Beatrice († 1076),
   f.a del du. Federico di Lorena]   1012 - 6/5/1052
Matilde, la gran contessa, f.   6/5/1052 - 24/7/1115
Carpi passa alla Santa sede   lug. 1115 - 1215
Salingerra Torelli investita di Carpi
   da papa Innocenzo III   dep. 1215 - († 1215)
occupata dai modenesi per cessione di papa Onorio III
   rimane unita a Modena   1216 - 1312 (vd. Modena)
passa ai Bonacolsi di Mantova   1312 - dep. mag. 1319 e 1319 - 1327
Manfredo Pio (sig. di Modena 1333), f. di Federico,
   se ne impadronisce
   con approvazione (1327) del papa e dell'imp.   16/5/1319 e 1327 - 1348
Galasso I, f., sig.   1348 - 1367
Giberto, f. († 1389) e Marsiglio, suo fr. († 1384) sig.   1367 - 1389
Marco Pio, f., sig.   1389 - 1418
Giovanni, f. († poco dopo), Alberto I Pio di Savoia (dal 1450)
   il Vecchio († 1464), Galasso II († 1465), Giberto († 1466),
   f. di Marco   1418 - 1465
Marco Pio di Savoia f. di Giberto, con Leonello,
   f. di Alberto I (1463 - 80), e Gian Marsiglio,
   f. di Galasso II, e altri sette fr.,
   ne assumono il gov.   1465 - 1469
Marco e Leonello († 1477) rimangono soli sig.   1469 - 1477
Marco e Alberto III, f. di Leonello e (dal 1480) Marco solo   1477 - 1490
Marco († 1494) e Alberto III ritornato al potere   1490 - 1494
Alberto III [investito (1490) dall'imp.]
   assoc. con Giberto, f. di Marco   1494 - 1499

Giberto vende la sua metà agli Estensi di Ferrara
   in cambio di Sassuolo e altre terre   († 26/9/1500) 1499 - 1512
Alberto III unico sig. di Carpi riconosciuto dalla
   dieta germanica annulla la cessione di Giberto   1512 - genn. 1523
Alberto III è costretto a ricevere
   una guarnigione spagn. in Carpi   ag. 1522 - 1523
Carlo V imp. spoglia Alberto dello stato   genn. a 1/9/1523
Alberto III la riacquista   1/9/1523 - 24/2/1525 († genn. 1531)
è occupata dagli spagnoli che vi restano
   di presidio   24/2/1525 - mar. 1527
Alfonso I (du. di Ferrara 1505) ne prende possesso
   investito (1530) da Carlo V   mar. 1527
è innalzata a principato nel 1535 sempre sotto gli Estensi,
   rimane però autonoma fino al 1796,
   viene poi assoggettata a Modena (vd. Modena)

c) *Cesena*[257]

... agli ostrogoti, poi dal 538 c. all'imp. bizantino
   con infl. dal 600 dei papi   493 - 711
rep., poi (711 - 712) agli esarchi di Ravenna
   con infl. del papa   711 - 748
ai re longobardi 742 (743 - 749 solo in parte) 749 - 750, 752 - 754, 755 - 756
all'esarca di Ravenna con infl. del papa   743 - 749 (in parte) e 750 - 752
ai franchi 754 poi al papa dal   754 - 755 e 756 - 758, 769 - 774, 777 - 950
all'arciv. di Ravenna
   e nominalmente al papa   758 - 769, 774 - 777, 950 - 953 e 998 - 1000
al regno d'Italia   958 - 961
al papa sotto l'autorità imper.   961 - 998, 1001 - 1017
al papa sotto l'autorità imper. e papale   1000 - 1001, 1017 - 1063
al papa e all'arciv. di Ravenna
   sotto l'autorità dei margravi d'Ancona   1063 - 1159 c.
all'impero poi (dal 1168) al papa   1159 c. - 1183
rep. dip. dai margravi imper. d'Ancona   1183 - 1198
al papa 1198 - 1226, 1230 - 1240, 1248 - 1275, 1278 - 1281, 1283 - 1293 e 1295
all'impero   1226 - 1227, 1230 e 1240 - 1248
a Guido da Montefeltro per l'impero   1275 - 78 e 1281 - 83
rep., capo Malatestino Malatesta poi (1295)
   Guido Montefeltro   1293 - 1295, 1295 - 1301
al papa   1301 - 1309, 1326 - 1327
a Roberto d'Anjou re di Napoli   1309 - 1315
a Malatestino Malatesta poi (dal 1315) a Ferrantino suo f.
   con protezione del re di Napoli   1315 - 1326
a Rinaldo de' Cinci († lug. 1326)
   e a Ghello de' Calliscese

poi al papa dal	20/6/1326 - 1327, 1331 - 1333 e 1357 - 1378
all'impero	1327 - 1331
Galeotto Malatesta, Francesco Ordelaffi e Ostasio	
da Polenta, poi (dal 1339) l'Ordelaffi solo	1333 - 1357
Galeotto Malatesta, f. di Pandolfo di Rimini, vic. del papa	1378 - 1385
Andrea, f. di Galeotto Malatesta, vic. papale	1385 - 1416
Pandolfo Malatesta, e per esso Carlo sig. di Rimini	
poi (1421) Pandolfo solo	1416 - 1432
Domenico Malatesta o Malatesta Novello,	
f. nat. di Pandolfo III di Fano	1432 - 1465
al papa (a Cesare Borgia 1500 - 1504)	1465 - 1796
alla Francia (dipar. del Rubicone)	1796 - 1813
a Joachim Murat re di Napoli	1813 - 1814
all'Austria	1814 - 1815
al papa di nuovo	1815 - 1831, 24/3/1831 - 19/1/1832
	e 19/1/1832 - dic. 1848
riv. – gov. provv.	6/2 - 4/3/1831 e genn. 1832
ann. alle prov. unite italiane	4-24/3/1831
riv.	
dic. 1848 - mar. 1849	
restaurazione pont.	mag. 1849 - 13/6/1859
gov. provv. dal	20/6/1859
ann. al Regno di Sardegna con decreto	25/3/1860

d) Colorno[258]

... ai vesc. di Parma per concess. imp.	1230 - 1240
al comune di Parma per cessione spontanea del vesc.	1240 - 1334
occupata da Mastino della Scala	25/10/1334
Azzo da Correggio la ottiene da Mastino	1334 - dep. 1346
ai Visconti di Milano (Luchino, f. di Matteo I)	1346 - ...
ritorna in potere dei Correggesi	
fino alla morte di Giberto f. di Azzo	19/4/1402
Gian Galeazzo Visconi ne investe Ottobuono, Giacomo	
e Giovanni Terzi, f. del suo consigliere Niccolò	29/7/1402 - 1/7/1415
occupata dal condottiero Uguccione Contrari	
per il march. Niccolò III d'Este (vd. Ferrara)	1/7/1415 - 1431
Niccolò Guerriero, f. nat. di Ottobuono Terzi	1431 - 1449
Alessandro Sforza condottiero	
la toglie a Ottobono Terzi	1449 - 1458
Roberto Sanseverino,	
poi (10/8/1483) il f. Gian Francesco	15/4/1458 - 23/3/1477,
	1479 - 17/2/1482 e 10/8/1483 - 1501
agli Sforza di Milano	1477 - 1479 e 7/2/1482 - 10/8/1483
Roberto Ambrogio, f. di Gian Francesco,	

regg. la madre Ippolita Cybo   1501 - mar. 1532
Ippolita Cybo, ved. di Roberto Ambrogio,
   con le f. Maddalena e Lavinia,
   investite dal papa Clemente VII   4/5/1532 - 7/7/1539 e 19/8/1539 - 1544
Giulio Rossi, fr. di Pier Maria ct. di S. Secondo,
   marito di Maddalena, la occupa   7/7/1539 - 19/8/1539
Lavinia Sanseverino,
   f. di Ippolita Cybo (sp. a Gian Francesco Sanseverino)   1544 - 1565
Gian Francesco Sanseverino   1565 - 21/5/1570
Gian Galeazzo Sanseverino d'Aragona   21/5/1570 - genn. 1577
Girolamo Sanvitale,
   nip. di Gian Francesco Sanseverino,
   march., usufruttuarie
   la madre Barbara e la nonna Lavinia   15/4/1577 - dep. ott. 1611
Lavinia I march.   † primi di nov. 1578
Barbara Sanseverino - Sanvitale II march.   19/5/1612
viene incamerata da Ranuccio I Farnese
   du. di Parma il 4/5/1612
   (se ne è impadronito nell'ott. 1611 mettendovi un presidio),
   rimane unita agli stati di Parma e Piacenza (vd. Parma)

e) Faenza[259]

... agli ostrogoti	493 - 538
all'imp. d'Or.	538 - 711, 712 - 728, 728 - 742, 742 - 751 e 752
riv. e rep.	711 - 712
ai re franchi	754
ai longobardi	728, 742, 751 - 752, 752 - 754, 755 - 757 e 772 - 774
all'arcidiocesi di Ravenna con dip. dal papa	757 - 769, 774 - 954
al papa direttamente	769 - 772 e 1069 - 1100
Menesio sig.	954
comune retto da un du. pont.	954 - 1069 c.

comune guelfo con infl. dei ct. di Modigliana,
   poi dal 1159 indip.   1100 - 1165
comune guelfo con infl. di Guido Guerra IV ct. di Modigliana,
   poi (dal 1214) di Ruggero ct. di Modigliana e (dal 1225)
   indip. [cacciata dei Manfredi 1238]   1165 - 1241
all'imp. poi (dal 1248) al papa   1241 - 1250
comune ghibellino con infl. di Maghinardo Pagano
   da Susisana dal 1275   1250 - 1279
comune guelfo
   – ritorno poi espulsione dei Manfredi e dei Lambertazzi   1279
comune ghibellino
   – ritorno dei Lambertazzi   1279 - 1280
comune guelfo infl. di Tebaldello Zambrasi

– ritorno dei Manfredi e dei Nordigli,
cacciata dei Lambertazzi e degli Accarisi   1280 - 1282
comune ghibellino poi (1282) guelfo   1282 - 1286
Maghinardo Pagano di Susisana e i Manfredi   1286 - 1291
comune ghibellino, capo Pagano capit. del popolo
poi (1294) vic. pont.   1291 - 1302
dom. pont.   1302 - 1313
al re di Napoli vic. per il papa   1310 - 4/1/1313
Francesco Manfredi, f. di Alberghettino
    capit. del popolo poi sig.   4/1/1313 - dep. lug. 1327 († 29/5/1343)
Alberghettino, f., sig.   10/7/1327 - dep. 23/7/1328 († 18/11/1329)
dom. pont.
– card. Bertrando del Poggetto legato   23/7/1328 - 8/1/1339
Rizzardo Manfredi,
    f. di Francesco (sig. d'Imola 1322 - 27),
    capit. del popolo 1333 - 40   8/1/1339 - 23/8/1340
Giovanni, f., capit. del popolo,
    regg. Francesco suo avolo fino al 27/12/1342   23/8/1340 - 1348
Giovanni, f., capit. del popolo con un legato papale
    poi sig. assoluto dal 1350   1348 - dep. nov. 1356 († d. sett. 1371)
dom. pont. – card. Gil Albornoz legato   17/11/1356 - 1376
e John Hawkwood capit. di ventura poi (1377)
    a Niccolò d'Este (sig. di Modena e Ferrara)   1376 - 1377
Astorre I Manfredi, f. di Giovanni
    [sp. Leta da Polenta, † 1402,
    f.a di Guido III di Ravenna]   25/7/1377 - dep. 15/9/1404 († 28/11/1405)
dom. pont. – card. Cossa legato pont.   15/9/1404 - 28/6/1410
Giangaleazzo I Manfredi, f. di Astorre I   28/6/1410 - 16/10/1417
Guidantonio, f., regg. la madre Gentile Malatesta
    e Guidantonio ct. d'Urbino (vic. pont. 1418)   16/10/1417 - v. febb. 1424
Filippo Maria Visconti (du. di Milano 1412)   febb. 1424 - 30/12/1426
Guidantonio Manfredi
    di nuovo (sig. d'Imola 1439)   30/12/1426 - 20/6/1448
Astorre II e Giovan Galeazzo II,
    f. di Guidantonio, poi (1465) Astorre solo   20/6/1448 - 12/3/1468
Carlo, f. (scacciato dal fr. Galeotto)   12/3/1468 - dep. 9/12/1477 († 1484)
Galeotto, fr., prima assoc. col fr.
    Carlo dal 1468 poi solo
    [sp. Francesca, f.a di Giovanni Bentivoglio,
    sig. di Bologna]   16/11/1477 - 31/5/1488
Astorre III, f.   31/5/1488 - dep. 25/4/1501 († 1501)
Cesare Borgia (du. del Valentinois 1498, vic. pont.
    di Imola, Forlì, Cesena, Rimini, Pesaro)
    occupa Faenza   25/4/1501 - dep. 26/10/1503
Francesco detto Astorre Manfredi,
    f. nat. di Galeotto   26/10 - 19/11/1503 († 24/12/1509)

la rep. di Venezia   19/11/1503 - mag. 1509
dom. pont.   mag. 1509 - 24/4/1796 e 26/6/1796 - 1/2/1797
occup. franc.
  [Rep. cispadana 1/2 - 27/7/1797]   24/4 - 26/6/1796 - lug. 1797
alla Rep. cisalpina   27/2/1797 - 29/5/1799, 3-7/6/1799, 12/7 - 9/12/1799,
                                  16/7 - 7/12/1800, 23/1/1801 - 26/1/1802
occup. austriache   29/5 - 3/6/1799, 7/6 - 12/7/1799,
                                   9/12 - 16/7/1800, 7/12/1800 - 23/1/1801,
                                  27/12/1813 - 9/2/1814, 17/4 - 9/6/1815

Rep. italica poi (dal 17/3/1805)
Regno italico napoleonico   26/1/1802 - 27/12/1813
al regno di Napoli   9/2/1814 - 17/4/1815
dom. pont. di nuovo   9/6/1815 - 5/2/1831
riv. poi unione alle prov. unite italiane   4-22/3/1831
occup. austriaca e ritorno del gov. pont.
  (riv. genn. 1832)   22/3/1831 - genn. 1849
Rep. romana   genn. - 18/5/1849
occup. austriaca e restaurazione del gov. pont.   18/5/1849 - 13/6/1859
è votata l'ann. al regno di Sardegna,
7/9/1859 decreto di ann.   18/3/1860

f) Ferrara[260]

sig., poi march.to dal 1393, duc. dal 1471

... ostrogoti poi (538) imp. d'Or. [Narsete dal 553]   493 - 567
agli esarchi di Ravenna dal 600 dip. dal papa   567 - 742 e 742 - 751
ai longobardi   742, 751 - 752, 755 - 757, 772 - 774
ai franchi   754
al papa [ct. papali: Guarino I, 960 c.;
  Liucio ..., Giovanni 967,
  Gherardo 971, Guarino II 984]   754 - 755, 769 - 772, 921 - 986
all'arciv. di Ravenna (nominalmente al papa)   758 - 769 e 774 - 921
Tedaldo di Canossa, f. di Attone,
  sig. (ct. di Modena e Reggio 982, sig. Guastalla)   984 c. - 1012
Bonifacio, f. (march. di Toscana 1027) sig.   1012 - 7/5/1052
Beatrice di Bar, sua ved., regg. per la f.a ct. Matilde
  poi (1053) col marito Goffredo IV du. della Bassa Lorena   1052 - 1063
Matilde la gran contessa, f.a (march. di Toscana ecc. 1036),
  sig. sotto regg. della madre   7/5/1052 - 1053
Matilde e Goffredo V *il Gobbo* du. di Bassa Lorena,
  suo marito, co-regg.   1063 - 1076
Matilde proprietaria sola
  (sue donazioni al papa 1077 e 1102)   1076 - 1086 e 1101 († 24/7/1115)
comune indip. ghibellino   1086 - 1101

comune dip. dal papa retto da cons.
poi (1159) dip. dall'imp.   1115 - 1164
comune indip. con infl. del papa
poi (1196) dip. dal papa (pod. dal 1179)   1164 - 1196
comune con a capo Salinguerra Torelli sig. dal 1209   1196 - 1209
Azzo I (VI) d'Este, nip. di Azzo V e succ. di Obizzo I
(march. d'Ancona), sig.   1209 - 18/11/1212
Aldobrandino I d'Este, f., sig.   18/11/1212 - 10/10/1215
Azo II (VII) Novello, fr.
[sp. Mabilia Pallavicino] sig.
(con protezione del papa 1240 - 48)   1215 - dep. 1222 e 1240 († 16/2/1264)
Salinguerra Torelli sig.   1222 - dep. 1236 († 25/7/1244)
all'imp.   1236 - 1240
Obizzo I (II) d'Este nip. di Azzo II (VII)
[sp. I. Iacopina († 1287) di Niccolò Fieschi;
II. Costanza († 1396) di Alberto della Scala]   16/2/1264 - 21/2/1293
Azzo III (VIII), f., sig.
[sp. I. (1282) Giovanna Orsini,
II. (1305) Beatrice d'Anjou]   21/2/1293 - 31/1/1308
Aldobrandino II, fr.   31/1 - rin. 27/11/1308 († 26/7/1326)
Fresco, f. nat. di Azzo III, sig.
(cede alla rep. di Venezia, 1308, i suoi diritti)   febb. (?) 1308
Folco, f. di Fresco, con Rinaldo, Obizzo II (III)
e Niccolò I, f. di Aldobrandino I   febb. - nov. 1308
la rep. di Venezia la occupa   27/11/1308 - 28/8/1309
al papa – card. Pelagrùa (1310) legato pont.
– Roberto d'Anjou re di Napoli (1312) vic. pont.   28/8/1309 - 15/8/1317
soll. contro il vic. pont. Roberto d'Anjou
e richiamo degli Estensi   ag. 1317
Rinaldo († 31/12/1335),
Obizzo II (III) e Niccolò I d'Este,
vic. pont. dal 1332, sig.   15/8/1317 - 31/12/1335
Obizzo II e Niccolò I († 1/5/1344) sig.   31/12/1335 - 1/5/1344
Obizzo II sig.   1/5/1344 - 20/3/1352
Aldobrandino III, f. (vic. imp. di Modena 1354)   20/3/1352 - 2/11/1361
Niccolò II, fr. (sig. di Modena 1351), sig.   2/11/1361 - 26/3/1388
Alberto, fr. (sig. di Modena), assoc. 1361, solo   26/3/1388 - 30/7/1393
Niccolò III, f., sotto reggenza fino al 1401[261]
march. di Modena, Reggio, Rovigo 1393,
sig. di Parma 1409 - 20, di Garfagnana 1429   30/7/1393 - 26/12/1441
Leonello, f., succ.   29/12/1441 - 1/10/1450
Borso, fr., succ. 1/10/1450 (nom. du. di Modena e
Reggio e ct. di Rovigo, 18/5/1452)
du. 14/4/1471   1/10/1450 - 19/8/1471
Ercole I, fr. (du. di Modena ecc.)   19/8/1471 - 25/1/1505
Alfonso I, f.

(du. di Modena e Reggio 1505 - 1510 e	
1527 - 1534) du.	25/1/1505 - 31/10/1534
Ercole II, f. (du. di Modena, Reggio ecc.)	31/10 1534 - 3/10/1559
Alfonso II, f. (du. di Modena, Reggio ecc.)	3/10/1559 - 27/10/1597
Cesare, cug. (f. di Alfonso march. di Montecchio),	
du. di Modena, Reggio, Carpi ecc.	29/10/1597
– la perde (vd. Modena)	30/1/1598
gov. pont.	30/1/1598 - 23/6/1796
occup. franc. - gov. provv.	26/6/1796
Rep. cispadana poi cisalpina (lug. 1797)	18/10/1796 - 22/5/1799
gli austriaci la occupano	22/5/1799 - 19/1/1801
occup. franc. di nuovo – Rep. cisalpina	19/1/1801 - 19/2/1802
aggregazione alla Rep. italica	19/2/1802 - 14/3/1805
aggregazione al Regno italico	19/3/1805 - 28/1/1814
ripresa dagli austriaci	28/1/1814 - 6/4/1815
occupata per pochi giorni da Joachim Murat	7-13/4/1815
all'Austria di nuovo	13/4/1815 - 18/7/1815
è restituita al papa (congresso di Vienna)	18/7/1815 - 7/2/1831
riv., reggenza provv. (legato Mangello)	7/2/1831 - 4/3/1831
all'Austria	6-5/3/1831
al papa	15/3/1831 - lug. 1847
occup. austriaca	17/7 - dic. 1847 e 14/7 - nov. 1848
al papa di nuovo	dic. 1847 - 14/7/1848
gov. provv. (Carlo Mayr preside)	nov. 1848 - 18/2/1849
alla Rep. romana	9/2 - 20/5/1849
occup. austriaca (gen. Haynau)	
– restaurazione pont.	20/5/1849 - 22/6/1859
gov. provv. indip.	12/6/1859 - mar. 1860
decreto di ann. al regno di Sardegna	18/3/1860

g) *Fidenza*[262]

(Borgo San Donnino)

... elevata a ct.a da Carlo Magno	774 - XII sec.
agli arciv. di Milano	inizi sec. XI - 1029
Ugo vesc. di Parma lo compra da un Gherardo diac.	1029 - ...
alla famiglia Pelavicino (Bertoldo f. di Adalberto ecc.)	v. 1047 - 1077 c.
concessa da re Enrico IV a Ugo e Folco	
f. di Alberto Azzo d'Este (vd. Polesine)	1077 c. - 1092
dom. imper.	1092 - 1102
comincia il gov. rep.	
poi sotto protezione dei piacentini	1102 - (5/5/1109) e 1136
è unito a Parma	1136 - 15/10/1138
è ripreso dai piacentini	15/10/1138 - 20/9/1152

Federico Barbarossa lo dà in feudo
al march. Oberto Pelavicino v. 1163 (1162) - 1177 c.
si regge a rep. v. 1177 - 9/5/1199
ai parmigiani di nuovo 19/5/1199 - 1221
l'imp. Federico II lo libera dalle dip. di Parma-Piacenza
e dà facoltà di el. i cons., si regge a rep. 1221 - 1249
assieme a Busseto e Bargone è dato in feudo
a Oberto II Pallavicino 1249 - 1268 († 8/5/1269)
ritorna in possesso dei parmigiani
che lo demoliscono in parte 1268 - 1275
si regge di nuovo a rep. indip. 1275 - 1308
passa in possesso dei da Correggio sig. di Parma,
poi dei Rossi di San Secondo 1308 - 1311
ritorna rep. libera per opera di Enrico VII (1311),
poi ancora a Giberto da Correggio 1311 - 26/7/1315
ritorna a reggersi a rep. 26/7/1315 - 1322
si dà in potere di papa Giovanni XXII 1322 - 16/3/1325
Azzo Visconti lo occupa 16/3/1325 - fine 1327
ritorna al papa fine 1327 - 1335
i Rossi di San Secondo lo occupano
e lo cedono ad Azzo Visconti 1335 - dic. 1385
Ottobono Terzi ne ottiene dai Visconti
il dominio v. 1386 - mag. 1405 († 27/5/1409)
lo ottiene Pietro Rossi 1405 - 1409
Orlando Pallavicino, detto il Magnifico, lo occupa 28/7/1409 - 1413
passa a Niccolò III d'Este (vd. Ferrara) 1413 - 1418
ritorna in possesso di Orlando Pallavicino 1418 - 1425 († 5/2/1457)
a Filippo Maria Visconti du. di Milano 1425 - 1437
il Visconti lo cede a Catellano e Innocenzo Cotta
nobili di Milano 1437 - 16/8/1447
rep. indip., poi alleanza con Milano 16/8/1447 - 14/2/1449
si sottomette a Francesco Sforza du. di Milano 1449 - 1499
Luigi XII re di Francia lo occupa e ne investe
i fr. Pallavicino di Busseto, cioè:
Antonio Maria, Girolamo, Galeazzo,
Ottaviano e Cristoforo 1499 - 21/10/1512
papa Giulio II lo ottiene con Parma e Piacenza 1512 - 1515
passa ancora in dominio dei Pallavicino di Busseto 1515 - 1549
passa ai Farnese poi (1731) ai Borbone di Parma
della quale segue le sorti (vd. Parma) 1549 - 9/6/1859
al regno di Sardegna poi d'Italia dal giu. 1859

h) Forli[263]

... agli ostrogoti poi (dal 538) ai bizantini 493 - 567

all'esarcato di Ravenna
   (dal 600 con infl. dei papi)   568 - 711, 712 - 28, 728 - 42, 742 - 52
rep. a Forlì, Forlimpopoli ecc.   711 - 712
ai longobardi   728, 742, 751 - 754, 755 - 756
ai franchi   754
dom. pont.   756 - 58, 769 - 74, 777 - 950, 961 - 1000
all'arciv. di Ravenna (nom. dal papa)   758 - 769, 774 - 777
al papa con predominio dell'arciv. di Ravenna,
   poi (dal 1001) sotto l'autorità imper.   950 c. - 1017
agli arciv. di Ravenna sotto l'autorità imper. e papale   1017 - 1063
al papa e all'arciv. di Ravenna   1063 - 1162
comune sotto l'autorità imper.
   poi (1196 - 1209) sotto autorità del papa
   e dell'arciv. di Ravenna   1162 - 1198, 1209 - 1233
comune ghibellino   1233 - 1240, 1241 - 1248, 1252 - 1257
comune dip. dall'imp. poi (1248 - 1252) dip. dal papa   1240 - 1252
comune ghibellino poi (1264 - 1283)
   sotto protezione dell'arciv. di Ravenna   1257 - 1283
comune dip. dal papa ma dal 1285 solo nominalmente 1283 - 1290
vi entra Stefano Colonna   27/12/1289 - 10/11/1290
comune ghibellino poi (1294 - 1295)
   dip. dal papa   1257 - 1291 e 1292 - 1295
vi entra Guido da Montefeltro   25/5/1295
comune ghibellino capo Maghinardo Pagano   1295 - 1296
comune guelfo   1296
comune ghibellino
   capo Uguccione della Faggiuola (1297)
   poi (1297 - 1298) Uberto Malatesta e (1298)
   Zappettino Ubertini poi (1298 - 1302) comune indip. 1297 - 1302
comune indip. capo Scarpetta Ordelaffi, f.a di Teobaldo
   capit. del popolo poi sig. (carcerato 1311 - 1317)   1302 - 1309 († d. 1317)
comune dip. dal papa   1309 - 1310
al re di Napoli   1310 - 1315
Malatesta II (Malatestino) Malatesta,
   f. di Malatesta I, la occupa (vd. Rimini)   1315 († 14/10/1317)
Cecco I Ordelaffi, fr. di Scarpetta, sig.,
   poi (1327) vic. papale   2/9/1315 - 1322 e 1323 - ag. 1331
al papa   1322 - 23/8/1331 - 11/9/1333 e 4/7/1359 - 20/12/1375
Cecco II († 1374), nip. di Cecco I, sig.
   poi (1337) vic. papale   11/9/1333 - dep. 4/7/1359
l'Albornoz la sottomette   1359 - 1376
Sinibaldo Ordelaffi, f. di Cecco II,
   sig. poi (1379) vic. pont.   5/1/1376 - 13/12/1385 († 28/10/1386)
Pino I († 1402), f. di Giovanni Ordelaffi e
   Cecco III († 1405) fr. di Pino I, vic. papale (1379),
   Cecco III solo dal 1402   14/12/1385 - 8/9/1405

rep. poi dal 1407 gov. pont.   1405 - 7/6/1411
Antonio I e Giorgio (1418 - 25/1/1422)
   f. di Cecco III   7/6/1411 - 1422
Teobaldo, f. di Giorgio, regg. la madre Lucrezia Alidosio
   e la protezione del du. di Milano   25/1/1422 - 6/9/1424 († 23/7/1425)
ai Visconti di Milano   6/9/1424 - 1426
al papa   1426 - 1433 e 11/7/1436 - 26/5/1438
Antonio I Ordelaffi di nuovo
   (investito dal papa 1447)
   sig.   26/12/1433 - 11/7/1436 e 26/5/1438 - 4/8/1448
Cecco IV, f. († 1466)
   assoc. col fr. Pino II (solo dal 4/1/1466)
   regg. la madre Elisabetta Manfredi   4/8/1448 - dep. 4/1/1466
Pino II solo (vic. pont. dal 1470)   4/1/1466 - 9/2/1480
Sinibaldo II Ordelaffi, f. naturale di Pino II   10/2/1480 - 4/7/1480
Antonio II e Cecco V († 1488) f. di Cecco IV   8/7/1480 - 8/8/1480
ct. Girolamo Riario (sig. d'Imola 1473)   10/8/1480 - 14/4/1488
Ottaviano, f. (sig. d'Imola 1488 - 99),
   regg. la madre Caterina Sforza   30/4/1488 - dep. 19/12/1499
Cesare Borgia (du. del Valentinois 1498)
   vic. pont. dal 1500   19/12/1499 - dep. 22/10/1503
Antonio II Ordelaffi di nuovo   22/10/1503 - 6/2/1504
Lodovico, f. nat. di Cecco IV   6/2 - dep. 3/4/1504 († 29/5/1504)
al papa   7/4/1504 - 24/6/1796 e 2/7/1796 - 2/2/1797
occup. franc.   24/6/1796 - 2/7/1796 e 2-4/2/1797
Rep. cispadana (4/2 - 27/7/1797)
   (dipar. del Lamone poi del Rubicone)
   e Rep. cisalpina
   (27/7/1797 - 14/11/1797)   2/2/1797 - 25/5/1799 e 13/7 - 8/12/1800
all'Austria
   – reggenza provv.   11/6/1799 - 13/7/1800 e 8/12/1800 - 21/1/1801
Rep. cisalpina poi (dal 26/1/1802)
   Rep. italica (dipar. del Rubicone)   21/1/1801 - 17/3/1805
al Regno italico napoleonico   17/3/1805 - 26/12/1813
occup. austriaca (gen. Nugent) 26/12/1813 - 9/2/1814 e 20/4/1814 - 9/6/1815
a Joachim Murat (re di Napoli 1808)   9/2/1814 - 17/4/1815
al gov. pont.   9/6/1815 - 5/2/1831
gov. provv. poi ann. alle prov. unite italiane   5/2 - 24/3/1831
occup. austriaca
   – restaurazione
   del gov. pont.   24/3 - 15/7/1831 e 21/1/1832 - 13/12/1848 e 26/5/1849
gov. civico – (riv. genn. 1832)   15/7/1831 - genn. 1832
Rep. romana   9/2/1849 - 25/5/1849
restaurazione del papa   26/5/1849 - 13/6/1859
ann. al regno di Sardegna   giu. 1859 e decreto 18/3/1860

i) Guastalla[264]

sig., poi ct. dal 1428, duc. dal 1621

ai vesc. di Reggio per donazione di Carlo Magno	781 - 864 e 942 - 951
Lodovico II imp. ne fa dono alla moglie Angelberga	864 - 877
Angelberga ne fa dono al monastero di S. Sisto di Piacenza	877 - 966
Ottone II imp. ne investe l'arciv. di Milano	966 - 980 c.
l'arciv. di Milano ne infeuda Ubertino da Carcano fr. dell'arciv. Landolfo	v. 980 - 991
Tedaldo, avo della ct. Matilde di Canossa, ne diviene sig. poi ne investe Bonifacio march. di Toscana	... - 1102

Beatrice di Lorena († 1076), ved. di Bonifacio,
   ne fa un castello che poi dalla ct. Matilde
   è restituito al monastero di S. Sisto
	1102 - 1129 c.

l'ab. di S. Sisto vende la terza parte del feudo ai cremonesi	1162 - 1186 e 1195 - 1307
l'imp. Federico I è riconosciuto unico sig.	1186 - 1195
Giberto da Correggio (sig. di Parma 1305 - 16) sig. nom. da Enrico VII	1307 - fine lug. 1321
Simone, Guido, Azzone e Giovanni, f. di Giberto	lug. 1321 - dep. v. 1346
i Visconti di Milano	1347 - 1402 c.
Ottone de' Terzi, gen. di Giovanni Maria Visconti, sig. di Parma e Guastalla	1403 - 1406
Guido Torelli *il Grande* ct. (6/7/1408) di Guastalla e di Montechiarugolo dal 1428	3/10/1406 - 8/7/1449
Cristoforo e Pier Guido I, f. di Guido	8/7/1449 - 18/4/1460
Guido Galeotto e Francesco Maria, f. di Pier Guido	18/4/1460 - 8/10/1479
Francesco Maria solo	8/10/1479 - febb. 1486
Pier Guido II, f., du.	febb. 1486 - 11/8/1494
Achille, fr., regg. Maddalena del Carretto, sua avola	ag. 1494 - 30/11/1522
Lodovica, f.	30/11/1522 - rin. 3/10/1539 († 1569)

Ferrante I Gonzaga,
   f. di Giovan Francesco II march. di Mantova
   (viceré di Sicilia 1535), ct.
	3/10/1539 - 15/11/1557

Cesare I, f. princ.	15/11/1557 - 17/2/1575
Ferrante II, f., regg. la madre Camilla Borromeo [sp. Vittoria Doria], succ. 17/2/1675, du.	2/7/1621 - 5/8/1630
Cesare II, f., du.	5/8/1630 - 26/2/1632
Ferrante III, f., du.	26/2/1632 - 11/1/1678
Ferdinando Carlo, f. di Carlo II (du. di Mantova 1665), du.	11/1/1678 - 4/5/1692
Vincenzo, nip. di Cesare II, du.	4/5/1692 - 30/8/1702
i francesi di Luigi XIV	

e gli imperiali sotto Eugenio di Savoia
vi entrano   30/8/1702 - sett. 1704
Ferdinando Carlo di nuovo   sett. 1704 - dep. 6/12/1706 († 5/7/1708)
Vincenzo di nuovo (princ. di Bozzolo 1707,
du. di Sabbioneta) du.   6/12/1706 - 27/4/1714
Antonio Ferdinando, f.   27/4/1714 - 19/4/1729
Giuseppe Maria, fr.   30/4/1729 - dep. 19/5/1734
è occupata dagli imperiali   19/5/1734 - 30/6/1734
è ceduta ai franco-piemontesi   30/6/1734 - 27/5/1738
Giuseppe Maria Gonzaga di nuovo   nov. 1738 - 16/8/1746
è occupata dagli austriaci
  a nome di Maria Teresa d'Austria (3/4), gov.   4/9/1746 - 8/4/1748
aggregata al duc. di Parma e Piacenza 8/4/1748
  (tratt. di Aquisgrana) di fatto   22/2/1749 - ott. 1802
occup. franc. 1796
  – Moreau de St. Méry amministratore
  – unita alla Rep. cisalpina   ott. 1802 - 1805
Paolina Bonaparte, sor. di Napoleone I,
  e Camillo Borghese suo marito, du.   30/3/1806 - 24/5/1806
Paolina la vende al Regno italico   21/5/1806 - 7/6/1814
il congresso di Vienna la unisce
  al duc. di Parma e Piacenza
  (appannaggio di Maria Luigia d'Austria)   19/6/1815 - 17/12/1847
passa col duc. di Lucca
  a Carlo Ludovico di Borbone già du. di Lucca   dic. 1847 - rin. 8/1/1848
è ceduta ai du. di Modena (vd. Modena)   8/1/1848 - 16/6/1848
ann. al regno di Sardegna   16/6/1848 - 10/8/1848
ritorna in potere del du. di Modena   10/8/1848 - 20/8/1859
è annessa al regno di Sardegna   18/3/1860

l) Imola[265]

... agli ostrogoti, poi (538 c.) all'imp. d'Or.   493 - 711
riv. e procl. della rep.   711 - 712
agli esarchi di Ravenna (infl. del papa)   712, 728 - 742, 742 - 751 e 752
ai re longobardi [Orso du. di Persiceto
  sig. 750 - 52]   728 - 742, 751 - 752, 752 - 754
ai re franchi 754 (poi al papa 754 - 55)   754 - 755
duc. longob.   755 - 756
al papa, 756 - 77, poi (828 - 920) gov. di un ct.
  sotto l'autorità del papa
  (con infl. dell'arciv. di Ravenna 758 - 69)   756 - 920
comune retto da un ct. ereditario
  poi (966) da princ. indip. [F. Alidosio, ct. 920 - 30,
  Cornelio 930 - 49, Troilo Nordilio 949 c. - 55,

Sigismondo f. 955 - 60, Nordilio 960 - 65,
A. Bulgarello 975 - 80, G. Accarisio 980 - 83,
Lelio Accarisio 983 - 85, Albino di Cunio 985 - 86
Roberto Alidosi 986 - 99]   920 - 999
Roberto Alidosi dip. dall'arciv. di Ravenna
    poi (dal 1000) gov. a comune sotto la stessa dip.   999 - 1001
comune indip.   1001 c. - 1010 c.
Corrado Sassatelli princ.
(sotto autorità dell'arciv. di Ravenna dal 1017)   1010 - 1029
Ugolino Alidosi poi (dal 1032) Ricciardo suo fr., princ.   1029 - 1046
Raniero, fr., poi (dal 1054) Gherardo Nascimbeni princ.   1046 - 1059
comune autonomo poi (1131)
    dip. da Bologna e da Ravenna   1059 - 1131 e 1131 - 1137
comune dip. da Faenza e da Bologna
    poi (1147 - 48) dip. da Ravenna
    poi da Faenza (1148 - 50)   1137 - 1150
comune autonomo poi (1153 - 59 e 1168 - 70)
    dip. da Bologna e da Faenza, poi (1159 - 68)
    dall'imp. (pod. dal 1153 - 54)   1150 - 1171
comune retto da un pod. imper. dal   1159
comune dip. da Bologna e da Faenza   1171 - 1178
Guido Guerra II dei ct. Guidi di Modigliana
    capo del comune   1178 - 1181
comune dip. da Bologna e da Faenza
    poi (1209 - 19, e 1220 - 1222) sotto l'autorità imper. 1181 - 1248
comune dip. da Bologna sotto l'autorità del papa   1248 - 1274
comune ghibellino autonomo poi (1274 - 76) guelfo
    dip. da Bologna   1274 - 1276
comune ghibellino poi (1278) guelfo
    dip. da Bologna   1276 - 1279
comune dip. da Bologna con infl. imper.
    poi (1282) sotto autorità del papa   1279 - 1290
Alidosio Alidosi sig., poi (1292 - 93) princ.   1290 - 1293
unita a Bologna sotto l'autorità del papa 1290 - 1292, 1293 - 1295, 1295 -12 96
Uguccione della Faggiuola
    condottiero ghibellino capit. del popolo   1296 - 1299
Matteo Visconti e della Scala custodi   1299 - 1300
al papa   1300 - 1314
a Francesco Manfredi di Faenza
    (govern. di pace del papa)
    poi (1315) a Roberto d'Anjou re di Napoli   9/11/1314 - 1315
al papa e per lui al card. Bertrando del Poggetto (1327 - 34) 1315 - 1334
Ricciardo Manfredi (1335) poi (1335 - 49) Lippo Alidosi
    vic. pont. 1347 - 49   1335 - 1349
Roberto Alidosi, f. di Lippo, vic. pont.   1349 - 1363
Azzo († 1372) e Bertrando Alidosi f., vic. pont.   1363 - 1372

card. Gil Albornoz per il papa   1363 († 24/1/1367)
Bertrando Alidosi solo vic. pont., poi (1376, 78 e 79)
   assoggettato a Bologna, poi sig. 1391   1372 - d. 30/11/1391
al papa – Luigi Alidosi, f. di Bertrando, suo vic. 1391 - 1402,
   sig. assoluto v. dic.   1391 - 1424, 1426 - 1434, 1435 - giu. 1438
ai Visconti di Milano   2/2/1424 - 14/5/1426, 1434 - 1435, 1438 - 1439
ai Manfredi di Faenza
   (Astorre e Guidantonio, f. di Gian Galeazzo)
   poi (1448 - 72) Taddeo, f. di Guidantonio   1439 - 21/4/1473
Galeazzo Maria Sforza du. di Milano la acquista   21/4 - lug. 1473
Girolamo Riario marito (dal 1477) di Caterina Sforza,
   f.a di Galeazzo Maria (sig. di Forlì 1480)   lug. 1473 - 14/4/1488
Ottaviano, f., regg. Caterina Sforza sua madre   30/4/1488 - dep. 27/11/1499
Cesare Borgia (du. del Valentinois 1498)
   la occupa   27/11/1499, vic. pont. 9/3/1500 - dep. 3/12/1503
ann. agli Stati della chiesa
   (all'imp. 1735 - 37)   dic. 1503 - 1735, 1737 - 41 e 1745 - 1/2/1797
occupata dagli austro-sardi e dagli ispano-napoletani   1741 - 1745
alla Rep. cispadana,
   poi cisalpina (17/7/1797)   1/2/1797 - 30/6/1799 e lug. 1800 - genn. 1802
reggenza provv. austriaca   30/6/1799 - 10/7/1800
alla Rep. italica poi da mar. 1805 a dic. 1813
   al Regno italico napoleonico   genn. 1802 - dic. 1813
al regno di Napoli   dic. 1813 - 8/5/1814 e 1-16/4/1815
all'Austria   8/5/1814 - 1/4/1815 e 6/4 - 19/7/1815
ann. alle province unite italiane   4-21/3/1831
al papa (gov. provv. 23/1 - 26/5/1849)   19/7/1815 - 5/2/1831
                                      21/3/1831 - 25/1/1832
                                      e mag. 1849 - giu. 1859

ann. al regno di Sardegna delle Legazioni
   pont. compresa Imola, plebiscito   11-12/3/1860

m) Mirandola[266]

(antica corte di Quarantola)

... appartiene al monastero benedettino
   di Nonantola   dalla metà del sec. VIII - ...
il march. Bonifacio di Toscana la ottiene in enfiteusi   inizi sec. XI - ...
si regge a comune dopo la † della ct. Matilde,
   f.a di Bonifacio   dopo il lug. 1115 - 1154
agli Estensi di Modena che acquistano i possessi
   italiani del ramo tedesco della loro casa (i guelfi)
   cioè Este, Solesino, Arquata e Mirandola   1154 - ...
passa sotto diverse signorie,

cioè i Pio, i Pico, i Manfredi, i Guidoni ecc.   1212 - 1257
è venduta al comune di Modena   1267 - 1311
l'imp. Enrico VII la dà in feudo alla famiglia Pico   v. 1311 - ...
Francesco I Pico, f. di Bartolomeo, vic. imp. di Mirandola
    (poi di Modena 1311 - 12 e 1318 - 19)   1311 - dep. 27/11/1321 († 1321)
Rinaldo detto Passerino Bonacolsi
(sig. di Mantova 1308, di Modena 1312) sig.   27/11/1321 - 16/8/1328
Luigi I Gonzaga (sig. di Mantova 1328)   ag. 1328 - 23/12/1354 († 1360)
Francesco II Pico, pronipote di Francesco I   23/12/1354 - v. 1399
Francesco III e Giovanni, f., e Ajace loro cug. († 1429)
    ct. di Concordia 1432, sig.   v. 1399 - 15/11/1451
Francesco III († 1458) e Gian Francesco I,
    f. di Giovanni, sig.   15/11/1451 - sett. 1457
Gian Francesco I, solo sig. di Mirandola
    e ct. di Concordia   sett. 1457 - 8/11/1467
Galeotto I, f. [sp. Bianca Maria d'Este
    f.a nat. di Niccolò III]   12/2/1467 - 7/4/1499
Gian Francesco II, f. [sp. Giovanna Carafa]   16/5/1499 - spod. 6/8/1502
Lodovico I, fr.
    [sp. Francesca di Gian Giacomo Trivulzio]   6/8/1502 - 15/12/1509
Galeotto II, f., con truppe francesi,
    regg. Francesca Trivulzio sua madre
    e il ct. Roberto Boschetti   20/12/1509 - dep. 21/1/1511
papa Giulio II la assedia e vi entra vittorioso
    cacciandone Galeotto II e i francesi   21/1/1511
Gian Francesco II ristabilito da papa Giulio II   genn.-mag. 1511
Galeotto II e la madre Francesca[267] di nuovo   mag. 1511 - 1513
Gian Francesco II di nuovo ct.   1514 - 15/10/1533
Galeotto II di nuovo ct. di Concordia 1514,
    di Mirandola (15/10), poi la cede (1548)
    a Enrico II di Francia   15/10/1533 - 1548 († 20/11/1550)
è piazzaforte franc.   1548 - 1551
Lodovico II, f., sig. [sp. Fulvia da Correggio]   1551 - 18/12/1568
Galeotto III, f., tut. la madre Fulvia da Correggio
    († 7/10/1590)   succ. 18/11/1568, assoc. ag. 1592
                                             († 18/11/1597)

Federico, fr.,
    princ. di Mirandola e march. di Concordia dal 1596,
    assoc. al fr. ag. 1592, solo   16/8/1597 († 7/9/1602)
Alessandro I, fr.,
    princ. di Mirandola e march. di Concordia
    e (1617) du. [sp. Laura d'Este († 1630)
    f.a di Cesare du. di Modena]   sett. 1602 - 2/12/1637
Alessandro II, nip. dal f. Galeotto   2/12/1637 - 1641 († 2/2/1691)
Francesco Maria, nip. dal f. Francesco Maria,
    du.   1691 - dep. 1708 († 1747)

riceve guarnigione tedesca	1701 - 1705
occup. franc.	1707 - lug. 1708
i francesi ne sono espulsi – dom. imper.	lug. 1708 - mag. 1710
l'imp. Giuseppe Absburgo, deposto Francesco Maria, vende Mirandola, Concordia e S. Martino in Spino a Rinaldo d'Este du. di Modena	mag. 1710 - 1735
è assediata e presa dagli spagnoli	1735 - 1742
è occupata dagli austro-sardi di Carlo Emanuele III re di Sardegna	mag. 1742 - ott. 1748
ritorna agli Estensi (tratt. di Aquisgrana) (vd. Modena)	18/10/1748 - 1859
ann. al regno di Sardegna poi d'Italia	18/3/1860

n) Modena[268]

... agli ostrogoti 493 - 539 e 544 - 553, ai bizantini 539 - 544 e 553 - 569, ai longobardi 569 - 590, Maurizio imp. d'Or. la ritoglie ai longobardi c. 590 - inizi sec. VII, ai longobardi di nuovo, poi ai bizantini in diverse riprese sec. VII 729, ai longobardi ancora 729 - 773, ai re franchi e carolingi d'Italia 773 - 887	
ai re nazionali e borgognoni	888 - 961
gov. dei vesc.-ct.: Leodoino 871 - 893, Giovanni ... - 898, Gemenolfo 898 - 902, Gotifredo 902 - 933, Ardingo ... - 943, Guido 943 - 968	
ct.: Attone o Azzo Adalberto sig. di Canossa bisavolo della ct.a Matilde	
è nom. ct. e govern. perpetuo di Modena e Reggio	962 - d. 981
Tedaldo, f., ct. poi march. di Modena (con Reggio, Parma e Mantova)	v. 982 - 1012 c.
Bonifacio, f., ct. di Modena e Reggio (sig. di Ferrara e Mantova, march. di Toscana ecc.)	1012 - 7/5/1052
Beatrice di Lorena († 1076), ved. di Bonifacio, poi Matilde, sua f.a march. di Toscana ecc.	7/5/1052 - 24/7/1115
comune costituito dopo il 1115 retto da cons. dal 1135, da pod. dal 1142, pod. imper. dal 1156, da pod. comunale dal 1177	dopo 1115 - 1289
Obizzo II d'Este, f. di Rinaldo (sig. di Ferrara 1264), sig. di Modena	15/12/1288 - 13/2/1293
[sp. I. (1263) Giacobina († 1287), f.a di Niccolò Fiesco; II. (1289) Costanza († 1306), f.a di Alberto della Scala]	
Azzo VIII, f. [sp. I. (1282) Giovanna Orsini († 1287), f.a di Bertoldo ct. di Romagna; II. (1305) Beatrice († av. 1321), f.a di Carlo II di Napoli], sig.	21/2/1293 - dep. 26/1/1306 († 31/1/1308)

riv. popolare e cacciata degli Estensi, gov. di un pod.
  e un capit. del popolo,
  i guelfi sono espulsi (mar. 1307)   26/1/1306 - 6/1/1311
all'imp. Enrico VII – Guidalosto de' Vercellesi di Pistoia
  vic. imper. (13/1), gli esuli guelfi sono richiamati   13/1/1311 - 1/8/1311
Francesco Pico della Mirandola vic. imper.   1/8/1311 - 8/7/1312
Rinaldo detto Passerino Bonacolsi di Mantova sig.,
  Ramberto Ramberti suo vic. (11/8/1312)   24/7/1312 - dep. 18/1/1318
riv. popolare – rep.
  – Francesco Pico della Mirandola capo della rep.
  – gov. di 8 pod., 4 nobili e 4 giudici, dip. dal Pico
  poi (30/1) da un pod. solo   18/1/1318 - rin. 30/11/1319
Rinaldo Bonacolsi di nuovo capit.
  – Francesco suo f. e i nip. Guido e Pinamonte
  capit. perpetui dal 1321   30/11/1319 - dep. apr. 1327
si assoggetta al papa,
  è gov. da un rettore rinnovabile ogni 6 mesi   apr. 1327 - 27/11/1328
Lodovico il Bavaro imp.
  – ct. Ettore da Panico (nov. 1328)
  poi Guido e Manfredo Pio di Carpi (15/12/1329)
  vic. imp.   27/11/1328 - 14/4/1331
Giovanni di Lussemburgo (re di Boemia 1311) sig.,
  Guido e Manfredo Pio vic. regi   14/4/1331 - 1333
Manfredo Pio (sig. di Carpi 1319) sig.   1333 - rin. 17/4/1336
passa sotto il gov. degli Estensi di Ferrara (vd. Ferrara) 17/4/1336 - 18/8/1510
occupata a nome di papa Giulio II, è gov. da Vincenzo Gavazzo
  poi da Niccolò Bonafede vesc. di Chiusi   18/8/1510 - 1/2/1511
Witfurst prende possesso della città
  a nome dell'imp. Massimiliano I   1/2/1511 - 17/6/1514
papa Leone X la compra
  – gov.: Fabbiano Lippi (13/12/1514),
  Gian Francesco Guicciardini (29/6/1516)
  Antonio de Sanctis, poi Filippo Nerli   17/6/1514 - 6/6/1527
Alfonso I d'Este
  (du. di Ferrara 1505 e di Reggio 1509, sig. di Carpi 1530)
  la recupera   6/6/1527 - 21/3/1530
Carlo V imp. la occupa
  – Pedro Zapata de Cárdenas,
  govern. imper. dal 17/4/1530   21/3/1530 - 21/4/1531
Alfonso I d'Este di nuovo   21/4/1531 - 31/10/1534
Ercole II, f. (princ. di Carpi 1535)   31/10/1534 - 3/10/1559
Alfonso II, f. [sp. I. (1558) Lucrezia († 1567)
  f.a di Cosimo I Medici;
  II. (1565) Barbara († 1572) f.a di Ferdinando I imp.;
  III. (1579) Eleonora († 1618)
  f.a di Guglielmo di Mantova]   3/10/1559 - 27/10/1597

Cesare d'Este, cug.,
    f. di Alfonso march. di Montecchio
    (du. di Ferrara 1597 - 1598) du.
    [sp. (1586) Virginia († 1615)
    f.a di Cosimo I di Firenze]   29/10/1597 - 11/12/1628
Alfonso III, f.   11/12/1628 - abd. 25/7/1629 († 24/5/1644)
Francesco I, f. (princ. di Correggio 1635)
    [sp. (1631) Maria († 1646)
    f.a di Ranuccio I du. di Parma], succ.   25/7/1629 - 14/10/1658
Alfonso IV, f. [sp. (1655) Laura († 1687)
    f.a di Girolamo Martinozzi,
    nip. del card. Mazzarino]   14/10/1658 - 16/7/1662
Francesco II, f., sotto tut. di Laura Martinozzi
    sua madre fino al 1674
    [sp. (1692) Margherita Maria († 1718)
    f.a di Ranuccio II du. di Parma] succ.   16/7/1662 - 6/9/1694
Rinaldo, f. di Francesco I
    [sp. (1695) Carlotta Felicita di Brunswick († 1710)
    f.a di Giovanni Federico d'Hannover]   6/9/1694 - dep. 30/7/1702
vi entrano i franco-spagnoli del gen. Albergotti   1/8/1702 - 7/2/1707
Rinaldo d'Este (du. di Mirandola e Concordia 1710)
    rist.   7/2/1707 - 20/7/1734
i franco-piemontesi la occupano   20/7/1734 - 23/5/1736
Rinaldo d'Este di nuovo   24/5/1736 - 26/10/1737
Francesco III, f., succ.   26/10, gov. 4/12/1737 -
                                    dep. 6/6/1742

guerra per la successione d'Austria
    – vi entrano le truppe austro-sarde guidate da
    Carlo Emanuele III   6/6/1742 - 30/4/1748
Francesco III d'Este [sp. (1720) Carlotta († 1761)
    f.a di Filippo II d'Orléans], rist. 30/4/1748,
    consegna degli stati   11/2/1749 - 22/4/1780
Ercole III Rinaldo, f.   22/4/1780 - dep. 6/10/1796 († 14/10/1803)
la occupano le truppe francesi
    comandate dal gen. Sandos   6/10/1796
Rep. cispadana poi cisalpina   ott. 1796 - 4/5/1799
è occupata dagli austriaci (4/5), dai francesi
    (12/6), dagli austriaci di nuovo   20 e 25/6/1799 - giu. 1800
ricostituzione della Rep. cisalpina   9/7/1800 - febb. 1802
Rep. italica   19/2/1802 - mar. 1805
Regno italico (dipar. del Panaro)   17/3/1805 - genn. 1814
Joachim Murat re di Napoli
    la occupa per l'imp. d'Austria   21/1 - 7/2/1814
Francesco IV d'Austria-Este,
    f. dell'arciduca Ferdinando d'Austria,
    du. di Modena-Bresgau procl. il 7/2

vi entra	15/7/1814 - dep. 4/4/1815
Joachim Murat di nuovo	4-11/4/1815
Francesco IV (du. di Massa e Carrara 14/11/1829)	
rist. [sp. Maria Beatrice di Savoia † 1840]	13/4/1815 - 5/2/1831
insurrezione (4/2) gov. provv.	6/2/1831 - 9/3/1831
ritorno del du. Francesco IV	9/3/1831 - 21/1/1846
Francesco V, f.	
[sp. (1842) Adelgonda di Baviera † 1914]	21/1/1846 - 21/3/1848 dep.
riv. – gov. provv. capo Giuseppe Malmusi	21/3/1848 - giu. 1848
il gov. provv. proclama le province di Modena,	
Reggio, Guastalla ecc. unite agli stati sardi	29/5/1848
ct. Lodovico Sauli d'Igliano commissario del re di Sardegna	24/6/1848
Francesco V rientra	10/8/1848 - 20/8/1859 dep.
istituzione di una reggenza ducale	
(L. Giacobazzi, G. Galvani, G. Coppi, P. Gandini)	11-13/6/1859
gov. provv. (13/6) avv. Luigi Zini	
commissario provv. del gov. sardo	15-19/6/1859
Luigi Carlo Farini govern. sardo	19/6 - 28/7/1859
Luigi Carlo Farini ditt.	
delle prov. modenesi e parmensi	28/7/1859 - 3/1/1860
Luigi Carlo Farini govern. gen. delle prov. dell'Emilia	3/1/1860 - 18/3/1860
decreto di ann. al regno di Sardegna	18/3/1860

o) Parma[269]

sig. poi duc. dal 1545

... agli ostrogoti 492 c. - 539 c. e 541 - 554	
– Belisario poi dal 554	
Narsete per l'imp. d'Or.	539 - 541, 554 - 569 e 590 - 599
ai longobardi, gov. da du. poi dal 670	
da gastaldi regi	569 - 590 e 599 - 773
ai franchi, gov. da ct. destituibili	773 - 807
Carlo Magno concede al vesc. di Parma la «Curtis Regia»	
(parte della città con diritto di dazio) diploma	28/6/807 - 1081
gov. dei vesc. *pro tempore*:	
Guibodo (Wigbodo) I	28/6/877 - 29/11/895
Elbungo	v. 896 - 11/4/964
Aicardo I	v. 916 (o 920) - 927 (o 926)
Sigefredo I	927 - 945 (o 946)
Adeodato I	19/1/947 - 952 (o 960)
Uberto ct. di palazzo sig. di Parma	v. 960 - dic. 980
Sigefredo II	ago. 981 - mar. o sett. 1015
Enrico	v. 1015 - 1027
vesc.-ct.:	

Ugo
　1027 - 1045
Cadalo (ant. 1061)　　　　　　　　　　　　　　1045 - 1071 (o 1072)
Everardo　　　　　　　　　　　　　　　　　　　1072 - 1085
ct.:
Suppone I　　　　　　　　　　　　　　　　　　　　　　...
Adalgiso I　　　　　　　　　　　　　　　　　　v. 835 - ...
Suppone II f.　　　　　　　　　　　　　　　　　　... - 882
Adalgiso II fr., ct. di Parma e Piacenza　　　mag. 882 c. - 911 c.
Adalberto　　　　　　　　　　　　　　　　　　　　v. 921
Radaldo　　　　　　　　　　　　　　　　　　　　　　...
Manfredo, f. di Ugo re d'Italia, già ct.　　　931 - av. 967
Bernardo, f.　　　　　　　　　　　　　　　　　　967 c. - ...
Guido (?)　　　　　　　　　　　　　　　　　　　　　...
Bernardo, suo f.　　　　　　　　　　　　　998 c. - rin. 1037
Arduino, f. di Attone, ct.　　　　　　　　　1051 - 1073 c.
Uberto, f.　　　　　　　　　　　　　　　　v. 1073 - 1095 c.
Uberto II, f.　　　　　　　　　　　　　　　　v. 1095 (?)
Alberto de' Giberti　　　　　　　　　　　　1094 c. - 1101
Ghiberto de' Ghiberti (?) (ant. 1080)　　　　1101 - ...
Bonifacio march. di Toscana
　la riceve in feudo con tit. di ct.　　　　　1037 - 1051
Matilde di Canossa, f.a, sig.　　　　　1111 - 14/7/1115
comune con infl. del vesc.
　(retto da cons. dal 1149)　　　　　　1115 - nov. 1158
comune libero retto da cons. imp. dal 1158,
　da pod. imp. dal 1175, poi da cons.,
　alternati da pod. fino al sec. XIII　　　　1158 - 1244
Bernardo Rossi di Parma
　la solleva contro il card. legato Gregorio Montelongo
　nom. dall'imp.
　- il partito imper. è posto in fuga　　　　　1244 - 1248
comune libero retto da cons.　　　　febb. 1248 - 24 lug. 1303
Giberto da Correggio
　difensore del comune e del popolo　　24/7/1303 - dep. 28/3/1308
preponderanza dei Rossi e dei Lupi di Soragna　28/3/1308 - sett. 1308
Giberto da Correggio
　di nuovo («potestas mercatorum» 1309)　　sett. 1308 - 27/1/1311
Guido da Cocconato ct. di Radicati
　vic. imp. per Enrico VII　　　　　　27/1/1311 - apr. 1311
Franceschino Malaspina
　cogn. di Giberto da Correggio vic. imp.　　11/4/1311 - sett. 1311
Falcone degli Enrici di Roma vic. imp.　　　27/9/1311 - 6/12/1311
Giberto da Correggio di nuovo sig.　　　　6/12/1311 - mag. 1313
Roberto d'Anjou (re di Napoli 1309) sig.
　- Pietro Spino vic. regio,

e Giberto da Correggio capit. gen.   mag. 1313 - sett. 1314
Giberto da Correggio
  di nuovo sig.   sett. 1314 - dep. 25/7/1316 († 25/7/1321)
comune libero con preponderanza dal 1317
  di Gianquirico Sanvitale   25/7/1316 - 19/9/1322
comune libero con preponderanza di Rolando
  e Marsilio de' Rossi   dic. 1322 - 30/9/1326
si sottomette al papa, Passerino della Torre rettore   1/10/1326 - sett. 1328
Rolando de' Rossi sig.   25/9/1328 - giu. 1329
in lega con Lodovico il Bavaro, 5/11
  accl. sig.
  – Marsilio de' Rossi vic. imper.   18/11/1329 - 5/3/1331
Giovanni di Lussemburgo (re di Boemia 1311) sig.
  – Ponzone de' Ponzoni poi Selvaggio Moro
  e Castellino Beccaria vic. regi e pod.   5/3/1331 - ott. 1333
Maffeo da Sommo poi (18/10/1333)
  Rolando de' Rossi († 10/5/1345) vic. regi   ott. 1333 - 21/6/1335
Alberto e Mastino della Scala
  (sig. di Verona 1329) sig.   21/6/1335 - 21/5/1341
Azzo († 1364), Simone e Guido da Correggio,
  f. di Giberto   22/5/1341 - 23/10/1344
Obizzo III d'Este (sig. di Ferrara 1317)
  la compra   24/10/1344 - 22/9/1346
ai Visconti (sig. di Milano 1339) sig.   22/9/1346 - 7/3/1404
Pietro Maria de' Rossi e Ottobuono de' Terzi sig.   8-22/3/1404
Ottobuono Terzi solo sig.   22/3/1404 - 27/5/1409
Niccolò Terzi, f. di Ottobuono, e per esso Jacopo Terzi   28/5 - 26/6/1409
Niccolò III d'Este (march. di Ferrara 1393) sig.   27/6/1409 - 23/9/1420
Filippo Maria Visconti (du. di Milano 1412) sig.   23/9/1420 - 15/8/1447
rep. libera   15/8/1447 - 16/2/1449
gli Sforza (du. di Milano 1450)   28/2/1449 - 17/9/1499
                                                        e 4/2 - 11/4/1500

Luigi XII d'Orléans (re di Francia 1498),
  Luigi Trivulzio govern.   2/9/1499 - 4/2/1500
                                                      e 11/4/1500 - 15/6/1512
dom. pont. (Leone X)   15/6/1512 - 26/10/1515
Francesco I d'Angoulême (re di Francia 1515)   26/10/1515 - 8/9/1521
dom. pont. di nuovo,
  Francesco Guicciardini († 1540) govern.   1/12/1521 - 24/8/1545
Pier Luigi Farnese, f. di Alessandro (Paolo III papa   1534
  du. di Castro e ct. di Ronciglione 1537[270],
  march. di Novara 1538), du. di Parma e
  Piacenza 24/8, assume il gov.   29/9/1545 - 10/9/1547 ucc.
[sp. (6/8/1539) Girolama († 1570),
f.a di Lodovico Orsini sig. di Pitigliano]
Ottavio, f.

(du. di Camerino 1540 - 45,
march. di Novara 1547), du.   16/9/1547 - 23/10/1549
[sp. (1538) Margherita d'Austria († 1586)
    f.a nat. di Carlo V imp., ved. di Alessandro de' Medici]
Camillo Orsini la governa a nome del papa   ott. 1549 - 24/2/1550
Ottavio di nuovo du.
    e dal 1556 di Piacenza   24/2/1550 - 18/9/1586
Alessandro il gran capit.,
    f. (gov. dei Paesi Bassi 1578 - 92), du.   18/9/1586 - 2/12/1592
[sp. (11/11/1565) Maria († 8/7/1577),
    f.a di Edoardo du. di Guimaraens di Portogallo]
Ranuccio I, f. (sig. di Montechiarugolo,
    Colorno e Sala 1612), du.   3/12/1592 - 5/3/1622
[sp. (7/5/1600) Margherita Aldobrandini († 9/8/1646),
    nip. di Clemente VIII]
Odoardo, f., regg. la madre
    e il card. Odoardo suo zio († 1626),
    in cui finisce la regg.   5/3/1622 - 12/9/1646
[sp. (11/10/1628) Margherita de' Medici († 6/2/1679),
    f.a di Cosimo II di Toscana]
Ranuccio II, f., regg. la madre
    e il card. Francesco Maria Farnese suo zio
    fino al 1649   12/9/1646 - 12/12/1694
[sp. I. (29/4/1660) Margherita Jolanda († 29/4/1663),
    f.a di Vittorio Amedeo I di Savoia;
    II. (11/1/1664) Isabella d'Este († 22/8/1666);
    III. (16/1/1668) Maria d'Este sor. d'Isabella († 21/8/1684)]
Francesco Maria, f. [sp. (7/9/1696) Dorotea Sofia († 15/9/1748),
    f.a di Filippo Guglielmo, elettore palatino di Neuburg,
    ved. (1693) del princ. Odoardo Farnese]   12/12/1694 - 26/2/1727
Antonio, fr. [sp. (5/2/1728) Enrichetta d'Este († febb. 1777),
    f.a di Rinaldo III du. di Modena]   27/2/1727 - 20/1/1731
regg.a: Enrichetta duchessa ved.
    Camillo Marazzani, vesc. – ct. Federigo dal Verme
    – ct. Artaserse Bajardi – ct. Giacomo Sanvitale
    – ct. Odoardo Anvidi   20/1/1731 - 29/12/1731
Carlo I di Borbone (re di Napoli 1734, di Spagna 1759),
    f. di Filippo V re di Spagna e di Elisabetta Farnese,
    f.a di Odoardo,
    regg. Dorotea Sofia Palatina di Neuburg († 15/9/1748)
    madre di Elisabetta fino al 14/12/1733, succ. 29/12/1731,
    vi entra   7/10/1732 - dep. 26/3/1736 († 14/12/1788)
giunta di gov. in nome di Carlo I   25/2/1734 - 29/4/1736
gli austriaci condotti dal princ. di Lobkowitz
occupano il duc. a nome di Carlo VI imp.   28/4/1736 - 20/10/1740
giunta provv. di gov.   15/10/1740 - primi mesi del 1741

Maria Teresa d'Austria, f. di Carlo VI
(arcid. d'Austria), du.
[unisce al duc. Guastalla 7/4/1746] 20/10/1740 - 16/9/1745
le truppe spagnole la occupano
a nome di Elisabetta Farnese regina di Spagna 16/9/1745 - 20/4/1746
gli austriaci la rioccupano 20/4/1746 - 18/10/1748
Filippo di Borbone, fr. di Carlo I du. di Parma,
Piacenza e Guastalla 18/10/1748,
ne prende possesso per mezzo del gen.
Agostino de Ahumada 3/2, vi entra 9/3/1749 - 18/7/1765
[sp. (26/8/1739) Luisa Elisabetta di Borbone
(† 6/12/1759),
f.a del re di Francia]
Ferdinando, f., sotto regg. del min. (dep. 1771)
G. du Tillot fino al 19/8/1765 18/7/1765 - 9/10/1802
[sp. (27/7/1769) Maria Amalia († 18/7/1804),
f.a dell'imp. Francesco I di Lorena]
il duc. è ceduto alla Francia 21/3/1801, di fatto 23/10/1802
reggenza di: Maria Amalia ved. di Ferdinando,
march. Cesare Ventura plen. del re d'Etruria
e consigliere C. Francesco Schizzati 9-23/10/1802
il duc. viene unito alla Rep. poi imp. franc.
(tratt. d'Aranjuez),
Federico Moreau de Saint Méry
consigliere di stato e amministratore gen. 23/10/1802 - 25/1/1806
gen. Andoche Junot govern. gen. militare 19/1/1806 - 7/6/1806
e nominalmente fino al 18/9/1806
Ugo Eugenio Nardon amministratore-prefetto 28/1/1806 - 14/9/1810
Domenico Pérignon govern. 18/9/1806 - mag. 1808
gli stati di Parma e Piacenza soggetti alla Francia
sono eretti in dipart. franc. del Taro 24 e 30/5/1808 - 14/2/1814
[il princ. Joachim Cambacérès arcicancelliere
dell'imp. ha titolo di du. di Parma 19/7/1808 - 14/2/1814]
Ugo Eugenio Nardon nom. cavaliere
prefetto del dipart. del Taro 28/1/1808 - 14/9/1810
barone Dupont Delporte prefetto del dipart. del Taro 29/9/1810 - 11/2/1814
vi entrano gli austriaci col gen. Nugent (13/2),
gov. provv.: march. Cesare Ventura,
ct. Fil. Magawly-Cerati
e march. Casimiro Meli-Lupi di Soragna 14/2/1814 - 2/3/1814
viene rist. il gov. imp. franc. 2-9/3/1814
gli austriaci la rioccupano (9/3),
il gen. Nugent rist. il gov. provv. del 14/2 13/3 - 6/6/1814
regg. provv. in nome di Maria Luigia d'Austria,
amministratore Francesco I d'Austria
suo commissario plen. ct. Ferdinando Marescalchi 30/6 - 27/7/1814

Maria Luigia d'Austria, mogl. di Napoleone I
du. di Parma, Piacenza e Guastalla
(tratt. di Fontainebleau 11/4/1814)
vi entra   20/4/1816 - rin. 14/2/1831
[sp.: I. (1810) Napoleone I imp., † 1821;
  II. ct. Adamo di Neipperg, † 1829;
  III. (17/2/1834) Carlo Renato di Bombelles † 30/5/1856]
riv. (11/2/1831)
  – gov. provv.: ct. Filippo Linati, Antonio Casa,
  ct. Gregorio Ferdinando di Castagnola,
  ct. Jacopo Sanvitale, Francesco Melegari   14/2 - 13/3/1831
Maria Luigia di nuovo
  (commissario di gov. 18/5/1838 - 17/12/1847)   13/3/1831 - 17/12/1847
Carlo Lodovico (Carlo II) di Borbone, nip. del du. Ferdinando
  (re di Etruria 1803 - 1807, du. di Lucca 1824 - 1847),
  succ.   18/12/1847 - dep. 20/3/1848
[sp. (15/8/1820) Maria Teresa († 15/7/1879),
  f.a di Vittorio Emanuele I di Savoia]
riv. – regg.: ct. Luigi Sanvitale,
  ct. Girolamo Cantelli, Ferdinando Maestri,
  Pietro Gioja, Pietro Pellegrini   20/3 - 10/4/1848
gov. provv.: ct. Ferdinando De Castagnola,
  ct. Girolamo Cantelli, Pietro Pellegrini,
  ct. Luigi Sanvitale, Giuseppe Bandini,
  mons. Giovanni Carletti, Ferdinando Maestri   10/4 - 30/6/1848
è unita allo Stato sardo (10/6/1848),
  il sen. Federico Colla è nom.
  commissario straordinario di Carlo Alberto   30/6 - 18/8/1848
gov. provv. militare
  – ct. Degenfeld-Schonburg gov. militare
  – le truppe austriache vi entrano
  in nome di Carlo II   18/8/1848 - abd. 14/3/1849
gli austriaci la lasciano, commissari gov.:
  Salvatore Riva, Guido Dalla Rosa, Alessandro Cavagnari   16-22/3/1849
vi entrano i piemontesi col gen. Alfonso La Marmora
  – sen. Plezza commissario di Carlo Alberto   22/3 - 4/4/1849
le truppe austriache a nome di Carlo III di Borbone
  la occupano (5/4)
  – gen. D'Aspre, poi (27/4) gen. Stürmer govern. militare   5/4 - 27/8/1849
Carlo III di Borbone, f. di Carlo II,
  vi entra   18/5/1849 - 27/3/1854 ucc.
[sp. (10/11/1845) Luisa Maria Teresa di Berry,
  † 11/2/1864]
Roberto, f.,
  regg. la madre Luisa Maria   27/3/1854 - dep. 9/6/1859
                          († 17/11/1907)

[sp. I. (5/4/1869) Maria Pia († 29/9/1882),
 f.a di Ferdinando II re delle due Sicilie;
 II. Maria Antonia princ. di Braganza Portogallo, † 1862]
giunta provv. di gov. in nome di Vittorio Emanuele II di Savoia:
 prof. Salvatore Riva, avv. Leonzio Armelonghi,
 avv. Giorgio Maini e ing. Angelo Garbarini   1-2/5/1859
commissione di gov. creata da Luisa Maria di Borbone   3/5 - 9/6/1859
Luisa Maria regg. per il f. Roberto
 vi ritorna   4/6 - dep. 9/6/1859 († 11/2/1864)
il municipio nomina una commissione di gov.:
 ct. Gerolamo Cantelli, dott. Pietro Bruni,
 ing. Evaristo Armani   9-17/6/1859
il ct. Diodato Pallieri assume il gov.
 a nome di Vittorio Emanuele II   17/6 - 8/8/1859
l'avv. Giuseppe Manfredi assume il gov. provv.   8-18/8/1859
Carlo Luigi Farini ditt. delle prov.
 modenesi e parmensi   18/8/1859 - 16/3/1860
plebisciti per l'ann.
 allo Stato sardo   5/9/1859 e 11/3/1860
 decreto di ann.   18/3/1860

p) Piacenza[271]

... agli ostrogoti 493 - 553 – all'imp. d'Or. 553 - 570
 – ai longobardi 570 - 774
dom. franca – gov. dei ct.   774 - 888
ai re d'Italia nazionali e borgognoni
 (gov. dei ct., poi dei vesc.-ct.)   888 - 1130
ct.: Wiffrid govern. di Piacenza prime notizie 843, viv. 855
 – Suppone gov.   874 - ...
 – Sigifredo   895 - viv. 903
 – Lanfranco   1014 - ...
 – Rinaldo   1055 - ...
vesc.-ct.: Sigifredo Adalberto di Cremona vesc.   997 - 1031
 – Pietro milanese   1032 - 1038
 – Aicardo o Riccardo capuano   1038 - 1041
 – Ivone   1041 - dic. 1045
 – Guido   1045 - 9/8/1048
 – Dionigi   1048 - 21/9/1077
 – Maurizio   1077 - 1089 c.
 – Bonizzone (vesc. di Sutri 1078)   v. 1089 - 14/7/1090
 – Winrico intruso   1091 - 1095
 – Aldo Gabrielli (?)   1096 - 1122
 – Arduino (ab. di S. Savino 1122 - 46)
si regge a rep.

– si nominano 5 cons. che la gov. v. 1130
– poi gov. da pod. imper. 1158,
poi nel 1162 e da pod. forestieri dal 1188
Oberto Pelavicino (sig. di Cremona ecc.) pod. 1253,
    sig. e rettore   dal 1254 - 24/7/1257 dep.
Alberto da Fontana,
    pod. e rettore di parte guelfa   26/7/1257 - 1260 dep.
tornano a prevalere i ghibellini   1260 - 1261
Oberto Pelavicino di nuovo sig.   apr. 1261, rin. 1266 († 8/5/1269)
comune sotto protezione del papa,
    poi (1268) di Roberto d'Anjou   1266 - 1271
Carlo I d'Anjou (re di Sicilia 1266) sig. 1271 - rin. 16/6/1281
comune indip.   giu. 1281 - giu. 1290
Alberto Scoto
    capit. del popolo e sig. perpetuo   giu. 1290 - 4/12/1304 dep.
comune indip.   4/12/1204 - 24/7/1307
Alberto Scoto di nuovo anziano e rettore 24/7/1307 - genn. 1308 dep.
Guido della Torre (capit. del popolo a Milano 1307)
    sig. e difensore   genn. 1308 - 6/5/1309 († 1312)
Alberto Scoto di nuovo sig.   6/5/1309 - dep. ag. 1310
comune indip.   ag. 1310 - ott. (?) 1311
l'imp. Enrico VII di Lussemburgo sig.
    (Lamberto de' Cipriani, poi Pietro dal Menso
    vic. imper.)   ott. 1311 - 12/2/1312
Alberto Scoto di nuovo sig.   18/3/1312 - dep. 1313
                     († 23/1/1318)

Galeazzo Visconti, f. di Matteo
    (sig. di Milano 1322), vic. imp. 18/5/1313
    sig. perpetuo   10/9/1313 - 9/10/1322
dom. pont.
    – Bertrando del Poggetto legato pont.,
    Versuzio Lando rettore   9/10/1322 - 25/7/1335
Francesco Scoto, f. di Alberto, sig. 25/7/1335 - dep. 15/12/1336
i Visconti (sig. di Milano)   15/12/1336 - 16/3/1404
Facino Cane
    (sig. di Alessandria, Tortona, Novara 1403) sig. giu.-ott. 1404
Ottobono Terzi   ott. 1404 - dep. mag. 1406
                     († 27/5/1409)

Facino Cane, poi Jacopo Dal Verme
    govern. per i Visconti   mag. 1406 - 22/8/1409
occup. franc.
    Giovanni Le Maingre detto Buccicaldo,
    poi Antonio di Hostendun, govern. 22/8/1409 - 10/11/1410
Giovanni Vignati (sig. di Lodi 1403) sig. 10/11/1410 - genn. 1414
Sigismondo di Lussemburgo
    (re dei rom. 1411) sig.   genn. - 22/3/1414

i Visconti (du. di Milano 1412)	22/3/1411 - 21/10/1415
Filippo Arcelli († 1421) e Bartolomeo suo fr.	
(† 1418) sig.	21/10/1415 - 13/6/1418
i Visconti di nuovo	13/6/1418 - 13/8/1447
rep. retta da Lazzaro della Porta, Lodovico Bola,	
Bartolomeo Malvicini da Fontana,	
Francesco Rossi e Tommaso Beraldi	16/8 - 15/9/1447
la rep. di Vicenza la occupa	
– Gherardo Dandolo provveditore	15/9 - 16/11/1447
viene unita alla Rep. ambrosiana	16/11/1447 - ott. 1448
Francesco Sforza vi entra	
ed è acclamato sig.	23/10/1448 - 8/3/1466
rimane unita al du. di Milano,	
sotto gli Sforza (vd. Milano)	8/3/1466 - ott. 1499
occup. franc.	nov. 1499 - 24/6/1512
dom. pont. (mons. Gozzadini govern.),	
segue le sorti di Parma	24/6/1512 - 11/9/1547
occupata in nome di Carlo V imp.	
da Ferrante Gonzaga govern. di Milano	
e annessa a questo duc.	12/9/1547 - 15/9/1556
Ottavio Farnese (du. di Parma 1547) la ottiene	
ma sotto la sovranità dell'imp.	15/9/1556 - 18/9/1586
segue le sorti di Parma	15/9/1556 - 4/2/1744
con parte del suo territorio al di qua del Po	
sino al Nure viene in possesso (tratt. di Worms)	
di Carlo Emanuele III re di Sardegna	4/2/1744 - 3/9/1745
occup. spagn. a nome di Elisabetta Farnese	
regina di Spagna	5/9/1745 - 12/8/1746
gli austriaci la occupano	
a nome del re di Sardegna	12/8/1746 - 5/2/1749
le truppe spagn. vi entrano in nome	
di Filippo di Borbone infante di Spagna († 1765),	
cui succede il f. Ferdinando dal 18/7/1765	5/2/1749 - 7/5/1796
occup. franc.	7/5/1796 - 16/4/1814
gli austriaci vi entrano col gen. Nugent	
in nome di Maria Luigia d'Austria	27/4/1814
Maria Luigia d'Austria, mogl. poi ved. di	
Napoleone I, du.	11/4/1814 - 17/12/1847
Carlo II di Borbone, nip. di Ferdinando	
(du. di Lucca 1824 - 1847), du.	17/12/1847 - dep. 26/3/1848
gov. provv.: Pietro Gioia, Antonio Anguissola,	
Camillo Piatti, Corrado Marazzani,	
Antonio Emmanueli	26/3 - 31/5/1848
plebiscito per l'unione al Regno sardo 10/5	
– un commissario piemontese	
sen. Federico Colla, poi (11/7) barone Sappa	

assume il potere a nome di re Carlo Alberto   2/6 - 13/8/1848
ritorno degli austriaci col tenente maresciallo ct. di Thurn
    a nome di Carlo III di Borbone   13/8/1848 - mag. 1849
Carlo III di Borbone, f. di Carlo II,
    du. 14/3, vi entra (vd. Parma)   16/5/1849 - 27/3/1854 ucc.

q) Ravenna[272]

Odoacre ed eruli poi (493) ostrogoti	476 - 540
bizantini	540 - 752
Belisario entra vincitore	mar. 540
Narsete maestro dei militi e patrizio	553 - dep. 567
Longino gen. (el. 567)	568 - 573
esarchi:	
Baduario	(?) 575 - 576
Decio	57... - 585
Smeraldo (Smaragdus)	585 - 589
Romano	589 - 598
Kallinicus	598 - dep. 603
Smeraldo di nuovo	603 - 611
Giovanni I, Lemigio	611 - 616
Elauterio	616 - 619 († 620)
all'impero	619 - 620
Isacco	620 - 637
all'impero	637 - 638
Platone	638 - 648
Teodoro I, Calliopa	648 - 649
Olimpio	649 - 652
Teodoro I, Calliopa di nuovo	652 - 666 c.
Gregorio	v. 666 - 678 c.
Teodoro II	678 - 687
Giovanni II, Platino	687 - 702
Teofilatte	702 - 710
Giovanni III, Rizocopo	710 - 711
Eutichio	711 - 713
Scolastico	713 - 727 c.
Paolo	v. 727 - 728
Eutichio	728 - 752
i longobardi (cominciano a invadere l'esarcato	
nel 726, la occupano 728,	
e così la Pentapoli nel 752)	726 - 729, 752 - 754 e 755 - 756
i longobardi espulsi da Orso doge di Venezia	729 - 730
i franchi – Pipino re occupa l'esarcato	754
dom. del papa	754 - 755, 756 - 757, 769 - 774
gli arciv. gov. con tre tribuni el. dal popolo	dal 757

Pietro Traversari guelfo (ct. di Rimini) pod. e du.   1218 - 1225
Paolo, f., la toglie all'imp. nel 1239   1225 - ag. 1240
Federico II di Svevia imp. la occupa   ag. 1240 - mag. 1248
dom. pont. con prevalenza dei Traversari   mag. 1248 - 1275
Guido I, f. di Lamberto da Polenta,
    capit. del popolo 1275, sig.   1282 - abd. 1297 († 23/1/1310)
Lamberto I, f. di Guido I, pod.   1297 - 22/6/1316
Guido II Novello, nip., dal fr. Ostasio,
    pod. e sig. assoluto
    [sp. (1313) Caterina († 1380), f.a del ct.
    Malvicino Malabocca sig. di Bagnacavallo]
    succ.   22/6/1316 - dep. 1322 († 1330)
Ostasio I da Polenta (sig. di Cervia), f. di Bernardino,
    pod. 1324, capit. e difensore   1322 - dep. 21/8/1329
al papa, gov. del rettore card. del Poggetto   21/8/1329 - sett. 1333
Ostasio I di nuovo sig. e pod. dal 1336,
    rettore del papa dal 1341   sett. 1333 - 14/11/1346
Bernardino I, f., sig.   nov. 1346 - 3/4/1347 dep.
Pandolfo e Lamberto II, fr. di Bernardino I   3/4 - 24/6/1347
Bernardino I di nuovo (rettore per il papa dal 1355)
    sig.   24/6/1347 - 10/3/1359
Guido III, f., rettore per il papa, sig. assoluto dal 1376
    [sp. (1350) Lisa d'Este († 1402), f.a di Obizzo]
    sig.   10/3/1359 - dep. 1389 († genn. 1390)
Ostasio II, f. († 14/3/1396), Obizzo († 25/1/1431),
    Pietro († ag. 1404), Aldobrandino († 1406),
    f. di Guido III, vic. pont.   genn. 1390 - 25/1/1431
Ostasio III, f. di Obizzo,
    sotto l'infl. di Venezia dal 1438   25/1/1431 - dep. febb. 1441 († 1447)
Niccolò Piccinino per il du. di Milano   1488
alla rep. di Venezia   24/2/1441 - 21/5/1509 e 5/7/1527 - 31/12/1529
dom. pont.   27/5/1509 - 5/7/1527 e 1/1/1530 - 26/6/1796
occupata dal gen. Augerau per la Francia   26/6 - 20/7/1796
al papa di nuovo   20/7/1796 - 2/2/1797
alla Francia di nuovo
 – Rep. cispadana poi 29/7/1797
    cisalpina   2/2/1797 - 21/6/1799 e 14/7 - 7/12/1800
all'Austria   21/6/1799 - 14/7/1800 e 7/12/1800 - 23/1/1801
alla Rep. cisalpina (dipar. del Rubicone)   23/1/1801 - febb. 1802
alla Rep. italica   febb. 1802 - 17/3/1805
al Regno italico   17/3/1805 - 9/12/1813
all'Austria di nuovo   9/12/1813 - 3/4/1815 e 17/4 - 18/7/1815
i napoletani la occupano   3-17/4/1815
al papa di nuovo
    (occup. militare austriaca
    4/2/1832 - 1838 e 26/5/1849 - 1859)   18/7/1815 - 6/2/1831

riv. – gov. provv., poi (4/3),
unione alle prov. unite italiane	6/2 - 22/3/1831
al papa di nuovo 22/3/1831 - 23/1/1849 e 26/5/1849	- 13/6/1859
riv. – gov. provv.	24/1 - 26/5/1849

unione al Piemonte, giunta provv. di gov.
sotto la dittatura del re di Sardegna	13/6 - 24/9/1859
Luigi Carlo Farini incaricato del gov. delle Romagne	9/11/1859 - 18/3/1860

ann. delle Romagne al Regno sardo,
poi d'Italia decreto	18/3/1860

r) *Reggio Emilia*[273]

... ai longobardi 569 - 590, 599 - 773, all'imp. d'Or. 590 - 599	
dom. dei re franchi – gov. di ct.	v. 773 - 888 c.

il comitato fa parte della marca settentrionale
o Attoniana tenuta pare da Suppone II
(dei Supponidi † v. 882) che regge
i comitati di Reggio, Parma e Piacenza	v. 880 - † fra 882 - 887

la marca passa a Corrado, zio dell'imp. Guido,
poi a Rodolfo suo f.	885 - 988

dominio dei vesc.-ct.: Azzo II, 890 - 899
– Pietro	900 - 915
– Fredolfo o Aredolfo	920 - 923
– Girardo	930 c.
– Eriberto	942 - 944
– Adelardo	945 - 952
– Ermenaldo	962 - 4/8/979
altri vesc. influenti: Teuzone	979 - 1030
– Sigifredo II	1031 - 1049
– Conone	1050 - ...
– Gandolfo	1066 - 1082
– s. Anselmo di Lucca	1082 - 1086
– Eriberto o Euberto	1085 - 1092
– Bonseniore	1098 - 1118
– Alberico	1163 - 1287
– Niccolò Maltraversi	1211 - 43
– Guglielmo Fogliani	1243 - 27/8/1283

ct.: Attone o Azzo Adalberto di Canossa,
nom. da Ottone I ct. e gov. di Modena e Reggio	969 - 981

Tedaldo f. ... - † 1012 – Bonifacio f. 1012 - 52
– Matilde f. la gran ct. v. 1053 - † 24/7/1115	
Enrico V imp. prende possesso dei beni della ct. Matilde	lug. 1115 - 1125

papa Onorio II investe dei beni matildici reggiani
prima un Alberto march. e du. (1126 - ...)
poi Arrigo e Richeza, indi Lotario di Sassonia e Gertrude

e Federico I imp. che riconosce Guelfo IV fr. di Arrigo   1126 - 1167
gov. a comune indip. retto da cons. 1136 poi da pod.   1136 - 1289
passa agli Estensi di Ferrara e Modena
[Obizzo II poi 1293 Azzo VIII suo f.]   1289 - 1306
comune indip.   1306 - 1311
a Enrico VII di Lussemburgo   1311 - 24/8/1313
a Roberto re di Puglia   1313 - 1316
comune libero   1316 - 1327
gov. del papa Giovanni XXII   4/10/1326 - 1329
Lodovico IV imp.
    nom. Giberto Fogliani e Azzo Manfredi suoi vic.   27/11/1331
Giberto Fogliani la cede a re Giovanni di Boemia,
    f. di Enrico VII, il quale nom.
    Niccolò Fogliani e Azzo Manfredi suoi vic. (1331)
    – Niccolò si proclama sig., ott. 1333   1331 - 20/7/1335
Mastino II della Scala la occupa,
    cedutagli da Niccolò Fogliani   20 - 31/7/1335
Guido Gonzaga sig. di Mantova ne prende possesso,
    cedutagli dallo Scaligero per il padre Luigi I
    sig. di Mantova († 18/1/1360),
    cui succedono i f. Guido, Luigi e Feltrino   31/7/1335 - 17/5/1371
passa ai Visconti di Milano vendutagli da Feltrino Gonzaga
    (eccetto Bagnolo e Novellara)   17/5/1371 - 7/5/1401
Ottobono Terzi
    (sig. di Parma e Piacenza 1404 - 1409) sig.   giu. 1404 - 27/5/1409
Jacopo, fr., a nome di Niccolò f. di Ottobono
    accl. sig.   28/5 - 29/6/1409
gli Estensi la occupano di nuovo   29/6/1409 - 3/7/1512
gov. pont., occup. del du. d'Urbino per il papa,
    Giovanni Gozzadini govern. († 25/6/1517),
    poi Francesco Guicciardini 8/7/1517 - 1523   3/7/1512 - 29/9/1523
agli Estensi di nuovo   29/9/1523 - 30/7/1702
occup. franc.   30/7/1702 - 14/8/1706
viene restaurato il gov. estense   14/8/1706 - lug. 1734
guerra per la successione di Polonia
    – occupata da tedeschi e francesi   lug. 1734 - ott. 1735
agli Estensi, di nuovo   nov. 1735 - 17/5/1742
i piemontesi invadono lo stato e vi entrano,
    il ct. Beltrame Cristiani govern.   17/5/1742 - 10/2/1749
agli estensi di nuovo   10/2/1749 - 26/8/1796
procl. della Rep. cispadana   30/12/1796
approvazione degli stemmi della rep.
    e della bandiera cispadana (odierna) di tre colori   7/1/1797
la Rep. cispadana si fonde con la cisalpina   26/4/1797 - 1802
Rep. italica (25/1/1802) poi (19/3/1805)
    Regno italico napoleonico   1802 - 6/4/1814

gli Estensi recuperano il duc. (tratt. di Vienna apr. 1815)   1815 - 24/6/1859
ann. al regno di Sardegna,
    poi r. d'Italia   14/6/1859

s) *Rimini*[274]

... agli ostrogoti	493 - 536 e 549 - 553
all'imp. d'Or.	536 - 549 e 553 - 568
all'esarcato di Ravenna con infl. del papa	568 - 711, 712 - 751 e 752
riv. e rep.	711 - 712
ai longobardi	751 - 752, 752 - 754 e 755 - 756
ai franchi	754
al papa direttamente	754 - 755, 756 - 758, 777 - 950 c.
all'arciv. di Ravenna (nom. dal papa)	758 - 769, 774 - 777, 950 - 961
al papa sotto l'autorità imper.	961 - 1017
all'arciv. di Ravenna sotto l'autorità papale e imper.	1017 - 1063
al papa e all'arciv. di Ravenna sotto l'autorità imper.	1063 - 1083
all'imp. poi al papa dal 1122	1083 - 1157

gov. a comune retto da cons. dal 1157 e da un ct. imper.
    da pod. dal 1199 c.   1157 - 1209
comune ghibellino sotto l'autorità nominale del papa,
    poi guelfo capo Malatesta Malatesta (dal 1248)
    e Taddeo da Montefeltro   1209 - 1275
comune ghibellino di nuovo,
    capo Montagna e Ugolino Parcitade (1288)   1275 - 1278 e 1288 - 1290
comune guelfo, capo Malatesta Malatesta   1278 - 1288 e 1290 - 1295
Malatesta I da Verucchio
    capo dei guelfi, f. di Malatesta, sig.
    [sp. Concordia Pandolfini († 1266),
    f.a di Arrighetto da Vicenza]   13/12/1295 - 1312
Malatesta II, detto Malatestino, f., guelfo
    [sp. Giacoma di Berarduccio Rossi di Rimini]   1312 - 14/10/1317
Pandolfo I, fr. (sig. di Fano), sig.   14/10/1317 - 6/4/1326
Ferrantino, nip. (f. di Malatesta II), sig.   6/4 - 9/7/1326
Ramberto, cug. (f. di Giovan Gianciotto di Pesaro), sig.   9-12/7/1326
Ferrantino di nuovo
    sig.   lug. 1326 - mag. 1331 e mar. 1334 -
                                                                      mag. 1335 († 12/11/1353)
dom. pont.   mag. 1331 - mar. (?) 1334
Malatesta III (II), Guastafamiglia,
    f. di Pandolfo I (sig. di Pesaro 1326),
    vic. pont. 1355, sig.   mag. 1335 - rin. ott. 1363 († 27/8/1364)
Malatesta IV (III), l'Ungaro, f.,
    capit. di ventura, sig.   ott. 1363 - 17/7/1372
Galeotto Malatesta, zio

(sig. di Fano 1340, di Pesaro 1373, di Cesena 1378)
[sp. I. Elisa de La Valette († 1366);
II. Elisabetta di Rodolfo Varano]   17/7/1372 - 21/1/1385
Carlo I, f., capit. di ventura
[sp. Elisabetta († 1432)
f.a di Luigi Gonzaga di Mantova] sig.   21/1/1385 - 13/9/1429
Galeotto II Roberto (nip.), f. di Pandolfo IV di Fano
[sp. (1429) Margherita di Niccolò III
d'Este march. di Ferrara], sig.   13/9/1429 - abd. lug. 1432
                                                           († 10/10/1432)

Sigismondo Pandolfo, fr.
[sp. Ginevra f.a di Niccolò III d'Este, † 1440],
sig.   lug. 1432 - 9/10/1468
Roberto, f. nat., sig.
[sp. Elisabetta Aldobrandini
da Montefeltro † 1521]   9/10/1468 - 10/9/1482
Pandolfo V (IV), f. nat.,
    regg. la madre e gli zii Galeotto e
    Raimondo Malatesta fino al 31/7/1492,
vic. pont.   10/9/1482 - dep. 10/10/1500
                                                   e 6/9 - 16/12/1503

Cesare Borgia
    (du. di Valentinois 1498, vic. pont. d'Imola,
    Forlì e Cesena)
    la occupa   10/10/1500 - dep. 6/9/1503
alla rep. di Venezia   16/12/1503 - 14/5/1509
al papa   giu. 1509 - 24/5/1522
Pandolfo V (IV) († 1534)
    e Sigismondo suo f. († 26/12/1543),
    sig.   26/5/1522 - 31/1/1523
                                                 e 14/6/1527 - 17/6/1528
al du. d'Urbino per il papa   31/1/1523 - 14/6/1527
al papa [occup. franc. 1796]   17/6/1528 - dic. 1797
occup. franc. (dipar. del Rubicone)   dic. 1797 - 29/9/1808
unione al Regno italico napoleonico   29/9/1808 - 24/5/1814
al papa   mag. 1814 - 29/3/1815 e 18/7/1815 - 6/2/1831
Joachim Murat (re di Napoli)
    la occupa   29/3 - 27/4/1815
occup. austriaca   27/4 - 18/7/1815
riv. e gov. provv.   6/2 - 25/3/1831
rist. il gov. del papa [riv. e gov. provv.
    29/3 - 15/7/1849]   25/3/1831 - mar. 1849
                                                 e 15/7/1849 - 17/3/1860
ann. al regno di Sardegna con decreto   18/3/1860

Marche

a) Ancona[275]

... assediata da Totila re ostrogoto è liberata dai bizantini	... - 551
rimane in potere dei bizantini e fa parte dal 568 dell'esarcato di Ravenna	551 - 728
occupata dai longobardi del duc. di Spoleto	728 - 774
presa dai franchi e compresa nella donazione di re Pipino al papa ma sotto la sua supremazia	774 - 1095
Guarnieri II (Werner), di origine sveva (du. di Spoleto 1093 - 1119), margravio imper. della marca anconitana	v. 1095 - ... († 1160)
Federico margravio imper.	... - 1137
Lotario II imp. († 1137) la ricupera dopo lungo assedio per il papa Innocenzo II e successori	1137 - 1149
all'imp. d'Or. Manuele I Comneno che vi pone un legato	1149 - 21/7/1177
comune prima libero con censo annuo al papa, poi dal 1198 da questo dip., pod. dal 1199	lug. 1177 - 1348
passa ai Malatesta di Rimini: Galeotto e Malatesta	1348 - 1355
rep. libera sotto protezione del papa	1355 - 1434
Francesco Sforza (du. di Milano 1450) nom. vic. pont. nella marca d'Ancona e gonfaloniere della chiesa	1434 - 1443
rep. indip. sotto la protezione del papa	1443 - 20/9/1532
dom. diretta del papa – presa da Bernardo Barba vesc. di Casale e dal Gonzaga gen. di Clemente VII	20/9/1532 - 9/2/1797
presa dal gen. Victor com. dei francesi	9/2 - 17/11/1797
Rep. anconitana fondata dai francesi	17/11/1797 - 7/3/1798
alla Rep. romana	7/3/1798 - 14/11/1799
gli austriaci la occupano	14/11/1799 - 27/1/1801
alla Francia	27/1/1801 - 28/6/1802 e 18/10/1805 - 3/12/1813
– Regno italico napoleonico	11/5/1808 - dic. 1813
dom. pont.	28/6/1802 - 18/10/1805
occupata da Joachim Murat re di Napoli	dic. 1813 - giu. 1815
occup. austriaca	1/6 - 25/7/1815
dom. pont. (con guarnigione franc. dal 23/2/1832 - 1837)	25/7/1815 - 4/2/1831 e 27/3/1831 - 10/2/1849
riv. e procl. della rep.	4/2 - 27/3/1831
alla Rep. romana	10/2 - 25/5/1849
occupata dall'Austria che ripristina il gov. pont.	25/5/1849 - 29/9/1860
ann. al regno di Sardegna (poi d'Italia) decreto	29/9/1860

b) *Camerino*[276]

duc. longob. poi dal 789 march.

... agli ostrogoti	493 - 539 e 543 - 555
ai bizantini	539 - 543 e 555 - 570
ai longobardi – re Alboino la erige in duc.	v. 570 - 592 c.
unita al duc. di Spoleto con gli stessi du. (vd. Spoleto)	592 - 1043
Tasbuno ct. di Camerino	770 c. - ...
Ildebrando du. di Spoleto e di Camerino	774 - 788
Guinigiso du. e march. di Spoleto e di Camerino	789 - 822
Eggideo poi (820) Garardo I march. di Camerino	814 - 822
unito al duc. di Spoleto con gli stessi du.	822 - 834
Escrotomio e Garardo II march.	834 - 836
Berengario du. di Spoleto e di Camerino	836 - 841
Ildiperto poi (860) Garardo III march.	843 - 866
Guido I march.	866 - 871
unito al duc. di Spoleto (vd. Spoleto)	871 - 1043
al march. Bonifacio di Canossa	1050 - 1052
a Matilde di Canossa, f.a	
(tut. Beatrice di Bar, sua madre, fino al 1063)	1052 - 24/7/1115
comune dip. dai margravi imper. e dal papa	
poi (1198) dal papa solo	1115 - 1242 e 1250 - 1259
comune dip. dal papa sotto la supremazia imper.	1243 - 1250
a Manfredi re di Sicilia,	
f. nat. di Federico I imp., sig.	1259 - 26/2/1266
Gentile I da Varano,	
f. di Varano, capit. del popolo 1262, pod.	1266 e 1272 - 1284
Rodolfo I, f. (capit. del popolo a Perugia 1303), sig.	1284 - 1316
Berardo I, fr. (pod. di Macerata 1316), sig.	1316 - 1329
Giovanni, f. di Rodolfo I, sig.	1329 - 1344
Gentile II, f. di Berardo I	
(pod. di Firenze 1312, vic. pont. 1332), succ.	1344 - 1355
Rodolfo II, nip. (gonfaloniere della chiesa 1355,	
capit. del popolo a Firenze 1370,	
sig. di Macerata 1376)	1355 - 18/11/1384
Giovanni I, fr. (pod. di S. Ginesio 1350)	18/11/1384 - 1385
Gentile III, fr. (sen. di Roma 1368, pod. di Lucca 1375)	1385 - 1399
Rodolfo III, f. (sig. di Macerata 1385)	1399 - 2/5/1424
Gentile Pandolfo e Giovanni II, f. di Rodolfo II	2/5/1424 - 1434
Piergentile, fr. assoc.	2/5/1424 - 6/9/1433
Berardo II, fr. assoc.	2/5/1424 - 12/7/1434
rep. retta da Francesco Sforza (ott. 1434 - genn. 1435)	
e sotto la protezione del papa	lug. 1434 - 1444
Rodolfo IV da Varano, f. di Piergentile	1444 - 1464
Giulio Cesare, f. di Giovanni II 1444 - dep. 20/7/1502 († 9/10/1502)	

Cesare Borgia (du. del Valentinois 1498,
  vic. pont. d'Imola, Forlì, Cesena, Rimini,
  Pesaro, Piombino, Fano ecc.) la occupa   20/7 - 2/9/1502
Giovanni Borgia, f. (?) du. di Nepi,
  nom. du.   2/9/1502 - dep. 25/10/1503
Giovanni Maria da Varano,
  f. di Giulio Cesare, succ.   25/10/1503, du. 1515 - 10/8/1527
Caterina, f.a di Francesco Cybo,
  ved. di Giovanni Maria da Varano,
  regg.   10/8/1527 - 15/12/1534 († 1555)
ai della Rovere (du. di Urbino)   15/12/1534 - 3/1/1539
al papa   3/1/1539 - 5/11/1540
Ottavio Farnese, nip. di papa Paolo III
  (du. di Parma dal 1547),
  nominato du.   5/11/1540 - rin. 24/8/1545 († 18/9/1586)
al papa di nuovo   ag. 1545 - 1550
Baldovino del Monte, fr. di papa Giulio III,
  govern. perpetuo   1550 - mar. 1555
unione agli Stati della chiesa   1555 - febb. 1797
occup. franc.   febb. 1797 - febb. 1798
Rep. romana   15/2/1798 - 1799
gli austriaci rist. il gov. pont.   1799 - 2/4/1808
Regno italico napoleonico (dipar. del Musone)   2/4/1808 - genn. 1814
occup. di Joachim Murat (re di Napoli)   genn. 1814 - mag. 1815
gov. pont. di nuovo   7/5/1815 - dic. 1860
ann. al regno di Sardegna   17/12/1860

c) *Pesaro*[277]

... agli ostrogoti   493 - 538, 540 - ..., 542 - 544, 545 - 553
all'imp. d'Or.   538 - 540, ... - 542, 544 - 545
           553 - 568, 617 - 726, 730 - 739 e 743 - 752
ai longobardi   568 - 617, 728 - 730, 739 - 743, 752 - 756 e 758 - 774
dom. pont.   726 - 728, 756 - 758
                            774 - 789
                            800 - 844
                            844 - 928
                996 - 1106 e 1137 - 1168
all'esarca di Ravenna   789 - 800
all'imp. d'occ.   844
gov. a comune sotto protezione del papa   928 - 996
gov. a comune indip.   1106 - 1137 e 1168 - 1178
dom. pont.   1178 - 1198, 1200 - 1210 e 1250 - 1259
a Marquardo margravio
  imper. della marca d'Ancona   1198 - 1200 († 1202)

ad Azzo VI d'Este e f. (sig. di Ferrara)
    margravi della marca   1210 - 1216
gov. a comune sotto protezione del papa   1216 c. - 1242 c.
all'imp.   1242 c. - 1250
al re Manfredi di Svevia, f. nat. di Federico II imp.
    (re di Sicilia 1258)   1259 - 26/2/1266
dom. pont.   1266 - 1285, 1294, 1304, e ag. 1306 - 1320 c.
a Giovanni Malatesta lo Zoppo,
    f. di Malatesta I (pod. di Rimini 1294), pod.   1285 - 1304
a Pandolfo I Malatesta, f. di Malatesta
    (sig. di Rimini 1317), pod.   1304 - dep. ag. 1306 e 1320 - 6/4/1326
Malatesta I Malatesta, Guastafamiglia f.
    (sig. di Rimini 1335), sig.   6/4/1326 - 1330 e 1333 - 1340 († 26/8/1364)
dom. pont.
    – card. Bertrando del Poggetto legato pont.   1330 - 1333
Pandolfo II, f. di Malatesta II
    (pod. dal 1347 poi vic. pont. 1355 - 73)   1340 - genn. 1373
Galeotto, fr. di Malatesta II
    (sig. di Rimini 1372, di Cesena 1378), vic. pont.   1373 - 21/1/1385
Malatesta I, f. di Pandolfo II   21/1/1385 - 19/12/1429
Pandolfo III, f. (vesc. di Patrasso † 17/4/1441)
    col fr. Carlo († 14/11/1438)
    e Galeazzo († 1457), sig.   19/12/1429 - 1431 e 1433 - 15/1/1445
dom. pont.   1431 - 1433
Alessandro Sforza,
    f. di Jacopo Muzio Attendoli e di Costanza († 1447)
    f.a di Piergentile Varano, sua mogl.
    (gov. della marca d'Ancona per il fr., 1434), sig.   15/1/1445 - 3/4/1473
Costanzo, f., sig.
    [sp. (1475) Camilla Marzani d'Aragona,
    dei du. di Sessa]   3/4/1473 - 19/7/1483
Giovanni, f., regg. la madre Camilla d'Aragona
    fino al 1489   19/7/1483 - dep. 11/10/1500
Cesare Borgia (du. di Valentinois 1498,
    vic. pont. d'Imola, Forlì, Cesena, Rimini)   11/10/1500 - dep. 3/9/1503
Giovanni Sforza di nuovo   3/9/1503 - 27/7/1510
Giuseppe Maria detto Costanzo II,
    f. succ. sotto regg.   17/7/1510 - 5/8/1512
Galeazzo Sforza, f. di Giovanni   5/8 - dep. 2/11/1512 († 14/4/1515)
Francesco Maria I della Rovere,
    f. di Giovanni (du. d'Urbino 1508),
    sig.   20/2/1512 - 31/5/1516 († 21/10/1538)
Lorenzo de' Medici, nip. del Magnifico
    (du. d'Urbino 1516), sig.   giu. 1516 - 4/5/1519
dom. pont.   4/5/1519 - dic. 1521 e 1631 - febb. 1796
ai della Rovere du. d'Urbino   dic. 1521 - 1631

alla Francia – gov. provv.	1796 - 21/12/1797
rep. indip. poi con dip. dalla Cisalpina	21/12/1797 - 7/7/1799
alla Francia	7/7/1799 - 23/9/1801
dom. pont.	23/9/1801 - 28/3/1815 e 7/5/1815 - 12/9/1860
occup. di Joachim Murat	
re di Napoli	28/3 - 7/5/1815
i piemontesi entrano in Pesaro a nome di Vittorio Emanuele II	
(gen. Cialdini)	12/9/1860
decreto di ann. al regno di Sardegna	17/12/1860

d) Urbino[278]

ct., poi du. dal 1443

... agli ostrogoti	493 - 538 e 553 - ...
all'impero d'Or.	538 - ... e 553 - 568
all'esarcato di Ravenna	568 - 752
ai longobardi	752 - 756
dom. pont. (con dip. dai re franchi dal 774)	756 - 888
ai re nazionali e borgognoni d'Italia	888 - 961
al papa con dip. dagli imp. di Germania	961 - 1198
Antonio ct. di Montefeltro,	
f. di Oddo Antonio, vic. imp. (?)	... - 1155
al papa direttamente	1198 - inizi sec. XIII
Bonconte, nip., I ct. di Urbino, ghibellino,	
sig. effettivo nel 1234, infeudato dall'imp. Federico II	1213 - 1241
Montefeltrano, f., ghibellino, ct.	1241 - 1255
Guido I, f., ct., ghibellino, condottiero, relegato ad Asti	
nel 1286 da Onorio IV	1255 - dep. 1286
al papa	1286 - 1288, 1289 - 1293 e 1322 - 1323
il ct. Corrado di Montefeltro,	
se ne impadronisce e vi riconduce i ghibellini	sett. 1289
Giovanni Colonna sen. di Roma (1290)	
la occupa per il papa	23/9/1289 - 1/11/1292
Guido I di Montefeltro	
vi entra	1/11/1292 - rin. 17/11/1296 († 29/9/1298)
Federico I, f. ghibellino, ct.	nov. 1296 - 26/4/1322
dom. pont. di nuovo	1359 - 1377
Nolfo I di Montefeltro, f. di Federico,	
vic. imp. (regg. lo zio Speranza fino al 1335)	1323 - 1359
Antonio, f. di Federico (sig. di Gubbio mar. 1384)	1377 - 23/3/1404
Guido Antonio, f., vic. pont. 1404	23/4/1404 - 21/2/1443
Oddo Antonio, f., nom. du. dal papa 26/4/1443	21/2/1443 - 22/7/1444
Federico III, f. nat., condottiero,	
succ. 22/7/1444, du.	23/3/1474 - 10/9/1482

Guidobaldo I, f., du. (gonfaloniere e gen. della chiesa)
[dep. da Cesare Borgia
1502 - 28/7/1503]   10/9/1482 - 1503 († 11/4/1508)
Francesco Maria I della Rovere, f. di Giovanni,
du. di Sora (sig. di Pesaro 1512)   11/4/1508 - dep. 31/5/1516
Lorenzo de' Medici, nip. di Lorenzo il Magnifico,
du.   giu. 1516 - 4/5/1519
dom. pont. (Giovanni Maria Varano 1520 - 21)   4/5/1519 - 1/12/1520
Francesco Maria I della Rovere di nuovo du.   dic. 1521 - 21/10/1538
Guidobaldo II, f., du.
[sp. Vittoria Farnese († 1605),
f.a di Pier Luigi]   21/10/1538 - 28/9/1574
Francesco Maria II della Rovere, f., du.
[sp. I. (1571), Lucrezia d'Este;
II. (1599), Livia di Ippolito della Rovere]   28/9/1574 - rin. 1621
Federico Ubaldo, f., du.
[sp. Claudia de' Medici, † 1648]   1621 - 29/6/1623
Francesco Maria II della Rovere
(cede al papa i suoi stati 1624)   29/6/1623 - rin. 1624 († 28/4/1631)
dom. pont.
[acquisto definitivo di Urbino 1631]   1624 - febb. 1796
occup. franc., gov. provv.   1-17/2/1797 - 15/2/1798
Rep. romana   15/2/1798 - 20/9/1799
gov. int.   sett. 1799 - 22/6/1800
dom. pont.   giu. 1800 - 9/4/1808,
                       mag. 1814 - 28/3/1815 e 7/5/1815 - 11/2/1848
unione al Regno italico napoleonico   9/4/1808 - apr. 1814
Joachim Murat re di Napoli la occupa   28/3 - 7/5/1815
riv. Rep. romana   11/2 - 1/7/1849
al papa di nuovo   lug. 1849 - 11/9/1860
occupata a nome di Vittorio Emanuele II (gen. Cialdini)   11/9/1860
ann. al regno di Sardegna poi d'Italia decreto   17/12/1860

Toscana e stato dei Presidi[279]

... agli ostrogoti, Totila occupa parte della Toscana nel   542 - ...
ai longobardi   570 - 770 c.
gli ostrogoti rioccupano più tardi la Toscana
che diviene sede di un duc.   ... - 774 c.
i franchi – Carlo Magno sostituisce ai du. i ct.   v. 774 - 812 ...
margravi: Adalberto I,
f. del du. Bonifazio II di Lucca   847 † fra 884 e 890
– Adalberto II il Ricco   890 - 917
– Guido, f.   917 - 929
– Lamberto fr.   929 - dep. 931 († 932 c.)

– Bosone, fratellastro del re Ugo | 931 - dep. 936
– Umberto (Uberto) nip. (f. nat. di Ugo re d'Italia) | 936 - 961
Ugo il Grande di origine salica margravio
(du. di Spoleto e di Camerino 989) | dopo 961 - 21/12/1001
Bonifacio I di origine franc. parente di Ugo,
nom. margravio da Enrico II imp. | 1002 - 1012
Ranieri, f. di Ugo (?) | v. 1014 - dep. 1024
Bonifacio II il Pio,
f. di Tedaldo ct. di Modena
[sp., 1037, Beatrice († 1076),
f.a di Federico di Lorena] | 1027 - 6/5/(?) 1052
Federico (?), du. di Lorena | 7/5/1052 - 1053
Beatrice di Lorena, f.a ved. di Bonifacio II
[sp., 1053, Goffredo il Barbuto
du. di Lotaringia, † fine 1069], succ. | v. 6/5/1052 - 18/4/1076 c.
Matilde, la gran contessa, f.a di Bonifacio II
e di Beatrice (du. di Spoleto ecc.),
sola nel margraviato,
gov. sotto la direzione del papa | 18/3/1074 - 24/7/1115
le città della Toscana si dichiarano indip. dall'imp.
e cominciano a reggersi a comune | v. 1115
l'imp. Enrico V vi manda i suoi rappresentanti
con tit. di margravi a prender possesso
dei beni della ct. Matilde
– Corrado, della casa di Scheiern vic. imp. | v. 1120 - 1127
Enrico (du. di Baviera 1126, di Sassonia 1138)
gen.o di Lotario II imp.
(che ha in feudo i beni allodiali di Matilde),
e in sua vece Engelberto vic. imp., dal 1135 margravi | 1135 - 1139
Ulrico d'Attems vic. regio | 1139 - 1152 c.
Guelfo di Baviera (du. di Spoleto 1152 - 60),
zio di Federico imp., margravio | mar. 1152 - 1162 († 15/12/1193)
Rinaldo di Colonia, arciv. legato dell'imp.,
prende possesso del margraviato | 1160 - 1163
Cristiano da Magonza, arciv., vic. imp. | 1163 - 1173
Filippo di Svevia (du. di Svevia 1196)
fr. di Enrico VI imp., vic. imp. | 1195 - 28/9/1197

a) *Firenze*

gov. a comune guelfo dal 1185 retto da cons. | inizi sec. XII - 1193
gov. a comune retto da pod. fior. 1191 - 1196,
da cons. 1196 - 1200, 1202 - 1205, 1206 e 1211 - 1212,
da pod. forestieri 1200 - 1201, 1207 - 1210 e 1213,
che esercitano il loro ufficio con un consiglio del comune | 1191 - 1213

lotte tra guelfi e ghibellini
   – i guelfi vinti escono dalla città   2/2/1248 - 1251
rep. bipartita in «Comune» (nobili) e in «Popolo»,
   costituzione detta del Primo popolo,
   creazione di un capit. del popolo
   quale capo dei popolani e di un consiglio di 12 anziani,
   si mantiene il pod. a capo del comune   ott. 1250 - ...
i guelfi ritornano a Firenze nel 1251,
   i ghibellini ne sono cacciati nel   1258
il ct. Giordano d'Anglona ghibellino
   la occupa (batt. di Monteaperti 4/9/1260)
   in nome di Manfredi re di Sicilia
   – i guelfi la lasciano   16/9/1260
i ghibellini, abolito il capit. del popolo,
   accettano Guido Novello ct. di Poppi vic. di re Manfredi
   come pod.   1261 - rin. 11/11/1266
gov. dei due pod. bol. frati gaudenti
   Catalano de' Malavolti (guelfo)
   e Lotteringo degli Andalò (ghibellino)
   con un consiglio di 36 cittadini   1266 dep.
vinti i ghibellini, i guelfi danno la signoria per 6 anni
   a Carlo d'Anjou re di Sicilia e vic. papale,
   il quale manda al gov. Filippo di Monforte suo vic.
   – i ghibellini cacciati (17/4/1267)
   ritornano in parte nel 1268   17/8/1267 - 1269
vengono istituiti i «Dodici Buoni Uomini»,
   coi quali il pod. deve consigliarsi,
   e un consiglio di 100 «Buoni Uomini» di popolo
   – moltissimi ghibellini ritornano (1280)   v. 1267 - 1280
Guido di Monforte vic. regio, poi (1273)
   govern. lo stesso re Carlo d'Anjou   1269 - 1279
si eleggono ogni 2 mesi quattordici «Buoni Uomini»,
   8 guelfi e 6 ghibellini, che gov. col capit.
   e coi consigli   mar. 1280 - giu. 1282
sono posti a capo della rep. tre priori delle arti,
   nello stesso anno portati a sei,
   uno per sesto rinnovabile ogni 6 mesi   giu. 1282
l'ufficio del pod. viene ridotto da un anno a sei mesi   1290
viene sanzionata la riforma detta
   degli «Ordinamenti di giustizia» di Giano della Bella,
   i nobili sono esclusi dal gov. che passa alle arti maggiori,
   ai priori si aggiunge un gonfaloniere di giustizia
   el. ogni 2 mesi il quale diviene presto capo della rep.[280]   18/1/1293
principio delle contese fra i due partiti guelfi dei Cerchi (popolani)
   e dei Donati (nobili), detti poi dei bianchi (popolari)
   e dei neri (nobili)   v. 1300

Carlo di Valois, fr. del re di Francia,
ottiene la signoria e la guardia della città,
Corso Donati capo dei neri tenta di dominarla
eccitandoli al tumulto, i bianchi e i priori sono cacciati   5/11/1301 - 1302
si eleggono nuovi priori e un gonfaloniere
tutti di parte nera che la signoreggiano (1302)
– Corso Donati desta sospetti,
è dichiarato ribelle (1308) e ucc.   8/11/1301 - 1308
Roberto d'Anjou re di Napoli
ne ottiene la signoria per 5 anni,
aumentata di altri 3 anni nel 1319   giu. 1313 - genn. 1322
cessata la signoria di re Roberto
si eleggono di nuovo il pod. e il capit. del popolo   1322 - 1325 c.
Carlo d'Anjou, f. di Roberto,
du. di Calabria, el. sig. 24/12/1325
– Gualtieri di Brienne du. tit. di Atene
suo vic. dal 17/5/1326   24/12/1325 - 28/12/1327
si riordina il gov. della rep.   28/12/1327
ritorna indip., si crea un consiglio popolare
di 300 mem. presieduto dal capit. del popolo
e un consiglio comune di 350 mem. presieduto
dal pod.   genn. 1328 - 1342
Gualtieri di Brienne
el. capit. e conservatore del popolo (31/5/1342)
poi acclamato dal popolo
sig. a vita   8/9/1342 - dep. 3/8/1343 († 19/9/1356)
i popolani grassi aiutati dai grandi cacciano il du. d'Atene
– è ripristinato il gov. dei priori e del gonfaloniere,
con intervento dei nobili   6/8/1343
i popolani (arti mediane) si levano contro i grandi costringendoli
a rinunziare agli uffici (22/9/1343)
– si istituiscono nove priori ai quali si aggiunge il tit. di sig. (1362)
– riformato il gov. che rimane ai popolani
– Piero degli Albizzi (autore della legge dell'ammonizione 1357)
gov. Firenze 1375 - 78 († 13/12/1379)   22/9/1343 - 22/7/1378
Salvestro de' Medici el. gonfaloniere
fa rimettere in vigore
gli antichi ordinamenti di giustizia   1/5/1378 - 1388
tumulto dei Ciompi
– Michele di Lando delle arti minori
eletto gonfaloniere della plebe
– gov. del popolo minuto   22/7/1378 - genn. 1382
i guelfi e il partito dei nobili
diretto da Maso degli Albizzi (nip. di Piero)
abbattono il popolo minuto
– di Lando viene esiliato genn. 1382 - † 1401[281]

– gov. oligarchico delle arti maggiori
– l'Albizzi diviene
capo della rep. (1382 - † 2/10/1417)   genn. 1382 - sett. 1434
Giovanni I Bicci de' Medici, f. di Averardo,
detto padre dei poveri, el. gonfaloniere
[sp. Piccarda Bueri († 1432)]   ag.-sett. 1421 - 20/2/1429
Cosimo I, il Vecchio, f., detto «Pater Patriae»
[sp. Contessina de' Bardi],
capo della fazione popolare contro gli Albizzi   1429 - 7/9/1433 esiliato
cade il partito degli Albizzi
– Cosimo I è richiamato 26/9/1434,
è el. gonfaloniere   1435 - 1/8/1464
Piero I, il Gottoso, f. di Cosimo I,
el. gonfaloniere 1461, poi sig.
[sp. Lucrezia Tornabuoni, † 28/3/1482]   ag. 1464 - 3/12/1469
Giuliano I, f., gov. col fr. Lorenzo
(congiura dei Pazzi, 26/4/1478)   4/12/1469 - 26/4/1478
Lorenzo I, il Magnifico, fr., reggitore della rep.,
ma govern. come sig. assoluto
[sp. Clarice di Jacopo Orsini († 1488)]   4/12/1469 - 8/4/1492
Piero II, f.
[cede a Carlo VIII Pietrasanta, Sarzana,
Pisa, Livorno 1494 – sp. Alfonsina Orsini
(† 1520)]   8/4/1492 - dep. 8/11/1494 († 28/12/1503)
cacciata dei Medici
– si riforma lo stato, si crea una balìa,
un consiglio generale e uno minore di 80 cittadini   nov. 1494
si nomina un gonfaloniere a vita, Piero Soderini,
f. di Tommaso,
avverso al papa   10/12/1502 - dep. 31/12/1512 († 13/6/1522)
i fiorentini rioccupano Pisa   8/6/1509
card. Giovanni II de' Medici,
(papa, fr. di Piero II 1513)   14/9/1512 - mar. 1513 († 1/12/1521)
Giuliano II, fr. (du. di Nemours 1515)   4/9/1512 - 17/3/1516
Lorenzo II, f. di Piero II
(du. di Urbino 1516 - 19)   mar. 1516 - 4/5/1519
Giulio, f. nat. di Giuliano I, card. (papa 1523),
arciv. e gov. per il papa   4/5/1519 - rin. nov. 1523
il card. di Cortona, Silvio Passerini,
gov. per il papa   mag. 1524 - 16/5/1527
Ippolito de' Medici card.,
f. di Giuliano II, govern.   30/7/1524 - dep. 16/5/1527 († 1535)
Alessandro, f. nat. di Lorenzo II (?),
(du. di Civita di Penne)
mandato da Clemente VII   1525 - dep. 16/5/1527
cacciata dei Medici

– il consiglio generale crea i dieci di libertà,
gli otto di pratica, il consiglio degli ottanta
e un gonfaloniere di giustizia   21/6/1527 - 1530
Alessandro, creato capo della rep. dall'imp. (ott. 1530),
riconosciuto dai fiorentini 16/7/1531,
el. du. 1/5/1532   ott. 1530 - 6/1/1537 ucc.
Cosimo I de' Medici, f. di Giovanni dalle Bande Nere,
el. supremo reggitore 9/1/1537,
du. 20/9/1537, granduca 27/8/1569   9/1/1537 - 21/4/1574
Francesco Maria, f., granduca   21/4/1574 - 19/10/1587
Ferdinando I, f. (card. 2/1/1563), granduca
[sp. 1589 Cristina di Carlo III di Lorena,
† 20/12/1637]   19/10/1587 - 7/2/1609
Cosimo II, f., granduca
[sp. Maria Maddalena d'Austria-Tirolo
(† 1631)]   7/2/1609 - 28/2/1621
Ferdinando II, f.,
sotto regg. fino al 1627 di Cristina di Lorena
e di Maria Maddalena d'Austria
[sp., 1634, Vittoria della Rovere († 1695),
f.a di Federico Ubaldo d'Urbino], granduca   28/2/1621 - 23/5/1670
Cosimo III, f.
[sp., 1661, Luisa Margherita
di Gastone d'Orléans († 1721)], granduca   23/5/1670 - 31/10/1723
Gian Gastone, f.,
[sp. Maria di Sassonia-Lauenburg], granduca   31/10/1723 - 9/7/1737
Francesco I Stefano di Lorena,
f. di Leopoldo Giuseppe di Lorena
(du. di Lorena 1729,
imp. rom. e re di Germania 1745), granduca
– il princ. Marco di Craon ne prende possesso
per lui 12/7/1737   9/7/1737 - 1765
Pietro Leopoldo I (II), f.
(imp. rom. e re di Germania 30/9/1790),
granduca [sp. Maria Luigia,
f.a di Carlo III di Spagna]   18/8/1765 - rin. 20/2/1790 († 1/3/1792)
consiglio di regg.   20/2/1790 - mar. 1791
Ferdinando III di Lorena, f., di Pietro Leopoldo I,
granduca per rin. del padre 21/7/1790
– procl. a Firenze   7/3/1791 - mar. 1799
i francesi occupano la Toscana
– gov. provv. istituito
dal commissario franc. Reinhard   25/3 - 5/7/1799
è occupata dagli austriaci (8/7)
– è rist. il gov. a nome di
Ferdinando III di Lorena   17/7/1799 - dep. 15/10/1800

la regg. granducale, lasciandola,
  stabilisce un quadrumvirato di reazionari:
  Pierallini, Cercignani, Lessi, Piombati 15/10 - 27/11/1800
il gen. Miollis el. una giunta triumvirale
  (Chiarenti, Pontelli e de Ghores) 27/11/1800 - 21/3/1801
vengono riposti in carica i quadrumviri
  – gov. provv. 21/3 - 15/8/1801
Lodovico I di Borbone princ. ereditario di Parma
  el. re di Etruria, 21/3 ne prende possesso 2/8/1801 - 27/5/1803
Carlo Lodovico, f., regg. la madre Maria Luigia di Spagna
  (du. di Lucca 1815 - 47, di Parma 1847 - 48),
  re d'Etruria 27/5/1803 - dep. 27/10 -
  rin. 10/12/1807
occup. franc. 10/12/1807 - 12/5/1808
Napoleone I istituisce una giunta straordinaria
  di gov. pres. il gen. Menou 12/5/1808 - 4/2/1809[282]
unione all'Impero franc. 24/5/1808 - 2/3/1809
è eretta in granducato (2/3)
  – Elisa Bonaparte-Baciocchi
  (du. di Lucca e princ. di Piombino 1805)
  nominata granduchessa 3/3/1809 - 1/2/1814
è occupata dai napoletani
  – il gen. Minutolo ne prende possesso
  per il re Joachim Murat 3/2 - 15/9/1814
Ferdinando III di Lorena di nuovo granduca (1/5)
  ne prende possesso 15/9/1814, vi entra 20/4/1815 - 18/6/1824
Leopoldo II, f., granduca 18/6/1824 - dep. 7/2/1849
gov. provv., coi triumviri:
  Guerrazzi, Montanelli, Mazzoni (8/2)
  – procl. della Rep. toscana 18/2 - 12/4/1849
il municipio di Firenze, capo Bettino Ricasoli,
  occupa il potere e invita Leopoldo II a tornare
  – gov. militare austriaco dal 12/4/1840
Leopoldo II rist.
  [sp., 1833, Maria Antonietta, † 1898,
  f.a di Francesco di Borbone,
  re delle due Sicilie] 17/4/1849 - dep. 27/4/1859[283]
  († 29/1/1870)
gov. provv., composto di Ubaldino Peruzzi,
  V. Malenchini, A. Danzini dal 27/4/1859
la dittatura toscana è accettata da re Vittorio Emanuele II 28/4/1859
il princ. Eugenio di Savoia-Carignano,
  reggente della Toscana per il re el. Vittorio Emanuele II 7/11/1859
la Toscana è unita al regno di Sardegna con decreto 22 /3/1860
Firenze diviene cap. del regno d'Italia 11/12/1864,
  di fatto mag. 1865 - 3/2/1871

b) *Lucca*[284]

... prime tracce di un gov. a comune 1088,
    retto da cons. dopo il 1115, da pod. dal 1187
    – il periodo consolare-podestarile si protrae
    per buona parte del sec. XIII
    – la magistratura consolare scompare nel 1264[285]   v. 1088 - inizi. sec. XIV
Uguccione della Faggiuola (pod. di Pisa 1313)
    coi ghibellini suoi collegati la saccheggia
    e se ne fa sig.   13/6/1314 - dep. 13/6/1316 († 1/11/1319)
Castruccio Castracani degli Antelminelli
    sig. e dal 4/11/1327 du. ereditario   11/4/1316 - 3/9/1328
Enrico Antelminelli, f., du.   3/9 - dep. 7/10/1328
l'imp. Lodovico il Bavaro sig.   7/10/1328 - 1329
Federico burgravio di Norimberga vic. imper.   ott. - nov. 1328
Federico ct. d'Ottingen vic. imper.   nov. 1328 - mar. 1329
Francesco Castracani, zio di Enrico, vic. imper.   16/3 - dep. 15/4/1329
Marco Visconti, f. di Matteo, sig. di Milano,
    el. sig. dai cavalieri tedeschi   15/4 - 30/6/1329
Gherardo Spinola di Genova ghibellino
    la compra dai tedeschi poi la cede a
    Giovanni, re di Boemia   2/9/1329 - rin. 16/3/1331
Giovanni di Lussemburgo, re di Boemia e Carlo suo f. sig.
    – Simone Filippi di Pistoia gov. la città
    come luogot.   16/3/1331 - 3/10/1333
Marsilio, Pietro e Rolando de' Rossi di Parma
    la comprano e la tengono
    con tit. di vic. regi   3/10/1333 - 14/11/1335
Mastino della Scala (sig. di Verona 1329)
    e Alberto suo fr. sig.,
    Guglielmo Canacci degli Scannabecchi da Bologna
    luogot. poi capit. gen.   15/11/1335 - 24/9/1341
il comune di Firenze la compra
    – Ghiberto da Fogliano capit. gen.   25/9/1341 - 6/7/1342
il comune di Pisa la occupa
    – Ranieri della Gherardesca
    ct. di Donoratico capit. gen.   6/7/1342 - 5/6/1347
gli anziani di Pisa capit.,
    govern. e difensori   6/6/1347 - 12/8/1364
Giovanni dell'Agnello de' Conti
    (doge di Pisa 13/8/1364) capit. gen. e govern. 22/10/1364 - 4/9/1368
Carlo IV di Boemia imp. la occupa
    – Marquardo patr. d'Aquileia
    poi (dal 2/7/1369) il card. Guidone vic. imper. 25/8/1368 - 12/3/1370
gli anziani ottengono le redini del gov.
    e sono investiti del vic. imper.   12/3/1370

è istituito il consiglio gen. di 180 consiglieri
  presieduto dagli anziani
  e dal gonfaloniere di giustizia   16/2/1370 - 2/7/1400
è creata una balìa di 12 cittadini
  fra i quali Paolo Guinigi investiti della piena autorità   2/7 - 21/11/1400
Paolo Guinigi nom. capit. e difensore del popolo (14/10)
  poi sig. assoluto   21/11/1400 - dep. 15/8/1430 († 1432)
rep. retta dagli anziani
  e da un gonfaloniere di giustizia   ag. - 11/10 c. 1430
è restaurato il consiglio generale con 120 consiglieri
  e 40 surrogati[286] presieduta dagli anziani e dal
  gonfaloniere di giustizia (11/10/1430)
  – viene escluso il popolo dal gov.
  (legge martiniana dic. 1556)   11/10/1430 - 2/1/1799
la rep. arist. è sostituita dalla dem.
  dal senato lucchese   15/1/1799
i francesi comandati dal gen. Serrurier
  la occupano (2/1)
  – gov. dem. provv. creato dal Serrurier   4/2 - 17/7/1799
gli austriaci vi entrano
  – il gen. Cléran crea una reggenza di 10 cittadini 24/7/1799 - 9/7/1800
i francesi di nuovo col gen. Launay,
  il quale vi istituisce un gov. dem. di 11 mem.   9/7 - 15/9/1800
ritornano gli austriaci ed eleggono
  una seconda reggenza di 10 ex nobili   15/9 - 9/10/1800
i francesi di nuovo col gen. Clément
  che lascia in piedi la reggenza,
  detta poi gov. provv.   9/10/1800 - dic. 1801
nuova costituzione dem. della rep.
  con un consiglio di 12 anziani
  e un gonfaloniere di giustizia   26/12/1801 - 28/6/1805
Napoleone Bonaparte sopprime la rep.
  e affida il gov. al princ. Felice Baciocchi,
  marito di Elisa Bonaparte, sor. dell'imp.,
  la quale governa di fatto   24/6/1805 - 18/3/1814
vi entrano i napoletani,
  poi gli austriaci col gen. Starhemberg govern. 18/3/1814 - 3/3/1815
barone Giuseppe Werklein tenente colonnello govern. 3/3/1815 - 7/12/1817
Maria Luisa di Borbone, f.a di Carlo IV re di Spagna
  [sp. Luigi, re d'Etruria, f. di Ferdinando
  du. di Parma] du.   17/12/1817 - 13/3/1824
Carlo Lodovico,
  f. (du. di Parma e Piacenza, 1847) du.
  [sp. Maria Teresa di Savoia,
  f.a di Vittorio Emanuele I]   13/3/1824 - rin. 5/10/1847
è unita al granducato di Toscana (vd. Firenze)   5/10/1847

c) *Massa e Carrara*[287]

march., poi princ. dal 1568, du. dal 1806

dapprima in potere dei vesc. di Luni, sec. X-XII,
   poi dei Malaspina march. di Lunigiana,
   poi dei Fieschi di Genova, di Castruccio Castracani
   sig. di Lucca (1316 - 28), dei pisani, dei Rossi di Parma (1330 - 31),
   degli Scaligeri di Verona, dei Visconti di Milano,
   dei fiorentini, dei lucchesi, ritornano infine i Malaspina:
Antonio-Alberico Malaspina, f. di Spinetta (march. di Fosdinovo 1404),
   la toglie alla rep. di Lucca e se ne fa sig.,
   poi (1442) march.   1434 - 1445
Giacomo, f., march. di Massa e sig. di Carrara   1473 - dopo 29/3/1481
Antonio-Alberico II, f., march. di Massa e Carrara   v. apr. 1481 - 13/4/1519
Ricciarda, f.a [sp. Scipione Fieschi († 1520),
   poi (1530) Lorenzo Cybo, march.
   († 14/3/1549)]   13/4/1519 - dep. 20/9/1546
Lorenzo Cybo-Malaspina, marito di Ricciarda,
   march.   21/3/1530 - dep. 19/9/1546 († 14/3/1549)
Giulio, f., march. di Massa, sig. di Carrara   29/9/1546 - 18/5/1548
card. Innocenzo Cybo, zio   20/3 - 27/6/1547
Ricciarda di nuovo march.   27/6/1547 - 15/6/1553
Alberico I, f. (ct. d'Aiello 1566),
   march. poi princ. di Massa dal 1568,
   du. dal 1595, succ.   1548 - fine febb. 1623
Alderano, f., march. di Carrara   ott. 1568 - fine dic.1606
Carlo I, f. di Alberico,
   du. d'Ajello e march. di Carrara 1606,
   du. di Massa   fine febb. 1623 - 25/2/1662
Alberico II, f., du. di Massa,
   poi (1664) princ. di Carrara, succ.   25/2/1662 - 2/2/1690
Carlo II, f., princ. di Carrara, poi di Massa   2/2/1690 - dic. 1710
Alberico III, f. di Lorenzo Cybo
   e di Ricciarda Malaspina   6/12/1710 - rin. 1715 († nov. 1715)
Alderano, fr.
   [sp., 1715, Ricciarda Gonzaga († 1768),
   ct. erede di Novellara]   21/12/1715 - 18/8/1731
Maria Teresa, f.a di Ricciarda Gonzaga Cybo,
   ved. di Alderano, regg. fino al 23/6/1744
   [sp., 1741, Ercole III du. di Modena]   13/8/1731 - 26/12/1790
Maria Beatrice Cybo d'Austria-Este, f.a,
   mogl. di Ferdinando arciduca d'Austria   26/12/1790 - dep. 30/6/1796
occup. franc.   30/6/1796 - lug. 1797
Massa e Carrara vengono unite alla Rep. cisalpina
   poi italica   9/7/1797 - mar. 1805

unione al Regno italico dipar. del Crostolo   mar. 1805 - 1/5/1806
Napoleone I le unisce al princ. di Lucca e Piombino
    dandole a Elisa Bonaparte Baciocchi   1/5/1806 - 4/5/1814
Maria Beatrice di nuovo   4/5/1814 - 14/11/1829
Francesco IV d'Austria-Este (du. di Modena 1814)
    du. di Massa e Carrara (vd. Modena)   14/11/1829 - 27/4/1859
Massa e Carrara sottratte al gov. estense
    proclamano ditt. il re di Sardegna   27/4/1859
ann. al regno di Sardegna   18/5/1860

d) *Piombino ed Elba*[288]

sig., poi princ. dal 1509

... Piombino è unita alla rep. di Pisa   v. 1013 - 1399
Gherardo Appiani, f. di Iacopo I (sig. di Pisa 1398 - 99),
    sig. di Piombino e dell'Elba   19/2/1399 - 1405
Iacopo II, f., sotto regg. della madre Paola Colonna
    (sor. del papa Martino V) e la protezione dei fiorentini   1405 - 1441
Paola Colonna-Appiani   1441 - nov. 1445
Rinaldo Orsini ct. di Tagliacozzo e d'Alba
    e sua mogl. Caterina, f.a di Gherardo Appiani   nov. 1445 - 5/7/1450
Caterina Appiani-Orsini sola   5/7/1450 - 19/2/1451
Emanuele Appiani, fr. di Gherardo, sig.   19/2/1451 - 1458
Iacopo III, f. nat., sig. di Piombino e dell'Elba
    (adottato, 1465, dalla casa regnante di Napoli)   1458 - 22/3/1474
Iacopo IV Appiani d'Aragona, f., sig.
    poi (8/11/1509) princ. di Piombino e d'Elba   22/3/1474 - dep. 3/9/1501
Cesare Borgia du. di Valentinois 1428
    (vic. pont. di Imola, Forlì, Cesena, Rimini,
    Pesaro, Faenza)   3/9/1501 - sett. 1503
Iacopo IV rist.   sett. 1503 - apr. 1510
Iacopo V, f.   apr. 1510 - 1545
Iacopo VI, f., regg. la madre Elena Salviati († 1552) 1545 - dep. 22/6/1548
Cosimo de' Medici du. di Firenze
    la occupa   22/6 - 24/7/1548 e 12/8/1552 - 29/5/1557
occup. spagn.   24/7/1548 - 12/8/1552
Iacopo VI rist. 29/5/1557
    ne prende possesso   1/8/1559 - 15/5/1585
Alessandro, f. nat. legittimato   15/5/1585 - 28/9/1590
Felice d'Aragona govern. gen.
    del presidio spagn. accl. sig.   14/10/1590 - dep. genn. 1591
Iacopo VII, f. di Alessandro, sig. 6/4/1591, princ.   febb. 1594 - 5/1/1603
Carlo d'Aragona-Appiani, f. di Sforza Appiani,
    accl. princ.   15/1 - 20/2/1603

il viceré di Napoli la occupa a nome dell'imp.
- Pietro Pasquier govern.   20/2/1603 - 31/10/1611
Isabella Appiani ct. di Binasco
  sor. di Iacopo VII princ.   31/10/1611 - 10/4/1628 († 1661)
l'imp. Ferdinando II d'Absburgo
la cede a Filippo IV di Spagna   10/4/1628 - 20/3/1634
è ceduta a Niccolò Ludovisi princ. di Venosa,
  nip. di papa Gregorio XV   20/3/1634 - dep. 5/10/1646
occup. franc. - Manicamp govern.   5/10/1646 - giu. 1650
Niccolò Ludovisi rist.   giu. 1650 - 25/12/1664
Giovanni Battista Ludovisi, f.   17/9/1665 - 24/8/1699
Olimpia Ludovisi, sor.   ag. 1699 - 27/11/1700
Ippolita Ludovisi-Boncompagni, sor.   27/2/1701 - 29/12/1733
Gregorio Boncompagni,
  marito di Ippolita e co-reggente   27/2/1701 - 1/2/1707
Eleonora, f.a, prende possesso dello stato
  con presidio di milizie napoletane   30/12/1733 - 5/1/1745
Gaetano Boncompagni, f.   6/1/1745 - 24/5/1777
Antonio Boncompagni, f.   24/5/1777 - dep. 21/3/1801 († 26/4/1805)
occup. franc. (colonnello Datti)
  poi gen. Jean Blanc   sett. 1801 - 18/3/1805
l'Elba è unita alla Francia
  con «senatus-consulto» del 26/8/1802
Elisa Bonaparte-Baciocchi,
  sor. di Napoleone I e suo marito
  Felice Baciocchi nom. princ.   18/3/1805 - dep. 18/3/1814
vi entrano gli austriaci
  condotti dal gen. Starhemberg   mar. 1814 - giu. 1815
Napoleone I Bonaparte ottiene la sovranità dell'Elba
  nell'apr. 1814 ne prende possesso   5/5/1814 - 26/4/1815
l'Elba è aggregata al granducato di Toscana,
  tratt. di Vienna   giu. 1815
Ferdinando III di Lorena granduca di Toscana
  ottiene la sovranità del principato
  (tratt. di Vienna)   9/6/1815 (vd. Firenze)

e) Pisa[289]

comune ghibellino arist. fino a metà sec. XIII,
  retto da cons. (1080 - 85) poi da pod. (1190 - 91),
  nel 1091 s'inizia il periodo consolare-podestarile
  che si protrae oltre il primo ventennio del sec. XIII,
  si hanno cons. anche nel 1236   1080 - 1254
il comune diviene dem. e retto da un capit. del popolo
  assistito da 12 priori   1254 - ...

comune guelfo
- Ugolino della Gherardesca (f. del ct. Guelfo I, † 1274)
ct. di Donoratico[290] nom. pod. (18/10/1284),
poi capit. del popolo e sig. col nip. Ugolino Visconti
(giudice di Gallura † 1296)   1285 - imprig. giu. 1288 († magg. 1289)
il comune ritorna ghibellino
- Ruggeri degli Ubaldini arciv. di Pisa 1278
assume il gov.
come pod. e govern. (lug. 1288)   lug. - dep. dic. 1288 († 1295)
Gualtieri di Brunforte pod.   dic. 1288 - mag. 1289
Guido di Montefeltro
(ct. di Urbino 1255, sen. di Roma 1268),
capit. gen.   13/5/1289 - dep. lug. 1293
comune indip.   1293 - mar. 1312
Enrico VII di Lussemburgo (imp. 1308) sig.   6/3/1312 - 24/8/1313
Uguccione della Faggiuola capit. del popolo
poi sig.   mar. 1314 - dep. 10/4/1316
                                                            († 1/11/1319)

Gaddo della Gherardesca ct. di Donoratico,
f. di Bonifazio I, capit. del popolo
[sp. 1294 Beatrice di Svevia]   18/4/1317 - 1/5/1320
Ranieri I della Gherardesca, zio,
capit. del popolo   mag. 1320 - 13/12/1325
Lodovico il Bavaro (imp. e re di Germania 1314)
sig.   11/10/1327 - apr. 1328
Castruccio Castracane degli Antelminelli
(du. ereditario di Lucca) sig.   apr. - 3/9/1328
Lodovico il Bavaro di nuovo sig.   21/9/1328 - mag. 1329
Tarlato di Pietramala vic. imp.   mag. - 17/6/1329
Bonifacio Novello della Gheradesca,
f. di Gaddo, capit. del popolo e sig.   17/6/1329 - 2/12/1341
Ranieri Novello, f., sig.
sotto tut. di Tinuccio della Rocca   dic. 1340 - 5/7/1347
Andrea Gambacorta,
della fazione dei Bergolini (guelfi), sig.   dic. 1347 - 1354
Franceschetto, Bartolomeo e Lotto Gambacorta, nip.,
dal fr. Coscio di Andrea,
sig. (fatti decapitare da Carlo IV)   1354 - 26/5/1355
Carlo IV di Lussemburgo (imp. e re di Germania) sig.
- Marquardo d'Absburgo vesc. d'Augusta vic. imp.   mag. - 11/6/1355
gov. del popolo minuto   giu. 1356 - 1364
Giovanni dell'Agnello doge   13/5/1364 - dep. sett. 1368
Carlo IV di Lussemburgo di nuovo la occupa,   sett. 1368
il popolo grasso ritorna al potere nel sett. 1368
- Pietro, f. di Andrea Gambacorta, sig.   24/2/1369 - 20/10/1392
Iacopo I Appiani, fr. di Vanni d'Appiano, sig.   25/10/1392 - 5/9/1398

Gherardo, f., sig., la vende al du. di Milano
meno Piombino, l'Elba, Suvereto, Buriano,
Scarlino, Vignale e Populonia (vd. Piombino)   5/9/1398 - rin. 18/2/1399
Gian Galeazzo Visconti (du. di Milano)
l'acquista, 18/2/1399, sig.   31/3/1400 - 3/9/1402
Gabriele Maria, f. nat., sig.   3/9/1402 - dep. 26/7/1405
Giovanni Gambacorta, nip. dal fr. Gherardo
di Pietro, capit. del popolo 1405, sig.   26/4/1406 - 3/10/1406 († 1431)
la rep. di Firenze la occupa   9/10/1406 - 9/11/1494
rep. indip.   9/11/1494 - 8/6/1509
i fiorentini la riprendono (vd. Firenze)   8/6/1509

f) Siena e stato dei Presidi[291]

... ai longobardi v. 570 - 770
– ai franchi: gov. dei ct. sec. IX,
poi dei vesc.-ct.   inizi sec. XII - 1197 c.
gov. a comune dal 1100 c., retto da pod. dal 1151,
da cons. annuali dal 1156, da pod. forestieri v. 1199
– riconosciuta rep. indip. dall'imp. Enrico VI   nel 1186
gov. a comune ghibellino
– istituzione di un consiglio detto dei
«ventiquattro servitori del popolo», 12 guelfi e 12 ghibellini,
con un capit. del popolo (1252) come capo   v. 1236 - 1270
vittoria dei senesi sui fiorentini a Montaperti,
il partito ghibellino trionfa   4/9/1260
i fiorentini vincono i senesi a Colle Val d'Elsa,
Siena si fa guelfa   1269
istituzione di un consiglio
detto dei «Trentasei capitani di parte»
(i nobili ghibellini esclusi 1280)   1271 - 1280
consiglio dei 15 governatori e difensori   ag. 1280 - 30/1/1287
consiglio dei priori e difensori
(in numero di 9, poi di 18 dal 1291)   25/1/1287 - lug. 1291
consiglio dei sei, poi nove govern. e difensori
del comune   1/8/1291 - 25/3/1355
Carlo du. di Calabria,
f. di Roberto d'Anjou re di Napoli, el. sig.   1326 - 3/9/1328
Carlo IV di Lussemburgo (imp. 1355) sig.   1355 - rin. 1355
Nicola (patr. di Aquileia 1350), fr. di Carlo IV, sig.   1355 - dep. 1355
vengono esclusi dal gov. comunale i borghesi ricchi
(Monte dei nove) e si forma la magistratura
dei «Dodici governatori e difensori del comune»
scelti dal popolo minuto   31/3/1355 - dic. 1368
gov. dei «Trenta cons.» stabilito dalla nobiltà   2/9 - 24/9/1368

il consiglio dei dodici è ristabilito
    dal vic. imper. Malatesta da Rimini,
    composto di tre ordini della borghesia,
    cioè il «Monte dei nove», quello dei «Dodici»
    e quello dei «Riformatori»   24/9/1368 - 18/1/1369
viene deposto il vic. imper.   18/1/1369
gli artigiani (popolo minuto) escludono dal gov. il
    «Monte dei dodici» e creano un consiglio
    di 15 difensori del popolo e del comune
    rinnovabili ogni 6 mesi   ag. 1371 - 1385
i nobili, scacciati i popolani, formano un nuovo gov. detto
    dei «Signori priori governatori della città»
    prima in numero di dieci, poi (1387) di undici,
    nom. ogni due mesi
    – parte del gov. ritorna agli artigiani (1/1/1387)   28/3/1385 - 31/7/1390
Gian Galeazzo Visconti (sig. di Milano)
    el. sig. di Siena   lug. 1390 - febb. 1392 e 18/11/1399 - 1/5/1404
riprende la sua indipendenza
    – gov. dei 12 priori,   1/9/1398 - 31/12/1399
    poi di 10 priori   1/5/1404 - 30/4/1459
                  febb. 1392 - 18/11/1399 e 1/5/1404 - 1501
gov. degli undici priori
    con un nobile   1/5/1459 - 31/12/1464 e 1/9/1482 - 22/7/1487
gov. dei dieci priori   1/1/1465 - 30/6/1480
                      1/9/1480 - 31/8/1482
           1/3 - 30/4/1483 e 1/3/1488 - 31/12/1530
gov. dei nove priori   26/6 - 31/8/1480
gov. dei tredici priori   24/7/1487 - 28/2/1488
è occupata da Cesare Borgia du. del Valentinois   1501 - 1502
Pandolfo Petrucci il Magnifico (al soldo di Cesare Borgia)
    sig. di Siena 1502, esiliato 28/1, ritorna   29/3/1502 - 21/5/1512
Borghese, f., sig.   21/5/1512 - dep. 6/3/1515 († 1526)
si crea una balìa di 90 cittadini nom. per 3 anni   1515
Raffaele Petrucci, nip. di Pandolfo (vesc. di Grosseto)   1515 - 1522
Francesco Petrucci, cug.   1522 - dep. 1523
Fabio, f. di Pandolfo Petrucci   1523 - dep. 1525 († 1529)
si libera dalla signoria del Petrucci
    e crea una balìa di 16 cittadini   17/2/1525 - 1532
Alessandro Bichi capo della rep. e partigiano di Francia   1525
è occupata dagli spagnoli a nome di Carlo V imp.   1531 - 1546
il commissario spagn. card. Granvelle
    crea una balìa di 4 cittadini nom. per 2 anni   7/12/1541 - 1546
caduta del gov. arist.
    – gov. dei nove priori e un capit. del popolo   4/3/1545 - 4/3/1546
gov. dei dieci priori   4/3/1546 - 30/10/1548
le truppe spagn. sono cacciate   1546 - 29/9/1547

gli spagnoli ritornano
- Diego Hurtado de Mendoza govern. 29/9/1547 - 3/8/1552
si crea una balìa di 40 cittadini 4/11/1548 - 25/7/1552
gov. dei 13 priori poi ridotti a 8,
   compresi 4 ufficiali di balìa nov. 1548 - 31/1/1560
creazione del «Governo e Capitano di Siena»
   composto di 33 mem. ag. 1552 - ...
l'armata franc. caccia gli spagnoli ed elegge
   govern. per la Francia il card. Ippolito d'Este 25/7/1552 - apr. 1555
si crea una balìa di 20 cittadini nom. per un anno,
   un gonfaloniere, un capit. del popolo e suoi consiglieri
   per 6 mesi e una signoria per 3 mesi 1553
un'armata imper. e fior. la obbliga ad arrendersi a Carlo V
   il quale nomina Filippo II, suo f., vic. imper. 17/4/1555 - 1557
Filippo II re di Spagna la cede in feudo
   con gran parte del suo territorio a Firenze (3/7/1557)
- Cosimo I de' Medici ne prende possesso 19/7/1557
il numero dei priori viene ridotto a 8 febb. 1560
rimangono alla Spagna: Orbetello, Talamone,
   Port'Ercole, Monte Argentario, Porto Santo Stefano
   e Monte Filippo, lo stato dei Presidi 3/7/1557 - 15/7/1710
rimane unita a Firenze di cui segne le sorti (vd. Firenze)
lo stato dei Presidi è conquistato dagli austriaci 15/7/1710 - 18/11/1738
lo stato dei Presidi passa a far parte del regno di Napoli 18/11/1738 - 14/1/1801
lo stato dei Presidi è occupato dai francesi comandati
   dal gen. Pino 14/1 - 28/3/1801
lo stato dei Presidi viene unito al regno d'Etruria (mar. 1801)
   poi al granducato di Toscana
   (congresso di Vienna 9/6/1815) mar. 1801 - giu. 1815

Umbria

a) Perugia[292]

... agli ostrogoti 493 - 537
- occup. da Belisario per l'imp. d'Or. 537 - 546 e 547 - 548
- è presa e distrutta da Totila, re ostrogoto 548 - 553
- all'imp. d'Or. (occupata da Narsete) 553 - 580 e 592 - 593
- ai longobardi 580 - 592 e 593 - 727
- ai bizantini 727
si libera dalla dom. imper.
   e si regge a gov. popolare sotto protezione del papa 727 - 756
i franchi
- re Pipino ne fa donazione al papa
   (confermata da Carlo Magno 773) 756 - ...

si regge a comune libero retta da priori poi dal 1130
    da cons., dal 1177 da pod.

dal 1235 da capit. del popolo	sec. XII - XIII
comune guelfo	sec. XIII - 1370 e 1375 - 1392
passa di nuovo sotto il gov. dei papi	1370 - 1375 e 1392 - 1393
Pandolfo Baglioni capo dei ghibellini	1393 - 30/7/1393
Biordo dei Michelotti (sig. di Orvieto 1391 - 93)	
capo di parte	1393 - 10/3/1398
Ceccolino, fr., capit. di ventura	10/3/1398 - 1400 († 1416)
al du. di Milano	1400 - 1402
al papa di nuovo	1402 - 1409
rep. libera	1414 - 7/7/1416
Andrea Fortebracci detto Braccio da Montone	
(ct. di Foggia, princ. di Capua,	
poi, 1423, di Aquila)	7/7/1416 - giu. 1424
al papa, convenzione tra Martino V e la città	
con predominio dei nobili	29/4/1424 - 1440 e 1445 - 1488
Niccolò Piccinino	1440 - 1445
Braccio Baglioni sig.	1479 - 8/12/1479
Guido Baglioni, nip. di Pandolfo	1488 - 1500
Giampaolo Baglioni, nip., sig.	1500 - 1502, 1503 - 1506 e 1513 - 1520
Carlo Barciglia, pronipote di Guido,	
rappresentante di Cesare Borgia	1502 - ag. 1503 († 1518)
al papa di nuovo, Giulio II abolisce	
il consiglio dei dieci e rimette al potere i priori	1506 - 1513
Gentile (vesc. di Orvieto), f. di Guido Baglioni	1520 - 1522 († 1527)
Orazio, f. di Giampaolo Baglioni	1522 († 1528)
Malatesta, fr.	1522 - 1529
al papa di nuovo	1529 - 1530 e 1536 - 1540
Ridolfo, f. di Malatesta	1531 - 1535 e 1540 († 1554)
soll. dei perugini per la tassa sul sale (v. metà sec. XVI)	
e nomina di 25 cittadini per il gov.,	
la città perde le sue antiche franchigie,	
papa Giulio III però le restituisce i suoi antichi ordini	
rimettendo i priori e i camerlenghi coi consueti onori	21/4/1553
ritorna sotto il gov. dei papi	1540 - 1798 e 1814 - 14/6/1859
è occupata dai francesi (dipar. del Trasimeno 1808 - 14)	1798 - 1814
è occupata dagli austriaci, che invadono gli stati romani	31/5/1849
insurrezione contro il gov. del papa	
– giunta provv. di gov.: Nicola Danzetta, Guardabassi,	
Zeffirino Faina, Baldini, Tiberio Bernardi	14-20/6/1859
duemila svizzeri partiti da Roma	
la occupano per il papa	20/6/1859 - 14/9/1860
il gen. Manfredo Fanti la occupa	
– il commissario regio Gualtiero ne prende possesso	
per Vittorio Emanuele II re di Sardegna	14/9/1860

b) *Spoleto*

... agli ostrogoti	493 - 539 e 543 - 555
ai greci	539 - 543 e 555 - 570
ai longobardi	570 - 774
Alboino la erige in duc. quasi indip.	570
Faroaldo I du.	570 - 592
Ariulfo du. di Spoleto e Camerino	592 - 602
Teodelapio	602 - 650
Attone	650 - 665
Trasmondo I	665 - 703
Faroaldo II, f.	703 - 724
Trasmondo II, f.	724 - 739
Ilderico	739
Trasmondo II di nuovo	739 - 742
Agiprando o Ansprando	742 - 744
Luopo	745 - 752
Unnolfo	752
Alboino	757 - 759
Gisulfo	758 - 763
Teodicio	763 - 773
Ildeprando du. e govern. del papa	774 - 788
dom. franca:	
Guinigisio du. e march.	789 - 822
Suppone I	822 - 824
Adalardo	824
Mauringo	824 - 836
Berengario	836 - 841
Guido I, f. di Lamberto di Nantes	842 - 858
Lamberto I, f.	860 - 871
Suppone II	871 - 874
dom. dei re nazionali:	
Lamberto I di nuovo	875 - 879
Guido II	876 - 882
Guido III, f. di Lamberto I (re d'Italia 889 - 894)	880 - 894
Lamberto II, f. (re d'Italia 891 - 898)	894 - 898
Guido IV (du. di Benevento 895 - 897)	895 - 898
Alberigo	898 - 822
Bonifacio I	923 - 928
Teobaldo I	933 - 936
Anscario d'Ivrea	936 - 940
Sarlione	940 - 943
Uberto di Toscana	943 - 946
Bonifacio II	946 - 953
Teobaldo II	953 - 959
Trasmondo III	959 - 967

Pandolfo I (du. di Benevento 943 - 981)	967 - 981
Trasmondo IV (du. di Camerino 982 - 995)	982 - 989
unione alla Toscana:	
Ugo I (march. di Toscana)	989 - 999
Ademaro	999 - ...
Romano	1003 - ...
Ranieri I (du. di Toscana 1014 - 27)	1010 - 1014
Ugo II	v. 1020 - 1035
Ugo III	1036 - 1043
Bonifacio di Canossa (march. di Toscana 1027 - 52)	1050 - 1052
ct. Matilde, f.a (march. di Toscana 1076 - 1115)	1053 - 56 e 1070 - 82
Vittore II papa	1056 - 1057
Goffredo (du. della Bassa Lorena 1056 - 70)	1057 - 1070
Ranieri II	1082 - 1086
Werner II (Guarniero) di Lenzburg (march. d'Ancona 1095)	1093 - 1119
Guelfo III di Baviera	
(march. di Toscana 1152 - 60 e 1167 - 71)	1152 - 1160
Guelfo VI di Baviera (vic. imper. di Toscana 1160)	1160 - 1167
Guelfo VI di nuovo	1167 - 1171
Ridelulfo d'Urslingen	1172 - ...
Corrado d'Urslingen	1183 - 1190 e 1195 - 1198
Pandolfo II	1190 - 1195
dom. pont.	1198 - 1222
Bertoldo d'Urslingen poi (1228) Reinoldo d'Urslingen du.	1222 - 1228
ritorna in possesso dei papi	1228 - apr. 1808
occup. franc.	2/4/1808 - 22/3/1815
al papa di nuovo	22/3/1815 - 17/10/1860
unione al regno di Sardegna, decreto	17/10/1860

Lazio e Stato pontificio

a) Roma[293]

... gli ostrogoti la tolgono ai bizantini	493 - 9/12/536
ai bizantini di nuovo	9/12/536 - 17/12/546
assediata di nuovo dagli ostrogoti	
che vi entrano	
capitanati da Totila	17/12/546 - 12/3/547 e 549 - mar. 553
Belisario vi rientra coi bizantini	12/3/547 - 549
Narsete pone fine alla dom. gota in Italia	mar. 553
è gov. per i bizantini da un du. o govern. militare[294]	
capo dell'esercito	
(el. dall'imp. poi [600] dal popolo e dal papa)	
dip. dall'esarca di Ravenna (579 - 743 c.)	
e da un prefetto o govern. civile (579 - 600)	sec. VI - 755

la potenza del papato iniziatasi con s. Leone I (440 - 461)
si esplica con s. Gregorio Magno, che acquista
predominio politico e morale ed è considerato sig. v. 590 - 604
comincia a formarsi il nuovo comune
o rep. arist.-militare
con prevalenza del potere militare sul civile,
il prefetto va scomparendo innanzi al «Magister Militum» inizi sec. VII
l'«Exercitus Romanus» con a capo i nobili
acquista importanza e comincia a governare inizi sec. VIII
il comune va rendendosi indip. dall'imp.,
il du. Basilio è cacciato nel 726
e il papa diviene sovrano nominale 727 - 755
con le donazioni di re Pipino alla Chiesa (755)
confermate e aumentate da Carlo Magno (773)
il papa ne diviene sig. pur rimanendo la rep.
– inizio del potere temporale dei papi 755 - 928
tumulto dei nobili capitanati da Toto du. di Nepi contro il papa,
elezione dell'ant. Costantino – il partito papale trionfa 767 - 772
altra rivolta dei nobili per togliere al papa
il potere politico di Roma (799)
– Carlo Magno
ristabilito l'ordine dal papa è cor. imp. 25/12/800
nuova costituzione di Lotario I imp. giurata da papa Eugenio II
(824 - 827) per la comunanza dell'imp. e del papa
nel reggimento dello Stato pont. 824
caduto l'imp. franco (887) sostegno del papato,
l'aristocrazia ne ritorna padrona,
alla testa della rep. si elegge un capo,
il ct. Teofilatto, con tit. di «Senator et Consul»
o «Princeps Romanorum», riconosciuto dal papa
– Teodora, mogl. di Teofilatto, ha tit. di «Senatrix» inizi sec. X
Marozia, loro f.a, dominatrice di Roma
[sp. I. Alberico, soldato di ventura;
II. Guido, margravio di Toscana;
III. Ugo, re di Provenza] succ. v. 914 - dep. 931 († 945)
nuova rep. indip. di nobili, capo Alberigo, f. di Marozia,
accl. «Princeps atque omnium Rom. Senator»
[sp. I. Alda f.a di Ugo re d'Italia; II. Stefania rom.] 932 - 954
Ottaviano, f. di Alberico (dal 956 papa
Giovanni XII) sig. 954 - dep. 4/12/963 († 964)
Ottone I imp. l'assedia e la prende
e fa el. l'ant. Leone VIII
– riv. popolare contro l'imp.,
che la lascia nov. 963 - metà febb. 964
papa Giovanni XII govern. (sinodo contro Ottone I) febb. 964 - 14/5/964
i romani el. Benedetto V che viene esiliato

dall'imp. 1/11/964 - 29/6/965
i nobili capitanati dal prefetto Pietro e il popolo
　con 12 «decarcones» alla testa si sollevano,
　avendo il partito imper. fatto el. Giovanni XIII (965),
　che viene imprig.
　– Ottone I ritorna,
　il papa è liberato e Roma saccheggiata nov. 966 - 972
i romani si sollevano contro Ottone II
　capitanati da Crescenzio (f. di Teodora I)
　cons. di Roma 980
　– viene ucc. (giu. 973) il papa Benedetto VI giu. 973 - 985
il partito imper. fa el. papa Giovanni XV
　che è scacciato dal tribuno Crescenzio 985
Giovanni Crescenzio I, f., patrizio o cons. 985,
　dep. in mag., rist. 29/9/996, dep. e decapitato 28/4/998
Ottone III imp. scende in Italia febb. 996
　e fa el. papa Gregorio V suo cug.,
　cui fa succedere Silvestro II 996 - 999
Ottone III sig. rialza l'autorità del pref.,
　quasi a suo vic.,
　e favorisce il feudalesimo 1001 scacciato († genn. 1002)
cacciato l'imp., Gregorio ct. di Tuscolo
　nip. di Alberico è el. capo della rep. risorta 16/2/1001 - 1002
i nobili si fanno più potenti
　– si riprende l'ufficio di patrizio 1002
il partito nazionale s'impadronisce del gov.
　– Giovanni II, f. di Crescenzio I,
　patrizio e capo supremo della rep. 1002 - 1012
Alberico II, ct. di Tuscolo, gran cons. e «duce»,
　capo della rep. [sp. Alda, f.a di Ugo, re d'Italia] v. 1012 - 1015 c.
Romano di Tuscolo, alla testa dei nobili, cons.,
　«duce» e sen., gov. Roma prima col fr. papa Benedetto VIII
　poi da solo (1024), el. papa (Giovanni XIX) v. 1015 - 9/11/1033
... ct. di Tuscolo, fr. di papa Benedetto IX, sen. v. 1033 - 1046
Enrico III di Franconia viene in dic.,
　assume il diritto di el. dei papi,
　è cor. imp. e fa el. Clemente II tedesco dic. 1046 - 1047
Annibale degli Annibali (?) sen. v. 1048 - ...
un pref. e cons. alla testa dei nobili maggiori e del senato 1058 - 1108
papa Niccolò II istituisce il collegio dei card.
　e dà forma monarchica alla chiesa 1059
si fa guerra all'ant. Gregorio II (1064) che è vinto
　– i nobili restano padroni di Roma 1064
viene el. papa Gregorio VII che vieta al clero
　di ricevere investiture dai laici (1075) e
　libera la chiesa dall'imp. e dal popolo 1073 - 1084

l'imp. Enrico IV, umiliato a Canossa (1077),
la assedia (1081), vi entra nel mar. 1084 e
forma un nuovo gov. con Clemente III ant.
– Gregorio VII, imprigionato,
è liberato da Roberto Guiscardo
– imp. e ant. fuggono   1084 - 1085
Pierleone e Leone Frangipane cons.,
govern. assieme al pref.   1108 - 1143
i romani insorgono contro i nobili maggiori
– procl. la rep. e ricostituiscono il senato
coi nobili minori e il popolo,
è dichiarato decaduto il potere temporale del papa   1143
Giordano Pierleoni, gonfaloniere coi poteri giudiziari del pref.,
el. capo della rep. con 56 sen.   1144 - 1145
riforma del senato dal quale sono cacciati i nobili,
abolito il patrizio, ripristinato il pref.,
i sen. investiti dal papa, il quale riconosce la rep.   1145 - 1152
Giacomo da Vico (sig. di Viterbo e d'Orvieto) nom. pref.   1146 - 1152
nuova riforma del senato composto di 100 sen. con due cons.,
uno per gli affari interni, l'altro per gli esterni   1152 - 1191
la rep. continua ad avversare il papa
– predicazione di Arnaldo da Brescia
– interdetto lanciato su Roma   1154 - giu. 1155
Pietro I da Vico, f. di Giacomo, pref. poi (1167)
Giovanni suo f., pure pref.   1158 - 1178
accordo tra il papa e l'imp., che rinun. alle sue pretese su Roma
– Alessandro III è riconosciuto legittimo papa
e princ. indip. di Roma, torna a nominare i pref.
(tratt. di Venezia)   1/8/1177
Pietro II, f. di Giovanni I, pref.
– si sottomette al papa, 1198   1186 - 1228
riv. popolare
– il senato divenuto arist. è abolito
– el. di un solo sen. Benedetto Carissimus o Carus Homo,
plebeo (dep. 1193)
– demolizione di Tuscolo e fine di quella potente famiglia   1191 - 1193
Giovanni Capoccio, nobile sen. 1193 - 1195,
poi ... Pierleoni sen. dal 1195   1193 - 1195
nuova riv. popolare
– è ripristinato il senato, con 56 sen.
quasi tutti baroni feudali
con un pref.   1197
Scotto Paparone sen. unico nom. dal popolo   1198
Innocenzo III el. un «mediano», il quale nom.
un nuovo senato che giura fedeltà al papa   1198
Pandolfo della Suburra nom. sen. dal papa   1199 - 1204

Gregorio Pierleoni Rainerio nom. sen. dal papa   apr. - rin. nov. 1204
i romani formano un gov. di «Buoni Uomini»
   opposto a quello creato dal papa   1204
il papa nom. ancora 56 sen.   nov. 1204 - apr. 1205
Pandolfo della Suburra sen. nom. dal papa   apr. 1205 - 1207 (?)
Giovanni di Leone 1207, Gentile 1212,
   Giovanni del Giudice 1213 sen.   1207 c. 1213
Pietruccio di Settisolio, Giovanni degli Alberteschi,
   Guido Buonconte sen.   1213 - 1215
Pandolfo, f. di Gian Pietro Giudice sen.   1216
Nicola di Parenzi 1217, Lorenzo de Processu 1218,
   Stefano Malabranca 1219 sen.   1217 - 1219
Giacomo di Ottone di Franconia, poi Parenzo de' Parenzi sen.   1220
l'imp. Federico II, cor. a Roma 22 nov.
   conferma alla chiesa il possesso degli stati della marca
   d'Ancona e di quelli lasciatigli dalla ct. Matilde   nov. 1220
Annibale e Buonconte de' Monaldeschi di Orvieto sen.   1222
Buonconte de' Monaldeschi sen.   1225
Parenzo de' Parenzi di nuovo sen.   mag. - rin. v. nov. 1225
Angelo de' Benincasa sen.   v. nov. 1225
Anibaldo degli Anibaldi, rom., sen.
   – i nobili ghibellini si oppongono al papa,
   il popolo comincia a sottomettere le città del Lazio alla rep.   1227
Eude o Oddone, f. di Pietro, rom., sen.   1228
Riccardo e Antonio Calisti, rom., sen.   1229
Anibaldo Anibaldi, rom., sen. 1230 - 31
   – Giovanni II da Vico, f. di Pietro II, pref.   1230 - 1231
Giovanni de' Poli vice-sen. e capit., poi sen.   1231 - 1233
la rep. insorge contro papa Gregorio IX
   costretto a lasciarla   1/6/1231 - 1233
i nobili, fatti potenti, si dividono in partiti,
   guelfo (capi gli Orsini), e ghibellino (capi i Colonna)
   e si nom. due sen. per le due fazioni
   chiamandole ambedue al potere   1233
Pandolfo della Suburra e Giannotto di Oddone sen.   1233
si ritorna a un solo sen. alternando
   gli Orsini coi Colonna   1234
Luca Savelli, nip. di papa Onorio III, sen.   1234 - primavera 1235
con l'aiuto di Federico II si conclude una pace
   fra il papa e la rep. che rinunzia alle pretese
   di sottomettere il clero e il territ. urbano   1235
Angelo Malabranca poi Giovanni Cenci Frangipane
   sen.   primavera 1235 - 1236
Petrasso ct. dell'Anguillara e Annibale degli Anibaldi sen.   1237
si eleggono due sen., uno guelfo e uno ghibellino
   per le due fazioni dei nobili

– Giovanni de' Poli guelfo e Giovanni Cenci
ghibellino maggiore   mag. 1237
Giovanni de' Poli guelfo e Oddone Colonna ghibellino, sen.   ... - ott. 1238
Giovanni del Giudice guelfo (pod. di Firenze 1234) solo sen.   nov. 1238
Annibale degli Annibaldi e Oddone Colonna sen.   v. genn. - mag. 1241
Matteo Rossi-Orsini,
   f. di Gio. Gaetano Orsini (guelfo), solo sen.   mag. 1241 - 1243
Annibale degli Annibaldi e Napoleone Orsini sen.   mar. (?) 1244 - 1245
Pietro Frangipani sen. 1246.
– Pietro III (ct. dell'Anguillara) pref.   1244 - 1262
Bobo, f. di Giovanni sen., e Pietro Caffaro, prosenatori   1247
Pietro Annibaldi e Angelo Malabranca sen.   1248
Raimondo Capizuccio, rom., sen.   1252
la rep. elegge un sen. forestiero con ampi poteri:
   Brancaleone degli Andalò ct. di Casalecchio,
   ghibellino, sen. e capit. del popolo
   [promuove la costituzione delle arti]   ag. 1252 - ag. 1254
[Jacopo Capoccio e Buonconte de' Monaldeschi sen.   1255]
[Martino della Torre di Milano sen.   rin. 1256]
Emanuele de Madio bresciano guelfo creatura dei nobili, sen.   1256 - 1257
le arti cacciano i nobili dal gov. e mettono in fuga il papa
– Brancaleone degli Andalò è richiamato   1257 - 1258
Castellano degli Andalò, zio di Brancaleone,
   el. dal popolo   1258 - dep. primavera 1259
due sen. rom.: Napoleone Orsini e Riccardo degli Annibaldi,
   el. dal papa   1259
Giovanni Savelli e Annibale Annibaldi sen.   v. 1260 - apr. 1261
gov. provv. dei «Boni Homines» incaricati di rivedere
   gli statuti, riordinare la città, el. i sen.   1261 - 1263
Pietro IV, nip. di Pietro III Vico, pref.   1262 - 1268
Carlo I d'Anjou (re di Sicilia 1265)
   el. sen. per il papa dal partito guelfo
   entra in Roma 1265 e 28/6 riceve l'investitura
   di Roma, di Napoli e la corona   ag. 1263 - rin. mag. 1266
Luca Savelli, padre di papa Onorio IV, sen.   1266
il popolo insorge e costituisce un gov. dem. di 26
   «Boni Homines» con Angelo Capocci ghibellino,
   per capit. don Arrigo, f. di Ferdinando III di Castiglia,
   el. sen.   1267 - ag. 1268
Carlo I d'Anjou di nuovo sen.   16/9/1268 - 16/9/1278
Pietro V da Vico, f. di Pietro IV, pref.   1272 - 1302
Matteo Rossi-Orsini II el. sen. da papa Nicolò III, suo fr.   1278
nuova costituzione del papa che stabilisce non potersi el.
   sen. alcun princ., imp., ct. straniero   18/7/1278
Giovanni Colonna I e Pandolfo Savelli el. sen.   ott. 1279 - 1280
Pietro de' Conti e Gentile Orsini, f. di Bertoldo, sen.   1280

Carlo d'Anjou re di Sicilia di nuovo sen.
- Filippo di Lavena, Guglielmo d'Etendard
e Goffredo de Dragona pro-sen.   1281 - 22/1/1284
il popolo capitanato dagli Orsini
insorge e ricostituisce il gov. popolare
- Giovanni di Cencio Malabranca parente degli Orsini
el. capit. e difensore di Roma
- gov. la città col sen. e col priore delle arti (1282)
- si ritorna ai due sen. rom. (1284):
Annibale Annibaldi e Pandolfo Savelli   1284 - 1285
Pandolfi Savelli e Annibale Transmundo sen.   1285
papa Onorio IV († 1287) el. sen. a vita
- Gentile Orsini sen. dal 1286   1285 - 1287
Bertoldo Orsini I, nip. di papa Niccolò III,
ct. di Romagna, sen.   dic. 1288 - 1289
Orso Orsini I e Niccolò de' Conti sen.   sett. 1288
Nicola Conti e Luca Savelli sen.   genn. 1290
Giovanni Colonna I sen. e sig.   sett. 1290
Pandolfo Savelli di nuovo sen.   1291
Stefano Colonna I ct. di Romagna e Matteo Rinaldo Orsini sen.   1292
Agapito Colonna e un Orsini sen.   mar. 1293
Pietro Raineri de' Stefaneschi
ed Eude di S. Eustacchio sen.   ott. 1293 - 1294
Tommaso da San Severino ct. di Marsico sen.   1294
Ugolino de' Rossi di Parma sen.   1295
Pietro de' Stefaneschi e Andrea Romano di Trastevere sen.   1296
Pandolfo Savelli di nuovo el. sen. dal papa   13/3/1297 - 1298 († 1306)
Eude o Oddone di Sant'Eustacchio sen.   1298
Riccardo Annibaldi e Gentile Orsini sen.   1300
Giacomo Napoleone Orsini e Matteo Rinaldi Orsini sen.   giu. 1302
Guido de Pileo sen.   19/1/1303
gli Orsini, guelfi, se ne fanno padroni   1303
Tebaldo, f. di Matteo Orsini, e Alessio Bonaventura sen.   11/6/1303
Gentile Orsini e Luca Savelli sen.   1304
viene eletto un capit. del popolo[295]
con tredici anziani e un sen., Paganino della Torre   1305 - 1306
Gentile Orsini e Stefano Colonna II sen.   II sem. 1306
Pietro Savelli e Giovanni Normanni sen. per 6 mesi   9/3/1307
Pietro Savelli e Giovanni Cerese sen.   ag. 1307
Riccardo degli Annibaldi e Giovanni Colonna sen.   1/11/1307 - 1308
Giacomo Sciarra Colonna e Giacomo Savelli sen.   15/4/1308
Manfredi, fr. di Pietro V da Vico, pref.   1308 - 1337
papa Clemente V trasferisce la sede del papato ad Avignone   21/3/1309
Giovanni Pietro de' Stefaneschi e Tebaldo di S. Eustachio
sen.   27/6 e 13/9/1309
Fortebraccio Orsini e Giovanni degli Annibaldi sen.   1310 - dep. 19/5/1310

il papa lascia libera facoltà ai rom.

di darsi il gov. che desiderano   1310
i nobili si oppongono alle mire di Arrigo VII
di restaurare l'impero
– gli Orsini, alleati con Roberto di Napoli,
occupano Castel S. Angelo e Trastevere   1310
Luigi di Savoia (Riccardo Orsini e Giovanni
Annibaldi vic.) sen.   1/8/1310 - nov. 1311[296]
Giovanni di Savigny capit. del popolo   1312
nuova ricostituzione del gov. in forma dem.
esclusi del tutto i nobili   1312
tumulto popolare – Giacomo Arlotti de' Stefaneschi el. capit.
del popolo con un consiglio di 26 «Buoni Uomini» poi sen.   1312 - 1313
Francesco Orsini e Giacomo Sciarra Colonna sen.   ott. 1312
i nobili fuorusciti abbattono il gov. popolare
ponendo fine al partito ghibellino
– l'Orsini e Sciarra Colonna di nuovo sen.   fine febb. 1313
Roberto d'Anjou, re di Napoli, el. sen. dal papa,
gov. in suo nome   1314 - 1326
vic. regi: Poncello Orsini   1314
Guglielmo Scarrer   1314 - 1315
Gentile Spinola   1315
Tebaldo Orsini e Riccardo Annibaldi   1316
Rinaldo de Lecto   1317
Nicolò de Jamvilla e Roberto de Lentino   1318
Giovanni Alkerutii Bobonis, poi Guglielmo Scarrer   1319 - 1320
Giordano Orsini e Stefano Colonna II   1320
Annibale Riccardi e Riccardo Orsini   1321
Giovanni Savelli e Paolo de' Conti   1322
Stefano de' Conti e Stefano Colonna I,
poi Bertoldo Orsini II e Stefano Colonna I   1323
Bertrand de Baux, Guglielmo Eboli, Annibale di Ricciardo,
Giovanni de' Stefaneschi, Buccio di Processu
e Orsino Orsini   1324
Francesco Bonaventura e Giovanni de' Conti   1324 - 1325
Giacomo Savelli   1325
Romano Orsini e Riccardo Frangipani,
poi Francesco dell'Anguillara   1326
il popolo insorge: forma un nuovo gov. dem.
– Giacomo Sciarra Colonna ghibellino capit. del popolo
con un consiglio comunale di 52 popolani,
poi Giacomo Savelli sen.   v. apr. 1327 - rin. ag. 1328
Lodovico IV il Bavaro (cor. imp. da Sciarra
Colonna 17/1) el. sen. e capit. del popolo   11/1 - 4/8/1328
Castruccio Castracani degli Antelminelli
(sig. di Pisa e Lucca 1328) vic. imper. e sen.   18/1 - 1/2/1328

Rainero della Faggiuola, f. di Ugo, sen.   mag. 1328
cade il gov. dem. – nuovo gov. di sen. nobili   4/8/1328 - 1338
Bertoldo Orsini e Stefano Colonna sen. inviati dal papa   8/8/1328
Roberto d'Anjou re di Napoli di nuovo sen.   18/8/1328 - 1333
Guglielmo di Eboli e Novello di Monte Scabioso
    vic. regi   18/8/1328 - 4/2/1329
Napoleone Orsini III e Stefano Colonna I
    sindaci del popolo   4/2/1329
Bertoldo Orsini III ct. di Nola e Bertoldo di Poncello Orsini
    vic. regi poi sen.   giu. 1329
Giovanni d'Anjou ct. di Gravina, fr. del re di Napoli,
    sen. e vic. regio   1330
Buccio di Giovanni Savelli e Francesco de' Stefaneschi vic. regi   1331
Stefano Colonna I e Niccolò Stefano de' Conti vic. regi   1332
Simone de Sangro vic. regio e Raimondo di Loreto, pro-sen.   1333 - 34
Riccardo Fortebraccio Orsini e Giacomo Colonna sen.   giu. - sett. 1335
commissari delegati dal popolo   1336
Patrasso ct. dell'Anguillara e Annibaldo Annibaldi
    vic. regi (4/3)
    – Stefano Colonna e Orso dell'Anguillara sen.   1337
papa Benedetto XII el. dal popolo sen. e capit. a vita   lug. 1337 - apr. 1342
Giacomo di Cante dei Gabrielli
    e Bosone Novello dei Raffaelli da Gubbio
    sen. delegati dal papa   15/10/1337
si eleggono 13 priori delle arti,
    un gonfaloniere di giustizia e un capit. del popolo   1338
il papa nom. ancora due sen.   1338
Matteo Orsini e Pietro Colonna sen. per il papa   2/10/1338 - lug. 1339
sommossa popolare, nuovo gov. dem. (1338 - 42),
    Giordano Orsini e Stefano Colonna rettori   lug. 1339
Tebaldo di S. Eustachio e Martino de' Stefaneschi
    sen. per il papa   1/3 - 1/9/1340
Orso dell'Anguillara e Giordano Orsini
    sen. fino a sett. 1341
    poi Francesco Orsini e Paolo Niccolò degli Annibaldi
    poi Francesco Savelli e l'Annibaldi   1341
papa Clemente VI el. sen. a vita   1342 - 6/12/1352
Stefano Colonna e Bertoldo Orsini vic. 1342,
    poi Matteo Orsini e Paolo Conti sen.   1342 - 1343 - lug. 1344
Giordano Orsini e Giovanni Colonna sen.   1/7 - 31/12/1344
Bertoldo Orsini e Orso dell'Anguillara (I sem.)
    poi Rainaldo Orsini e Nicola Annibaldi (II sem.)   1345
Orso Orsini e Nicola Conti (I sem.)
    poi Nicola Annibaldi e Giordano Orsini (II sem.)   1346
Roberto Orsini e Pietro di Agapito Colonna (I sem.)   1347
riv. popolare

– Cola Rienzi (Gabrini) el. tribuno e ditt. del popolo
«liberatore della Sacra Repubblica Romana»   19/5 - dep. 15/12/1347
ripristinata l'autorità del papa   19/12/1347
Bertoldo Orsini e Luca Savelli sen. per il papa   genn. 1348
Nicola de Zancato cavaliere di Anagni
    e Guido Francesco Orsini sen.   1349
Pietro Colonna Giordani e Giovanni Orsini
    poi Rinaudo Orsini e Stefanello Colonna (el. 14/9)   1350 - febb. 1351
riv. popolare
    – Giovanni Cerroni capit. e ditt. per il popolo   26/12/1351 - sett. 1352
Bertoldo Orsini e Stefanello Colonna sen.
    non approvati dal papa, che manda il card. Albornoz
    e ripristina lo Stato della chiesa   1352
Giovanni Orsini e Pietro Sciarra sen.   1352
Francesco Baroncelli el. tribuno e ditt.   14/9 - dic. 1353
l'Albornoz ottiene il gov.   1353
Guido Giordani patrizio (Guido dell'Isola) sen. del papa   1353 - 1354
Cola Rienzi el. sen. riprende il gov.   5/8 - 8/10/1354 ucc.
Orso Andrea Orsini e Giovanni Tebaldi di S. Eustacchio
    (I sem.), Luca Savelli e Francesco Orsini (II sem.) sen.   1355
l'Albornoz sottomette i tiranni di Rimini, Fano,
    Fossombrone, Pesaro, Urbino ecc.   1355 - 1356
Sciarra Colonna e Nicola Orsini (I sem.),
    Orso e Pietro Capoccio de' Capocinis (II sem.) sen.   1356
Pietro Giordani Colonna e Nicola Riccardi degli Annibaldi
    (I sem.) sen.   1357
papa Innocenzo VI nom. sen. a vita
    – Giovanni Conti delegato dal papa (I sem.)
    Raimondi de' Tolomei di Siena (II sem.) sen.[297]   1358
Luigi Rocca di Pisa (I sem.)
    – Ungaro di Sassoferrato (II sem.) sen.   1359
Tommaso de Planciano, di Spoleto sen.   1360
si creano i sette riformatori della rep. che ne sono veramente
    i capi el. a sorte di tre in tre mesi
    – la milizia viene ricomposta popolar. sotto due banderesi
    con accanto quattro antepositi   1360
Ugo di Lusignano princ. di Galilea el sen. dal papa, 24/8/1360,
    entra in carica   mar. 1361
Paolo de Argento ct. di Campello, di Spoleto,
    sen. e capit. del popolo   autunno 1361
Lazzaro de' Cancellieri di Pistoia sen.   1362
Rosso de' Ricci di Firenze (I sem.),
    Guelfo dei Bostenti di Prato (II sem.)
    sostenuti da Bonifacio de' Ricciardi di Pistoia sen.   1363
Francesco Ugolini degli Arcipreti di Perugia sen.   1364 - 1365
gov. dei sette riformatori con due banderesi[298]

1365 Giovanni (Nanni) de Rodio d'Aquila (I sem.),
Bindo de Bardi di Firenze (II sem.) 1366
papa Urbano V sig. abolisce l'ufficio dei riformatori
e dei banderesi sostituendovi tre conservatori[299] ott. 1367
Biagio Ferdinando de Belvisio poi Berardo Monaldeschi
di Orvieto sen. 1367
Bertrando de' Rainardi (I sem.),
Gentile da Varano di Camerino (II sem.) sen. 1368
Luigi de Sabran ct. d'Ariano e d'Apice sen. giu. - nov. 1369
Bernardo Corrado de' Monaldeschi d'Orvieto sen. 1369 - lug. 1370
il papa Urbano V ritorna ad Avignone (ove † 19/12) apr. 1370
gov. dei tre conservatori col potere politico dei riformatori lug. 1370 - 1371
vengono ripristinati i banderesi
con nome di «Executores Justitiae»
e i quattro antepositi che si chiamano «Consiliarii»
– papa Gregorio XI el. sen. a vita,
Giovanni de Malavolti di Siena sen. el. dal papa 1371
Raimondo de' Tolomei di Siena (II sem.) sen. 1372
Pietro de Marina da Recanati (I sem.),
Fortunato Rainoldi da Todi (II sem.) sen. 1373
Antonio da San Raimondo (I sem.) sen. 1374
Francesco ct. di Campello di Spoleto (II sem.) sen. 1375
Simeone de' Tommasi di Spoleto (II sem.) sen. 1376
Giovanni Cenci è nom. capit. del popolo
con potere supremo nel Patrimonio e nella Sabina febb. 1376
gov. dei banderesi coi conservatori, gli esecutori,
gli antepositi e i due consigli 1376 - 1377
papa Gregorio XI trasferisce la sede dei papi
da Avignone a Roma 17/1/1377
Gómez Albornoz, nip. di Gil,
poi Guido de Prohinis sen. 1377 - 1378
papa Urbano VI sig. mar. 1378 - 15/10/1389
Tommaso da San Severino sen. 1378,
poi conservatori e banderesi 1378 - 1379
Guglielmo de Martamanis di Napoli,
poi Brancaccio di Bonaccorsi di Monte Melone,
poi Bartolomeo de Riccomanno di Siena sen. 1378 - 1379
Giovanni Cenci rom. poi Pietro Lante di Pisa sen. 1380 - 81
poi Ragante de Tudinis di Massa sen. 1380 - 1381
Tommaso Minotti de Angelellis di Bologna sen. el. 23/7/1382
conservatori e banderesi 1383 - 1389 e 1389 - 1391
Damiano Cattaneo di Genova sen. 1389
poi Giovanni Cenci rom. sen. 1389 - 1392
conservatori e banderesi 1393 - ag. 1398
– Angelo Alaleoni vice-sen. 1398
abolito di nuovo l'ufficio dei banderesi

– si ritorna al sen. forestiero coi tre conservatori
Malatesta de' Malatesti di Rimini

el. sen. da papa Bonifacio IX sig.	ag. 1398
Angelo Alaleoni poi Zaccaria Trevisan di Venezia sen.	1399
Benuttino Cima di Cingoli poi Bartolomeo Carafa di Napoli (el. 28/4) sen.	1400
Pier Francesco de' Brancaleoni di Castel Durante poi Antonio Avuti ct. di Monteverde sen.	1401
Pier Francesco De' Brancaleoni sen.	1402
Riccardo d'Agnello di Salerno sen.	1403
Giacomo di Montedolce poi Bente dei Bentivogli da Bologna sen.	1404 - 1405
si nominano sette govern. della libertà e della rep. rom.	ott. 1404 - 1405
Francesco Panciatichi di Pistoia sen.	30/10/1405
Pier Francesco de' Brancaleoni di Castel Durante sen.	5/11/1406 - 1407
Giovanni Cima da Cingoli sen. poi gov. dei tre conservatori	1407
ripristinato il reggimento dei banderesi	11/4 - 21/4/1408
Ladislao re di Napoli sig.	21/4/1408 - 4/1/1410
Giannezzo Torti sen. a nome di re Ladislao	23/4/1408 - 4/1/1410
Ruggero di Antigliola di Perugia sen.	15/7/1410 - 1411
Riccardo degli Alidosi d'Imola sen.	27/8/1411 - ag. 1412
Giacomo Paoli ct. di Podio di Foligno sen.	13/8/1412 - 1413 (?)
Felicino de Hermannis ct. di Monte Giuliano sen.	apr. (?) - giu. 1413
Ladislao re di Napoli sig. – Niccolò de Diano sen.	8/6/1413 - 6/8/1414
Giovanni Torti poi Antonio de' Grassi sen.	1/1 e 4/3/1414
Pietro di Matuzzo tribuno del popolo	10/9 - dep. 26/10/1414
restaurato dal papa il gov. dei conservatori – Giacomo Isolani card. legato	19/10/1414
Riccardo degli Alidosi d'Imola sen.	6/10/1415
Giovanni Alidosi sen.	1416
Braccio da Montone di Perugia «defensor Urbis» – Ruggero ct. di Antigliola sen.	16/6 - 26/8/1417
Giovanni Spinelli di Siena sen.	27/8/1417 - genn. 1418
gov. dei tre conservatori 1418 – Ranuccio Farnese sen.	27/4/1419
Nerio Vettori di Firenze, poi Baldassare ct. di Bardella d'Imola sen. el. dal papa	27/11/1420
Stefano de' Branchis di Gubbio e Giovanni Nicolai Salerno veronese sen.	1421
Bartolomeo Gonzaga di Mantova e Battista dei ct. di Pianciano (pod. di Firenze 1403) sen.[300]	1422
accl. di nuovo la rep., restaurati i banderesi con sette govern. della libertà	29/5 - 26/10/1434
dom. del papa con due sen. poi uno solo annuale come capo di una larva di rep.	25/10/1434 - 10/2/1798
i franco-cisalpini col gen. Berthier la occupano	10/2/1798

per ordine di Napoleone I,
  Pio VI è rapito dal Vaticano
  e condotto a Valence   20/2/1798, ove † 29/8/1799
procl. della Rep. romana
  – gov. dei cons.   15/2 - 27/11/1798
gov. dei cinque cons.   20/3 - sett. 1798
nuovo consolato   sett. - 27/11/1798
i napoletani la occupano (27/11) – gov. provv.   29/11 - 12/12/1798
ristabilito il consolato   12/12/1798 - 24/6/1799
comitato di gov. di 5 membri, Périller pres.   24/6 - 30/9/1799
i napoletani vi rientrano (30/9) – gov. provv.   3/10/1799
i napoletani la lasciano – rist. il gov. del papa
  – Pio VII vi entra nel luglio 1800   23/6/1800 - 2/4/1809
Napoleone I la fa occupare (2/2)
  con le legazioni di Urbino, d'Ancona,
  di Macerata e Camerino   febb. 1808
Pio VII esule e prigioniero a Grenoble,
  poi 6/7/1809 a Savona, 1812 - 14 a Fontainebleu   5/7/1808 - 24/5/1814
Napoleone I unisce Roma e il Lazio alla Francia   17/5/1809 - 24/5/1814
Pio VII vi rientra   24/5/1814 - 22/3/1815
Joachim Murat re di Napoli la fa occupare
  – Pio VII si ritira a Genova   22/3 - 22/5/1815
gli austriaci comandati dal gen. Nugent la occupano   22/5 - 2/6/1815
restaurato il gov. del papa 7/6, gli sono rese
  le prov. romane   18/7/1815 - 5/2/1849
apertura della costituente (5/2)
  – procl. della Rep. romana, triumviri:
  Armellini, Montecchi, Saliceti,
  poi (29/3) Mazzini, Saffi, Armellini   9/2 - 4/7/1849
i francesi vi ristabiliscono il potere temporale
  e l'autorità del papa   14/7/1849 - 20/9/1870
le truppe italiane la occupano (gen. Cadorna)[301]   20/9/1870
giunta provv. di gov. di Roma e prov.   24/9 - 9/10/1870
Roma e le prov. rom. sono ann.
  al regno d'Italia (plebiscito 2/10) con decreto   9/10/1870
la capitale d'Italia è trasferita da Firenze a Roma, legge   3/2/1871
entrata di Vittorio Emanuele II   2/7/1871
cessa il dissidio fra il papa e il gov. italiano
  per l'occup. di Roma alla
  firma del concordato di conciliazione   11/2/1929

b) *Viterbo*

... al papa per donazione di re Pipino   755 - 1095
si regge a comune indip.   1095 - 3/5/1291

è assoggettata al comune di Roma e giura vassallaggio
ai sen.	3/5/1291 - 1328
Silvestro de' Gatti ghibellino sig.	
(dep. dall'imp. Lodovico IV)	1328 - dep. 1329
Faziolo di Vico, f. nat. di Manfredi di Vico († 1337), sig.	1329 -1338
Giovanni I di Vico, f. di Manfredi	
sig. di Viterbo, Orvieto e Civitavecchia	1338 - 1354 († 1367)
il card. Gil Albornoz la occupa per il papa	1354 - 1375
Francesco di Vico	1375 - 1387
ritorna al papa	1387 - 1391
Giovanni II Sciarra di Vico, nip. di Giovanni I	
(dal fr. Sciarra), sig. di Viterbo e Civitavecchia	1391 - 1395 († 1430)
passa ancora ai papi	1395 - 1413
Giovanni de' Gatti poi, dal 1438, suo f. Princivalle	1413 - 1454
Antoniaccio de' Gatti	1454 - 1461
ritorna in potere dei papi	1461 - 12/9/1870
le truppe italiane la occupano (gen. Ferrero)	
per il re Vittorio Emanuele II	12/9/1870

Campania, regno di Napoli e Puglie

a) *Napoli*[302]

... agli ostrogoti 493 - 536 – ai bizantini (Belisario)	536 - 543
agli ostrogoti di nuovo (Totila)	543 - 553
ai bizantini ancora	553 - sec. VII
gov. dei du. bizantini (indip. dal 755)	sec. VII - 1027
du.:	
Basilio	661 - 666
Teofilatto I	666 - 670
Cosmas	670 - 673
Andrea I	673 - 677
Cesario I	677 - 684
Stefano I	684 - 687
Bonello	687 - 696
Teodosio	696 - 706
Cesario II	706 - 711
Giovanni I	711 - 719
Teodoro	719 - 729
Giorgio	729 - 739
Gregorio I	740 - 755
du. indip.:	
Stefano II	755 - 766
Gregorio II	767 - 794
Teofilatto II	794 - 801

Antimo	801 - 818
Stefano III	821 - 832
Bono	832 - 834
Leone	834
Andrea II	834 - 840
Contardo	840
Sergio I Contardo	840 - 860
Gregorio III	864 - 870
Sergio II	870 - 877
Atanasio	877 - 898
Gregorio IV	898 - 915
Giovanni II	915 - 919
Marino I	919 - 928
Giovanni III	928 - 968
Marino II	968 - 975 (?)
Sergio III	975 - 999 (?)
Giovanni IV	999 (?) - 1002
Sergio IV	1002 - 27 (vd. Aversa)
unione al principato di Capua	1027 - 1030
Sergio IV di nuovo	1030 - 1036
Giovanni V	1036 - 1050
Sergio V	1050 - 1082 (?)
Sergio VI	1082 - 1097 (?)
Giovanni VI	1097 (?) - 1120
Sergio VII (ultimo du. bizantino)	1120 - 1137

il duc. viene riunito al regno di Sicilia
   sotto il normanno Ruggero II d'Altavilla
   e successori (vd. Sicilia) — 1137 - 2/9/1282

Carlo I d'Anjou, f. di Luigi VIII re di Francia
   (ct. di Provenza 1246, sen. di Roma 1263,
   re di Sicilia e Napoli 1266 - 82)
   [sp. Margherita di Borgogna Nevers],
   re del Napoletano soltanto — sett. 1282 - 7/1/1285

Carlo II, lo Zoppo, f. (ct. di Provenza 1285),
   re di Napoli (prig. 1285 - 97), regg.
   durante la prigionia il f. Carlo Martello
   e l'alta direzione del papa [sp. Maria († 1303),
   sor. ed erede di re Ladislao IV d'Ungheria] — 7/1/1285 - 5/5/1309

Roberto, il Saggio, f. (ct. di Provenza 1309)
   [sp. Jolanda d'Aragona, f.a di Pietro III] re,
   investito dal papa in ag. 1309, succ. — 5/5/1309 - 26/1/1343

Giovanna I, nip., f. di Carlo d'Anjou du. di Calabria
   (ct. di Provenza 1343), succ. sotto tut.,
   col marito Luigi di Taranto 1352 - 62[303],
   regina di Napoli — 16/1/1343 - dep. 26/8/1381
   († 22/5/1382)

Luigi, il Grande, f. di Caroberto d'Anjou
(re d'Ungheria 1342, di Polonia 1370)
us.   dic. 1348 - dep. dic. 1349 († 11/9/1382)
Carlo III di Durazzo, il Piccolo o della Pace,
  f. di Luigi ct. di Gravina (re d'Ungheria 1385),
  procl. re 2/6, la occupa   16/7/1381 - 24/2/1386
[Luigi I d'Anjou, f. di Giovanni II re di Francia,
  compet. di Carlo III, re titolare   giu. 1382 - († 20/9/1384)]
Luigi II, f. di Luigi I d'Anjou (ct. di Provenza),
  re titolare 14/7/1386
  vi entra   1/11/1389 - dep. febb. 1400 († 29/4/1417)
Ladislao (Lanzilao), f. di Carlo III di Durazzo,
  regg. la madre Margherita fino al 1400,
  re nominale febb. 1386, di fatto   10/7/1400 -3/8/1414
Giovanna II d'Anjou-Durazzo, sor. di Ladislao,
  Pandolfello Piscopo detto Alopo, † 1/10/1415,
  poi Giovanni Caracciolo, † 18/8/1432, min.
  [sp. Guglielmo d'Austria], succ.   3/8/1414, cor. 28/10/1419 - 2/2/1435
Giacomo di Borbone (ct. della Marca 1393),
  II marito (1415) di Giovanna II,
  usurpa il trono   10/10/1415 - dep. ott. 1416 († 1438)
Luigi III d'Anjou (du. di Calabria), f. di Luigi II,
  re collega di Giovanna II
  [sp. Margherita di Savoia]   1424 - v. 15/11/1434
i napoletani eleggono una balìa di venti cittadini
  che governano insieme col consiglio regio   15/2/1435
[Renato d'Anjou, il Buono, fr. di Luigi III (du. di Lorena 1431,
  ct. di Provenza 1434), regg. Isabella di Lorena sua mogl.,
  dal 18/10/1435 al 19/5/1438,
  re titolare febb. 1435 dep.   12/6/1442 († 10/7/1480)]
Alfonso I d'Aragona, il Magnanimo, f. di Ferdinando I
  (re d'Aragona e Sicilia 1416) re   12/6/1442 - 27/6/1458
Ferdinando I, il Bastardo, f. nat.
  [sp. I. (1445) Isabella,
  f.a di Tristano di Chiaramonte († 1465);
  II. (1477) Giovanna d'Aragona († 1517),
  f.a di Giovanni II] re   27/6/1458 - 25/1/1494
Alfonso II, f., re 25/1, cor.   8/5/1494 - abd. 23/1/1495 († 19/11/1495)
Ferdinando II (Ferrandino), f., re   23/1 - dep. 22/2/1495
Carlo VIII d'Anjou, f. di Luigi XI (re di Francia 1483),
  (Gilberto di Montpensier viceré)
  vi entra   21/2 - dep. 7/7/1495 († 7/4/1498)
Ferdinando II di nuovo
  [sp. Giovanna d'Aragona, sua zia] re   7/7/1495 - 7/10/1496
Federico, f. di Ferdinando I, il Bastardo,
  succ. 7/10/1496   cor. 26/6/1497 - dep. 2/8/1501 († 9/9/1504)

Luigi XII d'Orléans, regg. Isabella d'Aragona,
   mogl. di Ferdinando il Cattolico
   (re di Francia 1498)   2/8/1501 - 14/5/1503 († 1/1/1515)
è unita al regno di Sicilia sotto
   Ferdinando il Cattolico e succ. (vd. Sicilia)   14/5/1503 - lug. 1707
soll. popolare
   diretta da Tommaso Aniello capit. gen. del popolo   7/7 - 17/7/1647
Carlo VI d'Austria, fr. dell'imp. Giuseppe I
   (du. di Milano 1707, imp. e re di Germania 1711,
   re di Sicilia 1718), re   sett. 1707 - dep. mar. 1734 († 20/10/1740)
Carlo VII di Borbone,
   f. di Filippo V di Spagna
   (du. di Parma e Piacenza 1731,
   re di Spagna 1759),
   re di Napoli e Sicilia[304]   15/5/1734 - rin. ag. 1759 († 14/12/1788)
Ferdinando IV, f.,
   regg. il min. Bernardo Tanucci († 1783),
   poi G. Acton († 1808) fino al 1777
   [sp. (1768) Maria Carolina d'Austria († 1814),
   f.a di Maria Teresa imp.]
   re di Napoli e Sicilia   6/10/1759 - dep. 23/1/1799
occup. franc.
   – Rep. partenopea   23/1 - 23/6/1799
Ferdinando IV di Borbone rist.   23/6/1799 - dep. 13/2/1806
Giuseppe-Napoleone Bonaparte
   ne prende possesso
   a nome e come luogot. gen. del fr. Napoleone I imp.   15/2 - 30/3/1806
Giuseppe-Napoleone Bonaparte nom.
   re delle Due Sicilie
   [sp. Maria G. Clary di Marsiglia]   30/3/1806 - rin. 2/7/1808[305]
Joachim Murat, cogn. di Napoleone I Bonaparte
   [sp. Carolina Bonaparte, † 18/5/1839]
   re   lug. 1808 - dep. 19/5/1815 († 13/10/1815)
Leopoldo di Borbone vi entra
   e ne prende possesso a nome del padre Ferdinando IV   22/5 - 2/6/1815
Ferdinando IV di Borbone
   (con tit. di Ferdinando I dal 22/12/1816
   rist.   2/6/1815 - 15/3/1821
gov. provv. presieduto dal march. di Circello   15/3 - 15/5/1821
Ferdinando I di Borbone vi rientra   15/5/1821 - 4/1/1825
Francesco I, f. (du. di Puglia, poi 1817 di Calabria)
   [sp. Maria Clementina d'Austria † 1811]
   re delle Due Sicilie   4/1/1825 - 8/11/1830
Ferdinando II, f.
   [sp. Maria Cristina di Savoia † 1835]   8/11/1830 - 22/5/1859
Francesco II, f., re   22/5/1859 - dep. 21/10/1860 († 27/12/1894)

il gen. Garibaldi vi entra	7/9/1860
decreto d'ann.	
delle prov. napoletane al regno di Sardegna	17/12/1860
entrata di Vittorio Emanuele II e del gen. Garibaldi	13/2/1861

b) Amalfi[306]

... unita al duc. di Napoli	553 - 837
conquistata dal du. di Benevento	837 - 840
unita al principato di Salerno	840 - 859
rep. gov. dapprima da prefetti annuali poco noti fino all'860 c., poi da prefetti a vita (giudici dal 914 e du. dal 958) talora ereditari:	
Marino I, pref.	859 - 873
Pulcaro	874 - 883
Sergio di Leonato	883 - 884
Sergio di Turcio	884 - 889
Mansone	890
Marino II	890 - 896
Mansone pref. spatario (col f. Mastalo dal 900)	897 - 914
Mastalo I col tit. di giudice e patrizio imper.	914 - 952
id. col f. Leone	922 c.
id., solo	931 - 939
id., col f. Giovanni	939 - 947
id., solo	947 - 950
poi col nip. Mastalo II	950 - 952
Mastalo II	952 - 958
Sergio I (dinastia amalfitana), du. e patrizio imp., poi du. col f. Mansone I	958 - 966
Mansone I du.	966 - 976
Mansone I, col f. Giovanni I	976 - 984
Adelferio col f. Sergio II	984 - 988 c.
Mansone I, di nuovo, col f. Giovanni I	... - 1002
di nuoo col f. Giovanni e col nip. Sergio III	1002 - 1004
Giovanni I, col f. Sergio III	1004 - 1007
Sergio III	1007 - 1014
di nuovo col f. Giovanni II	1014 - 1028
Giovanni II	1028 - 1030
col f. Sergio IV	1030 - 1034
Mansone II con la madre Maria	1034 - 1038
Maria col f. Giovanni II e col nip. Sergio IV	1039
Guaimario I (longob.) [princ. di Salerno]	1039 - 1042
Mansone II di nuovo	1043 - 1047
di nuovo con Guaimario	1047 - 1052
Giovanni II col. f. Sergio IV di nuovo	1052 - 1069

Sergio IV, col f. Giovanni III	1069 - dep. 1073
normanni di Puglia: Roberto Guiscardo col f. Ruggiero	
du. di Puglia	1073 - 1085
Ruggiero d'Altavilla du. di Puglia	1085 - 1088
longobardi di Salerno: Gisulfo (già princ. di Salerno)	1088
normanni di Puglia, di nuovo: Ruggiero du.	1089 - 1096
du. nazionale: Marino Sebasto	1096 - 1100
normanni di Puglia, di nuovo: Ruggiero I du.	
col f. Guiscardo	1100 - 1108
col f. Guglielmo	1108 - 1111
Guglielmo, f. di Ruggiero I du. di Puglia e Calabria,	
succ.	1111 - † 1127
normanni di Sicilia: Ruggiero II du., 1127	
(re di Sicilia, cor. 25/12/1130) conquista Amalfi	1131 - 26/2/1154
saccheggiata e in parte distrutta dai pisani,	
Amalfi rimane però ai normanni (vd. Sicilia)	1135 - 1136

c) Bari[307]

... ai bizantini che la tolgono (554) agli ostrogoti	554 - 690
unita al duc. di Benevento	690 - 853
ai saraceni sede di un sultanato	852 (o 853) - 871
l'imp. Lodovico II alleato con l'imp. d'Or. se ne	
impadronisce dopo un assedio di tre anni (868 - 871)	871 - 874 c.
all'imp. d'Or. che la fa cap. dell'Apulia e vi pone (885)	
un luogot. (*stratigò*) poi (999) un sovrintendente gen.	
(*catapan*) o gov. della prov.	v. 874 - 1071
ai normanni – Umfredo poi Roberto Guiscardo († 1085)	
du. di Puglia e Calabria e succ.	1071 - 1309
rimane unita al regno di Sicilia e Napoli	
(angioini poi aragonesi)	1309 - 9/9/1464
[Roberto d'Anjou, f. di Carlo II (re di Napoli 1309 - 43),	
la concede in feudo al suo favorito Amelio del Balzo,	
poi passa al nip. Roberto (princ. di Taranto, 1332)	
cui succ. (1364) il fr. Filippo († 1373), poi la sor.	
Margherita, f.a di Filippo d'Anjou, princ. di Taranto,	
e mogl. del du. d'Andria, Francesco del Balzo]	
per donazione della regina Giovanna I di Napoli,	
f.a di Carlo d'Anjou, il duc. passa a Roberto d'Artois	v. 1376 - ...
Ferdinando d'Aragona re di Napoli ne fa dono	
con Paola e Modugno a Sforza Maria Sforza	
(f. di Francesco I du. di Milano)	9/9/1464 - 29/7/1479
Lodovico Maria Sforza il Moro, fr. di Sforza Maria	
(du. di Milano 1494), investito 14/8/1479	
[gov. del du. Ippolito Sforza]	1479 - 20/8/1484

Padoano Macedonico
[vice-du. nel 1492] 14/8/1479 - rin. 27/4/1497 († 1510)
Isabella d'Aragona
ved. del du. Gian Galeazzo Sforza nov. 1500 - 11/2/1524
Bona Sforza, f.a di Gian Galeazzo, du. di Milano
[sp. 1518 Sigismondo il Grande († 1/4/1548)
re di Polonia] febb. 1524 - 20/11/1557
lo stato di Bari torna in possesso dei re
di Napoli (vd. Napoli) 1558

d) Benevento[308]

... presa da Totila re ostrogoto 545 - ...
Autari re longob. se ne impadronisce
e la erige a duc. indip. dal 758[309] 590 - 839
du. longob.:
Zottone 590 - 594
dinastia dei Gisolfingi:
Arichi I parente di Gisulfo I (du. del Friuli, 590) 594 - 640 (o 641)
Aione I, f. 641 - 642
Radoaldo, f. di Gisulfo, du. del Friuli 642 - 647
Grimoaldo I, fr. (re longob. 662 - 671) 647 - 662
Romualdo I, f. 662 - 677
Grimoaldo II, fr. 677 - 680
Gisulfo I, fr. 686 - 703
Romoaldo II, f. 703 - 729
Andelao 729 - 732
Gregorio 732 - 738
Godescalco 738 - 742
Gisulfo II, nip. di re Liutprando 742 - 750
Liutprando 750 - 758
Arichi II, gen.o di re Desiderio, princ. 758 - 788
Grimoaldo III, f. 788 - 806[310]
Grimoaldo IV «Storesaiz» 806 - 817
Licone di Aurenza 817 - 832
Sigardo, f. 832 - 839
il principato si suddivide nei due principati
di Benevento e di Salerno e nella ct.a di Capua 839 - 1075
principato indip. di Benevento:
Radelchi I 839 - 851
Radelgario, f. 851 - 854
Adelchi 854 - 878
Gaideriso, nip. 878 - dep. 881
Radelchi II 881 - dep. 884
Ajone II 884 - 890

Orso, f.	890 - dep. 891
dom. greca	891 - 895
Guido (du. di Spoleto, 895)	895 - 897
Radelchi II	897 - dep. 900
Atenolfo I	900 - 910
Landolfo I, Antipater	910 - 943
Atenolfo II	911 - 940
Atenolfo III, Carinola	933 - 943
Landolfo II	940 - 961
Pandolfo I, Testa di ferro (du. di Spoleto, 967)	943 - mar. 981
Landolfo III	959 - 968
Landolfo IV, f. di Pandolfo Testa di ferro	968 - dep. 981
Pandolfo II, cug.	981 - 1014
Landolfo V, f.	987 - 1033
Pandolfo III, f. (du. di Capua, 1026)	1012 - dep. 1053
Landolfo VI	1038 - dep. 1053
Rodolfo	1053 - 1054
Pandolfo III di nuovo	1054 - 1059
Landolfo VI di nuovo	1054 - 1077
Pandolfo IV, f.	1056 - 1074
si dà al papa (investita dall'imp. Enrico III 1053)	1051 - 1078
Roberto «il Guiscardo» d'Altavilla (du. di Puglia e Calabria 1059) la conquista	1078 - 1081
città e territ. sono dati da Roberto Guiscardo a Gregorio VII e uniti agli stati della chiesa	1081 - 1241
dom. sveva: Federico I d'Hohenstaufen imp. (re di Napoli e Sicilia 1198) la toglie al papa	1241 - 1265
al papa di nuovo	1265 - 1408
al regno di Napoli	1408 - 1418 e 1440 - 1442
a Francesco Sforza datagli in feudo da Giovanna II regina di Napoli	1418 - 1440
Alfonso I d'Aragona, il Magnanimo (re di Napoli e Sicilia 1416), la occupa	1442 - 1458
al papa di nuovo (eccetto 1769 - 1774 al re di Napoli)	1458 - 1806 e 1814 - 27/10/1860
Napoleone I aggregatala all'impero ne fa un principato per Talleyrand	5/6/1806 - 24/5/1814
aggregata al regno di Sardegna, poi d'Italia	27/10/1860

e) *Capua*

ct.a, poi (1062) principato unita al duc. di Benevento	571 - 840
ct.a poi principato longob.: Landolfo I ct.	840 - 842

Landone I, Cyrrutu, f.	842 - 861
Landone II	861
Pando Marepahis	861 - 862
Pandenulfo	862
Landolfo II	862 - 879
Pandenulfo di nuovo	879 - 882
Landone III	882 - 885
Pandenolfo I	885 - 887
Atenolfo I	887 - 910
Landolfo III, Antipater	901 - 943
Atenolfo II	911 - 940
Atenolfo III	933 - 943
Landolfo IV	940 - 961
Pandolfo I	943 - 981
Landolfo V	959 - 968
Landolfo VI	968 - 982
Aloara	982 - 992
Landenolfo II	982 - 993
Laidolfo	993 - 999
Ademaro	999
Landolfo VII	999 - 1007
Pandolfo II	1007 - 1022
Pandolfo III (di Benevento)	1009 - 1014
Pandolfo IV	1016 - 1022
Pandolfo V	1020 - 1022
Pandolfo VI	1022 - 1026
Giovanni	1022 - 1026
Pandolfo IV di nuovo	1026 - 1038
Pandolfo V di nuovo	1026 - 1038
Guaimaro princ. di Salerno	1038 - 1047
Pandolfo IV di nuovo	1047 - 1050
Pandolfo V di nuovo	1047 - 1057
Landolfo VIII	1047 - 1062
i ct. normanni d'Aversa la conquistano 1058	1062 - 1194
viene unita al regno di Napoli-Sicilia	
sotto gli svevi nel 1194 (vd. Sicilia)	
... Sergio IV (du. di Napoli 1002 - 27)	
cede ai normanni parte	
del suo territorio ove costruiscono Aversa	1029
Rainolfo Quarrel normanno (du. di Gaeta 1041)	
ct. d'Aversa	1030 - 1047
Asclettin, Gentile	1047 - 1048
Raidolfo I, Cappellus	1048
Raidolfo II, Trincanotte	1048
Ermanno, f. (regg. Guglielmo Bellabocca)	1048 - 1050
Riccardo I, fr. di Asclettin (princ. di Capua dal 1062)	1050 - 1078

princ.:

Giordano I, f. di Riccardo I (du. di Gaeta 1058)	1062 - 1091
Riccardo II, f.	1081 - 1091
Lando IV	1091 - 1098
Riccardo II di nuovo	1098 - 1106
Roberto I, fr.	1107 - 1120
Riccardo III, f.	1120
Giordano II, fr. di Roberto I	1120 - 1127
Roberto II, f.	1127 - 1137 († dopo 1156)
Anfuso	1137 - 1144
Guglielmo d'Altavilla (re di Napoli e Sicilia 1154)	1144 - 1155
Roberto II di nuovo	1155 - 1156
il principato viene unito al regno normanno di Napoli-Sicilia (vd. Sicilia)	1156 - 1861
occup. di Aversa e Capua (gen. Cialdini) in nome di Vittorio Emanuele II	13/3/1861

f) Gaeta

... comune:

cons. dall'823 - ... al papa, che ne infeuda il ct. di Capua, Landolfo II	823 - 877
ai musulmani	844 - ...
nell'anno 877 diventa un duc. particolare sotto la sovranità dell'imp. d'Or.	877 - 1045

du.:

Giovanni I	877 - 933
Docibilis II	915 - 954
Giovanni II, f.	933 - 962
Gregorio	963 - 966
Giovanni III	969 - ...
Marino	978 - 984
Giovanni IV	978 - 1008
Giovanni V	991 - 1012
Leone I	1012 - 1015
Giovanni VI	1012 - 1040
Leone II	1015 - 1024
Emilia	1023 - 1032
Guaimaro (ct. di Salerno 1018, d'Amalfi 1939)	1040 - 1041
Rainolfo (ct. d'Aversa 1030)	1041 - 1045
i ct. normanni di Aversa Riccardo e Giordano dopo occupata Capua s'impadroniscono anche di Gaeta	v. 1057
Atenolfo I (ct. d'Aquinio)	1045 - 1058
Giordano (princ. di Capua-Aversa 1062)	1058 - 1062
Atenolfo II (ct. d'Aquino)	1062 - 1064

Lando (ct. di Traietto)	1064 - 1065
Dannibaldo	1065 - 1067
Goffredo Ridello normanno ct. di Pontecorvo	1068 - 1086
Rinaldo Ridello	1089 - 1091
Landolfo	1092 - 1103
Guglielmo	1103 - 1104
Riccardo I dell'Aquila	1104 - 1111
Andrea dell'Aquila	1111 - 1113
Jonathas	1113 - 1121
Riccardo II	1121 - 1135
Ruggero II d'Altavilla, normanno (re di Sicilia, 1113) la unisce ai suoi stati (vd. Sicilia e Napoli)	1135 - 13/2/1861
la piazzaforte dove si sono rifugiati i regi di Napoli si arrende al gen. Cialdini dopo lungo assedio 13/2/1861 – ann. al regno d'Italia	17/3/1861

g) *Salerno*

unita al duc. di Benevento	571 - 840
principato longob.	
Siconulfo	840 - 851
Sicone, f.	851 - 853
Pietro col. f. Ademaro	852 - 856
Ademaro, f.	852 - dep. 861
Guaifaro	856 - 880
Guaimaro I (Waimaro), f.	877 - 901
Guaimaro II, f., assoc. col padre	893 - 933
Gisulfo, f., assoc. col padre	933 - 972
Landolfo I e Landolfo II	972 - 974
Gisulfo I di nuovo	974 - 978
Pandolfo I, f. di Pandolfo Testa di ferro	978 - dep. 981
Pandolfo II	974 - 981
Mansone (du. di Amalfi 958) e il f. Giovanni I	981 - 983
Giovanni II detto Lamberto	983 - 994
Guido, f.	983 - 988
Guaimaro III, f. di Giovanni	988 - 1031
Guaimaro IV (du. di Amalfi 1039)	1018 - 1052
Giovanni III, f.	1038 - 1042
Guido di Sorrento	1040 - ...
Gisulfo II (du. di Amalfi 1088)	1042 - 1075
viene conquistata da Roberto Guiscardo du. normanno di Puglia e Calabria e rimane unita a questo duc. dall'anno	1077

h) *Taranto*

... Belisario la unisce all'Impero bizantino	546 - 549
occupata da Totila re ostrogoto	549 - 552
all'Impero bizantino di nuovo	553 - 662
Romualdo (du. di Benevento 662 - 677) la occupa	662 - 842
occupata dai saraceni	842 - 883
ai bizantini di nuovo	883 - 1063
cade in potere dei normanni	
– Roberto il Guiscardo († 1085)	1063 - 1089 c.
Boemondo I d'Altavilla, f. di Roberto, du. di Puglia	
e Calabria princ. di Taranto (poi, 3/6/1098, d'Antiochia)	
[sp. Costanza di Francia, f.a del re Filippo I]	v. 1089 - 1111
Boemondo II, f. (princ. d'Antiochia 1111)	
[sp. Elisa, f.a del re Baldovino II di Gerusalemme],	
princ.	1111 - 1127 († 1130)
il ct. Ruggero I d'Altavilla se ne impadronisce	v. 1128 - ...
Guglielmo I, il Malo, f. di Ruggero I	
(re di Sicilia 1154)	1141 - 1157
Guglielmo II, il Buono, f.	
(re di Sicilia, 1166), princ.	1157 - 1177 († 16/11/1189)
Enrico, fr., princ.	1177 - 1189
Gugliemo III, f. di Tancredi ct. di Lecce	
(re di Sicilia, 1194),	
fatto accecare (1194) da Enrico VI, princ.	1190 - 1198 c.
Roberto (ct. di Lecce v. 1200)	v. 1198 - 1200 c.
Gualtieri II di Brienne princ.	1200 - 1205
Manfredi I, f. nat. di Federico I di Svevia,	
princ.	1240 - 26/2/1266 (vd. Sicilia)
Filippo I d'Anjou, f. di Carlo II re di Napoli	
(II come imp. tit. di Costantinopoli e princ.	
di Romania e di Acaja 1307, du. di Durazzo 1315)	
[sp., 1313, Caterina di Valois, sua cug., † 1346],	
princ.	1294 - 26/12/1332
Roberto, f. (imp. tit. di Costantinopoli,	
princ. di Morea 1346)	
[sp., 1347, Maria di Borbone,	
f.a di Luigi ct. di Clermont], princ.	26/12/1332 - 16/9/1364
Filippo II (III come imp. tit. di Costantinopoli),	
f. cadetto di Filippo I [sp., I. Maria d'Anjou, † 1366,	
ved. di Carlo d'Anjou, du. di Durazzo 1366;	
II. Elisabetta († 1376), f.a di Stefano,	
re d' Ungheria] (princ. d'Acaja 1370) princ.	16/9/1364 - 25/11/1373
Giacomo Del Balzo, nip., f. di Francesco, du. d'Adria	
e di Margherita d'Anjou-Taranto, sor. di Filippo III,	
imp. tit. di Costantinopoli, princ. di Taranto e d'Acaja	

[sp. Agnese d'Anjou-Durazzo,	
ved. di Cansignorio della Scala]	1373 - 7/7/1383
Ottone di Brunswick-Grubenhagen, f. di Enrico di Grecia,	
princ.	1383 - 1393 c.
Raimondello Orsini marito di Maria d'Enghien-Lecce	1393 c. - 1406
Gianantonio Orsini di Baux, f., princ.	1406 - 1415
Giacomo di Borbone-la Marche	
(re di Napoli, marito di Giovanna II, 1415) princ.	1415 - 1419 († 1438)
Isabella, f.a di Tristano di Clermont,	
mogl. dal 1445 di Ferdinando I re di Napoli,	
princ.	1463 - 20/3/1465
il principato di Taranto rimane unito al regno di Napoli,	
di cui segue le sorti[311]	

Sicilia[312]

a) Palermo

du., poi re dal 1130

... invasa dai vandali dell'Africa, in Lilibeo dal 440	
poi nel resto dell'isola dal 445	440 - 477
[Odoacre estende il suo gov. su parte dell'isola 477 - 493]	
agli ostrogoti (occupata in parte da Teodorico meno il Lilibeo,	
poi da Totila dal 549)	v. 493 - 552
i bizantini (gen. Belisario) riconquistano l'isola	
(Siracusa cap. dell'imp. d'Or. 663 - 668)	552 - 827
dinastia degli Aglabiti di Kairuan (Tunisia),	
e dal sec. X dei Fatimiti – i saraceni la conquistano in parte	
– occupano Mazara 827, Messina 831, Palermo 832	
(sede di un emiro dal 948), Enna 858, Siracusa 878 ecc.	827 - 1072[313]
i normanni: Roberto Guiscardo († 17/7/1085),	
f. di Tancredi I d'Altavilla (vd. Puglia e Calabria),	
occupa Messina 1060 – suo fr. Ruggero I prosegue	
nel 1062 la conquista della Sicilia occupando:	
Catania lug. 1071, Palermo genn. 1072,	
Siracusa 1087, Agrigento 1090, Enna e Butera	
1091 ecc., succ.	1062 - 22/6/1101
Roberto il Guiscardo conserva per sé Palermo,	
la metà di Messina e la sovranità su tutta l'isola	
[sp. I. Alberada, sor. del ct. di Ariano;	
II. Sigellyaita di Salerno], succ.	1061 - 17/7/1085
Simone, f. di Ruggero I, ct. di Sicilia e di Calabria	1101 - 1113
Ruggero II, fr., regg. la madre Adelasia	
(du. di Puglia 1127, re di Napoli 1137),	

ct. di Sicilia e Calabria lug. 1113,
cor. re di Sicilia   25/12/1130 - 26/2/1154
Guglielmo I, il Malo, f. (du. di Napoli e princ.
di Taranto 1141)
[sp. Margherita di Navarra],
re di Sicilia di là e di qua del faro   26/2/1154 - 14/5/1166
Guglielmo II, il Buono, f., regg. la madre
Margherita di Navarra (princ. di Taranto 1157)
[sp. Giovanna, f.a di Enrico II d'Inghilterra],
re   14/5/1166 - 16/11/1189
Tancredi, nip. del fr. Ruggero (ct. di Lecce 1149),
assoc. col f. Ruggero, re   16/11/1189 - 20/2/1194
Guglielmo III, f. di Tancredi
(princ. di Taranto 1190), re   20/2 - dep. ott. o nov. 1194 († 1198)
svevi: Enrico I [VI] d'Hohenstaufen
(imp. e re di Germania 1191), regg. la mogl.
Costanza, f.a di Ruggero II d'Altavilla,
entra in Palermo   25/12/1194 - 28/9/1197
Federico I, f. (imp. e re di Germania 1220),
regg. la madre Costanza († 27/11/1198),
poi il papa Innocenzo III,
succ.   28/9/1197, cor. 17/5/1198 - 13/12/1250
Corrado I, f. (re dei rom. 1237),
regg. in Puglia e Sicilia,
Manfredi di Svevia princ. di Taranto,
re di Sicilia   13/12/1250 - 21/5/1254
Corrado II, detto Corradino, f.,
regg. Bertoldo di Hohenburg,
poi Manfredi   21/5/1254 - dep. 11/8/1258
                                                   († 29/10/1268)
Manfredi, f. nat. di Federico II imp.
(princ. di Taranto 1240), cor. re a Palermo 1258
[sp. (1247) Beatrice, f.a di Amedeo IV di Savoia],
re   10/8/1258 - 26/2/1266
Carlo I, ct. d'Anjou e di Provenza,
f. di Luigi VIII di Francia (re di Napoli sett. 1282)
[sp., 1245, Beatrice,
f.a di Raimondo-Berengario IV di Provenza
(vd. Napoli)]   cor. re 16/2/1266 - dep. 4/9/1282 († 7/1/1285)
sommossa a Palermo (Vespri),
poi in tutta l'isola contro i francesi
che sono scacciati   31/3 - 28/4/1282
Pietro I [III] d'Aragona, il Grande, gen.o di Manfredi
e f. di Giacomo I (re d'Aragona 1276)
[sp. Costanza di Svevia, f.a del re Manfredi],
cor. re di Sicilia dopo il   4/9/1282 - 10/11/1285

Giacomo, f. (re d'Aragona 1291, di Sardegna 1324),
succ. 10/11/1285 sotto la supremazia del fr. Alfonso,
cor. re   2/7/1290 - rin. genn. 1296 († 5/11/1327)
Federico II, fr., assoc. al f. Pietro II 19/4/1321,
succ.   15/1/1296 - 25/6/1337
Pietro II, f., assoc. al padre dal 1321, cui succ.
  [sp. Elisabetta di Enrico,
  du. di Carinzia e re di Boemia]   25/6/1337 - 15/8/1342
Luigi, fr., regg. lo zio Giovanni († apr. 1348),
poi Blasco d'Aragona   15/9/1342 - 16/10/1355
Federico III, il Semplice, fr., regg. Eufemia,
sua sor.
  [sp. Costanza d'Aragona † 1363]   ott. o nov. 1355 - 27/7/1377
Maria, f.a (Artale, Aragona, Ventimiglia,
Chiaramonte e Peralta vic. regi 1377 - 96),
succ.   27/7/1377 - 25/5/1402
Martino I d'Aragona, il Giovane, marito di Maria
dal 29/11/1391, cor. re   1392, solo 25/5/1402 - 25/7/1409
Martino II, il Vecchio,
f. di Pietro IV d'Aragona e padre di Martino I
(re d'Aragona 1395), succ.   25/7/1409 - 31/5/1410
vicariato di Bianca, f.a di Carlo III re di Navarra,
ved. di Martino I   31/5/1410 - 30/6/1412
Ferdinando I, il Giusto,
f. di Giovanni I re di Castiglia
(re d'Aragona e Sardegna 1412), el. 30/6,
assume il gov.   28/7/1412 - 2/4/1416
Giovanni ct. di Peñafiel, f. di Ferdinando I, viceré   1415 - ag. 1416
Alfonso I, il Magnanimo, f. (re di Castiglia,
Aragona e Sardegna 1416, di Napoli 1442)   2/4/1416 - 27/6/1458
Giovanni, fr. di Alfonso I
(re di Navarra 1425, di Castiglia,
Aragona, Sardegna 1458), re   27/6/1458 - 19/1/1479
Ferdinando II, il Cattolico, f. di Giovanni
(re d'Aragona e Sardegna 1479, di Granada 1492,
di Napoli 1503, di Castiglia 1507, di Spagna 1512),
succ.   19/1/1479 - 23/1/1516
Carlo II [V] d'Absburgo-Austria,
nip. di Ferdinando II (re di Spagna 1516,
di Germania e d'Austria 1519),
succ.   23/1/1516 - rin. 16/1/1556
                            († 21/9/1558)

Filippo I [II] f. di Carlo II [V]
(re di Spagna 1556), succ.   16/6/1556 - 13/9/1598
Filippo II [III], f. di Filippo I (re di Spagna 1598)
[sp. Maria Margherita d'Austria-Stiria], succ.   13/9/1598 - 31/3/1621

Filippo III [IV], f. di Filippo II (re di Spagna 1621)
[sp. Isabella di Enrico IV di Francia], succ.   31/3/1621 - 17/9/1665
Carlo III [II], f. di Filippo III (re di Spagna 1665),
    regg. la madre Maria Anna d'Austria
    († 1696 f.a di Ferdinando III) fino al 1676 (?)
    [sp. Maria Luisa d'Orléans], succ.   17/9/1665 - 1/11/1700
Filippo IV [V] di Borbone,
    f. di Luigi delfino di Francia
    (re di Spagna 1700), succ.   1/11/1700 - dep. sett. 1713 († 9/7/1746)
Vittorio Amedeo (du. di Savoia e
    Piemonte 1675) re (tratt. di Utrecht,
    11/4) succ. in sett. cor.   24/12/1713 - dep. 2/8/1718 († 30/10/1732)
Carlo II [VI] d'Austria,
    fr. di Giuseppe I, imp.
    e re di Germania ott. 1711   2/8/1718 - dep. lug. 1735 († 30/10/1740)
Carlo IV [VII] di Borbone,
    f. di Filippo V re di Spagna
    (du. di Parma e Piacenza 1731,
    re di Spagna 1759),
    re di Napoli e Sicilia   15/5/1734 - rin. ag. 1759 († 13/12/1788)
Ferdinando III, f. di Carlo IV,
    regg. il min. Bernardo Tanucci fino al 1764,
    succ.   5/10/1759 - 16/1/1812
Francesco Gennaro, f. di Ferdinando III,
    vic. gen. del regno   16/1/1812 - 4/7/1814
Ferdinando III pred.
    (con tit. di Ferdinando I re delle Due Sicilie
    dal 22/12/1816) riassume il gov.   4/7/1814 - 4/1/1825
Francesco I, f., regg., poi re delle Due Sicilie
    [sp., 1802, II mogl., Isabella di Spagna, † 1848]   4/1/1825 - 8/11/1830
Ferdinando II, f., «Re Bomba»
    [sp. Maria Cristina, † 1836,
    f.a di Carlo Felice di Savoia], re   8/11/1830 - dep. genn. 1848
insurrezione di Palermo (12/1/1848),
    poi di altre città dell'isola
    – gov. provv., Ruggero Settimo pres.   genn. 1848 - 15/5/1849
Ferdinando II di Borbone di nuovo (vd. Napoli)   15/5/1849 - 22/5/1859
Francesco II, fr., re delle Due Sicilie 22/5/1859,
    dep. per plebiscito   21/10/1860
riv. a Palermo provocata da Giovanni Riso, 4/4, fucilato   14/4/1860
Giuseppe Garibaldi ditt. per Vittorio Emanuele II
    occupa Marsala 11/5, vitt. di Calatafimi 15/5,
    presa di Palermo 6/6, vitt. di Milazzo 27/7,
    presa di Messina 27/7/1860, ann. delle prov.
    siciliane al regno di Sardegna, plebiscito 21/10 e decreto   17/12/1860

Sardegna[314]

i romani tolgono ai cartaginesi e ai saraceni la Sardegna e la Corsica	238 a.C. - 456 d.C.
i vandali condotti da Genserico occupano l'isola	456 - 534
i bizantini [breve occup. di Totila re ostrogoto 551 - 553]	534 - 551 e 553 - 687
Gialeto di Cagliari cacciati i bizantini (687) è creato re e divide l'isola con i suoi fr.: Nicola, Inerio e Torcotore formando i quattro giudicati di Cagliari, Torres, Gallura e Arborea gov. da propri giudici, dapprima indip. dopo il 1050 investiti dalla rep. di Pisa	v. 687 - 1478
giudici di Cagliari:	
Gialeto	687 - 722
Teoto, f.	722 - 740
Gufrido	...
Ausone	v. 778 - ...
Nicola, f.	v. 807 - ...
Gublino, f.	864 - 870
Felice, f.	870 - ...
Barisone I, fr.	v. 900
Bono, f.	v. 940
Ugo	v. 950
Orlando, f.	v. 960
Barisone II, f.	998 - 1022
Barisone III, f.	1038 - 1059
Torgodorio I	1059 - 1066
Onroco	1073 - ...
Arzone	v. 1080 - ...
Costantino I, f.	1089 - 1102
Turbino, fr.	1103 - 1108
Torgodorio II, f.	1108 - 1129
Costantino II, f.	1129 - 1163
Salucio (?), f.	...
Pietro, f. di Gonario II di Torres	1163 - 1193
Guglielmo I (march. di Massa)	1193 - 1215
Benedetta, f.	1215 - 1231
Barisone IV, f. di Pietro I d'Arborea	1215 - 1218
Ubaldo Visconti di Gallura	1231 - 1233
Agnese, f. di Costantino II	1233 - 1239
Guglielmo II, f. di Barisone IV	1239 - 1253
Chiano, f.	1253 - 1256
Guglielmo III Cepola, nip. di Guglielmo II	1256 - 1258
il giudicato viene diviso fra i Visconti di Gallura, i Capraia d'Arborea e i Gherardeschi sig. di Pisa nel	1258 - 1355

giudici di Torres (Longudoro):

Nicola	687 - ...
Mariano I	v. 740 - ...
Pietro	v. 800 - ...
Comita I	v. 1000 - ...
Guglielmo	...
Gonario I	1022 - ...
Comita II	... - 1038
Barisone I re	1038 - 1073[315]
Mariano II, f. di Andrea giudice di Gallura	1073 - 1112
Costantino I, f.	1112 - 1127
Gunnario II, f.	1127 - 1147
Barisone II	
(cor. re da Federico I a Pavia nel 1164)	1150 - 1186
Costantino II (Gantino), f.	1186 - 1191
Comita III, fr. di Barisone II	1191 - 1216
Mariano III, f., di Comita II giudice di Gallura	1216 - 1224
Barisone III, f. di Mariano giudice di Gallura	1224 - 1233
Adelasia, sor. [sp. Enzo, f. di Federico II]	1233 - 1238
Ubaldo, f. di Lamberto Visconti, marito di Adelasia	1233 - 1238
Enzo, f. nat. di Federico II imp.,	
re di Sardegna (1241 - 57), sp. Adelasia (1241)	
ved. di Ubaldo	1238 - 1272
Bianca Lancia d'Agliano, madre,	
col marito Michele Zanche (regg. dal 1239, † 1275),	1272 - 1280
il giudicato di Torres viene unito a quello di Gallura	
sotto re Enzo, ritorna indip.	
sotto Chiano Visconti di Pisa 1257	1238 - 1257
passa alla rep. di Genova che ne divide il territ.	
tra le famiglie Doria e Malaspina	dopo 1284 - 1323
le due famiglie si sottomettono a casa d'Aragona	1323

giudici di Gallura:

Inerio	687 - ...
Giovanni	v. 740 - ...
Simeone	...
Dertone	v. 800 - ...
Lirco	...
Manfredo	v. 1022 - ...
Baldo	... 1038
Barisone I (giudice di Torres)	1038 - ...
Andrea	...
Costantino I	1054 - 1073
Saltaro, fr.	1080 - ...
Tergodorio, fr.	...
Ottocorre di Gunale	1112 - 1120
Comita I, f. di Saltaro	1120 - ...

Costantino II, f.	1160 - 1173
Barisone II, f.	1173 - 1200
Lamberto Visconti, gen.o	1202 - 1208
Comita II	1211 - 1216
Mariano (giudice di Torres 1266)	1216 - 1218
Lamberto Visconti	1218 - ...
Ubaldo Visconti, f. di Lamberto	
(giudice di Torres 1233, di Cagliari 1231)	... 1238
Enzo, f. nat. di Federico II imp. (giudice di Torres 1238),	
re di Sardegna	1238 - 1257
Chiano Visconti	1257 - 1275
Giovanni Visconti di Pisa[316]	1257 - 1274
Nino Visconti, f.	1276 - 1296
Giovanna Visconti, f.a di Nino	1298 - 1300 o 1308
il giudicato di Gallura è unito a quello di Torres	
sotto re Enzo e succ. nel 1238 - 57,	
ritorna indip. 1257 - 1300 e 1308	
poi se ne impadroniscono i Doria di Genova	v. 1308
giudici d'Arborea:	
Torcotore I	687 - ...
Agatone	v. 740 - ...
Galasio	...
Ugone	v. 800 - ...
Gunalis v.	990 - ...
Mariano I de' Zori	1022 - 1038
Barisone I (giudice di Gallura, di Torres e Cagliari 1038)	1038 - 1054
Torcotore II, Gunalis	1054 - 1070
Orzocorre I	1070 - 1080
Torbeno	...
Orzocorre II, f.	
Comita I, Orvu	
Gonario (o Gunnario)	...
Costantino I, f.	1090 - ...
Comita II, fr.	1131 - 1147
Barisone II, f. (re 1164)	1147 - 1186
Pietro I, f.	1186 - 1207
Ugo I di Baux	1186 - 1191
Ugo II di Baux	1191 - 1207
Guglielmo I di Massa (giudice di Cagliari 1193)	1207 - 1215
Costantino II di Baux	1215 - 1230
Pietro II di Baux	1230 - 1237
Azzone di Lacon	1237 - 1238
Comita III	1238 - 1253
Guglielmo II, Capraia	1253 - 1264
Nicolò, f.	1265 - 1273
Anselmo, fr.	...

Mariano II, fr.	1277 - 1299
Chiano, f.	1299 - 1301
Andrea, f.	1301
Mariano III, fr.	1301 - 1321
Ugo III, f.	1321 - 1336
Pietro III, f.	1336 - 1346
Mariano IV, fr.	1346 - 1376
Ugo IV, f.	1376 - 1383
Eleonora, sor.	1383 - 1403
Federigo Doria, f.	1383 - 1387
Mariano V, fr.	1387 - 1407
Brancaleone Doria, padre	1407 - 1408 († 1409)
Guglielmo III di Narbona, pron. di Eleonora	1408 - 1409
Leonardo I, Cubello (march. d'Oristano)	1409 - 1427
Antonio, f.	1427 - 1457
Salvatore, fr.	1457 - 1470
Leonardo II d'Alagon, nip.	1470 - 1478

i saraceni
   la occupano in parte   720 - 880, 990 c. - 1017, 1021 - 1022, 1050 - 1052
i pisani, poi alleati coi genovesi,
   la occupano cacciandone i saraceni   1017 - 1021, 1022 - 1050, 1052 - 1324
l'imp. Federico I concede l'isola al proprio zio Guelfo,
   a Barisone III giudice d'Arborea
   il quale (1164) la vende   metà sec. XII - 1164
Barisone II nom. re ma per poco tempo   1164 - ...
l'imp. Federico I concede l'isola in feudo alla rep. di Pisa   v. fine sec. XII
l'imp. Federico II sp. il proprio f. nat. Enzo con Adelasia
   erede di Gallura e di Torres con tit. di re   1241 - 1257[317]
la città di Sassari si regge a rep., poi (1323)
   si sottomette agli aragonesi di Sicilia   1280 - 1708
il re d'Aragona già infeudato dell'isola da papa Bonifacio VIII (1297)
   s'impadronisce in diverse riprese (1322 - 1478) di tutta l'isola
   che diviene poi prov. spagn. con un proprio viceré
   e parlamento   1322 - 1708
Carlo II (VI) d'Absburgo, f. di Leopoldo,
   imp. di Germania e arciduca d'Austria 1711,
   la conquista   v. 15/8/1708 - ag. 1717
il card. Alberoni d'accordo con Elisabetta Farnese
   regina di Spagna la fa occupare   ag. 1717
Filippo V di Borbone, nip. di Luigi XIV
   re di Francia (re di Spagna e di Sicilia 1710 - 13)
   re   sett. 1717 - ag. 1720 († 9/7/1746)
è restituita (tratt. di Londra) all'Austria
   e ceduta lo stesso giorno in cambio della Sicilia
   a Vittorio Amedeo I (II) du. di Savoia,
   re   24/8/1720 - abd. 3/9/1730 († 1732)

Carlo Emanuele I (III), f., re	3/9/1730 - 21/2/1773
Vittorio Amedeo II (III), f., re	21/2/1773 - 16/10/1796
Carlo Emanuele II (IV), f., re	16/10/1796 - abd. 4/6/1802 († 6/10/1819)
Vittorio Emanuele I, fr., re	4/6/1802 - abd. 13/3/1821 († 10/1/1824)
Carlo Alberto di Savoia-Carignano, cug., regg. il regno, re	13/3 - 23/3/1821 rin.
Carlo Felice di Savoia, fr. di Vittorio Emanuele I, re (vd. Savoia e Piemonte)	30/4/1821 - 27/4/1831

Note alla parte quarta

[1] Nella parte dell'impero non soggetta a Magnenzio.

[2] Nella parte dell'impero soggetta a Magnenzio.

[3] Gli ultimi due nella parte dell'impero soggetta a Magnenzio.

[4] I numeri arabi indicano gli anni dell'era volgare, i romani le diverse volte che un personaggio è console.

[5] Ottaviano con la battaglia di Azio (31 a.C.) ha in pugno le sorti dello stato e il dominio del mondo, il suo appellativo «Imperator Caesar Augustus» è significativo della nuova autorità, sancita dal senato nel 27 a.C.

[6] Associato nella prima gerarchia della storia dell'impero a Lucio Vero.

[7] Con la morte di Teodosio precipita la inevitabile divisione tra impero d'Oriente e d'Occidente le cui premesse già sono state poste da Diocleziano e Costantino (fondazione di Costantinopoli): i suoi figli Onorio e Arcadio ereditano rispettivamente l'impero d'Occidente e quello d'Oriente (Impero bizantino).

[8] Nel 476 Odoacre, «rex gentium» dei barbari invasori, deposto Romolo Augustolo, invia all'imperatore d'Oriente le insegne imperiali: è la fine dell'impero romano d'Occidente.

[9] Il referendum istituzionale del 2 giugno 1946 dà la vittoria alla rep., la monarchia viene di conseguenza abolita in Italia e Umberto II lascia il paese.

[10] Ai nomi di ogni regnante facciamo seguire i prenomi, il casato e le date estreme del regno. Tra parentesi quadre i nomi degli usurpatori al trono e degli antipapi.

[11] Abolisce il Sacro romano impero nel 1806, da allora è imperatore d'Austria.

[12] Il referendum istituzionale del 2 giugno 1946 dà la vittoria alla rep.

[13] L'elenco dei papi è tratto dall'*Annuario pontificio*, gli antipapi sono stati intercalati nell'ordine cronologico e rilevati da parentesi quadre.

[14] Muore pochi giorni dopo la designazione, prima di essere consacrato.

[15] Regna a tre riprese (ancora 1045 e 1047 - 1048), dep. nel 1044 gli vengono contrapposti Silvestro III, poi Gregorio VI e Clemente II, alla cui morte Clemente II riprende la tiara che cede infine a Damaso II.

[16] Un papa Giovanni XX non è mai esistito: l'errata numerazione è dovuta all'inserimento di un altro pontefice con quel nome prima di Giovanni XIV.

[17] Gli antipapi sono inclusi in parentesi quadre.

[18] Si crede fosse doge per un sol giorno e, secondo il Cecchetti, nel giugno 1036 (?).

[19] Pasqua 21/4 in alcune chiese d'occ.

[20] Pasqua 24/3 in alcune chiese d'occ.

[21] Pasqua 13/4 in alcune chiese d'occ.

[22] Pasqua 10/4 in alcune chiese d'occ.

[23] Pasqua 22/3 in alcune chiese d'occ.

[24] Pasqua 30/3 in alcune chiese d'occ.

[25] Pasqua 18/4 in alcune chiese d'occ.

[26] Pasqua 26/3 in alcune chiese d'occ.

[27] Pasqua 31/3 in alcune chiese d'occ.

[28] Pasqua 21/4 in alcune chiese d'occ.

[29] Pasqua 21/4 in alcune chiese d'occ.

[30] Pasqua 25/3 in alcune chiese d'occ.

[31] Pasqua 29/3 in alcune chiese d'occ.

[32] Pasqua 25/3 in alcune chiese d'occ.

[33] Pasqua 10/4 in alcune chiese d'occ.

[34] Pasqua 15/4 in alcune chiese d'occ.

[35] Pasqua 3/4 in alcune chiese d'occ.

[36] Pasqua 30/3 in alcune chiese d'occ.

[37] Pasqua 26/3 in alcune chiese d'occ.

[38] Pasqua 15/4 in alcune chiese d'occ.

[39] Pasqua 4/4 in alcune chiese d'occ.

[40] Pasqua 30/3 in alcune chiese d'occ.

[41] Pasqua 28/3 in alcune chiese d'occ.

[42] Pasqua 26/3 in alcune chiese d'occ., 16/4 in altre.

[43] Pasqua 13/4 in alcune chiese d'occ.

[44] Pasqua 23/3 in alcune chiese d'occ.

[45] Pasqua 24/3 in alcune chiese d'occ., 21/4 in altre.

[46] Pasqua 9/4 in alcune chiese d'occ.

[47] Pasqua 21/3 in alcune chiese d'occ., 18/4 in altre.

[48] Pasqua 29/3 in alcune chiese d'occ.

[49] Pasqua 21/4 in alcune chiese d'occ.

[50] Pasqua 30/3 in alcune chiese d'occ.

[51] Pasqua 10/4 in alcune chiese d'occ.

[52] Pasqua 25/3 in alcune chiese d'occ.

[53] Pasqua 29/3 in Egitto.

[54] Pasqua 25/3 in alcune chiese d'occ.

[55] Pasqua 10/4 in tutte le chiese fuorché in Egitto.

[56] Pasqua 23/3 nelle chiese d'Africa.

[57] Pasqua 22/3 in alcune chiese d'occ.

[58] Pasqua 30/3 in alcune chiese d'occ.

[59] Pasqua 17/4 in alcune chiese d'occ.

[60] Pasqua 24/3 in alcune chiese d'occ.

[61] Pasqua 13/4 nelle chiese delle Gallie.

[62] Pasqua 18/4 nella maggior parte delle chiese d'occ., 21/3 in altre.

[63] Pasqua 2/4 nelle chiese delle Gallie.

[64] Pasqua 18/4 nelle chiese delle Gallie.

[65] Pasqua 25/3 in alcune chiese d'occ.

[66] Pasqua 10/4 nelle chiese delle Gallie.

[67] Pasqua 22/3 in alcune chiese d'occ.

[68] Pasqua 30/3 nelle chiese delle Gallie e in Bretagna.

[69] Pasqua 17/4 nelle chiese delle Gallie.

[70] Pasqua 2/4 in Bretagna.

[71] Pasqua 21/4 in Bretagna.

[72] Pasqua 13/4 in Bretagna.

[73] Pasqua 18/4 in Bretagna.

[74] Pasqua 9/4 in Bretagna.

[75] Pasqua 24/3 in alcune chiese d'occ., 14/4 in Bretagna.

[76] Pasqua 6/4 nelle chiese di Bretagna.

[77] Pasqua 2/4 nelle chiese di Bretagna.

[78] Pasqua 29/3 nelle chiese di Bretagna.

[79] Pasqua 18/4 nelle chiese di Bretagna.

[80] Pasqua 25/3 nelle chiese di Bretagna.

[81] Pasqua 14/4 nelle chiese di Bretagna.

[82] Pasqua 13/4 nelle chiese delle Gallie.

[83] Pasqua 10/4 nelle chiese della Gran Bretagna.

[84] Pasqua 7/4 nella Gran Bretagna.

[85] Pasqua 29/3 nella Gran Bretagna.

[86] Pasqua 18/4 nelle Gallie e in Bretagna, 21/3 in Spagna.

[87] Pasqua 3/4 nelle chiese bretoni.

[88] Pasqua 26/3 nelle chiese bretoni.

[89] Pasqua 14/4 nelle chiese bretoni.

[90] Pasqua 19/4 nelle chiese bretoni.

[91] Pasqua 11/4 nelle chiese bretoni.

[92] Pasqua 7/4 nelle chiese bretoni.

[93] Pasqua 3/4 in alcune chiese d'occ.

[94] Pasqua 2/4 in alcune chiese d'occ.

[95] Pasqua 30/3 nelle chiese bretoni.

[96] Pasqua 19/4 nelle chiese bretoni.

[97] Pasqua 18/4 nelle chiese delle Gallie.

[98] Pasqua 27/3 nelle chiese bretoni.

[99] Pasqua 25/3 in alcune chiese d'occ., 15/4 in chiese bretoni.

[100] Pasqua 7/4 in chiese bretoni.

[101] Pasqua 20/4 in chiese bretoni.

[102] Pasqua 12/4 in chiese bretoni.

[103] Pasqua 3/4 in chiese bretoni.

[104] Pasqua 8/4 in chiese bretoni.

[105] Pasqua 31/3 in chiese bretoni.

[106] Pasqua 19/4 in chiese bretoni.

[107] Pasqua 4/4 in chiese bretoni.

[108] Pasqua 27/3 in chiese bretoni.

[109] Pasqua 16/4 in chiese bretoni.
[110] Pasqua 20/4 in chiese bretoni.
[111] Pasqua 12/4 in chiese bretoni.
[112] Pasqua 28/3 in chiese bretoni.
[113] Pasqua 16/4 in chiese bretoni.
[114] Pasqua 13/4 in chiese bretoni.
[115] Pasqua 4/4 in chiese bretoni.
[116] Pasqua 27/3 in chiese bretoni.
[117] Pasqua 8/4 in chiese bretoni.
[118] Pasqua 20/4 in chiese bretoni.
[119] Pasqua 12/4 in chiese bretoni.
[120] Pasqua 28/3 in chiese bretoni.
[121] Pasqua 17/4 in chiese bretoni.
[122] Pasqua 8/4 in chiese bretoni.
[123] Pasqua 21/4 in chiese bretoni.
[124] Pasqua 13/4 in chiese bretoni.
[125] Pasqua 5/4 in chiese bretoni.
[126] Pasqua 9/4 in chiese bretoni.
[127] Pasqua 1/4 in chiese bretoni.
[128] Pasqua 21/4 in chiese bretoni.
[129] Pasqua 5/4 in chiese bretoni.
[130] Pasqua 28/3 in chiese bretoni.
[131] Pasqua 17/4 in chiese bretoni.
[132] Pasqua 2/4 in chiese bretoni.
[133] Pasqua 21/4 in chiese bretoni.
[134] Pasqua 18/4 in chiese bretoni.
[135] Pasqua 9/4 in chiese bretoni.
[136] Pasqua 1/4 in chiese bretoni.
[137] Pasqua 14/4 in chiese bretoni.
[138] Pasqua 6/4 in chiese bretoni.
[139] Pasqua 28/3 in chiese bretoni.
[140] Pasqua 17/4 in chiese bretoni e nella maggior parte delle chiese d'occ.
[141] Pasqua 2/4 in chiese bretoni.
[142] Pasqua 25/3 in chiese bretoni.
[143] Pasqua 13/4 in chiese bretoni.
[144] Pasqua 29/3 in chiese bretoni.
[145] Pasqua 18/4 in chiese bretoni.
[146] Pasqua 10/4 in chiese bretoni.
[147] Pasqua 25/3 in chiese bretoni.
[148] Pasqua 14/4 in chiese bretoni e 24/3 in alcune chiese d'occ.
[149] Pasqua 6/4 in chiese bretoni.
[150] Pasqua 10/4 in chiese bretoni.
[151] Pasqua 2/4 in chiese bretoni.

152 Pasqua 7/4 in chiese bretoni.

153 Pasqua 29/3 in chiese bretoni.

154 Pasqua 18/4 in chiese bretoni.

155 Pasqua 3/4 in chiese bretoni.

156 Pasqua 26/3 in chiese bretoni.

157 Pasqua 14/4 in chiese bretoni.

158 Pasqua 13/4 nelle chiese delle Gallie.

159 Pasqua 19/4 nelle chiese della Gran Bretagna e Irlanda.

160 Pasqua 11/4 nelle chiese della Gran Bretagna e Irlanda.

161 Pasqua 2/4 nelle chiese della Gran Bretagna e Irlanda.

162 Pasqua 15/4 nelle chiese della Gran Bretagna e Irlanda.

163 Pasqua 30/3 nelle chiese della Gran Bretagna e Irlanda.

164 Pasqua 18/4 nelle chiese della Gran Bretagna e Irlanda e nella maggior parte delle chiese d'occ., 21/3 in altre.

165 Pasqua 3/4 nelle chiese della Gran Bretagna e Irlanda.

166 Pasqua 26/3 nelle chiese della Gran Bretagna e Irlanda.

167 Pasqua 15/4 nelle chiese della Gran Bretagna e Irlanda.

168 Pasqua 30/3 nelle chiese della Gran Bretagna e Irlanda.

169 Pasqua 19/4 nelle chiese della Gran Bretagna e Irlanda.

170 Pasqua 11/4 nelle chiese della Gran Bretagna e Irlanda.

171 Pasqua 27/3 nelle chiese della Gran Bretagna e Irlanda.

172 Pasqua 15/4 nelle chiese della Gran Bretagna e Irlanda.

173 Pasqua 7/4 nelle chiese della Gran Bretagna e Irlanda.

174 Pasqua 20/4 nelle chiese della Gran Bretagna e Irlanda.

175 Pasqua 12/4 nelle chiese della Gran Bretagna e Irlanda.

176 Pasqua 3/4 nelle chiese della Gran Bretagna e Irlanda.

177 Pasqua 2/4 nelle chiese delle Gallie.

178 Pasqua 8/4 nelle chiese della Gran Bretagna e Irlanda.

179 Pasqua 31/3 nelle chiese della Gran Bretagna e Irlanda.

180 Pasqua 19/4 nelle chiese della Gran Bretagna e Irlanda.

181 Pasqua 4/4 nelle chiese della Gran Bretagna e Irlanda e 18/4 nelle chiese delle Gallie.

182 Pasqua 27/3 nelle chiese bretoni.

183 Pasqua 18/4 nelle chiese bretoni.

184 Pasqua 20/4 nelle chiese bretoni.

185 Pasqua 12/4 nelle chiese bretoni.

186 Pasqua 28/3 nelle chiese bretoni.

187 Pasqua 16/4 nelle chiese bretoni.

188 Pasqua 13/4 nelle chiese bretoni.

189 Pasqua 4/4 nelle chiese bretoni.

190 Pasqua 27/3 nelle chiese bretoni.

191 Pasqua 16/4 nelle chiese bretoni.

192 Pasqua 1/4 nelle chiese bretoni.

193 Pasqua 20/4 nelle chiese bretoni.

[194] Pasqua 12/4 nelle chiese bretoni.

[195] Pasqua 28/3 nelle chiese bretoni.

[196] Pasqua 17/4 nelle chiese bretoni.

[197] Pasqua 8/4 nelle chiese bretoni.

[198] Pasqua 21/4 nelle chiese bretoni e 21/3 in alcune chiese d'occ.

[199] Pasqua 13/4 nelle chiese bretoni e 21/3 in alcune chiese d'occ.

[200] Pasqua 5/4 nelle chiese bretoni.

[201] Pasqua 27/3 nelle chiese bretoni.

[202] Pasqua 9/4 nelle chiese bretoni.

[203] Pasqua 1/4 nelle chiese bretoni.

[204] Pasqua 21/4 nelle chiese bretoni.

[205] Pasqua 5/4 nelle chiese bretoni.

[206] Pasqua 28/3 nelle chiese bretoni.

[207] Pasqua 17/4 nelle chiese delle Gallie.

[208] Pasqua 21/4 nelle chiese delle Gallie.

[209] Pasqua 24/3 in alcune chiese d'occ.

[210] Pasqua 13/4 nelle chiese delle Gallie.

[211] Pasqua 10/4 nelle chiese delle Gallie.

[212] Pasqua 22/3 nelle chiese delle Gallie.

[213] Pasqua 2/4 nelle chiese delle Gallie.

[214] Pasqua 30/3 nelle chiese delle Gallie.

[215] Pasqua 18/4 nelle chiese delle Gallie.

[216] Pasqua 26/3 nelle chiese delle Gallie.

[217] Questa e le altre pasque che seguono sono modificate secondo la riforma gregoriana del calendario, si vedano alle pp. 106-108 le ricorrenze pasquali secondo il calendario giuliano.

[218] Emmanuele Tesauro, *Historia dell'Augusta città di Torino... proseguita da Giovanni Pietro Giroldi*, Torino, per Bartolomeo Zappata 1679, voll. 2 – Antonio Milanesio, *Cenni storici sulla città e cittadella di Torino dall'anno 1418 al 1826, cioè da Amedeo VIII sino a Carlo Felice*, Torino, Favale, 1826 – Luigi Cibrario, *Storia di Torino*, Torino, A. Fontana, 1845/46, voll. 2 – Cornelio De Simoni, *Sulle marche dell'alta Italia e sulle loro diramazioni in marchesati. Lettere cinque*, Genova, s.e., 1869, p. 126 – Emilio Calvi, *Tavole storiche dei Comuni italiani. Parte prima: Liguria e Piemonte con lettera del prof. Alessandro D'Ancona*, Roma, Loescher e C., 1903.

[219] Giacomo Surra, *Vicende della lotta tra il comune Astigiano e la casa d'Angiò (1259-1814)*, Torino, Tip. Vincenzo Bona, 1893, p. 60 – Giacomo Gorrini, *Il Comune Astigiano e la sua storiografia. Saggio storico critico*, Firenze, C. Ademollo, 1884, p. 483 – Calvi, *Tavole storiche dei Comuni Italiani*, cit.

[220] Giulio Balbi, *Ricordi d'Ivrea*, Ivrea, Curbis, 1889, p. 19 – Giovanni Clerico, *Un po' di storia religiosa-civile eporediense in diciannove tavole cronologiche*, Ivrea, Tipografia Tomatis, 1887, p. 48 – Ferdinando Gabotto, *Un millennio di storia eporediense*, Pinerolo, Chiantore, 1900 – Edoardo Durando, *Vita cittadina e privata nel Medioevo in Ivrea, desunta dai suoi statuti*, in «Biblioteca della Società Storica Subalpina» [Pinerolo-Torino] 1899/1935, voll. VII, e Pinerolo, Chiantore, 1900 – Calvi, *Tavole storiche dei Comuni italiani*, cit., parte I.

[221] Pompeo Litta, *Famiglie celebri di Italia: Monferrato, Paleologo*, Milano, Paolo Emilio Giusti ed., 1819 – Benvenuti Sangiorgii, *Chronicon Montisferati*, in Ludovico Antonio Muratori, *Monumenta Histor. patriae Script.*, vol. III – Stokvis, *Manuel d'histoire, de*

généalogie et de chronologie, cit., vol. III – Emilio Calvi, *Tavole storiche dei Comuni Italiani*, Roma, 1903, p. 55 – Fedele Savio, *Studi storici sul marchese Guglielmo III di Monferrato ed i suoi figli. Con documenti inediti*, Torino, Bocca, 1885, p. 181.

[222] Francesco Antonio Bianchini, *Le cose rimarchevoli della città di Novara. Preceduta da un compendio storico*, Novara, Tipografia Girolamo Miglio, 1828, p. 194 – Carlo Morbio, *Storia della città e diocesi di Novara*, Milano, Società Tipografica de' Classici Italiani, 1841 – Antonio Rusconi, *Le origini novaresi. Studio*, Novara, Rusconi, 1875/77, voll. 2 – Calvi, *Tavole storiche dei Comuni italiani*, cit., parte I.

[223] Domenico Carutti, *Il marchesato di Saluzzo*, Pinerolo-Torino, Società Storica Subalpina, 1899, vol. X – Pompeo Litta, *Famiglie celebri di Italia: Marchesato di Saluzzo*, Milano, Paolo Emilio Giusti ed., 1819 – Stokvis, *op. cit.*, vol. III – Gabotto, *I marchesi di Saluzzo*, ivi, 1901 – Calvi, *Tavole storiche dei Comuni Italiani*, cit.

[224] Luigi Tommaso Belgrano-Cesare Imperiale (a cura di), *Annali Genovesi di Caffaro e dei suoi continuatori dal 1174 al 1224*, Roma, nella sede dell'istituto, 1890/1901, voll. 2 – Agostino Giustiniano, *Castigatissimi annali con la loro copiosa tavola, della eccelsa et illustrissima Repubblica di Genoa, da fideli et appropriati scrittori, per el reverendo monsignore Agostino Giustiniano accuratamente raccolti*, Genova, per A. Bellon, 1537, pp. 282 – Michele Giuseppe Canale, *Nuova istoria della Repubblica di Genova, del suo commercio e della sua letteratura dalle origini sino all'anno 1797*, Firenze, Le Monnier, 1858/64, voll. 4 – Girolamo Serra, *La storia dell'antica Liguria e di Genova*, Torino, Pomba, 1834, voll. 4 – Carlo Varese, *Storia della Repubblica di Genova dalla sua origine sino al 1814*, Venezia, Tipografia Fontana, 1840/42, voll. 8 – Stokvis, *Manuel d'histoire, de généalogie et de chronologie*, cit., vol. III – Calvi, *Tavole storiche dei Comuni italiani*, cit.

[225] Ferdinando Gregorovius, *Corsica*, trad. it. dell'ing. A. Marchi, Roma, Enrico Voghera, 1912, pp. 467 – I. N. Iacobi, *Histoire générale de la Corse depuis les premiers temps jusqu'à nos jours (1835)*, Paris, Duverger, 1835 – Louis-Armand Jaussin, *Mémoire historiques, militaires et politiques sur les principaux évènements arrivés dans l'isle et royaume de Corse, depuis le commencement de l'année 1738 jusqu'à la fin de l'année 1741, avec l'histoire naturelle de ce païs-là... par M. Jaussin*, Lausanne, M.M. Bousquet, 1758.

[226] Pietro Gioffredo, *Storia delle Alpi Marittime*, Augusta Taurinorum, Regia, 1840, p. 18 – Emanuele Celesia, *Del Finale linguistico. Cenni storici*, Genova, Tipografia Gaetano Schenone, 1876, p. 86 – Goffredo Casalis, *Dizionario geografico-storico-statistico-commerciale degli stati di S. M. il Re di Sardegna*, Torino, G. Maspero, 1833/57, voll. 31, vol. VI (1855).

[227] Fedele Savio, *I conti di Ventimiglia nei secoli XI, XII e XIII. Studio critico genealogico*, Genova, Tipografia Sordomuti, 1894, p. 24 [estratto] – Goffredo, *Storia delle Alpi Marittime*, cit.

[228] Giorgio Giulini, *Memorie spettanti alla storia, al governo ed alla descrizione della città e campagna di Milano ne' secoli bassi*, Milano, Colombo, 1854/57, voll. 7 – Bernardino Corio, *Storia di Milano...*, riveduta ed annotata dal prof. Egidio De Magni, Milano, Colombo, 1855/57, voll. 3 – Carlo de' Rosmini, *Dell'istoria di Milano*, Milano, Manini e Rivolta, 1820, voll. 4 – Pius Bonifacius Gams, *Series Episcoporum ecclesiae Catholicae, quoquod innotuerunt a Beato Petro Apostolo. A multis adjustus edidit Pius Bonifacius Gams*, Ratisbona, G. J. Manz, 1873, pp. 963 – Francesco Cusani, *Storia di Milano. Dall'origine ai giorni nostri e cenni storico-statistici sulle città e provincie lombarde*, Milano, Pirotta e C., 1861/84, voll. 8 – Marco Formentini, *Il ducato di Milano. Studi storici e documenti*, Milano, Brigola, 1877, pp. 450 – Giuseppe Gargantini, *Cronologia di Milano dalla sua fondazione fino ai nostri giorni*, Milano, Tipografica Editrice Lombarda, 1874, p. 359 – Damiano Muoni, *Governatori, luogotenenti e capitani generali dello stato di Milano dal 1499 al 1848*, Milano, Tipografia dell'Orfanatrofio, 1859 – «Archivio Storico Lombardo. Giornale della Società Storica Lombarda» [Milano] 1874 – Stokvis, *Manuel d'histoire, de généalogie et de chronologie*, cit., vol. III.

[229] Milano e Genova sono dominate in comune dai tre fratelli, morto Matteo II, Bobbio, Monza, Vigevano e Piacenza toccano a Galeazzo II, Lodi, Parma e Bologna a Bernabò.

[230] Giovanni Maria ha oltre Milano le città di Como, Bergamo, Brescia, Lodi, Cremona, Piacenza, Parma, Reggio, Bologna, Siena, Perugia, Assisi – Filippo Maria suo fr. ha: Pavia, Tortona, Alessandria, Novara, Vercelli, Casale, Valenza, Verona, Vicenza, Feltre, Belluno, Cividale, Bassano, però come feudi del fr. maggiore – Gabriele Maria altro fr. di Agnese Mantegazza ha Pisa e Crema.

[231] Estore † nel 1413 a Monza e Gian Carlo Visconti è ucc. nel 1418 a Parigi.

[232] Conte di Cotignola, march. e vic. pont. nella marca d'Ancona 1434/47, sig. di Cremona 1442, di Piacenza e ct. di Pavia 1447.

[233] L'atto di dedizione della città a Francesco Sforza è in data 3 mar. 1450, non riconosc. dall'imp.

[234] Ludovico Pepe, *Storia della successione degli Sforzeschi negli stati di Puglia e Calabria e documenti*, Trani-Bari, V. Vecchi, 1900, pp. VIII + 324.

[235] *Codex diplomaticus civitatis et ecclesiae Bergomatis*, Bergomi, Lupus Marius ed., 1784/ 99 – Giovan Battista Angelini, *Catalogo cronologico de' rettori di Bergamo, cioè de' podestà, capitani, assessori ecc., dal 1173 al 1742*, Bergamo, s.e., 1742 – Stokvis, *Manuel d'histoire, de généalogie et de chronologie*, cit., vol. III – Giuseppe Ronchetti, *Memorie istoriche della città e chiesa di Bergamo*, Bergamo, Natale Sonzogno e Mazzoleni, 1805/09, voll. 7.

[236] Alemano Barchi, *Annotazioni alla Cronologia bresciana civile ed ecclesiastica dall'origine di Brescia fino ai nostri giorni*, Brescia, Bettoni, 1832, p. 40 – Gianmaria Biemmi, *Istoria di Brescia*, Brescia, s.e., 1748 – Federico Odorici, *Storie bresciane dai primi tempi fino all'età nostra*, Brescia, Gilberti, 1853/69, voll. 11 – Stokvis, *Manuel d'histoire, de généalogie et de chronologie*, cit., vol. III.

[237] Wustenfeld, *Serie dei rettori di Cremona*, in «Repertorio Diplomatico Cremonese» [Cremona] 1878 – Stokvis, *Manuel d'histoire, de généalogie et de chronologie*, cit., vol. III – *Due cronache cremonesi inedite dei secoli XV e XVI*, Milano, Brigola, 1876.

[238] Cesare Vignati, *Codice diplomatico laudense per Cesare Vignati*, Milano, G. Brigola, 1879/85 – Felice De Angeli-Andrea Timolati, *Lodi. Monografia storico-artistica*, Milano, F. Vallardi, 1877, p. 166 – Giambattista Villanova, *Historia della città di Lodi di Gio. Battista Villanova*, in Padova, per G.B. Pasquati, 1657, p. 203 – A. Caseri, *Giardino istorico lodigiano, o storia di Lodi*, Milano, s.e., 1732 – Stokvis, *Manuel d'histoire, de généalogie et de chronologie*, cit., vol. III – *Cronichetta di Lodi del secolo XV*, pubblicata da Carlo Casati, Milano, Fratelli Dumolard, 1884.

[239] Scipione Maffei, *Gli annali di Mantova scritti da Scipione Agnello Maffei Vescovo di Casale e dedicati a Ferdinando Carlo Duca di Mantova*, Tortona, Nicolò e Fratelli Viola, 1675 – Carlo D'Arco, *Studi intorno al municipio di Mantova, dall'orgine di questo fino all'anno 1863, ai quali fanno seguito documenti inediti e rari*, Mantova, Guastalla, 1871/74, voll. 2 – Pompeo Litta, *Famiglie celebri di Italia: Bonacolsi, Gonzaga*, Milano, Paolo Emilio Giusti ed., 1819 – Carlo d'Arco, *Cronichetta di Mantova di un autore anonimo dal 1095 al 1299*, in «Archivio Storico Italiano», [Firenze] n.s. I (1855), n. 2 – Giovanni Battista Visi, *Notizie storiche della città e dello stato di Mantova*, Mantova, per l'erede di A. Pazzoni, 1781/82.

[240] Carlo Magenta, *I Visconti e gli Sforza nel castello di Pavia e loro attinenze con la Certosa e la storia cittadina*, Pavia, Tipografia Fusi, 1883, voll. 2 – Giuseppe Robolini, *Notizie appartenenti alla storia della sua patria*, Pavia, Fusi, 1823/38, voll. 8. – Cosetta Sacchi, *Il comune ed il contado di Pavia nell'acquisto del ducato di Milano*, Pavia, Tipografia Fratelli Fusi, 1898, pp. 73 [estratto] – *Memorie e documenti per la storia di Pavia e suo principato*, Pavia, Premiata Tipografia ed Eliotipia Fratelli Fusi, 1895/98, voll. 2.

[241] Samuele Romanin, *Storia documentata di Venezia*, Venezia, P. Naratovich, 1853/61, voll. 10 – Agostino Sagredo, *Venezia e le sue lagune* – Pierre-Antoine-Noël Daru, *Storie della Repubblica di Venezia di P. Daru*, trad. dal francese con note ed osservazioni, Capolago, Tipografia Elvetica, 1832/34, voll. 11 – Rinaldo Fulin e Pompeo Gherardo Molmenti, *Guida artistica e storica di Venezia e delle isole circonvicine*, Venezia, Tipografia G. Antonelli,

1881, pp. 448 – Eugenio Musatti, *Storia di un cenno di terra, ossia Venezia ed i veneziani*, 2a ed. corretta ed accresciuta, Padova, Tipografia del Seminario, 1888, voll. 6 – Giulio Bistort, *La repubblica di Venezia dalle trasmigrazioni nelle lagune fino alla caduta di Costantinopoli (1453). Riassunto storico*, Venezia, Ateneo Veneto, 1816, pp. 326 – Stokvis, *Manuel d'histoire, de généalogie et de chronologie*, cit., vol. III – Francesco Ercole, *Comuni e Signorie nel Veneto*, Venezia, s.e., 1910 – Pasquale Villari, *Le invasioni barbariche in Italia*, Milano, Ulrico Hoepli 1905, II ed., pp. XV + 490.

[242] Pare che anche l'elezione del doge fosse allora confermata dall'imp. d'Oriente.

[243] Pius Bonifacius Gams, *Series episcoporum Ecclesiae Catholicae, quoquot innotuerunt a Beato Petro Apostolo. A multis adjustus editit Pius Bonifacius Gams*, Ratisbona, G.J. Manz, 1873, p. 963 – *Series antistium aquileiensium et goritiensium*, Gorizia, s.e., 1841 – Stokvis, *Manuel d'histoire, de généalogie et de chronologie*, cit., vol. II.

[244] Stokvis, *Manuel d'histoire, de généalogie et de chronologie*, cit. – Niccolò Maria di Strassoldo, *Cronaca anni 1469-1509*, pubblicata da Vincenzo Joppi nelle nozze Strassoldo-Gallici, Udine, Seitz, 1876, p. 27.

[245] Giuseppe Caprin, *L'Istria nobilissima*, Trieste, Libreria F. H. Schimpff Editrice/Stabilimento Artistico Tipografico G. Caprin, 1905, voll. 2 – Johann Georg Kohl, *Reise nach Istrien, Dalmatien und Montenegro*, Dresden, Unoldische Budsh 1856, voll. 2 – Tomaso Luciani, *Il R. Archivio generale di Venezia*, Venezia, 1876 – *Fonti per la storia dell'Istria*, in «La stella dell'Esule» [Roma] 1880, pp. 149-163 – Emilio Silvestri, *L'Istria*, Vicenza, Rumor, 1903, pp. 540 – *Italiani e Slavi oltre il confine orientale*, in «Rivista d'Italia» [Roma-Milano], I (1898), fasc. 4.

[246] Sertorio Orsato, *Historia di Padova*, Padova, per Piero Maria Filambotto, 1678 – Giuseppe Gennari, *Annali della città di Padova, dalla fondazione della città fino all'anno 1318*, Bassano, Tipografia Remondini, 1804, voll. 3 – Giambattista Verci, *Storia degli Ezelini*, Bassano, Remondini, 1779, voll. 3, e Venezia, Tipografia Fontana, 1841 – Giovanni Cittadella, *Storia della dominazione carrarese in Padova*, Padova, Tipografia del Seminario, 1842, voll. 2 – Giuseppe Cappelletti, *Storia di Padova dalla sua origine sino al presente*, Padova, Tipografia F. Sacchetto, 1874/75, voll. 2 – Stokvis, *Manuel d'histoire, de généalogie et de chronologie*, cit., vol. III.

[247] Giovanni Durazzo, *Serie dei visconti, dei marchesi e duchi d'Este in Rovigo*, Rovigo, Minelli, 1865 – Pompeo Litta, *Famiglie celebri di Italia: Gli Estensi*, Milano, Paolo Emilio Giusti ed., 1819.

[248] Stokvis, *Manuel d'histoire, de généalogie et de chronologie*, cit., vol. II – Francesco Felice degli Alberti, *Annali del Principato ecclesiastico di Trento dal 1022 al 1540... Reintegrati e annotati da Tommaso Gar*, Trento, Monauni, 1860, pp. 550 – Tommaso Gar, *Biblioteca trentina. Ossia raccolta di documenti inediti o rari relativi alla storia di Trento*, Trento, 1858/60, voll. 2.

[249] Pompeo Litta, *Famiglie celebri di Italia: Da Camino*, Milano, Paolo Emilio Giusti ed., 1819 – Stokvis, *Manuel d'histoire, de généalogie et de chronologie*, cit., vol. III – Giovanni Battista Picotti, *I Camineri e la loro signoria in Treviso dal 1283 al 1312. Appunti storici di G.B. Picotti*, Livorno, Giusti, 1905, pp. XIII + 345.

[250] Giuseppe Mainati, *Croniche, ossia memorie storiche antiche di Trieste. Estratte dalla Storia del p. Ireneo della Croce*, Venezia, Picotti, 1819, voll. 7 – Ireneo Della Croce, *Istoria antica e moderna, sacra e profana della città di Trieste*, Trieste, G. Balestra e C., 1878/82, voll. 4 – Vincenzo Scussa, *Storia cronografica di Trieste dalla sua origine al 1695, cogli Annali dal 1695 al 1848 di Pietro Kandler*, 2a ed. curata da F. Cameroni, Trieste, s.e., 1885 – *Nuova guida di Trieste e del suo territorio, illustrata con 15 vedute*, Trieste, Dase, 1882, pp. 601.

[251] Parisius De Cereta, *Chronicon veronense ab anno 1117 ad annum adque 1278 auctore Parisio de Cereta*, in Lodovico Antonio Muratori, *Rerum Italicarum scriptores*, Città di Castello, Carducci Ed., 1900/04, t. VIII, pp. 619-659 – Torello Saraina, *Le historie e fatti dei veronesi nelli tempi d'il popolo et signori Scaligeri, per Messer Torello Sarayna*, Verona, stampate per A. Portese, 1542 – Carlo Di Arco, *Studi intorno al Municipio di Mantova*,

dall'origine di questo fino all'anno 1863, ai quali fanno seguito documenti inediti e rari, Mantova, Tip. Guastalla, 1871/74, voll. 2 – Stokvis, *Manuel d'histoire, de généalogie et de chronologie,* cit., vol. III – Giovanni Battista Giuseppe Biancolini, *Serie cronologica dei vescovi e governatori di Verona, riveduta ampliata e supplita,* Verona, D. Ramanzini, 1760, pp. 176 – Carlo Cipolla, *Documenti per la storia delle relazioni diplomatiche fra Verona e Mantova nel secolo XIV,* Venezia, a spese della Società, 1907.

²⁵² Battista Pagliarino, *Croniche di Vicenza di Battista Pagliarino, scritte dal principio di questa città, sino al tempo ch'ella si diede sotto il serenissimo dominio veneto 1404... date in luce da Giorgio Giacomo Alcaini,* Vicenza, Giacomo Amadio, M.DC.LXIII – Giovanni Battista Berti, *Nuova guida per Vicenza, ossia memorie storiche, critiche e descrittive di questa regia città,* 2a ed. accresciuta dall'autore, Padova, G. B. Berti, 1830, pp. 111.

²⁵³ *Cronica di Bologna,* in Lodovico Antonio Muratori, *Rerum Italicarum scriptores,* Città di Castello, Carducci Ed., 1900/04, fasc. I-XXXI, vol. XVIII – Ludovico Vittorio Savioli, *Annali Bolognesi,* Bassano, 1784/89, voll. 6 – Salvatore Muzzi, *Annali della città di Bologna, dalla sua origine al 1796, compilati da Salvatore Muzzi,* Bologna, Tipografia S. Tommaso d'Aquino, 1840/46, voll. 8 – Stokvis, *Manuel d'histoire, de généalogie et de chronologie,* cit., vol. III – Emilio Calvi, *Tavole storiche dei Comuni italiani. Parte terza,* Roma, Loescher e C., 1903.

²⁵⁴ Giovanni II nel 1466 è nominato da papa Paolo II pres. a vita dei riformatori, il numero dei quali è portato a 21, anch'essi a vita, divisi in due sezioni che governano alternativamente per 6 mesi.

²⁵⁵ Annibale II † a Ferrara il 24/6/1540, Ermete è ucc. a Vicenza il 7/10/1513.

²⁵⁶ *Memorie storiche e documenti sulla città e l'antico principato di Carpi,* Carpi, Pederzoli e Rossi/Modena, Vincenzi, 1877/97, voll. 7 – *Guida artistica della città di Carpi 1875,* Carpi, Commissione di Storia Patria – P. Guglielmo Maggi, *Memorie historiche della città. Di Carpi, con l'aggiunta nel fine d'ogni secolo degli uomini illustri per santità, per dignità e per virtù, della medesima città. Di F. Guglielmo Maggi,* in Carpi, per N. Degni, 1707, pp. 219 – Pompeo Litta, *Famiglie celebri d'Italia: Pio,* Milano, Paolo Emilio Giusti ed., 1819.

²⁵⁷ *Annales Caesenatenses 1162-1362,* in Lodovico Antonio Muratori, *Rerum Italicarum scriptores,* Città di Castello, Carducci Ed. 1900/04, fasc. I-XXXI, vol. XIV – E. Calvi, *Tavole storiche dei Comuni italiani,* cit. – Cesare Brissio, *Relazione dell'antica e nobile città di Cesena, scritta da Cesare Brissio,* Ferrara, V. Baldini, 1598, pp. 36 – Raimondo Zazzeri, *Storia di Cesena,* Cesena, Tipografia Nazionale di G. Vignuzzi, 1888, pp. 48.

²⁵⁸ Debbo in gran parte le notizie che seguono al prof. Glauco Lombardi di Colorno che qui ringrazio.

²⁵⁹ Giulio Cesare Tonduzzi, *Historia di Faenza, fatica di Giulio Cesare Tonduzzi, pubblicate doppo la di lui morte da Girolamo Minacci,* Faenza, G. Zarafagli, 1675, pp. 728 – Pompeo Litta, *Famiglie celebri d'Italia: Manfredi, Alidosio, Riario,* Milano, Paolo Emilio Giusti ed., 1819 – A. Righi, *Annali della città di Faenza,* Faenza, Montanari e Marabini, 1840/41, voll. 3 – Calvi, *Tavole storiche dei Comuni italiani,* cit.

²⁶⁰ Lodovico Antonio Muratori, *Delle Antichità estensi ed italiane; trattato di Lodovico Antonio Muratori,* Modena, Stamperia Ducale, 1717/40 – Antonio Frizzi, *Memorie per la storia di Ferrara, raccolte da Antonio Frizzi, con giunte e note del con. avv. Camillo Laderchi,* Ferrara, A. Servadio, 1847/48, II ed., voll. 5 – Calvi, *Tavole storiche dei Comuni italiani,* cit.

²⁶¹ Il march. Alberto destina alla reggenza del f. Filippo Roberti reggiano e Tommaso degli Obizzi lucchese, ponendolo inoltre sotto la protezione dei veneziani, dei fiorentini e dei Gonzaga.

²⁶² Guglielmo Laurini, *S. Donnino martire e la sua città (memorie storiche),* Borgo San Donnino, A. Bonetti, 1924.

[263] *Annales Forlivienses*, in Muratori, *Rer. ital. script.*, v. XXII – *Cronache forlivesi* edite da Carducci e Prati, Bologna, 1874 – Litta, *Fam. cel. ital. (Ordelaffi)* – Calvi, *op. cit.*, parte III, *Romagna*.

[264] Ireneo Affò, *Istoria della città e ducato di Guastalla*, Guastalla, S. Costa, 1785/87, voll. 4 – Giovanni Battista Benamati, *Istoria della città di Guastalla, succintamente narrata dal Padre maestro Gio. Battista Benamati,... e consagrata all'altezza serenissima di Ferdinando III Gonzaga*, Parma, per Mario Vigna, 1674, pp. 136 – Calvi, *Tavole storiche dei Comuni italiani*, cit. – Stokvis, *Manuel d'histoire, de généalogie et de chronologie*, cit., vol. III.

[265] Giulio Cesare Cerchiari, *Ristretto storico della città d'Imola*, Bologna, Tipografia Sassi, 1848, pp. 253 – Pietro Paolo Ginanni, *Memorie storiche della famiglia Alidosia*, Roma, s.e., 1735, pp. XII + 120 – Pier Desiderio Pasolini, *Caterina Sforza. Nuovi Documenti. Memorie lette alla R. Deputazione di Storia Patria per le Provincie di Romagna*, Bologna, A. Garagnani, 1897, pp. 152 – Pompeo Litta, *Famiglie celebri d'Italia: Alidosio*, Milano, Paolo Emilio Giusti ed., 1819 – Calvi, *Tavole storiche dei Comuni italiani*, cit. – Serafino Gaddoni-Godofredo Zaccherini, *Chartularium Imolese, 964-1200*, Imola, ex typis Soc. typ. Iulii Urgania, 1912, voll. 2.

[266] Giovanni Veronesi, *Quadro storico della Mirandola e della Concordia*, Modena, Minghetti, 1847 – Pompeo Litta, *Famiglie celebri di Italia: Pico, Bonacolsi, Gonzaga*, Milano, Paolo Emilio Giusti ed., 1819 – Felice Ceretti, *Dei podestà, dei luogotenenti, degli auditori e dei governatori dell'antico ducato della Mirandola, cataloghi cronologici, corredati da notizie per sac. Felice Caretti*, Mirandola, Tipografia C. Grilli, 1898, pp. XXIII + 209 – *Annali e memorie storiche della Mirandola raccolte da P. Francesco Ignazio Papotti... con note critico illustrative* [prefazione di Felice Caretti], Mirandola, Tipografia di G. Cagarelli, 1876/77, voll. 2.

[267] Francesca Trivulzio è reggente per il figlio Galeotto II fino al 1518 e † nel sett. 1560.

[268] Girolamo Tiraboschi, *Memorie storiche modenesi, col codice diplomatico illustrato con note del cavaliere abate Girolamo Tiraboschi*, Modena, Società Tipografica, 1793/95, voll. 5 – Muratori, *Delle Antichità estensi ed italiane*, cit. – Jacopino de' Bianchi, *Cronaca modenese di Jacopino de' Bianchi, detto de' Lancellotti*, Parma, P. Fiaccadori, 1861, pp. XII + 279 – Giuseppe Baraldi, *Compendio storico della città e provincia di Modena dai tempi della Romana Repubblica sino al MDCCXLVI*, Modena, Cappelli, 1846, pp. 340 – Arsenio Crespellani, *Storia di Modena narrata al popolo*, Modena, Vincenzi, 1881, pp. VII + 152 – Angelo Namias, *Storia di Modena e dei paesi circostanti dall'origine sino al 1860*, Modena, Tipografia Litografia A. Namias e C., 1894, pp. XII + 859 – Emilio Paolo Vicini, *I podestà di Modena 1156-1796*, Roma, Giornale Araldico Storico Genealogico, 1913 – Oreste Raggi, *Modena ne' suoi documenti antichi e moderni*, Modena, Vincenzi, 1869, pp. XI + 135.

[269] Ireneo Affò, *Storia della città di Parma*, Parma, Dalla Stamperia Carmignani, 1792/95, voll. 4 – Angelo Pezzana, *Storia di Parma, continuata da Angelo Pezzana*, Parma, Tipografia Ducale, 1837/59, voll. 5 – Umberto Benassi, *Storia di Parma [in continuazione di quella del P. Affò]*, Parma, Tip. Operai e L. Battei, 1899/1906, voll. 5 – Emilio Casa, *Memorie storiche di Parma (1731-1749)*, Parma, Tipografia L. Battei, 1894, pp. 146 – Clelia Fano, *I primi Borboni a Parma*, Parma, Ferrari e Pellegrini, 1890, pp. 199 – Leny Montagna, *Il dominio francese in Parma (1796-1814)*, Piacenza, Favari e D. Forozi, 1906, pp. 139 – Guido Dalla Rosa, *Alcune pagine di storia parmense, memorie del marchese Guido dalla Rosa, illustrate con documenti inediti*, Parma, P. Grazioli, 1878, voll. 3 – Emilio Casa, *Parma da Maria Luigia imperatrice a Vittorio Emanuele I (1847-1860)*, Parma, Ed. Rossi-Ubaldi, 1901, pp. 599 – «Archivio storico per le Provincie Parmensi» [Parma] 1894 – Tullo Bazzi-Umberto Benassi, *Storia di Parma*, Parma, L. Battei, 1908, pp. VIII + 475.

[270] Castro e Ronciglione appartengono ai Farnese sino al 1649, poi passano alla chiesa, ma nello stesso anno Castro è demolita per ordine di papa Innocenzo X.

[271] Giovanni Agazzari-Antonio Francesco Villa, *Chronica civitatis Placentiae Johannis et Antonii Francisci Villa (Edente Antonio Bonora)*, Parma, typis P. Fiaccadori, 1862 – Cristoforo Poggiali, *Memorie storiche di Piacenza, compilate dal proposto Cristoforo Poggiali*, Piacenza, F. G. Giacopazzi, 1757/72, voll. 12, e Cristoforo Poggiali, *Addizioni alle Memorie storiche*

di Piacenza del proposto Cristoforo Poggiali, edite per la cura di Gaetano Tononi, G. Grandi, L. Cerri, Piacenza, Stabilimento Tipografico A. del Maino, 1911, pp. XIX + 296 – Giovanni Vincenzo Boselli, *Delle storie piacentine libri XII. Umiliati a sua altezza reale, Don Lodovico di Borbone, principe di Piacenza, Parma, Giuastalla,* Piacenza, dalla reale Stamperia Salvoni, 1793/1805, tomi 3 in voll. 4, pp. 344 – Anton Domenico Rossi, *Ristretto di storia patria. Ad uso dei piacentini,* Piacenza, Del Maino, 1829/32, voll. 5 – Francesco Giarelli, *Storia di Piacenza dalle origini ai nostri giorni,* Piacenza, Vincenzo Porta, 1890, II ed., pp. 510.

²⁷² Gams, *Series episcoporum Ecclesiae Catholicae,* cit. – Leonardo Orioli, *Descrizione storica di Ravenna tradotta dal francese dal dr. Leonardo Orioli,* Ravenna, Tip. Roveri, 1836, pp. 28 – Gasparo Martinetti Cardoni, *Ravenna antica... di Gasparo Martinetti Cardoni,* Ravenna, Tipografia Calderini, 1873/79 – Pompeo Litta, *Famiglie celebri di Italia: Da Polenta,* Milano, Paolo Emilio Giusti ed., 1819 – Stokvis, *Manuel d'histoire, de généalogie et de chronologie,* cit., vol. III – Villari, *Le invasioni barbariche in Italia,* cit.

²⁷³ Fulvio Azzari, *Compendio dell'Historia della città di Reggio,* Reggio Emilia, Bartoli, 1623 – Petro de Gazata, *Chronicon regiense,* in Lodovico Antonio Muratori, *Rerum Italicarum scriptores,* Città di Castello, Carducci Ed., 1900/04, vol. XVIII – Giovanni Saccani, *I vescovi di Reggio-Emilia, cronotassi,* Reggio Emilia, Artigianelli, 1902, II ed., pp. 176 – Andrea Balletti, *Storia di Reggio nell'Emilia,* Roma, Bonvicini e Società Cooperativa, 1925.

²⁷⁴ *Cronica Riminese,* in Lodovico Antonio Muratori, *Rerum Italicarum scriptores,* Città di Castello, Carducci Ed., 1900/04, voll. I-XXXI, qui vol. XV – Luigi Tonini, *Storia di Rimini,* Rimini, Orfanelli Grandi e Danesi, 1848/88, voll. 6 – Pompeo Litta, *Famiglie celebri di Italia: Malatesta,* Milano, Paolo Emilio Giusti ed., 1819 – Pasquale Villari, *Rimini e i Malatesta,* in *Saggi storici e critici,* Bologna, Ditta Nicola Zanichelli di Cesare e Giacomo Zanichelli, 1890 – Calvi, *Tavole storiche dei Comuni italiani,* cit. – Antonio Cappelli, *Pandolfo Malatesta ultimo signore di Rimini,* in «Atti e Memorie delle R. Deputazioni di Storia Patria per le Provincie Modenesi e Parmensi» [Modena] I (1863), pp. 421-458.

²⁷⁵ Lazzaro de Bernabei, *Croniche anconitane trascritte e raccolte... Ora per la prima volta pubblicate ed illustrate a cura di Carisio Ciavarini,* Ancona, Tipografia del Commercio, 1870, pp. 309 – Carisio Ciavarini, *Sommario della storia di Ancona,* Ancona, s.e., 1867 – *Ancona descritta nella storia e nei monumenti. Con guida pratica per forestiere,* Ancona, Sartori, 1884, pp. 356 – Calvi, *Tavole storiche dei Comuni italiani,* cit.

²⁷⁶ Camillo Lilii, *Dell'Historia di Camerino, di Camillo Lilii,* Macerata, Grisei, 1662, 2 parti in 1 volume – Pompeo Litta, *Famiglie celebri di Italia: Varano,* Milano, Paolo Emilio Giusti ed., 1819 – B. Feliciangeli, *Di alcune rocche dell'antico Stato di Camerino,* in «Atti e Memorie della R. Deputazione di Storia Patria per le Provincie delle Marche» [Ancona] n.s. I (1904), n. 42 – Patrizio Savini, *Storia della città di Camerino narrata in compendio... ora per la prima volta pubblicata con note e aggiunte,* Camerino, Tipografia Sarri, 1864, pp. 284, *Storia della città di Camerino... 2a ed. con note e aggiunte del can. prof. Milziade Santoni,* Camerino, Tipografia V. Savini, 1895, pp. 296.

²⁷⁷ Giuliano Vanzolini, *Cronica di Pesaro, attribuita a Tommaso Diplovatazio,* in «Archivio storico marchigiano» [Ancona] I (1879), pp. 79-99, e II (1881), pp. 720-743 – Camillo Marcolini, *Notizie storiche della provincia di Pesaro e Urbino,* Pesaro, Nobili, 1885, II ed., pp. 470 – B. Feliciangeli, *Sull'acquisto di Pesaro fatto da Cesare Borgia, ricerche,* Camerino, Savini, 1900 – Pompeo Litta, *Famiglie celebri d'Italia: Malatesta e Sforza,* Milano, Paolo Emilio Giusti ed., 1819 – Calvi, *Tavole storiche dei Comuni italiani,* cit.

²⁷⁸ Filippo Ugolini, *Storia dei conti e duchi d'Urbino,* Firenze, Grazzini Giannini e C., 1859, voll. 2 – Pompeo Litta, *Famiglie celebri di Italia: Montefeltro e Della Rovere,* Milano, Paolo Emilio Giusti ed., 1819 – Calvi, *tavole storiche dei Comuni italiani,* cit. – G. Baccini, *Cronachetta di Urbino* (La Marche 1, 61) – Egidio Calzini, *Urbino e i suoi monumenti,* Rocca S. Casciano, Stabilimento Tipografico Licinio Cappelli, 1897, pp. 213.

²⁷⁹ R. Davidson, *Storia di Firenze: le origini,* Firenze, Sansoni, 1909, voll. 2, qui vol. I – Pasquale Villari, *I primi due secoli della storia di Firenze,* Firenze, Sansoni, 1905 – Gino Capponi, *Storia della repubblica di Firenze,* Firenze, G. Barbèra, 1875, voll. 2, pp. XIX +

632 – François-Tommy Perrens, *Histoire de Florence, par F.-T. Perrens*, Paris, Hachette, 1877 – Alfred von Reumont, *Tavole cronologiche e sincrone della storia fiorentina. Supplemento contenente gli anni 1841-60*, Firenze, Gabinetto Vieusseux, 1875, pp. 36 – Stokvis, *Manuel d'histoire, de généalogie et de chronologie*, cit., vol. III.

[280] Il gonfaloniere comincia a esser capo della signoria quando è creato l'*esecutore di giustizia*, con legge del 3/12/1306.

[281] Si crede che sia a capo del gov. per circa due giorni: Villari, *I primi due secoli*, cit.

[282] La giunta è soppressa con decreto imper. 31/12/1808.

[283] Il 21/7/1859 Leopoldo II abd. in favore del f. Ferdinando.

[284] Antonio Mazzarosa, *Storia di Lucca, dall'origine fino a tutto il 1817*, Lucca, C. Giusti, 1842, II ed., voll. 2 – Girolamo Tommasi, *Sommario della storia di Lucca dal 1400 al 1700, continuato sino al 1799 da Carlo Minutoli*, Firenze, Gabinetto Vieusseux, 1847 – *Inventario del R. Archivio di stato in Lucca*, Lucca, Bogni Salvatore ed., 1872/88, voll. 4 – Stokvis, *Manuel d'histoire, de généalogie et de chronologie*, cit., vol. III.

[285] Vittorio Franchini, *Saggio di ricerche su l'istituto del podestà nei comuni medievali*, Bologna, N. Zanichelli, 1912, p. 414.

[286] Nel 1432 i consiglieri vengono ridotti a soli 90 con 30 surrogati e nel 1531 si ritorna al numero di 120 con 40 supplenti.

[287] *Cronache di Massa di Lunigiana*, Lucca, Sforza Giovanni ed., 1882 – Luigi Staffetti, *Giulio Cybo-Malaspina march. di Massa*, in «Atti e Memorie della R. Deputazione di Storia Patria di Modena» [Modena] s. IV (1892) – Francesco Musettini, *Ricciardo Malaspina e Giulio Cybo*, in «Atti e Memorie delle R. Deputazioni di Storia Patria delle Provincie Modenesi e Parmensi» [Modena] s. I (1864), vol. II – Stokvis, *Manuel d'histoire, de généalogie et de chronologie*, cit., vol. III.

[288] Agostino Dati, *Historia Plumbinensis*, Senis, s.e., 1503 – Agostino Cesaretti, *Istoria del principato di Piombino, e osservazioni intorno ai diritti della corona di Toscana sopra i castelli di Valle di Montione (Da A. Cesaretti)*, Firenze, Stamperia della Rosa, 1788/89, voll. 2 – Licurgo Cappelletti, *Storia della città di Piombino dalle origini fino all'anno 1814*, Livorno, Tipografia Raffaello Giusti, 1897, pp. 510.

[289] Paolo Tronci, *Annali pisani etc.*, Pisa, Valenti, 1868/71, voll. 2 – Flaminio dal Borgo, *Dissertazione sopra l'historia pisana*, Pisa, Giovannelli, 1861/68, voll. 2 – Stokvis, *Manuel d'histoire, de généalogie et de chronologie*, cit., vol. III – Franchini, *Saggio di ricerche su l'istituto del podestà*, cit.

[290] Il ct. Ugolino aveva sposato Margherita Pannocchieschi del ct. di Monteingegnoli dalla quale ha i figli: Guelfo II, Lotto, Matteo, Gaddo, Uguccione, ecc. Anselmuccio nipote del ct. Ugolino, è f. di Lotto. Il figlio Guelfo II sposa Elena f. di Enzo di Svevia, re di Sardegna, e ha i figli: Ugolino, detto il *Brigata*, Lapo, Enrico e Nino, che ereditarono i diritti materni sulla Sardegna e su altri paesi.

[291] Gaetano Milanesi, *Discorso storico sulla città di Siena*, Siena, Tip. Sordo-Muti, 1862, pp. 63 – Alessandro Lisini, *L'Archivio storico di Stato di Siena*, Siena, Ditta L. Lazzari, 1915 – Stokvis, *Manuel d'histoire, de généalogie et de chronologie*, cit., vol. III.

[292] Luigi Bonazzi, *Storia di Perugia dalle origini al 1860, per Luigi Bonazzi*, Perugia, Tipografia di V. Santucci poi Tipografia Boncompagni, 1875/79 – Gaetano Moroni, *Dizionario di erudizione storico-ecclesiastico da S. Pietro sino ai nostri giorni, specialmente intorno ai principali santi, beati martiri, padri, ai sommi pontefici, cardinali e più celebri scrittori ecclesiastici, ai varii gradi della gerarchia della Chiesa cattolica, alle città patriarcali, arcivescovili, vescovili, agli scismi, alle eresie, ai concilii, alle feste più solenni, ai riti, alle cerimonie sacre, alle cappelle papali, cardinalizie e prelatizie, agli ordini religiosi, militari, equestri e ospitalieri, non che alla corte romana ed alla famiglia pontificia, ... compilazione di Gaetano Moroni*, Venezia, dalla Tipografia Emiliana, 1840/61 – Giovanni Battista Rossi Scotti, *Guida di Perugia, 2a ed. ampliata e riveduta dall'autore. Con la pianta della città*, Perugia, V. Santucci, 1867, pp. 128 – Stokvis, *Manuel d'histoire, de généalogie*

et de chronologie, cit., vol. III – Vito La Mantia, *I Comuni dello Stato Romano nel Medio Evo*, in «Rivista Storica Italiana» [Torino/Milano/Napoli] I (1884), fasc. I, pp. 38-55.

[293] Ferdinand Gregorovius, *Geschichte der Stadt Rom im Mittelalter, vom fünften Jahruudert bis zum sechzehnten Jahrhundert, von Ferdinand Gregovius*, Stuttgart, J.G. Cotta, 1886/96, IV ed., voll. 8 – Antonio Vendettini, *Del Senato Romano, opera postuma del conte AntonioVendettini dedicata alla santià di nostro signore papa Pio Sesto*, Roma, nella Stamperia Salomoni, 1782, pp. 412 – Alfred von Reumont, *Geschichte der Stadt Rom, von Alfred von Reumont*, Berlin, R. Decker, 1867/70, 3 tomi in voll. 4 – Francesco Antonio Vitale, *Storia diplomatica de' senatori di Roma dalla decadenza dell'imperio romano fino a' nostri tempi, con una serie di monete senatorie, opera dell'abate Francesco Antonio Vitale*, Roma, Stamperia Salomoni, 1791, voll. 2 – Felix Papencordt, *Geschichte der Stadt Rom im Mittelalter. Aus dem nachlasse des... Dr. Felix Papencordt Herausgegeben und mit ammekungen... versechen, von Dr. Costantin Höfler*, Paderborn, F. Schöningh, 1857, pp. XVI + 522 – «Archivio della Reale Società romana di storia patria» [Roma] 1878/1925 – Luigi Carlo Farini, *Lo Stato romano dal 1815 al 1850, per Luigi Carlo Farini*, Firenze, Le Monnier, 1853, III ed. in voll. 4 – Achille Gennarelli, *Il governo pontificio e lo stato romano*, Prato, F. Alberghetti, 1860 – Bartolomeo Malfatti, *Imperatori e papi ai tempi della signoria dei Franchi in Italia, di Bartolomeo Malfatti*, Milano, Hoepli, 1876, voll. 2 – Vito La Mantia, *Storia della Legislazione italiana*, Vol. I, *Roma e Stato Romano*, Roma/Torino/Firenze, Fratelli Bocca, 1884, pp. 741 – Pasquale Villari, *Il Comune di Roma nel Medio Evo*, in Id. *Saggi storici e critici di P. Villari*, Bologna, N. Zanichelli, 1890, pp. VI + 529 – Villari, *Le invasioni barbariche in Italia*, cit. – Pasquale Villari, *L'Italia da Carlo Magno alla morte di Arrigo VII*, Milano, Hoepli, 1910, pp. XII + 539 – Ludwig von Pastor, *Storia dei Papi. Dalla fine del Medio Evo*, Trento, Tip. Artigianelli dei figli di Maria, 1890/96, voll. 3.

[294] Si conoscono alcuni nomi di du. Bizantini a Roma, cioè: Cristoforo, principio del sec. VIII; Marino 717 o 718...; Basilio 726 o 727; Pietro 727...; Stefano, patrizio, ultimo du. indip. 727-754.

[295] Il bolognese Giovanni de Ygiano o de Lignano: Ferdinand Gregorovius, *Storia di Roma nel Medio Evo. Dal secolo V al XVI secolo*, prima versione italiana a cura di Renato Manzato, Venezia, G. Antonelli, 1875, vol. VI, p. 9.

[296] Cesare Fraschetti, *Luigi di Savoia, senatore di Roma*, Roma, Tipografia dell'Unione Cooperativa Editrice, 1902, p. 64.

[297] Con il Tolomei incomincia la serie dei senatori forestieri, che si rinnovano di sei in sei mesi, avversi ai nobili.

[298] I riformatori, imitazione dei priori di Firenze, sono eletti di tre in tre mesi fra i popolani e appaiono nel 1360. La milizia è ricomposta popolarmente sotto due banderesi, imitazione dei gonfalonieri di Firenze che devono sostenere i riformatori, abbattere i nobili e difendere la rep.: Villari, *Saggi storici e critici*, cit.

[299] «Conservatores Camerae Urbis», cioè un consiglio municipale fornito di pod. giudiziaria e amministrativa: Gregorovius, *Storia di Roma nel Medio Evo*, cit., p. 507.

[300] Qui sospendiamo l'indicazione dei nomi dei sen. che reggono la rep. perché ormai di poca importanza storica e rimandiamo all'opera del Vitale, il quale dà i nomi dei senatori di Roma fino al 1765, ultimo dei quali Abbondio Rezzonico, nip. di papa Clemente XIII.

[301] Le truppe italiane entrano nel territ. pont. il 12/9 occupano Montefiascone e Civitacastellana (gen. Bixio) e Viterbo (gen. Ferrero), il 16 viene occupata Civitavecchia (gen. Bixio) e il 29 la città Leonina, a richiesta del papa: Stefano Castagnola, *Da Firenze a Roma. Diario storico-politico del 1870-71 del ministro Stefano Castagnola, con cenni biografici dell'avv. Edoardo Devoto e note illustrative di Augusto Ferrero*, Torino, Roux, 1896, pp. LI + 212.

[302] Michelangelo Schipa, *Il ducato di Napoli*, in «Archivio Storico per le Provincie Napoletane» [Napoli] XVII (1892), fasc. I, pp.105-142, fasc. II, pp. 358-421, fasc. III, pp. 587-644, fasc. IV, pp. 780-807 – *Giornale dell'istoria del regno di Napoli dal 1266 al 1478,*

Napoli, Giovanni Gravier, 1770 – Pietro Giannone, *Istoria civile del regno di Napoli*, Milano, Bettoni, 1821, voll. 9 – Pietro Colletta, *Storia del reame di Napoli dal 1734 al 1825*, Milano, F. Pagnoni, 1861, voll. 2 – Stokvis, *Manuel d'histoire, de généalogie et de chronologie*, cit., vol. III.

[303] Giovanna I sposa: I, il 26/9/1333, Andrea, f. di Caroberto d'Anjou, re d'Ungheria e du. di Calabria, † 21/8/1345; II, nel 1346, Luigi di Taranto, † 25/5/1362; III, nel 1362, Giacomo d'Aragona, infante di Majorca, † 1375; IV, il 15/8/1376, Ottone di Brunswich, † 1393, i due ultimi non sono assoc. al trono.

[304] Per il trattato di Vienna, preliminari 3/10/1735.

[305] Nominato re di Spagna 6/6/1808 - dic. 1813 († 28/7/1844).

[306] Riccardo Filangieri di Candida, *Codice diplomatico Amalfitano*, Napoli, S. Morano, 1917, pp. IV + 535, lavoro del quale ci siamo in parte serviti per la compilazione – Francesco Pansa, *Istoria dell'antica repubblica d'Amalfi e di tutte le cose appartenenti alla medesima, opera postuma di Francesco Pansa*, Napoli, P. Severini, 1724, voll. 2 – Matteo Camera, *Memorie storico-diplomatiche dell'antica città e ducato di Amalfi, cronologicamente ordinate e continuate sino al secolo XVIII e divise in due volumi, per Matteo Camera*, Salerno, Stabilimento Tipografico Nazionale, 1876/81, voll. 2.

[307] Francesco Bonazzi, *Statuti ed altri provvedimenti intorno all'antico governo municipale della città di Bari, raccolti e pubblicati per cura di Francesco Bonazzi*, Napoli, Tipografia dei Classici Italiani, 1876, pp. XXIV + 55 – Pepe, *Storia della successione degli Sforzeschi*, cit.

[308] Carlo Sigonio, *Historiarum de Regno Italiae libri XV ab anno scilicet 570 ad 1200 cum Indice*, edito Venetis, Zilettus, 1574 – Moroni, *Dizionario di erudizione storico-ecclesiastico*, cit.

[309] Il duc. di Benevento comprende l'odierna Terra di Lavoro, il contado di Molise, l'Abruzzo ulteriore e i due principati, eccettuate le terre greche al mare.

[310] Nell'801 perde il gastaldato di Chieti, toltogli da Pipino re d'Italia, il quale lo unisce a Spoleto.

[311] Princ. tit. di Taranto: Federico d'Aragona (re di Napoli 1496) 1478 - 1504; Carlotta d'Aragona, f.a di Federico [sp. (1500) Guido XVI, ct. di Laval] 1496 - 6/8/1505; Anna di Laval, princ., nip. di Federico d'Aragona re di Napoli [sp. (1502) Francesco II, princ. di Talmont] 1502 - 1542; Louis de La Trémoille du. di Thouars 1541; Claude f. 1577; Enrico f. 1604; Carlo III f. di Carlo I 1672 - 1709; Carlo IV f. 1709 - 1719; Carlo V f. 1719 - 1741; Carlo VI f. 1741 - 1792; Carlo VII f. 1792 - 1839; Carlo Luigi [sp. (1862) Margherita Duchâtel] 1839 - ...; Luigi-Carlo de la Trémoille, princ., f. di Carlo Luigi, princ.

[312] Michele Amari, *Guerra del vespro siciliano o un periodo delle istorie siciliane del sec. XIII*, Milano, Hoepli, 1886/87, II ed., voll. 3 e *Storia dei musulmani in Sicilia*, Firenze, Felice Le Monnier, 1854/72 – Rosario Di Gregorio, *Considerazioni sopra la storia della Sicilia dai tempi normanni sino ai presenti*, Palermo, Tipografia Regia, 1805/16, voll. 6 – Isidoro Lumia, *Storie siciliane*, Palermo, Virzi, 1881/83, voll. 4 – Giovanni Evangelista Di Blasi, *Storia del Regno di Sicilia dall'epoca oscura e favolosa fino al secolo XVIII*, Palermo, Tipografia Reale Stamperia, 1830/38, voll. 22.

[313] Secondo l'Amari alla fine del sec. XI l'isola è araba più che a metà e bizantina per quasi tutto il resto.

[314] Giudice Manno, *Storia antica e moderna della Sardegna*, Firenze, Felice Le Monnier, 1860 – Stokvis, *Manuel d'histoire, de généalogie et de chronologie*, cit., vol. III.

[315] Barisone I unisce per qualche tempo i 4 giudicati sotto il suo potere, con tit. di re nel 1038.

[316] Capo della fazione guelfa di Pisa è Gentile del ct. Ugolino della Gherardesca, Nino suo f. è pure capo di parte guelfa a Pisa.

[317] È fatto prigioniero dai bolognesi alla batt. di Fossalta presso Modena il 26/5/1249 e † il 14/3/1272, sua madre Bianca Lancia d'Agliano ha il giudicato di Torres e sp. Michele Zanche († 1275).

## PARTE QUINTA

Tavole cronistoriche della storia d'Europa e di altri continenti

Tavole cronistoriche
dell'antichità e dell'evo medio

Egitto antico[1]

Prima dinastia (3000 a.C. - 2760 a.C.)
Narmer (Menes)
Aha (Atothis)
Zer
Zet
Den (Udimu)
Aziib (Miebis)
Semerkhet e Kaa

Seconda dinastia (2760 a.C. - 2650 a.C.)
Raneb
Hotepsekhemui
Ninetjer
Peribsen
Senezi
Khasekhem
Khasekhemui

Terza dinastia
Nebka	2650 - 2632 a.C.
Zoser	2632 - 2613 a.C.
Zoser-teti	2613 - 2608 a.C.
Sekhemkhet	2608 - 2603 a.C.
Huni	2603 - 2580 a.C.

Quarta dinastia
Snefru	2580 - 2553 a.C.
Cheope	2553 - 2530 a.C.
Rezdef	2530 - 2522 a.C.
Chefren	2522 - 2496 a.C.
Bafre	2496 - 2489 a.C.
Micerino	2489 - 2471 a.C.

Shepseskaf	2471 - 2467 a.C.
Ptahzedef	2467 - 2465 a.C.

Quinta dinastia

Userkaf	2465 - 2458 a.C.
Sahure	2458 - 2446 a.C.
Neferirkare	2446 - 2427 a.C.
Shepseskare	2427 - 2420 a.C.
Neferefre	2420 - 2419 a.C.
Niuserre	2419 - 2396 a.C.
Menkauhor	2396 - 2388 a.C.
Isesi	2388 - 2360 a.C.

Sesta dinastia

Teti	2360 - 2296 a.C.
Userkare	2296 - 2281 a.C.
Pepi I	2281 - 2261 a.C.
Merienre I	2261 - 2255 a.C.
Pepi II	2255 - 2161 a.C.
Merienre II	2161 - 2160 a.C.
forse un settimo faraone	2160 - 2150 a.C.

Settima dinastia (2150 a.C. - 2140 a.C.)
attestata solo da Manetone

Ottava dinastia (2140 a.C. - 2100 a.C.)
a Menfi

Nona e decima dinastia
a Eracleopoli

Kheti	2100 - 2070 a.C.
Merikare	2070 - 2040 a.C.

Undicesima dinastia
a Tebe

Antef I	2133 - 2118 a.C.
Antef II	2118 - 2069 a.C.
Antef III	2069 - 2061 a.C.
Mentuhotep I	2061 - 2010 a.C.
Mentuhotep II	2010 - 1998 a.C.
Mentuhotep III	1998 - 1991 a.C.

Dodicesima dinastia

Amenemhet I	1991 - 1961 a.C.
Sesostri I	1971 - 1927 a.C.
Amenemhet II	1929 - 1895 a.C.
Sesostri II	1897 - 1878 a.C.

Sesostri III	1878 - 1840 a.C.
Amenemhet III	1842 - 1797 a.C.
Amenemhet IV	1797 - 1790 a.C.
Sobeknofru	1790 - 1786 a.c.

Tredicesima dinastia

Sobekhotep I	1786 - 1784 a.C.
Sekhemkare	1784 - 1778 a.C.
Khutai Penten	1778 - 1775 a.c.

Amenemhet Senbuf
Ameni Antef Amenemhet
Kai Amenemhet
Ugaf
Sesostri IV
Suazitaui Sobekhotep II
Neferhotep I
Sobekhotep III
Sobekhotep IV
Sobekhotep V
Neferhotep II
Iaib
Eje
Merhetepre
Mersekhemre Ined
Sobekhotep VI
Senebmiu
Montuemsaf
Seshib
Siamun Horneziheriotef
Didumes I
Didumes II

Quattordicesima dinastia (1760 a.C. - 1700 a.C.)
soltanto nel Delta

Quindicesima e sedicesima dinastia (1715 a.C. - 1580 a.C.)

Hyksos	
Apofi I	c. 1660 a.C.
Khian	c. 1640 a.C.
Apofi II	c. 1620 a.C.
Apofi III	1615 - 1580 a.C.

Diciassettesima dinastia (1680 a.C. - 1580 a.C.)
a Tebe
Senakhtenre
Sekenenre
Kamose

Diciottesima dinastia

Ahmose	1580 - 1550 a.C.
Amenofi I	1550 - 1528 a.C.
Tutmosi I	1528 - 1515 a.C.
Tutmosi II	1515 - 1502 a.C.
Hatshepsut	1502 - 1481 a.C.
Tutmosi III	1481 - 1448 a.C.
Amenofi II	1448 - 1422 a.C.
Tutmosi IV	1422 - 1413 a.C.
Amenofi III	1413 - 1375 a.C.
Amenofi IV (Ekhnaton)	1375 - 1358 a.C.
Semenkhkare	1360 - 1358 a.C.
Tutankhamon	1358 - 1350 a.C.
Eje	1350 - 1346 a.C.
Haremhab	1346 - 1321 a.C.

Diciannovesima dinastia

Ramses I	1321 - 1319 a.C.
Seti I	1319 - 1304 a.C.
Ramses II	1304 - 1238 a.C.
Meremptah	1238 - 1219 a.C.
Amenmose	
Tausret	1219 - 1200 a.C.
Seti II	
Merenptah - Siptah	

Ventesima dinastia

Sethnakht	1200 - 1198 a.C.
Ramses III	1198 - 1166 a.C.
Ramses IV	1166 - 1159 a.C.
Ramses V	1159 - 1154 a.C.
Ramses VI	1154 - 1149 a.C.
Ramses VII	1149 - 1142 a.C.
Ramses VIII	
Ramses IX	1142 - 1107 a.C.
Ramses X	1107 - 1104 a.C.
Ramses XI	1104 - 1075 a.C.

Ventunesima dinastia

Smendes	1075 - 1049 a.C.
Psusennes I	1049 - 1004 a.C.
Amenmose ?	1004 - 1000 a.C.
Amenemope	1000 - 991 a.C.
Siamon	991 - 959 a.C.
Psusennes II	959 - 945 a.C.

Ventiduesima dinastia

Sheshonk I	945 - 924 a.C.
Osorkon I	924 - 885 a.C.
Takelothis I	885 - 860 a.C.
Osorkon II	860 - 832 a.C.
Takelothis II	837 - 813 a.C.
Sheshonk III	823 - 772 a.C.
Pimai	772 - 767 a.C.
Sheshonk IV	767 - 730 a.C.

Ventitreesima dinastia (817 a.C. - 730 a.C.)
Petubastis
Sheshonk V
Osorkon III
Takelothis III
Amunrud
Osorkon IV

Ventiquattresima dinastia

Tafnakht	740 - 721 a.C.
Bocchoris	721 - 715 a.C.

Venticinquesima dinastia

Piankhi	740 - 716 a.C.
Shabaka	716 - 701 a.C.
Shabataka	701 - 690 a.C.
Taharka	690 - 663 a.C.
Tanutamon	663 - 655 a.C.

Ventiseiesima dinastia

Psammetico I	663 - 609 a.C.
Nekho	609 - 594 a.C.
Psammetico II	594 - 588 a.C.
Apries	588 - 567 a.C.
Amasis	569 - 526 a.C.
Psammetico III	526 - 525 a.C.

Ventisettesima dinastia (525 a.C. - 404 a.C.)
re persiani

Ventottesima dinastia

Amirteo II	404 - 398 a.C.

Ventinovesima dinastia

Nefertiti I	398 - 393 a.C.
Muthis	393 a.C.

Psammuthis	393 - 392 a.C.
Hakoris	392 - 380 a.C.
Nefertiti II	380 a.C.

Trentesima dinastia

Nectanebo	380 - 362 a.C.
Takhos	362 - 360 a.C.
Nectanebo II	360 - 343 a.C.

Dinastia babilonese

Sumuabum	1895 - 1881 a.C.
Sumulael	1881 - 1845 a.C.
Sabum	1845 - 1832 a.C.
Avilsin	1833 - 1816 a.C.
Simmuballit	1813 - 1793 a.C.
Hammurabi	1793 - 1750 a.C.
Agum II	1592 - 1565 a.C.
Ulamburiash	1496 - 1474 a.C.
Agum III	1470 - 1450 a.C.
Karaindash	1445 - 1430 a.C.
Kurigalzu I	1425 - 1400 a.C.
Kadashmanellil I	1400 - 1380 a.C.
Burnaburiash III	1380 - 1352 a.C.
Karakindash, Nazibugash	1352 - 1344 a.C.
Kurigalzu II	1343 - 1318 a.C.
Nazimaruttash	1318 - 1292 a.C.
Kadashmanturgu	1292 - 1274 a.C.
Kadashmanellil II	1274 - 1268 a.C.
Kudurellil	1268 - 1258 a.C.
Shagaraktishuriash	1258 - 1239 a.C.
Kashtiliash IV	1239 - 1231 a.C.
Adadshumussur	1223 - 1193 a.C.
Melishikhu	1193 - 1178 a.C.
Mardukaplaiddina I	1178 - 1165 a.C.
Zababashumiddina	1165 - 1164 a.C.
(dominazione elamita)	
Ellilnadinakhkhe	1163 - 1160 a.C.
Nabopolassar	626 - 605 a.C.
Nebukadnezar (Nabucodonosor) II	605 - 562 a.C.
Awilmarduk	562 - 560 a.C.
Neriglissar	560 - 556 a.C.
Labashimarduk	556 a.C.
Nabonido	556 - 539 a.C.

Dinastia ittita

Antico regno

Labarnash	1670 - c. 1640 a.C.
Hattushilis I	1640 - 1615 a.C.
Murshilish I	1610 - 1580 a.C.
Hantilish	1580 - 1560 a.C.
Zidantas	1560 - 1540 a.C.
Ammunas	1540 - 1525 a.C.
Telipinu	1520 - 1500 a.C.

Impero

Tutkhaliyash II	c. 1450 a.C.
Tutkhaliyash III	c. 1400 a.C.
Shuppiluliumash I	1385 - 1345 a.C.
Murshilish II	1343 - 1315 a.C.
Muwatallish	1315 - 1293 a.C.
Urhiteshub	1293 - 1286 a.C.
Hattushilish III	1286 - 1260 a.C.
Tutkhaliyash IV	1260 - 1230 a.C.
Arnuwandash III	1230 - 1210 a.C.

Dinastia assira

Assurbelnisheshu	1433 - 1424 a.C.
Assurnadinakhkhe II	1403 - 1393 a.C.
Eribaadad I	1393 - 1366 a.C.
Assuruballit I	1366 - 1330 a.C.
Ellilnarari	1330 - 1320 a.C.
Arikdenili	1320 - 1308 a.C.
Adadnerari I	1308 - 1276 a.C.
Shulmanashared (Salmanassar)	1276 - 1246 a.C.
Tukultininurta I	1246 - 1209 a.C.
Assurnadinapli	1209 - 1205 a.C.
Assurnerari III	1205 - 1199 a.C.
Ellilkudurussur	1199 - 1194 a.C.
Ninurtaapalekur	1194 - 1181 a.C.
Assurdan I	1181 - 1135 a.C.
Assurreshishi I	1135 - 1117 a.C.
Tukultiapilessharra (Tiglatpileser)	1117 - 1078 a.C.
Asharedapalekur	1078 - 1076 a.C.
Assurbelkala	1076 - 1058 a.C.
Eribaadad II	1058 - 1056 a.C.
Shamshiadad IV	1056 - 1052 a.C.
Assurnassirpal I	1052 - 1033 a.C.

Assurabi II	1014 - 973 a.C.
Assureshishi II	973 - 968 a.C.
Tiglatpileser II	968 - 935 a.C.
Assurdan II	935 - 912 a.C.
Adadnerari II	912 - 891 a.C.
Tukultininurta II	891 - 884 a.C.
Assurnassirpal II	884 - 859 a.C.
Salmanassar III	859 - 824 a.C.
Shamshiadad V	824 - 810 a.C.
Sammuramat (Semiramide)	810 - 806 a.C.
Adadnerari III	806 - 782 a.C.
Salmanassar IV	782 - 772 a.C.
Assurdan III	772 - 754 a.C.
Assurnerari V	754 - 746 a.C.
Tiglatpileser III	746 - 727 a.C.
Salmanassar V	727 - 722 a.C.
Sargon II	722 - 705 a.C.
Sennacherib	705 - 681 a.C.
Assarhaddon	681 - 669 a.C.
Assurbanipal	669 - 627 a.C.
Assuretelilani	632 - 624 a.C.
(Sinshumlishir)	
Sinsharishkun	629 - 612 a.C.
Assuruballit II	612 - 609 a.C.

Regno di Israele e di Giuda

Saul	sec. XI a.C.
Davide	sec. XI a.C.
Salomone	966 - 926 a.C.
Rehabeam	926 - 910 a.C.

Israele

Geroboamo I	926 - 907 a.C.
Nadab	906 a.C.
Baesa	905 - 883 a.C.
Amri	881 - 871 a.C.
Acab	870 - 852 a.C.
Ocozia	851 a.C.
Joram	850 - 845 a.C.
Kehu	844 - 818 a.C.
Joahas	817 - 802 a.C.
Joas	800 - 787 a.C.
Geroboamo II	786 - 747 a.C.
Menahem	745 - 737 a.C.

Pekach	734 - 733 a.C.
Osea	732 - 724 a.C.

Giuda

Asa	907 - 868 a.C.
Giosafat	867 - 851 a.C.
Joran	852 - 845 a.C.
Atali	845 - 839 a.C.
Joas	838 - 800 a.C.
Amasia	799 - 785 a.C.
Ozia	c. 784 - 755 a.C.
Jothan	? - 741 a.C.
Acaz	742 - 725 a.C.
Hiskia	c. 724 - 697 a.C.
Manasse	696 - 642 a.C.
Giosia	639 - 608 a.C.
Joachim	608 - 599 a.C.
Joachin	598 a.C.
Sedecia	597 - 587 a.C.

Dinastia achemenide (Persia)

Ciro I il Grande	559 - 530 a.C.
Cambise	530 - 522 a.C.
Dario I	521 - 486 a.C.
Serse I	486 - 465 a.C.
Artaserse I	465 - 424 a.C.
Dario II Nothos	424 - 405 a.C.
Artaserse II Mnemone	405 - 359 a.C.
Artaserse III Oco	359 - 338 a.C.
Arsete	338 - 336 a.C.
Dario III Codomano	336 - 331 a.C.

Regni dell'India

Maurya

Candragupta Maurya	322 - 300 a.C.
Bindusara	300 - 273 a.C.
Ashoka	272 - 236 a.C.
Brihadrata	? - 184 a.C.

Gupta

Candragupta I	c. 320 - 335 d.C.
Samudragupta	335 - c. 375 d.C.

Candragupta II	c. 380 - c. 415 d.C.
Kumaragupta	c. 415 - c. 455 d.C.
Skandagupta	c. 455 - c. 480 d.C.

Dinastie ellenistiche (Egitto)

Seleucidi

Seleuco I Nicatore	312 - 281 a.C.
Antioco I Sotere	280 - 261 a.C.
Antioco II Theos	261 - 246 a.C.
Seleuco II Callinico	246 - 225 a.C.
Seleuco III Sotere	226 - 223 a.C.
Antioco III il Grande	223 - 187 a.C.
Seleuco IV Filiopatore	187 - 175 a.C.
Antioco IV Epifane	175 - 163 a.C.
Demetrio I Sotere	162 - 150 a.C.
Alessandro Bala	150 - 147 a.C.
Antioco VI Epifane Dioniso	145 - 142 a.C.
Demetrio II Nicatore	145 - 139/38 e 129 - 125 a.C.
Antioco VII Evergete Sidete	139 - 129 a.C.
Seleuco V	126 - 125 a.C.
Antioco VIII Filometore Gripo	125 - 96 a.C.
Antioco IX Filopatore Ciziceno	115 - 95 a.C.
Seleuco VI Epifane Nicatore	96 - 95 a.C.
Antioco X Eusebe Filopatore	95 - 83 a.C.
Antioco XI Epifane Filadelfo	92 a.C.
Filippo I Epifane Filadelfo	92 - 83 a.C.
Demetrio III Filopatore Sotere	95 - 88 a.C.
Antioco XII Dioniso	87 - 84 a.C.
Antioco XIII Asiatico	69 - 64 a.C.
Filippo II Philorhomaios	65 - 64 a.C.

Tolomei

Tolomeo I Sotere	323 - 283 a.C.
Tolomeo II Filadelfo	283 - 246 a.C.
Tolomeo III Evergete	246 - 221 a.C.
Tolomeo IV Filopatore	221 - 204 a.C.
Tolomeo V Epifane	204 - 180 a.C.
Cleopatra I	180 - 176 a.C.
Tolomeo VI Filometore	170 - 145 a.C.
Tolomeo VII (VIII) Evergete	145 - 116 a.C.
Tolomeo IX Sotere	116/115 - 80 a.C.
Tolomeo X	110 - 88 a.C.
Tolomeo XI	80 a.C.
Berenice (Cleopatra Berenice)	88 e 80 a.C.

Tolomeo XII Aulete	80 - 51 a.C.
Archelao	56 - 55 a.C.
Berenice	58 - 55 a.C.
Cleopatra VII Thea Filopatore	57 - 30 a.C.
Tolomeo XIII Dionico II	52 - 47 a.C.
Tolomeo XIV Filopatore	47 - 44 a.C.

Antigonidi

Antigono Monoftalmo	306 - 301 a.C.
Demetrio Poliorcete	306 - 276 a.C.
Antigono I Gonata	276 - 241 a.C.
Demetrio Etolico	239 - 229 a.C.
Antigono II Dosone	229 - 221 a.C.
Filippo V	221 - 179 a.C.
Perseo	181 - 168 a.C.

Dinastia seleucide

Demetrio II Nicatore	145 - 139/38 e 129 - 125 a.C.
Antioco VI Epifane	145 - 142/41 a.C.
Antioco VII Sidete	139/38 - 129 a.C.
Alessandro II Zabina	128 - 123 a.C.
Antioco VIII Gripo e Cleopatra Thea	125 - 121 a.C.
Seleuco V	125 a.C.
Antioco VIII Gripo	121 - 96 a.C.
Antioco IX Ciziceno	115 - 95 a.C.
Seleuco VI Epifane Nicator	96 - 95 a.C.
Antioco X Eusebe Filopatore	95 - 83 a.C.
Demetrio III Eucaero Filopatore Sotere	95 - 88 a.C.
Antioco XI Filadelfo	92 a.C.
Filippo I Filadelfo	92 - 83 a.C.
Antioco XII Dioniso	87 - 84 a.C.
Tigrane d'Armenia	83 - 69 a.C.
Antioco XIII Asiatico	69 - 64 a.C.
Filippo II Philorhomaius	65 - 64 a.C.

Dinastia partica

Arsace	ca. 250 - 248 a.C.
Tiridate	ca. 248 - 211 a.C.
Artabano I	ca. 211 - 191 a.C.
Priapatio	ca. 191 - 176 a.C.
Phraate I	ca. 176 - 171 a.C.
Mithradate I	ca. 171 - 138/37 a.C.

Phraate II	138/37 - ca. 128 a.C.
Artabano II	ca. 128 - 124/23 a.C.
Mithradate II	ca. 123 - 88/87 a.C.
Gotarze I	91 - 81/80 a.C.
Orode I	80 - 76/75 a.C.
Sinatruce	76/75 - 70 o 69 a.C.
Phraate III	70 o 69 - 58/57 a.C.
Mithradate III	58/57 - 55 a.C.
Orode II	ca. 57 - 37/36 a.C.
Pacoro I	† 38 a.C.
Phraate IV	ca. 38 - 2 a.C.
Tiridate II	ca. 30 - 25 a.C.
Phraatace (Phraate V)	2 a. C. - 4 d.C.
Orode III	4 - ca. 6/7 d.C.
Vonone I	7/8 - 12 d.C.
Artabano III	12 - ca. 38 d.C.
Tiridate III	ca. 36 d.C.
Cinnamo	ca. 37 d.C.
Gotarzes II	ca. 38 - 51 d.C.
Vardane	ca. 39 - 47/48 d.C.
Vonone II	ca. 51 d.C.
Vologase I	51/52 - 79/80 d.C.
Pacoro II	78 - 115/116? d.C.
Artabano IV	80 - 81 d.C.
Osroe	ca. 109/10 - 128/29 d.C.
Parthamaspate	ca. 117 d.C.
Vologase II	105/6? - 147 d.C.
Mithradate IV	128/29? - 147? d.C.
Vologase III	148 - 192 d.C.
Vologase IV	191 - 207/8 d.C.
Vologase V	207/8 - 222/23 d.C.
Artabano V	ca. 213 - 227 d.C.
Artavasde	ca. 227 - 228/29? d.C.

Dinastia sassanide (Persia)

Ardashir I (Artaserse)	224 - 241 d.C.
Shapur I (Sapore)	241 - 271 d.C.
Hormizd I	271 - 272 d.C.
Vahram I	273 - 276 d.C.
Vahram II	276 - 293 d.C.
Narseh (Narsete)	293 - 302 d.C.
Hormizd II	302 - 309 d.C.
Shapur II	309 - 379 d.C.
Ardashir II	379 - 383 d.C.

Shapur III	383 - 388 d.C.
Vahram IV	389 - 399 d.C.
Yezdegerd I	399 - 420 d.C.
Vahram V	420 - 438 d.C.
Yezdegerd II	438 - 457 d.C.
Hormizd III	457 - 459 d.C.
Firuz	459 - 484 d.C.
Valash	484 - 488 d.C.
Kawadh	488 - 531 d.C.
Khusraw (Cosroe)	531 - 579 d.C.
Hormizd IV	579 - 590 d.C.
Khusraw II, Parwiz	590 - 628 d.C.
6 sovrani	628 - 631 d.C.
Yezdegerd III	631 - 653 d.C.

Elenco cronologico degli imperatori di Bisanzio e Costantinopoli[2]

Dinastia teodosiana

Arcadio	395 - 408 d.C.
Teodosio II	408 - 450
Marciano	450 - 457

Dinastia trace

Leone I	457 - 474
Leone II	474
Zenone Isaurico	474 - 475 e 476 - 491
Basilisco us.	475 - 476 dep. e ucc.
Anastasio I	491 - 518

Dinastia giustinianea

Giustino I	518 - 527
Giustiniano I	527 - 565
Giustino II, il Giovane	565 - 578
Tiberio II, Costantino	578 - 582
Maurizio	582 - 602 ucc.

Dinastia di Foca

Foca us.	602 - 610 ucc.

Dinastia eracliana

Eraclio I	610 - 641
Costantino III, Eraclio	641 dep.
Eraclio II o Eracleone	641 dep.
Costante II, Eraclio	641 - 668 ucc.
Costantino IV, Pogonato	668 - 685
Giustiniano II, Rinotmeto	685 - 695 e 705 - 711 ucc.

Periodo «dei torbidi»

Leonzio us.	695 - 698 ucc.
Tiberio III, Apsimaro us.	698 - 705 dep.
Filippico, Baradnes	711 - 713
Anastasio II, Artemio	713 - 716 abd.
Teodosio III, Atramiteno	716 - 717 dep.

Dinastia isaurica

Leone III, Isaurico	717 - 741
Costantino V, Copronimo	741 - 775
Leone IV, il Cazaro	775 - 780
Costantino VI, Porfirogenito	780 - 797 ucc.
Irene di Atene	797 - 802 dep.
Niceforo I, Logoteta, us.	802 - 811 ucc.
Stauracio	811 ucc.
Michele I, Rhangabé o Curopolato	811 - 813 dep.
Leone V, l'Armeno	813 - 820 ucc.

Dinastia amorea

Michele II, il Balbo	820 - 829
Teofilo	829 - 842
Michele III, l'Ubriaco	842 - 867 ucc.

Dinastia macedone

Basilio I, il Macedone	867 - 886
Leone VI, il Filosofo	886 - 912
Alessandro	912 - 913
Costantino VII, Porfirogenito[3]	913 - 959
Romano I, Lacápeno, us.	919 - 944 dep.
Costantino Ducas us.	928 - 945
Romano II	959 - 963
Niceforo II, Focas	963 - 969 ucc.
Giovanni I, Zimisce	969 - 976
Basilio II, Bulgaroctono[4]	976 - 1025
Costantino VIII	1025 - 1028 rin. [assoc. nel 976]
Zoe	1028 - 1034
Romano III, Argiro	1028 - 1034 ucc.
Michele IV, il Paflagonico	1034 - 1041
Michele V, Calafate	1041 - 1042 dep.
Zoe con Teodora	1042 dep.
Costantino IX, Monomaco	1042 - 1054
Teodora	1054 - 1056
Michele VI, Stratiotico	1056 - 1057 dep.

Dinastia dei Comneni

Isacco I Comneno	1057 - 1059 abd.

Dinastia dei Ducas

Costantino X Ducas	1059 - 1067
Eudossia, Michele VII, Andronico I, Costantino	1067 - 1068
Romano IV, Diogene	1068 - 1071 dep.
Michele VII Ducas, Parapinace	1071 - 1078 dep.

Dinastia dei Niceforo Botaniate

Niceforo III Botaniate us.	1078 - 1081 dep.

Dinastia dei Comneni (secondo periodo)

Alessio I Comneno	1081 - 1118
Giovanni II Comneno	1118 - 1143
Manuele I Comneno	1143 - 1180
Alessio II Comneno	1180 - 1183 ucc.
Andronico I Comneno	1183 - 1185 ucc.

Dinastia degli Angeli

Isacco II Angelo	1185 - 1195 dep.
Alessio III Angelo	1195 - 1203 dep.
Isacco II Angelo con Alessio IV Angelo	1203 - 1204 ucc.
Alessio V Ducas, Marzuflo	1204 ucc.

Dinastia dei Lascaris

Costantino Lascaris	1204
Teodoro I Lascaris	1204 - 1222
Giovanni III Ducas Vatatzes	1222 - 1254
Teodoro II Ducas Lascaris	1254 - 1258
Giovanni IV Ducas Lascaris	1258 - 1261 dep.

Dinastia dei Paleologhi e dei Cantacuzeni

Michele VIII Paleologo	1261 - 1282
Andronico II Paleologo	1282 - 1328 dep.
Andronico III Paleologo, il Giovane	1328 - 1341
Giovanni V Paleologo	1341 - 1376 dep. e 1379 - 1391
Giovanni VI Cantacuzeno[5] us.	1347 - 1354 abd.
Andronico IV Paleologo	1376 - 1379
Giovanni VII Paleologo[6] us.	1390 e 1398 - 1402
Manuele II Paleologo	1391 - 1425
Giovanni VIII Paleologo	1425 - 1448
Costantino XI Paleologo Dragases	1449 - 1453 ucc.

Califfati arabi

Califfi elettivi[7]

Abu Bakr	632 - 634

Omar ibn al-Khattab	634 - 644
Othman ibn Affan	644 - 656
Ali ibn abu-Talib (Alì)	656 - 661

Califfi omayyadi[8]

Muawijah I	661 - 680
Yazid I	680 - 683
Muawijah II	683 o 684
Marwan I	684 - 685
Abd al-Malik	685 - 705
Walid I	705 - 715
Sulaiman	715 - 717
Omar II	717 - 720
Yazid II	720 - 724
Hisham	724 - 743
Walid II	743 - 744
Yazid III	744
Ibrahim	744 - 745
Marwan II	745 - 750

Califfi abbasidi[9]

Abu 'l-Abbas al-Saffah	750 - 754
al-Mansur	754 - 775
al-Mahdi	775 - 785
al-Hadi	785 - 786
Harun ar-Rashid	786 - 809
al-Amin	809 - 813
al-Mutasim	833 - 842
al-Watiq	842 - 847
al-Muntasir	861 - 862
al-Mustain	862 - 866
al-Mutazz	866 - 869
al-Mutamid	870 - 892
al-Mutadid	892 - 902
al-Muktafi	902 - 908
al-Muqtadir	908 - 932
al-Qahir	932 - 934
ar-Radi	934 - 940
al-Muttaqi	940 - 944
al-Mustakfi	944 - 946
al-Muti	946 - 974
at-Tai	974 - 991
al-Qadir	991 - 1031
al-Qaim	1031 - 1075
al-Muqtadi	1075 - 1094
al-Mustazhir	1094 - 1118

al-Mustarshid	1118 - 1135
ar-Rashid	1135 - 1136
al-Muqtafi	1136 - 1160
al-Mustangid	1160 - 1170
al-Mustadi	1170 - 1180
an-Nasir	1180 - 1225
az-Zahir	1225 - 1226
al-Mustansir	1226 - 1242
al-Mustasim	1242 - 1258

Regno khmer

Jayavarman II	802 - 854
Jayavarman III	854 - 877
Indravarman I	877 - 889
Yashovarman I	889 - 900
Harsavarman I	900 - 921
Isanavarman II	922 - 928
Jayavarman IV	921 - 941
Harsavarman II	942 - 944
Rajendravarman II	944 - 968
Jayavarman V	968 - 1001
Uadayadityavarman I	1001 - 1002
Jayaviravarman	1002 - 1010
Suryavarman I	1011 - 1050
Uadayadityavarman II	1050 - 1066
Harsavarman III	1066 - 1082
Jayavarman VI	1082 - 1107
Dharanindravarman I	1107 - 1112
Suryavarman II	1112 - 1150
Dharanindravarman II	1150 - 1160
Yashovarman II	1160 - 1166
Tribhuvanadityavarman	1166 - 1181
Jayavarman VII	1181 - 1219
Indravarman II	1220 - 1243
Jayavarman VIII	1243 - 1295
Indravarman III	1295 - 1308
Ultima dinastia	1308 - 1431

Khanati mongoli

Gengis Khan	1206 - 1227
Ogodei	1229 - 1241
Guyuk	1246 - 1248

Mongke	1251 - 1259
Kubilai	1260 - 1294
Tamur Olgiaitu	1294 - 1307
Qaishan Kuluk	1307 - 1311
Ayurparibhadra Buyantu	1311 - 1320
Suddhipala Gagan	1320 - 1323
Yasun Tamur	1323 - 1328
Rakyi-phag	1328
Tugh-Tamur Giayaghatu	1328 - 1332
Ho-shih-la Qutuqtu	1329 - 1332
Rin-Chen-Dpal	1332
Toghon Tamur (Shun-ti)	1333 - 1368

Impero azteco

Acamapichtli	1376 - 1396
Huitzilihuitl	1396 - 1415
Chimalpopoca	1415 - 1428
Itzcoatl	1428 - 1440
Moctezuma (Montezuma) I	1440 - 1469
Axayácatl	1469 - 1481
Tizoc	1481 - 1486
Ahuitzol	1486 - 1502
Moctezuma (Montezuma) II	1502 - 1520 ucc.

Impero incaico

Manco Capac	
Sinchi Roca	
Lloque Yupanqui	
Matia Capac	
Capac Yupanqui	
Inca Roca	
Yahuar Huacac	
Viracocha Inca	? - 1438
Pachacuti Yupanqui	1438 - 1471
Yopa Inca Yupanqui	1471 - 1493
Huayna Capac	1493 - 1527
Huascar	? - 1532
Atahualpa	? - 1533 ucc.

Tavole cronologiche di sovrani, governi
e organizzazioni di paesi europei

Albania

all'Impero d'oriente	395 - sec. VI
Teodorico re ostrogoto	inizi sec. VI - 552
l'imp. Giustiniano ritoglie (gen. Narsete)	
agli ostrogoti la penisola balcanica	552 - 554
i serbi (popolo slavo) occupano	
Serbia, Bosnia, Dalmazia e Albania	prima metà sec. VII
i croati l'occupano nel	sec. VII
i bulgari invadono la media e la bassa Albania	
e vi fondano uno stato	v. 870 - sec. XI
Simeone primo zar dei bulgari la conquista	914 - 927
Peter gli succede	927 - 969
Samuele zar occupa Durazzo	977 - 1010
Stefano Dobroslaw zupano (princ. serbo) la occupa	sec. XI
Michele, f., krali, sovrano	1050 - 1080
Roberto Guiscardo e suo f. Boemondo (normanni)	
occupano Durazzo	giu. 1081 - 1084
i veneziani la occupano, primavera del	1085 - lug. 1085
poi ancora nel	1205 - ...
i serbi occupano Durazzo	1110 - 1143 c.
l'imp. bizantino Manuele I Comneno,	
f. di Giovanni II, toglie Durazzo ai serbi	1143 - 24/9/1180
Michele I Angelo, dei Comneno († 1214),	
f. nat. di Giovanni Angelo f. di Costantino,	
riceve dal nuovo imp. greco la despotia d'Epiro	
con l'Albania (vassallo di Venezia dal 1210)	1204 - 1214
Teodoro, fr. di Michele I, despota d'Epiro,	
occupa Durazzo, succ. con tit. d'imp.	1214 - dep. 1230 († d. 1254)
Durazzo è unita alla despotia d'Epiro	... - 1259
Durazzo si stacca dalla despotia d'Epiro	
e passa sotto il gov. di Manfredi re di Sicilia	1259 - 26/2/1266
Carlo I d'Anjou (princ. d'Acaja 1278, re di Sicilia 1266)	
occupa Corfù e l'Albania	1272 - 7/1/1285

Valona è occupata dai bizantini nel 1314, è conquistata dai turchi nel 1414	1314 - 1414
Filippo II princ. di Taranto, f. di Carlo II d'Anjou, du. di Durazzo	1315 - 26/12/1332
Giovanni, fr. (ottavo f. di Carlo II) princ. d'Acaja e Morea 1318, du. di Durazzo e sig. d'Albania	1333 - 5/4/1335
Carlo I, f. († 24/1/1348), du. di Durazzo, gli succedono i fr. Luigi († 1326) e Roberto († 1356)	1335 - 1356
Durazzo rimane in possesso degli Angioini di Napoli	1356 - 1368
Carlo Thopia, f. di Andrea, capo albanese (vince e ucc. Niceforo II despota dell'Epiro, che occupa) si fa re, toglie Durazzo agli Angioini 1368	1358 - genn. 1388
Giorgio, f., re dal 1368, e princ. di Durazzo, succ.	genn. 1388 - rin. mar. 1392 († ott. 1392)
la rep. di Venezia la occupa, eccetto Croia e il suo territ.	mar. 1392 - 1479
Elena, sor. di Giorgio († 1401 c.), princ. di Croia, col marito Marco Barbarigo († 1428)	ott. 1392 - 1395
Costantino Castriota, f. di Paolo, princ. di Croia [sp. Elena, † 1402, nip. di Carlo Thopia], succ.	1395 - dep. 1401 († 1402)
Niceta Thopia ct. di Croia	1401 - 1415
dom. ottomana a Croia	1415 - 1443
Giorgio Castriota, Skanderbeg, nip. di Costantino	1443 - 17/1/1468
Giovanni, f. (sotto tut. della rep. di Venezia), princ. di Croia, che poi cede ai veneziani	11/1/1468 - rin. ag. 1474
alla rep. di Venezia	ag. 1474 - 1478
Maometto II sultano dei turchi occupa Croia nel 1478, ottiene da Venezia anche Scutari nel	1479 († 3/5/1481)
Durazzo cade in potere di Venezia nel 1500, ma i turchi la riprendono dopo due anni	1500 - 1502
è dichiarata indip. dalla Turchia	28/11/1912 - ott. 1918
gli italiani occupano Valona 29/12/1914, Gianina è occupata dagli austriaci	3/6/1917 - fine ott. 1918
occupata in gran parte dagli italiani fra il 14/10 (Durazzo poi Scutari) e gli inizi di	nov. 1918 - ag. 1920
procl. della rep. – Ahmet Zogu el. pres. per 7 anni	1/2/1925 - 1/9/1928
l'assemblea costituente nomina Ahmet Zogu re	1/9/1928 - abd. apr. 1939
Vittorio Emanuele III re d'Italia e d'Albania (regg. l'ambasciatore Francesco Jacomoni di San Savino)	16/4/1939 - 8/9/1943
occup. tedesca	sett. 1943 - sett. 1944

O. Nishani pres. presidium[10]	1945 - 1952
Enver Hoxha capo del gov.	2/12/1945 - 12/7/1954
Enver Hoxha segr. gen.	12/7/1954 - 11/4/1985
H. Lleshi pres. presidium[10]	24/7/1953 - 11/11/1982
M. Shehu capo del gov.	12/7/1954 - 12/6/1991
Ramiz Alia capo dello stato	11/11/1982 - 9/4/1992
Ramiz Alia segr. gen. del Partito del lavoro	13/4/1985 - 9/4/1992
procl. della rep. d'Albania	15/4/1991
Yili Dufi primo ministro	12/6/1991 - 13/4/1992
Sali Berisha pres. rep.	9/4/1992 - 23/7/1997
Aleksander Meksi primo ministro	13/4/1992 - 24/7/1997
Fatos Nano primo ministro	23/7/1997 - 28/9/1998
Rexhep Mejdani pres. rep.	24/7/1997 -
Pandeli Majko primo ministro	29/9/1998 -

Austria

a) Austria

margravi, poi du. dal 1156, arc. dal 1453, imp. dal 1804

... Leopoldo I dei ct. di Babenberg, l'Illustre, f. di Adalberto, ct. di Mertal, march. dall'882, margravio d'Austria, residente a Mölk [sp. Richeza ...]	976 - 10/7/994
Enrico I, Babenberger, f., margravio	10/7/994 - 23/6/1018
Adalberto, il Vittorioso, fr., margravio	23/6/1018 - 1055
Ernesto, il Valente, f., margravio	1055 - 9/6/1075
Leopoldo II, il Bello, f. [sp. Ida, † 1101], margravio 9/6/1075 - dep. da Arrigo IV imp.	1081, rist. 1083 - 12/12/1096
Leopoldo III, il Santo, f. [sp., 1106, Agnese († 1143), f.a di Arrigo IV imp.], margravio	12/12/1096 - 15/11/1136
Leopoldo IV, il Liberale, f. [sp. Maria, f.a di Sobieslaw du. di Boemia], (du. di Baviera 1138)	15/11/1136 - 18/10/1141
Enrico II, Jasomirgott, f. (du. di Baviera 1143), margravio dal 18/10/1141, du. ereditario d'Austria	20/9/1156 - 13/1/1177
Leopoldo V, il Virtuoso, f. (du. di Stiria 1192)	13/1/1177 - 31/10/1194
Federico I, il Cattolico, f., du.	21/12/1194 - 11/8/1198
Leopoldo VI, il Glorioso, f. (du. di Stiria 1194)	11/8/1198 - 28/7/1130
Federico II, il Belligero, f. (du. di Stiria 1230)	28/7/1230 - 15/6/1246
Ottone, ct. d'Eberstein, gov. a nome dell'imp.	1246 - 1248
Ermanno VI, f. di Ermanno V di Baden,	

margravio di Baden, investito da Guglielmo
d'Olanda, erede d'Austria e di Stiria 1248
[sp. Gertrude, nip. di Leopoldo VI]   1248 - 4/10/1250
Federico, f., margravio di Baden e du.
 d'Austria, regg. la madre   1250 - dep. 1251 († 29/10/1268)
Premisl-Ottocar, f. di Venceslaw III
 (march. di Moravia 1247,
 re di Boemia 1253)   1251 - dep. 1276 († 26/8/1278)
interregno   dal 1276 al 27/12/1282
Alberto I d'Absburgo,
 f. del re di Germania Rodolfo I
 (re di Germania 1298, du. di Stiria), du. 27/12/1282 - 1/5/1308
Rodolfo II, fr. (landamano d'Alsazia 1273-90), assoc. 1289 - 27/4/1290
Rodolfo III, f. di Alberto I (re di Boemia 1306), assoc. 1298 - 4/7/1307
Federico I, il Bello, fr. (re di Germania 1314), succ.,
 col fr. Leopoldo I, du. d'Austria e Stiria 1/5/1308 - 13/1/1330
Leopoldo I, il Glorioso,
 fr. (landamano d'Alsazia 1307) 1/5/1308 - 28/2/1362
Alberto II, il Saggio, fr. (du. di Carinzia e Stiria
 1335), succ. col fr. Ottone
 – nel 1344 unisce tutti i possedimenti absburgici 13/1/1330 - 16/8/1358
Enrico, il Placido, fr.
 (prigioniero a Mühldorf fino al 1323) 1308 - 3/2/1327
Ottone, l'Audace, fr. (du. di Carinzia 1335) genn. 1330 - 16/2/1339
Federico II, f.   febb. 1339 - 1344
Rodolfo IV, l'Ingegnoso, f. di Alberto II
 (du. di Carinzia 1358)   1356 - 27/7/1365
Federico III, lo Splendido, fr. di Rodolfo IV 1358 - 1362
Alberto III, la Treccia, f. di Alberto II
 (du. di Carinzia 1358),
fondatore della linea Albertina degli Asburgo,
 succ.   27/7/1365 - 29/8/1395
Leopoldo II, il Valoroso, fr.
 [sp. Verde, f.a di Bernabò Visconti]
 (du. di Carinzia 1379)   1379 - 9/7/1386
Alberto IV, f. di Alberto III, tut. Guglielmo,
 f. di Leopoldo II, du.   29/8/1395 - 14/9/1404
Alberto V, f. (re di Boemia e d'Ungheria 1437,
 di Germania e imp. rom. 1438)
 [sp., 1422, Elisabetta († 1442), f.a
 di Sigismondo imp.], du. 14/9/1404 - 27/10/1439
Federico V [III], nip. di Leopoldo II
 e f. del du. Ernesto di Stiria
 (re di Germania 1440, imp. rom. 1452)
 [sp., 1452, Eleonora di Portogallo († 1467)
 f.a di re Odoardo], du.   ott. 1439 - 1444

Ladislao, Postumo, f.
(re di Boemia 1440, d'Ungheria 1453),
du. 21/2/1440, arc.   6/1/1453 - 23/11/1457
Alberto VI, il Prodigo, fr. di Federico V, du.   1444 - 1446
Sigismondo, f. di Federico IV d'Absburgo,
du. poi arc. dal 1453, succ.   1446 - rin. 1490 († 4/3/1496)
Alberto VI, di nuovo, arc.   23/11/1457 - 3/12/1463
Federico V [III], di nuovo, arc.   3/12/1463 - 19/8/1493
Massimiliano I, f. (imp. rom. e re di Germania 1493)
[sp., 1477, Maria, duchessa di Borgogna,
f.a di Carlo il Temerario], arc.   19/8/1493 - 12/1/1519
Carlo I [V] d'Austria, nip., f. di Filippo, il Bello
(re di Spagna 1516, imp. e re di Germania 1519)
[sp. Isabella di Portogallo † 1539]   genn. 1519 - rin. 28/4/1521
                                                                († 21/9/1558)

Ferdinando I, fr. (re di Boemia e d'Ungheria
1527, imp. e re di Germania 1556)
[sp., 1521, Anna († 1547),
sor. di Luigi II d'Ungheria]   mag. 1521 - 25/7/1564
Massimiliano II, f. (imp. e re di Germania 1564,
re d'Ungheria 1564), succ.   25/7/1564 - 12/10/1576
Rodolfo V, f. (imp. e re di Germania
e d'Ungheria 1576), succ.   12/10/1576 - giu. 1608 († 20/1/1612)
Mattia, fr.
(imp. di Germania e re d'Ungheria 1612)   26/6/1608 - 20/3/1619
Ferdinando II d'Absburgo, nip. di Ferdinando I
(imp. e re di Germania e d'Ungheria 1619)
[sp., 1600, Maria Anna di Baviera, † 1616]   20/3/1619 - 15/2/1637
Ferdinando III, f.
(imp. di Germania e re d'Ungheria 1637)   15/2/1637 - 2/4/1657
Leopoldo I, f. (imp. e re di Germania 1658)   2/4/1657 - 6/5/1705
Giuseppe I, f.
(imp. di Germania e re d'Ungheria 1705)   6/5/1705 - 17/4/1711
Carlo II [VI] fr.
(imp. di Germania e re d'Ungheria 1711)   12/10/1711 - 20/10/1740
Maria Teresa, f.a
[sp. Francesco Stefano du. di Lorena 1729]
(sig. d'Ungheria e Boemia,
du. di Milano, Parma ecc. 1740-45), succ.   20/10/1740 - 29/10/1780
Giuseppe II d'Absburgo-Lorena, f.
(imp. e re di Germania 1765, re d'Ungheria)   29/10/1780 - 20/2/1790
Leopoldo II [I], fr. (granduca di Toscana 1765,
imp. e re di Germania 1790, re d'Ungheria)   20/2/1790 - 1/3/1792
Francesco I [II], f.
(imp. rom. e re di Germania 1792, rin. 1806),
succ. 1/3/1792, imp. d'Austria   14/8/1804 - 2/3/1835

Ferdinando I, f., imp. d'Austria   2/3/1835 - abd. 2/12/1848 († 1875)

Francesco-Giuseppe, nip., f. di Francesco Carlo, imp.
  (occupa Bosnia ed Erzegovina 5/10/1908),
  eccidio di Sarajevo 28/6/1914, succ.   2/12/1848 - 21/11/1916

Carlo Francesco Giuseppe d'Este,
  pronipote (f. dell'arc. Ottone)   21/11/1916 - dep. 10/11/1918
                                           († 1/4/1922)

dissoluzione della monarchia austro-ungarica   12/11/1918

rep. federale dem.,
  ricon. dal tratt. 10/9/1919 di St. Germain en Laye
  – pres. Karl Seitz, el.   12/3/1919 - 9/12/1920

pres. Michail Hainisch, el., per 4 anni 9/12/1920,
  confermato per altri 4 anni   9/12/1924

pres. della rep.

Michail Hainisch pres. rep. (rieletto 9/12/1924)   9/12/1920 - 5/12/1928

W. Miklas pres. rep. (rieletto 9/10/1931)   5/12/1928 - 13/3/1938

unione dell'Austria con la Germania nazista
  («Anschluss»)   13/3/1938

finita la seconda guerra mondiale,
  divisione dell'Austria da parte degli Alleati
  in quattro zone d'occupazione   8/8/1945

riconoscimento alleato della nuova Rep. austriaca   20/10/1945

Karl Renner pres. rep.   20/12/1945 - 13/12/1950

T. Körner pres. rep.   27/5/1951 - 12/1/1957

A. Schärf pres. rep. (rieletto 28/4/1963)   7/5/1957 - 28/2/1965

F. Jonas pres. rep. (rieletto 25/4/1971)   23/5/1965 - 23/4/1974

R. Kirchschlager pres. rep.   8/7/1974 - 18/5/1980

R. Kirchschlager rieletto pres. rep.   18/5/1980 - 4/5/1986

Kurt Waldheim pres. rep.   8/7/1986 - 8/7/1992

Thomas Klestil pres. rep.   8/7/1992 -

ammissione alla UE   1/1/1995

ammissione nell'EURO   30/4/1998

b) Boemia (Cecoslovacchia dal 1918)

du., poi re dal 1198

Borziwoy I discendente da Przemysl capo dei cechi di Boemia
  primo du. cristiano (battezzato 894) [sp. Ludmilla, † 927]   873 - v. 894

Spitignew I, f., du. col fr. Wratislaw   895 - v. 912

Wratislaw I, fr., du.   895, solo 912 - 926

Drahomira, ved. di Wratislaw I, regg.   926 - 928 († 935)

Venceslaw I, f.   926 - 28/9/935

Boleslaw I, fr. (riconosce la supremazia tedesca 950)	935 - 15/7/967
Boleslaw II, f., il Pio [sp. Emma di Borgogna]	15/7/967 - 7/2/999
Boleslaw III, il Cieco, f.	7/2/999 - 1002 abd.
Wladiwoj, nip. di Boleslaw II	1002 - 1003
Boleslaw III di nuovo	
(da Boleslaw di Polonia preso,	
accecato e imprig. 1003)	1003 († 1037)
Jaromir, fr.	1003 - 1012 dep. († 1038)
Udalrico o Ulrico I, fr.,	
riconquista in parte la Moravia (1028)	1012 - 9/11/1037
Bratislaw I, l'Achille, fr.	9/11/1037 - 10/1/1055
Spitignew II, f.	10/1/1055 - 28/1/1061
Wratislaw II, fr., du. 28/1/1061,	
nom. re di Boemia 16/6, cor.	3/7/1086 - 14/1/1092
Corrado I, fr., du.	14/1/1092 - 1092
Bratislaw II, f. di Wratislaw II, du.	1092 o 1093 - dic. 1100
Borziwoy II, fr., du.	25/12/1100 - 1107 dep.
Swatopluk (Sventibold), cug.	1107 - 12/9/1109
Wladislaw I, fr. di Borziwoj II, du.	12/9/1109 - 1117
Borziwoy II di nuovo du.	1117 - dep. 1120 († 2/2/1124)
Wladislaw I di nuovo du.	1120 - 12/4/1125
Sovieslaw I, fr., du.	12/4/1125 - 13/3/1140
Wladislaw II, f. di Wladislaw I,	
du., succ. 12/4/1140, re	13/1/1158 - abd. 1173 († 17/1/1174)
Sobieslaw II, f. di Sobieslaw I, du.	1173 - dep. 1179 († 1180)
Federico, f. di Wladislaw II, du.	1179 - 1189
Corrado II, nip. di Corrado I	
(march. di Moravia 1182), du.	1189 - 1191
Venceslaw II, f. di Sobieslaw I, du.	1191 - spod. 1192 († v. 1197)
Pzemysl II, detto Ottocar I, f. di Wladislaw II,	
du.	1192 - 1193 dep.
Enrico Bretislaw, f. di Wladislaw I, du.	1193 - 1197
Wladislaw III, f. di Wladislaw II	
(march. di Moravia 1192), du.	1197 abd. († 1222)
Pzemysl II, di nuovo, succ.	1197, cor. re 1198 - 15/12/1230
Venceslaw III, il Guercio, f., cor. re 1228	15/12/1230 - 22/9/1253
Pzemysl-Ottocar II, il Vittorioso, f.	
(march. di Moravia 1247,	
margravio d'Austria 1251), re	23/9/1253 - 26/8/1278
interregno	dal 26/8/1278 al 1283
Venceslaw IV, f. (re di Polonia 1300)	1283 - 21/6/1305
Venceslaw V, f. (re d'Ungheria 1302,	
di Polonia 1305), re	21/6/1305 - 4/8/1306
Rodolfo I, f. di Alberto I d'Absburgo	
(margravio d'Austria 1298), re	26/8/1306 - 4/7/1307
Enrico di Carinzia, gen.o di Venceslaw IV, re	

[sp. Beatrice, f.a del ct. Amedeo V
di Savoia], succ. 4/7/1307 - dep. 1310 († 4/8/1335)
Giovanni, il Cieco (ct. di Lussemburgo 1313),
gen.o di Venceslaw IV, re 1310 - 26/8/1346
Carlo I [IV], f. (imp. e re di Germania 1347), re ag. 1346 - 29/11/1378
Venceslaw VI, f. (re di Germania e imp. 1378),
re di Boemia 29/11/1378 (dep. da imp. 20/8/1400) - 9/12/1437
Sigismondo, fr. (imp. e re di Germania 1410), re 16/8/1419 - 9/12/1437
Alberto d'Absburgo, f. di Alberto IV
(du. d'Austria 1404, re d'Ungheria 1437, dei rom. 1438),
gen.o di Sigismondo, succ. 9/12/1437, cor. 6/5/1439 - 27/10/1439
Ladislaw Postumo, f.
(arciduca d'Austria e re d'Ungheria 1453), re 22/2/1440 - 23/11/1457
Giorgio Podiebrad, ussita, regg. dal 1444
[sp. Giovanna von Rozmital], re 2/3, cor. 7/5/1458 - 22/5/1471
Ladislaw II Jagellone,
f. di Casimiro IV re di Polonia
(re d'Ungheria 1490), re 27/5, cor. 16/8/1471 - 13/3/1516
Luigi, f. (re d'Ungheria 1516), re 13/3/1516 - ag. 1526
Ferdinando I d'Austria, gen.o di Ladislaw II,
eredita la Boemia dic. 1526 (imp. rom. 1558) - 25/7/1564
la Boemia, nel 1547,
è dichiarata stato ereditario della corona d'Austria
e rimane unita ai suoi possessi fino al 14/11/1918

c) *Carinzia*

unita al Friuli 796 - 828
 – gov. da margravi particolari 828 - 907
 – Arnolfo, f. nat. di Carlomanno,
du. di Carinzia 880
(re di Baviera, poi di Germania 887, imp. 895) † 8/12/899
unita al duc. di Baviera 907 - 976
du.: Enrico I, il Giovane, f. di Bertoldo, ct. di Scheiern,
in Baviera (du. di Baviera 982), du. di Carinzia,
col Friuli, nom. da Ottone II 976 - dep. 978, e 982 - 989 († 996)
Ottone I di Weiblingen, f. di Corrado II,
du. di Lorena, (du. di Franconia 955), du. 978 - 982 († 4/11/1004)
la Carinzia è unita ancora alla Baviera 989 - 995
Corrado I, il Vecchio, f. di Ottone I
(du. di Franconia), du. 4/11/1004 - 1011 o 12/12/1011
Adalberone d'Eppenstein, du. 1012 - dep. 1035 († 1039)
Corrado II, il Giovane, f. di Corrado I
(du. di Franconia 1011), du. 1036 - 1039
interregno 1039 - 1047

Guelfo (Welf), f. di Guelfo II, ct. d'Altorf, du.	1047 - 1055
Corrado III, nip. di Corrado II du.	1056 - 1061
Bertoldo, il Barbuto, f. di Bezelin	
(du. di Zähringen 1061), du.	1061 - dep. 1072 († 1076)
Marquardo, f. di Adalberone d'Eppenstein, du.	1072 - 1076
Liutold, f., du.	1076 - 1090
Enrico II, fr. (margravio d'Istria e Carniola 1108), du.	1090 - 1122
Enrico III, dei ct. di Sponheim, du.	1122 o 1123 - 1124
Engelberto II, fr.	
(margravio d'Istria e Carniola 1108)	1124 - abd. 1134 († 1141)
Ulrico I, f. dei ct. di Sponheim, du.	1134 - 1143
Enrico IV, f., du.	1143 - 1161
Ermanno, fr., du.	1161 - 5/10/1181
Ulrico II, f., du.	1181 - 1202
Bernardo, fr., du.	1202 - febb. 1256
Ulrico III, f., ultimo della dinastia	
degli Sponheim, du.	febb. 1256 - 23/10/1269
Filippo (patr. d'Aquileia 1269), du.	23/10/1269 - dep. 1270 († 1279)
Premysl-Ottocar (du. d'Austria 1251,	
re di Boemia 1253 (du. di Stiria 1261),	
eredita Carinzia e Carniola, du.	1269 - dep. 1276 († 26/8/1278)
Rodolfo, f. di Alberto IV d'Absburgo	
(re di Germania 1273), du.	1276 - 1286 († 15/7/1291)
Mainardo di Gorizia (ct. del Tirolo 1258), du.	1286 - 31/10/1295
Ottone II, f. († 1310) (ct. del Tirolo 1295),	
coi fr.: Luigi, 22/9/1305, ed Enrico V,	
† 4/4/1335, du. di Carinzia	31/10/1295 - 14/4/1335
Alberto II d'Absburgo, f. di Alberto I imp.,	
du. d'Austria, eredita Carinzia e Carniola	
e riceve in feudo il Tirolo (1335), succ.,	
col fr. Ottone	2/5/1335 - 16/8/1358
il duc. rimane unito ai possedimenti di casa d'Austria	1358 - 14/10/1809
alla Francia in parte	
che la include nelle Province illiriche	14/10/1809 - 8/8/1813
cessione all'Austria di tutte le Province illiriche	8/8/1813 (vd. Austria)

d) Transilvania

princ. (vd. Romania, pp. 649-651)

Giovanni Zapolyai voivoda (gov.)	
ungherese di Transilvania dal 1507,	
se ne impadronisce nel 1526 e vi regna	
come princ. indip. dal 1538	1526 - lug. 1540
Giovanni Sigismondo, f., princ.	lug. 1540 - mag. 1571

Stefan Báthory (re di Polonia 1575-86)
  voivoda [sp. Anna Jagellona,
  f.a di Sigismondo I]   mag. 1571 - rin. 1576 († 12/12/1586)
Cristoforo, fr., princ.   1576 - 1581
Sigismondo, f., princ.   1581 - 1598
Andrea Báthory, card., nip. dal fr. di Stefan
  re di Polonia, princ. regg.   1598 - 1599
dom. dei valacchi   1599 - 1601
Sigismondo Báthory di nuovo
  [sp. Maria Cristina
  d'Austria] cede la Transilvania
  all'imp. Rodolfo II d'Austria   1601 - rin. 1602 († 27/8/1613)
dom. austriaca   1602 - 1603
Georg Basta princ.   1602 - 1603 e 1603 - 1604
Mozes Székeli princ.   1603
Stefan Bocskay ungherese princ.   1604 - 29/12/1606
Sigismondo Rakoczy el. princ. febb. 1607 abd. 3/3/1608 († 5/12/1608)
Gabor Báthory ungherese princ.   ott. 1613 - 1629
Caterina di Brandenburgo princ.   1629 - 1630
Georg Rakoczy princ.   1648 - 1657, 1658 e 1659 - 1660
Ferencz Rhedey princ.   1657 - 1658
Akos Barksey princ.   1658 - 1659 e 1660 - 1661
Janos Kemeny princ.   1661
Michele Apaffi I princ.   1661 - 15/4/1690
Imre Tokoli princ.   apr. 1690 - 1692
Michele Apaffi II princ.   1692 - abd. 19/4/1697 (o 1699)
all'Austria per il tratt. di Carlowitz   26/1/1699 - 1704
Ferencz Rakoczy, nip., dal f. Francesco I,
  di Georg II, princ.   1704 - 1711 († 8/4/1735)
Michele Apaffi II di nuovo   1711 - † 11/2/1713
unione all'Austria   febb. 1713 - 1765
unita all'Austria-Ungheria   1867 - 1916
la Romania entrata in guerra (1916) contro
  gli imperi centrali conquista buona parte
  della Transilvania che le viene accordata   1/12/1918

Bosnia Erzegovina

prima dichiarazione di sovranità   1/8/1990
dichiarazione definitiva di sovranità   5/10/1991
procl. d'indip. della Rep. serba di
  Bosnia Erzegovina (Srpska Republika)   9/1/1992
procl. d'indip. della Bosnia Erzegovina   3/3/1992
ammissione alla Csce   30/4/1992
ammissione all'Onu   22/5/1992

adesione agli accordi di Dayton per pace
con la Serbia e la Croazia   21/11/1995
ratifica a Parigi degli accordi di Dayton   14/12/1995

Bulgaria

i bulgari, di origine sitica, invadono la Mesia inferiore
  e vi fondano un regno   v. 670 - 1018
è conquistata dai bizantini e unita
  all'Impero d'or.   1018 - 1186
i bulgari insorgono uniti ai vicini valacchi nel 1186
  e costituiscono il Regno valacco-bulgaro   1186 - 1398
gli ottomani la conquistano   1398 - lug. 1878
in seguito alla vittoria dei russi contro i turchi
  è riconosciuta principato autonomo elettivo, rimanendo
  però sotto l'alto dominio della Porta (trattato di Santo Stefano
  3/3/1878, modificato nel congresso di Berlino   15/7/1878
Alessandro I di Battenberg, f. del princ. Alessandro
  d'Assia e di Giulia von Hanke princ. di Battenberg
  eletto princ. il 29/4/1879   1879 - 7/9/1886 dep. 21/8, 7/9/1886 abd.
                                                   († 17/11/1893)
gov. provv. regg. Stambulow,
  Montkourow e Karawellow   7/9/1886 - ag. 1887
Ferdinando I di Sassonia Coburgo-Gotha (du. di
  Sassonia) el. princ. 7 lug., sale al trono   7/10/1887 - 1907
è annessa alla Rumelia or.   1907
è procl. regno indip.   5/10/1908
Ferdinando I, pred., zar dei bulgari   5/10/1908 - 3/10/1918 abd.
riconosciuto dalle grandi potenze   29/4/1909
acquista Macedonia e Tracia occ.
  con Adrianopolo (pace di Londra)   30/5/1913
perde Macedonia, Adrianopoli e Dobrugia
  (pace di Bucarest)   10/8/1913
perde la Tracia occ., data alla Grecia,
  poi Stroumitza data alla Jugoslavia (pace di Neuilly)   27/11/1919
Boris III, f., zar
  [sp. 25/10/1930 la princ. Giovanna di Savoia]   3/10/1918 - 28/8/1943
Simeone II, f., zar (con un consiglio di regg.a
  presieduto fino al 9/9/1944 da Bogdan Filov
  e poi da Todor Pavlov   28/8/1943 - 8/9/1946
il Fronte Patriottico si impadronisce del potere   9/9/1944
K. Georgiev pres. consiglio   9/9/1944 - 22/11/1946
procl. della rep.   15/9/1946
V. Kolarov pres. provv. della rep.   15/9/1946 - 9/12/1947
G. Dimitrov pres. consiglio   22/11/1946 - † 2/7/1949

M. Neičev pres. presidium[10]	9/12/1947 - 1950
V. Kolarov pres. consiglio	20/7/1949 - † 23/1/1950
V. Červenkov pres. consiglio	gen. 1950 - 17/4/1956
G. Damianov pres. presidium[10]	1950 - 30/11/1958
A. Jugov pres. consiglio	17/4/1956 - 5/11/1962
D. Ganev pres. presidium[10]	30/11/1958 - † 20/4/1964
Todor Živkov pres. consiglio	9/11/1962 - 7/7/1971
G. Traikov pres. presidium[10]	23/4/1964 - 7/7/1971
S. Todorov pres. consiglio	7/7/1971 - 17/6/1981
Todor Zivkov pres. rep.[10]	7/71971 - 10/11/1989
G. Filipov pres. consiglio	17/6/1981 - ...
G. Atanassov primo min.	21/3/1986 - ...
Petar Mladenov pres. rep.	10/11/1989 - 1/8/1990
Andrei Lukanov pres. consiglio	3/2/1990 - 29/11/1990
Zhelju Zhelev pres. rep.	1/8/1990 - 2/11/1996
Dimitar Popov pres. consiglio	7/12/1990 - 25/1/1995
ingresso nel Consiglio d'Europa	7/5/1992
Zhan Videnov pres. consiglio	25/1/1995 - 14/5/1997
Ivan Kostov pres. consiglio	14/5/1997 -
Petar Stojanov pres. rep.	19/1/1997 -

Cecoslovacchia

a) Repubblica ceca

rep. dem. unitaria dal 28/10/1918 di Boemia, Moravia, Slesia e territ. degli slovacchi, già ungherese	
– pres. Tomáš Garrigue Masaryk (el. 14/11/1918, rieletto 28/5/1920, 27/5/1927 e 25/5/1934)	14/11/1918 - 14/12/1935
Eduard Beneš pres. rep.	18/12/1935 - 5/10/1938
Emil Hácha pres. rep.	30/11/1938 - mag. 1945
lo Stato slovacco proclama l'indipendenza	14/3/1939
sorge il protettorato di Boemia e Moravia sotto il Führer del Reich tedesco	15/3/1939
Z. Fierlinger pres. cons.	4/4/1945 - mag. 1946
Eduard Beneš pres. rep. (di nuovo)	mag. 1945 - 7/6/1948
Klement Gottwald pres. cons. (segr. Pc 1939-1951)	mag. 1946 - giu. 1948
Klement Gottwald pres. rep.	14/6/1948 - 14/3/1953
A. Zápotocky pres. cons.	giu. 1948 - mar. 1953
Antonín Novotny segr. Pc	1951 - 5/1/1968
A. Zápotocky pres. rep.	mar. 1953 - 13/11/1957
V. Siroky pres. cons.	21/3/1953 - sett. 1963
Antonín Novotny pres. rep.	19/11/1957 - 22/3/1968
J. Lenart pres. cons.	21/9/1963 - 8/4/1968

Alexander Dubcek segr. P.c.	5/1/1968 - 17/4/1969
Ludvík Svoboda pres. rep.	31/3/1968 - 29/5/1975
O. Cernik pres. cons.	8/4/1968 - 28/1/1970
invasione delle truppe del patto di Varsavia	20-21/8/1968
rep. federale	1/1/1969
Gustav Husák segr. P.c.	17/4/1969 - 17/12/1987
Lubomiř Strougal pres. cons.	28/1/1970 - 7/12/1989
Gustav Husák pres. rep.	29/5/1975 - 28/12/1989
Miklos Jakes segr. P.c.	17/12/1987 - 7/12/1989
Ladislav Adamec pres. consiglio	- 7/12/1989
Marian Calfa pres. consiglio	7/12/1989 - 31/12/1992
Vaclav Havel pres. rep.	29/12/1989 -
ingresso nel Consiglio d'Europa	2/2/1991
procl. della Repubblica ceca	1/1/1993
ammissione alla CSCE	1/1/1993
Vaclav Klaus pres. consiglio	1/1/1993 -
ammissione all'ONU	19/1/1993
ingresso nel Consiglio d'Europa	30/6/1993

b) Repubblica slovacca

stato federato	1/1/1969
dichiarazione di sovranità	17/7/1992
indip. definitiva	1/1/1993
ammissione alla CSCE	1/1/1993
ammissione all'ONU	19/1/1993
Michal Kovac pres. rep.	15/2/1993 -
ingresso nel Consiglio d'Europa	30/6//1993

Comunità europea (CE) e Unione monetaria europea (UEM)

discorso di Churchill a Zurigo sulla «creazione degli Stati Uniti d'Europa»	19/9/1946
proposta di Robert Schuman per un'organizzazione franco-tedesca sul carbone e l'acciaio aperta ad altri stati	9/5/1950
istituzione dell'Organizzazione europea per la cooperazione economica (OECE)	16/4/1948
istituzione del Consiglio d'Europa col tratt. di Westminster	5/5/1949
istituzione dell'Unione europea dei pagamenti (UEP)	19/9/1950
Belgio, Francia, Italia, Lussemburgo, Olanda, Repubblica federale tedesca firmano il tratt. di Parigi per la Comunità europea del carbone e dell'acciaio (CECA)	18/4/1951
firma del tratt. per la Comunità europea di difesa (CED)	27/5/1952
fallimento della Comunità europea di difesa (CED)	30/8/1954

conferenza di Messina sull'integrazione europea	1-2/6/1955
avvio a Venezia di negoziati per nuove organizzazioni	29/5/1956
i sei stati della CECA firmano il tratt. di Roma che fonda la Comunità economica europea (CEE) e la Comunità europea per l'energia atomica (CEEA o EURATOM)	25/3/1957
entrata in vigore dei tratt. CEE e CEEA	1/1/1958
si riunisce a Strasburgo il Parlamento europeo	21/3/1958
domande di assoc. di Grecia e Turchia	8/6 - 31/7/1959
con l'accordo di Stoccolma è istituita l'Associazione europea di libero scambio (EFTA)	4/1/1960
domande di Irlanda, Danimarca, Gran Bretagna	31/7 - 9/8 - 19/8/1961
domanda di assoc. della Norvegia	30/4/1962
firma della convenzione di Yaoundé con 17 paesi africani	20/7/1963
introduzione dell'imposta sul valore aggiunto (IVA)	8/2/1967
CECA, CEE e EURATOM riunite nella Comunità europea (CE)	30/6/1967
unificazione tariffaria dei sei paesi della CE	1/7/1968
referendum popolare contrario all'adesione della Norvegia	26/9/1972
Danimarca, Gran Bretagna, Irlanda aderiscono alla CE	1/1/1973
firma della convenzione di Lomé I con 46 paesi di Africa, Caraibi, Pacifico (ACP)	28/2/1975
domanda di assoc. della Grecia	12/6/1975
domande di assoc. di Portogallo e Spagna	28/5 - 28/7/1977
istituzione del Sistema monetario europeo (SME) cui partecipano i paesi della CE salvo la Gran Bretagna	9-10/3/1979
elezione a suffragio universale del Parlamento europeo	7-10/6/1979
firma della convenzione di Lomé II con 58 paesi di Africa, Caraibi, Pacifico (ACP)	31/10/1979
inaugurazione della rete d'informazioni EURONET	13/2/1980
la Grecia aderisce alla CE	1/1/1981
Portogallo e Spagna aderiscono alla CE	1/1/1986
entrata in vigore dell'Atto unico europeo che precisa i poteri delle istituzioni della CEE	1/7/1987
vertice a Parigi di 34 paesi della Conferenza per la sicurezza e la cooperazione in Europa (CSCE) e Carta per una nuova Europa	19-21/11/1990
il tratt. di Maastricht prevede l'Unione europea (UE)	11/12/1991
tratt. di Porto sullo Spazio economico europeo tra CE ed EFTA	2/5/1992
costituzione ufficiale dei 15 paesi della CE in UE	1/11/1993
nuovo referendum contrario all'adesione in Norvegia	28/11/1994
Austria, Finlandia e Svezia aderiscono alla UE	1/1/1995
tratt. di Amsterdam sull'allargamento dell'UE a 5 paesi dell'Europa dell'est (Estonia, Polonia, Repubblica ceca, Slovenia, Ungheria) e a Cipro	17/6/1997
parere favorevole della CE all'adesione dei 6 nuovi paesi	15/7/1997
firma del tratt. di Amsterdam	2/10/1997
la commissione dell'UE raccomanda l'adesione di 11 paesi	

(Austria, Belgio, Finlandia, Francia, Germania, Irlanda, Italia,
Lussemburgo, Olanda, Portogallo, Spagna) dall'1/1/1999
all'Unione monetaria europea (UEM)   23/3/1998
il parlamento dell'UE vota il rapporto sui paesi che
dovrebbero far parte dell'UEM   30/4/1998
i ministri economici e finanziari dell'UE esprimono
raccomandazioni su quali paesi dovrebbero far parte dell'UEM   1-3/5/1998
istituzione della Banca centrale europea (BCE)   1/6/1998
fissazione dei tassi di conversione delle valute EURO   31/12/1988
alla Banca centrale europea (BCE) spettano tuttte le decisioni
di politica monetaria nell'area dell'EURO   1/1/1999
l'EURO diventa moneta d'uso dei cittadini dell'UE   1/1/2002
cessazione del corso legale delle valute nazionali dell'UE   1/7/2002

Croazia

prima dichiarazione d'indip.   22/12/1990
Franjo Tudjman pres. rep.   22/12/1990
dichiarazione unilaterale d'indip.   25/6/1991
riconferma dell'indip.   8/10/1991
riconoscimento internazionale dell'indip.   15/1/1992
ammissione alla CSCE   24/3/1992
ammissione all'ONU   22/5/1992
Franjo Tudjman pres. rep.   2/8/1992 -
adesione agli accordi di Dayton per pace con la Serbia
e la Bosnia   21/11/1995
ratifica a Parigi degli accordi di Dayton   14/12/1995

Estonia

procl. d'indip. dalla Russia e della rep.   24/2/1918
occup. tedesca   mar. 1918 - 11/11/1918
restaurazione della rep.   nov. 1918
invasione sovietica   17/6/1940
procl. della rep. socialista sovietica   21/7/1940
incorporazione nell'URSS   6/8/1940
occup. tedesca   autunno 1941 - nov. 1944
incorporazione nell'URSS   nov. 1944
dichiarazione d'indip.   8/5/1990
procl. d'indip.   20/8/1991
ricon. indip. dall'URSS   6/9/1991
ammissione alla CSCE   10/9/1991
ammissione all'ONU   17/9/1991
Lennart Meri pres. rep.   5/10/1992 -

Francia e paesi annessi

a) Francia

prima dinastia: merovingi

re dei franchi salii: Clodione	427 - 448
merovingi: Meroveo (Merwich), parente di Clodione	448 - 457
Childerico I, f.	
[sp. Basina, già mogl. di Basino, re di Turingia]	457 - 481

Clodoveo I, f., capo di una tribù
dei franchi salii della Gallia Belgica,
poi re, fonda la monarchia franca
[sp., 493, Clotilde (s.) nip. di Gondebaldo, re
dei burgundi], vince gli alemanni a Tolbiago 496,
unisce tutta la nazione franca, succ.   481 - 27/11/511

il regno franco viene diviso negli stati di:
Parigi, Orléans, Soissons e Metz o Austrasia,
tra i figli di Clodoveo: Teodorico (Metz), Clodomiro (Orléans),
Soissons e Metz o Austrasia, tra i figli di Clodoveo:
Teodorico (Metz), Clodomiro (Orléans),
Childeberto (Parigi), Clotario (Soissons)   nov. 511

Teodorico I, f. di Clodoveo I (n. 486), re d'Austrasia[11],	
residente a Metz (conquista la Turingia 530)	nov. 511 - 534
Teodeberto I, f. (n. circa 504), re d'Austrasia	534 - 547
Teodebaldo, f., re d'Austrasia	547 - 555
Clodomiro, f. di Clodoveo (n. 495), re d'Orléans	nov. 511 - 524
Childeberto I, fr. (n. circa 495), re di Parigi 511,	
di Borgogna 534	nov. 511 - 23/12/558

Clotario I, fr. (n. 497), re di Soissons 511,
d'Orléans 526, di Borgogna 534,
d'Austrasia 23/12/558,
unendo tutti i domini dal 23/12/558   nov. 511 - 10/11/561

Cariberto I, f. (n. 521), re di Parigi	10/11/561 - 567
Gontranno I, fr. (n. c. 525),	
re di Borgogna e d'Orléans	10/11/561 - 28/3/593
Sigeberto I, fr. (n. 535), re d'Austrasia	
[sp. Brunechilde]	10/11/561 - 575
Childeberto II, f. (n. 570), re d'Austrasia 575,	
di Borgogna e d'Orléans 28/3/593	575 - dopo 28/2/597
Childerico I, fr. di Sigeberto I (n. 539),	
re di Soissons 561, poi di Parigi 567	
[sp. Fradegonda]	10/11/561 - sett. 584
Teodeberto II (n. 586), f. di Childeberto II,	
re d'Austriasia	597 - 612

Teodorico II, fr., re d'Orléans e di Borgogna   mar.-lug. 596 - dopo mar. 613

Sigeberto II, f., re d'Austrasia   613 - dopo 1/9/613 o fine 614

Clotario II, f. di Childerico I,
re di Soissons fra 1/9 e 18/10/584,
rimane solo re nel   613 - fra ott. 629 e apr. 630

Dagoberto I, f., regg. Pipino di Landen
(maggiordomo d'Austrasia) col vesc. di Metz,
re d'Austriasia fra 20/1 e 7/4/623, di Neustria[12],
Borgogna e Soissons   629 e 630 - 19/1/639

[Cariberto II, fr. (n. 606), re d'Aquitania   630 - 631] (vd. Aquitania)

Sigeberto III (s.) (n. 630), f. di Dagoberto I,
re d'Austrasia   v. genn. 634 - 1/2/656

Clodoveo II, fr. (n. 632), re di Neustrasia e Borgogna   genn. 639 - fine 657

Childeberto, f. di Grimomaldo e nip.
di Pipino di Landen,
maggiordomo, poi re d'Austrasia dal   656 - 657

Clotario III, f. di Clodoveo II,
re di Neustria e di Borgogna 657
(regg. la madre Batilde fino al 665)   fine 657 - genn. 673

Childerico II (n. circa 653), f. di Clodoveo II,
re d'Austrasia   inizio 673 - fine 675 (?)

Dagoberto II, f. di Sigeberto III, re d'Austrasia   674 - 23/12/679

[morto Dagoberto, l'Austrasia viene governata dai suoi du.:
I. Martino (f. di Wulfoaldo) du. d'Austrasia dal   679 - 687
II. Pipino d'Heristal (nip. di Pipino di Landen † 642),
fondatore della dinastia carolingia, acquista potenza
come maestro di palazzo tra i franchi, du. ereditario
d'Austrasia dal 687 e anche di Neustria dal   (688) - 16/12/714

Teodorico III (n. 654), f. di Clodoveo II,
re di Neustria, poi di Borgogna   fine 675 - primavera 691

Clodoveo III (n. 682), f. di Teodorico III,
re di Neustria e di Borgogna   691 - mar. 695

Childeberto III, fr., re di Neustria e di Borgogna   mar. 695 - 14/4/711

Dagoberto III, f. (n. circa 699),
re di Neustria e di Borgogna   14/4/711 - 24/6/715

Clotario IV, f. di Teodorico III (?), re d'Austrasia   717 - 719

Chilperico II (n. circa 670), f. di Childerico II,
re d'Austrasia   717 - genn. 722

Teodorico IV (n. 713), f. di Dagoberto III,
re di Neustria, Borgogna e Austrasia   fine 721 o genn. 722 - 737

interregno – Carlo Martello, f. nat. di Pipino
d'Heristal, govern. d'Austrasia e Neustria,
du. e princ. dei franchi e maggiordomo unico
[sp. I, Rotruda; II, Sonnechilde, princ. bavarese]   737 - 22/10/741

Childerico III, f. di Chilperico II, re (nominale) di
Neustria, Borgogna e Austrasia   742 - dep. 3/5/752 († 755)

seconda dinastia: carolingi

Pipino il Breve, f. di Carlo Martello,
    maggiordomo di palazzo 747, re dei franchi   mar. 752 - 24/11/768
Carlo Magno, f., re di Neustria 758, di Borgogna 768,
    poi, dal 771, di tutta la monarchia, re di Lombardia
    mag. 774, cor. imp. rom. 25/12/800,
    assoc. col fr. Carlomanno 768-771
    [sp. Ildegarda 738-771]   24/11/768 - 28/1/814
Carlomanno, fr., re d'Austrasia, assoc.   24/11/768 - 3/12/ 771
Lodovico I, il Pio, f. di Carlomagno, collega del padre
    dal sett. 813 [sp., I, Ermengarda d'Anjou († 818);
    II (819), Giuditta di Baviera († 19/4/843)],
    succ. al padre   28/1/814 - 20/6/840
l'imp. è diviso fra i tre f. di Lodovico I:
    Lotario (imp.), Lodovico e Carlo II (tratt. di Verdun)[13]   843
Carlo II, il Calvo, f. di Lodovico I (re d'Aquitania 838),
    succ. al padre 20/6/840, re della Francia occidentale
    10/8/843, della Lorena e Borgogna cisalpina 9/9/869,
    imp. rom. 25/12/875   20/6/840 - 6/10/877
Lodovico II, il Balbo, f., re d'Aquitania 866,
    di Neustria, Borgogna, Lorena e Provenza   6/10/877 - 10/4/879
Lodovico III, f., re di Neustria, succ. col fr. Carlomanno   10/4/879 - 5/8/882
Carlomanno II, fr.,
    re di Aquitania e di parte della Borgogna,
    succ. col fr. Lodovico III 10/4/879,
    re di tutta la monarchia dal   5/8/882 - 6/12/884
Carlo [III], il Grosso,
    f. di Lodovico, il Germanico
    (re di Svevia 876, d'Italia 879, imp. 881)
    [sp. Riccarda di Scozia], succ.   6/12/884 - dep. 11/11/887 († 13/1/888)
l'impero carolingio si scioglie nei 5 regni di
    Francia, Germania, Italia, Alta Borgogna
    e Bassa Borgogna   888
Eude (Oddone), ct. di Parigi, f. di Roberto, il Forte,
    du. di Francia 866, re (con Carlo IV 896)   c. nov. 887 - 1/1/898
Carlo III, il Semplice, f. di Lodovico II,
    re di Francia, divide il regno con Eude 896,
    solo, dal genn. 898 (eredita da Lodovico IV
    parte della Lorena 911), re   28/1/893 - dep. 15/6/922 († 7/10/929)
Roberto I, fr. di Eude, ct. di Parigi, du. di Francia,
    compet. di Carlo III re di Francia   29/6/922 - 15/6/923
Rodolfo, du. di Borgogna, gen.o, f. di Riccardo
    d'Autun, compet. di Carlo III   13/7/923 - 15/1/936
[Ugo, il Grande, f. di Roberto I, ct. di Parigi,

du. di Francia 923, tut. di Luigi IV dal 936
(conquista Borgogna e Neustria 943), non regna
ma acquista grande autorità   giu. 923 - 16/6/956]
Lodovico IV d'Oltremare, f. di Carlo III,
il Semplice, re di Francia
[sp. Gerberga, † 969, f.a di Ottone I imp.]   19/6/936 - 10/9/954
Lotario, f., collega del padre dal 952, cor. re   12/11/954 - 2/3/986
Lodovico V, il Neghittoso, f.,
collega del padre dall'8/6/978, re di Francia   2/3/986 - 21/5/987

terza dinastia: capetingi

Ugo Capeto, f. di Ugo, il Grande, ct. di Parigi,
du. 956, poi re di Francia 987 [sp. I, Alice,
f.a di Guglielmo di Guienna, II,
nel 970, Adelaide d'Aquitania], re   3/5/987 - 24/10/996
Roberto II, il Santo, f.
[sp. I, Berta di Corrado III di Borgogna;
II, Costanza d'Arles],
regg. col padre dal 988, re   24/10/996 - 20/7/1031
Enrico I, f. (du. di Borgogna 1017),
collega del padre 14/5/1027
[sp. Anna di Juroslaw du. di Russia], re   20/7/1031 - 4/8/1060
Filippo I, f., cor. re   23/5/1059, succ. 29/8/1060 - 29/7/1108
Luigi VI, il Grosso e il Battagliero, f.
[sp. Adelaide, f.a di Umberto II
du. di Savoia], re   29/7, cor. 3/8/1108 - 1/8/1137
Luigi VII, il Giovane, f., re 25/10/1131, succ.   1/8/1137 - 18/9/1180
Filippo II, l'Augusto, f. [sp. Isabella,
f.a di Baldovino V ct. di Hainaut],
re 1/11/1179, cor. 29/5, succ.   18/9/1180 - 14/7/1223
Luigi VIII, il Leone, f., succ.   14/7, cor. 6 o 8/8/1223 - 8/11/1226
Luigi IX, il Santo, f.,
regg. la madre Bianca,
f.a di Alfonso VIII di Castiglia, succ.   8/11, cor. 29/11/1226 - 25/8/1270
Filippo III, l'Ardito, f., succ.   25/8/1270, cor. 15/8/1271 - 6/10/1285
Filippo IV, il Bello,
f. (re di Navarra 1284)
[sp., 1284, Giovanna II, f.a di Enrico I di Navarra],
succ.   6/10/1285, cor. 6/1/1286 - 29/11/1314
Luigi X, il Protervo, fr. (re di Navarra 1304)
[sp. Margherita di Roberto II di Borgogna],
re 1307, succ.   29/11/1314, cor. 3/8/1315 - 5/6/1316
Giovanni I, f. postumo   nato 15/11 - 19/11/ 1316
Filippo V, il Lungo, f. di Filippo IV
(re di Navarra 1316),

regg. per Giovanni I dal 17/7 al 19/11/1316
[sp. Giovanna, f.a di Ottone IV
di Borgogna], succ.   19/11/1316, cor. 6/1/1317 - 3/1/1322
Carlo IV, il Bello, fr. (re di Navarra 1322)
[sp. Maria, f.a di Enrico VII, imp.], succ.   3/1, cor. 21/2/1322 - 1/2/1328

capetingi – ramo dei Valois

Filippo VI, il Fortunato, f. di Carlo ct.
di Valois, regg. dal 1/2 al 1/4, re   cor. 29/5/1328 - 22/8/1350
Giovanni II, il Buono, f., succ.   22/8, cor. 6/9/1350 - 8/4/1364
Carlo V, il Saggio, f., regg. del padre
1356-60 [sp. Giovanna, f.a del du.
Pietro di Borbone], re 8/4   cor. 19/5/1364 - 16/9/1380
Carlo VI, il Beneamato, f.
[sp., 1385, Isabella di Baviera, f.a
di Stefano II], re sotto regg.   19/9, cor. 4/10/1380 - 22/10/1422
gli inglesi conquistano quasi tutta la Francia   1415 - 1436
Enrico VI, f. di Enrico V d'Inghilterra,
re nominale di Francia,
regg. il du. di Bedford   1422, cor. 17/12 - dep. 1436 († 21/5/1471)
Carlo VII, il Vittorioso, f. di Carlo VI
[sp., 1422, Maria d'Anjou,
f.a di Luigi II]   21/10/1422, cor. 7/7/1429 - 22/7/1461
Luigi XI, f. [sp. I, 1436, Margherita di Scozia;
II, 1451, Carlotta di Savoia, f.a
del du. Lodovico], succ.   22/7, cor. 15/8/1461 - 30/8/1483
Carlo VIII, l'Affabile, f.,
regg. Anna Beaujeu, sua sor.
[sp., 1491, Anna († 1514),
f.a di Francesco II di Bretagna],
succ.   30/8/1483, cor. 30/5/1484 - 7/4/1498

capetingi – ramo dei Valois-Orléans

Luigi XII, Padre del Popolo, f. di Carlo,
du. d'Orléans [sp. Anna di Bretagna,
ved. di Carlo VIII], succ.   7/4, cor. 17/5/1498 - 1/1/1515

capetingi – ramo dei Valois-Angoulême

Francesco I, Padre delle Lettere,
ct. d'Angoulême,
cug. e gen.o di Luigi XII [sp. Claudia,
f.a di Luigi XII], succ.   1/1, cor. 25/1/1515 - 31/3/1547
Enrico II, il Belligero, f., succ.   31/3, cor. 28/7/1547 - 10/7/1559

Francesco II, f.,
regg. la madre Caterina de' Medici
(† 1589), f.a di Lorenzo II, succ.   10/7, cor. 18/9/1559 - 5/12/1560
Carlo IX, fr.,
regg. Caterina de' Medici e Antonio
di Borbone, luogot. gen.o   5/12/1560, cor. 15/5/1561 - 30/5/1574
Enrico III, du. d'Anjou, fr.
(re di Polonia 1573-75)
[sp. Luigia, f.a di Nicola di
Lorena Mercoeur], succ.   30/5/1574, cor. 15/2/1575 - 2/8/1589 ucc.

capetingi – ramo dei Borboni

Enrico IV, il Grande, f. di Antonio di Borbone
(re di Navarra e du. di Vendôme 1572)
[sp. I, 1572, Margherita, f.a di Enrico II;
II, 1600, Maria de' Medici († 3/7/1642),
f.a del granduca Francesco I],
succ. 2/8/1589   27/2/1594 - 14/5/1610 ucc.
Luigi XIII, il Giusto, f., tut., dal 18/5/1610,
la madre Maria de' Medici fino al 2/10/1614,
poi il Concini (ucc. 1617)
[sp., 1615, Anna d'Austria, † 1666,
f.a di Filippo III di Spagna],
succ. 14/5/1610, consac.   17/10/1610 - 14/5/1643
Luigi XIV, il Grande, f.,
tut. la madre Anna d'Austria e il card. Mazzarino
fino al 5/9/1651
[sp. 1660, Maria Teresa, † 1683, f.a di Filippo IV di Spagna],
re succ. 14/5/1643, consac.   7/6/1654 - 1/9/1715
Luigi XV, il Beneamato, pronipote,
f. di Luigi du. di Borgogna, regg. Filippo du. d'Orléans
fino al 13/2/1723
[sp., 1725, Maria Leszczynska,
† 1768], succ.   1/9/1715, consac. 25/10/1722 - 10/5/1774
Luigi XVI, nip., f. di Luigi delfino di Francia
[sp., 1770, Maria Antonietta d'Austria, ucc. 1793,
f.a di Francesco I],
re 10/5/1774, cons.   11/6/1775 - dep. 21/9/1792 (ucc. 11/1/1793)
[Luigi XVII, f., n. 27/3/1785, re nominale   21/1/1793 - † 8/6/1795]

prima rep.

gov. della convenzione nazionale   21/9/1792 - 26/10/1795
[Luigi XVIII, fr. di Luigi XVI, re nominale   dal 1795 al 1804]
gov. del direttorio esecutivo   26/10/1795 - 10/11/1799

gov. del consolato provv.   11/11/1799 - 7/2/1800
Napoleone Bonaparte, f. di Carlo, primo cons.   7/2/1800
Napoleone Bonaparte cons. a vita   2/8/1802 - 18/5/1804

primo impero poi regno di Francia

Napoleone I Bonaparte imp.   18/5/1804 - 31/3/1814 (abd. 6/4)
gov. provv., Talleyrand pres.   1-6/4/1814
Luigi XVIII di Borbone re   6/4/1814 - 19/3/1815
Napoleone I imp. di nuovo   10/3 - 22/6/1815 († 5/5/1821)
[Napoleone II, f., re nominale   22/6 - 3/7/1815 († 22/7/1832)
commissione esecutiva   22/6 - 7/7/1815
Luigi XVIII Borbone di nuovo   8/7/1815 - 16/9/1824
Carlo X, fr. (ct. d'Artois), re   16/9/1824 - 2/8/1830 abd. († 6/11/1836)
gov. provv. e luogotenenza gen. del regno   30/7 - 9/8/1830
Luigi Filippo di Borbone-Orléans, f. del du.
  Luigi Filippo Giuseppe d'Orléans
  (già luogot. gen.), re   9/8/1830 - 24/2/1848 abd. († 26/8/1850)

seconda rep.

gov. provv.   24/2 - 6/5/1848
procl. della rep. (gov. provv.)   25/2 - 6/5/1848
assemblea costituente che proclama ancora la rep.   4/5/1848 - 10/5/1848
commissione esecutiva di 5 membri   10/5 - 28/6/1848
presidenza provv. del Cavaignac   28/6 - 10/12/1848
Luigi Napoleone Bonaparte,
  nip. di Napoleone I, pres. della rep. per 4 anni,
  poi (dic. 1851) per 10 anni   10/12/1848 - 2/12/1852

secondo imp.

Luigi Napoleone Bonaparte pred.
  (Napoleone III) procl. imp.   2/12/1852 - dep. 4/9/1870 († 9/1/1873)
regg. dell'imp. Eugenia Montijo,
  mogl. di Napoleone III   23/7 - 4/9/1870

terza rep. (parlamentare)

gov. provv. della difesa nazionale pres. Trochu,
  con Julien Favre, Georges Simon, Léon Gambetta   4/9/1870 - 13/2/1871
assemblea nazionale a Bordeaux   12/2 - 11/3/1871
Louis-Adolphe Thiers capo del potere esecutivo   17/2 - 28/3/1871
gov. della comune a Parigi   15/3 - 28/5/1871
Louis-Adolphe Thiers
  pres. della rep.   31/8/1871 - 24/5/1873 rin. († 3/9/1877)

maresciallo Maurice-Edme-Patrice

Mac-Mahon pres.	24/5/1873 - 30/1/1879 rin. († 17/10/1893)
Jules Grévy pres.	30/1/1879 - 1/12/1887 rin. († 9/9/1891)
François-Marie-Sadi Carnot pres.	3/12/1887 - 25/6/1894 †
Jean-Casimir Périer pres.	27/6/1894 - rin. 16/1/1895 († 12/3/1906)
Félix Faure pres.	17/1/1895 - 16/2/1899 †
Émile Loubet pres.	18/2/1899 - rin. 17/1/1906
Clément-Armand Fallières pres.	18/2/1906 - 18/2/1913
Raymond Poincaré (el. 17/1/1913) pres.	18/2/1913 - 18/2/1920
Paul Deschanel (el. 17/1/1920) pres.	18/2 - 21/9/1920 rin.
Alexandre Millerand pres.	23/9/1920 - 10/6/1924 dep.
Gaston Doumergue pres.	13/6/1924 - 13/5/1931
Paul Doumer pres.	13/5/1931 - 7/5/1932 ucc.
Albert Lebrun pres. (rieletto 5/4/1939)	10/5/1932 - 11/7/1940

stato francese (10/7/1940 - 23/8/1944)

Philippe Pétain capo dello stato	10/7/1940 - 23/8/1944 dep.

gov. provv. della rep. (3/6/1944 - 16/1/1947)

Charles De Gaulle pres. cons.	3/6/1944 - 20/1/1946
Félix Gouin pres. cons.	23/1/1946 - 12/6/1946
Georges Bidault pres. cons.	23/6/1946 - 12/11/1946
Léon Blum pres. cons.	16/12/1946 - 16/1/1947

quarta rep. (16/1/1947 - 5/10/1958)

Vincent Auriol pres. rep.	16/1/1947 - 15/1/1954
René Coty pres. rep.	16/1/1954 - 8/1/1959

quinta rep. (5/10/1958)

Charles De Gaulle pres. rep.	8/1/1959 - 27/4/1969
Georges Pompidou pres. rep.	15/6/1969 - 2/4/1974 †
Valéry Giscard d'Estaing pres. rep.	27/5/1974 - 26/4/1981
François Mitterrand pres. rep.	26/1/1981 - 7/5/1988
Jacques Chirac pres. rep.	17/5/1995 -
ammissione nell'Euro	30/4/1998

b) Alsazia[14]

gli alemanni invadono il paese compreso fra il lago
di Costanza, la Foresta Nera e il Maine
– sono cacciati (357) da Giuliano futuro imp.   sec. III - 357

i vandali e gli alani invadono e saccheggiano l'Alsazia   406 - 407
gli alemanni l'occupano
(con l'attuale Baden e la Svizzera orientale e settentrionale),
sconfitti a Tolbiac (496) da Clodoveo re dei franchi   407 - 496
gli alemanni riconoscono la supremazia dei franchi   536
dal VI al VII sec. l'Alsazia per l'unione alla Svevia
forma il duc. di Alamannia soppresso nel 630 c.
e diviso in due duc., cioè d'Alsazia e di Svevia   sec. VI - 650 c.
du. d'Alsazia: Gundo, 650 c. - 660; Bonifacio, 660 c. - 666;
Eticho, 666 c. - 690; Adalberto (ct. di Nortgau), 690 - 722;
Luitfredo I, 722 - 731   650 - 731
il duc. viene soppresso da Carlo Martello nel 731
e vengono nom. due ct. (landgravi dal 1186),
gov. sotto l'autorità del re, uno per l'Alta Alsazia
(Sundgau), l'altro per la Bassa Alsazia (Nortgau)
– divisione dell'impero tra i f. di Lodovico il Pio,
l'Alsazia tocca a Lotario (tratt. di Verdun 843)   843 - 29/9/855
Lodovico, il Germanico, f. (tratt. di Musen 870)   870 - 28/8/876
ct. dell'Alta Alsazia (Sundgau):
Luitfredo II, f. di Luitfredo I, pred., 731 - 800 c.
Ugo II, f., 800 - 837; Luitfredo III, f., 837 - 864
Ugo III, f. 864 - 884 c.; Luitfredo IV, fr., 884 - 903
Luitfredo V, f., 912 - 925   731 - 925
nel 925, sotto Enrico I, l'Uccellatore, du. di Sassonia,
l'Alsazia viene amministrata in parte da un du. di Svevia
(Hohenstaufen) Enrico I, f. di Ottone I, imp. 925 - ... († 936),
Luitfredo VI, f. di Luitfredo V, 974 - 977,
Luitfredo VII (ct. di Nortgau), 986 - 999,
Ottone I (ct. di Nortgau), 1003 - 1025, Giselberto, 1027 - ...,
Beringer, 1048 - ..., Corrado, 1052 - ..., Enrico, 1083 - ...;
Ottone II, f. di Werner I d'Absburgo, 1090 c. - 1111   925 - 1111
la dignità di ct. rimane ereditaria per gli Absburgo
(landgravi dal 1186 - 1648) cioè: Werner II, f., 1139 - 1167,
Alberto III, f. (landgravio di Ottone II 1186), 1167 - 1199,
Rodolfo I, f., 1199 - † 1232, Alberto IV, f., 1232 - 1239,
Rodolfo, fr., 1232 - 1249, Rodolfo, f., 1259 - 1273,
Alberto I, f., 1273 - 1282 e 1290 - 1298,
Rodolfo II, fr., 1273 - 1290, Artmanno, fr., 1273 - 1287,
Rodolfo III, f. di Alberto I, 1298 - 1307,
Leopoldo I, fr., 1307 - 1326, Ottone, fr., 1326 - 1339,
Alberto II, fr., 1326 - 1358   1139 - 1358
l'Alta Alsazia è venduta ai vesc. di Strasburgo   1358 - 1631
l'Alta Alsazia è occupata dagli svedesi (1631)
che la cedono poi alla Francia   1631 - 1634
alla Francia, confermatagli dalla pace di Westfalia del 1648   1634 - 1871
alla Germania   1871 - nov. 1918

ct. della Bassa Alsazia (Nordgau):
Adalberto (du. d'Alsazia), ct. 680 - ...; Rutardo 736 - 758,
Udalrico I 778 - 804, Wuraud 817 - ..., Erkenger 819 - ...,
Rudelino, 826 - ..., Ugo I di Hohenburg 924 - 940,
Eberardo I, 986 - 996, Ruitfredo VII (ct. di Sundgau), 997 - ...,
Ottone I (ct. di Sundgau) ... - ..., Eberardo II 1000 - 1016,
Wezilo 1027 - ..., Ugo II 1035 - 1046, Enrico I 1052 - 1063,
Gerardo 1065 - 1074, Ugo III 1078 - 1089,
Godfrido I di Metz 1089 - 1122; Teodorico (landgravio 1138),
1129 - 1150, Godfrido II 1150 - 78 (?)
– dom. imper., 1178 c. - 1192
– Sigeberto (dei ct. di Werth, 1197 - 1350), 1192 (o 1197) - 1228;
Enrico II, 1228 - 1238; Enrico Sigeberto, 1238 - 1278;
Giovanni I, 1278 - 1308; Ulrico II, 1308 - 1336;
Giovanni II, 1336 - 1358; Federico d'Hoettingen, 1340 - 1357;

Luigi, 1348 - 1358	680 - 1358
la Bassa Alsazia è venduta ai vesc. di Strasburgo	
(dal 1648 landgravi)	1358 - 1681
Strasburgo con altre città dell'Alsazia	
è occupata da Luigi XIV re di Francia,	
conferma dalla pace di Ryswick, 30/10/1697	1681 - 6/2/1870
la Francia cede alla Germania (pace di Francoforte)	
l'Alsazia e il nordest della Lorena	6/2/1871 - nov. 1918
l'Alsazia è restituita alla Francia (pace di Losanna)	nov. 1918

c) Aquitania/Guyenna

re e du.

ai visigoti 419 - 507, ai franchi	507 - 628
Cariberto II (f. di Clotario II † 628) merovingio (vd. Francia),	
re d'Aquitania	630 - 631
Childerico, f., re	631 - † (?)
Boggis e Bertrando, f. di Cariberto II, du. d'Aquitania e di Tolosa	637 - 688
Eude o Odone, f. di Boggis, du.	688 - 735
Unaldo (Hunold), f., du.	735 - abd. 745 († 774)
Vaidro (Waifar), f., du.	745 - 2/6/768
Pipino, il Breve, re dei franchi, f. di Carlo Martello,	
unisce al reame dei franchi l'Aquitania	giu. 768 - 24/11/768
la signoria di Carlo Magno su Croazia, Istria,	
ecc. riconosciuta dall'imp. d'Or.	810
Lodovico, il Pio, f. (imp. 814), re di Aquitania	781 - 814 († 840)
Pipino I, f., re d'Aquitania	dic. (?) 814 - 13/12/838
Carlo I, il Calvo, fr. (re dei franchi occidentali	
840), re	838 - 845

Pipino II f. di Pipino I, re d'Aquitania   845 - 852
Carlo I, il Calvo di nuovo (re di Lorena 869),
  imp. 875, re   852 - 854 († 6/10/877)
Pipino II di nuovo re   854 - 855 († 865)
Carlo II f. di Carlo I, re   metà ott. 855 - 29/9/866
Lodovico II, il Balbo, fr.
  (re di Neustria, Borgogna,
  Lorena 877), succ.   sett. 866, cor. mar. 867 - 10/4/879
Carlomanno, f., re (di Francia 882)
  di Aquitania   10/4/879 - 6/12/884

ct. di Poitiers e du. d'Aquitania

Abbone nominato ct. di Poitiers da Carlo Magno   778 - ...
Bernardo ct. di Poitiers   814 - dopo 830
Emenone, f. (ct. d'Angoulême 863),
  ct. di Poitiers   circa 838 - dep. 839 († 866)
Rainolfo I, f. di Gerardo ct. d'Alvernia,
  du. d'Aquitania 845, succ.   839 - 867
Rainolfo II, f., du. d'Aquitania   867 - 890
Eble, f., ct. di Poitiers   890 - dep. 893
Ademaro, f. di Emenone, ct. di Poitiers   893 - 902
Eble di nuovo ct. di Poitiers e
  du. d'Aquitania   902 - † 935
Guglielmo I, Testa di Stoppa, ct. di Poitiers e
  du. d'Aquitania   935 - abd. 963
Guglielmo II, Fierabras, f., ct. di Poitiers e
  du. di Aquitania   963 - abd. 990 († 3/2/995)
Guglielmo III, il Grande, f., ct. di Poitiers e
  du. di Aquitania
  [rifiuta la corona offertagli dagli italiani]   990 - abd. 1029 († 31/1/1030)
Guglielmo IV, il Grasso, f., ct. di Poitiers e
  du. di Aquitania   1029 - 1038
Eude o Odone, f., ct. di Poitiers e
  du. di Aquitania   1038 - 10/3/1039
Guglielmo V, l'Ardito, f. di Guglielmo III,
  ct. di Poitiers e du. d'Aquitania   10/3/1039 - 1058
Guglielmo VI, fr., ct. di Poitiers e
  du. d'Aquitania   1058 - 1088
Guglielmo VII, il Giovane, f., ct. di Poitiers e du.
  d'Aquitania [combatte contro gli arabi
  in Spagna crociato 1101-03]   1088 - 10/2/1127
Guglielmo VIII, f., ct. di Poitiers e
  du. d'Aquitania   10/2/1127 - 9/4/1137
Eleonora, f.a, e Luigi [VII], il Giovane,
  re di Francia suo marito dal quale

è ripud. 1152	apr. 1137 - 18/3/1152
Eleonora pred. ed Enrico Plantageneto	
re d'Inghilterra 1154, suo marito	18/5/1152 - rin. 1169
Riccardo I, f. (re d'Inghilterra 1189), du.	1169 - rin. 1196 († 6/4/1199)
Ottone di Brunswick, nip. (re dei rom. 1198)	1196 - 6/4/1199
Eleonora e Giovanni I, Senza Terra	
(re d'Inghilterra, 1199), succ.	6/4/1199 - 1204
Giovanni I solo du.	1204 - 19/10/1216
l'Aquitania rimane unita all'Inghilterra fino al 1453	
la contea di Poitiers è confiscata dalla Francia 1427,	
l'Aquitania è unita alla corona francese nel	mag. 1472

d) Borgogna e Arles

Gundicaro (Günther), re dei burgundi	
fonda un regno sulla sinistra del Reno, cap. Worms	407 - 437
Gundioco, f., re dei burgundi nella parte sudest della Gallia	
(residente a Ginevra)	436 - 473
Chilperico, f., assoc. al padre circa 466, succ.	473 - c. 474
Gundobaldo, fr.,	
patrizio e generalissimo dell'imp. d'Occ. 20/8/472, succ.	v. 474 - 516
Sigismondo, f. [sp. Amalberga ...], re	516 - v. 523
Godomaro, fr. (ultimo dei burgundi), re	523 - dep. 534 †
Childeberto I merovingio,	
f. di Clodoveo I (re di Parigi 511),	
conquista la Borgogna	534 - 23/12/558
Clotario I, fr. (re di Soissons 511, d'Orléans 526,	
d'Austrasia 558), re di Borgogna	534 - 10/11/561
Gontranno, f. di Clotario I,	
re di Borgogna e d'Orléans	10/11/561 - 28/3/593
Childeberto II, nip. (f. di Sigeberto I),	
re d'Austrasia 575, di Borgogna	
e d'Orléans	28/3/593 - dopo 28/2/597
Teodorico (Thierry), II, f.,	
re d'Orléans e di Borgogna	fra mar. e lug. 596 - dopo mar. 613
Dagoberto I, f. di Clotario II, re d'Austrasia 623,	
di Neustria, di Borgogna e Soissons	629 o 630 - 19/1/639
Clodoveo II, f., re di Neustria e di Borgogna	genn. 639 - fine 657
Clotario III, f.	fine 657 - inizio 673
Teodorico III, fr.	fine 675 - primavera 691
Clodoveo III, f.	primavera 691 - mar. 695
Childeberto III, fr.	mar. 695 - 14/4/711
Dagoberto III, f.	14/4/711 - 24/6/715
Teodorico IV, f. re di Austrasia e di Borgogna	fine 721 o genn. 722 - 737

Childerico III, f. di Chilperico II,
re di Neustria, d'Austrasia e Borgogna   742 - dep. 3/5/752 († 755)
Carlo Magno, f. di Pipino il Breve (imp. 800 circa),
re di Borgogna, Neustria e Provenza   24/9/768 - 771
Carlo I, f. di Lotario I imp., re di Borgogna   sett. 855 - 863
Lodovico I (re d'Italia 855, † 875) e Lotario [II]
(du. di Lorena 855, † 869), f. di Lotario I imp., re, assoc.   863 - 869
Carlo II, il Calvo, f. di Lodovico, il Pio
(re di Francia 840, di Lorena 869,
d'Italia e imp. 875), succ.   869 - 6/10/877
Lodovico II, il Balbo, f.
(re d'Aquitania 866, di Francia e Lorena 877),
re di Borgogna   6/10/877 - 10/4/879
Bosone, ct. d'Autun, gen.o di Lodovico II,
caccia i carolingi dalla Bassa Borgogna
e fonda il regno della Borgogna Cisiurana
(Provenza o Bassa Borgogna)
[sp. Ermengarda, f.a di Lodovico il Pio], re   15/10/879 - 11/1/887
Lodovico, il Cieco, f. di Bosone (re d'Italia 900,
imp. 901), re della Borgogna Cisiurana   v. apr. 887 - 923 († 928)
Rodolfo I, f. di Corrado ct. d'Auxerre e
du. della Borgogna orientale,
re della Borgogna Transiurana   888 - 25/10/912
Carlo Costantino, f. di Lodovico, il Cieco, re,
spod. da Ugo d'Arles re di Provenza   923 († 941?)
Ugo di Provenza, f. di Teobaldo ct. d'Arles
(re d'Italia 926), succ. 923, cede la Bassa
Borgogna a Rodolfo II d'Arles nel 932, re   923 - 932 († 10/4/947)
la Borgogna Cisiurana è unita alla Transiurana,
forma il regno d'Arles nel   933
Rodolfo II, f. di Rodolfo I (re d'Italia 922-26,
I re di Provenza-Arles 933),
re della Borgogna Transiurana   912 - 11/7/937
Corrado, il Pacifico, f., re d'Arles   lug. 937 - 19/10/993
Rodolfo III, il Pigro, f., re
[la Borgogna è unita alla Germania dal 1032]   19/10/993 - 6/9/1032
Corrado II, il Salico, f. di Enrico di Franconia
e nip. di Ottone du. di Carinzia (re di Germania 1024),
eredita da Rodolfo III il regno d'Arles 6/9/1032,
ed è cor. re 2/2/1033   6/9/1032 - 4/6/1039
il reame rimane unito alla Germania fino al   1213
rep. governata da un capo detto «podestat»,
da cons. e da un giudice   1213 - 1251
è sottomessa da Carlo I d'Anjou ct. di Provenza   1251 - 1257
rimane unita alla Provenza fino al   1486
viene unita alla corona di Francia nel   ott. 1486

e) Bretagna

re 843-874, ct. dall'874, du. dal 992

Nominoé re 843	v. 841 - 851
Erispoé, f., re	851 - 857
Salomone, nip. di Nominoé, re	857 - 874
Pasquiten (ct. di Vannes) e Gurvand (ct. di Rennes), fr. di Erispoé, ct.	874 - 877
Alan I, il Grande, f. di Pasquiten (ct. di Vannes), ct.	877 - 907
Iudicaël I, f. di Gurvand (ct. di Rennes), ct.	877 - 888
Gurmaëlon o Wermealon (ct. di Cornovaglia), ct.	908 - ...
Juhel Bérenger (ct. di Rennes), f. di Judicaël, ct.	v. 930 - v. 952
Alan II, Barbatorta, nip. di Alan I (ct. di Nantes), ct.	937 - 952
Drogon, f. (ct. di Nantes), ct.	952 - 953
Hoel, fr. (ct. di Nantes), ct.	953 - 980
Guérech, f. di Alan II (ct. di Nantes), ct.	980 - 987
Conan I, il Torto, f. di Juhel (ct. di Rennes), du. (993) di Bretagna	987 - 992
Goffredo I, f., ct. di Bretagna, poi du.	992 - 1008
Alan III, f., du.	1008 - 1/10/1040
Conan II, f., du.	1/10/1040 - 11/12/1066
Hoel II, gen.o di Alano II, du.	11/12/1066 - 13/4/1084
Alan IV Fergente, f., du.	13/4/1084 - 1112 († 13/8/1119)
Conan III, il Grosso, f., du.	1112 - 17/9/1148
Hoel III, f., du.	17/9/1148 - dep. 1156
Eude ct. di Perhoet, gen.o di Conan III, du.	1148 - 1156
Goffredo d'Anjou, f. di Enrico II d'Inghilterra, us. [sp. Costanza, f.a di Conan IV], du.	1156 - 27/7/1158
Conan IV, il Piccolo, f. di Eude, du.	1156 - † dep. 1169 († 20/2/1171)
Goffredo II d'Anjou, pred., gen.o di Conan IV, du.	1169 - 18/8/1186
Costanza, f.a di Conan IV, ved. di Goffredo II, du.	18/8/1186 - 1196 († 1201)
Arturo I, f. (ct. d'Anjou 1199), du.	1196 - 3/4/1203
Guido di Thouars, padre di Arturo I, du.	3/4/1203 - 1206
Guido di Thouars regg.	1206 - 1213
Pietro I Mauclerc (ct. di Dreux) du.	1213 - 1237 († fine mag. 1250)
Giovanni I, f., du.	1237 - 8/10/1286
Giovanni II, f., du.	8/10/1286 - 18/11/1305
Arturo II, f., du.	18/11/1305 - 17/8/1312
Giovanni III, il Buono, f., du.	17/8/1312 - 30/4/1341
Giovanni IV di Montfort, fr., du.	30/4/1341 - 26/9/1345
Carlo di Blois, nip., du.	26/9/1345 - 29/9/1364
Giovanni V, f. di Giovanni IV, du.	29/9/1364 - 1/11/1399

Giovanni VI, il Buono, f., du.	1/11/1399 - 28/8/1442
Francesco I, f., du.	28/8/1442 - 17 o 19/7/1450
Pietro II, fr., du.	17 o 19/7/1450 - 22/9/1457
Arturo III, f. di Giovanni V, du.	22/9/1457 - 26/12/1458
Francesco II, nip., du.	26/12/1458 - 9/9/1488
Anna, f.a di Francesco II, mogl. di Carlo VIII, poi di Luigi XII re di Francia	9/9/1488 - 9/1/1514
Claudia, f.a di Anna e di Luigi XII, mogl. di Francesco I re di Francia, du.	9/1/1514 - 20/6/1524
viene unita alla corona di Francia nel	1532

f) Fiandra

ct.

eretta in ct.a dip. dal re di Francia	862
Baldovino I, Braccio di Ferro, cavaliere franco, ct., investito da Carlo, il Calvo, imp.	863 - v. 879
Baldovino II, il Calvo, f., ct.	v. 879 - v. 919
Arnolfo I, il Grande o il Vecchio, f., col f. Baldovino III, collega dal 958, ct.	v. 919 - 964
Baldovino III, il Giovane, f., collega del padre	958 - 961
Arnolfo II, il Giovane, nip. di Arnolfo I, ct.	962 - 23/3/988
Baldovino IV, il Barbuto, f., ct.	mar. 988 - 30/5/1036
Baldovino V, il Pio, f., tut. di Filippo I, re di Francia, ct.	1036 - 1069
Baldovino VI, il Buono, f., ct. di Fiandra e di Hennegau	1069 - 1071
Arnolfo III, lo Sfortunato, f. ct.	1071 - 22/2/1072
Roberto I, il Ricciuto, zio ct.	1072 - ott. 1092
Roberto II, il Gerosolimitano, f. ct.	1092 - 5/10 o 4/12/1111
Baldovino VII Hapkin, il Severo, f. ct.	1111 - 17/6/1119
Carlo I di Danimarca, il Buono, cug., nip. di Roberto II e f. di Canuto IV, re di Danimarca, ct.	giu. 1119 - 2/3/1127
Guglielmo I Cliton, f. di Roberto II, du. di Normandia, ct.	23/3/1127 - dep. 1128 †
Thierry d'Alsazia, nip. di Roberto I e f. di Thierry II, du. di Lorena [sp. Sibilla d'Anjou], ct.	27/5/1128 - 17/1/1168
Filippo I d'Alsazia, f., ct.	17/1/1168 - 1/6/1191
Margherita I d'Alsazia, sor. di Filippo I, e Baldovino VIII, il Coraggioso († 1195), suo marito	giu. 1191 - 15/11/1194
Baldovino IX [I], f. (imp. di Bisanzio 1204)	1194 - 15/4/1205
Giovanna, f.a, ct.	1205 - 5/12/1244
Ferrando di Portogallo, I marito di Giovanna, ct.	1211 - 23/7/1233

Tommaso di Savoia, zio di Margherita I,
II marito di Giovanna, ct.   1237 - 1244 († 1259)
Margherita II, la Nera, sor. di Giovanna
e ved. del ct. Guglielmo
di Bourbon-Dampierre, ct.   1244 - 1279
Guido di Dampierre, f. [occup. franc. 1301-04], ct.   1279 - 7/3/1305
Roberto III di Béthun, f., ct.   7/3/1305 - 17/9/1322
Luigi I di Nevers, nip., dal f. Luigi (ct. di Nevers), ct.   1322 - 26/8/1346
Luigi II di Male, f., ct.   ag. 1346 - 9/1/1384
Margherita III, f.a [sp. (1369) Filippo l'Ardito,
du. di Borgogna († 27/4/1404)], ct.   genn. 1384 - 16/3/1405
la Fiandra è unita al duc. di Borgogna   1405 - 1477
Giovanni, Senza Paura (du. di Borgogna), ct.   1405 - 10/9/1419
Filippo III, il Buono, f. (du. di Borgogna), ct.   1419 - 15/7/1467
Carlo, il Temerario, f. (du. di Borgogna), ct.   15/7/1467 - 5/6/1477 ucc.
Maria, f.a di Carlo il Temerario
[sp. 1477, Massimiliano
arciduca d'Austria], ct.   1477 - 27/3/1482
Filippo IV il Bello, f. (re di Castiglia 1504)   27/3/1482 - 25/9/1506
Carlo III [V] d'Austria, re di Spagna,
ottiene da Francesco I la sovranità sulla Fiandra,
la quale diviene feudo della Germania   ag. 1529 - nov. 1659
parte della Fiandra viene unita alla corona franc.   7/11/1659 - ag. 1667
Luigi XIV re di Francia,
ne conquista parte,
occupa Gand nel 1678   giu.- ag. 1667 e febb. 1678 - 1713
all'Impero germanico
(la parte che appartiene alla Spagna)   1713 - 1795
passa ancora alla Francia   1795 - 1814
la parte meridionale resta alla Francia,
il resto va ai Paesi Bassi   1814 - 1831
staccatosi il Belgio dall'Olanda
a questa rimane solo la parte che
sta presso le foci della Schelda   1831 (vd. Belgio)

g) *Lorena*

re, poi du. dal 900

Lotario (II), della casa carolingia, f. dell'imp. Lotaro I,
eredita dal padre il paese fra Reno, Mosa e Schelda
con la Frisia [sp. I (856), Teotberga, f.a di Bosone,
ripud. 861; II (862), Gualdrada, riprende Teodberga 865],
re   22/9/855
          (re di Borgogna 863) - 8/8/869

Carlo I, il Calvo, zio di Lotario
(re di Francia 840, imp. e re d'Italia 875, re   8/8, cor. 9/9/869 - 6/10/877
Lodovico I, il Germanico, fr. (re di Baviera 843),
assoc.   870 - 28/8/876
Ludovico II, il Balbo, f.
(re d'Aquitania, Francia e Borgogna), re   877 - 10/4/879
Ludovico III, f. (re di Francia 879), re   10/4/879 - 5/8/882
Carlo II, il Grosso, f. di Lodovico, il Germanico
(imp. 881, re di Francia 884, di Baviera 882,
d'Italia 879), succ.   5/8/882 - dep. 11/11/887
Arnolfo, nip. (re di Germania 887, d'Italia 894)   887 - rin. 895 († 8/12/899)
Sventibold, f. nat.   895 - dep. 900 († 13/8/900)
Ludovico IV, il Fanciullo, f. di Arnolfo
(imp. e re di Germania e di Baviera 899), du.   900 - sett. 911
Carlo III, il Semplice,
f. di Lodovico II (re di Francia 893),
ne ottiene parte   sett. 911 - dep. 923 († 7/10/929)
passa alla Germania nel 923,
è governata dal 900 dai du.:
Reginaro o Raineri (ct. di Hainaut 875) du.   900 - v. 916
Gisleberto, f. (ct. di Hainaut)
[sp. Gerberga, sor. di Ottone I imp.], du.   v. 916 - 939
Enrico I, f. di Enrico I dei Ludolfingi imp. e re
di Germania (du. di Baviera 947), du.   940 - 1/11/955
Enrico II di Hainaut, f. di Gisleberto, du.   940 - 943
[Ottone (tut. di Enrico II 940 - 943), du.   940 - 944]
Corrado, il Saggio, gen.o (du. di Franconia 939)   944 - dep. 953 († 955)
Brunone di Sassonia, fr., f. di Enrico I, l'Uccellatore,
re di Germania (arc. di Colonia 953,
poi papa Gregorio IV 996), arc.
[divide il suo stato in Alta e Bassa Lorena], du.   953 - 965 († 999)
Federico I, ct. di Bar (958), du. dell'Alta Lorena[15]   959 - 984 († 990)
Carlo I, f. di Luigi IV re di Francia, du. della
Bassa Lorena (vd. Paesi Bassi del sud)   976 - dep. circa 991 († 994)
Tierrico I (ct. di Bar), f., e Beatrice, sua madre,
tut. fino al 1011, du.   984 - 2/1/1026
Federico II (ct. di Bar) f., du.   2/1/1026 - 1033
Gotelone (Gothelo), du. anche della Bassa Lorena 1023,
tut. delle f. di Federico II, du.   1033 - 1044
Goffredo, f., du. della Bassa Lorena 1065[16], succ.   1044 - 1045
Adalberto (ct. d'Alsazia), du. dell'Alta Lorena   1047 - 1048
Gherardo d'Alsazia, fr., I du. ereditario dell'Alta Lorena   1048 - 6/3/1070
Thierry II, f. [sp. I, Edvige di Formbach, † 1078; II,
Gertrude di Fiandra, † 1126], du.   6/3/1070 - 23/1/1115
Simone I, f., du.   23/1/1115 - 19/4/1139
Matteo I, f., du.   19/4/1139 - 13/5/1176

Simone II, f., du.   13/5/1176 - rin. 1205 († 14/1/1207)
Federico I [III] (Ferri), fr., du.   1205 - rin. 1206 († 1207)
Federico II, Ferri II, f. di Federico I, du.   1206 - 10/10/1213
Tibaldo I (Dietbald), f., du.   10/10/1213 - mar. 1220
Matteo II, fr., du.   mar. 1220 - 24/6/1251
Federico III, Ferri III, f., du.   24/6/1251 - 31/12/1303
Tibaldo II, f., du.   1/1/1304 - 13/5/1312
Federico IV, Ferri IV, f., du.   13/5/1312 - 23/8/1328
Rodolfo (Raul), f.
     [sp. Eleonora di Bar-le-Duc, † 1332;
     II, Maria di Blois, erede di Guisa, † 1379], succ.   23/8/1328 - 26/8/1346
Giovanni I, f., du.   26/8/1346 - 1390
Carlo I, f., connestabile di Francia, du.   1390 - 25/1/1431
Renato d'Anjou, f. di Luigi II, re di Napoli (du. di Bar
     1430), re di Provenza 1434, di Napoli 1435
     e Isabella erede di Lorena, sua mogl.,
     f.a di Carlo I, du.   25/1/1431 - rin. 1452 († 10/7/1480)
Giovanni II, f., du.   26/3/1453 - 13/12/1470
Niccolò I, f.   13/12/1470 - 24/7/1473
Renato II (ct. di Vaudemont 1470),
     nip. di Giovanni II, du.   24/7/1473 - 10/12/1508
Antonio, il Buono, f.
     [sp. Renata di Montpensier,
     erede di Mercoeur, † 1539], du.   10/12/1508 - 14/6/1544
Francesco I, f.   14/6/1544 - 12/6/1545
Carlo IV, il Grande, f., du. dell'Alta Lorena
     [sp. Claudia di Enrico II di Francia]   12/6/1545 - 14/5/1608
Enrico, f. [sp. Margherita († 1632),
     f.a di Vincenzo I Gonzaga]   14/5/1608 - 31/7/1624
Nicolea, f.a, du.   1624 - 1625 († 1657)
Francesco II, fr. di Enrico
     [sp. Cristina, erede di Salm, † 1627], du.   1625 - abd. 26/11/1625 († 1632)
Carlo III, fr., du.   26/11/1625 - rin. 19/1/1634
dom. franc.   genn. 1634 - 1661
Carlo III di nuovo
     [sp. I. Beatrice di Cusance, † 1663;
     II. Maria d'Aspremont, † 1692]   1661 - dep. sett. 1670 († 18/9/1675)
dom. franc.   1670 - 1697 e febb. 1766 - 26/2/1871
Leopoldo di Vaudemont,
     pronipote di Carlo III   1697 - 27/3/1729
Francesco III Stefano, f., du.   27/3/1729 - rin. febb. 1736 († 1765)
Stanislao Leszczynski (già re di Polonia)   febb. 1736 - 23/2/1766
la parte nordest, cioè parte dei dipar.
     della Mosa e della Mosella,
     passa alla Germania (tratt. di Francoforte)   10/5/1871 - 9/11/1918
il nordest ritorna alla Francia (tratt. di Losanna)   nov. 1918

h) Normandia

du.

Rollone (Rolf, Roberto) capo normanno nom. du. dal re Carlo, il Semplice, del paese sulla Bassa Senna già Neustria [sp. Gisela (?), f.a di Carlo]	912 - abd. 927
Guglielmo I, Lungaspada, f., du.	927 - 17/12/942
Riccardo I, Senza paura, f., du.	943 - 20/11/996
Riccardo II, il Buono, f., du.	20/11/996 - 23/8/1026
Riccardo III, f., du.	23/8/1026 - 6/8/1028
Roberto I, il Diavolo, fr. [sp. Estrida, princ. danese, ved. di Ulf Jarl], du.	6/8/1028 - 2/7/1035
Guglielmo II, il Bastardo o il Conquistatore, f. nat. (conquista l'Inghilterra 1066), du.	1035 (cor. re 25/12/1066) - 9/9/1087
Roberto II, Gambaron, f., du.	sett. 1087 - dep. 27/9/1106 († 1134)
[Guglielmo III, il Rosso, fr., regg. (?)	1096 - 2/8/1100]
Enrico I, il Leone (us.), fr. (re d'Inghilterra 1100), du.	27/9/1106 - 1/12/1135
Stefano di Blois ct. di Boulogne, nip. dalla sor. (re d'Inghilterra 1135) [sp. Matilde, f.a di Eustachio, ct. di Boulogne], du.	dic. 1135 - 25/10/1144
Goffredo Plantageneto (ct. d'Anjou 1129) du.	20/1/1144 - 7/9/1151
Enrico II, f. (re d'Inghilterra 1154), du.	7/11/1153 - 6/7/1189
Riccardo I, Cuor di Leone, f. (re d'Inghilterra 1189), du.	6/7/1189 - 6/4/1199
Giovanni, Senza terra, fr. (vd. Aquitania) (re d'Inghilterra 1199), du.	6/4/1199 - dep. 1204 († 19/10/1216)
Filippo II re di Francia la toglie agli inglesi eccetto Jersey, Guernesey e Aurigny che restano all'Inghilterra	lug. 1204 - lug. 1346
Edoardo III, re d'Inghilterra la invade	lug. 1346 - 1375
Carlo V di Valois re di Francia la recupera	1375 e 1380 - 21/5/1420
gli inglesi la riprendono (tratt. di Troyes)	21/5/1420 - ag. 1450
Carlo VII re di Francia la recupera	ag. 1450 - 22/7/1461
Luigi XI, f., la unisce alla corona di Francia	1469

i) Provenza

ct. dal 926

... ai visigoti di Spagna circa 411 - 493 – ai borgognoni 493 - 502

– agli ostrogoti d'Italia circa 502 - 536 – ai franchi 536 - 879
– al regno d'Arles 879 – Bosone ct. d'Autun cacciati i franchi
fonda il regno della Borgogna Cisiurana
(Provenza o Bassa Borgogna) 879 - 11/1/887
(vd. regno di Borgogna 879 - 933)

Bosone I, nip. di Bosone re della Borgogna Cisiurana, ct.	926 - 948
Bosone II, f. di Rotboldo di Provenza, ct.	948 - v. 968
Guglielmo I, f., ct.	v. 968 - v. 992
Rotboldo, fr., ct.	v. 992 - dopo 1008
Guglielmo II, f. di Guglielmo I, ct.	v. 1008 - 1018
Guglielmo III, f. di Rotboldo, ct.	1018 - 1037
Bertrando I, f. di Guglielmo II, ct.	1037 - v. 1054
Goffredo I, fr., ct.	1054 - v. 1063
Bertrando II, f., ct.	v. 1063 - 1090 o 1093
Stefanetta, ved. di Goffredo I, ct.	1093 - v. 1100
Gerberga, f.a, e Gerberto ct. di Gévaudan, d'Arles, di Milhaud ecc., suo marito, ct.	1100 - rin. 1/2/1112
Dolce I, f.a (erede della ct.a di Provenza), ct.	1/2/1112 - rin. 13/1/1113
(† dopo 1190)	
Raimondo-Berengario I, della casa di Barcellona marito di Dolce I (ct. di Barcellona 1082)	1112, solo 13/1/1113 - 1131
Berengario-Raimondo, f. [sp. Beatrice di Melgueil], ct.	1131 - v. genn. 1144
Raimondo-Berengario II, il Giovane, f. [sp. Petronilla d'Aragona], ct.	1144 - 6/8/1162
Raimondo-Berengario III, f. [sp. Richilde, nip. di Federico I Barbarossa], ct.	1162 - 1166
Alfonso I, f. (re d'Aragona e Navarra 1162), eredita Provenza e Roussillon, ct.	1167 - 1178 e 1185 - 22/4/1196
Raimondo-Berengario IV, fr., ct.	1172 - 5/4/1181
Sancho, fr. (col f. Nuño 1209-17), ct.	1181 - 1185 e 1209 - 1217 († 1225)
Nuño Sanchez, f. di Sancho, ct. assieme al padre durante la minorità di Raimondo-Berengario V, ct.	1209 - 1217
Alfonso II, f. di Alfonso I [sp. Garsenda di Forcalquier], ct.	1189 - ott. 1193 e 1196 - † ott. 1209 a Monreale
Raimondo-Berengario V, f. (* 1205), ct. di Provenza e di Forcalquier [sp. Beatrice di Savoia], ct.	1217 - 19/8/1245
Beatrice, f.a (regina di Napoli e Sicilia 1265) [sp. Carlo I d'Anjou 1245]	19/8/1245 - lug. 1267
Carlo I d'Anjou, f. di Luigi VIII di Francia, marito di Beatrice (re di Napoli e Sicilia 1266)	genn. 1246 - 7/1/1285
Carlo II, lo Zoppo, f. (re di Napoli 1285)	7/1/1285 - 6/5/1309
Roberto, il Saggio, f. (re di Napoli 1309)	6/5/1309 - 14/1/1343

Giovanna, nip. (reg. di Napoli 1343)	14/1/1343 - 22/5/1382
Luigi I (du. d'Anjou 1356),	
f. di Giovanni re di Francia, ct.	mag. 1382 - 20/9/1384
Luigi II, f. (du. d'Anjou 1384), ct.	20/9/1384 - 29/4/1417
Luigi III, f. (du. d'Anjou 1417), ct.	29/4/1417 - 24/11/1434
Renato, il Buono, fr.	
(du. di Lorena 1431, re di Napoli 1435), ct.	24/11/1434 - 10/7/1480
Carlo III, nip. (ct. del Maine e du. d'Anjou 1472),	
ct.	lug. 1480 - 12/12/1481
Luigi XI re di Francia eredita nel 1481 la Provenza	
che viene unita alla corona nel	ott. 1486

Gran Bretagna e Irlanda

a) *Inghilterra*

la Britannia meridionale prov. rom. dal 43 d.C.
– invasione germanica 448
– fondazione dei regni sassoni e angli (eptarchia) 449 - 584
regni sassoni: Kent, 455; Sussex, 491; Vessex 516;
    Essex, 526, conversione al cattolicesimo di Etelberto
    (dal 568 re di Kent) 597
regni angli: Northumberland 547; Est-Anglia 571;
    Mercia 584; dell'eptarchia restano solo i regni di
    Northumberland al nord, di Wessex al sud e nel mezzo
    di Mercia a questa si sono uniti l'Est-Anglia e l'Essex al nord,
    e il Kent a sud del Tamigi

re anglo-sassoni

Egberto, f. di Ealmondo, re di Wessex dall'800 c.,	
sottomette tutti i capi anglosassoni,	
forma un solo regno (Anglia)	
e s'intitola re	v. 827 - 839
Etelvolfo, f., re di Wessex	
[sp. Giuditta, f.a di Carlo il Calvo]	836 - rin. 857 († 858)
Etelbaldo, f., re di Wessex	
[sp. Giuditta, sua matrigna]	857 - 860
Etelberto, fr., re di Wessex	860 - 866
Etelredo I, fr., re di Wessex	866 - 23/4/871
Alfredo, il Grande, fr., re di Wessex	
[sp. Aswinta]	23/4/871 - 27/11/901
Edoardo I, il Vecchio, f., re	
[sp. I, Efleda; II, Edvige]	28/11/901 - 924
Atelstano, f., re	924 - 27/10/940

Edmondo I, fr., re [sp. Edvige]	27/10/940 - 26/5/946
Edredo, fr., re	26/5/946 - 955
Edwig, f. di Edmondo I, re [sp. Elgive]	955 - 958
Edgardo, il Pacifico, fr., re [sp. Elfrida]	958 - 18/7/975
Edoardo II, il Martire, f., re	18/7/975 - 978
Etelredo II, f., lo Sconsigliato (fa trucidare i danesi), re [sp., 1002, Emma di Normandia (II mogl.), † 1052, f.a di Richard I di Normandia]	978 - dep. 1013

princ. danesi

Sven Tiyguskegg (re di Danimarca 981) prende Londra ed è proclamato re	nov. 1013 - 3/2/1014

anglo-sassoni

Etelredo II di nuovo	1014 - 23/4/1016
Edmondo II, Fianco di ferro, f. (di primo letto)	1016 - † nov.

danesi

Canuto, il Grande, f. di Sven (re di Danimarca 1018, di Norvegia 1028), re	1017 - 12/11/1035
Aroldo I (Harefod, piè di lepre), f., re	12/11/1035 - 1039
Canuto II, Ardicanuto, fr. (re di Danimarca 1035), re	1039 - 8/6/1042

anglo-sassoni, restaurazione

Edoardo III, il Confessore, f. di Etelredo II [sp. Edita, f.a di Goodwin], re	1042 - 5/1/1066
Aroldo II, di Essex, f. del ct. Goodwin e cogn. di Edoardo III, re	5/1/1066 - 14/10/1066 ucc.

dinastia normanna

Guglielmo I, il Conquistatore e il Bastardo, f. nat. di Roberto I du. di Normandia (du. di Normandia 1035) [sp., 1054, Matilde († 1083), f.a di Baldovino V di Fiandra], re	14/10, cor. 25/12/1066 - 9/9/1087
Guglielmo II, il Rosso, f., re	9/9, cor. 26/9/1087 - 2/8/1100
Enrico I, il Leone, fr. (du. di Normandia 1106) [sp. Matilde, † 1118, f.a di Malcolm III di Scozia], re	cor. 5/8/1100 - 1/12/1135

Stefano di Blois, nip., dalla sor. Adele, di Enrico I
[sp. Matilde, f.a di Eustachio ct. di Boulogne]
(du. di Normandia 1135), re   1/12, cor. 26/12/1135 - 25/10/1154

ramo d'Anjou-Plantageneti

Enrico II, nip. di Enrico I e f. di Goffredo III d'Anjou
(du. di Normandia 1151, d'Aquitania 1152,
conquistatore d'Irlanda 18/10/1171)
[sp. Eleonora (ripud. 1152),
du. della Guienna, † 1204], re   25/10, cor. 19/12/1154 - 6/7/1189
Riccardo I, Cuor di Leone, f.
(du. d'Aquitania e ct. d'Anjou 1169,
di Normandia 1189) [sp., 1191, Berengaria,
f.a di Sancho VI re di Navarra], re   6/7, cor. 3/9/1189 - 6/4/1199
Giovanni, Senza Terra, fr. (du. di Normandia 1199,
du. d'Anjou 1203) [sp., I, 1189, Isabella,
f.a di Guglielmo ct. di Gloucester (ripud. 1190);
II, 1200, Isabella († 1245), f.a di Aimar
ct. d'Angoulême], re, succ.   6/4, cor. 27/5/1199 - 19/10/1216
Enrico III, Winchester, f.
[sp., 1236, Eleonora, † 1191,
f.a di Raimondo Berengario IV
re di Provenza], re   19/10, cor. 28/10/1216 - 16/11/1272
Giovanni, f., primo viceré d'Irlanda per poco tempo   1269
Edoardo I, Longshanks,
f. (conquista il paese di Galles 1283)
[sp. Eleonora, f.a di Ferdinando III
di Castiglia], re   16/11/1272, cor. 19/8/1274 - 7/7/1307
Edoardo II, Caernarvon, f. (princ. di Galles)
[sp., 1308, Isabella di Francia, † 1357, f.a di Filippo V re],
succ.   7/7/1307, cor. 23/2/1308 - dep. 7/1/1327 († 21/9/1327 ucc.)
Edoardo Bruce, fr. del re di Scozia,
sbarca in Irlanda ed è proclamato re dagli irlandesi   1315 - 1318
Edoardo III, Windsor, f., tut. la madre e Mortimer,
fino al 1330 [sp., 1328, Filippa,
f.a di Guglielmo ct. d'Hainault, † 1369],
succ.   7/1, cor. 29/1/1327 - 21/6/1377
Riccardo II, Bordeaux, nip.,
f. di Edoardo III princ. di Galles [sp., I, 1381, Anna († 1394),
f.a di Carlo IV; II, 1396, Isabella, f.a di Carlo VI, re di Francia],
succ. sotto regg.   21/6, cor. 17/7/1377 - dep. 29/9/1399 († 1400)

ramo dei Lancaster (Rosa Rossa)

Enrico IV, Bolingbroke, nip. di Edoardo III

e f. di Giovanni di Gand, succ.   29/9, cor. 13/10/1399 - 20/3/1413
Enrico V, Monmouth, f.
[sp., 1420, Caterina († 1438), f.a di Carlo VII
re di Francia], succ. 20/3, cor.   9/4/1413 - 31/8/1422
Enrico VI, Windsor, f., tut. suo zio, Giovanni Plantageneto,
du. di Gloucester [sp., 1445, Margherita († 1482),
f.a di Renato du. d'Anjou],
succ. 31/8/1422, cor. 6/11/1429 - dep. 4/3/1461
- rist. 6/10/1470 - dep.   21/5/1471 (ucc. 14/8/1471)

ramo di York (Rosa Bianca)

Edoardo IV, f. di Richard du. di York
[sp. Elisabetta Woodville,
f.a di Riccardo ct. di Rivers], el. re 2/3,
cor. 28/6/1461 - dep. 6/10/1470, rist.   13/4/1471 - 9/4/1483
Edoardo V, f., tut. Riccardo III suo zio, re,
succ.   9/4/1483 - dep. e ucc. 26/6/1483
Riccardo III, il Gobbo, fr. di Edoardo IV
(du. di Gloucester 1461)
[sp. Anna Nevil († 1485), f.a di Riccardo
ct. di Warwick], succ.   22/6, cor. 7/7/1483 - 22/8/1485 ucc.

ramo dei Tudor

Enrico VII Tudor, f. di Edmund Tudor,
ct. di Richmond
[sp., 1486, Elisabetta di York, † 1502,
f.a di Edoardo IV], succ.   22/8, cor. 13/10/1485 - 21/4/1509
Enrico VIII, f. [sp., I, Caterina d'Aragona († 1536),
f.a di Ferdinando, il Cattolico;
II, Anna Boleyn (ucc. 1536);
III, Jane († 1537), f.a di John Seymour;
IV, Anna di Clèves (ripudiata 1538),
f.a di Giovanni III di Clèves;
V, Caterina Howard (ucc. 1542),
f.a di sir Edmond;
VI, Caterina Parr († 1548),
f.a di Thomas di Kendul], succ.   21/4, cor. 24/6/1509 - 28/1/1547
Edoardo VI, f., regg. suo zio Thomas Seymour,
† 1549, poi Edoardo suo fr., † 1552,
poi il ct. di Warwick, succ.   31/1, cor. 25/2/1547 - 6/7/1553
Jane Grey, nip., f.a di Enrico du. di Suffolk,
accl. regina   10/7/1553 - dep. 19/7/1553 (ucc. 12/2/1554)
Maria I, la Cattolica, sor. di Edoardo VI
[sp., 1554, Filippo II re di Spagna],

succ. 19/7, sale al trono	3/8, cor. 5/10/1553 - 17/11/1558
Elisabetta, f.a di Enrico VIII	
e di Anna Boleyn, succ.	17/11/1558, cor. 15/1/1559 - 21/3/1603

ramo degli Stuart

Giacomo I [VI], f. di Maria Stuart e lord Darnley	
(re di Scozia 24/7/1567) [sp., 1590, Anna († 1618)	
f.a di Federico II re di Danimarca],	
re d'Inghilterra e d'Irlanda 24/3, cor.	23/7/1603 - 27/3/1625
Carlo I, f. [sp. Enrichetta († 1669),	
f.a di Enrico IV re di Francia]	27/3/1625 - dep. 30/11/1648
	(ucc. 30/1/1649)

rep. o «Commonwealth»	febb. 1649 - mag. 1660
consiglio di stato di 40 membri	1649 - 26/12/1653
Oliver Cromwell, lord protector	26/12/1653 - 13/9/1658
Richard Cromwell, f., lord protector	14/9/1658 - 1659 abd. († 1712)

ramo degli Stuart

Carlo II, f. di Carlo I Stuart	
[sp., 1662, Caterina († 1705),	
f.a di Giovanni IV	
re di Portogallo], re	30/1/1660, cor. 23/4/1661 - 16/2/1685
Giacomo II [VIII], du. di York, fr. (re di Scozia)	
[sp., 1660, Anna Hyde († 1671),	
f.a di Edoardo ct. di Clarendon],	
succ.	6/2, cor. 23/4/1685 - 2/2/1688 dep. († 17/9/1701)

ramo degli Stuart-Orange

Guglielmo III, f. di Guglielmo IX d'Orange e di	
Maria Stuart, primo re costituzionale	13/2/1689 - 19/3/1702
Maria II Stuart f.a di Giacomo II,	
mogl. di Guglielmo III	13/2/1689 - 7/1/1695
Anna Stuart, sor. di Maria II	
[sp., 1683, Giorgio († 1708),	
f. di Federico III re di Danimarca],	
regina	19/3, cor. 15/5/1702 - 10/8/1714
unione della Scozia all'Inghilterra come Gran Bretagna	25/3/1707

ramo degli Hannover

Giorgio I, f. di Ernesto Augusto di Brunswick-Lüneburg

[sp., 1682, Sofia Dorotea, princ. d'Halden, † 1726],
succ.   10/8, cor. 20/10/1714 - 9/6/1727
Giorgio II, f. [sp., 1705, Carolina d'Ansbach, † 1737],
succ.   9/6, cor. 11/10/1727 - 25/10/1760
Giorgio III, nip., f. di Federico princ. di Galles
(re di Hannover 1815) [sp., 1761, Sofia Carlotta
di Mecklemburg Strelitz, † 1818],
re   25/10/1760, cor. 22/9/1761 - 29/1/1820
unione dell'Irlanda a Inghilterra e Scozia   2/7/1800
Giorgio IV, f., regg. dal 1811
[sp. Carolina, f.a di Ferdinando
di Brunswick], re   29/1/1820, cor. 19/7/1821 - 26/6/1830
Guglielmo IV, fr., succ.   26/6/1830, cor. 8/9/1831 - 20/6/1837
Vittoria, nip., casa di Brunswick-Lüneburg,
f.a del princ. Edoardo du. di Kent, f. di Giorgio III
[sp., 10/2/1840, Alberto princ. di
Sassonia-Coburgo-Gotha, † 1862]
(imp. delle Indie 1858), regina   20/6/1837 - 22/1/1901
Edoardo VII, di Brunswick-Lüneburg, f.
(imp. delle Indie) [sp., 10/3/1863, Alessandra,
f.a di Cristiano IX, re di Danimarca]   22/1/1901, cor. 9/8/1902 - 7/5/1910
Giorgio V (princ. di Galles), f.
(imp. delle Indie) [sp. la princ.
Vittoria Maria di Teck], re   7/5/1910, cor. 15/5/1911 - 20/1/1936
l'Irlanda, tranne la parte settentrionale,
procl. l'indipendenza   genn. 1919
Edoardo VIII, f., re   20/1/1936 - abd. 11/12/1936
Giorgio VI, fr.
[sp. 26/4/1923 Elisabetta di Strathmore
e Kinghorne], re, cor. 12/5/1937   11/12/1936 - 6/2/1952
Elisabetta II, f. [sp. 20/11/1947 il princ. Filippo
Battemberg di Grecia], regina, cor. 2/6/1953   6/2/1952 - ...
domande di ammissione alla Cee   19/8/1961
ammissione alla Cee   1/1/1973
non partecipa al Sistema monetario europeo (Sme)   10/3/1979
Margaret Thatcher primo min.   3/5/1979 - 22/11/1990
guerra con l'Argentina per le isole Falkland-Malvinas
e vittoria militare   2/4-14/6/1982
John Major primo min.   27/11/1990 - 1/5/1997
Tony Blair primo min.   1/5/1997 -

b) Scozia

gli scoti originari d'Irlanda
e i pitti occupano la Scozia settentrionale   sec. VI

Kenneth I Mac Alpin re degli scoti
sottomette i pitti (844) unendo sotto di sé i due regni   v. 844 - 854
Donald III, fr., re   854 - 862
Costantino I, f. di Kenneth I, re   862 - 876
Gregor, il Grande, re   876 - 889
Donald IV, f. di Costantino I, re   889 - 900
Costantino II, nip. di Costantino I, re   900 - 943 († 952)
Malcolm I, f. di Donald IV (re d'Alban dal 942), re   943 - 954
Illuilb, f. di Costantino II, re   954 - 962
Dubh, f. di Malcolm I, re   962 - 967
Cuillen, f. di Illuilb, re   967 - 971
Kenneth II, re di Malcolm I, re   971 - 995
Costantino III, f. di Cuillen, re   995 - 997
Kenneth III, f. di Dubh, re   997 - 1005
Malcolm II, f. di Kenneth II, re   1005 - 1034
Duncan I, nip. di Malcom II, re   1034 (?) - 1040
Macbeth, cug., f. di Finnlaech, re   v. 1040 - 15/8/1057
Lulach, cug. di Macbeth, re   v. 1057 - 1058
Malcolm III, f. di Duncan I [sp., 1068, Margherita,
sor. di Edgar Atelier, † 16/11/1093], re   1058 - 13/11/1093
Donald V Bane, fr. di Malcolm III   13/11/1093 - dep. mag. 1094
Duncan II, f. nat. di Malcolm III, re   mag. 1094 - 1095
Donald V di nuovo re   1095 - dep. v. 1098 †
Edgar, f. di Malcolm III, re   1098 (?) - 1107
Alessandro I, il Selvaggio, fr., re   1107 - 24/4/1124
David I, fr., re   24/4/1124 - 24/5/1153
Malcolm IV, «la Vergine», nip., re   24/5/1153 - 9/12/1165
Guglielmo, il Leone, fr., re   9/12/1165 - 4/12/1214
Alessandro II, f., re   cor. 5/12/1214 - 8/7/1249
Alessandro III, f. (ultimo dei Kenneth)   8/7/1249 - 12/3/1286
Margherita, nip. di Alessandro III e
f. di Enrico II re di Norvegia, regina   1286 - 1290
interregno   dal 1290 al 1292
Giovanni Baliol, f. di Giovanni
ct. d'Harcourt, el. re   17/11/1292 - dep. 27/4/1296 († 1315)
interregno – la Scozia è sottomessa
da Edoardo I re d'Inghilterra (1272)   apr. 1296 - mar. 1306
Robert I Bruce f. di Robert ct. di Carrick, cor., re   25/3/1306 - 7/6/1329
David II Bruce, f., regg. il ct. di di Murray, re   7/6/1329 - 1332 dep.
Edward Baliol, f. di Giovanni, re   1332 - 1342 dep.
David II Bruce, di nuovo re   1342 - 1346 e 1357 - 25/2/1371
Robert II Stuart, nip. di David II Bruce, re   25/2/1371 - 19/4/1390
Robert III, f., re   19/4, cor. 13/8/1390 - 4/4/1406
Giacomo I, f. (prigioniero degli inglesi 1405-23)   1406 - 20/2/1437
Giacomo II, f., regg. Alan Livingston   20/2/1437 - 3/8/1460
Giacomo III, f., sotto regg.

[sp. Margherita di Danimarca], re   3/8/1460 - 11/6/1488
Giacomo IV, f.
[sp. Margherita, f.a di Enrico VII d'Inghilterra], re   11/6/1488 - 9/9/1513
Giacomo V, f., regg. la madre Margherita,
     poi il du. d'Albany, re   9/9/1513 - 13/12/1542
Maria Stuart, f. (regina di Francia
     1558-60), succ., sotto regg.   14/12/1542 - 24/7/1567 abd. (18/2/1587 ucc.)
Giacomo VI, f., reggenti:
     il ct. di Murray, fr. di Maria (1567-70),
     il ct. di Lennox (1570-71), il ct. Marr (1571-72),
     Giacomo Douglas ct. di Morton (1572-78),
     re d'Inghilterra e di Scozia
     come Giacomo I (24/3/1603), re, succ.   24/7/1567 - 27/3/1625
la Scozia è governata dai re d'Inghilterra
     come regno particolare   dall'apr. 1603
unione delle due corone e dei due parlamenti   25/3/1707

Grecia

a) Grecia

per il tratt. di Passarowitz l'Impero ottomano
     si trova in possesso di quasi tutta la Grecia[17]   21/7/1718 - mar. 1821
insurrezione contro il gov. turco (mar. 1821)
     – istituzione di un consiglio esecutivo di 5 mem.
     diretto da Maurocordato e di un senato di 59 mem.
     presieduto da Demetrio Ypsilanti   1/1/1822 - genn. 1828
gov. provv. «Panhellenion»
     – Giovanni Capodistria pres.   24/1/1828 - † 9/10/1831
il sultano Mahmud II riconosce l'indip.
     della Grecia (tratt. di Adrianopoli)   14/9/1829
Agostino Capodistria
     pres. del gov. provv.   20/12/1831 - dep. 18/1/1832, abd. 10/4/1832
Ottone di Wittelsbach,
     f. di Luigi I re di Baviera, el. re 7/5,
     accetta 5/10/1832[18],
     sale al trono 6/2/1833 sotto regg.,
     dichiarato maggiorenne   1/6/1835 - 22/10/1862 dep.
       († 26/7/1867)
riv. di Missolungi, Patrasso, Atene ecc.   19-23/10/1862
gov. provv. – A.G. Bulgaris pres.   23/10/1862 - giu. 1863
Giorgio I di Schleswig-Holstein-Sonderburg-Glücksburg,
     f. di Cristiano IX re di Danimarca,
     el. re di Grecia 30/3, accetta 6/6,
     dichiarato maggiorenne 27/6, assume il gov.   31/10/1863 - 18/3/1913

Costantino XII du. di Sparta, f., re   18/3/1913 - 11/6/1917 abd.
Alessandro, f., re   11/6/1917 - 25/10/1920
gov. provv. 26 - 29/10/1920,
  poi Paolo Kondouriotis regg.   29/10/1920 - 14/11/1920 rin.
la regina Olga ved. del re Giorgio regg.   18/11 - 15/12/1920
Costantino XII di nuovo   15/12/1920 - 27/9/1922 abd. († 11/1/1923)
Giorgio du. di Sparta
  [sp., febbr. 1921, la princ.
  Elisabetta di Romania]
  esule dal 19/12/1923, re   27/9/1922 - mar. 1924
Rep. ellenica dem. (pres. Paolo Kondouriotis)
25/3/1924, ratificata da plebiscito   14/4/1924

pres. della rep.

Paolo Kondouriotis (provv.)   14/4/1924 - 19/3/1925
T. Pangalos (provv.)   11/4/1926 - 22/8/1926
Paolo Kondouriotis (provv. fino al mag. 1929)   24/8/1926 - 10/12/1929
A. Zaimis (riel. 26/10/1934)   14/12/1929 - 12/10/1935

re

Giorgio II (di nuovo) (esule 22/5/1941 - 27/9/1946,
  regg. l'arciv. Dimitrios Papandreu Damaskinos
  31/12/1944 - 27/9/1946)   25/11/1935 - 1/4/1947
Paolo I, fr. [sp. 9/1/1938
  la princ. Federica di Brunswick]   1/4/1947 - 6/3/1964
Costantino II, f.
  [sp. 18/9/1964 la princ.
  Anna Maria di Danimarca]
  (esule dal 14/12/1967)   6/3/1964 - 1/6/1973
G. Zoitakis regg.   14/12/1967 - 21/3/1972
Gheórghios Papadopulos regg.   21/3/1972 - 1/6/1973

pres. della rep.

Gheórghios Papadopulos (provv. fino al 19/8/1973)   1/6/1973 - 25/11/1973
Phaidon Ghizikis pres. rep.   25/11/1973 - 18/12/1974
M. Stassinopulos (provv.)   18/12/1974 - 20/6/1975
Kostantin Tsatsos pres. rep.   20/6/1975 - 5/5/1980
Kostantin Karamanlis pres. rep.   5/5/1980 - 10/3/1985 rin.
ammissione alla UE   1/1/1981
Andreas Papandréu pres. consiglio   18/10/1981 - 1/7/1989
Christòs Sartzetakis pres. rep.   29/3/1985 - 4/5/1990
Tzannis Tzannetakis pres. consiglio   1/7/1989 - 10/4/1990
Konstantin Karamanlis pres. rep.   4/5/1990 - 8/3/1995

Konstantin Mitsotakis pres. consiglio	10/4/1990 - 10/10/1993
Andreas Papandréu pres. consiglio	3/10/1993 - 15/1/1996 †
Costis Stefanopoulos pres. rep.	10/31995 -
Costas Simitis pres. consiglio	22/1/1996

b) Acaja e Morea

Guglielmo di Champlitte (casa di Champagne) conquista l'Acaja sig.	1205 - 1209 dep. († 1212)
Goffredo I di Villehardouin sig.	1209 - 1218
Goffredo II, f., princ. di Acaja	1218 - 1245
Guglielmo II, fr., princ. (prigioniero dei bizantini 1259-62)	1245 - 1/5/1278
Carlo I d'Anjou, f. di Luigi VIII di Francia (re di Sicilia e despota di Romania 1266)	mag. 1278 - 7/1/1285
Carlo II, f. (re di Napoli e despota di Romania 1285) - rinunzia a favore di Fiorenzo d'Hainaut 1289 († 6/5/1309)	genn. 1285
Isabella di Villehardouin, f.a di Guglielmo II [sp. Filippo I di Savoia], vende l'Acaja agli Anjou di Napoli 1307	1289 - 1307 († 1311)
Fiorenzo d'Hainaut marito d'Isabella	1289 - 1297
Filippo I di Savoia terzo marito d'Isabella (princ. di Piemonte 1282)	1301 - 1307 dep. († 25/9/1334)
Filippo II d'Anjou, f. di Carlo II (princ. di Taranto e despota di Romania 1294)	1307 - 1313 († 26/12/1332)
Matilde d'Hainaut, f.a d'Isabella e Fiorenzo, pred. [sp. Luigi di Borgogna († 1316)]	1313 - 1318 († 1331)
[Ferdinando I di Majorca compet.	1315 - 1316]
Giovanni d'Anjou, ct. di Gravina, fr. di Filippo II (du. di Durazzo 1333)	1318 - 1333 († 1335)
Caterina di Valois, mogl. di Filippo II, pred.	1333 - 1346
Roberto d'Anjou, f. (despota di Romania 1331, princ. di Taranto 1332)	1346 - sett. 1364
Maria, f.a di Luigi I di Borbone, ved. di Roberto, col marito Ugo di Lusignano princ. di Galilea († 1347)	1364 - 1370 rin. († 1387)
Filippo III d'Anjou, f. di Filippo II e di Caterina (princ. di Taranto 1364), princ. tit.	1370 - 1373
Giovanna d'Anjou, f. di Carlo du. di Calabria (regina di Napoli 1343)	1374 - 1381 dep. († 11/5/1382)
Ottone di Brunswick-Grubenhagen, marito di Giovanna d'Anjou, pred.	1376 - 1381 dep. († v. 1398)
Giacomo di Beaux, nip. di Filippo III, pred.	1381 - 1383
Maiotto Coccarelli, poi (1386) Pietro di S. Esuperanzo, detto Bordeaux, vic.	1383 - 1396
Pietro di S. Esuperanzo princ.	1396 - 1402

Maria Zaccaria ved.	1402 - 1404
Centurione Zaccaria, nip.	
(sig. d'Arcadia 1401), princ.	1404 - 1430 rin. († 1432)
Tomaso Paleologo, gen.o	1430 - 1460 dep. († 1465)
il principato viene conquistato dai turchi	1460 - 1685 c.
la rep. di Venezia occupa in diverse riprese la Morea	1684 - giu. 1714
la Morea è conquistata nel 1714 dai turchi	
cui viene assegnata (tratt. di Passarowitz)	21/7/1718[19] (vd. Grecia)

c) *Atene*

Ottone de la Roche riceve in feudo	
dal march. di Monferrato l'Attica e la Beozia, sig.	1205 - 1225 († v. 1234)
Guido I, f., sig., poi du. dal 1259	1225 - 1263
Giovanni, f., du.	1263 - 1280
Guglielmo I, fr., du.	1280 - 1287
Guido II, f., du.	1287 - 1308
Gualtieri I di Brienne, nip. di Guglielmo I, du.	1308 - 15/3/1311
i pirati catalani occupano il duc. meno Argo e Nauplia[20]	
e ne offrono la sovranità agli Aragonesi di Sicilia	1311
Manfredi, f. di Federico II d'Aragona,	
re di Sicilia, du.	1312 - 1317 c. († 26/2/1366)
Guglielmo, fr., du.	1317 - 22/8/1338
Giovanni, fr., du.	22/8/1338 - 2/4/1348
Federico I, f., du.	3/4/1348 - lug. 1355
Federico II, il Semplice, cug. (re di Sicilia 1355),	
succ.	lug. 1355 - 27/7/1377
Maria, f.a (regina di Sicilia 1377), du.	27/7/1377 - 1381 († 25/5/1402)
Pietro [IV] d'Aragona, il Cerimoniere	
(re d'Aragona 1336), du.	1381 - 1385 († 5/1/1387)
Neri (Ranieri) I Acciaiuoli, f. di Jacopo	
(sig. di Corinto) la conquista, du.	1385 - nov. 1394
Antonio I, f. nat., du.	1394 - 1395
la rep. di Venezia la occupa	1395 - 1402
Antonio I di nuovo du.	1402 - 1435
Neri (Ranieri) II, cug., du.	1435 - dep. 1439
Antonio II, fr., du.	1439 - 1441
Neri II di nuovo du.	1441 - 1451
Chiara Giorgi ved. di Neri II	
còl marito Bartolomeo Contarini dal 1453, succ.	1451 - 1454
Francesco I, f., du.	1451 - 1454
Francesco II (Acciainoli), f. di Antonio II	dopo 1455 - 1458 († 1460)
Atene e Corinto[21] sono occupate dai turchi	
(vd. Grecia)	1458 - 1828

d) *Epiro*

Michele I Angelo-Comneno, f. nat. di Giovanni Angelo, despota d'Epiro, Etolia e Acarnanina (dal 20/6/1210 vassallo di Venezia)	1204 - 1214
Teodoro, fr. (imp. di Tessalonica 1222 - 1230) occupa Durazzo e Corfù, despota d'Epiro 1214, accecato e dep.	1230 († dopo 1254)
Manuele, fr. (imp. di Tessalonica 1230 - 1240), despota	1230 - 1237 dep. († 1240)
Michele II, nip. dal fr. di Manuele, despota	1240 - 1271
Niceforo I, f., succ., sotto la sovranità del re di Napoli	1271 - 1296
Tommaso, f., sotto tut. della madre Anna Paleologo Cantacuzeno, despota	1296 - 1318
Nicola Orsini (ct. di Cefalonia 1317 - 1320)[22], despota	1318 - 1323
Giovanni, fr. (ct. di Cefalonia e Zante 1332 - 1335), despota	1323 - 1335
Niceforo II, f. (ct. di Cefalonia 1335 - 1358), tut. Anna Paleologo sua madre, despota	1335 - 1339 dep.
la despotia d'Epiro viene unita all'Impero bizantino	1339 - 1356
Niceforo II di nuovo despota d'Epiro e di Tessaglia	1356 - 1358
Carlo Thopia capo albanese vince e uccide Niceforo II e occupa l'Epiro[23]	1358 - genn. 1388
annessione alla Grecia dell'Epiro del sud	1381
e dell'Epiro del nord (tratt. di Bucarest)	10/8/1913

e) *Tessalonica e Macedonia*

Bonifacio (march. di Monferrato 28/4/1192) re di Tessalonica e della Macedonia del sud [cede Creta alla rep. di Venezia 12/8/1204]	1204 - 1207
Demetrio I, f., re	1207 - 1222 dep. († 1227)
Teodoro Angelo-Comneno (despota d'Epiro 1214) imp.	1222 - 1230 († d. 1254)
Manuele, fr. (despota d'Epiro 1230), imp.	1230 - 1240 († 1241)
Giovanni I, f. di Teodoro, imp. poi despota dal 1242	1240 - 1244
Demetrio II, fr., despota	1244 - 1246 dep.
Tessalonica è conquistata dall'impero greco di Nicea	1246 - 1423
alla rep. di Venezia	v. dic. 1423 - 1/3/1430
presa dai turchi	mar. 1430
al regno di Grecia	1881
dichiarazione d'indip. della Macedonia ex jugoslava	15/9/1991
ammissione all'ONU della Macedonia ex jugoslava	8/4/1992

f) Trebisonda

Alessio I Comneno, nip. dal f. Emanuele dell'imp.
Andronico I, despota, poi assume tit. d'imp.	1204 - 1222
– Andronico I, gen.o di Alessio I	1222 - 1235
– Giovanni I, f. di Alessio I	1235 - 1238
– Manuele I, fr.	1238 - 1263
– Andronico II, f.	1263 - 1266
– Giorgio, fr.	1266 - 1280
– Giovanni II, fr., imp.	1280 - 1297
– Alessio II, f.	1297 - 1330
– Andronico III, f.	1330 - 1332
– Manuele II, f.	1332
– Basilio, fr.	1333 - 1340
– Irene ved. di Basilio	1340 - 1341
– Anna sor. di Basilio	1341 - 1342
– Giovanni III, nip. di Giovanni II	1342 - 1344 († 1361)
– Michele, padre di Giovanni III	1344 - 1349
– Alessio III († 1330), f. di Basilio, poi (1390) Manuele III, suo f.	1349 - 1390
– Manuele III, f.	1390 - 1417
– Alessio IV, f.	1417 - 1446
– Giovanni IV Calogiovanni, f.	1447 - † 1458
– Alessio V, f.	1458
– Davide, fr. di Giovanni IV [una sua sor. sp. il sultano Maometto II]	1458 - dep. 1462 († 1466)

i turchi pongono fine all'impero greco di Trebisonda
dopo un mese d'assedio
– Maometto II, il Grande, lo unisce ai suoi domini (vd. Turchia)	1462

Impero germanico/Germania

a) Germania

(vd. anche «tavole cronologico-sincrone», pp. 311-340)

re e imp.

Arnolfo, f. nat. di Carlomanno (du. di Carinzia 880, re di Baviera 887), re di Germania nov. 887, cor. a Roma dal papa, febb. 894, poi imp. rom. 22/2/896	nov. 887 - 8/12/899

Lodovico IV, il Fanciullo, f.,
regg. Attone arciv. di Magonza

(re di Lorena e Baviera 900), re   8/12/899 - 24/9/911
Corrado I di Franconia, nip. di Arnolfo
e f. di Corrado ct. di Langau (du. di Franconia 906),
re dei franchi orientali
(Germania)   8/11/911 (re di Baviera 914) - 23/12/918
Enrico I dei Ludolfingi, l'Uccellatore,
   f. di Ottone I di Sassonia (du. di Sassonia 912), re   9/4/919 - 2/7/936
Ottone I, il Grande, f.
   (du. di Sassonia 936, re d'Italia 961),
   succ. 8/8/936, imp. rom. cor.   2/2/962 - 7/5/973
Ottone II, il Rosso, f., re 26/5/961, imp.,
   collega del padre dal 25/12/967
   [sp. (972) Teofano († 991), f.a dell'imp.
   d'Oriente], solo imp. e re di Germania   7/5/973 - 7/12/983
Ottone III, f., regg. la madre, 24/12/983, imp.   21/5/996 - 23/1/1002
Enrico II, il Santo, pronipote di Enrico I
   (du. di Baviera 995), succ. 7/6/1002, imp.   14/2/1014 - 13/7/1024
Corrado II dei Waiblingen, il Salico,
   f. di Enrico di Franconia, succ. 8/9/1024
   (du. di Baviera e re d'Italia 1026), cor. imp.   26/3/1027 - 4/6/1039
Enrico III di Franconia, il Nero, f.
   (du. di Baviera 1027), re   4/6/1039, imp. rom. 1046 - 5/10/1056
Enrico IV, f. (du. di Baviera 1053),
   succ. sotto regg. 5/10/1056,
   imp. rom.   31/3/1084 - 31/12/1105 dep. (7/8/1106)
Rodolfo di Svevia, cogn.
   di Enrico IV, el. re dai ribelli   15/3/1077 - 16/10/1080
Ermanno, ct. di Lussemburgo
   (el. re dai ribelli), antiré   26/12/1081 - 1088 rin. († 28/9/1088)
Corrado, f. di Enrico IV di Franconia,
   ribelle al padre, el. re di Germania
   nel 1087 (cor. re d'Italia 1093)   nov. 1087 - 1100 dep. († 27/7/1101)
Enrico V di Franconia, f. di Enrico IV,
   el. re di Germania   6/1/1099 cor. re 6/1/1106,
         cor. imp. 13/4/1111 - 23/5/1125
Lotario II, f. di Gebardo di Supplinburg
   (du. di Sassonia 1106), re cor.   13/9/1125, imp. 4/6/1133 - 4/12/1137
Corrado III, fr. di Federico di Svevia
   (du. di Franconia 1112), re dei rom.   29/6/1128,
   re di Germania   7/3/1138 (du. di Baviera 1141) - 15/2/1152
Enrico, f., el. re dei rom.   30/3/1147 († fra giu. e ott. 1150)
Federico I, Barbarossa, nip.
   (f. di Federico d'Hoenstaufen),
   du. di Svevia 1147
   [sp. Beatrice di Borgogna]
   re di Germania e dei rom. 5/3/1152, imp.   18/6/1155 - 10/6/1190

Enrico VI, il Crudele, f., re 15/8/1169,
  succ. 10/6/1190 imp. rom.   15/4/1191 (re di Sicilia 1194) - 28/9/1197
Federico II, f., re dal giu. 1196, succ. 1197,
  sotto tut. della madre (re di Sicilia 1197)
  cor. re dei rom. 9/12/1212
  (du. di Svevia 1212),
  cor. imp.   22/11/1220 dep. 17/7/1245 († 13/12/1250)
Filippo di Svevia, f. di Federico I,
  regg. per Federico II, du. di Svevia 1196,
  re dei rom.   6/3/1198 - 21/6/1208
Ottone IV di Wittelsbach (du. di Brunswick 1180),
  f. di Enrico du. di Baviera,
  cor. re di Germania 12/7/1198,
  cor. imp. rom.   27/9/1209 - 10/5/1218
[Enrico, f. di Federico II, du. di Svevia 1216,
  re compet.   8/5/1222 - lug. 1235 dep. († 12/2/1242)]
[Enrico Raspe landgravio di Turingia 1242 antiré   22/5/1246 - 17/2/1247]
Corrado IV, f. di Federico II,
  regg. Manfredi di Svevia in Italia,
  re dei rom. febb. 1237 (re di Sicilia 1250),
  re di Germania   13/12/1250 - 21/5/1254
Guglielmo, ct. d'Olanda, f. di Fiorenzo IV
  (vd. Paesi Bassi), compet.,
  re dei rom.   29/9/1247, cor. 1/11/1248 - 28/1/1256
Riccardo di Cornovaglia, f. di Giovanni
  re d'Inghilterra, re dei rom., compet.   17/5/1257 - 2/4/1272
Alfonso re di Castiglia 1252 f. di Ferdinando III,
  re dei rom., compet.   1/4/1257, dep. 21/8/1273
                                  († 4/4/1284)

Rodolfo I, f. del ct. Alberto IV d'Absburgo,
  re di Germania 1/10, re dei rom.   28/10/1273 - 15/7/1291
Adolfo di Nassau, el. re dei rom. e di Germania
  5/5/1292, cor.   1/7/1292 - dep. 23/6/1298 - († 2/7/1298)
Alberto I d'Absburgo, f. di Rodolfo I,
  du. d'Austria e di Stiria 1282,
  re dei rom. 27/7/1298
    [sp. Elisabetta († 1313), f.a di Mainardo V
    di Gorizia], re lug., cor.   24/8/1298 - 1/5/1308
interregno   dal 1/5 al 27/11/1308
Arrigo VII, f. di Enrico III di Lussemburgo
  (ct. di Lussemburgo 1288), re di Germania
  27/11/1308, re dei rom. 6/1/1309, imp. rom., cor.   29/6/1312 - 24/8/1313
interregno di nuovo   dal 24/8/1313 - 25/11/1314
Lodovico IV, il Bavaro, f. di Lodovico II
  (du. di Baviera 1294), re dei rom. 25/11/1314,
  cor. re a Milano 31/5/1327, imp. rom.   17/1/1328 - 11/10/1347

[Federico III di Absburgo, il Bello,
  f. di Alberto I (du. d'Austria 1308),
  re dei rom., compet., cor. 25/11/1314,
  dep. 1322, coll. di Lodovico IV   1325 - 13/1/1330]
Carlo IV, ct. di Lussemburgo,
  f. di Giovanni re di Boemia, re 11/7/1346,
  succ. 11/10/1347, cor. a Milano 6/1/1355, imp. rom.   5/4/1355 - 29/11/1378
[Günther di Schwarzburg (linea di Blankenburg),
  compet., el. re dalla fazione bavarese
  contro Carlo IV   30/1 - rin. 26/5/1349 († 14/6/1349)]
Venceslao [du. di Lussemburgo e re di Boemia (IV)],
  f. di Carlo IV, re dei rom. 1/6/1376, re,
  succ.   29/11/1378, dep. 22/8/1400
                                   († 16/8/1419)

Roberto, f. di Roberto II del Palatinato
  (ct. palatino di Baviera 1398), re dei rom. 21/8/1400,
  re di Germania, cor.   6/1/1401 - 18/5/1410
[Jobst (Giodoco), f. di Giovanni Enrico di Lussemburgo
  (margravio di Moravia 1375
  e vic. in Italia per il re Venceslao),
  re dei rom., compet.   1/10/1410 - 17/1/1411]
Sigismondo di Lussemburgo, f. di Carlo IV
  (re d'Ungheria 1387, re dei rom. 20/9/1410,
  re di Boemia 1419), re di Germania 21/7/1411,
  cor. imp.   31/5/1433 - 9/12/1437
Alberto II di Absburgo, gen.o di Sigismondo
  (du. d'Austria 1404), re dei rom.   18/3/1438 - 27/10/1439
Federico III di Absburgo, f. del du. Ernesto di Stiria
  (du. d'Austria dal 1463), re dei rom. 6/4/1440,
  re di Germania 2/2/1440, imp.   15/3/1452 - 19/8/1493
Massimiliano I, f. (arciduca d'Austria 1493),
  el. re dei rom. 9/4/1486
  [sp. Bianca Maria, † 1510, f.a di
  Galeazzo Maria Sforza],
  imp. el. 10/2/1508, succ.   19/8/1493 - 12/1/1519
Carlo V d'Absburgo, nip.
  (re di Spagna e di Napoli 1516,
  arciduca d'Austria 1519)
  re dei rom. 28/6/1519,
  cor. imp. rom.   26/10/1520 - 23/8/1556 abd.
                                  († 21/9/1558)

Ferdinando I, f., re 5/1/1531, imp.   24/2/1556 - 25/7/1564
Massimiliano II, f., re 24/11/1562, imp.   25/7/1564 - 12/10/1576
Rodolfo II, f., el. re 27/10/1575, imp.   12/10/1576 - 20/1/1612
Mattia, fr. (arciduca d'Austria 1608),
  re 13/6/1612, cor. imp. rom.   14/6/1612 - 20/3/1619

Ferdinando II d'Absburgo, nip. di Massimiliano II,
f. di Carlo du. di Stiria, re e imp. rom.   28/8/1619 - 15/2/1637
Ferdinando III, f., el. re dei rom. 22/12/1636,
imp. e arciduca d'Austria   15/2/1637 - 2/4/1657
[Ferdinando IV, f., re dei rom.   24/5/1653 - 9/7/1654]
interregno   dal 2/4/1657 al 18/7/1658
Leopoldo I, f. di Ferdinando III (arciduca
d'Austria 1657), re e imp. dei rom.   18/7/1658 - 5/5/1705
Giuseppe I, f., re dei rom. 24/1/1690, imp.   5/5/1705 - 17/4/1711
Carlo VI, fr. (arciduca d'Austria), regg. la madre,
re e imp. 1711
[sp., 1708, Elisabetta Cristina di
Brunswick-Lüneburg, † 1750,
f.a di Luigi Rodolfo]   12/10/1711 - 20/10/1740
interregno   dal 20/10/1740 al 12/2/1742
Carlo VII Alberto, di Wittelsbach,
f. di Massimiliano II (elettore di Baviera,
1726), imp. 24/1, cor.   12/2/1742 - 20/1/1745
Francesco Stefano I di Lorena imp.   13/9/1745 - 18/8/1765
Giuseppe II, f., el. re 27/3/1764, imp.   18/8/1765 - 20/2/1790
Leopoldo II, fr. (arciduca d'Austria 1790,
granduca di Toscana 1765),
cor. imp. rom. 30/9/1790
[sp. Maria Luigia († 1792), f.a di Carlo III
di Spagna], re di Germania   30/9/1790 - 1/3/1792
Francesco II, f., cor. imp.   5/7/1792 - 6/8/1806 rin. († 21/3/1835)
interregno   dal 6/8/1806 al 18/1/1871
confederazione del Reno
(Baviera, Württemberg, Baden,
granducato di Berg, granducato d'Assia
Darmstadt e duc. di Nassau),
sotto la protezione di Napoleone I   12/7/1806 - 16-19/10/1813
confederazione di Germania di 39 stati
con la supremazia dell'Austria   9/6/1815 - 23/8/1866
confederazione della Germania del nord   ag. 1866 - genn. 1871
Guglielmo I Hohenzollern,
f. di Federico Guglielmo III di Prussia
[sp., 1829, Augusta di Sassonia Weimar],
re di Prussia 1861, imp. di Germania   18/1/1871 - 9/3/1888
Federico, f., re di Prussia, imp. di Germania   9/3/1888 - 15/6/1888
Guglielmo II, f.
[sp. Augusta Vittoria di Schleswig-Holstein],
imp. 15/6/1888 - abd. e si ritira in Olanda   9/11/1918
rep. federativa dei territori dei 17 paesi tedeschi
(Reich) 9/11/1918 (unitaria, secondo la costituzione
approvata a Weimar 10/8/1919)

– pres. Friedrich Ebert el.	11/2/1919 - 28/2/1925
pres. Paul von Beneckendorff	
und von Hindenburg el.	12/5/1925 - 2/8/1934
Adolf Hitler cancelliere	30/1/1933 - 2/8/1933
ottiene pieni poteri	23/3/1933
Hitler «Führer»	2/8/1933 - 30/4/1945 suicida
inizio della II guerra mondiale	1/9/1939
Karl Dönitz «Führer»	30/4/1945 - 23/5/1945 imprig.
resa incondizionata della Germania a Reims	7/5/1945
divisione della Germania in quattro zone d'occupazione	5/6/1945 - ag. 1948
divisione della Germania in occidentale e orientale	ag. 1948
(vd. pp. 584)	

c) *Baviera*

du., poi re dal 788, du. dal 911, elettori dal 1623, re dal 1806

du. della casa degli Agilulfingi	
sotto la sovranità dei re franchi e d'Austrasia:	
Garibaldo I, 555 c. - † 590; Tassilone I, 592 - ...;	
Garibaldo II, f. 612 - ...; indip.: Teodone I, 690 c. - † 717;	
Teodeberto, ... - † 724; Grimoaldo, fr. ... - 728;	
Teodebaldo, fr; ... - † 713 (?); Tassilone II, fr., ...;	
Ugberto, f. di Teodeberto, 725 - † 737;	
Odilone, f. di Tassilone II, 737 - † 748;	
Tassilone III, f. 749 - dep. 788 e Teodone II, f. 777	
- dep. da Carlo Magno 788	690 c. - 788
Carlo Magno vinto Tassilone III	
unisce il soppresso duc. di Baviera al regno dei franchi	
ponendovi al gov. Geraldo, suo luogot., re	788 - 814
Lotario, f. di Ludovico il Pio, govern.	814 - 817 († 855)
Ludovico II, il Germanico, fr.,	
ottiene la Baviera e le marche orientali	
e ne affida il gov. al f. Carlomanno, el. re	817 - 28/8/876
Carlomanno (II), f. (re d'Italia ott. 877), re	ag. 876 - 22/9/880
Ludovico III, fr. [sp. Liutgarda di Sassonia], re	22/9/880 - 20/1/882
Carlo, il Grosso, fr. (imp. rom. 881,	
re di Francia 884), re	20/1/882 - dep. 11/11/887 († 13/1/888)
Arnolfo I, f. nat. di Carlomanno	
(du. di Carinzia 880, re di Germania 887,	
imp. rom. 22/2/896), re	nov. 887 - 8/12/899
Ludovico IV, il Fanciullo, f. (imp. e re di Germania),	
succ. sotto regg. dell'arciv. Attone di Magonza	
(vd. Germania e Lorena), re	8/12/899 - 24/9/911
Arnolfo II, il Malvagio (f. di Luitpold di Scheyern,	

ct. di Baviera, † 907), el. du.   911 - 914 dep.
Corrado I di Franconia (re di Germania 911) du.   914 - 23/12/918
Arnolfo II di nuovo du.   919 - 12/6/937
Eberardo, f., du.   14/7/937 - dep. da Ottone I imp. 939 († v. 966)
Bertoldo, fr. di Arnolfo I, du.   938 - 947
Enrico I di Sassonia, f. di Enrico I di Sassonia imp.
  e re di Germania (du. di Lorena 940,
  margravio di Verona e Treviso 952), du.   947 - 1/11/955
Enrico II, il Pacifico, f.,
  tut. la madre Giuditta di Arnolfo II fino al 974
  (si ribella a Ottone II 975 e perde il duc.), du.   1/11/955 - 976 dep.
Ottone I di Sassonia, nip. di Ottone I imp., du.   976 - 982
Enrico III, il Giovane, f. di Bertoldo
  (du. di Carinzia 976), du.   982 - 985 dep. († 996)
Enrico II, di nuovo [sp. Gisela di Borgogna
  (f.a del re Corrado), † 1007]   985 - 28/8/995
Enrico IV di Sassonia, il Santo,
  f. (imp. e re di Germania 1002), du.   28/8/995 - 1004 rin.
Enrico V di Lussemburgo, nip., du.   1004 - 1009 dep.
Enrico IV di nuovo (imp. 1014)   1009 - 1018 († 13/7/1024)
Enrico V di nuovo   1018 - 1026
Corrado II di Franconia
  (imp. e re di Germania 1024) du.   1026 - 1027 († 4/6/1039)
Enrico VI, il Nero, f.
  (du. di Svevia 1038 e di Carinzia 1039
  re di Germania e d'Italia 1039, imp. 1046), du.   1027 - 1042
Enrico VII di Lussemburgo, nip. di Enrico III imp., du.   1042 - 1047
Enrico VI di nuovo (imp. rom. 25/12/1046)
  [sp., 1043, Agnese di Poitou] du.   1047 - 1049 († 5/10/1056)
Corrado III di Zütphen du.   1049 - dep. 1053 († 1054)
Enrico VIII di Franconia, f. di Enrico III imp.,
  da esso nom. du. di Baviera   1053 - dep. 1054
Corrado IV (II) fr., du.,
  sotto regg. di Agnese sua madre   1054 - 1055 († 1061)
Agnese di Poitou (Aquitania) imp.,
  f.a di Guglielmo V di Guienna, ved. di Enrico
  III imp., poi abd. in favore di Ottone II   1055 - abd. 1061 († 14/12/1077)
Ottone II di Nordheim sassone
  nom. du. dall'imp. Agnese   1061 - dep. 1070 († 11/1/1083)
Guelfo I, f. di Alberto-Azzo II, sig. d'Este   1070 - dep. 1077
Enrico VIII di nuovo   1077 - 1096 († 7/8/1106)
Guelfo I di nuovo [sp. Etelina di Nordheim]   1096 - 1101
Guelfo II, f. [sp. la ct. Matilde di Canossa nel 1089,
  divisi 1095], du.   1101 - 1120
Enrico IX, il Nero, fr., du. [sp. Vulfilda del du. Magno
  di Sassonia, erede del Lüneburg]   1120 - 13/12/1126

Enrico X, il Superbo, f.
(du. di Sassonia dal 1137), du.   dic. 1126 - dep. 1138 († 20/10/1139)
Leopoldo d'Austria, il Liberale (march. d'Austria 1136)   1138 - 1141
Corrado V d'Hohenstaufen
(imp. e re di Germania 1138) du.   1141 - 1143 († 15/2/1152)
Enrico XI d'Austria, fr. di Leopoldo
(margravio, poi du. d'Austria 1156),
du.   1143 - dep. 1156 († 13/1/1177)
Enrico XII Guelfo, il Leone
(du. di Sassonia 1142),
du. di Baviera   17/9/1156 - dep. 13/1/1180 († 6/8/1195)
Ottone I di Wittelsbach, il Grande,
f. di Ottone V,
ct. palatino di Baviera, du.   16/9/1180 - 11/7/1183
Lodovico I, f. (sotto tut. di Corrado di Wittelsbach
suo zio) [sp. Ludmilla di Boemia
ved. del ct. Alberto von Bogen], du.   11/7/1183 - 15/9/1231
Ottone II, l'Illustre, f. (ct. palatino del Reno 1227),
succ.   15/11/1231 - 29/11/1253
Lodovico II, il Severo († 2/2/1274),
ed Enrico XIII († 1290), f. di Ottone II,
governano in comune
poi si accordano per la divisione del duc.   29/11/1253 - 28/3/1255
il duc. viene diviso in Alta e Bassa Baviera,
la prima tocca a Lodovico II assieme al Palatinato,
la seconda a Enrico XIII del Reno   28/3/1255

Alta Baviera
(Monaco, Ratisbona, Amberg e il Palatinato del Reno)

Lodovico II, il Severo, du.   28/3/1255 - 1/1/1294
Rodolfo I, il Balbo, f., succ. col fr. Lodovico IV   1/1/1294 - 1317 († 1319)
Lodovico IV, il Bavaro, fr. (imp. di Germania 1328),
assoc. sotto regg.   1/1/1294 - 11/10/1347
Lodovico V, il Vecchio, f., succ.   ott. 1347 - abd. 1351 († 18/9/1361)
Guglielmo I, fr., du.   11/10/1347 - 1349 († 1388)
Stefano II, l'Affibbiato, fr., assoc. du.   11/10/1347 - 1349
Alberto I, fr., du.   ott. 1347 - 1349 († ott. 1404)
Lodovico VI, il Giovane, fr., assoc.   ott. 1347 - 1351 († 17/5/1365)
Ottone V, il Neghittoso, fr., assoc.   ott. 1347 - 1351
Mainardo, f. di Lodovico V, du.   1351 - 1363
Stefano II, l'Affibbiato (di nuovo), du.   1363 - 19/5/1375
Ottone V, il Neghittoso (di nuovo), du.   mag. 1375 - 1379
Stefano III, Federico e Giovanni II, il Pacifico,
f. di Stefano II, governano in comune   19/5/1375 - 1392
si dividono l'Alta Baviera nel 1392,

formando i rami di Ingolstadt,
di Landshut e di Monaco (vd. *infra*)

Bassa Baviera
(Landshut, Braunau, Schaerding, Vilshofen, Straubing, Cham)

Enrico I [XIII] du.	28/3/1255 - 1290
Ottone III, f. (re d'Ungheria 1305-8), du.	1290 - 9/9/1312
Lodovico III, fr., du.	genn. 1294 - 1296
Stefano I, fr., du.	genn. 1294 - 1310
Enrico II, f., du.	1310 - 1339
Ottone IV, fr., du.	1310 - 1334
Enrico III, f. di Ottone III, succ.	9/9/1312 - 1333
Lodovico V, il Vecchio, f. Lodovico IV, il Bavaro, du. dell'Alta e Bassa Baviera	1347 - 1349 († ott. 1361)
Stefano II, l'Affibbiato, f., assoc.	1347 - 19/5/1375
Guglielmo I, fr.	1347 - 1358
Lodovico VI, il Giovane, fr.	1347 - 1349
Alberto I, fr.	1347 - 1404
Ottone V, il Neghittoso, fr., assoc.	1347 - 1349 († 1379)
Guglielmo II, f. di Alberto I, succ.	1404 - 1417
Giovanni III, fr. (vesc. di Liegi), du.	1417 - 1425

la Bassa Baviera viene divisa fra i rami di Ingolstadt,
di Landshut e di Monaco nel 1425

ramo di Ingolstadt

Stefano III, f. di Stefano II, du.	1392 - 1413
Lodovico VII, il Barbuto, f., du.	1413 - 1443 († 1447)
Lodovico VIII, il Gobbo, f., du.	1443 - 1445

Ingolstadt è unita a Landshut nel 1445

ramo di Landshut

Federico, f. di Stefano II, du.	1392 - 30/7/1393
Enrico IV, il Ricco, f., du.	1393 - 1450
Lodovico IX, il Ricco, f., du.	30/7/1450 - 18/1/1479
Giorgio, f., du.	1479 - 1503

Landshut è unita a Monaco nel 1503

ramo di Monaco

Giovanni II, il Pacifico, f. di Stefano II, du.	1392 - 8/8/1397
Ernesto, f., du.	8/8/1397 - 1/7/1438
Guglielmo III, fr., du.	8/8/1397 - 1435
Adolfo, f., du.	1435 - 1439 († 1440)

Alberto II, il Pio, f. di Ernesto, du.	1/7/1438 - 1/3/1460
Giovanni IV, f., du.	1/3/1460 - 1463
Sigismondo, fr., du.	1/3/1460 - abd. 1465 († 1501)
Alberto III, il Saggio, fr.	
(riunisce tutto il duc. nel 1503), du.	1465 - 18/3/1508
Guglielmo IV, il Costante, f., du.	18/3/1508 - 6/3/1550
Lodovico X, fr., du.	1516 - 1545
Alberto IV, il Magnanimo, f. di Guglielmo IV, du.	1550 - 24/10/1579
Guglielmo V, il Religioso, f., du.	1579 - 1598 abd.
	(† 7/2/1626)
Massimiliano I, f., du. 1598, elettore dal	25/2/1623 - 27/9/1651
Ferdinando, f., sotto tut. di Alberto suo zio	27/10/1651 - 26/5/1679
Massimiliano II, f.	
(gov. poi princ. dei Paesi Bassi 1692), elettore	26/5/1679 - 1706 dep.
occup. imper.	29/4/1706 - 6/3/1714
Massimiliano II di nuovo elettore	6/3/1714 - 26/2/1726
Carlo Alberto, f. (imp. di Germania 1742)	26/2/1726 - 20/1/1745
Massimiliano III Giuseppe, f.	20/1/1745 - 30/12/1777
Carlo Teodoro di Wittelsbach	
ct. palatino di Sultzbach (1733) elettore	1777 - 16/2/1799
Massimiliano I [IV] di Wittelsbach ramo	
Zweibrücken elettore	16/2/1799 (re di Baviera 1/1/1806) -
	13/10/1825
Luigi I, f., re [sp. Teresa di Sassonia	
Hildburghausen, † 1827]	13/10/1825 - 20/3/1848 abd.
	(† 29/2/1868)
Massimiliano II, f., re	20/3/1848 - 10/3/1864
Luigi II, f.	
(dichiarato inetto a regnare)	10/3/1864 - 10/6/1886 dep.
	(† 13/6/1886)
Ottone, fr. (demente),	
regg. Luitpoldo suo zio, re	13/6/1886 - nov. 1913 dep.
Luigi III, zio	
(già reggente per il nip.	
dal 1912), cor. re	5/11/1913 - 7/11/1918 dep.
(† 26/10/1921)	
a Monaco è proclamata la decadenza della casa	
Wittelsbach e costituita la Rep. bavarese	7/11/1918 - ag. 1919
unione alla rep. unitaria di Germania	
(vd. Germania)	ag. 1919

c) *Brandeburgo*

margravi della Marca settentrionale, poi di Brandeburgo dal 1136,
    elettori dal 1356, re di Prussia dal 1701

Sigfrido di Merseburg
  margravio della Marca settentrionale (Sassonia)   936 - 938
Gerone ct. di Stade (margravio di Lusazia 938)
  margravio   938 - 20/5/965
Teodorico (Dietrich) ct. di Haldensleben   965 - 983 dep. († 985)
Lotario, ct. di Waldeck margravio   983 - 25/1/1003
Werner, f., margravio   genn. 1003 - dep. 1010 († 1014)
Bernardo I di Haldensleben, f. di Teodorico, margravio   1010 - † dopo 1018
  Bernardo II, f., margravio   1036 - dopo 1044
Guglielmo, f., margravio   fra il 1046 e 1051 - 1056
Ludgero Udone I (ct. di Stade) margravio   1056 - 1057
Udone II, f. margravio   1057 - 4/5/1082
Enrico I, il Lungo, f., margravio   4/5/1082 - 1087
Ludgero Udone III, fr., margravio   1087 - 2/6/1106
Enrico II, f., e Rodolfo suo zio fino al 1124 margravio   1106 - 1128
Udone IV, f. di Rodolfo margravio   1128 - 13/3/1130
Corrado di Ploetzkau margravio   1130 - 1133
Alberto I, l'Orso, della casa d'Ascania
  (march. di Lusazia 1124, du. di Sassonia 1138),
  1134 ottiene da Lotario III la Nordmark,
  margravio 1143, succ.   1134 - 18/11/1170
Ottone I, f., margravio   18/11/1170 - 8/7/1184
Ottone II, f., margravio   1184 - 1205
Alberto II, fr., margravio   1205 - 1220
Giovanni I di Stendal, f., sotto regg. della madre,
  col fr. Ottone III, margravio   1220 - 4/4/1266
Ottone III di Saltzwedel, col fr. Giovanni I, margravio   1220 - 3/10/1267
Giovanni II, f., margravio   1266 - 1281
Ottone IV «con la freccia»,
  f. di Giovanni I di Stendal   19/4/1267 - 27/11/1309
Corrado II, fr., margravio   1267 - 1304
Giovanni III, f. di Ottone III di Saltzwedel   ott. 1267 - 20/4/1268
Ottone V, il Lungo, fr., margravio   ott. 1267 - 1299
Alberto III, fr., margravio   v. 1268 - 1300
Ottone VI, fr., margravio   1280 - 1286 († 1303)
Giovanni V, f. di Corrado II di Stendal, margravio   1286 - 1305
Ottone VII, fr., margravio   1291 - 1297 († 1318)
Valdemaro, il Grande, nip., margravio   1308 - 14/8/1319
Ermanno, il Lungo, f. di Ottone V di Saltzwedel   1295 - v. 1308
Giovanni VI, l'Illustre, fr., margravio   24/10/1308 - nov. 1318
Enrico III, il Giovane, nip. di Corrado II,
  succ. a Valdemaro   fra giu. e sett. 1319 - sett. 1320
Luigi V, il Vecchio, di Wittelsbach (Baviera),
  f. di Lodovico IV imp. e re di Germania
  (du. di Baviera 1347), succ.   24/6/1324 - 24/12/1351 rin.
                               († ott. 1361)

Luigi VI, il Romano, fr. (du. di Baviera 1347),
 elettore dal 1356, margravio   1347 - 1356
Ottone V, il Neghittoso, fr. (du. di Baviera 1347),
 lo vende a Carlo IV re di Germania,
 elettore   1347 - 23/8/1373 abd. († 15/11/1379)
Venceslao di Lussemburgo,
 f. dell'imp. re di Germania Carlo IV
 (re di Boemia e Germania 1378,
 du. di Lussemburgo 1383),
 elettore, sotto la regg. del padre   1373 - 11/6/1378 rin. († 1419)
Sigismondo, fr.
 (re d'Ungheria 1387, di Germania 1410,
 di Boemia 1419), elettore   11/6/1378 - 1388 rin.
Jobst, il Barbuto
 (march. di Moravia 1375, re dei rom. 1410),
 nip. dell'imp. Carlo IV, elettore   1388 - 18/1/1411
Sigismondo di nuovo   8/1/1411 - 30/4/1415 rin. († 9/12/1437)
Federico I d'Hohenzollern
 (burgravio di Norimberga 1397)
 el. margravio   30/4/1415 - 21/9/1440
Federico II, Dente di ferro, f.   sett. 1440 - abd. genn. 1471 († 10/2/1471)
Alberto, l'Achille, fr. (unisce tutti i possedimenti
 degli Hohenzollern), elettore   1471- 11/3/1486
Giovanni, il Cicerone, f., elettore 1487   11/3/1486 - genn. 1499
Gioacchino I, il Nestore, f., elettore   9/1/1499 - 11/7/1535
Gioacchino II, l'Ettore, f., elettore 1534   11/7/1535 - 3/1/1571
Giovanni-Giorgio, f. (vesc. di Brandenburgo 1560),
 elettore, succ.   3/1/1571 - 8/1/1598
Gioacchino-Federico, f. (vesc. di Brandenburgo 1571),
 elettore, succ.   8/1/1598 - 18/7/1608
Giovanni-Sigismondo, f., elettore, eredita (1618)
 il duc. di Prussia [sp. Anna di Prussia, † 1625,
 f. Alberto], elettore   18/7/1608 - 23/12/1619
Giorgio-Guglielmo, f., elettore   23/12/1619 - 1/12/1640
Federico-Guglielmo, f., elettore   1/12/1640 - 29/4/1688
Federico III [I], f., elettore 29/4/1688,
 I re di Prussia, cor.   18/1/1701 - 25/2/1713
Federico-Guglielmo I, f., re   25/2/1713 - 31/5/1740
Federico II, il Grande,
 f. (conquista la Slesia 1741), re   31/5/1740 - 17/8/1786
Federico-Guglielmo II, nip., re   17/8/1786 - 16/11/1797
Federico-Guglielmo III, f.
 [sp. Luigia di Meklemburgo Strelitz, † 1810], re   16/11/1797 - 7/6/1840
Federico-Guglielmo IV, f. (sotto regg. 1858), re   7/6/1840 - 2/1/1861
Guglielmo I, fr. (regg. per il fr. dal 9/10/1858),
 re di Prussia   2/1/1861 (imp. di Germania 18/1/1871) - 9/3/1888

Federico III, f. (imp. di Germania), re   9/3/1888 - 15/6/1888
Guglielmo II, f. (imp. di Germania), re   15/6/1888 - 9/11/1918 dep.

d) Repubblica democratica tedesca (RDT)

nascita della Repubblica democratica tedesca	7/10/1949
Wilhelm Pieck pres. rep.	11/10/1949 - 7/9/1960 †
Otto Grotewohl pres. consiglio	11/10/1949 - 21/9/1964
Walter Ulbricht pres. consiglio di stato[24]	12/9/1960 - 1/8/1973
Willy Stoph pres. consiglio	24/9/1964 - 3/10/1973
Erich Honecker segretario del partito	3/5/1971 - 18/10/1989
Willy Stoph pres. consiglio di stato[24]	3/10/1973 - 29/10/1976
Horst Sindermann pres. consiglio	3/10/1973 - 29/10/1976
Erich Honecker pres. rep.	29/10/1976 - 18/10/1989
Willy Stoph pres. consiglio	29/10/1976 - 7/11/1989
Egon Krenz pres. rep.	18/10/1989 - 6/12/1989
Hans Modrow pres. consiglio	7/11/1989 - 12/4/1990
caduta del «muro di Berlino»	9/11/1989
Lothar de Maizière pres. consiglio	12/4/1990 - 3/10/1990
unione monetaria con la Repubblica federale tedesca	1/7/1990
riunificazione tedesca, la RDT si estingue	3/10/1990

e) Repubblica federale tedesca (RFT)

Konrad Adenauer cancelliere	14/9/1949 - 11/10/1963
nascita della Repubblica federale di Germania	21/9/1949
Theodor Heuss pres. rep.	21/9/1949 - 15/9/1959
Heinrich Lübke pres. rep.	15/9/1959 - 30/6/1969
Ludwig Ehrard cancelliere	16/10/1963 - 30/11/1966
Kurt G. Kiesinger cancelliere	1/12/1966 - 22/10/1969
Gustav Heinemann pres. rep.	1/7/1969 - 30/6/1974
Willy Brandt cancelliere	22/10/1969 - 6/5/1974
Helmut Schmidt cancelliere	16/5/1974 - 1/10/1982
Walter Scheel pres. rep.	1/7/1974 - 23/5/1979
Karl Carstems pres. rep.	23/5/1979 - 23/5/1984
Helmut Kohl cancelliere	1/10/1982 - 27/9/1998
Richard von Weizsäcker pres. rep.	1/7/1984 - 1/71994
unione monetaria con la DDR	1/7/1990
tratt. di Mosca per la riunificazione tedesca	12/9/1990
riunificazione tedesca	3/10/1990
Berlino dichiarata cap. della Germania	20/6/1991
Roman Herzog pres. rep.	1/7/1994 -
Gerhard Schröder cancelliere	27/9/1998 -

la presidenza federale si trasferisce a Berlino	11/1/1994
ammissione nell'EURO	30/4/1998

f) *Sassonia*

du., poi elettori dal 1356, re dal 1806

casa dei Ludolfingi

Ludolfo, forse nip. di Witikindo († 807), du. della Sassonia orientale, investito da Ludovico il Germanico	850 - 866
Bruno, f.	866 - 2/2/880
Ottone I, l'Illustre, fr. (du. di Turingia 908)	2/2/880 - 13/11/912
Enrico I, il Sassone, f. (du. di Turingia 912, re dei franchi orientali [Germania] 919), du.	13/11/912 - 2/7/936
Ottone II, f. (re di Germania e du. di Turingia 936, re d'Italia 961, imp. 962), du.	lug. 936 - rin. 961 († 7/5/973)
Ermanno, della casa dei Billung, suo parente, du.	961 - 1/4/973
Bernardo I, f., du.	1/4/973 - 1011
Bernardo II, f., du.	1011 - 1059
Ordolfo, f., du.	1059 - 1071
Magno, f., du.	1071 - 28/8/1106
Lotario, f. di Gebardo di Supplinburg (re di Germania 1125, imp. 1133), du.	1106 - 4/12/1137
Enrico I, il Superbo, f. di Enrico, il Nero, della casa dei Guelfi (du. di Baviera 1126, march. di Toscana 1133), du.	4/12/1137 - dep. 1138 († 20/10/1139)
Corrado III di Svevia la toglie a Enrico I e la dà ad Alberto di Brandeburgo, casa d'Ascania	1138
Alberto, l'Orso, della casa d'Ascania, gen.o di Magno (margravio di Brandeburgo 1134), du.	1138 - 1142 († 18/11/1170)
Enrico II, il Leone, f. di Enrico I, casa dei Guelfi (du. di Baviera 1156), du.	1142 - dep. dall'imp. 1178 († 6/8/1195)
Bernardo III (sig. di Anhalt 1170), f. di Alberto, l'Orso, solo Wittemberg e Lauenburg, du.	1178 - 1212
Alberto I, f., il territ. è diviso tra i fr. Giovanni e Alberto II nei due rami d'Anhalt e Sassonia e questa in Sassonia-Wittemberg, du.	1212 - 1260
Alberto II, f., du. di Sassonia-Wittemberg	1260 - 25/8/1298
Rodolfo I, f., du.	25/8/1298 - 1356
Rodolfo II, f., princ. elettore, du.	1356 - 6/12/1370
Wenceslao, fr., princ. elettore, du.	6/12/1370 - 1388
Rodolfo III, f., princ. elettore, du.	1388 - 1419

Alberto III, fr., princ. elettore, du.   1419 - 1422
Federico I di Misnia, il Bellicoso, della casa di Wettin,
   gen.o di Wenceslao (margravio di Misnia 1407),
   succ. al ramo di Sassonia-Wittemberg   6/6/1423 - 4/1/1428
Federico II, il Mansueto, f.
   (margravio di Misnia 1428, lotta con gli hussiti),
   elettore   4/1/1428 - 7/9/1464
Ernesto, f., stipite della linea ernestina che ha l'elettorato,
   parte della Turingia, Vogtland e Coburgo,
   elettore   7/9/1464 - 26/8/1486
Alberto IV, il Coraggioso, fr. (margravio di Misnia 1464),
   du., stipite della linea albertina,
   ha la Misnia e il resto della Turingia   7/9/1464 - 1485 († 12/9/1500)
Federico III, il Saggio, f. di Ernesto, elettore   26/8/1486 - 5/5/1525
Giovanni, il Costante, fr., elettore   5/5/1525 - 16/8/1532
Giovanni-Federico, il Magnanimo, f.
   [sp. Sibilla di Clève], elettore   16/8/1532 - dep. 24/4/1547
                                                                               († 3/3/1554)

Maurizio, nip. di Alberto IV e f. di Enrico, il Pio,
   margravio di Misnia, elettore di Sassonia   4/6/1547 - 11/7/1553
Augusto, il Pio, fr. (acquista il Voigtland 1569)   11/7/1553 - 11/2/1586
Cristiano I, f., elettore   11/2/1586 - 25/9/1591
Cristiano II, f., elettore   25/9/1591 - 23/6/1611
Giovanni-Giorgio I, fr., elettore   23/6/1611 - 8/10/1656
Giovanni-Giorgio II, f., elettore   8/10/1656 - 22/8/1680
Giovanni-Giorgio III, f.   22/8/1680 - 22/9/1691
Giovanni-Giorgio IV, f., elettore   22/9/1691 - 27/4/1694
Federico-Augusto I, il Forte, fr. (re di Polonia 1697)
   [sp., 1693, Cristina Eberard di Brandeburgo-Bayreuth
   († 1727)], elettore   27/4/1694 - 1/2/1733
Federico-Augusto II, f. (re di Polonia 1733, cor. 1734)
   [sp. Maria Josepha d'Austria], elettore   1/2/1733 - 5/10/1763
Federico-Cristiano Leopoldo, f., elettore   5/10/1763 - 17/12/1763
Federico-Augusto III, il Giusto,
   f. di Federico Augusto II,
   tut. Francesco Saverio suo zio, elettore   17/12/1763 - 11/12/1806
Federico-Augusto III creato re da Napoleone I
   con titolo di Federico-Augusto I[25]   11/12/1806 - prigioniero ott. 1813
il reame è amministrato dalla Russia
   poi dalla Prussia   ott. 1813 - genn. 1815
Federico-Augusto I (già III) rist. sul trono
   perde gran parte del suo territ., re   genn. 1815 - 5/5/1827
Antonio-Clemente, fr.,
   si associa il nip. Federico-Augusto dal 1839, re   mag. 1827 - 6/6/1836
Federico-Augusto II, nip. (f. del du. Massimiliano)
   [sp. Carolina d'Austria, † 1832], assoc. dal 1830,

re	6/6/1836 - 9/8/1854
Giovanni, fr., re	
[sp. (1822) Amalia Augusta di Baviera]	9/8/1854 - 29/10/1873
Alberto-Federico-Augusto, f.	
[sp., 1853, Carolina d'Holstein-Gottorp-Wasa], re	29/10/1873 - 19/6/1902
Giorgio, fr. [sp. Maria Anna, infanta del Portogallo,	
† 1884, f.a del re Ferdinando], re	19/6/1902 - 15/10/1904
Federico-Augusto III, f.	
[sp. Luisa Maria Antonia,	
arciduchessa d'Austria-Toscana], re	15/10/1904 - rin. 13/11/1918
è unita alla Rep. federativa	
germanica nell'agosto 1919 (vd. Germania)	

g) *Württemberg*

ct., poi du. dal 1495, re dal 1806

Corrado I di Beutelsbach, ct.	v. 1083 - 1105
Corrado II, nip., ct.	1110 - 1122
Luigi I, f., ct.	1134 - 1158
Luigi II, f., ct.	1166 - 1181
Luigi III, f., ct.	1201 - 1228
Eberardo I, f., ct.	1236 - 1241
Ulrico I, dal Pollice, fr., ct.	1241 - 20/2/1265
Ulrico II, f., col fr. Eberardo, ct.	1265 - 1279
Eberardo II, fr., l'Illustre,	
col fr. Ulrico II fino al 1279, ct.	1279 - 5/6/1325
Ulrico III, f., ct. [Lega delle città sveve 1331]	5/6/1325 - 11/7/1344
Eberardo III, il Contendente, f., ct.	
(col fr. Ulrico IV fino al 1363)	
[a Stuttgart dal 1320]	11/7/1344 - 15/3/1392
Ulrico IV, fr., ct.	11/7/1344 - 1366
Eberardo IV, il Pacifico, nip. dal f. Ulrico	
del ct. Eberardo III	
[sp. (1380) Antonia di Bernabò Visconti], ct.	1392 - 16/5/1417
Eberardo V, il Giovane, f., ct.	16/5/1417 - 2/7/1419
Luigi I, f., a Urach dal 1442, ct.,	
divide col fr. Ulrico V gli stati il 23/1/1442	1419 - 23/9/1450
Ulrico V, il Beneamato, f. di Eberardo IV,	
a Stuttgart dal 1442, ct. col fr. Luigi dal 1419,	
dal 1450 col nip. Eberardo V	1433 - 1480
Luigi II, f. di Luigi I, a Urach	1450 - 1457
Eberardo I, il Barbuto, fr., sotto tut. di Ulrico V suo zio,	
fino al 1459 (ct. d'Urach 1475-95),	
du. del Württemberg 21/7/1495	

[sp. Barbara f.a di Luigi III Gonzaga, † 1503]	1457 - 24/2/1496
Eberardo II, il Giovane, f. di Ulrico V, du. 25/2/1496 - dep. 1498 († 1504)	
Ulrico I, nip. di Ulrico V, sotto regg.,	
du. 1498-1503, solo	1503 - 1519 dep.
interregno (all'Austria)	1519 - 19/6/1534
Ulrico I di nuovo du.	19/6/1534 - 6/11/1550
Cristoforo, il Pacifico, f., du.	6/11/1550 - 28/9/1568
Luigi III, f., du.	28/9/1568 - 28/8/1593
Federico I, fr., du.	28/8/1593 - 29/1/1608
Giovanni Federico di Stuttgart, il Pacifico, f., succ.	29/1/1608 - 18/7/1628
Eberardo III, f., sotto tut. di Luigi Federico,	
ct. di Montbéliard, poi (1631-32)	
di Giulio Federico fr., du.	18/7/1628 - 12/7/1674
Guglielmo-Luigi, f., du.	12/7/1674 - 23/6/1677
Eberardo-Luigi, f., regg. Federico Carlo suo zio	
fino al 1693, succ.	23/6/1677 - 31/10/1733
Carlo-Alessandro, nip. di Eberardo III	31/10/1733 - 12/3/1737
Carlo Eugenio, f., sotto tut. della madre e di Carlo Rodolfo,	
du. di Württemberg-Neustadt, poi di Carlo Federico di	
Württ-Oels fino al 1744 [sp. Federica di Bayreuth,	
nip. di Federico il Grande]	12/3/1737 - 24/10/1793
Luigi Eugenio, fr., du.	24/10/1793 - 20/5/1795
Federico Eugenio, fr., du.	20/5/1795 - 23/12/1797
Federico II [I], f., du. dal 1797, elettore dal 27/4/1803,	
re dal 1/1/1806 [sp. Augusta Carolina	
di Brunswick-Wolfenbüttel], succ.	23/12/1797 - 30/10/1816
Guglielmo I, f., re	30/10/1816 - 25/6/1864
Carlo I, f., re	25/6/1864 - 6/10/1891
Guglielmo Carlo II, f. del princ. Federico	
e nip. di Guglielmo I	
[sp., 1886, Carlotta di Schaunburg-Lippe], re 6/10/1891 - dep. 9/11/1918	
	(† 3/10/1921)
unione alla rep. unitaria di Germania	ag. 1919

Irlanda (Eire)

procl. della rep. indip.	gen. 1919
Eamon De Valera pres. provv. della rep.	gen. 1919 - 8/1/1922
dominio dell'Impero britannico	6/12/1921 - 29/12/1937
Arthur Griffith pres. del consiglio esecutivo	10/1/1922 - 12/8/1922 †
W.T. Cosgrave pres. del consiglio esecutivo	22/8/1922 - feb. 1932
Eamon De Valera pres. del consiglio esecutivo	feb. 1932 - 29/12/1937
rep. indip. nell'ambito del Commonwealth	29/12/1937 - 18/4/1949
D. Hyde pres. rep.	4/5/1938 - 25/6/1945
S.T. O'Kelly pres. rep.	25/6/1945 - 18/4/1949

rep. indip.	18/4/1949
S.T. O'Kelly pres. rep.	18/4/1949 - 17/6/1959
Eamon De Valera pres. rep.	17/6/1959 - 25/6/1973
ammissione alla CEE	1/1/1973
E. Childers pres. rep.	25/6/1973 - 17/11/1974
C. O'Dalaigh pres. rep.	19/12/1974 - 22/10/1976
Patrick Hillery pres. rep.	9/11/1976 - 7/11/1990
Mary Robinson pres. rep.	7/11/1990 -
ammissione nell'EURO	30/4/1998

Lettonia

procl. d'indip. dalla Russia e della rep.	1918
invasione sovietica	genn. 1919
occup. tedesca	mag. 1919
ricon. indip. dalla Russia	1920
invasione sovietica	17/6/1940
occup. tedesca	9/7/1941 - nov. 1944
incorporazione nell'URSS	dic. 1944
dichiarazione d'indip.	4/5/1990
procl. d'indip.	21/8/1991
ricon. indip. dall'URSS	6/9/1991
ammissione alla CSCE	10/9/1991
ammissione all'ONU	17/9/1991
Guntis Ulmanis pres. rep.	1993 -

Liechtenstein

unione della signoria di Schellenberg e della ct.a di Vaduz nel princ. di Liechtenstein	23/1/1719
Anton Florian	1719 - 1721
Joseph, f.	1721 - 1732
Johann Karl, f.	1732 - 1748
Joseph Venceslas, cug. di Joseph	1748 - 1772
Franz Joseph I, f. di Joseph	1772 - 1781
Ludwig I, f.	1781 - 1805
mem. della confederazione del Reno, fondata dall'imp. Napoleone I	1805 - 1815
mem. della Confederazione germanica	1815 - 1866
Johann I, fr.	1805 - 1836
unione doganale con l'Austria-Ungheria	1852 - 1919
Ludwig II, f.	1836 - 1858
unione postale dal 1921 e doganale dal 1923 con la Svizzera	
Johann II, f.	1858 - 1929

Franz I, fr. 1929 - 25/7/1938
Franz Joseph II, nip. di un cug. di Francesco I 25/7/1938 - 14/11/1989
Hans Adam II, f. 14/11/1989 -

Lituania

granduchi indip.

Mindowe	1247 - 1263
Stroinat	1263 - 1264
Woischelg	1264 - 1267
Swarno Danilowic di Halich us.	1265 - 1270
Troiden	1270 - 1282
Lutuwer	1282 - 1293
Witen	1293 - 1316
Gedymin	1316 - 1341
Olgierd-Alessandro I	1341 - 1377
Kestuit	1341 - 1382
Ladislao V Jagellone (re di Polonia), battezzato 14/2/1386 [sp. Edvige f.a di Luigi I d'Anjou, re d'Ungheria]	1386 - 1387
Skirgillo, Casimiro I	1387 - 1392
Witold-Alessandro II	1392 - 1430
è unita alla Polonia con atto della dieta di Vilna	1413 - 1569
Swidrigiello-Boleslao	1430 - 1432
Korybut-Sigismondo I granprincipe	1432 - 1440
Casimiro II (re di Polonia 1445)	1440 - 1492
Alessandro III (re di Polonia 1501)	1492 - 1506
Sigismondo II (re di Polonia 1506)	1506 - 1544
Sigismondo III Augusto (re di Polonia 1548 - 1572)	1544 - 1569 († 7/7/1572)
nuova riunione alla Polonia (dieta di Lublino)	12/8/1569 - 9/4/1793
gran parte con la provincia meridionale della Volinia è occupata dai russi	9/4/1793 - febb. 1918
la Russia occupa il resto della Lituania e della Volinia	24/10/1795 - 16/2/1918
procl. d'indip. dalla Russia e della rep. (pres. A. Stulginskis, rieletto 19/6/1923)	16/2/1918
è proclamata stato libero	4/4/1919
riconoscimento dal tratt. di Versailles	28/6/1919
è riconosciuta dalle grandi potenze alleate	13/7/1922
il territ. di Memel le viene accordato	8/5/1926
Antanas Smetona pres. rep.	17/12/1926 - 16/6/1940
occup. sovietica	15/6/1940
unione all'Urss	21/7/1940
occup. tedesca e gov. collaborazionista	5/8/1941 - 24/10/1944

incorporazione nell'Urss	24/10/1944
dichiarazione d'indip.	11/3/1990
ricon. indip. dall'Urss	6/9/1991
ammissione alla Csce	10/9/1991
ammissione all'Onu	17/9/1991
Algirdas Brazauskas pres. rep.	14/2/1993 - 14/2/1997
Vytautas Landsbergis pres. rep.	14/2/1997 -

Monaco[26]

principato

terra provenzale	... - 1191 c.
dom. genov.	1191 - 1197
occup. guelfa poi di Francesco Grimaldi	1297 - 4/5/1301
occup. ghibellina (gov. genov.) 1301-17,	
poi guelfa 1317-27, poi ancora ghibellina 1327-31	1301 - 1331
Carlo I Grimaldi la occupa a nome del gov. genov.	
poi per sé	1331 - 15/8/1357
Carlo I Grimaldi è assistito nel gov. dai parenti:	
Antonio e Gabriele Grimaldi	
che si qualificano consignori dal	15/8/1342
Antonio e Carlo I Grimaldi sono designati consignori	8/4/1343 - 29/6/1352
Carlo I muore fra	8/4 e 5/9/1357
dom. genov.	1357 - 1395
Giovanni I e Luigi Grimaldi di Belgio	1395 - 1401
gov. franco-genov.	1401 - 1410
occup. guelfa 1410-12, poi del re di Sicilia dopo 8/3/1412	1410 - 1419
Ambrogio, Antonio e Giovanni Grimaldi	
la occupano avanti il	5/6/1419
(Antonio † avanti il 16/2, lasciando eredi i f. Carlo e Antonio:	
Carlo † avanti 13/5/1427 e Antonio dopo il 13/7/1435,	
Ambrogio † fra il 7/3 e il 13/10/1433)	
Giovanni I Grimaldi unico sig.	
per la convenzione 13/5/1427	mag. 1427 - 1428
Filippo Maria Visconti du. di Milano (sig. di Genova	
1421-35) la occupa	
in virtù della convenzione 6/10/1428	dic. 1428 - ott. 1436
continua a essere occupata da F. M. Visconti	
quantunque espulso dal dominio di Genova dal 27/12/1435,	
poi ne dà l'investitura a Biagio Assereto	
(3/10?/1436) e il 18/11 a Giovanni Grimaldi	
sotto la «suzeraineté» di lui,	
che però non è effettiva	18/11/1436 - imprig. inizi genn. 1438
Pomellina Fregoso, mogl. di Giovanni, regg.	1438 - 1454

Giovanni († 8/5/1454) e suo f.
  sono liberati dal carcere fra il   17/9 e 3/10/1440
Catalano, f. di Giovanni, sig.   1454 - lug. 1457
Claudina, f.a, sotto regg. di Pomellina sua avola,
  dal lug. 1457, poi Lamberto di Nicola Grimaldi
  d'Antibo, suo futuro consorte dal 20/10/1457   lug. 1457 - mar. 1458
Lamberto Grimaldi sig. di Monaco
  come tut. di Claudina [sp. 29/8/1465]
  e anche in nome proprio   mar. 1458 - 15/3/1494
Giovanni II, f. di Lamberto   mar. 1494 - 10/10/1505
Luciano, fr.   ott. 1505 - 22/8/1523
Agostino, fr., vesc. di Grasse
  (la mette sotto protettorato spagn.)   ag. 1523 - 14/4/1532
Onorato I, f. di Luciano,
  sotto tut. di Stefano Grimaldi di Genova († 1561),
  padre adottivo, poi solo av. 11/6/1561   1532 - 7/10/1581
Carlo II, f.   ott. 1581 - 17/5/1589
Ercole, fr.   mag. 1589 - 21/11/1604
Onorato II, f., sotto tut. dello zio,
  Federico Landi princ. di val di Taro   nov. 1604 - 1616
Onorato II solo prende tit. di princ. (1619)
  e si mette sotto protettorato franc. (1641)   1616 - 10/1/1662
Luigi I, f.   genn. 1662 - 3/1/1701
Antonio I, f.   genn. 1701 - 21/2/1731
Luisa Ippolita, f.a [sp. (1715)
  Giacomo di Goyon-Matignon,
  che assume il nome e le armi dei Grimaldi]   febb. 1731 - 29/12/1731
Giacomo I, marito di Luisa Ippolita   dic. 1731 abd.
                                                         († 22/4/1751)

Onorato III, f., tut. il padre fino al 1740
  (fine del protettorato franc.)
  [sp. Maria Cristina Brignole († 1813),
  divisa dal marito nel 1770]   nov. 1731 - dep. 15/2/1793 († 12/5/1795)
occup. franc.   febb. 1793 - mag. 1814
Onorato IV, f. di Onorato III
  (protettorato sardo 1815-61)   mag. 1814 - abd. 1815 († 16/2/1819)
amministrazione del princ. Giuseppe
  Grimaldi dal 3/6/1814, poi del princ. ereditario
  Onorato du. del Valentinois dal 18/1/1815   13/6/1814 - 1819
Onorato V, f.   1819 - 2/10/1841
Florestano I, fr.
  (Mentone e Roccabruna
  si proclamano città libere 1848)   1841 - 26/6/1856
occup. sarda di Mentone e Roccabruna
  unite poi alla Francia per la rinunzia di Carlo III
  il 2/2/1861   1848 - 18/7/1860

Carlo III, f. di Florestano I
[sp. (28/9/1846) la ct. Antonietta de Merode,
† 10/2/1884]   18/7/1856 - 10/9/1889
Alberto I, f. [sp. (1889) Alice Heine,
ved. del du. di Richelieu], succ.   10/9/1894 - 26/6/1922
Luigi II, f., succ.   26/6/1922 - 9/5/1949
Ranieri III, f. di Carlotta del Valentinois (f.a di Luigi II)
e del princ. Pierre de Polignac [sp. 19/4/1956 l'attrice
statunitense Grace Kelly, † 14/9/1982]   9/5/1949 - ...

Paesi del Baltico

a) *Danimarca*

re

prima dinastia dei re fondata da Skiol:
... [Sigfried di Giutland re   v. 803 - 810]
Aroldo I, nip., battezzato 826, re dei danesi   826 - 852
Gorm II, il Vecchio, riunisce i diversi stati danesi v. 899,
re di Scania e di Danimarca dal 913   899 - 936
Aroldo II, Blatand, «Dente azzurro», f., re   936 - dep. 986 († 986)
Sven I, Tiyguskegg, «Barba forcuta», f., re
(scacciato 987 da Erik re di Svezia)   986 - dep. 987
dom. svedese   987 - 1000
Sven I di nuovo [sp. Sigrid ved. di Erik re di Svezia]
(re d'Inghilterra 1013)   1000 - 3/2/1014
Aroldo III, f.   3/2/1014 - 1018
Canuto II, il Grande, fr.
(re d'Inghilterra 1016, di Norvegia 1028)
[sp. Emma f.a di Etelredo II d'Inghilterra], re   1018 - 12/11/1035
Canuto III, Ardicanuto, f. (re d'Inghilterra 1039),
succ.   12/11/1035 - 8/6/1042
dom. norvegese (Magnus I, il Buono, f. di Olaf)   1042 - ott. 1047
dinastia degli Estridi:
Sven II Estridso, f. di Ulfo e di Estrida,
sor. di Canuto II, succ.   ott. 1047 - 28/4/1076
Aroldo IV, Hein, f.   1076 - 17/4/1080
Canuto IV, il Santo, fr.
[sp. Etela, f.a di Roberto I ct. di Fiandra], re 17/4/1080 - 10/7/1086
Olaf III, il Famelico, fr.   10/7/1086 - 18/8/1095
Erik III, il Buono, fr.   18/8/1095 - 11/7/1103
interregno di alcuni mesi   11/7/1103 - 1104
Nicola (Niels), fr. di Erik III   1104 - dep. 1131 († 25/6/1134)
Erik IV, «Harefod», Piè di lepre, f. di Erik III, succ. 1134 - 18/9/1137

Erik V, l'Agnello, nip. di Erik I — sett. 1137 - abd. 1147

Sven III, f. di Erik IV, re [el. 1152] — 1147 - 23/10/1157

Canuto V, Laward (pronipote di Sven II),
f. di Magno, re di Svezia, re collega di Sven III — 1147 - 9/8/1157

Valdemaro I, il Grande, f. di Canuto
(du. di Schleswig, assoggetta la Norvegia
e conquista Rügen), re — ott. 1157 - 12/5/1182

Canuto VI, il Pio, f. (du. di Schleswig 1182,
assoggetta gli obotriti, conquista
Holstein e Amburgo), re — 12/5/1182 - 12/11/1202

Valdemaro II, il Grande, fr.
(du. di Schleswig 1191, conquista
1219 l'Estonia), re — 12/11/1202 - 28/3/1241

Erik VI, Plogpenning,
f. (du. di Schleswig 1218), re — 28/3/1241 - 9 o 10/8/1250

Abele, fr. (du. di Schleswig 1232), re dopo — 10/8/1250 - 29/6/1252

Cristoforo I, fr. — 29/6/1252 - 29/5/1259

Erik VII, Gipping, f. — 29/5/1259 - 21 o 22/11/1286

Erik VIII, Menved, f.
(riconosce la supremazia della S. Sede), re — 22/11/1268 - 13/11/1319

Cristoforo II, fr., col f. Erik 1324-1331,
re — 1320 - dep. 1326, rist. 1330 - 1332

Valdemaro IV (du. di Schleswig 1325) — 1326 - abd. 1330 († 1364)

interregno dal — 1332 al 1340

(Gerardo ct. d'Holstein amministratore — 1326 - 1340)

Valdemaro V, Atterdag, f. del re Cristoforo II (cede l'Estonia
all'ordine Teutonico e conquista Oland e Gotland) — 1340 - 25/10/1375

interregno dal — 25/10/1375 al 13/5/1376

Olaf IV, nip. di Valdemaro V, f. di Haakon II re
di Svezia (re di Norvegia 1380) — 13/5/1376 - 3/8/1387

Margherita, la Grande, madre di Olaf IV
(regina di Norvegia 1388, di Svezia 1389,
unisce Kalmar 1397), regg. 1375,
regina di Danimarca — 3/8/1387 - 28/10/1412

Erik IX di Pomerania, nip. da sor. di Margherita,
regg. la madre fino al 1412,
re di Danimarca, Svezia e Norvegia — 28/10/1412 - dep. 1438 († 1459)

Cristoforo III di Baviera nip. da sor.
(re di Svezia 1440, di Norvegia 1442), re — 9/4/1440 - 6/1/1448

Cristiano I (Christiern), f. di Thierri il Fortunato,
ct. di Oldenburg (re di Norvegia 1450,
di Svezia 1457), re — 1/9/1448 - 22/5/1481

Giovanni (Hans), f. [sp. Cristina di Sassonia]
(re di Norvegia 1481, di Svezia 1497), re — 22/5/1481 - 21/2/1513

Cristiano II, il Malvagio, f. (re di Svezia 1520),
re — 21/2/1513 - dep. 20/1/1523 († 25/2/1559)

Federico I, il Pacifico (du. di Holstein, 1481),
f. di Cristiano I (re di Norvegia 1532), re   1523 - 18/4/1533
Cristiano III, f. (du. di Schleswig-Holstein 1533)
[sp. Dorotea di Sassonia Lauenburg], succ. 1533,
re di Danimarca e Norvegia   17/7/1534 - 1/1/1559
Federico II, f. [sp. Luisa di Mecklenburg], re   1/1/1559 - 4/4/1588
Cristiano IV, f. [sp. Anna Caterina di Brandenburgo],
re di Danimarca e Norvegia   4/4/1588 - 28/2/1648
Federico III, f. (vesc. di Brema 1634), re   mar. 1648 - 19/2/1670
Cristiano V, f. [sp. Carlotta Amalia d'Assia-Cassel],
re (acquista le Indie occ. danesi)   19/2/1670 - 25/8/1699
Federico IV, f. [sp., I, 1673, Luisa di Mecklemburgo;
II, 1721, Anna Sofia di Reventlow,
du. di Schleswig], re   25/8/1699 - 12/10/1730
Cristiano VI, il Pio, f., re   17/10/1730 - 6/8/1746
Federico V, f.
[sp. Luisa di Gran Bretagna, † 1751],
re   6/8/1746 - 14/1/1766
Cristiano VII, f.
[sp. Carolina Matilde di Hannover, 1776],
re di Danimarca e Norvegia   14/1/1766 - 13/3/1808
Federico VI, f., già regg. per il padre dal 1784
[sp. Maria d'Assia-Cassel]
(perde la Norvegia 1814)   13/3/1808 - 8/12/1839
Cristiano VIII, cug.
[sp. Carlotta di Mecklemburg Schwerin], re   3/12/1839 - 20/1/1848
Federico VII, f. [sp. 1850 (morganaticamente)
Luisa Cristina Rasmussen, † 1874], re   20/1/1848 - 15/11/1863
Cristiano IX, f. di Guglielmo,
du. di Schleswig-Holstein-Sonderburg-Glücksburg
[sp., 1842, Luisa d'Assia-Cassel, † 1898]
(perde lo Schleswig, l'Holstein e il
Lauenburg 1864), re   15/11/1863 - 29/1/1906
Federico VIII, f. [sp. Luisa princ. di Svezia], re   31/1/1906 - 14/5/1912
Cristiano X, f., recupera la parte settentrionale dello Schleswig,
restituitagli dalla Germania 1918
[sp., 26/4/1898, Alessandrina di Mecklenburg]
(regg. il f. Federico ott. 1942 e 8-20/4/1947)   15/5/1912 - 20/4/1947
Federico IX, f. [sp., 24/5/1935, Ingrid di Svezia]   20/4/1947 - 14/1/1972
Margherita II, f. [sp., 10/6/1967,
il ct. Henri de Laborde de Monpezat]   15/1/1972 - ...
ammissione alla CEE   1/1/1973
il tratt. di Maastricht sull'Unione europea (UE) è respinto
in votazione popolare   2/6/1992
ratifica del tratt. sull'UE   18/5/1993

b) Finlandia

tribù finniche indip.	... - sec. XIII
occupato capo Birger Farl dagli svedesi che dal 1323	
vi si stabiliscono col consenso della Russia	1249 - 1284 c.
gli svedesi ne fanno un duc.	1284 - 1718
Pietro I, il Grande, imp. di Russia,	
conquista la parte sudest	
(Viborg e Kexholm)	30/8/1721 - 28/1/1725
Elisabetta, f.a di Pietro I, occupa diverse regioni	
intorno al lago Saima (proclamata zarina 25/11)	1741 - 5/1/1762
Alessandro I, f. di Paolo I di Russia,	
la conquista	21/2/1808 - 1809
i russi (Alessandro I) ne fanno un granducato (dal 1811)	
con un gov. particolare, pace di Fredrikshauen	17/9/1809
il granducato è confermato alla Russia dalle altre potenze	1814
al granducato vengono tolte guarentige costituzionali	1899-1905
gli viene accordata l'autonomia ma con restrizioni	1905 - 6/12/1917
si dichiara rep. indip.	
– riconosciuta dalla Russia e da altri stati	6/12/1917
si libera dai bolscevichi russi e finnici	
assistita da forze militari tedesche	apr. 1918
acquisto del territorio di Petsamo, pace di Tartu	14/10/1920
L.K. Relander pres. (el. per 6 anni)	16/2/1925 - 16/2/1931
P. Svinhufvud pres. rep.	16/2/1931 - 16/2/1937
K. Kallio pres. rep.	16/2/1937 - nov. 1940
R. Ryti pres. rep.	dic. 1940 - ag. 1944
guerra contro l'URSS	25/6/1941 - 19/9/1944
Carl Gustav Emil Mannerheim pres. rep.	ag. 1944 - mar. 1946
J.K. Paasikivi pres. rep.	mar. 1946 - febb. 1956
Uhro Kekkonen pres. rep.	16/2/1956 - 26/1/1982
Mauno Koivisto pres. rep.	26/1/1982 - 16/2/1994
Martti Ahtisarii pres. rep.	1/3/1994 -
ammissione alla UE	1/1/1995
ammissione nell'EURO	30/4/1998

c) Norvegia

dinastia degli Yngling (?):

Harald I, Harfagr (Bella chioma),	
primo re conosciuto v. 875	872 - 930 abd. († v. 933)
Erik I, Blodyxa (Ascia di sangue), re	930 - 934 dep. († 954)
Haakon I, il Buono, f. nat. di Harald I, re	
(battezzato 961)	935 - 961

Harald II, Graafeld (Pelle grigia), f. di Erik I	961 - 970 († 976)
[ct. Haakon di Lade	970 - 995]
Olaf I, Tryggvessön, pronip. di Erik I	995 - 9/9/1000
[ct. Erik di Haakon	1000 - 1016]
Olaf II, il Santo, fr. di Harald Graenski, pronip. di Erik I	1016 - dep. 1029 († 31/8/1030)
Sven (Svein), f. di Canuto, il Grande, re di Danimarca	1030 - 1035
Magnus I, il Buono, f. di s. Olaf (re di Danimarca 1042), re	1035 - 1047
Harald III, Haardraad (il Severo), f. di Sigurd pronip. di Haakon I	1047 - 1066
Olaf III, Kyrre (il Pacifico), fr. di Harald III, solo dal 1069	1066 - 22/9/1093
Magnus II, f. di Harald III, assoc. col fr. Olaf III	1066 - 28/4/1069
Magnus III, Barfod (Piedi nudi), f. di Olaf III	22/9/1093 - 24/8/1103
Eystein I, f. (assoc. col fr. Sigurd I e Olaf IV)	1103 - 1122
Sigurd I, Jorsalfar, fr., assoc. 1103, solo dal 1122, succ.	1103 - 26/3/1130
Olaf IV, fr., re assoc.	1103 - 1116
Magnus IV, den Blinde (il Cieco), f. di Sigurd I, re	1130 - 1135 († 1139)
Harald IV, Gilli, f. (?) di Magnus III (avventuriero)	1130 - 13/12/1136
[Sigurd II, Mund, f. di Sigurd, us.	1136 - 10/6/1155]
Eistein II, f., re	1136 - 1157
Ingo I, fr. di Sigurd II, re	1136 - 1161
Haakon II, Herdabreid (Spalle larghe), f. di Sigurd II, re	1161 - 1162
Magnus, fr. di Eistein II, re	1162 - 15/6/1184
Sverre, fr. di Sigurd II, re	15/6/1184 - 9/3/1202
Haakon III, f., re di Norvegia	1202 - 1/1/1204
Haakon IV, den Gamle (il Vecchio) (acquista Islanda e Groenlandia), re	1217 - 15/12/1263
Magnus VI, Lagaböte (il Riformatore), f., re	1263 - 9/5/1280
Erik II, f., assoc. col fr. Haakon dal 1290	1280 - 13/7/1299
Haakon V, fr., assoc. col fr. Erik dal 1290, solo	13/7/1299 - 8/5/1319

dinastia dei Folkungs

Magnus VII, Smek (il Buono), f. di Erik II (re di Svezia 1319), re	giu. 1319 - dep. 1343 († 1/12/1374)
Haakon VI, f., re di Svezia 1361 [sp. (1363) Margherita la Grande, erede di Danimarca], re	1343 - giu. 1380
Olaf V, f. di Haakon re di Svezia (re di Danimarca 1376), regg. la madre Margherita, re	giu. 1381 - 3/8/1387
Margherita, la Grande, f.a di Valdemaro IV, ved. di Haakon VI, regina di Danimarca e Norvegia 1387, di Svezia 1389,	

fa proclamare a Kalmar l'unione personale
dei tre regni scandinavi
12/7/1397, succ.   2/8/1387 rin. lug. 1389 († 27/10/1412)
Erik di Pomerania, nip. (dalla sor. Ingeborg)
di Margherita, re di Danimarca e Svezia
dal 1412, re di Norvegia   lug. 1389 - dep. 1439 († 1459)
Cristoforo di Baviera, nip. da sor.
(re di Danimarca e Svezia 1440), di Norvegia   1439 - 6/1/1448
Carl Knutsso Bonde (re di Svezia 1448),
re di Norvegia   20/11/1449, ricon. 1450 - 15/8/1470
viene separata dalla Svezia   1450
Cristiano I di Oldemburg
(re di Danimarca 1448, di Svezia 1457), re   1450 - 22/5/1481
rimane unita alla Danimarca
(vd. Danimarca)   1450 - 14/1/1814
accetta il re di Svezia, Cristiano Federico   14/8/1814
per il tratt. di Kiel (4/11/1814)
viene unita alla Svezia come regno indip.,
conserva la sua costituzione particolare
– Carlo XIII di Svezia
el. re (vd. Svezia)   4/11/1814 - 5/2/1818
lo Storthing proclama la separazione dalla Svezia,
gov. provv.   7/6/1905 (plebiscito 16/8/1905) -
                                                        18/11/1905

Haakon VII, f. di Federico VIII di Danimarca
[sp. 22/7/1887, Maud di Gran Bretagna],
el. re   18/11/1905, cor. 23/6/1906 - 21/9/1957
Olaf V, f. [sp. 21/3/1929 Marta di Svezia, † 5/4/1954],
cor. 22/6/1958   21/9/1957 - 17/1/1991
Harald V re   17/1/1991 -

d) Svezia

re

dinastia oscura degli Ynglings,
poi dei danesi Skioldungs che seguono:
Olaf Sköttkonung, f. del re Erik,
re della tribù d'Upsala dal 995
riunisce tutti gli stati svedesi e prende titolo
di re (primo re cristiano)   1000 - 1024
Amund Jakob, Kolbränner (carbonaio), f.   1022 - 1050
Emund Slemme, fr., re   1050 - 1060
casa Stenkil: Stenkil Ragnvaldsson, gen.o di Emund, re   1060 - 1066
Erik VII ed Erik VIII, re   1066

Ingo I, f. di Stenkil († 1110), col fr. Alstan dal 1081,

(† 1090), re	1066 - 1090
Haakon I, il Rosso, re	1066 - 1079 (?)
Blot-Sven re	1081 - 1083
Kol o Erik Arsall, f., re	1083
Filippo, f. di Alstano, re	1110 - 1118
Ingo II, fr., re	1110 - 1125
Ragnvald Knaphöfde	1125 - 1129
Magnus, f. di Nicola re di Danimarca	1129 - 1134

casa degli Sverker e d'Erik, il Santo,

regnanti alternativamente: Sverker I, f. di Kol	1134 - 1155
Erik IX, il Santo, f. di Jedvard	1155 - 17/5/1160
Magnus, nip. di Nicola re di Danimarca e di Ingo I	1160 - 1161
Carlo VII, f. di Sverker I	1161 - 1168
Canuto I, nip., f. di Erik IX	1168 - 1195
Sverker II, f. di Carlo VII	v. 1196 - dep. 1208 († 17/7/1210)
Erik X, f. di Canuto I	1208 - 1216
Giovanni I, il Buono, f. di Sverker II	1216 - 1222
Erik XI, lo Scilinguato, f. di Erik X	1222 - 2/2/1250
Canuto II Lange, pronip. della casa dei Folkungs	1229 - 1234

casa dei Folkungs: Valdemar, f. del ct. Birger,

suo tut. fino al 1266, re	febb. 1250 - dep. 1274 († 1276)
Magnus I Ladulas, fr. (us.)	1274 - 18/12/1290
Birger Magnusson, f.	dic. 1290 - dep. 1319 († 1326)

Magnus II Smek,

f. del du. Erik di Norvegia	
(re di Norvegia 1369), re	1319 - spod. 1343 († 1379)
Erik XII, f.	1343 - 1359
Haakon II, fr. (re di Norvegia 1349), amministratore	1361 - 1363
Alberto di Mecklemburg, nip. di Magnus II,	1364 - dep. 24/2/1389

Margherita, la Grande, f.a di Valdemar,
regina di Norvegia e Danimarca 1387,
mogl. di Haakon di Norvegia, regina dal 1389

– unisce i tre stati scandinavi in uno solo	
(unione di Kalmar) 15/7/1397	1389 - 28/10/1412

Erik XIII, di Pomerania, nip. di Margherita
(re di Danimarca e Norvegia 1412),

re di Svezia	23/7/1396 - dep. 1439 († 1459)
Cristoforo di Baviera, nip. da sor.	1439 - 6/1/1448

Carlo VIII, f. di Canuto maresciallo,

regg. 1436-48, re	20/6/1448 - dep. 24/6/1457
Cristiano I (re di Danimarca) re	24/6/1457 - dep. 1464 († 22/5/1481)
Carlo VIII di nuovo	ag. 1464 - rin. 1465
Kettil Karlsson Wasa amministratore	1465
Jöns Bengtston Oxenstjerna amministratore	1465 - 1466
Erik Axelsson Tott amministratore	1466 - 1467

Carlo VIII di nuovo re   1467 - 13/5/1470
Sten I, f. di Gustavo Sture I, amministratore   1471 - 1497
Giovanni (Hans) II, re di Danimarca, f. di Cristiano I,
    re   14/8/1483, sale al trono 26/11/1497 - dep. 1501 († 21/2/1513)
Sten I, f. di Gustavo Sture II, amministratore   1501 - 13/12/1503
Svante-Nilsson Sture, maresciallo, amministratore   1503 - 2/1/1512
Sten II Sture, f., amministratore   21/1/1512 - febb. 1520
Cristiano II, il Malvagio, f. di Giovanni II
    (re di Danimarca e Norvegia
    1513), re   6/3/1520 - dep. 20/1/1523 († 25/2/1559)
Gustavo I Wasa, f. di Erik du. di Gripsholm,
    amministratore 24/8/1521
    (scaccia i danesi 1523),
    el. re   7/6/1523 - abd. 25/6/1560 († 29/9/1560)
Erik XIV, f., re   25/6/1560 - dep. 30/9/1568 († 26/2/1577)
Giovanni III, fr., re   30/9/1568 - 17/11/1592
Sigismondo, f.
    (re di Polonia 1587)   nov. 1592 - dep. mar. 1604 († 29/4/1632)
Carlo IX, il Grande, f. di Gustavo I Wasa,
    amministratore 1595-99, re   1604 - 8/11/1611
Gustavo II Adolfo, f. (occupa Carelia, Ingria, Estonia,
    Livonia, Curlandia e 1630 il Mecklemburg)
    [sp., 1630, Maria Eleonora di Brandenburgo],
    re   8/11/1611 - 17/11/1632 ucc.
Cristina, f.a, sotto regg.   nov. 1632 - abd. 16/6/1654 († 9/4/1689)
Carlo X Gustavo, f. di Giovanni Casimiro
    du. del Palatinato-Zweibrücken
    [sp. Edvige d'Holstein-Gottorp]   16/6/1654 - 23/2/1660
Carlo XI, f., regg. Edvige sua madre, re   23/2/1660 - 15/4/1697
Carlo XII, f.   15/4/1697 - 11/12/1718 ucc.
Ulrica Eleonora, sor.   dic. 1718 - abd. 4/4/1720 († 5/12/1741)
Federico I princ. di Assia-Cassel
    marito di Ulrica Eleonora, assoc.   4/4/1720 - 5/4/1751
Adolfo Federico I d'Holstein-Gottorp, f.,
    vesc. di Lubecca, re   6/4/1751 - 12/2/1771
Gustavo III, f.
    [sp. Sofia Maddalena di Danimarca], re   12/2/1771 - 29/3/1792 ucc.
Gustavo IV Adolfo, f., regg. il du.
    Carlo di Suderman fino al 1799, re   29/3/1792 - abd. 6/6/1809 († 7/2/1837)
Carlo XIII, fr. (re di Norvegia 1814), re   6/6/1809 - 5/2/1818
per il tratt. di Kiel il 4/11/1814
    la Svezia è unita alla Norvegia,
    Cristiano Federico d'Holstein-Schleswig
    princ. di Danimarca è fatto re   19/2 - 17/5/1814
accettazione della Norvegia   14/8/1814
Carlo XIV (Jean-Baptiste-Jules Bernadotte)

re di Svezia e Norvegia	
[sp. Eugenia Clary di Marsiglia]	5/2/1818 - 8/3/1844
Oscar I, f. (du. di Södermanland),	
re di Svezia e Norvegia	
[sp. Giuseppina di Leuchtenberg]	8/3/1844 - 8/7/1859
Carlo XV, f., re	8/7/1859 - 18/9/1872
Oscar II, fr. (re di Norvegia 1872-1905), re	18/9/1872 - 8/12/1907
la Norvegia si stacca dalla Svezia	
proclamandosi regno indip.	7/6/1905
Gustavo V, f. di Oscar II, regg. dal 1903, re	
[sp., 20/9/1881, Vittoria di Baden], succ.	8/12/1907 - 29/10/1950
Gustavo VI Adolfo, f.	
[sp. I, 15/6/1905, Margherita di Connaught	
(† 1/5/1920); II, 3/11/1923, Luisa Mountbatten]	29/10/1950 - 15/9/1973
Carlo XVI Gustavo, nip.	
[sp., 19/6/1976, Silvia Sommerlath]	15/9/1973 - ...
ammissione alla UE	1/1/1995

Paesi Bassi

a) *Paesi Bassi settentrionali/Olanda*[27]

ct. d'Olanda, Zelanda, Gheldria, Ultrecht, Frisia, Over-Yssel,
Groninga e Drente

all'Impero 51 a. C. - 358 d. C.,	
stato indip. 358 - 736, ai franchi	736 - 922
Dirk (Teodorico) I, f. di Gerolfo (?), ct. di Frisia,	
ottiene da Carlo, il Semplice, re di Francia,	
la chiesa d'Egmond e sue dip.	v. 15/6/922 - v. 936
Teodorico II, f. (ct. della Frisia occ.), succ.	v. 936 - 988
Arnolfo, il Grande, f.	988 - 993
Teodorico III, f., regg. Lugarda sua madre,	
durante la minorità, succ.	dic. 993 - 27/12/1039
Teodorico IV, f.	27/12/1039 - 14/1/1049
Fiorenzo I, fr. [sp. Gertrude di Sassonia]	genn. 1049 - 18/6/1061
Teodorico V, f., regg. Gertrude di Sassonia,	
sua madre	18/6/1061 - 1063
Roberto, il Ricciuto, marito di Gertrude,	
ct. di Fiandra 1072	1063 - dep. 1071
	(† ott. 1092)
Goffredo, il Gobbo (du. della Bassa Lorena 1070),	
succ.	1071 - 26/2/1076
Teodorico V pred.	giu. 1076 - 17/6/1091
Fiorenzo II, il Grosso, f.,	

regg. la madre Otilde durante la minorità	17/6/1091 - 2/3/1122
Teodorico VI, f., regg. la madre Petronilla	
durante la minorità, succ.	2/3/1122 - 5/8/1157
Fiorenzo III, f.	5/8/1157 - 1/8/1190
Teodorico VII, f.	1/8/1190 - 4/11/1203
Ada, f.a, e Luigi II ct. di Looz (1194)	
suo marito († 1218) succ.	4/11/1203 - dep. 1204
Guglielmo I, fr. di Teodorico VII	1204 - 4/2/1223
Fiorenzo IV, f., regg. Gerardo IV	
ct. di Gheldria suo zio	4/2/1223 - 19/7/1234
Guglielmo II, f. (re di Germania 1247), regg.	
Ottone III vesc. d'Utrecht († 1249), suo zio, succ.	19/7/1234 - 28/1/1256
Fiorenzo V, f., regg., durante la minorità,	
Fiorenzo suo zio, poi (1258)	
Adelaide sua zia, succ.	28/1/1256 - 28/6/1296
Giovanni I, d'Avesnes, ct. d'Hainaut,	
nip. di Guglielmo II, succ.	28/6/1296 - 1/8/1299
Giovanni II d'Avesnes ct. d'Hainaut (1279)	
già regg. succ.	1/8/1299 - 22/8/1304
Guglielmo III, il Buono, f.,	
ct. d'Hainaut e di Zelanda succ.	22/8/1304 - 7/6/1337
Guglielmo II [IV], f. di	7/6/1337 - 26/9/1345
Margherita, sor. di Guglielmo IV,	
mogl. dell'imp. Lodovico, il Bavaro, succ.	ott. 1345 - 23/6/1356
Lodovico, il Bavaro, imp. (vd. Germania)	
du. di Baviera 1302	ott. 1345 - 11/10/1347
Guglielmo III [V], f. (du. di Baviera 1347)	5/1/1349 - 1/4/1389
Alberto, fr. (du. di Baviera 1347),	
regg. dal 1358, succ.	1/4/1389 - 13/12/1404
Guglielmo IV [VI], f. (du. di Baviera 1404)	13/12/1404 - 31/5/1417
Giacomina, f.a, ved. di Giovanni	
delfino di Francia († 1417), succ.	31/5/1417 - rin. 1433
Giovanni IV di Borgogna du. del Brabante dal 1415	
II marito di Giacomina	4/4/1418 - dep. 1422 († 1427)
Umfredo di Gloucester, fr. di Enrico VI	
re d'Inghilterra, III marito di Giacomina	1422 - dep. 1426 († 1446)
Giacomina cede Olanda, Zelanda e Hainaut	
a Filippo II du. di Borgogna	1433 († 8/10/1436)
Filippo III, il Buono, du. di Borgogna, sovrano	
dal 1419 dei Paesi Bassi: Fiandra, Artois,	
Franca Contea, Malines, Anversa, Limburgo,	
Namur, Brabante, ecc. occupa Olanda, Zelanda,	
Hainaut	1433 - 15/6/1467
Carlo I, il Temerario, f. (du. di Borgogna 1467),	
sovrano dei Paesi Bassi	15/6/1467 - 14/1/1477 ucc.
Maria, f.a, e Massimiliano d'Austria suo marito,	

succ.	genn. 1477 - 27/3/1482
Adolfo di Clèves (sig. di Ravestein 1462) govern.	febb. - 18/8/1477
Filippo III, il Bello,	
f. di Massimiliano d'Austria e di Maria	
pred. (re di Castiglia dal 1504) succ.	27/3/1482 - 25/9/1506
Engilberto (ct. di Nassau-Breda 1475) govern.	1485 - giu. 1486 († 1504)
Alberto di Wettin (du. di Sassonia e margravio	
di Misnia 1464) govern.	1489 - rin. 1494 († 12/9/1500)
Guglielmo de Croïs march. d'Arschot govern.	1505 - 1507 († 1521)
Carlo II [V] (re di Spagna e di Napoli 1516,	
imp. rom. 1520, du. di Milano 1535)	
succ.	sett. 1506 - abd. 25/10/1555 († 21/9/1558)
Margherita d'Austria, f.a dell'imp.	
Massimiliano, govern.	1507 - 27/11/1530
Maria d'Austria, sor. di Carlo II [V],	
govern.	nov. 1531 - rin. ott. 1555 († sett. 1558)
Filippo IV [II], f. di Carlo II	
(re di Spagna e du. di Milano 1556)	25/10/1555 - dep. 26/7/1581
	(† 13/9/1598)
Emanuele Filiberto (du. di Savoia 1553)	
govern.	1555 - rin. 1559 († 30/8/1580)
Margherita d'Austria, f.a nat. di Carlo II [V]	
e mogl. di Ottavio Farnese du.	
di Parma, govern.	1559 - rin. 30/12/1567 († 18/1/1586)
Fernando Alvarez de Toledo du. d'Alba	
govern.	16/8/1567 - nov. 1573
Luis de Zúñiga y Requesens govern.	17/11/1573 - 5/3/1576
Juan de Austria, f. nat. di Carlo II [V], govern.	v. mar. 1576 - 1/10/1578
Alessandro Farnese (du. di Parma e Piacenza 1586),	
luogot. gen. di Juan de Austria	
18/12/1577, govern.	ott. 1578 - lug. 1581
i Paesi Bassi del nord, cioè Olanda, Zelanda, Utrecht,	
parte della Gheldria e poco dopo la Frisia si liberano	
(unione d'Utrecht) dal giogo spagnolo,	
formando una «Repubblica federativa	
delle sette Province Unite»	25/1/1579[28] - 18/1/1795
Guglielmo I d'Orange, il Taciturno,	
f. del ct. Guglielmo di Nassau,	
come erede del nip. (da fr.) Renato, statholder d'Olanda,	
Zelanda e Utrecht dal 1559 e di Frisia dal 1581,	
comandante in capo delle Province unite	
e govern.	1555 - 1567 († 10/7/1584)
Guglielmo Lodovico di Nassau statholder di	
Frisia 1584 poi di Groniga 1594	1584 - 1620
Adolfo di Neunahr-Moers statholder di Utrecht,	
Over-Yssel e Gheldria	1585 - 1589

Maurizio, f. di Guglielmo I d'Orange,
  statholder d'Olanda e Zelanda dal 1585, d'Utrecht,
  Over-Yssel e Gheldria dal 1590   1585 - 23/4/1625
Federico-Enrico, fr., statholder d'Olanda, Zelanda,
  Utrecht, Over-Yssel e Gheldria   23/4/1625 - 14/3/1647
Ernesto Casimiro statholder di Frisia e Groninga
  1620, di Drente 1625   1620 - 1632
Enrico Casimiro I statholder di Frisia, Groninga e Drente   1632 - 1640
Guglielmo II [IV], f. di Federico-Enrico d'Orange,
  statholder d'Olanda, Zelanda, Utrecht, Over-Yssel,
  Gheldria e Drente [sp. Maria Stuard († 1660),
  f.a di Carlo I d'Inghilterra]   14/3/1647 - 6/11/1650
è soppresso lo statholderato in Olanda, Zelanda,
  Utrecht, Over-Yssel e Gheldria   nov. 1650 - febb. 1672
Guglielmo Federico statholder di Frisia e Groninga
  1640, di Drente 1650   1640 - 1664
Jan De Vitt gran pensionario   1653 - ag. 1672
Enrico Casimiro II statholder di Frisia e Groninga
  1664, di Drente 1674   1664 - 1696
Guglielmo III d'Orange (re d'Inghilterra 1689),
  f. di Guglielmo II, capit. gen.
  poi statholder d'Olanda, Zelanda e Utrecht
  febb. 1672, di Over-Yssel e Gheldria 1675   1672 - 19/3/1702
Giovanni Guglielmo Friso statholder di Frisia e Groninga   1696 - 1711
è soppresso lo statholderato in Olanda, Zelanda, Utrecht,
  Over-Yssel, Anton Heynsius
  gran pensionario 1679 - 1720   19/3/1702 - mag. 1747
è soppresso lo statholderato in Gheldria dal 1702 al 1722,
  in Groninga dal 1711   dal 1702 al 1718
Guglielmo IV d'Orange-Nassau statholder di Frisia 1711,
  di Groninga 1718, di Drente e Gheldria 1722,
  di Olanda, Zelanda, Utrecht, Over-Yssel   22/11/1747 - 22/10/1751
Guglielmo V, f., regg. la madre Anna d'Inghilterra († 12/1/1759),
  poi il du. Luigi di Brünswick-Wolffenbüttel fino all'8/3/1766
  statholder delle Province unite   22/10/1751 - rin. 18/1/1795 († 9/4/1806)
invasione e conquista franc.   genn. 1795
gov. degli stati gen.   16/5/1795 - 1/3/1796
gov. dell'assemblea nazionale   1/3/1796 - 22/1/1798
gov. dell'assemblea costituente   22-25/1/1798
procl. della Rep. batava (franc.)   22/1/1798 - 5/6/1806
Ruggero Giovanni Schimmelpenninck
  gran pensionario   29/4/1805 - 5/6/1806
Luigi Bonaparte, fr. di Napoleone I imp.,
  re d'Olanda
  [sp. Ortensia Beauharnais, † 1837]   5/6/1806 - abd. 1/7/1810
                                                    († 25/7/1846)

unione dell'Olanda all'Impero franc.   9/7/1810 - 17/11/1813
i Paesi Bassi si dichiarano indip. (17/11) – gov. provv.   20/11 - 6/12/1813
Guglielmo I d'Orange-Nassau, f. di Guglielmo V,
  sovrano 1/12/1813
  [sp., I, Guglielmina di Prussia;
  II, la ct. d'Outremont],
  re dei Paesi Bassi e granduca del
  Lussemburgo 16/3/1815,
  re d'Olanda   1830 - abd. 7/10/1840 († 12/12/1843)
Guglielmo II, f. (granduca del Lussemburgo), re   7/10/1840 - 17/3/1849
Guglielmo III, f. (granduca del Lussemburgo), re   17/3/1849 - 23/11/1890
Guglielmina, f., regg. la madre Emma di
  Waldeck-Pyrmont fino al 31/8/1898
  [sp. 7/2/1901, Enrico di Mecklemburgo-Schwerin]
  e la f.a Giuliana sett.-dic. 1947
  e 14/5 - 30/8/1948, regina   23/11/1890 - abd. 4/9/1948
Giuliana, f. [sp., 7/1/1937, il princ. Bernardo di
  Lippe-Biesterfelden], regina cor. 6/9/1948   4/9/1948 - ....
ammissione nell'EURO   30/4/1998

b) Paesi Bassi meridionali/Belgio

Bassa Lorena, poi (1190) Brabante e (1794) Belgio

Gotifredo (Goffredo) I nom. du. della Bassa Lorena
  dall'arciduca Brunone di Sassonia (vd. Lorena)   959 - 964
Gotifredo II, f.   964 - 976
Carlo I, f. di Luigi IV re di Francia, du.   976 - dep. v. 991 († 994)
Ottone, f., succ.   991 - 1005
Gotifredo III (ct. di Verdun) du.   1005 - v. 1023
Gotelone I, fr., unisce l'Alta Lorena 1033, succ.   1023 - 1044
Gotelone II, f., du. della Bassa Lorena   1044 - 1046
Federico, f. di Federico I ct. di Lussemburgo   1046 - ag. 1065
Gotifredo IV, il Barbuto, f. di Gotelone I
  (du. dell'Alta Lorena 1044-45, di Spoleto 1057-70),
  [sp. Beatrice ved. di Bonifacio march. di Canossa]   1065 - 21/12/1069
Gotifredo V, il Gobbo, f. (ct. d'Olanda 1071)
  [sp. Matilde di Toscana], succ.   21/12/1069 - 26/2/1076
Corrado di Franconia, f. di Enrico IV imp. di Germania
  (re di Germania 1087-93)   1076 - dep. 1088 († lug. 1101)
Gotifredo VI di Bouillon, f. di Eustachio II ct.
  di Boulogne (re di Gerusalemme 1099), succ.   1088 - 18/7/1100
feudo vacante   19/7/1100 - 25/12/1101
Enrico I (ct. di Limburgo 1081),
  nip. di Federico   25/12/1101 - dep. 13/5/1106 († 1119)

Gotifredo VII, il Barbuto, ct. di Lovanio, succ.   mag. 1106 - dep. 1128
Valeriano, f. di Enrico I   1128 - 1139
Gotifredo VII, il Barbuto, di nuovo, primo du. ereditario   1139 - 15/1/1140
Gotifredo VIII, il Giovane, f.   15/1/1140 - 1142
Gotifredo IX, il Coraggioso, f., assoc. col f. dal 1172,
    succ.   1142 - 10/8/1190
Enrico I, il Guerriero, f., du. del Brabante,
    assoc. col padre dal 1172, gli succ.   10/8/1190 - 5/11/1235
Enrico II, il Magnanimo, f., succ.   5/11/1235 - 1/2/1248
Enrico III, il Buono, f.   1/2/1248 - 28/2/1261
Giovanni I, il Vittorioso, f.   28/2/1261 - 4/5/1294
Giovanni II, il Pacifico, f.   4/5/1294 - 27/10/1312
Giovanni III, il Trionfante, f.   27/10/1312 - 5/12/1355
Giovanna, f.a (col marito Venceslao
    du. di Lussemburgo, † 7/12/1383),
    succ.   5/12/1355 - rin. 7/5/1404 († 1/12/1406)
Margherita (ct.a di Fiandra), nip.,
    f.a di Luigi I, ct. di Fiandra, succ.   7/5/1404 - 16/3/1405
Antonio, f. di Filippo, l'Ardito,
    du. di Borgogna e di Margherita
    (du. di Lussemburgo 1411), succ.   16/3/1405 - 25/10/1415
Giovanni IV, f.   25/10/1415 - 17/4/1427
Filippo I, fr.   17/4/1427 - 4/8/1430
il Brabante viene unito al duc. di Borgogna   ag. 1430 - 14/1/1477
Maria, f.a di Carlo, il Temerario,
    e Massimiliano d'Austria suo marito[29]
    ereditano i Paesi Bassi   14/1/1477 - 27/3/1482
Filippo III, il Bello, f.
    (ct. di Fiandra 1482, re di Castiglia 1504),
    sovrano   27/3/1482 - 25/9/1506
Carlo II [V], f.
    (re di Spagna 1516, imp. e re di Germania 1520)
    sovrano
    succ.   25/9/1506 - abd. 25/10/1555 († 21/9/1558)
Filippo IV [II], f.
    (re di Spagna 1556, del Portogallo 1580),
    sovrano   25/10/1555 - 13/9/1598
Alessandro Farnese
    (du. di Parma 1586, govern. dei Paesi Bassi
    del nord 1578-81) govern.   1581 - 3/12/1592
Pietro Ernesto ct. di Mansfeld
    govern.   dic. 1592 - genn. 1594 († 1604)
Ernesto d'Austria, fr. di Rodolfo V imp.
    e re di Germania, govern.   30/1/1594 - 21/2/1595
Pedro Enriquez de Acevedo ct. de Fuentes
    govern.   1595 - genn. 1596 († 1610)

Alberto d'Austria, il Pio, f. dell'imp. Massimiliano II
(arciv. di Toledo 1594-98, ct. del Tirolo 1620),
govern. 29/1/1596, poi sovrano   6/5/1598 - 13/7/1621
Isabella Clara, f.a del re di Spagna,
cug. e sp. (13/4/1599) di Alberto d'Austria,
govern.   6/5/1598 - 1/12/1633
Filippo V [IV] re di Spagna e Portogallo   31/3/1621 - 17/9/1665
Francisco de Moncada govern. inter.   dic. 1633 - 4/11/1634 († 1635)
Fernando, fr. di Filippo IV, re di Spagna
(card. e arciv. di Toledo), govern.   4/11/1634 - † 9/11/1641
Francisco de Mello ct. d'Assumar govern.   nov. 1641 - 1644
Manuel de Moura Cortereal march. di Castel
Rodrigo, govern.   1644 - 1647 († 30/1/1661)
Leopoldo Guglielmo d'Austria,
f. dell'imp. Ferdinando II, govern.   1647 - 1656 († 21/11/1662)
Juan de Austria, f. nat. di Filippo IV re di Spagna
(viceré di Napoli 1648), govern.   1656 - mar. 1659 († 17/9/1679)
Luis de Benavides y Carrillo march. de Fromiata
govern.   1659 - sett. 1664 († 6/1/1668)
Francisco de Moura y Cortereal
march. di Castel Rodrigo govern.   1664 - sett. 1668 († 23/11/1675)
Carlo II, f. di Filippo IV, re di Spagna   17/9/1665 - 1/11/1700
Íñigo Melchior Fernández de Velasco
du. de Feria govern.   v. sett. 1668 - lug. 1670
Juan-Domingo de Zúñiga y Fonseca
ct. de Monterey govern.   1670 - febb. 1675
Carlos de Gurrea du. de Villahermosa govern.   1675 - ott. 1677
Alessandro Farnese, fr. di Ranuccio II du. di Parma,
govern.   24/10/1678 - rin. apr. 1682 († 18/2/1689)
Ottone-Enrico march. del Carretto ct. di Millesimo
govern.   apr. 1682 - 19/6/1685
Francisco Antonio de Agurto march. di Castañaga govern.   1685 - 1692
Massimiliano di Wittelsbach (elettore di Baviera 1679)
govern.   26/3/1692 - 22/3/1701
Filippo VI [V] di Borbone re di Spagna e Sicilia 1700
succ.   16/11/1700 - 6/3/1714
Isidro de la Cueva y Benavides march. di Bedmar
e d'Assentar ct. de Villanova govern. inter.   1701 - 1704
Massimiliano elettore di Baviera govern.
(poi princ. 1712-14)   1/10/1704 - lug. 1706
gov. del consiglio di stato   20/7/1706 - 1714
i Paesi Bassi del sud passano all'Austria
(pace di Rastadt)   6/3/1714 - dic. 1794
Joseph Lothar ct. di Königseck govern. gen.   nov. 1715 - genn. 1716
Eugenio Giovanni Francesco di Savoia-Soisson
luogot., govern. e capit. gen.   25/1/1716 - rin. 8/12/1724 († 1736)

Wilrich ct. di Daun govern. inter.   dic. 1724 - 9/10/1725
Maria Elisabetta, f. di Carlo II arciduca d'Austria,
    govern.   9/10/1725 - 26/8/1741
Friedrich August ct. di Harrach-Rohrau
    govern. e capit. gen. inter.   ag. 1741 - 1744
Maria Anna, f. di Carlo II d'Austria, govern.
    assieme al marito   1744 - 16/12/1744
Carlo Alessandro princ. di Lorena
    marito di Maria Anna govern.   1744 - 4/7/1780
Georg Adam princ. di Starhemberg govern. inter.   1780 - 1781
Maria Cristina, f. di Francesco I imp. e di Maria Teresa
    d'Austria, e Alberto-Casimiro di Sassonia Teschen
    suo marito, luogot., govern. e capit. gen.   1781 - 1793
Bruxelles in potere dei ribelli   dic. 1789
tutte le province belghe eccetto il Lussemburgo
    procl. l'indip.   4/1/1790 - nov. 1792
sono invase da truppe franc.   nov. 1792 - 18/3/1793
Carlo Lodovico d'Austria (du. di Teschen 1822-47)
    govern.   mar. 1793 - dic. 1794
i francesi occupano il Belgio che poi sgombrano
    dopo la batt. di Neerwinden   18/3/1793
i francesi (gen. Pichegru) occupano ancora le province belghe,
    poi l'Olanda (gen. Daendels) scacciandone gli inglesi   25/12/1794
l'Austria cede alla Francia le province belghe   apr. 1797
occup. franc. – i Paesi Bassi del sud
    prendono il nome di Belgio   dic. 1794 - 21/7/1814
unione del Belgio alle province del nord (Olanda)
    costituite per Guglielmo I d'Orange
    march. de Cappellen amministratore   21/7/1814 - 30/9/1830
insurrezione di Bruxelles (25/8) poi di tutto
    il Belgio – gov. provv.   27/9/1830 - 25/2/1831
il Belgio si dichiara indip.   18/11/1830
gov. provv.   26/9/1830 - 25/2/1831
Erasme-Louis barone de Surlet di Chokier
    regg.   25/2 - 21/7/1831 († 7/8/1839)
Leopoldo I di Sassonia-Coburgo Gotha
    [sp. Luigia Maria d'Orléans († 1850)]
    el. re del Belgio 4/6, sale al trono   21/7/1831 - 10/12/1865
il consiglio di gabinetto govern.   10-17/12/1865
Leopoldo II, f. di Leopoldo I (sovrano dello stato
    del Congo dal 1885), succ.   17/12/1865 - 17/12/1909
Alberto Leopoldo nip.,
    f. di Filippo ct. delle Fiandre   17/12/1909 - 20/8/1914 dep.
occup. tedesca, govern. gen. von der Goltz   20/8/1914 - 18/11/1918
Alberto Leopoldo rimesso sul trono
    [sp., 2/10/1909, Elisabetta di Baviera]   22/11/1918 - 17/2/1934

Leopoldo III, f.
[sp. I, 4/11/1926, Astrid di Svezia († 29/8/1935);
sp. II, 11/9/1940, Maria Liliana Baels]
(regg. il fr. Carlo di Fiandra 27/9/1944 - 22/7/1950,
delega i poteri al f. Baldovino 5/8/1950)   23/2/1934 - abd. 16/7/1951
Baldovino I, f.
[sp., 15/12/1960, Fabiola de Mora y Aragón]   17/7/1951 - 4/4/1990 abd.
Baldovino I re di nuovo   6/4/1990 - 31/7/1993
Alberto re   9/8/1993 -
ammissione nell'EURO   30/4/1998

c) *Lussemburgo*

ct., poi du. dal 1354, granduchi dal 1815

Sigfried, f. di Widerico (?),
   acquista dall'ab. di S. Massimo di Treviri
   il castello di Lutzelburg, ct.   12/4/963 - v. 26/11/998
Federico, f., ct.   998 - 1019
Gilberto o Giselberto, f., ct.   1019 - fra 1055 e 1060
Corrado I, f., ct.   v. 1060 - 20/8/1086
Guglielmo, f.   1086 - fra 1127 e 1130
Corrado II, f.   1130 - 1136
Enrico I, il Cieco, f. di Goffredo ct. di Namur
   e nip. di Corrado I, ct.   1136 - 1196
Ermesinda, f.a, e Tebaldo ct. di Bar suo marito († 1214), ct.   1196 - 12/2/1214
Ermesinda sola [sp. di Walerano,
   f. di Enrico III du. di Limburg] ct.   12/2/1214 - 1247
Enrico II, il Grande, f. di Ermesinda
   e di Walerano (du. di Limburg), ct.   1247 - 1281
Arrigo III, f. (du. di Limburg), ct.   1281 - 5/6/1288
Arrigo IV [VII], f., regg. durante la minorità
   la madre Beatrice d'Avesnes (re dei rom. 1308,
   imp. 1312), succ.   5/6/1288 - 24/8/1313
Giovanni, il Cieco, f. (re di Boemia 1310), succ. 24/8/1313 - 26/8/1346
Carlo, f. [IV] (re di Boemia e di Germania 1346,
   re d'Italia e imp. rom. 1355), succ.   26/8/1346 - rin. 1353 († 29/11/1378)
Venceslao I, fr. (du. del Brabante 1355),
   succ. 1353 [sp. Giovanna Maria, du. (1355)
   di Brabante], nom. du.   1354 - 7/12/1383
Venceslao II, l'Infingardo, f. di Carlo,
   (elettore di Brandenburgo 1373, re dei rom. 1376,
   di Germania e Boemia 1378), du.   7/12/1383 - 16/8/1419
Jobst, nip. (march. di Moravia 1375, elettore di
   Brandenburgo 1388, re dei rom. 1410), du.   1388 - 16/1/1411

Antonio, f. di Filippo di Borgogna (du. del Brabante 1405),
  du., succ.   1411 - 25/10/1415
Elisabetta di Görlitz, sor. di Jobst. e ved. di Antonio, sp.
  nel 1418 di Giovanni re di Baviera († 6/1/1425),
  du., succ.   25/10/1415 - 3/8/1451
Sigismondo, fr. di Venceslao II (elettore di Brandeburgo 1378,
  re d'Ungheria 1387, re dei rom. 1410, di Boemia 1419,
  imp. rom. 1433), du., succ. al fr.   16/8/1419 - 9/12/1437
Alberto d'Absburgo, gen.o di Sigismondo
  (du. d'Austria, re di Boemia e Ungheria 1437,
  dei rom. 1438), du., succ.   9/12/1437 - 27/10/1439
Elisabetta, f.a di Sigismondo e ved. di Alberto,
  du.   27/10 - rin. dic. 1439 († 1442)
Anna († 1462), f.a di Alberto,
  con Guglielmo di Turingia suo marito († 1482), du.   dic. 1439 - 1443
Ladislao, fr. (arciduca d'Austria e re di Boemia 1440,
  d'Ungheria 1453), du.   1443 - 23/11/1457
Filippo, il Buono, f. di Giovanni du. di Borgogna
  (du. di Borgogna e sig. dei Paesi Bassi 1419),
  amministratore del duc. dal 1441, du.   25/10/1451 - 15/6/1467
rimane unito ai Paesi Bassi del sud
  e ne segue le sorti   giu. 1467 - 1/10/1795
occup. franc.   1/10/1795 - mag. 1815
una parte è unita alla Prussia,
  il rimanente è eretto in granducato,
  dip. dalla Confederazione germanica   10/5/1815
Guglielmo I d'Orange-Nassau re dei paesi Bassi,
  f. di Guglielmo V,
  granduca   10/5/1815 - 7/10/1840 abd. († 12/12/1843)
Guglielmo II, f., re dei Paesi Bassi,
  granduca del Lussemburgo   7/10/1840 - 17/3/1849
Guglielmo III, f., re dei Paesi Bassi,
  granduca   17/3/1849 - 23/11/1890
Adolfo Guglielmo di Nassau, f. di Guglielmo
  du. di Nassau, granduca   23/11/1890 - 17/11/1905
Guglielmo, f., granduca [sp. Maria Anna infanta
  di Portogallo, regg. per il marito]   17/11/1905 - 25/2/1912
Maria Adelaide, f.a, sotto regg. di Maria Anna,
  granduchessa ved.   25/2/1912 - abd. 14/1/1919 († 24/1/1924)
Carlotta (Adelgonda Guglielmina), sor.
  [sp., 6/11/1919,
  il princ. Felice di Borbone-Parma]   15/1/1919 - abd. 12/11/1964
Giovanni, f. [sp., apr. 1953, Giuseppina Carlotta,
  f.a dell'ex re del Belgio, Leopoldo III]   12/11/1964 - ...
ammissione nell'EURO   30/4/1998

Polonia[30]

du., poi re

du. di razza slava, incerti: Lech I v. 550, Craco v. 600, Przemysl I v. 760 ... ecc.	
Piast du. fondatore della prima dinastia «Piasti» polacca v.	842 - 861 c.
[Zsemowit, f., 861 - 892, Lesko (Leszek) I, f., 892 - 913, Ziemomislaw, f., 913 - 960]	861 - 960
Miecislaw (Mscislaw) I, f. di Ziemomislaw (cristiano dal 966) [sp. Dembrowka, f.a di Boleslaw, re di Boemia], du.	960 - 992
Boleslaw I, Chrobry (l'Intrepido), f., succ. 992, re	v. 1025 - 28/10/1025
Miecislaw II, f., re	28/10/1025 - 1031 abd.
e di nuovo	1032 - 15/3/1034
Bezprim, fr., re	1031 - 1032
Casimir I, il Riparatore, f., tut. la madre Richeza, f.a del palatino Ezone di Rhein, re	1034 - 28/11/1058
Boleslaw II, Smialy (l'Ardito), f., re	28/11/1058 - dep. 1079 († 1082)
Ladislaw I Herman, fr. du.	1079 - 26/7/1102
Boleslaw III, Krzywousty (Boccatorta) f., re	26/7/1102 - 1139
Ladislaw II f., re	1139 - 1146 dep. († 1163)
Boleslaw IV, Kedzierzawy (il Ricciuto), fr., re	1146 - 30/10/1173
Miecislaw III, Stary (il Vecchio), fr., re succ.	30/10/1173 - dep. 1177 e 1200 - 1201 dep.
Casimir II (il Giusto), fr., re	1177 - 4/5/1194 dep.
Lesko II Bialy (il Bianco), f., regg. Elena sua madre	4/5/1194 - 1200 dep. 1201 e 1206 - 11/11/1227
Miecislaw III, Stary, di nuovo re	1201 - 1202
Ladislaw III, Laskonogi (Gamba sottile), f.	1202 - 1206 dep. († 1231)
Boleslaw V, il Casto, f., regg. Corrado suo zio fino al 1238, re [i mongoli devastano la Polonia 1240]	11/11/1227 - 10/10/1279
Lesko III, Czarny (il Nero), pronip. di Casimir II, re, succ.	10/12/1279 - 1288
Boleslaw VI, nip., re	1288 († 1313)
Enrico, pronip. di Ladislaw II (du. di Breslau 1266), re	v. 1288 - 1290
Przemislaw, pronip. di Ladislaw III (du. di Posnania 1272-96) [1290-91], re	26/6/1295 - 8/2/1296
Ladislaw IV Lokietek, fr. di Lesko III, du.	febb. 1296 - 1300 dep.
Venceslaw I, gen.o (re di Boemia 1283) [1291 - 1300], re	1300 - 21/6/1305
Venceslaw II, f. (re di Boemia 1305), re	21/6/1305 - 4/8/1306

Ladislaw IV Lokietek di nuovo du. 1306, re 1320 - 10/3/1333
Casimir III, il Grande, f. [sp. Anna di Lituania] 10/3/1333 - 5/11/1370
Luigi I d'Anjou, il Grande, nip.
  (re d'Ungheria 1342), re 5/11/1370 - 11 o 12/9/1382
interregno 12/9/1382 - 1384
Edvige, f.a di Luigi I d'Anjou 1384 - 17/2/1386 († 1396)
Ladislaw V Jagellone (granduca di Lituania 1382)
  marito di Edvige re 17/2/1386 - 31/5/1434
Ladislaw VI Warnenczyk, f. (re d'Ungheria 1440),
  succ. sotto regg. giu. 1434 - 10/11/1444
Casimir IV, fr., succ. 1445, cor. 26/6/1447 - 7/6/1492
Giovanni I Alberto, f. v. giu. 1492 - 17/6/1501
Alessandro, fr. (granduca di Lituania 1492) giu. 1501 - 19/8/1506
Sigismondo I, il Vecchio, fr. (granduca
  di Lituania 1506), succ. 20/10/1506, cor. 24/1/1507 - 1/4/1548
Sigismondo II Augusto I, f.
  (granduca di Lituania dal 1544), succ. 1/4/1548 - 7/7/1572
Enrico di Valois (re di Francia 1574-89),
  el. re 9/5/1573, cor. febb. 1574 - dep. 15/7/1575 (ucc. 2/8/1589)
Stefano Báthory, cogn. di Sigismondo II
  (princ. di Transilvania 1572-76), el. 15/12/1575 - 13/12/1586
Sigismondo III Wasa, nip. (re di Svezia 1592),
  el. re 9/8, cor. 27/12/1587 - 29/4/1632
Ladislaw VII, f. (zar di Russia 1610-12) 13/11/1632 - 19/5/1648
Giovanni Casimir V, fr. [sp., 1649, Maria Luigia
  († 1667), f.a di Carlo I Gonzaga du. di Mantova],
  re 20/11/1648, cor. 17/1/1649 - 16/9/1668 abd. († 16/12/1672)
interregno 16/9/1668 - 19/6/1669
Michele Korybut Wiszñiewiecki el. 19/6/1669 - 10/11/1673
Giovanni III Sobieski 21/5/1674 - 17/6/1696
interregno 17/6/1696 - 15/9/1697
Federico Augusto II di Sassonia
  (elettore di Sassonia 1694) cor. 15/9/1697 - dep. 15/2/1704 († 1733)
Stanislao I Leszczynski di Posnania
  (du. di Lorena 1737) el. 12/7/1704 - 24/9/1709 dep.
Federico Augusto II di Sassonia di nuovo re fine ag. 1709 - 1/2/1733
Stanislao I Leszczynski pred.
  re 12/9/1733 - dep. genn. 1734 - rin. 3/10/1735[31]
Federico Augusto III di Sassonia,
  f. di Federico Augusto II
  (elettore di Sassonia 1733), re 5/10/1733, cor. 17/1/1734 - 5/10/1763
interregno dal 5/10/1763 al 6/9/1764
Stanislao II Poniatowski el. re 6/9
  cor. 25/11/1764 - abd. 25/11/1795 († 12/12/1798)
partizioni della Polonia fra la Russia, l'Austria
  e la Prussia (tratt. di Pietroburgo 5/8/1772) lug. 1793 e 24/10/1795

la Prussia ottiene i distretti situati tra il Niemen fino a Grodno,
e il Bog affluente orientale della Vistola con i territori di Bialistok
e di Plock, la prov. di Varsavia fino alla Pilica affluente
occidentale della Vistola e un piccolo distretto del palatinato
di Cracovia. L'Austria ottiene la maggior parte del palatinato
di Cracovia e tutto il paese dalla Pilica al Bog.
La Russia il paese alla destra del Niemen e del Bog,
il resto della Lituania e della Volinia   24/9/1795 - 8/7/1807
pace di Tilsit (8/7/1807) – ricostituito uno stato polacco
coi duc. di Posen e di Varsavia, detto granducato
di Varsavia – Federico Augusto di Sassonia,
nip. di Federico Augusto III (elettore, poi re di
Sassonia 1763), nom. granduca di Varsavia   8/7/1807 - giu. 1813
il granducato è soppresso dai russi   giu. 1813
Cracovia è costituita in rep. separata sotto il protettorato
di Austria, Russia e Prussia, tratt.   21/4 e 3/5/1815 - 1830[32]
il granducato di Posen è restituito alla Prussia
– la Russia occupa il granducato di Varsavia[33]
– gov. del granduca Costantino, fr. dello zar   giu. 1815 - 29/11/1830
insurrezione di Varsavia e cacciata del granduca
Costantino – gov. provv.   29/11 - dic. 1830
sgombero dei russi dalla Polonia   13/12/1830
il gen. Klopicki ottiene la dittatura   5/12/1830 - rin. febb. 1831
il princ. Radziwill generalissimo,
poi (26/2) il gen. Skrzynecki   febb. - mag. 1831
Dembiuski generalissimo (in lug.) dopo pochi giorni
Krukowiecki ditt.   16/8 - 7/9/1831
capitolazione di Varsavia (7/9),
la Polonia è nuovamente aggregata all'Impero russo
con propria amministrazione   9/9/1831 - 15/1/1863
insurrezione nazionale a Varsavia,
Plock, Radzin, Siedler   15/1/1863 - mar. 1864
la Polonia è di nuovo aggregata alla Russia   mar. 1864 - 24/2/1867
il regno di Polonia fuso col resto dell'Impero russo
è diviso in 10 prov.   27/11/1867 - 5/11/1916
dichiarata regno indip. dalla Germania e dall'Austria   5/11/1916
ristabilimento effettivo della Polonia indip. dalla Russia,
dalla Germania e dall'Austria con gli antichi territori   14/11/1918
rep. dem. unitaria procl. 14/11/1918,
ricon. dal tratt. di Versailles   28/1/1919
gov. provv. – gen. Josef Pilsudski
pres. el.   14/11/1918, riel. 20/2/1920 - 9/12/1922
assemblea costituente di 191 mem. el. febb. 1919
– Gabriel Narutowicz pres. della rep.   9/12/1922 - 16/12/1922
Stanislas Wojciechow pres. el.   19/12/1922 - mag. 1926 dep.
Vilna e suo territorio le sono assegnati   febb. 1923

Ignac Moscicki pres. el. per 7 anni   4/6/1926 - 29/9/1939
invasione tedesca   1/9/1939
Wladyslaw Raczkiewicz pres. rep. in esilio   29/9/1939 - 2/8/1945 †
Wladyslaw Sikorski pres. cons. in esilio   6/10/1939 - 4/7/1943 †
Stanislaw Mikolajczyk pres. consiglio in esilio   4/7/1943 - 29/11/1944
Tomasz Arciszewski pres. consiglio in esilio   30/11/1944 - 2/8/1945
formazione del gov. polacco di unità nazionale   28/6/1945
Edward Osóbka-Morawski pres. consiglio   28/6/1945 - 7/2/1947
procl. della rep.   4/2/1947
Boleslaw Bierut pres. rep.   5/2/1947 - nov. 1952
Józef Cyrankiewicz pres. consiglio   7/2/1947 - nov. 1952
Boleslaw Bierut segr. Partito operaio (POUP)   2/9/1948 - 12/3/1956
A. Zawadzki pres. consiglio di stato[34]   nov. 1952 - 7/8/1964
Boleslaw Bierut pres. consiglio   nov. 1952 -19/3/1954
Józef Cyrankiewicz pres. consiglio (di nuovo)   19/3/1954 - 23/12/1970
Edward Ochab segr. Partito operaio   mar. 1956 - 21/10/1956
Wladyslaw Gomulka segr.
   Partito operaio (POUP)   1943 - 2/9/1948 e 21/10/1956 - 20/12/1970
Edward Ochab pres. consiglio di stato[34]   12/8/1964 - 9/4/1968
Marian Spychalaski pres. consiglio di stato[34]   11/4/1968 - 23/12/1970
Edward Gierek segr. Partito operaio   20/12/1970 - 5/9/1980
Józef Cyrankiewicz pres. consiglio di stato[34]   23/12/1970 - 19/3/1972
Piotr Jaroszewicz pres. consiglio   23/12/1970 - 12/2/1981
Henryk Jablonski pres. consiglio di stato[34]   28/3/1972 -12/2/1981
scioperi nei cantieri navali di Danzica   14/8/1980
nascita del sindacato libero Solidarnosc   sett. 1980
Stanislas Kania primo segr.   5/9/1980 - 12/2/1981
Wojciech Jaruzelski pres. consiglio[34]   10/2/1981 - 24/8/1989
Wojciech Jaruzelski pres. rep.   13/12/1981 - 9/12/1990
il sindacato libero Solidarnosc è messo fuori legge   8/10/1982
Tadeusz Mazowiecki pres. consiglio   12/9/1989 - 26/11/1990
Lech Walesa pres. rep.   9/12/1990 - 20/11/1995
Jan Krysztof Bielecki pres. consiglio   5/1/1991 - 15/12/1991
ingresso nel Consiglio d'Europa   6/11/1991
Jan Oszewski pres. consiglio   15/12/1991 - 19/9/1993
Waldemar Pawlak pres. consiglio   25/10/1993 - 4/3/1995
Józef Olesky pres. consiglio   4/3/1995 - 24/1/1996
Alexander Kwasniewski pres. rep.   23/12/1995 -
Wlodzimierz Cimoszewicz pres. consiglio   8/2/1996 -

Portogallo

ct., re dal 1139

regno degli svevi nella Lusitania   416 - 584

Hermerico 409 - 441; Réquila 441 - 448; Requiario 448 - 457;
Remismundo 464 - 469; Teodomiro 559 - 570; Miro 570 - 583;
Eborico 583 - ...; Andeca 584 - 585
– i visigoti: Ataulfo, Sigerico, Wallis, Teotoredo,
Turismondo, Teodorico, Eurico, Leovigildo, Recaredo I (cattolico),
Wamba, Rodrigo (711)   v. 584 - 712
– i mori   712 - fine sec. XI
– unione alla Castiglia   fine sec. XI - 1094
Enrico I, casa di Borgogna, nip. di Roberto
    du. di Borgogna e gen.o di Alfonso VI re di Castiglia,
    nom. ct. delle province
    tra il Minho e il Duero (Portogallo)
    [sp. Teresa di Castiglia], re   1094 - 1/5/1114
Alfonso I «Henriquez», f.[35],
    regg. la madre Teresa di Castiglia fino a 1128,
    ct. 1/5/1114,
    vince i mori, accl. re   25/7/1139,
                                       confermato 1143 - 6/12/1185
Sancho I, Poplador, f. (tit. di re d'Algarve 1189,
    acquista l'Alentejo) 1203, cor. re   v. 12/12/1185 - 27/3/1211
Alfonso II, il Grosso, f.
    [toglie ai mori (1217) Alcazar do Sal]   27/3/1211 - 25/3/1223
Sancho II, Capello, f.   25/3/1223 - dep. 11/1/1245 († 1/1/1248)
Alfonso III, il Restauratore, fr.[36],
    regg. dal 1245
    [sp., 1245, Matilde di Savoia, † 1258,
    f.a di Amedeo III], re   3/1/1248 - 16/2/1279
Dionigi (Diniz), il Giusto, f.
    [sp. Isabella, † 1336,
    f.a di Pietro III d'Aragona], re   16/2/1279 - 7/1/1325
Alfonso IV, l'Ardito, f.
    [sp. Beatrice di Castiglia], succ.   7/1/1325 - 28/5/1357
Pietro I, il Giustiziere, f., re   28/5/1357 - 18/1/1367
Ferdinando, f., col quale si estingue la linea
    maschile dei re borgognoni   18/1/1367 - 29/10/1383
Giovanni I, il Grande,
    gran maestro dell'ordine degli Aviz,
    f. nat. di Pietro I, regg.   29/10/1383, re 1385 - 14/8/1433
Edoardo (Duarte), f. [sp. Eleonora d'Aragona]   14/8/1433 - 17/9/1438
Alfonso V, l'Africano, fr.,
    regg. la madre Eleonora d'Aragona fino al 1439,
    poi Pietro suo zio fino al 1449[37], re   17/9/1438 - 28/8/1481
Giovanni II, il Perfetto, f., re   29/8/1481 - 25/10/1495
Emanuele d'Aviz, il Fortunato,
    cug. (f. di Ferdinando du. di Viseo), re   ott. 1495 - 13/12/1521
Giovanni III, f.   19/12/1521 - 11/6/1557

Sebastiano d'Aviz, nip.,
   regg. Caterina sua avola fino al 1562,
   poi il card. Enrico suo prozio, succ.   11/6/1557 - 4/8/1578 ucc.
Enrico II d'Aviz, prozio (arciv. di Evora 1540,
   di Lisbona 1564, card. 1565), già regg., re   4/8/1578 - 31/1/1580
[Antonio gran priore di Crato
   nip. illegittimo   24/6 - dep. 25/8/1580 († 26/8/1595)]
Filippo I [II] d'Absburgo-Spagna,
   f. di Carlo V imp. (re di Spagna 1556),
   procl. re del Portogallo   2/9/1580 - 13/9/1598
Filippo II [III], f. (re di Spagna 1598), re   13/9/1598 - 31/3/1621
Filippo III [IV] (re di Spagna 1621)
[sp., 1615, Isabella,
   f.a di Enrico IV di Francia], re   31/3/1621 - dep. 1/12/1640 († 17/9/1665)
Margherita di Savoia,
   f.a di Carlo Emanuele I e ved.
   del du. di Mantova, viceregina   1635 - 1/12/1640 († 25/6/1655)
riv. nel Portogallo
   promossa dagli amici di Giovanni di Braganza   nov. 1640
Giovanni IV di Braganza, il Fortunato,
   f. di Teodoro du. di Braganza, procl. re   8/12/1640 - 6/11/1656
Alfonso VI, f., regg. la madre Anna Luisa
   di Gúzman fino al 1662   6/11/1656 - 23/9/1667 dep.
                              († 12/9/1683)
Pietro II, fr., regg. dal 23/9/1667, procl. re   12/9/1683 - 9/12/1706
Giovanni V, f. (*rex fidelissimus* 23/12/1748)
   [sp. Maria Anna d'Austria, f.a di Leopoldo I],
   re dal 9/12/1706, cor.   1/1/1708[38] - 31/7/1750
Giuseppe-Emanuele, f.
   [lascia il gov. al march. de Pombal,
   dal 1766 è regg. per lui la mogl. Maria Anna,
   f.a di Filippo V di Spagna]   31/7/1750 - 24/2/1777
Maria I, f.a, succ. col marito e zio Pietro (III),
   poi govern. il du. di Lafoens e dal 1790
   regg. il f. Giovanni VI   24/2/1777 - 30/11/1807 dep.
Pietro III, f. di Giovanni V e marito (1760)
   di Maria I, succ.   24/2/1777 - 25/5/1786
occup. franc. (gen. Junot)
   – smembramento della monarchia   30/11/1807 - dic. 1813
Maria I, rist.   dic. 1813 - 20/3/1816
Giovanni VI, f.,
   già regg. per la madre dal 1/2/1790 al 1807
   (dimora nel Brasile 1808-22), succ.,
   con regg.a inglese fino al 24/8/1820, re   20/3/1816 - 10/3/1826
Pietro IV, f. (imp. del Brasile 1822-31), succ.,
   regg. Isabella sua sor.   27/3 - 2/5/1826 rin. († 24/9/1834)

Maria II, da Gloria, f.a, regg. Isabella,
fino al 26/2/1828, poi Michele suo zio
fino al 30/6/1828, succ. 2/5/1826   23/9/1833 - 15/11/1853
Michele, fr. di Pietro IV, regg. dal 3/7/1826,
si dichiara re   25/6/1828 - 26/5/1834 rin. († 14/11/1866)
Pietro V, f. di Maria II
e di Ferdinando di Sassonia-Coburgo-Gotha,
sotto regg.a del padre, fino al 16/9/1855,
succ.   15/11/1853 - 11/11/1861
Luigi I, fr., regg. il padre Ferdinando
[sp., 1862, Maria Pia di Savoia]   11/11, cor. 23/12/1861 - 19/10/1889
Carlo I, f.
[sp. Maria Amalia di Borbone-Orléans, * 1865]   19/10/1889 - 1/2/1908
Manuel II, f., re   1/2/1908 - 5/10/1910 dep.
procl. della rep. democratico-unitaria 5/10/1910
 – gov. provv., pres. Teofilo Braga   5/10/1910 - 19/6/1911
l'assemblea costituente procl. la rep. 19/6/1911,
pres. Braachamp   20/6 - 24/8/1911
Manuel de Arriaga pres. rep.   24/8/1911 - 7/8/1915
Bernardino Machado pres. rep.   7/8/1915 - 6/8/1919
Antonio José de Almeida pres. rep.   6/8/1919 - 6/8/1923
Manuel Texeira Gomes pres. rep.   6/8/1923 - 10/12/1925
Bernardino Machado di nuovo pres. rep.   11/12/1925 - 1/6/1926
govern. militari   1/6/1926 - 29/11/1926
António Oscar de Fragoso Carmona ditt.   29/11/1926 - mar. 1928
António Oscar de Fragoso Carmona pres. rep.   mar. 1928 - 18/4/1951
António de Oliveira Salazar pres. consiglio   5/7/1932 - 26/9/1968
Francisco H. Craveiro Lopes pres. rep.   22/7/1951 - 9/8/1958
Américo de Deus Rodrigues Tomás pres. rep.   9/8/1958 - 25/4/1974
Marcelo Caetano Das Neves Alves pres. consiglio 26/9/1968 - 25/4/1974 dep.
Rivoluzione «dei garofani»   25/4/1974
António Sebastião de Spinola pres. rep.   15/5/1974 - 30/9/1974 rin.
Vasco dos Santos Gonçalves pres. consiglio   18/7/1974 - 30/9/1975
Francisco Costa Gomez pres. rep.   30/9/1974 - 14/7/1976
José Pinheiro de Azevedo pres. consiglio   1/10/1975 - 27/6/1976
Mario Soares pres. consiglio   23/7/1976 - 23/7/1978
Antonio dos Santos Ramalho Eanes pres. rep.   14/7/1976 - 9/3/1986
Alfredo Nobre da Costa pres. consiglio   9/8/1978 - 14/9/1978
Carlos Mota Pinto pres. consiglio   25/10/1978 - 7/6/1979
Maria Lourdes Pintassilgo pres. consiglio   7/6/1979 - 2/12/1979
Francisco Sá Carneiro pres. consiglio   3/1/1980 - 4/12/1980 †
Francisco Pinto Balsemão pres. consiglio   13/12/1980 - 25/4/1983
Mario Soares pres. consiglio   25/4/1983 - 31/10/1985
Annibal Carraco Silva pres. consiglio   31/10/1985 - 28/1/1995
ammissione alla CEE   1/1/1986
Mario Soares pres. rep.   9/3/1986 - 14/1/1996

Joaquim Fernando Nogueira pres. consiglio   28/1/1995 - 1/10/1995
Antonio Guterres pres. consiglio   12/10/1995 -
Jorge Sampaio pres. rep.   14/1/1996 -
ammissione nell'EURO   30/4/1998

Russia

a) *Principato e impero di Russia*

granprincipi di Nowgorod e di Kiew

rep. slava di Nowgorod	480 - 862
Rurik capo dei normanno-svedesi abbattuta la rep. slava di Nowgorod fonda una monarchia (Russia) e s'intitola granprincipe di Nowgorod	v. 862 - 879
Oleg tut. di Igor f. di Rurik e regg. [a Kiew 892]	879 - v. 913
Igor I sotto tut. 879 - 912 granprincipe	v. 913 - 945
Swiatoslaw I, f., regg. Olga († 968) sua madre fino al 964, granprincipe	945 - 973
Jaropolk I, f., granprincipe	973 - 980
Wladimir I, il Grande, fr.	980 - 15/7/1015
Swiatopolk I, f. di Jaropolk, 15/7/1015 - rin. 1016, poi	1017 - dep. 1019
Jaroslaw I, f. di Wladimir I, battezzato 988, granprincipe di Nowgorod dal 1019, di Kiew 1016 - dep. 1017, poi 1019 - 1054	
Isiaslaw I, Demetrio, f.	1054 - dep. 1068
Wseslaw Bracislawič, pronip. di Wladimir I 1068 - dep. 1069 († 1101)	
Isiaslaw I di nuovo	1069 - dep. 1073
Swiatoslaw II, f. di Jaroslaw I	1073 - 1076
Wsewolod I Jaroslawič, fr. di Isiaslaw I	1076 - dep. 1077
Isiaslaw I di nuovo	1077 - 1078
Wsewolod I di nuovo	1078 - 13/4/1093
Michele Swiatopolk II, f. di Isiaslaw I	13/4/1093 - 1113
Wladimir II, Monomaco, f. di Wsewolod I	1113 - 1125
Mstislaw I, f.	1125 - 1132
Jaropolk II, fr.	1132 - 1139
Wiaceslaw, fr.	1139 - dep. dopo 12 giorni
Wsewolod II Olgowič, nip. di Swiatoslaw II, pred.	1139 - 1146
Igor II Olgowič, fr.	1146 - dep. dopo 40 giorni
Isiaslaw II, f. di Mastislaw I	1146 - 1149 dep.
Iouri (Giorgio) I, f. di Wladimir II, granprincipe di Wladimir	1149 - 1150 dep.
Isiaslaw II di nuovo e Wiaceslaw suo zio	1150
Iouri I di nuovo	1150 - 1151 dep.
Isiaslaw II di nuovo	1151 - 1154
Rostislaw, f. di Mstislaw I, pred. 1154 - dep. 1155 e 1158 - 1167	

Isiaslaw II Dawidowič,
nip. di Swiatoslaw, succ.   1155 - dep. 1157 - 1158 e 1161
Mstislaw II, f. di Isiaslaw II   1167 - 1169 e 1170 († 1170)
Iouri I di nuovo   1155 - 1157

granprincipi di Souzdal e Wladimir

Andrea I Bogolunskii, f. di Iouri I, princ. di Souzdal e Wladimir	1157 - 29/6/1174
Jaropolk e Mstislaw, nip. di Andrea I	1174 - 1175
Michele I, fr. di Andrea I	1175 - 1176
Wsewolod III, fr.	1176 - 1212
Iouri II f., princ. di Souzdal e Wladimir	1212 - 1216 dep.
Costantino, fr., princ. di Rostow, e (1216) di Wladimir	1212 - 1218
Iouri II di nuovo	1218 - 1238
Jaroslaw II Feodor, fr. [i mongoli invadono e dominano la Russia, meno Nowgorod 1238 - 1481]	1238 - 1246
Swiatoslaw III, fr.	1246 - dep. 1248
Michele, f. di Jaroslaw II	1248 †
Swiatoslaw III di nuovo	1248 - dep. 1249 († 1250)
Andrea II, f. di Jaroslaw II	1249 - dep. 1252 († 1264)
Alessandro I Newski, fr.	1252 - 1263
Jaroslaw III, fr. (granprincipe di Twer 1246)	1264 - 1272
Wassilii (Basilio) I, fr., granprincipe di Mosca	1272 - 1277
Demetrio I, f. di Alessandro I Newski	1277 - 1294
Andrea III, fr., sig. di Wladimir	1294 - 1304
Michele II, f. di Jaroslaw III (granprincipe di Twer 1294), succ.	1304 - 1319
Iouri III Danilowič, nip. di Andrea III (granprincipe di Mosca 1303), succ.	1319 - 1325

granprincipi di Mosca, poi zar di Russia 1547

Danilo, f. di Alessandro I Newski	1294 - 1303
Iouri III Danilowitch	1303 - 1325
Alessandro II, f. di Michele II princ. di Wladimir e di Nowgorod	1326 - dep. 1328 († 1339)
Iwan (Giovanni) I Danilowič, Kalita, fr., unisce i principati di Mosca, di Nowgorod e di Wladimir	1325 - 1340
Semen o Simeone, l'Orgoglioso, f.	1340 - 1353
Iwan II, fr.	1353 - 13/11/1359
Demetrio II, f. di Costantino Wassilievič, nip. di Andrea II, princ. di Souzdal, succ.	nov. 1359 - dep. 1362 († 5/7/1383)

Demetrio III Donskoi, f. di Iwan II, granprincipe   1362 - 19/5/1389
Wassilii II, f., granprincipe di Mosca   19/5/1389 - 27/2/1425
Wassilii III, Temnii (il Cieco), f., granprincipe   27/2/1425 - 17/3/1462
Iwan III, il Grande, f.,
    granprincipe di Mosca e Nowgorod
    e sig. di Pskow 1478, di Twer 1485, di Viatka 1489,
    caccia dalla Russia i mongoli 1480
    [sp. Sofia, f.a di Tommaso Paleologo], succ.   17/3/1462 - 27/10/1505
Wassilii IV, f. [sp. Elena ...], zar di Russia   27/10/1505 - 21/11/1533
Iwan IV [I], f., sotto tut. di Elena sua madre
    fino al 1538, poi di tre reggenti fino al 1543,
    succ. il 4/12/1533, zar e autocrate di tutte le Russie
    con nome di Iwan I   16/1/1547 - 18/3/1584
Feodor (Feodoro) I, f., ultimo dei Rurik
    [sp. Irene, sor. di Boris Godunow],
    succ. 18/3, cor.   31/7/1584 - 7/1/1598
Boris Feodorowič Godunow regg., fr. della zarina Irene,
    succ.   1598 - 23/4/1605
Feodor II, f., sotto regg.a della madre, succ.   23/4 - 10/6/1605
Giorgio Otrepief [falso Demetrio I]
    us. succ. 10/6, cor.   5/7/1605 - 17/5/1606
Wassilii Iwanowič Chouisky   21/5/1606 - dep. ag. 1610 († 12/9/1611)
falso Demetrio II us.   1608 - 11/12/1610
Ladislao Wasa (re di Polonia 1632) succ.   sett. 1610 - 1612
Michele Feodorowitch, f. di Feodor Romanow,
    el. zar 21/2, assume il gov.   19/3/1613 - 12/7/1645
Alessio, f.   12/7/1645 - 8/2/1676
Feodor III, f.   8/2/1676 - 27/4/1682
Iwan II, fr., regg. Sofia sua sor.   25/6/1682 - rin. 1689 († 29/1/1696)
Pietro I, il Grande, fr., co-regg. dal 1682, succ. 9/9/1689,
    princ. d'Estonia 1710, di Livonia 1721, imp. e autocrate
    di tutte le Russie   2/11/1721 - 28/1/1725
Caterina I Alexiewna Skawronska,
    mogl. dal 1712 di Pietro I, cor. 7/5/1724, succ.   28/2/1725 - 17/5/1727
Pietro II Alexiewitch, nip. di Pietro I,
    regg. Menzikof sino al 19/9/1727, succ.   17/5/1727 - 30/1/1730
Anna, f.a di Iwan II, pred.
    (du. di Curlandia 1711-30), succ.   febb. 1730 - 28/10/1740
Iwan III Antonowič, pronipote di Iwan II,
    regg. il du. di Biren, succ.   29/10/1740 - 6/12/1741 dep. (1764 ucc.)
Elisabetta, f.a di Pietro I, 7/12/1741, cor.   7/5/1742 - 5/1/1762
Pietro III Feodorowič di Holstein-Gottorp, nip.,
    f. di Anna Petrowna Romanow
    e di Carlo-Federico d'Holstein-Gottorp,
    succ.   5/1 - dep. 9/7/1762 (ucc. 17/7/1762)
Caterina II Alexiewna d'Anhalt-Zerbst, mogl.

dal 1/9/1745 di Pietro III, succ.   9/7, cor. 3/10/1762 - 17/11/1796
Paolo I Petrowič, f.   17/11/1796 - ucc. 13/3/1801
Alessandro I, f. (granduca di Finlandia 17/9/1809,
re di Polonia 1815)
[sp. Luisa Maria (Elisabetta) di Baden],
zar di tutte le Russie   3/3/1801 - 1/12/1825
Niccolò I, fr. (re di Polonia 26/2/1832), zar   1/12/1825 - 2/3/1855
Alessandro II, f. (re di Polonia), zar 2/3/1855, cor.   7/9/1856 - 1/3/1881 ucc.
Alessandro III, f. (re di Polonia), zar   1/3/1881 - 1/11/1894
Nicola II, f., 1/11/1894, cor.   26/5/1896 - dep. 16/3/1917 (ucc. lug. 1918)
gov. provv. rivoluzionario politico-sociale   16/3 - 15/9/1917
procl. della Rep. federativa dei soviet comunista,
Pietrogrado occupata dai bolscevichi   7/11/1917
Vladimir Ilič Ulianov, detto Lenin
pres. dei commissari del popolo el.   10/11/1917 - 21/1/1924

b) Unione delle Repubbliche Socialiste Sovietiche (URSS)

Alexei Ivanov Rikoff pres. dei commissari
del popolo el.   genn. 1924 - 1930
Josif Vissarionovič Dougazvili detto Stalin
segretario Pc   apr. 1922 - 5/3/1953
Viaceslav Michailovič Molotov pres. commissari del popolo 1930 - 6/5/1941
Michail Ivanovič Kalinin pres. presidium[39]   1938 - 18/3/1946
Josif V. Stalin pres. commissari del popolo   6/5/1941 - 1946
Josif V. Stalin pres. comitato per la difesa nazionale   22/6/1941 - 1946
Josif V. Stalin capo del gov.   1946 - 5/3/1953
Nikolaï Michailovič Svernik pres. presidium[39]   19/3/1946 - 6/3/1953
Klement Efremenovič Vorošilov pres. presidium[39]   6/3/1953 - 7/5/1960
Georgij Maximilianovič Malenkov segretario Pc   16/3/1953 - 14/3/1953
Georgij Maximilianovič Malenkov pres. cons.   16/3/1953 - 8/2/1955
Nikita Sergheïevič Chruščёv segretario Pc   13/9/1953 - 15/10/1964
Nikolaï Alexandrovič Bulganin pres. cons.   8/2/1955 - 27/3/1958
Nikita Sergheïevic Chruščёv pres. cons.   27/3/1958 - 15/10/1964
Leonid Ilič Brežnev pres. presidium[39]   7/5/1960 - 15/7/1964
Anastas Ivanovič Mikojan pres. presidium[39]   15/7/1964 - 9/12/1965
Aleksej Nikolae'vič Kosygin pres. cons.   15/10/1964 - 1980
Leonid Ilič Brežnev segretario gen. Pcus   15/10/1964 - 11/11/1982
Nikolaï Viktorovič Podgornij pres. presidium[39]   9/12/1965 - 16/6/1977
Leonid Ilič Brežnev pres. presidium[39]   16/6/1977 - 10/11/1982
Jury Vladimirovič Andropov segretario gen.
del comitato centrale del Pcus   11/11/1982 - 9/2/1984
Konstantin Cernienko segretario gen. Pcus   12/2/1984 - 10/3/1985
Michail Serghe'evič Gorbaciov segretario gen. Pcus 11/3/1985 - 29/8/1991
Andrej Andre'evič Gromiko pres. rep.   2/7/1985 - 3/10/1988

Michail Serghe'evič Gorbaciov pres. rep.   3/10/1988 - 25/12/1991
la Crimea rep. autonoma   12/2/1991
scioglimento del COMECON   28/6/1991
scioglimento del Patto di Varsavia   1/7/1991
scioglimento dell'URSS   25/12/1991

c) Comunità degli Stati Indipendenti (CSI) e Repubblica russa

nascita della Comunità degli Stati Indip. (CSI) tra
    la Russia e 11 delle 15 rep. dell'URSS   21/12/1991

Repubblica federativa russa
Boris Nikolaevič Eltsin pres. rep.   12/6/1991 -
succede all'URSS   25/12/1991
ammissione alla CSCE al posto dell'URSS   31/1/1992
ammissione all'ONU al posto dell'URSS   31/1/1992
tratt. della Federazione russa di 21 rep. autonome,
    6 territori, 10 distretti nazionali, 1 prov. autonoma,
49 regioni, 2 città federali   31/3/1992

Armenia
dichiarazione d'indip.   21/9/1991
aderisce alla CSI   21/12/1991
ammissione alla CSCE   31/1/1992
ammissione all'ONU   2/3/1992

Azerbajgian
dichiarazione d'indip.   30/8/1991
aderisce alla CSI   21/12/1991
ammissione alla CSCE   31/1/1992
ammissione all'ONU   2/3/1992

Bielorussia
dichiarazione d'indip.   27/8/1991
tra i fondatori della CSI   8/12/1991
ammissione all'ONU   2/3/1992

Georgia
dichiarazione d'indip.   9/4/1991
ammissione alla CSCE   24/3/1992
ammissione all'ONU   31/7/1992
aderisce alla CSI   23/10/1993

Kazakistan
dichiarazione d'indip.   16/12/1991

aderisce alla Csi	21/12/1991
ammissione alla Csce	31/1/1992
ammissione all'Onu	2/3/1992

Kirghizistan

dichiarazione d'indip.	31/8/1991
aderisce alla Csi	21/12/1991
ammissione alla Csce	31/1/1992
ammissione all'Onu	2/3/1992

Moldavia

dichiarazione d'indip.	27/8/1991
aderisce alla Csi	21/12/1991
ammissione all'Onu	2/3/1992

Tagikistan

dichiarazione d'indip.	9/9/1991
aderisce alla Csi	21/12/1991
ammissione alla Csce	31/1/1992
ammissione all'Onu	2/3/1992

Turkmenistan

dichiarazione d'indip.	27/10/1991
aderisce alla Csi	21/12/1991
ammissione alla Csce	31/1/1992
ammissione all'Onu	2/3/1992

Ucraina

dichiarazione d'indip.	24/8/1991
tra i fondatori della Csi	8/12/1991
ammissione all'Onu	2/3/1992

Uzbekistan

dichiarazione d'indip.	31/8/1991
aderisce alla Csi	21/12/1991
ammissione alla Csce	31/1/1992
ammissione all'Onu	2/3/1992

Serbia/Jugoslavia (Rep. federale jugoslava)

all'Imp. d'or. con qualche interruzione	678 - 1040
Stefano "Wojislaw" assicura l'indip. della Serbia	
nel 1040 - † 1042 - Michele, f., succ.	1050 - 1084
... Stefano Nemanya detto Simone, f. di Urosch	
(zupan di Raska dal 1159), si rende indip. 1186 - abd. 25/3/1195 († 1195)	

Stefano I Simone, f.
 [sp. una f.a del doge Andrea Dandolo di Venezia],   25/3/1195,
  cor. re   1220 - 21/9/1228
Stefano II Radoslav, f., re   sett. 1228 - rin. 1234
Vladislao, fr., re   1234 - 1237
Stefano III Urosch I, il Cieco, fr., succ. 1237, re   1240 - dep. 1272
Stefano IV Dragoutin, f., re (du. di Sirmia 1275)
 [sp. Caterina d'Ungheria]   1272 - dep. dal fr. 1275 († 1317)
Stefano V Urosch II Milutin, fr. (us.), re
 [sp. Simona Paleologina]   1275 - 29/10/(?)1322
Stefano VI, Urosch III Decianski,
 f. nat., re   1322 - dep. ag. 1331 († 11/11/1333)
Stefano VII Duschan, il Grande, f. (us.), re
 [sp. Elena di Bulgaria], succ.   8/9/1331
 zar dei serbi   1347 - 26/12/1355
Stefano VIII, Urosch IV, f., zar   1355 - 2/12/1366
Vouchachin Mrnyavcevič (us.)   1366 - 26/9/1371
Simone detto Sinisa Urosch,
fr. di Stefano VIII despota di Tessaglia   1366 - 26/9/1371
Lazzaro I Greblyanovič zar   1371 - 15/6/1389
Stefano Lazarevitch o Lazzaro II, il Cieco, f.,
 tut. la madre Elena Angelina Militza, succ.   1389 - 19/7/1427
Giorgio Brankovič, nip.
 (fr. di Vuk Stefano, gen.o di Lazzaro I), despota   1427
dep. dai turchi   1444 - 24/12/1456
Lazzaro II, f., re, assoc. 18/12/1446, succ.   24/12/1456 - 20/1/1458
è conquistata dai turchi   1458 - 1808 e ott. 1813 - apr. 1815
Giorgio Petrovič detto Kara-Georges
 (il Nero) princ.   1808 - dep. 21/9/1813 († 13/7/1817)
rivolta dei serbi capo Miloch Obrenovič   apr. 1815 - 6/11/1817
Miloch I Obrenovitch princ.   6/11/1817 - 13/6/1839 abd.
Milan II Obrenovitch, f., princ.   12/5/1839 († 1839)
Michele III Obrenovič, fr., princ.   giu. 1839 - 14/9/1842 dep.
Alessandro I Karageorgevitch,
 f. di Giorgio Petrovič, succ.   27/6/1843 - dep. 24/12/1858 -
                                                                      abd. 3/1/1859 († 3/5/1885)

Miloch I Obrenovič di nuovo   23/12/1858 - 26/9/1860
Michele III, f., di nuovo   26/9/1860 - 10/6/1868
è elevata a princ. indip. 13/7/1878
 (tratt. di Berlino), è elevata a regno   6/3/1882
Mlilan IV Obrenovič, pronip. di Miloch I,
 succ. 2/7/1868, esce di minorità 22/8/1872,
 princ. indip. (tratt. di Berlino) 13/7/1878, re   22/2/1882 - abd. 6/3/1889
                                                                          († 29/1/1901)

Alessandro I Obrenovič, f.,
 regg. Ristitch Belimarkovitch e Protič

[sp. Draga Mascin, † 1903], succ.	6/3/1889 - 10/6/1903 ucc.
gov. provv. in seguito all'eccidio	
dei reali a Belgrado	11-15/6/1903
Pietro, f. di Alessandro I Karageorgevič,	
el. re 15/6,	
assume il gov. (sotto regg. dal 1919)	24/6/1903,
	cor. 21/9/1904 - 16/8/1921
Belgrado è occupata dagli austriaci	2/12/1914 - 1/11/1918
i serbi recuperano Belgrado	1/1/1918
unione del Montenegro alla Serbia	13/11/1918
la Slavonia, la Bosnia-Erzegovina,	
la Croazia e le prov. serbe dell'Ungheria meridionale	
si uniscono con la Serbia nel Regno unito dei serbi,	
croati e sloveni	1/12/1918
riconoscimento del tratt. di Versailles	28/6/1919
Alessandro I, f. (regg. dal 1919) [sp., 8/6/1922,	
la princ. Maria di Romania], re	16/8/1921 - 9/10/1934 ucc.
trasformazione da stato costituzionale	
a monarchia assoluta	6/11/1929
Pietro II, f. (con la regg. di Paolo Karageorgevič	
fino al 27/3/1941, esule dall'apr. 1941	
[invasione tedesca]) [sp., mar. 1944,	
la princ. Alessandra di Grecia], re	9/10/1934 - 29/11/1945 dep.
Dusan Simovitč pres. consiglio	
(esule a Londra)	27/3/1941 - 16/1/1942
Ante Pavelič, ditt. del nuovo	
stato indip. di Croazia	11/4/1941 - 6/5/1945 fugge
S. Jovanovič pres. consiglio in esilio	16/1/1942 - 26/6/1942
M. Trifunovič pres. consiglio in esilio	26/6/1942 - ag. 1943
B. Purič pres. consiglio in esilio	ag. 1943 - mag. 1944
Ivan Subašič pres. consiglio in esilio	mag. 1944 - 22/1/1945
Ivan Subašič pres. consiglio	29/1/1945 - 5/3/1945
Josip Broz detto Tito pres. consiglio	7/3/1945 - 14/1/1953
procl. della rep.	29/11/1945
Josip Broz detto Tito pres. rep.	14/1/1953 - 4/5/1980 †
Petar Stambolič pres. consiglio	29/6/1963 - 18/5/1967
M. Spiljak pres. consiglio	18/5/1967 - 17/5/1969
M. Ribičič pres. consiglio	17/5/1969 - 30/7/1971
Džemal Bijedič pres. consiglio	30/7/1971 - 18/1/1977 †
Cujetin Mijiatovič pres. rep.	14/5/1980 - 15/5/1981
Sergej Krajger pres. rep.	15/5/1981 - 15/5/1982
Petar Stambolič pres. rep.	15/5/1982 - 16/5/1984
Veselin Dijuranovič pres. rep.	16/5/1984 - 16/5/1985
Radovan Vlajkovič pres. rep.	16/5/1985 - 15/5/1986
Sinan Hasani pres. rep.	15/5/1986 - 15/5/1987
Lazar Mojsov pres. rep.	15/5/1987 - 15/5/1988

Branko Mikulič pres. consiglio   16/5/1986 - 19/1/1989
Ante Markovič pres. consiglio   16/3/1989 - 9/2/1993
dichiarazione d'indip. del Kosovo e occup. serba   2/7/1990 - 5/7/1990
annessione della Krajina croata   1/4/1991
Borisan Jovič pres. rep. fed.   15/5/1988 - 15/5/1991
Stipe Mesič pres. rep. fed.   30/6/1991 - 5/12/1991 dep.
Dobrica Cosič pres. rep. fed.   5/12/1991 - 25/6/1993 dep.
Slobodan Milosevič pres. Rep. serba   5/12/1991 -
Momir Bulatovič pres. Rep. montenegrina   5/12/1991 -
procl. della rep. serba di Krajina   7/4/1992
procl. della rep. federale di Jugoslavia   27/4/1992
espulsione dalla CSCE   8/7/1992
espulsione dall'ONU   22/9/1992
Raduje Kontič pres. consiglio   9/2/1993 - 20/5/1998
Zoran Zilič pres. rep. fed.   25/6/1993 -
adesione agli accordi di Dayton per pace con la Croazia
    e la Bosnia   21/11/1995
ratifica a Parigi degli accordi di Dayton   14/12/1995
Momir Bulatovič pres. consiglio fed.   20/5/1998 -

Slovenia

prima dichiarazione d'indip.   23/12/1990
separazione dalla Jugoslavia   20/2/1991
dichiarazione definitiva d'indip.   25/6/1991
riconferma dell'indip.   8/10/1991
ammissione alla CSCE   24/3/1992
ammissione all'ONU   22/5/1992
Milos Kucan pres. rep.   6/12/1992 -

Spagna

a) *Iberia*

l'Iberia prov. rom. dal 197 a.C.
    – sottomessa all'impero   27 a.C. - 406 d.C.
gli alani occupano il sud-ovest della penisola   v. 406 - distrutti 418
i vandali e i silingni ne occupano il sud-est
    poi (429) passano in Africa   v. 409 - 429
gli svevi e gli asdingui ne occupano il nord-ovest
    (Galizia, Lusitania, Betica) – la parte meridionale
    del loro regno è conquistata dai visigoti nel 456,
    poi (585) sono da questi sottomessi   v. 411 - 585
i visigoti (dal 585 regnano su tutta la penisola)   v. 414 - 418 e 507 - 711

re visigoti: Alarico I	395 - 410
Ataulfo, cogn. di Alarico I, re	410 - 415
Vallia, fr.	415 - 419
Teodorico I (casa dei Balti), re	419 - 451
Torisimondo, f.	451 - 453
Teodorico II, f.	453 - 466
Elrico, f. di Teodorico I	466 - 485
Alarico II, f.	485 - 507
Gesaurico, f.	507 - 511
Amalarico, f. di Alarico II (tut. l'avo Teodorico il Grande re ostrogoto fino al 526)	507 - 531
Teudi	531 - 548
Teudigisilo	548 - 549
Agila	549 - 554
Atanagildo (a Toledo)	554 - 567
Liuva	567 - 572
– Leovigildo	569 - 586
Recaredo	586 - 601
Musa prende Tangeri	707
seguono altri re visigoti ultimo Rodrigo, sconfitto da Tarik 710	lug. 711
gli arabi della Mauritania, condotti da Tarik-ben-Zeiad emiro maomettano govern. di Tangeri invadono la penisola meno Asturie e Biscaglia, cacciano i visigoti e vi tengono govern.	v. lug. 711 - 756

b) *Regni musulmani*

1. Cordova

Abd-er-Rhaman I, dinastia Ommayade, venuto in Spagna fonda un califfato indip. a Cordova	15/5/756 - 29/9/788
Hisham I califfo	1/10/788 - 27/4/796
El Hakim I, f., califfo	28/4/796 - 22/5/822
Abd er Rhaman II, f., califfo	22/5/822 - 18/8/852
Mohammed I, f., califfo	18/8/852 - 31/7/886
El Mundhir, f.	7/8/886 - lug. 888
Abdallah, fr.	lug. 888 - ott. 912
Abd er Rhaman III, nip., califfo	ott. 912 - 16/10/961
El-Hakim II, f., califfo	16/10/961 - 30/9/976
Hisham II, f., sotto tutela di Mohammed II	3/10/976 - 24/2/1009 dep.
Mohammed II, cug., califfo per us.	24/2 - nov. 1009 dep.
Suleiman, pronip. di Hakim II (per us.)	6/12/1009 - 1010 dep.
Mohammed II di nuovo	1010 - 21/7/1010
Hisham II di nuovo	21/7/1010 - dep. 20/4/1013 († 1015)
Suleiman di nuovo	20/4/1013 - 1016

Abu 'l Hasan Aly dinastia Ammunidi	1016 - dep. 1017 († mar. 1018)
Abd er Rhaman IV, ommayade, pronip. di Hakim II, califfo	1017
El-Kasim, ammudita, califfo	1017 - 1021
Yahia, ammudita, nip., califfo	set. 1021 - 1022 dep.
El Kasim, ammudita, di nuovo	1022 - apr. 1023 dep.
Abd-er-Rahaman V, ommayade, pronip. di Hakim II, califfo, succ.	dic. 1023 - dep. († febb. 1024)
Mohammed III, ommayade, pronip. di Hakim II	1023 - 1024
Yahia, ammudita, di nuovo	1024 - 28/2/1026
Hisham III, ommayade, fr. di Abd-er-Rhaman IV, califfo	mag. 1026 - abd. 30/11/1031 († 1037)

fra il 1009 c. e il 1031 il califfato di Cordova va dividendosi
in tanti piccoli stati indip., come: Toledo e Badajoz nel 1009,
Murcia 1010, Saragozza 1012, Almeria e Granada 1013,
Denía 1014, Malaga 1016, Valenza 1021, Siviglia 1023,
Maiorca 1015, Cordova 1031 ecc., poi Orihuela, Huesca,
Jaen, Carmona, Niebla, Algesiras

Cordova si regge a rep. arist.	dic. 1031 - 1070
occupata da Mohammed II (re di Siviglia 1069)	1070 - sett. 1091
conquistata dagli Almoravidi d'Africa (1086), poi (1148) dagli Almoadi della Mauritania	1091 - 1229
occupata da Ibn Hud di Murcia	1229 - giu. 1236
aggregata al regno di Castiglia (vd.)	29/6/1236

2. Toledo

Mohammed Ibn Yaïsh si rende indip.	1009 - 1036
Ismaël della dinastia dei Benu Dhin Nun	1036 - 1038
Yahia I el-Mamun, f., re (vd. Valenza 1065)	1038 - 1075
Yahia II el-Kadir, nip., re (vd. Valenza 1080)	1075 - dep. 25/5/1085
Alfonso VIII [VI] (re di Castiglia 1158) la occupa e vi pone la sua residenza (vd. Castiglia)	25/5/1085

3. Saragozza

Al Mundir al-Mansur, dei Tudjibiti, si rende indip.	v. 1012 - 2/9/1039
Suleimall al-Mustaïn billah, dei Benu Hud	ott. 1039 - 1046
Ahmed I al-Muktadir billah, f.	1046 - 1081
Yussuf al-Mutemin, f.	ott. 1081 - 1085
Ahmed II al-Mustaïn billah, f.	1085 - febb.1110
Abd el-Melik Imad-ed Daula, f.	feb. 1110 - lug. 1130
Ahmed III Seif-ed Daula	1130 - 1146 dep.
Saragozza è occupata dagli aragonesi (vd. Aragona)	1146

4. Valenza

Abd el-Aziz el-Mansur, f. di Abd-er Rahman, degli Ameridi, si rende indip.	1021 - 1061
Abd el-Melik, f.	1061 - dep. 1/11/1065
Yahia I el-Mamun (re di Toledo 1038) occupa Valenza	1/11/1065 - 1075
Abubeker, fr. di Abd-el Melik	1075 - 1085
Othman, f. di Abd-el Melik	1085
Yahia II el-Kadir (re di Toledo 1075)	1085 - 1092
Valenza si regge a rep.	1092 - 1094
Rodrigo Díaz de Bivar (il Cid) la occupa	1094 - † 1099
è occupata dagli Almoravidi	1102 - 1145
ritorna indip.	1145 -1172
occupata dagli Almoadi	1172 - 1229
ritorna indip. sotto Zeiyan Ibn Mardenish (re di Murcia 1239-40)	1229 - 29/9/1238 dep.
Giacomo I re d'Aragona la occupa (vd. Aragona)	29/9/1238

5. Siviglia

Mohammed I, f. d'Ismaël degli Abbaditi, si rende indip.	1023 - 24/1/1042
Abhad el-Mutadhid billah, f.	27/1/1042 - 2/4/1069
Mohammed II el-Mutamid billah	3/4/1069 - sett. 1091 dep. († 1095)
è occupata dagli Almoravidi	sett. 1091 - 1147
occupata dagli Almoadi	1147 - 1228 e 1238 - 1242
occupata dai Benu Hafs di Tunisi	1242 - 1248
Ferdinando III, f. di Alfonso IX, re di Castiglia, la occupa dopo 15 mesi d'assedio (vd. Castiglia)	1248

6. Granada

ai Benu Zeiri, 1013-90, agli Almoravidi	1090 - 1157
agli Almoadi	1157 - 1229
unita al regno di Murcia	1229 - 1238
Mohammed I el Ghalib billah, dei Nasridi (princ. di Jaen 1232) re	1238 - genn. 1273
Mohammed II el Fakih, re	genn. 1273 - 8/4/1302
Mohammed III el Mahlua, f.	8/4/1302 - dep. 15/3/1309 († 24/1/1314)
Nasr, fr. succ.	15/3/1309 - dep. 16/2/1314 († 16/11/1322)
Ismaël I, nip.	19/2/1314 - 8/7/1325
Mohammed IV, f., sotto regg.	8/7/1325 - 25/8/1333
Yusuf I, fr.	25/8/1333 - 19/10/1354
Mohammed V, f.	19/10/1354 - 23/8/1359 dep.
Ismael II, fr.	23/8/1359 - 12/7/1360
Mohammed VI, pronip. di Ismaël I	12/7/1360 - apr. 1362
Mohammed VI di nuovo	16/4/1362 - 1391

Yusuf II, f.	1391 - dep. 1392 († 1396)
Mohammed VII, f.	1392 - 11/5/1408
Yusuf III, fr.	mag. 1408 - 1423
Mohammed VIII, el-Aisar (il Mancino), f.	1423 - 1427 dep.
Mohammed IX, el-Saghir (il Piccolo), nip. di Mohammed V	1427 - 1429
Mohammed VIII di nuovo	1429 - dep. v. genn. 1432
Yusuf IV, nip. di Mohammed VI	v. genn. - 24/6/1432
Mohammed VIII di nuovo	giu. 1432 - 1444 dep.
Mohammed V el-Ahnaf (lo Zoppo), nip.	1444 - 1445 dep.
Saad, nip. di Yusuf III	1445 - 1446 dep.
Mohammed X di nuovo	1446 - 1453 dep.
Saad di nuovo	1453 - 1462
Ali, f.	1462 - 1482 dep.
Mohammed XI (Boabdil), f.	1482 - 1483 dep.
Ali di nuovo	1483 - 1485 dep.
Mohammed XII, ez-Zaghall (il Bravo), fr. (govern. di Malaga)	1485 - 1486 dep.
Mohammed XI Boabdil di nuovo	1486 - 5/1/1492 dep.
Ferdinando II il Cattolico (re d'Aragona 1479) la occupa[40]	5/1/1492

c) Regni cristiani

1. Oviedo, poi Asturie (740) e León (918)

Pelagio, goto (forse discendente dei balti), fonda uno stato nelle Asturie nel 718, re dei visigoti	720 - 18/9/737
Favila, fr.	sett. 737 - 739
Alfonso I il Cattolico, f. di Pietro du. di Cantabria, discendente da Reccaredo re visigoto, gen.o di Pelagio, 1° re delle Asturie	739 - 757
Fruëla (Froila) re (fonda Oviedo 760) re delle Asturie	757 - 768
Aurelio, cug. germano Fruëla I, re delle Asturie	768 - 774
Silo, gen.o di Alfonso I, re delle Asturie	774 - genn. 785
Mauregato, f. nat. di Alfonso I, re delle Asturie	785 - 789
Bermudo I, fr. di Aurelio, re delle Asturie	789 - 792
Alfonso II il Casto, f. di Fruëla I, re delle Asturie	792 - dic. 842
Ramiro I, f. di Bermudo I, re delle Asturie	842 - 1/2/850
Ordoño I, f., re delle Asturie	febb. 850 - 17/5/866
Alfonso III il Grande, f., re	17/5/866 - dic. 910 abd. († 20/12/912)
García f., re delle Asturie e di León	dic. 910 - genn. 913
Ordoño II, fr. (re di Galizia), ottiene León genn. 918, re	dic. 910 - 923
Fruëla II, fr. re delle Asturie e di León	dic. 910 - 924
Alfonso IV il Monaco, f. di Ordoño II,	

re delle Asturie e di León	924 - 931
Bamiro II, fr., re delle Asturie e di León	931 - 5/1/950
Ordoño III, f.	950 - 955
Sancho I, il Grosso, fr.	955 - 958 dep.
Ordoño IV il Malo, f. di Alfonso IV	958 - 960 dep.
Sancho I di nuovo	960 - 967
Ramiro III, f., sotto tutela della madre Teresa di Monçon, re di León	967 - dep. 982 († 984)
Bermudo II, f. di Ordono III	982 - 999
Alfonso V, f., regg. la madre Elvira e il ct. di Mélanda fino al 1017, re di León, succ.	999 - 1027
Bermudo III, f., re di León	1027 - lug. 1037
Ferdinando I, il Grande, f. di Sancho III re di Navarra e cogn. di Bermudo III ct. di Castiglia 1035 è accl. re di Castiglia e di León (vd. Castiglia)	22/7/1037

2. Navarra

Aznar, primo capo indip. 831, † v. 836; Sancho 837 - † 852; García ct. indip. 853 - † 857; García Iñíguez, f., 857 ct. poi 860 re - † 880; Fortunio, il Monaco 880 - 905	
Sancho II Abarea, f. di García Iñíguez ct. di Navarra re	906 - 926
García II, f., re (poi Thenda ved. di Sancho II 966-993)	926 - 966
García III, f. di Sancho II, re	993 - 1000
Sancho III il Grande, f., re di Navarra (re d'Aragona 1001, ct. di Castiglia 1028-35) succ.	1000 - febb. 1035[41]
García IV, f., re	febb. 1035 - 1/9/1054
Sancho IV, f., re	sett. 1054 - 4/6/1076
Sancho V, nip. di Sancho III (re d'Aragona 1063) re	1076 - giu. 1094
Pietro I, f. (re d'Aragona 1094) re	giu. 1094 - 28/9/1104
Alfonso I, il Battagliero, fr. (re d'Aragona 1104) succ.	28/9/1104 - 7/9/1134
Garcia V, nip. di Sancho IV, re	sett. 1134 - 21/11/1150
Sancho VI, il Saggio, f., re	21/11/1150 - 27/6/1194
Sancho VII, il Forte, f., re	27/6/1194 - 7/4/1234
Thibault I, il Postumo (ct. di Champagne 1201) nip., re	7/5/1234 - 8/7/1253
Thibault II, f. (ct. di Champagne 1253) regg. Margherita di Borbone sua madre († 1258) re	lug. 1253 - 5/12/1270
Enrico I il Grosso, fr. (ct. di Champagne 1270) [sp., 1269, Bianca f.a di Roberto I d'Artois]	5/12/1270 - 22/7/1273
Giovanna I, f.a (ct. di Champagne 1274), succ., (regg. la madre Bianca d'Artois fino al 16/8/1284) re	lugl. 1274 - 4/4/1305
Filippo I, il Bello, capetingio, f. di Filippo l'Ardito,	

marito di Giovanna I (re di Francia 1285)

re, succ.	16/8/1284 - 4/4/1305 († 29/11/1314)
Luigi I, il Protervo, f. (re di Francia 1314) re	apr.1305 - 5/6/1316
Filippo II, il Lungo, fr. (re di Francia 1316), succ.	5/6/1316 - 3/1/1322
Carlo I, il Bello, fr. (re di Francia 1322) succ.	3/1/1322 - 1/2/1328

Giovanna II, f.a di Luigi I

(ct. di Champagne 1316-35), regina	1329 - 8/10/1349

Filippo III, il Saggio (ct. d'Evreux)

marito di Giovanna II, re	1329 - † sett. 1343
Carlo II, il Malvagio, f., re	8/10/1349 - 1/1/1387
Carlo III, il Nobile, f., re	1/1/1387 - 8/9/1425
Bianca, f., regina	sett. 1425 - 1441

Giovanni I d'Aragona (re d'Aragona 1458)

marito di Bianca, re	sett. 1425 - 19/1/1479
Eleonora, f. (ct. di Foix 1472) regina	genn. - 12/2/1479
Francesco Febo (ct. di Foix) nip., re	febb. 1479 - 3/2/1483

Caterina, sor. di Francesco Febo, succ.,
regg. la madre Maddalena di Francia

fino al 1484, regina	febb. 1483 - 11/2/1517

Giovanni II d'Albret, f. di Alain,
visconte di Tartas, marito di Caterina,

ct. di Foix e re di Navarra	14/6/1484 - 17/5/1516

Ferdinando II il Cattolico, f. di Giovanni II d'Aragona
(re d'Aragona 1479, di Napoli 1503)

conquista l'alta Navarra[42] (vd. Aragona)	26/7/1512

Enrico II d'Albret, f. di Giovanni II
re della Navarra bassa o franc.,
succ. a Caterina sua madre

[sp. Margherita d'Angoulême]	12/2/1517 - 25/5/1555
Giovanna III, f.a, succ. col marito	25/5/1555 - 9/6/1572

Antonio di Borbone (du. di Vendôme 1537) marito

di Giovanna III, re	25/5/1555 - 7/11/1562

Enrico III [IV] il Grande, f. (re di Francia 1589),
[sp., I, Margherita di Valois,
f.a di Enrico II di Francia;

II, Maria de' Medici] re	9/6/1572 - 14/5/1610 ucc.

Luigi II [XIII] il Giusto, f.

(re di Francia 1610) succ.	14/5/1610 - 1620 dep. († 14/5/1643)

la bassa Navarra è unita

alla Francia (vd.)	1620

3. Aragona

Ramiro I, f. di Sancho III re di Navarra,

re d'Aragona	febb. 1035 - 8/5/1063
Sancho, f. (re di Navarra 1076) re	8/5/1063 - 4/6/1094

Pietro I, f. (re di Navarra 1094) re   4/6/1094 - 28/9/1104
Alfonso I, il Contendente, fr.
(re di Navarra 1104, di Castiglia 1126)
[sp., 1109, Urraca, erede di Castiglia] re   28/9/1104 - 17/7/1134
Ramiro II, il Monaco, fr.
[sp. Agnese d'Aquitania] re   1134 - abd. 1137 († 16/8/1147)
Petronilla, f.a,
sotto tut. di Raimondo Berengario IV
(ct. di Barcellona 1131, suo marito) dal 1151,
regina   1137 - 8/8/1162 († 1173)
Alfonso II di Barcellona, f.
(ct. di Provenza 1167,
unisce ai suoi stati la Catalogna 1162) re   8/8/1162 - 25/4/1196
Pietro II, f. (sig. di Montpellier 1204) re   25/4/1196 - 13/9/1213
Giacomo I, il Conquistatore, f.
(sig. di Montpellier 1213)
regg. Simone di Montfort durante la minorità,
re   17/9/1213 - 25/7/1276
Pietro III, f. (re di Sicilia 1282)
[sp. Costanza di Svevia († 1302),
f.a di re Manfredi] succ. 25/7, cor. re   27/11/1276 - 10/11/1285
Alfonso III, f., succ. 10/11/1285, cor.   14/4/1286 - 18/6/1291
Giacomo II, fr.
(re di Sicilia 1285-96, di Sardegna 1323)
re, cor.   6/9/1291 - 5/11/1327
Alfonso IV, f. (re di Sardegna 1327)
succ. nov. 1327 cor., re   31/5/1328 - 7/1/1336
Pietro IV, il Cerimoniere, f.
(ha tit. di re di Sicilia 1377, du. d'Atene 1381)
re   genn. 1336 - 5/1/1387
Giovanni I, f. (re di Sardegna 1387) re   5/1/1387 - 19/5/1395
Martino, fr. (re di Sicilia 1409) re   19/5/1395 - 31/5/1410
interregno   dal 31/5/1410 al 24/6/1412
Ferdinando I di Castiglia, il Giusto,
f. di Giovanni I re di Castiglia
(re di Sicilia e Sardegna 1412)
re d'Aragona   24/6/1412, cor. 15/1/1414 - 2/4/1416
Alfonso V, il Magnanimo, f.
(re di Sicilia 1416, di Napoli 1442) re   2/4/1416 - 28/6/1458
Giovanni II, fr. (re di Navarra 1425, di Sicilia 1458)
re 28/6/1458 regg. col f. Ferdinando II   dal 1466 - 19/1/1479
Ferdinando II [V], il Cattolico, f.
(re di Castiglia e León, con Isabella, 1474,
di Granada 1492, di Napoli 1503, di Navarra 1512)
re d'Aragona (vd. Spagna)   19/1/1479

4. Catalogna

gli arabi della Mauritania la occupano	718-801
Carlo Magno la conquista 801, Lodovico il Pio, f., la erige in ct.a 801 c., viene unita all'Aquitania settentrionale e lasciata alla Francia per il tratt. di Verdun 843	718 - 843
ct. di Barcellona: Bera (du. di Settimania 817-20) investito ct. da Lodovico il Pio	801 - 820
Bernardo (du. di Settimania 822-44), ct.	820 - 832 e 832 - 844
– ai ct. di Tolosa	832 - 833 e 845 - 850
Aledrano	844 - 845 e 850 - 852
Adalrico (du. di Settimania)	852 - 858
ct. ereditari: Vifredo I (du. di Settimania 858-64)	858 - 906 c.
Vifredo II, f.	906 - 913
Mirone, fr.	913 - 928
Sunifredo, f.	928-967
Borel, nip. di Vifredo I (ct. d'Urgel 950-993)	967 - 993
Barcellona è presa dagli arabi	985 - ...
Raimondo Borel, f., riprende Barcellona)	993 - 1017
Berengario-Raimondo I, f.	1017 - 1035
Raimondo-Berengario I, il Vecchio, f. (ct. di Carcassona 1070-76)	1035 - 1076
Raimondo-Berengario II, Testa di stoppa (ct. di Cerdagna 928-88)	1076 - 1082
Berengario-Raimondo II, f.	1076 - 1093
Raimondo-Berengario III, f. (ct. di Provenza 1113-31) [sp. Dolce di Provenza, † 1190]	1082 - 1131
Raimondo-Berengario IV, il Giovane, f. (re d'Aragona 1151) [sp. Petronilla regina d'Aragona]	1131 - 1162
Alfonso, f. (re d'Aragona 1162), unisce ai suoi stati la ct.a di Barcellona	1162
(vd. Aragona)	801 - 1162

5. Castiglia e León (unite dal 1230)

ct.: Fernando Gonzales 923-68; García Fernández, f., 968-1006; Sancho García, f., 1006-1028; García 1028	923 - 1028
la Castiglia passa alla sor. di García, ved. di Sancho, il Grande, re di Navarra	1028 - 1035
Ferdinando I, il Grande, f. di Sancho III re di Navarra, divide il regno tra i f. Sancho e Alfonso IV, ct. febb. 1035, poi re di Castiglia 1036, di León	1037 - 27/12/1065
Sancho II, il Forte, f., re di Castiglia	27/12/1065 - 5/10/1072

Alfonso VI, il Valoroso, fr., re di León 27/12/1065,
di Castiglia ott. 1072, di Galizia 1073[43],
di Toledo 1085, succ.   1072 - 1086 - 29/6/1109
l'almoravide d'Africa, Yussuf, prende Ceuta e Tangeri
e invade la penisola, molti Almoravidi vi rimangono,
Alfonso VI è sconfitto a Zalaca giu. 1109   1086 - 1109
Urraca, f.a di Alfonso VI, ved. di Raimondo di Galizia
[sp., 1109, Alfonso I re d'Aragona] succ.   29/6/1109 - 10/3/1126
Alfonso VII, f. di Urraca e di Raimondo Berengario I
di Catalogna, suo I marito, succ.   10/3/1126 - 21/8/1157
gli Almoadi d'Africa invadono la penisola,
occupano Tarifa, Algesiras, Xeres 1146,
Siviglia e Lisbona 1147, Cordova 1148   1146 - 1148
Sancho III, f. di Alfonso VII, re di Castiglia   21/8/1157 - 31/8/1158
Ferdinando II, fr., re di León   21/8/1157 - 21/1/1188
Alfonso VIII, il Nobile e il Buono,
f. di Sancho III, re di Castiglia
[sp. Eleonora d'Inghilterra f.a di Enrico II]
è vinto dagli arabi ad Alarcos 1195
(gli Almoadi invadono ancora la penisola 1210,
vinti 1212)   31/8/1158 - 5/8/1214
Enrico I, f., re di Castiglia sotto regg., succ.   5/8/1214 - 6/6/1217
Alfonso IX, f. di Ferdinando II, re di León   21/1/1188 - sett. 1230
Ferdinando III il Santo, f., re di Castiglia 30/8/1217
e di León 1230
(conquista Cordova, Jaen, Siviglia, Cadice)   ag. 1217 - 30/5/1252
Alfonso X, il Saggio, f. (re di Germania 1257),
re di Castiglia e León [sp. Violante d'Aragona]   30/5/1252 - 4/4/1284
Sancho IV, il Prode, f.
[sp. 1282, Maria de Molina, † 1322]
re di Castiglia e León   4/4/1284 - 25/4/1295
Ferdinando IV, f., regg. il padre Sancho IV   25/4/1295 - 7/9/1312
Alfonso XI, f., regg. (1312) re Sancho IV, re   7/9/1312 - 26/3/1350
Pietro, il Crudele, f., re   26/3/1350 - 23/3/1369
Enrico II, il Trastamare e il Magnifico,
f. nat. di Alfonso XI
[sp. Giovanna di Peñafiel], re   23/3/1369 - 29/5/1379
Giovanni I, f. [sp., 1383, Beatrice di Portogallo] 29/5/1379 - 9/10/1390
Enrico III, il Malaticcio, f. (princ. delle Asturie 1386)
re di Castiglia e León   9/10/1390 - 25/12/1406
Giovanni II, re di Castiglia e León   25/12/1406 - 21/7/1454
Enrico IV, l'Impotente, f.
[sp. Giovanna di Portogallo]   21/7/1454 - 14/12/1474
Alfonso XII, fr., accl. re dai ribelli   5/6/1465 - 5/7/1468
Isabella I, sor. di Enrico IV
[sp., 1469, Ferdinando il Cattolico]

re di Castiglia e León   13/12/1474 - 26/11/1504
Giovanna, la Pazza, f.a, col mar. Filippo 1/11/1504,
 poi sola sotto regg.   25/9/1506 - 1516 († 13/4/1355)
Filippo I d'Austria, il Bello, f. dell'imp. Massimiliano I
 (ct. di Fiandra e sovrano dei Paesi Bassi 1482)
 marito (1496) di Giovanna la Pazza   26/11/1504 - 25/9/1506
Ferdinando V d'Aragona, il Cattolico, f. di Giovanni II
 (re d'Aragona, Sardegna e Sicilia 1479, di Napoli 1503),
 re di Castiglia 1474, regg. a nome di Carlo I suo nip.
 ott. 1506-16, re di tutta la Spagna (vd.)   lug. 1512

d) *Regno di Spagna*

Ferdinando V d'Aragona, marito di Isabella I d'Aragona,
 unisce tutta la Spagna, re   16/7/1512 - 23/1/1516
Carlo I [V] d'Asburgo-Austria, f. di Filippo I il Bello
 (re di Napoli 1479, di Sicilia 1516, di Germania 1519,
 imp. 1520, sig. dei Paesi Bassi 1506-55)
 regg. il card. Ximenes († 8/11/1517)
 [sp. Isabella di Portogallo]
 re   23/1/1516 - abd. l6/1/1556 († 21/9/1558)
Filippo II, f. (sig. dei Paesi Bassi 1555-81, re di Sicilia 1556,
 re del Portogallo 1580), [sp., I, Maria di Portogallo († 1545);
 II, Maria Tudor regina d'Inghilterra († 1558);
 III, Elisabetta di Enrico II di Francia († 1568);
 IV, Anna d'Austria († 1580)] re   24/3/1556 - 13/9/1598
Filippo III il Pio, f. (re del Portogallo e di Sicilia 1598)
 [sp., 1599, Margherita d'Austria († 1611),
 f.a di Carlo du. di Stiria]
 (govern. Gómez Sandoval du. di Lerma)
 re, succ.   13/9/1598 - 31/3/1621
cacciata dei mori da Valenza 9/12/1609,
 poi da tutta la Spagna, editto reale   10/1/1610
Filippo IV, f. (sovrano dei Paesi Bassi,
 re di Sicilia e del Portogallo 1621)
 [sp., 1615, Isabella († 1644),
 f.a di Enrico IV di Francia] re   31/3/1621 - 17/9/1665
Carlo II, f. (sovrano dei Paesi Bassi e re di Sicilia 1665),
 re, succ., regg. la madre Anna d'Austria   17/9/1665 - 1/11/1700
Filippo V di Borbone, f. di Luigi delfino di Francia
 (sovrano dei Paesi Bassi 1700-14, re di Sicilia 1700-13)
 [sp., I, 1701, Maria Luisa, f.a di Vittorio Amedeo II di Savoia;
 II, Elisabetta, f.a di Odoardo Farnese di Parma († 1/17/1766)]
 re   24/11/1700 - 10/1/1724 abd.
l'ammiraglio inglese Rook occupa Gibilterra

che rimane in potere dell'Inghilterra dal	4/8/1704
Luigi, f. di Filippo V, re [sp. Maria Luisa d'Orléans]	10/1/1724 - 6/9/1724
Filippo V di nuovo	6/9/1724 - 9/7/1746
Ferdinando VI, f. [sp. Maria di Braganza]	10/8/1746 - 10/9/1759
Carlo III, fr.	
(du. di Parma e Piacenza 1731-34,	
re di Napoli e Sicilia 1735-59) re	11/9/1759 - 13/12/1788
Carlo IV, f.	14/12/1788 - 20/3/1808 abd. († 19/1/1819)
i francesi la invadono e occupano la Catalogna	1794 - 1795
pace con i francesi	1795
la Spagna si allea con i francesi	1797
Ferdinando VII, f. (princ. delle Asturie 1788) re	20/3 - 2/5/1808 abd.
Giuseppe Bonaparte, fr. di Napoleone I imp.	
(re di Napoli 1806-08) nom. re	6/6/1808 - 11/12/1813 († 28/7/1844)
Ferdinando VII di Borbone di nuovo re	11/12/1813 - 29/9/1833
Isabella II, f.a, regg. la madre Maria Cristina	
fino al 12/10/1840, poi dal magg. 1841 al 1843	
Emanuel Espartero García Cuesta,	
succ. 29/9/1833, dichiarata maggiorenne 8/11/1843	
[sp. Francesco d'Assisi, cug.] dep.	30/9/1868 († 9/4/1904)
riv., gov. provv., regg. di Francisco Serrano	17/9/1868 - dic. 1870
Amedeo di Savoia du. d'Aosta,	
f. di Vittorio Emanuele II re d'Italia,	
el. re 16/11, accetta	3/12/1870 - 11/2/1873 abd. († 18/1/1890)
rep. federale poi unitaria, capi:	
Figueras, Pi y Margall, Salmerón, Castellar,	
Serrano, Cánovas del Castillo	febb. 1873 - 31/12/1874
Alfonso XII di Borbone, f. di Isabella II,	
regg. Cánovas del Castillo, re	31/12/1874 - 25/11/1885
Maria Cristina de Las Mercedes,	
ved. di Alfonso XII, sotto regg. della madre	25/11/1885 - 18/5/1886
Alfonso XIII (* 17/5/1886) f. di Alfonso XII,	
sotto regg. della madre fino al 17/5/1902	
[sp., 31/5/1905, Vittoria Eugenia di Battenberg]	
re	18/5/1886 - 14/4/1931 dep.
procl. della rep.	14/4/1931
Niceto Alcalá Zamora pres. rep.	10/12/1931 - 10/5/1936
Manuel Azaña y Díaz pres. rep.	10/5/1936 - febb. 1939
Francisco Franco Bahamonde	
capo del gov. nazionalista	30/9/1936 - 8/6/1973
Francisco Franco Bahamonde capo dello stato	30/1/1938 - 20/11/1975
la Spagna si costituisce in regno	
ma capo dello stato rimane Francisco Franco	
assistito da un consiglio di regg.	6/7/1947
Luis Carrero Blanco capo del gov.	8/6/1973 - 20/12/1973 ucc.
Carlos Arias Navarro capo del gov.	2/1/1974 - 3/7/1976

Juan Carlos princ. di Borbone, nip. di Alfonso XIII,
  capo provv. dello stato   30/10/1975 - 22/11/1975
Juan Carlos I [sp. 14/5/1962 Sofia di Grecia] re   22/11/1975 - ....
Adolfo Suárez Gonzales capo del gov.   3/7/1976 - 29/1/1981
Leopoldo Calvo Sotelo capo del gov.   26/2/1981 - 29/10/1982
Felipe Gonzáles Márquez capo del gov.   29/10/1982 - 3/3/1996
ammissione alla CEE   1/1/1986
José María Aznar pres. consiglio   3/3/1996 -
ammissione all'EURO   30/4/1998

Svizzera

a) Elvezia antica e Confederazione elvetica

le tribù elvetiche sono sottomesse dai romani   57 a.C. - v. 476 d.C
invasioni degli alemanni che occupano il nord-est,
  e dei borgognoni che occupano il sud-ovest   v. 476 - 496
il territorio occupato dagli alemanni viene preso (496)
  dagli ostrogoti, dal 553 dai franchi   496 - 553
il territorio occupato dai borgognoni
  viene in possesso dei franchi   554 - 879
ai re di Borgogna (Rodolfo I, Rodolfo II, Corrado e Rodolfo III)   887 - 1032
l'imp. Corrado II erede del regno d'Arles
  unisce l'Elvezia borgognona alla Germania
  – Enrico III suo f. si fa cor. re di Borgogna (4/3/1039)   1032 - 1056
Enrico IV, imp., f. di Enrico III, fa deporre (1080)
  Rodolfo di Rheinfelden du. di Svevia infeudato dell'Elvezia
  la cui famiglia si estingue nel 1090, gli succede Bertoldo II
  du. di Zähringen († 1111) suo erede
  e l'Elvezia rimane in feudo a questa famiglia
  fino a Bertoldo V † 1218   1090 - 1218
Berna, Friburgo e Soletta divengono città libere imper.   1218 - 1264
la casa d'Absburgo eredita tutti i possessi elvetici
  dei Zähringen nel   1264
Rodolfo d'Absburgo (re dei rom. e di Germania 1273)
  riesce a impadronirsi della maggior parte
  della Svizzera tedesca († 15/7/1291)
patto di alleanza dei «Waldstätten», Uri,
  Schwytz e Unterwalden   1/8/1291
  – a lui succede il f. Alberto I
  (du. d'Austria 1282, re di Germania e dei rom. 1298)   1273 - 1/5/1308
i tre cantoni di Schwytz, Uri e Unterwalden
  feudi della casa d'Absburgo si collegano tra loro (1307-08)
  battono a Morgarten il du. Leopoldo I d'Austria
  e rinnovano il patto di confederazione perpetua   nov. 1315

entrano a far parte della confederazione:
Lucerna (1332), Zurigo (1351),
Glarona e Zugo (1351), Berna (1353)[44]
l'Austria riconosce l'indipendenza degli svizzeri nel 1394
e alla pace di Basilea   1499
entrano ancora nella confederazione
i cantoni di Friburgo e Soletta (1481),
Basilea e Sciaffusa (1501), Appenzello (1513),
altri stringono alleanza con loro[45]   1481 - 1513
l'indip. degli svizzeri
è riconosciuta alla pace di Westfalia   24/10/1648
abolizione della lega svizzera e procl.
della Rep. unitaria elvetica composta di 22 cantoni:
Vallese, Friburgo, Léman, Lucerna, Berna,
Soletta, Basilea, Argovia, Unterwalden,
Uri, Bellinzona, Lugano, Turgovia, Rezia, Sargans, Glarona,
Appenzello, San Gallo, Sciaffusa, Zurigo, Zugo, Schwytz   2/4/1798
la Rep. elvetica viene divisa nei 19 cantoni:
Vallese, Paese Alto (una parte di Berna), Friburgo,
Léman, Lucerna, Berna, Soletta, Basilea, Argovia,
Waldstätten, Baden, Bellinzona, Lugano, Turgovia,
Rezia, Sciaffusa, Zurigo, Säntis e Linth   1/5/1798
il Vallese viene eretto in rep. indip.   3/4/1802 - 19/2/1803
la Svizzera torna a essere una confederazione di stati
di 19 cantoni: Friburgo, Berna, Soletta,
Basilea, Zurigo, Lucerna, Uri, Schwytz, Unterwalden,
Zugo, Glarona, Sciaffusa, Appenzello, San Gallo, Grigioni,
Argovia, Turgovia, Ticino e Vaud   19/2/1803
cambiamento della costituzione federale,
le redini del gov. sono affidate a un cantone direttore,
la dieta siederà alternativamente nei cantoni di Zurigo,
Berna e Lucerna   8/9/1814
tre nuovi cantoni si uniscono alla confederazione:
Ginevra, Vallese e Neuchâtel, la Svizzera
è dichiarata neutrale   14/9/1814
divisione del cantone di Basilea, i comuni della campagna
formano un cantone distinto (Basilea-campagna)   22/8/1832
nuova costituzione, la Svizzera diviene uno stato federativo,
il potere esecutivo è rappresentato dal consiglio federale
con il pres. della confederazione
el. ogni anno   27/6/1848
annette il princ. prussiano di Neuchâtel con il tratt. di Parigi   26/5/1857
convenzione di Ginevra firmata da 16 stati e istituzione
del Comitato internazionale della Croce Rossa (Cicr)   22/8/1864
apertura della galleria ferroviaria del San Gottardo   1/6/1882
con l'inizio della I guerra mondiale l'Assemblea

federale attribuisce pieni poteri al Consiglio federale	1/8/1914
il colonnello Ulrich Wille è eletto gen. comandante	
in capo dell'esercito	1/8/1914 - 11/12/1918
sciopero generale procl. dal comitato di Olten	12-14/11/1918
adesione alla Società delle Nazioni	16/5/1920
il Liechtenstein si inserisce nel terr. doganale svizzero	
con tre successivi tratt.	10/11/1920 - 29/3 e 28/12/1923
ripristino della neutralità integrale	14/5/1938
con l'inizio della II guerra mondiale l'Assemblea	
federale attribuisce pieni poteri al Consiglio federale	30/8/1939
il colonnello Henri Guisan è eletto gen. comandante	
in capo dell'esercito	30/8/1939 - 20/6/1945
mobilitazione gen.	2/9/1939
firma dell'accordo di Washington sugli averi tedeschi	25/5/1946
entra a far parte dell'Organizzazione europea di cooperazione	
economica (Oece, dal 1960/61 Ocse)	16/4/1948
è tra i paesi fondatori a Stoccolma dell'Associazione europea	
del libero scambio (Efta)	4/1/1960
aderisce al Consiglio d'Europa	1/1/1963
decreto federale sul voto e l'eleggibilità delle donne	9/10/1970
accettazione in referendum popolare del voto alle donne	7/2/1971
costituzione del Cantone del Giura	20/3/1977
accettazione in referendum popolare del Cantone del Giura	24/9/1978
sovranità del Cantone del Giura	1/1/1979
apertura della galleria stradale del San Gottardo	5/9/1980
rifiuto in votazione popolare di adesione all'Onu	16/3/1986
adesione al Fondo monetario internazionale e alla	
Banca Mondiale	17/5/1992
richiesta di adesione allo Spazio economico europeo (See)	18/5/1992
rifiuto in votazione popolare di adesione alla Ce	6/12/1992
accettazione in votazione popolare dell'imposta sul valore	
aggiunto (Iva)	28/11/1993
ridiscussione della politica economica, bancaria, finanziaria	
e d'asilo svizzera durante la II guerra mondiale	1994 -
dichiarazione del pres. Kaspar Villiger sulla politica svizzera	
durante la II guerra mondiale nel 50° di fine guerra	8/5/1995
istituzione di una «Commissione indipendente d'esperti:	
Svizzera-seconda guerra mondiale»	19/12/1996

pres. della confederazione:

Jonas Furrer, * Winterthur (Zurigo)	1848 - 1849
Henri Druey, * Faoug (Vaud)	1850
Josef Munzinger, * Olten (Soletta)	1851
Jonas Furrer (II)	1852

Wilhelm Matthias Näff, * Altstätten (San Gallo)	1853
Friedrich Frey-Herosé, * Lindau (Argovia)	1854
Jonas Furrer (III)	1855
Jakob Stämpfli, * Janzenhaus (Berna)	1856
Constant Fornerod, * Avenches (Vaud)	1857
Jonas Furrer (IV)	1858
Jakob Stämpfli (II)	1859
Friedrich Frey-Herosé (II)	1860
Josef Martin Knüsel, * Lucerna	1861
Jakob Stämpfli (III)	1862
Constant Fornerod (II)	1863
Jakob Dubs, * Affoltern am Albis (Zurigo)	1864
Carl Schenk, * Berna	1865
Josef Knüsel (II)	1866
Constant Fornerod (III)	1867
Jakob Dubs (II)	1868
Emil Welti, * Zurzach (Argovia)	1869
Jakob Dubs (III)	1870
Carl Schenk (II)	1871
Emil Welti (II)	1872
Paul Ceresole, * Friedrichsdorf (Francoforte sul Meno)	1873
Carl Schenk (III)	1874
la costituzione del 1848 è modificata in senso più liberale,	
l'assemblea federale è composta	
di un consiglio nazionale di 167 membri	
e di un consiglio degli stati di 44 membri,	
questi due corpi legislativi eleggono a loro volta	
un consiglio federale come autorità esecutiva	
per 3 anni e il pres. della confederazione	
è scelto ogni anno dal consiglio federale	29/5/1874
Johann Jakob Scherer, * Schönenberg ob Wädenswil (Zurigo)	1875
Emil Welti (III)	1876
Joachim Heer, * Glarona	1877
Carl Schenk (IV)	1878
Bernhard Hammer, * Olten (Soletta)	1879
Emil Welti (IV)	1880
Fridolin Anderwert, * Frauenfeld (Turgovia) el. 7/12 - 25/12/1880 suicida	
Numa Droz, * La Chaux-de-Fonds (Neuchâtel)	1881
Simeon Bavier, * Coira (Grigioni)	1882
Louis Ruchonnet, * Losanna (Vaud)	1883
Emil Welti (V)	1884
Carl Schenk (V)	1885
Adolf Deucher, * Wipkingen (Zurigo)	1886
Numa Droz (II)	1887
Wilhelm Friedrich Hertenstein, * Kyburg (Zurigo)	1888
Bernhard Hammer (II)	1889

Louis Ruchonnet (II)	1890
Emil Welti (VI)	1891
Walter Hauser, * Wädenswil (Zurigo)	1892
Carl Schenk (VI)	1893
Emil Frey, * Arlesheim (Basilea Campagna)	1894
Josef Zemp, * Entlebuch (Lucerna)	1895
Adrien Lachenal, * Ginevra	1896
Adolf Deucher (II)	1897
Eugène Ruffy, * Lutry (Vaud)	1898
Eduard Müller, * Dresda (Sassonia)	1899
Walter Hauser (II)	1900
Ernst Brenner, * Basilea	1901
Josef Zemp (II)	1902
Adolf Deucher (III)	1903
Robert Comtesse, * Val-de-Ruz (Neuchâtel)	1904
Marc Ruchet, * Saint-Saphorin-sur-Morges (Vaud)	1905
Ludwig Forrer, * Islikon (Turgovia)	1906
Eduard Müller (II)	1907
Ernst Brenner (II)	1908
Adolf Deucher (IV)	1909
Robert Comtesse (II)	1910
Marc Ruchet (II)	1911
Ludwig Forrer (II)	1912
Eduard Müller (III)	1913
Arthur Hoffmann, * San Gallo	1914
Giuseppe Motta, * Airolo (Ticino)	1915
Camille Decoppet, * Suscévaz (Vaud)	1916
Edmund Schulthess, * Aarhof (Argovia)	1917
Felix Calonder, * Scuol (Grigioni)	1918
Gustave Ador, * Ginevra	1919
Giuseppe Motta (II)	1920
Edmund Schulthess (II)	1921
Robert Haab, * Wädenswil (Zurigo)	1922
Karl Scheurer, * Grünen (Berna)	1923
Ernest Chuard, * Corcelles-sur-Payerne (Vaud)	1924
Jean-Marie Musy, * Albeuve (Friburgo)	1925
Heinrich Häberlin, * Weinfelden (Turgovia)	1926
Giuseppe Motta (III)	1927
Edmund Schulthess (III)	1928
Robert Haab (II)	1929
Jean-Marie Musy (II)	1930
Heinrich Häberlin (II)	1931
Giuseppe Motta (IV)	1932
Edmund Schulthess (IV)	1933
Marcel Pilet-Golaz, * Pays d'Enhaut (Vaud)	1934
Rudolf Minger, * Mülchi (Berna)	1935

Albert Meyer, * Fällanden (Zurigo)	1936
Giuseppe Motta (V)	1937
Johannes Baumann, * Herisau (Appenzello)	1938
Philipp Etter, * Menzingen (Zugo)	1939
Marcel Pilet-Golaz (II)	1940
Ernst Wetter, * Töss (Zurigo)	1941
Philipp Etter (II)	1942
Enrico Celio, * Ambrì (Ticino)	1943
Walther Stampfli, * Büren (Soletta)	1944
Eduard von Steiger, * Langnau (Berna)	1945
Kart Kobelt, * Marbach (San Gallo)	1946
Philipp Etter (III)	1947
Enrico Celio (II)	1948
Ernst Nobs, * Seedorf (Berna)	1949
Max Petitpierre, * Neuchâtel	1950
Eduard von Steiger (II)	1951
Kart Kobelt (II)	1952
Philipp Etter (IV)	1953
Rodolphe Rubattel, * Villarzell (Vaud)	1954
Max Petitpierre (II)	1955
Markus Feldmann, * Thun (Berna)	1956
Hans Streuli, * Zurigo	1957
Thomas Holenstein, * San Gallo	1958
Paul Chaudet, * Rivaz (Vaud)	1959
Max Petitpierre (III)	1960
Friedrich Traugott Wahlen, * Gheis (Berna)	1961
Paul Chaudet (II)	1962
Willy Spühler, * Zurigo	1963
Ludwig von Moos, * Sachseln (Obwaldo)	1964
Hans Peter Tschudi, * Basilea	1965
Hans Schaffner, * Interlaken (Berna)	1966
Roger Bonvin, * Icogne (Vallese)	1967
Willy Spühler (II)	1968
Ludwig von Moos (II)	1969
Hans Peter Tschudi (II)	1970
Rudolf Gnägi, * Schwadernau (Berna)	1971
Nello Celio, * Quinto (Ticino)	1972
Roger Bonvin (II)	1973
Ernst Brugger, * Bellinzona (Ticino)	1974
Pierre Graber, * La Chaux-de-Fonds (Neuchâtel)	1975
Rudolf Gnädi (II)	1976
Kurt Furgler, * Valens-Pfäfers (San Gallo)	1977
Willi Ritschard, * Deitingen (Soletta)	1978
Hans Hürlimann, * Walchwil (Zurigo)	1979
Georges-André Chevallaz, * Losanna (Vaud)	1980
Kurt Furgler (II)	1981

Fritz Honegger, * Fischenthal (Zurigo)   1982
Pierre Aubert, * La Chaux-de-Fonds (Neuchâtel)   1983
Leon Schlumpf, * Felsberg (Grigioni)   1984
Kurt Furgler (III)   1985
Alphons Egli, * Lucerna   1986
Pierre Aubert (II)   1987
Otto Stich, * Durnach (Soletta)   1988
Jean-Pascal Delamuraz, * Longirod (Vaud)   1989
Arnold Koller, * Gossau (Zurigo)   1990
Flavio Cotti, * Muralto (Ticino)   1991
René Felber, * Bienne (Berna)   1992
Adolf Ogi, * Kandersteg (Berna)   1993
Otto Stich (II)   1994
Kaspar Villiger, * Sins (Argovia)   1995
Jean-Pascal Delamuraz (II)   1996
Arnold Koller (II)   1997
Flavio Cotti (II)   1998

b) Lugano

appartiene alla città di Como fino al   1297
passa in possesso di Milano   1297 - 1302 e 1411 - 1416
occupata da Franchino I Rusca
   capo dei ghibellini di Como e suoi discendenti
   ct.   1302 - 1411 e 1416 - 1434
Milano prende ancora la ct.a ai Rusca e la dà in feudo a:
Luigi I Sanseverino ct.   1434 -1447
Americo, f., ct.   † 1461
Barnabò I, f., ct.   † 1462
Francesco I, f., ct.   † 1464
Antonio, Luigi II, Francesco II, Ugo Sanseverino ct. 1462 - 1467
Giovanni Albairate ct.   1467 - 1475
Ugo Sanseverino   1475 - 1477
Ottaviano Sforza ct.   1477 †
Roberto Sanseverino ct.   1479 - 1482
Ascanio Sforza   1482 - 1484
Lodovico Sforza (du. di Milano 1494) e Roberto Sanseverino 1484 - 1501
i confederati svizzeri se ne impadroniscono
   con Locarno e Valmaggia   1501 - 10/4/1503
Milano la occupa di nuovo   10/4/1503 - 1513
passa di nuovo ai confederati svizzeri   1513
Massimiliano Sforza la cede ai cantoni svizzeri   1513
Lugano, Locarno e Valmaggia fanno parte
   del Cantone di Lugano   1798 - 1803 (vd. Svizzera)

Turchia

Ertoghroul sultano dei turchi in Armenia	1231 - 1288
Osman o Othman I emiro v. 1281, poi (1299)	
sovrano indip. in Frigia dopo la caduta del sultanato	
selgiucida di Konieh	1288 - 10/8/1326
Orkhan (Urchan), f., sultano dei turchi in Frigia	
(1326 conquista Brussa,	
poi quasi tutta l'Asia Minore)	10/8/1326 - 1359
Murad o Amurat I, Lamorabaquin, f.,	
sultano (dal 1365 ad Adrianopoli)	1359 - 15/6/1389
Bajazet I, il Lampo, f. (conquista Bulgaria,	
Macedonia e Tessaglia), sultano	1389 - 20/7/1402 dep. († 8/3/1403)
Solimano I Chélébi, f., sultano	1402 - 1410
Musa Chélébi, fr., assoc. con il fr.	1410 - apr. 1413
Maometto I, fr., assoc. 1410, solo	apr. 1413 - mag. 1421
Murad II, f.	mag. 1421 - 9/2/1451
Maometto II, f.	
(padichah dopo la presa di Costantinopoli	
29/5/1453, occupa Trebisonda 1462)	12/2/1451 - 3/5/1481
Bajazet II, Lamorabaquin, f.	3/5/1481 - mag. 1512 abd. († 26/5/1512)
Selim I, f., califfo nel 1518, succ.	mag. 1512 - 21/9/1520
Solimano II, il Legislatore, f. (Sultan-es Selatim 1538)	
(conquista Belgrado 1521, Rodi 1522, Buda 1529,	
Tabris presa ai persiani nel 1534, Chio 1566)	21/9/1520 - 30/8/1566
Selim II, f.	30/8/1566 - 12/12/1574
Murad III, f.	12/12/1574 - 16/1/1595
Maometto III, f.	16/1/1595 - 22/12/1603
Achmed I, f.	22/12/1603 - 22/11/1617
Mustafà I, fr.	22/11/1617 - dep. 26/2/1618
	e 20/5/1622 - 29/8/1623 († 1639)
Osman II, f. di Achmed I, sultano	26/2/1618 - 20/5/1622
Murad IV il Prode, fr. di Osman II	29/8/1623 - 9/2/1640
Ibrahim, fr.	9/2/1640 - 18/8/1648
Maometto IV, f.	18/8/1648 - 8/11/1687 dep. († 17/12/1692)
Solimano III, fr.	8/11/1687 - 23/6/1691
Achmet II, fr.	23/6/1691 - 6/2/1695
Mustafà II, f. di Maometto IV	6/2/1695 - 22/8/1703 dep. († gen. 1704)
Achmet III, fr.	22/8/1703 - 1/10/1730 dep. († 23/6/1736)
Mahmud I, f. di Mustafà II	1/10/1730 - 13/12/1754
Osman III, fr.	13/12/1754 - 28/10/1757
Mustafà III, f. di Achmet III	28/10/1757 - 24/12/1773
Abd-el-Hamid I, fr.	24/12/1773 - 7/4/1789
Selim III, f. di Mustafà III	28/4/1789 - 29/5/1807 dep. († 28/7/1808)
Mustafà IV, f. di Abd-el-Hamid I	29/5/1807 - 28/7/1808 dep. († 16/11/1808)
Mahmud II, fr.	28/7/1808 - 1/7/1839

Abd-el-Medijd, f.	1/7/1839 - 25/6/1861
Abd-el-Aziz, fr.	25/6/1861 - 30/5/1876 dep. († 4/6/1876)
Murad V, f. di Abd-el-Medijd	30/5 - 30/8/l876 dep. († 29/8/1904)
Abd-el-Hamid II, fr.	31/8/1876 - 27/4/1909 dep.
Maometto V (Mehemed Réchad Khan V), fr.	27/4/l909 - 3/7/1918
abolizione del sultanato e dell'Alta porta	1/11/1922
Maometto VI (Vahid Eddin), f. 3/11/1918 - 2/11/1922 dep. († 15/5/1926)	
Istanbul, Asia Minore sett. e or. ecc.	29/10/1923

Mustafà Kemal pascià pres. del gov. nazionale
  d'Angora e capo dello stato (2/11/1922),
  el. 29/10/1923 e di nuovo per 4 anni   3/3/1924 - 10/11/1938 †
abolizione del califfato   3/3/1924
Mustafà Kemal (Kemal Atatürk dopo l'introduzione
  obbligatoria del cognome, 1934) pres. rep.   29/10/1923 - 10/11/1938 †

İsmet Inönü pres. rep.	11/11/1938 - 21/5/1950
Celâl Bayar pres. rep.	22/5/1950 - 27/5/1960
Kemal Gürsel pres. rep.	26/10/1961 - 27/3/1966
Cevdet Sunay pres. rep.	28/3/1966 - 28/3/1973
Fahri Korüturk pres. rep.	6/4/1973 - 12/9/1980
Kenan Evren pres. rep.	12/9/1980 - 7/11/1989
Turgut Ozal pres. rep.	7/11/1989 - 17/4/1993
Suleyman Demirel pres. rep.	16/5/1993 -

Ungheria

du., poi re dal 1000
dinastia degli Arpadi fino al 1301

Arpád, f. d'Almos, capo dei magiari
  che guida alla conquista del paese
  di qua dei Carpazi (Ungheria) primo du. (voevod)   894 - 907

Zsolt (Zoltan), f., du.	907 - 947
Taksony, f.	947 - 972

Geza I, pronip. di Arpád, si fa cristiano nel 996
  [sp. Sarolta, poi Adelaide di Polonia]   972 - 997
Stefano (Wajk) I il Santo, f., battezzato 994,
  du. 995, cor. re con tit. di Apostolico   15/8/1000 - 15/8/1038
Pietro, l'Alemanno, nip. dalla sor. Maria,
  f. di Ottone Orseolo doge di Venezia
  e di Maria sor. di Stefano I, re   ag. 1038 - 1041 dep.
Aba Samuele, marito di Sama
  sor. di Stefano I, re   1041 - 5/7/1044 dep. († 1044)
Pietro di nuovo riceve l'Ungheria
  come feudo imper. da Enrico III, re   1044 - 1046 dep. († 1047)
Andrea I, f. di Vazul, cug. di Stefano I,

re per us. [sp. Anastasia di Russia]	1046 - 1061
Bela I, fr., re	1061 - 1063
Salomone, f. di Andrea I, re	1063 - dep. 1074 († 1087)
Geza I, f. di Bela I	
[sp. Sinnadena princ. bizantina], re	1074 - 25/4/1077
Ladislao I il Santo, fr.	
(si annette, 1089, la Croazia settentrionale) re	apr. 1077 - 19/7/1095
Colomano, il Santo, f. di Geza I	
(unisce all'Ungheria la Croazia 1102) re	20/7/1095 - 3/2/1114
Stefano II, la Folgore, f., re	3/2/1114 - 1131
Bela II, il Cieco, f. di Almos, fr. di Colomano	1131 - 13/2/1141
Geza II, f., tut. suo zio Belus, fino al 1146, re, cor.	16/2/1141 - 31/5/1161
Stefano III, f., re	31/5/1161 - 1161 dep.
Ladislao II, f. di Bela II (us.)	1161 - 14/1/1162
Stefano IV, fr. (us.)	14/1/1162 - 1162 dep. († 1163)
Stefano III di nuovo re	1163 - 4/3/1173
Bela III, fr. (conquista la Galizia 1190), cor. re	mar. 1173 - 18/4/1196
Emerico, f., re	18/4/1196 - genn. 1204
Ladislao III, r., regg. Andrea suo zio, re	1204 - 7/5/1205
Andrea II il Gerosolimitano, f. di Bela III	
(du. di Croazia) [sp. Gertrude di Andeches,	
† 1213] re	7/5/1205 - 7/3/1235
Bela IV, f. [sp. Maria princ. bizantina],	
re	7/3, cor. 14/10/1235 - 1270
Stefano V, f., re	1270 - ag. 1272
Ladislao IV, il Cumano, f., re	1272 - 19/7/1290
Andrea III, il Veneziano, ultimo degli Arpád,	
nip. di Andrea II e f. del princ. Stefano, 28/7, cor.	4/8/1290 - 4/1/1301
Venceslao dei Premislidi (re di Boemia e	
Polonia 1305) re	1302 - 1305 abd. († 4/8/1306)
Ottone di Wittelsbach, nip. di Stefano V	
(re di Baviera 1290)	1305 - 1308 abd. († 1312)
Caroberto o Roberto Carlo d'Anjou,	
f. di Carlo Martello († 1296) e pronip.	
di Stefano V, re	1308 - 16/7/1342
Luigi I il Grande, f. (re di Polonia 1370)	16/7/1342 - 11 o 12/9/1382
Maria, detta re Maria, f., regg. sua madre Elisabetta,	
11/9/1382 - dic. 1385 - rin. per il marito Sigismondo	1387 († 17/5/1395)
Carlo di Durazzo il Piccolo (re di Napoli 1381)	
cor.	31/12/1385 - 31/12/1386
Sigismondo di Lussemburgo, marito di Maria	
(re dei rom. 1410, di Boemia 1419)	
con la mogl. dal 1388, solo re dal 1395, succ.	1387 - 9/12/1437
Alberto d'Austria, gen.o di Sigismondo	
(re di Boemia 1437) re succ.	19/12/1437, cor. 1/1/1438 - 27/10/1439
Elisabetta, ved. di Alberto	

(vd. Austria)   27/10/1439 - genn. 1440 († 1442)
Ladislao I, Jagellone (re di Polonia 1434)   genn. 1440 - 10/11/1444
interregno - Giovanni Hunyadi govern.   nov. 1444 - 13/2/1453
Ladislao V, il Postumo,
  f. di Alberto d'Austria
  (re di Boemia 1440, arciduca d'Austria 1453) re   febb. 1453 - 23/11/1457
Mattia Corvino, f. di Giovanni Hunyadi, re   24/1/1458 - 6/4/1490
Ladislao II di Polonia, f. (re di Boemia 1471)
  succ.   15/7, cor. 21/9/1490 - 13/3/1516
Luigi II di Polonia, f. (re di Boemia 1516)
  succ. sotto regg.
  [sp. (1521) Maria d'Austria, sor. di Carlo V
  imp.] re   mar. 1516 - 29/8/1526
Giovanni Szapolya, f. di Stefano
  (voevod di Transilvania 1510)
  [sp. (1539) Isabella di Polonia († 1559),
  f.a di Sigismondo I] re 10/11, cor.   11/11/1526 - genn. 1527 († 22/7/1540)
Ferdinando I d'Austria, cogn. di Luigi II
  (arciduca d'Austria 1521, imp. e re di
  Germania 1556) re   genn. 1527 - 25/7/1564
gli stati di Presburgo dichiarano la corona
  d'Ungheria ereditaria per la casa d'Austria   31/10/1687
rimane unita ai possessi di casa d'Austria
  fino al 16/11/1918 (vd. Austria)
è procl. la rep. indip. popolare 31/10/1918
  pres. il ct. Michele Karolyi   16/11/1918 - mar. 1919
stato dei soviet (capo Bela Kun)   21/3 - 7/8/1919
il potere passa al proletariato che nomina un
  gov. provv. i cui mem. hanno nome di
  commissari del popolo, pres. Garbai   22/3/1919 - 1/3/1920
Miklos Horthy regg. in assenza del re Carlo I   7/3/1920 - 15/10/1944
Ferenc Szálasy riceve pieni poteri dai tedeschi   15/10/1944 - febb. 1945
Mátyás Rákosi segr. Pc   dic. 1944 - 18/7/1956
occup. militare sovietica   febb. 1945
Z. Tildy pres. del consiglio   15/12/1945 - 1/2/1946
procl. della rep.   1/2/1946
Z. Tildy pres. rep.   1/2/1946 - ag. 1948
F. Nagy pres. del consiglio   4/2/1946 - 30/5/1947
L. Dinnyes pres. del consiglio   sett. 1947 - 10/12/1948
A. Shakasits pres. rep.   ag. 1948 - mag. 1950
I. Dobi pres. del consiglio   10/12/1948 - 14/8/1952
formazione della rep. popolare   20/8/1949
S. Ronai pres. del consiglio   mag. 1950 - ag. 1952
Mátyás Rákosi pres. del consiglio   14/8/1952 - 3/7/1953
I. Dobi pres. presidium[46]   3/7/1953 - 14/4/1967
Imre Nagy pres. del consiglio   3/7/1953 - 18/4/1955

A. Hegedüs pres. consiglio	18/4/1955 - 24/10/1956
E. Gero segr. Pc	18/7/1956 - 25/10/1956
Imre Nagy pres. consiglio	24/10/1956 - 4/11/1956 dep.
János Kádár, segr. Pcu	25/10/1956 - 22/5/1988 († 6/7/1989)
invasione sovietica	4/11/1956
János Kádár pres. consiglio	4/11/1956 - genn. 1958
F. Münnich pres. consiglio	28/1/1958 - sett. 1961
Janos Kádár pres. consiglio	sett. 1961 - 28/6/1965
György Kállai pres. consiglio	28/6/1965 - 14/4/1967
Pal Losonczi pres. presidium[46]	14/4/1967 - 25/6/1987
Jenö Fock pres. consiglio	14/4/1967 - 15/5/1975
György Lázár pres. consiglio	15/5/1975 - 25/6/1987
Károly Németh capo stato	25/6/1987 - 29/6/1988
Károly Grosz primo min.	25/6/1987 - 8/4/1990
Bela Straub capo dello stato	29/6/1988 - 3/8/1990
János Kádár segr. Pcu	6/7/1989 †
M. Nemeth pres. consiglio	1988 - 8/4/1990
Jozsef Antall pres. consiglio	8/4/1990 - 12/12/1993
Arpád Göncz pres. rep.	3/8/1990 -
ingresso nel Consiglio d'Europa	6/11/1990
Peter Boross pres. consiglio	12/12/1993 - 29/5/1994
Gyula Horn pres. consiglio	26/12/1994 - 24/5/1998
Viktor Orban pres. consiglio	7/6/1998 -

Valacchia e Moldavia/Romania[47]

princ., poi re dal 1881

l'imp. Traiano conquista la Dacia che diviene colonia romana – Decebalo re daco si uccide	107 - 274
invasione dei goti – Aureliano imp. abbandona la Dacia passando al sud del Danubio	274 - 900 c.
gli ungheri occupano la Transilvania sede dei romeni (vd. Transilvania p. 533-534)	v. 900 - 1290
i romeni passano in parte dalla Transilvania nella Valacchia e più tardi nella Moldavia e vi fondano il primo principato romeno, con Filippo II d'Anjou princ. dal 1294 (vd. Taranto e Acaia)	tra 1290 e 1360
la Moldavia si rende indip. dall'Ungheria	1360 - ...
il principato valacco si rende indip. dall'Ungheria ed è gov. da voevod o princ.	1377 - 1391
lotte coi turchi – sottomissione del princ. valacco Mircea il Vecchio che paga ai turchi un tributo di vassallaggio	1391 - 1395

vitt. del princ. valacco Mircea sui turchi	1395 - 1417
Mircea è di nuovo vinto	
– la Valacchia si sottomette all'Impero ottomano	1417-1456
vitt. sui turchi del princ. valacco Vlad III Dracula,	
f. di Vlad II Dracula	1456 - 1466 dep.
Maometto II depone Vlad III Dracula che fugge in Ungheria	1466 (ucc. 1476)
Stefano il Grande (voevod di Moldavia 1456)	
vince i turchi nel 1466, poi nel 1473 e 1475	1466 - 1475
Stefano è vinto dai turchi e fugge in Polonia nel 1475	
– ritorna e vince ancora i turchi	1475 - 1481
Bajazet II, f. e successore di Maometto II,	
vince ancora Stefano nel 1481	1481 - ... († 1504)
Bogdan, f. e successore di Stefano, si sottomette ai turchi	
Moldavia e Valacchia divengono tributarie della Porta	1504 - 1658
i turchi conquistano la Moldavia	1529 - 1658
la Moldavia è unita all'Impero ottomano nel 1658	
e la Valacchia nel 1716	1658 - 1716
la Bessarabia è assegnata all'Impero russo	1815 - 1856
Valacchia e Moldavia divengono quasi del tutto indip.	
dall'Impero ottomano (tratt. di Parigi)	30/3/1856
la Bessarabia è data ai principati di Moldavia e di Valacchia	
dal congresso di Parigi	30/3/1856
i principati sono riorganizzati sotto il nome di «Province Unite»	2/10/1858
Alessandro Giovanni I Cuza el. princ. (hospodar)	
dei due principati, cioè di Moldavia il 17/1	
e di Valacchia il	5/2/1859 - 23/2/1863 abd.
a Jasy e a Bucarest si proclama la riunione	
dei due principati in uno stato solo detto Romania	23/12/1861
gov. provv. (Neculaiu Golescu, Lascaru Catargiu,	
Neculaiu Haralambiu)	23/2 - 20/4/1866
la Romania si dichiara indip. dall'Impero ottomano	22/5/1877
annessione della Dobrugia del Nord	3/8/1878
annessione della Dobrugia del Sud, pace di Bucarest	10/8/1913
Carol I, f. di Karl von Hohenzollern-Sigmaringen,	
procl. princ. con plebiscito 8/4, sale al trono 22/5/1866,	
riconosciuto dall'Impero ottomano 24/10/1866,	
si rende indip. 22/5/1877, perde la Bessarabia	
presagli dall'Impero russo 1878[48]	
[sp. 1866, Elisabetta di Wied] el. re 14/3, cor. 22/5/1881 - 10/10/1914	
dopo la guerra romena contro la Bulgaria (1913)	
la pace di Bucarest dà alla Romania la città	
di Silistra e il suo territ.	28/7 e 10/8/1913
Ferdinando, nip. di Carol e f. di Luitpold	
von Hohenzollern [sp., 10/1/1893, la princ.	
Maria di Sassonia Coburgo-Gotha]	
re 11/10/1914, cor. 15/10/1922 - 20/7/1927	

annessione alla Romania della Bessarabia 11/4/1918,
della Bucovina 28/11/1918, della Transilvania
e di quasi tutto il banato di Temesvár 1/12/1918
Michele, f. di Carol II, el. re sotto regg.
del princ. Nicola di Romania,
di mons. M. Cristea e di Giorgio Buzdugan
(questi † 7/10/1929) 20/7/1927 - 8/6/1930 abd.
Carol II, padre [sp., 10/3/1921, la princ. Elena
di Grecia, da cui divorzia 21/6/1938] re 8/6/1930 - 6/9/1940 abd.
Michele re 6/9/1940 - 30/12/1947 abd.
guerra contro l'URSS 22/6/1941 - 23/8/1944
armistizio con l'URSS 23/8/1944
Petru Groza pres. consiglio 6/3/1945 - 2/6/1952
procl. della rep. popolare 30/12/1947
C. Parhon pres. presidium[49] 9/1/1948 - 2/6/1952
Anna Pauker segr. Partito operaio febb. 1948 - lug. 1952
Petru Groza pres. presidium[49] 2/6/1952 - 7/1/1958 †
Gheorghe Gheorghiu-Dej pres. consiglio giu. 1952 - ott. 1955
Gheorghe Gheorghiu-Dej
segr. Partito operaio lug. 1952 - apr. 1954 e ott. 1955 - 19/3/1965 †
Chivu Stoica pres. consiglio ott. 1955 - 21/3/1961
Ion Gheorghe Maurer pres. presidium[49] 11/1/1958 - 21/3/1961
Gheorghe Gheorghiu-Dej pres. consiglio di stato[49] 21/3/1961 - 19/3/1965 †
Ion Gheorghe Maurer pres. consiglio 21/3/1961 - 28/3/1974
Chivu Stoica pres. consiglio di stato[49] 22/3/1965 - 9/12/1967
Nicolae Ceauşescu segr. Pc 22/3/1965 - 25/12/1989 ucc.
Nicolae Ceauşescu pres. consiglio di stato[49] 9/12/1967 - 28/3/1974
Nicolae Ceauşescu pres. rep. 28/3/1974 - 25/12/1989 ucc.
Manea Maneşcu, pres. consiglio 28/3/1974 - 25/12/1989 ucc.
Ion Iliescu pres. rep. 1/5/1990 - 19/11/1996
ingresso nel Consiglio d'Europa 4/10/1993
Emil Constantinescu pres. rep. 19/11/1996 -

Tavole cronologiche di sovrani, governi e organizzazioni di paesi extraeuropei

Algeria

dominio degli Hafsidi	1499 - 1529 e 1535 - 1569
pascialato sotto dominio dell'Impero ottomano	1587 - 1830
Husain dey	1818 - 1830
occup. franc. e colonia	5/7/1830 - 3/7/1962
insurrezione nazionalista a Sétif e Guelma	8/5/1945
inizio dell'insurrezione del Fronte di liberazione nazionale (FLN) contro la Francia	1/11/1954
accordi di Évian per la concessione dell'indip.	18/3/1962
procl. dell'indip.	5/7/1962
Ahmed Ben Bella pres. rep.	3/7/1962 - 19/6/1965 dep.
colpo di stato	19/6/1965
Houari Boumedienne pres. rep.	19/6/1965 - 27/12/1978 †
Chadli Benjedid pres. rep.	7/2/1979 - 11/1/1992 rin.
vittoria elettorale del Fronte islamico di salvezza (FIS) e annullamento delle elezioni	11/1/1992
Mohammed Boudjaf pres. rep.	11/1/1992 - 29/6/1992 ucc.
Ali Kafi pres. rep.	2/7/1992 - 30/1/1994
Liamine Zeroual pres. rep.	30/1/1994 -

Argentina

conquista spagn.	1536 - 1580
governatorato spagn.	1580 - 1776
vicereame spagn. del Río de la Plata	1776 - 1810
riv. contro la Spagna e giunta provv. del Río de la Plata	25/5/1810
guerra per l'indip.	1810 - 1816
procl. al congresso di Tucumán dell'indip. delle province unite del Rio de la Plata	9/7/1816
Juan Martín Pueyrredón direttore supremo	1816 - 1819
costituzione repubblicana	1819
guerre interne tra federalisti e unitari	1819 - 1821

Rodríguez govern. federalista	1821 - 1824
Las Heras govern. federalista	1824 - 1826
Bernardino Rivadavia govern. unitario	1826 - 1827
Manuel Dorrego govern. federalista	1827 - 1828
Juan Lavalle govern. unitario	1828 - 1829
Juan Manuel de Rosas ditt. federalista	1829 - 1852
costituzione federale	1/7/1853
Justo José Urquiza pres. confederazione	1852 - 1862
Bartolomé Mitre pres. rep.	1862 - 1868
Domenico Faustino Sarmiento pres. rep.	1868 - 1874
Nicolas Avellaneda pres. rep.	1874 - 1880
Julio Roca pres. rep.	1880 - 1886
Juárez Celman pres. rep.	1886 - 1890
Carlos Pellegrini pres. rep.	1890 - 1892
Roque Sáenz Peña pres. rep.	1892 - 1895
José Féliz Uriburu pres. rep.	1895 - 1898
Julio Roca pres. rep.	1898 - 1904
Manuel Quintana pres. rep.	1904 - 1906
Figueroa Alcorta pres. rep.	1906 - 1910
Roque Sáenz Peña pres. rep.	1910 - 1914
Vittorino de la Plaza pres. rep.	1914 - 1916
Ippolito Irigoyen pres. rep.	1916 - 1922
Marcello Torquato de Alvear pres. rep.	1922 - 1928
Ippolito Irigoyen pres. rep.	1928 - 1930
José Féliz Uriburu ditt.	1930 - 1932
Augustin Justo pres. rep.	1932 - 1938
Roberto Ortiz pres. rep.	1938 - 1940
Ramon Castillo pres. rep.	1940 - 1943
Pedro Ramirez pres. rep.	1943 - 1944
Edelmiro Julian Farrel pres. rep.	1944 - 1946
dichiarazione di guerra contro l'Asse	27/3/1945
Juan Domingo Perón ditt.	1946 - 19/9/1955 dep.
giunta provv. di gov.	16-29/9/1955
Eduardo Lonardi pres. provv.	23/9 - 13/11/1955
Pedro E. Aramburu pres. rep. provv.	13/11/1955 - 1958
Arturo Frondizi pres. rep.	1958 - 1962
J. M. Guido pres. rep.	1962
Arturo Illia pres. rep.	1962 - 1966
Juan Carlos Onganía pres. rep.	1966 - 1969
Roberto Marcelo Levingston pres. rep.	1969 - 1971
Alejandro Agustín Lanusse pres. rep.	1971 - 1973
Hector José Cámpora pres. rep.	1973 rin.
Juan Domingo Perón pres. rep.	1973 - 1974 †
Isabel Martínez Perón pres. rep.	1974 - 1976
dittatura militare	1976 - 1983
Jorge Rafael Videla ditt.	1976 - 1981

Roberto Viola ditt.	1981
Leopoldo Galtieri ditt.	1981 - 1982
guerra con la Gran Bretagna per le isole Falkland-Malvinas e sconfitta militare	2/4 - 14/6/1982
Reynaldo Benito Bignone ditt.	1982 - 1983
Raul Alfonsín pres. rep.	1983 - 1989
Carlos Saul Meném pres. rep.	1989 -

Brasile

governatorato portoghese	1548 - 1717
unione del Portogallo con la corona di Spagna	1580 - 1640
vicereame portoghese	1717 - 1816
regno unito al Portogallo	1816 - 1822
Giovanni VI di Bragança re del Portogallo, Algarve e Brasile	20/3/1816
dom Pedro de Bragança reggente	1821
impero del Brasile	1822 - 1889
Pedro I imp.	7/9/1822 - 7/4/1831 rin.
Pedro II imp.	7/4/1831 - 15/11/1889 dest.
procl. della rep.	15/11/1889
M. Deodoro da Fonseca govern. provv.	15/11/1889 - 24/2/1891
rep. federativa degli Stati Uniti del Brasile	24/2/1891
M. Deodoro da Fonseca pres. rep.	1891 dest.
Floriano Peixoto pres. rep.	1891 - 1894
Prudente de Moraes pres. rep.	1894 - 1898
Manuel Ferraz de Campo Salles pres. rep.	1898 - 1902
Francisco de Paula Rodriguez Alves pres. rep.	1902 - 1906
Alfonso Penna pres. rep.	1906 - 1909
Nilo Peçanha pres. rep.	1909 - 1910
Hermes de Fonseca pres. rep.	1910 - 1914
Wenceslau Braz pres. rep.	1914 - 1918
Epitacio da Silva Pessoa pres. rep.	1918 - 1922
Arturo Bernardes pres. rep.	1922 - 1926
Washington Luis Pereira de Sousa pres. rep.	1926 - 1930
Getulio Vargas ditt.	1930 - 24/10/1945
dichiarazione di guerra contro l'Asse	1/1/1942
José Linhares pres. provv. rep.	24/10//1945 - 31/1/1946
Enrico Gaspar Dutra pres. rep.	31/1/1946 - 1950
Getulio Vargas pres. rep.	1950 - 1954 suicida
João Café Filho pres. rep.	1954 - 1955
Juscelino Kubitschek de Oliveira pres. rep.	1955 - 1960
Jânio Quadros pres. rep.	19690 - 25/8/1961 rin.
João Goulart pres. rep.	1961 - 1964
colpo di stato di Humberto Castelo Branco e dittatura	31/3/1964 - 1967

Artur da Costa e Silva pres. rep.	1967 - 1969
Emilio Garrastazú Médici pres. rep.	1969 - 1974
Ernesto Geisel pres. rep.	1974 - 1979
João Baptista de Figueiredo pres. rep.	1979 - 1985
T. de Almeida Neves pres. rep.	† 1985
José Sarney pres. rep.	1985 - 1989
Fernando Collor de Mello pres. rep.	1989 - 20/9/1992 dep.
Itamar Franco pres. rep. inter.	20/9/1992 - 20/5/1993
Fernando Henrique Cardoso pres. rep.	20/5/1993 -

Cina

re

Dinastia Shang (fondata da T'ang, 28 re)	1767 - 1123 a.C.
Dinastia Chou (fondata da Wu Wang, estende il dominio nel bacino del fiume Yang tze, capitale Hao, poi Lo i)	1122 - 249 a.C.

imperatori

Dinastia Ch'in (fondata da Ch'in Shih, capitale Hsi an)	249 - 206 a.C.
Dinastia Han	206 a.C. - 221 d.C.
Kao ti	206 -195 a.C.
Wen ti	195 - 157 a.C.
Ching	157 - 140 a.C.
Wu ti (conquista Canton)	140 - 87 a.C.
Wan Mang us.	8 d.C. - ucc. 23 d.C.
Kuang Wu ti (capitale Lo yang)	23 - ?
Ming ti	58 - 66
Ho ti	89 - 106
Tre regni. Wei,Wu,Shu	221 - 265
Dinastia Ts'in (capitale, dal 310, Nanchino)	265 - 420
1ª dinastia Sung	420 - 478
Dinastia Ts'i merid.	478 - 501
Dinastia Liang	502 - 556
Dinastia Ch'en	557 - 588
Dinastie varie	588 - 620
Dinastia T'ang	620 - 907
T'ai Tsung (conquista Corea, Turchestan, Pamir, India, Tibet)	627 - 649
Hsüan Tsung (o Ming Huang)	712 - 756
Le cinque dinastie: Liang, T'ang, Chin, Han, Chou	907 - 960
2ª Dinastia Sung (fondata da Chao K'uang Yin)	960 - 1279

Dinastia Yüan (mongola)	1280 - 1368
Kubilay	1280 - 1294
Timur Oldjaitu	1294 - 1307
Khaichan	1307 - 1311
Bouyantou	1311 - 1320
Souddhipala	1320 - 1323
Yesun Timur	1323 - 1328
Kousala	1328 - 1329
Togh Timur	1329 - 1332
Rintchenpal	1332
Toghan Timur	1332 - 1368
Dinastia Ming	1368 - 1644
Chu Yan chang (Hung wu)	1368 - 1398
Chu Yun wen (Chien wen)	1398 - 1402
Chu Ti (Yung lo)	1402 - 1424
Chu Kao chic (Hung hsi)	1424 - 1425
Chu Chan chi (Hsuan te)	1425 - 1435
Chu Ch'i chen (Chen t'ung) (imprigionato dai mongoli, 1449)	1435 - 1449
Chu Ch'i yu (Ching t'ai) (sostituisce il fr. Chu Ch'i chen)	1450 - 1457
Chu Ch'i chen (Cheng t'ung), predetto	1457 - 1464
Chu Chien shen (Ch'eng hua)	1464 - 1487
Chu Yu t'ang (Hung chih)	1487 - 1505
Chu Hou chao (Cheng te)	1505 - 1521
Chu Hou tsung (Chia ching)	1521 - 1566
Chu Tsai kou (Lung ch'ing)	1566 - 1572
Chu I chun (Wan li)	1572 - 1620
Chu Ch'ang lo (T'ai ch'ang)	1620
Chu Yu chiao (T'ien ch'i)	1620 - 1627
Chu Yu chien (Ch'ung chen)	1627 - 1644
Dinastia Ts'ing (mancese)	1644 - 1912
Fu lin (Shun Chih)	1644 - 1661
Hsüan yeh (K'ang Hsi)	1661 - 1722
Yin chen (Yung Cheng)	1722 - 1735
Hung li (Ch'ien Lung)	1735 - 1796
Yung yen (Chia Ch'ing)	1796 - 1820
Min ning (Tao Kuang)	1820 - 1850
I chou (Hsien Feng)	1850 - 1861
Tsai Ch'un (Tung Chih) (con la regg. della madre Tzu Hsi)	1861 - 1875
Tsai t'ien (Kuang Hsü) (con la regg. di Tzu Hsi)	1875 - 1908
P'u i (Hsuan Tung)	1908 - 12/2/1912 abd.
Sun Wen (Sun Yat sen) pres. rep. provv.	2/12/1911 - 1912 rin.
procl. ufficiale della rep.	feb. 1912
Yüan Shin kay pres. rep.	febb. 1912 - 6/6/1916 †
Li Yüan hung pres. rep.	1916 - 1917 rin.

Sun Wen (Sun Yat sen) a causa della scissione tra nord
e sud costituisce il gov. indip. di Canton   1916 - 1923 († 12/3/1925)
Feng Kuo chang pres. rep.   1917 - 1918
Hsü Shih chang pres. rep.   1918 - 1922 rin.
vengono eletti illegalmente diversi pres.
della rep. tra cui Tsao Kun   1922
Li Yüan hung pres. rep.   1922 - 1923
Tuan Chi jui ditt.   1922 - 1924
Chang Tso lin ditt. virtuale della Cina del nord   1924 - lug. 1928 ucc.
Chiang Kai shek crea il gov. di Nanchino   1927
occupa Pechino   1928
el. pres. del Consiglio naz. militare   1932
Lin Sen pres. rep. nazionalista   1932 - 1/8/1943 †
scoppio della guerra cino-giapponese   27/7/1937
Chiang Kai shek ditt.   apr. 1938 - sett. 1943
Chiang Kai shek pres. rep.   sett. 1943 - 21/1/1949
capitolazione del Giappone   10/8/1945
dopo la 2a guerra mondiale
    ripresa della guerra civile e vittoria dei comunisti   sett. 1945 - 27/12/1949
procl. della rep. popolare   1/10/1949

Repubblica popolare

Mao Tse tung pres. Pc   1934 - 9/9/1976 †
Mao Tse tung pres. gov. centrale   30/9/1949 - 20/9/1954
Chu En lai capo del gov.   30/9/1949 - 8/1/1976 †
procl. della rep. popolare   1/10/1949
Mao Tse tung pres. rep.   20/9/1954 - 12/4/1959
Liu Shao chi pres. rep.   12/4/1959 - 31/10/1968
Tung Pi wu pres. rep. ad interim   31/10/1968 - 17/1/1975
nuova costituzione con abolizione
    della carica di pres. rep.   17/l/1975
Hua Kuo feng capo del governo ad interim   7/2/l976 - 7/4/1976
Hua Kuo feng primo ministro   7/10/1976 - 7/9/1980
Deng Xiaoping pres. comitato centrale militare   1977 - 1/11/1987
Zhao Ziyang primo ministro   10/9/1980 - 1/11/1987
Li Xiannian ripristina la carica di pres. rep.   18/6/1983 - 1/11/1987
Zhao Ziyang segr. Pc   16/1/1987 - 24/6/1989
Li Peng capo del gov.   24/11/1987 - 17/3/1998
Yang Shang Kun pres. rep.   8/4/1988 - 27/3/1993
manifestazioni studentesche a Pechino   15/5/1989
repressione militare di piazza Tienanmen   3/6/1989
Jiang Zemin segr. Pc   24/6/1989 -
Jiang Zemin pres. rep.   27/3/1993 -
annessione di Hong Kong   21/6/1997
Zhu Rongji capo del gov.   17/3/1998 -

Cina nazionalista (Taiwan)

Chiang Kai shek trasferitosi a Formosa vi proclama la rep. di Cina	1/3/1950
Chiang Kai shek pres. rep.	1/3/1950 - 5/4/1975
Yen Cha kan pres. rep.	6/4/1975 - 21/3/1978
Chiang-Ching kuo pres. rep.	21/3/1978 - 13/1/1988 †
Lee Teng hui pres. rep.	13/1/1988 -

Egitto

re

provincia rom.	30 a.C. - 640 d.C.
dominio di Zenobia regina di Palmira	269 - 272
dominio dei persiani	616 - 627
governatorato dipendente dal califfato musulmano	640 - 968
dinastia dei Fatimidi (califfi)	968 - 1171
dinastia degli Ayyubidi (sultani)	1171 - 1250
dinastia dei Mamelucchi (sultani e bey)	1250 - 1798
occup. franc.	1798 - 1801
dominio dei turchi	1801 - 1805
Mehmet Alì	1805 - 1841
sovrano (formalmente vassallo dell'Impero ottomano)	1841 - 1848
Ibrahim Pascià, f., sovrano	1848
Abbas I, f., sovrano	1848 - 1854
Said Pascià sovrano	1854 - 1863
Ismail Pascià, nip., sovrano	1863 - 1867
chedivé	1867 - 1879
Tevfik Pascià, f., chedivé	1879 - 1881
Arabi Pascià ditt.	15/1/1881 - 11/9/1882
Tevfik Pascià chedivé (ritorna al potere con intervento di truppe britanniche)	1882 - 1892
Abbas II, f., chedivé	1892 - 1914
protettorato britannico	1914 - 1922
Husein Kamil, f. di Ismail Pascià, sultano	1914 - 1917
Ahmed Fuad Pascià, fr., sultano (poi re Fuad I)	1917 - 1922
Fuad I re	15/3/1922 - 28/4/1936
Faruk I, f., re (con un consiglio di regg.a fino al 1937)	28/4/1936 - 23/7/1952 abd.
Fuad II, f., re (con un consiglio di regg.a)	23/7/1952 - 18/6/1953 dep.
Muhammad Neguib pres. della rep.	18/6/1953 - 18/4/1955 dep.
preparazione della nuova costituzione	18/4/1955 - 23/6/1956
Gamal Abd el-Nasser pres. della rep.	23/6/1956 - 28/9/1970 †
Anwar el-Sadat pres. rep.	17/10/1970 - 6/10/1981 ucc.
Hosni Mubarak pres. rep.	12/10/1981 - ...

Etiopia

regno di Aksum e dinastia salomonide	I sec. a.C. - 960 d.C.
introduzione del cristianesimo a opera di Frumenzio	c. 330
introduzione del monofisismo a opera di monaci siri	c. 430
invasione musulmana	634
regno dei Zagné	960 - 1268
Lalibelé negus neghesti	1190 - 1225
regno dei Salomonidi	1270 - 1974
Yekunò Amlak negus neghesti	1270 - 1285
Amda Sion negus neghesti	1314 - 1344
Dawit I negus neghesti	1382 - 1411
Jeshaq negus neghesti	1411 - 1422
Zarè Jaqob negus neghesti	1434 - 1468
Lebna Dengel negus neghesti	1508 - 1540
invasione musulmana somala	1521 - 1542
Galaudeos negus neghesti	1540 - 1559
Susenyos negus neghesti	1609 - 1632 dep.
Basilidas, f., negus neghesti	1632 - 1667
divisione del regno in stati indip.	fine XVIII sec. - 1855
restaurazione del regno di Abissinia	1855
Teodoro II negus neghesti	1855 - 1868 suicida
Giovanni IV negus neghesti	1872 - 1889
vittoria etiopica sugli italiani a Dogali	25/1/1887
Menelik II negus neghesti	1889 - 1913
tratt. di Uccialli con l'Italia	2/5/1889
dichiarazione italiana di protettorato sul paese	11/10/1889
prima guerra italo-etiopica	genn. 1895 - mag. 1896
vittoria etiopica sugli italiani ad Adua	1/3/1896
pace di Addis Abeba e ritiro italiano dall'Etiopia	26/10/1896
Iyasu negus neghesti	1914 - 1916 dep.
Zauditù imperatrice	1917 - 1928
Hayla Sellase negus neghesti	1928 - 5/5/1936 dep.
aggressione dell'Italia fascista	3/10/1935 - 5/5/1936
occup. e impero italiano	9/5/1936 - mag. 1941
occup. inglese	mag. 1941 - mag. 1945
Hayla Sellase negus neghesti	mag. 1941 - 9/9/1974 dep. († 27/8/1975)
annessione dell'Eritrea	14/11/1962
riv. socialista e direttorio militare	9/9/1974 - 3/2/1977
Tafari Banti pres. rep.	9/9/1974 - 3/2/1977 ucc.
procl. della rep.	21/3/1975
Menghistu Hayla Mariam ditt.	7/2/1977 - 25/5/1991 dep.
Meles Zenawi pres. rep.	28/5/1991 - 22/8/1995
Tamrat Layne pres. consiglio	6/6/1991 - 23/8/1995
procl. dell'indip. dell'Eritrea	24/5/1993
Negso Gidada pres. rep.	22/8/1995 -

| Meles Zenawi pres. consiglio | 23/8/1995 - |
| guerra fra Etiopia ed Eritrea | 5/6/1998 - |

Giappone

imperatori

periodo mitico, fino al 660 a.C.
periodo preistorico[50], 660 a.C. - 400 d.C.

Jimmū-tennō (stabilisce la capitale a Kashiwabara 660 a.C.)	660 - 585 a.C.
Suisei, f. (stabilisce la capitale a Katsragi)	584 - 549 a.C.
Annei, f.	548 - 511 a.C.
Itoku, f.	510 - 477 a.C.
Kōshō, f.	476 - 393 a.C.
Kōan, f.	392 - 291 a.C.
Kōrei, f.	290 - 215 a.C.
Kōgen, f.	214 - 158 a.C.
Kaika, f.	157 - 98 a.C.
Sujin, f.	97 a.C. - 30 d.C.
Suinin, f.	29 - 70
Keikō, f.	71 - 130
Seimu, f.	131 - 191
Chūai (stabilisce la capitale nell'isola di Kyūshū)	192 - 200
Ojin, f. (regg. la madre Jingō-kōgo fino al 269)	201 - 310
Nintoku, f.	313 - 399

periodo protostorico, 400 - 540

Richū, f.	400 - 405
Hanshō, fr.	406 - 411
Inkȳo	412 - 453
Ankō, f.	454 - 456
Yuriaku	457 - 479
Seinei, f.	480 - 484
Kensō, nip. dell'imp. Bichū	485 - 487
Ninken, f.	488 - 498
Buretsu, f.	499 - 506
Keitai discendente dell'imp. Ojin	507 - abd. 531
Ankan, f.	532 - 535
Senka, fr.	536 - 539

periodo storico, 540 - ...

Kimmei	540 - 571

Bitatsu, f.	572 - 585
Yōmei	586 - 587
Sushun, fr.	588 - ucc. 592
Suiko, ved. dell'imp. Bitatsu	593 - 628
Jomei, nip. dell'imp. Bitatsu	629 - 641
Kōgyoku, ved.	642 - 645 abd.
Kōtoku	645 - 654
Saimei (nome postumo di Kōtoku di nuovo imp.)	655 - 661
Tenchi	662 - 671
Kōbun, fr.	672 suicida
Temmu, fr.	673 - 686
Jitō, ved.	687 - 696 abd.
Mommu	697 - 707
Gemmyō, madre (stabilisce la capitale a Nara)	708 - 714 abd.
Genshō, f.a	715 - 723 abd.
Shōmu, nip.	724 - 748 abd.
Kohen, f.a	749 - 758 abd.
Junnin	759 - 764 dep.
Shōtoku (nome postumo di Kohen di nuovo imp.)	765 - 769
Kōnin, nip. dell'imp. Tenchi	770 - 781
Kammu (stabilisce la capitale a Nagahoka 782, e poi a Heiankio attuale Kyoto)	782 - 805
Hejiō, f.	806 - 809 abd.
Saga, fr.	810 - 823 abd.
Junna, fr.	824 - 833 abd.
Nimmyo, nip.	834 - 850
Montoku	851 - 858
Saiwa	859 - 876 abd.
Yōzei	877 - 884 abd.
Kōkō, f. dell'imp. Nimmyō	885 - 887
Uda	
888 - abd. 897	
Daigo, f.	898 - 930 abd.
Shujaku, f.	931 - 946 abd.
Murakami, fr.	947 - 977
Reizei	968 - 969 abd.
En-yū	970 - 984 abd.
Kazan	985 - 986
Ichijō	987 - 1011
Sanjō	1012 - 1016 abd.
Go-Ichijō	1017 - 1036 abd.
Go-Shujaku	1037 - 1045
Go-Reizei	1046 - 1068
Go-Sanjō, fr.	1069 - 1072 abd.
Shirakawa, f.	1073 - 1086 abd.
Horikawa, f.	1087 - 1107

Toba, f.	1108 - 1123 abd.
Sutoku	1124 - 1141 abd.
Konoe	1142 - 1155
Go-Shirakawa	1156 - 1158 abd.
Nijō	
1159 - 1165	
Rokujō, f.	1166 - 1168 dep.
Takakura	1169 - 1180 abd.
Antoku	1181 - 1183 dep.
Go-Toba, f. dell'imp. Takakura	1184 - 1198 abd.
Tsuchimikado	1199 - 1210 abd.
Juntoku, fr.	1211 - 1221 abd.
Chūkyō, f.	1221 - 1221 dep.
Go-Horikawa	1222 - 1232 abd.
Shijō, f.	1233 - 1242
Go-Saga, f. dell'imp. Tsuchimikado	1243 - 1246 abd.
Go-Fukakusa, f.	1247 - 1259
Kameyama, fr.	1260 - 1274 abd.
Go-Uda, f.	1275 - 1287 abd.
Fushimi, cug., f. dell'imp. Go-Fukakusa	1288 - 1298 abd.
Go-Fushimi, f.	1299 - 1301 abd.
Go-Nijō, f. dell'imp. Go-Uda	1302 - 1308
Hanazono, f. dell'imp. Fushimi	1308 - 1318 abd.
Go-Daigo	1319 - 1338
Go-Murakami, f.	1339 - 1368
Chōkei, f.	1369 - 1372 abd.
Go-Kameyama, fr.	1373 - 1390 abd.

dinastia del Nord, 1331 - 1392

Kōgon	1331 - 1333
Kōmyō	1336 - 1348
Sūkō	1349 - 1352
Go-Kōgon	1353 - 1371
Go-En-yū	1372 - 1382
Go-Komatsu	1383 - 1392
Go-Komatsu	1392 - 1412 abd.
Shōkō	1413 - 1428
Go-Hanazono	1429 - 1464 abd.
Go-Tsuchimikado	1465 - 1500
Go-Kashiwabara	1501 - 1526
Go-Nara	1527 - 1557
Ogimachi	1558 - 1586 abd.
Go-Yōzei	1587 - 1611 abd.
Go-Mi-no-o, f.	1612 - 1629 abd.
Myōshō, figlia	1630 - 1643 abd.

Go-Kōmyō	1644 - 1654
Go-Saiin, fr.	1655 - 1662 abd.
Reigen, fr.	1663 - 1686 abd.
Higashi-yama	1687 - 1709 abd.
Nakamikado, f.	1710 - 1735 abd.
Sakuramachi	1736 - 1746 abd.
Momozono	1746 - 1762
Go-Sakuramachi, sor.	1763 - 1770 abd.
Go-Momozono, nip.	1771 - 1779
Kōkaku	1780 - 1816 abd.
Ninkō	1817 - 1846
Kōmei	1847 - 1867
Meiji, f. (abolisce lo shogunato e il feudalesimo 1/6/1868, stabilisce la capitale a Tōkyō 17/7/1868, annette la Corea 1910)	1868 - 30/7/1912
Taishō, f. (regg. il f. Hirohito dal 1921)	30/7/1912 - 25/12/1926
Hirohito f. imp.	25/12/1926 - 6/1/1989
Akihito f. imp.	6/1/1989 -

shogun[51]

famiglia Minamoto, 1192 - 1219 (residenza in Kamakura)

Yoritomo	1192 - 1199
Yoriie, f.	1202 - 1203 ucc.
Sanetomo	1203 - 1219 ucc.
Succede nel potere la famiglia Hōjō senza il titolo di shogun	

famiglia Fujiwara, 1226 - 1252 (residenza in Kamakura)

Yoritsune	1226 - 1244 abd.
Yoritsugu	1244 - 1252 abd.

principi imperiali, 1252 - 1338 (residenza in Kamakura)

Munetata	1252 - 1266 abd.
Koreyasu	1266 - 1289 abd.
Hisa-Akira	1289 - 1308 abd.
Marikuni	1308 - 1333
Morinaga	1333 - 1334 dep.
Narinaga, f.	1334 - 1338 abd.

famiglia Ashikaga, 1338 - 1573 (residenza in Kyōto)

Takauji	1338 - 1358

Yoshiakira	1358 - 1367 abd.
Yoshimitsu	1367 - 1395 abd.
Yoshimochi, f.	1395 - 1423 abd.
Yoshikazu	1423 - 1425
Yoshinori	1428 - 1441
Yoshikatsu	1441 - 1443
Yoshimasa	1449 - 1474 abd.
Yoshihisa	1474 - 1489
Yoshitane I	1490 - 1493 abd.
Yoshizumi	1493 - 1508 abd.
Yoshitane II	1508 - 1521 abd.
Yoshiharu	1521 - 1545 abd.
Yoshiteru	1545 - 1565
Yoshihide	1568 - 1568
Yoshiaki	1568 - 1573 abd.

famiglia Tokugawa, 1542 - 1868 (residenza in Edo, attuale Tōkyō)

Ieyasu	1603 - 1605 abd. († 1616)
Hidetada, f.	1605 - 1622 abd. († 1632)
Iemitsu, f.	1623 - 1651
Ietsuna	1651 - 1680
Tsunayoshi	1680 - 1709
Ienobu	1709 - 1712
Ietsugu	1713 - 1716
Yoshimune	1716 - 1745 abd. († 1751)
Ieshige, f.	1745 - 1760 abd. († 1761)
Ieharu	1760 - 1786
Ienari, f. adottivo	1786 - 1837 abd. († 1841)
Ieyoshi, f.	1837 - 1853
Iesada	1853 - 1858
Iemochi	1858 - 1866
Keiki	1866 - 1868 abd. († 1913)

India[52]

Babur	1494 - 1530
Humayun	1530 - 1556
Akbar	1556 - 1605
Jahangir [Selim]	1605 - 1627
Shah Jahan	1628 - 1658
Aurangzeb	1658 - 1707
Bahadur Shah I	1707 - 1712
Jahandar Shah	1712
Farrukhsiyar	1713 - 1718

Muhammad Shah	1719 - 1748
Ahmad Shah	1748 - 1754
Alamgir	1754 - 1759
Shah Alam II	1760 - 1806
Akbar II	1806 - 1837
Bahadur Shah II	1837 - 1858
la regina Vittoria di Gran Bretagna è procl. imp.	1/1/1877
procl. dell'indip. dell'Unione indiana	15/8/1947
Cri Jawaharlal Nehru primo min.	1947 - 27/5/1964†
Lal Bahadur Shastri primo min.	1964 - 1966
Indira Gandhi primo min.	1966 - 20/3/1977
Morarji Desai primo min.	24/3/1977 - 7/1/1980
Indira Gandhi primo min.	7/1/1980 - 31/10/1984
Rajiv Gandhi primo min.	31/10/1984 - 22/12/1989
Ramaswamy Venkataraman pres. rep.	25/7/1987 - 15/7/1992
Viswanath Prapat Singh primo min.	5/12/1989 -
Chandra Shekhar primo min.	1989 - 21/6/1991
Narashima Rao primo min.	21/6/1991 - 1996
Shankar Dayal Sharma pres. rep.	15/7/1992 - 1997
Dewe Gowda primo min.	1996 - 21/4/1997
Koecheril Narayamam pres. rep.	1997 -
Inder Kumal Gujral primo min.	21/4/1997 - 28/3/1998
Atal Behari Vajpayee primo min.	28/3/1998 -

Israele

I congresso sionista di Basilea	29/8/1897
dichiarazione Balfour sul «focolare ebraico»	2/11/1917
entrata del gen. Allenby a Gerusalemme	11/12/1917
mandato britannico sulla Palestina	apr. 1920 - 14/5/1948
commissione Onu sulla Palestina (Unscop)	15/5/1947
dichiarazione Onu per creare in Palestina uno stato arabo, uno ebraico e internazionalizzare Gerusalemme	29/11/1947
nascita dello stato d'Israele	14/5/1948
attacco da parte della Siria, dell'Egitto, dell'Iraq, della Giordania e del Libano	mag. 1948 - genn. 1949
fine della guerra d'indip.	7/1/1949
elezione dell'Assemblea costituente	25/1/1949
Chaïm Weizmann pres. rep.	16/2/1949 - 9/11/1952
Davìd Ben Gurion primo min.	16/2/1949 - 1953
ammissione all'Onu	11/5/1949
dichiarazione di Gerusalemme a cap.	23/1/1950
Itzhak Ben-Zvi pres. rep.	8/12/1952 - 23/4/1963
Moshe Sharett primo min.	1953 - 1955
Davìd Ben Gurion primo min.	1955 - 1963

occup. israeliana del Sinai	29/10/1956 - 1/3/1957
ritiro israeliano dal Sinai e da Gaza	25/12/1956 - 8/3/1957
Zalmar Shazar pres. rep.	23/4/1963 - 24/5/1973
Levy Eshkol primo min.	1963 - 26/2/1969 †
nascita a Gerusalemme dell'Organizzazione per la liberazione della Palestina (OLP)	28/5/1964
attacco a Egitto, Siria e Giordania e guerra «dei sei giorni»	5-10/6/1967
rottura delle relazioni diplomatiche da parte dell'URSS	10/6/1967
summit arabo di Khartum dei «quattro no» a Israele	29/8 - 3/9/1967
risoluzione ONU 242 sul cessate il fuoco, il ritiro di Israele dai territori occupati, il riconoscimento arabo di Israele	22/11/1967
Yasser Arafat pres. del comitato esecutivo dell'OLP	1/2/1969
Golda Meir primo min.	26/2/1969 - 10/4/1974
uccisione degli atleti israeliani alle olimpiadi di Monaco	4/9/1972
Ephraim Katzir pres. rep.	24/5/1973 - 24/5/1978
attacco da Egitto e Siria e guerra del «Kippùr»	6-24/10/1973
risoluzione ONU 338 sul cessate il fuoco e sull'applicazione della risoluzione ONU 242 (1967)	22/10/1973
armistizio con l'Egitto e con la Siria	11/11/1973 - 31/5/1974
Yitzhàk Rabin primo min.	3/6/1974 - 7/4/1977
Menahèm Begin primo min.	9/4/1977 - 15/9/1983
visita del pres. egiziano Anwar-el Sadat a Gerusalemme	19-21/11/1977
Yitzhàk Navon pres. rep.	24/5/1978 - 5/5/1983
accordi di pace con l'Egitto a Camp David	5-18/9/1978
firma del tratt. di pace con l'Egitto a Washington	26/3/1979
operazione «pace in Galilea» e invasione del Libano	6/6/1982
Haim Herzog pres.	5/5/1983 - 13/5/1993
Yitzhàk Shamir primo min.	1/10/1983 - 23/7/1984
Shimon Peres primo min.	13/9/1984 - 10/10/1986
Yitzhàk Shamir primo min.	20/10/1986 - 23/6/1992
a Jabaliya inizia l'«intifada» palestinese	8/12/1987
Arafat procl. lo stato di Palestina	15/11/1988
Arafat accetta a Ginevra le risoluzioni ONU 242 (1967) e 338 (1973) sul riconoscimento dello stato di Israele	13-15/12/1988
neutralità israeliana nella guerra del Golfo	17/1 - 28/2/1991
ripresa delle relazioni diplomatiche con l'URSS	18/10/1991
apertura conferenza di pace arabo-israeliana di Madrid	30/10/1991
Yitzhàk Rabin primo min.	13/7/1992 - 4/11/1995 ucc.
Shimon Peres primo min.	4/11/1995 - 17/5/1996
Ezer Weizman pres. rep.	13/5/1993 -
accordi di pace di Washington con l'OLP	13/9/1993
tratt. di pace di Arabah (Eilat) con la Giordania	26/10/1994
Benjamin Netaniahu primo min.	mag. 1996 -
inizio dei festeggiamenti del 50° di fondazione	30/4/1998

Libia

occup. spagnola e gerosolimitana di Tripoli	1510 - 1551
occup. turca della Tripolitania-Cirenaica	1551 - 1911
dinastia dei Qaramanli	1711 - 1793 e 1795 - 1835
Ahmad bey	1711 - 1745
Ali Burghul bey	1793 - 1795
Yusuf bey	1795 - 1834
guerra italo-turca e occup. italiana della Tripolitania-Cirenaica	29/9/1911 - 23/1/1943
occup. italiana di Tripoli	3/10/1911
colonia italiana per il tratt. di Ouchy	18/10/1912
campagne italo-germaniche per la conquista dell'Egitto	1940 - 1943
occup. inglese di Tripoli	23/1/1943
occup. inglese di Tripolitania e Cirenaica e francese del Fezzan	1943 - 1949
ricostituzione dell'ONU di una Libia indip.	24/12/1951
Idris as-Senusi re	24/12/1951 - 1/9/1969 dep.
colpo di stato militare e procl. della rep.	1/9/1969
Muhammar el Gheddafi capo dello stato	1/9/1969 -
istituzione della Jamahirya araba libica socialista popolare	2/3/1977
intervento nella guerra del Ciad e unione dei due paesi	1980 - 1982
ritiro dal Ciad	1987 - 1988

Marocco

stato berbero dei Sadiani	1550 - 1603
Abdalmalik	1574 - 1578
al-Mansur	1578 - 1603
stato berbero degli Alawidi	1666 -
Maulay ar-Rasid sultano	1666 - 1672
Maulay Ismail sultano	1672 - 1727
Muhammad ibn Abdallah sultano	1757 - 1790
Maulay Sulaiman sultano	1792 - 1822
Maulay Abdarrahman sultano	1822 - 1859
Maulay al-Hasan sultano	1873 - 1894
tratt. di Madrid e garanzia internaz. dell'indip.	3/7/1880
crisi marocchina e conferenza di Algesiras	16/1 - 7/4/1906
occup. franc. di Fez e manovre tedesche ad Agadir	lug. 1911
convenzione di Fez e protettorato franc.	30/3/1912
tratt. di Madrid e protettorato spagn. sul litorale nord	27/11/1912
guerra del Rif contro l'occup. franc. e spagn.	1921 - 1926
Maometto V sultano	1927 - 1953
amministrazione franc.	1930 - 1956
Moulay Ben Arafa sultano	1953 - 1955

Maometto V sultano	1955 - 1956
riconoscimento dell'indip.	2/3/1956
Maometto V re	1956 - 1961
Hasan II re	1961 -
annessione del Sahara occidentale	1974 - 1976
guerra con il Polisario per il Sahara spagn.	1976 - 1988
«cessate il fuoco» con il Polisario	1991

Messico

conquista spagn.	21/4/1519 - 13/8/1521
vicereame spagn. della Nueva España	1521 - 1821
guerra per l'indip.	1810 - 1821
insurrezione di padre Miguel Hidalgo y Costilla,	
nom. «generalissimo»	15-21/9/1810 - 1/8/1811 ucc.
proclama indipendentista di Chilpancingo emanato da	
José Maria Morelos y Pavón	6/11/1813
«costituzione nazionale» di Apatzingán	22/10/1814
piano delle «tre garanzie» di Iguala di Agustín de Itúrbide	
(indipendenza, cattolicesimo, eguaglianza)	1/3/1821
concertazione dell'indip. (tratt. di Cordoba)	24/8/1821
l'esercito liberatore occupa Città del Messico	27/9/1821
Agustín I Itúrbide imp. 25/7//1822 - 19/2/1823 dep. (19/7/1824 ucc.)	
procl. della rep. federale	24/9/1824
approvazione della costituzione federale	4/10/1824
Félix Fernández pres. rep.	1824 - 1826
Vicente Guerrero pres. rep.	1826 - 1828
Anastasio Bustamante pres. rep.	1828 - 1830
Lucas Altamán pres. rep.	1830 - 1832
M. Farias pres. rep.	1832 - 1833
Antonio López de Santa Ana	
pres. rep. e ditt. 1833 - 1836 e 1841 - ag. 1855 dep.	
approvazione della costituzione centralizzatrice	1836
annessione del Texas agli Stati Uniti d'America	1/3/1845
guerra contro gli Stati Uniti d'America e sconfitta 11/2/1846 - 14/9/1847	
tratt. di Guadalupe Hidalgo e perdita di Texas,	
Nuovo Messico, alta California	2/2/1848
insurrezione di Juan Alvárez	1/3/1854
Juan Alvárez pres. rep.	1855 - 1856
Ignacio Comonfort pres. rep.	1856 - 1857
approvazione della costituzione federale liberale	1857
Benito Juárez pres. della suprema corte	1858 - 1872
guerra fra liberali e conservatori	1858 - 1861
occup. anglo-franco-spagnola	1861 - 1862
occup. francese	1862 - 1863

gov. provv. Labastida	1863 - 1864
Massimiliano d'Asburgo imp.	1864 - 1867 ucc.
Sebastiano Lerdo de Tejada pres. della suprema corte	1867 - 1876
Benito Juárez pres. rep.	1867 - 1871
Porfirio Díaz pres. rep.	1876 - 1880
Manuel Gonzáles pres. rep.	1880 - 1884
Porfirio Díaz pres. rep. e ditt.	1884 - 25/5/1911 rin.
rivoluzione sotto la guida di Francisco Madero	20/11/1910
Francisco Madero pres. rep.	1911 - 23/2/1913 ucc.
Victoriano Huerta pres. rep.	1913 - 1914
Venustiano Carranza pres. rep.	1914 - 21/5/1920 ucc.
costituzione progressista di Querétaro	5/2/1917
Álvaro Obregón pres. rep.	1920 - 1924
Plutarco Elías Calles pres. rep.	1924 - 1928
Álvaro Obregón pres. rep.	1928 ucc.
Emilio Portes Gil pres. rep. provv.	1928 - 1930
Pascual Ortiz Rubio pres. rep.	1930 - 1932
Abelardo Rodríguez pres. rep.	1932 - 1934
Lázaro Cárdenas pres. rep.	1934 - 1940
costituzione del Partido revolucionario institucional	1939
Manuel Ávila Camacho pres. rep.	1940 - 1946
dichiarazione di guerra contro l'Asse	1/1/1942
Miguel Alemán pres. rep.	1946 - 1952
Adolfo Ruiz Cortínez pres. rep.	1952 - 1958
A. López Mateos	1958 - 1964
Gustavo Díaz Ordaz	1964 - 1970
Luis Echeverría	1970 - 1976
José López Portillo pres. rep.	1976 - 1982
Miguel de la Madrid Hurtado	1982 - 1988
Carlos Salinas de Gortari pres. rep.	1988 - 1994
rivolta «zapatista» nella regione del Chiapas	genn. 1994 -
Ernesto Zedillo Ponce de León pres. rep.	1994 -

Organizzazione delle Nazioni Unite (Onu)

istituzione a Ginevra della Società delle Nazioni	28/6/1919
dichiarazione anglo-statunitense sull'organizzazione futura dei rapporti fra le nazioni o «Carta atlantica»	14/8/1941
firma a Washington della dichiarazione delle 26 nazioni unite nella guerra contro l'Asse e il Tripartito	1/1/1942
conferenza di Teheran e accordo fra Gran Bretagna, Urss, Usa sul progetto di creazione dell'Onu	28/11 - 1/12/1943
conferenza di Dumbarton Oaks fra Cina, Gran Bretagna, Urss, Usa sulla «carta» della futura Onu	21/9 - 7/10/1944
conferenza di Yalta ed elaborazione della struttura Onu	4-11/2/1945

conferenza di San Francisco istitutiva dell'Onu	25/4 - 25/6/1945
firma a San Francisco del tratt. costitutivo dell'Onu da parte di 51 nazioni fondatrici	26/6/1945
conferenza di Potsdam e decisione di ammettere all'Onu anche i paesi neutrali	17/7 - 2/8/1945
ultima riunione a Ginevra della Società delle Nazioni	18/4/1946
segretariato generale di Trygve Lie	1946 - 1953
segretariato generale di Dag Hammarskjöld	1953 - 1961†
alle 51 nazioni fondatrici si aggiungono 52 altri stati	1956 - 1970
dichiarazione sulla concessione dell'indipendenza ai popoli e ai paesi coloniali	14/12/1960
segretariato generale di Sithu U Thant	1961 - 1971
segretariato generale di Kurt Waldheim	1972 - 1981
segretariato generale di Javier Pérez de Cuellar	1982 - 1991
segretariato generale di Boutros Boutros-Ghali	1992 - 1997
segretariato generale di Koffi Hannan	1997 -

Persia/Iran

dinastia dei Safawidi, 1502 - 1736

Ismail I	1502 - 1524
Ṭahmāsp, f.	1524 - 1576
Ismail II	1576 - 1578
Moḥammed Khudabandah	1578 - 1587
'Abbas I (stabilisce la capitale a Isphahan)	1587 - 1629
Ṣafi I	1629 - 1642
'Abbas II	1642 - 1667
Sulaymān	1667 - 1694
Husain I	1694 - 1722
Ṭahmāsp II	1722 - 1731
'Abbas III	1731 - 1736
Nādir Shah	1736 - 1747 ucc.
'Adī l Shah nip.	1747 - 1750

dinastia degli Zand, 1750 - 1794

Khārim Khan	1750 - 1779
Periodo di anarchia	1779 - 1794
Luft 'Alī Khan	1794 - ucc. 1794

dinastia dei Qāgiāri, 1794 - 1925

Aqā Mohammed Khān	1794 - 1797
Fatḥ 'Alī Shah	1797 - 1834

Moḥammed Shah	1834 - 1848
Nāsir ad-dīn Shah	1848 - 1896
Muzaffar ad-dīn Shah, f.	1896 - 1907
Moḥammed 'Alī Shah	1907 - 1909 dep.
Ahmed Shah (esule dal 1923)	1909 - 1925 dep.

dinastia dei Pahlavi, 1925 - 1979

Riza Khan, scià (cor. 25/4/1926)	14/12/1925 - 16/6/1941 abd.
Muhammad Riza, f., scià (cor. ott. 1967)	16/9/1941 - 1/2/1979 dep.
	(† 27/7/1980)
J. Teherani assume il consiglio di regg.	13/1/1979 - 21/1/1979
lo scià Muhammad Riza Pahlavi fugge negli USA	16/1/1979

repubblica islamica

l'ayatollah Ruhollah Khomeini giunge in Iran e assume la guida del paese	1/2/1979
M. Bazargan primo ministro	5/2/1979 - 6/11/1979 dim.
consiglio della riv. sotto la pres. di Khomeini	6/11/1979
A.H. Bani-Sadr, pres. rep.	4/2/1980 - 21/6/1981 dest.
consiglio di presidenza presieduto dall'ayatollah M. Behesti	21/6/1981 - 29/6/1981
M.J. Bahoner pres. corte suprema	30/6/l980
Ruollah Khomeini è il capo religioso e supremo dello stato	2/11/1979 - 3/6/1989 †
Seyed Alì Khamenei pres. rep.	2/10/1981 - 28/7/1989
Hashemi Ali Akbar Rafsanjani pres. rep.	28/7/1989 - 23/5/1997
Mahammad Khatami pres. rep.	23/5/1997 -

Stati Uniti d'America (USA)

«Boston Tea Party» contro la tassa sul the	16/12/1773
primo congresso continentale delle colonie a Philadelphia	5/9/1774
secondo congresso continentale delle colonie a Philadelphia	10/5/1775
guerra d'indip. fra insorti e Gran Bretagna	apr. 1775 - ott. 1781
dichiarazione dell'indip. delle 13 colonie inglesi	4/7/1776
intervento della Francia a sostegno delle ex colonie	6/2/1778
intervento della Spagna a sostegno delle ex colonie	8/5/1779
preliminari di pace con l'Inghilterra	30/11/1782
tratt. di Versailles e riconoscimento inglese dell'indip.	3/9/1783
gov. del Congresso dei rappresentanti	1783 - 1789
Convenzione federale per preparare la costituzione	14/5 - 17/9/1787
ordinanza del nord-ovest sulla costituzione di nuovi stati	13/7/1787
votazione della costituzione federale	17/9/1787

entrata in vigore della costituzione federale	4/3/1789
si alternano pres. federalisti (fed.), poi repubblicani (rep.), e democratici (dem.)	1801
acquisto della Louisiana dalla Francia	30/4/1803
occup. della Louisiana	20/12/1803
guerra contro la Gran Bretagna	18/6/1812 - 8/1/1815
tratt. di pace di Gand	24/12/1814
fondazione del Partito democratico	1829
enunciazione della «dottrina Monroe»	2/12/1823
annessione del Texas	1/3/1845
guerra contro il Messico	15/5/1846 - 14/9/1847
tratt. di Guadalupe Hidalgo e acquisto di Texas, Nuovo Messico, alta California	2/2/1848
fondazione del Partito repubblicano	6/7/1854
secessione della Confederazione di 11 stati d'America	9/2/1861
guerra fra gli stati dell'Unione e della Confederazione	13/4/1861 - 9/4/1865
abolizione dello schiavismo	1/1/1863
ratifica dell'abolizione dello schiavismo	31/1/1865
acquisto dell'Alaska dall'Impero russo (tratt. di Washington)	30/3/1867
occup. dell'Alaska	18/10/1867
guerra contro la Spagna	24/4 - 12/8/1898
tratt. di pace di Parigi e annessione di Puerto Rico, Guam e Filippine	10/12/1898
intervento nella prima guerra mondiale contro la Germania	6/4/1917
crollo della Borsa valori di New York e grande crisi	24/10/1929
intervento nella seconda guerra mondiale contro l'Asse	7/12/1941
firma del Patto atlantico e costituzione della North Atlantic Treaty Organisation (NATO) con Belgio, Canada, Danimarca, Francia, Gran Bretagna, Islanda, Italia, Lussemburgo, Norvegia, Paesi Bassi, Portogallo	4/4/1949
intervento militare in Corea e armistizio	15/9/1950 - 27/7/1953
fallito sbarco nella Baia dei Porci a Cuba (Playa Girón)	17/4/1961
crisi con l'URSS per i «missili di Cuba»	22-28/10/1962
intervento militare in Vietnam	5/8/1964 - 27/1/1973
crisi dell'ambasciata di Teheran	4/11/1979 - 20/1/1981
intervento militare a Grenada	25/10/1983
intervento militare a Panamá	20/12/1989
intervento militare nel Golfo arabico a capo di una coalizione contro l'Iraq	17/1 - 28/2/1991
entrata in vigore del North-American Free Trade Agreement (NAFTA) con Canada e Messico	1/1/1994
intervento militare a Haiti	19/9/1994

presidenti[53]:

1 George Washington, * contea di Westmoreland (Virginia)　　1789 - 1793

rieletto	1793 - 1797
2 John Adams, * Braintree (Massachusetts)	1797 - 1801
3 Thomas Jefferson (fed.), * Shadwell (Virginia)	1801 - 1805
rieletto	1805 - 1809
4 James Madison (fed.), * Port Conway (Virginia)	1809 - 1813
rieletto	1813 - 1817
5 James Monroe (fed.), * contea di Westmoreland (Virginia)	1817 - 1821
rieletto	1821 - 1825
6 John Quincy Adams, * Braintree (Mass.)	1825 - 1829
7 Andrew Jackson (dem.), * Waxhaw (South Carolina)	1829 - 1833
rieletto	1833 - 1837
8 Martin Van Buren (dem.), * Kinderhook (New York)	1837 - 1841
9 William Henry Harrison (dem.), * Berkeley (Virginia)	1841 †
10 John Tyler (dem.), * Greenway (Virginia)	1841 - 1845
11 James Knox Polk (dem.), * contea di Mecklenburg (North Carolina)	1845 - 1849
12 Zachary Taylor (dem.), * Montebello (Virginia)	1849 - 1850 †
13 Millard Fillmore (dem.), * Locke (New York)	1850 - 1853
14 Franklin Pierce (dem.), * Hillisboro (New Hampshire)	1853 - 1857
15 James Buchanan (dem.), * Mercersburg (Pennsylvania)	1857 - 1861
16 Abraham Lincoln (rep.), * Hodgenville (Kentucky) 1861 - 15/4/1865 ucc.	
17 Andrew Johnson (rep.), * Raleigh (North Carolina)	1865 - 1869
18 Ulysses Simpson Grant (rep.), * Point Pleasant (Ohio)	1869 - 1873
rieletto	1873 - 1877
19 Rutherford Birchard Hayes (rep.), * Delaware (Ohio)	1877 - 1881
20 James Abraham Garfield (rep.), * a Orange (Ohio)	19/9/1881 ucc.
21 Chester Alan Arthur (rep.), * Fairfield (Vermont)	1881 - 1885
22 Grover Cleveland (dem.), * Caldwell (New Jersey)	1885 - 1889
23 Benjamin Harrison (rep.), * North Bend (Ohio)	1889 - 1893
24 Grover Cleveland (II)	1893 - 1897
25 William McKinley (rep.), * Niles (Ohio)	1897 - 1901
rieletto	14/9/1901 ucc.
26 Theodore Roosevelt (rep.), * New York (New York)	1901 - 1905
rieletto	1905 - 1909
27 William Howard Taft (dem.), * Cincinnati (Ohio)	1909 - 1913
28 Woodrow Wilson (dem.), * Staunton (Virginia)	1913 - 1917
rieletto	1917 - 1921
29 Warren Gamaliel Harding (rep.), * Corsica (Ohio)	1921 - 1923 †
30 Calvin Coolidge (rep.), * Plymouth (Vermont)	1923 - 1925
rieletto	1925 - 1929
31 Herber Clark Hoover (rep.), * West Branch (Iowa)	1929 - 1933
32 Franklin Delano Roosevelt (dem.), * Hyde Park (New York)	1933 - 1937
rieletto	1937 - 1941
rieletto	1941 - 1945
rieletto	12/4/1945 †

33 Harry S. Truman (dem.), * Lamar (Missouri)   1945 - 1949
   rieletto   1949 - 1953
34 Dwight David Eisenhower (rep.), * Denison (Texas)   1953 - 1957
   rieletto   1957 - 1961
35 John Fitzgerald Kennedy (dem.),
   * Brookline (Massachusetts)   1961 - 22/11/1963 ucc.
36 Lindon Baines Johnson (dem.), * Johnson City (Texas) 1963 - 1965
   rieletto   1965 - 1969
37 Richard Milhous Nixon (rep.), * Yorba Linda (California) 1969 - 1973
   rieletto (si dimette 9/8/1974)   1973 - 1974
38 Gerald Ford (rep.), * Omaha (Nebraska)   1974 - 1977
39 James (Jimmy) Carter (dem.), * Plains (Georgia)   1977 - 1981
40 Ronald W. Reagan (rep.), * Tampico (Illinois)   1981 - 1985
   rieletto   1985 - 1989
41 George Bush (rep.), * Milton (Massachusetts)   1989 - 1993
42 William Jefferson Clinton (dem.),
   * Hope (Arkansas)   1993 - 1997
   rieletto   1997 -

Tunisia

dinastia Hafsida   1269 - 1574
protettorato autonomo dell'Impero ottomano   1574 - 1705
dinastia Husainide   1710 - 1957
Husayn bey   1705 - 1735
Ali Pasha bey   1735 - 1756
Ali Bey bey   1759 - 1782
Hammuda bey   1782 - 1814
Mahmud bey   1814 - 1824
Mohammed bey   1855 - 1859
tratt. del Bardo e imposizione del protettorato franc.   12/5/1881
campagne italo-germaniche per la conquista dell'Egitto 1940 - 1943
resa delle truppe italiane e tedesche   12/5/1943
trattative per l'indip.   lug. 1954 - mar. 1956
concessione dell'indip.   20/5/1956
Sidi el-Amin re   20/5/1956 - 25/7/1957 dep.
procl. della rep.   25/7/1957
Habib Burghiba pres. rep.   25/7/1957 - 7/11/1987 dep.
Zin el-Abdin Ben Alì pres. rep.   7/11/1987 -

Note alla parte quinta

[1] Alla fine del quarto millennio a.C. l'Egitto «predinastico» è diviso in Basso e Alto Egitto. La conquista del Basso Egitto a opera del sovrano del sud, Menes inizia il periodo

storico delle trenta dinastie di faraoni. I sovrani delle due prime dinastie sono di Thinis, Alto Egitto. Seguono le dinastie (della nuova capitale Menfi) dell'Antico Regno che, dopo lo splendore della IV dinastia (Snefru, Cheope, Chefren) coincidono con la decadenza (VI dinastia). Oscuro il periodo delle dinastie successive. La IX e la X della capitale Eracleopoli segnano la rinascita di un sistema accentrato, compiuto dall'XI dinastia di Tebe (Regno medio, XI-XIV dinastia). La XII dinastia di Menfi è impegnata in guerre di conquista verso la Nubia e la Siria. Le due successive vedono invece avanzare il caos. Arrivano durante la XIII dinastia gli Hyksos che dalla capitale Avaris danno vita alla XV e XVI dinastia. L'ultimo re della XVII dinastia di Tebe ne contrasta l'occupazione mentre l'iniziatore della XVIII, Ahmose, li ricaccia. La XXI dinastia è l'inizio del periodo dei «Bassi Tempi». Prima dinastia del Nuovo Regno, la XVIII riorganizza il paese e dopo Tutmosi I conquista e colonizza il Sudan e la Siria. Si affacciano intanto gli ittiti, con la XIX dinastia e Seti I e Ramses II devono disputare la Palestina. Dopo di lui (XX dinastia) e Ramses III (che sostengono e respingono gli attacchi) inizia la decadenza. Alla fine della XX dinastia l'Egitto è spezzato sotto la XXI, XXII, XXIII, XXIV dinastia. La XXV da Tebe è sotto l'egemonia del sovrano del Sudan e viene cancellata da invasori assiri. Psammetico I (XXVI dinastia) caccia gli assiri ma Psammetico III cede ai persiani: l'Egitto diventa satrapia dell'Imp. persiano. Le dinastie successive sino alla XXX combattono i persiani, ma l'Egitto è da loro ripreso sotto Artaserse III (343). Nel 332 Alessandro Magno conquista l'Egitto.

[2] Fondazione di Costantinopoli «nuova Roma» 330. L'imp. Teodosio divide l'impero tra i figli Onorio e Arcadio, questi è il primo imp. rom. d'or. nel 395. Caduta dell'Impero rom. d'occ. 476, conquista ottomana di Costantinopoli 1453.

[3] Con Romano I Lacapeno (919 - 944) e i f. Stefano e Costantino (944 - 945).

[4] Con Niceforo II Foca (963 - 969) e Giovanni I Zimisce (969 - 976).

[5] Conquistata Costantinopoli, assoc. il legittimo Giovanni V.

[6] Assoc. Manuele II.

[7] Immediati successori di Maometto con sede a Medina, distruggono l'Imp. persiano. Alla morte di Alì il mondo musulmano si spacca tra sciti, sostenitori del califfato «ortodosso» dei discendenti di Maometto, e sunniti, sostenitori di Muawijah, fondatore a Damasco (661) della dinastia omayyade.

[8] La dinastia omayyade è sostituita dal califfato degli Abbasidi (750).

[9] Gli Abbasidi regnano da monarchi assoluti dalla cap. Bagdad, l'ultimo al-Mustasim è fatto strangolare da Hulagu khan dei mongoli invasori.

[10] Carica che comporta anche le funzioni di capo dello stato.

[11] Paese tra la Schelda e la Saale, parte orientale del regno dei franchi merovingi.

[12] Regione situata tra la Loira e la Mosa, cioè il nord della Gallia (vd. Normandia).

[13] Il tratt. di Verdun (843) divide l'impero tra i figli di Lodovico, cioè: a Lotario imp. l'Italia e una striscia di territorio separante i regni di Francia e Germania dalle bocche del Rodano a quelle del Reno (Lotaringia); a Carlo il Calvo la Gallia occidentale sino alla Mosa e al Rodano (Francia); a Lodovico il Germanico le regioni all'est del Rodano (Germania).

[14] Adolf Schmidt (Wilhelm Adolf), *Elsass und Lothringen. Nachweis wie diese Provinzen dem deutschen Reiche verloren gingen, von Adolf Schmidt*, Leipzig, Veit, 1870, III ed., pp. VII + 84 – Louis-Adolphe Spach, *Histoire de la Basse-Alsace et de la ville de Strasbourg, par Louis Spach*, Strasbourg, Imprimerie de la Vieuve Berfer-Levrault, 1858, pp. 415.

[15] Brunone aveva diviso il suo territorio in Alta e Bassa Lorena ponendovi a capo due du., la Bassa Lorena nel 1190 prende nome di Brabante (vd. Paesi Bassi del Sud).

[16] Per gli altri du. della Bassa Lorena vedasi la serie completa in Paesi Bassi, Brabante.

[17] Per il detto tratt. alla rep. di Venezia rimane solo l'isola di Cerigo (Citera) e qualche piazza marittima del continente, fra le isole di Corfù e di S. Maura.

[18] Il 21/7/1832 è concluso a Istanbul un tratt. col quale la Porta acconsente all'estensione dei confini del nuovo regno di Grecia dal golfo d'Arta a quello di Volo con l'Ellade, la

Morea, Negroponte, le Cicladi. Le isole Ionie formano una rep. sotto la protezione dell'Inghilterra ma nel nov. 1863 il gov. inglese rinunzia al protettorato in favore della Grecia. Nel 1880 (pace di Berlino) vengono aggiunte anche la Tessaglia con Volo, Larissa, Tricala, Farsalo e la parte dell'Epiro situata all'est del fiume Arta.

[19] Il princ. d'Acaja dal 1209 in poi si è diviso in signorie che sono più tardi riconquistate dai Greci, come: Geraki nel 1262, Calavrita nel 1263, Passava nel 1314, Akova e Nikli nel 1320, Patrasso nel 1430, San Salvatore Arcadia e Chalandritza nel 1432.

[20] Sono du. di Argo e Nauplia: Gualtieri II di Brienne, f. di Gualtieri I (sig. di Firenze 1342 - 1343), 1311 - † 1356; Guido III d'Enghien, nip. 1356 - † 1377; Maria, f.a, sp. a Pietro Cornaro († 1388) 1377 - rin. 1388. Il duc. passa alla rep. di Venezia 1388 - 1540, poi ai turchi 1540 - 1686 e di nuovo a Venezia nel 1686, viene occupato ancora dai turchi nel 1715.

[21] Altre signorie derivanti dal duc. erano state già occupate dai turchi, come la ct.a di Salona nel 1410, il marchesato di Bodonitza nel 1414. Più tardi occupano anche la signoria di Tebe (1460) e quella d'Egina nel 1537, la quale apparteneva dal 1451 alla rep. di Venezia.

[22] Gli Orsini sono ct. di Cefalonia dal 1194 e sig. di Leucade dal 1295. Alla morte di Niceforo II Orsini nel 1358 le due isole passano al cug. Leonardo I Tocco sig. di Zante. Questa famiglia occupa anche Argirocastro nel 1405, Arta e Gianina nel 1418. Cefalonia, Zante e Leucade appartengono poi alla rep. di Venezia salvo brevi interruzioni dal 1485 al 1797. In quest'anno le isole Ionie sono occupate dai francesi, nel 1799 sono tolte alla Francia dalla flotta russo-turca e (21/3/1800) costituite in Rep. delle sette isole tributarie dell'Impero ottomano. Nell'ag. 1807 sono ancora unite alla Francia fino al 1815, poi all'Inghilterra che le cede alla Grecia nel 1863 (vd. Grecia, nota).

[23] Nel 1259 Durazzo e Lepanto si staccano dalla despotìa dell'Epiro per passare sotto il gov. di Manfredi re di Sicilia e sig. di Corfù nel 1257. Quest'isola appartiene in seguito ai veneziani dal 1386 al 1796, poi è occupata dai francesi. Lepanto passa ai turchi nel 1699, dopo il dominio della rep. di Venezia dal 1407 al 1499 e dal 1687 al 1699 – la Tessaglia, l'Acarnania e l'Etolia passano nel 1271 a Giovanni, fr. del despota d'Epiro Niceforo I, e sono occupate dai turchi nel 1393. Per le isole Ionie vd. anche *supra* nota 18.

[24] Carica che comporta anche le funzioni di capo dello stato.

[25] Granduca di Varsavia per il tratt. di Tilsit, 8/7/1807.

[26] Debbo alla gentilezza del dr. Oreste Ferdinando Tencajoli, che qui ringrazio, le notizie che seguono sul principato di Monaco.

[27] Camillo Manfroni, *Storia dell'Olanda*, Milano, Hoepli, 1908, pp. 584.

[28] Alla rep. si uniscono l'Over-Yssel nel 1580 e Groninga nel 1594, il re di Spagna viene dichiarato decaduto dal potere il 2/7/1581, le Province unite sono riconosciute indip. col tratt. di Münster 30/1/1648.

[29] Per i gov. dei Paesi Bassi fino al 1581, vd. pp. 601 ss.

[30] Ludwik Mieroslawski, *Souscription nationale. Histoire de la Pologne, depuis les temps les plus reculés jusqu'à sa dernière révolution, par Mieroslawski, Léonard Chodzko, Charles Forster, etc.*, Paris, D. Cavaillès, 1846, pp. 48 – Witold Olszewski, *La Polonia nel passato e nell'ora presente*, Bologna, Zanichelli, 1910 – Emil Knorr, *Die Polonische Aufstande seit 1830, in ihrem Zusammennange mit den internationalen Umsturzbestrebungen archivalischer Quellen von Emil Knorr*, Berlin, E.S. Mittler und Sohn, 1880, pp. X + 431 – G. D'Acandia, *La questione polacca*, Catania, 1910.

[31] Ottiene in compenso (pace di Vienna 1738) il duc. di Lorena e Bar.

[32] Cracovia viene occupata dalle truppe austriache 1839 - 20/2/1841, si regge di nuovo a rep. 20/2/1841 - 11/11/1846, viene unita ai domini austriaci col consenso di Prussia e Russia 11/11/1846 - nov. 1916.

[33] Lo zar Alessandro I prende tit. di re di Polonia il 15/1/1815.

[34] Carica che comporta anche le funzioni di capo dello stato.

[35] Acquista le province di Beira e di Estremadura 1139, toglie ai mori Lisbona 1147, ed Evora 1166.

[36] Assoggetta il paese degli algarvi nel 1251.

[37] Toglie ai mori Arzila e Tangeri nel 1471.

[38] Colto da paralisi nel 1744, lascia il gov. al francescano padre Gaspare de Lucamaçao.

[39] Carica che comporta anche le funzioni di capo dello stato.

[40] La presa di Granada pone fine alla dominazione musulmana in Spagna, gli altri stati sono già sottomessi agli aragonesi o ai castigliani: le isole Baleari prese dagli aragonesi nel 1229, Badajoz nel 1230, Murcia dai castigliani nel 1243, Denía nel 1244, Algesiras nel 1344, Malaga dai castigliani nel 1487, Almería pure dai castigliani nel 1489 ecc.

[41] Sancho III nel 1034 divide i propri stati fra i quattro figli: García ha la Navarra e la Vecchia Castiglia fino a Burgos; Fernando la Castiglia; Gonzales la contea di Sobrarbe la quale è unita all'Aragona nel 1039 alla morte di Gonzales; Ramiro l'Aragona (vd. Aragona e Castiglia).

[42] La regione a mezzogiorno dei Pirenei.

[43] Alla morte di Ferdinando I, la Galizia tocca al suo terzo f. García ma nel 1073 è spogliato del reame dal fr. Alfonso V e † 1090.

[44] Rimangono però sotto la giurisdizione dell'imp. fino alla pace di Basilea del 1499.

[45] Neuchâtel (1424), San Gallo (1451), il Vallese (1473), le tre leghe dei Grigioni (1497), Ginevra (1558) ecc.

[46] Carica che comporta anche le funzioni di capo dello stato.

[47] Nicolai Iorga, *Breve storia dei rumeni, con speciale considerazione delle relazioni coll'Italia, pubblicata in occasione delle feste del Cinquantenario italiano - omaggio di un popolo fratello ed amico*, Bucarest, Lega di Cultura Rumena, 1911 – Alexandru Dimitri Xenopol, *Histoire des Roumains de la Dacie trajane, depuis les origines jusqu'à l'union des principautés en 1859, par A.D. Xénopol, ... Avec un préface par Alfred Rambaud*, Paris, E. Leroux, 1896, voll. 2 – J.V. Ratti, *Romania latina*, Firenze, R. Bemporad e figlio, 1915, pp. 141 – Alfredo Nicolau, *Romania*, Milano, Tipografia «La Milano» di L. Maragnani, 1919, pp. 236.

[48] Compensato con parte della Dobrugia, tratt. di Berlino 1878.

[49] Carica che comporta anche le funzioni di capo dello stato.

[50] Per collegare la dinastia imperiale con le generazioni divine del periodo mitico, agli imperatori del periodo preistorico viene attribuita un'età superiore ai 100 anni.

[51] Esercitano il potere effettivo in nome dell'imperatore.

[52] I Moghul, dinastia mongola timuride, regnano in India dal XV secolo (quando l'iniziatore della dinastia, il re del Fergana Babur, ascende al trono di Delhi) sino alla deposizione dell'ultimo sovrano a opera dei dominatori inglesi.

[53] Le elezioni avvengono l'anno prima dell'inizio della presidenza, il presidente assume la carica il 20 gennaio, la presidenza dura 4 anni, ai presidenti morti in carica o dimessisi succede d'ufficio il vicepresidente.

Uso del dischetto

Con questa nuova edizione il *Cappelli* assume anche una veste elettronica. Il dischetto allegato contiene il programma *Calendario*, sviluppato da Giuseppe Gatto (per istruzioni sull'installazione si veda il file *leggimi.txt* sul dischetto). Una volta installato, il programma rende disponibile tutta una serie di funzioni, analoghe a quelle che si possono trovare nel volume, anche se con differenze significative. Diamo qui una presentazione del programma. Istruzioni più precise sul suo uso sono reperibili nell'help in linea.

Finestra principale

Il modulo principale è dedicato al calendario giuliano-gregoriano. All'avvio mostra la data di oggi, ma è possibile spostarsi su qualunque data compresa tra il 1° gennaio dell'anno 1 e il 31 dicembre dell'anno 3000. A questo scopo sono disponibili i box a tendina «mese» e «anno» e il riquadro con i giorni. Ma gli spostamenti sono più agevoli per mezzo delle quattro frecce rosse a sinistra della barra, per avanzare o arretrare di un mese (frecce sottili) o di un anno (frecce più spesse) per volta, oppure per spostamenti più consistenti, premendo sul pulsante a forma di mano, che rende possibile lo spostamento istantaneo su qualunque data dell'arco di anni 1-3000.

Per ogni data si può vedere il giorno della settimana, mentre il gruppo di pulsanti sulla destra offre la possibilità di convertirla nella data corrispondente nei calendari giuliano, ebraico, islamico (e per il periodo 1792-1805 nel calendario rivoluzionario francese). Tutte le conversioni sono possibili solo per i periodi in cui sono validi e vigenti i rispettivi calendari. Questo vale non solo per il calendario della Rivoluzione francese: non è possibile ovviamente tener conto del calendario islamico per una data anteriore al 16 luglio 622 d.C., ma sarebbe aleatorio effettuare calcoli sul calendario ebraico per anni precedenti il 358 d.C., prima cioè della riforma di Hillel II che affranca il calendario dalla necessità dell'osservazione diretta del novilunio e degli aggiustamenti di volta in volta effettuati dal sinedrio. Calcoli di questo genere si possono evidentemente fare, ma si è scelto il rispetto della verità storica.

Nel riquadro che contiene i giorni del mese vengono messe in evidenza le domeniche: appaiono in rosso, così come per il periodo successivo al 1946 sono visibili in rosso non solo le domeniche ma tutti i giorni corrispondenti alle feste fisse, religiose e nazionali, e in giallo i giorni delle solennità civili. Anche questo ha una sua funzione informativa, dato che si è tenuto conto delle disposizioni legislative sulle festività (basti pensare alla soppressione di diverse festività nel 1977, alla introduzione e soppressione di solennità civili, al variare della normativa per festività nazionali come l'anniversario della repubblica).

Per mezzo dei comandi di menu e dei pulsanti della toolbar si accede agli altri moduli e quindi alle altre varie funzioni del programma.

Gruppo degli «strumenti»

Giorno della settimana. In questo modulo è possibile calcolare il giorno della settimana di una data compresa tra il 1° gennaio dell'anno 1 e il 31 dicembre dell'anno 9999.

Feste mobili. Si possono calcolare le feste mobili (sia le festività la cui data è in relazione con quella della Pasqua, sia la data delle domeniche di Avvento) per gli anni tra il 326 e il 9999. Anche in questo caso vale il criterio della verità storica: si è preferito non fare calcoli per il periodo precedente la fissazione dei criteri a Nicea.

Indizione. Calcolo dell'indizione per gli anni a partire dal 313. Da notare che, a differenza delle tabelle del volume, il calcolo viene effettuato non semplicemente sull'anno, ma tenendo conto anche di mese e giorno e del tipo di indizione. Come si sa, il numero varia in base al tipo di indizione in uso: se per un giorno ad esempio di settembre o di ottobre con l'indizione romana il numero era x, con quella greca, il cui ciclo aveva inizio il 1° settembre, era x + 1.

Normalizzazione delle date. Da una data di un documento, che può essere datato secondo uno degli stili in vigore (dell'Incarnazione, bizantino, ecc.) si può risalire alla data «normalizzata» cioè alla data corrispondente secondo lo stile moderno o «della Circoncisione». È appena necessario precisare che anche in questo caso il calcolo viene effettuato su tutta la data e non soltanto sull'anno; così come è ovvio che per lo stile «francese» il programma effettua il calcolo preventivo della Pasqua per quell'anno, per poter reperire la data di inizio dell'anno stesso.

Gruppo dei «calendari»

Sono accessibili dal menu «calendari»; quelli considerati di uso più frequente possono essere aperti anche da una serie di pulsanti sulla toolbar.

Calendario romano. Viene presentato il calendario romano, con la corrispondenza immediata tra il sistema di datazione antico (calende, idi ...) e i giorni corrispondenti secondo il sistema attuale. Si tiene conto sia del sistema usato nell'antichità e poi anche nel medioevo, sia di quello sviluppato in età medievale, con l'indicazione dei giorni in senso crescente e decrescente.

Calendario giuliano. Parte dal 1582, e ha lo scopo di fornire l'equivalente gregoriano delle date del calendario giuliano successive alla riforma. L'utilità e necessità di un tale strumento nasce dal fatto che come ben si sa l'accettazione del calendario gregoriano non è stata immediata e universale, e quindi il calendario giuliano è rimasto in vigore in vari paesi per un periodo più o meno lungo. Dal menu «calendari» si può accedere anche a un altro modulo «feste mobili» che calcola le stesse feste continuando a usare i criteri del calendario giuliano anche per il periodo successivo alla riforma. La validità di questi calcoli è ovvia per il passato; per quanto riguarda il presente e il futuro, possono essere utili per reperire la data della Pasqua ortodossa, con l'avvertenza che nei paesi in cui ancora questo calcolo segue i criteri «giuliani» spesso però il calendario civile è ormai gregoriano.

Calendario ebraico. Dal 358 d.C. (riforma di Hillel II, vd. sopra) all'anno 3000. Sono messi in evidenza con il colore rosso i giorni di sabato e i giorni festivi dei vari mesi (per i periodi festivi che si estendono per più giorni, viene evidenziato solo il primo giorno). In un riquadro piccolo in alto a destra si legge per ogni anno il numero dei mesi e dei giorni di cui l'anno stesso è composto (il calendario ebraico intercala periodicamente un mese, per mantenere il legame con il ciclo solare-stagionale). Una serie di quattro piccoli pulsanti con le frecce consentono lo spostamento ad altre date, analogamente a quanto avviene con le frecce rosse nella finestra principale (calendario giuliano-gregoriano); il pulsante «vai a ...» apre una piccola finestra di dialogo con cui è possibile lo spostamento immediato a una data compresa tra il 358 e il 3000 (la data richiesta va indicata secondo l'era cristiana, il programma provvede a convertirla e a reperire la corrispondente data ebraica).

Calendario islamico. Dal 622 al 3000. Sono evidenziati in verde i venerdì e i principali giorni festivi dell'anno islamico. Per gli spostamenti vale quanto già detto per il calendario ebraico: anche qui sono presenti le frecce e il pulsante «vai a ...».

Calendario copto. Dal 284 d.C. al 3000. Valgono le stesse istruzioni per quanto riguarda gli spostamenti tra le date.

Calendario rivoluzionario. Dal 1792 al 1805. Non esistono pulsanti di spostamento, data la brevità del periodo in cui è stato in vigore; e il pulsante «oggi», che negli altri calendari ha la funzione di riportare istantaneamente alla data di oggi e qui non avrebbe senso, è sostituito da un pulsante «inizio», con cui si può andare al giorno iniziale dell'era della rivoluzione.

Gruppo delle «ere»

Si tratta di un gruppo di «schede» con cui si possono fare calcoli e convertire date in vari sistemi di datazione assoluta.

Ab Urbe condita. Dal 754 a.C., senza limite per le date future.

Datazione olimpica. Dal 776 a.C. – I Olimpiade – al 395 d.C., anno in cui Teodosio abroga il computo degli anni con riferimento alle Olimpiadi.

Era di Spagna. Dal 38 a.C., senza limite per le date future.

Era bizantina. Dal 5508 a.C. – anno della creazione del mondo secondo l'era bizantina – fino al 31 dicembre 1699, quando in Russia, dove questo sistema di datazione era ancora in uso, viene abrogato da Pietro il Grande.

Era dei martiri. Dal 284 d.C. al 3000, coincide con il calendario copto.

GIUSEPPE GATTO
Milano, giugno 1998

Indice analitico

Indice analitico

(I numeri indicano le pagine del volume)